História do direito na Europa

Esta obra foi publicada originalmente em italiano com o título
STORIA DEL DIRITTO IN EUROPA
Por Società Editrice Il Mulino
Copyright © 2007, by Società editrice Il Mulino, Bologna.
Copyright © 2014, Editora WMF Martins Fontes Ltda.,
São Paulo, para a presente edição.

1ª edição 2014
2ª tiragem 2023

Tradução
Marcos Marcionilo
Silvana Cobucci Leite
Revisão da tradução
Carlo Alberto Dastoli
Acompanhamento editorial
Luzia Aparecida dos Santos
Revisões
Renato da Rocha Carlos
Maria Regina Ribeiro Machado
Edição de arte
Erik Plácido
Produção gráfica
Geraldo Alves
Paginação
Moacir Katsumi Matsusaki
Capa
Erik Plácido

Dados Internacionais de Catalogação na Publicação (CIP)
(Câmara Brasileira do Livro, SP, Brasil)

Schioppa, Antonio Padoa
   História do direito na Europa : da Idade Média à Idade Contemporânea / Antonio Padoa Schioppa ; tradução Marcos Marcionilo, Silvana Cobucci Leite; revisão da tradução Carlo Alberto Dastoli. – São Paulo : Editora WMF Martins Fontes, 2014.

   Título original: Storia del diritto in Europa.
   ISBN 978-85-7827-853-3

   1. Direito – Europa – História I. Título.

14-04471   CDD-34(075)

Índices para catálogo sistemático:
1. Direito : Europa : História   34(075)

Todos os direitos desta edição reservados à
Editora WMF Martins Fontes Ltda.
Rua Prof. Laerte Ramos de Carvalho, 133 01325-030 São Paulo SP Brasil
Tel. (11) 3293-8150 e-mail: info@wmfmartinsfontes.com.br
http://www.wmfmartinsfontes.com.br

Antonio Padoa Schioppa

História do direito na Europa
Da Idade Média à Idade Contemporânea

Tradução
Marcos Marcionilo
Silvana Cobucci Leite

Revisão de tradução
Carlo Alberto Dastoli

wmf **martinsfontes**

Sumário

Introdução 7

PRIMEIRA PARTE: DA ERA ANTIGA TARDIA À ALTA IDADE MÉDIA (SÉCULOS V-XI) 11

  1. O direito antigo tardio 15
  2. Cristianismo, Igreja e direito 20
  3. O direito dos reinos germânicos 28
  4. A era carolíngia e feudal 38
  5. Os costumes e a cultura jurídica 45
  6. A reforma da Igreja 53

SEGUNDA PARTE: A ERA DO DIREITO COMUM CLÁSSICO (SÉCULOS XII-XV) 57

  7. Os glosadores e a nova ciência do direito 61
  8. O direito canônico 75
  9. Direito e instituições 86
10. Universidade: estudantes e professores 93
11. Profissões legais e justiça 98
12. Os comentadores 110
13. Os direitos particulares 120
14. Os direitos locais 126
15. O sistema do direito comum 137
16. A formação do *Common law* 149

TERCEIRA PARTE: A IDADE MODERNA (SÉCULOS XVI-XVIII) 161

17. Igrejas e Estados absolutistas 166
18. A escola culta 183
19. Práticos e professores 193
20. Doutrina jurídica e profissões legais 206
21. A jurisprudência 214
22. Direitos locais e legislação régia 223
23. Jusnaturalismo 237
24. Juristas do século XVIII 248
25. O sistema das fontes 254
26. O direito inglês (séculos XVI-XVIII) 266

QUARTA PARTE: A ERA DAS REFORMAS (1750-1814) 277

27. Iluminismo jurídico 281
28. As reformas 292
29. Revolução Francesa e direito 305
30. A era napoleônica 318
31. As codificações 324

QUINTA PARTE: A ERA DAS NAÇÕES (1815-1914) 335

32. O direito da Restauração 339
33. A Escola Histórica e a doutrina alemã 355
34. Códigos e leis da segunda metade do século XIX 365
35. As profissões legais 387
36. A doutrina jurídica entre os dois séculos 394

SEXTA PARTE: O SÉCULO XX 415

37. Direito e legislação entre as duas guerras 419
38. Os direitos na segunda metade do século XX 436
39. Aspectos da nova cultura jurídica 450
40. O direito da União Europeia 462
41. Rumo a um direito global? 477

Abreviaturas 489

Bibliografia 491

Índice de assuntos 509

Índice dos nomes de pessoas e de lugares 517

Índice sumário 539

Introdução

As características de um ordenamento jurídico manifestam-se nas fontes que geram o direito desse ordenamento. Entre as fontes, uma tripartição clássica distingue a legislação, a doutrina, a práxis. A legislação, fonte oficial de regras de conduta impostas aos sujeitos que vivem naquele ordenamento. A doutrina, fruto do pensamento daqueles que desempenham, por formação e por profissão, a função de determinar, de interpretar e de sistematizar as normas jurídicas com o objetivo de torná-las explícitas, coerentes e aplicáveis aos fatos da vida, mas também de prospectar outras, novas e diferentes, que respondam mais adequadamente aos valores ou aos interesses classificados como dignos de proteção. A práxis, expressão dos comportamentos juridicamente relevantes de uma comunidade, que se realizam na forma de costumes trazidos à existência dia após dia pelos componentes da sociedade civil ou por aqueles que a governam, ou na forma de decisões tomadas pelos juízes nas controvérsias civis e penais.

Essas dimensões são todas essenciais para compreender os perfis de um ordenamento, do mundo antigo ao mundo contemporâneo. Cada uma delas é, antes de mais, expressão de uma parte da realidade histórica na qual se encontra inserida, mas sempre traz em si as marcas, preciosas para o historiador, das outras dimensões. A legislação é o resultado da vontade de quem exerce o poder político, mas aceita também, em variada medida, os costumes e as tendências culturais do momento no qual veio à luz. A doutrina exprime tendências, valores e métodos da cultura do tempo, mas pode revelar não pouca coisa das regras e dos costumes que lhe são contemporâneos. A práxis mostra as tendências e as escolhas cotidianas de quem age na sociedade e de quem exerce o poder judiciário ou civil, mas não deixa de documentar direta ou indiretamente – nos contratos entre particulares, nos documentos notariais, nas sentenças dos juízes, nos atos de governo – as normas de lei em vigor e a cultura dos juristas.

A relevância específica de cada uma dessas três fontes diferenciou-se muito no tempo. Se nos séculos da Alta Idade Média os costumes conheceram um florescimento excepcional, o período posterior, a partir do século XII, passou no continente pela afirmação de uma nova ciência jurídica como fonte autônoma do direito. A legislação tornou-se a nota dominante da evolução jurídica a partir da era das reformas do século XVIII e, depois, com os códigos modernos e com o impetuoso desenvolvimento do movimento normativo que se deu, em medida sempre crescente, nos séculos XIX e XX. Um dos deveres da pesquisa histórico-jurídica é mostrar as sucessivas transformações e a recíproca relação dessas grandes vertentes nas quais se articulam as fontes do direito: uma relação osmótica que nunca cessou, nem mesmo nos longos períodos de predominância de uma ou de outra categoria de fontes. Até mesmo as dissonâncias e as diferenças entre a lei e a práxis, entre as escolhas do legislador e as opiniões dos juristas doutos, entre o "direito dos livros" e o "direito nos fatos" são essenciais para o conhecimento de um ordenamento jurídico e, como tais, devem ser analisadas em perspectiva histórica. Tendo em vista esse fim, elementos preciosos são oferecidos pelas fontes não jurídicas, a começar pelos textos literários, que frequentemente revelam, com acentos de verdade inconfundíveis, autênticos perfis da realidade contemporânea do direito.

Tentamos focalizar qual foi e como se transformou o método seguido pelos teóricos e pelos práticos do direito em seu trabalho de análise das normas e de organização dos casos concretos. Como pano de fundo, estão as formas sob as quais se manifestaram no tempo – mas sobretudo os diferentes modos com que se tentou dar uma resposta a elas – as duas exigências em torno das quais gira todo o mundo do direito: a exigência de justiça e a exigência de certeza, dois polos que devem ser considerados em suas relações recíprocas, em sua relação com a própria noção de direito, em suas mutáveis relações com o poder.

A história dos fatos e a história das ideias entrelaçam-se continuamente no direito: a constante inter-relação entre costumes, leis e doutrinas é, por si mesma, a prova evidente disso. Além do mais, não apenas os interesses (quase sempre conflitantes entre si), mas também os valores (não raramente dissonantes e frequentemente em conflito com os interesses) estão co-presentes e entrelaçados em toda manifestação do direito: cada sentença, cada lei, cada parecer expresso por um jurista trazem em si um amálgama de interesses e de valores, em todos os ramos do ordenamento jurídico, do constitucional ao penal, do privado ao processual. Essa é a convicção que permeia estas páginas, mesmo que não seja compartilhada por todos os juristas hoje. Tarefa não secundária da avaliação histórica deveria ser tentar esclarecer os componentes de tal amálgama, que frequentemente estão subentendidos, implícitos, por vezes ignorados por seus próprios autores.

Visto que as construções conceituais, as normativas e as decisões próprias do direito são obra humana, evocamos em breves menções (certamente inadequadas, pelo menos, por razões de espaço) os perfis de alguns protagonistas dessa longa história. Por sua vez, a relação entre o direito de uma época e os papéis que nela desempenham os juristas profissionais – considerados tanto como indivíduos quanto como classe: duas funções que, em muitos casos, não foram, de modo algum, coincidentes – foi pouco a pouco se transformando no tempo, desde a Alta Idade Média até a atualidade.

Em cada época, as tendências e as estruturas da sociedade civil, da economia, da política, da filosofia, da cultura, da religião foram interagindo de modo profundo e variado com o direito. Nessas relações, está uma das razões do fascínio e do valor formativo da história do direito para o jurista de hoje.

As influências recíprocas e a intensa circulação de costumes, de leis, de pessoas e de livros entre as diversas regiões, inclusive as Ilhas Britânicas, foram uma constante da história europeia, de modo que a história do direito, em nenhuma das nações do nosso continente, pode ser feita isoladamente com relação à das outras nações: daqui nasce a justificativa para a perspectiva europeia. De fato, isso não comporta a desvalorização das especificidades locais e regionais – os costumes e as leis das cidades, dos principados, dos reinos – que também constituem uma realidade muito viva e uma das maiores riquezas da civilização europeia; assim como não implica a desvalorização das diferenças profundas na disciplina jurídica relativa aos diversos grupos sociais, progressivamente aplainadas apenas no decorrer da idade contemporânea. Mas, acima dos direitos locais e privados, alguns grandes filões – antes de tudo o direito comum e o direito canônico – sempre indicaram, de modo indelével, mesmo que com características nem sempre novas e diversas, todo o ciclo histórico do direito.

A história do direito na Europa é a história de uma civilização comum, de uma "república da cultura jurídica" comum. Se hoje temos consciência disso, é graças ao processo de unificação do continente, que vem ocorrendo há meio século e também abriu os olhos para nosso passado: "Vita magistra historiae."

O acento recai nos modos como o novo direito veio à existência nas diversas fases da história medieval e moderna, ressaltando os momentos e os temas de continuidade, bem como os de descontinuidade, em um processo de contínuo devir. Alguns entre os institutos do direito público e privado serão gradativamente evocados – selecionando com breves referências, entre as tantas possíveis, aqueles considerados mais representativos das diversas eras – para tornar mais claro o quadro histórico, sem poder, todavia, deter-se em nenhum deles. A escolha é naturalmente questionável e poderia ser exageradamente ampliada, porque, na história da Europa, é extraordinária a riqueza dos modelos oferecidos pela experiência dos séculos.

Foi adotado o critério de concentrar o olhar, em cada época histórica, sobre os países e sobre as obras que, naquela fase, assumiram um significado inovador mais pronunciado, de modo que se possa distinguir o desenvolvimento posterior do direito, tanto no país de origem como em outras regiões do continente. Com efeito, Itália, França, Espanha, Países Baixos, Alemanha ocuparam, em séculos e de modos diversos, na Europa e no mundo, o centro da cena: na vida política, na economia, na cultura e também no direito. Por sua vez, o direito inglês, mesmo sendo diferente dos direitos continentais, manteve com eles uma série de intercâmbios tão relevantes que seria inadequado excluí-lo do quadro de uma história do direito europeu. Mas outras terras e outras gentes, da Irlanda à Escandinávia (pense-se nas múltiplas ramificações dos normandos e de suas instituições e costumes, do norte da França à Sicília, da Inglaterra até a Rússia), de Portugal à Suíça, da Escócia à Áustria dos Habsburgos e à Europa centro-oriental – sem falar do papel fundamental desempenhado pela Igreja e pelo direito canônico –, contribuíram para o grande concerto polifônico da história jurídica da Europa. Roma, Constantinopla, Bolonha, Londres, Orléans, Perugia, Bourges, Salamanca, Leiden, Paris, Viena, Berlim, Bruxelas: grande parte do direito europeu dos dois últimos milênios nasceu, em momentos diversos, nessas cidades.

O horizonte cronológico se estende do fim do mundo antigo até o limiar do mundo presente, ao longo de um período de dezesseis séculos. Isso, naturalmente, pressupõe referência constante a três grandes filões do patrimônio cultural do mundo antigo, sempre presentes e constantemente reinterpretados no decorrer dos séculos, sem os quais uma história do direito na Europa não pode ser concebida: o pensamento grego, o direito romano, o cristianismo.

Nessa longa evolução, o peso atribuído aos dez séculos da era medieval decorre do papel fundamental que, anteriormente, os costumes da Alta Idade Média, portanto a nova ciência do direito do século XII, desempenharam ao modelar alguns perfis até a era moderna e contemporânea. Os panoramas do direito – particularmente para muitos institutos do direito privado e para os métodos que estão na base do trabalho dos juristas: juízes, advogados, notários – são panoramas de longa duração. O momento genético de métodos e regras até hoje operantes frequentemente se situa em um tempo muito remoto. Quem ignora ou negligencia esse fato veta a si mesmo não só o conhecimento do passado, como também a compreensão do direito atual. O que não contradiz a afirmação de um grande historiador do direito, na qual há muito de verdadeiro: "A utilidade concreta da história do direito (não falo de seu apaixonante interesse) consiste no ensino segundo o qual toda geração tem um enorme poder de forjar para si mesma um direito próprio" [Maitland a Dicey, 1896: Fifoot, 1971, p. 143].

A remissão às fontes e à historiografia – mesmo reduzida, por razões de espaço, ao mínimo essencial – tem o propósito de sugerir verificações e aprofundamentos conduzidos diretamente a partir dos textos por quem tenha a intenção de se aprofundar.

Serei grato a todos aqueles que me indicarem erros e incongruências, dos quais este livro não há de estar a salvo.

O livro é dedicado a Pini, minha mulher.

Milão, março de 2007

Antonio Padoa Schioppa

Nota bibliográfica

Indicamos aqui algumas obras de síntese – muito diferentes entre si no que diz respeito ao período cronológico, ao método, ao tom expositivo e aos temas tratados – que têm em comum a escolha de uma perspectiva europeia:

M. Ascheri, *Introduzione storica al diritto moderno e contemporaneo. Lezioni e documenti*, 2. ed., Turim, 2007; M. Barberis, *Breve storia della filosofia del diritto*, Bolonha, 2004; H. Berman, *Law and Revolution. The Formation of the Western Legal Tradition*, Cambridge (Mass.), 1983; Id., *Law and Revolution. II: The Impact of the Protestant Reformations on the Western Legal Tradition*, Cambridge (Mass.) – Londres, 2003; I. Birocchi, *Alla ricerca dell'or-*

dine. Fonti e cultura giuridica nell'età moderna, Turim, 2002; R. C. van Caenegem, *An Historical Introduction to Private Law*, Cambridge, 2002 [Ed. it.: *Introduzione storica al diritto privato*, Bolonha, 2004]; C. A. Cannata e A. Gambaro, *Lineamenti di storia della giurisprudenza europea. Dal Medioevo all'epoca contemporanea*, Turim, 1989; M. Caravale, *Ordinamenti giuridici dell'Europa medievale*, Bolonha, 1994; A. Cavanna, *Storia del diritto in Europa. Le fonti e il pensiero giuridico*, vols. I-II, Milão, 1984-2005; H. Coing (ed.), *Handbuch der Quellen und Literatur der neueren europäischen Privatrechtsgeschichte*, Veröffentlichung des Max-Planck--Institut für europäische Rechtsgeschichte, Munique, 1973-1986, 7 vols.; Id., *Europäisches Privatrecht*, Munique, 1985-1989, 2 vols.; E. Cortese, *Il diritto nella storia medievale*, Roma, 1995, 2 vols.; J. P. Dawson, *Oracles of the Law*, Ann Arbor (Mich.), 1968; G. Fassò, *Storia della filosofia del diritto*, Bolonha, 2001-2002, 3 vols.; M. Fioravanti, *Appunti di storia delle costituzioni moderne. Le libertà fondamentali*, Turim, 1995; Id. (ed.), *Lo Stato moderno in Europa. Istituzioni e diritto*, Roma/Bari, 2002; J. Gaudemet, *Les naissances du droit*, Paris, 1997; G. Gorla, *Diritto comparato e diritto comune europeo*, Milão, 1981; P. Grossi, *L'ordine giuridico medievale*, Roma/Bari, 1995; J.-L. Halpérin, *Histoire des droits en Europe de 1750 à nos jours*, Paris, 2004; H. Hattenhauer, *Europäische Rechtsgeschichte*, Heidelberg, 1992; A. Hespanha, *Introduzione alla storia del diritto europeo*, Bolonha, 2003; A. Leca, *La république européenne. Introduction à l'histoire des institutions publiques et des droits communs de l'Europe*, Aix-en-Provence, 2000; J. M. Kelly, *Storia del pensiero giuridico occidentale*, Bolonha, 1996; P. Koschaker, *L'Europa e il diritto romano*, Florença, 1962; L. Mannori e B. Sordi, *Storia del diritto amministrativo*, Roma/Bari, 2001; A. Padoa-Schioppa (ed.), *Legislation and justice*, Oxford, 1997; Id., *Il diritto nella storia d'Europa*, I: *Il medioevo*, 2. ed., Pádua, 2005; U. Petronio, *La lotta per la codificazione*, Turim, 2002; O. F. Robinson, T. D. Fergus e W. M. Gordon, *European Legal History. Sources and Institutions*, Londres, 2000; R. Schulz (ed.), *Europäische Rechts- und Verfassungsgeschichte. Ergebnisse und Perspektive der Forschung*, Berlim, 1991; P. Stein, *I fondamenti del diritto europeo. Profili sostanziali e processuali dell'evoluzione dei sistemi giuridici*, Milão, 1987; P. Stein e J. Shand, *I valori giuridici della civiltà occidentale*, Milão, 1981; M. Stolleis (hrsg.), *Juristen. Ein biographisches Lexikon*, 2. ed., Munique, 2001; G. Tarello, *Storia della cultura giuridica moderna. Assolutismo e codificazione del diritto*, Bolonha, 1976; U. Wesel, *Geschichte des Rechts. Von den Frühformen bis zum Gegenwart*, 2. ed., Munique, 2001; G. Wesenberg e G. Wesener, *Storia del diritto privato in Europa*, Pádua, 1999; F. Wieacker, *Storia del diritto privato*, Milão, 1980, 2 vols.

Primeira parte
Da era antiga tardia à Alta Idade Média (séculos V-XI)

A transição do mundo antigo para a Idade Média, do século IV ao século VI, introduziu na Europa, juntamente com a irrupção das populações germânicas, que anteriormente tinham vivido durante séculos nas fronteiras do Império, o enxerto de um complexo de instituições e de costumes novos, distanciados tanto do direito romano quanto dos costumes tradicionais dos povos germânicos. Todavia, o direito do Império romano tardio antigo teve influência, e não pouca, sobre os ordenamentos públicos e sobre o próprio direito privado dos germanos, a partir de então saídos do nomadismo originário e estavelmente implantados em um território.

Assim tem início um período que se estende por quase seis séculos, até o fim do século XI, durante o qual o direito romano remanescente coexiste e se entrelaça de modo variado, no interior dos reinos germânicos da Europa ocidental, com os costumes germânicos, onde quer que eles sejam registrados por escrito a partir do século VI, na maior parte das vezes, em latim. A Igreja exerce seu magistério e, por meio dele, um papel fundamental de civilização, papel religioso e pastoral, mas também civil e político. E contribui para transmitir à sociedade civil muitas regras jurídicas de derivação romanística que ela adotara, bem como, e sobretudo, o inestimável patrimônio da cultura antiga grega e romana que chegou até nós e do qual só possuímos aquilo que foi transcrito nos códices de pergaminho por clérigos e monges da Idade Média.

Mesmo que as leis escritas pelos francos, pelos lombardos, pelos visigodos, pelos anglo-saxões e pelos outros povos germânicos incluam numerosas normas instituídas pelos reis que as promulgaram, sua raiz primeira é indubitavelmente consuetudinária. A partir do século IX, o ressurgido Império do Ocidente, impulsionado por um grande soberano franco, Carlos Magno, cria, pela primeira vez na história, as premissas de uma união política e jurídica da Europa ocidental.

Esses são os séculos nos quais o costume domina o campo entre as fontes do direito, até dar vida a novas e complexas instituições, que não podem ser classificadas nem como romanas nem como germânicas. Exemplo disso são as relações feudais, que se enraizaram no continente por via consuetudinária e por essa mesma via se desenvolveram: por sua natureza, o costume não é estático, antes se transforma no tempo e no espaço, mesmo com ritmos diferentes nas diversas áreas. E certamente nem é sempre, nem exclusivamente espontâneo: o direito feudal e a condição servil são a resultante, ao mesmo tempo flexível e estável, das forças em atuação no decorrer de séculos nos quais os poderes públicos atravessaram crises profundas, com reflexos pontuais no direito do tempo. A condição das pessoas, a estrutura da família, os contratos, o sistema penal, os processos são modelados a partir de uma realidade dura e violenta, na qual a exaltação e o exercício da força coexistem com os muito distintos valores da mensagem cristã.

Mesmo em meio à extraordinária variedade dos costumes locais, muitos elementos fundamentais comuns subsistem nos direitos da Alta Idade Media europeia, decorrentes tanto da fé religiosa comum quanto das condições análogas de vida de povos e de sociedades predominantemente rurais e militares.

Essa é uma condição histórica que só será profundamente alterada na Europa com o grande "renascimento" dos séculos XI e XII.

1. O direito antigo tardio

1. *As estruturas públicas*

Nos últimos séculos do mundo antigo – os séculos que decorrem entre a era de Constantino (313-344 d.C.) e a era de Justiniano (527-565 d.C.) –, o direito romano conheceu uma série de profundas transformações, que exerceram influência sobre todo o ciclo subsequente da história jurídica europeia. O vastíssimo território do Império antigo tardio incluía toda a área mediterrânea e se estendia até o Reno, o Danúbio e a Inglaterra meridional. Ele estava administrativamente dividido em 114 províncias, subdivididas paritariamente entre as duas partes do Ocidente e do Oriente, a primeira com capital em Roma e, mais tarde, em Milão e em Treviri; a segunda com capital em Constantinopla. A bipartição política, jurídica e administrativa entre oriente e ocidente se acentuou no fim do século IV [Demougeot, 1951], até se tornar irreversível com a queda do Império do Ocidente no ano 476, mas isso não impediu que em algumas fases da era antiga tardia, sob o governo de alguns grandes imperadores – entre os quais Constantino, Teodósio I e Justiniano –, o comando ainda estivesse centrado em um único homem. O vértice do poder era, ao mesmo tempo, poderoso e frágil. A sucessão ao trono previa dois imperadores (os Augustos) e dois sucessores designados (os Césares), em uma relação que foi, de fato, frequentemente descumprida e, portanto, marcada por desconfiança recíproca, muito bem expressa pela escultura do século IV conservada em Veneza e que representa quatro personagens formando um único grupo: uma mão repousa no ombro do companheiro, mas a outra segura firme o cabo da espada[1].

A administração civil fora separada da administração militar desde a era de Constantino [E. Stein, 1968], com uma escolha radical que se contrapunha ao princípio clássico romano da indivisibilidade do *imperium*. Três hierarquias distintas conviviam no mesmo território, em um ordenamento tão articulado e complexo que induziu um grande historiador a afirmar que, a respeito delas, "todos os ordenamentos análogos das épocas subsequentes parecem medíocres trabalhos de principiantes" [Mommsen, 1893]. A hierarquia militar apoiava-se sobre os *duces* e os *magistri militum* dispersos pelas diversas partes do Império, além de basear-se nas milícias móveis, que se deslocavam com o imperador segundo as necessidades bélicas. A hierarquia civil – que desempenhava tanto as funções administrativas e de ordem pública como as funções judiciárias civis e penais, depois do declínio do processo formular clássico e do advento da *cognitio extra ordinem* – estava dividida em cerca de cinco níveis, que compreendiam em escala ascensional os *defensores* da cidade, os governadores das províncias, os vigários incumbidos das dioceses (havia seis delas no Ocidente e seis no Oriente), os quatro prefeitos pretorianos, a saber, da Itália, da Gália, de Constantinopla e da Ilíria. Uma terceira hierarquia de funcionários exercia as vastas competências tributárias e financeiras do Império. Acima das três hierarquias, operava a corte imperial.

A partir de então, o imperador se tornara o legítimo titular de todos os poderes. A ele competiam as nomeações dos governadores provinciais, assim como as nomeações para qualquer outro cargo da administração civil e judiciária, militar e fiscal. A ele chegavam, de todas

---

[1] Grupo em pórfiro, chamado os Tetrarcas (Veneza, igreja de São Marcos).

as partes do Império, as controvérsias que deviam ser decididas em última instância. A ele, enfim, estava reservado, de modo exclusivo, o exercício do poder legislativo.

A burocracia imperial, recrutada pelo centro nos vastíssimos territórios a Oriente e a Ocidente, seguramente não era imune a vícios e abusos, entre os quais corrupção, cobiça e prepotência [Jones, 1973]. Todavia, não se pode negar o alto nível profissional dos ofícios, particularmente dos ofícios centrais, aos quais, desde então, incumbia o dever de orientar a evolução legislativa e jurisprudencial do direito. Os éditos e os rescritos que chegaram até nós dão claro testemunho disso. Foi dito que, com a era pós-clássica, "o espírito da jurisprudência romana não morreu, mas migrou para outro corpo" [Schulz, 1946].

2. *Legislação pós-clássica*

No que diz respeito às fontes do direito, a distância relativa à era anterior não poderia ser maior. Tendo-se encerrado a era na qual alguns grandes juristas haviam elaborado o admirável complexo de princípios, categorias, regras e métodos que constitui o arcabouço do direito clássico de Roma, o Império tardio concentrou qualquer tarefa de produção normativa exclusivamente nas mãos do imperador. Ele agia mediante a atuação de seus ofícios centrais, guiados por um reduzido grupo de altos funcionários por ele escolhidos e, também por ele, exoneráveis a qualquer momento. O Questor do sacro palácio (responsável pelas questões legais) e o Mestre dos ofícios (chefe da Chancelaria do Império) elaboravam – com o auxílio de ofícios apropriados e dotados de um preparo técnico impecável – as constituições (*edicta*)[2], que depois, com a aprovação do imperador, tornavam-se, para todos os efeitos, leis vinculantes na parte do Oriente ou na do Ocidente, quando não em todo o território do Império.

A isso se acrescentava a função judiciária, também exercida no mais alto nível pelo Imperador por intermédio de seus juízes centrais. Havia os casos submetidos a ele em última instância em fase de apelo, depois de terem passado por, pelo menos, duas instâncias de jurisdição inferior. Havia os recursos dirigidos pelos súditos à justiça imperial. E havia, com muita frequência, as petições de funcionários-juízes locais, especialmente dos governadores das províncias, para esclarecimento do mérito de questões que não podiam ser resolvidas com base no direito preexistente. A corte imperial, por meio de um de seus ofícios centrais (o *scrinium a libellis*), resolvia tais casos emitindo, em nome do imperador, um rescrito ou uma consulta, ou seja, um breve texto no qual a questão controversa era definida em seus aspectos legais com base nos dados fornecidos por aquele que a submetera ao juízo superior[3]. Visto que as partes não estavam presentes, o rescrito continha quase sempre uma cláusula que condicionava a resolução do caso ao pressuposto de que os fatos alegados, a serem devidamente verificados *in loco*, correspondessem à verdade[4].

O *rescriptum* era, portanto, utilizado não só no caso específico que lhe dera origem, mas também nos casos semelhantes que emergissem em outras regiões do Império, por parte de outros juízes que tivessem tomado conhecimento do pronunciamento imperial. Os imperadores intervieram para proibir que os rescritos predispostos pelo ofício central fossem contrários às normas gerais ("contra ius elicita")[5] e para impedir que sua aplicação fosse sub-repticia-

---

[2] Todas as constituições do Código Teodosiano, como diremos, pertencem a essa categoria. Um exemplo: Cod. Theod. 11. 30. 17, acolhido com modificações em Cod. Iust. 1. 21. 3: os compiladores justinianos substituíram a pena constantiniana da deportação infligida a quem dirigisse uma súplica ao imperador em vez de interpor apelo pela pena menos grave da infâmia.

[3] Um único exemplo, entre as centenas de rescritos compilados no Código de Justiniano: Cod. 1. 18. 2 do 221--217 nega a uma pessoa maior de idade que recorrera ao imperador em uma causa de herança a possibilidade de alegar desconhecimento do direito.

[4] "Si preces veritate nitantur", Cod. 1. 22. 5.

[5] Cod. 1. 19. 7.

mente ampliada[6]. Mas, de fato, os rescritos foram adquirindo um papel de natureza normativa, um papel que se torna oficial e formal no momento em que uma seleção deles entrou na compilação justiniana.

O sistema clássico das fontes foi, desse modo, profundamente transformado. Os costumes e os usos (*mores*), os pareceres (*responsa*) dos juristas designados para elaborá-los, os pareceres exarados pelo senado e as outras fontes já mencionadas por Gaio no século III ficaram a partir dali relegados ao contexto, ao passo que a única fonte que se tornara central na evolução do direito era constituída pelas decisões imperiais na dupla forma dos rescritos e dos éditos de alcance geral. Por isso, a teorização pós-clássica reduziu a duas as categorias de fontes do direito: de um lado, os *iura*, que incluíam as fontes tradicionais do direito civil e do direito honorário, ainda hoje válidas, enquanto não tivessem sido expressa ou tacitamente ab-rogadas; de outro, as *leges*, isto é, as constituições imperiais.

A legislação pós-clássica e justiniana intervém em quase todos os campos do direito, introduzindo profundas mudanças em comparação com a era clássica. Em não poucas disposições relativas ao direito das pessoas e da família, detecta-se, a partir de Constantino, a influência do cristianismo: por exemplo, com as sanções introduzidas contra os abusos do pai em relação aos filhos e na atenuação dos rigores característicos da *patria potestas* romana[7] (que algumas fontes agora qualificam com a expressão muito diferente de "piedade paterna"), com a facilitação do resgate por parte dos genitores induzidos pela fome à prática não rara de venda dos filhos[8], com a equiparação entre filhos homens e filhas mulheres na sucessão legítima[9] e também com os impedimentos interpostos ao divórcio[10]. Mesmo a proibição de desmembrar as famílias dos servos em caso de divisão da herança[11], a facilitação das manumissões[12] e a possibilidade de conquistar a liberdade por prescrição[13] podem ser atribuídas à influência cristã. O direito grego, por sua vez, influenciou a legislação imperial em vários sentidos, impondo, por exemplo, a restituição do dote à mulher no caso de dissolução do matrimônio[14], instituindo a prática de inscrição das hipotecas em registros públicos ("apud acta") e permitindo a rescisão do pacto de compra e venda com a perda da caução[15], diferentemente da disciplina romana clássica. Em alguns casos, até mesmo a tradição do Antigo Testamento agiu sobre o direito por meio da religião cristã, por exemplo, quando se impõe a regra que exigia para a prova a declaração de, pelo menos, duas testemunhas[16].

3. De Teodósio II a Justiniano

As intervenções legislativas do século IV ao século VI foram inúmeras. Compreende-se, então, como é que surgiu a exigência de reunir em textos organicamente concebidos o *corpus*

---

[6] Cod. 1. 14. 2.
[7] Cod. 9. 15. 1 do ano 365; Cod. 8. 51 (52) do ano 374; sanções pelo assassinato do filho e pela exposição dos infantes.
[8] Cod. Theod. 5. 10. 1 do ano 329; Justiniano acolheu a disposição, mas interpolou o texto, limitando a liceidade da venda aos casos de pobreza extrema (Cod. 4. 43. 2). Uma Novela de Valentiniano, de 451, traz o testemunho da praxe da venda dos filhos por causa da terrível fome ("ob obscaenissimam famem") provocada pela carestia (Nov. Valentiniani 33, in Nov. Post-Theodosianae).
[9] Nov. 118.
[10] Nov. 22 do ano 536; Nov. 117 do ano 542.
[11] Cod. Theod. 2. 25. 1 de Constantino = Cod. 3. 38. 11.
[12] Cod. Theod. 4. 7. 1 do ano 321 = Cod. 1. 13. 2.
[13] Constantino requereu um período de 16 anos e a boa-fé (Cod. Theod. 4. 8. 7 do ano 331), mas, em seguida, Anastásio ampliou para 40 anos o período necessário para a prescrição (Cod. 7. 39. 4 do ano 491).
[14] Cod. 5. 13. 1 do ano 530: *actio de dote*, concedida até mesmo aos herdeiros.
[15] Cod. 4. 21. 17 do ano 528.
[16] Cod. 4. 20. 1 do ano 334. Cf. Deuteronômio 19,15 e Daniel 13.

das constituições dos imperadores. Já com os Códigos Gregoriano e Hermogeniano[17], foram recolhidos os rescritos até a era de Diocleciano. Alcance bem mais relevante teve o Código Teodosiano, promulgado por Teodósio II no ano 438 e que reuniu em 16 livros todas as constituições gerais, desde a era de Constantino até aquele ano. Cada livro é dividido em títulos, no interior dos quais as constituições se sucedem em ordem cronológica. O Código, que incluía tanto as constituições surgidas em Constantinopla quanto as constituições escritas no Ocidente, foi estendido às duas partes do Império [Archi, 1976]. No Ocidente, ele exerceu uma influência profunda e duradoura no decorrer da Alta Idade Média, até depois do ano 1000.

Um século mais tarde, veio à luz em Constantinopla a grande compilação de Justiniano (527-565 d.C.). Esse imperador, com o qual se encerra a parábola mais que milenar do direito romano antigo, desempenhou um papel de extraordinário relevo, sem igual na série dos grandes legisladores da história. Centenas de constituições por ele sancionadas, predispostas por um pequeno núcleo de juristas e de altos funcionários de nível superior, introduziram regras novas – em acréscimo ou em derrogação de regras referentes ao direito pós-clássico – em todos os campos do direito, do direito privado ao direito penal, do direito processual ao direito público. Mas Justiniano foi, sobretudo, o promotor da grande compilação de textos à qual sua fama está vinculada: uma empresa que estranhamente (mas isso ocorreu muitas vezes na história com acontecimentos de alcance significativo) passou totalmente despercebida aos olhos de seus contemporâneos.

No período de cinco anos, de 529 a 534, vieram à luz as quatro obras que, em seu conjunto, formam aquele que será mais tarde denominado o *Corpus iuris civilis*. O Código (na segunda redação do ano 534, chegada até nós) reuniu sistematicamente em 12 livros, cada um dos quais subdividido em títulos por matéria, milhares de rescritos e de constituições imperiais do século I até o próprio Justiniano[18].

O Digesto, que remonta ao ano 533, é formado por uma seleção muito ampla, em 50 livros, também ela ordenada em títulos, de textos da jurisprudência clássica: fruto do trabalho de uma comissão coordenada pelo jurista Triboniano, *magister officiorum*, que também lançou mão de numerosas obras de sua vastíssima biblioteca pessoal, o Digesto salvou para a posteridade, mesmo que de forma muito fragmentária, os escritos dos maiores juristas da Roma antiga, de Sálvio Juliano a Labeão, de Paulo a Ulpiano, de Pompônio a Calístrato, de Modestino a Papiniano e vários outros. Aquilo que conhecemos do direito clássico e da forma de raciocínio e de argumentação dos juristas romanos deve-se essencialmente a essa obra, cuja importância para a história do direito é incomensurável. Sem ela, teria se perdido para sempre o mais maduro fruto da civilização romana. E é verdadeiramente singular que o Digesto, o monumento da sabedoria jurídica romana, tenha sido concebido e realizado longe de Roma, e que a obra só tenha começado a causar seus efeitos no Ocidente cerca de seis séculos mais tarde, quase como se tivesse sido concebida para uma Europa que ainda não existia.

A compilação de Justiniano inclui, enfim, um breve texto de síntese, as Instituições, inspiradas nas Instituições de Gaio, e uma coletânea de 168 constituições emanadas do próprio imperador nos trinta anos de reinado posteriores à promulgação do Código, as Novelas.

Justiniano pretendia criar uma obra que substituísse toda outra fonte do direito[19] e que devia ser aplicada na sua integralidade por parte dos juízes do Império, destituídos da faculdade de, no futuro, haurir de outras fontes; até mesmo comentá-la era severamente proibido[20]

---

[17] As duas coletâneas não foram conservadas, mas merecem ser mencionadas, até mesmo porque foi nelas que, pela primeira vez, foi empregado o termo "Código", que se tornará corrente – mesmo com significados muito diferentes no tempo – no direito das eras posteriores.

[18] Confirmando a separação, já em ato, entre as duas partes do Império, é significativo que nenhuma constituição do Império da *pars occidentis* posterior ao ano 432 tenha sido aqui acolhida, não obstante a rica produção legislativa de origem itálica do século V.

[19] *Digesta*, de confirmatione Digestorum, const. *Tanta*, § 19: "Omne quod hic positum est hoc unicum et solum observari censemus."

[20] "Nemo [...] audeat commentarios isdem legibus adnectere" (const. *Tanta*, § 21).

(uma ordem que se situa entre as menos observadas da história). A iniciativa de Justiniano era tão mais ambiciosa se considerarmos que a compilação compreendia textos surgidos em épocas remotíssimas entre si, no tempo e na disciplina dos institutos jurídicos.

No Oriente, a compilação, integrada às constituições dos imperadores e traduzida para o grego, manteve-se como a base do direito bizantino durante quase 1.000 anos, até a queda de Constantinopla sob o assédio dos turcos em 1453. No Ocidente, Justiniano pretendeu introduzir a compilação em seu projeto de reconquista da Itália[21], mas a tentativa teve êxito precário, porque a Gália e a Espanha já haviam se tornado sedes de reinos germânicos, ao passo que a Itália setentrional e central foi, depois de sua morte, quase instantaneamente ocupada pelos lombardos instalados na Península no ano 568. Apenas com o renascimento do século XII a obra de Justiniano iniciará seu ciclo vital na Itália e na Europa, como fonte capital do novo direito comum que dominará a cena do direito do continente até o fim do século XVIII.

Por conseguinte, a crise do Império não significou também a crise de seu direito. E não impediu sua sobrevivência. Ao contrário, o direito antigo tardio, inclusive os elementos não anulados da tradição anterior, constituiu o fundamento de instituições, procedimentos, normas e costumes contratuais que, em forma e medida variadas, depois do fim do domínio de Roma no Ocidente, foram transmitidos às eras posteriores.

---

[21] *Pragmatica sanctio*, § 11 (do ano 554), in *Novellae*, Schoell-Kroll (org.), p. 800.

2. Cristianismo, Igreja e direito

1. *A Igreja primitiva, organização e hierarquia*

O sucesso do cristianismo no decorrer dos últimos séculos do mundo antigo constituiu um acontecimento religioso de extraordinária importância para o Império romano e para a história posterior da Europa e do mundo, mas teve também uma profunda influência no mundo do direito e das instituições. Isso ocorreu por conta dos conteúdos da nova fé, da forma pela qual suas tábuas de valores e de regras foram explicitadas, enfim, da influência de tudo isso sobre o direito e sobre as instituições seculares.

O anúncio evangélico compreendia uma série de enunciações de natureza estritamente religiosa, muitas das quais, porém, comportavam consequências diretas ou indiretas sobre a disciplina das relações entre os homens e nas relações dos indivíduos com as instituições seculares. Baste recordar preceitos como o da indissolubilidade do vínculo conjugal[22], a necessária gratuidade do empréstimo[23], a obrigação de respeitar a autoridade secular e a distinção entre a autoridade secular e a autoridade religiosa[24], a rejeição da lei do talião[25]. De modo mais geral, o mandamento do amor ao próximo e o respeito à pessoa humana – a toda pessoa, homem ou mulher, escravo ou livre, compatriota ou estrangeiro – implicavam uma inversão de costumes, de institutos e de preceitos de raízes milenares. É isso que pode explicar como a realização normativa desses princípios comportou, por sua vez, séculos e milênios – pense-se na abolição da escravidão e nas modernas cartas dos direitos humanos – em uma evolução histórica que ainda não se pode dar por concluída.

O pequeno grupo de discípulos de Cristo apresentou desde os primórdios as características de uma instituição dotada de regras. Já na nomeação do décimo segundo apóstolo, que devia substituir Judas, manifestou-se um procedimento composto, no qual a escolha entre dois candidatos – identificados pela assembleia dos fiéis, que formava a pequena igreja primitiva em Jerusalém – foi confiada à sorte (Atos 1,15-26). Logo depois, a Igreja nascente distinguiu os apóstolos dos presbíteros (Atos 15,2) e os presbíteros dos diáconos, também eles eleitos pela assembleia e incumbidos da assistência material aos fiéis (Atos 6,3-5) e também da administração dos bens e dos recursos da igreja. O espírito da Igreja das origens, ardente de caridade, é bem expresso pelos Atos dos Apóstolos, que dão testemunho de como nas primeiras comunidades cristãs os bens eram postos em comum pelos fiéis, que renunciavam assim a toda propriedade pessoal[26]; e a assistência se estendia às outras comunidades em situações difíceis como a carestia (Atos 11,49).

---

[22] Marcos 10,9; Mateus 19,6; Lucas 16,18.
[23] Lucas 6,35, texto de referência na história da proibição da usura; mas ver, para os depósitos que não se destinam à necessidade, Mateus 25,27; Lucas 19,23.
[24] Mateus 22,21; Marcos 13,17; Lucas 20,25; voltaremos a falar disso várias vezes.
[25] Mateus 5,38, paralelamente a Êxodo 21,24.
[26] "Os que tinham propriedades e bens vendiam tudo e partilhavam com todos, segundo as necessidades de cada um" (Atos dos Apóstolos 2,44); "a multidão daqueles que tinham abraçado a fé tinham um só coração e uma só alma e ninguém considerava sua propriedade aquilo que lhe pertencia; pelo contrário, punham tudo em comum" (Atos dos Apóstolos 4,32).

A Igreja assumiu precocemente a forma de uma instituição hierárquica, tornada necessária pela exigência de criar um organismo sólido e coeso, capaz de resistir aos impulsos desviantes de outras culturas bem arraigadas, como a corrente gnóstica: "O cristianismo sobreviveu porque possuía um sistema de organização eclesiástica e um princípio de autoridade" [Dawson, 1969]. Os sucessores dos apóstolos foram designados com o termo grego "epíscopos", responsáveis pastorais por uma cidade e pelo território circundante, designado como "diocese" (termo grego também, extraído da linguagem administrativa bizantina). Respondiam aos bispos os presbíteros e os diáconos. Entre os bispos, criou-se por sua vez, desde os primeiros séculos, uma hierarquia baseada na maior ou menor importância das cidades-sede das dioceses. Competia aos bispos das sés mais importantes (os "metropolitas") a coordenação dos bispos das regiões (os "sufragâneos") e o poder de reexaminar, como instância de apelação, suas decisões. Para a nomeação dos bispos, afirmou-se na idade antiga tardia o princípio de eleição realizada pelo clero local, à qual se seguia a aclamação dos fiéis e a consagração por parte dos outros bispos da província eclesiástica e do metropolita[27].

Entre todos os bispos, foi logo reconhecido ao bispo de Roma o mais alto papel: o próprio Cristo pusera Pedro à cabeça da Igreja (Mateus 16,17-18) e, pelo fato de ter sido Pedro o apóstolo que por primeiro levara a Roma a mensagem cristã, afirmou-se depois de sua morte por martírio o princípio segundo o qual deveriam ser seus sucessores a herdarem o primado, de forma que se mantivesse para a Igreja o vértice que o Fundador preconizara. Algumas manifestações do primado ocorreram entre o fim do século IV e os inícios do século V, por meio das diretrizes preponderantemente litúrgicas e pastorais dadas aos outros bispos por papas como Sirício[28] e Inocêncio I[29]; nasciam, desse modo, as primeiras decretais pontifícias. E o primado foi fortemente reiterado no século V, com a reivindicação do papel do bispo de Roma, feita pelo pontífice Leão I, um pastor que, com sua grande autoridade moral, se impusera a ferozes guerreiros como Átila e Genserico[30]. Desde essa época, a Igreja do Oriente foi constantemente refratária a aceitar o primado do bispo de Roma nos mesmos moldes em que ele foi reconhecido no Ocidente.

2. *O texto sacro*

Um aspecto essencial da nova religião – sem dúvida, decorrente da tradição de Israel – está na presença de um texto sacro canonizado e tornado público de forma escrita, que por isso é conhecido de todos e não apenas dos sacerdotes, no interior do qual os preceitos da revelação são expressos de modo definitivo e irrevogável. O cristianismo, como antes o judaísmo e como, mais tarde, o Islã, é uma "religião do Livro". Com efeito, muitos preceitos da Escritura – extraídos tanto do Antigo como do Novo Testamento – determinaram de modo permanente, não raro até o presente, o direito e as instituições tanto religiosas como civis dos povos e dos países que acolheram a religião cristã: basta lembrar (para nos limitar a alguns exemplos adicionais, ao lado dos já citados) preceitos como a santificação festiva do sétimo dia (Êxodo 20,9), os dízimos sobre as colheitas (Deuteronômio 14,22), a irrevogabilidade da ordem sacerdotal (Salmos 110,4), o primado do bispo de Roma[31].

No mundo cristão, o estudo da Escritura nasce desde as origens. A leitura dos Evangelhos mostra claramente com quanta frequência o próprio Cristo se referia aos textos da lei e dos profetas. A Escritura era utilizada não apenas para entender os preceitos revelados, mas tam-

---

[27] Ver os *Statuta Ecclesiae Antiqua*, I (de cerca de 475), que mencionam como requisitos para a eleição o "consensus clericorum e laicorum", o "conventus totius provinciae episcoporum" e a "metropolitani auctoritas vel prasentia".
[28] Sirício, Epístola 1 (do ano 385), in PL 13. 1131-1143.
[29] Inocêncio I (402-417), Epistolae 2; 5; 13; 25; 29-31, in PL 20, col. 472-582.
[30] Leão I (440-461), Sermo 4, in PL 54, col. 149-151: 2 "de toto mundo unus Petrus eligitur, qui [...] omnibus apostolis cunctisque ecclesiae patribus praeponatur [...]; transivit quidem in alios apostolos ius potestatis istius".
[31] Mateus 16,18 e Atos dos Apóstolos 23-26: sobre isso, ver adiante, neste mesmo capítulo.

bém para orientar o comportamento dos fiéis nos casos duvidosos e para resolver controvérsias entre cristãos: questões de ordem prática ligadas à vida da igreja e dos fiéis. É bastante significativo que, a partir do momento da escolha do novo décimo segundo apóstolo, Pedro tenha se inspirado em um preceito dos Salmos para a adoção do procedimento apropriado[32].

O florescimento da grande Patrística grega e latina dá testemunho de quão profundamente Orígenes e os padres orientais, Agostinho e os padres ocidentais perscrutaram os livros sagrados dos dois Testamentos [Simonetti, 1994]. O complexo das Escrituras formava para os Padres da Igreja um todo único, um conjunto coerente porque proveniente da revelação do Deus único [De Lubac, 1986]. No século V, os dois padres ibéricos, Etério e Beato, disseram eficazmente com uma única frase: "Todo o complexo dos livros da Sagrada Escritura forma um só livro."[33]

Naturalmente, os problemas de concordância entre os diversos trechos da Escritura surgiam a cada passo, não apenas entre o Antigo e o Novo Testamento, mas também no interior de cada uma das partes da Bíblia. Agostinho utiliza uma expressão muito significativa para indicar como superá-los: "Se a inteligência não nos assiste, as palavras divinas parecem contrastantes entre si."[34] Portanto, é necessário recorrer ao raciocínio para mostrar que as dissonâncias do texto sacro o são apenas aparentemente. E o critério básico está eficientemente expresso na formulação de origem patrística "diversi, sed non adversi" [De Lubac, 1951--1952]: a diversidade pode ser explicada de um modo que evite a contradição.

Veremos a grande importância que tudo isso veio a ter, mais tarde, no campo do direito.

3. O primeiro direito canônico

As questões religiosas e teológicas cruciais – nos primeiros séculos, as questões relativas à natureza humana e divina do Cristo, as questões sobre a relação entre as Pessoas da Trindade, mas também questões aparentemente menores, como a questão da liceidade ou iliceidade das imagens de Deus e de Cristo – foram submetidas às deliberações dos bispos reunidos em concílio. De todos os bispos (concílios ecumênicos) ou, no caso de questões pastorais e litúrgicas de alcance mais circunscrito, dos bispos de determinadas regiões da cristandade (sínodos locais). Os Concílios ecumênicos de Niceia, do ano 325, de Constantinopla, do ano 381, de Éfeso, do ano 431, e de Calcedônia, do ano 451, constituíram as pedras fundamentais da Igreja[35]. Como já ocorrera por ocasião daquele que a Igreja classifica como o primeiro concílio – que teve lugar em Jerusalém no ano 70 d.C. (Atos 15,6-29) –, considerava-se que, mediante a deliberação dos bispos reunidos, o Espírito Santo se exprimia. E logo também se multiplicaram os sínodos locais: no Oriente, na África, na Gália, na Itália, na Espanha [Gaudemet, 1979]. Desse modo, tomou forma uma fonte fundamental do direito canônico, constituída pelos cânones dos Concílios e dos sínodos, subordinada apenas à fonte suprema: a Sagrada Escritura, fruto da revelação divina.

É correto considerar [Calasso, 1954] que já com essas primeiras deliberações conciliares tenha nascido um direito próprio da Igreja, que forma a base do direito canônico: um direito certamente não estatutário, mas dotado de normas e de sanções. Entre as sanções, afirma-se precocemente a exclusão dos pecadores da eucaristia e a bem mais grave exclusão da comunidade de fiéis (*excommunicatio*, excomunhão). Muitas das características do direito canônico se reportam, como, aliás, é bastante natural, ao direito romano vivo nos séculos de formação

---

[32] Atos dos Apóstolos 1,15-25.
[33] "Tota Bibliotheca unus liber est, in capite velato in fine manifesto": para indicar a relação entre o Antigo e o Novo Testamento (Etério e Beato, *ad Elip*. 1. 99, in Migne, *Patrologia latina* [PL], 126. 956).
[34] "Litigare videntur divina eloquia: contraria putantut sonare *nisi adsit intellectus*" (Agostinho, *Sermones de Scriptura*, 24, 4, in PL 38. 164).
[35] *Conciliorum Oecumenicorum Decreta*, Ed. J. Alberigo *et alii*, Basileae-Freiburg-Roma, 1962, pp. 1-79.

da Igreja [Gaudemet, 1985; Landau, 1993]. A ligação entre os dois direitos permanecerá firme nos séculos posteriores.

A grandiosidade da construção jurídica do Império romano não passa despercebida a alguns dos contemporâneos, já convertidos à nova religião. E se é célebre a expressão do marselhês Rutílio Namanciano, que exaltou Roma porque ela transformara o mundo em uma única cidade[36], outros consideravam o Império como a condição providencial predisposta para criar a paz sob uma única lei, mas sobretudo para facilitar a missão universal dos apóstolos[37].

4. *Estado e Igreja*

No início do século IV, a relação dos cristãos com as instituições seculares passara por uma transformação radical. A religião cristã – depois de dois séculos durante os quais seus adeptos tinham sido ferozmente perseguidos, com a Igreja sendo considerada uma associação ilícita –, no período de menos de um século, torna-se, primeiro, tolerada, depois reconhecida por Constantino no ano 313 com o Édito de Milão, portanto dotada de privilégios, tendo garantida especialmente a isenção fiscal[38]. No ano 380, a religião católica foi declarada por Teodósio a única religião reconhecida e admitida nos limites do Império[39]. Anteriormente, a partir de Constantino, os imperadores cristãos se consideravam autorizados a intervir também em questões estritamente religiosas e, por vezes, teológicas, a ponto de tomar a iniciativa de convocar alguns dos concílios e de seguir seu desenvolvimento de perto, buscando influenciar ativamente as decisões ali tomadas.

A ligação surgida entre a Igreja e o Império no século IV explica como até na administração da justiça tenham se estabelecido tramas e relações muito particulares. Constantino outorgou aos litigantes escolher (de comum acordo) se seriam julgados pelo bispo ou pelo juiz leigo, governador da província[40]; e a sentença episcopal foi declarada inapelável e dotada de força executiva[41] [Vismara, 1995]; em matéria eclesiástica, foi assegurada ao bispo a jurisdição exclusiva[42]. Além disso, Justiniano estendeu o mesmo recurso em apelo autorizado ao governador da província ao bispo, cujo pronunciamento podia ser então reexaminado apenas pelo imperador[43]. Portanto, também foram reservadas aos bispos importantes funções civis.

A leitura dos escritos e das cartas dos grandes Padres da Igreja que também foram bispos – entre os quais Agostinho, Ambrósio, mais tarde Gregório Magno – confirma a multiplicidade dos papéis por eles desempenhados na sociedade civil, para dirimir conflitos e para orientar a justiça na direção dos valores cristãos, mesmo quando se tratasse da observância das leis seculares, que eles conheciam perfeitamente. Também podemos observar que alguns entre os maiores Padres da Igreja latina tinham recebido uma formação jurídica e tinham assumido (caso de Ambrósio, de Gregório) altas funções civis, na qualidade de funcionários do Império, antes de ser eleitos para o episcopado.

---

[36] "Orbem fecisti quod prius urbis erat": *De reditu*, lib. I, VV. 65-66.
[37] Assim Ambrósio, bispo de Milão, justifica a criação do Império por parte de Augusto: "ut recte per totum orbem apostoli mitterentur" (*Explanatio Psalmorum*, XII. 45. 21, PL 14. col. 1198); e o espanhol Prudêncio considera ser o Império obra do próprio Deus, o qual quereria que a religião mantivesse unidos os corações dos homens e que a própria lei tornasse todos romanos (*Contra Symmachum*, lib. II, VV. 586-604).
[38] Ver, por exemplo, Cod. Theod. 16. 2. 2 (do ano 319); Cod. Theod. 16. 2. 40 = Cod. Iust. 1. 2. 5 (do ano 412).
[39] Cod. Iust. 1. 1. 1.
[40] Cod. Theod. 1. 27. 1
[41] Cod. Theod. 1. 27. 2 = Cod. Iust. 1. 4. 8 (do ano 408).
[42] Cod. Theod. 16. 11. 1 (do ano 399).
[43] Nov. 86 do ano 539.

5. O princípio da separação

Surgia assim o problema (religioso, político, jurídico) dos limites recíprocos entre a autoridade do Estado e a da Igreja: um problema que, na era das perseguições, os cristãos haviam certamente enfrentado pelo respeito às leis romanas, mas recusando-se, até mesmo ao custo da própria vida, a render ao imperador um culto que reservavam exclusivamente a Deus, com base no fundamento do preceito evangélico: "O cristianismo dissociava, por assim dizer, o cidadão do crente" [G. Falco, 1963]. Essa distinção é de importância fundamental e assim permanecerá na história do cristianismo subsequente. Mas, a partir do momento em que o próprio imperador declarou-se seguidor de Cristo, a relação entre a Igreja e os poderes seculares tornou-se bem mais complexa e problemática, não sem reflexos sobre a própria vida religiosa[44]. Na metade do século IV, por exemplo, o imperador Constâncio podia afirmar resolutamente: "Tudo o que eu quero tem de valer como cânon da Igreja."[45] No oriente bizantino, formas de intervenção direta e de controle do Império sobre a Igreja ("cesaropapismo") foram constantemente mantidas no decorrer dos séculos.

Foi a Igreja do Ocidente que veio a traçar um limite nessa linha de frente. É célebre um episódio do ano 390 d.C.: o bispo de Milão, Ambrósio, ousou recusar a readmissão do imperador em pessoa na igreja enquanto Teodósio não tivesse se confessado pecador por ter ordenado uma represália feroz em Tessalônica[46]. Ambrósio fora um alto funcionário imperial antes de ser chamado, do modo mais inesperado e por aclamação popular, à cátedra episcopal. Mas era nítida para ele a distinção entre a esfera temporal, onde o imperador não tinha igual sobre a terra, e a esfera religiosa, diante da qual o imperador não devia se considerar diferente dos demais homens e, portanto, obrigado, como qualquer outro fiel, a respeitar os preceitos do evangelho e a autoridade conferida à igreja pelo próprio Cristo.

Um século depois, foi o bispo de Roma, o papa Gelásio I (492-496), que formulou em termos cristalinos uma teoria destinada a ter uma imensa aceitação. O reino e o sacerdócio, o imperador e o papa, escreveu Gelásio, constituem duas "dignidades distintas", não subordinadas entre si por serem, ambas, queridas pelo próprio Deus: uma para dirigir as coisas deste mundo, a outra para guiar, por meio da Igreja, a comunidade dos fiéis, sem ingerências recíprocas[47]. O texto gelasiano continuará a ser fundamental no Ocidente[48] [Ullmann, 1981], para muito além da era medieval.

O princípio da distinção, derivado de uma única passagem evangélica capital ("dai a César... dai a Deus...")[49], nunca mais desapareceu do horizonte da tradição ocidental. Ao longo de todo o período da história subsequente das relações entre Estado e Igreja, durante toda a Idade Média até a Idade Moderna e Contemporânea, houve sempre um contínuo questionamento quanto às fronteiras entre as duas esferas, que a evolução das ideologias e das instituições civis e eclesiásticas foi, pouco a pouco, repropondo em novos termos, com referência a questões e a matérias sempre diferentes, até nossos dias: do matrimônio às espécies de infração, da jurisdição à fiscalidade, do estatuto do clero às instituições políticas.

---

[44] Os perigos reais dessa sustentação do poder secular eram bem claros para alguns Padres da Igreja: entre outros, São Jerônimo escrevia no século IV que "postquam [ecclesia] ad Christianos principes venerit, potentia quidem et divitiis maior, sed virtutibus minor facta est" (vita s. Malchi, in PL 23, col. 55).

[45] Atanásio, *Historia Arianorum* 33 (por volta de 358), in PG 25. 731.

[46] Ambrósio, *Epistolae*, 51 (PL 16. 1209-14); Paulino, *Vita Ambrosii* 24 (PL 14. 38).

[47] Na carta do ano 494 ao imperador de Constantinopla, Atanásio, Gelásio escreve: "Duo quippe sunt, imperator Auguste, quibus principaliter mundus hic regitur: auctoritas sacrata pontificum et regalis potestas" (*Epistolae Romanorum Pontificum*, ed. Thiel, Brunsbergae, 1867, vol. I, p. 350). E no *Tractatus* 4. 11: "Christus memor fragilitatis humanae [...] sic actionibus propriis dignitatibusque distinctis officia potestaris utriusque discrevit [...] ut et Christiani imperatores pro aeterna vita pontificibus indigerent, et pontifices pro temporalium cursu rerum imperialibus dispositionibus uterentur [...] (ed. Thiel, p. 568; PL 59. 102).

[48] Essa passagem foi, entre outras coisas, acolhida no Decreto de Graciano do ano 1140 (D. 96 c. 10).

[49] Mateus 22,21; Marcos 13,17; Lucas 20,25.

Por razões históricas muito distintas, uma delimitação análoga das respectivas fronteiras entre o âmbito religioso e o secular não se encontra nem na civilização judaica, nem na islâmica, nem nas civilizações orientais da China e do Japão e, nem mesmo, como foi dito, na Bizâncio cristã. O princípio da distinção entre a esfera religiosa e a esfera civil pode realmente ser considerado uma característica fundamental e específica da civilização europeia e de seu direito.

6. A Regra beneditina

O encontro entre a civilização primitiva dos germanos com a civilização mais complexa e amadurecida do Império tardio foi fecundado, também no campo do direito, pela profunda influência exercida pelo cristianismo. As ásperas divisões que desde o século IV se verificavam no interior da nova religião – particularmente, a divisão entre cristianismo ariano e cristianismo católico – prolongaram-se durante séculos também no Ocidente, mas o vínculo com o papado católico no Ocidente prevaleceu, como vimos, tanto na Gália dos francos como na Espanha visigótica ou na Itália lombarda, como também nas terras mais recentemente cristianizadas da Irlanda e da Inglaterra. Não se pode esquecer que se deve inteiramente à Igreja o fato de os testemunhos escritos pela civilização antiga terem chegado até nós: os códices que transmitiram os textos poéticos, filosóficos, históricos e científicos da Grécia clássica e de Roma foram transcritos, sem exceção, por clérigos e monges da Alta Idade Média e só foram conservados porque foram guardados durante séculos pelas bibliotecas das igrejas e dos mosteiros do Ocidente e do Oriente.

Entre as forças espirituais que agiram como um fermento em cada estrato social no interior dos novos reinos germânicos e na extensão de todo o período da Idade Média, o monaquismo teve uma importância particular, também para o mundo do direito. Nascido no Egito no século III, o monaquismo se difundiu na Europa ocidental por impulso de monges quase sempre provenientes de longe: do Oriente bizantino, da África, da Irlanda. A partir do ano 529, um cenóbio monástico surgiu em Cassino, fundado por um monge nativo de Núrsia, Bento. A Regra que ele ditou no século VI[50] assumiu um papel proeminente em toda a Europa, com uma extraordinária multiplicação de mosteiros de obediência beneditina nos séculos posteriores.

É de notar na Regra a exata organização prescrita para a vida monástica. Uma disciplina muito rígida de oração e de trabalho ("ora e trabalha")[51]dá ritmo ao dia e à noite dos monges[52]. O trabalho manual é acompanhado pelo trabalho intelectual, como atestam exatamente, entre outros, os muitos códices por eles transcritos. São princípios cardeais para os monges a obediência[53], a pobreza – os monges não podem, entre outras coisas, possuir nada em caráter pessoal[54] – e a castidade. O mosteiro é dirigido por um abade que os monges elegem perpetuamente por meio de uma votação, em razão de suas qualidades pessoais, não por ancianidade[55]. E se estabelece que na eleição deve votar a "maioria mais sadia" (*maior et sanior pars*) da comunidade[56]. A autoridade do abade deve ser exercida no interesse da comunidade[57]. Aqui fica

---

[50] S. Bento, *Regula*, ed. R. Hanslik, Vindobonae, 1977.
[51] S. Bento, *Regula*, 48.
[52] S. Bento, *Regula*, 8-20.
[53] S. Bento, *Regula*, 5; 68 (ordens impossíveis); 71.
[54] S. Bento, *Regula*, 33: "ne quis presumat aliquid habere proprium, nullam omnino rem, neque codicem, neque tabulas [...]. Omnia omnium sint communia".
[55] S. Bento, *Regula*, 64. 2: "merito et sapientiae doctrina eligatur [...], etiam si ultimus fuerit in ordine congregationis".
[56] S. Bento, *Regula*, 64. 1: "in abbatis ordinatione illa semper consideretur ratio, ut hic constituatur quem sive omnis concors congregatio secundum timorem Dei, sive etiam pars quamvis parva congregationis saniore consilio elegerit". Posteriormente, esta fórmula, que se tornou clássica no direito canônico medieval [E. Ruffini, 1976], foi exaustivamente discutida. Ela parece querer dizer (cf. o que ficou estabelecido na *Regula* 64. 3-6) que a presença, entre os monges, de sujeitos reprováveis ou maculados de culpas não deve ser determinante no cômputo dos votos.
[57] S. Bento, *Regula*, 64. 8: "sciat [...] sibi oportere prodesse magis quam praesse".

clara a derivação do preceito evangélico, que exprime e exalta uma ideia nova: o poder concebido como serviço[58].

7. Gregório Magno

Monge beneditino – e também primeiro biógrafo de São Bento –, Gregório Magno foi um personagem romano de família patrícia, ex-funcionário imperial, tendo ascendido com apenas 30 anos ao importante cargo de prefeito de Roma (*praefectus urbi*), mas se retirou para a vida monástica no ano de 575. Eleito em 590 para o cargo de bispo de Roma, o papa Gregório I desenvolveu nos catorze anos de seu pontificado uma obra incansável de orientação e de disciplina do clero e da igreja, em um período particularmente difícil, porque os lombardos tentaram, em diversas ocasiões, apoderar-se das terras da Igreja. Da lavra de Gregório, restam não apenas os escritos pastorais e morais, redigidos em sua maioria nos anos anteriores, obras que se situam entre as mais lidas e amadas da Idade Média ocidental, mas também o *Registro* das cerca de 800 cartas[59], que mais tarde entrarão em grande número nas coletâneas de direito canônico[60].

Tanto nos escritos quanto nas cartas, Gregório Magno discute e resolve grande quantidade de questões de exegese, mas também de prática religiosa, a serviço do clero e dos fiéis. Mesmo nas questões jurídicas, seu juízo é seguro e particularmente atento a solicitar a coleta de elementos de prova antes de ele se pronunciar. Ali se vê o respeito pela distinção entre a esfera secular e a esfera religiosa, de modo que se observem tanto as *leges* quanto os *canones*. E ali se vê o esforço de reconduzir a solução aos ditames da Sagrada Escritura: de fato, a regra ética de conduta deve ser extraída do texto sagrado, pois ele contém os preceitos dados pelo próprio Deus ao homem e por Cristo, à Igreja. O método consiste em reconduzir uma questão duvidosa a um texto da Escritura, oportunamente interpretado mesmo com referência contextual a outras passagens e preceitos[61]: é desse modo, por exemplo, que Gregório Magno se prepara para responder a uma série de quesitos que lhe são dirigidos pelo monge Agostinho, enviado pelo papa para evangelizar a Inglaterra[62].

É um método que, surgido da atividade hermenêutica dos grandes Padres da Igreja do Oriente e do Ocidente, foi utilizado por Gregório Magno, mas só em questões de natureza pastoral e religiosa, não nas questões jurídicas, nas quais ele simplesmente se remete às leis e aos cânones, sem especificações ulteriores[63]. Esse método será, ao contrário, como veremos, adotado e desenvolvido no século XII como instrumento fundamental da nova ciência jurídica.

---

[58] Marcos 9,35: "si quis vult primus esse, erit omnium novissimus et omnium minister".

[59] *Registrum epistolarum*, ed. Edwald-Hartmann, in MGH *Epistolae* I, Berolini 1957, 2 vols.; ed. Nørberg, Turnholti, 1982, 2 vols. (CCL, 140).

[60] No Decreto de Graciano, de 1140, figuram cerca de 250 passagens extraídas do Registro.

[61] Nesse sentido, o *Registrum epistolarum*, 3.62 é explícito: é preciso entender uma passagem "ex locis circumstantibus".

[62] Uma das questões refere-se à aplicabilidade de um versículo do Levítico (que considerava impura a puérpera por um período de várias semanas depois do parto, de forma que Agostinho apresentava ao papa a questão de se a puérpera cristã podia entrar na igreja imediatamente depois do parto); Gregório Magno responde que sim, contra a letra do Levítico, evocando outras passagens das quais se depreendia que ninguém pode sofrer uma pena sem culpa, e o parto não é uma culpa: *Libellus responsionum ad Augustinum episcopum*, Ed. in *Registrum epistolarum*, MGH Epistolae lib. XI, 56a (vol. II, p. 331-43). O *Libellus* não faz parte do Registro, mas pode ser considerado autêntico. A referência e a interpretação de passagens da Escritura para orientar a conduta religiosamente correta são frequentes no Registro: ver, entre tantas passagens, *Registrum* II. 44; III. 52 (alimentação e jejum).

[63] Ver, por exemplo, *Registrum epistolarum* (ed. Norberg), I. 9; I. 41; I. 59; III. 55; IV. 43, com referências a leis seculares e a cânones conciliares.

8. *Os penitenciais*

Também o monaquismo irlandês desempenhou nesses séculos um papel importante, não só no plano religioso. Os seguidores de São Columbano provenientes da Irlanda espalharam-se pelo continente, fundando inúmeros mosteiros, entre os quais Bobbio na Itália, Luxeil na França, São Galo na Suíça. Os monges irlandeses desenvolveram, desde o século VI, um gênero literário particular, o penitencial[64], no qual se prescrevia para uso do clero, diante de cada pecado, a penitência correspondente, atentamente graduada de acordo com a gravidade do pecado cometido: jejum, castidade, abstinências sexuais, mas também compensações pecuniárias. A partir da era dos penitenciais, afirmava-se a confissão secreta diante do sacerdote, individual e reiterável, que vinha gradualmente substituindo a confissão originária, solene e pública, admitida uma única vez na vida.

É interessante o fato de que nos penitenciais irlandeses – que para as "tarifas" das penitências remetem-se aos modelos germânicos – a imposição da pena espiritual não se dá em função do simples fato cometido, mas da intenção daquele que o cometeu[65]. Enquanto nos costumes germânicos tanto o direito de vingança quanto a multa decorriam do fato objetivo – sem por isso distinguir entre caso fortuito, culpa e dolo –, nos penitenciais, ao contrário, o elemento subjetivo, ou seja, a intenção de quem comete o ilícito, é considerado relevante para os fins da sanção espiritual: uma atitude que, mais tarde, abrirá caminho no direito penal secular.

---

[64] *The Irish Penitentials*, ed. L. Bieler, Dublin, 1975; *Die Bussordnungen der abendländischen Kirche*, Graz, 1958. Os penitenciais mais antigos são de origem irlandesa (por exemplo, o de Fineano, do século VI), enquanto outros provêm da Inglaterra: no século VII os de Cumeano e de Teodoro, no século VIII os de Beda e de Egberto.

[65] Desse modo, por exemplo, um penitencial irlandês distingue, a propósito do homicídio: "si quis clericus homicidium fecerit [...] si autem subito occiderit et non ex odio [...]" (*Penitentiale Vinneani*, 23-24, ed. Bieler, *The Irish Penintentials*, pp. 80-2).

3. O direito dos reinos germânicos

1. *As origens*

Os germanos possuíam, havia muitos séculos, seu próprio direito, em parte comum a todos, em parte específico de cada uma das estirpes. Os traços relevantes são lucidamente descritos por Tácito na célebre *Germania*, um texto fascinante, também por sua sintética brevidade, escrito em fins do século I d.C. Três séculos depois, às vésperas das migrações para o Ocidente, tais características ainda não tinham sido substancialmente alteradas. As estirpes germânicas eram constituídas de muitos povos nômades, desacostumados a se demorar no mesmo lugar, e isso explica por que não praticavam a agricultura intensiva, dando preferência à caça e ao butim de guerra[66] como fontes primárias de sustento. Portanto, a propriedade imobiliária lhes era desconhecida, mesmo que no tempo de Tácito os campos fossem distribuídos anualmente com base na autoridade social[67]. Eram povos guerreiros, para os quais a luta e a coragem para a batalha constituíam valores essenciais: Tácito escreveu: "Eles têm como sinal de preguiça prover-se a si mesmo com o suor da fronte aquilo que se pode obter com sangue."[68]

O exército em armas era a estrutura pública única e fundamental. Com o alistamento no exército, os homens alcançavam, depois da puberdade, o estado de adultos emancipados do poder paterno. Só durante períodos mais delicados é que o povo escolhia um rei. Era mais frequente ver os cidadãos honoráveis dentre o povo, os chefes militares pertencentes às famílias mais respeitadas, proporem as alternativas que depois a assembleia em armas aprovava batendo a lança contra o escudo[69]: um ordenamento militar e civil fundado na assembleia dos soldados, que ainda assim não constitui uma sociedade de iguais [Much, 1967], porque Tácito menciona a *nobilitas* da linhagem e a autoridade dos *principes*[70]. A família – que compreendia em sentido amplo os descendentes de um chefe comum e era composta de vários núcleos familiares, que formavam um clã, unido em tudo e até na disposição na batalha[71] –, por sua vez, caracterizava-se pela propriedade comum dos bens móveis: especialmente os animais domésticos, essenciais em uma sociedade de nômades. O testamento não era um instrumento conhecido, porque vigorava apenas a sucessão legítima[72]. Os pastos eram algo comum a toda a população. A mulher, mesmo sendo profundamente respeitada e cuidadosamente tutelada, não era sujeito de direito, nem possuía autonomia de ação, a não ser assistida pelo pai ou por um irmão, se ainda solteira, ou pelo marido, se fosse casada. O matrimônio constituía uma venda da esposa à família do esposo, com rituais diversos que comportavam de

---

[66] César já escrevera acerca dos germanos: "Vita omnis in venationibus atque in studiis rei militaris consistit [...]; agri culturae non student" (*De bello gallico*, 6. 21-22).
[67] Tácito, *Germania*, 26 [a respeito do qual cf. Much 1967; Thompson 1969].
[68] Tácito, *Germania*, 14.
[69] Tácito, *Germania*, 11: "Rex vel princeps audiuntur auctoritate suadendi magis quam iubendi potestate. Si displicuerit sententia, fremitu aspernantur, sin placuit, frameas concutiunt."
[70] Tácito, *Germania*, 7: "Reges ex nobilitate, duces ex virtute sumunt"; cf. *Germania* 25.
[71] Tácito, *Germania*, 3; 7.
[72] Tácito, *Germania*, 20.

qualquer forma uma troca de bens móveis para fornecer à nova família os recursos necessários, a título respectivamente de dote por parte da família da esposa e de doação nupcial por parte do esposo[73].

Ofensas de todos os tipos feitas aos indivíduos eram reparadas com o legítimo recurso à vingança particular – as amizades e as inimizades entre grupos parentais eram um vínculo ineludível[74] –, portanto sem a intervenção da comunidade. Mas, já no tempo de Tácito, era possível reparar as ofensas sofridas – mesmo as mais graves, como o homicídio – com composições patrimoniais calculadas *in natura*, geralmente, em cabeças de gado[75]. A justiça era administrada por chefes eleitos no exército[76]. Parte da pena pecuniária era paga à família do ofendido, parte, ao rei ou à comunidade[77]. E os raros processos tratados em público e punidos com a pena capital, aplicada aos traidores e aos desertores[78], baseavam-se preponderantemente no ordálio, no juízo de Deus, isto é, eram decididos invocando-se a intervenção do sobrenatural para definir o certo e o errado: o duelo judiciário tinha essa natureza [*La giustizia*, 1995]. Devemos levar em conta que, para uma sociedade que acredita no sobrenatural, as provas ordálicas podem ser tudo, menos incapazes de determinar o certo e o errado: isso é claramente mostrado pela práxis da Alta Idade Média, quando uma parte, convidada a prestar o juramento que os juízes lhe ordenam, juramento que lhe atribuiria a vitória em juízo, declara "não ousar": "ausus no fuit iurare"[79].

Talvez essas poucas indicações sejam suficientes para mostrar a natureza das relações jurídicas próprias das populações germânicas na fase histórica que precedeu as sedentarizações no Ocidente. As regras de direito eram para elas, sem exceção, regras consuetudinárias. Nem podia ser de outro modo, visto que elas não conheciam a escrita. Mas nem por isso eram regras menos obrigatórias. É Tácito ainda quem escreve que, junto aos germanos, os costumes eram mais respeitados que, junto a outros, as boas leis[80].

Portanto, o direito dos germanos certamente apresenta aspectos fundamentais que são comuns desde a era anterior às sedentarizações no Ocidente. Todavia, a concepção de uma uniformidade plena, já sustentada no passado por alguns estudiosos, não corresponde aos dados apresentados pelas fontes. Havia diferenças, e significativas [Kroeschel I, 1980]. E houve intercâmbios e contatos recíprocos, como o demonstrou o exame comparado das leis que os diferentes povos estabeleceram do século VI ao século IX. Geralmente essas diferenças e essas influências são reveladas mais pela prática que pelas leis. Por exemplo, os juízes de Deus são uma constante do processo primitivo dos germanos, mas durante séculos os lombardos privilegiaram o duelo judiciário, os anglo-saxões, as provas ordálicas da água e do fogo.

A irrupção repetida e incontrolável de numerosos núcleos de populações de estirpe germânica dentro dos limites do Império romano constituiu, nos séculos V e VI, uma das razões de sua crise e de sua queda no Ocidente. Quando esses povos, com ou sem o consentimento imperial, fixaram-se estavelmente em muitas regiões do Império, criando uma série de novos domínios – os reinos germânicos –, todo o ordenamento do direito assumiu características distintas. E as consequências históricas dessa mutação foram profundas e permanentes. Não por acaso muitas das regiões históricas da Europa – da Borgonha à Baviera, da Lombardia à

---

[73] Tácito, *Germania*, 18.
[74] Tácito, *Germania*, 21: "Suscipere tam inimicitias seu patris seu propinqui quam amicitias necesse est."
[75] Tácito, *Germania*, 21: "Luitur enim homicidium certo armentorum ac pecorum numero recipitque satisfactionem universa domus."
[76] Tácito, *Germania*, 20.
[77] Tácito, *Germania*, 12: "Pars multae regi vel civitati, pars ipsi qui vindicatur vel propinquis eius exsolvitur."
[78] Tácito, *Germania*, 12.
[79] Isso não era incomum. Cf., por exemplo, o processo de Spoleto, do ano 777, in C. Brühl (org.), *Codice diplomatico longobardo*, IV/1, Roma, 1981, n. 29, p. 86.
[80] Tácito, *Germania*, 19: "Plusque ibi boni mores valent quam alibi bonae leges": com evidente alusão e crítica à Roma de seu tempo.

Saxônia, mas também reinos inteiros como a França e a Inglaterra, além naturalmente da própria Alemanha – tomam seu nome moderno do nome das estirpes germânicas que ali estabeleceram suas sedes no ocaso do mundo antigo.

2. *A pessoalidade da lei*

Os visigodos que se apossaram da Gália meridional e, mais tarde, de parte da Península Ibérica[81], os burgúndios que ocuparam a região entre Genebra e Lyon[82], os francos estabelecidos na Gália setentrional em 481, os lombardos que desceram para a Itália em 568, os anglos e os saxões desembarcados na Inglaterra no século VI e os outros povos germânicos que se tornaram donos de vastos territórios, passaram a governar populações que até então haviam vivido segundo o direito romano, ao passo que eles, os dominadores, praticavam, como vimos, costumes completamente diferentes.

A radical mutação induzida pelas fixações territoriais e pela criação de reinos independentes criou, portanto, problemas árduos para o controle dos territórios ocupados, onde viviam populações já submetidas, mas muito mais numerosas em relação à minoria dos conquistadores. E criou também o problema de como manter uma tradição jurídica à qual cada estirpe germânica estava fortemente ligada, pois, durante séculos, representara a identidade e os valores compartilhados por aquelas populações. A presença, no território, de um sistema normativo tão articulado e maduro, como era o caso do direito romano, criava, por sua vez, para os núcleos dos novos dominadores, um constante e incontornável terreno de confronto. Assim se explica a decisão de manter a distinção entre o direito dos vencedores e o direito dos vencidos. Uns mantiveram vivas, tanto quanto possível, as próprias tradições jurídicas nacionais. Aos outros foi permitido continuar a regulamentar as próprias relações jurídicas de acordo com as regras romanas, à exceção das relações de subordinação às novas autoridades. Em um mesmo ordenamento, dentro de um mesmo reino, passou-se assim a reconhecer a legítima coexistência de uma pluralidade de direitos, cada um dos quais aplicável a uma etnia específica: esse é o princípio da "pessoalidade da lei", fundamental nessa fase histórica. E ele se tornou possível também pelo fato de as relações jurídicas entre as etnias – antes de tudo entre os vencidos e os vencedores: matrimônios mistos, contratos, negócios – terem sido por muito tempo quase inexistentes.

Contudo, o princípio não se aplicava às disposições fundamentais do direito público, que asseguravam aos novos dominadores o controle do território e a segurança do comando: particularmente não se aplicava às regras sobre a ordem interna e o ordenamento judiciário. Por outro lado, pode-se observar que a relação entre os novos dominadores e a população do Império foi tudo, menos homogênea nos diversos reinos. O próprio princípio da pessoalidade da lei conheceu exceções importantes, por exemplo, no reino visigodo.

Também com a intenção de assegurar uma fundamentação suficientemente sólida e uniforme dos costumes, em tempos e modos tão diferenciados, cada um dos novos reinos dotou-se, pela primeira vez, de textos de leis escritos, nos quais a tradição nacional era explicitada de modo variado e integrada a novos elementos, em parte extraídos justamente do direito dos vencidos. É altamente significativo que essas leis tenham quase sempre adotado a língua latina, ainda que seu conteúdo fosse e pretendesse ser de matriz genuinamente germânica.

---

[81] O reino visigodo durou três séculos, de 418 a 711; depois da derrota infligida pelos francos em 507, a capital foi deslocada, em 554, de Toulouse para Toledo; o reino cai com a conquista da Península Ibérica pelos islâmicos.

[82] O reino burgúndio, criado em 443, cessou com a conquista por parte dos francos, em 534.

3. O direito visigótico

Os primeiros a se aventurarem no difícil dever de legislar foram os visigodos. E é interessante registrar que suas mais destacadas codificações foram majoritária, quando não exclusivamente, inspiradas no direito romano pós-clássico. Isso vale para o Código de Eurico (476--479)[83] e para o Breviário de Alarico (*Lex Romana Visigothorum*, de ano 507)[84], este último composto exclusivamente de constituições extraídas do Código Teodosiano, das pós-clássicas Sentenças de Paulo e de outros textos menores, acompanhados de resumos e comentários breves, eles mesmos, em sua maioria, pré-visigóticos: textos quase sempre distanciados do direito oficial e alinhados à práxis da época, ou seja, típicos daquele que foi classificado como o "direito romano comum". O Breviário exerceu duradoura influência no território da Gália (tornada, então, Reino dos Francos, de onde França) e também na Itália lombarda da Alta Idade Média, terras que permaneceram alheias, como vimos, ao direito justiniano.

Só em uma segunda fase a legislação visigótica assumiu maior originalidade. O rei Leovigildo refundiu o Código de Eurico em fins do século VI, acrescentando-lhe não poucas leis, recuperando também elementos da tradição nacional visigoda e germânica, por exemplo, com a previsão da composição pecuniária para alguns delitos[85]. No século VII, Chindasvindo (642--653) e, sobretudo, seu filho, Reccesvindo (649-672) – a capital do reino fora transferida nesse ínterim para Toledo, na Espanha – dotaram o reino de um texto de leis (o *Liber indiciorum*, em 12 livros)[86], que reproduzia o texto de Leovigildo, mas integrando a ele numerosas normas novas, por exemplo, o tema da apelação[87]. Mantém-se no código a marca romanística [Petit, 2001, p. 334], são recuperados outros costumes de derivação germânica e se impõe o texto assim estabelecido a todos os súditos, sem distinção de estirpe[88]. Os matrimônios mistos vinham sendo admitidos desde o século VI[89].

Também se podia perceber na legislação visigótica a influência religiosa e eclesiástica, parcialmente inspirada nos escritos do grande bispo Isidoro de Sevilha [Thompson, 1969]. Algumas leis de Chindasvindo e de Reccesvindo – que exortam os juízes a "temperar um pouco a severidade das leis"[90], ou possibilitam anular um contrato firmado por temor ao rei[91] – revelam a influência eclesiástica. E, no reino visigodo, foi composta uma das mais importantes coletâneas de direito canônico da Alta Idade Média, a *Hispana*[92].

Mesmo depois que, no ano 711, o Reino de Toledo foi abatido pelo forte ataque do Islã, o *Liber iudiciorum* sobreviveu – até a reconquista cristã e o renascimento do direito justiniano do século XII – como texto normativo para a população não árabe da Península Ibérica. Em algumas regiões, como por exemplo a Catalunha, a continuidade de sua aplicação é claramente atestada pelos documentos [Iglesia Ferreirós, 1977]. O mesmo ocorrendo em outras regiões da Península. Parece até que, em relação à população muçulmana, uma parte das regras do *Liber* se consolidou, ao passo que, por sua vez, o direito islâmico exerceu influência em algumas matérias, por exemplo, no tema das águas e dos regimes agrários [Tomás y Valiente, 1984, p. 133].

---

[83] A. d'Ors, *El Codigo de Eurico*, Roma-Madri, 1960.
[84] *Lex Romana Visigothorum*, org.: G. Haenel, reed.: Aalen, 1962.
[85] *Leges Visigothorum* [nota seguinte], 7. 3. 3 *antiqua*. Para o delito de plágio cometido contra o filho de um livre: a *Lex Romana Visigothorum* prescrevia a pena capital de derivação teodosiana, ao passo que Leovigildo dá ao ofendido a escolha entre matar o culpado e a composição pecuniária.
[86] *Leges Visigothorum*, org.: K. Zeumer, in MGH, Legum sectio I, vol. I, Hannover-Leipzig, 1902. Na edição, as disposições de Leovigildo são denominadas "antiquae".
[87] *Leges Visigothorum*, 2. 1. 24; 2. 1. 30 [cf. Petit 1997].
[88] *Leges Visigothorum*, 2. 1. 10, de Reccesvindo.
[89] *Leges Visigothorum*, 3. 1. 1 *antiqua*.
[90] "Severitatem legis aliquantulum temperare": *Leges Visigothorum*, 12. 1. 1, de Chindasvindo.
[91] *Leges Visigothorum*, 2. 1. 29, de Reccesvindo.
[92] Org.: Gonzales, In: PL 84. 93-848 [cf. Martínez-Diez 1966-1982].

4. A Lei Sálica

Entre o fim do século V e os inícios do século VI, um personagem de relevo excepcional, Clodoveu, rei do povo germânico dos francos, depois de atravessar o Reno, ocupou a vasta região entre o Reno, o Sena e o Loire e criou o Reino Franco, conseguindo depois estabelecer-se também no sul da Gália, depois de ter vencido os visigodos em 507. No ano de 534, o Reino dos Burgúndios foi derrotado, com os francos estendendo seu domínio à região do Ródano. Exatamente nesses anos (507-511), Clodoveu – que nesse ínterim, por impulso de sua mulher, a princesa burgúndia Clotilde, convertera-se ao catolicismo de obediência ariana primitiva, o que constituía um acontecimento de importância máxima para a história não apenas religiosa, mas política da Europa – promoveu a aprovação oficial de um texto de leis que se situa entre os monumentos do direito medieval europeu, o *Pactus Legis Salicae*[93].

O conteúdo do *Pactus* deriva, em grande parte, de uma era ainda mais antiga, bastante anterior à criação do reino, e reproduz bastante fielmente os costumes jurídicos dos francos sálios (o outro ramo da mesma etnia era constituído pelos ripuários): é o que revelam muitas normas da lei, que em grande parte é construída como um catálogo de sanções pecuniárias relativas aos diversos ilícitos possíveis. Vê-se ali, portanto, a intenção de substituir a vingança originária pela *compositio* – note-se que a Lei é escrita em língua latina, mesmo estando entremeada de termos germânicos, nos pontos que o latim não conseguia exprimir –, ou seja, por uma sanção já monetariamente quantificada. A gênese do texto é, portanto, consuetudinária, mas é importante observar que, por sua vez, os costumes expressos tinham sido, por assim dizer, criados ou atualizados por alguns "sábios", cujos nomes são registrados pelo *Pactus* e que tinham decidido uma série de casos judiciais segundo as regras que depois tinham registradas por escrito [Guillot, 1988]. Um caso que remonta a uma era bastante anterior à de Clodoveu.

A economia pressuposta pela Lei Sálica ainda se baseia prioritariamente em um modo de vida nômade (há pouca coisa ali sobre a posse imobiliária, nada sobre a ocupação ilícita de terras), com atenção particular para as questões ligadas aos animais domésticos, como atestam, entre outras, as minuciosas disposições sobre cerca de cinco distintas categorias de suínos[94]. Em caso de homicídio, as compensações pecuniárias são diferenciadas, a depender de se o ato de matar foi público ou oculto[95], além de a vítima ser um homem ou uma mulher[96], um militar em guerra ou um civil, ou um seguidor do rei, ou ainda um franco ou um romano, e entre esses um proprietário ou um simples colono[97]. É evidente que as últimas distinções remontam à recente era de estabelecimento na Gália e à criação do reino, mas as outras são certamente bem mais remotas. Costumes arcaicos permeados de elementos mágicos, certamente pré-cristãos, governam também as relações familiares, como, por exemplo, na responsabilidade solidária entre a linhagem materna e a paterna para as sanções pecuniárias[98]. E também a disposição que exclui a mulher do direito de herança à "terra sálica"[99] – séculos mais tarde evocada para disciplinar a sucessão ao trono dos únicos descendentes varões do rei – refere-se a costumes antigos. O tecido das disposições do *Pactus* é certamente antigo, mas há ali também aspectos que atestam uma elaboração menos primitiva, como, por exemplo, o

---

[93] *Pactus Legis Salicae*, org.: K. A. Eckhart, in MGH, Legum sectio I, vol. IV.1, Hannover, 1962.

[94] *Pactus Legis Salicae*, 3; 4; 5; 6.

[95] *Pactus Legis Salicae*, 41 §§ 2; 4. A maior sanção para o delito oculto é típica também de outras leis germânicas, como a lombarda.

[96] *Pactus Legis Salicae*, 24: a sanção é triplicada no caso de assassinato de uma mulher ou de uma criança: 600 soldos em vez de 200.

[97] *Pactus Legis Salicae*, 41 §§ 1; 9; 10: a *compositio* é de 200 soldos pelo assassinato de um franco, de 100 pelo de um *possessor* romano, de 62 pelo de um colono romano.

[98] *Pactus Legis Salicae*, 58.

[99] *Pactus Legis Salicae*, 59 § 6: "De terra vero salica nulla in muliere hereditas est, sed ad virilem sexum, qui fratres fuerint, tota terra pertineat". Mas não se tem certeza de se as mulheres estavam excluídas de toda e qualquer sucessão imobiliária [Lévy-Castaldo 2002, p. 1106].

tema da prova testemunhal. Não faltam sinais de intervenções normativas atribuídas à vontade do rei Clodoveu, que nos anos posteriores à aprovação do *Pactus* intervirá com novas normas importantes, assim como seus sucessores também intervirão com outros Éditos[100].

5. O direito lombardo

Bem distinto foi o caso das fontes do direito no reino lombardo. Após terem descido para a Itália no ano 568, os lombardos – povo de origem escandinava, mas que posteriormente se transferiu para a Panônia, na atual Hungria – conseguiram, depois de três anos de assédio, sob a guia do rei Alboíno, expugnar Pavia, a antiga capital do reino ostrogodo na era de Teodorico e que se tornou a capital do novo reino. Um reino que, naquela época, ampliou-se para a Itália setentrional e central, até Spoleto e Benevento, dividido em trinta territórios, dirigidos por igual número de duques. É de notar a adoção do termo militar tardo-antigo *dux* para indicar uma autoridade completamente diferente em relação à autoridade bizantina de igual denominação, pois o duque lombardo – de modo análogo ao conde franco, cujo nome tem a mesma origem militar romana: *comes* – exercia simultaneamente o poder militar, civil e judiciário. E caracterizava-se por uma forte autonomia com relação ao rei e pela gênese familiar e militar de seu poder, segundo a tradição germânica.

Três quartos de século hão de transcorrer para que, no ano 643, um lombardo, o rei Rotário, assuma a iniciativa de mandar codificar os costumes de seu povo, visto que anteriormente eles jamais tinham sido registrados por escrito. E, como já acontecera com os visigodos e os francos, a língua usada foi o latim: a língua dos vencidos, considerada evidentemente mais apta para exprimir com exatidão os conteúdos de um direito que, não obstante, apresentava quase nada de romano. O Édito de Rotário[101], assim como anteriormente a Lei Sálica, em grande parte de seus 388 capítulos, também é dedicado à especificação das penas infligidas por algum possível ato ilícito, com uma enumeração analítica do total de cada uma, com base na gravidade do dano e que chega até a diferenciar a multa pela fratura de cada um dos dedos da mão[102]. As multas eram divididas: metade para o ofendido ou para sua família, metade para o rei[103]: um sinal do caráter já em parte público do sistema de sanções. Ressalte-se que, coerentemente com o princípio da pessoalidade da lei, Rotário quis que o Édito fosse aplicável exclusivamente à população lombarda do reino, não aos romanos.

Ao lado do núcleo principal das normas de origem consuetudinária, o Édito de Rotário contém ainda importantes disposições estabelecidas pelo rei para a salvaguarda do poder monárquico. A pena capital para quem atentasse contra a vida do rei[104], a proibição de migrações internas[105], a impunidade para quem cometesse homicídio por ordem do rei[106] e ainda outros dispositivos têm certamente essa origem. É sem dúvida significativo que, no prólogo, algumas frases sejam literalmente extraídas dos textos justinianos[107], mesmo em se tratando de um contexto germanizante, que inclui não poucos termos próprios da linguagem dos lombardos: os hábitos da estirpe (*cavarfrede*), a composição pecuniária por homicídio (*wergelde*), a vingança (*fehde*), o dote levado pela esposa (*faderfio*, dinheiro do pai), a doação nupcial do marido (*morgengabe*, dom da manhã), além de muitas outras. Entre os meios de prova, os

---

[100] *Capitularia* I-VI, ed. in MGH, Legum sectio IV.1, pp. 238-50.
[101] Rotário, *Edictum*, org. Bluhme, in MGH, Leges IV, *Edicta regum Langobardorum*, Hannover, 1868, reed.: 1969. Texto com tradução italiana e notas: *Le leggi dei Longobardi*, org.: C. Azzara e S. Gasbarri. Milão, 1992, nova ed.: Roma, 2004.
[102] Roth. 114-118.
[103] Roth. 9, 13; 18; 19 et passim.
[104] Roth. 1.
[105] Roth. 177.
[106] Roth. 2; cf. Roth. 11.
[107] Da Nov. 7 de Justiniano.

únicos listados são o duelo e o juramento; quem fosse acusado de um ato ilícito podia se justificar mediante um juramento de "purificação" ("se eduniare") de doze "sacramentais", cinco dos quais escolhidos pelo acusador e cinco pelo acusado, que a eles se junta como sexto[108]: era necessário haver unanimidade entre os doze para se alcançar o efeito liberatório[109]. Trata-se de um procedimento arcaico, só parcialmente verificável na práxis judiciária daquele tempo: nas sentenças lombardas que chegaram até nós, o duelo já não figura mais, ao passo que o juramento não segue exatamente a normativa de Rotário[110].

A disciplina legislativa do édito não é, de modo algum, banal ou primitiva: por exemplo, no tema da tentativa de delito, ela distingue cuidadosamente entre atos preparatórios, tentativa e delito perfeito, atribuindo penas diferentes para cada uma dessas três hipóteses[111], desse modo, distanciando-se da tradição romana, que castigava o autor da tentativa com a mesma pena pronunciada contra quem tivesse levado o delito a termo. Uma posição que influenciará todo o curso do direito penal posterior [Cavanna, 1970], até os dias de hoje.

Menos de um século depois, os éditos emanados nos anos 712-744 por outro rei lombardo, Liutprando[112], têm características muito diversas. O rei se convertera do arianismo ao catolicismo, e, com ele, todo o seu povo. E a influência da Igreja – que atuou como fermento no interior da sociedade bárbara [Vismara, 1976] – pode ser claramente percebida em uma série de dispositivos legais que, entre outras coisas, permitem a manumissão do servo diante do altar[113], melhoram a posição sucessória das filhas na ausência de filhos homens[114], reconhecem o [direito de] asilo eclesiástico[115], adotam alguns impedimentos matrimoniais próprios do direito canônico[116], simplificam o procedimento para fazer doações a igrejas[117], permitem dispor de uma parte dos próprios bens em favor da alma por meio de disposições testamentárias devotas[118]: esta última norma abria, pela primeira vez, uma brecha para a introdução da sucessão voluntária. Outras normas dão testemunho, em certos aspectos, de uma influência mais direta do direito romano e assinalam uma evolução em relação à época de Rotário: entre elas, são importantes as normas que agravam as sanções por homicídio[119] e valorizam a prova das testemunhas[120]. No que se refere às provas, Liutprando declara, entre outras coisas, não considerar o duelo um meio de prova credível, mas estar impossibilitado de vetá-lo porque os lombardos queriam conservá-lo a todo custo[121]. Além disso, é introduzido o recurso em apelo ao rei, sancionando em graus diversos os juízes autores de decisões contrárias à lei e aqueles que tivessem emitido decisões que se provavam injustas, mas assumidas arbitrariamente ("per arbitrium"), na ausência de normas legais específicas[122].

Diferentemente de Rotário, Liutprando pretende, como regra, legislar para todos os seus súditos e não apenas para os lombardos. Um édito permite ao lombardo abandonar a própria

---

[108] Roth. 359 *de sacramentis*.
[109] Roth. 363.
[110] Ver, por exemplo, o processo do ano 715, In: *Codice diplomatico longobardo*. Org.: L. Schiaparelli, Roma, 1929-1933, n. 20, vol. I, pp. 77-84 (S. Genesio presso Miniato, 5 de julho de 715), onde os sacramentais são escolhidos em desconformidade com as prescrições de Rotário.
[111] Roth. 139-41.
[112] Éditos de Liutprando, in MGH, Leges IV, ed.: Bluhme, Hannover, 1868.
[113] Liutpr. 23: trata-se da *manumissio in ecclesia*, introduzida por Constantino.
[114] Liutpr. 1-4.
[115] Liutpr. 143.
[116] Liutpr. 32; 33 (o rei declara ter proibido as núpcias entre primos por expresso apelo do papa); 34 (o parentesco espiritual de padrinho ou madrinha constitui um impedimento).
[117] Liutpr. 73.
[118] Liutpr. 6; posteriormente, o próprio Liutprando estabeleceu que a doação não podia ser feita em detrimento dos herdeiros legítimos (Liutpr. 65).
[119] Liutpr. 20; 65: em vez da indenização, a perda de todos os bens e para quem não tem recursos a perda da liberdade e a entrega nas mãos dos parentes do assassinado.
[120] Liutpr. 8; 15 (Sinatti d'Amico 1968].
[121] Liutpr. 118.
[122] Liutpr. 28 [A. Padoa Schiopa I 1967].

lei nacional para abraçar a lei romana, e vice-versa[123]. E a disposição ora citada é um sinal da crise incipiente do sistema da pessoalidade do direito, em um tempo a partir do qual os negócios entre lombardos e romanos iam se tornando cada vez mais frequentes.

Poucas décadas depois, no ano de 774, o Reino lombardo caía com a derrota no campo de batalha do rei Desidério, por obra do jovem rei dos francos, Carlos, chamado em socorro pelo papa. A era carolíngia estava se iniciando também na Itália. Mas o legado do direito lombardo não desaparece completamente, porque os éditos permanecerão em vigor por séculos mais e influenciarão os costumes do reino até bem depois da era das Comunas.

Ao se observar o direito da era lombarda pelo ponto de vista da justiça, entre todos o mais expressivo para avaliar as luzes e as sombras de um ordenamento, impressiona a distância entre a normativa ainda arcaica do Édito de Rotário e a realidade atestada por alguns dos 28 processos dos quais nos chegaram as atas referentes aos dois séculos da dominação na Itália. E impressiona a autenticidade que transparece dos documentos que mostram ao vivo uma justiça que pode ser tudo, menos formal, em seu funcionamento.

A partir do século VII, os juízes passam a examinar os fatos da controvérsia mediante instrumentos muito distanciados dos procedimentos ordálicos do duelo e do juramento: vistorias de especialistas e testemunhos recolhidos por notários de confiança do rei constituem a base das sentenças judiciais. Foi o que se deu no mais antigo processo cuja documentação foi preservada [Bognetti, 1968, vol. I, pp. 214 ss.], celebrado em Piacenza no ano de 674[124], e em Siena e em Pavia no ano de 715[125]. Por outro lado, verificamos a aplicação do procedimento germânico do juramento prestado por sacramentais (homens ligados a uma das partes por vínculos de solidariedade, não testemunhas dos fatos) não apenas em causas laicas, mas também em causas eclesiásticas[126]. Por vezes, os documentos revelam como o processo diante dos juízes delegados pelo rei consegue obter testemunhos sinceros e também arriscados da parte de quem os prestava[127]. Em um caso excepcional, o bispo de Siena, completamente rubro, confessa diante do rei estar errado em relação à vizinha diocese de Arezzo[128]. Em outros casos – como em um processo do ano 762, em Benevento – torna-se patente como a pressão de figuras influentes podia ser determinante para invalidar diante dos juízes as boas razões de um litigante mais fraco: contra um poderoso abade, diante do duque, de nada valeram a um grupo de homens já libertos do estado servil os documentos de manumissão que eles tinham obtido e confirmado anos antes, por meios legais[129].

6. Os anglo-saxões

Também a Inglaterra, que na parte meridional da Ilha fora romanizada na era imperial, foi conquistada pelas populações germânicas, que subdividiram entre si o território, criando então dez reinos distintos, que depois, com o decorrer do tempo, foram reduzidos a quatro, por meio de guerras e de alianças dinásticas. Os anglos, os saxões e os jutos (uma população que se estabeleceu no território de Kent) dominaram a Ilha a partir do século IV. O cristianismo foi levado para a Inglaterra pelo monge, posteriormente bispo, Agostinho, por determinação

---

[123] Liutpr. 91 *de scrivis*: esse célebre capítulo permite "subdiscendere de lege", exclusivamente no caso de contratos.
[124] *Codice diplomatico longobardo* III/1, n. 6, org.: C. Brühl, Roma, 73, pp. 21-5.
[125] *Codice diplomatico longobardo* I, n. 19-20, org.: L. Schiaparelli, Roma, 1929, pp. 61-84.
[126] *Codice diplomatico longobardo* III/1, n. 6, p. 25.
[127] *Codice diplomatico longobardo* I, n. 19, p. 74: uma testemunha relata que o administrador de Siena o exortara a não se apresentar ao delegado do rei, mas que, não obstante, ele decidira dar seu testemunho a favor de Arezzo no que dizia respeito aos limites da diocese.
[128] *Codice diplomatico longobardo* III/1, n. 13, p. 61: o bispo de Siena "statim coram omnibus inrupit in faciem...".
[129] *Codice diplomatico longobardo* IV/2, n. 45, org.: H. Zielinski, Roma, 2003.

do grande pontífice Gregório I, portanto em finais do século VI[130]. Subsistiram diversos textos legais que, diferentemente dos textos jurídicos do continente, foram redigidos na língua germânica, não em latim. O mais antigo texto normativo do direito anglo-saxônico, que remonta ao rei de Kent, Etelberto, e ao ano 602-603, prescreve no primeiro capítulo as multas aplicáveis a quem se demonstre culpado do furto de bens de bispos e clérigos[131]e contém nos outros 90 breves capítulos um catálogo de multas para os vários delitos, seguindo a organização tipicamente germânica das composições pecuniárias especificamente indicadas para reparar os delitos e as ofensas.

Outras coletâneas têm natureza análoga. Apresentam especial importância as leis de um grande monarca, o rei Alfredo (890-940), que impôs com prodigalidade penas severas, aí incluída a pena de morte, para os crimes mais graves[132]. O texto contém essencialmente normas sancionadoras de atos ilícitos, entre os quais também há prescrições que revelam a presença de relações de subordinação a um senhor[133].

As instituições anglo-saxônicas também apresentam muitos aspectos comuns com as de outras populações germânicas, como, por exemplo, a assembleia dos grandes do reino (*Witan*) para as decisões estratégicas importantes, a subdivisão do território em *shires*, depois condados (*earldoms*), por sua vez, repartidos em centenas (*hundreds*), com participação dos livres também nas questões judiciais. O procedimento é de tipo ordálico, como se depreende dos textos do século X que prescrevem as provas da água fervente e do ferro para determinar a culpabilidade ou a inocência do acusado, provas realizadas no contexto de um solene ritual religioso[134].

A conquista de uma parte da Ilha por obra de uma população de origem escandinava proveniente da Dinamarca levou, nas primeiras décadas do século XI, à formação de um único reino, sob o cetro do rei Canuto (1016-1035), que por alguns anos unificou a Inglaterra, a Noruega e a Dinamarca. Canuto deixou ainda um corpo de leis[135], testemunho da determinante influência do *Danelaw*, o direito dos dinamarqueses, na história inglesa; também o termo *Law* tem origem escandinava.

Com Eduardo, o Confessor (1043-1066), a Ilha voltou a ser um reino à parte e, por ocasião da morte do rei, foi outro ramo de origem escandinava, o ramo dos normandos provenientes da França setentrional, que conquistou a Inglaterra. Os normandos haviam se instalado na região setentrional da França, posteriormente chamada de Normandia, cerca de cem anos antes. Outro núcleo guerreiro deslocava-se para a conquista da Itália meridional, enquanto outra tribo escandinava, chamada dos rus, dava origem à Rússia, mesmo adotando a língua eslava.

Sob a guia de Guilherme, o Conquistador, os normandos conseguiram apoderar-se da Ilha. Nascia o reino normando da Inglaterra e, com ele, um novo direito, o *Common law*.

---

[130] Beda (673-735), *Historia ecclesiastica*, I. 27.

[131] Aethelberth, 1 (*Die Gesetze der Angelsachen*, org.: F. Liebermann, 1903-1916, reimpressão: Aalen, 1960, vol. I, p. 3): o furto de um bem móvel da igreja impõe uma multa igual a doze vezes o valor da coisa roubada, para furtos de bens do bispo o multiplicador é onze, para o furto de bens de um liberto o multiplicador e três vezes, ao qual se acrescenta a sanção reservada ao rei (Aethelberth, 1 e 9).

[132] Alfred, *Leggi* (871-899), in *Die Gesetze*, vol. I, pp. 15-87; por exemplo, in Einleitung 13 prescreve-se: "Qui percusserit hominem volens occidere, morte moriatur" (*Die Gesetze*, p. 31; citamos a redação em latim, do ano 1114).

[133] Alfred, *Leggi*. 42, 6 (*Die Gesetze*, I, p. 77): "Potest homo pugnare cum germano cognato suo, si quis assaliat eum iniuste, praeter contra dominum: hoc non concedimus." A defesa aos parentes é admitida, mas não em relação ao próprio senhor.

[134] *Iudicium Dei*, Rituale, Adiuratio ferri vel aquae ferventis (do período entre 850 e 975), in *Die Gesetze*, vol. I, pp. 401-7. Depois da invocação e da bênção, os acusados eram jogados na água e considerados culpados se boiassem ("si supernataverint"), inocentes se o corpo afundasse ("si submerserint") (ibid., p. 405). O efeito da água fervente e do ferro incandescente em contato com a pele era avaliado com um intervalo de três noites: se fosse encontrado intacto, o acusado era inocentado, de outro modo era considerado culpado ("si mundus est, Deo gratuletur", de outro modo "immundus reputetur", ibid., p. 407).

[135] *Instituta Canuti* (1095-1135), in *Die Gesetze*, vol. I, pp. 612-9.

Mas, ainda no decorrer do primeiro século do domínio normando, algumas importantes coletâneas de textos normativos reproduzem as leis e, sobretudo, os costumes pré-normandos: é o que sucede com as chamadas *Leges Henrici Primi*, que remontam à segunda década do século XII[136], e contêm em sua maioria costumes anteriores à conquista, ou com as *Leis de Eduardo, o Confessor*[137], compostas para exaltar a tradição inglesa em relação aos novos soberanos.

---

[136] *Leges Henrici Primi*, org.: L. J. Downer, Oxford, 1972.
[137] *Leges Edwardi Confessoris*, in *Die Gesetze*, vol. I, pp. 627-70.

4. A era carolíngia e feudal

1. *Estruturas públicas, reino e Império*

Desde quando, no ano de 751, Pepino, o Breve, sucedeu os merovíngios no trono dos francos, a relação direta com a Igreja não só se manteve, como foi reforçada. Antes, já no ano 732, os árabes haviam sofrido, por obra de Carlos Martel, a histórica derrota de Poitiers, em um momento no qual se podia esperar que o Islã avançasse da Península Ibérica para toda a Europa ocidental. O filho de Pepino, Carlos, que ascendera ao trono em 768, no decorrer de mais de quarenta anos, levou o reino franco a uma posição de absoluta preeminência na Europa. Tendo conquistado em 774 o reino lombardo, que foi anexado aos domínios do reino dos francos, Carlos lutou com aspereza contra os saxões, demarcando limite no Elba, e transpôs os Pireneus, chegando a enfrentar os muçulmanos no rio Ebro.

Essas vitoriosas campanhas militares fizeram-se acompanhar por uma profunda reforma das estruturas internas do reino. O controle do território foi confiado a cerca de 400 condes, nomeados vitaliciamente pelo rei e titulares do poder de "bannum", termo germânico que indicava o comando militar e civil. Aos condes cabia ainda presidir as audiências para a administração da justiça, que eles exerciam pela apropriação de um terço das multas devidas ao rei pelos litigantes[138]. Para os processos, Carlos Magno pôs ao lado dos notáveis do lugar (também na Itália) juízes semiprofissionais, os escabinos. Todavia, as fontes daquela época revelam os vícios de uma justiça frequentemente exercida de modo incorreto e as prepotências dos condes para com os súditos[139]. Para remediar esses males, Carlos Magno passou a confiar sistematicamente a personalidades de sua confiança, leigos e eclesiásticos, os *missi dominici*, o dever de controlar as ações dos condes por meio de missões e inspeções em todo o território. No caso da Itália, cerca de metade dos cem processos do século IX, cuja documentação chegou até nós, foi gerida por *missi*.

Na noite de Natal do ano 800, o papa Leão III colocou sobre a cabeça do rei dos francos a coroa imperial. Renascia o Império no Ocidente, sob uma nova forma, e recebeu o nome de Sacro Império Romano pelo vínculo, mesmo que formal, que desde o início o uniu à Igreja de Roma. Em suas novas vestes, o rei dos francos conquistou, assim, um papel e uma posição que o situavam em um plano superior em relação aos outros reis. De fato, o poder imperial tinha caráter universal, pelo menos no âmbito da cristandade ocidental (as relações com o Império do Oriente eram quase sempre conflituosas, pois o imperador de Constantinopla considerava-se o legítimo sucessor dos imperadores do Ocidente). Além disso, enquanto a autoridade régia na tradição germânica também dependia do consenso do povo (ou, sobretudo, do consenso expresso pelos maiorais do reino, reunidos na presença do rei), a autoridade imperial era desvinculada dessa relação de dependência e se considerava oriunda do próprio Deus, por

---

[138] *Capitularia regum Francorum* (adiante, neste capítulo, nota 3), n. 95, c. 5, vol. I, p. 201.
[139] Ver a realista representação traçada por uma personalidade de destaque do círculo do rei, Teodulfo, *Contra iudices*, in MGH, *Poëtate Aevi Carolini*, org.: Dümmler, I, Berlim, 1881, pp. 493-517; e ainda o capitular do ano 881, in *Capitularia regum Francorum* (adiante, neste capítulo, nota 3), vol. I, n. 73: ali se dá notícia de súditos obrigados pela força do conde a ceder-lhe suas propriedades abaixo do custo, querendo ou não fazê-lo.

meio da Igreja [Calasso, 1954]. Fato que, durante séculos, não deixou de ter consequências importantes também no exercício do poder legislativo é que o titular imperial podia, desse modo, à imitação dos imperadores antigos e dos imperadores bizantinos, exercer autonomamente todo o poder, sem a mínima necessidade de aprovação formal por parte dos grandes do reino.

Em vários momentos – de 789 a 802, primeiro como rei, depois como imperador –, Carlos impôs aos súditos varões o juramento de fidelidade, para vinculá-los de modo mais firme à obediência para com o soberano [Prodi, 1992]. Mas, dessa maneira, introduzia também na relação com os súditos um elemento contratual [Ganshof, 1968], que terá seu peso na história subsequente.

2. *Os capitulares*

Essas e outras reformas foram promulgadas pelo grande soberano com intervenções de natureza diversa. Em parte, com ordens diretas depois transformadas em costumes não escritos – isso ocorreu, por exemplo, quando ele impôs aos condes recorrerem nos processos aos escabinos, que desde então estiveram regularmente presentes nas cortes de justiça –, em parte com atos de tipo legislativo, que receberam o nome de capitulares e foram promulgados em grande número por Carlos Magno e por seus sucessores[140]. Tratava-se de leis escritas, com as quais o soberano ditava a própria vontade, depois de tê-la expresso oralmente [Ganshof, 1968a], na presença dos maiorais do reino.

O objeto da disciplina normativa dos capitulares é muito variado. Há neles prescrições sobre a justiça, por exemplo, sobre a obrigação de examinar separadamente cada uma das testemunhas[141], ou sobre a faculdade atribuída ao juiz de selecionar autonomamente testemunhas qualificadas e informadas dos fatos por meio de um procedimento apropriado, a *inquisitio* [Bougard, 1995]. Outros capitulares contêm disposições penais e administrativas. Outros ainda têm por meta disciplinar as relações da autoridade civil com os bispos, com as igrejas e com os mosteiros. De fato, Carlos Magno considerava ser seu preeminente dever ocupar-se das questões religiosas e até mesmo litúrgicas, impondo uma colaboração estreita entre os bispos e os condes e encarregando também os bispos de obrigações civis.

Mas as intervenções legislativas não tinham como meta substituir as leis nacionais e de estirpe, que, ao contrário, Carlos Magno e seus sucessores mantiveram em vigor, mesmo que tivessem sido parcialmente revogadas pelas novas disposições dos capitulares. A Lei Sálica continuou válida para os francos, os Éditos lombardos foram conservados para o reino itálico, assim como as leis de estirpe dos bávaros, dos saxões e dos outros povos do reino, além, naturalmente, da lei romana para a população latina. Ao reino que fora outrora dos lombardos, Carlos Magno e seus sucessores conferiram um regime jurídico próprio, que se depreende também na legislação: apenas alguns capitulares gerais foram estendidos à Itália, ao passo que outros capitulares eram especificamente destinados à Península, na forma de acréscimos e de emendas às leis lombardas[142].

3. *O feudo, vassalagem e benefício*

A era carolíngia vê o florescimento de um conjunto de regras novas nas relações entre o rei e os poderosos do reino e nos vínculos de dependência dos poderosos entre si. Muito

---

[140] *Capitularia regum Francorum*, org.: Boretius-Krause, in MGH, Berolini, 1881, 2 vols.
[141] *Capitulare missorum* (do ano 805), in *Capitularia*, n. 44, c. 11 (vol. I, p. 124).
[142] Tanto uns como outros foram reunidos no *Capitulare italicum*, editado in MGH, Leges, IV, org.: Bluhme, Hannover, 1868.

tempo depois, retrospectivamente, os historiadores denominaram "era feudal" os séculos IX a XI, atribuindo assim a esse termo jurídico o papel caracterizador de toda uma época da história da Europa.

Um vínculo pessoal entre dois homens de posição diferente, estabelecido para garantir ao superior o auxílio em qualquer circunstância, particularmente nas iniciativas de guerra, e ao inferior uma proteção e um meio de sustento estável, no mais das vezes realizado por meio da concessão de uma área de terra a título de benefício. Essa sintética definição da relação feudal não considera a grande variedade de formas e de características que o feudo apresentava nas diferentes partes da Europa, mas ao menos torna evidente a presença do elemento pessoal e a natureza pactual da relação. Na base, está a condição de uma sociedade primitiva e violenta, na qual a garantia de uma segurança pessoal relativa decorria quase sempre da proteção de um poderoso, que assegurava tutela, assim como meios de sustento. Encontramos exemplos precoces de entrega a um senhor por parte de quem lamentava não ter nada com que se alimentar e se vestir e prometia, em troca, por toda a vida, servir como homem livre a seu protetor[143]. Em outros casos, um homem livre cedia a própria terra a um senhor, que lhe devolvia a mesma terra como feudo em troca de proteção (retrofeudo).

O caráter pessoal manifesta-se no destaque jurídico atribuído ao valor da "fidelidade" que o vassalo devia ao senhor e vice-versa. Uma fidelidade total, mais ética que jurídica[144], inspirada no costume germânico que ligava o rei aos jovens nobres presentes em seu séquito (*Gefolgschaft*) e obrigava o rei a proteger os fracos e os indefesos (*mundeburdium*), mas que a partir dali também se revestiu de elementos cristãos[145]. A ruptura da fidelidade (*fellonia*) constituía o delito mais grave: "O vassalo deve ajudar o senhor contra todos: contra o próprio irmão, contra o filho, contra o pai."[146]

O pacto era estabelecido na cerimônia da homenagem. O vassalo punha suas mãos juntas entre as mãos igualmente juntas de seu senhor – um gesto testemunhado pela primeira vez em Compiègne no ano de 757, que em seguida assumirá um significado maior na liturgia cristã, reforçado pelo solene juramento de fidelidade. Outras formas se acrescentam a essa nas diversas partes da Europa, nas quais o vínculo feudal teve vigência: por exemplo, nas regiões mediterrâneas, o pacto entre senhor e vassalo assumiu uma forma escrita, e a homenagem só veio a chegar mais tarde. Fossier contou nada menos que sete diferentes modelos.

As obrigações do vassalo podem ser resumidas no compromisso de ajudar o senhor na guerra e de assisti-lo com o conselho em seus deveres públicos, tais como a presença obrigatória nas assembleias judiciais: de prestar-lhe "ajuda e conselho", como escreveu o bispo Fulberto de Chartres no ano 1020[147]. O pacto de vassalagem era, originalmente, estritamente pessoal, destinado a durar apenas durante o tempo de vida dos dois sujeitos que o haviam celebrado. Mas a tendência a tornar permanente a relação se manifestou com tal força que, com o tempo, desembocou, por vias diversas, mas convergentes, na hereditariedade do benefício feudal.

A natureza pactual é, por sua vez, elemento significativo de uma relação que nascia certamente entre homens de posição social diferente, mas que comportava o livre consenso do vassalo e não sua subordinação incondicional[148]. Até mesmo o vínculo fundamental do auxílio

---

[143] É isso o que testemunha um texto significativo do Formulário escrito em Tours, na primeira metade do século VIII (*Formulae Turonenses*, 43, org.: Zeumer, MGH, *Formulae*, Hannover, 1886, p. 158).

[144] Em um texto que remonta ao ano 843, a nobre de estirpe franca Dhuoda exortava o filho a seguir o modelo da obediência dos santos padres da Igreja, evitando que "o mal possa germinar em teu coração a ponto de tornar-te infiel a teu senhor em algo" (E. Bondurand, *L'éducation carolingienne. Le Manuel de Dhuoda*, Paris, 1887, pp. 90-2).

[145] O Manual de Dhuoda, cap. 15 (cf. nota anterior) indicava ao filho, como modelo de *fidelitas* do vassalo a seu senhor, exatamente "as vidas e os ditos dos santos padres".

[146] *Consuetudinis feudorum* 2. 48. 4 (org.: K. Lehmann, *Das langobardische Lehnrecht*, Göttingen, 1896, p. 159).

[147] *The Letters of Fulbert of Chartres*, org. Behrends, Oxford, 1976, n. 51, pp. 90-2. A carta foi reproduzida em muitas coletâneas de direito canônico, até o Decreto de Graciano (C. 22 q. 5 c. 18).

[148] Ver o que declara Carlos, o Calvo, em um capitular do ano 847: "Volumus etiam ut unusquisque liber homo

em situações de guerra e da fidelidade podia ser considerado licitamente quebrado se a guerra movida pelo senhor fosse uma guerra injusta[149] ou se o senhor tivesse agido de modo ilícito, contra o direito e a justiça[150]: é o que declaram duas fontes qualificadas dos costumes feudais, os *Libri Feudorum*, do século XII, e o *Sachsenspiegel* do século XIII, respectivamente na Itália e na Alemanha.

A relação feudal foi se tornando cada vez mais relevante, na medida em que, progressivamente, no Reino franco e nas regiões da Europa nas quais floresceu a partir do século IX em diante – Itália, Alemanha, Inglaterra, Península Ibérica e outras mais –, ela passa a ser um elemento central da estrutura política. Na França, os condes também se vinculavam ao rei pelo compromisso da vassalagem, que frequentemente também se torna o único elemento de real subordinação nos séculos X e XI, quando o poder monárquico sobre os poderosos senhores locais incidia minimamente. Por outro lado, o interesse do soberano em não perder o controle sobre o benefício feudal de modo permanente, benefício que tendia a se tornar hereditário, explica por que ele foi frequentemente concedido a bispos, privados de descendência.

A rede das relações feudais vai aos poucos se tornando mais compacta na medida em que, por sua vez, os vassalos do rei vão vinculando a si vassalos de posição inferior, em uma malha de relações de subordinação que chega a alcançar quatro, por vezes, cinco níveis. Não raro acontecia que o mesmo súdito fosse, simultaneamente, vassalo de dois senhores: nesse caso, o dilacerante conflito de fidelidade que daí podia surgir foi resolvido pela instituição de uma relação prioritária com um dos senhores, a homenagem "ligio". Em algumas regiões da Europa, por exemplo, na Inglaterra do século X, todo homem de condição não servil devia estar submetido a um senhor para não ser considerado um fora da lei. De modo análogo, na Normandia e na Bretanha, afirmou-se o adágio "nulle terre sans seigneur". Mas o controle do rei era, de qualquer forma, fraco, porque o vínculo do vassalo era com o próprio senhor, não com o senhor do senhor: "O vassalo de meu vassalo não é meu vassalo", escreverão mais tarde os juristas[151]. Só no século XIII, a monarquia francesa conseguiu fazer prevalecer o princípio segundo o qual os vassalos estão "todos nas mãos do rei"[152].

Quem assumia obrigações para com um senhor dele recebia, além da proteção à qual correspondia a obrigação de fidelidade e os compromissos de ajuda e de conselho, uma concessão que recebeu o nome de benefício. Ela normalmente consistia em transmitir ao vassalo os direitos sobre uma terra da coroa no caso das enfeudações realizadas pelo rei, ou de propriedades do senhor, no caso das enfeudações menores. Não apenas os frutos, *in natura* ou em espécie, cabiam ao vassalo, como também direitos de natureza pública ou semipública: não raro, o soberano garantia ao titular do benefício a imunidade, impedindo o conde local de entrar na propriedade para exigir tributos ou exercer ali a justiça. A esse privilégio, que desde a era merovíngia e depois, com Carlos Magno, era concedido a igrejas e instituições monásticas, acrescentou-se em seguida, em muitos casos, a concessão positiva de poderes jurisdicionais sobre a terra dada em benefício.

Aquilo que deve ser destacado, sob o perfil das fontes do direito, é que todo o complexo de normas que disciplinavam a gênese da relação feudal, sua forma, os direitos e deveres do senhor e do vassalo, nasceu, por assim dizer, espontaneamente e se afirmou pela via consuetudinária. O feudo e o direito feudal foram, essencialmente, uma criação do costume. Os pou-

---

in nostro regno seniorem quale voluerit, in nobis et in nostris fidelibus accipiat" (*Capitularia regum Francorum*, MGH, n. 204, vol. II, p. 71).

[149] "Domino guerram faciente alicui, si sciatur quod iuste aut cum dubitatur, vasalus eum adiuvare tenetur" (*Libri Feudorum*, 2. 28 pr.). O fato de a obrigação ser expressa de modo positivo e confirmada em caso de dúvida não tira a validade da formulação no caso em que o vassalo estivesse certo de que a guerra para o qual o senhor o convocava era injusta.

[150] *Sachsenspiegel, Landrecht* 3. 78. 2, in MGJ Fontes iuris germanici antiqui, Hannover, 1966, p. 80.

[151] Jean de Blanot, *De homagiis*, c. 12, org. Acher, in RHDFE 30 (1906), p. 160.

[152] *Livre de Jostice et de Plet* (c. 1260), 1. 16, org. Rapetti, Paris, 1850, p. 67.

cos capitulares que tratam disso dão por pressuposta a sua existência. Só um pouco mais tarde intervieram normas legislativas como o édito de Milão de Conrado II, o Sálico, do ano 1037[153], que garantia aos vassalos dos vassalos a hereditariedade dos feudos: chegava assim a uma meta formalmente reconhecida a fortíssima aspiração dos vassalos, há algum tempo alcançada pela via do costume, a ver continuar nos filhos – em favor do primogênito, ou com subdivisão variavelmente articulada entre os varões, conforme a região da Europa e as épocas – o título feudal, com o decorrente benefício.

E ainda mais tarde, na Itália setentrional do século XII, foi preparada para os costumes feudais uma expressão escrita, que se tornará durante séculos o texto de referência na Europa na forma dos *Libri Feudorum*.

4. A Igreja feudal

O direito da Igreja atravessou nos séculos da Alta Idade Média circunstâncias e fases complexas, todas correlacionadas com os múltiplos papéis das instituições eclesiásticas em suas relações com os poderes seculares. Cada uma das numerosas coleções de cânones que se sucederam do século VII até o século XI, mesmo contendo numerosos textos comuns extraídos dos mesmos grandes concílios antigos tardios e textos da tradição patrística, sobretudo ocidental, revela na seleção das fontes recolhidas e em seu tamanho e ordenamento as tendências da época e do momento em que veio à luz.

Na era carolíngia, seguiram-se à vasta coleção da era visigótica chamada *Hispana* (século VII)[154] coletâneas que punham em evidência as prerrogativas da Igreja, por exemplo, com o envio a Carlos Magno, no ano 774, da coleção chamada *Dionysiana*[155] por parte do papa Adriano I. No século IX, o propósito de limitar a ingerência sobre o clero e sobre os bens das igrejas por parte não apenas dos senhores locais, como também das autoridades eclesiásticas locais de grau superior (os metropolitas) levou ao fenômeno singular das falsificações [Fuhrmann, 1972-1974], que consistia em inserir em determinadas coleções canônicas (entre as quais a coletânea das decretais chamada *Pseudoisidorianas*[156], composta em Reims nos anos 847-852) uma série de textos fictícios, atribuídos a papas ou a concílios dos primeiros séculos. Não raro os princípios reivindicados efetivamente correspondiam à tradição e à doutrina antiga da Igreja, mas o meio empregado para reivindicá-los – em particular, para limitar as ingerências dos poderes seculares sobre o clero e sobre os bens das igrejas – consistia em formulá-los *ex novo*, atribuindo-os a autoridades que jamais os haviam emanado. Até mesmo na mais importante coleção canônica da primeira metade do século XI, o Decreto de Burcardo de Worms, de 1025[157], o poder do bispo em comparação ao do metropolita, e também em relação ao papado, é posto em destaque especial [Fournier-Le Bras, 1931-1932].

Nesses séculos, o fenômeno mais relevante foi a mais que estreita comistão entre funções pastorais e funções seculares. Muitos bispos exerciam também poderes de governo sobre o território, o que implicava a organização de homens armados em vista da segurança da diocese. Além disso, os vínculos feudais não apenas vincularam vários bispos ao poder régio, como também foram transmitidos no interior da hierarquia eclesiástica. A nomeação dos bispos, que, de acordo com o direito, era reservada ao clero e ao povo – ou seja, ao cabido da catedral, com posterior aclamação confirmatória por parte dos fiéis –, de fato, com frequência, era diretamente decidida pelos soberanos, também em consideração das funções civis das quais falamos. A ideologia da época, que concebia a Igreja como uma estrutura, por assim dizer,

---

[153] *Edictum de beneficiis*, in MGH *Constitutiones*, vol. I, n. 45.
[154] Publicada in PL 84. 93-848.
[155] Composta em Roma nos anos 498-501; publicada in PL 67. 135-216.
[156] *Decretales Pseudoisidorianae*, org. Hinschius, Leipzig, 1863, reed. Aalen, 1963.
[157] Publicado in PL 140. 537-1090.

interna ao Império [Tellenbach, 1936], mesmo que dotada de franquias consistentes (*libertates*), era coerente com essa realidade.

Foi nesse contexto histórico que se difundiu em ampla medida a prática de conceder os benefícios eclesiásticos a todo aquele que fosse capaz de oferecer ao concessionário, leigo ou eclesiástico que fosse, uma adequada compensação monetária (simonia)[158]: uma prática que dispensa ressaltar as degenerações e as consequências no plano da práxis pastoral do prelado escolhido segundo esse método para assumir o benefício vacante.

Além disso, para grande parte do clero secular, afirmara-se o costume de viver em situação de concubinato, em vez de viver o celibato eclesiástico, com consequências relevantes no que diz respeito à condição dos filhos e a sua posição sucessória por ocasião da morte do pai, que frequentemente se inclinava a lhes transmitir o benefício eclesiástico do qual fora titular. O próprio papado romano atravessou no século X uma gravíssima crise moral.

5. A justiça

Do século IX ao século XI, conviviam na Europa muitas ordens de juízes, às quais correspondiam competências e procedimentos diferenciados [*La giustizia*, 1997]. Juízes públicos (os condes, os *missi dominici*, a própria corte do rei-juiz), juízes eclesiásticos (os bispos, o papa), juízes feudais (a corte dos pares, composta de vassalos para as questões de direito feudal), justiças senhoriais (exercidas pelos senhores em relação ao colono, com base no contrato estipulado no ato da concessão) formam um complexo variado de cortes, de modo que é mais apropriado falar de "justiças", no plural [Bloch, 1953].

Para nos limitar a uma breve menção relativa à primeira categoria de juízes, basta observar como as reformas carolíngias modificaram tanto a composição das cortes públicas – introduzindo os *missi dominici* itinerantes e os "escabinos" na função de juízes profissionais – como as regras processuais, limitando, entre outras coisas, a faculdade de apresentar testemunhas em juízo unicamente em favor dos proprietários[159]. O exame dos decretos italianos mostra a problematicidade da demonstração dos fatos por parte de juízes que, mesmo na intenção de esclarecer as questões, nem sempre conseguiam obter provas incontestáveis. Frequentemente, não se encontravam testemunhas, dissuadidas de apresentar-se em juízo provavelmente por temor de represálias[160]. Então, cabia aos juízes decidir o caso atribuindo, com um poder discricionário certamente não irrelevante, o juramento decisório à parte – ao denunciante ou ao denunciado, conforme os casos – que, na ausência de provas documentais e testemunhais, parecesse apresentar as melhores razões [A. Padoa Schiopa, 2003a].

Não faltavam ocasiões nas quais a presença de personagens qualificadas em missão, por encargo de Carlos Magno, permitia aos súditos denunciar diante dos *missi* imperiais os desmandos do conde ou do duque do lugar, como se vê no ano 804, em uma célebre sentença judiciária proclamada em Istria[161]. Em um processo celebrado em Milão, no ano 900[162], o corajoso testemunho de alguns homens "nobres e fidedignos" confirmou as razões de um grupo

---

[158] "Quão perigoso comércio introduzido nos costumes da Igreja fazia com que todo aquele que pretendesse ser promovido a graus superiores pagasse, quase de acordo com uma tabela prefixada": assim escrevia, em 1089, um monge que liderava a batalha contra a simonia, Pedro Damião, a propósito da condição do clero de Milão, aonde fora enviado pelo papa (Pedro Damião, *Opuscolo V*, in *La Pataria*. Milão, 1984, p. 174).

[159] *Capitulare Olonnense* (ano 825), c. 7. In: MGH, *Capitularia regum Francorum*, n. 165.

[160] Ver um caso referente a um processo de liberdade, ocorrido em Piacenza, nos anos 878-884, no qual os juízes suspeitam de que a ausência de testemunhas seja causada por "alicuius hominis timore" (Volpini, *Placiti del Regnum Italiae*, in *Contributi dell'Istituto di storia medievale*, P. Zerbi (org.). Milão, 1975, n. 5). Cf. ainda A. Padoa Schiopa, 2003a.

[161] Manaresi, *I placiti del Regnum Italiae*, Roma, 1955-1960, vol. I, n. 17; trata-se da célebre sentença de Risano, nome da localidade na qual se deu o julgamento em presença de cerca de 170 pessoas do lugar.

[162] Manaresi, *I placiti*, n. 110, vol. I, p. 407. A decisão foi confirmada em uma nova sentença do ano seguinte: Manaresi, n. 112, de setembro de 901, vol. I, pp. 414-8.

de homens de Cusago, que reivindicavam o estatuto de livres e que, assim alcançaram o reconhecimento da própria liberdade por parte do conde. Esse é um caso excepcional, até porque o conde teria tido interesse de julgar de modo oposto e a decretar o estado servil: os homens de Cusago pertenciam, de fato, a sua *curtis*.

Nos atos judiciários do Reino itálico, afirmou-se, nos séculos X e XI, um formalismo processual singular, que aparentemente eliminava toda contraposição entre os litigantes e se concretizava no reconhecimento das razões do denunciante por parte do réu, frequentemente após a apresentação de um documento produzido pelo próprio denunciante (*ostensio chartae*). Trata-se de um procedimento que se encontra aplicado com idêntico Formulário junto às diversas cortes do reino. Sua origem pode ser certamente reconhecida na atividade dos juízes do Palácio de Pavia, onde tinha sua sede o mais alto tribunal do reino [Bougard, 1995]. Ele foi introduzido à margem de qualquer intervenção legislativa, impôs-se na práxis jurisprudencial e permaneceu válido até o fim do século XI, mesmo depois da destruição do Palácio de Pavia, ocorrida no ano 1024.

Esse procedimento dá testemunho de uma condição de fraqueza dos poderes públicos, que só se modificará com o advento do período comunal.

5. Os costumes e a cultura jurídica

1. *As classes: servos, colonos, livres, nobres*

Não só os vínculos feudais, mas quase todas as relações reguladas pelo direito são nesses séculos caracterizadas pela absoluta prevalência do costume.

Depois de a escravidão ter desaparecido em quase todas as partes do mundo antigo, a condição do servo – que, diferentemente do escravo, era sujeito de direito e não mera coisa – configurou-se na Alta Idade Média em formas muito distintas, às vezes na forma de serviços prestados diretamente ao senhor em sua terra e em sua casa, às vezes habitando uma casa destinada a seu uso, segundo um costume germânico antigo, já citado em Tácito[163]. A diferença entre o servo e o livre estava no estatuto jurídico, que não conferia ao servo liberdade de movimento nem gozo dos bens comuns e que o vinculava ao senhor também nas decisões familiares. Mas aos servos foram reconhecidos o direito de adquirir bens em propriedade com o próprio trabalho e o direito de formar uma família, com garantias às vezes asseguradas também por via legislativa[164]. Mas eles não tinham o direito de se casar com uma mulher livre. O liberto que trabalhava em uma terra que não lhe pertencia estava obrigado a recompensar o proprietário em produtos agrícolas ou em espécie, na condição de colono; e não era raro que tivesse de dar uma parte de seu tempo e de suas forças para trabalhar a terra "senhorial", isto é, diretamente gerida pelo proprietário. Entre os contratos agrários que estabeleciam direitos e deveres do colono, um dos mais frequentes, o da enfiteuse, tinha uma duração de 29 anos, estabelecida para evitar o risco de usucapião trintenário da terra por parte do colono. Grande parte das terras, certamente a de maior extensão, era então trabalhada por colonos administradores, que a mantinham sob locação: essas terras constituíam a "pars massaricia" da propriedade de um senhor leigo ou de alguma entidade eclesial, igreja ou mosteiro, e se contrapunha à "pars dominica", já mencionada. Mas o colono locatário conquistou com o tempo a faculdade de dispor da cessão da terra para outros colonos: mesmo não sendo em todos os lugares nem para todos, admitiu-se que o direito do colono se configurasse como uma verdadeira propriedade, pois incluía tanto o direito de usufruto quanto a inalienabilidade. Posteriormente, os juristas da segunda Idade Média qualificarão esse ordenamento com a teoria do "domínio dividido": tanto o simples proprietário quanto o colono podiam dispor dos respectivos direitos, vendê-los, doá-los, deixá-los em herança aos sucessores.

Quanto aos livres proprietários de terras não enfeudadas nem dadas em locação, eles também se encontram, nesses séculos, distintos em grupos dotados de *status* diferenciado: além dos livres proprietários de terras livres (as terras chamadas alodiais), encontramos, por exemplo, na Itália, os arimanos, obrigados a prestar serviço militar e de guarda e ligados ao rei por uma relação direta; na Alemanha e em outros lugares, os "libertos do rei", concessionários de terras fiscais.

---

[163] Tácito, *Germania*, 25.
[164] Liutprando estabeleceu que, se o senhor abusasse da serva casada, tanto ela como o marido conquistariam automaticamente a liberdade, como se tivessem sido alforriados (Liutpr. 140, do ano 734).

A tripartição entre "quem combate, quem reza e quem trabalha" [Duby, 1984] é posteriormente fracionada no interior de cada uma das três categorias de homens. A aristocracia era subdividida em mais camadas distintas. À mais alta e mais poderosa nobreza, o rei franco costuma confiar o cargo de conde e, frequentemente, também o múnus episcopal. A eleição dos bispos já se dava nos círculos dos membros do cabido das catedrais, depois era aprovada pelos fiéis e confirmada pela sé metropolitana. A escolha do candidato recaía, quase como regra, sobre os expoentes da aristocracia local.

Muitos entre os grandes senhores alcançaram, entre os séculos IX e XI, um poder em nada inferior ao do rei, especialmente no território do Reino de França. Por sua vez, a nobreza local menor, vinculada à nobreza maior pelo laço da fidelidade feudal e titular dos poderes senhoriais autônomos, fortaleceu amplamente as próprias prerrogativas quando as ondas de incursões dos húngaros e dos sarracenos provocaram em grande parte da Europa a construção de milhares de castelos munidos de muralhas para se defender das pilhagens. A população confiou-se aos senhores dos castelos não só por questões de defesa, mas também para o exercício de importantes funções públicas, a começar pela administração da justiça. E o poder de julgar (*districtus*), que já era atribuição dos condes, estendeu-se para os senhores locais e se disseminou pelo território. Trata-se de um acontecimento de grande importância, porque marca o limite extremo da privatização dos poderes públicos na Alta Idade Média. Os senhorios rurais, eclesiásticos e leigos tornaram-se tão fortes que passaram a dispor, em via de fato, dos poderes de plena jurisdição civil e penal – poderes que os diplomas soberanos, requeridos e obtidos, frequentemente confirmaram –, arrogando-se ainda, sempre em via de fato, a faculdade de alienar a terceiros esses mesmos poderes e direitos: a esse respeito, chegou-se a falar de "alodialidade do poder" [Tabacco, 1970]. Os senhorios sobreviveram em muitas regiões da Europa até o final do século XVIII.

Nessa época, é muito relevante, aliás, a gênese, a partir do século X, de uma série de principados territoriais, formados mediante a conquista de uma crescente autonomia de duques e de condes diante do poder régio. Na Alemanha, alguns grandes ducados (Saxônia, Francônia, Baviera, Suábia) formaram-se principalmente sobre bases étnicas, como seus próprios nomes indicam, mas por vezes também sobre bases territoriais, como ocorreu na Áustria: em 1156, ela foi constituída como ducado por meio da concessão imperial ao duque de exercer a jurisdição civil e penal, de autorizar o exercício das justiças inferiores, aí incluída a faculdade de transferir esses poderes livremente[165]. Na França, um complexo de cerca de 50 entre ducados e condados (Flandres, Normandia, Bretanha, Anjou, Toulouse, Auvergne, Borgonha, entre outros) modificou completamente a geografia institucional do Reino pós-carolíngio. Um processo que indica, de um lado, a fragilidade do poder régio, mas que, de outro, teve o efeito de remover as guerras privadas do interior dos principados [Fossier, 1987].

Desse arranjo é que partirá a monarquia capetiana para conquistar, em um empreendimento de séculos, o controle do território.

2. *Os costumes locais*

Mencionamos muito sumariamente alguns desenvolvimentos da sociedade e do direito dos séculos IX ao XI para enfatizar como essas transformações, destinadas a pesar durante séculos sobre a Europa da Idade Média tardia e até dos primórdios da Idade Moderna, ocorreram essencialmente por meio dos costumes.

Com efeito, o costume não é, como geralmente se imagina, um fenômeno estático, e sim um fenômeno dinâmico e plástico, isto é, suscetível, em longo prazo, de transformações profundas e às vezes imprevistas. Há costumes que refletem estruturas sociais, interesses, valores

---

[165] *Privilegium minus*, in MGH *Constitutiones*, vol. I, n. 159, p. 221.

e princípios constantes no tempo em determinado lugar, outros que se transformam, outros mais que se difundem rapidamente até lugares remotos com relação a seu ponto de origem. Há outros costumes que, por assim dizer, abrem caminho por força própria a partir de baixo, enquanto outros são impostos e se instalam pela irresistível pressão dos poderes existentes.

Esses diversos e múltiplos aspectos são bem visíveis na experiência do direito da Alta Idade Média, que, também por essa razão, pode ser qualificada como a era dos costumes.

Do século IX ao XI a Europa conheceu a crise do sistema da pessoalidade do direito. O adensamento das relações entre indivíduos de diferentes estirpes suscitou complexos problemas de conflito entre leis, que foram em parte solucionados com a adoção de regras específicas por via legislativa. Mencionemos o édito de Liutprando, que permitia abandonar nos contratos a lei de estirpe e adotar a lei do outro contraente[166]. Para o direito penal, Pepino sancionou o critério de fazer pagar a multa com base na lei pessoal do ofendido[167]. E repetidas vezes os carolíngios reiteraram o princípio da pessoalidade da lei[168]. Mas, em muitos campos, o problema de identificar a lei ou o costume aplicável à questão permanecia irresoluto e de não simples decisão. É célebre o texto de Agobardo, bispo de Lyon, no qual, no século IX, ele lamentava o fato de que "cinco homens se sentam juntos e nenhum deles tem em comum com os demais a lei desse mundo, enquanto nas coisas perenes estão todos ligados à única lei de Cristo"[169].

Por vezes, as diferenças entre as várias leis podiam ser simplesmente de forma: como nos modos previstos para a transmissão da coisa no ato da venda, que variavam na lei romana, na lombarda, na sálica (segundo a lei sálica, por exemplo, a *traditio* era efetuada pela entrega simbólica ao comprador de uma faca ou de uma luva)[170]. Contudo, em outras matérias, as diferenças eram de substância, como acontecia com as doações, que no direito lombardo requeriam, para se tornarem irrevogáveis, a entrega de um ressarcimento, o *launegild*, diferentemente do direito romano; ou no caso da sucessão das filhas, que era mais favorecida pelo direito romano do que pelo direito lombardo; ou no caso do sistema das penas, que punia diferentemente, por exemplo, os réus de furto de estirpe romana e os réus de furto de estirpe lombarda[171]. Foi quando se difundiu, em muitas regiões, a prática de declarar, nos negócios, a própria lei a que o indivíduo pertencia (profissão de lei), para estabelecer previamente qual direito se pretendia aplicar.

Mas a questão principal, o conflito entre leis pessoais, chegou a uma solução por um caminho novo. Justamente a convivência lado a lado, no mesmo território e no mesmo lugar, de núcleos populacionais pertencentes a estirpes diferentes provocou, em longo prazo, o fenômeno da formação de costumes locais comuns a todos aqueles que viviam no lugar. Nos contratos agrários, nas práticas de sucessão por motivo de morte, nas sanções por atos ilícitos e em muitos outros campos, encontramos na Itália, no decorrer dos séculos antes e depois do ano Mil, numerosos documentos que atestam costumes vinculados a uma única aldeia, às vezes até mesmo a uma única parcela de terra ("usus terrae"). A determinação do modo com que cada um desses costumes se formou às vezes permanece na obscuridade, também pela lacunosidade dos documentos. Mas parece suficientemente claro que o teor dos costumes

---

[166] Liutpr. 91.
[167] *Capitulare Pippini*, c. 4 (*Capitularia*, I, n. 95, do ano 790).
[168] "Ut unusquisque homo suam legem pleniter abeat conservata" (assim o *Capitulare missionum*, c. 5 de ano 786, in *Capitularia regum Francorum*, I, n. 25). Ver, além disso, o capitular atribuído a Carlos Magno, mas de origem incerta, que prescreve a aplicação pessoal das leis em matéria de sucessões, escritura, juramento, multas (*Capitulare italicum Kar*. M. 143, in MGH Leges IV, org. Boretius, p. 514).
[169] Agobardo, *Ep.* 3, 4 (MGH, *Epistolae* V, Karolini Aevi III, Berlim, 1899, p. 159).
[170] *Cartularium Langobardicum*, 2, traditio venditionis (org. Bluhme, in MGH Leges IV, p. 610).
[171] Para o direito romano, a pena era respectivamente o dobro e o quádruplo, no caso de um furto manifesto ou não manifesto (*Inst.* 4. 1. 5); para o direito lombardo, o édito de Rotário estabelecia para o autor de um furto em flagrante a pena do nônuplo, a que se acrescentava uma multa de 80 soldos ou a condenação à morte (*Roth.* 253); em seguida, as sanções foram repetidamente modificadas, primeiramente por Liutprando, depois pelos carolíngios.

reflete parcialmente o direito da etnia preponderante – portanto, ele está geralmente próximo do direito romano nas regiões de preponderância latina, próximo da tradição lombarda nos territórios mais intensamente lombardizados – e, em parte, por outro lado, reflete exigências e realidades novas, como vimos no caso da normativa consuetudinária feudal, que também é diferenciada de um lugar para outro.

O que importa é o fato de que, durante esses três séculos, do IX ao XI, em cada lugar, foram se formando costumes igualmente específicos, que uniam todos no mesmo lugar, independentemente da estirpe de origem. Os formulários notariais, dos quais falaremos, são especialmente reveladores da práxis e, por vezes, também das possíveis linhas de conduta jurídica alternativas à práxis. No caso da França, uma passagem do Formulário de Marculfo, que remonta ao século VII, declara "ímpio" o costume dos francos, assimilado pela Lei Sálica, como vimos, de favorecer na sucessão os filhos varões em detrimento da filhas mulheres, visto que tanto uns como as outras são um dom de Deus[172]. Na Itália, o *Cartularium Langobardicum* registra fórmulas – de compra e venda, divisão, compromisso de pagamento e outras – comuns a contraentes que vivem segundo a lei romana ou segundo a lei lombarda[173]. E nos atos de prática não faltam casos de contaminação entre as duas leis: em um ato de 1030, uma doação é declarada conforme à lei romana, mas o doador recebe o *launegild*, o dom típico da tradição lombarda[174].

Nesse processo de formação dos costumes locais, que se situa entre os mais destacados fenômenos na história do direito da Alta Idade Média, três aspectos devem ser sublinhados.

Antes de mais nada, deve-se observar que nessa época o pluralismo atingiu na Europa o nível mais intenso, precisamente em virtude da extrema fragmentação dos costumes locais. Todavia, essa fragmentação não se refere aos traços fundamentais do direito: nos contratos agrários, mudam de acordo com o lugar algumas cláusulas sobre as prestações a pagar, sobre as condições da locação, sobre as obrigações do colono para com o proprietário; nas doações por motivo de morte, variam os requisitos formais e substanciais da cessão; no processo, varia o papel e o modo de juramento das partes e das testemunhas; e assim por diante. Mas a substância jurídica não muda.

Deve-se essa uniformidade fundamental a duas razões convergentes: de um lado, a sociedade europeia da Alta Idade Média é fundamentalmente unida por uma fé religiosa comum, portanto, por valores comuns, do quais se proclama portadora uma Igreja que também é unitária na doutrina e na estrutura organizacional e pastoral; por outro lado, a sociedade está unida durante esses séculos por uma economia que também é substancialmente homogênea, porque preponderantemente camponesa [Duby, 1972], não citadina (as cidades em algumas regiões europeias quase desapareceram, e onde se mantiveram, como na Itália, diminuíram em comparação com a era antiga tardia). Por todos os lugares, encontramos uma economia rural, não artesanal, nem comercial. Essas são características que induziram a afirmar [Lupoi, 1994] que essa é a era na qual a Europa conheceu verdadeiramente um direito comum consuetudinário, inclusive a Inglaterra que, no século XII, destacar-se-á do modelo jurídico do continente.

Em segundo lugar, o princípio da pessoalidade da lei não desaparece, porque os costumes operam essencialmente ali onde os textos das leis – romanas, lombardas, carolíngias e assim por diante – não dispõem. A preponderância da lei sobre os costumes (que fora, entre outras coisas, afirmada por Isidoro de Sevilha[175]) foi, em várias ocasiões, reafirmada pelos soberanos

---

[172] "Diuturna sed impia inter nos consuetudo tenetur ut de terra paterna sorores cum fratribus porcionem non habeant; sed [...] sicut mihi a Deo aequales donati estis filii, ita et a me setis aequaliter diligendi et de res meas post meum discessum aequaliter gratuletis" (*Formularium Marculfi*, 2. 12. Org. Uddholm, Uppsala, 1960).

[173] *Cartularium Langobardicum*, MGH, Leges IV, org. Boretius, p. 600.

[174] *Codex diplomaticus cavensis*. Milão, 1873-1879, vol. V, n. 828.

[175] Isidoro, *Etymologiae*, 2.10, org. Lindsay, Oxford, 1962: "Consuetudo autem est ius quoddam moribus institutum, quod pro lege suscipitur cum deficit lex". Oton condena o *mos detestabilis* do perjúrio, voltando a ampliar as hipóteses em que as causas deviam ser decididas por meio do duelo (in MGH, *Constitutiones*, vol. I, n. 13, do ano 867).

desse tempo; entre outros, por Pepino e Oton I[176]. Uma enérgica tomada de posição contra os costumes que estivessem em contraste com os ditames da ética e da religião remontava até mesmo a Tertuliano e foi várias vezes retomada na Idade Média: Cristo afirmou: "Eu sou a verdade", não "eu sou o costume"[177]. Mas a própria insistência de quem reafirma o primado da lei mostra que opor-se a um costume arraigado era frequentemente impossível. Com efeito, até o período comunal, estarão copresentes mais leis e mais sistemas normativos em um mesmo território: por exemplo, em Milão, ainda nos séculos XII e XIII, as fontes confirmam a coexistência de leis romanas, lombardo-francas e de costumes municipais.

Enfim, o processo de formação dos costumes locais, dotados, como dissemos, de valor territorial e não mais pessoal, fez-se acompanhar de uma subterrânea, mas nem por isso menos relevante, reafirmação de regras e de institutos próprios da tradição romana [Calasso, 1954]. Foi justamente observado que, nesses séculos, o próprio direito romano se conservou junto às populações latinas, mais pela via consuetudinária do que por meio da lei escrita [Pitzorno, 1934]. O exame dos atos da prática – por exemplo, no tema de sucessões, com o ressurgimento do testamento unilateral ao lado da doação por razão de morte que prevalecera por séculos; ou na fórmula da permuta [Vismara, 1987], assim como em outros contratos – mostra em muitos casos essa tendência romanizante. Desse modo, mesmo no procedimento judiciário surgem derivados da tradição romanística instrumentos novos, testemunhados a partir do século X, como a *investitura salva querela*, um meio processual muito eficaz, que permitia ao proprietário a recuperação temporária da posse de um imóvel que tivesse perdido em caso de contumácia do acordo[178].

Sem essa vitória, por assim dizer, espontânea e subterrânea, da tradição jurídica latina, provavelmente não teria sido possível o grande e quase imprevisto renascimento do direito romano por obra dos doutos juristas do século XII.

3. *Notários, juízes, formulários*

Se os séculos da Alta Idade Média foram dominados pelo costume e, em menor proporção, mas decerto não irrelevante, pelas leis dos povos germânicos e pelas leis romanas, qual foi o papel da cultura jurídica? A resposta é simples, visto que esse papel foi seguramente marginal, ainda que não tenha sido inexistente. A sociedade e a economia eram típicas de um modo preponderantemente rural, as florescentes cidades antigas tinham se reduzido a poucas centenas e, às vezes, a poucas dezenas de habitantes, o articulado sistema de poderes do Império tardio se despedaçara. O poder civil era exercido por restritas oligarquias pertencentes às etnias dominantes. Os clérigos e os monges eram quase sempre os únicos que sabiam ler e escrever. Em um mundo assim, não é de surpreender que não houvesse espaço para um direito articulado e complexo como era o direito transmitido pelos textos da Antiguidade tardia, nem para uma elaboração teórica das normas legais.

Na enciclopédia do saber da Alta Idade Média, o direito não tinha autonomia. Ele fazia parte do complexo das artes liberais: quanto ao conteúdo, constituía uma parte da ética; quanto às técnicas, ligava-se à retórica e à dialética, segundo modelos culturais detectáveis, por exemplo, em Isidoro de Sevilha[179] que remontam à cultura antiga. Nem mesmo a funda-

---

[176] "Ubi lex deest pracellat consuetudo. Et nulla consuetudo superponatur legi" (*Pippini Capitulare*, c. 10, in *Capitularia* [nota 140], n. 95; n. 105

[177] Tertuliano, *De virginibus velandis*, 1 (in PL 2, 889). Quase mil anos depois, encontramos a expressão no Decreto de Graciano (D. 8 c. 5), por meio de uma extensa série de autores intermediários. E depois nos canonistas do século XII.

[178] *Cartularium Langobardicum*, 20-21, "qualiter sit noticia salvae quaerelae", in MGH, Leges IV, org. Bluhme, p. 610.

[179] Isidoro, *Etymologiae*, 2.24, org. Lindsay, Oxford, 1962.

ção de escolas de estudos superiores na Itália, determinada em 825 por Lotário[180] [Riché, 1979], conseguiu instituir um curso específico de formação destinado ao direito e aos juristas.

As poucas pistas escritas de interpretação da compilação justiniana limitam-se a resumir em termos simplificados e realmente primitivos, não sem omissões e erros bem visíveis[181], os textos das leis. É o que ocorre, por exemplo, com a chamada *Summa Perusina*[182], que remonta ao século VIII e à Itália central, que expõe em breves proposições o conteúdo do Código justiniano e que foi utilizada na práxis judiciária da Sabina até o início do século XI. Isso é o que se passa ainda com as Glosas às Instituições[183] e às Novelas, sendo as Novelas conhecidas na redação latina composta no século VI pelo jurista Juliano, professor em Constantinopla[184].

Todavia, as leis germânicas, das quais já falamos, eram escritas; e escritas em latim. O mesmo se dá com os documentos privados e com as atas judiciais que chegaram até nós. Mas um direito que se pratica por meio da escrita não pode deixar de conter elementos de natureza cultural. Com efeito, a cultura jurídica desses séculos é a cultura dos juízes, dos escritores das chancelarias leigas e eclesiásticas e, sobretudo, dos notários rogatários dos negócios (compra-venda, doações em caso de morte, permutas, enfiteuse, atos dotais e assim por diante) determinados por pessoas físicas. Exatamente por meio do notariado foram conservadas as fórmulas dos atos jurídicos próprios do direito antigo – às vezes com anacronismos impressionantes, quase achados fósseis de eras extintas[185] – e aquelas que aplicavam as normas das leis germânicas. Por obra delas também se transfundiram para a práxis os costumes jurídicos não escritos. A esse respeito, são particularmente indicativos os formulários notariais que, no caso da Gália, atingem um bom número[186], a começar pelo de Marculfo, que remonta ao século VII[187]. Para a Itália lombarda, é fundamental uma coletânea de fórmulas pouco posterior (talvez do século XI), o chamado *Cartularium Langobardicum*[188].

As atas negociais e processuais, mesmo redigidas em um latim corrompido, próximo do vulgar, não são frequentemente, de modo algum, destituídas de substância jurídica. Nas permutas, por exemplo, desde o século VIII, figuram nas atas fórmulas de derivação romana, por exemplo, quando a permuta é qualificada como contrato "de boa-fé" [Vismara, 1987][189]. É o que acontece também nos processos da era carolíngia, nos quais se percebe claramente a sucessão dos procedimentos prescritos por leis e costumes: acesso à justiça, apresentação das garantias (*vadie*) por parte dos litigantes, exame dos documentos e das testemunhas, declaração dos litigantes, juramentos prestados pelas partes e pelas testemunhas, pronunciamento do tribunal. Em vários casos, não falta nem mesmo referência direta ou indireta às normas dos éditos. Os juízes atuantes em cada localidade do reino itálico normalmente pertencem à aristocracia local e são, indubitavelmente, juízes profissionais, qualificados como "juízes do Sacro Palácio" por terem recebido uma nomeação imperial e estarem ligados ao *Palatium* de Pavia, sede do tribunal superior do reino. Também para os notários, a qualificação "notários do Sa-

---

[180] *Capitulare Olonnense*, c. 6 (*Capitularia regum Francorum*, n. 163, vol. II, p. 327).

[181] Omissões e erros são indícios importantes para os historiadores, porque frequentemente permitem compreender quais eram as regras que já não estavam em vigor nos séculos em que as glosas foram escritas.

[182] *Adnotationes Codicum domini Iustiniani (Summa Perusina)*, org. F. Patetta, Roma, 1900. Um manuscrito de Pistoia contém glosas ao Código: *La Glossa pistoiese al Codice giustinianeo*, org. L. Chiappelli, in "Memorie dell'Accademia delle Scienze di Torino", 37 (1885).

[183] *La Glossa torinese*, org. A. Alberti, Turim, 1933; *La Glossa di Casamari*, org. A. Alberti, Milão, 1937.

[184] *Iuliani Epitome Latina Novellarum*, org. G. Haenel, reimpressão Osnabrück, 1965.

[185] Assim em um testamento provindo de Ravena, do ano 690, que invoca os arcaicos Quirites romanos como testemunhas do ato (*Die nichtliterarische lateinische Papyri Italiens aus der Zeit 445-700*, org. J. O. Tjäder, I, Lund, 1955). Assim em alguns documentos de Piacenza, datados do século VIII, que ainda mencionam a *mancipatio*, abolida por Justiniano dois séculos antes [Calasso, 1954].

[186] *Formulae*, org. K. Zeumer, in MGH, Legum sectio V, Hannover, 1886.

[187] *Marculfi formularium*, org. Uddholm, Uppsala, 1960.

[188] *Cartularium Langobardicum*, org. Bluhme, in MGH Leges IV, Hannover, 1868, pp. 600-10.

[189] Assim em duas atas lavradas em Pavia e em Brescia em 761 e 771, com referência ao Cod. 4. 64. 2.

cro Palácio" foi conferida pela autoridade imperial, através da delegação atribuída durante séculos aos condes de Lomello.

4. Os juízes de Pavia e a Expositio

Por volta do final do século XI, o quadro muda. Depois de cinco séculos de silêncio, manifesta-se na Itália, quase repentinamente, a presença de uma nova cultura jurídica voltada para o estudo dos textos legais. Um texto que chegou até nós por meio de um único manuscrito feito em escrita beneventana do século XIII oferece um testemunho de valor excepcional: o autor desconhecido, atuante na Itália setentrional, escreveu por volta de 1070 um comentário analítico à coletânea dos éditos lombardos e dos capitulares destinados à Itália[190]. E, ao fazer isso, registra, entre outras coisas, as opiniões de um grupo de juristas e de juízes dos quais, às vezes, cita também o nome. Alguns deles – por exemplo, Bonfiglio – encontram confirmação nos documentos da mesma época como juízes do Sacro Palácio, o *Palatium* de Pavia, capital e sede do supremo tribunal do Reino itálico. A leitura das sentenças subscritas por esses mesmos juízes, algumas das quais chegadas até nós, demonstra que elas estão atreladas rigidamente ao Formulário tradicional e não permite suspeitar a posse da refinada cultura jurídica que, ao contrário, o texto da *Expositio* documenta.

A *Expositio ad Librum Papiensem* examina centenas de capítulos de Rotário, Liutprando, Carlos Magno, Pepino e dos demais reis itálicos, até Oton I. E empenha-se não apenas em explicitar o alcance jurídico de cada capítulo, mas também e sobretudo em juntar o conteúdo com o dos outros capítulos que tratam da mesma matéria, com a finalidade de estabelecer qual é a disciplina a ser aplicada, considerando por isso a coletânea como um único texto legal. Frequentemente o autor do comentário limita-se a declarar que a norma posterior revoga ("rumpit") a anterior, ou que esta fica revogada ("rumpitur") por uma norma subsequente, à qual se remete. Mas, em muitos outros casos, a argumentação é muito mais sutil. Por exemplo, em tema de furto, o édito de Rotário estabelecera a pena do nônuplo e ainda uma multa[191], enquanto um capitular posterior de Carlos Magno prescrevera contra o ladrão uma série de penas corporais[192]. A esse respeito, refere o autor do comentário, alguns juízes consideravam que a disciplina carolíngia substituíra a disciplina lombarda, ao passo que o jurista Hugo (que aparentemente também era juiz) era da opinião de que as penas decretadas pelo soberano carolíngio só eram aplicáveis se o ladrão não tivesse condições de pagar[193]. Os exemplos de tal procedimento são realmente numerosos [Radding, 1988].

E mais: na *Expositio*, encontram-se centenas de referências específicas aos textos da compilação de Justiniano: ao Código, às Instituições, às Novelas, talvez também ao Digesto [Diurni, 1976]. O autor recorre à lei romana quando uma questão não encontra solução nas leis lombardo-francas, ou seja, em caso de lacuna do *Liber Papiensis* que as contém. Como na passagem em que a justificação da remissão é expressa assim: "Devemos acreditar mais na autoridade da lei romana do que na retórica"[194]. Aqui, pela primeira vez, a fonte romana é

---

[190] *Expositio ad librum Papiensem*, org. Boretius, in MGH Leges IV, Hannover, 1868, pp. 290-585.

[191] Roth. 253.

[192] *Capitulare Haristallense*, 12 (*Capitularia regum Francorum*, in MGH, vol. I, n. 20, p. 49) = *Capitulare italicum* Kar. M. 44 (org. Boretius, MGH Leges IV, p. 494).

[193] *Expositio ad Librum Papiensem*, a Roth, 253 § 3 (org. Boretius, p. 364). Hugo fundamentava sua tese na formulação do capitular carolíngio (nota anterior), que dispunha "ut pro prima culpa [latro] non moriatur", de modo que ele se juntava, segundo Hugo, apenas à parte final do capítulo 253 de Rotário, que estabelecia a pena de morte apenas para quem não pudesse pagar o nônuplo e a multa. Argumentação sutil que, naturalmente, não considera o fato de que Carlos Magno ditara seu capitular no contexto do reino franco.

[194] *Expositio* a Oton I, 3 § 14 (org. Boretius, p. 573). Notemos que, no caso em questão, o apelo à lei romana é realizado pelo autor da *Expositio* para sustentar a possibilidade do recurso ao duelo (portanto a respeito de um instituto tipicamente germânico) em um caso no qual o jurista e juiz Sigefredo considerava o contrário.

invocada como "autoridade" e considerada prioritária em relação a argumentos meramente lógicos e dialéticos. Em outros casos, essas remissões aos textos justinianos são motivadas asseverando que a lei romana é "lei geral de todos" ("lex generalis omnium")[195]: é uma afirmação de importância ímpar, que é reconduzida pelo autor aos *antiqui*, ou seja, aos juízes e juristas do tribunal supremo, e portanto remonta à primeira metade do século XI. Sabemos por outras fontes que, na Lombardia, estudavam-se as leis seculares: isso é atestado pela biografia de Lanfranco (1010-1089), nascido em Pavia, mais tarde nomeado abade do mosteiro normando de Bec e arcebispo de Cantuária[196].

Devemos observar que as técnicas de interpretação textual das quais falamos, indubitavelmente novas no contexto da cultura da Alta Idade Média, são empregadas pelos juristas paveses exclusivamente para a análise e a aplicação dos éditos lombardos e dos capitulares (o *Liber Papiensis*), sem referência aos textos romanos, que, porém, eles mesmos conheciam. Resta, todavia, o fato de que no próprio coração da Lombardia o direito justiniano já era considerado no século XI direito subsidiário em relação às leis lombardo-francas. E isso ocorria quase um século antes de, em Bolonha, surgir a escola que situaria o direito, e só ele, no centro de seu novo método de estudo.

---

[195] Por exemplo, in *Expositio a Wid.* 5 § 4 (org. Boretius, p. 561).
[196] Milone Crispo, *Vita Lanfranci*, in PL 150. 29.

6. A reforma da Igreja

Adquire valor simbólico o fato de que justamente um papa concubinário, João XI, tenha formulado uma bula em favor do mosteiro de Cluny, na Borgonha[197], instituição que viria a se tornar um berço da nova espiritualidade europeia. De fato, no decorrer do século XI, um movimento de reforma da Igreja delineou-se com força crescente partindo de alguns centros religiosos, dentre os quais exatamente Cluny, e de posições rigoristas defendidas por alguns prelados, como o bispo Atto, de Vercelli, desde o século X[198]. As posições da rigorosa reforma cluniacense da ordem beneditina, os escritos do bispo de Liège, Wazo[199], as teses de monges intransigentes como Humberto de Moyenmoutier[200] e Pedro Damião[201] contra a simonia e o concubinato do clero abriram caminho rumo ao vértice da hierarquia no período de poucas décadas, chegando à nomeação de papas favoráveis às teses reformadoras.

Com um decreto do papa Nicolau II, de 1059[202], a nomeação do bispo de Roma foi reservada aos cardeais e subtraída assim aos jogos de poder da aristocracia romana. Contemporaneamente, uma drástica condenação da simonia foi sancionada por dois sínodos romanos: a compra de um cargo eclesiástico foi considerada um ato de heresia e sancionada com a anulação da nomeação simoníaca e com o simultâneo rebaixamento do ordenante e do ordenado[203].

1. *A reforma gregoriana*

Quinze anos mais tarde, a ascensão ao pontificado de um monge toscano, Hildebrando de Sovana, já expoente de destaque na Cúria Romana, marcou o ápice da reforma, frequentemente chamada "gregoriana". Gregório VII (papa de 1073 a 1085) conseguiu afirmar em relação à autoridade suprema da ordem temporal, o imperador Henrique IV, a supremacia da autoridade eclesiástica também na ordem temporal[204].

Um texto célebre de Gregório VII, o *Dictatus papae*, de 1075[205], esculpiu em breves notas e em nítidas proposições as teses do pontífice. A autoridade do papa era afirmada com energia não apenas em relação aos bispos e à Igreja inteira – ali se declarava, entre outras coisas, que o papa pode depor ou transferir bispos, presidir os concílios mediante um legado, decidir as

---

[197] *Papsturkunden 896-1046*, ed. H. Zimmermann, I, Viena, 1984, n. 64, p. 107.
[198] Atto de Vercelli, *De pressuris ecclesiasticis*, 2 (in PL, 134. 71): a compra de cargos eclesiásticos é considerada comportamento herético. Contra o concubinato eclesiástico, Atto, *Epistulae*, 9 (in PL, 134. 115-9).
[199] *De ordinando pontifice*, in MGH, *Libelli de lite*, I, pp. 8-14.
[200] Humberto de Silvacandida, *Adversus simoniacos* (1057-1058), in MGH, *Libelli de lite*, I, pp. 95-253.
[201] Pedro Damião, *Liber gratissimus* (1051), in MGH, *Libelli de lite*, I, pp. 15-75.
[202] Nicolau II, *Decretum electionis pontificalis* (1059), § 3, in MGH, *Constitutiones*, Legum sectio IV, n. 382-3, vol. 1, pp. 537-46.
[203] Nicolau II, *Synodica generalis*, c. 6, in MGH, *Constitutiones*, n. 384, vol. I, p. 547; Nicolau II, *Concilium Lateranense posterius* (1060), c. 3 (ibid., n. 386, I, p. 550).
[204] Gregório VII, *Registrum epistolarum*, ed. Caspar, in MGH *Epistolae selectae*, Berlim, 1967; sobre a doutrina gregoriana, cf. as duas epístolas enviadas por Gregório VII a Hermano de Metz em 1076 e em 1081, in *Registrum*, IV. 2 (vol. I, p. 293); VIII. 21 (vol. II, p. 544).
[205] Gregório VII, *Dictatus papae* (1075), in *Registrum epistolarum*, vol. I, pp. 202-4.

causas maiores –, mas também em relação ao próprio imperador, que o papa poderia legitimamente excomungar, e até mesmo depor, libertando ao mesmo tempo os súditos do dever de fidelidade. Eram teses de natureza hierocrática, parcialmente divergentes com relação à tradição gelasiana e de fato contestadas pelos defensores da autoridade imperial, como Pedro Crasso, de Ravena. Os "regalistas" enfatizavam que a autoridade imperial derivava diretamente de Deus: as duas leis, a canônica e a secular, tinham, segundo eles, o mesmo grau de legitimação, porque as duas autoridades que constituíam sua fonte, respectivamente a Igreja e o Império, eram ambas desejadas por Deus[206]. Esse debate acirrado, conduzido sobre o fio de argumentações teológicas e também jurídicas – eram os anos em que o texto justiniano começava a reaparecer –, constitui a primeira forte expressão da publicística política na história europeia.

Gregório VII não se limitou a enunciados teóricos. Em 1077, depois de ter excomungado o imperador que havia se oposto à Igreja no que se referia à ordem de precedência nas investiduras eclesiásticas, o pontífice declarou que os súditos estavam livres do juramento de fidelidade ao imperador. E apenas o arrependimento de Henrique IV, que fora forçado a esperar durante três dias nos portões do castelo de Canossa, induziu o papa a revogar a excomunhão.

Algumas décadas depois, a controvérsia chegou a bom termo. A concordata de Worms, de 1122, inspirou-se parcialmente nos critérios adotados em Londres em 1107, depois do confronto que opusera o grande arcebispo de Cantuária, Anselmo de Aosta, tenaz defensor da autonomia da Igreja, ao rei da Inglaterra que queria impor pessoalmente o anel e o báculo por ocasião da nomeação de novos bispos. Em Worms, ficou estabelecido que as insígnias da investidura episcopal teriam de ser conferidas pela autoridade eclesiástica e que as nomeações teriam de ocorrer segundo o procedimento canônico[207].

Uma das razões da importância dessa fase da história europeia reside no fato de que, com a reforma, a Igreja reivindicou para si, subtraindo aos poderes seculares, pelo menos em princípio, uma legitimação direta nos assuntos da religião e na organização interna da Igreja, que ela reivindica para si mesma, adotando um modelo estrutural hierárquico, que culmina no pontífice romano. Paralelamente, o poder secular começou a adquirir consciência da legitimação teórica e prática da própria razão de ser e de agir, ainda fundadas, nessa época, sobre uma legitimação divina direta, mas já concebidas por uma parte da doutrina e pelas mais importantes autoridades temporais – o Império, alguns reinos como a Inglaterra e a França – como independentes em relação à Igreja[208].

2. *As Coleções canônicas*

A vitória das posições reformadoras é claramente percebida nas coleções canônicas que vieram à luz na era gregoriana e na pós-gregoriana. A Coleção em 74 títulos[209] abrira caminho desde 1076. Pouco depois, o bispo Anselmo de Lucca compôs, por sua vez, uma importante coleção sistematicamente organizada[210]. Outras foram preparadas pelo cardeal Deusdedit[211] e pelo bispo Bonizo[212].

---

[206] Pedro Crasso, *Defensio Henrici IV Regis* (1084), in MGH *Libelli de lite*, I, pp. 432-53: aqui Pedro Crasso sustenta a tese da dupla linha de autoridade desejada por Deus, respectivamente para a sucessão apostólica e para a sucessão dos imperadores e dos reis (ibid., p. 438). Cf., além disso, o *Liber de unitate ecclesiae* (1082), in *Libelli de lite*, II, pp. 173-284.

[207] *Pax Wormatiensis*, in MGH Legum sectio IV.1 Constitutiones, n. 107-8, vol. I, pp. 159-61: "Ego Henricus imperator augustus […] dimitto sancte catholice ecclesie omnem investituram per anulum et baculum et concedo in omnibus ecclesiis, que in regno vel imperio meo sunt, canonicam fieri electionem et liberam consecrationem".

[208] A esse respeito, ver as considerações de Böckenförde 2007, p. 37.

[209] *Diversorum patrum sententiae sive collectio in LXXIV titulos*, org. J. Gilchrist, Cidade do Vaticano, 1973.

[210] Anselmi ep. Lucensis, *Collectio canonum*, org. F. Thaner, Oeniponte, 1915, reimpressão Aalen, 1965.

[211] *Die Kanonessammlung des Cardinals Deusdedit*, org. V. v. Glanvell, Paderborn, 1905, reimpressão Aalen, 1967.

[212] Bonizo, *Liber de vita christiana*, org. E. Perels, Berlim, 1930.

Nessas e em outras coleções, a supremacia da cúria papal sobre as igrejas locais e a autonomia em relação ao poder secular são evocadas sem a mínima ambiguidade. Fora da Itália, o bispo Ivo – bispo de Chartres de 1090 a 1116, antigo discípulo de Lanfranco – compôs, por sua vez, nos anos 1094-1095, cerca de três coleções, uma das quais, a *Panormia*[213], foi objeto de uma grande difusão na Europa. Talvez se deva ao próprio Ivo, que permaneceu em Roma em 1090, por ocasião de sua consagração episcopal, a composição de uma coletânea de textos – conhecida como *Britânica*[214] – que relata, pela primeira vez depois de muitos séculos, quase uma centena de passagens da primeira parte do Digesto. De todo modo, ele lançou mão dessa coleção quando compôs *Panormia*. Por isso, não se erra ao afirmar que a primeira revivescência do texto fundamental da jurisprudência romana está vinculada a Roma e ao espírito da reforma gregoriana [Cortese, 2002].

No prólogo ao *Decretum*, Ivo formula uma série de critérios que permitiam superar as divergências entre os cânones: é necessário distinguir as normas de direito divino imutável das normas de direito humano, a norma geral da facultativa, o preceito do conselho, a regra universalmente válida das decisões de validade local, e assim por diante[215]. Valendo-se desses critérios, era possível conservar e valorizar toda a tradição do direito canônico [Kuttner, 1960], sem que fosse preciso recorrer a expedientes dúbios e também frágeis, como acontecera na era das falsificações. Justamente esses critérios, essencialmente fundados, como veremos, no princípio da distinção, estarão no centro da nova ciência jurídica do século XII.

A importância da reforma da Igreja do século XI foi de alcance histórico [Fliche, 1924] e a sua influência foi duradoura na Europa, não apenas no âmbito religioso, mas também no campo do direito. A reforma marcou uma grandiosa vitória sobre o costume – os vínculos feudais, a simonia, o concubinato estavam profundamente arraigados na sociedade daquele tempo –, que se impôs, por obra de uma exígua minoria de apoiadores, em conflito com grandes interesses, seculares e eclesiásticos. A vitória também foi possibilitada pelo apoio que em muitas ocasiões os fiéis lhe deram com o impulso rumo a uma profunda regeneração religiosa e espiritual.

O desenvolvimento posterior do direito canônico dos séculos XII e XIII está em estreita ligação com algumas escolhas efetivadas na época da reforma: entre elas, a centralização e a supremacia pontifícia, tanto naquilo que se refere à normativização como por meio do instrumento das apelações a Roma, a autonomia da Igreja em relação aos poderes temporais, a desvinculação com a servidão do sistema feudal e de vassalagem, o celibato eclesiástico. A tradição jurídica e institucional da Igreja Católica será diretamente influenciada por isso até o século XX.

Não menos importantes foram as consequências da reforma no desenvolvimento histórico dos direitos seculares. Mesmo que seja um exagero reconduzir todo o ciclo da tradição jurídica ocidental àquela que foi chamada a "revolução pontifícia" do século XI [Berman, 1983], não há dúvida de que as circunstâncias da formação dos modernos estados europeus e de seus respectivos sistemas jurídicos estão direta e indiretamente interligadas e em parte são dependentes dos modelos institucionais assumidos pela Igreja nas décadas decisivas da reforma.

---

[213] Ivo de Chartres, *Panormia*, in PL 161. 1042-1344. O *Decretum* de Ivo está editado in PL 47-1022. A *Tripartita* é ainda inédita.

[214] Trata-se de uma coleção canônica conservada em um manuscrito londrino, composta, ao que tudo indica, em Roma, nos anos que se sucederam a 1089.

[215] *De consonantia canonum*, in Ivo de Chartres, *Decretum,* PL 161. 47-60.

Segunda parte
A era do direito comum clássico (séculos XII-XV)

Depois do fim do mundo antigo, o primeiro momento fundamental de descontinuidade, que marca a passagem da Alta para a Baixa Idade Média, ocorreu nas décadas de transição do século XI para o século XII, quando a sociedade, a cultura e as instituições se transformaram radicalmente assumindo traços novos e originais. Manifestou-se quase contextualmente uma série impressionante de inovações: a reforma da Igreja e das ordens monásticas, o desenvolvimento demográfico, a ampliação das terras cultiváveis e a introdução de novas técnicas agrárias, o reflorescimento do comércio e do artesanato, o renascimento das cidades e a gênese das comunas citadinas e rurais, a transformação das relações feudais, a formação de fortes estruturas monárquicas na Itália meridional, na França e na Inglaterra, por fim (mas não em último lugar) o nascimento de uma nova ciência do direito por meio de uma instituição, a universidade, especificamente dedicada à formação dos técnicos do direito.

O ciclo dos costumes da Alta Idade Média se exaurira: a nova sociedade europeia exigia conteúdos e métodos diferentes para a administração das relações jurídicas públicas e privadas. Métodos e conteúdos que só uma formação superior adequada podia assegurar: daqui decorre o papel fundamental assumido pelos juristas profissionais, tanto na sociedade civil como na Igreja. Na Europa continental, os juristas de nível superior se formaram na universidade, ao passo que na Inglaterra eles se organizaram no interior do novo sistema judiciário de *Common law*, introduzido pelos normandos. Desde então, de qualquer forma, nenhum ordenamento europeu pôde abrir mão de juristas especializados.

Tudo isso indica o alcance epocal dessa fase da história, que tem na Itália seu primeiro motor. De fato, durante quase cinco séculos, a Itália permanecerá no vértice da história econômica, cultural e artística da Europa e do Mediterrâneo, motivo pelo qual não será exagero afirmar que, desde a Baixa Idade Média até o século XVI, a história italiana é, simultaneamente e para todos os efeitos, história europeia e história mundial.

A nova ciência do direito, cujas características veremos mais adiante, elaborada primeiramente em um único centro de estudos surgido na cidade de Bolonha e, depois, aplicada em outras universidades italianas e europeias que adotaram seus métodos a partir do século XII, foi a matriz de um conjunto de normas e de doutrinas que assumiram a denominação de "direito comum". Por um lado, o direito das relações seculares, por outro, o direito da Igreja formaram assim, respectivamente, os dois mais vastos complexos normativos do direito civil e do direito canônico, ambos universais e ambos "comuns", porque constituídos de regras e normas superiores e gerais em relação aos vários direitos particulares e especiais, próprios de cada lugar e de cada ordem e classe em que a sociedade se dividia. Nenhum dos dois ordenamentos universais deriva a própria autoridade do Estado: o direito, em sua suprema dimensão normativa, apresenta nesses séculos uma natureza não estatal, um aspecto que encontra posterior correspondência na duradoura relevância dos costumes e no papel central da doutrina como fonte do direito.

Esse caráter essencial do ordenamento jurídico da Idade Média tardia não pode ser entendido a não ser no contexto europeu. Surge espontânea a aproximação com a arte: assim como os traços fundamentais da arquitetura românica e da arquitetura gótica podem ser encontrados nos admiráveis monumentos que, da Catalunha à Baviera, da Inglaterra à Sicília, traduziram em linhas espaciais harmônicas a espiritualidade daqueles séculos, mesmo com uma infinita variedade de motivos que torna originais o românico e o gótico de cada região e de cada edifício sacro, também o direito comum é um fenômeno que se desenvolve através de uma incessante circulação de homens, de escritos, de modelos. Dentro de uma moldura única, ele apresenta em cada lugar perfis originais e diferenciados.

Mesmo através de uma evolução de métodos e de conteúdos que aconteceu incessantemente no tempo, o direito comum civil, desde seu primeiro aparecimento no século XII, assumiu como sua base normativa fundamental, jamais posta de lado, a compilação de Justiniano e, portanto, o grande legado do direito romano clássico e pós-clássico. E manteve a característica de normativa superior e geral em relação aos direitos particulares, aí inclusos os direitos dos reinos, para muito além dos limites cronológicos da Idade Média, até o fim do século XVIII.

Do ponto de vista do sistema das fontes, portanto, o período dos sete séculos, que do século XII vai até o final do século XVIII, forma no continente europeu um único e grande período, que pode ser designado como a era do direito comum. No interior desse ciclo, os quatro séculos da Baixa Idade Média, do século XII ao século XV, costumam ser denominados como a era clássica, porque é nela que amadurecem, tanto no direito civil como no direito canônico, as novas orientações de método e as grandes personalidades dos juristas, cuja influência permanecerá viva até a era das codificações modernas.

7. Os glosadores e a nova ciência do direito

1. *Origens da nova cultura jurídica*

A nova era do direito medieval se anuncia de repente e quase contemporaneamente em várias frentes. Nas décadas finais do século XI, a reforma da Igreja e os primeiros testemunhos de uma cultura jurídica renovada, das quais já falamos, fazem-se acompanhar de algumas precoces transformações da documentação escrita nos negócios e nas atas judiciárias.

De fato, já se lavram cartas de compra e venda, de permuta, de doação, de dotes nas quais estão presentes fórmulas antes desconhecidas, que atestam uma cultura superior do notário que redige as atas. O escrivão Pedro de Arezzo, por exemplo, dá provas de conhecimento direto das Instituições e do Código em sua inclinação para inserir em suas atas – ele mesmo se qualifica como "legis amator" – expressões extraídas dos textos da compilação [Nicolaj, 1991]. No ano 1076, em um processo que teve lugar em Marturi nas proximidades de Poggibonsi (Siena), um mosteiro em litígio com um indivíduo acerca dos direitos sobre algumas terras consegue a vitória – apesar de o adversário ter feito valer a prescrição quarentenária a seu favor – fazendo apelo a um texto romano que admitia a interrupção da prescrição no caso de um dos litigantes, sem culpa, não ser capaz de localizar o juiz[1]. O caso é célebre porque o documento contém a primeira citação textual do Digesto depois de séculos de esquecimento. Nos anos posteriores, outros documentos privados e judiciários – mesmo sendo muito raros na massa dos documentos que ainda eram redigidos segundo os esquemas tradicionais – confirmam a existência de juízes, de causídicos e de escrivães com grande familiaridade com os textos de Justiniano. É o que se vê em Garfagnolo, perto de Reggio Emilia, em um litígio datado de 1098, no qual os argumentos doutos apresentados pelos juízes se apoiam no processo de duelo concluído, todavia, em uma pancadaria geral[2]. O mesmo se deu em Roma em um belo documento do ano 1107, onde está registrada uma mudança sutil de argumentação textual entre os advogados das duas partes em causa[3]. E ainda em Teramo, em um processo do ano seguinte[4].

Pode-se perceber nesses testemunhos precoces um aspecto fundamental da nova cultura jurídica. A citação dos textos de lei, a utilização de argumentações eruditas não constituem

---

[1] *I placiti del Regnum Italiae*, ed. C. Manaresi, Roma, 1955-1960, vol. III, n. 437, p. 333. O caso é célebre: os juízes deram razão ao mosteiro citando literalmente o texto de Dig. 4. 6. 26. 4; a citação mostrou-se decisiva, mesmo que, no mérito, pairassem algumas dúvidas sobre a asserção pela qual o mosteiro não teria conseguido no decorrer de quase quarenta anos aproximar os juízes dos domínios dos Canossa para fazer valer seus direitos sobre as terras disputadas em relação à contraparte, o florentino Sigízio.

[2] *I placiti*, vol. III, n. 478, p. 432. Os dois "campeões", designados pelas partes em causa – que eram, de um lado, o mosteiro de São Próspero e, do outro, um grupo de homens residentes em um terreno do mosteiro nos Apeninos – preparavam-se para lutar, quando os homens do mosteiro quiseram "dar uma mão" a seu defensor. E os juízes – que já tinham feito referência a um texto do Código justiniano para analisar a questão de outro ponto de vista, mesmo estando vinculados ao procedimento ordálico da *pugna* por ordem expressa da senhora de Canossa que os enviara como delegados – recusaram-se a avalizar o resultado do duelo irritual.

[3] Ficker, *Forschungen zur Reichs- und Rechtsgeschichte Italiens im Mittelalter*, Innsbruck, 1868-1874, vol. IV, pp. 136-8. Sobre esse e outros casos contemporâneos citados, A. Padoa-Schioppa, 1980.

[4] *Il cartulario della Chiesa teramana*, ed. F. Savini, Roma, 1910, pp. 16-9.

mera ostentação de doutrina. Ao contrário, esses instrumentos são diretamente funcionais quando se trata de fazer negócios bem mais garantidos e de obter sentenças favoráveis para quem os utiliza. E fica bastante claro que a parte capaz de se valer de tais instrumentos abria sobre o adversário uma vantagem quase sempre decisiva. Para lutar com as mesmas armas, era necessário ser capaz de responder com alegações e argumentações igualmente eficazes, fundadas também nos textos romanos. Daí o efeito multiplicador e, por assim dizer, em cadeia da nova técnica legal fundamentada nos textos justinianos. E a razão de seu êxito inesperado.

Uma condição preliminar era todavia necessária para esse fim: que os textos da Compilação justiniana fossem aceitos em juízo e em qualquer outro âmbito como direito positivo vigente. Isso não era, de modo algum, dado como certo *a priori*, pois se é verdade que o direito romano nunca desaparecera, como vimos, do horizonte da Itália lombardo-franca, outra coisa era a restauração integral de um texto normativo com mais de cinco séculos, a seu tempo introduzido no Ocidente de modo muito marginal em relação à tradição teodosiana. Mas foi exatamente isso o que se verificou, em decorrência de circunstâncias que talvez não sejamos capazes de esclarecer completamente: a partir do fim do século XI (e, nesse sentido, o precedente dos juristas de Pavia é muito significativo) passa-se a considerar que a vinculação de um Formulário negocial ou de uma argumentação judiciária ao texto justiniano fosse juridicamente vinculante e fundamentada. As quatro partes da compilação – um conjunto de textos muito vasto e árduo – tornaram-se, incontestavelmente, direito positivo sem que nenhuma nova lei o tivesse imposto.

Talvez possamos intuir por quais razões isso veio a acontecer. O impetuoso desenvolvimento demográfico, o renascimento das cidades e do comércio, a formação das primeiras comunas mediante uma verdadeira revolução das autonomias, tudo isso punha em crise o sistema dos costumes formados nos longos séculos da Alta Idade Média. Os juristas de Pavia tinham se aventurado na exegese dos éditos lombardos e dos capitulares. Mas a base normativa com a qual trabalhavam não podia responder às necessidades de uma sociedade que estava atravessando uma mutação extraordinária. Fazia-se sentir fortemente a exigência de um tecido normativo mais adequado em relação às leis da Alta Idade Média de matriz germânica. O renascimento da compilação de Justiniano foi a resposta a essa exigência. Sua própria poliedricidade se revelou determinante, no sentido de que fornecia – como em um gigantesco arsenal – instrumentos normativos, regras e argumentos para as mais variadas exigências e instituições.

É altamente significativo o fato de que bem cedo, já no decorrer do século XII, não só as famílias poderosas, as grandes igrejas e os ricos mosteiros tenham recorrido em suas controvérsias ao direito romano renascido e às novas técnicas jurídicas, mas também artesãos e membros do clero menor, comunidades do condado, camponeses de pequenas aldeias[5], desde que pudessem obviamente pagar os serviços de um jurista profissional. A necessidade de um aparato legislativo adequado às novas necessidades levou, portanto, à recuperação e à adoção do *Corpus iuris* como texto de lei de valor universal, que, entre outras coisas, fazia derivar sua legitimação da mais alta autoridade terrena na esfera das relações civis, o Império: os imperadores medievais se consideravam, de fato, sucessores dos imperadores antigos.

A utilização da compilação na prática negocial e processual seria inviável se não houvesse instrumentos adequados para a análise e a interpretação, que permitissem o acesso a um conjunto de textos que, de outra forma, seriam herméticos e inutilizáveis, depois de séculos de esquecimento e em condições históricas tão distantes das condições da antiguidade clássica e pós-clássica. Para esse fim, exigia-se o seguro domínio de um conjunto de noções e, sobretudo, de um método que só se adquiria depois de muitos anos de estudo. Para tanto, fazia-se

---

[5] Um exemplo característico, entre tantos, é o dos camponeses de Piuro que, na disputa que promoveram em 1155 com a comuna vizinha de Chiavenna, eram claramente assistidos por um jurista profissional, visto que em sua argumentação destacava-se a *exceptio rei iudicatae* (Maranesi, *Gli Atti del Comune di Milano fino all'anno 1216*, Milão, 1919, n. 30, p. 48).

necessário o suporte de juristas profissionais, formados por aqueles textos e, por isso, capazes de utilizá-los adequadamente. E eram necessários mestres capazes de oferecer essa formação técnica.

Alguns juristas que atuavam em Bolonha, fundadores da escola de direito, que será chamada escola dos glosadores, souberam responder ao árduo desafio de tornar o *Corpus iuris* justiniano inteligível e utilizável, melhor que outros que também nesses mesmos anos se aventuravam nele em Pavia, em Roma e talvez também em outros lugares. Nascia assim, nos primeiros anos do século XII, a mais antiga universidade europeia: um pequeno grupo de discípulos em torno de um mestre, Irnério, que "estudando, começou a ensinar"[6]: "studendo cepit docere". E que depois permaneceu, e até hoje permanece, no binômio inseparável de pesquisa e ensino, essência da universidade.

Desde então, as funções mais trabalhosas para quem atua no mundo do direito – as funções judiciárias superiores, as funções de defesa na qualidade de advogado – foram confiadas na Europa continental a homens formados pela universidade.

2. Os mestres bolonheses: de Irnério a Acúrsio

A escola surgida em Bolonha, assim como acontece em muitas concepções, tem sua origem envolta em obscuridade. Mas sabemos que, por volta do fim do século XI, um personagem de nome Pepo – talvez o mesmo Pepo "legis doctor" presente à sentença de Marturi do ano 1076 – dera início a um ensino de direito, que, porém, não deixou quase nenhum vestígio na Itália, mesmo sendo ocasionalmente citado na França e na Inglaterra no século XII[7] [Cortese, 2002].

O fundador da escola foi outro jurista, que os documentos atestam como atuante entre os anos 1112 e 1125: Irnério (ou Wernerius, ou Guarnerius). Pouco sabemos dele também, mas é certo que atuou como causídico e como juiz, que foi mestre de artes liberais, que em 1119 foi excomungado por ter apoiado a nomeação de um antipapa. Pesquisas recentes levam a considerar como provável que ele fosse de origem germânica e que em sua juventude tenha sido clérigo, logo proveniente da ordem eclesiástica [Mazzanti, 2000; Spagnesi, 2001]. Em todo caso, sua fama é decorrente da atividade de interpretação da compilação justiniana.

O Digesto, o Código, as Instituições e as Novelas foram estudados no texto original, analisados com extraordinária capacidade crítica – considere-se que Irnério não tinha à disposição nenhum instrumento interpretativo preexistente, mas apenas a sua inteligência – e por ele acompanhados, à margem do texto romano transcrito em códices de pergaminho, de milhares de anotações (glosas)[8]. As glosas esclareciam em breves proposições o significado do texto,

---

[6] "Dominus Yrnerius, dum doceret in artibus in civitate ista [Bolonha] cum fuerunt deportati libri legales, coepit per se studere in libri nostris, et studendo coepit docere in legibus, et ipse fuit maximi nominis et fuit primus iluminator scientiae nostrae; et quia primus fuit qui fecit glossas in libris nostris, vocamus eum lucerna iuris..." (Odofredo, *Lectura super Digesto veteri*, a Dig, 1. 1. 6 *de iustitia et iure*, 1. *Ius civile*, n. 1, Lugduni, 1550 = Bolonha, 1967, f. 7rb).

[7] L. Schmugge, *Codicis Iustiniani et Institutionum baiulus. Eine neue Quelle zu Magister Pepo*, in: "Ius Commune", 6 (1977), pp. 1-9. É particularmente significativo que o primeiro testemunho completo da nova abordagem "bolonhesa" das fontes romanísticas refira-se ao nó de relações entre direito natural, direito romano e direito lombardo: segundo o testemunho do teólogo inglês Ralph Niger, Pepo teria contestado a aplicabilidade da pena pecuniária lombarda em relação a um homem acusado pelo homicídio de um servo argumentando que o *ius naturale* impõe a pena do talião e não distingue o livre do servo. Note-se que a referência ao direito natural feita por Pepo comporta, ao mesmo tempo, a aplicação da pena capital ao homicida, segundo o direito romano, e a assimilação do servo ao livre, que contrasta com esse direito. Não se poderia encontrar melhor exemplo da natureza poliédrica do conceito de *ius naturale*.

[8] Um conjunto de glosas ao *Digestum vetus* foi organizado por E. Besta, *L'opera di Irnerio*, Turim, 1896; para as glosas às Instituições, cf. Torelli, 1959; outras glosas de Irnério e indicação dos manuscritos com glosas inéditas estão em escritos de vários autores, especialmente de Savigny, de Pescatore, de Torelli, de Kantorowicz, de Dolezalek.

relacionavam-no com outras passagens paralelas, por vezes discutiam também sua aplicabilidade a casos concretos similares, mas não idênticos aos que estavam previstos no teor literal da norma. Nessas três operações, já estava contido o núcleo vital do método criado pela escola dos glosadores.

Foram discípulos de Irnério os "quatro doutores" – Búlgaro, Martinho, Tiago e Hugo – que viveram em Bolonha na primeira metade do século XII. Para confirmar a autoridade precocemente conquistada pela escola, podemos recordar o fato de que foi justamente a eles que o imperador Frederico I pediu em 1158 a confirmação de seus direitos de jurisdição sobre as cidades, obtendo deles (com base nos textos romanos) resposta positiva [De Vergottini, 1977]. Búlgaro foi aquele que deixou a marca mais duradoura por, entre outras coisas, ter escrito um breve tratado de processos[9] e disputado em sala de aula uma série de questões legais[10]: atividades que deram origem a dois gêneros literários destinados a grande sucesso, as *ordines iudiciorum* e as *quaestiones disputatae*. A ele se contrapôs, segundo uma tradição antiga, o jurista Martino Gosias, "homem espiritual", inclinado a dar maior peso à equidade que ao rigor da lei, mesmo sendo igualmente especialista no domínio dos textos[11], autor, por sua vez, de glosas ainda em grande parte inéditas e de breves tratados.

Búlgaro teve numerosos alunos, entre os quais se destacam Rogério (autor de uma das primeiras Sumas ao Código, escrita em Provença[12] e do primeiro aparato crítico ao *Infortiatum* [Chiodi, 1997]; Guilherme de Cabriano (autor de uma obra importante, os *Casus Codicis*, redescoberta e editada recentemente[13]); bem como o cremonense João Bassiano: um jurista particularmente sensível às novas realidades de seu tempo, que não raramente pareciam completamente estranhas à disciplina do *Corpus iuris*. Daí, em João Bassiano, a valorização dos que ele chama os "costumes dos modernos" em referência à autonomia das comunas citadinas e aos costumes locais: como acreditar de fato, pergunta-se ele em um caso, que diante de um costume já normalmente afirmado "é o mundo inteiro que está errado?"[14].

Seus contemporâneos foram, nas últimas décadas do século XII, Pillio da Medicina e o Piacentino. O primeiro, escritor original de obras processuais e didáticas mas também de uma importante coletânea de questões[15] e da primeira análise doutrinal dos costumes feudais[16], fundou em 1182 a Universidade de Módena, para onde se transferiu com um grupo de estudantes de Bolonha; compôs, entre outras obras, um *Libellus disputatorius*[17], que visava formar os futuros juristas de um modo novo, condensando em poucos princípios o núcleo da normativa romanística, com ampla remissão aos contextos específicos do *Corpus iuris*: mas a tentativa não teve sucesso (evidentemente, não se aprendia o direito, mesmo nessa época, sem um longo esforço). O Piacentino, autor de uma elegante Suma ao Código[18] e de muitos outros

---

[9] Búlgaro, *De iudiciis*, org.: A. Wunderlich, *Anecdota quae processum civilem spectant*, Gottingae, 1941, pp. 1-26; ed. L. Wahrmund, *Quellen zur Geschichte*, IV.1.

[10] Cf. o conjunto de questões reunidas no chamado *Stemma Bulgaricum*, que, sem dúvida, contém questões discutidas nas aulas de Búlgaro: ed. F. Patetta, *Questiones in schola Bulgari disputate*, in BIMAe, II, pp. 195-209.

[11] "In legum pagina nulli secundus", declara-o uma fonte contemporânea [Acher, 1910, p. 516].

[12] Rogério, *Summa Codicis*, ed. G. B. Palmieri, in BIMAe, I, 2. ed., pp. 47-223. Rogério, aluno de Búlgaro, foi seu adversário vitorioso em uma causa do ano 1162 entre os condes de Barcelona e os condes de Baux da Provença; e em Provença – onde ensinou no período de 1152 a 1162, talvez em Arles – escreveu a *Summa* ao Código, que permaneceu incompleta [Gouron, 1992].

[13] T. Wallinga, *The Casus Codicis of Wilhelmus de Cabriano*, Frankfurt am Main, 2005. A obra foi descoberta por G. Dolezalek.

[14] "Numquid totus mundus errat?". A pergunta faz referência à qualificação jurídica de uma sentença confiada ao juiz, hipótese que à época já era frequente; João Bassiano considerava isso possível, remetendo o caso ao âmbito da transação (gl. acursiana *conventum*, a Nov. 86. 2 = *Auth*. IX. 11, *ut differentes*).

[15] Pillio, *Questiones sabbatinae*, Roma, 1560 = Turim, 1967.

[16] A. Rota, *L'apparato di Pillio alle Consueudines feudorum*, in *Studi e memorie per la storia dell'Università di Bologna*, 14 (1938), pp. 1-170.

[17] Ainda inédito, está conservado em sua forma completa em um manuscrito de Viena, *Oesterreichische Nationalsbibliotek*, lat. 2157.

[18] Piacentino, *Summa Codicis*, Moguntiae, 1536 = Turim, 1962; *Summa Institutionum*, Moguntiae, 1535.

escritos, sobretudo processualísticos, foi professor célebre não apenas em Bolonha, mas também na França, em Montpellier, onde passou pelo menos duas grandes temporadas e onde, alguns anos antes, Rogério já estivera.

Com efeito, a nova ciência jurídica já se enraizara muito precocemente na França meridional. Desde 1127, há testemunhos da presença no Delfinado de juristas formados segundo o modelo bolonhês. E por volta de meados do século vinham à luz no Midi (em Arles, Valence, Die, Montpellier) diversas obras de direito – particularmente algumas Sumas às Instituições e ao Código importantes e originais, entre as quais a mais antiga *Summa Institutionum*[19] e a mais antiga *Summa Codicis*[20] – diretamente inspiradas no método dos glosadores, mas dotadas de características próprias. As minuciosas investigações de André Gouron[21] permitiram esclarecer muitos aspectos ocultos da paternidade de toda uma série de escritos compostos na França do século XII. Algumas dessas obras, como o *Codi*, escrito em língua provençal e posteriormente traduzido para o latim[22], testemunham uma viva atenção às exigências da prática daquela época. Outras testemunham a influência de concepções originais e de teorias extraídas do direito canônico, como na passagem em que se convida o juiz a se recusar a aplicar um costume injusto[23] ou onde se afirma que as normas contrárias à lei ou à razão podem ser até mesmo "pisoteadas"[24].

Nessa mesma época, acorriam a Bolonha muitos estudantes, não só do Norte da Itália, como também do Sul da Península, da Alemanha, da França, da Espanha e de outras regiões da Europa, numa demonstração do extraordinário sucesso alcançado pelo método bolonhês. Um pouco mais tarde, já a partir das primeiras décadas do século XIII e seguindo o mesmo modelo, nasciam outros centros de estudo universitário: em Pádua (1222), em Nápoles (1224) e, pouco a pouco, em numerosas outras cidades: por exemplo, Roma, Vercelli, Piacenza, Reggio Emilia, Arezzo, Módena, Mântua, Vicenza, Milão, Pisa, Benevento. Além dos centros de estudo gerais universitários e das cidades do Sul da França, foram centros de estudo e de atividade sobre as fontes justinianas, depois do início bolonhês, várias localidades na Europa: Paris, Reims, Normandia, Inglaterra (onde o lombardo Vacário já atuava em Oxford desde 1149), Irlanda, Catalunha, Alemanha.

A quarta geração de mestres bolonheses tem como expoente máximo o glosador Azzone, discípulo de João Bassiano, que viveu entre o fim do século XII e o início do século XIII. Jurista completo, professor incansável (do qual se diz que só adoecia durante as férias), docente de tamanho sucesso que, às vezes, precisava dar aulas na praça, porque a sala de aula não era suficiente para acomodar os alunos (e isso nos diz que, à época, havia em Bolonha centenas de estudantes de direito), Azzone é autor de obras que logo se tornaram clássicas. A *Summa Codicis*[25], exemplar em sua completude e clareza, permaneceu insuperável em seu gênero, tanto que depois dela ninguém se aventurou a escrever novas sumas. A *Summa* sintetizava todo o *Corpus iuris* seguindo o esquema do Código justiniano; por isso, por exemplo, no título dedicado à compra e venda ou ao mandato ou testemunho, eram relatadas as regras fundamentais contidas em matéria, além do Código, também no Digesto, nas Instituições e nas

---

[19] P. Legendre, *La Summa Institutionum* "Iustiniani in hoc opere", Frankfurt am Main, 1973.
[20] *Summa Codicis Trecensis*, editada com uma equivocada atribuição a Irnério: H. Fitting, *Die Summa Codicis des Irnerius*, Berlim, 1894 = Frankfurt am Main, 1971.
[21] Ver as pesquisas compiladas em A. Gouron 1984; 1987; 1993; 2000.
[22] *Lo Codi in der lateinischen Übersetzung des Ricardus Pisanus*, Halle, 1906, hrsg. von H. Fitting [para esclarecimentos, cf. Gouron 1984, VIII].
[23] *Libro di Tubinga*, 123, ed. C. G. Mor, *Scritti giuridici preirneriani*. Milão, 1935-1938, vol. I, p. 221: "cum de iustitia et consuetudine contenditur inter idiotas legisque peritos, consuetudo iuris nescia, errore nata, recedat, iustitia vero in omnibus iudiciis vigorem habeat [...]".
[24] "Si qui inutile, ruptum, equitative contrarium in legibus reperitur, nostris pedibus subcalcamus" (*Petri Exceptiones*, Proêmio, ed. C. G. Mor, *Scritti giuridici preirneriani*, vol. II, p. 47). Voltaremos a esse ponto, no capítulo 15, a propósito das relações entre equidade e rigor.
[25] Azzone, *Summa super Codicem, Instituta, Extraordinaria*, Papiae, 1506 = Augustae Taurinorum, 1966; outra edição: Id., *Summa aurea*, Lugduni, 1557 = Frankfurt am Main, 1968.

Novelas. Durante cinco séculos, primeiramente nos manuscritos e depois nas edições impressas, a Suma de Azzone foi frequentemente lida e consultada.

Já os glosadores das primeiras gerações haviam providenciado – também para a preparação de seus cursos de ensino – o próprio exemplar manuscrito do texto romano com minuciosos aparatos críticos de glosas, que frequentemente ocupavam o volume todo. O trabalho dos mestres anteriores era utilizado pelos mestres subsequentes, que não raro se apropriavam das glosas de outros, contudo integrando-as e muitas vezes alterando suas conclusões. Com o tempo, os manuscritos foram se enchendo com camadas sucessivas de glosas (uma única página podia conter até cem glosas), e a exigência de predispor aparatos críticos mais legíveis se torna inadiável. Foi a isso que se dedicou Acúrsio, um professor bolonhês, que consagrou na primeira metade do século XIII várias décadas de trabalho à composição de um gigantesco aparato crítico de glosas (cerca de cem mil) a toda a compilação de Justiniano. Ele conseguiu incorporar em sua obra interpretações de cerca de quatro gerações de glosadores, baseando-se principalmente nos aparatos críticos mais recentes, a começar dos de seu mestre, Azzone.

A completude, a clareza e portanto a utilidade do texto acursiano foram tamanhas que ele logo, a partir da segunda metade do século XIII, suplantou qualquer outro aparato crítico. Por isso, sob a designação de *Glossa ordinaria*, a obra de Acúrsio foi transcrita em milhares de manuscritos e, mais tarde, a partir da segunda metade do século XV, continuamente editada e reeditada[26]. Na Europa, até o final do século XVIII, qualquer jurista que utilizava o *Corpus iuris* no próprio trabalho cotidiano de advogado, de consultor ou de juiz, o fez com o auxílio constante do grande aparato crítico acursiano.

3. O método didático

Para entender o significado da atividade dos glosadores, é preciso evocar, antes de tudo, o papel fundamental de que se reveste para eles o texto da lei escrita. A Compilação de Justiniano, em suas quatro partes, divididas nos manuscritos medievais em cinco encorpados volumes escritos sobre pergaminho – *Codex, Digestum vetus, Infortiatum, Digestum novum, Volumen*[27] – é para os mestres bolonheses lei vigente no sentido mais pleno. Não apenas cada parte, cada proposição é válida e aplicável, mas qualquer caso hipotético ou real encontra uma possível solução no âmbito daquele que doravante será chamado de *Corpus iuris civilis* (também essa denominação é coerente com a ideia de um único organismo, que inclui toda a lei civil). Dever do intérprete é esclarecer seu alcance mediante os instrumentos conceituais próprios do jurista. Essa convicção inabalável encontra um possível termo de comparação – que sugere a ideia de uma provável derivação – apenas na atitude análoga mantida pelos Padres e pelos Doutores da Igreja tardo-antiga e medieval em relação ao texto bíblico: assim como para eles a Escritura era verdadeira em cada uma de suas partes, porque fruto da Revelação e obra de um único Autor divino, também para os glosadores a Compilação foi considerada válida em sua integralidade, para além de qualquer aparência de contradição.

Era necessário "explicar" o texto no sentido etimológico de abrir cada uma de suas dobras com inteligente delicadeza, esclarecendo todos os seus matizes. O trabalho dos mestres bolonheses começa e se desenrola justamente assim: eles esclarecem para si mesmos o texto e logo comunicam, "explicam" o fruto de seu trabalho de esclarecimento a estudantes desejosos de aprender. Nascem simultaneamente a atividade de investigação científica, a atividade didá-

---

[26] As citações que faremos estão completas recorrendo à edição de Veneza, de 1592.
[27] O *Codex* compreendia apenas os primeiros nove livros do Código de Justiniano, o *Digestum vetus*, os livros I a XXIV.2 do Digesto, o *Infortiatum* os livros XXIV.3 a XXXVIII, o *Digestum novum* os livros XXXIX a L. O quinto volume (*Volumen*) continha as Instituições, as Novelas justinianas na redação do *Authenticum*, subdivididas em nove colações, os livros X-XII do Código (chamados *Tres Libri*) e, posteriormente, também os *Libri Feudorum*, bem como o texto da Paz de Constança de 1183 e algumas constituições imperiais dos séculos XII e XIII.

tica, a atividade literária dos glosadores. Essa estreita conexão entre ensino e ciência jurídica se revela com clareza quando consideramos as diversas fases nas quais se articulava a explicação do texto a partir da cátedra. São fases ilustradas por mestres da escola como João Bassiano, no final do século XII[28], ou o canonista Henrique de Susa meio século mais tarde[29] (o método, com efeito, era e permaneceu durante séculos idêntico para as duas habilitações, tanto em direito civil como em direito canônico).

Essas fases podem ser descritas do seguinte modo:

1-2. O mestre lia da cátedra o texto do fragmento: o termo "lição" (*lectio*), que ainda hoje caracteriza, por antonomásia, a atividade didática – assim como o inglês *lecture*, conferência –, deriva justamente dessa operação fundamental que nasce do exame do texto, de sua "leitura".

Procedia-se assim a um primeiro e sintético esclarecimento do significado do fragmento, realizado com o instrumento que melhor que qualquer outro se prestava (e se presta) para esse fim: a enunciação em forma de exemplo concreto do princípio jurídico afirmado na norma, que recebia o nome de *casus*.

Seguia-se, então, a exegese, a verdadeira e própria explicação de cada palavra e de cada proposição[30].

3. Nesse ponto, surgia o problema da relação entre o próprio fragmento e as passagens paralelas contidas em outras partes da Compilação. De fato, quase sempre, um mesmo instituto era disciplinado em títulos e fragmentos tanto do Digesto como do Código ou das Instituições, e não raramente também das Novelas[31]. E muito frequentemente as regras de direito das passagens paralelas apresentavam, à primeira vista, discordâncias em relação à norma contida na passagem em exame. Nascia portanto a exigência de resolver o contraste entre as fontes (*solutio contrariorum*): uma fase crucial da obra do intérprete, que muito frequentemente desembocava em um enunciado que tem a forma da distinção (*distinctio*), de modo que convalidam-se ambas as normas, como veremos adiante.

4. O fragmento podia incluir proposições de alcance geral expressas de forma sintética, que serviam assim para ser utilizadas como argumentações de direito em uma causa (*notabilia, argumenta ad causas, generalia*). O mestre as evidenciava[32] e ressaltava o seu valor argumentativo; ou formulava outras enunciações gerais – às vezes diretamente expressas pelas fontes romanas, outras formuladas pelo próprio glosador – que sintetizavam o alcance de muitas fontes paralelas. Ou propunha pares de princípios em oposição entre si (*brocarda*), cada um dos quais era reconduzível a fontes expressamente evocadas.

5. Por fim, o fragmento em exame era assumido como ponto de partida para propor uma ou mais questões hipotéticas ou concretas: questões dúbias, acerca de situações para as quais

---

[28] "Modus in legendo quem observare consuevimus, quadripartito progressu, quasi quibusdam quator metis et terminis distinguitur: primo *casum* simpliciter et nude ponimus; secundo *contraria* assignamus et *solutiones* adhibemus; tertio argumenta ad causas de facto adnotamus, quae loci generales vel generalia vel vulgariter *brocarda* appellantur; ad ultimum *quaestiones* movere et discutere consulimus, vel statim in lectione vel in vesperis prasertim difficultatem prolixiori disputationi reservando [...]": [João Bassiano], *Materia Pandectarum*, pr. [editada como apêndice a muitas edições das *Summae* ao Código e às Instituições de Azzone]: Azonis, *Summa aurea*, Lugduni, 1557 = Frankfurt am Main, 1969, f. 293ra.

[29] Henrique de Susa (Hostiensis), *Summa aurea*, a X 5. 5 *de magistris*, n. 6, ed. Venetiis, 1584 = Turim, 1963, col. 1513.

[30] Curiosamente, a descrição de João Bassiano (citada na nota 28) não faz referência a essa fase, que também, sem dúvida, os glosadores praticavam constantemente; talvez ele a considerasse implícita. Já Henrique de Susa a menciona expressamente (acima, nota 29), no segundo lugar depois do *casus*: "secundo legendo literam ex exponendo et etiam construendo, si difficilis appareat".

[31] Vários dos manuscritos das primeiras gerações da escola trazem em suas margens listas de remissões a passagens paralelas: simples remissões, sem anotações do glosador. Já esse trabalho de identificação das passagens paralelas exigiu um longo e paciente trabalho de análise, realizado por várias gerações de juristas.

[32] Por vezes, simplesmente desenhando no pergaminho uma mão ou um dedo em correspondência com a passagem *notabile*.

o texto não dava resposta direta[33]: eram as *quaestiones de facto*. A resposta à questão concreta exigia geralmente a referência a outras fontes e o recurso a técnicas de interpretação da lei (por exemplo, à analogia); e comportava a possível escolha entre duas teses em conflito, como costuma acontecer diante do juiz em uma causa concreta, onde as teses de direito das duas partes são com frequência contrapostas. O mestre propunha portanto a *quaestio* daquela lição, ilustrava suas eventuais alternativas e oferecia da cátedra sua *solutio*. Além disso, do final do século XII em diante, instaurou-se a práxis didática de confiar aos próprios estudantes o exame de questões propostas pelo mestre e suscetíveis de soluções opostas. Em horários determinados, à tarde ou aos sábados (*quaestiones sabbatinae*), depois de se terem preparado e se dividido em dois grupos, os alunos debatiam a questão diante do mestre, o qual, no final, aprovava uma das soluções examinadas, ou enunciava ele mesmo uma solução distinta.

A simples catalogação dessas diversas fases é suficiente para compreender quão árduo era o esforço para atingir um conhecimento tão aprofundado do *Corpus iuris*. Mesmo sendo verdade que as operações das quais falamos não eram todas realizadas sobre cada um dos fragmentos, anos de trabalho eram de qualquer modo necessários para que alguém se tornasse navegador experimentado naquele vasto pélago. O método didático era, sem dúvida, muito avançado, mesmo quando comparado com a moderna didática jurídica universitária: as lições exegéticas educavam para o conhecimento e a interpretação dos textos, as questões da cátedra e os exercícios treinavam para a solução dos casos, numa integração eficientíssima entre exegese, sistemática e casuística; e com a participação ativa dos estudantes. O motivo do sucesso do método de Bolonha na Europa reside em larga medida na seriedade e no profissionalismo da diretriz didática.

Se considerarmos as obras escritas pelos glosadores, poderemos destacar que os diversos gêneros literários por eles cultivados são quase sempre reconduzíveis, direta ou indiretamente, à atividade intelectual desenvolvida no âmbito da escola. Isso não quer dizer que as obras mesmas sejam simplesmente a transcrição do que o mestre explicava da cátedra: se há textos, por assim dizer, nascidos nos bancos[34], outros textos – a maioria deles – foram compostos e "publicados" diretamente pelo mestre. Contudo, mesmo esses últimos normalmente não constituem senão o desenvolvimento, na forma da escrita ordenada e coerente, de operações intelectuais surgidas na aula ou para a aula universitária. Assim como às operações conceituais de que falamos podem ser reconduzidos quase todos os gêneros literários da escola, muitos dos quais destinados, antes de tudo, às necessidades da prática, para fornecer aos causídicos instrumentos de argumentação que possam valer diante dos juízes.

É efetivamente muito estreita a relação entre o método didático do qual falamos e os escritos diversos e distintos das glosas marginais e interlineares dos glosadores. As coletâneas de *distinctiones* [Seckel, 1991] reúnem as distinções mais importantes, surgidas do exame das passagens paralelas e do esforço de obter de modo coerente a *solutio contrariorum*. Os *brocarda* (há uma coletânea deles composta por Azzone)[35] expõem pares de princípios contrastantes entre si e utilizáveis para argumentar as próprias teses perante os juízes, citando as fontes relativas. As coletâneas de *quaestiones* (às vezes, organizadas por alunos, como as de Búlgaro, outras, compostas pelo próprio jurista que as formulou, como as que foram feitas por Pillio e Azzone)[36] reconectam-se às questões discutidas sobre casos correlacionados ao texto, que o

---

[33] Por exemplo: uma norma do Digesto que disciplinava a capacidade contratual autônoma do filho sem a necessidade de uma intervenção do pai devia ser aplicada também à filha? Incluía a capacidade de fazer testamento? Podia ser estendida à capacidade processual de recorrer ao juiz para obter o cumprimento do contrato?

[34] Por exemplo, as lições de Búlgaro foram parcialmente "reportatae" por Guilherme de Cabriano em seus *Casus Codicis*, as de João Bassiano foram transcritas pelo aluno Nicolau Furioso, as que Azzone deu a respeito do Código foram relatadas pelo aluno Alexandre de Santo Egídio.

[35] Azzone reelaborou os *Brocarda* de Otão Pavense: Azo, *Brocardica aurea*, Neapoli, 1568 = Augustae Taurinorum, 1967.

[36] E. Landsberg, *Die Quaestiones des Azo*, Freiburg im Breisgau, 1888 [Belloni, 1989, pp. 31-7; 89-96].

professor ilustrara na aula. É o caso dos *quare*, que discutiam a *ratio* de uma regra jurídica contida nos textos. E tinham uma origem similar às *dissensiones dominorum*[37], nas quais se mencionavam os pontos de direito sobre os quais alguns dentre os mestres bolonheses estavam em desacordo (o dissenso entre os técnicos do direito é tão antigo quanto a ciência jurídica). O gênero literário do *Ordo iudiciorum*, que se desenvolveu em uma escala imponente para instruir juízes, advogados e notários acerca dos procedimentos processuais, portanto, para finalidades práticas, não nasce do ensino, mesmo que tenha sido Búlgaro a dar-lhe início[38]. Mas as *summae* – que expõem o conteúdo da compilação toda adotando a sistemática de uma de suas partes (geralmente, ou o Código ou as Instituições)[39] – desenvolvem em escala maior as *summulae*, breves introduções, úteis para introduzir a exposição de cada um dos títulos em classe[40].

O significado de uma correlação tão estreita entre didática e ciência do direito é bastante considerável por duas ordens de razões. Em primeiro lugar, manifesta-se nisso o caráter específico da instituição universitária, que permaneceu inalterado desde o século XII até hoje e que consiste na estreita ligação entre o ensino e a pesquisa. Quem tem a tarefa de transmitir a cultura superior e formar para o exercício das profissões mais qualificadas – em primeiro lugar, precisamente as profissões jurídicas – é um mestre ao qual se reconhece a capacidade de conduzir pessoalmente pesquisas científicas de fronteira no campo da disciplina que ele ensina.

Em segundo lugar, a correlação da qual falamos produz efeitos relevantes no processo de elaboração conceitual do direito. As teorizações, as categorias sistemáticas, as distinções, as regras introduzidas pela nova ciência jurídica do Ocidente afirmaram-se porque se demonstraram funcionais às exigências impostas pela realidade cotidiana, na qual normalmente havia quem contratava, quem litigava, quem delinquia; mas muitos desses instrumentos, imediatamente utilizados nos processos e nas alegações, não teriam nascido se não fosse o formidável estímulo a refletir e a teorizar, ligado às duras exigências de formação intelectual próprias da escola universitária. Assim como para a teologia [De Ghellinck, 1948], também para o direito a exigência formativa da "escolaridade" universitária foi uma fonte essencial para a nova ciência nascida no século XII.

4. *O método científico*

Analisemos agora mais de perto os caminhos seguidos pelos glosadores na compreensão das fontes e na formulação das questões jurídicas. Tentemos penetrar na oficina do jurista de formação "bolonhesa" para poder ver quais eram os instrumentos de trabalho e quais os modos de sua utilização.

Um primeiro aspecto sobre o qual é preciso chamar a atenção refere-se aos instrumentos intelectuais dos quais a nova ciência jurídica podia dispor. Com efeito, os glosadores não trabalhavam sobre o texto romanístico munidos apenas de entusiasmo e desejo de entender. Eles dispunham de uma mente bem preparada para o raciocínio porque haviam assimilado a fundo uma cultura específica: a cultura das artes liberais, que incluía o estudo da retórica e da dialética. A fonte primeira desses dois ramos do saber era constituída por aquela parte da *Lógica* de Aristóteles[41] transmitida ao Ocidente europeu na Alta Idade Média.

---

[37] *Dissensiones dominorum*, ed. Haenel, Leipzig, 1834 = Aalen, 1964.
[38] Temos uma vasta coletânea de *ordines* em Wahrmund, *Geschichte der Quellen*, 5 vols., Innsbruck, 1905-1917 [sobre as *ordines*, cf. Fowler-Magler, 1984; 1994].
[39] Entre as quais destacadamente a *Summa Trecensis* (cf. acima, nota 20), *Lo Codi* (acima, nota 22) e a de Rogério (nota 12), do Piacentino (nota 18), de Azzone (nota 25). Rolando de Lucca, João Bassiano, Pillio e outros glosadores também escreveram *summae* ou partes delas.
[40] Temos um elenco em Weimar, Coing I 1973, pp. 193-8.
[41] Denominada correntemente de "Logica vetus" (contida nos dois tratados sobre as *Categorias* e sobre a *Interpretação* de Aristóteles e na *Isagogé* de Porfírio, por meio das traduções e dos três comentários de Boécio, *De divisio-*

Os lugares-comuns dialéticos – princípios gerais a que era preciso recorrer para resolver problemas que carecessem de uma solução normativa segura – eram enumerados e ilustrados singularmente por Cícero nos *Topica* e por Boécio no *De differentiis topicis*, a exemplo de Aristóteles e de Temístio. Os glosadores recorrem com grande frequência a eles: dessa forma, o *argumentum a contrario* é usado por Martinho para declarar lícita a rejeição de um juiz sobre o qual recai a suspeição desde o início do processo, antes da *litis contestatio*[42]; o *argumentum a simili* é utilizado por Piacentino para estender de modo analógico a disciplina do dote com o objetivo de tutelar o comprador que seja vítima de lesão enorme[43]; o *argumentum* "a genere in speciem" ("o que vale para o gênero vale também para a espécie") possibilita à Glosa acursiana sustentar que um pacto concluído de modo fraudulento não pode alcançar tutela diante do juiz, mesmo não sendo expressamente inibido, porque a fraude é uma espécie do mais amplo *genus* do dolo, e o pacto doloso é proibido por lei[44]. O recurso aos modelos da retórica e aos modos de argumentação (*modi arguendi*) [Caprioli, 2006] manterá grande destaque também em seguida, na escola do Comentário.

O aspecto mais relevante do método jurídico adotado pelos glosadores não reside, contudo, no recurso aos parâmetros da retórica e da dialética, mas nas técnicas e nos resultados referentes à interpretação e à combinação das fontes romanísticas. Gostaríamos de ressaltar a importância de três operações, que as fontes atestam terem sido frequentemente realizadas pela escola: a lei objeto de exame podia receber uma interpretação extensiva, ou uma interpretação restritiva, ou ainda, por fim, ser até mesmo alterada em seu significado originário. Cada uma dessas possibilidades comportava, como é natural, consequências importantes no que se refere ao alcance atribuído pelo jurista à norma analisada a cada vez.

A última das três possibilidades mencionadas não deve causar admiração. Que um glosador possa entender inadequadamente um texto da Compilação é mais que natural, se considerarmos apenas, por um lado, a dificuldade de chegar a uma interpretação historicamente correta de normas antigas na ausência de instrumentos filológicos e historiográficos adequados; por outro, o fato de a norma antiga inevitavelmente ser "lida" pelo glosador com o foco na realidade que lhe era contemporânea: muitos mal-entendidos nasceram precisamente disso[45]. Muitas vezes, a exegese equivocada é corrigida em um momento posterior, por outro mestre. Em alguns casos, porém, o erro se perpetuou até a época de Acúrsio e também depois dele.

Um exemplo disso é um princípio jurídico enunciado pela primeira vez por Piacentino, em virtude do qual "presume-se que aquele que tem a posse é o proprietário" [Kiefner, 1962]: essa importante opinião – que encontramos em alguns Códigos modernos – nasceu de uma equivocada (mas feliz) interpretação do termo *dominus*, interpolado na era pós-clássica em um rescrito imperial[46]. A tese do Piacentino foi criticada por João Bassiano, mas será retomada mais tarde pelo grande comentador do século XIV, Bartolo de Sassoferrato, e repetida por muito tempo, até se tornar lei em alguns dos códigos modernos[47].

---

ne, *De differentiis topicis, Sillogismi*; bem como no *De inventione* e nos *Topica* de Cícero), para distingui-la da "Logica nova" (que estava contida nos *Elencos Sofísticos*, nos *Analíticos* e nos *Tópicos* de Aristóteles), que já se fazia notar no século XII, mas só veio a ver completamente conhecida no Ocidente a partir do século XIII.

[42] Visto que a lei declara insustentável a recusa após a contestação da causa diante do juiz (cf. *Cod.* 3. 13. 4), *a contrario*, ela deve ser considerada lícita antes desse momento: assim Martinho, in *Dissensiones dominorum* de Hugolino, § 114, ed. Haenel, Leipzig, 1834 = Aalen, 1964, p. 344.

[43] Piacentino, *Summa Codicis*, 4. 44, p. 176.

[44] "Dolus est genus, et inest fraus ei ut species generi [...], et erit bona argumentatio de toto ad partem [...]": *gl. "sed si fraudandi"* a Dig. 2. 14. 7. 10.

[45] Um exemplo entre tantos: uma constituição de Anastásio do ano 507 (*Cod.* 3. 13. 7) menciona os funcionários imperiais encarregados de supervisionar as corporações do Império tardio; já a Glosa, e depois os Comentadores, entenderam o texto no sentido de que os funcionários-juízes fossem os chefes eletivos das artes: nisso, eles estavam influenciados pela realidade bem distinta das corporações de ofícios da era comunal, que se baseavam na autonomia.

[46] *Cod.* 4. 19. 2.

[47] Cf., por exemplo, o Código civil napoleônico, art. 2279; o Código civil austríaco (ABGB) § 323; o Código civil alemão (BGB), § 1006.

Outro exemplo significativo refere-se ao problema da impugnabilidade das sentenças que decidiam uma controvérsia sobre a posse de um bem. Uma constituição de Valentiniano acolhida no Código estabelecia que essas sentenças, mesmo sendo apeláveis, não podiam ser suspensas – no que se refere a sua execução – enquanto se aguardava a decisão da apelação[48], como, aliás, era a regra para as sentenças contra as quais tivesse sido interposta apelação. Mas a escola, a partir de Búlgaro até Azzone e Acúrsio, foi concorde em considerar que a apelação contrária às sentenças sobre a posse fosse sem dúvida proibida[49]. Só posteriormente o glosador Tiago Baldovini se deu conta das graves consequências de tal disposição, que negava a impugnabilidade também nos casos em que a decisão era destinada a permanecer como definitiva e argumentou, portanto, em favor da apelação[50].

Uma das características de destaque da escola do Comentário, desde a era dos mestres de Orléans no século XIII, será exatamente repensar e corrigir, com vivo senso crítico, muitas exegeses tradicionais da Glosa. E assim de novo, com uma metodologia completamente distinta, por obra dos Humanistas no século XV e, sobretudo, dos Cultos no século XVI. Fica efetivamente claro que as interpretações fundadas em exegeses discutíveis ou erradas possuíam uma vulnerabilidade intrínseca, uma vez que estavam destinadas a cair – talvez depois de séculos – no exato momento em que a demonstração do erro fosse enunciada e compartilhada.

Quanto aos casos de interpretação extensiva de uma norma, muito frequentes na Glosa, citaremos um único exemplo referente à matéria da apelação penal. O Código de Justiniano decretava a inapelabilidade das sentenças relativas a cinco graves crimes (homicídio, adultério, envenenamento, feitiçaria, violência manifesta), desde que o réu fosse condenado em primeira instância com base em provas certas, geralmente corroboradas pela confissão[51]. A partir de Azzone, afirmou-se, em vez disso, a tese de que a proibição da apelação devia ser estendida a todos os crimes[52]: e isso com base em dois princípios fundamentais para os glosadores, o princípio equitativo ("pari equitate..."): trataremos dele em breve) e o princípio pelo qual, se o fundamento racional da norma é o mesmo, a disciplina jurídica deve ser a mesma ("ubi eadem ratio, ibi idem ius"). Manifesta-se aqui uma atitude muito restritiva em relação à apelação penal, determinada talvez pela realidade histórica da época das comunas italianas, nas quais, com efeito, as condenações penais normalmente não eram impugnáveis.

A terceira via supraindicada, que consiste em interpretar de modo restritivo uma norma legal, também é muito frequente e de grande importância. A via por meio da qual se alcança o resultado consiste na adoção de uma distinção (*distinctio*) aplicada ao texto, que permite fazer valer a norma para uma categoria específica de casos concretos, negando, contudo, sua aplicação em relação a uma ou mais categorias diferentes.

---

[48] *Cod.* 7. 69. 1: "Cum de possessione et eius momento causa dicatur, etsi appellatio interposita fuerit, tamen lata sententia sortiatur effectum. Ita tamen possessionis reformationem fieri oportet, ut integra omnis proprietatis causa servetur."

[49] Assim já em Búlgaro, no *De iudiciis*: "Aliquando causa non est eius momenti, ut appellatio admitti debeat, ut de possessione momentaria" (ed. Wahrmund, *Quellen*, IV, 1, p. 8). Outros textos são analisados em Padoa Schioppa 1970, II, pp. 68-72.

[50] Com efeito, nem sempre se seguia à controvérsia sobre a posse uma controvérsia sobre a propriedade – como afirmavam os glosadores anteriores, justificando assim (o suposto) veto à apelação – porque aquele que era o legítimo possuidor (e nesse papel promovia a causa possessória, mesmo perdendo-a eventualmente) podia não ser capaz de apresentar um título de propriedade. Baldovini, o primeiro a destacar essa possível *iniquitas* (o termo é dele), não chegou, contudo, a desmentir a exegese tradicional daquele tempo, mas apresentou em defesa da apelabilidade o período *ita-oportet* do texto supracitado [nota 48], "sumpto argumento a contrario sensu, quod est fortissimum" (a tese é referida pelo discípulo de Tiago Baldovini, Odofredo, *Lectura* ao *Cod.* 7. 69. 1, *si de moment. poss.*, 1, *cum*, n. 2).

[51] *Cod.* 7. 65. 2.

[52] Azzone, *Summa Codicis*, 7. 65 *quorum appell.*, n. 4; Id., *Lectura Codicis*, ao Cod. 7. 65. 2, 1. *observare:* "se enim sunt convicti per testes aut per confessionem, ad quid provocabunt? Et dicit generale, 'ubi eadem ratio, ibi dem ius'".

5. As distinções

Um perfil realmente fundamental da atividade dos glosadores – entre todos, talvez, aquele que gerou os resultados mais originais e mais duradouros – está relacionado à "conciliação" entre textos conflitantes (*solutio contrariorum*), já recordada a propósito do método didático; aqui também o procedimento lógico da *distinctio* desempenha um papel capital.

É bastante natural que, aos nossos olhos, haja aporias e contradições no interior do vastíssimo arsenal do *Corpus iuris*, se só considerarmos que coexistam nele – para não falar de outras coisas – a disciplina do direito romano clássico, contida principalmente no Digesto, e a do direito pós-clássico e justiniano, presente no Código e nas Novelas. Para os estudiosos modernos do direito romano, essas "contradições são o ponto de partida e o instrumento para reconstruir a evolução do direito de Roma no tempo.

Para a Glosa, ao contrário, em consequência da atitude, já mencionada, de aceitação incondicional do *Corpus iuris* em seu conjunto, como se se tratasse de um único e grande monólito, as contradições não eram admissíveis. Com a única relevante exceção das reformas introduzidas pelas Novelas – que os glosadores geralmente reconheceram como ab-rogatórias das normas anteriores, situando-se idealmente no tempo de Justiniano: o tempo das Novelas era para eles "hoje": *hodie* –, a Glosa quase sempre se recusou a justificar as contradições em perspectiva histórica. Diante de um contraste presente nas fontes, a reação habitual era a de demonstrar que isso era meramente aparente. Cabia ao intérprete encontrar o meio de superá-lo: com as armas da lógica jurídica. A convicção dos glosadores sobre a coerência das fontes justinianas era uma convicção inabalável, um indiscutível pressuposto de seu trabalho.

Limitemo-nos a um só exemplo. Considere-se a hipótese – bastante frequente na era das comunas e do direito canônico, como também no mundo antigo – da delegação da jurisdição, que se verificava quando o juiz competente confiava licitamente a outros o poder jurisdicional. A sentença do delegado era, naturalmente, impugnável, tanto quanto aquela que teria pronunciado o delegante; mas a quem se devia dirigir a apelação? Uma passagem de Ulpiano registrada no Digesto indicava como destinatário da impugnação o juiz hierarquicamente acima do delegante, ou seja, o juiz ao qual a apelação seria dirigida se a delegação não tivesse ocorrido[53]. Uma constituição pós-clássica contida no Código, por sua vez, estabelecia que a impugnação contra a sentença do delegado devia ser dirigida diretamente ao juiz delegante[54]. Deixando de lado uma série de opiniões secundárias, baste-nos aqui evocar a tese inovadora de um glosador da terceira geração, Alberico, que distingue a hipótese da delegação para uma única causa da delegação de uma jurisdição em sua totalidade; e considera válida a posição de Ulpiano no segundo caso, a do Código, no primeiro[55]. Pouco tempo mais tarde, João Bassiano, mesmo acolhendo a distinção, inverteu suas conclusões; e será essa última posição, adotada por Azzone, a que se afirmará na escola, até a Glosa de Acúrsio e além. Em ambos os autores, o conflito entre o Digesto e o Código fora superado em virtude de uma distinção: cada uma das duas normas era válida, porque aplicáveis a casos concretos diferentes. Era justamente por isso que a contradição se extinguia. As *solutiones contrariorum* desse tipo, só na Glosa de Acúrsio, chegam à casa de milhares.

Havia ainda institutos – numerosos e importantes – para os quais o dever do intérprete se apresentava ainda mais árduo: as fontes substanciais eram mais de duas, dispersas em lugares remotos e em aparente contradição entre si. Era preciso, portanto, fazer um esforço para interpretá-las de modo que cada uma delas tivesse um sentido e que, quando postas juntas, fosse possível recompô-las em um todo coerente.

---

[53] *Dig.* 49. 3. 1. 1: "[...] is erit provocandus ab eo cui mandata est iurisdictio, qui provocaretur ab eo qui mandavit iurisdictionem".

[54] *Cod.* 7. 62. 32. 3, do ano 440: "eorum enim sententiis appellatione suspensis, qui ex delegatione cognoscunt, necesse est se aestimare, iuste nec ne fuerit appellatum, qui causas delegaverint iudicandas".

[55] Gl. *iurisdictionem* ao *Dig.* 49. 3. 1. 1, do ms. Paris, Bibliothèque Nationale, lat. 4455, fls. 151va.

Baste-nos, aqui também, um único exemplo referente a não comparecimento a julgamentos e às suas consequências, uma eventualidade muito frequente. O instituto passara por uma evolução sensível no direito romano: enquanto o processo da era clássica exigia a presença de ambas as partes e determinava a perda automática da causa em detrimento do contumaz[56], na era pós-clássica uma série de intervenções imperiais tornou menos drástica a posição da parte ausente, até que, com Justiniano, reconheceu-se ao juiz a faculdade de avaliar as razões de ambas as partes, impondo-lhe a obrigação de chegar a uma decisão que pudesse também ser favorável ao contumaz. Foi o próprio Irnério quem deu início, com uma glosa transparente, a essa temática. Ele distinguiu preliminarmente a ausência ao julgamento antes, ou depois da contestação do litígio; no caso dessa segunda eventualidade, distinguiu ulteriormente entre a hipótese de ausência do autor e a do réu. Neste último caso (certamente o mais frequente), Irnério enumerou três tipos de ausência: por necessidade, por negligência, por contumácia. A cada uma das três, fez corresponder consequências diferenciadas no que se refere ao destino do litígio e à possibilidade de impugnação da eventual sentença de condenação por parte do sucumbente contumaz[57]. As gerações posteriores de glosadores, do Piacentino a Azzone e Hugolino, retomaram o tema repetidas vezes. E o resultado a que se chegou, depois de oscilações doutrinais de sinal variado, foi o seguinte, registrado na Glosa de Acúrsio: a escola, de fato, distinguiu uma contumácia "verdadeira" de uma contumácia "falsa"[58], limitando a drástica interdição geral de apelação por parte do contumaz – estabelecida pelas fontes[59] – apenas à primeira hipótese.

O mecanismo da distinção (*distinctio*) permitiu, portanto, aos glosadores colocar fontes dispersas em uma ordem racional. Ao atribuir a cada uma delas um papel, um significado específico, as contradições parecem superadas e solucionadas. E, além disso, as passagens consideradas são postas em uma moldura sistemática, dentro de uma trama de categorias e de conceitos, muitas vezes obra direta e pessoal do glosador. Por exemplo, a tripartição irneriana da qual já falamos – ausência por necessidade, por negligência, por contumácia – não figurava nas fontes; assim como nelas não figurava a classificação acursiana, mais completa, relativa às cinco possíveis causas de ausência em juízo[60]; nem, por fim, a subdistinção entre contumácia verdadeira e contumácia falsa. Vemos, então, formar-se um embrião de sistema no interior dos institutos jurídicos: uma "microssistemática" nascida do esforço de entender e de coordenar os textos, mas destinada a se afirmar como o arcabouço dos diversos institutos jurídicos.

Partindo da letra, o glosador chega, na realidade, além da letra do texto: tanto na interpretação como na sistematização e na resolução de questões controversas. E isso mediante o procedimento de utilizar todo o texto do *Corpus iuris* para a análise de cada fragmento singular dele. Cada passagem da lei era lida e interpretada levando em conta a presença e o significado das passagens paralelas: cada texto assumia seu verdadeiro significado apenas na relação instituída com todos os outros; cada proposição era entendia no contexto global da compilação. Além disso, os glosadores estavam convictos de que cada caso podia ser examinado e resolvido à luz dos textos da compilação: "No *Corpus iuris*, encontra-se *tudo*", declarou Acúrsio em uma de suas glosas[61].

---

[56] "Contumacia eorum qui ius dicenti non obtemperant, litis damno coercetur" (*Dig.* 42, 1, 53 pr.): uma consequência que, contudo, não atinge quem deixe de comparecer por doença ou por motivo de força maior (*Dig.* 42. 1. 53. 2).
[57] "Lite contestata contingit reum abesse quandoque contumacia quandoque necessitate quandoque sola negligentia vel voluntate [...] y" (gl. ao Cod. 7. 43. 10, ed. Pescatore, *Die Glossen des Irnerius*, reed. Frankfurt am Main, 1968, p. 73).
[58] Assim se exprime a Glosa acursiana (gl. *appellare*, ao *Dig.* 4. 1. 8).
[59] "Eius, qui per contumaciam absens [...] condemnatus est [...], appellatio recipi non potest" (*Cod.* 7. 65. 1).
[60] De fato, a já citada gl. acursiana *appela* ao *Dig.* 4. 1. 8., distingue: 1) ausência "probabilis et necessaria, ut militiae"; 2) "probabilis tantum, ut studiorum"; 3) "necessaria tantum, ut relegatio"; 4) voluntaria sine contumacia, ut mercartor"; 5) "per contumaciam". A cada uma delas correspondem consequências específicas em matéria de *restitutione* e de apelação, com remissão a fontes diversas.
[61] "Omnia in corpore iuris inveniuntur": Acúrsio, *Glossa magna*, Venetiis, 1592, gl. *notitia* ao *Dig.* 1. 1. 10. Sobre a afirmação de Acúrsio, voltada para a negação de que o jurista necessitasse das noções teológicas para o próprio trabalho e sobre as posições do Piacentino, cf. as observações críticas de Montorzi, 1984, p. 131.

A lei está contida em um único livro, o livro é desprovido de contradições e constitui por isso um mosaico coerente, cada possível caso deve ser reconduzido ao texto com um adequado trabalho de análise conceitual: essa é a ideia do glosador.

Daí resulta uma técnica interpretativa muito mais complexa e mais articulada do que a simples leitura de cada passagem pudesse sugerir; um método do qual dois aspectos devem ser sublinhados: a derivação do método aplicado pelos Padres da Igreja e por autores como Gregório Magno aos textos da Escritura, dos quais já vimos as características; e a afinidade com as técnicas modernas de interpretação da lei. Foram os glosadores civilistas que levaram essa técnica – marginal e até mesmo estranha ao mundo do direito antigo, grego e romano – para o mundo do direito, retirando-o assim do mundo da cultura teológica. E nesse mundo essa técnica permaneceu desde então, mesmo depois da crucial passagem do direito comum ao direito moderno das codificações.

8. O direito canônico

Na era em que teve origem a nova ciência jurídica, o direito da Igreja também se transformou radicalmente. Mesmo que algumas escolhas fundamentais tenham sido estabelecidas nas décadas da reforma gregoriana, sua tradução orgânica nas matrizes do direito aconteceu no decorrer dos séculos XII e XIII, simultaneamente a uma evolução ulterior que levou os historiadores a caracterizar essa fase histórica como a era "clássica" do direito canônico.

1. O Decreto de Graciano

Antes de tudo, foi fundamental a composição, por volta do ano 1140, de uma coleção canônica muito diferente das anteriores. O monge Graciano reuniu em uma única compilação pouco menos de quatro mil textos, que abarcavam todo o espectro das relações jurídicas da Igreja: fontes do direito, nomeações e poderes do clero secular e regular, normas processuais nas causas eclesiásticas, crimes e sanções de natureza religiosa, disciplina jurídica dos sacramentos – inclusive do matrimônio, que desde a Alta Idade Média até a era moderna foi constantemente considerado, como sacramento, de competência da Igreja. O *Decreto* de Graciano[62] – do qual a historiografia recente confirmou uma dupla redação por obra do próprio autor[63] – acolheu, ao lado dos cânones de uma série de concílios e de sínodos locais da Igreja, muitos outros textos de origem pontifícia, particularmente de Gregório Magno; além disso, centenas de passagens extraídas dos escritos pastorais dos grandes Padres da Igreja latina, sobretudo de Santo Agostinho; e, por fim, textos de direito secular, principalmente de direito romano. Em uma segunda versão ampliada do Decreto, que veio à luz com breve intervalo depois da primeira, e depois nos anos subsequentes, essas contribuições romanísticas, referentes em particular à técnica processual, multiplicaram-se por obra dos juristas que puseram mão à obra, até ultrapassar marca superior a duzentas contribuições. Não por ação a obra veio à luz em Bolonha, justamente nos anos em que os alunos de Irnério vinham testando o novo método de estudo do direito orientado justamente pelas fontes romanísticas.

A presença de passagens das Escrituras e de tantos escritos dos grandes Padres da Igreja – textos frequentemente dotadas de alta pregnância religiosa, ricos de exortações, conselhos, avaliações éticas, mas não preceptivos nem normativos no sentido estritamente jurídico – equivale a dar ao Decreto de Graciano um caráter particular. Nele convivem direito e teologia, regras jurídicas e regras moral-religiosas, mesmo que Graciano tenha posto as premissas para aquela distinção entre os dois planos, que será teorizada e praticada pela doutrina dos grandes canonistas da era clássica. Essa copresença dos dois planos constitui uma das razões do fascínio e da fortuna do Decreto.

Graciano baseou-se, para a muito ampla seleção dos textos por ele realizada, em algumas coleções anteriores, especialmente na de Anselmo de Lucca e na de Ivo de Chartres. Mas sua obra se destacou delas pelo método: ele, de fato, acompanhou os textos com uma série de

---

[62] *Decretum Gratiani*, in *Corpus Iuris Canonici*, ed. Aem. Friedberg, Leipzig, 1879, reed. Graz, 1959, vol. I.
[63] Winroth, 2000.

breves comentários de esclarecimento (*dicta*), concebidos com a intenção de superar as contradições apresentadas pelas fontes canonísticas de um milênio inteiro acerca de inúmeros temas. Dessa forma, compreende-se a razão do título atribuído à obra, denominada *Concordia discordantium canonum*.

Por vezes, é o próprio Graciano quem contrapõe aos textos outros textos, geralmente bíblicos, levantando um problema de compatibilidade: por exemplo, diante das regras canônicas que proibiam a intromissão dos leigos nos assuntos da justiça eclesiástica, ele ressalta a anomalia das intervenções de Daniel diante dos juízes iníquos que queriam condenar a inocente Susana[64]. Em alguns casos, as dificuldades são superadas com facilidade, como no ponto em que (justamente no caso citado) ele declara simplesmente que antes eram permitidos comportamentos que não podiam mais ser admitidos[65]; ou invoca o princípio lógico pelo qual "se cessa a causa, cessa também o efeito"[66].

Mas é, sobretudo, o critério da *distinctio* que é utilizado por Graciano [Ch. Meyer, 2000, p. 264], como já o fizera em teologia, duas décadas antes, Pedro Abelardo na obra pioneira *Sic et Non*[67]. Como sabemos, ao identificar uma distinção apropriada, pode-se demonstrar que duas ou mais regras aparentemente discordantes referem-se, na realidade, a casos concretos diferentes: e desse modo a contradição é superada. Basta mencionar, entre os inúmeros exemplos oferecidos por Graciano, a distinção entre a hipótese na qual existe e aquela na qual não existe a necessidade para a Igreja (e não uma simples oportunidade) de efetuar uma promoção ou uma nomeação contra a vontade daquele que é promovido, ponto acerca do qual as fontes divergiam[68]; ou a distinção entre os sacramentos necessários (como o batismo) e os sacramentos atributivos de dignidade (como a ordem sacerdotal), como critério para determinar a validade ou não (as fontes citadas discordavam a respeito) do sacramento administrado por um sacerdote ou por um bispo simoníaco[69]; ou ainda a propósito da possibilidade ou não de que um infiel neoconvertido ao cristianismo pudesse casar-se de novo – aqui também os textos divergiam –, com a distinção recaindo sobre a hipótese de ser o marido ou a mulher que tivesse interrompido a convivência depois da conversão[70].

Graciano esforçou-se para aplicar esses e outros critérios, a começar pelo critério fundamental da *distinctio*, de modo que valorizasse toda a tradição do direito canônico ocidental, sem ter de sacrificar nenhuma de suas partes em nome da coerência.

2. Os decretistas

O *Decretum* não alcançou reconhecimento oficial por parte da Igreja, de modo que o peso jurídico dos textos incluídos na coletânea permaneceu aquele da fonte originária. Mas a influência exercida pela obra foi imensa, tanto na prática do direito canônico como no nível doutrinal, porque a ela se aplicou o novo método de estudo e de análise introduzido pela escola

---

[64] Daniel 13.

[65] Nos tempos do Antigo Testamento "multa concedebantur que nunc penitus prohibentur" (Graciano, *dictum* a C.2 q.7 c.41, § 7).

[66] A propósito da proibição – repetidamente expressa pelos cânones – de eleger como bispo um simples leigo, Graciano recorda o caso de Ambrósio, eleito sem ser ainda nem sequer batizado, e resolve a questão limitando-se a declarar que "prohibitiones proprias habent causas, quibus cessantibus cessant et effectus" (Graciano, *dictum* ao D.61, c.8).

[67] Abelardo, *Sic et non*, ed. B. B. Boyer e R. Mc Keon, Chicago/Londres, 1976. Todavia, Abelardo não conseguiu, em uma famosa disputa ocorrida em Paris, convencer os juristas de que seu método de interpretação e de argumentação era mais eficaz que o método de que se valiam os juristas: "unde derisus fuit" [Giuliani, 1964].

[68] Graciano, *dictum* ao D.74 c.6.

[69] Graciano, *dictum* ao C.1 q.1 c.39.

[70] Graciano, *dictum* ao C.28 q.2 c.2: segundo Graciano, se foi a mulher não cristã que se afastou, o marido podia se casar de novo. Se, em vez disso, fosse o marido convertido a interromper a coabitação, ele não poderia voltar a casar.

irneriana. De fato, a partir da metade do século XII, com intensidade rapidamente crescente, veio à luz uma multiplicidade de textos doutrinais de direito canônico. Ou seja, desenvolveu-se um fenômeno análogo ao fenômeno ocorrido pouco antes com os glosadores civilistas. Também aqui a atividade científica e a componente didática entraram em conjunção.

Devemos notar que, desde o princípio, os centros de estudo e de produção nos quais os Decretistas atuaram foram muitos e não só italianos. Não só em Bolonha – onde surgiram as precoces Sumas ao Decreto de Paucapalea, do francês Rufino (professor em Bolonha) e do misterioso Rolando[71] –, mas também em Paris (onde foram escritas a *Summa Parisiensis* e a *Summa* de Estêvão de Tournai)[72], em Colônia (*Summa Coloniensis*)[73], na Normandia, nos Países Baixos, na Inglaterra e em outras localidades, vê-se na segunda metade do século e no início do século XIII um verdadeiro florescimento de glosas, de Sumas, de aparatos críticos, de tratados de direito canônico e de processualística, todos baseados no Decreto. Por volta do final do século, a grande Suma de Hugocião de Pisa (m. 1210)[74], professor em Bolonha e posteriormente bispo de Ferrara, particularmente rica em referências ao direito romano para a integração das normas canônicas, coroava (mas não encerrava) a época dos decretistas. Nos primeiros anos do século XIII, essa vertente produzia, fora da Itália, algumas importantes obras de comentário sistemático ao Decreto de Graciano: na França e na Alemanha, na escola chamada franco-renana, a Suma *Ecce vicit Leo*, na Alemanha o aparato crítico *Animal est substantia* [Kuttner, 1937].

Nas primeiras décadas do século XIII, João Teutônico compôs em Bolonha aquela que se tornaria a Glosa ordinária ao Decreto, posteriormente revista por Bartolomeu de Bréscia para a versão definitiva, presente em centenas de manuscritos e em todas as edições antigas do Decreto. Nascia, a partir de então, uma ciência do direito canônico, bastante diferenciada no objeto e também no método – não obstante as inúmeras linhas de contato – tanto da teologia como do direito romano dos legistas.

3. *As decretais e o* ius novum

Nessas mesmas décadas finais do século XII, desenvolvia-se outra linha do direito canônico. A ascensão à cátedra pontifícia de alguns papas de formação jurídica foi um dos elementos que determinaram um forte incremento das normas canônicas provenientes da Cúria Romana.

A centralização da Igreja, determinada a partir da reforma gregoriana, de fato, levara para Roma muitas decisões judiciárias de dioceses particulares. O direito canônico previa, entre outras coisas, o recurso em apelo ao papa não apenas depois da sentença definitiva, mas também contra as decisões interlocutórias dos bispos, juízes ordinários em suas próprias dioceses. Admitia recursos a Roma contra decisões administrativas assumidas em caráter local, por exemplo, no que se referia a benefícios eclesiásticos. E permitia que se pudesse impetrar recurso ao papa também diretamente ("omisso medio"), sem necessidade de dirigir-se preliminarmente ao bispo da diocese competente naquele território. Além disso, frequentemente eram os próprios bispos que solicitavam a Roma um parecer jurídico preventivo a um caso não claramente resolvível. Essa é a origem de um fluxo contínuo de recursos à Sé Apostólica,

---

[71] Paucapalea, *Summa*, ed. J. F. von Schulte, Giessen, 1891, reed. Aalen, 1965; *Die Summa decretorum des magister Rufinus*, ed. H. Singer, Paderborn, 1902, reed. Rufinus von Bologna, *Summa decretorum*, Aalen, 1962; *Summa Magistri Rolandi*, ed. F. Thaner, Innsbruck, 1874, reed. Aalen: 1962.
[72] *The Summa Parisiensis to the Decretum Gratiani*, ed. T. P. McLaughlin, Toronto, 1952; *Die Summa des Stephanus Tornacensis*, ed. J. F. von Schulte, Giessen, 1891, reed. Aalen, 1965.
[73] *Summa Elegantius in iure divino seu Coloniensis*, I-IV, ed. G. Fransen e S. Kuttner, Nova York, 1969 – Cidade do Vaticano, 1978-1990.
[74] A *Summa* segue inédita, mas conservada em diversos manuscritos, entre os quais o Vat. Lat. 2280 da Biblioteca Vaticana.

que alguns expoentes da Igreja criticaram, por considerar que isso afastava o papa de suas obrigações pastorais; entre eles, Bernardo de Claraval se dirige em um escrito seu ao papa Eugênio III, que fora seu discípulo, instando-o a não se deixar arrastar pelo fluxo das controvérsias dirigidas à Cúria Romana[75].

A sobrecarga judiciária torna-se enorme, sobretudo a partir do pontificado de um grande jurista, o senense Rolando Bandinelli, papa com o nome de Alexandre III de 1159 a 1181. Ele acreditava que "abrir os ouvidos aos reclamantes" e "julgar bem" eram os primeiros deveres de um papa[76]. Já o próprio Alexandre III e os pontífices posteriores quiseram, porém, estabelecer algumas barreiras à profusão de recursos, inserindo frequentemente na delegação uma cláusula que vetava fazer novo apelo a Roma para impugnar a decisão do delegado papal. Mesmo assim, o número dos apelos a Roma manteve-se muito elevado. Ainda no final do século XIII, uma simples causa podia dar lugar até mesmo a dezesseis apelos ao papa[77].

O procedimento mais frequentemente seguido pela Cúria Romana consistia em redigir um breve escrito, denominado "carta decretal", no qual um bispo ou outro prelado, que geralmente residia no território do qual partira o apelo a Roma, recebia do papa delegação para decidir o caso – com a condição de que os pressupostos de fato verificados pelo juiz delegado correspondessem a tudo o que fora representado no apelo – com base em uma regra de direito explicitada na própria decretal.

A analogia com o procedimento por rescrito da era imperial romana é evidente; mesmo as decretais de resposta a quesitos dos bispos são assimiláveis ao processo "por consulta" do Império tardio. E, da mesma forma como os rescritos romanos assumiram em seu tempo valor normativo, as decretais pontifícias – cada uma das quais surgida para resolver um caso específico e por isso originalmente vinculante só para aquele caso – logo adquiriram, de fato, um papel autoritativo para casos semelhantes, mesmo porque, ao se adequar a elas, os juízes eclesiásticos das dioceses se protegiam mais facilmente das sentenças romanas discordantes daquelas que eles assumiam no plano local. A decretal passa, então, de decisão judiciária a norma geral: como dirá Montesquieu a respeito de outro assunto, no caminho ("en roulant") a jurisdição foi transmutada em lei. Grande parte do direito canônico clássico nasceu dessa forma. Além disso, já com o grande papa Inocêncio III (1198-1216), também ele jurista de formação, e posteriormente com os seus sucessores, também as intervenções pontifícias de natureza propriamente legislativa tornaram-se pouco a pouco mais frequentes.

Desde as últimas décadas do século XII, as decretais passaram a ser transcritas privadamente em numerosas coletâneas [Fransen, 1985], que logo foram dispostas também de forma sistemática para facilitar sua consulta [Landau, 1979]. Em 1190, foi publicada uma coletânea, a *Compilatio Prima*, organizada pelo canonista e bispo Bernardo de Pavia (m. 1213), que dispôs a matéria segundo uma ordem dividida em cinco livros e que, desde então, tornou-se um clássico do direito canônico. Devemos ainda a Bernardo a primeira *Summa*, que expõe o conteúdo da compilação[78]. Nos anos posteriores, foram acrescentadas outras quatro Compilações, logo em seguida cumulativamente denominadas, juntamente com a primeira, *Compilationes antiquae* (1210-1226)[79]. A terceira (1210), desejada pelo papa Inocêncio III, foi oficialmente enviada por ele a Bolonha, onde foi imediatamente glosada por João Teutônico, que

---

[75] Bernardo de Claraval, *De consideratione* (1149-1152), III. 2: "appellatur de toto mundo ad te [...] et utinam tam fructuose quam necessarie" (PL 182, col. 761).

[76] Cf., respectivamente, *Collectio Wigorniensis*, ed. Lohmann (ZSS, KA, 22, 1933, p. 134), e Petrus Cantor, *Verbum abbreviatum*, 65 (PL 205, col. 199).

[77] É o que se vê em Milão, em uma causa de 1292 relativa a um benefício vacante: *Gli Atti dell'arcivescovo e della Curia arcivescovile di Milano nel secolo XIII, Ottone Visconti (1262-1295)*, org. de M. F. Baroni. Milão, 2000, n. 362, p. 334.

[78] Bernardi Papiensis Faventini episcopi, *Summa decretalium*, ed. E. A. Th. Laspeyres, Regensburg, 1860, reed. Graz, 1956.

[79] *Quinque Compilationes Antiquae nec non Collectio canonum Lipsiensis*, ed. Aem. Friedberg, Leipzig, 1882, reed. Graz, 1956.

organizou também a quarta (1216), enquanto a quinta (1226), que reunia as decretais de Honório III, foi organizada por ordem do papa pelo canonista Tancredi, professor em Bolonha e autor de um bem-sucedido *Ordo iudiciarius*[80].

Alguns anos mais tarde, Gregório IX (papa de 1227 a 1241) encarregou o dominicano e canonista espanhol Raimundo de Peñafort de reunir as cinco coletâneas em uma única. Desse modo, surgiu, em 1234, o *Liber Extra*[81], que se caracteriza como uma vasta coletânea de direito pontifício, sistematicamente organizada do mesmo modo que as anteriores, a partir da *Compilatio* I: o livro I trata das fontes e dos cargos eclesiásticos, o II do processo canônico, o III do clero e dos bens e benefícios eclesiásticos, o IV do matrimônio, o V do direito penal canônico. Cada livro é dividido em títulos, cada um dos quais dedicado a um assunto específico com a inclusão em ordem cronológica das decretais e dos outros textos canônicos a ele pertinentes.

É importante ressaltar que, por estarem incluídas no interior de uma moldura sistemática, as decretais, surgidas de pronunciamentos sobre casos singulares, mudavam de natureza e de alcance: não só porque as regras que elas continham se tornavam leis gerais da Igreja, mas também porque sua copresença em uma compilação organicamente estruturada obrigava a elaborar a interpretação de cada texto para assegurar sua compatibilidade e esclarecer sua relação recíproca, de modo análogo ao que acontecia com os textos romanos e com os textos do Decreto de Graciano. Cada decretal adquiria o significado e o alcance derivados de sua relação com as outras decretais e com as outras fontes canônicas.

O procedimento de apelar ao papa e a produção de decretais e de constituições resultante disso foram, nos séculos XII a XIV, o instrumento fundamental para promover o desenvolvimento do direito canônico e para torná-lo uniforme no interior de toda a Igreja latina.

Ao lado do decreto de Graciano, o *Liber Extra* constituiu – juntamente com as coletâneas posteriores, que eram menores, mas não menos importantes: o *Liber Sextus*, disposto pelo papa Bonifácio VIII em 1298, as *Clementinas* do papa Clemente V, de 1313, as *Extravagantes*, do papa João XXII, do ano 1323[82] – o *Corpus iuris canonici*. Ele se destinava a regular o direito da Igreja, mesmo com suplementações importantes como a do Concílio de Trento, do século XVI, até o Código de Direito Canônico de 1917.

4. *Os decretalistas*

Também sobre as coletâneas de decretais pontifícias desenvolveu-se precocemente, a partir do final do século XII, uma intensa e aprofundada obra doutrinal de interpretação e de construção conceitual. O *ius novum* constituído pelas decretais foi unido com o patrimônio de regras proveniente do passado e que estava consignado no Decreto de Graciano. Atuaram nisso muitos canonistas importantes, não apenas italianos: isso é revelado pelos nomes de alguns deles que atuavam na Itália, entre os quais Vicente Hispano, Lourenço Hispano, Alano Ânglico, Ricardo Ânglico, assim como o provençal Pedro de Sampsona, o boêmio Dâmaso e muitos outros. João Teutônico, o autor da Glosa ordinária ao Decreto, comentou as regras estabelecidas por Inocêncio III no quarto Sínodo lateranense de 1215[83] e transfundiu os cânones desse sínodo para a Compilatio IV, de 1216.

Os "decretalistas" desenvolveram uma atividade interpretativa e criativa não menos importante em qualidade e quantidade à dos "legistas". E tiveram o cuidado de conjugar o di-

---

[80] Pillii Tancredi Gratiae, *Libri de iudiciorum ordine*, ed. F. Bergmann, Göttingen, 1842, reed. Aalen, 1965.
[81] *Decretales Gregorii IX*, ed. Friedberg, *Corpus iuris canonici*, Leipzig, 1879, reed. Graz, 1959, vol. II, col. 1-928. O nome deriva do "Liber extravagantium" [são as decretais "vacantes no exterior" do Decreto, porque originariamente não reunidas em textos orgânicos).
[82] *Corpus iuris canonici*, ed. Friedberg, vol. II, col. 929-1312.
[83] *Constitutiones Concilii quarti Lateranensis*, ed. A. García y García una cum commentariis Glossatorum, Cidade do Vaticano, 1981.

reito canônico com o direito romano elaborado pelos civilistas da mesma época, uma vez que a Igreja acolhera, havia séculos, o direito romano em seu patrimônio normativo. As regras processuais, em particular, foram organizadas de modo integrado entre os dois direitos, dando vida àquilo que foi denominado como o processo "romano-católico". O aparato ordinário ao *Liber Extra* foi obra de Bernardo Botone, de Parma, que organizou quatro versões sucessivas dele entre os anos 1241 e 1266; mas não são menos valiosos os aparatos inéditos de Vicente Hispano, discípulo de Azzone em Bolonha, e do mestre de Bernardo, Lourenço Hispano [Kuttner, 1980, IV].

É necessário citar, entre os decretalistas de meados do século XIII, pelo menos três figuras de indiscutível autoridade: Godofredo de Trani, de Puglia, Henrique de Susa, do Piemonte, e Sinibaldo Fieschi, de Gênova. Godofredo de Trani, professor de direito canônico em Bolonha e, quiçá, em Nápoles, tornou-se cardeal em 1244, foi autor de uma bem-sucedida *Summa* às decretais gregorianas[84] e, nos anos 1340, de um aparato ao próprio *Liber Extra* ainda inédito [Bertram, 1971]. Henrique de Susa, que mais tarde virou cardeal de Óstia e por isso é conhecido pelo nome de Ostiense, escreveu uma *Summa Decretalium*[85], que, por clareza e precisão, impôs-se rapidamente e foi dominante durante séculos, desempenhando no âmbito canônico um papel análogo ao da Suma de Azzone no âmbito do direito civil; e redigiu, além disso, uma Leitura das Decretais mais analítica[86].

Sinibaldo dos Fieschi foi papa de 1243 a 1254 com o nome de Inocêncio IV, no dramático período dos choques com o imperador Frederico II, mas sua fama de jurista não é secundária em relação à fama que decorre de seu papel no vértice da Igreja. A *Lectura* às Decretais, composta em forma de glosas e anotações às decretais do *Liber Extra* (mas transmitida como obra independente, sem a reprodução do texto das Decretais), foi realizada nos anos do pontificado e imediatamente difundida da forma mais ampla. Ela contém motivos teóricos que os canonistas e também os civilistas do direito comum utilizarão depois durante séculos. As análises de Sinibaldo dizem respeito a todos os institutos do direito canônico e também institutos civis. Para citar apenas alguns exemplos, ele valorizou a dupla fonte de legitimação, local e universal, da função notarial quando afirmou que os notários de nomeação imperial e papal podiam atuar onde quisessem, enquanto os notários de nomeação citadina estavam habilitados a atuar apenas na própria comuna; e reconheceu expressamente o valor do costume inclusive nesse terreno[87]. E defendeu, contra as teses de outros canonistas, o princípio da distinção entre foro eclesiástico e foro secular, negando a liceidade de um recurso ao bispo contra a sentença de um juiz leigo[88]. A teorização sintética da coletividade de bens ou de pessoas (*universitas*) como "persona ficta" deu, por sua vez, um suporte conceitual a essa figura fundamental do direito, com ramificações que chegam até a era moderna[89].

Em meio a tantos canonistas autorizados das gerações posteriores, há que recordar Guido de Baysio (m. 1313), nativo de Reggio Emilia, discípulo de Guido de Suzzara, depois professor em Bolonha. Nascido em uma família de modesta condição econômica, auxiliado por seu mestre para poder se formar sem agravar as despesas, mais tarde, foi nomeado arquidiácono e chanceler da universidade de Bolonha e se tornou conhecido por esse apelativo. Foi encarregado de missões delicadas junto aos papas de Avignon. É autor de um comentário ao *Liber*

---

[84] Godofredo de Trani, *Summa [...] in titulos Decretalium*, Venetiis, 1586.
[85] Henrique de Susa (Hostiensis), *Summa aurea*, Venetiis, 1584 = Turim, 1963.
[86] Henrique de Susa (Hostiensis), *Lectura [...] in primum <-sextum> decretalium [...] commentaria*, Venetiis, 1581, reed. Turim, 1965.
[87] Dessa forma, Inocêncio IV, *Apparatus in V Libros Decretalium*, Francofurti ad Moenum, 1570, reed. Frankfurt am Main, 1968, ao *Liber Extra*, X 2. 22. 15 *cum P.*
[88] Inocêncio IV, *Apparatus* ao *Liber Extra*, X 1. 29. 38 *significantibus*; a X 1. 33. 6 *solitae benignitatis*, a X 2. 2. 7 *verum*.
[89] Inocêncio IV, *Apparatus* ao *Liber Extra*, X 2. 20. 57 *praesentium (tibi authoritatem)*.

Sextus, mas sobretudo de um bem-sucedido comentário ao Decreto de Graciano[90], no qual utiliza generosamente algumas fontes doutrinais negligenciadas pela Glosa comum ao Decreto, particularmente o aparato de Lourenço Hispano.

João d'Andrea (1270-1348) foi aluno do Arquidiácono. Professor em Bolonha, ele escreveu uma Glosa ao *Liber Sextus* (1303), uma Glosa às *Clementinas* (1326), um comentário ao *Liber Extra* e uma *Novella in Sextum* (1336-1339)[91], assim intitulada porque ele adotou o nome da filha Novella, à qual o pai confiou até mesmo em algumas ocasiões a suplência de seu curso[92]. Essas obras, que o tornaram famoso, caracterizam-se por uma recognição particularmente acurada da literatura jurídica anterior, da qual João d'Andrea dá conta com doutrina e equilíbrio, enfrentando os temas novos da recente normatização papal.

Entre os canonistas do século XV, é preciso recordar, antes de tudo, Nicolau de Tudesco (1386-1445), também conhecido pelo nome de Panormitano, porque foi arcebispo de Palermo nos dez últimos anos de sua vida. Nascido na Sicília, de família de origem germânica, entrou na ordem beneditina e depois foi enviado a Bolonha para estudar direito, aluno do canonista Antônio de Bútrio, Nicolau foi professor de direito canônico durante vinte anos em várias universidades da Itália central. Em seguida, desempenhou um papel de destaque – em consonância com as posições do rei da Sicília, Afonso V, e do antipapa Félix V, que não coincidiam com as posições do papa Eugênio IV – nas controvérsias da quarta década do século XV durante o concílio de Basileia, no que se referia ao tema crucial da relação entre o papa e o concílio [Nörr, 1964]. Ele sustentou, entre outras coisas, que cabia ao concílio o direito de pronunciar-se sobre a ortodoxia do próprio papa e até de depô-lo em caso de violação dos cânones sobre a fé; mas não acolheu as teses conciliaristas expressas por pensadores como Marsílio de Pádua e Guilherme de Ockham, que situavam o concílio, concebido como o ente que representa toda a Igreja, acima do poder papal. Os comentários às Decretais e às Clementinas, os *Consilia* e os demais escritos jurídicos do Panormitano tiveram grande autoridade e foram utilizados durante séculos[93].

Autor de comentários às decretais que gozaram de notável reputação[94] foi também Felino Sandei (m. 1503), de Parma, ouvidor da Rota, defensor das teses pontifícias nos embates com a coroa da Sicília, nos últimos dois anos bispo de Lucca, onde ainda se conserva sua rica biblioteca de manuscritos jurídicos.

5. *Princípios canônicos*

O direito canônico clássico apresenta características muito peculiares, que, em seu conjunto, o diferenciam de qualquer outro modelo jurídico do passado.

Há nele, como vimos, diferentemente daquilo que acontecia no direito romano ordinário, uma componente legislativa conspícua de "direito novo" (*ius novum*) predominantemente de origem jurisdicional, que integra o patrimônio das coleções canônicas antigas, incluindo Graciano. Há uma pluralidade de níveis normativos, uma hierarquia de fontes que tem seu vértice insuperável na revelação, comunicada nas Escrituras do Antigo e do Novo Testamento; uma hierarquia que depois se especifica nos concílios ecumênicos, nas decretais pontifícias, nos sínodos locais, nas próprias fontes doutrinais, determinando uma gradação entre as fontes que os ordenamentos seculares só virão a introduzir com as constituições modernas. Por outro lado, é clara a separação que distingue a ciência dos cânones da ciência teológica, que

---

[90] Guido de Baysio (Arquidiácono), *Super Decreto*, Lugduni, 1558; Id., *Super Sexto Decretalium*, Lugduni, 1547.
[91] Giovanni d'Andrea, *In quinque Decretalium libros novella commentaria*, Veneza, 1581, reed. Turim, 1963; Id., *Novella in Sextum*, Veneza, 1499, reed. Graz, 1963.
[92] Conta-se que Novella cobria o rosto com um véu para não distrair os estudantes com a própria beleza.
[93] Abbas Panormitanus, *In Decretalium libros*, Lugduni, 1547, ed. das obras em 9 vols.
[94] Felino Sandei, *In quinque libros Decretalium Commentaria*, Lugduni, 1549, 4 vols.

também floresceu de modo semelhante ao do direito a partir do século XII, com a grande personalidade de Abelardo [De Ghellinck, 1948; Chenu, 1957]. Há no direito canônico uma simbiose entre fontes estritamente jurídicas e fontes autorizadas, mas de origem pastoral, derivadas, em boa parte, dos escritos dos grandes Padres da Igreja, especialmente Agostinho, uma osmose que dá ao direito canônico um perfil particular, pois enfatiza a presença de um substrato ético-religioso que anima as regras formais do direito [Gordley, 1991]. Por outro lado, há também a copresença de regras rígidas e inderrogáveis – ali onde os preceitos de Cristo induziram a Igreja a não transigir nas formas, como ocorre em matéria de sacramento[95] – e de uma atitude oposta de flexibilidade, que permite superar obstáculos que, de outro modo, seriam insuperáveis, como ocorre em matéria de ordenações sacerdotais[96]. A dramaticidade das escolhas ligadas ao objetivo supremo da salvação eterna (*salus animarum*) – a qual pode depender da solução de problemas jurídicos específicos, por exemplo, o da validade ou não dos sacramentos administrados por um sacerdote simoníaco – sugeriu nesses casos aos Padres da Igreja e aos canonistas soluções indubitavelmente audaciosas.

Essa orientação de flexibilidade encontra no conceito de equidade canônica (*aequitas canonica*), da qual trataremos adiante, a chave para soluções muito menos formais que aquelas permitidas pelos direitos seculares. Para justificar o teor de um princípio ou de uma regra de conduta imposta aos fiéis, é muito frequente no direito canônico o recurso ao muito eficaz poder persuasivo da metáfora, tão frequente nos textos sacros (as parábolas evangélicas são o exemplo mais evidente disso, mas não o único) e também nos textos patrísticos: como na passagem em que Agostinho mais uma vez compara o sacramento administrado por um sacerdote indigno à água que irriga o campo depois de ter passado por margens impuras[97].

As orientações e as regras do direito canônico desempenharam um papel normativo não apenas para a Igreja e para os fiéis. A implantação capilar da Igreja latina na Europa ocidental determinou uma influência profunda de seu modelo organizacional e jurídico para muito além do âmbito eclesiástico. É então que se delineia o fenômeno da recepção de institutos, regras e instrumentos jurídicos nascidos no direito canônico por parte das instituições seculares.

A época em que foi mais intensa a produção de regras novas e de perfis institucionais definidos pela Igreja foi, como vimos, a dos séculos XII e XIII, frequentemente denominada a era clássica do direito canônico. A Igreja latina se diferencia profundamente da Igreja oriental pelo destaque que nela assumem as instituições e as regras jurídicas: um caráter que os historiadores e os teólogos repetidamente enfatizaram, lamentando, por vezes, o fato de esse aspecto ter prejudicado a tensão espiritual da própria Igreja. Sem negar a imensa importância da "juridicidade" da Igreja latina, nem o posicionamento distinto da religiosidade da Igreja grega, deve-se, contudo, observar que, por si só, o direito canônico não constituiu um obstáculo em relação aos valores fundamentais do cristianismo. Não é a "forma direito" que pode ofuscar tais valores, mas, no caso, o conteúdo de cada uma das regras ou decisões. Além disso, a interpretação doutrinal e a aplicação jurisprudencial das regras canônicas admitem uma ampla latitude, que impede que alguém se torne prisioneiro da "letra" quando ela entre em contradição com o "espírito". Nesse sentido, a exortação de São Paulo – "a letra mata, o es-

---

[95] Nem o vinho nem o trigo são substituíveis na eucaristia. O sacramento da ordem não pode ser revogado. O vínculo matrimonial, se validamente contraído, é indissolúvel.

[96] Por exemplo, o Decreto de Graciano (D.4 c.39, § 1 *de consecratione*) assume a tese de Agostinho (*In Evangelium Iohannis*, V, 1. 18, in PL 35, col. 1424), segundo a qual o batismo é válido mesmo quando administrado por um sacerdote indigno ou ilegalmente ordenado, porque, em tal caso, o próprio Cristo age em lugar do presbítero que batiza sem ter a habilitação canônica para fazê-lo ("quos enim baptizavit Johannes, baptizavit Johannes; quos autem Iudas baptizavit, Christus baptizavit").

[97] Agostinho, *In Evangelium Iohannis*, V, 1. 115 (PL 35, col. 1422), retomado por Graciano, dictum post C.1 q.1 c.39.

pírito, por sua vez, vivifica"⁹⁸ – coincide plenamente com a afirmação do jurista romano Celso: "Conhecer as leis não significa repetir suas palavras, mas antes entender sua força e seu valor."⁹⁹

Na história do direito canônico, existem normas ligadas às concepções próprias do tempo no qual surgiram, como, por exemplo, as normas ditadas pela Igreja acerca das relações entre poderes seculares e poderes eclesiásticos. Pensemos na decretal do papa Lúcio III sobre a necessária entrega dos hereges ao braço secular¹⁰⁰ ou nas penalidades lançadas por Inocêncio III contra os hereges, cujo pecado é equiparado ao de lesa-majestade¹⁰¹ e em relação aos quais é estabelecido o confisco de todos os bens, que são entregues ao príncipe de que eles são súditos, enquanto as autoridades seculares que não tomarem providências contra os hereges serão deslegitimadas, a ponto de liberar assim os súditos do juramento de obediência a elas¹⁰². As comunas e os Estados adequaram-se de bom grado a essas disposições, incluindo-as em suas leis. Assim como influenciou diretamente os direitos seculares, ao favorecer o recurso à prova testemunhal e à prova escrita, a norma do mesmo sínodo de 1215 pôs um freio aos procedimentos ordálicos¹⁰³.

Muitas normas canônicas têm contudo outra natureza e disciplinam de uma maneira inédita, com regras destinadas a serem duradouras, institutos da Igreja. Limitamo-nos a alguns exemplos. A noção de "ofício" (*officium*), distinto da pessoa que o exerce temporariamente e ligado a uma função e a um vínculo de continuidade que se prolonga no tempo [Wolter, 1997]. A estrutura hierárquica do poder e a conexão entre jurisdição e controle das autoridades de nível inferior por meio do mecanismo das apelações. As regras para as decisões de um órgão colegial, particularmente a elaboração do princípio majoritário [Ruffini, 1976] em suas várias articulações (a norma sobre a eleição do papa com o voto de dois terços do colégio cardinalício remonta a 1179)¹⁰⁴. Diversos perfis jurídicos da relação matrimonial (requisitos do consenso, natureza dos impedimentos, hipóteses de nulidade).

E mais: de todo relevante é a doutrina canônica sobre a acionabilidade do contrato informal, literalmente "pacto simples", isto é, da simples promessa, que a tradição romanística negava¹⁰⁵, enquanto os decretistas, a partir de Hugocião, recorrendo ao princípio pelo qual os pactos devem ser observados ["pacta sunt servanda": sobre isso, cf. Landau, 2003], sustentaram: visto que, diante de Deus, a promessa era vinculante independentemente das formas, ela devia ser considerada vinculante também diante dos juízes¹⁰⁶. Temos ainda a formulação de uma teoria da "pessoa jurídica", distinta dos sujeitos físicos que a compõem e dotada de uma subjetividade própria em virtude de uma "ficção legal", expressa como vimos por Sinibaldo dos Fieschi. Assim como a formulação de um conceito de representação direta diverso da

---

⁹⁸ "Littera enim occidit, spiritus autem vivificat": Paulo, Carta aos Coríntios, 3,6.
⁹⁹ "Scire leges non hoc est verba earum tenere, sed vim ac potestatem": Celso, Dig. 1. 3. 17.
¹⁰⁰ *Liber Extra* 5. 7. 9, de haereticis, c. ad abolendum (1181-1185) [a respeito do qual cf. Helmholz 1996, p. 361].
¹⁰¹ *Liber Extra* 5. 7. 10, de haereticis, c. vergentis (1199).
¹⁰² É o que se pode ver no *Sínodo Lateranense IV*, de 1215, c.3; também no *Liber Extra* 5. 7. 13, de haereticis, c. excommunicamus.
¹⁰³ *Sínodo Lateranense IV*, c.18: de iudicio sanguinis et duelli clericis interdicto. Cf. *Liber Extra* 3. 50. 9 ne clerici vel monachi, c. sententiam.
¹⁰⁴ *Sínodo Lateranense III*, c.1, *Liber Extra* 1. 6. 6, de electione, c. licet.
¹⁰⁵ Dig. 2. 14. 8. 4: "[...] nuda pactio obligationem non parit, sed parit excetionem" (Ulpiano).
¹⁰⁶ É o que Hugocião defende, glosando uma passagem do concílio de Toledo do ano 633, que impunha respeitar as promessas feitas às igrejas (Decreto de Graciano, C.2 q.12 c.66, c. quicumque suffragio: cf. DDC, verbete Pacte, vol. VI, col, 396); a Glosa Ordinária de João Teutônico também confirmou tal posição, afirmando que "aliquis obligatur nudis verbis, licet non intercessit stipulatio [...] et potest dici quod competit actio ex nuda promissione, scilicet conditio ex canone illo". E ainda, com remissão a esta glosa, também a Glosa ordinária ao *Liber Extra* 1. 35. 1. Mas, por sua vez, outros canonistas sustentaram que a vinculatividade do pacto simples operava no direito canônico não por força de uma *actio* ou de uma *condictio ex lege*, mas "ex officio iudicis", ou seja, pelo poder coativo inerente à função judiciária.

representação indireta[107], em contraste com o princípio do direito romano pelo qual "ninguém pode contratar em nome de outro"[108].

6. Direito natural

Não se pode omitir um conceito posterior, em razão de sua importância particular. Trata-se da gênese do conceito de direito natural como direito fundamental do sujeito, isto é, do reconhecimento de que algumas pretensões ou faculdades exercidas pelo indivíduo – tais como a liberdade, a propriedade, a autodefesa – são a manifestação de seus direitos inalienáveis e fundamentais, não passíveis de ab-rogação por parte do legislador.

É bom sublinhar que o "direito natural" certamente não era uma categoria nova. Ele remontava ao pensamento da Grécia clássica e encontrara expressão não apenas na filosofia, mas também na poesia. Basta citar o famoso episódio representado em uma tragédia de Sófocles, no qual a protagonista enfrenta conscientemente a morte por ter violado uma lei que punia com a pena capital quem desse sepultura a um rebelde. Antígona dá sepultura ao próprio irmão e proclama diante do rei que ao lado das leis humanas e acima delas há "leis não escritas" mais justas e sagradas, como aquela que ordena dar sepultura aos defuntos. Elas devem ser respeitadas em todas as circunstâncias, mesmo ao preço da própria vida[109].

Na esteira do pensamento dos gregos, encontramos em Cícero uma lúcida representação da concepção estoica do direito natural, na passagem em que ele declara: "a lei é a razão suprema, ínsita na natureza, que ordena aquilo que se deve fazer e proíbe o contrário"; e: "a razão é comum aos homens e a Deus"; e se é verdade que "entre aqueles que têm a razão em comum é comum também a reta razão, que se identifica com a lei", então se pode concluir: "entre aqueles que têm a lei em comum também há comunhão de direitos"[110]. Junto aos juristas romanos também não faltavam referências ao direito natural, considerado, porém, em célebre passagem de Ulpiano em uma perspectiva muito diferente: como o direito que a natureza deu em comum a todos os seres animados, portanto não só ao homem, mas também aos animais; ao passo que o "direito das gentes" (*ius gentium*) é comum a todos os homens e apenas a eles[111].

Na concepção antiga, o direito natural é constantemente concebido como um conjunto de regras ditadas pela ordem da natureza e às quais o homem deve obediência. Trata-se de um direito superior e objetivo.

Na Idade Média, foram particularmente os canonistas que dedicaram viva atenção ao significado do *ius naturale*, ao qual Graciano dedicava os primeiros textos acolhidos em seu Decreto. No rico florescimento de opiniões dos primeiros decretistas, que a historiografia moderna evidenciou [Weigand, 1967], emerge com clareza, já com Rufino e pouco tempo depois com Hugocião, que os canonistas distinguiam várias acepções do conceito de *ius natu-*

---

[107] Para esse fim, foi utilizada pelos canonistas a prática que permitia fazer jurar em uma causa o representante processual de uma igreja ou de um mosteiro em lugar do clérigo ou do monge, aos quais era proibido fazer juramento: mas a ameaça da condenação eterna nos casos de perjúrio pesava sobre a alma do representado, não sobre a alma de quem prestava o juramento (Decreto de Graciano, D.63 c.33); apesar de uma passagem de Gregório Magno, que autorizava a prestar juramento de ortodoxia um sacerdote que representava o papa (Decreto de Graciano, C.1 q.7 c.9). Posteriormente, duas *regulae* inseridas no *Liber Sextus* (VI, 5. 13. 68 e 82) foram interpretadas, por uma parte da doutrina, como base normativa para afirmar o princípio da representação direta [A. Padoa Schioppa, 1976].
[108] "Alteri stipulari nemo potest" (Dig. 45. 1. 38. 17).
[109] Sófocles, *Antígona*, VV. 450-9.
[110] Cícero, *De legibus*, I. 6-7: "Lex est ratio summa, insita in natura, quae iubet ea quae facienda sunt prohibetque contraria"; "[ratio] est et in homine et in Deo […], inter quos autem ratio inter eosdem etiam recta ratio communis est; […] inter quos porro est communio legis, inter eos communio iuris est".
[111] "Ius naturale est quod natura omnia animalia docuit": assim, a união do homem com a mulher "quam nos matrimonium appellamur", a procriação e a educação dos filhos; enquanto "ius gentium est quo gentes humanae utuntur […]" e que "solis hominibus inter se commune *est*" (Digesto 1, 1, 1, 3-4).

rale, uma das quais se referia a faculdades legítimas do sujeito individual, como o exercício da posse [Tierney, 2002]. Isso não estava em contradição com a noção primigênia da propriedade comum dos bens, de acordo com o direito natural "objetivo", pois se considerava que a posse, uma vez pacificamente adquirida sem prejudicar outros homens, mas também obter consensualmente ou por ordem de um bispo o sustento por meio dos bens de um rico por parte de quem se encontrasse em um estado de extrema indigência, era algo não apenas legítimo, como perfeitamente "natural" [Couvreur, 1961].

A posição de destaque do *ius naturale*, superior à do direito positivo, foi constantemente reconhecida, também pelo fato de ele ser identificado com o direito divino, com os preceitos que o próprio Deus ditara aos homens nos textos da Revelação: "Natura, id est Deus"[112], assim soava um adágio do direito canônico. A natureza e as suas leis tinham, portanto, a divindade como fonte. Mas distinguiram-se claramente duas correntes. Tomás de Aquino considerava inerente ao direito natural o elemento racional[113], pois o próprio Deus não podia derrogá-lo pelo fato de ser a fonte tanto da razão quanto da natureza, retomando assim a noção clássica do direito natural como direito objetivo.

Diferente era, por sua vez, a posição assumida por alguns mestres da escola franciscana, na tentativa de defender a posição particular da Regra de São Francisco, que proibia taxativamente a propriedade de bens por parte dos monges. Os pontífices haviam reconhecido essa peculiaridade da ordem, que fora teorizada por São Boaventura, que qualifica a relação com os bens materiais como simples "uso de fato" (*usus facti*) [Grossi, 1972], mas uma constituição de João XXII a desdisse declarando contraditório negar a propriedade dos bens consumíveis[114].

Foi Guilherme de Ockham quem desenvolveu, na primeira metade do século XIV, uma tese que admitia o direito de lançar mão dos bens para as necessidades da vida, mas negava sua acionabilidade, distinguindo o direito natural (*ius poli*) do direito humano positivo (*ius fori*), sendo o primeiro válido em termos de princípio, mas não concretamente exigível, e o segundo, suscetível de ser atuado também com recurso à força: o primeiro, não o segundo, cabia aos monges obedientes à regra de São Francisco, segundo Ockham [Villey, 1975]. Desse modo, partindo de uma questão concreta relativa à disciplina da ordem franciscana – é preciso levar em conta que grande parte das ideias e das novas instituições na história do direito nasceu da concretude de situações muito específicas – e recorrendo uma vez mais ao instrumento maleável da distinção, Ockham não refutava a posição de João XXII, mas simultaneamente confirmava a posição tradicional dos franciscanos [Tierney, 2002]. Mas ele, sobretudo, atribuía à noção de "direito natural" – como o fizeram, pouco antes, Marsilio de Pádua e, no século XV, o teólogo Jean Gerson – uma valência subjetiva que abrirá caminho, como veremos, no decorrer da Idade Moderna.

São esses apenas alguns casos entre tantos – cada um dos quais mereceria ser detalhadamente exemplificado – de institutos e de conceitos que em tempos e por canais diferentes se formaram no interior do direito canônico e posteriormente (com frequência em um intervalo de séculos) migraram para o vasto mundo dos direitos seculares.

---

[112] Quanto a isso, cf. Cortese 1962-1964, I, p. 45.
[113] *Summa theologiae*, II. II, 57.1.
[114] João XXII, *Extravagantes*, 14.3 *Ad conditorem*; a decretal modifica a bula *Exiit*, do papa Nicolau III, do ano 1279 (in *Liber Sextus* 5. 7. 3), que autorizava o simples *usus facti* dos bens usufruídos pelos monges. De um ponto de vista jurídico, o papa não errara: se considerava que o bem consumível (por exemplo, o alimento) não era de propriedade de quem o consumia, mas de outros, aí podiam surgir problemas. A lógica franciscana, contudo, era diferente.

9. Direito e instituições

1. *Comunas e Império*

As características da nova ciência do direito e sua evolução no tempo estão, em muitos aspectos, ligadas – no duplo sentido de que as influenciam e são por elas influenciadas – com as instituições públicas da Idade Média tardia, na Itália e na Europa. Limitamo-nos a algumas referências mínimas, que são necessárias para apreender a relação entre as fontes do direito e a sociedade contemporânea.

A formação das comunas citadinas na Itália do século XII constituiu, sem dúvida alguma, uma ruptura radical da ordem jurídica dos séculos da Alta Idade Média. Quando, na penúltima década do século XI, algumas cidades começaram a eleger cônsules próprios e quando, pouco depois, foram confiados aos cônsules deveres típicos do direito público, como a exação de tributos e a justiça civil e penal, desdobrando ou ignorando as competências civis dos condes, dos bispos e dos juízes nomeados pelo imperador, essa revolução se revestiu de formas jurídicas derivadas, em medida que não se pode transcurar, do direito de Roma. A duração provisória no cargo, a colegialidade das magistraturas citadinas, o próprio nome "consulado" derivam de fontes antigas. O mesmo vale para uma série de regras sobre o fisco, sobre o controle das magistraturas, sobre a responsabilidade dos juízes e tantas outras.

Contudo, não estamos diante de mera imitação de modelos antigos, nem romanos nem gregos: as cidades da Grécia clássica tinham características profundamente distintas, e sua constituição era, por outro lado, desconhecida na Idade Média. Os modelos romanos antigos a que nos referimos são materiais de reutilização de um edifício novo, fundado na autonomia em relação aos poderes tradicionais. Vale a analogia com a arquitetura: as igrejas românicas, sublime expressão da identidade religiosa e cultural desses séculos, frequentemente utilizaram as mesmas pedras que serviram para construir as praças e os monumentos civis da Antiguidade tardia.

O direito desempenha um papel fundamental nesse processo. Inicialmente, os cônsules atuam sobretudo na função de árbitros, e não na de juízes propriamente. E também quando o caráter jurisdicional de seus pronunciamentos torna-se claro – isso ocorre em várias cidades a partir da quarta década do século XII –, as sentenças são subscritas por juízes anteriormente nomeados pelo imperador ("iudices domini imperatoris"), para atribuir à decisão dos cônsules o selo da legitimidade: é o que acontece, por exemplo, em Milão com o juiz (e cônsul) Oberto de Orto, grande especialista em direito romano e lombardo, mas sobretudo em direito feudal[115].

Apenas meio século mais tarde, ao final da longa e violenta luta com o Barba-Ruiva, a Paz de Constância, do ano 1183[116], reconheceu às comunas a jurisdição plena e também a faculdade de viver com base nos próprios costumes: todavia, ainda não se autorizava o exercício do poder legislativo, que mesmo assim já era vigoroso em muitos setores do direito público e privado [Calasso, 1953].

---

[115] *Gli Atti del Comune di Milano sino all'anno 1216*, ed. C. Manaresi. Milão, 1919, n. 3 do ano 1130.
[116] Pace di Costanza, ed. Weiland, in MGH, *Constitutiones*, vol. I, n. 293.

Mesmo quando as comunas tinham obtido do imperador um expressivo conjunto de autonomias – jurisdicionais, normativas, monetárias, fiscais – certamente assimiláveis a soberania, nem por isso o princípio de sua subordinação ao Império foi desmentido, porque o primado do imperador na ordem temporal tinha raízes profundas. A teorização mais coerente desse primado foi formulada quando ele já estava em decadência na realidade política europeia: no *De monarchia*, Dante Alighieri exprimiu com insuperável lucidez a exigência de um poder secular superior ao das cidades e dos reinos, capaz de dirimir as controvérsias sem que essas entidades políticas recorressem à guerra. Uma jurisdição política de última instância, acompanhada por um poder legislativo que também é residual em comparação ao das cidades e dos principados, mas autônomo e distinto com relação ao poder espiritual da Igreja[117].

Laicidade, universalidade, subsidiariedade do poder imperial: são os três princípios capitais expressos em 1311 pelo sumo poeta da Comédia, na esperança, que logo se demonstrou vã, de que a chegada à Itália de Ludovico, o Bávaro, pudesse restaurar o Império e pacificar a Península. Desses três princípios, apenas um, a laicidade, será perseguido na Europa nos séculos subsequentes; os outros dois permanecerão irrealizados até a idade contemporânea.

Grande parte das regras de direito que disciplinam a vida urbana é elaborada com decisões coletivas que fixam modos, prerrogativas, limites do exercício das magistraturas e de seus poderes. O modelo das instituições eclesiásticas interage com esse processo, por exemplo, na questão dos modos de decisão e na configuração do princípio majoritário [E. Ruffini, 1977]. Mas o essencial nasce na vida concreta dessas comunidades, com a individuação de regras que mesclam cooptação para os cargos e sorteio, eleições em vários níveis e normas de exclusão. Muito significativa, entre tantas regras dignas de menção, é a disciplina da responsabilidade dos magistrados, que são obrigados a responder por eventuais ilícitos cometidos no exercício das próprias funções se, por acaso, um cidadão mover contra eles, ao término do mandato, um processo "de sindicância" [Engelmann, 1938]. Uma oportuna magistratura dos Prefeitos, também ela eletiva, tinha a função de examinar as reclamações e de aplicar as penas em caso de condenação.

A evolução constitucional urbana[118], provocada por tensões formidáveis, manifesta-se também nas formas do direito. No interior da comuna, as divisões (mesmo as de caráter social, como a divisão entre magnatas e populares que irrompe com força no século XIII) são tão violentas que transformam as cidades – mesmo sendo elas admiravelmente harmônicas sob o ponto de vista urbanístico e arquitetônico – em um inflexível emaranhado de famílias alinhadas com uma ou outra facção, perpetuamente em guerra entre si[119]. Isso levou, no início do século XIII, ao abandono do consulado e ao recurso a um poder externo (isto é, proveniente de outra cidade), na tentativa de assegurar uma maior imparcialidade de condução da coisa pública.

Os ódios ferozes entre famílias se aplacam com a conclusão de pazes privadas, estipuladas diante do magistrado ou solicitadas por iniciativa das partes, que comparecem diante do notário [A. Padoa Schioppa, 2003, c. IV]. Aqui também a normativa antiga cumpre uma função legitimante, com o apelo aos textos romanos sobre o acordo em matéria penal[120]. A "ruptura da paz" é punida com as mesmas penas infligidas aos delitos mais graves: o banimento (que autoriza qualquer cidadão a dispor a seu arbítrio da própria vida do "banido" que for surpreendido na cidade) ou a pena de morte, introduzida por muitos estatutos na terceira década do século XIII em substituição ao banimento[121].

---

[117] Dante Alighieri, *De monarchia*, I. 10; 11; 14; "Ubicumque potest esse litigium, ibi debet esse iudicium [...] est igitur monarchia necessaria mundo" (assim o cap. I. 10).

[118] Cf. a síntese de G. Dilcher, in Bader-Dilcher 1999.

[119] *Collectio chartarum pacis privatae medii aevi ad regionem Tusciae pertinentium*, ed. G. Masi. Milão, 1943: emerge desses documentos um quadro vívido do denso emaranhado de alianças e de inimizades em San Gimignano, uma cidade toscana do século XIII.

[120] Cod. 2. 4. 18 do ano 293.

[121] É o que se vê, por exemplo, em Bérgamo: *Statuti del secolo XIII*, ed. Finazzi, in MHP, XIV/2, Augustae Taurinorum, 1876, rubr. IX. 6; 10; 11; 13.

Na era das comunas, a zona rural está ligada à cidade por vínculos políticos e econômicos muito fortes. Em uma relação que é, simultaneamente, de subordinação e de autonomia parcial. Mas as comunidades do condado experimentam ainda uma condição jurídica de responsabilidade coletiva e objetiva – por exemplo, no caso de dívidas não saldadas com os credores ou proprietários da cidade – que também consolida forçosamente as relações internas à comunidade rural.

Esse é um traço que também se faz presente no mundo das cidades e dos reinos, típico da Idade Média e transmitido para a Idade Moderna. Os tributos são imputados, em grande parte, a cada categoria e comunidade local, deixando aos coletores privados e, sem sombra de dúvida, à própria comunidade o dever de reparti-los em seu próprio interior, até alcançar a cifra estabelecida autoritativa ou consensualmente. E isso alimenta um processo de controle recíproco e cruzado, não uma relação direta entre o Estado e o indivíduo.

O modelo da comuna italiana é transmitido, ao longo das mesmas vias de comércio, a outras regiões da Europa, como a França meridional. Mas não foi o único modelo. A "comunidade jurada" (*Eidgenossenschaft*) assumiu formas distintas na Alemanha: ali também o objetivo era criar uma convivência menos conflitual, partindo de uma condição degradada de anarquia na qual em um pequeno centro como Worms, segundo o bispo Burcardo, por volta de 1025, podiam ser anualmente cometidos, por vingança ou por rixas, não menos que trinta homicídios com selvageria ("more canino")[122]. Entre os rios Moser e Reno, frequentemente a cidade foi administrada por escabinos (échevins, *Schöffen*), ora nomeados pelo senhor local, ora pelos habitantes da cidade, às vezes eleitos ou cooptados [Ennen, 1978].

Característica fundamental da pertença à cidade era o *status* de livre de quem ali vivia. Também os servos provenientes do campo tornavam-se livres uma vez estabelecidos dentro do perímetro dos muros da cidade: valia o dito segundo o qual "o ar da cidade liberta": um formidável incentivo à urbanização, desejado pelos próprios cidadãos antes de tudo por motivações econômicas. Mas é claro que também atua aí o valor ideal do próprio princípio, bem expresso pela palavra que, no limiar da era comunal, indicava ainda simplesmente a pertença a um território urbano e a uma classe de libertos de condição não feudal, mas que, com o tempo, vai adquirir um fecundo significado civil: a palavra "cidadão".

Nos reinos nos quais se estabeleceu um poder efetivo da monarquia, as cidades obtiveram um grau diferenciado e, mesmo assim, inferior, de autonomia. Privilégios, franquias, garantias econômicas e fiscais encontram-se na França de Filipe Augusto, no século XII, na Sicília dos normandos e dos suecos, na Inglaterra: mas o rei quis controlar as comunidades urbanas, designando pessoalmente com grande frequência os responsáveis pela ordem interna da cidade. A desconfiança das autonomias citadinas é eficazmente expressa por um cáustico observador das franquias concedidas pelo rei João Sem Terra à cidade de Londres no ano de 1191, que assim as classifica: "tumor da plebe, temor do reino, tibieza do sacerdócio"[123].

Igualmente dinâmica e inovadora é a estrutura da economia urbana. As corporações de ofícios, que reúnem artesãos, comerciantes e profissionais – incluindo os juízes, os advogados e os notários –, só aparentemente evocam as corporações do Império tardio. O monopólio do exercício do ofício ou da profissão, o poder legislativo e a jurisdição atribuídos aos membros da corporação são regulados seguindo perfis jurídicos novos e originais. Tais perfis se manterão na Europa, mesmo modificados, até o fim do século XVIII. No decorrer do século XIII, em muitas comunas italianas, as tensões sociais levaram ao desdobramento das magistraturas, com um capitão do povo nomeado ao lado do magistrado, ao passo que em outros lugares foram as corporações (as artes) que assumiram diretamente o governo da cidade.

As formas jurídicas que regulavam as comunidades rurais eram muito diversificadas. Na Itália das comunas, as cidades conseguiram pôr o condado – que sob o perfil religioso estava compreendido na diocese e, portanto, pertencia à circunscrição eclesiástica do bispo – sob o

---

[122] *Lex familiae Wormatiensis ecclesiae*, pr.; 12 (MGH *Constitutiones*, I, n. 438, pp. 640; 643).
[123] "Tumor plebis, timor regni, tepor sacerdotii" [Ennen, 1978, p. 123].

próprio controle direto: ora pela força, ora por meio de pactos concluídos pela comuna com o feudatário local ou com os próprios habitantes, no caso de eles terem se resgatado do jugo senhorial. A cada uma dessas condições correspondia um nível distinto de autonomia da comuna rural. Mas a cidade reservou-se, em geral, o exercício direto da jurisdição sobre os delitos de sangue cometidos no condado e sobre as controvérsias em que um cidadão estivesse envolvido, para se resguardar melhor daquilo que um documento de origem claramente citadina chama expressivamente (e com evidente preconceito) a "malitia colonorum"[124].

Mesmo assim, o princípio da autonomia se afirmou, embora em variado grau no tempo e no espaço, também nas áreas rurais, que logo passaram a imitar as cidades instituindo a comuna rural. O valor normativo dos costumes manteve aqui um peso determinante: disso dão testemunho os textos que referem os costumes do condado no século XIII, por exemplo, o *Sachsenspiegel* escrito por Eike von Repgow e os Costumes do Beauvaisis escrito por Philippe de Beaumanoir, de que trataremos.

O ordenamento comunal entrou em crise irreversível no decorrer do século XIV. Ou antes ou depois, ele teve de ceder lugar à instauração dos senhorios: em lugar de cargos temporários e eletivos, chegou-se à nomeação vitalícia de um poderoso local, os componentes do conselho citadino eram de fato escolhidos pelo próprio senhor, o qual fez reconhecer a si mesmo o direito de legislar por autoridade própria, alterando também os estatutos da cidade.

O sistema medieval das autonomias citadinas concluía assim o seu ciclo, embora ainda não estivesse destinado a desaparecer na Idade Moderna, que conservou até o fim do século XVIII muitos institutos da era comunal, mesmo transformados. Os modelos que as comunas haviam realizado [U. Nicolini, 1955] constituíram um laboratório de formas de governo e de democracia [Sbriccoli, 1969], que será utilizado e valorizado em várias ocasiões posteriores, mesmo que não seja desse tronco que as modernas democracias europeias se desenvolverão.

2. *Reinos*

Alguns estados europeus formaram durante esses mesmos séculos o arcabouço institucional destinado a permanecer firme até a Idade Moderna. Falaremos do reino normando da Inglaterra posteriormente. Na Itália meridional e na Sicília, outro núcleo de guerreiros normandos conquistou o vasto território outrora pertencente a Bizâncio e (no que se refere à Sicília) ao Islã, criando genialmente uma estrutura coesa que se tornou reino em 1130. Mesmo que os normandos tenham introduzido no sul da Itália as instituições feudais, o controle da jurisdição e dos tributos permaneceu firmemente seguro nas mãos do rei [Caravale, 1998]. Já em uma lei precoce do ano 1140, a potestade do rei é qualificada como plena, assumindo a terminologia que as fontes justinianas utilizavam em referência ao poder imperial[125]. Frederico II (rei da Sicília e imperador de 1215 a 1250) enfatizou ainda mais o caráter absoluto do domínio régio, promulgando, além disso, em 1231, um código de leis que permanecerá fundamental.

Na Península Ibérica, a formação do estado e os poderes do rei assumiram configurações diferenciadas nos diversos reinos. No Reino de Castela, que incorporara estavelmente, a partir de 1230, o Reino de León, o rei Afonso X tentou, por volta de meados do século, afirmar uma legislação uniforme que prevalecesse sobre os *Fueros* locais, de que trataremos. Mas a resistência das cidades e dos senhores o obrigou, em 1274, a recuar do propósito de nomear diretamente as magistraturas das cidades.

A monarquia dos Capetos, da França, durante o reinado de Filipe Augusto (1180-1223), ampliou substancialmente seus domínios anexando a Normandia, o Meno, a Anjou e o Au-

---

[124] É o estatuto milanês, do ano 1170, in *Atti del Comune di Milano fino all'anno MCCXVI*, org. de C. Manaresi. Milão, 1919, n. LXXV, p. 111.
[125] *Le Assise di Ariano*, ed. O. Zecchino, Cava dei Tirreni, 1994. Cf. a Sessão Judicial 17, copiado no Cod. 9. 29. 3, que qualificava como "sacrilégio" discutir as decisões do rei.

vergne e combatendo vitoriosamente contra a Inglaterra uma guerra desencadeada por um incidente de direito feudal, no qual João Sem Terra deixou de reconhecer a supremacia jurisdicional do rei da França, do qual era vassalo. Justamente nesses anos, afirmou-se o princípio pelo qual o rei possuía legitimidade para emanar decretos válidos para todo o reino, sem a necessidade de que cada vassalo maior desse o próprio assentimento para seu território [Lemarignier, 1970]. Mas para tanto era exigido (segundo Philippe de Beumanoir) que o decreto estivesse em conformidade com a razão, motivado pela busca do bem comum e aprovado pela maioria dos grandes do Reino[126].

Uma nova meta foi alcançada cerca de um século mais tarde. O adágio segundo o qual "o rei que não reconhece um superior é imperador em seu reino"[127], surgido na Itália, mas utilizado também na França, exprimia a instância de subtrair o rei à supremacia, mesmo que fosse simplesmente teórica, do Império. Nascia, na metade do século XIII, o Parlamento de Paris como corte de última instância. Não se podia apelar de suas sentenças nem mesmo ao rei. No território, o rei começou a nomear personagens por ele diretamente escolhidos – os bailios (*baillis*) e os senescais (*sénéchaux*) – com delegação para decidir em seu nome em matérias administrativas, judiciais e de ordem interna, reservando à justiça régia algumas categorias de causas (os "casos régios" e os casos privilegiados, entre os quais as controvérsias sobre a posse)[128].

Nos anos de Filipe, o Belo, o rei interveio com seus juízes nas causas de heresia e nos processos de inquisição (a condenação dos Templários foi levada a termo pelos homens do rei com procedimentos ferozes). No século XIV, formava-se o Tribunal das Contas, com o propósito de controlar a contabilidade do estado, ao passo que o contencioso fiscal era atribuído a duas magistraturas distintas, a *Chambre du Trésor* e a *Cour des Aides*. Mais tarde, no século XV, ficou estabelecido que o Parlamento de Paris fosse legitimado a receber os apelos também contra as sentenças eclesiásticas ("appel comme d'abus").

Era um amplo conjunto de competências atribuídas ao rei e a seus oficiais, pouco a pouco obtidas, em larga medida, com os instrumentos do direito. O modelo romano – com o recurso ao adágio do Digesto infinitas vezes citado, "o que *agrada* ao príncipe tem força de lei"[129]: não por acaso, os decretos fazem referência ao "prazer" (*plaisir*) do rei como fundamento de sua lei –, o modelo canônico de organização hierárquica da justiça como meio para a centralização, o próprio direito feudal são alguns dos instrumentos utilizados, juntamente com a guerra e com as alianças matrimoniais, em um ciclo histórico secular que, do pequeno território da Ile de France, ampliou os limites do estado aos confins da França moderna.

A monarquia francesa lançou mão, em sua obra de edificação do estado, de instrumentos de governo, de modelos históricos, de técnicas jurídicas. Entre os instrumentos de governo, pode-se enumerar a concorrência institucional, a hierarquia, a especialização.

Concorrência: assim podemos denominar a prática que consiste em associar aos poderes tradicionais (as justiças senhoriais, as supremacias vassalíticas, as autoridades eclesiásticas e outras coisas mais) o exercício de funções públicas por parte de oficiais do rei dotados de meios de intervenção privilegiados: como aconteceu, por exemplo, com as causas possessórias, com o procedimento de inquérito (*enquête*) reservado aos juízes régios, com o vínculo feudal prioritário (*ligesse*) entre vassalo e soberano. Uma rede de agentes locais do poder monárquico – instituída pela recepção e adaptação do modelo normando dos bailios e dos senescais – afirmou desse modo o próprio papel sem eliminar os poderes preexistentes, que sobreviveram mesmo resultando cada vez menos eficazes diante da concorrência exercida pelo novo poder.

O princípio hierárquico operou com os instrumentos técnicos da advocacia e, sobretudo, do apelo. Por meio da advocacia (*justice retenue*, exercida diretamente pelo centro), o rei e

---

[126] *Coutume de Beauvaisis*, ed. A. Salmon, Paris, 1899-1900, II, c. 49, § 1515.
[127] "Rex superiorem non recognoscens in regno suo est imperator."
[128] Beaumanoir, *Coutume de Beauvaisis*, I, c. VI, §214.
[129] "Quod principi placuit legis habet vigorem": Dig. 1. 4. 1.

suas magistraturas começaram a intervir nos casos mais delicados e importantes. O apelo permitia impetrar recurso junto aos bailios contra as sentenças dos juízes senhoriais e também impugnar as decisões dos juízes régios locais e dos próprios juízes eclesiásticos diante da corte central do Parlamento. Dessa forma, abria-se aos súditos o caminho para alcançar a reforma das sentenças consideradas injustas e, ao mesmo tempo, assegurava-se ao poder central o controle das decisões locais.

A organização da Igreja, que desde alguns séculos praticava tanto a advocacia como o apelo hierárquico à Sé Apostólica, certamente ofereceu um modelo à monarquia francesa; todavia, a monarquia francesa seguiu vias originais ao instituir as magistraturas centrais e realizar processos próprios de intervenção. Em algumas regiões históricas do reino – da Bretanha à Normandia, da Borgonha ao Languedoc –, um espaço de autonomia foi salvaguardado pela criação, a partir do século XV, dos Parlamentos regionais, submetidos exclusivamente ao controle de legitimidade do *Conseil du roi*.

A multiplicação das competências régias impôs uma progressiva divergência nas atividades judiciárias, administrativas, fiscais, militares. Esse processo de especialização se manifestou tanto em âmbito local como em âmbito central: nesse tempo, as funções dos bailios se fracionaram entre mais oficiais; o Parlamento de Paris se desenvolveu subdividindo-se em seções e em câmaras; no decorrer do século XIV surgiram as diversas magistraturas administrativas centrais, cada uma delas dotada de competências diversas.

Um aspecto essencial dessas manifestações precoces do caráter estatal da Idade Média tardia consiste nos instrumentos de que se valeram os soberanos para afirmar o controle que tinham sobre o território. O instrumento da jurisdição é fundamental: por meio das magistraturas de nomeação régia, mesmo por formas e caminhos nada uniformes nos diversos reinos, os soberanos regularam os poderes e as relações entre os diversos "corpos" em que se articulava a sociedade civil, cidades, classes, corporações e também igrejas e mosteiros. Por isso, a historiografia usou a fórmula "Estado jurisdicional" [Fioravanti, 2002] para descrever uma realidade na qual o poder público, que já pode ser classificado como "Estado", age não mais por meio da ação administrativa direta dos agentes do rei, mas mediante o instrumento da jurisdição, em concorrência com outras jurisdições, como vimos. Não por acaso o termo *iurisdictio* assumiu, junto aos juristas medievais, um significado muito amplo, incluindo não apenas a jurisdição em sentido próprio, mas também a legislação e a administração [Costa, 1969].

A crescente complexidade das funções e o surgimento de novas magistraturas especializadas exigiram a presença de um pessoal administrativo dotado de competências técnicas específicas. Com o tempo – ao menos a partir da segunda metade do século XII, mas particularmente do século XIV em diante –, a formação jurídica se torna indispensável para o exercício de muitas funções públicas, e não apenas para os titulares das magistraturas judiciárias em sentido estrito [Favier, 1989]. Na França, como em todas as estruturas políticas europeias da Idade Média tardia, também os juristas profissionais se estabeleceram como instrumentos de governo. O soberano buscou juristas onde pudesse encontrá-los, também em meio ao clero, não raro prescindindo dos pré-requisitos nobiliárquicos e de classe: a formação jurídica torna-se, assim, um meio eficaz de promoção social, um canal privilegiado para o acesso à elite de governo.

O motivo do sucesso desfrutado pelos juristas, como indivíduos e como classe, reside na eficácia de seus instrumentos de trabalho. Para tornar firme o próprio papel político e institucional, a monarquia de fato necessitava não apenas de iniciativas de governo e de atos de controle do território, mas também de estruturas conceituais em apoio de suas pretensões: algumas delas já foram citadas. Sem uma estrutura jurídica adequada, nem a supremacia feudal do rei da França, nem a centralização do poder, nem a independência do império e do papado teriam podido afirmar-se estavelmente.

Um modelo de organização pública completamente distinto foi o adotado em 1291 pelas populações de alguns vales alpinos de estirpe germânica. Elas decidiram subtrair-se ao domínio dos Habsburgos associando-se entre si com um pacto jurado que as confederava na promoção conjunta e concorde da segurança interna e externa, na escolha de juízes pertencentes aos vales, na cooperação ativa contra os autores dos delitos mais graves[130]. Nascia, entre Uri, Schweiz e Unterwalden, o primeiro núcleo da futura Confederação helvética.

---

[130] *Quellenwerk zur Entstehung der Schweizerischen Eidgenossenschaft*, I, Urkunden, 1, Aarau, 1933.

10. Universidade: estudantes e professores

1. *Origens e organização: o modelo bolonhês*

A partir do século XII, a formação de uma classe específica de juristas profissionais em todos os segmentos da vida organizada – a partir daquele momento presentes e ativos nas cidades e nos reinos, na Igreja e na sociedade civil: um fenômeno de importância central na história do direito europeu – está ligada ao nascimento e ao desenvolvimento da instituição universitária. Os juristas de nível superior são, em toda a Europa continental, aqueles que estudaram na universidade segundo métodos e procedimentos comuns a toda a Europa, na esteira do grande modelo bolonhês.

Sabemos que já na época da segunda geração de mestres – a época de Búlgaro e de Martino, no segundo terço do século XII – reunia-se em Bolonha em torno do mestre um grupo de estudantes que constituía sua "schola", ouvindo suas lições em uma sala de aula às vezes situada na própria residência do docente. Professor e alunos formavam um grupo coeso, designado por algumas fontes pelo termo "comitiva".

Todavia, o número crescente de estudantes que provinham de regiões remotas tanto de Bolonha como da Itália induziu logo esses mesmos estudantes a formarem agrupamentos determinados pela terra de origem comum: assim nasceram as "nationes" estudantis dos campanienses, dos sículos, dos lombardos, dos teutônicos, dos franceses, dos helvéticos, e assim por diante, cada uma com regras próprias além das regras comuns [Colliva, 1975]. A estrutura jurídica assumida pelas organizações estudantis foi a associação de pessoas, a "universitas", assim denominada pela adoção da terminologia presente nas fontes romanísticas [Bellomo, 1992]. O termo técnico *universitas* foi empregado na Idade Média para designar todas as pessoas jurídicas – da corporação de ofícios à comuna citadina ou rural, de cada reino ao Império, do cabido de uma catedral à Igreja em seu conjunto – e só bem mais tarde restringiu sua valência semântica unicamente aos centros para a formação superior: as universidades.

Em Bolonha, as "nationes" estudantis se agruparam, no século XIII, em duas "universitates" distintas, a dos citramontanos (que compreendia todos os estudantes itálicos) e a dos ultramontanos, provenientes das regiões transalpinas. Cada uma delas elegia o próprio reitor, escolhido entre os próprios estudantes e dotado de funções e de poderes que foram crescendo gradualmente: de fato, os estudantes lhe deviam obediência, à qual se comprometiam com juramento formal no momento da "matrícula" (outro termo medieval, à época aplicado a todas as corporações, mas que só sobreviveu por causa da universidade).

A autoridade dos reitores se justifica, pois era necessário garantir uma ordem no interior da comunidade dos estudantes, sempre mais numerosa e turbulenta. A própria comunidade solicitou e, de fato, obteve margens expressivas de autonomia, que, por outro lado, era necessário gerir de modo ordenado e civilizado. Daí provém a difícil relação com a cidade e com as instituições comunais, que naturalmente não podiam ignorar a substancial realidade das escolas universitárias. A partir de meados do século XII, a posição dos estudantes no interior da cidade foi tutelada pelo próprio imperador Frederico: de fato, ele outorgou a Bolonha uma constituição especial[131], que formou a base legal de uma série de privilégios e de poderes, posteriormente configurados de maneira distinta nos estatutos citadinos e universitários, reconhecendo que nas causas movidas contra um estudante a competência para julgar pudesse ser atribuída ao professor ou ao bispo, subtraindo o estudante ao fórum da cidade. Entre 1217 e 1220, ainda para Bolonha, o próprio papa Honório III interveio em defesa das autonomias estudantis.

Em particular, afirmou-se o princípio – coerente com a estrutura da universidade como corporação – de uma jurisdição autônoma especial, gerida pelos próprios reitores-estudantes para as causas civis e penais das quais tomasse parte um estudante como pessoa citada: o "fórum dos escolares". Além disso, as próprias "universitates" estabeleceram suas regras de procedimento e da convivência universitária em seus aspectos organizacionais e didáticos por meio da redação de estatutos particulares.

Como é natural, a comuna não podia se desinteressar de tudo isso. A presença de uma centena de jovens de todos os lugares da Europa (mas em Bolonha se alcançou a cifra de mais de mil estudantes já no início do século XIII) suscitava na cidade problemas de ordem pública, mas implicava, por outro lado, um expressivo fluxo de recursos em espécie, decorrente da presença de tantas pessoas necessitadas de alojamento, de alimentos, de livros e de tantas outras coisas. Isso deu ocasião às primeiras intervenções regulatórias da comuna, tanto na direção do disciplinamento da população estudantil como na direção do estímulo a que ela se estabelecesse na cidade durante os anos universitários.

Nesse ínterim, a difusão do estudo universitário a partir de textos do *Corpus iuris* e a crescente demanda de textos jurídicos para a prática tinham criado as premissas para uma verdadeira e própria indústria livreira, que em Bolonha se organizou com operadores apropriados, os *stationarii*, que organizavam a transcrição manuscrita dos textos, subdividindo-os em partes prefixadas, sendo cada uma das quais transcrita separadamente em folhas de pergaminho de dimensões padrão, as *pecie*, de modo que muitos escrivães podiam atuar paralelamente, unificando no final os quinternos*, segundo técnicas já conhecidas pela historiografia [Soetermeer, 1997; 2002].

2. O curso dos estudos jurídicos

As relações dos estudantes com os professores refletem essa realidade compósita. Inicialmente, ocorria em Bolonha uma relação de natureza inteiramente privada entre docentes e alunos, por força da qual os estudantes combinavam com o mestre os prazos e os custos das aulas, comprometendo-se a pagar-lhe uma soma acordada que foi denominada "collecta". Mais tarde, nas sedes universitárias diferentes de Bolonha, era a comuna que assegurava aos professores um estipêndio, enquanto na *alma mater* o sistema das "collectae" sobreviveu durante muito tempo, até o século XIV, mesmo que, com o tempo, tenha havido cátedras subvencionadas pela comuna. Mas, enquanto isso não se generalizou, os estudantes mantiveram o poder de estipular com os docentes maneiras e temas do ensino, assim como de controlar a atuação dos professores: era o que dispunham, por exemplo, os estatutos bolonheses de 1252 (os mais antigos chegados até nós) e os de 1317 [Maffei, 1995, pp. 23-52]. E se os professores asseguravam o pagamento das "collectae" mantendo em caução os dispendiosos livros jurídicos de propriedade dos estudantes, os estudantes (e a comuna) garantiam a pontualidade no cumprimento dos deveres acadêmicos por parte dos professores retendo até o fim do ano uma cota do pagamento de seus salários.

O ensino começava regularmente no início de outubro e se prolongava até a metade de agosto, com uma carga horária tão pesada que obrigava os estudantes a frequentarem as aulas

---

[131] Const. *Habita*, MGH, Diplomata Friderici I, vol. II, n. 241, p. 34.
* *Quinterno*: termo derivado de *quinto*, a partir do modelo de *caderno*. Conjunto de cinco folhas duplas de papel inseridos uma na outra, de modo que se tornam dez fólios ou vinte páginas. [N. do T.]

em dois períodos, de manhã e à tarde. A atividade didática sobre os textos justinianos – divididos, como sabemos, em cinco volumes – tinha seu foco nos dois cursos chamados "ordinários", voltados respectivamente para os primeiros nove livros do Código (*Codex*) e para os primeiros vinte e quatro livros do Digesto (*Digestum vetus*). Os professores mais reputados e mais bem pagos eram titulares dessas duas cátedras: o programa de um ano compreendia geralmente a metade de cada um deles (respectivamente, os livros I-XII ou os livros XIII-XXIV do Digesto; e os livros I-IV ou os livros V-IX do Código), de modo que o curso podia ser completado em dois anos. Cátedras classificadas como "extraordinárias" eram dedicadas às outras partes do Digesto (*Infortiatum* e *Novum*), assim como às Instituições, às Novelas e aos *Libri*. Posteriormente, no século XV, encontramos sedes como Pádua, onde eram nomeados para as cátedras ordinárias dois professores, por assim dizer, em concorrência entre si, com a finalidade de estimular neles o compromisso e a emulação [Belloni, 1986]: esse era um fato de atração para os estudantes, um motivo para preferir uma sede a outra. A preocupação de abranger todo o currículo no tempo predeterminado, sem demoras nem omissões, induziu a fixar com precisão e de modo obrigatório os textos específicos que deviam ser expostos pelo titular do curso – chamados "puncta" –, assim como o número de horas e de dias de aula que devia ser consagrado a cada "punctum".

    Durante muito tempo, o curso dos estudos jurídicos não teve uma duração prefixada, e ainda costumava ser prolongado por muitos anos: mais tarde, do século XIV em diante, ficou estabelecido que o *curriculum* completo, até o exame final, teria a duração de sete ou oito anos para o diploma de direito civil e de seis anos para o direito canônico. Com efeito, o estudante que tinha como meta assimilar a difícil matéria do *Corpus iuris* (assim como quem se aventurava pelas fontes canônicas) certamente não podia limitar-se a ouvir um só curso sobre a mesma parte da compilação: devia necessariamente voltar a escutar a exemplificação da mesma parte da compilação ao menos duas ou três vezes em anos sucessivos, conseguindo gradativamente níveis crescentes de compreensão: só ao final podia se considerar realmente formado. Vimos, por outro lado, quão complexo era o processo – compreender o *casus*, a exegese, o exame das passagens paralelas, as questões – percurso do mestre para cada passagem separada das compilações.

    A educação jurídica ia sendo feita dessa maneira, com os estudantes ouvindo repetidamente; e assim eles iam pouco a pouco se tornando partícipes e ativos nas intervenções e nas respostas às questões formuladas pelo professor. E se muitos abandonavam os estudos depois de alguns anos, satisfeitos com uma formação incompleta, mas considerada de qualquer modo útil para assumir encargos menores, àqueles que tinham perseverado costumavam ser confiados, nas séries mais avançadas, deveres didáticos auxiliares, que constituíam, a um só tempo, o fundamento necessário para encarar os exames finais e até as provas de um possível exercício futuro da função docente: o estudante veterano era então chamado a pronunciar uma *lectura* sobre um único título, a desenvolver uma *repetitio* e a disputar uma *quaestio* [Bellomo, 1992]. E era classificado como "baccalarius in actu legens".

    Só ao final desse longo ciclo abria-se a fase dos exames. O estudante se apresentava a um professor de sua escolha para lhe pedir a autorização de se submeter aos exames finais. E o professor, tendo verificado em um colóquio privado as capacidades e os dotes do aluno, decidia se lhe dava ou não a autorização solicitada. Em caso afirmativo, o estudante se considerava "ad privatam admissus", isto é, admitido ao exame a portas fechadas diante do Colégio dos doutores juristas – uma instituição que, nascida no século XIII, com o tempo, assumiu as funções de um Conselho de Faculdade e frequentemente também deveres de aconselhamento e de jurisdição – sob a presidência do Arquidiácono da diocese bolonhesa, ao qual o papa Honório III confiara tal função em 1219. Era esse o "tremendum et rigorosum examen" no qual o estudante devia discutir extensamente diante de todo o Colégio dos professores um texto específico da Compilação ("punctum") extraído por sorteio poucas horas antes da prova. A aprovação exigia o voto favorável da maioria dos professores do Colégio: em tal caso, o candidato era proclamado "licentiatus in iure" [Bellomo, 1992].

Havia mais um obstáculo a superar para a definitiva conclusão do curso dos estudos: era necessário enfrentar um último exame público ("conventus"), que ocorria na catedral. A prova final – que não era difícil, pois repetia substancialmente o exame já superado – era, por sua vez, muito dispendiosa do ponto de vista econômico, visto que o candidato precisava fazer um desembolso considerável, equivalente ao custo de um ano inteiro de estudos: tecidos e vestes de valor doados aos professores, refeições, cortejos equestres e outras coisas mais. Seguia-se a solene proclamação do título de "doctor iuris", com a atribuição ao neodoutor da "venia legendi", que a habilitava a ensinar nas universidades.

O longo e cansativo treinamento que descrevemos constituía portanto o caminho para obter não só o título, mas também as qualificações profissionais exigidas para o exercício das funções jurídicas de nível superior. Isso pode explicar como o controle da formação jurídica universitária, tanto no que se refere à criação de novos doutores como no que diz respeito aos requisitos para o exercício do magistério, funções que estavam nas mãos dos Colégios dos doutores, tenha constituído o objeto de uma atenta disciplina e também de intensos conflitos entre os poderes civis e as autoridades religiosas. E o sucesso não foi uniforme. Em Bolonha, foi estabelecida, a partir de 1219, uma cooperação entre os doutores e o arquidiácono para a concessão da "venia legendi". Mas a admissão ao Colégio dos doutores foi rigidamente limitada: não apenas se exigia a posse da cidadania, com requisitos que se tornaram mais restritivos no decorrer do tempo, como se introduziu uma limitação posterior, bem mais rigorosa, o necessário vínculo de parentesco para a admissão ao mesmo Colégio. Já em Pádua, tanto os paduanos como os venezianos eram normalmente excluídos do Colégio dos doutores, reservado a um restrito número de docentes estrangeiros do Ateneu [Brambilla, 2005, p. 105].

Também o acesso ao ensino de professores estrangeiros era diferenciado: enquanto em Bolonha eles só eram admitidos para as cátedras secundárias, em Pádua, foi introduzida, em vez disso, em fins do século XV, o sistema de contrapor nas cátedras primárias (as do Código e do Digesto antigo) um paduano a um estrangeiro para favorecer uma melhor concorrência na qualidade didática, necessária para atrair estudantes de fora [Belloni, 1986].

Na Europa, esse sistema de formação vigorou durante séculos, até a Idade Moderna, e em medida não irrelevante ainda subsiste – por exemplo, na Alemanha – quanto ao método de estudo e às provas de exame. Tratava-se de um método científico-didático internacional e uniforme. Surgido em Bolonha, o modelo universitário foi transmitido, de fato, aos núcleos de nova formação já recordados e a outros mais, que foram inúmeros nos séculos XIII e XIV na Itália e na Europa. Modena, Montpellier, Pádua, Nápoles, Orléans, Siena, Pisa, Perúgia, Florença, Pavia, Heidelberg, Praga, Viena, Coimbra são apenas algumas das cidades que viram florescer escolas universitárias de direito. Não obstante posições didáticas peculiares a cada núcleo, que dependem da variada personalidade científica dos mestres, o objeto do estudo jurídico e o método eram os mesmos: o *Corpus iuris* como banco de prova exclusivo para a formação em direito civil, os textos de Graciano e das Decretais para a formação em direito canônico, a duração uniforme dos estudos, os modos comuns de ensino, a sucessão das escolas dos glosadores aos comentadores: tudo isso é o que se encontra em todos os lugares. A língua comum do direito douto, o latim, facilitava as migrações dos estudantes de um núcleo para outro e também a transferência de professores, além de facilitar a circulação das obras dos mestres.

Podemos portanto considerar o modelo científico e didático do direito comum de matriz universitária como o elemento fundador de uma vasta "república da cultura jurídica", que se estendia a grande parte da Europa continental.

Quem são os juristas que saem das Universidades? Se observarmos os nomes e as proveniências, podemos destacar que a extração social dos estudantes é variada: ao lado de uma maioria composta de expoentes de famílias pertencentes à burguesia e ao patriciado das cidades, encontramos descendentes de famílias nobres de toda a Europa; mas também, não raro, jovens de famílias modestas, que se esforçam para conseguir estudar. E o mesmo vale para os professores.

Um dos aspectos mais significativos da universidade como sede de formação dos juristas consiste exatamente em ter constituído um canal privilegiado de mobilidade social [Fried, 1974]. Por meio do domínio dos instrumentos do direito, aprendido nos bancos universitários, um jovem inteligente podia, mesmo que não fosse de alta extração social, fazer uma bela trajetória como advogado, ou como juiz, ou como especialista em questões legais a serviço da cidade ou de um príncipe. Os estudos jurídicos constituíam uma via rápida para se destacar, davam a quem os concluía com excelente aproveitamento dinheiro e poder; e isso explica o enorme sucesso das escolas universitárias.

11. Profissões legais e justiça

1. *O notariado*

Ao observar os documentos privados das cidades da Itália central e setentrional, a partir das décadas centrais do século XII, podemos notar uma diferença profunda em relação à situação de um século antes. Não são mais as declarações das testemunhas – nem o testemunho do notário rogatário, como no direito antigo tardio[132] – que dão ao ato notarial (*charta*) seu valor probatório, mas sobretudo e apenas a presença das formalidades previstas para o ato (*instrumentum*), assim como a subscrição autógrafa do notário que o redige. E é o ato notarial em si que constitui prova plena, sem a necessidade de convocar as testemunhas, muito menos o notário em pessoa.

Essa inovação fundamental que se verificou no século XII se impôs por sua própria força: foi, uma vez mais, um produto criativo do costume. No nível legislativo e no nível doutrinal, o direito só intervém em um segundo momento. Uma decretal do papa Alexandre III do final do século XII já pressupunha esse efeito[133], e em seguida se tornou um ponto de referência para a doutrina. Por sua vez, pouco mais tarde, os juristas doutos declaram sem incertezas que o ato do notário faz fé plena, isto é, oferece prova plena daquilo que as partes fizeram e declararam diante do próprio notário; e que apenas a impugnação do ato como falsidade pode repor seu conteúdo em discussão[134]. Daí decorre a relevância probatória da fé pública (*publica fides*) que decorre do ato notarial, considerado ato público[135] e produzido por um notário que é, por sua vez, "público".

As consequências dessa estrutura do ato notarial tiveram uma importância prática incalculável: a certeza das relações jurídicas encontra aqui um ponto de referência essencial, porque os negócios privados mais importantes são subtraídos, pelo fato de serem redigidos e subscritos pelo notário, aos riscos do tempo e às incertezas do procedimento probatório, que certamente pesam sobre a prova testemunhal e sobre a simples escritura privada. E esse valor probatório se prolonga no tempo, para além da vida das testemunhas e do próprio notário. E mais: logo se passa a reconhecer (em Gênova, desde o século XII) que um ato notarial pode ser diretamente apresentado ao juiz por uma das partes com o propósito de obter

---

[132] *Nov.* 73. 7. 1: na ausência de insinuação do ato nos *gesta*, também o ato realizado por um tabelião ("instrumentum publice confectum": *Cod.* 8. 17 [18]. 11) não constituía prova plena diante do juiz, mas transformava o tabelião em testemunha privilegiada.

[133] *Liber Extra* 2. 22. 2: "Scripta vero authentica, si testes inscript decesserint, *nisi per manum publicam facta fuerint* [ou seja, por mão do notário] [...] aut authenticum sigillum habeant [isto é, o selo de uma chancelaria episcopal ou pública], non videntur nobis alicuius firmitatis robur habere". Daqui se deduz, *a contrario*, que uma escritura notarial mantinha seu valor probatório independentemente da consulta às testemunhas mencionadas no ato.

[134] Assim se exprime Azzone: "Soli autem publico instrumento habetur fides *per se*, idest sine aliquo adminiculo, eo quod sine vituperatione appareat [ou seja, sem vícios aparentes: com remissão à *Nov.* 73. 7 pr]; nisi is contra quem profertur probet falsum" (*Summa Codicis*, 4. 21 *de fide instrumentorum*, n. 1).

[135] Cf., para todas essas questões, a límpida síntese de Henrique de Susa, escrita na metade do século XIII: "dicitur autem publicum instrumentum quando confectum est per manum tabellionis [...] de his que videbit et audiet pro utraque parte" (Hostiensis, *Summa a Liber Extra* 2. 22 *de fide instrumentorum*, n. 2, ed. cit. [NT. 86], col. 643).

imediata execução de tudo o que ali foi estabelecido[136]: por exemplo, uma confissão de dívida registrada diante do notário alcança diante do juiz o mesmo efeito de execução que decorre de uma sentença ao término de um processo regular. Esse valor de execução direta de tais categorias de atos registrados pelo notário atribuía a esses mesmos atos uma eficácia extraordinária, poupando quem pudesse valer-se deles dos procedimentos e da lentidão do processo normal.

Ainda em Gênova – mas também em Pavia [Barbieri, 1990, p. 88], em Lucca, em Florença [A. Meyer, 2000, p. 138] – temos prova de que, por volta da metade do século XII, o notário anotava em ordem cronológica, em um livro de registros próprio com páginas numeradas, todo e qualquer negócio do qual ele fosse mediador, para depois redigir, em um segundo momento, o ato em uma bela cópia sobre pergaminho destinado às partes que o haviam encomendado. O registro no qual figuravam, de forma abreviada, todos os dados essenciais do ato assumiu o nome de "minuta". A utilidade das minutas – que rapidamente se difundiram também para as outras cidades italianas – é evidente: elas ofereciam a possibilidade de controlar em cada momento, mesmo com grande intervalo de tempo, a correspondência de um ato isolado (contrato, testamento) com os textos originais ordenados em série da atividade daquele notário e permitiam fazer novas cópias autenticadas de atos cuja documentação original tivesse sido perdida.

Nesse momento, afirmou-se a práxis – sobre a qual notário e partes concordavam – e que a minuta poderia ter valor de prova por si mesma. Em muitos casos, nem era necessário que as partes apresentassem o documento em pergaminho, por exemplo, em matéria de empréstimo: o possível recurso à minuta era suficiente em caso de contestação. De fato, o risco de falsificação do documento avulso em pergaminho não subsistia em relação ao registro das minutas, que continha uma série de autos autógrafos do mesmo notário. Uma amostragem dos documentos de Lucca, de 1220 a 1280, permitiu atestar, entre outras coisas, que mais de 90% dos atos notariais se perderam com o extravio das minutas correspondentes [A. Meyer, 2000].

Nesses mesmos anos centrais do século XII, a realidade nova das comunas também ia se impondo nesse terreno. Temos as provas de que algumas cidades italianas já começavam a autorizar notários independentemente da autorização ou da delegação imperial: por exemplo, Gênova, a partir de 1157 [Costamagna, 1970]. A doutrina jurídica teorizou essa dúplice fonte de legitimação quando afirmou que os notários de nomeação imperial e papal podiam fazer registros em qualquer lugar, enquanto os notários de nomeação municipal estavam habilitados a operar apenas na própria comuna. Mas depois se reconheceu expressamente o valor do costume também nesse domínio[137]. E, no século XIV, a autoridade de Bartolo avalizou a tese de que o ato registrado por um notário designado pela comuna alcança plena fé em todos os lugares, mesmo fora da comuna[138]. Na Itália comunal com efeito, a partir de então, era a comuna que intervinha na nomeação dos notários, os quais rapidamente se organizaram em bases corporativas: a legitimação imperial direta ou indireta, quando existia, constituiu um elemento – não irrelevante, mas já de alcance limitado – de um processo de nomeação e de controle da profissão que tinha na Comuna e na corporação dos notários os seus fulcros.

2. As *artes* notariae

Sabemos muito pouco da formação notarial na era de transição da *charta* ao *instrumentum*; mas é bastante provável que o ofício fosse aprendido essencialmente na prática conduzi-

---

[136] Exemplos in Costamagna 1970, pp. 65-7.
[137] Assim, Inocêncio IV, *Apparatus in V Libros*, Francofurti ad Moenum, 1570 = Frankfurt am Main, 1968, a *Liber Extra* 2. 22. 15 *de fide instrumentorum*, c. cum P. (p. 280ra).
[138] Bartolo da Sassoferrato, *Commentaria in Primam Codicis partem*, Ludguni, 1550, ao *Cod*. 1. 1. 1. 1. *cunctos populos*, nr. 36: os *instrumenta* do notário cuja nomeação se baseia no estatuto municipal "ubicumque faciunt fidem".

da por alguns anos junto a um notário, como aliás vinha acontecendo havia séculos (e como ocorre ainda depois da graduação). É preciso chamar a atenção para um aspecto que se relaciona com este e que se refere aos modelos de atas (os "formulários") dos quais, na nova era, o notário pôde dispor na própria atividade cotidiana.

O primeiro Formulário bolonhês que chegou a nosso conhecimento é quase cem anos posterior ao Formulário, infelizmente perdido, de Irnério: de fato, ele remonta ao ano de 1205[139]. Dez anos depois, um notário originário de Perúgia, Raineri, publica em Bolonha um Formulário de atas notariais[140] que revela claramente a modernidade de seu autor. A arquitetura da obra demonstra bons conhecimentos doutrinais (Rainério talvez tenha sido aluno de Azzone), porque as diversas fórmulas são ordenadas de modo novo, adotando a distinção fundamental entre domínio direto e domínio útil introduzida pela doutrina bolonhesa dos glosadores.

Mas não foi apenas em Bolonha que, no século XIII, vieram à luz formulários notariais. Em Arezzo, em Florença, em Belluno, em Verona e em outros lugares houve notários que redigiram coletâneas de fórmulas. Em Fano, no ano de 1232, um jurista pertencente ao patriciado citadino, Martino del Cassero, escreveu uma coletânea de fórmulas[141] que mostra com clareza como os notários sabiam coordenar sapientemente, no desenrolar-se concreto da vida do direito, regras do direito romano comum e costumes locais, normas do direito canônico e regras do direito feudal, sem descuidar, obviamente, das normas dos estatutos citadinos.

Raineri – que posteriormente submeteu a própria obra a uma revisão[142] – teve um papel proeminente em Bolonha. Resultou de uma iniciativa dele a instituição da "matrícula" dos notários bolonheses, que teve início no ano de 1219 e desde então é regularmente atualizada[143]. Já naquela época, funcionava havia bastante tempo em Bolonha uma escola de notariado, bem distinta da escola universitária de direito; uma escola na qual ensinaram no decorrer do século XIII, além de Raineri e outros, dois grandes mestres de notariado: Salatiele e Rolandino dei Passeggeri. O primeiro compôs uma vasta obra[144] na qual toda a arte notarial era ilustrada não apenas com fórmulas, mas com uma glosa que esclarecia analiticamente seus diversos aspectos jurídicos. O segundo, Rolandino dei Passeggeri, foi autor de um texto que seria objeto de um sucesso imenso: a *Summa totius artis notariae*[145], escrita em 1255 e em seguida acompanhada de um comentário composto parte pelo próprio Rolandino, parte por Pietro da Anzola e por Pietro Boattieri. A obra logo se impôs como texto de referência muito respeitado – tanto no ensino junto às escolas de artes notariais, como na prática de cada notário –, pela clareza, pela racionalidade da disposição e pela completude do texto das fórmulas e do comentário que as acompanhava, respondendo a todo problema que pudesse surgir na redação de qualquer tipo de ato. Ela constituiu – paralelamente à *Summa* de Azzone e à Glosa de Acúrsio – o ponto de chegada de um gênero literário: o Formulário notarial, que nunca deixou de florescer e de dar novos frutos.

---

[139] Editado por G. B. Palmieri sob o título *Wernerii Formularium tabellionum*, in BIMAe, vol. I, Bononiae, 1914, 2. ed., pp. 9-45.

[140] Editado por A. Gaudenzi in BIMAe, vol. II, pp. 25-67; o verdadeiro título da obra é *Liber formularius*.

[141] L. Wahrmund, *Das "Formularium" des Martinus de Fano*, in *Quellen zur Geschichte des römisch-kanonisches Processes im Mittelalter*, I. 8, Innsbruck, 1905.

[142] Que foi editada sob o título *Die Ars notaria des Rainerius Perusinus* por L. Wahrmund, *Quellen*, vol. III/2, Innsbruck, 1917.

[143] *Liber sive matricula notariorum comunis Bononiae (1219-1299)*, org. por R. Ferrara e V. Valentini, Roma, 1980.

[144] Salatiele, *Ars notaria*, ed. G. Orlandelli. Milão, 1961, 2 vols., com as duas redações e as glosas.

[145] A obra de Rolandino compreende a *Summa Aurora*, dividida em 10 capítulos; dois tratados menores (*Tractatus notularum; Tractatus de officio tabellionatus in vilis vel castris*: dos anos 1256 e 1268); o Comentário aos quatro primeiros capítulos da *Summa* (1273) (cf. o complexo de pesquisas *Rolandino e l'Ars notaria* 2002).

3. Notários, sociedade e poderes

É preciso ter clareza sobre a grandeza do papel exercido pelos notários na civilização comunal. Eles asseguravam a certeza das relações jurídicas privadas mediante o *instrumentum*, do qual vimos a enorme relevância. Além disso, deve-se a eles o mérito de terem projetado e portanto enraizado na prática uma série de institutos jurídicos novos em simbiose com os protagonistas da vida econômica, os comerciantes, como veremos a propósito da gênese do direito comercial, que também se deve em grande medida à obra do notariado. Baste enfatizar a importância do documento "autenticado", um ato estipulado diante do notário que adquiria, exatamente por isso, valor de título executivo.

Na atividade judiciária das comunas, o papel do notário logo se tornou igualmente indispensável, porque só a sentença autenticada pela assinatura notarial tinha valor de plena prova e eximia o interessado do dever gravoso de provar a sua existência por meio de testemunhas. Além disso, no decorrer do século XIII, foi crescendo paulatinamente, mas em proporção perceptível, a tipologia dos atos judiciários que deviam ser realizados por escrito: por exemplo, o libelo que continha a pretensão do autor, a fixação de termos para as partes, a nomeação de delegados do juiz, a prolação de sentenças interlocutórias, o ato de apelação, as medidas de execução das sentenças e assim por diante [Keller-Berhmann, 1995].

Tudo isso pode explicar a onipresença do notário na sociedade comunal. Não causa surpresa então encontrar números que, à primeira vista, pareceriam fora de qualquer medida: em Bolonha, aos 270 notários registrados na matrícula do ano inicial, 1219, acrescentaram-se, por muitos anos, nada menos que cem novos notários todo ano e, por exemplo, em 1283, é atestada a presença na cidade de 1.059 notários, dos quais cerca de um décimo destinado aos vários departamentos da comuna.

A presença de notários com funções similares às que eram exercidas nas comunas italianas afirmou-se também fora da Península, por influência italiana. Precocemente (do fim do século XII em diante) em algumas cidades do sul da França como Marselha, Lyon, Grenoble, onde se tinham afirmado, seguindo as vias do comércio, as autonomias citadinas nas formas da comuna dos cônsules; o mesmo ocorrendo em algumas regiões da Península Ibérica. Mas, na França, o notariado também se viu prestes a ter de prestar contas ao poder monárquico, o qual não podia permitir que uma função pública tão essencial fosse confiada a personagens legitimados unicamente pelo Imperador ou pela própria Igreja. Eis que se dá, portanto, no início do século XIV, a intervenção de Filipe, o Belo, que reserva ao rei o dever de nomear os notários dentro do reino e regula as modalidades de confecção dos documentos e dos registros feitos pelos notários [Hilaire, 2003].

A presença de um poder monárquico forte também condicionou as funções do notariado em outros estados da Europa. Foi o que ocorreu no reino da Sicília, onde o *Liber Augustalis*, de Frederico II, impunha restrições ao número e à eficácia da subscrição do notário, cujos atos, para ser considerados públicos, dependiam da presença de um juiz[146]; mesmo que, mais tarde, o papel dos notários da Itália meridional tenha se aproximado muito do papel específico dos notários da Itália comunal.

No reino normando da Inglaterra, a partir da segunda metade do século XIII, encontramos numerosos notários eclesiásticos, ativos junto à arquidiocese de Cantuária e em outros lugares; João de Bonônia compôs uma obra de arte notarial na intenção de facilitar a atividade dos notários na ilha[147]. Mas, pouco depois, em 1320, o rei Eduardo II proibiu o notariado; e mesmo que se possam encontrar notários eclesiásticos em todo o século XIV, o fato de as cortes régias do *Common law* não reconhecerem nos documentos notariais as características do ato público foi uma das razões que explicam seu declínio na Inglaterra.

---

[146] *Liber Augustalis*, I. 79; I. 82. Ed. Huillard-Bréholles, *Historia diplomatica Friderici Secundi*, Parisiis, 1854 – Turim, 1963, vol. IV. 1, pp. 54; 58.

[147] Iohannes de Bononia, *Summa notarie*, ed. L. Rockinger, *Briefsteller und Formelbücher*, Munique, 1864 = Nova York, 1961, vol. II, pp. 593-712.

O menor prestígio e o menor poder do notariado fora da Itália, nos países dotados de regimes monárquicos, expressam-se em variadas formas e direções: na reserva do poder de redigir atos públicos a poucos corpos privilegiados, ou na imposição da presença de um juiz régio munido de sigilo, ou ainda no impedimento aos notários de criarem uma estrutura organizacional de teor corporativo, com estatutos próprios e poderes para a conservação dos atos. Mas também nessas formas atenuadas, o documento público, que constituía a prerrogativa da atividade do notário, teve na Europa amplo reconhecimento.

4. *Os Colégios dos juízes e advogados*

O ordenamento corporativo estendia-se a todas as formas de trabalho, tanto aos ofícios como às profissões intelectuais. Nesses séculos da segunda Idade Média, as outras profissões legais também tinham, portanto – e manterão até o fim do século XVIII –, uma estrutura associativa, que encontramos em cada cidade. A partir do século XIII, passou a existir nas principais comunas italianas um Colégio dos juízes que acolhia os jurisconsultos autorizados a atuar na cidade. O ingresso no Colégio se dava segundo as regras estabelecidas no estatuto e era resultado de uma escolha que previa a verificação dos conhecimentos técnicos de direito considerados indispensáveis para o exercício das profissões legais. Contudo, os atos da prática judiciária da época mostram como, em muitas cidades, os membros do colégio eram realmente jurisconsultos, mas nem sempre, muito menos frequentemente, acadêmicos. Em Milão, por exemplo, no fim do século XIII, havia apenas uma pequena minoria dentre os 120 jurisconsultos que eram diplomados; ainda no fim do século XIV, existiam escolas não universitárias de direito civil e canônico[148] nas quais se formava a maioria dos jurisconsultos ativos na cidade.

Com o tempo, para a admissão ao Colégio, os estatutos da cidade impuseram a exigência de seguir um curso universitário durante um período que variou no tempo e nas diversas cidades italianas, de três a sete anos; não necessariamente a especialização ou o diploma universitário [Meyer-Holz, 1989]. Sobretudo, afirmou-se precocemente o critério da cidadania como requisito necessário para a admissão ao Colégio: um requisito que, desde o século XIV e depois, em medida crescente, até o século XVI, foi se tornando cada vez mais restritivo, exigindo-se o gozo da cidadania também para os ascendentes do candidato, tanto por parte de mãe como por parte de pai, bem como a atestação de que os antepassados não tivessem praticado as assim chamadas "artes vis", ou seja, as atividades comerciais e artesanais menos qualificadas [Brambilla, 2005]. O fechamento para os estrangeiros e a progressiva restrição aristocrática são motivadas pelas amplas e lucrativas competências que cabiam aos membros dos Colégios dos juízes, no que se refere particularmente às funções de consultores, de que trataremos. Nas cidades de estudo universitário (como Bolonha, Pádua, Pavia), a copresença dos dois Colégios dos doutores e dos juízes comportou, posteriormente aos requisitos de escolha já assinalados, uma coincidência meramente parcial de pertinência: particularmente os Colégios dos juízes excluíram normalmente os estrangeiros. E os Colégios dos doutores, que governavam a concessão dos títulos acadêmicos, fossem compostos de cidadãos ou de estrangeiros, incluíram apenas uma parte elitizada dos docentes do ateneu.

Deve-se notar que, nessa época e também no decorrer da Idade Moderna, o amplo leque das escrituras públicas e privadas, civis e processuais confiadas à competência profissional do notariado implicava que o número dos notários fosse proporcionalmente muito superior ao dos jurisconsultos advogados, consultores e juízes: uma proporção numérica invertida no que se refere ao presente[149].

---

[148] Milão, *Statuta iurisdictionum*, 1351-1396, r. 92 (in MHP, XVI.2, col. 1016).
[149] Para Milão, o testemunho fidedigno de Bonvesin della Riva revela que, no fim do século XIII, existiam 120 jurisperitos e cerca de 1.500 notários.

Sobre a deontologia do advogado, as observações da doutrina e dos autores de obras processualísticas são numerosas e, por vezes, mordazes: recomenda-se o segredo profissional, exorta-se contra a impossibilidade de defender em apelo a parte contrária no que diz respeito ao primeiro grau, sugere-se que se busquem informações sobre os argumentos que serão utilizados pelo advogado da contraparte, "desde que não se transgrida a correção", mencionam-se pareceres não elogiosos sobre a voracidade de muitos profissionais[150].

Uma característica fundamental das profissões legais de nível superior – de fato, também havia os procuradores legais, de posição inferior e geralmente congregados em um colégio distinto, que representavam as partes e, em várias formas, coadjuvavam os defensores – deve ser ressaltada: as funções de defesa próprias do advogado eram paralelas a funções relacionadas ao juízo atribuídas às mesmas pessoas: o Colégio, que em muitas cidades era denominado "dos juízes", era composto de juristas cidadãos chamados ao consulado de justiça, mas também e sobretudo de jurisconsultos que exerciam a advocacia. E quando, da metade do século XIII e por iniciativa dos próprios magistrados cidadãos – o magistrado, seus assessores, os cônsules de justiça, o capitão do povo –, difundiu-se amplamente nas comunas italianas a prática de confiar a jurisconsultos a instrução de toda a causa e a formulação da sentença em forma de parecer legal (*consilium sapientis iudiciale*), esse dever de natureza essencialmente judiciária foi confiado a um ou mais jurisconsultos inscritos no Colégio: os mesmos jurisconsultos que cotidianamente atuavam na cidade na função de defensores.

Para defender em juízo as razões da coroa, os reis de França instituíram, desde o fim do século XIII, "procuradores do rei" que desempenhavam as mesmas funções de representação dos procuradores nomeados pelas partes nos processos entre pessoas privadas; a eles foram logo associados os "advogados do rei" na função de defensores. Característica dessa distinção de funções é o princípio pelo qual o procurador devia se adequar em sua memória escrita às instruções do rei, ao passo que o advogado do rei podia exprimir com liberdade suas próprias convicções sobre a causa em exame[151]; aos magistrados cabia naturalmente o dever de decidir. Essas duas categorias de "oficiais" constituíram os dois ramos daquilo que virá a ser o "ministério público": a assim chamada magistratura "de pé" (*debout*), contraposta à magistratura "sentada" (*assise*), composta dos magistrados judicantes. Também deriva daqui a bipartição moderna entre o ministério público (a procuradoria da república) e a advocacia do Estado, segundo a qual as respectivas funções são bem nitidamente distintas.

5. *O processo romano-canônico*

Nas regiões da Europa nas quais o direito comum intervém e passa a integrar as fontes normativas e consuetudinárias preexistentes, uma forma particular de procedimento judicial se consolidou, tornando-se componente fundamental da ordem jurídica: o processo passou a ser regulado por um complexo de institutos e de regras derivados dos textos justinianos, do direito dos cânones e das decretais, da florescente doutrina civilista e canonística de origem universitária, das obras voltadas para os práticos, como os formulários e as *ordines iudiciorum*, enfim, das fontes normativas locais, estatutárias ou régias, conforme os territórios. As características essenciais do procedimento derivam da elaboração comum das fontes romanas e canônicas. Daqui é que surge a fórmula de "processo romano-canônico", utilizada para designar esse procedimento[152].

---

[150] Numerosas passagens de civilistas e canonistas dos séculos XIII e XIV são referidas e comentadas in Brundage, 2003.

[151] Daqui é que vem o adágio: "a pena é escrava, a palavra é livre" ("la plume est serve, la parole est libre"), característico.

[152] O papel do direito canônico foi essencial, também pelas contribuições do *ius novum* criado pelos grandes papas juristas, dos quais já falamos. Apenas dois exemplos de pesquisa, entre os tantos dignos de nota: sobre os poderes do juiz [Lefebvre, 1938]; sobre a capacidade processual da mulher [Minnucci, 1990-1994].

As causas se iniciavam com a proposição de um breve escrito (o libelo), no qual o autor da causa indicava a contraparte, o objeto da causa civil (*petitum*) e a razão de sua pretensão (*causa petendi*), com ou sem (conforme os casos e os costumes locais) a indicação da ação específica posta como fundamento da citação. O juiz fixava a data de comparecimento de ambas as partes e, no dia determinado, ocorria a "contestação da causa" (*litis contestatio*), na qual as duas partes exprimiam a própria determinação de disputar diante do juiz pelas respectivas razões. As partes prestavam o "juramento de calúnia" como confirmação solene de sua boa-fé no enfrentamento da causa [Sarti, 1995]. E davam, em muitos casos, idônea garantia de obedecer às prescrições do tribunal.

Seguia-se a enunciação escrita das questões que cada uma das partes – ativa no processo por meio da atuação de seu procurador, funcionalmente e com frequência também fisicamente diferente do defensor – dirigia ao adversário mediante as *positiones*, uma prática típica do direito comum. O procedimento escrito se estendia às questões reconvencionais e às exceções levantadas pela parte citada. Ela também se aplicava às declarações das testemunhas, geralmente coletadas pelos notários ou por oficiais para tanto delegados e, por isso, produzidas em forma escrita diante da corte. Ouvidas as alegações dos defensores – bem como os eventuais pareceres de especialistas trazidos em juízo por uma ou por ambas as partes: trata-se dos *consilia* de parte, de que trataremos em breve –, o tribunal pronunciava a sentença. Quando, na metade do século XIII, difundiu-se na Itália o *consilium sapientis* comissionado pelo próprio juiz, este se limitou a dar curso ao parecer do *sapiens*, transfundindo-o na sentença. A sentença era normalmente, no campo civil, impugnável em apelação. Quando a sentença se tornava definitiva, em primeiro grau ou após a apelação, o sentenciado era obrigado à execução do julgado, que era imposto coativamente em caso de não cumprimento, mediante a avaliação e a venda forçada de bens correspondentes no valor da condenação.

Em caso de contumácia do réu – uma hipótese muito frequente –, o juiz emitia um decreto de imissão de posse dos bens contestados ou de uma soma de valor correspondente à dívida, um decreto que seria revogado se o réu se apresentasse em juízo no prazo de um ano. Transcorrido esse prazo, um segundo decreto de imissão tornava intangível a posse do autor, dando início ao transcorrer do prazo para o usucapião, que só era interrompido se o réu conseguisse provar diante do juiz, antes do limite final para a prescrição aquisitiva – variável de dez a trinta anos, conforme os lugares e as matérias –, o próprio título de propriedade.

A partir do final do século XIII, consolidou-se, não apenas na Itália, um procedimento mais ágil, menos condicionado por formalidades e escrituras: o rito sumário.

No campo penal, a fase inicial do processo de direito comum foi caracterizada pelo princípio acusatório. A vítima de um delito ou seus familiares – para alguns crimes também um terceiro – apresentavam ao juiz a acusação e precisavam provar seu fundamento, geralmente com o recurso a testemunhas. Se a prova não fosse fornecida, o acusador podia se transformar em réu da mesma pena que gravava sobre o autor da infração ou, quando menos, a pagar uma expressiva pena pecuniária. Também por isso é que logo se acrescentou, com base em princípios canônicos, o instrumento da denúncia (*denuntiatio*), que autoriza ao juiz iniciativas de coleta de provas e representava para o denunciante consequências menos duras. Entre o final do século XIII e o século XIV, consolidou-se nos estatutos italianos e de outros lugares na Europa o princípio inquisitório [Vallerani, 2005], derivado também dos modelos canônicos, com o qual, para os crimes mais graves, a iniciativa de proceder à coleta de provas era oficialmente confiada ao juiz, com base em qualquer notícia de infração. Gradativamente, o princípio acusatório foi cedendo terreno ao princípio inquisitório [sobre isso, cf. Garlati Giugni, 1999, pp. 124 ss.], que se tornou a regra no caso de crimes de sangue, de crimes políticos, de crimes de heresia. Notemos que, no caso de condenações penais, normalmente o direito comum – mesmo com base em uma interpretação discutível da normativa romana, já mencionada – excluía o apelo.

O sistema das penas passou por transformações igualmente profundas entre os séculos XII e XIV. Originariamente, encontramos sancionada na Itália das comunas, nos primeiros estatutos, também para os crimes mais graves como o homicídio, a pena de banimento – que expulsava o autor do crime da cidade e autorizava qualquer pessoa que o encontrasse na cidade a agir contra ele tirando-lhe a vida – junto com o confisco dos bens: ainda se percebe aqui o traço da disciplina germânica das penas pecuniárias, em contraste com as penas de sangue da lei romana. Mas, a partir do começo do século XIII, os estatutos começaram a irrogar a pena capital para o homicídio. Contextualmente, modificava-se o regime da paz privada: na origem, a pena era revogada ou de qualquer forma substancialmente diminuída se o ofensor concluísse um acordo de paz (*concordia*) com o ofendido ou com seus familiares, isso até mesmo no caso de homicídio. Quando a pena capital fez sua entrada na legislação citadina, o papel da paz privada regrediu dos casos em que alguém fosse manchado por um homicídio, mesmo que permanecesse operante no caso de delitos menores. Alberto de Gandino exprimiu de forma muito densa o espírito da nova disciplina ao afirmar que quem se macula com um crime grave não fere apenas sua vítima e seus familiares, mas ofende a toda a comunidade[153]. Abre caminho a moderna concepção publicística do crime e da pena.

As linhas do procedimento romano-canônico que expusemos concisamente foram desenvolvidas a partir da doutrina do direito comum por meio de uma produção imponente de análise e de síntese[154]. Cada um dos pontos supramencionados, junto com muitos outros, deu lugar a conjuntos de problemas específicos: centenas de questões particulares sobre cada um dos pontos, sobre cada uma das fases do processo, sobre cada um dos meios de prova foram discutidas por centenas de autores, em um período de tempo que, desde o século XII, chega ao limiar das codificações modernas.

Mas algumas das características do processo romano-canônico foram conservadas, mesmo com transformações no tempo e com inúmeras variações junto aos diversos ordenamentos locais. O processo se rege com base em fontes múltiplas, hierarquicamente ordenadas com precedência estabelecida para as fontes legislativas locais, às quais se acrescentam com interpolações substanciais as normas do direito comum. É um processo formalizado, predominantemente escrito, fundado em regras probatórias minuciosas e precisas, com relação, por exemplo, ao número de testemunhas e às fases do procedimento. O papel das partes e dos defensores é muito relevante, tanto na iniciativa como na condução das argumentações com base nas quais o juiz (ou seu consultor) emite a sentença. Adiante, daremos alguns exemplos que permitirão compreender melhor o espírito dos procedimentos seguidos pelos juízes nesse longo período de séculos.

6. O consilium sapientis

Entre as magistraturas eletivas da era comunal madura havia também, ao lado do magistrado e de seus assessores, ao lado do capitão do povo, onde esse cargo foi instituído no decorrer do século XIII, os cônsules de justiça, herança da primeira época das comunas. Para esses cônsules exigiu-se frequentemente, na segunda época comunal, uma competência jurídica específica, com a indicação de um *curriculum* de estudos necessários, a serem cumpridos não necessariamente em uma universidade, nem necessariamente concluídos com um diploma universitário, como já vimos a respeito dos requisitos exigidos para a admissão ao Colégio dos juízes[155].

Porém, a partir da metade do século XIII, passou a ser frequente na Itália que os juízes citadinos confiassem a um ou mais juristas de profissão – desde que estivessem inscritos no

---

[153] "Omnis delinquens offendit rem publicam civitatis": Alberto de Gandino, *De maleficiis*, r. de transactione, n. 10 [Kantorowicz, 1907-1926].

[154] Para os diversos sistemas probatórios, cf. síntese in Lévy, 1995, pp. 47-114.

[155] Por exemplo, o estatuto de Perúgia, do ano de 1279, exigiu como requisito para a eleição dos seis cônsules de justiça um período de estudos de cinco anos (*Statuto del Comune di Perugia del 1279*, org. por S. Caprioli, Perugia, 1996, cap. 86, vol. I, pp. 104-7).

Colégio dos juízes da cidade – o dever de predispor um parecer legal para uma causa em discussão diante do tribunal. O parecer assim comissionado pelo tribunal (*consilium sapientis iudiciale*) era subsumido pelo juiz como sentença resolutiva do caso. Essa prática também se afirmou no direito canônico e ganhou sobrevida, não obstante as tentativas papais de limitá-la[156].

Essa prática era normal já na primeira época comunal. Mas, em seguida, tornou-se mais formal e mais explícita. Se originariamente a solicitação do parecer pôde ser motivada por um nível insuficiente de cultura jurídica por parte dos cônsules, no século XIII o recurso ao *consilium* por parte de magistrados, assessores e cônsules de justiça, seguramente especialistas em direito, teve motivações diferentes[157]. Na Toscana, encontramos com frequência *consilia* solicitados por juízes profissionais a juristas de outras cidades ou a professores, provavelmente com a finalidade de evitar ao juiz o risco de um processo de sindicância ao termo de seu mandato. Em geral, o autor do parecer limita-se a exprimi-lo concisamente, sem o suporte de argumentações textuais, mas, de todo modo, o apoia em citações de textos romanísticos ou de normas estatutárias, ou ainda de opiniões doutrinais abalizadas, como as de Azzone[158]. No século XIII, muitos estatutos citadinos já disciplinam o *consilium sapientis*, e as *Artes notariae* dão exemplo disso [Rossi, 1958].

Em algumas cidades, essa prática assume as características de uma verdadeira regra geral a partir da segunda metade do século XIII: em Milão, por exemplo [A. Padoa Schioppa, 1996]. Não existe um único processo civil que não seja confiado pelo magistrado – seja ele o prefeito, seu assessor, o capitão do povo, o cônsul de justiça – a um ou mais jurisconsultos encarregados não apenas de redigir o *consilium*, mas também de interrogar as partes, coletar as provas e avaliar as alegações, ou seja, de instruir e conduzir a seu termo todo o processo. O magistrado não fará nada além de transformar o *consilium* literalmente em sentença – *consilium* que, em Milão, é apresentado sem referências às fontes nem à doutrina –, garantindo sua execução com os instrumentos coercitivos próprios do poder público.

Se considerarmos que os jurisperitos consultores eram normalmente escolhidos no interior do Colégio citadino dos juízes e dos advogados onde tal Colégio existia, não se pode deixar de destacar a importância particular dessa evolução das justiças citadinas da segunda era comunal. As magistraturas eletivas abdicaram, a partir dali, do exercício do poder judiciário, confiando-o aos membros da corporação dos jurisperitos, que vez por outra são advogados ou consultores do magistrado e, de fato, juízes. A justiça está toda nas mãos dos juristas locais, escolhidos no colégio dos juízes e advogados. O poder do magistrado eletivo, mesmo que ele seja nominalmente juiz, está reduzido a escolher, de quando em vez, o jurisperito encarregado de redigir o *consilium sapientis iudiciale* e a garantir a execução das sentenças.

Apenas com o advento dos senhorios, a partir do século XIV, à justiça citadina assim transformada se associará e se sobreporá a justiça do senhor, exercida por meio de juízes de sua escolha, constituídos em tribunal de última instância: daqui nascerão os tribunais soberanos da era moderna.

Havia, contudo, outra forma de parecer, que remonta à era dos glosadores, mas que só se tornou usual bem mais tarde, a partir do século XIII: quem o solicitava não era o juiz e sim uma das partes em causa, que preferia acrescentar à defesa normal confiada ao próprio advogado também o parecer de um luminar do direito, cuja fama e cuja doutrina esperava pudessem induzir o tribunal a reconhecer suas razões. Naturalmente, a parte contrária – se tinha condições para tanto: os pareceres dos grandes professores custavam muito caro – apressava-se

---

[156] Uma decretal de Inocêncio III (*Liber Extra* 1. 4. 3, c. ad nostram, do ano 1199) condena o costume dos juízes eclesiásticos de confiar a decisão dos casos de sua competência a um outro sujeito, comissionando um *consilium* que, depois, era integrado à sentença. Guglielmo Durante, no final do século XIII, expressou críticas aos *consilia*, mas, no século XIV, Giovanni d'Andrea os defendeu (sobre isso, cf. Ascheri, in *Legal Consulting*, 1999, pp. 25-41).

[157] Sobre a problemática dos *consilia*, cf. os ensaios publicados in *Legal Consulting*, 1999.

[158] Cf. os *consilia* da segunda metade do século XIII e de princípios do século XIV provenientes de San Gimignano, estudados e publicados por M. Chiantini, *Il "consilium sapientis" nel processo del secolo XIII. San Gimignano 1246-1312*, Siena, 1997.

também a providenciar o parecer de um jurista famoso para restabelecer o equilíbrio. Esses *consilia* eram bem diferentes das alegações dos advogados, pelo fato de que quem os subscrevia, justamente por isso, declarava que se ele fosse o juiz seria aquela sua decisão: essa é a base dos pareceres *pro veritate*, até hoje frequentes para questões legais de interesse relevante. Desse modo, no parecer por ele redigido, o jurista comprometia, por assim dizer, a própria responsabilidade científica e jurídica de modo diferente do advogado, cujo dever era e é defender o cliente no limite de suas possibilidades, sem a obrigação moral da coerência para com as teses defendidas em um processo diferente. Esses pareceres eram também bastante diferentes dos *consilia* diretamente solicitados pelo juiz, enquanto a fundamentação no direito, que como se viu no caso destes últimos não era frequente porquanto não era necessária para a decisão, era por sua vez essencial para os pareceres fornecidos por encomenda da parte, porque a argumentação em direito do doutor autorizado servia ao comitente para convencer o juiz de suas razões.

Justamente a autoridade dos autores dos *consilia* solicitados pelos litigantes determinou sua fortuna: os maiores expoentes da doutrina do Comentário, dos quais falaremos em breve, providenciaram quase todos, eles mesmos ou seus herdeiros, a coleta e a difusão dos próprios *consilia*, mais tarde editados juntamente com as obras teóricas e práticas de seus autores. Desse modo, os *consilia* passaram a fazer parte do patrimônio da doutrina e foram utilizados e citados durante séculos[159].

7. *A justiça*

Não é fácil compreender quais resultados tiveram a revolução da nova ciência do direito e o advento dos juristas profissionais na administração concreta da justiça da Idade Média tardia. Faremos aqui uma simples menção a um tema fascinante, que mereceria análises diferentes para cada cidade e para cada reino, visto que a evolução institucional e normativa deu-se sem interrupções no tempo em cada cidade e em cada região da Europa. Por exemplo, as técnicas das argumentações e a forma das decisões judiciárias dos séculos XII e XIII são profundamente diferentes em duas cidades próximas como Pisa e Lucca [Wickham, 2000].

Quem observar as sentenças da fase inicial da nova cultura jurídica, entre o fim do século XI e o início do século XII, notará que o recurso às fontes e às técnicas de argumentação fundadas sobre essas mesmas fontes constituiu um formidável instrumento para fazer valer as razões em direito da parte que tinha a seu lado um jurista treinado em mover-se com desenvoltura entre os textos justinianos. A sentença de Marturi, do ano 1076[160], já o atesta. E o confirmam tantos outros testemunhos, tais como o processo ocorrido em Verona no ano de 1146 pelos direitos sobre o lugar de Cerea [A. Padoa Schioppa, 1980], no qual textos romanos, regras feudais e normas consuetudinárias desempenham um papel convergente por obra da douta organização de um jurista especializado em todos esses campos, o juiz e cônsul milanês Oberto de Orto.

Na primeira era comunal, os poderes do juiz surgem como realmente muito fortes. Não é por acaso que os habitantes do condado voltam-se frequentemente para os cônsules da cidade, mesmo que se tratasse de localidades distantes, para solicitar e alcançar justiça. Os cônsules são relativamente livres para decidir: sobretudo parecem ser amplamente de sua alçada as decisões sobre as provas, de cujo resultado depende a conclusão da causa. Por exemplo, no

---

[159] Podia acontecer que um jurista autor de um comentário ou de um tratado exprimisse em um *consilium* próprio uma tese diferente daquela que era sustentada em seus escritos. A doutrina do direito comum discutiu a questão [Lombardi, 1967], e houve quem defendeu que maior era a autoridade da obra de pura doutrina em relação ao *consilium* encomendado ao autor; mas outros, maliciosamente, defenderam que o *consilium*, precisamente porque encomendado e lautamente pago, podia ter empenhado mais a fundo a atenção do jurista e devia, portanto, ser considerado mais fidedigno.

[160] Manaresi, *I placiti*, n. 437, vol. III, p. 333.

que se refere à admissibilidade das testemunhas, eles têm completa liberdade, com autonomia para dispensar aqueles que não lhes parecessem confiáveis[161]; tanto quanto em decidir a qual das duas partes impor um juramento decisório, que, se prestado, determinará a conclusão da causa. Também atuam aqui elementos de continuidade com a Idade Média germânica, pois o juramento da parte é normalmente requerido pelos cônsules não apenas na ausência de provas, mas também como acréscimo a provas que, por si sós, bastariam para decretar a vitória de uma das partes em juízo.

Só muito raramente podemos avaliar as argumentações jurídicas postas como fundamento das sentenças, porque elas não se baseavam no direito; mas quando, em alguns casos excepcionais, dispomos para os séculos XII e XIII de memórias das partes, a trama das citações e das argumentações se revela em sua complexidade. Temos os primeiros exemplos já no fim do século XI, em alguns processos (Marturi, Garfagnolo, Roma) supracitados [A. Padoa Schioppa, 1980; Chiodi, 2002]. Os *consilia* de parte – dos quais um exemplo precoce é aquele do processo veronense supracitado de 1146[162] – tornaram-se muito frequentes no século XIV. E por meio deles podemos seguir a linha das argumentações em direito que o juiz aprovava ou rejeitava, determinando assim o resultado do processo. A combinação entre direitos locais e direito comum era, de qualquer forma, uma constante e era administrada com sagacidade por advogados, consultores e juízes segundo as linhas que abordaremos a propósito do sistema das fontes.

Se observarmos os perfis de justiça substancial do novo processo de direito comum, não é descabido afirmar que os juízes da era comunal exerciam, mesmo que fosse mediante os poderes discricionários dos quais falamos, uma função decisória eficaz. Eficaz quanto ao tempo, porque os documentos mostram como as causas citadinas eram geralmente decididas no espaço de semanas ou de meses (diferentes, porém, eram os prazos do processo canônico, caracterizados por contínuos apelos à Cúria Romana e à justiça pontifícia, com recursos também contra as decisões interlocutórias. Eficaz quanto ao mérito, porque os cônsules frequentemente vão operar com critérios mais próximos da justiça arbitral do que da jurisdição ordinária: isso acontece, por exemplo, quando estão em discussão direitos de uso sobre pastos e bosques, onde os interesses contrapostos das partes em causa são, não raro, conciliados pelos juízes com soluções equitativas acauteladas[163].

A jurisprudência dos cônsules e do magistrado não era fonte de direito: isso é atestado pelo fato de que as decisões das magistraturas citadinas não circulavam, não foram organizadas coletâneas delas nas cidades. Todavia, determinado peso certamente essas decisões tiveram: baste mencionar uma passagem das *Consuetudini* milanesas, do ano de 1216, na qual se afirma significativamente que determinada questão permanece incerta, uma vez que "ainda não foi judicialmente solucionada"[164].

Nos reinos, a justiça do rei e de seus funcionários era feita de modo muito diferente das justiças citadinas. A justiça do rei cobria tanto o território (por meio dos juízes-funcionários:

---

[161] "De hoc [actores] protulerunt testes, cui non est data fides": assim os cônsules milaneses, em 1150 (*Atti del Comune di Milano fino all'anno MCCXVI*, org. de C. Manaresi. Milão, 1919, n. 19, p. 30).

[162] Dois interessantes *consilia* de juristas, respectivamente, milaneses e brescianos, estão em Ughelli, *Italia sacra*, vol. V, col. 788 [para os quais cf. A. Padoa Schioppa, 1980].

[163] Um exemplo significativo refere-se à solicitação dos *vizinhos* da pequena comunidade rural de Velate nas cercanias de Varese, os quais, no ano de 1162, demandavam aos cônsules do Seprio autorização para subdividir entre si o território de um bosque do qual tinham se tornado proprietários em condomínio depois de um acordo feito com os senhores do lugar; a igreja de Velate se opunha à pretensão dos vizinhos, temendo que a divisão do bosque comportaria a derrubada das plantas, o cultivo da terra e, com isso, o risco de perder os direitos de coleta da lenha, que tradicionalmente pertenciam também à igreja. Os cônsules reconheceram as razões da Igreja e impuseram aos vizinhos que não procedessem à divisão do bosque, autorizando-os, contudo, a dividir entre si os direitos de uso (*Le Carte della Chiesa di Santa Maria del Monte di Velate*. I: 922-1170, org. de P. Merati, Varese, 2005, n. 145, p. 250; os cônsules de Milão já tinham decidido analogamente em uma causa de 1153, ibid., n. 137, p. 237).

[164] "[...] licet quaestio ista nondum in contradictorio iudicio sit sopita" (*Liber Consuetudinum*, Mediolani, 22. 17, ed. Besta-Barni. Milão, 1949, p. 118).

bailios, justiceiros, senescalcos e assim por diante) como a sede central, onde, a partir dos séculos XII e XIII, foram instituídos tribunais superiores de última instância – na Sicília, na Inglaterra, na França, em Castela e em tantos outros lugares – que, ao mesmo tempo, promoviam a função regulatória da monarquia, controlavam as jurisdições inferiores e estabeleciam regras e procedimentos inovadores, destinados a se afirmarem no interior do reino.

Se, por exemplo, observarmos a atividade judiciária do Parlamento de Paris em sua fase inicial, tal qual emerge dos preciosos registros do século XIII (os chamados *Olim*), notaremos como era frequente que os recursos de particulares ou de entidades religiosas contra um ato ou um comportamento de um oficial fossem acolhidos pelo Tribunal central do rei[165]; e como a justiça central do rei podia se impor aos senhores locais, julgando em favor de seus colonos e ordenando ao oficial do rei (o bailio, ou *bailli*, presente no local) que executasse a sentença do Tribunal[166].

É preciso levar em consideração que, especialmente na fase inicial do século XIII, o rei teve meios de intervir também pessoalmente na decisão de causas judiciais, desempenhando diretamente o papel de juiz que era coessencial à própria ideia de realeza no mundo medieval.

Justamente nos anos em que se iniciou o novo procedimento "por investigação" promovido pela monarquia francesa, uma circunstância processual evocada pela historiografia mostra ao vivo que contrastes foi capaz de suscitar no reino o exercício da justiça do rei e qual era o alcance da mudança. Um texto literário em versos de 1260 transmitiu a notícia do processo movido contra Enguerrand, senhor de Coucy nas cercanias de Laon, o qual, em um momento de ira, mandara enforcar três jovens do lugar, réus de terem caçado marrecos em suas terras. Os parentes e um abade dos arredores recorreram ao rei pedindo justiça. Enguerrand requereu então com insistência, apoiado pelos outros senhores da região, para ser julgado por seus pares, com base no duelo judiciário, segundo as regras do direito feudal. A essa altura, Luís IX em pessoa estabeleceu que, diferentemente do costume, a causa seria decidida diretamente pelo rei, abandonando o procedimento tradicional, exageradamente favorável ao senhor; e condenou Enguerrand, como resultado da investigação realizada para esse fim, a pagar uma multa pecuniária severa[167].

No século XIV, a jurisdição do Parlamento de Paris já está bem consolidada. Um exame de suas sentenças permite destacar que a evocação do direito romano está ausente delas (mesmo que seguramente alguns de seus juízes tenham sido formados no direito comum), ao passo que existem referências explícitas às ordenanças régias, no que diz respeito, por exemplo, à oscilação do valor da moeda[168]. Os poderes de exame do juiz eram reforçados pelo recurso ao procedimento de "investigação" (*enquête*), mas o prazo da justiça podia também ser muito lento, como no caso de um litígio em matéria dotal, concluído decorridos cerca de 67 anos depois da celebração do matrimônio[169].

---

[165] *Les Olim ou Régistre des arrêts rendus par la Cour du roi (1254-1318)*, org. por Beugnot, Paris, 1839-1848, 4 vols.: cf., por exemplo, como em 1264 um *bailli* foi obrigado pelo Tribunal a respeitar a isenção da mão morta concedida como privilégio do rei ao marido de uma mulher "burguesa" (*burgensis*), isenção que o bailio negava porque a mulher estava ausente da mansão fazia um ano e um dia (vol. I, p. 599).

[166] Assim, por exemplo, um senhor (Mauricius de Bella Villa) é condenado pelo Parlamento parisiense, em 1270, a restituir aos seus funcionários a soma de 1.500 liras que outro senhor, o *dominus* de Castro Briencii, fora condenado a pagar em ressarcimento de danos provocados aos homens da Villa, mas a soma permanecera com Mauricius (*Les Olim*, vol. I, p. 856).

[167] O episódio foi reconstruído por E. Faral, *Le procès d'Enguerrand IV de Coucy*, in RHDFE IV/26 (1948), pp. 213-58.

[168] Timbal I 1973, p. 357.

[169] A causa está editada in Timbal I 1973, pp. 491-6.

12. Os comentadores

1. *Os pós-acursianos*

Na primeira metade do século XIII, enquanto Acúrsio tecia sua grande tela, outros juristas seguiam caminhos diferentes. Devemos recordar especialmente Jacopo Baldovini [Sarti, 1990], autor de exegeses argutas e de teorias importantes, como a que distingue as normas "ordenatórias" das normas "decisórias", separando claramente, pela primeira vez, o plano da disciplina processual do plano do direito substancial, com consequências de grande relevância prática e teórica. Suas teses foram parcialmente transmitidas pelo discípulo Odofredo, que também foi professor em Bolonha por volta da metade do século e que, por sua vez, foi o autor de Leituras nas quais os primórdios da universidade e outros acontecimentos históricos da Escola dos glosadores são vivamente narrados aos estudantes daquele tempo. Mas com Acúrsio já estava esgotada, depois de cinco gerações de estudiosos, a função histórica da Glosa, que encontrara seu ponto de chegada no aparato completo do mestre bolonhês. É indicativo o fato de que também juristas de inegável importância, como Guido de Suzzara e Dino del Mugello, tenham expressado suas teorias, frequentemente originais, na forma de "acréscimos" à Glosa acursiana. Entretanto, o método de estudo introduzido pelos glosadores – a preparação jurídica superior orientada para o estudo exclusivo dos textos do *Corpus iuris* segundo o método que descrevemos – ia se expandindo na Itália e na Europa, por meio da fundação de novos Centros de Estudos Gerais: depois do caso de Modena, ocorrido em 1175, nasciam novas universidades em Pádua, em 1222, em Nápoles, em 1224 (essa foi a primeira universidade criada pelo Estado, por iniciativa de Frederico II, rei da Sicília e imperador), e pouco mais tarde também em diversas outras cidades, e não apenas italianas. No século XIV, surgem as universidades de Coimbra, de Heidelberg, de Praga, de Pavia e de numerosos outros centros universitários de estudo do direito, que se tornarão célebres nos séculos posteriores. É preciso esclarecer que, em muitos lugares, o início do estudo superior do direito segundo o novo método bolonhês precedeu o reconhecimento formal da escola como Centro de Estudo Geral: isso exigia a intervenção direta de uma das duas autoridades supremas, o imperador ou o pontífice romano. Em Montpellier, em Pisa, em Orléans, em Siena e em muitas outras cidades o reconhecimento só foi alcançado mais de um século depois do efetivo início dos cursos.

No século XIII, afirmou-se, paralelamente ao ensino teórico conferido nas universidades, uma tipologia de obras diretamente voltadas para os práticos do direito. Prosseguiu e se intensificou a redação de obras de processualística civil e canônica, na rica vertente das *ordines iudiciorum*. De grande difusão e autoridade foi o *Speculum judiciale*, do jurista pontifício, posteriormente bispo de Mende, Guillaume Durand; uma obra que sintetiza e incorpora numerosas exposições de juristas anteriores e que foi durante bom tempo utilizada não apenas na disciplina processual[170].

Há ainda os formulários notariais, dos quais já falamos. As questões, de forma alguma simples, ligadas à aplicação das normas dos estatutos citadinos, também encontraram espaço

---

[170] Sobre ele, cf. *Guillaume Durand*, 1992.

na doutrina do século XIII: entre outros, Giuliano da Sesso [Sorrenti, 1999], Alberto Galeotti e Alberto da Gandino compuseram coletâneas de *Quaestiones statutorum*. Alberto da Gandino, um jurista que atuou ativamente como magistrado e como juiz penal em muitas cidades italianas, escreveu ao final do século XIII um tratado *de maleficiis* [Kantorowicz, 1907-26] que oferece um panorama completo do direito penal da época nas cidades italianas: um direito muito distante, tanto no sistema das penas como na processualística, da normativa romanística do *Corpus iuris*.

2. A escola de Orléans

Entre os centros de estudo da segunda metade do século XIII, teve um papel especial a pequena universidade de Orléans. Depois que o papa, a pedido do rei da França, proibira em 1219 o ensino do direito romano em Paris – o rei queria, assim, evitar qualquer risco de subordinação ao Império, do qual o *Corpus iuris* era considerado a expressão normativa –, nasceu em Orléans uma escola de direito romano a serviço dos clérigos: a formação jurídica (que incluía o estudo dos textos de direito romano) ia conhecendo, de fato, um sucesso sempre maior também no caso dos clérigos, muitos dos quais ascendiam posteriormente a graus superiores na hierarquia eclesiástica, enquanto outros entravam para o serviço da monarquia. Em Orléans – também por influência de mestres italianos de proveniência bolonhesa, mas de orientação não acursiana, como Guido de Cumis, aluno de Baldovini –, alguns mestres enfrentaram o estudo dos textos romanos com um método novo. O maior entre eles, Jacques de Révigny, mostra em suas lições (sobretudo uma Leitura do Código[171], além de Leituras ao Digesto antigo e ao Digesto novo, mas também um *Dictionarium iuris*), uma grande independência de pensamento em relação à Glosa de Acúrsio[172] e uma perspicácia particular na interpretação das fontes. O mesmo se pode dizer de Pierre de Belleperche, que ensinou nos últimos vinte anos do século e também é autor de uma importante *Leitura* do Código, ainda inédita, e de outros escritos de comentário ao Digesto e às Instituições [Bezemer, 2005]: um jurista de absoluto destaque, que alcançou na Itália um sucesso especial por meio da ampla recepção de suas teorias promovida por Cino de Pistoia e outros Comentadores.

Por um lado, impressiona a profundidade e a sistematicidade da análise textual: os orleanenses, começando por Révigny, comentam a fundo cada passagem, com análises exegéticas mais exaustivas do que as dos glosadores. Frequentemente, as exegeses já tradicionais são expostas como erradas e, portanto, retificadas sem hesitação. Célebre é o episódio ocorrido em Orléans, quando, diante do filho de Acúrsio, Francesco, convidado a fazer uma prestigiosa *repetitio*, Révigny, que à época era um simples bacharel, ousou contestar a interpretação do mestre bolonhês, demonstrando com as armas da dialética como uma passagem do Código devia ser entendida de modo diferente do modo aprovado pela Glosa acursiana[173]. Aqui se percebe uma das características distintivas do método do comentário de origem orleanense, que desenvolve um canal já aberto pelos glosadores: investiga-se sistematicamente a *ratio* da norma, o princípio que está em sua base, mesmo que não esteja literalmente expresso no texto, de modo que viabilize sua correta aplicação mesmo a casos não explicitados, mas idênticos aos casos contemplados pela norma. Também na difícil matéria dos pactos e dos contratos inominados manifesta-se nos orleanenses uma análoga atitude crítica em relação às doutrinas

---

[171] Publicada em Paris em 1519 (*Lectura super Codice*) foi erradamente atribuída a Pierre de Belleperche.

[172] Os mestres de Orléans não poupam a Glosa de críticas acerbas e até mesmo derrisórias: "credo quod huic glossae diabolus revelavit id quod dicit", exclama, por exemplo, Belleperche acerca de um ponto específico [Meijers, 1959, III, p. 113].

[173] Tratava-se da constituição justiniana do ano 531 (Cod. 7. 47. 1) na qual o imperador impôs o ressarcimento em dobro do dano causado pela inadimplência de contratos de quantidade certa como a venda e a locação, e impôs o arbítrio do juiz para o dano relativo aos outros contratos. Sobre a argumentação dialética de Révigny, Errera, 2006 (no prelo).

dos glosadores, com a capacidade de reconduzir diretamente à fonte normativa antiga a solução dos problemas teóricos sobre a diversa estrutura jurídica dos contratos formais ("vestidos") e dos pactos "nus" [Volante, 2001, p. 368].

Por outro lado, a atenção do comentador está concentrada em prospectar para os alunos casos e situações da realidade da época, suscetíveis de receber uma formulação jurídica adequada à luz do texto comentado. Na *repetitio* sobre o costume, um dos textos mais importantes pelo destaque do tema e pela profundidade da exposição[174], Révigny raciocina a partir da hipótese de que haja um caso não regulado nem pela lei nem pelo costume, mas que encontre analogias tanto numa quanto em outro: qual deles deve, então, prevalecer? A lei romana não se pronuncia sobre isso[175]. Révigny considera que a preferência deve ser dada àquela dentre as duas fontes que apresenta uma maior semelhança de disciplina com o caso em questão[176].

Essa tendência a enfrentar temas cruciais para a prática do direito não está em contradição com uma atitude – que se verifica, por exemplo, em matéria de testamento – aparentemente desconhecedora da praxe e de todo voltada para a exegese: porque a profundidade analítica e a atenção aos casos concretos e ao mundo dos costumes (bastante explicável em uma região de direito consuetudinário, como a região orleanense) são exatamente dois aspectos complementares de uma orientação que pressupõe a adequação dos textos romanos para resolver toda controvérsia legal que se apresente. Até mesmo as questões de direito feudal – por outro lado fundamentadas à luz das fontes romanísticas já por glosadores bolonheses, como João Bassiano – são discutidas à luz do quarto livro *de actionibus* das Instituições[177]. Em Révigny, também é digna de nota a independência de juízo em relação à monarquia francesa, com a qual, entre outras coisas, o jurista não compartilha a distância que ela mantém da autoridade imperial[178]: não por acaso Révigny – homem de Igreja e, mais tarde, bispo de Verdun – nunca assumiu missões a serviço do rei de França, diferentemente de muitos de seus colegas orleanenses, dentre os quais o próprio Belleperche.

No caso da França, é preciso também mencionar a escola de Toulouse, onde na segunda década do século XIV ensinou, entre outros, Guillaume de Cunh. Autor de uma Leitura do Código (editada em 1513) e de comentários ao Digesto, ainda manuscritos, Guillaume de Cunh gozou, na França e na Itália, de grande autoridade junto aos maiores expoentes do Comentário, os quais utilizarão amplamente suas teses [Meijers, 1959, III, p. 189].

3. *De Cino a Bartolo de Sassoferrato*

A abordagem independente e crítica dos orleanenses teve na Itália um continuador de destaque, o jurista e poeta do "dolce stil novo", Cino de Pistoia, discípulo de Dino del Mugello, amigo de Dante Alighieri e, como ele, defensor do poder imperial na árdua divisão entre guelfos e gibelinos no início do século XIV. A grande *Lectura Codicis* de Cino, autorizada em

---

[174] Esse texto foi estudado profundamente, no contexto das outras passagens de Révigny e dos doutores orleanenses sobre o costume, por Waelkens, 1984.

[175] De fato, Dig. 1. 3. 32 (a célebre passagem de Sálvio Juliano) limita-se a afirmar que, em caso de lacuna da lei, deve-se recorrer ao costume.

[176] Révigny dá outro exemplo disso, deduzido com variações [como mostrou Waelkens, 1984, p. 186] da exposição de seu mestre, Jean de Monchy: se um terreno dado em enfiteuse aumenta em consequência de um aluvião, a quem pertence a extensão? O costume feudal o atribui ao senhor e não ao feudatário vassalo, enquanto o direito romano o atribui ao usufrutuário e não ao proprietário (Dig. 7. 1. 9. 4): Révigny argumenta que a primeira solução deve prevalecer porque os dois, o feudatário e o enfiteuta, são assimiláveis dado que têm o domínio útil, ao passo que o usufrutuário não o tem. E contradiz a opinião de seu mestre com força argumentativa incomum (Révigny, *Repetitio* a Dig. 1. 3. 32 *de quibus*, ed. Waelkens, 1984, pp. 476 s.).

[177] Cortese 1992, p. 82.

[178] Cf. a passagem assinalada por Meijers, que é bastante clara a esse respeito: "quidam dicunt quod Francia exempta est ab imperio; hoc est impossibile de iure […]; si hoc non recognoscit rex Francie, de hoc non curo" (Révigny, *Lectura Digesti veteris*, proêmio, ed. in Meijers III, 1959, p. 9).

1314, marca a introdução na Itália do método orleanense, que receberá o nome de Escola do Comentário. Enquanto muitos juristas italianos da época atribuíam à Glosa ordinária uma autoridade indiscutível, pouco menos que legislativa[179], a Leitura de Cino já era independente da tradição acursiana, da qual, em muitas ocasiões, ele não hesitou em se distinguir; assim como declarava a própria autonomia de juízo em relação a qualquer opinião – mesmo que compartilhada por mil doutores: "etiam si mille hoc dixissent"[180] – caso não estivesse convicto da validade de uma tese.

A Leitura de Cino era concebida com critérios de coerente sistematicidade no comentário do texto romano. De início, o autor enunciava o propósito de submeter toda passagem do Código às seguintes operações: a leitura (*lectio*), a exegese textual (*expositio*), a formulação de exemplos (*casus*), a indicação dos pontos relevantes (*notabilia*), a discussão das possíveis contradições entre passagens paralelas (*oppositiones*) e, por fim, a proposição e a solução de questões (*quaestiones*). Deve-se notar que nenhuma dessas operações era, em si, nova, porque todas eram praticadas, como vimos, desde os tempos da Glosa; o que mudava era, de um lado, a sistematicidade da abordagem do texto e, de outro, o vínculo relativo entre as supramencionadas fases da obra do intérprete: um olhar para a obra de Cino mostra claramente quanto foi limitado o espaço dedicado às primeiras cinco operações e quanto, por outro lado, a sexta operação fora dilatada. Grande é de fato a riqueza de questões teóricas, de casos extraídos da praxe, de temas de discussão extraídos da normativa dos estatutos citadinos e propostos pela cátedra aos discípulos.

Foi discípulo de Cino aquele que é considerado, segundo a opinião comum, o maior jurista da Escola dos comentadores, Bartolo de Sassoferrato. Nascido em 1313, ingressou com apenas 14 anos na Universidade de Perúgia e depois recebeu o título de doutor em Bolonha. Bartolo assumiu, ainda muito jovem, alguns cargos públicos (foi, entre outras coisas, juiz em Todi), mas logo foi convocado para o ensino universitário, primeiro em Pisa e depois em Perúgia, onde consumiu sua breve existência – morreu em 1357, com apenas 43 anos de idade – em uma atividade didática e científica de grande intensidade. Educado pelo frade franciscano Pedro de Assis, dotado de intenso sentimento religioso, frugal e quase ascético nos costumes – chegava a pesar o alimento para ter a certeza de que conservaria a mente disposta para o trabalho intelectual[181] –, Bartolo é um homem da Idade Média na acepção mais plena do termo.

Sua obra subsistente é imponente: cobre cerca de dez volumes *in folio* – que correspondem a cerca de cento e vinte volumes em formato moderno – nas numerosas edições dos séculos XV e XVI de seus escritos. Seis volumes são dedicados ao comentário das três partes do Digesto (dois ao *Vetus*, dois ao *Infortiatum*, dois ao *Novum*), dois ao Código, um ao *Volumen* e, por fim, um à coletânea de seus *Consilia* (mais de cem), das *Quaestiones* e dos Tratados.

Bastam alguns poucos exemplos para mostrar as características do intelecto do grande comentador, que se formou em contato com a personalidade e com a obra de Cino da Pistoia[182], mas depois prosseguiu sua trajetória intelectual por contra própria. Dotes analíticos, capacidade sistemática e construtiva, senso de justiça, concretude de visão jurídica também para fenômenos históricos de particular atualidade na Itália do século XIV: são esses alguns dos principais dotes do pensamento de Bartolo.

Vejamos como ele enfrenta, em uma *repetitio* célebre, escrita em 1343[183], a temática crucial dos estatutos citadinos. Antes de tudo, a matéria está dividida em sete capítulos (quem

---

[179] "Ubicumque ergo Glosa firmat pedes, serva eam", exortava Jacopo Butrigario no século XIV, acrescentando, porém, "nisi usus sit contrarius [...] (Jacopo Butrigario, *Lectura super Codice*, Paris, 1516, reed. Bolonha, 1973, a Cod. 3. 4. 1, *qui pro sua iurisdictione*, l. *in causarum*).

[180] Cino, *Lectura super Codice*, a Cod. 4. 14. 5, *unde legitimi*, l. *certum*.

[181] Savigny, 1856, II, p. 638.

[182] Baldo, o grande discípulo de Bartolo, afirma: "dicebat mihi Bartolus quod illud quod suum fabricabat ingenium erat Lectura Cyni" (Baldo, *Lectura de feudis*, tit. *Si de feudo fueri controversia*, § *vasallus*, n. 1; Cortese, 1995, II, p. 425).

[183] Bartolo, *Commentaria in primam Digesti veteris partem*, a Dig. 1. 1. 9, *de iustitia et iure*, l. *omnes populi*, Lugduni, 1590, fol. 9r-14v.

está habilitado a deliberar, em quais formas, sobre quais matérias, em referência a quais sujeitos, em que termos temporais e, finalmente, dentro de quais limites o estatuto pode ser interpretado e deduzido em juízo). Quanto ao primeiro ponto ("quis possit facere statuta"), Bartolo formula seu raciocínio fundando-se na distinção entre três categorias de comunidades locais: as comunidades dotadas de plena jurisdição civil e penal, as comunidades com jurisdição limitada (por exemplo, apenas para as causas civis, ou apenas para as causas penais de menor importância) e, por fim, as comunidades destituídas de poderes jurisdicionais. Bartolo faz corresponder a cada uma dessas categorias um nível particular de capacidade legislativa, isto é, de exercer o poder estatutário: a capacidade deve ser considerada plena e sem necessidade de autorização superior para a primeira categoria de comunidades locais, limitada aos setores que correspondem à autonomia jurisdicional para a segunda e, finalmente, possível para a terceira apenas com a autorização do superior: ou seja, da cidade dominante ou do senhor[184].

Nessa formulação, há diversos pontos a serem enfatizados. Primeiramente, o conceito de "povo" (que o fragmento romano de Gaio colocava como base da própria noção de "direito civil", contraposto ao "direito das gentes"[185]) é atribuído por Bartolo a toda e qualquer coletividade citadina, rural e até mesmo profissional, com consequências muito relevantes em matéria de autonomias locais e corporativas; em segundo lugar, ele vai do certo para o incerto, esclarecendo os limites do poder legislativo em analogia com aqueles, mais facilmente verificáveis, do poder jurisdicional; em terceiro lugar, emerge desse conjunto uma ampla concepção das autonomias citadinas e rurais, uma vez que até mesmo os bairros citadinos e as comunas do condado destituídos de jurisdição são considerados aptos a deliberar sobre as questões relativas aos bens comuns e à esfera das respectivas competências. Quanto às cidades que, por concessão ou por prescrição aquisitiva, exercem jurisdição plena, seu poder legislativo é admitido de modo quase total: de fato ela se apresenta – note-se, assim como o poder legislativo de toda autoridade imperial, inclusive do rei ou do próprio imperador – limitada apenas pelo direito divino e só se a eventual norma em contradição com um preceito bíblico puder induzir ao pecado.

É à luz dessas distinções que Bartolo resolve uma série de questões concretas, relativas a estatutos cuja validade ou alcance estavam em discussão. Por outro lado, tal concepção das autonomias é coerente com a fundamentação hierárquica das autoridades públicas, típica do pensamento jurídico não só de Bartolo: com efeito, ele reconhece, acima dos reinos e das cidades, o primado jurídico do poder imperial, que oferece (ao menos em teoria, porque a realidade de seu tempo já contradizia isso) a única garantia de tutela do valor supremo da paz. Reinos e cidades não são, para Bartolo, órgãos "soberanos" no sentido moderno do termo, mas órgãos autônomos originários, organicamente situados na escala das associações entre os homens (as "universitates").

Não menos célebre, citada e repetida durante séculos, é a teoria bartoliana sobre o conflito entre leis, que está na base de algumas das doutrinas modernas do direito internacional privado. Baste, por ora, enfatizar que o grande jurista de Sassoferrato conseguiu formular um conjunto de princípios que, combinados entre si, permitiam ordenar harmonicamente uma matéria situada entre as mais complexas e controversas na época das comunas, quando a presença de tantas leis estatutárias provocava constantes problemas nas relações entre as cidades [Storti Storchi, 1989; 1991]. Quais normas estatutárias deveriam ser aplicadas aos estrangeiros presentes no território da comuna? E quais normas do estatuto também incidiam sobre os cidadãos (ou em relação aos bens?) que se encontrassem fora do território de sua cidade? A esse propósito, Bartolo distingue entre contratos, testamentos, delitos; entre estatutos permissores e proibitórios; entre normas processuais (para as quais vale a lei do lugar do processo, a *lex fori*) e normas substanciais; por fim, entre os estatutos voltados para as pessoas (estatutos

---

[184] Bartolo, a Dig. 1. 1. 9, l. *omnes populi*, n. 3-10.
[185] *Dig.* 1. 1. 9.

pessoais: aos quais se aplica, mesmo fora do território, a normativa da cidade a que o indivíduo pertence) e estatutos incidentes sobre os bens (estatutos reais: para os quais se segue a lei do lugar onde o bem está situado)[186]. E para cada uma dessas categorias identificou uma solução idônea para o conflito entre estatutos de diversas cidades, assim como entre estatutos e direito comum.

Deve-se observar que, se as categorias e distinções particulares frequentemente remontavam a autores precedentes, era nova a sistematização global da matéria, assim como eram novas algumas das teses enunciadas pelo jurista sobre pontos específicos de direito ("mihi autem videtur..."). Original era, por exemplo, o critério de considerar – com a finalidade de alcançar as normas legais – a "vontade da lei" deduzida da enunciação exata e textual do estatuto, ou seja, sua referência, vez por vez, à pessoa ou, ao contrário, à coisa: um critério interpretativo particularmente útil, a que Bartolo também recorreu em várias outras ocasiões.

A mesma perspicácia de pensamento pode ser percebida a propósito de temas, por assim dizer, clássicos, provenientes de questões relacionadas às fontes justinianas ilustradas na atividade didática, e a propósito de problemas tradicionais ou de particular atualidade, analisados nos tratados.

Quanto ao primeiro aspecto, limitamo-nos a citar um único exemplo, entre os tantos possíveis. É de Bartolo a teoria, posteriormente repetida durante séculos, que distingue duas formas de variação do valor do dinheiro, conforme a mudança do peso do metal (variação intrínseca) ou a mudança no seu valor em decorrência das oscilações do mercado financeiro (variação extrínseca): a primeira variação impõe ao devedor pagar segundo o valor do tempo da obrigação, a segunda permite-lhe pagar segundo o valor do tempo do pagamento[187].

Quanto ao segundo aspecto, diversos tratados bartolianos estudam com argúcia e capacidade de síntese temas tradicionais no mundo dos juristas: por exemplo, o tema das águas e dos rios (*de fluminibus*) e o tema sempre relevante da prova testemunhal [Lepsius, 2003]. Outros referem-se a questões novas e atuais: é conhecida a classificação bartoliana das diversas tipologias de poder senhorial ou tirânico (manifesto ou velado, "ex defectu tituli", "ex parte exercitii"): uma classificação formulada nos anos em que o senhorio já ia se afirmando na Itália, sobre as cinzas das autonomias comunais, que, em alguns casos, foram sem dúvida abatidas atribuindo plenos poderes ao senhor, enquanto em outros foram aparentemente mantidas, mesmo que, de fato, as decisões das magistraturas citadinas já fossem realizadas pelo senhor. "Hodie Italia est tota plena tyrannis", observava desconsolado o grande jurista na conclusão de seu tratado[188]. Igualmente célebre é a exposição rigorosamente jurídica do grave e, à época, frequente fenômeno das represálias[189] – um instituto que permitia ao credor de um forasteiro obter do próprio juiz o sequestro dos bens de um concidadão do devedor, a título de compensação pelo não cumprimento da obrigação – lucidamente reconduzido por Bartolo à sua causa fundamental, a ausência de um poder superior ao da cidade, capaz de se impor eficazmente em relação aos "forasteiros", quando as autonomias citadinas podiam levar a situações de verdadeira anarquia.

Podem ser percebidas nesses exemplos algumas características próprias do pensamento da Escola do Comentário, tal qual se manifesta justamente nos escritos de seu expoente máximo. As doutrinas mais influentes e duradouras já não são – como tinham sido para os glosadores – o resultado de um esforço interpretativo das fontes antigas em suas "aparentes" contradições, mas fruto de uma construção conceitual livre e autônoma do jurista, às voltas

---

[186] Bartolo, *Commentaria in primam Codicis partem*, a Cod. 1. 1. 1, *de summa Trinitate et fide catholica*, l. *cunctos populos*, n. 14-38, Ludguni, 1600.
[187] Bartolo, *Commentaria in secundam Digesti novi partem*, a Dig. 46. 3. 99, *de solutionibus*, l. *Paulus*, n. 1-3, Lugduni, 1595, fol. 92 r.
[188] Bartolo, *De regimine civitatis*, in Quaglioni, 1983, p. 170.
[189] Bartolo, *De represaliis*, in *Tractatus, quaestiones, consilia*, Venetiis, 1600, vol. X das *Opere*.

com questões derivadas dos mil casos da vida cotidiana de seu tempo. O método que consiste em distinguir e em subdistinguir permite dividir em subcategorias uma matéria complexa, inserindo as várias questões geradas pela prática nas malhas de uma sistematização orgânica. E, no caso dos epígonos, isso levará a multiplicar inutilmente as distinções – conforme uma arquitetura conceitual que, às vezes, parece imitar a selva intrincada dos pináculos sobrepostos, típica das catedrais góticas da época –, em Bartolo as distinções nunca são o resultado de escolhas nominais ou arbitrárias, mas a resposta refletida do jurista às exigências de justiça e de certeza a que deve responder a solução de todo problema jurídico, seja ele teórico ou prático.

O grande sucesso da obra de Bartolo deve ser atribuído à profundidade e à clareza, da qual já falamos, no período de mais de dois séculos, em todas as partes da Europa onde o direito comum se afirmou. São inumeráveis os autores que se inspiraram no grande jurista de Sassoferrato, mesmo que com resultados frequentemente muito inferiores à qualidade do modelo. Sua autoridade foi tão grande que, em certos casos, chegou até a ser afirmada em via legislativa – foi o que aconteceu em Portugal [Almeida Costa, 2005] – a obrigação de se ater à opinião de Bartolo em caso de discordância entre diversos juristas: como na era pós-clássica, a "Lei das citações" dispusera em relação a Papiniano. E o bartolismo passou a ser na Europa – como veremos – o método dos epígonos da escola do Comentário, em contraposição ao método de outras correntes de pensamento jurídico.

4. *Baldo e os comentadores entre os séculos XIV e XV*

Em Perúgia, Bartolo teve como aluno um estudante originário dessa mesma cidade, Baldo degli Ubaldi (1327-1400). Quando, por sua vez, foi nomeado mestre, Baldo lecionou em diversas universidades – entre as quais Perúgia, Pisa, Florença, Pádua, Pavia – e se tornou, no decorrer dos anos, o mais célebre (e o mais bem remunerado) professor de direito civil da Itália no final do século XIV. Sua longa existência se encerra com uma década de ensino em Pavia, onde os Visconti haviam fundado recentemente um Centro de Estudo Geral junto ao qual a presença de Baldo era tida como essencial para fazer a faculdade jurídica de Ticino conquistar o prestígio das universidades de reputação consolidada.

O temperamento científico de Baldo é muito diferente do de seu grande mestre. É característico do jurista perusino o recurso a uma terminologia filosófica de origem aristotélico-escolástica: por exemplo, o uso frequente das categorias "causa eficiente" e "causa final" a propósito dos contratos. Também a categoria um tanto problemática da equidade ("aequitas") é amplamente utilizada por ele [Horn, 1968]. Além disso, Baldo ilustrou da cátedra, em sua longa atividade de ensino, não apenas o *Corpus iuris* (que comentou quase integralmente), mas também o direito canônico e o direito feudal: de fato, ele compôs um comentário aos três primeiros livros das Decretais de Gregório IX, assim como um comentário aos *Libri Feudorum*, publicado em Pavia em 1393. Baldo foi ainda o primeiro jurista de renome a dedicar especial atenção às relações e aos institutos jurídicos do direito comercial, que estava se formando justamente naquela época pela via consuetudinária na Itália das comunas, fora dos formatos do direito romano, e que o jurista perusino conhecia por ter sido, entre tantas coisas, advogado da poderosa corporação dos mercadores de Perúgia[190].

Frequentemente transparece, das teorias e das opiniões do jurista perusino, a diversidade da realidade da Itália da segunda metade do século XIV, já caracterizada pela consolidação do regime senhorial. Quando, por exemplo, Baldo enfrenta o problema das autonomias citadi-

---

[190] Baldo, *Commentaria in quartum et quintum Codicis libros*, a Cod. 4. 18 *de constituta pecunia*, in rubr., fol. 39va, Lugduni, 1585. O comentário começa com a declaração: "quia advocatus sum artis mercantiae, ideo ponam hic super rubricam quandam summulam quae proprie respicit facta mercatorum".

nas, sua abordagem – mesmo animada por alguns acentos singularmente modernos[191] – torna-se muito mais redutora de tais autonomias[192] em comparação com as teses (em outros pontos divergentes entre si) defendidas por Ranieri de Forlì e por Bartolo de Sassoferrato algumas décadas antes [Storti Storchi, 1991]. Assim como é perceptível, em sua tardia Leitura dos *Libri Feudorum* composta em Pavia, o reflexo do domínio dos Visconti, então em sua fase de potência máxima e que se valia amplamente do instrumento feudal [Chittolini, 1979].

Baldo também foi um autor muito fecundo de *consilia*. Sua fama de professor, de fato, lhe rendeu inúmeras solicitações de pareceres legais por parte de cidadãos privados e até mesmo de autoridades públicas. Ele não desprezava as vantagens financeiras que sua imensa fama de jurista lhe permitia desfrutar: ao se preparar para explicar aos estudantes a matéria das substituições hereditárias, ele teria afirmado que os *consilia* que já dera nessa matéria já lhe tinham trazido um ganho de mais de 15 mil ducados[193]. Portanto, não é de surpreender que o jurista perusino sempre tenha dado resposta imediata a essas solicitações, redigindo no decorrer dos anos de sua longa existência milhares de *consilia*. Só os que foram editados são mais de 2.500 – aos quais se somam muitas centenas de conselhos ainda inéditos [V. Colli, 1998] – que abrangem todos os campos do direito, a começar pelo direito civil (numerosos pareceres sobre os temas do dote, sucessão, contratos), chegando ao direito penal, à processualística, ao direito público.

Trata-se de um imponente conjunto de pareceres legais, rico em pontos doutrinais frequentemente inovadores. Eles constituem uma mina ainda quase inexplorada para o conhecimento de tantos aspectos do direito e da sociedade da segunda metade do século XIV italiano. Às vezes, transparece, para além do refinado raciocínio técnico para chegar ao qual o parecer fora encomendado ao mais autorizado jurista daquele tempo, a fundamentação doutrinal, mas também a sensibilidade do professor: por exemplo, quando – ao final de uma douta argumentação sobre os limites da paz privada, relativa a um castelo fortificado nos arredores de Mântua, na qual considerara que a obra não constituía uma "ruptura da paz" – ele formula, coerentemente com o parecer subscrito, o voto de que, em um terreno tão perigoso quanto o da ruptura da paz, "não se arruíne o Paraíso que é a Itália por causa das guerras"[194].

Ao longo de um período de mais de dois séculos, da primeira metade do século XIV à primeira metade do século XVI, a Escola do Comentário teve na Itália um papel preponderante na ciência jurídica, na universidade e na própria prática do direito, quando essa prática recorria a pareceres doutrinais. Entre os muitos professores que ensinaram nas mais prestigiosas universidades – na Itália, principalmente em Bolonha, Pádua, Pisa, Perúgia, Pavia, Siena, Nápoles, Ferrara –, alguns tiveram, como é óbvio, grande fama e maior influência. Os Centros

---

[191] É bem conhecida a argumentação (que Calasso definiu como "sublime neologismo") com a qual Baldo exprime a tese segundo a qual o povo não necessita de autorização superior para exercer o poder de decretar: "quia populi sunt de iure gentium, ergo regimen populi est de iure gentium [...], sed regimen non potest esse sine legibus et statutis, ergo eo ipso quod populus habet esse, habet per consequens regimen in suo esse, sicut omne animal regitur a suo spiritu proprio et anima" (Baldo, *Commentaria in primam Digesti veteris partem*, a Dig. 1. 1. 9 *de iustitia et iure*, l. *omnes populi*, n. 4, Lugduni, 1585).

[192] De fato, a argumentação relatada na nota anterior, mesmo tão eficientemente expressa, não representa a opinião pessoal de Baldo. Depois de ter enunciado uma série de argumentos em sentido contrário – em apoio à tese segundo a qual o povo não pode legiferar sem o consentimento do príncipe –, no final, Baldo expressa sua opinião, um tanto restritiva das autonomias: nenhuma norma ou direta ou indiretamente toque as prerrogativas do príncipe pode ser admitida sem a prévia autorização do próprio príncipe (Baldo, à l. *omnes populi* [nota acima], n. 15-8).

[193] Isso é registrado por Alessandro Tartagni (*In primam et secundam Digesti Infortiati partem commentaria*, Venetiis, 1595), a Dig. 28. 6, *De vulgari et pupillari substitutione*, in rubr., fol. 87vb. Tartagni refere o fato remetendo ao comentário de Raffaele Cumano, que o teria ouvido diretamente da boca de Baldo. Contudo, na passagem indicada por Tartagni a edição de Raffaele que consultei não traz menção alguma [Rafaelis Cumani, *Commentationes in Infortiatum*, Lugduni, 1554, a Dig. 28. 6, *De vulgari et pupillari substitutione*, in rubr., fol. 81v).

[194] "Quia istae disputationes possent esse periculosae quo ad status totius Italiae [...] suadeo omnem materiam suspicionis removeri et pacem sine insidiis servari [...] ut propter guerras Paradisus Italiae non dissolvatur. Baldus" (Baldo, *Consilia sive responsa*, Venetiis, 1575, reed. fac-similar Turim, 1970, parte II, n. 195, fol. 53va).

de Estudos tentaram – com o atrativo incentivo de um salário mais alto – apoderar-se de seu ensinamento, visto que os estudantes (fonte de riqueza e de prestígio para a cidade) eram atraídos pela fama do docente e estavam sempre dispostos a transmigrar para poder acompanhar as lições de um mestre afamado. A forma literária especial da *repetitio* (da qual já foram recordados alguns exemplos a propósito de Révigny e de Bartolo) consistia em dedicar a uma lei do Código ou do Digesto uma exposição, por assim dizer, monográfica e aprofundada. Os grandes comentadores frequentemente se aventuraram nisso, mesmo porque essa forma constituía um meio de afirmação e de concorrência pela qual se avaliava a capacidade de um professor, em um ambiente universitário no qual os centros lutavam para conquistar os melhores docentes. Posteriormente, também foram feitas imponentes coletâneas de *repetitiones* civilistas ou canonísticas[195].

Mas a influência exercida naquela época por alguns juristas está ligada, sobretudo, à redação de obras escritas, fruto da atividade didática e também da atividade consultiva por eles desempenhada. Assim como no caso de Bartolo e de Baldo, os comentários e as coletâneas de *consilia* dos maiores comentadores foram utilizados por muito tempo e transcritos à mão, de modo que fossem transmitidas, do final século XV em diante, em publicações impressas: e será essa, como veremos, uma virada crucial para a cultura jurídica europeia.

Aqui nós nos limitaremos a mencionar alguns nomes apenas, selecionados entre os juristas de maior destaque entre os tantos cujas obras chegaram até nós.

Para a primeira metade do século XIV, a era de Bartolo, alcançaram grande fama, entre outros, os bolonheses Jacopo Butrigario (m. 1348), um dos mestres do próprio Bartolo em Bolonha, e Jacopo da Belviso (m. 1335). Jacopo da Belviso foi professor em Nápoles e conselheiro do rei Carlos de Anjou, depois ensinou em Bolonha, Sena, Perúgia e foi autor de uma Leitura às Novelas e de um Comentário aos *Libri Feudorum*; André de Isernia foi autor de uma importante Leitura *Super usibus feudorum*.

Ainda devem ser lembrados, entre outros: Oldrado da Ponte (m. 1343?), natural de Lodi, autor de uma célebre coletânea de *consilia* [Valsecchi, 2000]; Ranieri da Forlì (m. 1358), que também foi mestre de Bartolo e, mais tarde, seu adversário em disputas acadêmicas e em posições doutrinais sobre pontos controversos de direito (por exemplo, no que se refere à teoria dos estatutos); Francesco Tigrini (m. 1359), natural de Pisa, famoso por sua memória (mas a prodigiosa capacidade de decorar as fontes romanísticas era a característica de toda a Escola, dos glosadores aos comentadores).

Alberico da Rosciate (m. 1354), advogado de Bérgamo e autor de uma compilação estatutária para sua cidade [Storti Storchi, 1984], além de figurar entre os primeiros estudiosos de Dante, dedicou-se, em idade avançada, à redação de comentários ao *Corpus iuris* nos quais, mesmo não sendo o uso comum, também utilizou amplamente o direito canônico ao lado do direito civil; nunca lecionou, mas sua obra foi particularmente apreciada por juízes e advogados, a ponto de conquistar para o autor o título de "magnus practicus". Também não foi professor o natural de Abruzzo, Lucas da Penne (m. 1381), estudante em Nápoles e, posteriormente, advogado e juiz em sua terra natal, autor de um comentário muito conhecido aos últimos três livros do Código, que foram bastante negligenciados pela doutrina[196]: uma obra na qual algumas teorias inovadoras no campo do direito público são expressas com extrema lucidez.

Paolo di Castro (m. 1441) deve ser mencionado entre os mais importantes juristas dessa época. Tendo sido aluno de Baldo em Perúgia e depois professor durante muitos anos em Avignon (1394-1412) – mas também em Siena, Bolonha, Perúgia, Pádua e Florença (onde em 1415 assumiu, entre outros, o encargo de reformar os estatutos citadinos) –, Paolo di Castro escreveu sofisticados comentários ao Digesto e ao Código e foi autor de *consilia* atentamente meditados, nos quais, diferentemente de outros juristas não menos célebres, empenhou-se em

---

[195] *Repetitionum seu commentariorum in varia iurisconsultorum responsa volumen primum (-octavum)*, Lugduni, 1553 excudebat Claudius Seruanius, 9 vols.

[196] Mesmo assim, cf., para a época da Glosa, Conte, 1990.

evitar toda e qualquer contradição com as teses defendidas em âmbito doutrinal. Uma geração depois, o natural de Ímola, Alessandro Tartagni (m. 1477), aluno de Giovanni Nicoletti e de Paolo di Castro, vinculou seu nome sobretudo a uma vasta coletânea de *consilia* que ele mesmo recolheu em sete livros, por muito tempo utilizados pela doutrina posterior.

No século XV, poucos autores tiveram a fama de que desfrutou Francesco Accolti (1418-1486), chamado de Aretino em homenagem a sua cidade natal: erudito não apenas em matérias jurídicas, mas também em letras (foi, entre outras coisas, aluno do grande humanista Francesco Filelfo); professor em Bolonha, Florença, Siena, Pisa, o Aretino também esteve ligado a Lourenço de Médicis. Destacou-se, sobretudo, pela capacidade de elaborar análises sutis e exaustivas dos textos antigos – podia dedicar também um ano inteiro à exploração de um só título do Digesto –, mas, por outro lado, a essa capacidade parecia não corresponder habilidade igual para resolver questões práticas deste mundo[197]. Seu aluno, Bartolomeo Sozzini, pertencente a uma família de juristas de Siena, dotado também de boa cultura clássica, foi amigo do poeta Angelo Poliziano e professor muito afamado: seu ensinamento se desenvolveu entre as universidades toscanas de Siena, Florença e Pisa.

Por sua vez, Giasono del Majno (1435-1519), proveniente de uma família de Milão, ensinou quase sempre em Pavia durante cerca de meio século. No decorrer dos anos, ele alcançou tamanha reputação que seus pareceres passaram a ser insistentemente solicitados também por reis, papas e grandes personagens; o rei da França em pessoa, Luís XII, de passagem pela Lombardia, foi ouvir uma aula dele. A principal qualidade dos Comentários de Giasone ao Digesto e ao Código consiste no esmerado reconhecimento das diversas opiniões doutrinais expressas pelos autores que o antecederam. Em certo sentido, seus escritos, muitas vezes reeditados e destinados a um longo sucesso, concluem a era dos grandes comentadores.

Por fim, no final do século XV, foram altamente celebrados dois juristas de origem lombarda. O milanês Filippo Decio (1464-1536), aluno em Pavia do irmão Lancelloto e de Giasone Majno, revelou bem cedo, ainda estudante, a qualidade específica que viria a torná-lo famoso nas universidades em que foi convidado a ensinar: uma formidável capacidade dialética nas disputas então em voga entre os professores. Tamanha capacidade o fazia vencer regularmente os debates acadêmicos, atraindo assim a admiração dos estudantes sobre si, mas também a antipatia, quando não até mesmo o ódio dos colegas de Pisa, Siena, Pádua, Pavia, Lyon, Valência no Delfinado, onde foi professor reputado e regiamente recompensado[198]. Também foi professor de direito canônico e deixou comentários civilistas e *consilia*; entre seus alunos, estava o grande historiador e cientista político Francesco Guicciardini.

---

[197] "In agilibus mundi nihil valebat": assim julgava um jurista da mesma época [Savigny, 1856, vol. II, p. 721].

[198] Evidentemente por não ser insensível ao prestígio que acreditava lhe adviesse dos emolumentos com os quais algumas universidades disputavam seus serviços, Filippo Decio quis gravar até mesmo a cifra de seu estipêndio em seu epitáfio, atualmente conservado em Pisa [Spagnesi, 1993, p. 221].

13. Os direitos particulares

A afirmação do direito romano na escola bolonhesa não provocou a extinção dos outros complexos normativos que preexistiam, havia séculos, na Itália e na Europa, nem impediu a formação de uma profusão de direitos novos e vigorosos, que disciplinavam – em nível consuetudinário ou em nível legislativo – as relações jurídicas próprias de grupos sociais ou de classes específicas (direitos particulares) ou que possuíam uma validade e uma vigência limitadas a territórios circunscritos (direitos locais).

Entre os direitos particulares, devem ser mencionados, pelo menos, o direito lombardo, o direito feudal, o direito agrário, o direito comercial, o direito marítimo.

1. *O direito lombardo*

O *direito lombardo* – mais exatamente lombardo-franco – encontrara na compilação chamada Lombarda uma sistematização por matérias que, na Itália, continuou a ser normativa vigente em algumas regiões onde a germanização fora mais intensa e duradoura. Isso se verificou, sobretudo, em algumas regiões do Sul, particularmente no ducado de Benevento e nas terras limítrofes, onde o direito lombardo foi considerado um "direito comum" propriamente dito, a ser complementado pelo direito romano comum só em caso de lacuna. E nessas mesmas regiões havia juristas eruditos, especializados também em direito romano, que se dedicaram ao estudo do direito lombardo com o escopo precípuo de preparar instrumentos para a prática legal. Por volta de meados do século XIII, André de Barletta abria suas considerações sobre as *differentiae* entre o direito romano e o direito lombardo[199] recordando como em uma causa na qual uma das partes era defendida por um príncipe do fórum especialista em direito romano, o representante da parte contrária – que era um desconhecido advogado de província ("quidam advocatellus") – levou a melhor diante dos juízes porque expusera no momento certo uma apropriada citação dos textos lombardos. Antes dele, Carlo di Tocco compusera um aparato que se tornará, por conta de sua autoridade, a Glosa ordinária à Lombarda nas edições quinhentistas. Esses e outros juristas acompanhavam a exegese dos textos lombardos com contínuas remissões e vinculações ao direito comum de matriz bolonhesa, a fim de delinear um sistema normativo realmente integrado, composto simultaneamente de normas lombardo-francas e de normas romanas quando as primeiras eram ausentes ou lacunosas. É assim que se deve entender uma disposição, célebre e controversa, das Constituições de Melfi de Frederico II, do ano 1231, que apelava para a vigência dos dois direitos comuns subsidiários com respeito à normativa régia, o lombardo e o romano[200].

Contudo, as diferenças entre os dois direitos não se extinguiram. E isso explica por que autores, como o já mencionado André de Barletta, tenham compilado tantas diferenças em uso por parte dos juristas práticos em obras idôneas. O juramento purgatório do réu na falta das provas do autor, por exemplo, era próprio do direito lombardo e não do direito romano, segundo o qual, na falta de provas, o autor perdia automaticamente a ação. No direito lom-

---

[199] Editada no *Corpus iuris civilis, Volumen*, em apêndice à *Lombarda*, Venetiis, 1592, col. 913-28.
[200] *Liber Constitutionum*, const. *Puritatem*, ed. J.-L. Huillard-Bréholles, *Historia diplomatica Friderici Secundi*, Paris, 1852-1861, vol. IV.1.

bardo, a maioridade era atingida aos 18 e não aos 25 anos. E nele a sucessão legítima privilegiava a linhagem dos agnatos, em vez da linhagem dos cognatos. A mulher necessitava do tutor para poder realizar negócios juridicamente reconhecidos. A pena por furto era óctupla e não quádrupla ou dupla. E assim por diante.

2. O *direito feudal*

O *direito feudal*, cuja gênese no século IX e cuja formação prevalentemente consuetudinária foram recordadas acima, só alcançou uma sistematização bem definida no século XII. Com efeito, a feudalidade não desapareceu de modo algum do horizonte da sociedade e do direito na era nova, mesmo tendo assumido formas novas e transformadas [Poly-Bournazel, 1980].

Com base no fundamental *Edictum de beneficiis* do imperador Conrado II[201] – que, em 1037, sancionara o princípio segundo o qual o direito do vassalo sobre o feudo a ele concedido devia se configurar como um verdadeiro direito estável e não revogável por parte do senhor, exceto em caso de culpa, estabelecendo ainda a hereditariedade dos feudos menores e a processualística para as controvérsias feudais diante da corte dos "pares" do acusado – foi redigido, em meados do século XII, um texto que explicitava pela primeira vez, de modo preciso e sistemático, os principais costumes feudais vigentes na Lombardia. A obra, de autor desconhecido, foi composta com a decisiva contribuição de um jurista bastante conhecedor, ao mesmo tempo, de direito feudal e de direito romano, Oberto de Orto, destacado cônsul milanês, do qual se reproduziram dois escritos em forma de carta[202], nos quais ele comentava alguns fundamentos do direito feudal a pedido do filho Anselmino, estudante em Bolonha, para onde o pai o enviara a estudar e que se demonstrava surpreso de nada ter aprendido sobre os feudos naquela que era uma célebre escola de direito. As *Consuetudines feudorum*, rearranjadas no século XIII, assumiram a denominação de *Libri Feudorum* e entraram, desde então, no quinto volume dos livros legais, como apêndice às Novelas. E adquiriram o caráter de um texto normativo propriamente dito, tiveram uma circulação muito ampla, uma vez que estavam vinculados ao *Corpus* justiniano, e assim se tornaram o texto de base e de referência do direito feudal europeu.

É necessário enfatizar que essa fonte revela claramente a gênese predominantemente consuetudinária do direito feudal. De fato, nos *Libri Feudorum*, as referências diretas e indiretas a algumas constituições imperiais, particularmente ao *edictum de beneficiis* supracitado – por exemplo, na passagem em que se estabelece que o vassalo pode defender "tamquam dominus" o próprio benefício diante de qualquer proprietário[203] –, são superadas por várias proposições que expõem regras advindas da práxis. É o que ocorre, por exemplo, no que se refere aos procedimentos de concessão do benefício, aos modos de transmissão, aos deveres e direitos do vassalo. Além disso, em muitos casos, a disciplina observada decorre de decisões ou de pareceres expressos em âmbito judiciário, em comarcas onde a opinião de eminentes feudistas – primeiramente Oberto de Orto – tinha progressivamente construído um conjunto de regras e de princípios. Por vezes, teses divergentes também são expressas[204]. Em outros casos, há referências a costumes diferentes para lugares diferentes, em particular aos de Milão[205].

---

[201] *Edictum de beneficiis*, in MGH, Legum sectio IV.1, ed. Weiland, n. 45, pp. 88-91.
[202] In *Corpus iuris civilis, Volumen, Libri Feudorum*, II. 1; cf. *Consuetudines feudorum*, ed. Lehmann, Gottingae, 1892, reed. Aalen, 1971, p. 115.
[203] *Libri Feudorum*, 2. 8: "rei autem per beneficium recte investitae vasallus hanc habet potestatem, ut tamquam dominus possit a quolibet possidente sibi quase vindicare". O *edictum de beneficiis* é sinteticamente evocado até em *Libri Feudorum* 2. 34.
[204] Por exemplo, quando se trata da venda de um terço de um feudo por parte de um vassalo convicto (convicção confirmada com juramento) de que o bem fosse de sua inteira propriedade: os *Libri Feudorum* afirmam que, nesse caso, cabe ao adquirente decidir se deve restituir o feudo ao senhor ou ao vassalo, mas referem também que Oberto considerava válida a segunda opção (*Libri Feudorum*, 2. 42).
[205] Por exemplo, fica esclarecido que "non est consuetudo Mediolani ut de felonia aut de infidelitate pugna fiat", apesar da disciplina divergente contida na Lombarda, que previa o duelo (*Libri Feudorum*, 2. 39). Milão acolheu numerosas normas feudais no *Liber consuetudinum*, de 1216.

Baseados nos *Libri Feudorum*, inicialmente Pillio da Medicina, posteriormente uma série de juristas, bolonheses ou não, elaboraram a partir do fim do século XII numerosos conjuntos de glosas, *summae*, comentários, tratados. Elemento comum a essas exposições é o constante contraponto entre normas feudais e textos romanísticos. O resultado é um amálgama curioso – terminológico, mas também normativo – entre dois direitos profundamente distantes entre si na gênese e na disciplina. Mas justamente dessa mistura surgiram teorias que terão um longo e geral sucesso, como aquela que se refere ao domínio compartilhado: formulada por Pillio com referência ao benefício e com base no princípio já expresso do feudo como direito real, essa teoria utilizava os instrumentos romanísticos – entre os quais o uso da categoria da *actio utilis* – para tornar concreta a tutela dos direitos autônomos do vassalo sobre o próprio benefício[206].

3. Os direitos rurais

Não era apenas a classe feudal que dispunha de normas próprias. De fato, é preciso ressaltar que um caráter fundamental dos sistemas jurídicos de cada região da Europa medieval, conservados na Idade Moderna até o final do século XVIII, consistia na pluralidade de disciplinas jurídicas correspondentes a cada um dos muitos *status* pessoais nos quais a sociedade de antigo regime se dividia. A capacidade de agir, o regime matrimonial e patrimonial da família, as sucessões, o sistema sancionador, a capacidade processual, tudo isso (e muito mais: basta pensar nos direitos de voto e de acesso aos cargos públicos) era disciplinado de forma diferente conforme a classe de pertencimento. E a isso se acrescentavam as normativas específicas de *status* referentes às mulheres, ao clero secular e regular, aos judeus. Para citar apenas um exemplo entre os tantos possíveis, o importante texto normativo conhecido como as Usanças (*Usatges*), estabelecido pelo conde de Barcelona no segundo terço do século XII, distinguia não menos de oito classes de homens: *comites, comitores, vavassores, milites, cives, burgenses, baiuli, rustici*. O homicídio de um homem pertencente a cada uma dessas categorias era punido com uma composição que variava em uma relação de 40 para 1 entre a primeira e a última categoria[207]; e a pena pelo assassinato de um *rusticus* – ou seja, de um camponês, considerado igual ao assassinato de um homem "qui nullam habet dignitatem preterquam christianus est"[208] – era a metade da pena estabelecida para o homicídio de um cavaleiro (*miles*) ou de um habitante de uma cidade ou de um burgo[209].

É preciso sublinhar que, mesmo depois do renascimento das cidades, a grande maioria da população europeia da Idade Média e da Idade Moderna era contudo sempre formada por camponeses. E, por sua vez, o *direito rural* caracterizou-se, durante séculos, por um amplo espectro de *status* pessoais [Rosener, 1989]: servos, colonos, livres constituíam apenas as categorias principais, com muitas situações intermediárias posteriores quanto à capacidade de agir, quanto aos direitos sobre as terras, quanto ao grau das autonomias locais. Na Itália, por exemplo, tanto a doutrina jurídica quanto a legislação das comunas (é o que se passa em Pisa no século XII[210]) distinguiam claramente, com o auxílio da terminologia contida nos textos antigos tardios, entre os *coloni* e os *ascripticii*, os primeiros vinculados a um senhor (*dominus*)

---

[206] Sobre isso, cf. Cortese, 1995, vol. II, pp. 168 s.

[207] A sanção era naturalmente (isso não é de surpreender) correspondente ao *status* pessoal da vítima, sem relação com a posição do autor do crime.

[208] Esse é um inciso realmente significativo: a única dignidade reconhecida à pessoa é a dignidade da identidade religiosa.

[209] A esse respeito, cf. a edição dos *Usatges* de Barcelona e da respectiva glosa do século XIII organizada por Iglesia Ferreirós, 2003, pp. 511-894: *Us.* 4b; 5a; 5b; 10; 11; 12; 13a (na p. 604, o texto citado em correspondência com a nota anterior).

[210] Pisa, *Constitutum usus*, XLI (XLII), do ano 1160, ed. P. Vignoli, *I Costituti della legge e dell'uso di Pisa*, Roma, 2003, p. 284: o texto qualifica a norma declarando-a, sabe-se lá o porquê, "bellissima constitutio".

e os segundos ligados a uma terra específica²¹¹. E havia muitas outras categorias jurídicas de camponeses – *manentes, reddentes, libellarii, angariales, perangarii, recommendati, massarii*, entre outras mais –, cada uma delas disciplinada de modo específico, de localidade para localidade²¹². Note-se que a disciplina consuetudinária e estatutária podia ser considerada, não sem fundamento, em contraste com a disciplina das fontes antigas. Como lucidamente especificou, no século XIII, o mestre orleanense Raoul d'Harcourt, "segundo o direito romano, nenhum livre pode tornar-se 'homem de um outro homem', de modo que se torne objeto de um direito real reivindicável com uma ação real, porque com isso sua própria *libertas* seria afetada"²¹³. Não se poderia exprimir com clareza maior a noção romana de *libertas*, inalienável por contrato. Na realidade jurídica medieval, porém, a escravidão antiga já havia quase desaparecido, mas a servidão pessoal podia ser estabelecida por contrato também por tempo indeterminado e considerada vinculante para os herdeiros, como as fontes a atestam²¹⁴.

Em territórios de nova colonização, a concessão de direitos sobre a terra se dava em várias formas por parte do soberano ou do senhor. Por exemplo, a leste do Elba, os direitos de concessão apresentam características diferenciadas em relação aos territórios a oeste, como mostra o texto fundamental dos costumes germânicos do século XIII, o Espelho saxão (*Sachsenspiegel*), do qual falaremos²¹⁵. Frequentemente o titular do direito de colonização exercia também a jurisdição inferior sobre os colonos.

Interesse particular tem a variada tipologia dos contratos agrários, que disciplinavam direitos e obrigações dos colonos (por razões opostas, nem os proprietários alodiais nem os servos tinham necessidade de contrato para trabalhar a terra). Trabalhadores em terras das quais não eram proprietários plenos, os colonos constituíam a categoria que prevaleceu durante muito tempo no mundo rural.

A disciplina jurídica da relação dos trabalhadores com o proprietário e com a terra era só em parte reconduzível aos modelos antigos. Entre as figuras mais frequentes, encontramos o contrato de aforamento, acordado entre as partes por escrito (de onde o nome *libellus*) – com pagamento de uma taxa anual em produtos ou em dinheiro –, geralmente com uma duração de vinte anos, às vezes, acompanhado, nos séculos da Alta Idade Média, do direito reservado ao proprietário de dirimir pessoalmente as eventuais controvérsias com o colono, com exclusão da justiça comum. No Formulário de Rolandino, representativo do território bolonhês do século XII mas não apenas dele, tem-se a fórmula do contrato de enfiteuse (que também podia assumir outros nomes), de uso frequente para propriedades eclesiásticas que era proibido alienar: a concessão de terras ou de imóveis era realizada por três gerações mediante pagamento de uma expressiva soma inicial, ao passo que a taxa anual era puramente simbólica²¹⁶. Ainda mais considerável era a taxa para os contratos de arrendamento, frequentemente quinquenais, de terras cedidas ao colono²¹⁷.

Na Toscana e em outros lugares, foi introduzido no fim da Idade Média o contrato de meação, posteriormente praticado até o século XX, no qual a metade dos produtos cabia ao proprietário, a outra metade, ao meeiro ou feitor, por sua vez encarregado de reunir os camponeses que iriam trabalhar a terra. Mas as formas e as tipologias contratuais do mundo rural

---

²¹¹ Sobre isso, cf. Tavilla, 1993, pp. 7-52; Conte, 1996, pp. 91-150.
²¹² "Secundum diversas et varias locorum consuetudines oportet nos istos accipere": assim Roffredo de Benevento, *Libelli iuris civilis, de villanis*, ed. Avenione, 1500, reed. Turim, 1968, fol. 115vb.
²¹³ Esse texto – presente em Iacopo d'Arena, *Commentarii in universum ius civile*, Lugduni, 1541, a *Inst.* 4. 6. 13 *de actionibus*, § *praeiudiciales*, fol. 292v – foi trazido à luz por Vallone, 1985, p. 64, e por Tavilla, 1993, p. 64. Para a atribuição a Raoul d'Harcourt, cf. Waelkens, 1992, pp. 79-91.
²¹⁴ É o que se vê em Martino da Fano, *De hominiciis*, ed. Tavilla, 1993, pp. 241-83; também em Rolandino, *Summa artis notariae, de locationibus*, ed. Venetiis, 1546, reed. fac-similar, 1977, fol. 121v.
²¹⁵ As vívidas ilustrações miniaturizadas do manuscrito de Wolfenbüttel do *Sachsenspiegel* mostram a importância jurídica do limite do Elba e a imagem da justiça aplicada aos colonos.
²¹⁶ Rolandino, *Summa, de emptione*, Instrumentum concessionis in emphiteusin (fol. 56v).
²¹⁷ Rolandino, *Summa, de locationibus*, Instrumentum concessionis ad affictum (fol. 128r).

são bem mais numerosas e compreendem, por exemplo, a concessão *ad laborandum* de terrenos específicos cultivados com o compromisso de fornecimento conjunto das sementes e com divisão dos produtos entre proprietário e cultivador[218]. Desse modo, era frequente a cessão temporária, com obrigação de restituição no vencimento, de cabeças de animais a um colono encarregado de nutri-los e de tirar leite ou lã (parceria), pela qual a metade dos produtos e das ninhadas era reservada, enquanto o risco de perecimento dos animais pesava sobre o colono se houvesse dolo ou culpa por parte dele, sobre o proprietário se, ao contrário, o perecimento se desse por motivo involuntário[219].

Outra série de normas consuetudinárias, de origem antiga e da Alta Idade Média, mas com muita frequência acolhida mais tarde nos estatutos e nos usos escritos, dizia respeito aos direitos e às obrigações sobre *terre comuni*: os direitos de pastagem dos habitantes da aldeia sobre os prados e, nos bosques circundantes, os direitos de recolher madeira das florestas, os usos públicos das terras, subsistentes até hoje. A medida, os tempos e os modos de exercício desses direitos – que incidiam não apenas sobre terras coletivas, mas também em parte sobre terras e bosques de proprietários públicos ou privados – eram consuetudinariamente determinados e podiam variar de uma localidade para outra, mesmo na uniformidade fundamental dos regimes pastoris. Uma ordem jurídica particular referia-se aos vales alpinos, onde, no verão, as manadas de bovinos eram conduzidas aos Alpes situados nos altos e administrados coletivamente, com divisão proporcional dos produtos derivados do leite entre os proprietários, para, no outono, voltar a descer para as aldeias.

4. *O direito comercial e marítimo*

Foi diferente a formação de outro importante direito de classe, *o direito comercial*, surgido nas cidades medievais italianas e posteriormente difundido em toda a Europa para responder às exigências dos comerciantes e dos artesãos atuantes na economia urbana renascida. A letra de câmbio permitia efetuar pagamentos em moedas distintas sem a necessidade de levar consigo, assumindo todos os riscos, as pesadas moedas de metal. A custódia permitia a um homem da cidade confiar a um mercador mercadorias ou capitais para serem comerciados ultramar, com a divisão, por ocasião de sua volta, do lucro adquirido. A sociedade em comandita limitou a responsabilidade do sócio capitalista (comanditário) até o limite do investimento feito, reservando a responsabilidade ilimitada apenas ao sócio da obra (comanditado). O seguro das mercadorias dividia o risco de naufrágio ou de rapina entre mais pessoas, mediante o pagamento de um prêmio da parte de cada um dos segurados. O documento avalizado, do qual já falamos – particularmente uma declaração de débito registrada diante de um notário com ato público –, teve como efeito a constituição de um título executivo, poupando a seu legítimo possuidor a morosidade de um processo formal para recuperar o crédito.

Nascidos da cooperação ativa do mercador e do onipresente notário [Santarelli, 1998], este e outros institutos comerciais se afirmaram por costume e foram reconhecidos como válidos nos tribunais especiais onde se debatiam as controvérsias mercantis, isto é, no interior das corporações geridas pelos próprios mercadores. Nesses tribunais, o processo era simplificado e livre de formalismos; por sua vez, as argumentações e os critérios de decisão tinham como característica o estilo equitativo, distanciado das arquiteturas complexas do direito comum.

Apenas mais tarde, a partir do final do século XIV, a doutrina jurídica passou a tomar esses processos como objeto de análise: após as primeiras e fundamentais contribuições de Baldo degli Ubaldi, já mencionadas, os juristas eruditos começaram a considerar, em seus *consilia* e nos comentários, os novos institutos do comércio. E um deles reivindicou a

---

[218] Rolandino, *Summa, de locationibus*, Instrumentum concessionis terrae et vinee ad laborandum (fol. 133v).
[219] Rolandino, *Summa, de locationibus*, Instrumentum socidae (fol. 140v-2r).

"equidade" superior da doutrina, ironizando a grosseira *aequitas* mercantil[220]. Em 1488, o português Pedro de Santarém comporia o primeiro tratado sobre as seguradoras [Maffei, 1995, p. 349].

Não menos importante foi a elaboração de regras consuetudinárias para as relações jurídicas derivadas da navegação marítima e do comércio ultramar. Fundamentada ainda em algumas regras transmitidas pelo direito antigo por meio dos textos romanos e bizantinos[221], o desenvolvimento do comércio por iniciativa das repúblicas marítimas a partir final do século XI em diante comportou não apenas a importação e a exportação de mercadorias, mas também a aplicação de regras aos negócios jurídicos que os mercadores concluíam no Oriente e nos mares do Norte. Foi nessa época que se estabeleceu um complexo de regras para a disciplina a bordo dos navios, para os poderes do capitão diante dos marinheiros, para o procedimento em caso de controvérsias suscitadas em lugares remotos, para a hipótese de naufrágio ou de avaria, para os riscos relacionados a essas eventualidades e aos frequentes ataques de piratas, inclusive as normas de asseguração estabelecidas em vista de dividir entre muitos sujeitos esses riscos frequentes e graves.

As normas de direito comercial e marítimo foram, repetidamente, elaboradas em forma escrita [Hilaire, 1986]. Uma fonte de inegável importância, por sua precocidade, é o texto normativo de Pisa: o *Constitutum usus*, que remonta ao ano de 1160 e recolhe, sistematizando-os de forma escrita, os principais costumes dessa importante república marítima [Storti Storchi, 1998]. O texto trata extensamente, entre outras coisas, de institutos tais como as formas associativas do comércio marítimo[222], os direitos de fretamento[223], o descarte de mercadorias em caso de perigo[224]. A leitura da normativa mostra como ela constitui o fruto de uma casuística fecunda. Dessa e de outras coletâneas – Gênova, Veneza, Amalfi, Barcelona e outras cidades também registraram por escrito as regras de direito do mar – foi posteriormente constituído, no século XV, um texto que se tornou o ponto de referência normativo do direito marítimo europeu: o *Consulado do mar*[225], traduzido para muitas línguas e amplamente difundido na Europa e nos Países do Mediterrâneo até a Idade Moderna.

Tanto no direito comercial quanto no direito marítimo, o papel fundamental do costume foi exercido pela, por assim dizer, exportação das normas ao longo das vias de comércio. Foi isso que permitiu difundir institutos novos – por exemplo, a letra de câmbio ou o seguro – a terras longínquas. E, sobretudo, permitiu testar a eficácia dos costumes, favorecendo aqueles que se revelaram mais funcionais diante das exigências do comércio e das trocas. Desse modo, os costumes mais válidos venceram em relação a outros semelhantes mas não iguais. E assim se alcançou uma uniformidade no espaço de que deram testemunho justamente compilações como o *Consulado do mar*, aplicado em ordenamentos e em países absolutamente distantes entre si, em todos os sentidos. É nessa perspectiva que também se pode explicar o fato de que um ordenamento jurídico profundamente diferente do ordenamento do continente, o da Inglaterra – ao qual dedicaremos nossa atenção mais adiante –, tenha admitido ao lado da *Common law* um ramo especial do direito, o *Law Merchant*, diretamente decorrente dos costumes comerciais das cidades italianas.

---

[220] Um comentário cortante de Paolo di Castro denunciou a presunção dos mercadores, "qui faciunt se magistros aequitatis et contemnunt legistas dicentes quod vadunt per cavillationes et ipsi per aequitatem"; por sua vez, observa Paolo di Castro, os eruditos conhecem o que é a equidade muito mais do que os mercadores conhecem o que seja o rigor, porque os primeiros têm da equidade não apenas a natureza, mas também a arte, ao passo que os segundos frequentemente proferem sentenças iníquas por presunção (Paolo di Castro, *Commentaria ad Digestum vetus*, a Dig. 1. 1. 1. *de iustitia et iure*, 1. *iuri*, n. 9, Lugduni, 1550).

[221] Lex Rhodia de iactu: Dig. 14. 2. 9.

[222] Pisa, *Constitutum usus* (1160), 22, *de societate facta inter extraneos*, in *I Costituti della legge e dell'uso di Pisa (sec. XII)*, org. P. Vignoli, Roma, 2003, pp. 205-22.

[223] Pisa, *Constitutum usus*, 28 (ed. Vignoli, pp. 237-47).

[224] Pisa, *Constitutum usus*, 29 (ed. Vignoli, pp. 247-51).

[225] Indicamos uma dentre as tantas edições: *Consolato del mare*, com explicação de Giuseppe Maria Lorenzo Casaregi, Veneza, 1802.

14. Os direitos locais

Ao lado dos direitos particulares, de que falamos, desvinculados de raízes regionais e caracterizados pelas exigências de classes ou grupos sociais transversalmente presentes em muitos países e regiões, a Europa medieval conheceu um extraordinário florescimento de direitos locais. Eles constituem a continuação histórica dos costumes da Alta Idade Média, cuja origem já vimos, mas certamente não podem ser reduzidos a eles: aos costumes originários se adicionaram tanto novos costumes quanto uma série de normas estabelecidas por lei – através de medidas oficiais das cidades e dos reinos – que contribuíram para formar uma rede muito densa, com tramas e intercâmbios entre modelos muito frequentes, mesmo que ainda pouco conhecidos. Uma rede que se estendeu para muito além da Idade Média, até o advento das codificações modernas.

1. *A Itália comunal: os estatutos*

A autonomia política e jurídica conquistada pelas comunas italianas no decorrer do século XII realizou-se com a livre eleição dos cônsules, dotados de plena jurisdição civil e penal, mas comportou logo também um grande poder normativo, exercido em três direções distintas. Os cônsules e as demais magistraturas juravam no ato de assumir o cargo observar obrigações específicas relativas às próprias competências e aos modos de exercício do poder: documentos notariais feitos para essas ocasiões em forma de *brevia* esclareciam, analiticamente, essas funções, estabelecidas pela assembleia municipal. Quando se percebeu a exigência de que um costume local tivesse sua aplicação, por assim dizer, garantida por parte dos juízes, passou-se a registrá-lo por escrito e a aprová-lo formalmente em assembleia, sendo ele assim transformado em lei da cidade. Outras regras que se quis, pouco a pouco, introduzir na base de escolhas operadas pela municipalidade por meio das próprias magistraturas e das próprias assembleias foram estabelecidas em forma de lei. Os *brevia* dos cônsules, os costumes escritos, as leis aprovadas pela comuna formam a base do direito municipal escrito, que assumiu o nome de "estatuto".

No decorrer do século XIII, em todas as partes, a comuna reuniu em um único texto essas três categorias de normas. Dessa forma constituiu-se o *Liber statutorum* da cidade, dividido em vários livros, cada qual composto de rubricas, que encerrava as bases da normativa local. Para a redação do *Liber statutorum*, as comunas recorreram geralmente a juristas locais, mas às vezes se valeram também da obra de juristas de outras cidades, como ocorreu em Gênova em 1229 [Piergiovanni, 1980], quando a redação do estatuto foi confiada a Jacopo Baldovini[226], um arguto glosador bolonhês que, naquele ano, era o responsável pela magistratura na cidade liguriana.

Ao lado dos primeiros modelos estatutários do século XII (restaram os estatutos de Gênova, de Pisa, de Veneza e de algumas outras cidades da Itália das comunas), devem ser ainda mencionados por sua particular importância – para o século XIII e inícios do século posterior,

---

[226] A redação original se perdeu, mas ela pode ser em parte reconstituída porque foi reproduzida nos Estatutos da colônia genovesa de Pera (ed. V. Promis, *Statuti della colonia genovese di Pera*, in "Miscelanea di storia italiana", 11, 1870, pp. 513-780). Em Bérgamo, dedicou-se à redação do estatuto de 1331 o jurista (não professor) Alberico da Rosciate [Storti Storchi 1984]. Em Florença, o estatuto de 1415 foi preparado pelo grande comentador Paolo di Castro.

antes do ocaso das liberdades comunais – ao menos os estatutos de Milão, de Bérgamo, de Bréscia, de Biella, de Novara, de Gênova, de Vicenza, de Pádua, de Treviso, de Veneza, de Parma, de Bolonha, de Lucca, de Siena, de Volterra, de Perúgia[227].

O Breve (documento notarial) dos cônsules, originariamente formulado em primeira pessoa por sua natureza de documento juramentado, foi posteriormente transposto em terceira pessoa. A duração no cargo, os poderes judiciários, diplomáticos, administrativos, militares dos cônsules – e mais tarde, do século XII em diante, do magistrado estrangeiro eleito como chefe da comuna – formaram a base da constituição comunal. Por exemplo, em Pisa, o Breve mais antigo (de 1162) impunha aos cônsules submeter a decisão sobre o estado de guerra aos senadores e a seis homens sábios de cada uma das portas da cidade, ou à maioria dos membros do conselho municipal convocado pelo toque do sino[228].

Os costumes de direito privado, penal e administrativo[229] foram, por sua vez, organizados de modo sistemático em outros tantos livros que normalmente incluíam também as regras do processo civil e penal, além das regras sanitárias e urbanísticas. No campo do direito civil, as disposições estatutárias eram quase sempre pouco numerosas, pois, quando a normativa romana expressa nos textos do *Corpus iuris* não se contrapunha a costumes ou a escolhas normativas divergentes, não se considerava necessário repeti-la no estatuto. Mas havia também costumes bem arraigados e distantes da disciplina romana, alguns derivados do direito lombardo-franco, outros de formação posterior: é o que vemos com o sistema penal (que conservou por muito tempo só as penalidades financeiras e o banimento de origem germânica também para os delitos mais graves), com a posição sucessória da filha que, tendo recebido um dote, era excluída da sucessão paterna, com os contratos agrários e com os mais recentes institutos do comércio, dos quais já falamos, surgidos dos costumes mercantis e artesãos. De fato, o onipresente e obrigatório direito comum levou muitas cidades a registrar por escrito os costumes que elas pretendiam preservar e a aprová-los legislativamente transformando-os em leis. Os estatutos municipais constam em grande parte de normas de formação consuetudinária[230].

Por fim, houve numerosas normas novas – diversas e contrastantes em relação aos costumes e ao direito comum – introduzidas na cidade com procedimento legislativo: eram decisões públicas (*statuta*) que tinham o caráter próprio de lei porque eram gerais e abstratas, distinguindo-se nesse aspecto das muitas decisões dos conselhos citadinos referentes a situações específicas, ou a pessoas, ou a medidas administrativas ou fiscais. Essas normas novas foram, por sua vez, incluídas no estatuto ao lado de outras duas categorias de normas. Por exemplo, aqui se percebe o risco que uma cidade corria quando uma mulher, de posse de um dote vultoso, casava-se com um cidadão de outra comuna: decidiu-se, portanto, proibir que o dote de uma mulher que se casava com um forasteiro fosse constituído de terras ou de casas, perigosas como potenciais *enclaves* inimigas em caso de guerra entre as duas cidades. As normas relativas às magistraturas citadinas eram particularmente minuciosas: ver, por exemplo, como o estatuto de Perúgia, de 1279, disciplina a eleição para cargos da comuna, com um complicado sistema de eleitorado ativo e passivo, com cédulas a serem distribuídas aos eleitores (para maior segurança) apenas por frades, com um procedimento que combina o eleitorado ativo ao sorteio[231].

Além disso, a cada mudança de regime constitucional – com a passagem da comuna dos cônsules para o ordenamento de magistrados, depois para o governo popular e para o governo das artes, em seguida com a transição para o Senhorio – o estatuto era modificado. E isso aconte-

---

[227] Para a indicação das edições desses e de outros estatutos italianos remetemos ao *Catalogo della raccolta di statuti [...] della Biblioteca del Senato*, 8 vols. (A-U), 1943-1999.

[228] Pisa, *Breve consulum (1162)*, in *I Brevi dei consoli del comune di Pisa degli anni 1162 e 1164*, org. O. Banti, Roma, 1997, p. 59. Dois anos depois, o mesmo procedimento é prescrito também para a conclusão da paz (ibid., p. 87). Sobre a fase antiga das compilações estatutárias de Pisa, ver a reconstrução de C. Storti Storchi, 1998.

[229] Estudadas por Lattes 1899; cf. Ascheri, 2000.

[230] Em Milão, o *Liber consuetudinum*, de 1216, tem essa origem, no qual, por outro lado, regras lombardas, romanas, feudais e consuetudinárias coexistem tanto no campo civil como no campo processual.

[231] *Statuto del Comune di Perugia del 1279*, org. S. Caprioli, Perúgia, 1996, 2 vols., vol. I, cap. 86, pp. 104-7.

cia até mesmo com a alternância das facções, em um contínuo suceder-se de normativas, denunciado com sarcasmo em alguns esplêndidos versos de Dante Alighieri, que foi sentenciado com o banimento que o obrigou a fugir de Florença, um banimento nunca revogado até sua morte[232].

Muitas vezes a inovação normativa foi fruto de intervenções que imitavam uma reforma ocorrida alhures: é o que acontece, a partir da terceira década do século XIII, quando as cidades italianas introduziram a pena capital para o crime de homicídio[233], imitando nesse aspecto a disciplina do Reino da Sicília. Ou quando limitaram ou excluíram os efeitos da paz privada[234]. Ou ainda quando introduziram no processo penal o rito inquisitório com crescentes poderes de iniciativa do juiz, ao lado do rito acusatório presente nos estatutos mais antigos.

A autonomia legislativa das cidades da Itália comunal foi total, com um único limite: aquele que era constituído pelo direito canônico e por suas prescrições sobre a heresia, sobre a disciplina dos benefícios eclesiásticos e sobre o estatuto jurídico do clero.

O estatuto municipal, continuamente mutável em sua primeira fase, geralmente se estabilizou em fins do século XIV, quando a difusão do regime do Senhorio impôs também a predominância das ordens e das normativas do senhor em relação à legislação municipal, sem abolir os estatutos. Foi isso o que ocorreu sistematicamente nas cidades sujeitas ao domínio dos Visconti: por exemplo, em Pavia, em 1393, em Verona, nesse mesmo ano, em Milão, em 1396, e em muitas outras cidades da Itália setentrional e central. Foram essas redações da Idade Média tardia, já de acordo com o poder senhorial, mas ainda ricas em legados da época anterior, que permaneceram em vigor sem modificações posteriores. Publicados geralmente a partir do fim do século XV, os estatutos municipais mantiveram-se vivos até o fim do século XVIII.

Uma legislação territorial específica também pode ser encontrada nas *comunas rurais*: os estatutos de centenas de pequenas localidades o atestam, elaborados a partir do século XIII em diante, até a Idade Moderna. Mas aqui a autonomia normativa ficou bastante reduzida por causa do controle exercido pela cidade dominante sobre o condado, que quase sempre simplesmente autorizava a transferência para o burgo ou para a aldeia das partes do próprio estatuto que se adaptavam à realidade dos campos e exigia pelo menos a aprovação preventiva das normas locais. A cidade vizinha e dominante impunha seu peso, fazendo com que fosse obrigatório, por exemplo, recorrer sempre e exclusivamente aos juízes municipais nas controvérsias entre um camponês e um habitante da cidade, sob o pretexto, claramente expresso por um precoce estatuto lombardo supramencionado, de impedir dessa maneira a (suposta) esperteza camponesa, a *malitia colonorum*[235].

Os estatutos rurais, tanto quanto as ordens emanadas pelo Senhorio municipal, ou os estatutos do senhor local nos lugares em que o Senhorio feudal sobreviveu, constituem preciosas fontes de informação para o conhecimento da administração das terras, dos bosques, dos pastos, mas também para o estudo das relações internas à aldeia, dos vínculos de responsabilidade coletiva[236] e de outros aspectos típicos da vida rural.

Na Itália pontifícia – que, durante a Baixa Idade Média, estendia-se do Lácio a Marche, à Úmbria e a parte da Emília-Romanha: de Spoleto a Bolonha –, os costumes locais e os estatu-

---

[232] "Atene e Lacedemona, che fenno / l'antiche leggi e furon sì civili, / fecero al viver bene um picciol cenno / verso di te, che fai tanto sottili / provvedimenti ch'a mezzo novembre / non giugne ciò che tu d'ottobre fili" (*Divina Commedia*, Purg. VI, 139-44). ["Esparta e Atenas, que, com profundeza, leis nos legaram sábias e elevadas, não competem contigo em sutileza, pois que as criaste tão apropriadas, que não alcançam de novembro os idos as que em outubro foram promulgadas"; cf. Dante Alighieri, *A divina comédia*. Tradução, prefácio e notas: Cristiano Martins. 2. ed., Belo Horizonte/São Paulo: Itatiaia/Edusp, 1979, p. 62. N. do R.]

[233] Bergamo, *Statuti del XIII secolo*, col. IX 6, ed. Finazzi, in MHP XVI/2, col. 1921 ss.

[234] A. Padoa Schiopa, 2003, pp. 227-42.

[235] Milão, 1170, in *Atti del comune di Milano sino all'anno 1216*, Milão, 1919, n. 75, p. 111.

[236] O princípio, frequentemente estabelecido nos estatutos e confirmado pelos atos judiciários da época, pelo qual o proprietário poderia, com a intervenção coativa das magistraturas municipais, vingar-se de toda a aldeia em caso de inadimplência de um único colono – por exemplo, em questões de pagamento da taxa de locação em dinheiro ou em cota de produtos – operava como um temível dissuasivo, criava uma concreta solidariedade de fato no interior da comunidade local e gerava ainda um forte controle social cruzado entre seus membros.

tos municipais só eram reconhecidos se estivessem subordinados à aprovação do pontífice romano, que também era o soberano temporal nas terras da Igreja. A esses costumes e estatutos locais se sobrepôs, a partir de 1357, um importante texto legislativo deliberado pelo cardeal Egídio de Albornoz, legado pontifício na Itália durante o período no qual o papado se transferiu para Avignon: as *Constituições egidianas* [Colliva, 1977] disciplinavam os poderes dos governantes provinciais, o direito penal e o processo. E continuaram a vigorar até a primeira metade do século XIX.

2. O Reino da Sicília

O Reino da Sicília, surgido em 1130 depois da conquista da Itália meridional – outrora bizantina – e da Sicília – outrora muçulmana – por parte dos normandos, também veio a conhecer nesse tempo uma profusão de costumes escritos. Amalfi transmitiu os costumes de seu dinâmico tráfico comercial por vias marítimas. Em Bari, nos últimos vinte anos do século XII, dois juízes, André e Sparano, registraram por escrito, sem que um soubesse da iniciativa do outro, os costumes locais[237], o primeiro evocando as diferenças em relação ao direito romano, o segundo, as diferenças em relação ao direito lombardo, que alcançara na região da Puglia um papel de destaque, apesar de os lombardos, durante os dois séculos de seu domínio, nunca terem reinado ali. A partir do século XIII, Benevento teve estatutos próprios. Em Nápoles, os costumes locais, ricos em características interessantes, especialmente em direito privado, foram reunidos por doze especialistas, depois revistos por ordem do rei Carlos de Anjou graças à obra do jurista Bartolomeu de Cápua, e entraram em vigor a partir de 1306[238]; e nessa forma foram observados durante séculos na maior parte do reino. Também na Sicília, havia costumes escritos desde o século XIII, particularmente em Messina; contudo, depois de uma aquiescência inicial, os reis normandos e suevos impuseram que eles só podiam ser aplicados depois do controle e da revisão do poder soberano.

A presença de uma monarquia forte se manifestou no Reino da Sicília também em âmbito legislativo. Rogério II já emanara um número restrito de capítulos em 1140[239], mas a fase culminante foi alcançada sob o reinado de Frederico II. Em 1231, foi publicado o *Liber constitutionum*, organizado pelo jurista Pier delle Vigne e mencionado por Dante: um texto que não se limitava a reunir as principais leis anteriores dos reis normandos e suevos, mas introduzia numerosas disposições novas. Dividido em três livros dedicados aos ofícios públicos, aos poderes judiciários e fiscais da monarquia, ao direito penal, ao processo e a diversos institutos de direito privado, o *Liber* instava os juízes do reino a observarem, primeiro, as prescrições nele contidas, depois os costumes locais, em terceiro lugar, o direito lombardo (nas terras em que ele ainda vigorava, por exemplo, em Benevento), e por fim o direito romano[240]. Além disso, afirmava-se a igualdade dos súditos perante a lei régia, independentemente de sua etnia originária e de sua posição social[241], e se submetia a rígidas restrições o *status* dos senhores feudais, os quais até para se casar tinham de conseguir o beneplácito do soberano[242].

---

[237] Editados pela primeira vez in Vincenzo Maxilla, *Commentarii super consuetudinibus praeclarae civitatis Bari* [...], Patavii, 1550.
[238] Constantemente reeditados: cf., por exemplo, *Consuetudinea neapolitanae*, cum addictionibus [...], Venetiis, 1588.
[239] Textos em *Le assise di Ariano*, Ariano Irpino, 1994, pp. 278-302.
[240] *Liber constitutionum* [supra, nota 2, § 13, "Os direitos particulares"], I. 63.
[241] "In iudiciis aliquam discretionem haberi non volumus personarum sed aequalitatem; sive sit francus, sive romanus aut longobardus qui agit, vel qui convenitur, iustitiam sibi volumus ministrari" (*Liber constitutionum*, II. 17). A exígua minoria dos francos tinha uma situação social média muito superior à das outras etnias presentes no reino.
[242] *Liber constitutionum*, III. 23. A norma tinha o objetivo de evitar que a aliança matrimonial entre duas famílias poderosas das quais a monarquia tivesse suspeitas reforçasse o risco de atitudes que lhe fossem hostis.

O Código de Frederico II constitui um dos mais importantes monumentos legislativos da Europa em uma época em que as monarquias só excepcionalmente lançavam mão do instrumento legislativo para disciplinar o direito público e privado [Romano, 1997]. Acompanhado do aparato de glosas de Marino da Caramanico e dos comentários de André de Isernia e de outros juristas do reino, na Itália meridional e na Sicília, o *Liber constitutionum* permaneceu em vigor durante mais de cinco séculos, até o final do século XVIII.

3. O Reino da Alemanha

A fragmentação do reino da Alemanha também está refletida nas fontes do direito, que atestam como as leis de estirpe de origem altomedieval modificaram algumas de suas características e foram integradas a costumes amadurecidos em cada um dos territórios. No século XIII, foram redigidos alguns textos escritos com o propósito de esclarecer os perfis essenciais dos direitos consuetudinários.

A obra mais importante é, entre esses textos, o *Sachsenspiegel* (Espelho saxão)[243], composto entre os anos 1215 e 1235 pelo jurista Eike von Repgow, que o escreveu originalmente em latim e depois o transpôs com interpolações para o alemão da Saxônia. De forma límpida e concreta, o Espelho atesta um direito no qual o processo é regulado segundo uma ordem que inclui provas ordálicas (como o duelo) e provas testemunhais, mas também impõe o juramento das partes e, por outro lado, torna possível a rejeição da sentença por meio da contestação dos juízes e a requisição (não imune a riscos) de um novo julgamento. Acompanhado de glosas acrescentadas no século XIV – em todo caso, escritas por juristas de formação douta, que tinham estudado em Bolonha e se inclinavam a evidenciar algumas analogias com o direito romano –, o *Sachsenspiegel* exerceu durante séculos uma influência determinante sobre muitos textos consuetudinários da Alemanha Oriental.

Em Augsburgo da Baviera, foi publicado em 1275-1276 o *Schwabenspiegel* (Espelho suevo)[244], que deriva do Espelho saxão, mas abarca normas consuetudinárias bávaras ao lado de capitulares francos, disposições imperiais, textos romanísticos e canonísticos, com uma abordagem muito favorável à jurisdição e aos direitos da Igreja, quando comparado ao modelo saxão. Essa obra também foi objeto de ampla difusão, sobretudo na Alemanha Meridional.

Se essas e outras fontes disciplinam o direito dos territórios (*Landrecht*), a Alemanha também viu, a partir do século XII, mas sobretudo do século XIII em diante, o florescimento de numerosos direitos citadinos (*Stadtrechte*) muito diversos dos primeiros porque, diferentemente daquilo que acontecia na Itália, na Alemanha eram os muros das cidades que delimitavam rigidamente a fronteira jurídica entre cidade e campo.

4. O Reino da França

Na região meridional da França, a sobrevivência ininterrupta do direito romano – primeiro através da tradição teodosiana do Breviário de Alarico, depois mediante a acolhida do *Corpus iuris* justiniano e da nova ciência jurídica de cunho bolonhês a partir do século XII – levou a chamar essa parte do reino de *Pays de droit écrit*. Contudo, não eram poucos os setores do ordenamento jurídico no qual existiam costumes arraigados, não coincidentes com as regras do direito romano: por exemplo, em matéria de direitos de família, no que se referia à posição das filhas portadoras de dote que não eram admitidas à sucessão paterna [Mayali, 1987]. Tornou-se então frequente a prática de indicar nas atas e nos contratos concluídos perante um notário a renúncia em valer-se das normativas romanas em contraste com a intenção

---

[243] *Sachsenspiegel*, I. *Landrecht*; II. ed. K. A. Eckhart, Göttingen, 1955.
[244] *Schwabenspiegel*, ed. K. A. Eckhart, Göttingen, 1974.

das partes: a renúncia podia dizer respeito, por exemplo, ao recurso ao benefício disposto pelo Senatoconsulto Velleiano, que permitia obter a *restitutio in integrum* por parte de uma mulher que tivesse concluído um negócio sem a presença do pai, do marido ou de um irmão. Além de recorrer à prática das *renuntiationes*, diversas localidades do sul da França dotaram-se de estatutos próprios, inserindo neles os costumes locais dos quais não pretendiam abrir mão, em analogia com o comportamento correspondente das comunas italianas contemporâneas. Contudo, o direito romano continuou bastante presente, como direito subsidiário. Quando a monarquia foi chamada a tomar conhecimento dessa realidade típica das regiões de direito escrito, a intenção de evitar toda e qualquer potencial subordinação ao Império – do qual o direito romano justiniano era considerado a expressão – induziu Filipe, o Belo, a estabelecer, em 1312, com uma ordenança apropriada, que nos *Pays de droit écrit* o direito romano também era admissível, mas sempre a título de costume local e não como direito imperial[245].

Muito mais relevante foi o papel dos costumes nas regiões centro-setentrionais do reino, que assumiram a denominação de *Pays de droit coutumier*. Trata-se de um conjunto de normas expressas de modo muito concreto, distanciado do tecnicismo erudito [Ourliac-Gazzaniga, 1985, p. 9]. A influência do direito franco acolhido na Lei Sálica foi acrescentada no decorrer dos séculos da Alta Idade Média a novos elementos de formação consuetudinária. Posteriormente, com o renascimento do direito romano e com a afirmação do poder monárquico, sempre com o propósito de salvaguardar as normativas específicas locais, começou-se a redigir por escrito alguns textos que relatavam os costumes da região. Na Normandia, o mais antigo *Coutumier* remonta ao final do século XII, quando a região ainda não fazia parte dos domínios do reino[246], enquanto uma versão mais ampliada e elaborada, que se vale também do direito romano integrado aos elementos consuetudinários, surgiu em meados do século XIII[247].

O costume de Orléans foi exposto no *Livre de Jostice et de Plet*, enquanto o de Anjou e o da região de Tours alcançaram expressão nos *Etablissements de Saint Louis*, de 1270[248]. No século XIV, a Bretanha também colocou por escrito os próprios costumes[249], enquanto os costumes da região parisiense foram expostos no *Grand Coutumier de France*[250]. O direito romano teve, de qualquer forma, uma notável importância também nos *Pays de droit coutumier*, sendo muitas vezes evocado e aplicado como *ratio scripta* nos casos em que o costume local não subvencionava.

A obra mais importante e famosa de todas foi escrita pelo jurista Philippe de Beaumanoir[251], que por volta de 1280 esboçou os costumes vigentes no condado de Clermont, onde exercia as funções de *baili* (juiz e funcionário do rei): seu tratado é admirável pela perspicácia, não desprovido de espírito crítico, com o qual são expressos os costumes do Beauvaisis, que constituem o esqueleto da obra[252]; mas também se nota a presença de elementos sabiamente entretecidos de direito romano e de direito régio, que enfim não podia mais ser negligenciado:

---

[245] Isambert, *Ordonnances*, III, pp. 20-7, à p. 22.
[246] *Très ancien Coutumier de Normandie* (c. 1190).
[247] *Summa de legibus Normanniae* (1254), depois em versão francesa com o título de *Grand Coutumier de Normandie* (c. 1270).
[248] *Les Etablissements de Saint Louis*, ed. P. Viollet, Paris, 1881. O título se deve ao fato de que, no início do texto, é reportada uma ordenança do rei Luís IX sobre o processo judiciário.
[249] *Très ancienne coutume de Bretagne* (1312-1341), editada pela primeira vez em Paris, 1480.
[250] *Le Grand Coutumier de France*, ed. d'Ablaing-Laboulaye, Paris, 1868.
[251] Philippe de Beaumanoir, *Coutumes de Beauvaisis*, ed. A. Salmon, Paris, 1899-1900, 2 vols.
[252] Um exemplo. As obrigações concluídas por escrito com ato público são provadas não com o exame da escritura, mas com base no sinete aposto ao documento pelo senhor leigo ou eclesiástico; o sinete constitui prova contra o senhor que o apôs, em caso de contestação em juízo movida contra ele por um terceiro. Se, contudo, o senhor nega a autenticidade do sinete, é a contraparte que tem de levar em juízo duas testemunhas que declarem ter estado presentes à aposição do sinete. Se isso acontecer, o senhor deve ser submetido a uma multa, ao passo que quem tentou provar a autenticidade do sinete sem sucesso incorre em sanções mais pesadas. Em Beaumanoir, essa disparidade parece não ter justificativa, a ponto de ele propor um regulamento diferente: *Coutume de Beauvaisis*, vol. II, cap. XXXV, pp. 44 s.

por exemplo, nos lugares em que a monarquia se esforçava para eliminar e/ou para circunscrever as violências e as guerras privadas com leis que impunham a "quarentena" ou com instrumentos como o *asseurement*[253].

5. A Península Ibérica

Do século IX ao século XIII, os direitos locais constituíram na Espanha a fonte preponderante do direito. Eles se manifestaram em três formas diferentes, que, contudo, apresentam não poucos aspectos comuns.

Encontramos, inicialmente, uma série de "cartas de população" (*cartas pueblas*), nas quais um senhor local estabelecia, de modo normativo, direitos e obrigações coletivos para grupos de colonos aos quais eram atribuídas terras não cultivadas com o objetivo de fazer com que elas produzissem colheitas. Os colonos permaneciam na dependência do senhor ao adotarem as regras estabelecidas na carta. Assim, por exemplo, aconteceu no ano 954, com a Carta de Freixà, uma propriedade situada no condado de Barcelona, em favor de um grupo de apenas cinco homens nominalmente citados. O mesmo acontecia em muitos outros casos, que explicitam, nos conteúdos normativos, costumes de direito privado frequentemente preexistentes.

Caráter diferente apresentam os *Fueros* municipais "breves": o termo, de derivação latina (*forum*), aponta uma fonte escrita que indicava uma concessão de privilégios por parte de um rei a uma comunidade local, geralmente uma cidade ou um burgo. Tratava-se de cartas de franquia por meio das quais eram concedidas aos habitantes algumas liberdades de comércio e de organização local, quase sempre acompanhadas de normas de direito penal e de disposições sobre bosques e pastos, bens de propriedade comum[254]. Frequentemente o *fuero* defendia os concessionários de prevaricações dos nobres contra os "populatores", fortalecendo desse modo o papel do rei, como aconteceu, por exemplo, em Cáceres na Estremadura em 1231, com uma disposição que equiparava expressamente, no que dizia respeito à justiça, nobres e não nobres, ricos e pobres, ordenando que na cidade, havia pouco reconquistada para os cristãos pelos exércitos do rei contra os mouros, houvesse apenas dois palácios: o do rei e o do bispo[255].

Esses privilégios frequentemente provocaram conflitos com os senhores locais, que buscavam manter seu controle tradicional sobre a população do burgo. Em León, Castela e em outros lugares, são vários os exemplos de *Fueros* dessa natureza nos séculos XI e XII[256]. Essas fontes dão testemunho de um processo de atomização de um direito [Tomás y Valiente, 1983, p. 146] que é lacunar e incompleto, exigindo complementações importantes. Atendem a esse fim as normas, ainda em vigor, do *Liber iudiciorum* visigodo, mas também o arbítrio judicial e, muito frequentemente, os usos locais (*usus terrae*).

Por volta do final do século XII, uma nova tipologia de *Fueros* começou a se afirmar. Com base nos costumes e também, especialmente em Castela e em Navarra, em sentenças judiciais (*fazañas*) – termo que designa decisões livremente assumidas pelos juízes, por seu próprio arbítrio (*albedrío*), ali onde não havia uma norma, posteriormente consideradas vinculantes para os casos futuros –, foram constituídos *Fueros* muito mais amplos em comparação com os

---

[253] *Coutumes de Beauvaisis*, vol. II, cap. LX, pp. 366-74.
[254] Os conteúdos podiam coincidir com a tradição jurídica da comunidade, como se deu, por exemplo, quando o rei Afonso VI reconheceu, em 1095, aos habitantes de Logroño um Fuero baseado no direito franco, posteriormente estendido a outras localidades de Castela.
[255] Ver a passagem em *El fuero de Caceres*, Cáceres, 1998, p. 32; e as observações críticas de Bruno Aguilera Barchet sobre a composição do privilégio de Afonso IX, rei de León (ibid., pp. 162-70).
[256] Em Aragão, é importante o *Fuero* de Jaca, de 1063, que acolhe em ampla medida o direito franco. Na Catalunha, as Cartas de franquia apresentam características semelhantes, como a de Barcelona, de 1025 [Font Rius, 1969] e particularmente as franquias para Tortosa, Lérida e Agramunt, paralelas ao processo de reconquista do território contra a dominação islâmica em meados do século XII.

já recordados. Eles tinham o propósito de oferecer uma disciplina potencialmente completa, de modo que não necessitassem de acréscimos, a não ser em casos excepcionais. Para esses casos, o Fuero podia confiar ao arbítrio do juiz a decisão, eventualmente permitindo impugná-la com recurso ao Conselho do rei.

A historiografia identificou quatro principais famílias de *Fueros* [García-Gallo, 1971], correspondentes a diversas regiões da Península Ibérica. Para a região aragonesa e navarra, é fundamental a versão ampliada do Fuero de Jaca, que influenciou várias cidades, assim como o Fuero de Tudela. Na região da Estremadura leonesa, foi composto por "boni homines" o Fuero de Salamanca, ao lado de outros. A região da Estremadura castelhana conta com numerosos *Fueros*, entre os quais parece ser o original o Fuero de Sepúlveda, depois estendido a várias outras localidades; mas, de longe, o mais importante para essa região é o Fuero de Cuenca[257], formado no século XIII (1233) com a unificação de numerosas fontes consuetudinárias locais, provavelmente com base em um Formulário anteriormente ordenado pelo rei Afonso VIII. O Fuero de Cuenca teve grande difusão em muitas cidades e localidades de Castela e de outras partes da Península Ibérica. A região catalã também conheceu fontes análogas no século XIII sob a denominação de *Consuetudines* ou *Costums*, como as de Lérida (1228) e de Tortosa (1279).

Essas fontes, algumas das quais foram aplicadas por imitação ou por ampliação dos concessores a mais localidades, mantêm de qualquer forma as características típicas de costumes locais. Mas, a partir do século XIII, manifestaram-se na Península Ibérica tendências convergentes em vista da superação do particularismo.

Em Navarra, o *Fuero general* (1234-1253) unificou diversos textos consuetudinários da região, que durante muito tempo permaneceu alheia, também pela posição geográfica distante das comunicações com a Itália, à influência do direito romano comum. No Reino de Aragão, o rei Jaime I ordenou ao bispo de Huesca, don Viodal de Canellas, que fora estudante em Bolonha, que compusesse um texto unificado com os direitos locais: em 1247, foram promulgados os *Fueros de Aragón*, que continham normas consuetudinárias locais e material jurisprudencial, com remissão, em casos de lacuna, "ad naturalem sensum vel aequitatem": uma norma de conclusão do sistema que foi concretamente entendida – especialmente por obra do Tribunal de justiça superior do reino, a Justicia Mayor – como uma remissão ao direito comum. Note-se que o direito geral do reino não prevaleceu sobre os *Fueros* locais, que permaneceram em vigor com prioridade de aplicação sobre o Fuero geral e o direito comum.

Na Catalunha, onde o recurso ao *Liber iudiciorum* visigodo vinha se tornando cada vez mais raro, fora providenciada desde os anos 70 do século XI a promulgação de trinta capítulos de *Usatges* (Usanças) de Barcelona[258] por parte do conde Berenário I. Esses *Usatges* incluíram outras normas no decorrer dos dois séculos seguintes. E disso surgiu um texto importante, inicialmente redigido em latim e depois traduzido para o catalão, que trata de temas feudais, processuais, penais, como também de direito comercial e marítimo. Algumas normas das Usanças tiveram ampla circulação também fora da Espanha. Os costumes locais permaneceram, nenhum deles alcançou valor geral, nem mesmo o costume de Barcelona, que, não obstante, foi ampliado para muitas localidades catalãs, mesmo distantes, por meio do expediente de considerá-las "bairros" da cidade. Para o direito feudal, no século XIII, o cônego barcelonense padre Alberto, que estudara em Bolonha, elaborou as *Commemoracions*, baseadas nos *Libri Feudorum*, em que também se inspiraram as *Costumas de Catalunya*, da mesma época.

Na Catalunha, a legislação régia sempre esteve subordinada às leis anteriormente aprovadas pelas *Cortes*, compostas das três ordens tradicionais: nobres, clero e burguesia urbana. Também as Pragmáticas emanadas somente pelo rei não podiam derrogá-las. Por outro lado, o direito comum teve um papel pleno e intenso na Catalunha, mais que em qualquer outra

---

[257] *Fuero de Cuenca*, ed. R. de Ureña y Smenjaud, Madri, 1935.
[258] Cf. a edição com glosa organizada por Iglesia Ferreirós, 2003, pp. 511-894.

parte da Península, no dúplice sentido de que vigorava como direito subsidiário[259] e até mesmo as normas locais, consuetudinárias e legislativas, eram muito impregnadas dele.

Em Castela, formaram-se duas fontes de grande importância no decorrer do século XIII. A tradução para o castelhano do *Liber iudiciorum* visigodo, promovida pelo rei Ferdinando III (1217-1252), assumiu o nome de *Fuero Juzgo*[260]. Em Toledo, o direito consuetudinário local continuou a ser aplicado por muito tempo, para uma parte da população (*castellanos*); contudo, para a população moçárabe – os hispânicos de religião cristã que, especialmente na parte meridional da Península, haviam adotado a língua e a cultura árabes no decorrer dos séculos de dominação islâmica – uma jurisdição diferente reservada para eles continuou a aplicar o Fuero Juzgo até o século XV.

Pouco depois, o rei Afonso X (1252-1284), que sucedera seu pai, Ferdinando III, tomou a iniciativa de mandar compor um texto que uniformizasse o direito fragmentado entre os diversos *Fueros* de Castela. E confiou a tarefa a doutores juristas, que tomaram como fundamento, mais uma vez, o *Liber iudiciorum* visigodo, incluindo, porém, muitas disposições de origem canonística, extraídas do *Liber Extra* de Gregório IX. Desse modo, o *Fuero Real*, aprovado em 1255[261], foi gradualmente se impondo em muitas cidades da Castela antiga – entre as quais Aguilar de Campoo, Sahagún, Madri, Burgos, Valladolid –, ao passo que para o território de León e para as localidades de conquista recente valia principalmente o *Fuero Juzgo*. Contudo, a disposição do *Fuero Real* que confiava a nomeação do magistrado municipal (*alcalde*) ao rei e não mais à eleição popular (como, por exemplo, estabelecia o Fuero de Madri), junto com outras disposições de centralização do poder, provocaram nas cidades castelhanas uma oposição tão ferrenha, que forçou o rei, em 1272, a renovar os privilégios antigos para os municípios que haviam conquistado a autonomia no passado.

Em outras cidades, o efeito unificador foi alcançado, juntamente com o objetivo de limitar o papel dos juízes e de seu poder criador de direito por meio de decisões discricionárias, as *fazañas*. Mas a resistência não se atenuou. Mais tarde, no final do século, o rei Sancho IV determinou que o Fuero Real valia apenas para os juízes de competência do Tribunal régio de justiça, não para os juízos de competência dos Tribunais locais, nem mesmo nos casos em que eles apelassem para os juízes do rei, porque para eles valiam as normas dos *Fueros* preexistentes [Tomás y Valiente, 1983].

O próprio Afonso X de Castela está na origem do texto que talvez seja o mais famoso na história da legislação hispânica: o *Livro das Sete Partes* (*Las Siete Partidas*)[262], composto (segundo a tese mais fidedigna) entre os anos 1256 e 1265 por alguns juristas eruditos, entre os quais Fernando Martinez de Zamora, que estudara em Bolonha e fora aluno de Azzone. A obra trata, em seus sete livros, respectivamente, de organização eclesiástica, poderes do rei, processo, matrimônio, contratos e feudos, sucessões, direito penal. Seu conteúdo normativo é quase inteiramente extraído das fontes romano-canônicas medievais, do *Corpus iuris* às Decretais e aos *Libri Feudorum*, com remissão às doutrinas dos maiores civilistas e canonistas da primeira metade do século XIII. Talvez o propósito da composição fosse – segundo uma tese bem sugestiva[263] – viabilizar, por meio de uma obra legislativa ambiciosa e não limitada às fronteiras de um reino, a candidatura de Afonso X ao trono imperial.

---

[259] Em 1251, Jaime I impôs que se devia recorrer, na ausência de disposições consuetudinárias ou de normas dos *Usatges*, "segundo o sentimento natural" ("secundum sensum naturalem"), proibindo a alegação das leis romanas ou canônicas. Mas, de fato, isso comportou o recurso ao direito comum, que em 1410 era expressamente indicado pelas *Cortes* de Barcelona como fonte subsidiária última junto com a equidade e a "boa razão" ("dret comú, equitat e bona rahó").

[260] *Fuero Juzgo en latin y castellano*, Madri, 1815.

[261] *Fuero Real del Rey Don Alonso el Sabio*, Madri, 1836, reed.Valladolid, 1971.

[262] A permanente fortuna crítica da obra é atestada, além dos manuscritos, pela edição incunábula de 1491, acompanhada pela glosa de Alonso Díaz de Moncalvo e especialmente pela edição de Salamanca de 1555 glosada por Gregorio Lopez, *Las Siete Partidas del sabio Rey don Alfonso el nono*, reed. Madri, 1974. Cf. também a edição crítica de Madri de 1807, *Las Siete Partidas del Rey don Alfonso el Sabio*, reed. Madri, 1972.

[263] Gibert, 1978, p. 41; Iglesia Ferreirós, 1996, II, p. 31.

As *Partidas* não tiveram, contudo, aplicação imediata. Durante quase um século, os *Fueros* locais, o Fuero Juzgo e, nos limites já mencionados, o Fuero Real constituíram as fontes normativas do reino. Mas, na metade do século XIV, o Ordenamento de Alcalá (1348) do rei Afonso XI, além de introduzir normas significativas em matéria civil, processual e penal, estabeleceu uma ordem das fontes do direito destinada a permanecer estável em Castela até o século XIX: em primeiro lugar, devia-se aplicar o Ordenamento de Alcalá (e essa norma foi entendida no sentido de incluir em geral todo o direito régio como fonte primária); em segundo lugar, os juízes deviam aplicar os *Fueros* locais, inclusive o Fuero Real, nas localidades em que ele fosse o direito vigente; em terceiro lugar, para as matérias não abordadas pelas duas primeiras categorias de fontes, prescrevia-se como norma legal aplicar de modo subsidiário a observância das *Partidas*. Com isso, o direito comum ingressava formalmente nas fontes do direito espanhol, mesmo que a remissão não fosse ao *Corpus iuris* como tal, e sim aos textos acolhidos nas *Partidas*.

A legislação castelhana realizou-se, a partir do fim do século XIII, por acordo entre o monarca e as *Cortes* representativas das três ordens do clero, da nobreza e do patriciado citadino, mesmo que, em princípio, o poder de legiferar fosse atribuído pelas *Partidas* ao rei. Mais tarde, no século XV, as decisões normativas assumidas pelo próprio rei passaram a figurar ao lado das leis concordadas com as *Cortes*, sob o nome tardo-antigo de *Pragmáticas* (*Pragmaticas*) e com o nome de *Ordenanças* (*Ordenanzas*). Uma coletânea fundamental de *Pragmáticas* e *Ordenanças* do período subsequente ao Ordenamento de Alcalá do ano de 1348 foi promulgada em 1484, sob o título de *Ordenamiento de Montalvo*.

6. Escandinávia

Nos três reinos da Dinamarca, Suécia e Noruega – o território da Escandinávia fora conquistado por povos germânicos antes mesmo da era cristã –, os costumes locais das diversas províncias começaram a ser registrados por escrito desde o século XIII. Na Dinamarca, a *Lex Iutiae* (Jutland), de 1241, e outras leis da mesma época[264] foram emanadas pelos reis com base em costumes que remontavam à Alta Idade Média. Na Suécia, o texto mais antigo é o da região do Västergötland, que remonta à primeira metade do século XIII, enquanto outros códigos foram compostos entre o fim do século XIII e a primeira parte do século XIV, entre os quais o da Uppland e de outras regiões da Suécia central[265]. Escritos em língua sueca arcaica, eles tratam prioritariamente de direito privado – família, direitos régios, contratos agrários – e atestam a existência de uma sociedade substancialmente uniforme, composta de comunidades de livres [Lindqvist, 1997].

Não muito tempo depois, por volta de 1350, sobreveio, por iniciativa do rei Magnus Eriksson, uma legislação estendida a todo o reino, analogamente àquilo que se passara na Noruega desde 1270 por obra do rei Magnus Lagaböter. O código sueco (*landslag*) era aplicado ao território extraurbano, enquanto para as cidades o próprio soberano Magnus Eriksson emanou, em 1352, uma lei à parte (*stadlag*), também de alcance geral. Esses textos se sobrepuseram, sem conseguir substituir, a não ser parcialmente, aos códigos provinciais. Estes permaneceram em vigor, mesmo tendo sido submetidos a algumas inovações, até à legislação geral de 1734. O conteúdo é amplamente coincidente com as legislações provinciais, ao passo que nos códigos régios de vez em quando se adotam normas derivadas delas.

Caráter completamente diferente têm os "pactos de juramento" denominados *edsöre*, com os quais os súditos e o rei comprometiam-se, mediante um juramento coletivo, com a conservação da paz pública. Eles eram acompanhados por sanções decretadas por juízes régios, com normas processuais diferenciadas das normas comuns e com o fortalecimento

---

[264] Publicadas em *Danmarks gamle Landskabslove*, ed. Brøndum-Nielsen and Jørgensen, 1932-1961.
[265] Publicados em *Svenska landskapslagar*, ed. Holmbäck e Wessén, 1933-1945.

dos poderes régios no que se refere à investigação dos delitos. Os *edsöre*[266] constituíram instrumentos fundamentais na afirmação do poder da monarquia: o respeito à paz pública, confiado ao rei e a seus juízes mediante as sanções e os procedimentos predispostos para esse fim, permitiu um maior controle do território e um papel de garantia nas relações entre as classes.

---

[266] Lindkvist, 1997, p. 217.

15. O sistema do direito comum

Direito romano e direito canônico; níveis normativos distintos no interior de cada um desses dois grandes complexos universais; direito comum, direitos particulares, direitos locais; estatutos e costumes: a copresença em um mesmo ordenamento de fontes jurídicas tão remotas entre si por conta da origem e da natureza suscitava uma série de problemas práticos e teóricos de alta complexidade, porque era preciso distinguir os critérios da coordenação e da interação entre todas essas fontes [Calasso, 1951]. Os maiores juristas medievais dedicaram grande atenção a sua solução, em um debate secular do qual nos limitaremos a referir aqui apenas uns poucos elementos entre os tantos dignos de nota, atualmente bem iluminados pelas modernas pesquisas dos historiadores do direito. Abordaremos aqui alguns temas sobre os quais o debate foi particularmente intenso, em razão de seu alcance não apenas teórico, mas também concreto. Os dois primeiros temas – o binômio rigor/equidade e a relação entre lei e costumes – serão examinados à luz da escola dos glosadores.

1. *Equidade e rigor*

O primeiro debate cujas características, na era da Glosa, desejamos evocar diz respeito ao papel da equidade na interpretação e na aplicação das normas de lei[267].

A alta e idealizada importância que o conceito de equidade tinha para os glosadores fica muito clara já em alguns escritos precoces da escola: na passagem, por exemplo, em que um autor (que talvez seja Martinho, discípulo de Irnério) evoca a noção ciceroniana de *aequitas* como a virtude "que atribui direitos iguais em paridade de situações"[268], mas logo depois atribui uma qualificação divina a essa faculdade: "Nihil aliud est equitas quam Deus"[269]. Portanto, o próprio Deus é a fonte da equidade. Se buscada pelo homem com constância, a equidade se traduz em justiça; se redigida em normas – escritas ou consuetudinárias – dá vida ao direito[270]. Os glosadores, a exemplo dos antigos, qualificaram a equidade transposta em normas de lei como *constituta*[271], enquanto a equidade que ainda não se tornara lei foi chamada de *rudis*, primitiva[272]. Por sua vez, o autor de uma obra entre as mais sofisticadas da escola (as já mencionadas *Quaestiones de iuris subtilitatibus*) descreve imaginosamente a Equidade como disposta a pesar em uma balança as razões da Lei em nome da Justiça: a lei pela qual os

---

[267] Entre os muitos pontos dedicados ao tema, de Savigny em diante, remetemos a Meijers IV, 1966, pp. 142-66; Lange 1954, pp. 319-47; Cortese 1962, vol. II, pp. 320-62; Padovani, 1997, pp. 143-52.

[268] Cícero, *Tópica*, 23: "Valeat aequitas, quae in paribus causis paria iura desiderat".

[269] *Fragmentum Pragense*, ed. Fitting, *Juristische Schriften des früheren Mittelalters*, Halle, 1876, p. 216. A recondução da equidade àquela que para o pensamento medieval cristão é sua fonte, o próprio Deus, é um motivo constante no pensamento dos glosadores [a esse respeito, ver Cortese, 1962, vol. I, pp. 57-9].

[270] Sobre isso, cf. os destaques de Grossi, 1995, pp. 175-9.

[271] Cícero já definira o *ius civile* como "aequitas constituta iis qui eiusdem civitatis sunt ad res suas optinendas" (*Topica*, 9).

[272] "Equitas bipartita est. Est equitas constituta que, manens quod erat, incipit esse quod non erat, idest ius. Est et rudis, et in hac iudicis officium deprehenditur [...], ideo iudicum officium in hac specialiter esse dicitur. M[artinus]" (ed. Dolezalek, 1995, II, p. 599). Cf. a pesquisa de Vallejo, 1992.

homens dignos de estima são reconhecidos no ato de anular os preceitos não consoantes com o que está prescrito pela própria Equidade[273].

As dificuldades surgiram quando foi necessário estabelecer qual deveria ser o papel da equidade na administração da justiça secular (para o direito canônico, essa problemática assumirá características diferentes e específicas, como veremos). Como de costume, o ponto de partida para a reflexão da escola nasceu do contraste, à primeira vista dificilmente conciliável, entre dois textos de Constantino, ambos acolhidos no Código de Justiniano: enquanto uma constituição (a l. *placuit*) decretava que a equidade devia ter sempre a primazia sobre o rigor do direito estrito[274], outra constituição (a l. *inter*) atribuía exclusivamente ao imperador o poder para dirimir eventuais contrastes entre *aequitas* e *ius*[275]. Uma vez mais, surgiu um nítido dissenso sobre essa questão entre as escolas dos dois grandes alunos de Irnério.

Búlgaro e, depois dele, Rogério distinguiram duas acepções do termo *aequitas* – a equidade escrita e a equidade não escrita –, atribuindo a prioridade indicada pela l. *placuit* à hipótese da equidade escrita (ou seja, a equidade sancionada pelas fontes, que, com efeito, contrapõem repetidamente, em pontos específicos do direito, a *aequitas* ao *rigor iuris* ou ao *ius strictum*)[276] e, por outro lado, proibindo ao juiz qualquer distanciamento do direito escrito em nome da equidade não escrita (*aequitas rudis*), que apenas o príncipe pode traduzir em preceitos legais[277]. Martinho e seus seguidores, ao contrário, julgaram admissível que o próprio juiz, onde a necessidade o aconselhasse, se fizesse paladino da equidade primitiva, mesmo em contraste com o direito estrito: para eles, a l. *inter* reservava ao imperador o dever de ditar a interpretação autêntica e geral, mas não proibia o juiz, em casos concretos e determinados, de antepor a equidade, mesmo não escrita, ao rigor do direito escrito[278]. Podemos encontrar atitude análoga, particularmente favorável ao princípio da equidade – concebida como um crivo severo em relação às leis e costumes –, em algumas célebres obras dessa época, provavelmente compostas no sul da França: por exemplo, no prólogo das *Exceptiones Petri*, que declara brutalmente até mesmo "calcar aos pés tudo o que se encontrar de inútil, ab-rogado ou contrário à equidade nas leis romanas"[279]. E também uma conhecida glosa da escola de Vacário parte da mesma perspectiva de Martinho[280].

Algumas ideias defendidas por Martinho apresentam um interesse particular. É dele a tese segundo a qual, em nome da equidade, o juiz pode conceder um instrumento processual polivalente (uma *actio utilis ex aequitate*) para resolver situações às quais o direito estrito do *Corpus iuris* nega toda tutela: por exemplo, uma ação a favor de quem tenha administrado utilmente um negócio em nome de um terceiro, tendo, porém, extrapolado os limites dos orçamentos prefixados[281]. Em contraposição à regra que proibia estipular um negócio em nome de outro sujeito – "alteri stipulari nemo potest"[282] –, Martinho julgou que o sujeito representado podia valer-se de uma ação útil para obter diretamente (em vez da intervenção em juízo de seu representante na qualidade de processante) o cumprimento da obrigação por parte de

---

[273] "Iustitia [...] causas enim et Dei et hominum crebris advertebat suspiriis easque lance prorsus equabili per manus Equitatis trutinabat [...]; honorabiles viri [...] sedulo dantes operam, ut si que ex litteris illis ab Equitatis examine dissonarent, haberentur pro cancellatis" (*Quaestiones de iuris subtilitatibus*, 4-5, ed. G. Zanetti, Florença, 1958, p. 5).

[274] Cod. 3. 1. 8: "Placuit in omnibus rebus praecipuam esse iustitiae aequitastisque quam stricti iuris rationem".

[275] Cod. 1. 14. 1: "Inter aequitatem iusque interpositam interpretationem nobis solis et oportet et licet inspicere".

[276] É o que vemos, por exemplo, em Dig. 4. 1. 7; Dig. 39. 3. 2. 5.

[277] Búlgaro, ed. Beckhaus, p. 79; Rogério, ed. Kantorowicz, 1969, p. 286; *Dissensiones dominorum,* ed. Haenel, *Coll. Hugolini,* § 91; Azzone, *Lectura Codicis,* ad Cod. 3. 1. 8, l. *placuit.*

[278] Outros textos em Meijers IV, 1966, pp. 147 s.

[279] *Exceptiones Petri*, prol. (ed. C. G. Mor, *Scritti giuridici preirneriani*, II, Milão, 1980, p. 47): "si quid inutile, ruptum, aequitative contrarium in legibus reperitur, nostris pedis subcalcamus".

[280] Glosa a Vacário, *Liber Pauperum*, ed. de Zulueta, Londres, 1927, p. 69: "nos dicimus rudem equitatem iuri preferendam ubi apparuerit"; mas um pouco adiante esclarece que o dever de afirmar a equidade "rude" cabe ao príncipe, segundo o que estava prescrito no Cod. 1. 14. 1.

[281] Lange, 1954, pp. 107s.

[282] É a regra romana: Dig. 45. 1. 38. 17.

um terceiro que tivesse concluído o acordo com o representante[283]: tese essa de importância definitiva, porque prefigura um reconhecimento do princípio moderno da representação direta, geralmente negada pelo direito romano.

Os adversários exprimiram duras críticas contra Martinho e seus seguidores: Rogério os chamou de "néscios" e de "insolentes"[284], outros os acusaram de estabelecer acima do texto da lei regras arbitrariamente excogitadas por seus corações ou mentes[285]. Na realidade, as pesquisas históricas modernas já esclareceram que, nesse campo, a posição dos "gosianos" depois passou a não ser mais considerada eversiva: analisados um a um, os casos nos quais eles consideravam o juiz autorizado a preferir a equidade ao rigor referiam-se todos, mesmo que de modo indireto, a regras contidas em textos do *Corpus iuris*[286].

Aqui como em tantos outros campos, foi a tese de Búlgaro que prevaleceu durante sucessivas gerações: as soluções "equitativas" específicas sugeridas por Martinho eram quase todas rejeitadas por Azzone e por Acúrsio, mesmo continuando a ser citadas [Lange, 1954, pp. 102-8]. Mas isso, de fato, não significa que a escola tenha se fechado a toda forma de reconhecimento do papel da equidade em relação às normas jurídicas consideradas excessivamente rígidas. Ao contrário, a orientação dominante buscou repetidamente ampliar os limites do poder dos juízes, escolhendo, contudo, um caminho parcialmente diferente do caminho de Martinho (mesmo já entrevisto por ele), baseado em dois princípios: em primeiro lugar, no critério interpretativo fundamental, que possibilitava, desde que se tivesse encontrado previamente uma eventual discrepância entre a *mens* (ou *ratio* ou *causa*) *legis* e seus *verba* – portanto, entre a razão estabelecida como fundamento da norma e sua formulação literal – argumentar com base na *ratio legis*; em segundo lugar, no critério de considerar regra o *ius strictum*, à exceção do *ius aequum*, e, portanto, prevalecendo o segundo sobre o primeiro por força do princípio pelo qual a exceção prevalece sobre a regra, por sua vez fundado no critério – mais geral ainda e de origem retórico-dialética – da derrogação do gênero por parte da espécie[287].

Onde era possível argumentar que o legislador recorrera a palavras (*verba*) que exprimiam algo de mais ou algo de menos no que se referia às próprias intenções (*voluntas*) ou à motivação objetiva (*ratio*) da própria lei, reconhecia-se, então, a possibilidade de fazer apelo à equidade, mesmo contra a letra da lei. Por exemplo, João Bassiano e sua escola argumentaram que a proibição de dar dinheiro ao filho, estabelecida pelo Senatoconsulto Macedônio, podia ser superada em presença de causas de significado particular, como as despesas dos estudos ou outras circunstâncias sugeridas pelo afeto paterno[288]. Do mesmo modo, a norma justiniana que considerava ser necessário dar curso tanto à *actio furti* quanto à *actio servi corrupti* em relação a um terceiro que tivesse instigado um servo a cometer um furto contra seu senhor[289], era extensível ao caso em que fosse o filho do senhor e não o servo a cometer o furto: e isso em virtude da *ratio aequitatis*, que prevalecia sobre a *ratio iuris stricti*[290].

---

[283] Gl. acursiana *utilis* ao Cod. 3. 42. 8. 1: "item nota quod ex hac lege dixit M[artinus] ex alterius pactu semper dari utilem actionem". A constituição do Código admitia uma *actio utilis* em matéria de depósito; Martinho generaliza seu alcance.

[284] "[...] stulti (sibi licere quodlibet putantes, equitatem quoque, quam non noscunt, se scire inverecunde temereque asserentes, legibus apertis principum auctoritati suum proferentes sensum) contra dicunt" (Rogério, *Enodationes quaestionum super Codice* [in Kantorowicz, 1969, p. 284]).

[285] "Martinus vero ex aequitate cordis sui dicebat [...]" (Azzone, *Brocardica, de pactis*, 54).

[286] Ver a demonstração dada por Cortese, 1964, II, pp. 324-8; 338 s.; Meijers IV, 1966, p. 126.

[287] Cortese, 1964, II, pp. 345-9.

[288] "Ecce enim: [Senatusconsultum Macedonianum] indeterminate prohibuit ne pecunia filio familias daretur, non excipit aliquem casum senatusconsultum, *equitas tamen excipit*, scilicet degit alibi studiorum causa, vel in hiis in quibus paterna pietas non recusaret", *Commentario* ao Cod. 1. 14. 3, l. *inter*, do ms. de Paris, BN, lat. 4546 (editado por Cortese, 1964, II, p. 339).

[289] *Cod. Iust.* 6. 2. 20: o caso pressupunha que o servo tivesse levado a cabo o fato com o consenso de seu senhor, que queria assim surpreender o terceiro e fazer com que ele fosse punido; a norma justiniana resolvia o conflito expresso pelos *veteres*, que estavam em desacordo entre si sobre qual das duas ações (a *actio furti* ou a *actio servi corrupti*) devia ser aplicada em relação ao terceiro.

[290] Esse texto de João Bassiano sobre a l. *placuit* (Cod. 3. 1. 8) – extraído do ms. de Nápoles, *Biblioteca nazionale*, Branc. IV. D 4 – também foi editado e analisado por Cortese, 1964, II, pp. 351 s.

Com a adoção desses critérios, reafirmava-se, por um lado, o primado da lei sobre a equidade não escrita, dificultando qualquer argumentação que partisse da equidade para violar a lei, nos pontos em que a lei já tivesse sido formulada em termos explícitos[291]; por outro, era tido como lícito utilizar o instrumento hermenêutico para, eventualmente, argumentar que a vontade do legislador fora expressa de modo impróprio, o que permitia o recurso ao critério da equidade por parte do juiz, mesmo que apenas excepcionalmente. Uma solução que satisfazia tanto as exigências da certeza como as da justiça, potencialmente conflitantes.

2. *Lei e costumes*

Um segundo debate da escola dos glosadores que pretendemos destacar refere-se ao tema crucial da relação entre as duas fontes fundamentais do direito: a lei e o costume[292].

Depois de tudo o que já foi dito sobre o método dos glosadores, não causará admiração o fato de tal debate ter se iniciado, uma vez mais, por uma questão de conflito entre leis, mediante a costumeira fórmula da *solutio contrariorum*. Como bem se sabe, as fontes justinianas ofereciam uma dupla resposta à questão da relação entre a lei e o costume. A tese clássica, consignada no Digesto por meio de um célebre fragmento de Sálvio Juliano, considerava a vontade popular como o fundamento comum tanto da lei quanto do costume, de modo que a única (e nada relevante) diferença consistia no modo expresso ou, ao contrário, tácito com que o consenso popular se manifestava; o nível de legitimação de ambos era o mesmo, o nível de vinculatividade do costume devia ser considerado igual ao da lei, e a lei era suscetível de ab-rogação por obra de um costume contrário posterior[293]. Por sua vez, a tese pós-clássica, esculpida em outra não menos célebre constituição de Constantino, estabelecia a prioridade da lei sobre o costume em caso de contraposição entre as duas fontes[294]. As duas normas correspondem a duas fases históricas da evolução do direito de Roma[295]: enquanto a primeira reflete a estrutura das fontes da era republicana e da idade clássica, a segunda estabelece o primado da legislação imperial na tentativa de represar as investidas dos vários costumes vivos nas diversas regiões do vasto Império.

Pelas razões que conhecemos, uma explicação historicista da contraposição entre os dois textos não era suficiente para os glosadores. Além disso, a atenção deles era atraída pelo fato de que o papel do costume, em sua relação com a lei, constituía no século XII um problema de enorme alcance prático, além de teórico: em um mundo no qual pululavam costumes locais – que já começavam a se traduzir em textos escritos: os primeiros estatutos italianos, os *coutumes* franceses, os *Fueros* espanhóis, os *Landrecht* alemães –, era essencial esclarecer-se e até que ponto a "Lei" secular por antonomásia, a lei dos textos de Justiniano, podia impor seu primado, a ponto de prevalecer sobre qualquer norma consuetudinária.

O debate se iniciou imediatamente, com a segunda geração da escola. Uma tese rigidamente restritiva – talvez defendida por Iacopo, se não pelo próprio Irnério[296] – optou pela

---

[291] Por exemplo, não se julgou factível a *actio utilitas*, exceto em presença de um apoio normativo explícito.

[292] A historiografia jurídica também trabalhou profundamente esse tema; cf. Cortese, 1964, II, pp. 110-38; Gouron, 1988a, pp. 117-30; Grossi, 1995, pp. 82-90.

[293] Citamos aqui a célebre passagem de Sálvio Juliano sobre o costume: "Inveterata consuetudo pro lege non immerito custoditur, et hoc est ius quod dicitur moribus constitutum. Nam cum ipsae leges nulla alia ex causa nos teneant, quam quod iudicio populi receptae sunt, merito et ea, quae sine ullo scripto populus probavit tenebunt omnes: nam quid interest suffragio populus voluntatem suam declaret an rebus ipsis et factis? Quare rectissime etiam illud receptum est, ut leges non solum suffragio legis latoris, sed etiam tacito consensu omnium per desuetudinem abrogentur" (*Dig.* 1. 3. 32. 1).

[294] Cod. 8. 52. [53]. 2: "Consuetudinis ususque longaevi non vilis auctoritas est, non usque adeo sui valitura momento, ut rationem vincat aut legem". Nas considerações que se seguem no texto nos deteremos na relação *consuetudo-lex*, deixando de lado a relação *lex-ratio* e a relação *consuetudo-ratio*, que também estão presentes no texto constantiniano e que são amplamente discutidas pelos glosadores.

[295] Cf., para todos esses tópicos, G. Lombardi, 1952, pp. 21-87.

[296] Não dou como segura a paternidade irneriana dessa teoria, que um manuscrito parisiense (lat. 4451) marca com a sigla I, atribuível a Iacopo.

posição constantiniana, dado que a faculdade de legislar teria sido definitivamente subtraída ao povo com o advento do dominato[297]: a partir de então, o costume teria perdido seu estatuto de paridade com a lei imperial, que costume algum poderia mais ab-rogar. Curiosamente, essa foi a única posição fundada em um argumento de caráter histórico, certamente inadequado, mas correto em substância. Também Martinho compartilha essa teoria, acrescentando de seu lado o esclarecimento de que o texto do Digesto permanece válido apenas para as leis surgidas em nível local (portanto, para os estatutos municipais), essas sim ab-rogáveis mediante um costume contrário posterior[298].

Mas outro entre os quatro doutores exprimiu uma tese completamente diferente. O glosador Búlgaro, de fato, operou uma dupla e fundamental distinção: distinguiu primeiramente os costumes gerais – capazes de ab-rogar também a lei – dos costumes especiais ou locais. Quanto a esses últimos, ele distinguiu a hipótese de eles apresentarem alguma contrariedade involuntária com a lei, induzida por simples erro, da hipótese de uma contrariedade voluntária ("ex certa scientia"): a lei não é propriamente ab-rogada, mas no segundo caso o costume prevalecerá sobre ela[299]. Essa teoria, cuja audácia inovadora foi enfatizada [Gouron, 1988b, pp. 119-26], solucionava então o conflito das fontes romanas, de modo que se deixava espaço muito amplo para os costumes contrários às regras do direito do *Corpus iuris*: bastava querer derrogar a lei para que o costume pudesse ser reconhecido.

As gerações posteriores dos glosadores continuaram a reflexão sobre o tema, que era por demais crucial para ser abordado sem contribuições doutrinais ulteriores. Uma corrente – difundida também na França meridional romanizada, onde limites tinham sido precocemente impostos ao costume, também por influência do direito canônico[300] – prosseguiu na trilha das teses de Iacopo e de Martinho, com a contribuição determinante de Piacentino[301], que criticou asperamente, entre outras coisas, a teoria pela qual os costumes claramente contrários à lei teriam tido mais sorte em relação aos costumes inconscientemente "contra legem"[302]. Não menos digna de nota é a teoria mencionada por Piacentino e retomada por Pillio, que distinguia entre leis corroboradas pelos costumes ("consuetudine roboratae") e leis que jamais eram aplicadas[303]: essa tese adotava – não sem uma ligação com as fontes antigas[304] – um critério de "efetividade" da norma que nos parece muito moderno, apesar de ela se tornar difícil de ser

---

[297] A glosa a Dig. 1. 3. 32 exprime-se do seguinte modo: "loquitur hec lex secundum sua tempora, quibus populus habebat potestatem condendi leges, ideo tacito consensu omnium per consuetudinem abrogabantur; sed quia hodie [ou seja: com o advento do Império e com o regime do qual faz parte a constituição de Constantino acolhida no *Cod.* 8. 52. 2] potestas translata est in imperatorem, nihil faceret desuetudo populi" [ed. Cortese, 1964, II, pp. 126 s.]).

[298] "Secundum M[artinum] loquitur ibi [ou seja, *Dig.* 1. 3. 32] de alia consuetudine scripta, scilicet iure municipali, quae tollitur a sequenti consuetudine, non autem lex scripta in corpore iuris tollitur consuetudine, ut hic..." (do mesmo modo, a *Glossa accursiana*, gl. *autem legem* a Cod. 8. 52. [53]. 2).

[299] "B[ulgarus] enim distinguit utrum [consuetudo] fuerit universalis vel specialis, scilicet alicuius municipii; si fuerit specialis, subdistinguit aut per errorem sit introducta vel ex certa scientia; si per errorem non obtinet, sed si ex certa scientia legem non abrogat, sed prefertur sicut superior. Et huic opinioni consonat Io[hannes]. b[assianus]" [ed. Meijers, 1959, III, p. 254].

[300] No caso do Livro de Tübingen, do Livro de Ashburnham e das *Exceptiones Petri* – cuja redação (ao menos aquela que chegou até nós, que pode não ser a mais antiga) muito provavelmente pode ser remetida à França meridional por volta de 1130 –, a influência canonística em matéria de costumes (particularmente por meio de Ivo de Chartres) foi destacada por Gouron, 1988b, pp. 133-40.

[301] Piacentino, *Summa Codicis* 8. 56 *quae sit longa consuetudo*, Moguntiae, 1536 = Turim, 1962.

[302] Piacentino, *Additiones* a Búlgaro *ad Digestorum titulum de diversis regulis iuris* [...], ed. F. G. C. Beckhaus, Bonn, 1856 = Frankfurt am Main, 1967, p. 136: "miror itaque qua ratione, qua fronte inquiunt quidam populum Romanum ex certa scientia contra legem [...] facientem sicque delinquentem vel abrogare legem vel abrogando legem contrariam condere". E, mais tarde, analogamente Acúrsio (gl. *aut legem* a Cod. 8. 52. [53]. 2, que, aliás, não indica a paternidade da crítica.

[303] Piacentino, *Summa Codicis* 8. 56, in fine; Pillio, *De consuetudine* (ed. Seckel, 1911, p. 378): "Et cum de hac consuetudine confidere quis videtur, explorandum in primis, an etiam contradicto aliquando iudicio confirmata sit [...]". Cf. também a quarta entre as teorias referidas anonimamente por Acúrsio (gl. *aut legem* a Cod. 8. 52. [53]. 2), onde essa tese é expressa com maior clareza.

[304] Cf., de fato, Cod. 1. 14. 11; cf. Rogério in Kantorowicz, 1969, p. 286, lin. 14.

aplicada em virtude da dificuldade de verificar quais normas antigas foram aplicadas e quais não foram. Pillio já distinguia, aliás – com um provável toque de derivação canonista –, entre costumes "bons" e "maus", ou seja, entre costumes "rite et de racione adinventae" e costumes irracionais[305], naturalmente limitando aos primeiros o poder de derrogar a lei.

Outra tese, formulada por Alberico, fazia uma distinção diferente, dessa vez no interior da categoria da lei: era atribuído ao costume o poder de prevalecer sobre as normas de lei derrogáveis (as mesmas que podiam ser derrogadas por particulares por meio de um pacto lícito e acionável diante de um juiz), enquanto as normas imperativas não podiam ser ab-rogadas nem derrogadas por um costume contrário[306]. Essa é uma tese muito interessante, porque fazia um paralelo expresso entre o costume e o pacto e, desse modo, facilitava identificar as normas inderrogáveis, ou seja, aquelas que os próprios textos justinianos classificavam como tais (por exemplo, em matéria de interesses usurários, ou de pacto comissório na venda). Essa teoria abria um espaço bastante considerável para os costumes, mas fixava, por outro lado, um limite preciso, o ponto em que o legislador antigo vetara derrogações convencionais à regra legal.

Foi João Bassiano quem se opôs à tese de Alberico com argumentos refinados e eficazes, mostrando como a analogia entre o costume e o pacto era meramente aparente[307]; dessa forma, ele retomava a tese de seu mestre, Búlgaro, ao mesmo tempo que eliminava a frágil concepção da consciência necessária de que se estava confrontando a lei a fim de se poder reconhecer um costume. Com alguns desenvolvimentos posteriores por parte de Azzone, a tese que finalmente foi registrada na glosa acursiana derivou da linha de Búlgaro e de João Bassiano: um costume geral, vigente em qualquer lugar, podia ab-rogar uma lei; um costume local ou especial não possuía eficácia para ab-rogar a lei, mas – pelo fato de ser conscientemente querido por aquele que o praticava[308] e não contraditado pelo príncipe – era válido e aplicável no lugar em que se afirmara[309].

Com isso, o espaço aberto para os costumes – tanto na forma não escrita como na forma escrita dos estatutos locais e de normas de lei no interior dos reinos – tornava-se inegavelmente amplo. Com o aval autorizado da doutrina – por meio do longo debate que evocamos, mediante o jogo perspicaz de algumas distinções aplicadas a duas passagens do *Corpus iuris*,

---

[305] Pillio, *De consuetudine* (ed. Seckel, 1911, p. 378): "consuetudo vero specialis male adinventa etiam longo tempore obtenta non servatur [...]; consuetudo specialis rite et de racione adinventa omnino est servanda in eo municipio seu civitate vel provincia [...]". No direito canônico, a "eficácia" ou não eficácia dos costumes resultava implicitamente do fato de que se impunha como necessária a aprovação superior para que os próprios costumes adquirissem validade; no direito civil, não: desse modo, essa teoria (também mencionada por Acúrsio) tornava-se pouco praticável.

[306] "Albericus et eius sequaces dicunt totiens specialem consuetudinem legi derogare, quotiens pactum speciale possit legi derogare [...]"; seguem-se alguns exemplos. Essa tese está registrada em uma glosa ao *Liber Pauperum of Vacarius*, ed. de Zulueta, London, 1927, p. 18, n. 32. Acúrsio também a registra como terceira tese anônima, acrescentando-lhe as objeções de João Bassiano (gl. *aut legem* a Cod. 8. 52. [53]. 2).

[307] Em particular, João Bassiano argumentou que, diferentemente do que sucedia nos pactos e nos contratos, o costume era cogente também em relação a um sujeito incapaz de agir, de modo que a analogia não se sustentava. Além disso, não adiantava contrapor a tese pela qual seria a vontade da maioria que determinava o teor do costume, porque justamente esse aspecto a diferenciava do pacto e do contrato: a maioria pode dispor dos direitos de uma coletividade (por exemplo, em matéria de normas eleitorais), mas jamais em matéria dos direitos de um indivíduo (sobre esses notáveis pontos teóricos, que interessam à história do princípio majoritário, cf. o *Fragmentum de consuetudine*, ed. Cortese, 1964, II, p. 440; e, sobretudo, o debate referido por Acúrsio, gl. *aut legem* a Cod. 8. 52. [53]. 2, objeções à terceira tese). A esse respeito, ver Chiodi, 2001, pp. 91-200.

[308] Sobre esse ponto, cf. o exemplo aduzido por Azzone (*Lectura Codicis*, a Cod. 8. 52. 2, nr. 4-5): em Módena e em Ravenna era bastante comum serem concedidos a leigos, em caráter de enfiteuse, terrenos de propriedade da Igreja, sem que a falta de pagamento da concessão por um biênio implicasse a anulação do contrato, contrariamente àquilo que é prescrito pela lei justiniana (cf., de fato, Cod. 4. 66. 2); isso é possível, segundo Azzone, porque naquelas regiões o citado costume foi introduzido *ex certa scientia*, onde costumes praticados por simples erro ou ignorância da lei não teriam o efeito de derrogar a própria lei. A tese de Búlgaro via-se, assim, confirmada. Mas, quanto a esse ponto, Acúrsio se alinhará com as críticas expressas por Piacentino: gl. acursiana *aut legem*, a Cod. 8. 52. [53]. 2.

[309] Cf., de Acúrsio, a ampla glosa que sintetiza a questão e que cita sete diferentes posições da escola: gl. *aut legem* a Cod. 8. 52. [53]. 2.

distinguindo, a cada vez, no interior do conceito de lei ou no interior do conceito de costume –, instaurava-se a relação de precedência das normas locais em relação às normas romanas, que permanecerá como ponto estável durante séculos na doutrina do direito comum.

Mas o debate sobre o tema crucial da relação entre lei e costume certamente não se encerra com a escola dos glosadores. Os pós-acursianos, os comentadores a partir dos orleanenses, os Cultos e, pouco a pouco, todas as escolas de pensamento da ciência jurídica tardo-medieval e moderna retornarão constantemente a esse ponto, com graus diferenciados de sucesso no tempo e no espaço. Mas a orientação da Glosa se manterá como fundamental até o advento das codificações modernas.

3. Ius commune *e* ius proprium

O direito comum fundamentado nos textos da Compilação justiniana e na obra inovadora dos glosadores e dos comentadores alcançou, como sabemos, um sucesso extraordinário, não só na Itália como também na Europa. A formação universitária, baseada no modelo bolonhês, dos juristas profissionais do continente a partir do século XII teve como efeito a difusão e a convalidação não apenas das técnicas de interpretação e de argumentação, como também dos conteúdos do direito comum [Bellomo, 1988]. A presença da Igreja, que aplicava amplamente o direito romano em simbiose com as normas canônicas, constituiu um instrumento essencial e capilar para a afirmação do *ius commune* civil.

Em algumas regiões da Europa, o direito comum foi recebido diretamente das fontes dos textos justinianos. Foi o que se deu, por exemplo, na França meridional, em regiões de *droit écrit*, autorizados a proceder assim, como sabemos, por Filipe, o Belo, em 1312. Foi o que ocorreu na Catalunha, a partir do século XII, quando o *Liber iudiciorum* visigodo cedeu terreno, gradualmente e de fato, em favor da bem mais complexa normatização justiniana. Em outras regiões, a recepção medieval do direito comum ocorreu de formas menos diretas: em Castela, como vimos, a disciplina romanística das *Partidas* de Afonso X foi acolhida como normativa subsidiária a partir da metade do século XIV. A fundação do Colégio de Espanha, promovida em Bolonha em 1369 pelo cardeal Egídio de Albornoz, aumentou posteriormente o peso do direito comum junto aos juristas ibéricos de formação universitária.

Mesmo com as *Partidas*, que entraram em vigor em 1348 como direito subsidiário, excluindo o recurso direto ao direito comum, a doutrina espanhola retornará constantemente às fontes e às doutrinas dos civilistas europeus que tinham trabalhado e trabalhavam com as fontes justinianas e canonísticas. Em 1499, uma Pragmática emanada em Madri prescrevia que, em caso de discrepância entre os doutores sobre um ponto de direito, devia-se dar preferência à opinião de João D'Andrea e secundariamente à do Panormitano em direito canônico, à de Bartolo e secundariamente à de Baldo em direito civil. Contudo, essa restrição gerou contrastes e oposições, tanto que logo foi permitida sua derrogação com as leis de Toro, do ano 1505 [Tomás y Valiente, 1983, p. 247].

A compilação de Afonso X teve sucesso também em outras regiões além de Castela. Em Portugal, que se tornou reino independente no século XII, as *Partidas* foram traduzidas para a língua local; e a Universidade de Coimbra, fundada em 1290, promovia o ensinamento romanístico segundo o método dos legistas italianos. Posteriormente, em 1447, as Ordenações do rei Afonso V (*Ordenações afonsinas*) impuseram o direito comum como direito subsidiário [Almeida Costa, 2005]. Mesmo nos lugares nos quais os costumes locais prevaleciam, como a França setentrional ou Navarra, o direito comum funcionou – por meio dos juristas doutos atuantes em todos os lugares – como normativa de referência e como "razão escrita" nos casos menos claramente resolúveis à luz dos direitos locais.

Com efeito, a questão da relação entre direito comum e direitos particulares e locais esteve constantemente presente na doutrina e foi amplamente considerada tanto nas obras de doutrina como nos *consilia*.

No caso da Itália das comunas, a regra foi a copresença e a dupla vigência dos direitos locais e do direito comum: o juiz devia, primeiro, aplicar o estatuto, preenchendo, porém, suas lacunas por meio do recurso ao direito comum. Exceção a isso é o sistema jurídico de Veneza, onde, desde o século XII e posteriormente nos estatutos do século XIII, ficou estabelecido que as lacunas do direito escrito da República Sereníssima de Veneza deviam ser completadas por meio de recurso, na seguinte ordem, à analogia, aos costumes locais e, por fim, ao arbítrio do juiz [Zordan, 2005]. Limites particulares, explicitados em algumas decretais de Inocêncio III [Migliorino, 1992], limitavam o fenômeno do *ius proprium*, que predominava também em terras do Estado da Igreja.

Com base no critério geral adotado pelas comunas, havia portanto uma opção que verificamos estar explicitada em muitos estatutos municipais: a normativa local tinha de ter prioridade sobre a normativa do direito comum. Aos cônsules e aos magistrados municipais impunha-se também, por ocasião da tomada de posse no cargo, o juramento de observar integralmente o estatuto. É claro que, com isso, pretendia-se garantir que as normas consuetudinárias ou as normas promulgadas *ex novo* em âmbito local fossem efetivamente aplicadas mesmo quando fossem contrárias ao que era disposto pelo direito comum: sendo assim, é certo que muitas disposições estatutárias, sobretudo no campo privado e penal, como vimos acima, têm sua gênese precisamente na tentativa de derrogar o direito comum. Além disso, a legislação estatutária podia completar ou, às vezes, derrogar – algo que é declarado por uma autoridade doutrinal indiscutível como Bartolo – até mesmo as prescrições derivadas do direito natural e do *ius gentium*[310].

Os direitos particulares, que já abordamos, também prevaleciam sobre o direito comum naquilo que dizia respeito a pessoas e a relações especiais: isso vale, por exemplo, para o direito feudal. Ressalte-se, porém, que o direito comum era amplamente utilizado para interpretar e completar a matéria, mesmo que ela fosse completamente alheia à experiência do direito romano: os tratados dos feudistas estão cheios de citações romanísticas. Por outro lado, tem valor paradigmático um tema do lombardo Oberto de Orto, que afirma a prioridade dos costumes feudais sobre a lei romana, valendo-se da célebre constituição constantiniana, mas alterando conscientemente seu sentido[311]: uma citação, ao mesmo tempo erudita e iconoclasta, que exprime perfeitamente a liberdade com a qual os juristas lançavam mão de palavras antigas para disciplinar uma realidade nova.

Isso poderia levar a pensar que o peso específico do direito comum fosse drasticamente reduzido com relação ao *ius proprium* local e também com relação aos direitos particulares, que tinham a primazia sobre ele. Mas essa seria uma conclusão errada, por vários motivos. Em primeiro lugar, é preciso levar em conta que grande parte do ordenamento – isso vale particularmente para muitos institutos de direito civil em matéria de direitos da pessoa, de direitos de propriedade, de obrigações e contratos, de sucessões e outros ainda – não estava presente na normativa estatutária porque a disciplina romanística, integrada pela doutrina, era aceita sem variações como base normativa válida; de modo que, em todos esses setores, o direito comum era diretamente aplicado na ausência de uma norma local.

Em segundo lugar, a interpretação de muitos termos e de muitos institutos também mencionados no estatuto era elaborada com recurso às categorias e às disposições do direito co-

---

[310] Bartolo, a Dig. 1. 1. 9 *de iustitia et de iure*, l. *omnes populi*, n. 21: "Si [statuta] fiant super his quae disposita sunt a iure naturali vel gentium, non possunt tollendo in totum, sed in aliquo derogando vel addendo sic [...]". Segue-se um raciocínio complexo (ibid., n. 22-3), no qual Bartolo esclarece quando é possível derrogar com o estatuto normas de *ius divinum* expressas na Escritura, por exemplo, a norma que exige duas ou três testemunhas (*Deuteronômio* 19,15), ponto em que se diferencia da normatização do direito romano e de alguns estatutos municipais, que prescrevia um número maior de testemunhas.

[311] A proposição do Cod. Iust. 8. 52 (53).2, mencionada acima, é transformada por Oberto de Orto, quando ele afirma: "legum autem Romanarum non est vilis auctoritas, sed non adeo vim suam extendunt, ut usum vincant aut mores" (*Libri Feudorum*, II, 1; *Consuetudines feudorum*, ed. K. Lehmann, *Das Langobardische Lehnrecht*, Göttingen, 1896, p. 115).

mum: se, por exemplo, o estatuto contivesse uma rubrica que estabelecia determinado procedimento para a venda em leilão, os critérios de validade do contrato em matéria de capacidade, dolo, cumprimento eram extraídos do imenso patrimônio de regras e de doutrinas do direito comum; o mesmo em matéria de testamentos, de capacidade da pessoa e assim por diante[312].

Em terceiro lugar, a tese dominante defendida pela doutrina e jamais contestada pela prática foi considerar a normativa do *ius proprium* como normativa de exceção em relação àquela do *ius commune*, e como tal – com base no princípio romano adotado pela doutrina[313] – não extensível por analogia. Essa tese foi confirmada pela autoridade de Bartolo, que a sustentou especialmente para as normas estatutárias que dispunham sobre matéria já disciplinada (em sentido diferente da disciplina do estatuto) pelo direito comum[314].

Os juristas manifestaram posições articuladas sobre os modos e sobre os limites da interpretação do estatuto[315], posições nem sempre coincidentes entre si [Sbriccoli, 1969]. Não raramente, o próprio estatuto vetava com uma norma explícita a interpretação de si mesmo, na tentativa de reforçar sua aplicação literal; mas foi fácil para os juristas (Ranieri da Forlì, Bartolo e outros) argumentar pela impossibilidade de aplicação de uma norma desse tipo, já que pelo menos a interpretação "declarativa" era indispensável para a aplicação do estatuto. Alguns juristas negaram a interpretação analógica do estatuto apenas na hipótese de um caso imprevisível, outros consideravam o estatuto extensível se a *ratio* que o determinara subsistisse no caso em pauta, outros exigiam que a *ratio* fosse explicitada para poder ser estendida por analogia[316], outros ainda admitiam a extensão apenas para as normas estatutárias favoráveis, mas não para aquelas chamadas "odiosas", ou seja, discriminatórias ou restritivas em relação ao destinatário, particularmente no caso das normas penais[317]. Passou-se a fazer valer (por exemplo, Alberico da Rosate, Baldo, mas não só eles) que a aplicação estritamente literal da norma podia levar ao absurdo (a *absurditas* constituía, já na retórica antiga, um elemento argumentativo válido para excluir determinada interpretação da norma)[318].

Muitos juristas, contudo – sem, nem por isso, chegar a negar o princípio segundo o qual a norma estatutária era "de direito estrito" (*stricti iuris*) –, declararam que também a norma do estatuto era passível de extensão por analogia quando sua *ratio* estivesse presente (ou até mesmo reforçada) em um caso que não tivesse sido expressamente previsto pelo estatuto. Giasone del Majno, por exemplo, defendeu isso a propósito de uma norma estatutária que previsse a exclusão da sucessão paterna da filha que tivesse recebido dote: e declarou que, com mais razão, a exclusão devia ser válida para a irmã em relação aos irmãos varões, ou para

---

[312] É o tipo de interpretação extensiva que Bartolo classifica de "passiva" ("utrum leges se extendant ad statutum"). A resposta é nitidamente afirmativa: "quando passive, tunc indistincte dico quod sic" (ad Dig. 1. 1. 9, *de iustitia et de iure*, l. *omnes populi*, n. 60).

[313] Ver Dig. 1. 3. 17: "quod propter aliquam utilitatem introductum est non est producendum ad consequentias"; e Dig. 50. 17. 81: "in toto iure generi per speciem derogatur".

[314] A interpretação extensiva que Bartolo denomina de "ativa" só se aplica aos estatutos se o direito comum não dispuser sobre a matéria. No caso, porém, em que casos similares "sunt decisi per ius commune, tunc ad illos statutum non extenditur" (Bartolo, ad Dig. 1. 1. 9. l. *omnes populi*, n. 60).

[315] Um exemplo significativo da difícil relação entre a normativa estatutária e o direito comum na reflexão doutrinal e na atividade de consultoria de Paolo di Castro é estudado por Massetto, 1996 (em particular às pp. 343--50) no que se refere ao lucro derivado do dote: que espaço se devia deixar, na sucessão aos filhos da primeira união, para o dote trazido ao primeiro matrimônio por parte da viúva que voltasse a se casar?

[316] Giasone del Majno, *In Primam Digesti Veteris partem Commentaria*, a Dig. *De legibus et senatusconsultis*, l. *de quibus*, n. 16, Venetiis, 1585: "sed quando ratio est expressa in lege corrigente [ius commune] vel habetur pro expressa, licita est extensio etiam in correctoriis". Note-se como essa tese ampliava bastante o alcance analógico do estatuto, porque a *ratio* também podia não estar expressa.

[317] Essas diversas opiniões foram todas citadas por Baldo, *In Digestum vetus Commentaria*, a Dig. 1. 14. 11, *de legibus*, l. *non possunt*, additio (ed. Venetiis, 1599, fol. 18vb).

[318] Um exemplo frequentemente repetido pelos juristas dizia respeito à norma estatutária que proibia a exportação de trigo para fora da cidade em lombo de burro (por exemplo, Ranieri da Forlì [Sbriccoli, 1969, p. 425]): uma interpretação literal restritiva teria levado a considerar lícita a exportação que utilizasse carros de bois. O que teria sido *absurdum*.

a mulher em relação aos parentes em linha transversal, porque a exclusão se justifica ainda mais quando se trata de um parente mais afastado do que a filha o é do pai[319].

Desse modo, compreendemos como, da soma desses critérios, mesmo com todos os esclarecimentos e as muito relevantes aberturas para os estatutos dos quais já falamos, ainda existisse um espaço bastante amplo de aplicação do direito comum, mesmo na presença de uma normativa local abundante e em contínua evolução. Se a isso acrescentarmos que a existência dos direitos particulares – o direito feudal, o direito lombardo, o direito comercial e outros, que já abordamos – também se cruzava tanto com o direito comum como com os direitos locais, fica fácil intuir a complexidade que era encaixar tantos e tão diferentes níveis normativos.

4. Aequitas canonica

No direito canônico, o tema da equidade e de suas relações com o rigor da lei teve uma importância toda particular porque incidia sobre a relação entre direito, justiça e caridade: um tema já abordado em várias ocasiões pelos Padres da Igreja, a começar por Agostinho, que em um texto célebre negara o conflito ao afirmar que a caridade é perfeita justiça[320]. Mas, no século VII, Isidoro de Sevilha escreveu que equidade e justiça eram conceitos equivalentes, contrapondo-os ao critério menos rígido da indulgência e da misericórdia[321]. Por sua vez, Graciano qualificou o juízo de absolvição pronunciado por Jesus sobre a adúltera (João 8,7), que a lei mosaica condenava ao apedrejamento, como uma sentença ditada pela equidade[322]. E a contraposição entre lei e equidade, presente como vimos nos glosadores civilistas, pode ser posteriormente encontrada em pronunciamentos de papas como Eugênio III e, sobretudo, Alexandre III e Inocêncio III [Landau, 1994], que introduziram matizações na rigidez de algumas regras processuais do direito romano (por exemplo, em matéria de obrigatoriedade do juramento de calúnia e de taxatividade das exceções oponíveis pelo réu) em nome da *aequitas*.

Mesmo assim, muitos canonistas, bem como muitos jurisconsultos, defenderam o princípio de excluir que, em nome da *aequitas*, fosse possível negar a aplicação de uma norma escrita legalmente válida; para eles, o recurso ao critério da equidade era legítimo quando a norma escrita estivesse ausente: isso estava prescrito em uma decretal de Honório III[323] e foi afirmado, entre outros, por Hugocião e Bernardo Botone na Glosa ordinária ao *Liber Extra*[324]. Não obstante, para outros canonistas, a equidade constituía um critério atuante na aplicação concreta da lei canônica: em nome da equidade, "o juiz [canônico] deve preferir a misericórdia ao rigor", afirmou João Teutônico na Glosa ordinária ao Decreto[325]; e o Ostiense considerava a equidade um modo razoável de aplicar a justiça[326]. Além disso, com a finalidade de assegurar

---

[319] "Maior [est] ratio excludendi in remotiori gradu quam in proximiori": Giasone del Majno, *In Digestum Novum commentaria*, Venetiis, 1590, *de adquirenda vel amittenda possessione*, l. *veteres*, n. 24-6; acerca disso, cf. Piano Mortari, 1956, p. 176.

[320] "Caritas magna, magna iustitia est; caritas perfecta, perfecta iustitia est": Agostinho, *De natura et gratia*, LXX, 84 (CSEL, 60, 1913, p. 298).

[321] Isidoro de Sevilha, *Sententiae* III. 52 (PL 83, col. 721).

[322] *Decretum Gratiani* C. 32 q. 6 pr.

[323] "In his vero super quibus ius non invenitur expressum, procedas, aequitate servata, semper in humaniorem partem […]" (*Liber Extra*, 1. 36. 11, ao cardeal de Santa Praxedes, a propósito de práticas irregulares de clérigos da Igreja Oriental). O papa, contudo, proíbe expressamente que se possa abandonar a "severitas canonica" em matéria de vínculo matrimonial.

[324] "[Aequitas] tunc tantum servanda est cum ius deficit": gl. *Aequitate*, *Glossa ordinaria* ao Liber Extra 1. 26. 11; sobre Hugocião, Lefebvre, 1938.

[325] "Potius debet iudex sequi misericordiam quam rigorem": Glosa ordinária a *Decretum Gratiani* C. 1 q. 7 c. 17.

[326] "Aequitas est iustitia dulcore misericordiae temperata"; "aequitas est modus rationabilis regens sententiam et rigorem" (Hostiensis, *Summa aurea*, liv. V, de dispensationibus, n. 1). Para as definições de *aequitas* em Henrique de Susa, cf. Landau, 1994.

a saúde da alma, alguns preceitos da lei também podiam ser superados em nome da equidade: por exemplo, o preceito romano segundo o qual a má-fé imprevista não interrompe a prescrição de um direito foi considerado pelo Ostiense – e na segunda metade do século XIV também por Baldo degli Ubaldi [Horn, 1968] – inválido para o direito canônico justamente porque perigoso para a *salus animarum*.

Por essas vias se afirmou no tempo um conceito particular de equidade, a *aequitas canonica*, que no direito romano tornou-se uma chave com a qual muitas portas podiam ser abertas na interpretação das normas e dos interstícios do ordenamento legislativo. Ela é acolhida também no Código de direito canônico de 1983 (cân. 9).

5. *Os dois direitos universais:* utrumque ius

Um vasto espectro de relações jurídicas era disciplinado por outro grande sistema normativo universal paralelo ao direito comum romano, ou seja, pelo direito canônico: do regime jurídico do matrimônio (que a Igreja considerava sacramento e, por isso, se julgava legitimada para disciplinar normativa e judicialmente) às regras sobre os benefícios eclesiásticos que alcançavam quase um terço da propriedade fundiária, do estatuto pessoal do clero secular e do clero regular à organização das igrejas e ao processo diante dos juízes eclesiásticos, era enorme o espaço coberto pelo ordenamento da Igreja nos séculos em que o direito comum vigorou.

Em princípio, a questão dos limites entre direito comum e direito canônico era clara: enquanto o primeiro regulava a esfera das relações seculares e temporais, o segundo regulava a esfera espiritual. O princípio (que retoma o fio da tradição de Gelásio I) encontra expressão clara e explícita no pensamento dos jurisconsultos. A Glosa acursiana o esculpiu com uma dupla negação cruzada: "Nem o papa nas questões seculares, nem o imperador nas questões espirituais"[327]. Uma tese ratificada, entre outros, por Baldo na segunda metade do século XIV[328].

Mesmo respeitando essa distinção entre as duas esferas, quando havia conflito entre as duas leis, havia para os próprios jurisperitos um limite na observância das leis civis: mesmo no campo das relações temporais, elas deviam ser derrogadas sempre que sua observância induzisse ao pecado, pondo em risco a salvação da alma; nesse caso, os cânones deviam ter primazia sobre a lei secular[329]. Mas esclarecer como o princípio devia ser aplicado não era de modo algum simples. Ásperas discussões foram suscitadas, por exemplo, pela questão da eventual competência jurisdicional do juiz canônico quando um negócio tivesse sido reforçado por juramento: porque o eventual perjúrio punha em risco a salvação da alma. Para os civilistas, a defesa do âmbito reservado à jurisdição temporal era nítida, com certo tom crítico à Igreja. Odofredo, por exemplo, acusava-a de querer se intrometer em toda matéria "ratione peccati"[330]. Por outro lado, segundo Cino de Pistoia – que, a exemplo de Dante Alighieri, apoiava a autonomia do Império diante do papado –, só os delitos diretamente ligados à religião (por exemplo, o crime de heresia) estavam submetidos à jurisdição do juiz canônico, não os delitos

---

[327] "Ergo apparet quod nec papa in temporalibus, nec imperator in spiritualibus se debeant immiscere": Acúrsio, *Glossa magna*, gl. conferens generi a Nov. 6 pr. = Authenticum, Coll. 1. tit 6, Quomodo oporteat episcopos, pr.

[328] Baldo, *Commentaria ad Digestum vetus*, a Dig. 1. 4. 1. *de constitutionibus*, l. 1, n. 14: "papa et imperator sunt supremi principes et si conveniant omnia possunt, si dissonant quilibet potest in sua iurisdictione, non in alterius potestate".

[329] Bartolo, *Commentaria, Super primam partem Codicis Commentaria*, a Cod. 1. 2. 8. 1, *de sacrosanctis ecclesiis*, l. Privilegia. Como exemplo de uma lei secular que induziria em pecado e que, portanto, não devia ser obedecida, Bartolo cita a disposição romana que permite o usucapião também ao possuidor que manifesta má-fé posteriormente ("mala fides superveniens non nocet": cf. Dig. 41. 4. 2. 19 e Dig. 41. 3. 43 pr.), ao passo que a regra acolhida no *Liber Sextus* soa assim: "possessor malae fidei ullo tempore non praescribit" (*Liber Sextus*, 5. 12. 2). Nesse caso, deve prevalecer a regra canônica.

[330] Odofredo, *Lectura super Codice*, a Cod. 1. 1. 4 *de summa Trinitate*, l. *nemo* n. 3, Lugduni, 1550, fol. 62b.

comuns, mesmo que eles fossem naturalmente fruto de um pecado. Para Cino de Pistoia, constituía uma usurpação a dilatação da competência canonística sob o pretexto do pecado[331]. Os dois ordenamentos universais, o civil e o canônico, tinham como alvo os mesmos sujeitos, em sua dupla feição de súditos e de fiéis, o que tornava ainda mais árdua a relação entre as duas leis.

Do mundo antigo à Idade Média, da Idade Moderna aos dias de hoje, a tênue linha de fronteira traçada para estabelecer o que é "de César" e o que é "de Deus" é continuamente mutável e incessantemente debatida.

---

[331] Cino da Pistoia, *Lectura super Codice*, ad. Cod. 1. 3, *de episcopis et clericis*, auth. *Clericus*, Lugduni, 1547, fol. 13.

16. A formação do *Common law*

1. *Premissa*

A chegada dos normandos em 1066 inaugurou para a Inglaterra uma era nova, cuja marca caracterizou a história inglesa, e não apenas ela, até os dias de hoje. O *Common law* criado pelos normandos se constituiu no tempo como um imponente sistema de direito. Direito "comum" porque contraposto à multiplicidade dos direitos locais e consuetudinários existentes na Inglaterra pré-normanda e jamais abolidos pelos conquistadores; porque criado e administrado unitariamente de maneira centralizada pelos juízes régios com os instrumentos processuais de que trataremos; porque de aplicação geral, isto é, de maior alcance quando comparado aos privilégios soberanos, às normas especiais e aos direitos de classe; porque administrado pelas Cortes seculares e não pelas Cortes eclesiásticas, que aplicavam o direito canônico da Igreja latina; e porque diferenciado da estrutura de regras complementares nascida em fins da Idade Média por obra da Chancelaria, o sistema de *equity*.

Quando comparado ao sistema de *civil law*, o sistema de *Common law* caracteriza-se por uma série de diferenças fundamentais: não codificação do direito nem constituição escrita; indistinção entre direito público e direito privado; papel proeminente dos juízes; papel marginal da doutrina e dos professores de direito; não separação entre direito substancial e direito processual; sistema penal acusatório, não inquisitório; "regra da exclusão", que vincula os juízes ingleses à letra da lei, excluindo o recurso às intenções do legislador, entre outros aspectos[332].

O direito inglês é fruto da criatividade dos juízes régios e da jurisprudência inglesa, que por meio de uma série ininterrupta de decisões para casos específicos construíram, a partir do século XII, um conjunto vasto e complexo de regras e de princípios. Trata-se, portanto, de um direito jurisprudencial, no qual a legislação, mesmo não estando decerto ausente, desempenhou um papel claramente secundário. A tradição romanística transmitida pelos textos do *Corpus iuris*, fundamental para os sistemas do continente, manteve-se substancialmente alheia à principal linha de desenvolvimento do *Common law*. Por sua vez, a doutrina jurídica – ou seja, a atividade criativa de análise, de aprofundamento e de sistematização desenvolvida pelos juristas eruditos de extração universitária, que, no continente, influenciou profundamente o desenvolvimento do direito – na história do direito inglês exerceu um papel muito mais limitado. Também a formação dos juristas e a configuração das profissões legais na Ilha seguiram caminhos diferentes em relação ao continente, porque, na Inglaterra, os advogados e os juízes formavam-se na prática, não na universidade; e na prática jurisprudencial desenvolveram, com o tempo, sua profissionalidade excepcional.

Temos, portanto, um sistema diferente e original, cuja influência histórica no mundo foi realmente profunda e extensa: basta-nos pensar no direito nos Estados Unidos, que deriva diretamente do modelo inglês. Mas também a Austrália, a Índia, o Canadá e muitas outras regiões do planeta o acolheram no decorrer da era moderna por influência direta ou indireta da dominação inglesa. O sistema do *Common law* interagiu, porém, com os sistemas do con-

---

[332] Van Caenegem, 1991, pp. 8-60; 2002, pp. 38-54 chamou bem a atenção para essas características distintivas do *Common law* inglês, quando comparado com o *civil law* do Continente.

tinente europeu: as pesquisas históricas esclareceram como o direito romano, o direito canônico, os costumes comerciais, como também a doutrina universitária dos países de *civil law* muitas vezes inspiraram diretamente, no decorrer da Idade Média e da Era Moderna, toda uma série de institutos que passaram a fazer parte do direito inglês: do testamento às letras de câmbio, do regime do matrimônio às regras para as pessoas jurídicas.

Por sua vez, o direito inglês desempenhou um papel determinante em algumas fases da história do continente: isso ocorreu, particularmente, com as instituições do estado constitucional moderno, com a separação dos poderes introduzida na Inglaterra no século XVII, acolhida pelo pensamento iluminista europeu, com o transplante para a França do modelo inglês do júri penal no fim do século XVIII, com a recepção no continente da legislação comercial inglesa no decorrer do século XIX.

2. O Reino normando

Já com Guilherme, o Conquistador, o Reino da Inglaterra assumiu algumas características destinadas a durar estavelmente no tempo. Antes de tudo, foi estabelecido o princípio segundo o qual todo o território do reino pertencia ao rei, de modo que todo direito sobre terras e sobre imóveis era considerado juridicamente derivado, de forma direta ou indireta, de uma concessão soberana. Logo, todo homem era "homem do rei", também sob o aspecto de seus direitos de propriedade: uma concepção evidentemente distante da concepção do *dominium* livre de derivação romanística, vigente no continente. Um reconhecimento capilar da estrutura da propriedade fundiária foi realizado a mando do rei Guilherme com a redação do *Domesday Book*, um registro extraordinário no qual, por volta do ano 1086, cada parcela de terra foi analiticamente recenseada em todo o reino, com efeitos de natureza fiscal em proveito da coroa.

Além disso, foi muito importante a distinção que o rei decidiu introduzir entre a jurisdição régia e a jurisdição eclesiástica, as quais mesmo no reino anglo-saxônico tinham estado, durante séculos, como também no continente, frequentemente misturadas e confundidas: uma distinção que tinha como propósito reivindicar não apenas a soberania do monarca e sua autonomia diante da Igreja, mas também as prerrogativas do rei na gestão do poder eclesiástico [Helmholz, 2004]. Como é sabido, as relações entre o rei e o arcebispo de Cantuária, vértice da hierarquia eclesiástica inglesa, foram asperamente conflituosas na época do grande bispo Anselmo de Aosta: o acordo aprovado em Londres em 1107, que estabelecia a preeminência da Igreja sobre o rei na investidura dos bispos, foi o mesmo adotado quinze anos depois com a Concordata de Worms de 1122, que concluiu no continente a longa e dura luta pelas investiduras. Mas os conflitos entre a Igreja e o Estado na Inglaterra não cessaram desde então; durante o reino de Henrique II – que voltou a legislar sobre as relações entre a Igreja e o Estado nas Assembleias de Clarendon de 1164 –, desembocaram no evento trágico do assassinato de Thomas Becket, o bispo intransigente que não se dobrara às pressões do rei.

O instrumento fundamental da monarquia inglesa para conquistar uma supremacia efetiva sobre todo o território do reino foi a extensão progressiva da jurisdição régia [Van Caenegem, 1959]. Sabe-se de antemão que a divisão territorial e organizacional própria da era anglo-saxônica foi mantida pelos normandos: o reino permanecia dividido em condados (*shires*), cada um dos quais tinha em seu topo um conde (*earl*), nobre e vassalo do rei, mas era concretamente administrado em nome do rei pelo xerife (*sheriff: shire reeve*) nomeado pelo soberano e seu dependente direto, sempre destituível. A justiça tradicional era administrada pelos tribunais do condado (*County courts*), compostos dos proprietários fundiários (*freeholders*), e no interior de cada condado dos tribunais de centena (*Hundred courts*), também eles originários da era anglo-saxônica e, por outro lado, comuns a muitos reinos germânicos altomedievais, mas em muitos casos já em desuso nessa época. Para resolver as questões judiciárias, ainda se recorria, na primeira fase do Reino normando, aos costumes tradicionais ingleses, que se encontram ratificados, entre outros, em um texto escrito por volta de 1108, durante o reino de Henrique I, as chamadas *Leges Henrici Primi*[333].

Que o rei fosse, antes de tudo, juiz era algo plenamente aceito na concepção altomedieval dos reinos europeus. Por isso, entre os normandos, o Conselho Real (*Curia Regis*) ocupava-se também das questões judiciais, com a frequente participação do próprio rei. E, pelo fato de o rei se deslocar pelo território, um processo podia acontecer em qualquer lugar onde ele estivesse. Os súditos ingleses passaram a recorrer à justiça do rei com maior frequência para resolver causas que a justiça comum do condado ou não examinara ou não resolvera de modo satisfatório para eles. E isso produziu múltiplos efeitos no século XII. Alguns membros da *Curia Regis* foram encarregados de exercer as funções judiciárias deslocando-se pelo território em percursos que os levavam pelos diversos distritos (*circuits*) e de instruir e decidir as causas em nome do rei em processos que tomaram o nome de assembleias. Ou seja, todo reclamante passou a ter acesso à justiça do rei apelando à corte, a menos que nesse ínterim ("nisi prius") um juiz delegado do rei tivesse intervindo localmente para resolver o caso.

3. *Os* writs

A intervenção ativa da monarquia inglesa no âmbito da justiça manifestou-se com nitidez somente um século depois da conquista, nos anos do reinado de Henrique II (1154-1189). As vias e os instrumentos que tornaram possível a afirmação da jurisdição régia diante das justiças senhoriais e locais anteriormente prevalecentes constituem um dos capítulos mais interessantes da história do direito europeu. Os soberanos normandos da Inglaterra apoiaram-se, de um lado, em seu dever de tutores da ordem interna ("a paz do rei") e, de outro, em seu poder de comando confiado aos *sheriffs* dos condados – os *sheriffs* podiam pôr os senhores locais diante da alternativa de fazer justiça eles mesmos ou de ter a causa subtraída de sua alçada e transferida para os juízes régios –, em terceiro lugar, na instalação, que o rei podia sancionar pela imposição a seus juízes, e exclusivamente a eles, de instrumentos processuais mais eficazes em relação aos procedimentos tradicionais do duelo e do ordálio. A ação conjunta desses três elementos assegurou, no período de quase dois séculos depois da conquista da Ilha, a vitória plena da jurisdição do rei.

Houve uma primeira iniciativa quando o rei assegurou ao litigante – que tivesse recorrido ao soberano para se queixar de que o senhor do qual recebera uma terra (competente, como senhor feudal, para julgar as causas de seus vassalos) se recusava a lhe fazer justiça no que se referia a seu direito sobre a terra, direito contestado por outro súdito – a faculdade de recorrer à corte do condado, administrada pelo xerife nomeado pelo rei, se a negação a lhe fazer justiça tivesse sido reafirmada por seu senhor mesmo depois da solicitação do rei. O breve escrito (*breve*, *writ*) da Chancelaria Real dirigido ao senhor recebeu o nome de *writ of right* (*breve de recto*)[334]. Mesmo no caso de terras que um senhor tivesse recebido diretamente do rei, o *writ* era enviado pelo chanceler do rei diretamente ao xerife do lugar, em forma de ordem a ser transmitida ao réu para que atendesse à solicitação do autor – que se dirigira ao rei para obter o *writ* – e lhe restituísse sem demora a terra contestada (*writ praecipe quod reddat*)[335]. Se o acusado não o tivesse feito, o xerife poderia impor que ele se apresentasse ao juiz do rei.

Nesses casos, a jurisdição do senhor local via-se, portanto, substancialmente limitada, por meio de um procedimento suplementar e substitutivo promovido pela Chancelaria Real. Ali

---

[333] *Leges Henrici Primi*, ed. L. J. Downer, Oxford, 1972.
[334] A fórmula do *writ of right* é a seguinte: "Edwardus rex [...] comiti Lancastriae salutem. Praecipimus tibi quod sine dilatione plenum rectum [direito] teneas A. de B. de [...] viginti acris terrae cum pertinentiis in I., quae clamat tenere de te per liberum servitium unius danarii per annum, quod W. de T. deforciat. Et nisi feceris, vicecomes Nottingham faciat, ne amplius inde clamorem audiamus" [Baker, 2002, p. 538].
[335] Fórmula em Baker, 2002, p. 240.

pelo final do século XII, uma reivindicação de direitos sobre terras contra um proprietário livre (*freeholder*) não podia mais ser movida junto à jurisdição de um senhor feudal sem que o autor tivesse obtido previamente um *writ* da Chancelaria Real. E, apesar de os barões terem obtido no século XIII[336] licença de conservar seu direito de exercer a jurisdição sobre as terras livres não concedidas diretamente pelo rei, o recurso à jurisdição régia por parte dos proprietários livres afirmou-se de modo sempre mais completo.

Nessa mesma época, nas controvérsias relativas ao direito sobre uma terra, o réu foi autorizado pelo rei Henrique II a fazer valer as próprias razões, não por meio de prova do duelo judiciário, mas pelo recurso ao testemunho jurado de doze vizinhos (*Grandes Assembleias*). Aqui temos a manifestação precoce daquilo que viria a se tornar um dos mais importantes institutos do *Common law*, o júri no processo (*trial by jury*), mesmo que nesse caso os jurados fossem chamados a se pronunciar sobre a subsistência de um direito, não sobre uma questão de fato [Maitland, 1948, p. 23].

Um procedimento análogo – mediante o testemunho jurado de um grupo de vizinhos (*petty jury*) – foi introduzido na mesma época para decidir controvérsias possessórias. Quem afirmava ter sido ilegalmente privado da posse (*seisin*) de uma terra podia obter da Chancelaria Real um *writ*, com o propósito de ser reintegrado a ela (*writ of novel disseisin*)[337]. Semelhantes aos *interdicta* e possivelmente inspirados neles, sem na realidade coincidir exatamente com o direito romano[338], esses *writs*[339] realizaram uma tutela da posse imobiliária distinta e autônoma em relação à tutela do direito de propriedade. Por outro lado, a distinção romana e continental entre propriedade e posse não encontra um paralelo exato no *Common law*, onde até o *writ of right*, que diz respeito ao título de validade de um direito imobiliário, é administrado por uma das partes, que busca demonstrar que sua posse (*seisin*) é mais antiga ou mais sólida do que a do adversário [Plucknett, 1956, p. 358].

Foram os seguintes os formidáveis instrumentos de afirmação da jurisprudência régia, que asseguravam de fato uma tutela específica, rápida e eficaz, que os juízes do rei podiam dar aos súditos por meio de um instrumento probatório autorizado unicamente a eles e não a outros juízes: o testemunho jurado dos vizinhos (*jurata, jury*), um instrumento bem mais confiável em relação às provas ordálicas tradicionais: o duelo, os ordálios propriamente ditos, o juramento de solidariedade dos fiduciários do réu (*wagers by law*). Desse modo, a jurisdição régia ia ganhando muito terreno, mesmo que ela significasse despesas significativas para o litigante. De fato, todos os *writs* eram expedidos pela Chancelaria mediante o pagamento de altas taxas preestabelecidas.

Ainda no decorrer do reinado de Henrique II, deu-se outro avanço fundamental da jurisdição régia. No período anglo-saxônico, alguns delitos graves e alguns comportamentos, especificamente nomeados e heterogêneos, eram considerados puníveis com rigor particular porque se julgava que infligiam a "paz do rei". Com os normandos, os atos capazes de perturbar a paz do rei se ampliaram, até formar uma categoria geral, que incluía enfim todos os crimes graves: mediante uma espécie de artifício legal, acreditou-se que todo ato criminoso

---

[336] Magna Carta (1215), c. 34.

[337] *Writ of Novel Disseisin:* "Rex vicecomiti N. salutem. Quaestus est nobis A. quod B. iniuste et sine judicio disseisivit de libero tenemento suo in C. [...]. Et ideo tibi praecipimus quod si praedictus A. fecerit te securum de clamore suo prosequendo, tunc facias tenementum illud reseisiri [...] usque ad primam assisam cum justiciarii nostri in partes illas venerint. Et interim facias duodecim liberos et legales homines de visneto [vizinhança] illo videre tenementum illud [...] et summone eos quod sint coram praefatis justiciariis ad praefatam assisam [...]" [fórmula em Baker, 2002, p. 544].

[338] Com efeito, a distinção romana entre propriedade e posse não coincide com a disciplina do *Common law*, que tem uma noção diferente de propriedade; além disso, o procedimento de tutela da posse é diferente em relação ao direito romano, porque no *Common law* ele está ligado à violação da "paz do rei" e se funda no testemunho dos jurados.

[339] Também pertencem à mesma categoria o *writ mort d'ancestor* (introduzido em 1176) para a constatação da posse imobiliária legítima do herdeiro de um ascendente morto, e o *writ darrein presentement*, sobre o direito de um patrono de introduzir um beneficiário na posse de bens eclesiásticos.

podia ser considerado uma ruptura da paz do rei e, portanto, ser punido pelos juízes do rei. Em 1166, as Assembleias de Clarendon estabeleceram que os juízes régios visitassem periodicamente as várias partes do reino, na qualidade de juízes itinerantes, para investigar crimes cometidos no território com base em acusações e depoimentos apresentados pelos jurados locais. Diante dos juízes do rei, quem cometia um crime podia ser perseguido não apenas como ofensor da vítima, mas como réu de "felonia", ou seja, como violador da relação fiduciária com o rei, visto que, com sua conduta, perturbara a paz do rei. Todos os crimes passavam a ser, nessa perspectiva, causas da coroa (*placita coronae, pleas of the crown*)[340]: um resultado que foi avaliado como "um passo gigantesco na história do direito penal" [Maitland, 1950, p. 109].

Uma ligação entre a paz do rei e a felonia teve também, em suas origens, uma ação entre as mais importantes, o *writ of trespass*[341], que gradativamente, a partir de meados do século XIII, tornou-se o principal instrumento para se obter satisfação de quem tivesse cometido um ilícito civil. O *trespass* pressupunha um ato de violência contra a pessoa ou contra os bens móveis e imóveis e, com base na prova do ilícito, que era submetida ao crivo do júri, permitia obter dos juízes régios o ressarcimento do prejuízo sofrido. De poucas hipóteses originárias de ilícito, o *trespass* se estendeu a casos de ilícitos cada vez mais numerosos e disparatados, que encontravam tutela desde que devidamente demonstrados pelo querelante na forma, havia tempos já praticada, de uma descrição apropriada do ilícito[342]. Desse modo, desenvolveu-se no tempo uma forma mais geral de ação por ilícito civil que recebeu o nome de *trespass on the case* e que, diferentemente do *trespass* originário, tinha caráter exclusivamente civil e não implicava a prisão do condenado.

Mais complexa foi a gênese da tutela processual do contrato diante dos tribunais régios. Ainda em fins do século XII, Glanvill declarava que a justiça do rei não fazia ingerências nas "convenções entre particulares". Existia também um *writ of debt*[343], mas esse meio era válido na forma primitiva de simplesmente requerer a "restituição" de uma soma de dinheiro que o querelante declarava ser-lhe devida sem nenhuma demonstração da causa (constituía quase uma subespécie do *writ praecipe quod reddat*); além disso, implicava o provável recurso à prova por duelo e, por fim, significava para o litigante a uma despesa equivalente a um terço do valor do crédito reivindicado [Plucknett, 1956, p. 632]. Meio século depois, Bracton atesta a existência de uma ação que fazia referência expressa a um contrato (*writ of covenant*), que só era válida se o querelante tivesse condições de exibir um ato escrito formal munido de selo, ou se o dinheiro ou o bem já tivessem mudado de mão. E a prova se dava por meio do juramento dos "compurgatórios" (*wager of law*), no estilo altomedieval dos sacramentais[344]. Como veremos, uma tutela mais moderna do contrato só virá a se realizar bem mais tarde.

Houve uma fase histórica na qual a Chancelaria Real foi criando gradativamente novos *writs* – recordamos aqui apenas alguns entre os principais – para tutelar os casos concretos submetidos ao rei, ampliando quase contextualmente o alcance da jurisdição soberana. Em fins do século XIII, no estatuto fundamental de Westminster, do ano de 1285[345], os barões

---

[340] *Placita coronae or La corone pledee devant justices*, ed. J. M. Kaye, London, 1966 (Selden Society, Suppl., 4).

[341] Writ of trespass: "Rex vicecomiti S. salutem. Si A. fecerit te securum de clamore suo prosequendo, tunc pone per vadium et salvos plegios B. quod sit coram nobis in octabis Sancti Michaelis ubicumque fuerimus tunc in Anglia ostensurus quare vi et armis in ipsum A. apud N. insultum fecit et ipsum verberavit [...]" [Baker, 2002, p. 544]. Cf. também um caso do ano de 1341, ibid., p. 554.

[342] "Ostensurus quare": o autor devia demonstrar por que (*quare*) e com base em quais fatos ilícitos recorria à justiça do rei.

[343] Fórmula: "Rex vicecomiti N. salutem. Praecipe A. quod juste et sine dilatione reddat B. centum solidos quos ei debet et iniuste detinet ut dicit. Et nisi fecerit etc." [Baker, 2002, p. 540].

[344] A tentativa de associar a essas formas uma tutela canonística paralela do contrato, por meio de uma promessa solene ou de um juramento – que, como tal, trazia o contrato para a esfera do direito canônico e da jurisdição eclesiástica porque colocava em risco a salvação da alma – foi desautorizada em 1164, por iniciativa de Henrique I (Constituição de Clarendon, que nega a jurisdição eclesiástica em matéria de contratos).

[345] Estatuto de Westminster (1285).

conseguiram barrar a criação de novos *writs* para não perder ainda mais terreno de seu poder judiciário. Mas se admite que os *writs* a partir de então usuais e correntes ("brevia de curso") pudessem ser aplicados em casos semelhantes ("in consimili casu"), mediante recurso a um processo por analogia; por outro lado, para casos que não pudessem ser reconduzidos a *writs* existentes, para os quais se requeresse a intervenção do rei, era preciso apresentar recurso ao Parlamento.

O sistema de *writs* foi fundamental para a gênese do *Common law*. Ele influenciou todo o direito inglês posterior, até os dias de hoje[346]. Com base em formas de ação específicas, os juízes do rei construíram, nos séculos XII e XIII, um conjunto de regras capazes de resolver as controvérsias civis e de punir os ilícitos civis e penais. O processo era rigidamente formalizado, não apenas no sentido de ser necessário que os litigantes indicassem taxativamente, desde o primeiro momento, sob pena de derrota na causa, o *writ* ao qual pretendiam recorrer, mas também porque o processo – particularmente no que se refere às provas – não era o mesmo para os diversos *writs*: só alguns *writs* permitiam, por exemplo, a prova do júri, em vez da prova dos conjurados ou do duelo judiciário. Além disso, as competências dos Tribunais não eram as mesmas, pois alguns *writs* podiam ser apresentados apenas diante de um dos Tribunais régios e não diante de outros. Também as medidas punitivas variavam e eram específicas dos diversos *writs*. De todo modo, não era possível agir à revelia dos *writs* reconhecidos e admitidos.

Tamanha rigidez recorda em muitos aspectos o sistema formular do direito romano clássico, mesmo que o *Common law* tenha realmente se afirmado por força própria e de fora, se não em contraste, com o sistema romanístico da compilação justiniana, cujo espírito aliás já estava muito distante do espírito do direito da era clássica.

4. Os Tribunais régios e as decisões judiciárias

A extensão da justiça administrada pelos juízes do rei, por meio dos instrumentos que acabamos de relembrar, impôs uma nova e mais rica articulação dos Tribunais. As justiças locais de condado e as justiças feudais não desapareceram, mas reduziram sua atividade, enquanto aumentava espetacularmente a atividade dos juízes régios[347]. O aumento dos casos submetidos ao rei levou o soberano a enviar periodicamente às províncias do reino alguns deles, na função de juízes itinerantes (*justices in eire*, do latim *itiner*), para julgar em seu nome os processos civis e penais. Mas isso não impediu o grande aumento das causas que chegavam diretamente a Londres.

No decorrer do século XIII, isso levou à ramificação do único Tribunal originário do rei em três diferentes Tribunais centrais: o Tribunal dos Processos Comuns (*Court of Common Pleas*) julgava as questões entre particulares, agora não mais em presença do rei; o Tribunal do Erário (*Exchequer*), o mais antigo dos três, desempenhava funções de justiça fiscal, mas também altas funções de natureza administrativa e financeira; ao passo que as questões criminais, civis e feudais mais importantes eram tratadas no Tribunal do Banco do Rei (*King's Bench*), ao qual até o século XIII (mas, posteriormente, não mais) o rei costumava estar pessoalmente presente. Essa tripartição manteve-se válida por mais de seis séculos, até o século XIX [Holdsworth I, 1992].

Foi nesses tribunais centrais que o *Common law* tomou forma e cresceu rapidamente. Baseados nos *writs* concedidos pela Chancelaria, os juízes nomeados pelo rei – poucos em

---

[346] O mais destacado historiador do *Common law*, Frederic Maitland, escreveu que "as formas de ação já estão sepultadas, mas ainda nos governam de seus túmulos" [Maitland, 1948, p. 2]

[347] Um exemplo desse processo expansionista: o estatuto de Gloucester, do ano de 1278, estabelecera que nenhuma causa de valor inferior a 40 xelins podia ser levada à decisão do rei; mas os juízes régios, em pouco tempo, conseguiram fazer prevalecer o princípio completamente distinto pelo qual nenhuma causa de valor superior fosse mais discutida pelos tribunais locais.

número, mas altamente qualificados – deram vida a um conjunto de decisões que, entre o fim do século XII e a metade do século XIII, já constituíam uma rede complexa, mesmo que ainda não se tratasse de um "sistema" propriamente dito. Foi justamente observado [Van Caenegem, 1988, p. 90] que a ausência de recepção do direito romano comum, que diferenciou a Inglaterra em comparação com o continente[348], criando o dualismo entre *Civil law* e *Common law*, deve-se justamente ao desenvolvimento precoce de um sistema criado pelos *writs* e pelos juízes do rei desde o século XII, quando a influência da nova ciência jurídica estava se afirmando no continente. Se esse desenvolvimento precoce do *Common law* tivesse surgido algumas poucas décadas depois, não é improvável que a nova ciência jurídica de fundamentação romanística e universitária teria conquistado a Inglaterra também: como ocorreu, por exemplo, na Normandia e no Reino da Sicília, por outros aspectos, no que diz respeito à centralização monárquica, muito similar ao Reino Normando da Inglaterra.

A partir de 1194, as decisões dos juízes do rei começaram a ser transcritas em registros apropriados (*Plea Rolls*), escritos em língua latina. Datam de um século mais tarde, do ano de 1292, as mais antigas atas das discussões que eram feitas, no francês jurídico dos normandos (*Law-French*), nos processos perante os juízes do rei: são os *reports*, documentados nos *Year Books*[349], uma fonte indispensável para acompanhar o desenvolvimento histórico do *Common law*, que, como dissemos, tem o caráter de um direito jurisprudencial, nascido em grande parte das decisões dos tribunais. Com efeito, os *reports* contêm a representação viva do debate que se dava diante dos juízes do rei, com a *narratio* (*count*) do caso por parte do *serjeant*, do qual falaremos logo a seguir, e com as argumentações que levavam a fixar com exatidão o objeto da questão e os fatos que deviam ser submetidos ao veredicto dos jurados.

A redação dos *Reports* era provavelmente feita por jovens aspirantes a advogados que assistiam aos debates para se instruírem nas técnicas do *Common law* [Baker, 2002, p. 179]. Só o contato direto com o contencioso, com a escuta e com o conhecimento direto da dinâmica processual podia, de fato, ensinar o árduo ofício do jurista de *Common law*.

5. *Glanvill e Bracton*

Duas obras escritas por homens de lei oferecem um quadro preciso e rico em pormenores das fases formativas do *Common law*. Por volta de 1187, surgiu a primeira exposição do novo direito anglo-normando[350], atribuída a Ranulfo de Glanvill, *Chief Justice* do rei Henrique II, que descreve o sistema dos *writs* ainda em via de formação, com referência primária ao *writ of right* e às assembleias: uma fonte insubstituível de informação sobre a fase inicial do novo sistema. Pouco mais de meio século mais tarde, por volta de 1250, o vasto tratado *De legibus et consuetudinibus Angliae*, atribuído a Henri Bracton[351], também ele juiz régio, expunha com excepcional clareza as principais regras de um *Common law* já maduro, extraindo-as em grande medida de um conjunto de aproximadamente 500 decisões judiciais daquela época[352]. O

---

[348] Isso se deu apesar de nos séculos XII e XIII diversos juristas italianos terem ido à Inglaterra, entre os quais Vacario, João Bassiano, Francesco d'Accursio, Giovanni di Bologna; além disso, o direito canônico estava bem vivo na Ilha [cf. de Zulueta-Stein, 1990; Helmholz, 2004].

[349] Uma série de *Reports* antigos, dos primeiros anos do século XIV, vem sendo progressivamente editada na principal coleção de estudos e de fontes históricas do *Common Law*, patrocinada pela Selden Society, de Londres.

[350] Glanvill, *The Treatise on the Laws and Customs of the Realm of England [...] (De legibus et consuetudinibus Angliae)*, ed. by G. D. G. Hall, London, 1965.

[351] Bracton, *On the Laws and Customs of England*, ed. by G. E. Woodbine; trans. by S. E. Thorne, Cambridge, Mass., 1968-1977, 4 vols.

[352] Um exemplo: Bracton declara que o direito inglês (*lex Angliae*) estabelece que os bens pessoais ou hereditários da mulher falecida primeiro que o marido pertencem a ele, observada a condição que, do matrimônio, tenha nascido ao menos um filho vivo. A prova deve ser fornecida pelo testemunho de que o recém-nascido emitiu um vagido no momento do nascimento, e o vagido deve ter sido ouvido "dentro de quatro paredes", isto é, dentro do quarto e testemunhado por via direta. Bracton acrescenta que, alternativamente, serve de prova o batismo do infante, como

conteúdo das regras era aquele que fora desenvolvido nos tribunais centrais por juízes de altíssimo nível, como William Raleigh, que foi, entre outras coisas, o autor de alguns novos *writs*. O esquema sistemático adotado por Bracton baseava-se, por sua vez, no modelo continental extraído das fontes romanísticas, particularmente na sistemática das Instituições justinianas e nos ensinamentos do glosador bolonhês Azzone, que o autor conhecia muito bem[353].

Apesar dessa relação de derivação sistemática, as diferenças de conteúdo e de abordagem referentes ao direito comum são inegáveis[354]. A relevância dos instrumentos processuais na evolução do direito substancial foi decisiva: foram as tutelas introduzidas pelos *writs* que deram forma à disciplina dos direitos reais e dos contratos: como escreveu Sumner Maine, na Inglaterra, "o direito substancial formou-se nos interstícios da processualística".

6. As profissões legais

Logo se impôs aos litigantes que recorriam à jurisdição régia a necessidade de designar quem administrasse a causa em seu nome, indo a Londres quando necessário: os *attorneys*, que encontramos presentes desde o século XIII, provenientes dos diversos condados, tinham o poder de representar processualmente as partes pelas quais tivessem sido escolhidos. Suas escolhas processuais vinculavam o mandante. Em 1292, um *writ* do rei endereçado a seus juízes dispôs que os *attorneys* fossem controlados pelo centro, ou seja, pelos próprios juízes.

Bem distinta da função de representação em juízo foi, já nessa fase inicial, outra função, que se referia a uma categoria diferente de juristas. Cabia aos *narratores* (*counters*) expor em juízo o caso controverso, ilustrando particularmente o fato que levara o querelante a recorrer ao juiz. Os *narratores* (ou talvez alguns entre eles) assumiram depois a qualificação de *serjeants*, que parece indicar uma relação de serviço com o rei. Eles conseguiram adjudicar-se o monopólio da assistência legal no Tribunal dos *Common Pleas*, instância competente para a maioria das causas que afluíam à jurisdição do rei. No século XIV, formou-se uma corporação autônoma – a Ordem do Barrete[355] –, à qual eram admitidos apenas pouquíssimos *serjeants* anualmente escolhidos pelo rei.

Nasciam, assim, os dois ramos da profissão, que permaneceram bem distintos dali em diante: por um lado os representantes da parte, os *attorneys*, mais tarde denominados *solicitors*, por outro lado, os defensores, os *narratores-serjeants*. A estes últimos podiam se acrescentar, auxiliando-os nos outros Tribunais, numerosos outros juristas de menor prestígio, a começar por jovens aspirantes ao exercício da profissão legal, alguns dos quais um dia poderiam ter acesso ao círculo restrito dos *serjeants*, que desempenhava os deveres mais exigentes e discutia as causas mais lucrativas.

A dinâmica do debate[356] (*pleading*) atribuía ao *narrator* do querelante (*plaintiff*) o dever de expor o caso em suas características de fato consideradas relevantes para os fins do julgamento. A exposição[357] era feita em uma língua particular, o francês jurídico, que fora levado à Inglaterra pelos normandos e que apenas no decorrer do século XVII foi gradualmente substituído pelo inglês. Por sua vez, a ata do processo (transcrita nos *Plea Rolls*) era redigida pelo escrivão em língua latina, depois da fase inicial do debate, na qual a discussão oral ainda

---

resulta claro da ata do julgamento do juiz régio Martin de Pateshull, celebrado no condado de Lincoln no décimo ano do reinado de Henrique [III: ano 1226]: Bracton, *De legibus et consuetudinibus Angliae*, f. 438 (ed. Woodbine-Thorne, vol. IV, p. 360).

[353] Maitland, 1895.

[354] Por exemplo, para o *Common law*, a reivindicação dos bens móveis (especialmente animais: *chattels*) não pertence às ações reais (*actiones in rem*), dado que o autor podia, à sua escolha, exigir a restituição ou o ressarcimento do dano, que pertence à ação pessoal.

[355] *Coif*: porque seus membros usavam na cabeça um barrete branco de seda ou de linho.

[356] Sobre isso, cf. a clara síntese de Baker 2002, pp. 76-85.

[357] Era chamada *count*, isto é, relato, *narratio*.

podia levar a reorganizar o desenho exato do caso que, depois, nos autos, não se podia mais modificar.

O réu podia limitar-se a negar o fato exposto pelo *narrator*, ou negar só uma parte, ou ainda confirmá-lo, acrescentando, porém, um fato diferente que modificasse o significado do primeiro, ou enfim confirmar o fato *in toto*, mas argumentar que este está em conformidade com o direito (*demurer*). Só nessa última hipótese cabia ao juiz desfazer o nó, ao passo que nas três primeiras hipóteses (as mais frequentes) o conflito entre a versão do querelante e a do réu constituía o objeto específico (*issue*) da sentença do júri [Baker, 2002, p. 77][358].

Enquanto no continente, a partir do século XII, a formação superior dos juristas era dispensada nas universidades, no Reino da Inglaterra – onde, não obstante, na metade do século, encontram-se resquícios de um ensinamento jurídico em Oxford (1149), confiado ao lombardo Vacario, especialista em direito romano, o qual compôs para os ingleses uma síntese do direito justiniano conhecida pelo título de *Liber pauperum*[359] – afirmou-se uma orientação diversa: os juristas do *Common law* formavam-se junto aos tribunais centrais de justiça, instruídos por Leitores (*Readers*) particularmente eruditos. Jovens juristas em formação eram encarregados de simular processos e argumentações, treinando-se nas técnicas do direito, mas também de anotar as discussões desenvolvidas nos processos, como vimos, transmitindo-nos os textos depois compilados nos *reports* e nos *Year Books*. Os *narratores* e *serjeants*, antes de assumirem essas funções, eram treinados na qualidade de aprendizes nas técnicas específicas dos *writs* e nos processos junto aos tribunais régios. Depois que eram admitidos à função de defensores, entravam em uma das corporações (*Inns of Court*)[360] que reuniam os *serjeants*. Quatro das mais importantes entre elas existem até hoje[361].

Os soberanos logo adotaram o critério de escolher os juízes dos Tribunais centrais exclusivamente entre os *serjeants* da Ordem do Barrete (*Coif*), que tivessem desempenhado por anos as funções de defensores com alto prestígio. Os juízes eram, portanto, todos advogados idosos e respeitados, envolvidos em uma relação de conhecimento direto e de recíproca estima com os colegas das *Inns of Court*. Daí decorre a extraordinária coesão, o prestígio e o respeito recíproco que distingue até os dias de hoje a classe forense inglesa, em suas duas componentes fundamentais, os juízes (*Justices*) e os advogados (*barristers*).

7. O júri

Na história do direito inglês, é fundamental o instituto do júri popular, isto é, a atribuição a cidadãos não juristas de um papel central na decisão das causas judiciais. Uma história complexa, que percorre todo o período do direito inglês.

No âmbito das controvérsias civis, como vimos, desde o fim do século XII, a justiça do rei permitia ao réu, em uma controvérsia imobiliária, contrapor-se à pretensão do querelante não mais com a prova do duelo judiciário, e sim recorrendo às "grandes assembleias", ou seja, submetendo a questão aos doze *knights* (cavaleiros, *milites* pertencentes ao exército do rei),

---

[358] Um exemplo, extraído da obra de Bracton. Diante da reivindicação da mulher de recuperar os bens de seu dote (prevista pela concessão do *writ of dower*), o marido pode objetar: a) que a mulher nunca fora sua esposa ("nunquam fuit ei desponsata"); b) que foi casada, mas o ato foi nulo, visto que ele já estava unido em matrimônio com outra; c) foi sua mulher, mas não é mais por ter havido um divórcio (Bracton, *De legibus et consuetudinibus Angliae*, f. 302, ed. Woodbine-Thorne, vol. II, p. 372). Cada uma dessas exceções devia naturalmente ser provada depois de ter sido submetida a um júri.

[359] Vacarius, *The Liber pauperum of Vacarius*, ed. by F. de Zulueta, London, 1927.

[360] Esse modo de formação dos juristas do *Common law* manteve-se constante no decorrer do tempo. Até o século XIX, a qualificação de *barrister* era atribuída não por meio de uma habilitação universitária, e sim depois de um estágio de anos (atestável por meio de determinado número de refeições consumadas *in loco*) junto a uma das quatro *Inns of Court*.

[361] Lincoln's Inn, Gray's Inn, Middle Temple, Inner Temple.

escolhidos por quatro cavaleiros nomeados pelas duas partes. Note-se que os jurados desempenhavam o papel de testemunhas, não o de juízes.

De modo análogo, sempre durante os anos de reinado de Henrique II, àquele que abrisse processo afirmando ter sido despejado da posse de um terreno, os juízes do rei começaram (como vimos acima) a conceder um *writ* específico, com o qual se impunha ao *sheriff* escolher doze homens do lugar que atestassem se o despejo realmente ocorrera. Em ambos os casos, tratava-se de um processo reservado exclusivamente à justiça do rei, que se podia instaurar mediante pagamento de uma quantia proporcional. E como esse processo representava para o litigante maior garantia do que o processo ordálico tradicional, mesmo que originalmente fosse um procedimento de exceção, afirmou-se rapidamente, reforçando e ampliando o raio de aplicação da justiça do rei.

No campo penal, o júri teve uma gênese diferente. O processo para levar à presença do juiz o autor de um crime a partir da era normanda era possível de duas maneiras: pela acusação feita pela vítima do delito ou por seus familiares, ou pelo processo por *indictment*, isto é, por meio do interrogatório de um grupo de homens do lugar aos quais os juízes itinerantes do tribunal régio pediam informações sobre delitos que tinham sido cometidos no território e indicações sobre a punibilidade dos possíveis autores dos crimes. Esse segundo procedimento (que está na base do "júri de acusação" inglês, o *Grand Jury*, distinto do "júri de juízo", *Petty Jury*) torna-se normal com as assembleias de Clarendon e de Northampton, de 1166.

Aquele que tivesse sido acusado por *indictement* devia se defender mediante recurso ao duelo judiciário. Mesmo àquele que tivesse sido acusado por um cidadão privado o duelo se impunha. Mas na era de Henrique II era frequente o acusado pedir e obter o direito de se defender de seu acusador recorrendo ao testemunho de doze vizinhos, e não com o duelo: dizia-se, nesses casos, que o acusado "ponit se super patriam", isto é, submetia-se ao testemunho de seus conterrâneos. E depois que a Igreja, no IV Sínodo Lateranense de 1215, proibiu o clero de apelar para o duelo judiciário, ele vai decaindo gradualmente também nos processos movidos por leigos. Teoricamente, subsistia a possibilidade de chamar em duelo em vez de recorrer ao júri, mas concretamente quem se recusasse a recorrer ao testemunho dos jurados era drasticamente punido. Se depois ele se calasse para não ter de escolher, era-lhe aplicada a "pena forte e dura" (*peine forte et dure*), um tratamento de tortura judicial tão áspero que podia levá-lo à morte[362].

Portanto, no fim do século XII, o júri (*trial by jury*) tornara-se o modo corrente de proceder tanto nas causas civis como nas penais. O júri era acionável com recurso a procedimentos específicos e diferenciados nos diversos tipos de ações e de *writs*; além disso, o papel dos jurados no processo era um papel de testemunhas qualificadas, não ainda de juízes de fato; por fim, não se exigia unanimidade entre os jurados. Com essas características, que se modificarão no decorrer do tempo, o papel do jurado estava pelo menos definido como elemento essencial do sistema de *Common law*.

8. *A* Magna Carta

O envolvimento ativo dos súditos do reino inglês, tanto mais significativo porque operante em um sistema constitucional que atribuía à monarquia poderes muito incisivos, também se manifestou em um contexto diferente. Em 1215, os barões obtiveram, em um momento de crise da autoridade régia, o reconhecimento de uma ampla série de direitos e de poderes, que encontrou expressão em um documento de extrema importância, a *Magna Carta*. Revisto e modificado muitas vezes – a redação definitiva remonta a 1225[363] –, esse célebre texto não se limitava a reafirmar as liberdades da Igreja e as liberdades da cidade de Londres, mas reco-

---

[362] Mesmo depois de muito tempo em desuso, a pena foi formalmente abolida em 1772.
[363] *Magna Carta*, ed. J. C. Holt, Cambridge, 1992.

nhecia as prerrogativas dos Lordes em relação a seus subalternos, livres e colonos, e particularmente seus poderes judiciários que, entre outras coisas, o *writ praecipe* não poderia mais prejudicar no futuro.

Além disso, ficava estabelecido que "nenhum livre seja preso ou privado de suas posses ou exilado [...], a não ser por meio do juízo legal de seus pares ou do direito do lugar" (cap. 29). Esta última prescrição tinha originalmente um acentuado sabor feudal [Baker, 2002, p. 472]: o "tribunal dos pares" (*curia parium*) era composto, tanto na Inglaterra como no continente, de vassalos que tinham a mesma posição do réu em um processo. Contudo, a *Magna Carta*, diferentemente de muitos privilégios análogos dos soberanos medievais do continente, foi mantida viva no reino inglês e foi constantemente evocada nos séculos subsequentes, de modo que as mesmas fórmulas fossem adquirindo significados novos. No século XVII, o grande juiz e jurista Edward Coke a qualificará de "a fonte de todas as leis fundamentais do reino"[364].

Verificou-se uma evolução paralela na representação política. Se, no início do século XIII, a assembleia geral do reino ainda apresentava as características de uma assembleia feudal, composta essencialmente dos barões e dos grandes do reino, no decorrer desse mesmo século não apenas foram acrescentados os representantes dos condados – os feudatários diretos do rei ("tenants in chief") –, os representantes das cidades e dos burgos, como também essas três categorias passaram a fazer parte do Parlamento por meio de um processo eletivo, não mais por escolha discricionária do *sheriff*, que agora se limitou a cuidar de que fossem eleitos dois cavaleiros por condado (*shire*), dois cidadãos por cidade (*town*), dois burgueses por burgo (*borough*).

Os eleitos não apenas deliberavam conjuntamente no Parlamento, mas sua deliberação vinculava todos os seus eleitores nos respectivos condados, cidades e burgos de todo o reino: tinham, portanto, um poder de representação pleno. Apenas as disposições aprovadas pelo Parlamento se chamavam estatutos (*statutes*), diferentemente das ordenanças que o rei aprovava em seu Conselho restrito. Em 1295, por ocasião de uma nova convocação do Parlamento, essa já era, e assim permaneceu em seguida, a estrutura institucional do Parlamento inglês. Mas é preciso levar em conta que os estatutos ingleses não são equiparáveis aos estatutos das comunas italianas, nem muito menos às leis dos parlamentos modernos: a natureza prioritariamente jurisdicional do Parlamento inglês reflete-se também nos *statutes*, que em alguns aspectos são assimiláveis a decisões judiciais com validade ampliada e permanente.

Se as razões que levaram à aprovação da *Magna Carta* são, como sempre na história, razões também contingentes – Henrique III, em busca de dinheiro para as guerras e as despesas do reino, foi obrigado a ampliar o universo dos contribuintes dos quais pudesse obter recursos e, portanto, a envolvê-los nas decisões sobre os impostos e a valorizar seu papel –, isso não diminui a importância histórica dessa precoce evolução, que situa o reino inglês nas origens do sistema europeu da representação política.

---

[364] Coke, *Institutes of the Laws of England*, Union (N. J.), 2002, The First Part, 81a.

Terceira parte
A Idade Moderna (séculos XVI-XVIII)

A transição da Idade Média para a idade moderna, que não foi percebida pelas pessoas à época, mas depois foi sendo gradualmente percebida como fundamental para a história política, econômica, artística, cultural e religiosa europeia, foi muito menos nítida no campo do direito. Realmente, uma característica essencial do direito do continente europeu dos últimos séculos da Idade Média, isto é, a articulação do ordenamento jurídico em vários níveis com o binômio entre direito comum e direitos particulares e locais, é firmemente mantida por mais de três séculos. Até mesmo o vasto patrimônio de doutrinas elaboradas pelos glosadores e pelos comentadores continuou a alimentar com intensidade e eficácia tanto o pensamento dos juristas modernos quanto a práxis judiciária e forense. Uma profunda ruptura – a única que se pode comparar em importância à ruptura do século XII, testemunhada pelo advento da nova ciência do direito – só virá a ocorrer na Europa no fim do século XVIII, com as reformas iluministas e com as primeiras codificações que marcarão o ocaso definitivo do direito comum.

Contudo, a primeira fase da idade moderna também apresenta elementos notáveis de descontinuidade com a era anterior. A formação de estruturas estatais complexas e articuladas – especialmente na França e na Inglaterra, assim como na Espanha e em diversas outras regiões da Europa – foi levada adiante com a contribuição determinante de instrumentos atinentes à esfera do direito: os poderes do monarca, a centralização da justiça, o desenvolvimento de uma rede de funcionários hierarquicamente dependentes do soberano, o recurso à normatização estatal, tudo isso teve como consequência, em tempos e em modos pelos menos distintos nas diferentes partes da Europa, mudanças notáveis no mundo do direito. Se, na primeira metade do século XVI, a gigantesca extensão dos domínios de Carlos V – interrompidos na Europa continental apenas pelo poderoso Reino de França, mas que se estendiam também aos outros continentes – podia pré-constituir as condições de um renovado império da cristandade, a divisão em duas partes do patrimônio territorial dos Habsburgos, planejada por esse soberano, transformou a Europa em um complexo de estados que, durante quatro séculos, virão a ser os protagonistas da política mundial.

Essa época histórica é designada como a era do absolutismo: um termo que indica, por um lado, a desvinculação dos legítimos poderes soberanos e estatais de toda subordinação superior[1], particularmente das duas autoridades supremas do Império e da Igreja, e, por outro, a titularidade plena dos poderes de jurisdição, de legislação e de governo – que ainda não eram claramente distintos entre si: só se chegará a isso com a doutrina moderna da divisão dos poderes – nas mãos do soberano ou dos homens que ele livremente designasse.

A uma noção jurídica dessas, teorizada por expoentes de ponta do pensamento político e jurídico moderno, nunca corresponde um efetivo "absolutismo" do poder soberano, nem mesmo em estados com uma forte autoridade monárquica, como é o caso da Espanha do século XVI ou da França dos séculos XVII e XVIII: porque os contrapesos institucionais constituídos pelas grandes magistraturas, pela aristocracia, pela Igreja e pelas autonomias residuais de origem medieval – como também pela normativa de direito comum, que não era uma normativa do Estado – atuantes sobre a realidade histórica concreta desses séculos equilibra-

---

[1] O poder do príncipe é "absoluto", *ab-solutus*, isto é, livre de vínculos jurídicos externos.

rão substancialmente o absolutismo monárquico. No que se refere às repúblicas e aos estados não monárquicos (Veneza e Gênova, assim como as Províncias Unidas de Holanda), as formas de exercício e de controle do poder que ali se experimentavam têm especial importância até mesmo na perspectiva da formação do Estado moderno.

Todavia, é claro que a incidência do poder monárquico e da formação do Estado moderno não pode ser subavaliada. A ordem jurídica específica da sociedade medieval foi profunda e definitivamente alterada nesse ponto. À atenuação das autonomias e à progressiva atenuação do costume como fonte do direito se sucedeu, por meio da forte autoridade do rei e de seus oficiais e magistrados, uma ordem interna abalizada justamente pelo poder estatal. Assim como se atenuou, até se extinguir, o terrível flagelo das guerras privadas e das violências perpetradas pelos senhores. E essa foi uma conquista civilizatória de importância extraordinária também no campo do direito.

Mas nem por isso as guerras desapareceram. A guerra passa a ser uma "questão de estado", uma luta entre estados.

É característico o acentuado fechamento aristocrático verificado no decorrer do século XVI em boa parte do continente, com a formação de um *status* jurídico particular para os membros da aristocracia, elevados ao monopólio de muitos cargos públicos e até mesmo de muitas magistraturas dos superiores Tribunais de justiça. Essa reviravolta exerceu profunda influência sobre o direito público, sobre o direito econômico e sobre o direito de família, com a difusão capilar do regime da primogenitura e do fideicomisso, com as estratégias conexas para manter o patrimônio das famílias patrícias intocado no decorrer do tempo, com a formação de colégios de juristas reservados aos nobres e transformados, às vezes, em viveiro exclusivo para as funções judiciárias e forenses de mais destaque. De fato, a aristocracia é a protagonista dessa fase da história da Europa, com seus vistosos privilégios de classe – em termos de impostos, cargos públicos e vida social – e com suas iniciativas de ação e de cultura, com suas luzes e com suas sombras.

Não nos esqueçamos de que a arte desses séculos, da arquitetura à pintura, da música ao teatro e até mesmo às artes menores, nasceu das encomendas de três categorias de sujeitos: as igrejas, os soberanos, a aristocracia nobiliárquica e mercantil. De Leonardo a Michelangelo ou Canaletto, de Ticiano a Van Dyck ou Rembrandt, de Monteverdi a Bach ou Haydn, foi assim que nasceram as obras-primas da arte europeia da idade moderna. São frutos imperecíveis surgidos em um mundo dominado pelo poder dos príncipes, pela riqueza das grandes instituições eclesiásticas, pela opulência das estirpes aristocráticas: as colunas da ordem social, política e jurídica do regime antigo.

A partir da segunda metade do século XVI, a Itália perdeu o primado que – na economia, no direito, no pensamento, na arte – exercera na Europa durante cinco séculos. Espanha, França, Países Baixos e Alemanha ocuparam, em momentos distintos, o vértice da cultura europeia. A descoberta e a conquista das Américas e da Índia tiveram consequências expressivas sobre o direito público europeu.

A separação da Igreja de Roma de quase metade da Europa cristã – especialmente em grande parte da Alemanha, nos países escandinavos, na Inglaterra, na Escócia, na Suíça, na Holanda; e também na França, com as sanguinárias guerras de religião – teve consequências de enorme alcance não apenas no campo religioso, mas também nas relações internacionais, na política interna, no direito público e privado: na Europa, mas também, por reflexo, nos países extraeuropeus conquistados pelas potências europeias. Por sua vez, a contrarreforma católica determinou transformações significativas no direito dos países que se mantiveram fiéis à Igreja de Roma: Espanha, Portugal, França, Itália e nos domínios dos Habsburgos.

Nesses séculos, o sistema das fontes do direito passa a ser ainda mais complexo. Acrescentam-se aos direitos locais de origem medieval – até o século XVIII, permanecem vivos estatutos e costumes, a partir de então quase sempre escritos – e às doutrinas dos doutores do direito comum, que a revolução induzida pelo advento da imprensa difunde a partir dali em todas as partes da Europa, as normatizações dos soberanos e as decisões dos grandes tribunais de justiça. Trata-se de uma trama, para não dizer de um emaranhado, que só se desenrola parcialmente com a afirmação da identidade normativa e jurisprudencial dos diversos Estados, no interior dos quais vem se formando gradativamente um "direito pátrio". Contudo, esse direito pátrio não se fecha inteiramente à contribuição de doutrinas e de sentenças surgidas alhures mas utilizáveis em todos os lugares, até mesmo por conta da língua comum da cultura jurídica, o latim.

Na idade moderna, as doutrinas jurídicas passam por desenvolvimentos de grande significado, diferentemente mesclados com a história do pensamento e com as circunstâncias políticas e sociais do tempo. A escola humanística, a variada e imensa multidão dos práticos e dos tratadistas, as teorias dos teólogos-juristas da escolástica espanhola, as construções do jusnaturalismo moderno e outras vertentes de desenvolvimento do pensamento jurídico compõem um conjunto muito rico de regras e de orientações novas, mesmo na moldura do direito comum que vigora durante mais de quatro séculos na Europa, até a virada da segunda metade do século XVIII.

17. Igrejas e Estados absolutistas

1. *Reforma protestante e direito*

O vasto e profundo deslocamento religioso gerado pela Reforma protestante e pela Contrarreforma do século XVI teve inúmeras consequências sobre o mundo do direito: a organização eclesiástica, a jurisdição canônica, o regime dos bens da Igreja, as relações com a autoridade secular sofreram modificações tanto nas regiões reformadas como nos países que se mantiveram católicos. Note-se que uma questão de natureza não exclusivamente pastoral, mas teológico-jurídica – a questão das indulgências, que, na prática, haviam degenerado tanto, a ponto de se poder obter da Igreja, por dinheiro, uma provisão de remissão das penas espirituais decorrentes de um pecado cometido por um fiel –, constituiu um dos não menos importantes motivos da rebelião que culminou na Reforma de Lutero.

Talvez o aspecto mais importante da Reforma protestante diga respeito às novas dimensões e perspectivas da espiritualidade cristã: dimensões e perspectivas distintas da tradição anterior, mas também muito diferentes entre si, não apenas pela distância de ideias e de doutrinas que separa o luteranismo do calvinismo, mas também pela multiplicidade das correntes internas às igrejas protestantes específicas do continente e da Inglaterra. Essas novas formas de espiritualidade também não podiam deixar de ter reflexos no campo do direito: como é atualmente evidente – mesmo que com interpretações não coincidentes e com aspectos ainda problemáticos[2] – a propósito dos reflexos que a ética protestante das diversas igrejas provocou nas relações entre moral individual e empresa, entre riqueza e trabalho, entre fiéis e pastores, entre hierarquia e autonomia do indivíduo, entre autoridade pública e liberdade na religião e na política: temas de importância inquestionável até mesmo no campo do direito.

Esse tema é fundamental para chegar a compreender as instituições do absolutismo, ao passo que o Estado moderno se afirma e testa seus novos poderes até mesmo (e em uma proporção que não pode ser ignorada) diante da Igreja e das igrejas, competindo com elas e frequentemente em posição antagônica à delas. Nessas contraposições, o limite entre o elemento temporal e o elemento espiritual, entre política e religião, entre direito e teologia, que muitas vezes parece indefinido na teoria e confuso até na prática, apresenta características novas e relevantes em comparação com a Idade Média. E isso é verdadeiro tanto para os estados que se proclamam ligados a Roma e ao papado quanto para as regiões que mudaram para o protestantismo.

Além disso, as divisões religiosas – além de entre católicos, entre jesuítas e jansenistas, entre luteranos e calvinistas, entre calvinistas de diversas obediências e assim por diante – cruzaram-se de modo muito estreito com as circunstâncias políticas e dinásticas. Foi o que ocorreu na Inglaterra de meados do século XVI; nas decisões políticas da Espanha de Carlos V e de Filipe II; na França, quando do confronto entre os Bourbons e os Guisas, que levou ao reinado de Henrique IV e, depois das repressões do século XVI, permitiu durante um século (por força do Édito de Nantes) a presença desimpedida de comunidades calvinistas – os

---

[2] Baste citar o clássico ensaio de Max Weber [de 1904-1905; cf. Weber 1991] que vincula o espírito do capitalismo moderno à ética protestante, até as recentes obras de Witte [2002], de Berman [2003], de Böckenförde [2007].

huguenotes, aos quais Henrique IV pertencera antes de se converter ao catolicismo com o objetivo de subir ao trono: "Paris bem que vale uma missa" – em determinadas partes do reino. Era uma linha de conduta política e jurídica diagnosticada no século XVI pelo chanceler Michel de l'Hôpital. Posteriormente, ela será sancionada pela Paz de Vestfália de 1648, no que se refere às relações internacionais entre os estados europeus [Böckenförde, 2007], por meio da afirmação do princípio de não ingerência nos assuntos internos de outro estado, fechando-se assim a era das sanguinárias guerras de religião. Mesmo assim, na França, essa linha de conduta foi bruscamente interrompida por Luís XIV em 1648, com a revogação do Édito de Nantes.

O delicado problema da linha de fronteira entre a esfera religiosa e a esfera civil se configurou, então, de modo novo como consequência da divisão religiosa da Europa.

A separação da Inglaterra da Igreja de Roma, depois da recusa do papa à solicitação de divórcio de Henrique VIII e Catarina de Aragão, que não conseguira dar ao rei descendentes varões, ocorreu por meio de uma estreita cooperação entre a monarquia e o parlamento. A desvinculação da Inglaterra da jurisdição eclesiástica romana e a atribuição à monarquia dessa importante seção da justiça (1533) foram deliberadas em forma de lei (os 39 capítulos) do parlamento inglês, que por essa mesma época reconheceu o caráter "absoluto" (até mesmo nos limites do direito natural e divino) do poder monárquico. Com intervenções legislativas dessa natureza, por sua vez, o parlamento reforçou o próprio papel institucional. Sob o reinado de Elisabete, a Igreja da Inglaterra assumiu o caráter de igreja de estado.

Por outro lado, ela deveria enfrentar a oposição da corrente religiosa dos puritanos, que se inspirava, entre outras fontes, nas teses político-religiosas de Calvino sobre o "pacto" entre os súditos e o rei, que por sua vez evocava o pacto de Deus com o povo de Israel. O confronto entre as posições episcopalistas defendidas pelos Stuarts, favoráveis à manutenção de uma igreja hierárquica submetida a seu controle, e as posições anti-hierárquicas dos presbiterianos da Inglaterra e da Escócia conduziu às dramáticas circunstâncias da guerra civil e da execução do rei Carlos I em 1649. São conhecidas as posições corajosamente democráticas do movimento dos "Niveladores" (*Livellers*). No século XVII, como consequência das medidas repressivas adotadas pelos Stuarts e pela Igreja anglicana, grupos de adeptos religiosamente comprometidos que se inspiravam nas várias correntes do calvinismo – puritanos, presbiterianos, quacres e outros – abandonaram a mãe pátria para realizar seus ideias éticos nas terras remotas da América: com consequências de grande importância também no terreno político-constitucional, como veremos.

A Reforma protestante deu origem a diversas posições teológicas, políticas e jurídicas no que se refere à autoridade secular. Lutero foi um aguerrido defensor do princípio de obediência dos súditos ao soberano: uma posição decorrente de suas teses teológicas. Calvino também exprime teses semelhantes. Posteriormente, porém, outros expoentes do luteranismo e, sobretudo, do calvinismo defenderam princípios diferentes, muito mais abertos ao reconhecimento dos limites do poder soberano.

A tônica de algumas confissões na ligação direta e exclusiva entre o indivíduo e Deus não deixou de se refletir no campo das instituições religiosas, particularmente na estrutura interna das comunidades religiosas, como fica claro, por exemplo, nos dois diferentes exemplos da igreja presbiteriana e da igreja episcopal na Inglaterra, que já recordamos: anti-hierárquica a primeira (e que se consolidou particularmente na Escócia), hierárquica a segunda. Na segunda metade do século XVIII, um observador arguto como Samuel Johnson percebia entre os episcopalianos e os presbiterianos uma diferença de estrutura eclesiástica e religiosa mais profunda do que a diferença existente entre os episcopalianos e os católicos romanos[3].

---

[3] *Boswell's Life of Johnson*, 26 de outubro de 1769 (ed. Londres, 1957, p. 424).

Os protestantes também precisaram se posicionar diante da questão da titularidade das funções outrora atribuídas ao bispo.

Ao concluir a fase inicial da Reforma luterana na Alemanha, a dieta imperial de Augsburgo, de 1555, atribuiu aos príncipes territoriais o dever de determinar de modo vinculante a confissão – católica ou protestante – dos respectivos súditos[4], juntamente com o poder de intervir em matérias eclesiásticas e religiosas (*ius reformandi*): o senhor é declarado como "sumo bispo" do principado e passam para ele não apenas algumas funções jurisdicionais exercidas outrora pelos bispos, como também deveres de natureza educativa e moral [Berman 2003]. Com o tempo, o poder pessoal do príncipe passou a ser auxiliado e foi posteriormente substituído pelo poder exercido pelos conselhos designados (*Konsistorien*), compostos de teólogos e de juristas, para os quais foram transferidas as funções jurisdicionais antes reservadas aos bispos.

Com a Paz de Vestfália, de 1648, a subdivisão entre países reformados e países católicos passa a ser confirmada com base em um direito fundamental reconhecido ao príncipe, até mesmo em matéria religiosa, sobre o próprio território (*ius territorii et superioritatis*). Ao mesmo tempo, concedia-se uma equiparação civil parcial aos súditos da outra confissão.

Essa mescla de funções seculares e religiosas dos príncipes esteve no centro das análises aprofundadas por parte da doutrina jurídica da época, que elaborou teorias de inspiração ideal e prática diferenciada. Foi muito influente a concepção da "dupla pessoa" do príncipe, considerado, simultaneamente, senhor temporal e religioso, por concessão imperial segundo alguns (J. J. e M. Stephani), por delegação divina direta segundo outros (T. Reinking, *De regimine saeculari et ecclesiastico*, 1619); no campo religioso, este último autor, recorrendo a teorias luteranas (J. Gerhard, 1610-1622), diferenciou as funções religiosas exercidas pelo príncipe (*status politicus*) das funções de administração material das igrejas confiadas ao ecônomo (*status oeconomicus*) e das funções propriamente espirituais e pastorais confiadas aos pastores (*status ecclesiasticus*). A teoria da *duplex persona* do príncipe, por sua vez – adotada por juristas de grande renome como Benedikt Carpzov e Samuel Stryk –, buscava evitar uma confusão perigosa entre poderes religiosos e civis nas mãos do príncipe, considerando que as funções episcopais, a partir dali, tinham sido irreversivelmente transferidas para o Consistório [Conrad 1966, p. 296].

O encaminhamento dado por Hugo Grócio e pela escola jusnaturalista foi diferente, porque fundada na teoria do contrato social, que contrapunha ao indivíduo particular e ao conjunto dos súditos um sujeito público único, o Estado territorial. Daqui decorria a competência geral do príncipe para disciplinar com normas próprias as relações entre Estado e Igreja; daqui se originava também a paridade tendencial das diversas confissões religiosas diante do Estado: um regime jurídico que só virá a se realizar no século XVIII, com os éditos de tolerância. Por sua vez, a teorização das igrejas como pessoas jurídicas ("colégios") vincula-se – em dissonância com as teorias medievais sobre a autonomia das associações (*universitates*) – a essa nova orientação, que faz a legitimidade dos colégios e das pessoas jurídicas ser uma decorrência da concessão ou da autorização do Estado.

Os direitos dos príncipes em matéria religiosa, reconhecidos em 1555 e em 1648, também incidiram nas regiões católicas da Alemanha. Nessa base, o príncipe territorial se considera autorizado a intervir legitimamente, por exemplo, na secularização de bens eclesiásticos ou na criação de novas dioceses. Além disso, por imitação do modelo da França galicana, em alguns estados, como a Baviera católica, ficou estabelecido que qualquer deliberação, papal ou episcopal, devia receber a autorização prévia do príncipe (*ius placeti*, 1770). Assim como na Áustria e na Prússia.

---

[4] *Cuius regio eius religio*: esta fórmula indicava que o súdito devia adequar-se à religião de seu país, a qual, por sua vez, era determinada com base na pertinência religiosa (católica ou protestante) do príncipe local.

2. A Igreja e os Estados católicos

A resposta mais forte da Igreja de Roma à crise que explodiu com a Reforma veio com o Concílio de Trento. Tendo-se reunido em três ocasiões entre 1545 e 1564, os bispos católicos chegaram a definir uma vasta série de questões sacramentais e litúrgicas que confirmaram a separação das posições dos protestantes: a necessidade das obras juntamente com a graça divina para a salvação das almas, a tradição reconhecida da Igreja como fonte autorizada ao lado da Escritura, o poder papal para a nomeação dos bispos. Também foi rigorosamente disciplinado o caráter público do matrimônio, proibindo os casamentos clandestinos, fonte de frequentes abusos, e formalizando o matrimônio canônico atualmente em vigor [Musselli, 1992]. Assim ficou estabelecido, com a intervenção ativa do cardeal Morone, legado pontifício, que as decisões dos concílios só adquiririam valor normativo para a Igreja depois da aprovação do papa. Até mesmo a liturgia e a formação do clero foram reformadas, dando origem a um movimento de renascimento religioso que caracterizou o catolicismo. Para tanto, o impulso veio de algumas novas ordens religiosas: em primeiro lugar, a ordem dos jesuítas, fundada pelo espanhol Inácio de Loyola em 1526 e que se tornou nos dois séculos subsequentes uma coluna do catolicismo romano.

A Inquisição espanhola constituiu um capítulo de particular relevância para a história das relações entre estado e igreja nos países católicos. Com a queda do reino de Granada, último enclave islâmico na Península Ibérica, ocorrida no mesmo ano da descoberta da América, 1492, a monarquia espanhola enfatizou fortemente a política de unificação religiosa do reino. Nessa mesma época, à expulsão dos judeus seguiu-se nos anos e décadas posteriores o recurso ao instrumento judiciário da inquisição, com o propósito de eliminar sistematicamente os resíduos de "heresia", especialmente identificando e condenando os súditos que, mesmo se declarando oficialmente cristãos, continuavam ocultamente fiéis à religião islâmica (*moriscos*) ou à religião hebraica (*marranos*). Por meio da atuação dos inquisidores, geralmente membros da ordem dominicana, que os reis da Espanha obtiveram por privilégio papal poder designar diretamente, eram examinados os casos de indivíduos suspeitos, denunciados localmente ou autodenunciados mediante um "auto de fé", que garantia uma impunidade substancial. Se o processo evidenciasse as provas da heresia, asseguradas por testemunhas ou por confissões frequentemente extorquidas com tortura, seguia-se a condenação, de gravidade variada, mas estendida nos casos julgados mais graves à pena da fogueira. Em duas ocasiões, no início e por volta da metade do século XVI, as condenações capitais atingiram a cifra de centenas, para depois se reduzirem drasticamente nos dois séculos subsequentes [Bennassar, 1994].

Mesmo nesses limites, bem menos dramáticos do que a historiografia considerou no passado, a Inquisição figura como um capítulo perturbador da história jurídica europeia: não apenas pela confirmação que oferece, posteriormente às tragicas circunstâncias da repressão das heresias no século XIII, da permanência da intolerância religiosa como princípio tido como justo e até mesmo obrigatório tanto pela Igreja como pelo Estado, mas também pelo fato de que a Inquisição espanhola constituiu um instrumento declaradamente religioso (e, como tal, aprovado pela Igreja), que, na realidade, era antes de tudo político e estava a serviço da monarquia. De fato, só era possível ao rei intervir em todo o território submetido à coroa com o recurso ao processo da Inquisição, situando-se acima das prerrogativas de autonomia das magistraturas locais e dos costumes seculares confirmados nos *Fueros* e defendidos pelas *Cortes*, por exemplo, em Aragão. Efetivamente, afirma-se que, em muitos casos, a acusação de heresia e o recurso ao juízo da Inquisição constituiu para o rei da Espanha o pretexto para intervenções judiciárias repressivas motivadas por razões políticas. As decisões dos inquisidores locais estavam submetidas, desde o fim do século XV, ao controle (por meio do instrumento de apelo) de um Conselho Supremo de Inquisição, dirigido por Roma, mas governado também pela monarquia.

Os processos inquisitoriais espanhóis, dotados de indubitável eficácia anti-herética, induziram o papa a reestruturar em 1542 a Inquisição romana com a constituição do Santo Ofício.

Essa congregação tornou-se, a partir de então, o principal instrumento de tutela da ortodoxia católica. Nessa mesma época, surgia o Index Librorvm Prohibithorvm ("Índice [ou Lista] dos Livros Proibidos") e se acentuava na Itália a repressão das correntes favoráveis às teses dos reformadores protestantes.

Não apenas o mundo da Reforma, mas também diversas correntes do pensamento católico elaboraram e exprimiram ideias, teses e posições concretas sobre a temática das relações com o poder secular. Nesses séculos, história das relações entre os estados que se mantiveram alheios à Reforma e à Igreja de Roma não foi menos tormentosa do que a história vivida nas terras da Europa protestante.

A Espanha de Filipe II, por exemplo, passou por fases de aguda contraposição a Roma e manteve (e até mesmo reforçou) não apenas o direito de controlar o ingresso e a aplicação das bulas pontifícias nos territórios da monarquia ibérica, ali compreendidos os territórios italianos que dela dependiam (direito de *exequatur*), mas também o direito régio de nomear os bispos e os titulares para os mais destacados benefícios eclesiásticos da Espanha. Além do mais, o poderoso e temido tribunal da Inquisição espanhola – dotado de expressivos poderes coercivos até mesmo sobre os bispos – dependia diretamente não mais da Igreja de Roma, e sim do soberano da Espanha.

Por vezes, as pretensões da monarquia nesse terreno provocaram a resistência dos territórios dependentes, como ocorreu quando Filipe II planejou estender a Milão a Inquisição espanhola, afirmando querer proteger o ducado dos perigos de heresia (1563): nessa circunstância, foi a sociedade milanesa que se opôs a essa intenção do rei, com intervenções enérgicas na direção oposta por obra da aristocracia e da própria igreja ambrosiana. Mas era mais frequente a contraposição surgir verticalmente entre as duas autoridades, a eclesiástica e a secular: ainda em Milão, poucos anos depois, quando o cardeal Carlos Borromeu lançou mão de um antigo costume que permitia à Igreja recorrer ao braço secular no combate aos autores de crimes contra a religião (blasfêmia, usura, matrimônios ilícitos), o mais importante tribunal de justiça do ducado, o Senado, se opôs à iniciativa do arcebispo em nome das prerrogativas do rei no governo do ducado, prerrogativas que não só proibiam a utilização de milícias estatais por parte da Igreja, como proibiam a ingerência eclesiástica contra acusados leigos. Aí nasceu uma controvérsia jurisdicional – uma das tantas da segunda metade do século XVI na Itália – na qual intervieram diretamente e muitas vezes tanto o papa como o rei da Espanha [Petronio, 1972].

O impulso reformador da Igreja do Concílio de Trento – que afirmou com renovado vigor o princípio da autonomia da Igreja e a legitimidade de sua jurisdição sobre os fiéis, sobre o clero e sobre os bens eclesiásticos – chocou-se inevitavelmente com a tendência expansionista dos poderes das monarquias absolutas, em um momento histórico no qual os estados visavam adquirir o controle direto do território e das funções públicas, da justiça e dos recursos tributários. São posições contrapostas que se refletem, com um conjunto pontual de argumentações históricas e jurídicas, na doutrina do direito público daquele tempo. Aos autores da parte eclesiástica (como Mariana e Bellarmino) contrapuseram-se autores como Jacopo Menochio, jurista e alto magistrado lombardo, em defesa das razões do estado.

A relação entre Estado e Igreja assumiu na França conotações particulares, que se articulam a circunstâncias e a tradições que remontam muito atrás no tempo, em parte até mesmo à era carolíngia. Um texto legislativo do rei Carlos VII, a *Pragmatica Sanctio* de 1438, limitara unilateralmente os direitos do papa sobre a igreja da França no que diz respeito aos benefícios vacantes e às nomeações episcopais, afirmando, entre outras coisas, a superioridade do concílio ecumênico em comparação com a autoridade pontifícia, de acordo com as teses do concílio de Basileia, daquela mesma época. Em 1516, a concordata de Bolonha restabeleceu um entendimento com Roma, fundado no reconhecimento, por parte do rei, da autoridade suprema do papa sobre a igreja, ao qual correspondia o reconhecimento, por parte do pontífice, do direito do rei da França de apresentar os próprios candidatos às sés vacantes dos bispados e das abadias monásticas: desse modo, de fato, a nomeação para os cargos eclesiásticos mais importantes da França tornou-se apanágio quase exclusivo da monarquia. Uma série de obras jurídicas defende as prerrogativas específicas da igreja francesa, enunciando e especificando as "liberdades" da "Igreja galicana" diante de Roma [Pierre Pithou, 1594].

Concretamente, essas liberdades se traduziam em uma alentada série de poderes da autoridade secular diante da igreja: qualquer decreto conciliar, qualquer bula papal deviam receber a aprovação do rei, que exercia igualmente sua autoridade até sobre os bens da igreja e sobre a disciplina eclesiástica. Eram poderes tutelados mediante o muito eficiente instrumento jurídico do apelo ao Parlamento de Paris (*appell comme d'abus*): o apelo podia ser interposto contra pretensas prevaricações eclesiásticas em matéria de benefícios, disciplinar e religiosa em geral, às vezes em questões de eucaristia e de penitência. O Parlamento (que também recolhia em seu seio membros do clero e se considerava, então, legitimado para agir até mesmo como tribunal eclesiástico) exercia, portanto, nesses casos, um poder coercivo direto em questões atinentes ao clero e aos bens da igreja.

Novos confrontos surgiram na segunda metade do século XVII. Em 1673, Luís XIV declarou a ampliação a todo o reino do tradicional direito da monarquia francesa de receber as receitas dos benefícios eclesiásticos vacantes (denominado regalia [*regale*] temporal), junto com o direito de designar os titulares dos benefícios no período de vacância da sé episcopal (*régale* espiritual). Uma *Declaração do clero da França* (1682) – inspirada por Bossuet e imediatamente promulgada pelo rei em forma de lei – confirmou essas disposições, recorrendo ainda às teses sobre a superioridade do concílio em relação ao papa, sobre a soberania absoluta do rei da França, sobre a inexistência de qualquer direito papal sobre a eventual deposição do rei, enfim, assegurando a plena fidelidade do clero à monarquia. Trata-se de teses várias vezes ratificadas pelo Parlamento de Paris de forma muito clara, por vezes, até mesmo em confronto com as posições mais conciliadoras da própria monarquia em relação à Igreja de Roma [Sueur, 1994]. Mas a firme oposição do papa Inocêncio XI (que se recusou, entre outras coisas, a nomear os bispos indicados pelo rei, deixando muitas dioceses temporariamente vacantes) levou Luís XIV a buscar um acordo com Roma: em 1693, a *Declaração* foi retratada, e o clero francês foi prontamente levado pelo rei a se adequar. Poucos anos depois, o próprio rei proibiu o Parlamento parisiense de fazer ingerências em questões puramente espirituais.

Apenas na segunda metade do século XVIII é que se abrirá um novo capítulo nas relações estado-igreja, época em que a reivindicação de vastos poderes e de novos direitos por parte do estado diante da igreja assumirá importância crucial, no contexto das doutrinas e das políticas do jurisdicionalismo iluminístico, habsburguense e revolucionário.

3. *Teorias da soberania*

Nicolau Maquiavel (*O príncipe*, 1516) foi o primeiro a organizar uma conceitualização da política fundada nas noções de virtude, fortuna, necessidade: nessa conceitualização, a "virtude" representava não mais uma qualidade moral, mas a capacidade de utilizar para fins do poder de governo as oportunidades do momento ("fortuna"), eventualmente abertas nas malhas férreas dos condicionamentos objetivos impostos por situações reais ("necessidade"). Vem daí a origem da autonomia da categoria da política em relação à categoria do direito, da ética e da teologia. Vem daí também a origem da ideia de "razão de estado", concebida como critério objetivo – desvinculado de considerações morais e jurídicas – para o estabelecimento das linhas de ação necessárias ou vantajosas para a manutenção ou o incremento do poder do estado no contexto das relações internas e internacionais. De resto, as teses de Maquiavel, por si mesmas, não comportavam opções por uma forma específica de estado ou de governo.

A teoria da soberania encontrou, por seu turno, uma enunciação precisa no interior da monarquia francesa, aquela que, mais que qualquer outra, teria encarnado a realidade do absolutismo no século XVII europeu. No tratado de Jean Bodin (1576)[5], a soberania é definida como um poder absoluto (no sentido de que o soberano não obedece a nenhuma autoridade e tem toda a liberdade tanto para legislar como para ab-rogar as leis) e indivisível (no sentido de que diz respeito a um único indivíduo, o príncipe). Para enfatizar esses aspectos, evocam-se metáforas e imagens coloridas, extraídas até mesmo do mundo da natureza: o rei é monarca único, assim como o é o sol no universo, como o é entre os insetos a abelha rainha (Bodin); seu poder não tem fraturas, assim como o círculo perfeito da coroa [Loyseau 1608][6], e é tão invisível quanto o ponto em geometria [Le Bret, 1632][7].

Até mesmo as teorias mais claramente inspiradas na ideia do absolutismo também contemplavam uma série de limites impostos ao poder do soberano: nessa fase histórica, o problema dos limites do estado já se apresenta como um problema crucial. Podem-se distinguir ao menos três séries de limites, vez por outra, evocadas pelas diversas teorias: limites decorrentes de preceitos ético-religiosos vinculantes até mesmo para o rei; limites decorrentes da multiplicação de funções e de órgãos no interior do estado – magistraturas supremas com funções legislativas, representações de ordens e de categorias investidas de papéis institucionais na legislação e nas mais importantes decisões de governo – na direção da teoria da separação e do equilíbrio dos poderes que será teorizada por Locke e, posteriormente, por Montesquieu; limites decorrentes das implicações do contrato social inspiradas em princípios democráticos, entendidas de maneiras diferentes, mas pelo menos fundados no princípio do controle dos poderes públicos a partir da base.

Os próprios autores que enunciam a unicidade e a força do poder soberano afirmam igualmente – retomando motivos que eram próprios do pensamento medieval – que o rei não pode violar as leis divinas e naturais para não se tornar culpado de lesa-majestade divina [Bodin, 1576] e que deve usar seu poder apenas para o bem comum [Bossuet, 1709]: trata-se de limites éticos e religiosos. Contudo, esses autores não preveem nem remédios concretos, nem sanções terrenas em caso de violação por parte do soberano.

Bem mais consistentes são as limitações impostas ao soberano pelas correntes de pensamento – aquelas que costumam ser qualificadas de teorias dos "monarcômacos" – que defendem uma concepção pactuada do poder político. Isso se dá, sobretudo, no interior da Reforma protestante de observância calvinista, por parte dos seguidores que se afastaram, nesse aspecto, das posições assumidas pelo fundador em defesa das autoridades constituídas [Villey, 1986, pp. 281-285], assim como em diversos autores da cultura católica.

Teodoro Beza, o sucessor de Calvino em Genebra, afirmou que os magistrados ou (na falta deles) o povo podem opor legítima resistência a um príncipe tirânico, porque o princípio da obediência ao soberano se desfaz se ele realiza atos ímpios ou ilegítimos (1575)[8]. Outros defendiam, em várias formulações, teorias político-jurídicas de natureza contratualista, fundamentadas em um pacto religioso originário. Nessa perspectiva, o pacto abraamítico outrora concluído entre Deus e os homens – unicamente com os eleitos ou com todos os homens? Sobre esse ponto as teses divergiam – fazia-se acompanhar de um segundo pacto estipulado entre o povo e o rei, em virtude do qual o monarca prevaricador e tirano podia ser licitamente deposto: é a tese sustentada pelo direito público dos calvinistas huguenotes franceses (1579)[9].

Deve-se observar que essas teorias – grandemente inspiradas pelas sanguinárias circunstâncias das guerras de religião do século XVI – não contestavam nem a autoridade monárquica em si, nem a concentração das funções e dos poderes nas mãos do rei, e sim o uso arbitrário da autoridade régia, o abuso do poder soberano. Apenas alguns expoentes das correntes religiosas mais radicais (como, por exemplo, os anabatistas) puseram em discussão a autoridade

---

[5] Jean Bodin, *Les six livres de la République*, 1576.
[6] Charles Loyseau, *Le traité des seigneuries*, 1608.
[7] Card. Le Bret, *De la souveraineté du Roy*, 1632.
[8] *De iure magistratuum in subditos et officio subditorum erga magistratus*, 1575.
[9] *Vindiciae contra tyranos*, 1579.

do Estado e do poder legítimo, que as Igrejas reformadas, por seu lado, aceitaram abertamente, valendo-se do princípio paulino[10] segundo o qual "todo poder vem de Deus". Lutero se exprime sobre esse ponto com grande determinação, declarando como inviolável a obrigação da obediência dos súditos para com o príncipe. Até mesmo Calvino, em um contexto de ideias diferente, declarou como religiosamente correto levar em conta a boa ordem da propriedade, porque é dever do direito garantir essa ordem [Villey, 1986, p. 286]. Mas as teorias do contrato social, que já abordamos, estabeleceram de alguma maneira as premissas das subsequentes configurações contratualísticas do poder político, que se fundarão sobre a ideia da soberania originária do povo.

As transformações que conduziram ao estado absoluto moderno também exerceram, direta ou indiretamente, uma influência profunda sobre as ideias de justiça. A um processo que formaliza e, por assim dizer, "jurisdiciza" o pecado por meio de uma casuística minuciosamente precisa – particularmente desenvolvida pelos jesuítas, mas presente também em um jurista que se fez ordenar sacerdote e depois foi proclamado santo, Afonso de Ligório (1696-1787) – se contrapõe um processo em certo sentido contrário, que sacraliza o direito, elevando a mandamento moral os preceitos[11] da lei. É um processo destinado a desenvolvimentos de grande relevo no decorrer da idade moderna, com o positivismo jurídico moderno.

O debate teórico sobre as instituições políticas foi particularmente variado e articulado na Inglaterra do século XVII, em estreita ligação com as circunstâncias políticas que levaram à virada constitucional, da qual ainda falaremos. Em meados do século, James Harrington defende a tese da derivação do poder político da estrutura da propriedade[12]. Nessa mesma época, um pequeno grupo composto de militares e civis, os "Niveladores" (*Levellers*), tornou-se porta-voz de teses muito mais radicais. Os niveladores propuseram um texto constitucional[13] que atribuía o direito de eleger quatrocentos representantes em sufrágio universal: "Todos os homens a partir de 21 anos terão direito de voto" (art. 1º). Também ficava estabelecida a nulidade de qualquer lei futura que estivesse em conflito com os princípios da constituição. Com efeito, nos *Debates de Puney* [Putney 1647], que tiveram lugar no interior de um Conselho (*Council*) singular e verdadeiramente inusual, composto igualitariamente de oficiais e de soldados, foi aprovado o princípio da soberania popular. E não só: as teses daqueles que pretendiam limitar o direito de voto apenas aos proprietários foram objetadas por alguns expoentes mais radicais (John e William Rainsborough), que afirmaram não haver "nenhuma passagem na lei de Deus, nem na lei da natureza, nem na lei das nações, que afirme que um Lorde deva escolher vinte deputados, um cavalheiro, apenas dois, e um pobre, nenhum": a meta do governo "não é preservar os bens, mas as pessoas"[14].

O movimento dos *Levellers* teve uma existência efêmera. Mas a importância dessas posições não pode ser negligenciada, se pensarmos que a ideia democrática em sua formulação coerente, inclusiva do sufrágio universal, só será posta em prática na Europa dois séculos mais tarde.

4. *Os poderes do rei*

A formação do Estado moderno deu-se mediante um procedimento aparentemente contraditório: por um lado, reforçando e ampliando as funções do soberano; por outro, separando os atos e os direitos soberanos da pessoa do rei e de sua vontade própria. Esse segundo aspecto manifesta-se de várias formas: mediante um processo de especialização que levou à

---

[10] Ep. *ad Romanos*, 13.1.
[11] Cf. o estudo de Prodi, 2000, pp. 325-455.
[12] "Empire follows the nature of property": Harrington, *Oceana*, 1654 [referido por Bobbio 1969, p. 45].
[13] *O contrato do povo*, 1647-1649.
[14] *Putney. Alle radici della democrazia moderna* (1647), organizado por M. Revelli. Milão, 1997, pp. 75-91.

criação de conselhos, de ofícios e de magistraturas, cada um dos quais dotado de esferas de competência próprias; e também pela retirada, das mãos do soberano, de poderes e de responsabilidade que antes eram inerentes à pessoa dele e por ele diretamente exercidos. Na França, esse processo pode ser percebido, por exemplo, desde o início da idade moderna, na distinção feita entre os bens públicos e os bens da coroa, na atribuição ao estado, e não ao soberano, da dívida pública, na manutenção no cargo dos oficiais (*officiers*) no momento da sucessão do rei que os nomeara, na validade das ordenanças régias para além da vida do soberano individualmente.

O leque das competências efetivas dos soberanos, onde e quando o absolutismo se afirma em sua forma plena, torna-se enormemente amplo. O rei desempenha a função do legislador que emana normas gerais, quase sempre sem nenhum processo vinculante de consulta; concede privilégios, até mesmo em derrogação das leis e dos costumes; nomeia e exonera livremente ministros, secretários de estado, funcionários centrais e locais; tem o comando absoluto do exército e das operações militares; não tem limitações para declarar guerras e concluir tratados internacionais; determina o valor e a periodicidade dos impostos fiscais (com as limitações que apontaremos, que se diferenciam no tempo e em cada reino); pode chamar a si qualquer decisão judiciária; decide sobre as apelações que lhe são diretamente dirigidas por súditos sobre questões contenciosas e não contenciosas; assume medidas em matéria de liberdade pessoal; exerce o poder de graça com o poder conexo de remissão ou de comutação das penas; ordena ou nega a execução (*exequatur*) das bulas papais em seus próprios domínios; nomeia os candidatos às sés episcopais vacantes (é isso o que acontece na Espanha e na França); e assim por diante.

Por outro lado, houve estados nos quais o conjunto dos poderes soberanos apresentou características completamente diferentes das acima relacionadas. É esse o caso do reino da Germânia, onde o rei era nomeado, segundo o que fora disposto pela bula de ouro de 1356, por um colégio de sete (depois dez) grandes eleitores leigos e eclesiásticos (*Kurfürsten*) e alcançava, junto com o título régio, o direito à função de imperador. Mesmo que a nomeação se desse segundo linhas de filiação dinástica hereditária, não havia automatismo na sucessão ao trono. Além do mais, o rei-imperador devia comprometer-se por meio de juramento a observar uma série de regras e de limites (*Wahlkapitulationen*), que eram fruto de tratativas com o colégio que o nomeava e com os outros príncipes do reino, ou seja, com a organização por castas (*Stände*). O resultado foi que, do início do século XVI em diante, os poderes que o soberano exercia de modo autônomo – sem a obrigação de levar em conta a vontade das castas – foram consideravelmente reduzidos.

Quanto, em meio a tudo isso que cabia ao monarca decidir, era na realidade pessoalmente, diretamente decidido por ele? A resposta depende das cambiantes contingências históricas e institucionais dos diversos estados, assim como, em considerável medida, da personalidade de cada soberano.

Na Espanha do "século de ouro", o reinado de Filipe II (1556-1598) caracterizou-se pela tendência desse monarca a controlar diretamente uma enorme quantidade de decisões. Levando uma vida quase monástica e trabalhando, todo dia, mais de dez horas no austero mosteiro de El Escorial, o rei anotava de próprio punho milhares de práticas que lhe chegavam de todas as partes de seus imensos domínios – um governo "da pena e da tinta" –, fazendo-se ajudar apenas por muito poucos secretários, aos quais, porém, não era delegado nenhum poder formal.

O longo reinado de Luís XIV (1643-1715) assinalou, sem dúvida alguma, o apogeu da potência régia na Europa. E, se já ficou demonstrado que ele nunca pronunciou a célebre sentença a ele atribuída – "l'État c'est moi" – e que ela não corresponde à realidade histórica de um Estado dotado naquele tempo de variadas e complexas estruturas institucionais, é, contudo, verdade que esse soberano, autocrático por temperamento e por convicção, quis e soube concentrar sobre si o máximo de poderes. Entre outras coisas, ele evitou atribuir formalmente a primazia a um de seus ministros: desde 1661, o rei anunciara um firme propósito, "sobretudo não nomear nenhum primeiro-ministro"[15]. Mas, de fato – como, aliás, já ocorrera com Richelieu durante o reinado de Luís XIII –, tanto Mazzarino como Colbert assumiram esse papel durante muitos anos, exercido por eles com capacidade magistral.

O poder pleno dos soberanos absolutos nunca foi exercido no isolamento. A história institucional do Estado moderno é também a história da formação e da evolução dos órgãos colegiais a serviço direto do rei. De fato, encontramos em todos os lugares, a partir da Idade Média, a presença de um Conselho do rei de configuração variada, composto dos grandes do reino, tanto leigos como eclesiásticos, e de outros personagens de confiança do soberano. Mas, na primeira metade da idade moderna, o desenvolvimento dos poderes soberanos do rei e a ampliação das funções públicas levou a transformações de grande monta.

Na França, a partir da Idade Média, separaram-se do *Conseil du roi* o Parlamento de Paris e a Câmara dos condes, respectivamente para as questões contenciosas e para as questões de contabilidade pública. No decorrer da idade moderna, o Conselho do rei passou por numerosas transformações no duplo sentido de uma progressiva especialização funcional e de uma composição diferenciada do órgão, mais ou menos elitista, a depender do soberano e segundo a delicadeza e a importância política das questões que deviam ser examinadas.

No caso das questões propriamente políticas, desde o início do século XVI, os reis da França privilegiaram uma composição mais restrita do Conselho, para a qual ocorria, a cada vez, uma convocação *ad personam* do soberano. Nessa composição, o Conselho tratava das mais importantes e delicadas questões de estado em matéria de política interna, externa e militar. O *Conseil d'en Haut* tinha ainda o poder decisório de deliberar os *arrêts en commandement*, que constituíam verdadeiras normas legais a ser imediatamente executadas, sem a necessidade do registro do Parlamento de Paris e dos outros tribunais soberanos. Em matéria de política interna, a partir de meados do século XVII, mas depois sobretudo com Luís XV, também é ativada uma composição diferente do Conselho, o *Conseil des Dépêches*, reservado aos ministros e a alguns conselheiros de estado.

5. *Assembleias representativas*

A tradição medieval transmitira à Espanha a instituição de assembleias (chamadas *Cortes*) que – em cada um dos reinos de Castela, Leão, Aragão, Catalunha, Valência, Navarra – compreendiam os expoentes da nobreza, do clero e das cidades. Cabiam às *Cortes* funções de destaque: receber o juramento do rei no ato da subida ao trono, deliberar sobre subvenções extraordinárias requeridas pelo soberano, aprovar as leis, propor resoluções para questões abertas. Elas se reuniam por convocação do rei, em uma periodicidade mais ou menos trienal, posteriormente ampliada na idade moderna.

Mas, ao mesmo tempo, o peso institucional das *Cortes* foi decrescendo, porque ambas as atribuições fundamentais que cabiam a elas passaram por alterações sensíveis. A aprovação dos impostos extraordinários, de fato, se tornou menos frequente em consequência dos enormes recursos do ouro do Novo Mundo posto à disposição da monarquia. Subsistiu o direito de as *Cortes* aprovarem as leis, mas os soberanos, em repetidas ocasiões, reafirmaram seu poder de prescindir do voto da assembleia. Até mesmo a presença do soberano às reuniões tornou-se esporádica no decorrer da idade moderna. Apenas em Aragão e na Catalunha – onde, desde 1283, o rei Pedro III se empenhara em convocá-las anualmente –, as *Cortes* mantiveram, até o século XVIII, um papel destacado na práxis legislativa.

A complexidade da estrutura institucional dos países germânicos reflete-se também nos modos de participação no poder das ordens representativas.

---

[15] "Sur toutes choses ne pas prendre de premier ministre": *Memorie di Luigi XIV*, ano 1661 (ed. Milão, 1977, p. 16).

No nível superior, os estados de nação alemã do Império (o imperador era também o rei da Germânia) tinham o direito de se reunirem em uma assembleia (o *Reichstag*), composta das castas (*Stände*), isto é, dos representantes da nobreza maior e da menor, dos prelados e das cidades imperiais. Cabia a eles cooperar com o próprio voto para a aprovação e a interpretação das leis imperiais (como, por exemplo, no Juramento eletivo de Carlos V, 1519; posteriormente, na Paz de Vestfália, 1648), deliberar sobre novos impostos, decidir sobre a guerra, sobre alianças e sobre tratados de paz[16] [Böckenförde, 1974]. Nessas matérias, o imperador e rei da Germânia tinha também poderes de iniciativa, mas – mesmo que nenhuma decisão pudesse ser tomada sem que ele quisesse – era necessário pelo menos o consentimento prévio da assembleia das castas.

Semelhante ordenamento representativo é aquele que encontramos também no interior de numerosos principados territoriais da Germânia. A assembleia (*Landtag*) incluía em colégios diferentes (*Kurien*) os nobres, os prelados e os representantes das cidades pertencentes ao *Land*; apenas em alguns territórios (entre os quais o Tirol, Voralberg, Frísia, Schweiz) a casta rural também obtém o direito de ser autonomamente representada. As mais relevantes questões políticas, econômicas e jurídicas do principado eram tratadas no *Landtag*, em particular as de natureza tributária e as inovações legislativas, que exigiam a aprovação dos três colégios do *Landtag* para se tornarem lei.

Uma assembleia representativa dotada de características particulares foi a assembleia do reino da Polônia. A Dieta polonesa (*Sejm*), que anteriormente funcionara como as outras assembleias representativas, decidindo por maioria, adotou em 1642 a regra do "liberum veto", que atribuía a cada componente individual da assembleia o direito de bloquear a decisão em casa de dissenso. Só no fim do século XVIII, o poder de veto foi removido.

O Parlamento inglês do século XVI herdava da Idade Média uma composição bicameral, pela qual ombreava com a Câmara dos Lordes – composta de expoentes da alta aristocracia, dos bispos e dos abades maiores – a Câmara dos Comuns (*commoners*), na qual estavam representados os 37 condados (com dois membros cada qual), as cidades e os burgos (*boroughs*) do reino: no total, os Comuns alcançavam 298 membros no início do reinado de Henrique VIII, total posteriormente acrescido de mais de uma centena de membros entre os séculos XVI e XVII. Condados, burgos e cidades elegiam (com a intervenção, não raro, determinante do xerife, nomeado pelo rei) os próprios representantes, escolhidos entre os cavaleiros (*knights*) e os proprietários da classe média: uma casta que fornecia também o pessoal para os júris e para os juízes de paz, abastada e suficientemente sólida em seus direitos para não depender diretamente da monarquia. O direito de voto era reservado aos proprietários (*free-holders*) com renda de pelo menos 40 xelins e era negado a quem possuía terras em concessão (*copyholder*), mesmo que ele apresentasse renda superior a essa soma. Uma distinção que se apresenta como "caprichosa" [Maitland 1950, p. 240] a partir do momento em que a perda de valor da moeda baixou o limiar de acesso dos proprietários aos direitos eleitorais.

No século XVI – durante a monarquia dos Tudor e particularmente no decorrer do longo reinado de Elisabete I (1558-1603) –, o Parlamento conquistou o privilégio de liberdade de expressão e a imunidade dos próprios membros à detenção, que não podia se dar sem o prévio acordo do próprio Parlamento. Não obstante, essas prerrogativas foram, em muitas ocasiões, combatidas pelos soberanos.

Quanto ao poder legislativo, o tradicional direito do Parlamento de votar as leis não era contestado pela monarquia, mesmo sendo ele de origem medieval. Desse modo, ainda em 1593, o chanceler reafirmava, seguramente de acordo com Elisabete I, que a função do Parlamento consistia "em dizer sim ou não aos projetos de lei" [Roskell, 1994], mas ficava perfeitamente claro que o rei podia introduzir emendas, sem necessariamente voltar a submetê-las

---

[16] Paz de Vestfália, 1648, art. VIII.

ao voto das duas Câmaras. O soberano conservava, sobretudo, a exclusividade do poder de convocar e de dissolver o próprio Parlamento, com isso condicionando seu papel e seu peso, porque, em períodos difíceis ou em presença de posições críticas à política do soberano, a falta de convocação ou a dissolução repentina anulavam todo poder das Câmaras.

Foi apenas no fim do século XVIII que se chegou à superação definitiva dessas limitações, ao término de uma longa e áspera conciliação de lutas e de confrontos entre a monarquia dos Stuart e o próprio Parlamento. As crescentes necessidades financeiras da monarquia, decorrentes das despesas militares com o domínio sobre a Irlanda e de outras despesas, levaram o rei Jaime I a introduzir novos impostos fiscais e taxações extraordinárias com decisões aprovadas pelos tribunais de justiça (como, por exemplo, o Tribunal de Contas no Bate's Case de 1606, ou no Shipman's Case de 1637) sem requerer o consenso prévio do Parlamento, e ainda obter para o governo o reconhecimento da possível detenção de cidadãos particulares em virtude de um declarado "poder emergencial" (Darnel's Case, 1627).

As tentativas da monarquia de fazer prevalecer a própria posição sobre a questão eclesiástica – impondo, entre outras coisas, o catecismo episcopalista proposto pelo bispo Laud, apoiado pelo rei – provocaram a intervenção armada da Escócia presbiteriana e, na Inglaterra, a guerra civil (1640-1642). No período breve dos dois anos que se seguiram à dramática revi-ravolta de 1640, o Parlamento – que em cerca de onze anos não era convocado pelo rei – aprovou com voto quase unânime uma série de propostas de lei que modificavam em profundidade a relação institucional com a monarquia [Zagorin, 1959]; entre elas, o direito de autoconvocação (*Ato trienal*, 1641), a abolição dos tribunais especiais, a iliceidade de impostos e de taxas introduzidos sem o adequado consenso, a legitimação da intervenção em questões de política eclesiástica. A guerra com a Escócia e o conflito interno conduziram posteriormente ao governo republicano de Oliver Cromwell, à condenação e à execução capital do rei Carlos I (1649), à restauração monárquica com Carlos II Stuart (1660) e, por fim, à expulsão de Jaime II e à subida ao trono da filha Maria com o marido Guilherme de Orange em 1688, o ano daquela que foi chamada a "revolução gloriosa".

Só então, com a remoção definitiva dos Stuart, o Parlamento obtém o reconhecimento explícito e definitivo – a partir dali, com o assentimento da monarquia – de algumas prerrogativas fundamentais, contidas na maior parte na Carta dos direitos (*Bill of Rights*) de 1689[17]: a faculdade de autoconvocação, o próprio papel determinante e incontornável tanto na aprovação das leis quanto na votação das taxas e dos empréstimos públicos (com o poder decorrente de determinar a destinação dos fundos e de fiscalizar seu uso efetivo), a proibição de o rei poder suspender a aplicação de uma lei, a plena liberdade de expressão e a proteção contra prisões arbitrárias, garantidos pela jurisdição exclusiva sobre os próprios membros. Além disso, o êxito da longa contraposição entre o Parlamento e o poder monárquico teve um efeito colateral posterior de grande alcance [Holmes, 1997]: o primado da legislação e do Parlamento saiu vencedor não apenas na disputa com as pretensões legislativas do rei – ao qual, não obstante, restava um poder de codecisão legislativa substancial por meio do mecanismo da promulgação, de modo que a soberania legislativa passa a ser qualificada como algo que diz respeito "ao rei com o Parlamento" [Dicey, 1956] –, mas também contra a posição que Coke defendera no início do século, quando considerara os juízes de *Common law* legitimante autorizados a declarar absolutamente nulo (*void*) um estatuto que estivesse em oposição com os princípios fundamentais do direito inglês [Gough, 1955].

Portanto, é a partir desse momento que se instaura na Inglaterra o regime de efetiva distinção entre o poder legislativo, o poder executivo e o poder judiciário – não por acaso teorizado naqueles mesmos anos por John Locke (*Two Treatises on Government*, 1690) e meio século mais tarde reelaborado na Europa continental por Montesquieu (*Esprit des lois*, 1748) – que assinala a superação do absolutismo e está na base do constitucionalismo moderno.

---

[17] Texto em http://www.constitution.org./eng/eng_bor.htm.

6. O direito dos domínios coloniais

Uma história do direito europeu não pode deixar de dedicar pelo menos algumas linhas a um tema ainda muito imperfeitamente conhecido: quais foram as características do "direito europeu fora da Europa", com a conquista do Novo Mundo e a criação dos domínios e dos impérios coloniais depois da descoberta da América em 1492. Toda generalização seria enganadora, dada a enorme variedade de situações e de modelos, em parte derivados da profunda diversidade entre os ordenamentos das potências dominantes. Faz pouco tempo, a historiografia deu início a uma obra de exploração e de enquadramento histórico-ideológico da colonização, na qual o modelo do "domínio" puro e simples se faz acompanhar dos elementos ligados à religião, à civilização e à integração entre dominantes e dominados[18].

Faremos referência, principalmente, ao direito da América Latina[19], em muitos aspectos altamente significativo até mesmo na ótica europeia.

Temos, antes de mais, a questão do título jurídico da conquista. Nascida da descoberta de Colombo e das audazes e ferozes operações militares de Cortés e dos outros capitães da época, tornada irrefreável pela perspectiva do ouro que a coroa espanhola cobiçava para poder cobrir as ingentes despesas militares (e que, no final, se revelou funesto), a conquista territorial das ilhas e do novo continente "indiano" foi, em um primeiro tempo, legalmente justificada pela aderência a algumas bulas pontifícias de Alexandre VI. Elas garantiam a Isabel e a Ferdinando, por parte da Santa Sé e na ótica de uma promoção da fé cristã, os novos domínios, com base no poder dos papas, não apenas na ordem espiritual e religiosa, mas também na ordem temporal, segundo uma das doutrinas de ascendência medieval. O papel político da Santa Sé na conquista das terras da América do Sul também se manifestou no estabelecimento das fronteiras entre possessões espanholas e possessões portuguesas, fixado em 1493 (Bula *Inter Cetera* de Alexandre VI) e confirmado no ano seguinte pelo Tratado de Tordesilhas. O Brasil foi atribuído a Portugal e adotou a língua dos conquistadores.

Em seguida, foram formuladas outras doutrinas para dar fundamento jurídico às conquistas na América. De acordo com Juan de Sepúlveda[20], era lícito submeter os índios para lhes pregar o Evangelho e para erradicar os costumes "contra a natureza" que eles praticavam, entre os quais a antropofagia. A causa de "guerra justa" que daí surgia comportava, com base no *ius gentium* romano e antigo[21], o direito de tornar escravos os povos vencidos e de se assenhorear dos produtos de suas terras (direito de presa, *ius predae*): desse modo, preparou-se a legitimação jurídica da retirada do ouro americano, naturalmente extraído com o trabalho dos índios.

Contrapõe-se às teses de Sepúlveda, em uma célebre controvérsia e em outros escritos, o frade dominicano Bartolomeu de las Casas (1474-1566)[22], que teve oportunidade de conhecer diretamente a realidade da conquista espanhola. Ele sustenta que a religião cristã não podia ser imposta aos índios, mas preferivelmente pregada e proposta a eles, sendo-lhes deixada a liberdade de aceitá-la. E que, em qualquer hipótese, os índios não podiam ser reduzidos à escravidão, dado que uma guerra motivada pela tentativa de conversão forçada não podia ser considerada "justa".

Era diferente a posição de Francisco de Vitoria, um dos grandes teólogos da Escola de Salamanca, do qual falaremos adiante. Ele rejeitava a tese do justo título por concessão papal,

---

[18] Remetemos a *L'Europa e gli altri. Il diritto coloniale tra Otto e Novecento*, QF 33/34 (2004-2005), particularmente às páginas metodológicas de P. Costa, D. Ramada Curto, B. Clavero.

[19] *Derecho y administración* 2002; Cassi, 2004.

[20] J. de Sepúlveda, *Dialogus qui inscribitur Democrates secundus de iustis belli causis* (1544), Madri, 1984 [cf., para esse escrito, Birocchi, 2001, pp. 81-116; Cassi, 2004, p. 297].

[21] Sobre esse ponto, é evocada em muitas ocasiões uma passagem de Aristóteles na qual o filósofo afirmava que há povos aos quais "por natureza" se acrescenta a escravidão (Aristóteles, *Política*, I. 4).

[22] B. de las Casas, *Historia de las Indias* (1559); id., *Brevissima relación de la destrucción de las Indias*, 1552 [cf. Clavero, 2002].

mas considerava que existia um direito de comunicação entre as gentes e de liberdade de comércio, que permitia o acesso aos novos territórios; um direito cuja violação por parte dos índios, realizada com medidas bélicas de hostilidade contra os europeus, teria legitimado a guerra como "justa". Mas ele também se opunha à redução à escravidão[23].

A disciplina jurídica aplicada aos novos territórios foi de dividir os índios entre os colonos conquistadores (*repartimiento*), atribuindo a cada um deles em custódia certo número de índios, com um regime jurídico particular, a *encomienda*: um instituto que os juristas tomaram como objeto de acurado exame (o mais notável deles é Juan Solorzano Pereira, 1575-1655)[24]. A *encomienda* não se identifica nem com o vínculo feudal nem com a servidão medieval [Cassi, 2004], mas submete a pessoa e sua família ao pagamento de um tributo ou a investir sua força de trabalho em favor do colono. A jurisdição sobre os índios era exercida por chefes indígenas escolhidos pelos colonos, os caciques.

Por um curto período, a normatização da Espanha mantém em relativa consideração as posições mais abertas expressas por Las Casas e Vitoria: as *Leyes Nuevas*, de Carlos V, proibiam a escravidão dos índios e negavam a hereditariedade da *encomienda* (1542-1543). Mas logo depois, dois anos mais tarde, a hereditariedade foi autorizada. A condição jurídica dos índios submetidos à *encomienda* não estava muito distante da escravidão.

O quadro normativo da América espanhola se complexifica porque se acumulam – e isso é significativo – sobre as ordenanças e regras régias (poucas e nem sempre observadas) e sobre os numerosos decretos do governo local importantes núcleos de direito consuetudinário, que, com o tempo, receberam reconhecimento formal da Espanha. Não faltaram interessantes tentativas de compilar em um *corpus* unitário a variedade das fontes que eram aplicáveis nos territórios, como a de León Piñelo nos anos 30 do século XVIII [Ramada Curto, 2004-2005]. Só em 1680 se promulgou um texto acabado de caráter geral, a *Recopilación de las Leyes de los Reynos de las Indias*.

O caso da América centro-meridional apresenta características particulares, até mesmo porque a dominação operada pela maior potência mundial do século XVI, a Espanha, realizou-se por meio de uma série de operações normativas e doutrinais que envolve diretamente o mundo do direito. Se for verdade que na ótica do observador moderno a conquista e a consequente extinção das civilizações pré-colombianas apresentam conotações de violência bárbara, também é verdade que as dúvidas (*dudas*), repetidamente analisadas por certo número de observadores da época, não só atestam uma tensão ética que em outras conquistas europeias de então e posteriores não se dá, mas também solicitaram os teólogos e os juristas daquele tempo a elaborar teses e distinções em matéria de guerra e de paz, de liberdade de fé e de *status* pessoais, que passaram a fazer parte das doutrinas jurídicas modernas, retroagindo, por assim dizer, sobre o direito europeu da idade moderna [Cassi, 2004].

O papel que o direito do país colonizador desempenhou no território conquistado variou enormemente no espaço e no tempo. Ali onde houve a transferência de núcleos consistentes de populações proveniente da Europa, os modelos europeus também foram amplamente impostos sobre as populações conquistadas. As colônias inglesas nascidas no início do século XVII nos territórios da América setentrional – constituídas por pequenos núcleos de população provenientes da Inglaterra e da Escócia, movidas pela intenção de realizar em um "mundo novo" seus ideais de vida cristã de inspiração protestante, calvinista e puritana – desenvolveram-se sobre o fundamento do *Common law*, mesmo que logo a "variante" americana tenha determinado desenvolvimentos novos e originais no que diz respeito ao direito inglês. Não obstante, na Louisiana, transferida para os Estados Unidos apenas no período napoleônico, o modelo francês, inclusive do direito codificado, manteve-se estavelmente.

---

[23] F. de Vitoria, *Relectio de Indis* (1539), Madri, 1967, I. 2.
[24] J. Solorzano Pereira, *De Indiarum iure* (1629-1639), Madri, 1999-2001, 4 vols. [sobre eles, cf. Cassi 2004, pp. 216-25].

Na América meridional foi o direito espanhol, como vimos, que se transferiu, mesmo com características e institutos parcialmente novos e diferentes. O mesmo ocorreu no Brasil: foi Portugal que exportou modelos legislativos e culturais, uma influência que, no campo do direito civil, prolonga-se até o século XX.

No século XVII, a Holanda e as Províncias Unidas dos Países Baixos realizaram uma atividade comercial muito florescente – comparável à atividade das repúblicas aristocráticas de Veneza e de Gênova nos séculos da Baixa Idade Média – que as levou à conquista das Molucas, da Ilha de Java e da Indonésia, de parte da costa da Índia meridional e de outras terras e ilhas do sudeste asiático. O principal instrumento da expansão colonial holandesa foi a Companhia Holandesa das Índias Orientais, constituída em 1602, por meio da fusão de oito companhias menores, com um capital subdividido em ações. A companhia era dirigida por dezessete diretores, nomeados por seis "Câmaras" que representavam as diversas províncias holandesas. Ela recebeu o monopólio das atividades comerciais holandesas a oriente do Cabo da Boa Esperança. Foi criada uma administração estável, com sede em Batávia (atual Jacarta), na Ilha de Java, que administrava os domínios com o poder – mesmo concedido pelo governo das Províncias Unidas Holandesas – de estipular tratados e de fazer a guerra. Depois de um "século de ouro" no século XVII, no qual a civilização holandesa atingiu vértices inigualados – na economia, no pensamento filosófico (com Baruch Espinosa), no direito (com Hugo Grócio) e na arte (com os grandes pintores, de Van Dyck a Rembrandt e Vermeer) –, a ascensão da potência naval e militar inglesa e também as rebeliões das populações locais minaram o domínio holandês na Ásia. Na África, a instalação de núcleos de população holandesa no século XVII acarretou a adoção do sistema jurídico de direito comum, conhecido e praticado também com o auxílio de um célebre texto de síntese, a *Introdução ao direito holandês* (*Inleiding*), de Hugo Grócio, do qual voltaremos a falar. E esse direito foi mantido até mesmo depois que a África do Sul passou para o domínio britânico, até a atualidade.

Onde as condições de cultura das populações autóctones eram mais primitivas (sem que isso obviamente implique juízo de valor algum, tanto menos na avaliação de seus direitos tradicionais), aquele que se afirmou foi o direito dos invasores, como ocorre, por exemplo, na Austrália, por iniciativa dos ingleses. Diferente é o resultado da colonização de um grande país de cultura antiga, como a Índia. Ali, como em outros tantos lugares, no arco de alguns séculos, as atividades comerciais constituíram o motivo da hegemonia ocidental, e os países europeus não promoveram conquistas territoriais em sentido pleno. Portanto, até mesmo os direitos locais, geralmente caracterizados por uma rica pluralidade de costumes, assim como os poderes locais, foram conservados ao longo do tempo.

Foi fundamental na Índia o papel desempenhado pela Companhia das Índias Orientais (*British East India Company*), fundada em 1600 com um privilégio real que conferia à Companhia o monopólio do comércio com as Índias por um período de quinze anos, posteriormente transformado em monopólio permanente. A Companhia era formada por um grupo de 125 acionistas, que nomeavam 24 diretores. Nos anos seguintes, um enviado do rei da Inglaterra, sir Thomas Roe, conseguiu obter do imperador mongol que dominava a Índia um importante privilégio de comércio para os ingleses da Companhia, que foi se tornando sempre mais rica e poderosa. A vitória sobre os franceses e, sobretudo, a vitória de Plassey, em 1757, sobre o sultão de Bengala determinaram a concessão à Companhia de verdadeiros poderes de guerra e de governo sobre vastas regiões do território da Índia, em parte reconduzido ao controle da coroa inglesa em 1773, com uma lei de Jorge III[25]. Um governador geral foi encarregado de administrar os territórios, para onde, pela primeira vez, também foram enviados juízes ingleses para a gestão de uma parte das controvérsias.

A França também experimentou o modelo de ações da Companhia, ativada por privilégio soberano. Mas aqui o controle do estado foi mais pontual, na ótica do mercantilismo de Colbert, que objetivava o fortalecimento da coroa.

---

[25] East India Company Act (13 Geo. III, c. 63).

Por isso, os modelos foram diversos. A Holanda e a Inglaterra concederam às duas Companhias das Índias, até o século XVIII, uma grande autonomia, depois de lhes terem concedido o monopólio do comércio com as respectivas áreas coloniais.

A questão do direito a ser aplicado nos territórios conquistados se impôs em todas as partes. Se a drástica separação entre indígenas e europeus facilitava optar por uma separação jurídica que permitisse a manutenção de ao menos parte dos costumes locais e tradicionais para a população indígena, para os europeus instalados nas colônias não era mais o direito da mãe-pátria que encontrava total aplicação. As normas especiais exaradas para as colônias, de um lado, a dificuldade de dispor de juízes profissionais[26] e de repertórios legais, de outro, mas sobretudo o papel dominante desempenhado pelos governadores postos na direção das terras de ultramar, os quais dispunham de amplíssimos poderes, não apenas administrativos, mas também judiciários e legislativos, tudo isso fez com que o direito concretamente vigente nas colônias espanholas, inglesas e francesas se afastasse muito do direito das respectivas mães-pátrias.

7. A ordem internacional

A gênese do Estado moderno e a concomitante descoberta do novo mundo e dos demais continentes assinalaram uma transformação radical das relações internacionais e das doutrinas jurídicas correlatas. A ruptura da unidade religiosa europeia, decorrente da Reforma protestante, forneceu a pelo menos uma parte dos cruentos confrontos bélicos entre estados, no decorrer do século XVI e do século XVII, a motivação que os transformou em verdadeiras "guerras de religião". Assim, a moldura medieval da "respublica christiana" se quebrou definitivamente.

Se Francisco de Vitoria enquadrava teologicamente e juridicamente a conquista das Américas na trama conceitual da "guerra justa", que só era justa em presença de uma "justa causa", de ascendência agostiniana e tomista, Alberico Gentili (1552-1608) – que se transferira para a Inglaterra, onde se tornou professor em Oxford e era um resoluto adversário das guerras das religiões – defende uma tese completamente diferente[27]. A guerra devia ser considerada "justa" não mais com base em uma justa causa, mas simplesmente em consideração da natureza do inimigo: uma guerra entre estados soberanos devia ser considerada "justa" porque contrapunha dois "inimigos justos" (*iusti hostes*), em tensão regular e regulada entre si [Schmitt, 1991]. Um conceito que, por um lado, exaltava a autonomia do estado diante das autoridades supremas da Igreja e do Império e, por outro, por assim dizer, relativizava e secularizava a guerra, despojando-a de suas raízes religiosas. Nesse sentido, a Paz de Vestfália, de 1648, que põe fim às guerras de religião, marcou uma etapa importante para a história do direito internacional [Böckenförde, 1974]. O longo período medieval das vinganças e das guerras privadas, indistinguíveis das outras guerras [Brunner, 1983], com isso se via superado: a guerra passava a ser uma prerrogativa lícita dos estados e exclusivamente deles, ao passo que qualquer outro confronto violento se configurava como infração da ordem interna.

As regras de conduta dos Estados em suas relações recíprocas estão expressas e desenvolvidas, por um lado, nas doutrinas dos teólogos e dos juristas – Vitoria, Gentile, Grócio, Vattel e outros, aos quais voltaremos, são alguns dos autores de maior destaque –, por outro, nos tratados internacionais. Desenvolve-se uma série de regras, que são repartidas nas duas categorias do "ius ad bellum", que trata da guerra justa e de seus paradigmas, e do "ius in bello", que elabora as normas a serem observadas no decorrer da guerra, naquilo que diz respeito aos prisioneiros, aos embaixadores e em geral à conduta lícita e à conduta ilícita enquanto dure o conflito [Stolleis, 2003].

---

[26] Sobre os juízes de paz das colônias francesas do século XIX, vejam-se as observações de Durand, 2005.
[27] A. Gentili, *Commentario De jure belli libri III* (1598). Nápoles, 1770.

Mas alguns princípios de indubitável importância atuaram de forma tácita e indireta, figurando, por exemplo, em cláusulas secretas dos próprios tratados: por exemplo, a regra da "linha de amizade" (*amity line*), sustentada pela Inglaterra, que até o século XVIII tutelou a paz entre Estados a oriente de uma linha ideal demarcada pela longitude correspondente aos Açores, deixando por sua vez, para além de tal fronteira ideal, livre jogo às relações de força entre os Estados [Schmitt, 1991].

18. A escola culta

1. *Humanismo jurídico*

Uma primeira tendência inovadora da doutrina jurídica da idade moderna foi aquela que tomou o nome de escola culta. Ela derivou diretamente de uma vertente da cultura do humanismo, florescida no decorrer do século XV italiano. A redescoberta de muitos textos da antiguidade grega e romana, o estudo apaixonado da cultura literária, poética, histórica, filosófica e até mesmo da arte do mundo antigo, a decisão de estudar suas raízes e de imitar, tanto quanto possível, até mesmo sua perfeição formal caracterizou, como sabemos, uma fase luminosa da cultura italiana e europeia. Desse modo, compreende-se como alguns humanistas puderam voltar sua atenção também para os textos jurídicos antigos com um espírito novo: prevalecia neles a admiração pela cultura antiga e a preocupação de redescobrir seus contornos, libertando-se do volume esmagador das interpretações e das doutrinas das escolas medievais.

É célebre o episódio de Lorenzo Valla: professor em Pavia na Faculdade de artes (a antecessora das modernas faculdades de letras), ele escrevera em 1433 que preferia uma página de Cícero à série inteira de obras de Bartolo, que eram prolixas e redigidas no latim escolástico que ao erudito humanista soava bárbaro[28]. Por essa sua incauta afirmação, atacado por estudantes e professores da faculdade jurídica, que era vizinha, teve de deixar a Lombardia apressadamente e se refugiar em Nápoles. É importante lembrar que remonta ao próprio Valla o mérito histórico de ter demonstrado a origem medieval da assim chamada Doação de Constantino, até então considerada o autêntico documento instituinte do estado da Igreja. A partir de então, escrúpulo filológico e crítica das fontes estavam entremeados na abordagem humanística. Algumas décadas depois, um elegante poeta do círculo de Lorenzo, o Magnífico, Angelo Poliziano, dedicava-se em Florença – para onde fora prontamente transferido o precioso manuscrito antigo das Pandectas depois da conquista de Pisa, que ocorrera em 1406 por parte dos florentinos – a comparar o texto antigo, escrito em letras unciais, com o texto da versão corrente (a assim chamada "Vulgata"), destacando ponto por ponto suas diferenças na intenção de predispor uma edição crítica do mais importante documento da cultura jurídica de Roma. Alguns outros autores também, entre os quais o napolitano Alessandro d'Alessandro, o paviense Catão Sacco e o bolonhês Ludovico Bolognini, aproximaram-se dos textos jurídicos justinianos com o mesmo espírito e com os instrumentos culturais do humanismo.

Por vias em parte conhecidas, em parte ainda por explorar, a nova cultura filológica exerceu seu fascínio e sua influência sobre um pequeno grupo de juristas e de humanistas de elevada formação intelectual no decorrer do século XVI, com resultados de grande e duradoura importância.

---

[28] Lorenzo Valla, *Epistola contra Bartolum* em forma de carta a Pier Candido Decembrio, in Laurentii Valle, *Epistole*, ed. O. Besomi, M. Regoliosi, Patavii, 1984.

2. *O método dos cultos e Alciato*

No decorrer de poucos anos, entre a primeira e a segunda décadas do século XVI, vieram à luz algumas obras inovadoras escritas por autores de diversos países. O erudito humanista e grecicista francês Guillaume Budé (1467-1540) – fundador do Collège de France, embaixador e secretário do rei – publicava em 1508 suas *Adnotationes ad Pandectas*, que aplicavam a uma quantidade de passagens do Digesto os instrumentos filológicos do humanismo para discernir seu significado originário e restabelecer sua versão correta: uma orientação que ele levou adiante em 1515 com o tratado *De asse*, um estudo histórico aprofundado sobre os problemas jurídicos da moeda.

No mesmo ano de 1515, o milanês Andrea Alciato (1492-1550) dava a lume as *Adnotationes* aos três últimos livros do Código, nas quais aplicava ao estudo dessa última parte da obra justiniana, voltada para as instituições administrativas imperiais, muitas noções históricas fundadas sobre seu profundo conhecimento de fontes gregas e latinas da antiguidade tardia. E em 1518, ele publicava os *Paradoxa*, as *Dispuctiones* e os *Praetermissa*[29], obras com as quais o rigor de seu método histórico-filológico era aplicado à interpretação de inúmeros textos do *Corpus iuris* e à correta restituição das passagens à língua grega. Além das obras já citadas, em 1530, Alciato publicou um tratado muito importante intitulado *De verborum significatione* do Digesto[30], inspirado no método histórico-filológico, assim como o comentário ao próprio título de alguns anos antes. Nesse ínterim, ele passara a ser professor de direito, primeiro em Avignon e depois em Bourges, dando origem nessa universidade do centro da França a uma escola florescente, da qual viriam a sair alguns dos mais eminentes protagonistas da nova orientação de estudos. Alciato deve ser considerado o verdadeiro fundador da Escola, dado que reunia em si os dotes de profundo conhecedor das fontes clássicas, de cultor do método filológico e de jurista completo, teórico e prático, capaz não apenas de interpretar as passagens tecnicamente mais complexas da Compilação, como também de redigir densos e apreciados pareceres legais[31].

Ainda em 1518, o jurista alemão Ulrich Zasius (Zäsy) (1461-1535) – nascido em Constança, professor de direito em Friburgo (Breisgau) e autor da reforma legislativa friburguense – publicava as *Lucubrationes de origine iuris*, consagradas ao estudo histórico da jurisprudência romana e que partiam da análise do famoso fragmento de Pompônio (Dig. 1. 2. 2), anteriormente negligenciado pelos juristas. No mesmo ano, vinha à luz, em Paris, a primeira edição não glosada de todo o *Corpus iuris*.

A característica do método dessas obras – e das tantas outras que surgiram nas décadas subsequentes ao longo dessa linha de pensamento de cultura jurídica – é constituída pelo duplo critério de procurar, antes de mais, a formulação originária dos textos estudados (método filológico) para depois analisar seu significado à luz das fontes gregas e latinas (método histórico).

Para esse propósito, eram utilizados não apenas os textos jurídicos, como também as fontes históricas, retóricas, literárias e poéticas da idade antiga: ao lado das fontes jurídicas conhecidas desde séculos, os textos latinos que a paixão e a perícia dos humanistas haviam redescoberto havia pouco tempo nas bibliotecas europeias, as obras da Grécia antiga que os doutos fugitivos da Constantinopla conquistada pelos turcos em 1453 carregaram consigo para a Itália e que os humanistas da segunda metade do século XV tinham estudado, traduzido, publicado. Dessa forma, uma passagem de Ulpiano ou de Papiniano não apenas podia ser depurada, com os instrumentos da filologia, dos acréscimos ou das alterações que os juristas justinianos lhe tinham imposto na tentativa de torná-la coerente com o direito da época de

---

[29] A. Alciato, *Opera*, vol. VI, Lugduni, 1560, *Tractatus, Orationes* [...], fol. 4-188.
[30] Alciato, *De verborum significatione*, in Alciato, *Opera* [ed. cit.], vol. VI, fol. 283-316; o *Comentário* ao próprio título está na própria edição lionense, vol. III/2, fol. 207-290.
[31] A. Alciati, *Responsa, libris nouem digesta* [...], Basileae, 1605.

Justiniano, como ainda podia ser interpretada e compreendida em seu contexto originário. O cotejo com outras passagens do mesmo autor e a referência a notícias transmitidas, por exemplo, por Lívio, Tácito ou Quintiliano, ou talvez por uma passagem de uma comédia de Plauto permitiam compreender o sentido original de muitas passagens do Digesto e do Código, corrigindo incompreensões e equívocos quase sempre seculares.

De fato, com frequência, os termos e as instituições recorrentes no *Corpus iuris* não encontravam uma explicação, muito menos uma definição, no interior da compilação, que constituíra a fonte exclusiva da análise dos juristas medievais. O silêncio do texto justiniano é explicável: muitas expressões e instituições eram tão evidentes em seu tempo que não requeriam esclarecimentos, ao passo que outras instituições tinham se transformado ou até mesmo desaparecido no final do Império antigo e sobreviviam na compilação como meros resquícios históricos, que não eram mais compreendidos pelos próprios juristas da Baixa Idade Média. Desse modo, uma multiplicidade de textos que, havia mais de quatro séculos, os glosadores, os comentadores e os práticos tinham analisado e utilizado em inúmeras ocasiões recebia pela primeira vez, por iniciativa dos Cultos, uma interpretação filológica e historicamente fundada.

As origens culturais e as implicações ideais e práticas do novo método constituem um conjunto de questões históricas complexas e fascinantes [Maffei, 1955]. No que concerne às origens, baste recordar o vínculo, ressaltado já em seu tempo, que une essa nova corrente da cultura jurídica com a cultura do humanismo. Foi principalmente a paixão pelo estudo em primeira mão das fontes da cultura antiga – em suas clássicas e elegantes formas literárias e em seus conteúdos tão vários, profundos, ricos de experiência e de humanidade – que induziu alguns homens, requisitados a fazê-lo por seus professores de latim e de grego (foram fundamentais para Alciato os ensinamentos recebidos na juventude de alguns humanistas, como Aulo Giano Parrasio e Demetrio Calcondila), a aplicar também às fontes do direito os frutos de seu conhecimento de fontes não jurídicas.

O gosto pelo contato direto com a fonte antiga acarretou a impaciência com o insuportável aparato de interpretações, glosas, comentários que se acumularam no decorrer dos séculos. Claro que não se tratava de mera demonstração de cultura clássica, fim em si mesmo. Os Eruditos, começando com Alciato, recorreram às fontes antigas, jurídicas e não jurídicas, na intenção de incidir diretamente sobre a interpretação e, portanto, sobre a aplicação das fontes do direito. Os exemplos são inúmeros[32].

Nos humanistas, essa atitude era acompanhada do gosto estético pela elegância formal do latim clássico, tão distanciado do latim da escolástica medieval, que eles refutavam e desprezavam. São célebres as expressões sarcásticas com as quais Rabelais, jurista de formação, assinala como imundo no Pantagruel (1532) o estilo dos juristas do direito comum, a seu ver incapazes de entender o verdadeiro sentido dos textos jurídicos clássicos[33].

A analogia com aquilo que, na mesma época, alguns estudiosos das fontes escriturísticas vinham realizando é muito estreita. Erasmo de Rotterdam, o grande filólogo e humanista que se impôs à admiração dos eruditos – além do ensaio, elegante e irônico, intitulado *Elogio da loucura*[34] – pela reconstrução filologicamente rigorosa do texto grego dos Evangelhos, era

---

[32] Limitemo-nos a citar um apenas. No tratado *De verborum significatione*, publicado em 1530 – talvez a mais famosa obra de Alciato –, o autor afirma que o que importa na determinação do significado das palavras é, antes de tudo, o uso comum; até mesmo o "significado próprio da palavra", extraído da etimologia ou das fontes mais antigas, não é decisivo nem pode prevalecer sobre o uso. Para defender essa tese de grande importância, inclusive prática, Alciato cita Cícero, Horácio, Quintiliano, o alfabeto hebraico. A partir dessa base, contradiz algumas opiniões diferentes de Bartolo, do Saliceto e de outros ilustres doutores do Comentário (Alciato, *De verborum significatione*, liv. II, n. 27, in *Opera*, Lugduni, 1560, vol. VI, fol. 295v).

[33] Rabelais, *Pantagruel*, II, 10 (ed. J. Boulenger, Paris, 1955, p. 216): Acúrsio, Bartolo, Baldo e outros célebres doutores são escarnecidos como "vieux mastins, qui jamais n'entendirent la moindre loy des Pandectes" e também por ignorarem o grego.

[34] Erasmo, *Moriae encomium*, 1511.

amigo e correspondente de Bonifácio Amerbach de Basileia (essa cidade foi um dos centros do humanismo europeu), que, por sua vez, foi aluno de Ulrich Zasio e de Andrea Alciato. A disposição mental é a mesma: empenho filológico na reconstrução do texto antigo baseada na comparação dos manuscritos, completado com o recurso às fontes contemporâneas, acompanhado da livre pesquisa sobre o significado dos textos, sem temores reverenciais das interpretações correntes, mesmo que sejam autoritativas e talvez aceitas há muitos séculos. E a influência exercida por Erasmo sobre os juristas cultos foi profunda [Kisch, 1960].

Se, de um lado, a disposição mental e cultural dos humanistas, inclinados à pesquisa e à interpretação das fontes em primeira mão, influenciou uma linha de pensamento da cultura religiosa católica (é o caso de Erasmo), de outro, foi particularmente valorizada pela cultura religiosa das correntes protestantes, por Lutero, Calvino e por seus seguidores, em sintonia com o critério do livre exame das Escrituras. Por isso, não por acaso, muitos expoentes dessa vertente de estudos foram atraídos pelas correntes da reforma protestante. Na época dura das lutas de religião, que lacerou particularmente a França, alguns deles, como os juristas François Hotman e Hughes Doneau, tiveram de emigrar de seus país de origem porque eram protestantes.

Mesmo assim, seria desorientador considerar os Eruditos rebeldes por natureza ou inimigos das instituições e dos poderes constituídos (de todo modo, certamente não era essa a posição luterana, nem a calvinista). Ao contrário, exatamente na França, e também em outros lugares, foram próximos da Escola humanista homens destinados a assumir altos cargos públicos, enquanto outros expoentes da Escola expressaram opiniões sintonizadas com as posições políticas e jurídicas da monarquia. Guillaume Budé em Paris, Antoine Favre em Saboia, ainda no século XVIII, Cornelis Bijnkersoek na Holanda, e muitos outros, desempenharam altas funções nas magistraturas de seus países, tendo sido, ao mesmo tempo, autores de eruditas dissertações sobre textos romanos inspirados no método humanístico.

A abordagem humanística é muito clara também nos autores (como Antoine Laval) que exaltam a nova eloquência forense fundada em dados filológicos, em fatos e em razões sólidas sobriamente expostas, e não na retórica e em metáforas [Fumaroli, 1980, p. 468].

A orientação historicista dos Cultos, à qual voltaremos, explica a disposição favorável expressa pelo chanceler Michel de l'Hôpital – à época estudante em Pádua, posteriormente correspondente de Duaren e convicto promotor do recurso à história para uma correta interpretação dos textos jurídicos [Orestano, 1987, p. 198] – a respeito das insistências reformadoras da legislação manifestadas por François Hotman, que de resto em sua obra (*Francogallia*, 1573) exprime opiniões completamente filoabsolutistas. Já Pierre Pithou (1539-1596), grande erudito e editor de textos jurídicos pós-clássicos, explicitou as teses sobre as relações entre Igreja e Estado em um escrito de 1594[35] que se tornou o manifesto das "liberdades" galicanas, promovidas pela monarquia.

3. *A orientação histórico-filológica*

O aparato cultural adotado pelos mestres da nova escola tinha a possibilidade de se desenvolver em direções diversas, quando não absolutamente opostas, mas todas implícitas na orientação fundamental e já presentes em medida diversa nos padres fundadores, a começar por Andrea Alciato. E realmente essas diversas direções foram percorridas no século XVI e também posteriormente. A uma vertente de pesquisas e de obras mais estritamente filológicas acrescentaram-se uma tendência à historização do direito, uma orientação metodológica voltada para repensar a teoria e a sistemática do direito ordinário e uma orientação crítica do sistema jurídico da época.

---

[35] P. Pithou, *Ecclesiae gallicanae in schismate status*, Paris, 1594.

O primeiro aspecto manifestou-se na busca de novos textos jurídicos antigos: uma busca decepcionante, porque a única obra clássica que sobreviveu ao naufrágio da jurisprudência antiga, além do Digesto – as Instituições de Gaio, conservadas em um manuscrito palimpsesto da Biblioteca capitular de Verona, completamente ignorado naquela época –, há de reaparecer apenas no século XIX. Contudo, alguns importantes textos pós-clássicos – entre os quais as *Pauli Sententiae*, o Édito de Teodorico, a *Collatio legum mosaicarum et romanarum*, a *Consultatio veteris cuiusdam iurisconsulti* – foram redescobertos e editados por Pierre Pithou e por outros estudiosos humanistas. Mas foi, sobretudo, a orientação filológica inaugurada no século XV por Valla e Poliziano que veio a conhecer no século XVI um desenvolvimento notável. Foram organizadas as primeiras edições críticas do *Corpus iuris*, baseadas no exame de vários manuscritos e publicadas sem o aparato da Glosa acursiana para que o estudo ficasse mais concentrado no texto antigo.

Depois de Budé e Alciato, o florescimento de pesquisas sobre os textos da jurisprudência clássica teve seu apogeu com a obra realmente imponente de Jacques Cujas (Cujácio) (1522--1590), estudante e posteriormente professor em Bourges[36]. Ele foi autor de extensas e penetrantes pesquisas sobre a obra de juristas clássicos como Papiniano, reconstruídas com perícia até com recurso a critérios palingenéticos, ou seja, dispondo os fragmentos do Digesto na ordem original das obras das quais tinham sido extraídos pelos compiladores justinianos para reconstruir melhor seu conteúdo e mais bem compreender seu significado originário. Muitas alterações pós-clássicas dos textos identificadas por Cujácio (as chamadas interpolações introduzidas, sobretudo, por Triboniano para "atualizar" o Digesto) foram confirmadas pelos estudiosos modernos do direito romano. Além do mais, Cujácio também submeteu à análise filológico-histórica – sempre articulada com uma refinada análise jurídica – textos antigos tardios como o Código Teodosiano e até mesmo os *Libri Feudorum* medievais, para os quais propôs, entre outras coisas, uma disposição diferente.

Expoentes importantes dessa linha cultural foram, entre outros, Pierre Pithou, já mencionado, e os suíços Denis e Jacques Godefroy (Godofredo), autores, respectivamente, de uma edição crítica do *Corpus iuris* justiniano e de um monumental e muito meticuloso comentário ao pós-clássico Código Teodosiano[37], ao qual atualmente ainda se recorre. Os fragmentos das XII Tábuas também foram editados e doutamente ilustrados por Jacques Godefroy[38], um erudito que também era, por outro lado, bastante ativo na prática, como advogado junto ao Parlamento de Paris. Por outro lado, é muito significativo que a abordagem filológica e historicista dos Cultos não tenha permanecido confinada ao estudo crítico das fontes jurídicas da antiguidade, mas tenha se estendido a outras fontes e a outras fases da história: Pithou também publicou uma edição dos capitulares carolíngios, o alemão Johannes Sichard estudou não apenas o Código Teodosiano, mas as leis dos francos e dos suevos (além de redefinir o *Landrecht* de Württemberg), Aymar du Rivail ocupou-se das XII Tábuas, assim como das antiguidades germânicas. Nesse sentido, os Cultos foram os antecessores da orientação de estudo e de revalorização da Idade Média, que caracterizará, mais de dois séculos depois, a cultura histórica da era do romantismo. Não menos importante e inovadora foi a aplicação de rigorosos métodos filológicos ao estudo do direito canônico medieval: uma linha de estudos que teve no espanhol Antonio Agustín (1517-1586)[39] – ele concluiu o doutorado em Bolonha em 1541 – um expoente muito erudito, precursor de pesquisas que só encontrarão desenvolvimentos e aprofundamentos de rigor científico comparável entre os séculos XIX e XX.

---

[36] Iacobi Cuiacii, *Opera omnia in decem tomos distributa [...]*, organizada por C. A. Fabrotti, Lutetiae Parisiorum, 1658. A *Opera omnia* ainda foi reeditada no século XVIII em Módena e em Nápoles.
[37] *Codex Theodosianus cum perpetuis commentariis Iacobi Gothofredi [...]*, Lugduni, 1665, 6 vols.; a edição de Leipzig, de 1736-1743, foi reeditada em impressão fac-similar, Hildesheim-New York, 1975.
[38] Iac. Gothofredo, *Fragmenta XII Tabularum nunc primum tabulis restituta [...]*, Heidelberg, 1616.
[39] A. Agustín, *Iuris pontificii veteris epitome in tres partes diuisa De personibus, de rebus, & de iudicijs [...]*, Romae, 1611, 2 vols.

4. A orientação crítica

Entre os Cultos, estreitamente ligada à orientação filológica, houve ainda uma nova atitude com relação não apenas à história jurídica, mas também à historicidade do direito. Justamente o cuidado com o qual eles buscaram reconstruir o teor original e o significado autêntico dos textos dos juristas clássicos – que eles admiravam mais do que os juristas da era pós-clássica – levou-os a considerar as fontes contidas no *Corpus iuris* principalmente como monumentos da cultura antiga, no mesmo nível dos textos literários, históricos e poéticos. Mas isso não acarretava nenhuma convicção *a priori* sobre a validade, em todo tempo e lugar, da normativa romana. Pelo contrário, Budé já considerava com ironia aqueles que julgavam as leis romanas divinas e caídas do céu, em vez de escritas por homens: "leges non ab homine scriptas ac conceptas, sed de coelo delapsas esse credunt"[40]. E François Bauduin chamava de "superstição fátua" a adesão *a priori* às regras do direito antigo[41].

Também o costume – que se tornara quase universal na Europa: pensemos em Montaigne ou em Bacon – de citar constantemente passagens dos autores clássicos, conhecidos e amados, não significava dependência em relação a eles, porque a referência era, toda vez, fruto de escolhas livremente realizadas em meio ao grande e variado jardim da cultura antiga. Platonismo, estoicismo, ceticismo, epicurismo constituíam alguns dos parâmetros culturais e éticos – bem remotos entre si, quando não até mesmo opostos – aos quais a cultura do indivíduo humanista podia aderir, não sem marcá-los e transformá-los com o selo de suas próprias ideias. Em outras palavras, os Cultos se desvencilharam do princípio de autoridade, não apenas no que dizia respeito aos comentários e às interpretações tradicionais, mas também em relação aos próprios autores antigos, admirados, mas nem por isso tidos na conta de indiscutíveis em suas posições. Baste-nos lembrar como as próprias teorias de Aristóteles eram à época objeto de avaliações críticas, não raro conduzidas com apelo a outras teorias filosóficas da Grécia, a começar pelas platônicas e por aquelas de orientação estoica.

Assim se explica o fato de que justamente alguns dos maiores expoentes da Escola tenham declarado expressamente inaceitável o critério de adotar a normativa justiniana sem discussão. François Duaren considerava justo que as normas antigas que se mostrassem inadequadas com respeito ao presente fossem declaradas obsoletas[42]. Jean Bodin, o teórico do absolutismo – que já foi aluno de Connan, por sua vez aluno de Alciato em Bourges – declarava absurdo julgar universalmente válidas as leis romanas que já tinham sido tantas vezes modificadas no decorrer da idade antiga[43]. François Connan chegava a elogiar os glosadores por terem adaptado a seus costumes as leis romanas[44]. Isso explica como um expoente da própria Escola, François Hotman, tenha podido – em uma obra célebre, apoiada pelo próprio chanceler Michel de l'Hôpital, mesmo que publicada postumamente[45] – fazer votos de uma intervenção legislativa do rei de França que substituísse as leis romanas. Por fim, isso explica como isso tenha podido acontecer na França, onde se implantara solidamente um poder monárquico forte, mais que em regiões da Europa como a Itália ou a Alemanha, onde o direito romano comum, por diversas razões, não tinha concorrentes. A hostilidade das universidades italianas para com o "modo francês de ensinar o direito", à qual voltaremos, também se justifica por essa razão.

As implicações dessa atitude, fundada sobre sólidos conhecimentos históricos, mas, ao mesmo tempo, livres de vínculos com as fontes antigas, tinham enorme alcance. No próprio momento em que a compilação justiniana era decomposta, distinguindo a disciplina do direito

---

[40] Budaeus, *Adnotationes in Pandectas*, Dig. 1. 1. 1, Venetiis, 1534, fol. 11v.
[41] Franciscus Balduinus, *Iustinianus sive de iure novo commentaria*, Proêmio, Basileae, 1560.
[42] Duarenus, *De ratione docendi discendique iuris*, 1544, § 5.
[43] "Omitto quam sit absurdum ex Romanis legibus, quae paulo momento mutabiles fuerunt, de universo iure statuere velle": J. Bodin, *Methodus ad facilem historiae cognitionem* (1566), ed. Mesnard, Paris, 1951, p. 107.
[44] Connanus, *Commentarii iuris civilis*, Basilae, 1562, I, praefatio.
[45] F. Hotman, *Antitribonien*, 1602 (mas redigida em 1567).

clássico da disciplina do direito pós-clássico, a unidade do sistema do *Corpus iuris* – que constituíra um verdadeiro dogma para os glosadores e para os comentadores, sem o qual não teria podido ocorrer sua poderosa elaboração criadora – era posta em discussão, quando não diretamente despedaçada. Se o direito clássico era não apenas diferente, mas também preferível ao direito justiniano, se se condenavam as manipulações de Triboniano (Hotman, *Antitribonianien*), qual podia ser a normativa aplicável à vida concreta do direito? O monólito da Compilação se desagregava e se tornava difícil estabelecer os modos de sua vigência e de sua aplicação prática. Foi assim que elementos derivados do método histórico-filológico aplicado ao direito romano, motivos culturais e razões de natureza política passaram a convergir, pela primeira vez, depois de quatro séculos de adesão incondicional, rumo a uma historização tendencial do direito antigo.

5. A orientação sistemática

Na Escola erudita também está presente, porém, outra orientação cultural, de natureza sistemática. Ela está ligada à valorização das ciências humanas distintas do direito, a começar pela filosofia, considerada pelos Cultos não apenas útil, mas necessária para o jurista: Alciato[46] já escrevia assim, mas ele mesmo escrevera em outra ocasião que a única "verdadeira filosofia" é a história. O mesmo fizeram outros expoentes da escola. É um posicionamento que encontrará em Rabelais, ex-aluno do jurista André Tiraqueau, uma reprovação mordaz, no ponto em que ele declara "loucos" os juristas que ignoram a filosofia[47].

Um exemplo claro do método dos Cultos e do papel que ele podia desempenhar no campo do direito, entre os tantos possíveis, é oferecido pela teoria de François Connan (1508--1511) sobre a estrutura jurídica do contrato[48]. Segundo o jurista francês, a causa do contrato, a fonte de sua natureza de obrigação vinculante, reside no *sinallagma*: um termo grego anteriormente empregado pelos juristas romanos, especialmente por Labeão, que Connan reinterpreta por meio de uma etimologia que se apoia no conceito de "permuta". É precisamente a permuta entre obrigações que constitui o elemento comum do contrato, determinando sua obrigatoriedade, não mais a forma, nem a tradição da coisa, nem as palavras rituais típicas do *ius civile*, nem mesmo o simples consenso, que por si só não é suficiente, como atesta o princípio romano que nega a acionabilidade dos contratos informais [Petronio, 1990, p. 228]. Esse elemento fundamental é referido ao *ius gentium*, que, por sua vez, funda-se na equidade, com base em um modelo de justiça considerada como "proporção", que ele faz remontar à filosofia de Aristóteles [Birocchi, 1997]. Aqui, vê-se perfeitamente como o modelo filológico (na busca da etimologia) e a cultura clássica ampliada às fontes não jurídicas levam o jurista humanista a conclusões de inegável alcance teórico e concreto: elaborada dessa forma, a noção geral da causa do contrato lhe possibilitava esclarecer elementos essenciais de atos jurídicos particulares, também para fins práticos [Cortese, 2000, p. 406]; mesmo que se diga que a teoria de Connan não tenha alcançado muito êxito [Zimmermann, 1990, p. 562].

Por sua vez, essa orientação conduziu a resultados diferentes, todos ligados entre si. Havia uma tendência que levou a deixar de lado a organização sistemática do Código e do Digesto, ligada às divisões do Édito perpétuo, mas sem clareza nem adequação para fins expositivos e didáticos: ao contrário, a tripartição de Gaio entre coisas, pessoas e ações (*personae, res, actiones*), que está na base das Instituições de Justiniano, parecia mais adaptada a constituir a moldura das abordagens sistemáticas do direito. Muitas obras eruditas adotaram, com efeito, o esquema das Instituições: sobre essa base, François Bauduin, François Connan, Hughes

---

[46] *Oratio* feita em Avignon: "Ad philosophiam venio, quae ita cum hac professione [a profissão do jurista] coniungitur ut altera sine altera esse nullo modo possit" (In: Alciato, *Opera*, Lugduni, 1560, vol. VI, fol. 318r.).
[47] Rabelais, *Pantagruel*, 2. 10.
[48] Connanus, *Comentarii juris civilis*, Basileae, 1562, lib. V, cap. 1 [a esse respeito, Birocchi, 1997].

Doneau (Donello, 1527-1591, cuja obra alcançou um grande e duradouro sucesso)[49] construíram seus tratados sistemáticos.

O alemão Johann Schneidewein (Oinotomo) também foi o autor de uma bem-sucedida obra de comentário analítico às Instituições justinianas[50], na qual há constante referência à tradição do direito comum clássico, com invocação dos grandes comentadores do século XIV e da tratadística mais recente, especialmente a italiana. Desse modo, Joachim Mysinger, que, paralelamente à atividade de juiz da Câmera imperial, foi autor de uma exposição das Instituições[51] em forma de glosas ou anotações a cada passagem particular do texto, acompanhadas de breves comentários nos quais se percebe claramente a educação humanística e erudita do autor, que cita profusamente os clássicos de Roma, de Cícero aos estoicos. Assim como muitos outros autores.

A abordagem teórica dos Cultos se afirmou não apenas na exposição do direito romano, mas também na organização das regras consuetudinárias. Alguns dos estudiosos e sistematizadores mais destacados dos *coutumes* franceses saíram dos bancos da Escola Culta, como Charles Du Moulin, grande estudioso do *Coutume* parisiense, Antoine Loisel, aluno de Cujácio e autor das *Institutions coutumières*, de 1607, expostas exatamente na ordem das Instituições e de outros importantes tratados de direito francês.

A orientação sistemática adotada por alguns expoentes da Escola Culta pretendia responder essencialmente ao objetivo de clareza analítica e expositiva. A intenção era tornar mais preciso, seguro e fácil o aprendizado da normativa complexa do *Corpus iuris*, que esses autores não consideravam de modo algum obsoleta, não obstante as premissas historicistas já abordadas. Contudo, o êxito das maiores obras sistemáticas dos Cultos foi mais amplo e incisivo: surgidas como exposições sistemáticas e didáticas, elas logo passaram a ser – e assim se mantiveram durante séculos – fontes autorizadas para a prática do direito, citadas nas alegações das partes, invocadas nos pareceres legais e utilizadas pela jurisprudência. Portanto, passaram a ser consideradas textos no sentido lato normativo segundo a orientação própria da era do direito comum, em que a doutrina mais qualificada constituía verdadeira fonte do direito.

6. A orientação teórica

Temos, por fim, uma última orientação inaugurada pela Escola Humanista. Outros autores – mas frequentemente também os mesmos autores em outras passagens e contextos – sublinharam que o necessário fundamento teórico do direito devia ser formulado em termos universais (daí a importância atribuída à formação filosófica): é o caso de Duaren[52] e de Bodin[53]. E isso levou Doneau a enfatizar o vínculo entre a norma jurídica e a "natureza": a natureza das coisas, a natureza do homem, à qual o próprio príncipe não pode se opor[54]. Segundo Connan, a natureza constitui o núcleo fundamental dos próprios costumes, razão pela qual ele identifica o direito consuetudinário compartilhado pela maior parte dos povos, e não o direito legislado, com o direito natural[55].

---

[49] Hugonis Donelli, *Commentariorum de iure civili libri viginti octo*, Francofurti, 1595-1597, 5 vols. Toda a obra de Donello foi reeditada na terceira década do século XIX, em Macerata e em Roma.

[50] Oitonomus, *In quattuor Institutionum [...] libros Commentarii*, Venetiis, 1606 e muitas outras edições. A edição de Estrasburgo, de 1575, foi reproduzida em impressão fac-similar, Frankfurt a. M., 2004, com introdução de G. Wesener.

[51] Ioachim Mysinger a Frundeck, *Apotelesma sive Corpus perfectum scholiorum ad quattuor libros Institutionum iuris civilis*, Venetiis, 1606.

[52] Duarenus, *De ratione docendi*, § 33.

[53] Bodin, *Methodus*, ed. Mesnard, p. 107.

[54] Donellus, *Commentarii iuris civilis*, I. 1. 25.

[55] "Consensus omnium gentium non institutis aut legibus, sed moribus sensim et tacite confirmata, naturae lex existimatur": Connanus, *Commentarii iuri civilis*, I. 6.

Em determinados autores, essa orientação mais marcadamente teórica articula-se com a nova lógica de Pierre de la Ramée (ramismo), renomado professor parisiense de lógica e crítico de Aristóteles. E se articula com uma nova abordagem metodológica, que reorganiza a matéria do direito e do próprio *Corpus iuris* seguindo esquemas sistemáticos baseados na lógica, não mais nas técnicas tradicionais da Idade Média, construídas a partir de uma "arte da memória" específica apropriada para agilizar o aprendizado de uma enorme massa de textos e de sentenças [Brambilla, 2005].

Com efeito, justamente nesses anos nos quais a cultura humanística aplicada ao direito tomava forma, também vinham à luz novas construções sistemáticas e módulos conceituais por vezes distanciados dos modelos tradicionais: entre outros, isso também inclui Hugues Doneau. O holandês Nicolas Evertszoon (Everardus, 1462-1532) – primeiro professor, depois juiz e presidente da Corte soberana de Malines – publicava em 1516 uma obra de notável estruturação teórica, parcialmente inspirada na cultura do Humanismo [Vervaart, 1994], que alcançou grande sucesso na Europa como instrumento precioso para os práticos[56]. Nesse mesmo ano, o alemão Johann Oldendorp (1487-1567) – que fora estudante em Bolonha e depois professor em Greifswald, em Marburgo e em outras universidades alemãs, além de expoente ativo do luteranismo – publicava uma obra que também aplicava ao direito os módulos da filosofia dialética[57]; mais tarde, viria à luz uma introdução de sua autoria ao direito natural, civil e das gentes na qual, entre outras coisas, reivindicava-se uma intervenção dos soberanos para desbastar e reordenar a selva das fontes jurídicas[58].

Trata-se de obras amplamente difundidas na Europa, por sua utilidade em familiarizar os juristas com os módulos da argumentação e da utilização dos "lugares comuns" indispensáveis na construção de uma defesa judicial. Sucesso semelhante obteve a obra de Nicolò Vigelius, *Iuris civilis methodus*, de 1561 [acerca da qual cf. Mazzacane, 1971], também ela vinculada à cultura humanística. Deve-se notar em Vigélio a adoção de critérios de classificação dos institutos e das regras romanas em categorias de caráter filosófico-dialético, por exemplo com a subdivisão da matéria em "predicados" sistemáticos (substância-acidente, quantidade-qualidade e assim por diante), e com a indicação, em todo "lugar-comum" (*tópos*, *argumentum*), das passagens do Digesto nas quais isso é empregado: quando e onde, por exemplo, raciocina-se com base na relação entre espécie e gênero, ou se argumenta por analogia[59].

Junto a alguns juristas protestantes, o reflexo do modelo religioso é muito evidente, mesmo em relação com as fontes do direito antigo, abordadas segundo o método dos Cultos: para eles, a verdadeira lei é a lei de Cristo, ao passo que as categorias e as regras do direito romano são apenas os instrumentos, mesmo que valiosos, para a construção de um sistema com um método novo [Bergh, 2002, p. 65]. Por outro lado, numerosos escritos sobre o método jurídico vindos à luz entre os séculos XVI e XVII – particularmente alguns escritos sobre o método de estudo do direito: Caccialupi, Gribaldi Mofa, Nevizzano, Roero – seguiram outras matrizes culturais.

A vertente teorizadora da Escola Culta, da qual já falamos, partia da classificação clássica de "pessoas, coisas e ações", mas se baseava em premissas teóricas diferentes das premissas dos juristas clássicos. Se, em Gaio, as pessoas e as coisas eram, antes de mais, "fatos" sobre os quais se tecia a trama normativa, na abordagem dos teóricos modernos nascidos do Humanismo manifestou-se uma orientação voltada para a elaboração das categorias e dos "conceitos" fundamentais sobre os quais construir o edifício das normas [Villey, 1986, p. 450]. Aqui se

---

[56] Everardus, *Topica juris et modi argumentandi*, 1518; cf. Id., *Loci argumentorum legales*, Francofurti, 1581. Sobre as relações entre tópica e jurisprudência, ver Viehweg, 1962.

[57] J. Oldendorp, *Rationes sive argumenta quibus in iure utimur*, 1516.

[58] J. Oldendorp, *Iuris naturalis gentium et civilis tractatus per modum introductionis cuiusdam elementariae*, 1549. Ver ainda, do mesmo autor, a edição coloniana *Variarum lectionum libri ad iuris civilis interpretationem. Introductio ad studium et aequitatis. Leges duodecim tabularum compositae. Actionum iuris civilis loci communes* [...], Coloniae Agrippinae, 1575.

[59] N. Vigelius, *Dialectices libri III*, Basilae, 1597.

tem a conexão histórica entre a abordagem teórica dessa vertente da Escola Culta e a abordagem da Escola Moderna do direito natural, que parte de Grócio e também pode ser considerada, em um aspecto que não é secundário, uma filiação ao Humanismo.

Não obstante o rico leque de orientações culturais derivadas da matriz comum humanística e culta, essa matriz se mantém sempre viva no interior de cada uma delas. Ela voltará a atuar reiteradamente, em contextos diversos, no decorrer dos três séculos subsequentes ao século XVI, em autores que se vincularam explicitamente a ela para propor métodos novos de ensino, para patrocinar novos modos de exercer as profissões jurídicas, para sugerir linhas de reforma do sistema jurídico. É o que ocorrerá, por exemplo, na Holanda no século XVII, em Nápoles e na Toscana no início do século XVIII, na Alemanha no início do século XIX e em outros lugares e tempos. O apelo e o exemplo de um reexame direto das fontes [Brague, 1992], feito em primeira mão, isento de servilismos culturais e exegéticos para com o passado, exercerá constantemente – na cultura jurídica, tanto quanto na cultura literária, política e religiosa – seu papel de estímulo a repensar o presente e o futuro.

19. Práticos e professores

1. *Os juristas do* mos italicus

O método introduzido pelos juristas da Escola Culta esteve muito longe de alcançar um consenso generalizado no mundo dos juristas. A hostilidade com a qual, desde as origens quatrocentistas, as opiniões de um Lorenzo Valla foram rechaçadas por docentes e estudantes se mantém no decorrer do século XVI em relação a estudiosos que, por sua vez, não poupavam críticas ferozes dirigidas não apenas ao estilo, mas também à substância do método tradicional: baste citar a ácida reprovação de Cujácio aos comentadores, acusados de ser prolixos em pontos de nenhuma importância e evasivos em questões mais delicadas ("in re angusta diffusi, in difficili muti"). Outros lançaram mão também de duros qualificativos, acusando de asneira e de ignorância crassa a doutrina tradicional; para não falar da ironia de Rabelais, à época estudante de leis e seguidor dos Cultos, autor da dessacralizadora alegoria da Glosa, já mencionada.

Por outro lado, os tradicionalistas certamente não estavam desprovidos de argumentos sólidos em defesa da rejeição do método humanístico. O piemontês Matteo Gribaldi Mofa, sem negar o fundamento de muitas retificações textuais e interpretativas propostas pelos Cultos a determinadas passagens da Compilação justiniana, defendeu o método didático tradicional dos comentadores, que subdividia em muitas fases distintas o exame de cada fragmento da Compilação (*De methodo et ratione studendi*, Lyon, 1541): daí o dístico que listava as operações realizadas pela cátedra na exemplificação do texto romano[60], no qual estranhamente não se menciona, por outro lado, a operação mais importante e característica do método do Comentário, isto é, a discussão das questões de direito pelas quais o fragmento estudado podia oferecer oportunidades de solução. O jurista de fins do século XVI Alberico Gentili (1552--1608), professor em Oxford, como vimos um dos fundadores do direito internacional moderno, formulou as razões da tradição com observações perspicazes e nítidas (*De iuris interpretibus*, 1582): o autor contestava a utilidade do método humanístico na vida concreta do direito. Se o principal dever do jurista, teórico e prático, consiste na correta organização do raciocínio, de modo que torne possível o enquadramento de um caso civil ou penal no complexo normativo, então, a abordagem filológica e histórica dos textos romanos é supérflua, para não dizer até mesmo prejudicial, argumentava Gentili: é um adorno inútil que não ajuda a quem deve defender uma causa ou quem deve decidi-la, diferentemente do que ocorre quando se recorre aos comentários, aos *consilia* e aos tratados, indispensáveis para aqueles que atuam no mundo da realidade do direito, em vez de limitar-se a jogos de mera erudição. Com efeito, essa não era uma preocupação infundada: já chamamos a atenção para o risco, inerente ao método historicista, de tornar inaplicável o direito da Compilação uma vez desagregado, em seu interior, o núcleo clássico do núcleo pós-clássico e justiniano.

---

[60] Em português, o dístico soa assim: "Introduzo, subdivido em partes o texto, sintetizo e exemplifico (*summo casumque figuro*), leio analiticamente explicando (*perlego*), elucido as razões da norma (*do causas*), indico os pontos de destaque (*connoto*) e sugiro textos paralelos e dissonantes resolvendo as diferenças (*obijcio*) ("praemitto, scindo, summo casumque figuro, perlego, do causas, connoto et obijcio"). Note-se a correspondência substancial desse conjunto de operações com o método, acima demonstrado, dos Glosadores.

Esse profundo contraste de método está traduzido na fórmula que contrapunha o "mos italicus iura docendi" ao "mos gallicus": a "maneira gálica" indicava o método didático da Escola dos Cultos, florescente sobretudo em Bourges, enquanto o "modo itálico" de ensinar o direito permanecera como o orgulho das maiores universidades da Península, de Pisa a Pádua, de Bolonha a Pavia. Alciato, de regresso à França depois de um período de docência na Itália, necessitara acentuar em seu procedimento didático o sentido filológico e histórico, por solicitação dos próprios estudantes, que, de várias regiões da Europa, afluíam a Bourges, atraídos exatamente por essa nova e, para eles, fascinante perspectiva cultural (já chamamos a atenção para as razões pelas quais a França da monarquia absoluta pôde acolher mais agilmente a abordagem erudita). Por sua vez, os estudantes e os colegas docentes dos Estudos italianos rejeitavam a erudição dos Cultos e permaneciam fiéis ao método classificado como "bartolístico", pois ele pretendia vincular-se ao modelo do expoente máximo da Escola do Comentário.

Também nas universidades alemãs, depois da recepção do direito romano, fez-se sentir a resistência dirigida ao método histórico-filológico: o protestante Hugo Donello, expatriado da França por motivos religiosos, foi contestado pelos estudantes de Altdorf justamente por essa razão. E, em Heidelberg, o jurista de Vicenza, Giulio Pace (Pacius, 1550-1635), que também fora expatriado por motivações religiosas, elogiava a perspicácia com a qual os grandes comentadores tinham tratado as questões ignoradas pelos textos legais, ressaltando que os Cultos (com a única exceção de Alciato e de Zásio) limitavam-se, ao contrário, a uma investigação histórico-exegética para lá de erudita, deixando de lado os aspectos práticos do direito[61].

Se observarmos a produção didática, científica e prática dos séculos XVI e XVII, perceberemos que a grande maioria das publicações jurídicas segue orientações distintas das orientações cultivadas pelos Cultos. Contudo, seria errôneo considerar que a doutrina e o método dos Cultos tenham sido ignorados na Itália: a análise das obras de teoria e de prática mostra que não apenas se respeitavam e se recorria a não poucos motivos críticos e exegéticos dos Cultos, mas que também eram utilizados na escola os textos dos juristas comprometidos com a vertente humanística e, até mesmo, de obediência protestante: por exemplo, no século XVII, o piemontês Roero[62] aconselhava os jovens que aspiravam a se tornar juristas a complementarem a frequência às aulas dos mestres de Pavia não apenas com o estudo dos textos tradicionais, mas também com a leitura de textos de síntese de autores estrangeiros como Oinotomo ou Everardo. Não obstante, a atividade didática continuou a se desenvolver de acordo com a ordem tradicional dos *Libri legales*, portanto, na forma de comentário, que, por outro lado, atingira o vértice de qualidade com os grandes comentadores dos séculos XIV e XV, repetidamente publicados, juntamente com as coletâneas de *consilia* dos comentadores de maior destaque.

Contudo, na Era Moderna, passaram por um notável desenvolvimento os tratados, ou seja, as monografias jurídicas dedicadas a seções isoladas do direito ou a institutos separados. O número de obras jurídicas publicadas entre os séculos XVI e XVIII é da ordem de milhares: isso é evidente para quem entra em uma das grandes bibliotecas europeias antigas que até hoje conservam em suas estantes a ordem sistemática tradicional das obras editadas, separada por disciplina. A elas se acrescentam as coletâneas de alegações, de decisões e de tratados, quase sempre em proporções monumentais. A grande enciclopédia jurídica publicada em Veneza em 1584 sob o título de *Tractatus Universi Iuris* reproduz em 30 grandes volumes in-fólio centenas de tratados – escolhidos entre as obras de maior credibilidade escritas do século XIII ao século XVI –, de modo que abarca todo o período do direito público, penal, processual, civil, comercial [G. Colli, 1994].

A tratadística abrange todos os temas do direito público e privado, com um enfoque frequentemente pontual (um vasto tratado podia ser dedicado a um único contrato ou a um só

---

[61] J. Pacius, *De iuris civilis difficultate ac docendi methodo*, 1586 [a esse respeito, ver Orestano, 1987, p. 92].
[62] A. Roero, *Lo scolare*, Turim, 1630 [a esse respeito, ver Vismara, 1987, pp. 147-216].

delito ou meio de prova) e, conforme os casos, muito mais orientado para a prática negocial ou judicial, ou seja, para a teoria dos doutores. Claro que a orientação prática prevalece, como se depreende (para dar apenas um exemplo entre tantos) da brilhante obra de um jurista veronês, Bartolomeo Cipolla, acerca das "cautelas" que se podem adotar para evitar inconvenientes legais[63].

Essa vasta expansão de obras destinadas a servir à prática determinou, já de saída, por parte dos contemporâneos, a atribuição da qualificação de Práticos (ou Pragmáticos) aos autores dos tratados. Limitamo-nos a destacar alguns nomes de juristas continentais dessa época que exerceram grande influência sobre a doutrina e sobre a práxis jurisprudencial dessa fase histórica.

Entre as obras mais frequentemente citadas, deve-se destacar o tratado processualístico *De ordine iudiciorum* (1540) de Roberto Maranta, expoente de um gênero literário amplamente presente nos séculos anteriores, mas carente de constante atualização em consonância com as reformas do processo introduzidas pelas legislações locais e discutidas pela doutrina e pelos tratados[64]. Teve também grande influência a obra do jurista espanhol Diego Covarrubias (1512-1577), professor em Salamanca, posteriormente bispo em Rodrigo e em Segóvia, participante do Concílio de Trento e presidente do Real Conselho de Castela, a mais alta magistratura espanhola. De formação humanística, mas sensível à nova abordagem dos teólogos-juristas de Salamanca, dos quais trataremos, suas obras teóricas[65] e práticas[66] gozaram de um prestígio particular não apenas na Península Ibérica. Em seu modo próprio de pensar o direito, é característico o cuidado que ele dispensa a relatar tanto as questões concretas como as regras legais segundo critérios ético-deontológicos coerentes com os preceitos da religião e da teologia: como, por exemplo, na passagem em que discute dentro de que limites o intimado em juízo pode se defender sem abrir o flanco ao adversário, mas também sem mentir[67].

O diversificado panorama da doutrina francesa desses séculos também compreende, ao lado dos mestres da Escola Culta dos quais já falamos, juristas respeitáveis que se dedicaram à análise e ao comentário de textos consuetudinários – como Charles Du Moulin, principal comentador do Costume de Paris, o texto mais importante do reino; ou como Antoine Loisel, já mencionado, fecundo sistematizador dos princípios do direito consuetudinário – e dos mais importantes textos legislativos da monarquia, especialmente das ordenações de Luís XIV. De muita importância foi a teorização dos poderes do rei na obra de Jean Bodin, *Les six livres de la République* (1576), um dos mais lúcidos documentos da teoria do absolutismo; e entre os juristas do direito privado alcançaram grande circulação na Europa, entre outros, os tratados em matéria de família, primogenitura, contratos, sucessões de Pierre Rebuffi (1487-1557)[68] e

---

[63] Bartolomeo Cipolla, *Tractatus cautelarum*, in idem, *Varii tractatus*, Lugduni, 1552. As 258 "cautelas" listadas por Cipolla começam com a cautela voltada para que se evite a condenação à morte do filho que tenha se tornado culpável de lesa-majestade (sugere-se ao pai que ele leve pessoalmente ou filho à presença dos juízes) e prosseguem com cautelas relativas a todos os campos do direito, por exemplo, sugerindo-se ao indivíduo que queria construir um hospital subtraindo-o à jurisdição eclesiástica a não construir dentro do edifício um altar ou uma capela (n. 211). Toda "cautela" é corroborada por pareceres de doutores da tradição do *ius commune*.

[64] Cf., por exemplo, o destaque dado pelo autor ao processo inquisitório – que no século XVI suplantara o processo acusatório – elencando separadamente algo em torno de 64 delitos para os quais o juiz pode proceder *ex officio*: R. Maranta, *Tractatus de ordine iudiciorum*, Venetiis, 1557, pars VI, n. 128-206.

[65] D. Covarrubias, *Variae resolutiones ex iure pontificio et caesareo*, Lugduni, 1557.

[66] D. Covarrubias, *Practicarum questionum liber unicus*, 1556.

[67] "An liceat iuste litiganti adversarium fallaciis dolisve impetere": o litigante pode, se interrogado pelo juiz de modo incorreto e irritual, enganar o juiz com palavras ambíguas, desde que não jure em falso; Covarrubias cita Santo Agostinho, São Tomás de Aquino e Domenico Soto, dominicano de Salamanca. Mesmo nas *positiones* (as perguntas formalizadas no momento do interrogatório), há uma margem lícita de ambiguidade: diante da solicitação de responder simplesmente com um sim ou um não à pergunta de se recebeu uma soma emprestada, é lícito ao interrogado responder não se o empréstimo foi recebido, mas restituído ou se não se tratou de empréstimo, mas de um pagamento por outra causa (Covarrubias, *Variae resolutiones ex iure pontificio*, I. 2-3, pp. 24; 29).

[68] P. Rebuffi, *Tractatus varii*, Lugduni, 1581.

de André Tiraqueau (1488-1558)⁶⁹, baseados no direito comum civil e canônico, mas atentos também à dimensão consuetudinária do direito privado na França do século XVI.

O lombardo Jacopo Menochio (1532-1607), professor em Pádua e, posteriormente, senador e alto magistrado em Milão, autor de dois importantes tratados-comentários sobre a propriedade⁷⁰, reuniu e discutiu, subdividindo por temas, muitas centenas de questões sobre as quais, em todos os ramos do direito, a normativa ou a doutrina tinham deixado espaço à discricionariedade do juiz⁷¹: tratava-se de uma discricionariedade muito ampla, que o autor pretendia reconduzir a limites de maior certeza, com base naquilo que fora argumentado pelos doutores do direito comum⁷². Objetivo análogo pode ser verificado em seu tratado *De praesumptionibus* (Colônia, 1575), também ele voltado para uma matéria – as presunções que admitiam a prova contrária e as presunções *iuris et de iure*, que não a admitiam – dispersa em muitas seções dentro do conjunto do ordenamento jurídico e carente, pelas exigências da prática, de análises específicas no interior de um quadro teórico e sistemático. Em uma fase na qual surgiam, entre a Igreja da reforma católica e os Estados monárquicos – inclusive nos ordenamentos jurídicos que se mantiveram ligados à Igreja de Roma como os domínios da coroa de Espanha –, frequentes conflitos sobre os limites das duas jurisdições, a canônica e a secular, no que dizia respeito às terras e às pessoas pertencentes às igrejas, Menochio dedicou sua última obra⁷³ a uma minuciosa defesa das razões do Estado, baseado também em sua experiência de magistrado a serviço da monarquia. Por fim, ele deixou uma relevante coletânea de *consilia*⁷⁴ publicada em 13 volumes. Todas essas obras foram amplamente utilizadas e citadas pela doutrina e pela práxis contemporânea e subsequente, voltadas para a prática, mas elaboradas também com conhecimentos da doutrina estrangeira, além das fontes romanas e da normativa estatutária.

Outrora professor em Pádua, posteriormente auditor da prestigiosa Rota Romana e, por fim, cardeal, Francesco Mantica (1534-1614) deve sua fama a dois vastos tratados sobre direito sucessório⁷⁵ e direito contratual⁷⁶, que expõem a matéria enquadrando dentro de uma moldura sistemática uma miríade de questões específicas relativas às sucessões e aos contratos, com referência às cláusulas passíveis de criar dúvidas de interpretação sobre a vontade das partes; essas questões são discutidas com recurso ao método escolástico tradicional, que acompanhava todo enunciado com a exposição das razões em favor e das razões contrárias à tese em exame [Birocchi, 2002, p. 241].

Também foi amplamente citada e utilizada a obra em oito volumes, intitulada *Practicae conclusiones* (1605-1608), da autoria de Domenico Toschi (Tuschius), também ele eclesiástico e cardeal: um vasto repertório de milhares de lemas jurídicos dispostos em ordem alfabética que tinha o mérito, apreciadíssimo pelos práticos, de compilar e expor com clareza as teses da doutrina e da práxis sobre os mais disparatados setores e institutos do ordenamento jurídico.

---

[69] A. Tiraquellus, *Opera omnia*, Venetiis, 1588-1589, 7 vols.

[70] J. Menochio, *De recuperanda, adipiscenda et retinenda possessione*, 1565-1571.

[71] J. Menochio, *De arbitrariis iudicum quaestionibus*, Lugduni, 1569, muitas vezes reeditado.

[72] Por exemplo, a respeito das decisões que o juiz frequentemente precisa tomar ao avaliar as provas, Menochio enumera uma longa série de critérios elaborados para estabelecer quais testemunhos devem ser considerados mais confiáveis no caso, evidentemente, de depoimentos contraditórios: o idoso mais que o jovem, o homem mais que a mulher, a testemunha em favor do réu mais que a testemunha contrária a ele; e assim por diante (Menochio, *De arbitrariis iudicum quaestionibus, Adiecta est sexta centuria*, Mediolani, 1602, casus 526, pp. 59-64). Devemos notar que Menochio elenca para cada um dos critérios adotados as passagens dos autores que, por sua vez, os fundamentaram, quase sempre sem referências normativas específicas. Naturalmente, muitos critérios podiam coexistir e conflitar entre si em um caso específico (por exemplo, um testemunho feminino contra o testemunho de um jovem, e assim por diante). Apesar do esforço de circunscrever o âmbito da discricionariedade, era o próprio sistema do direito comum, com o peso atribuído às opiniões doutrinais, que tornava essa discricionariedade incircunscritível e cada vez maior.

[73] J. Menochio, *De iurisdictione, imperio et potestate ecclesiastica* (1697), Lugduni, 1695.

[74] J. Menochio, *Consilia sive responsa*, Venetiis, 1609, 13 vols.

[75] F. Mantica, *De coniecturis ultimarum voluntatum*, 1579.

[76] F. Mantica, *Vaticanae lucubrationes de tacitis et ambiguis conventionibus*, 1609.

2. O direito penal

No século XVI, teve particular importância o desenvolvimento da doutrina sobre o direito penal: uma matéria que glosadores e comentadores haviam aprofundado só ocasionalmente, também porque o espaço a ela reservado na compilação justiniana era bastante reduzido (um único entre 12 livros do Código, apenas dois entre os 50 livros do Digesto) e porque a legislação estatutária apresentara profundas inovações em relação à disciplina romanística. Além do mais, o Estado moderno em via de formação reforçou os poderes punitivos em mãos dos monarcas. Ampliaram-se os casos incluídos no crime de lesa-majestade e os casos punidos com a pena capital. Os poderes de transação privada sobre os delitos cometidos, os casos de paz privada entre ofendido e ofensor tornaram-se raros. A hegemonia da pena e da repressão [Sbriccoli, 1974] é assumida e exercida pelas magistraturas régias, reservando-se ao soberano ou às grandes magistraturas amplos poderes de graça.

No que diz respeito à Lombardia, podemos, em primeiro lugar, recordar a obra de Egidio Bossi, juiz do senado milanês e colaborador da redação das Constituições de 1541: seus *Tractatus varii* publicados em 1562 são, na realidade, uma exposição global da matéria penal e processual, na qual ele leva particularmente em conta a normativa local e a jurisprudência do senado [Di Renzo Villata, 1996].

Foi muito influente o límpido tratado de Giulio Claro [1525-1575][77], juiz do Senado milanês, pretor em Cremona e posteriormente membro, em Madri, do Conselho de Itália, alto órgão consultivo instituído pela monarquia espanhola para as questões políticas e jurídicas mais delicadas. O livro quinto contina uma concisa exposição de direito e de processualística penal, na qual para cada crime o autor delineava as noções essenciais e as teses da doutrina, integrando-as a uma seleção de máximas retiradas da jurisprudência do supremo tribunal lombardo. Ao lado da concisão e da clareza, foi justamente a estrutura concreta da análise de Claro – que enfatiza continuamente o peso decisivo que a práxis judiciária[78] tinha a partir de então e que não raro se situava em posição remota não apenas das posições da doutrina, como do que era ditado pelas próprias fontes normativas [Massetto, 1985 e 1994] – com base na grande difusão alcançada pela obra.

Característica muito diferente tem o pensamento de Tiberio Deciani, originário de Udine, professor em Pádua, autor de um tratado de direito penal (*Tractatus criminalis*, Venetiis 1590), publicado postumamente, no qual também encontravam espaço notícias e análises de normativas do passado recente e remoto – inclusive do Egito, da Grécia antiga e da Roma republicana –, evidentemente influenciadas pelo método humanístico e culto, integrado, porém, a uma abordagem lógico-sistemática derivada das categorias aristotélicas que naquele momento ocupavam o vértice no ensinamento escolástico tardio paduano do século XVI[79]. Posteriormente, recorreu-se amplamente ao vasto tratado do romano Prospero Farinaccio[80], uma verdadeira enciclopédia de direito e de processualística penais, que compilava e examinava sistematicamente as teses de centenas de autores sobre toda a matéria e que constitui, portanto, um inesgotável repertório de argumentações para os advogados.

Fora da Itália, é preciso mencionar pelo menos a *Praxis rerum criminalium* do jurista belga Joos Damhouder (1507-1581), que teve numerosas edições e foi extensamente usada na Europa por suas qualidades de síntese e de clareza. Depois, recebeu destaque a exposição de Benedikt Carpzov (1595-1666) sobre o direito penal comum e saxão; uma obra que recorria às categorias da grande doutrina penalista italiana utilizadas no contexto normativo da legis-

---

[77] G. Claro, *Receptae sententiae*, Venetiis, 1568, várias vezes reeditado.
[78] É característico o modo com o qual muitas vezes Claro, depois de ter referido uma ou mais opiniões da doutrina sobre uma questão controversa, termina abruptamente, dizendo que "quidquid sit de iure, tamen hodie..." ou "de facto...": e refere acerca do ponto em questão o costume local ou a práxis jurisprudencial, preferindo-as a outras fontes [Massetto, 1994].
[79] Cf. os ensaios recolhidos em *Tiberio Deciani*, 2004.
[80] P. Farinaccio, *Praxis et theorica criminalis*, Lugduni, 1589-1614, 4 vols.

lação imperial *Carolina* de 1532: a obra, diretamente fundada na experiência judiciária do autor junto ao Supremo Tribunal da Saxônia, desfrutou de notável autoridade, não apenas na Alemanha. Por fim, deve-se ressaltar a importância de um jurista que foi professor em Utrecht, Anthon Matthes (Matthaeus, 1601-1654): sua exposição do direito penal (*De criminibus*, 1644), que segue o modelo sistemático dos dois livros penalistas do Digesto (Dig. 47 e 48), revela-se bastante transparente nas conceituações e, em parte, também aberta ao racionalismo jusnaturalista surgido alguns anos antes com Grócio. Matthes constitui até o fim do século XVIII um ponto de referência constante da doutrina penalista europeia; ainda hoje, sua obra é utilizada na África do Sul, onde o direito comum holandês continua vigente.

3. *O direito comercial*

Durante todos esses séculos, não teve menos importância o desenvolvimento da doutrina do direito comercial, o direito novo que, nascido nas cidades medievais italianas na forma de costumes, no fim do século XIV, atraíra a atenção de alguns expoentes do Comentário, a começar pelo grande Baldo degli Ubaldi. Mas só a partir do século XVI é que o *ius mercatorum* passou a ser abordado de modo sistemático [Petit, 1997]. Primeiramente, o advogado de Ancona, Bartolomeo Stracca, reuniu em um tratado (*De mercatura seu mercatore*, 1553) um vasto conjunto de questões relativas aos mercadores, a seu *status*, às obrigações e aos procedimentos jurídicos dos tribunais mercantis; enquanto outros temas – entre os quais a disciplina cambial, os seguros[81] e as usuras – ficaram de fora da sua exposição, que não apresenta traços peculiares de originalidade, exceto pelo fato de ter dado configuração autônoma a esse novo campo do direito.

Por sua vez, no início do século XVII, o romano Sigismondo Scaccia, jurista e tratadista de destaque, publicou um tratado *De commerciis et cambio* (1619) – sistematicamente articulado segundo as categorias escolásticas que listavam regras e exceções, junto com as argumentações favoráveis e contrárias às diversas teses – onde as questões cambiais encontravam amplo espaço, de acordo com sua experiência de magistrado da Rota genovesa [Piergiovanni, 1987]; já no que diz respeito ao delicado tema das usuras (ou seja, dos juros nos contratos comerciais), sua posição refletia a condenação insistentemente ratificada pela Igreja. Alguns anos mais tarde, o genovês Raffaele Della Torre mostra-se mais sensível às instâncias da economia. Ele dedicou todo um tratado (*Tractatus de cambiis*, 1641) à matéria do câmbio e da letra de câmbio, no qual a utilidade dos contratos de câmbio era defendida pela distinção entre eles e a figura do empréstimo não comercial: um dos muitos modos excogitados pela doutrina para subtrair os contratos de câmbio do âmbito das proibições eclesiásticas.

Outros autores publicaram coletâneas de materiais extraídos de sua vida profissional. É o caso do florentino Ansaldo Ansaldi, advogado e posteriormente juiz da Rota Romana, que em 1689 publicou os *Discursus legales de commercio et mercatura*, nos quais discute profundamente cem casos de direito comercial verificados em causas, sobretudo toscanas, nos anos anteriores. Desse modo, no início do século XVIII, o genovês Maria Lorenzo Casaregi (1670--1737), anteriormente advogado em Gênova, posteriormente juiz das Rotas de Siena e de Florença, que em 1707 publicou uma grande coletânea que também se intitulava *Discursus legales de commercio*, várias vezes reeditada com importantes acréscimos: uma exposição que, partindo do exame de casos concretos, abarcava toda a matéria das relações jurídicas comerciais e que alcançou vasta difusão e adquiriu grande autoridade dentro e fora da Itália até o fim do século XVIII.

Um aspecto significativo dessa linha doutrinal consiste na estreita integração entre os costumes do direito comercial e as categorias da doutrina do direito comum. Trate-se de co-

---

[81] Sobre os seguros relativos aos transportes marítimos, o português Pedro de Santarém já se pronunciara desde 1488 (mas a primeira edição de sua obra, o *Tractatus de assecurationibus*, só veio a lume muitas décadas depois).

menda ou de letra de câmbio, de livros mercantis ou da capacidade comercial do menor, os autores recorriam constantemente às articuladas normativas romanas e às análises dos juristas do direito comum sobre as sociedades e sobre as obrigações para analisar e integrar as regras comerciais e para resolver, desse modo, as questões que estavam emergindo na prática profissional e judiciária. Mas isso tudo sem renunciar às peculiaridades da nova disciplina, frequentemente distanciada da disciplina antiga.

Nesse ínterim, por outro lado, a França criou uma sólida estrutura legislativa em matéria de comércio, com as duas *ordonnances* de Luís XIV sobre o comércio (1673) e sobre a marinha (1681), das quais voltaremos a falar. E, com base nelas, desenvolveu-se uma doutrina válida que foi levada em conta e utilizada até mesmo fora dos limites da monarquia.

4. *A escola de Salamanca*

A história do pensamento jurídico moderno deve muito a um pequeno grupo de professores da universidade espanhola de Salamanca, que viveram no século XVI e na primeira parte do século XVII: o século de ouro da civilização ibérica. Como acontecera antes com Bolonha no século XII, Orléans em fins do século XIII, Bourges no século XVI, Leiden no século XVII e Berlim no século XIX, Salamanca se torna por um período sede universitária de vanguarda, privilegiada pela atuação de estudiosos inovadores no campo do direito.

A principal característica da Escola espanhola – mesmo na variedade das posições assumidas por seus expoentes[82] – é a ascendência teológica comum a todos. De fato, trata-se de professores não de direito, mas de teologia moral, geralmente membros da erudita ordem dos pregadores dominicanos, ou da nova ordem dos jesuítas, que decidiram trazer para o centro de seu ensino e de suas pesquisas alguns aspectos centrais da problemática jurídica. Partindo geralmente do comentário àquela parte da grande *Summa* de Tomás de Aquino que tratava justamente do direito[83], os mestres de Salamanca não apenas enfrentaram o tema da justiça, da lei, do direito natural, do direito divino, dos *status* pessoais, dos poderes do príncipe e de seus limites, mas foram muito além, a ponto de examinar analiticamente muitos institutos específicos do ordenamento normativo: por exemplo, a propriedade, as sucessões hereditárias, os contratos, a usura. Ao fazer isso, partiam, de acordo com sua formação e com seu papel, de premissas de natureza teológica, das quais extraíam consequências precisas no plano da disciplina jurídica dos institutos por eles analisados. Profundos conhecedores não apenas da teologia, mas também do direito romano e do direito de seu tempo, eles buscavam medir a congruência das normas do direito romano com os princípios do direito natural e divino.

É aqui que está a novidade de sua abordagem. Os teólogos da primeira escolástica, a começar de São Tomás de Aquino, certamente não haviam ignorado o mundo do direito; mas os mestres de Salamanca desceram aos pormenores da disciplina normativa em uma escala muito mais exaustiva e sistemática. Nesses mesmos anos, alguns expoentes da Escola Culta manifestavam, como vimos, atitudes críticas acerca das normativas justinianas; mas os escolásticos espanhóis propuseram-se estabelecer limites precisos no interior dos quais as proposições do *Corpus iuris* deviam ser consideradas válidas porque de acordo com princípios e valores de nível superior em relação ao direito positivo.

O primeiro expoente dessa orientação foi Francisco de Vitoria (1483?-1546), dominicano, educado em Paris em princípios do século XVI e formado não apenas nos textos de São Tomás de Aquino, mas também nos clássicos latinos, de Cícero a Sêneca. Aclamado professor de teologia em Salamanca a partir de 1526, ele não apenas comentou em seus cursos a *Suma* tomística, como também se ocupou dos aspectos jurídicos e teológicos da recente conquista das Índias ocidentais.

---

[82] Cf. a coletânea de ensaios organizada por Grossi, 1973.
[83] Tomás de Aquino, *Summa theologiae*, IIa IIae, qq. 57-61: de iure, de iustitia, de iudicio.

Como vimos (supra, cap. 17.6), mesmo que a recusa a aceitar as ofertas de escambo comercial e a pregação cristã da parte dos índios constituíssem para ele motivos legítimos de "guerra justa", de Vitoria exprimiu a convicção de que a conversão não devia ser forçada, mas livre; e que os indígenas americanos deviam ser tratados segundo o critério de menores sob tutela, não como escravos [Cassi, 2004, p. 301].

A tese da liberdade dos índios encontrava nesses mesmos anos um defensor de nível extraordinário em Bartolomeu de las Casas (1474-1566), que também era frade dominicano e que, durante toda a sua longa vida, bateu-se por meio de seus escritos e de suas ações na tentativa de sustentar o direito dos índios à liberdade, argumentando teológica e juridicamente, como vimos acima, pela ilegitimidade de sua redução à escravidão por parte dos conquistadores e tentando até mesmo – com o assentimento de Carlos V, mas sem nenhum sucesso – fundar cidades habitadas por "índios livres" (*Plan para la reformación de las Indias*, 1515).

Outro dominicano, Domenico Soto (1494-1560), afirmou a derivação do direito positivo do direito natural segundo duas formas distintas: em uma via dedutiva logicamente coerente com as premissas e, portanto, não mutável ("per modum conclusionis"), ou mediante uma especificação que levasse em conta – por exemplo, naquilo que se refere à extensão da pena – as circunstâncias concretas ("per viam determinationis")[84]. Nessa segunda direção, o direito natural podia então ser traduzido em norma positiva segundo critérios não imutáveis no tempo e no espaço, sendo, portanto, em certo sentido, historizado.

Essa tese também foi defendida por outro dos maiores mestres de Salamanca, o jesuíta Luís de Molina (1535-1600), autor de um tratado igualmente intitulado *De iustitia et iure*[85], no qual uma série muito ampla de questões de direito predominantemente privado é encarada com referência constante não apenas ao direito romano e à doutrina dos doutores do direito comum (entre os quais Covarrubias em particular), mas também do direito de Castela, às leis da monarquia espanhola e às leis e costumes de Portugal, onde o tratado foi composto no período em que o autor ensinava em Coimbra. A doutrina moral aristotélica e as teses de Tomás de Aquino estão, o tempo todo, presentes.

Molina se destaca ainda por sua posição racionalista sobre a relação entre os valores e a vontade divina: o bem e o mal – tal qual estão expressos particularmente nos preceitos do decálogo – são identificáveis (e portanto devem ser promovidos ou proibidos) por si mesmos[86], não porque Deus os declarou como tais e os inscreveu nas tábuas da lei. Uma posição que um jurista leigo, Fernando Vasquez (1512-1569), contestava recorrendo ao voluntarismo de Ockham e argumentando que é exatamente isso o que Deus ordena e não vice-versa[87], ou seja, que o critério para distinguir o bem do mal não reside na razão humana e sim na identificação da vontade divina e de seus mandamentos; ao passo que seu homônimo, o teólogo e jesuíta Gabriel Vasquez (1551-1604), afirmava expressamente que "muitas ações são más por si mesmas, de tal modo que seu mal precede todo juízo do intelecto divino"[88].

O teólogo que talvez tenha exercido maior influência sobre o pensamento jurídico posterior é outro mestre de Salamanca, Francisco Suárez (1548-1617). Autor de obras sobre o matrimônio, mas, sobretudo, de um vasto tratado *De legibus*[89], Suárez quis fundar uma doutrina do direito e da sociedade que permitisse justificar as instituições e as normas do direito natural também mediante o recurso aos critérios da razão e não apenas com base na revelação. Desenvolvendo motivos parcialmente presentes em De Vitória e, antes dele, em outros teólogos e juristas medievais, o mestre de Salamanca afirma que o poder de jurisdição, com a auto-

---

[84] Domenico Soto, *De iustitia et iure*, I, q. 5, a. 2.
[85] L. de Molina, *De iustitia et iure*, Venetiis, 1614.
[86] L. de Molina, *De iustitia et iure*, I. I. 4.1-5.
[87] F. Vasquez, *Controversiae illustres*, 1563.
[88] G. Vasquez, *Commentaria in Primam Secundae Sancti Thomae*, d. 150. 3. 19.
[89] F. Suárez, *Tractatus de legibus ac Deo legislatore*, Madri, 1971-1981, 8 vols.

ridade decorrente de punir os criminosos, era inerente à própria existência de uma comunidade, em virtude da razão natural, sem a necessidade de pressupor um pacto nem de uma atribuição de autoridade por parte de Deus, mas unicamente com base na vontade e no consenso da própria comunidade[90]. Quanto ao direito natural, Suárez aceitava e desenvolvia a tese daqueles que, entre os canonistas e teólogos medievais (como vimos acima) atribuía ao termo *ius*, além do significado de "direito objetivo", também o significado de um poder individual sobre a liberdade e sobre a propriedade, ou seja, o significado correspondente à noção moderna dos direitos subjetivos.

Um problema complexo discutido por Suárez, e muitas vezes enfrentado por juristas e por teólogos medievais, era o de justificar a propriedade como um direito natural, mesmo sendo unanimemente reconhecido que, originariamente, a propriedade dos bens fora comum a todos os homens. Suárez decide a questão declarando que essa norma do direito natural relativa à comunhão originária dos bens, tanto quanto outras, devia ser considerada "permissiva" e não preceptiva, visto que era possível que a apropriação pacífica de bens e de terras por parte dos indivíduos fosse não só admitida, como protegida pelo direito positivo[91]. Essa argumentação demonstrava que havia direitos naturais formados por iniciativa dos homens, portanto, no curso do tempo: uma concepção interessante, mesmo que apenas apontada, porque potencialmente historizava também o direito natural.

A respeito da Escola de Salamanca, o que se deve destacar particularmente é o critério de aproximar e analisar as questões jurídicas, também em seus pormenores relativos aos institutos e aos contratos, com base, claro, no direito romano comum que eles bem conheciam, mas pelo crivo dos valores e dos princípios da teologia. Pela primeira vez, após séculos de exegese e de investigações, as normas dos juristas romanos eram avaliadas segundo um critério, por assim dizer, externo a elas, que podia levar também a sua rejeição por razões intrínsecas: por sua eventual discrepância com respeito aos preceitos eternos e imutáveis da revelação.

5. A escola elegante holandesa

Fundada em 1575, a Universidade de Leiden cresceu rapidamente nas décadas posteriores – também em virtude de um método de ensino que dispunha ao lado das aulas cursos posteriores (*collegia*) ministrados por docentes [Ahsmann, 2000] –, até se tornar no decorrer do século XVII ponto de referência da cultura jurídica, não só para os Países Baixos, mas para a Europa. A conquista da liberdade após a guerra vitoriosa contra o domínio espanhol, a intensa vitalidade religiosa de uma terra onde o calvinismo encontrara um ambiente favorável, mas onde também sobrevivia o catolicismo de cunho humanista exemplificado por Erasmo de Rotterdam, são elementos que convergem – junto com o florescimento da grande arte pictórica, até Rembrandt – para fazer da civilização flamenga um dos mais dinâmicos centros da cultura europeia moderna[92].

Nesse contexto, recordamos alguns mestres das universidades dos Países Baixos, cujo ensinamento manifesta claramente a marca da abordagem culta: não por acaso Hugues Doneau fora convocado a Leiden nos primeiros anos de atividade do novo ateneu e levara consigo a perspectiva de método cujas características mencionamos acima.

À orientação culta e simultaneamente voltada para a prática de um denso grupo de mestres holandeses costuma-se dar o nome de "jurisprudência elegante", título que indica justamente seu estilo preciso e conciso, isento das pesadas articulações características de uma parte

---

[90] *De legibus*, 3. 1. 1 11 [cf. Tierney, 2002, p. 441].
[91] Suárez, *De legibus*, vol. 3. 2. 12. 1; vol. 4. 2. 14. 16 [cf. Tierney, 2002, p. 435].
[92] Esse era ainda na primeira metade do século XVIII o prestígio da Escola de Leiden que, quando por estímulo de Vítor Amadeu II de Saboia desejou-se requalificar o ensino do direito na universidade de Turim, dirigiu-se aos mestres holandeses para uma convocação, que, porém, não se realizou.

da doutrina tardia do direito comum. Entre os quase cinquenta nomes de professores dos séculos XVI ao XVIII que recente pesquisa pôde vincular à escola da jurisprudência elegante holandesa [Bergh, 2002], diversos autores alcançaram renome em toda a Europa. Excetuando Grócio, ao qual voltaremos adiante, alguns deles devem ser pelo menos mencionados.

Gerard Noodt (1647-1725), primeiramente professor em sua Nijmegen nativa e depois em outras universidades até ser chamado para Leiden, onde ensinou durante quarenta anos, articula em seus escritos uma forte capacidade crítica e filológica na interpretação dos textos do direito romano clássico[93] com uma abordagem ideal inspirada em princípios de tolerância e de abertura: é famosa sua aula magna de 1706[94], na qual defendeu corajosamente os princípios da separação entre Estado e religião e o da liberdade religiosa, dois princípios à época fortemente hostilizados, tanto no campo protestante quanto no católico.

Outros professores holandeses não são menos doutos na interpretação das fontes romanísticas e em sua sapiente utilização não apenas para a formação dos juristas, mas também para a prática. Entre eles, Ulrik Huber (1659-1734) foi juiz e professor em Franeken, e simultaneamente humanista especializado na crítica das fontes e defensor de uma didática que não deixasse muito espaço à filologia erudita. Anton Schulting (1659-1734), professor em Franeken e depois em Leiden, foi chamado de "o Cujácio holandês" pela grande doutrina histórico-filológica de que lançou mão na análise das fontes romanísticas[95].

O modelo dos professores da escola elegante holandesa se articula naturalmente com a dos Cultos. O vínculo, porém, não é com a vertente sistemática de Doneau (que, não obstante, ensinara em Leiden), mas com a vertente histórico-filológica e Cujácio. Assim como Cujácio, os holandeses remontam à sistemática antiga e não hesitam em criticar algumas das reconstruções filológicas de Alciato e dos primeiros humanistas, sem atribuir ao manuscrito florentino do Digesto o valor absoluto de texto original no que se refere à Vulgata.

6. Usus modernus Pandectarum

Ainda em Leiden, Arnold Vinnen (Vinnius, 1588-1657) foi o autor de um Comentário às Instituições (1642)[96] que gozou de vasta difusão na Europa durante mais de um século. Nele, como nos outros mestres holandeses, a orientação culta ancorada na arquitetura sistemática das Instituições – uma orientação confirmada pela exegese voltada diretamente para o texto romano, mais que para a doutrina medieval de orientação bartolística – conjuga-se com a atenção ao direito local, à práxis dos Tribunais e aos costumes. Tende-se a utilizar os elementos do direito antigo que ainda são funcionais, identificando por um lado as disposições obsoletas que devem ser consideradas ab-rogadas[97], por outro considerando meras sutilezas (*subtilitates iuris*) muitas disposições específicas do *Corpus iuris* ligadas ao formalismo da processologia antiga registrada nos textos romanos.

Nessa perspectiva, explica-se a ereção em Leiden de uma cátedra de "direito prático" dedicada a outro celebrado professor holandês, Johann Voet (1647-1713), autor de uma obra

---

[93] Algumas das conjeturas textuais e interpretativas de Noodt sobre o Digesto ainda são tidas como exatas [Bergh, 2002, p. 194]. É típica dele a probidade científica e didática, que, em alguns casos, o induzia a declarar aos estudantes que não explicara nada sobre uma passagem obscura porque não tinha o costume de explicar aquilo que ele mesmo não entendera [Berg, 1988, p. 293].

[94] G. Noodt, *Opera omnia*, Lugduni Batavorum, 1724, vol. I, p. 638.

[95] A. Schulting, *Jurisprudentia vetus antejustinianea*, Leiden, 1727. Suas *Notae ad Digesta seu Pandectas* só vieram a ser editadas em 1804-1835, em 8 vols.

[96] A. Vinnius, *In quattuor libros Institutionum imperialium Commentarius*, Venetiis, 1726, 2 vols. A obra reproduz o texto das Instituições e o acompanha com breves glosas (*notae*) e com comentários ampliados, que essencialmente coordenam a passagem com as passagens paralelas das outras partes do *Corpus iuris*. Estão quase ausentes as referências à doutrina do direito comum.

[97] S. Groenewegen, *De legibus abrogandis*, 1649.

sobre as Pandectas[98], várias vezes reeditada até o século XIX e muito difundida também na Itália, na qual o tratamento histórico-exegético se articula com constantes referências à prática. O exemplo de uma exposição cuidadosa e sintética do direito local fora dado por Hugo Grócio, o fundador do jusnaturalismo moderno, que desde 1620 escrevera uma introdução ao direito holandês (*Inleidinge tot de Hollandsche Rechtsgeleerheid*), que desfrutou de grande sucesso e fora concebida na língua nacional e inspirada no método sistemático de Doneau e de Pierre de la Ramée (Ramus), que Doneau e Althusius haviam aplicado e que Grócio conhecia [Birocchi, 2002, p. 168].

Articula-se estreitamente a essa linha da escola holandesa a obra de autores que, entre o século XVII e o século XVIII, adotaram um método didático no qual a análise textual de ascendência culta, o propósito sistemático e a atenção para com a jurisprudência local se entrelaçam, mesmo que de forma variada e não uniforme nos diversos autores [Luig, 2006]. Essa vertente teórico-prática tomou o nome, que se tornou emblemático, de *Usus modernus Pandectarum*, do título da obra publicada em 1690[99] por um dos mais célebres mestres, o alemão Samuel Stryk (1640-1710), professor em Frankfurt/Oder e mais tarde em Halle e autor de numerosas obras jurídicas[100].

A fórmula designa uma abordagem diferente da abordagem da jurisprudência elegante [Bergh, 2002, p. 66]. Mesmo não faltando referências e derivações das investigações filológicas dos Cultos e dos juristas "elegantes", é muito mais direta a relação que liga essa vertente a autores como Vinnen e Voet: o *usus modernus* visa conjugar as fontes justinianas com as necessidades da prática, evitando, portanto, as reconstruções textuais eruditas para privilegiar, por sua vez, a enunciação de uma série de regras coerentes e exatas, ancoradas no texto legal antigo. Já é característico desse método o programa anunciado por Voet no início de seu Comentário às Pandectas: as questões meramente antigas, adverte o professor, serão apenas tocadas com a ponta de um dedo[101], para dar especialmente aos juristas, que tanto se aplicam às intrincadas questões forenses, um descanso derivado da visão de paisagens mais amenas, oferecidas justamente pelas fontes jurídicas antigas. Contudo, o conteúdo da obra não corresponde exatamente às premissas programáticas: na realidade, não faltam referências textuais, com frequentes citações de análises textuais e filológicas de Cujácio.

Um aspecto essencial do *usus modernus* foi o da valorização da tradição alemã, considerada não apenas em sua dimensão atual, mas em suas raízes medievais e consuetudinárias. A obra do médico e jurista Hermann Conring (1606-1681), *De origine iuris germanici* (1643), contrapunha, talvez pela primeira vez – mas sem a carga ideológica que só se desenvolverá muitos anos depois, em outros contextos culturais e políticos –, o núcleo do direito originário alemão ao "direito estrangeiro" (*fremdes Recht*), que naturalmente compreendia o direito comum romano. Georg Adam Struve (1619-1692), por muito tempo professor em Jena, foi o autor de uma obra bem-sucedida, publicada pela primeira vez em 1670, que exprime claramente já em seu título os propósitos do autor[102]. Parece razoável considerar que a utilização, por parte da doutrina do *usus modernus*, de elementos em grande medida relacionáveis às tradições alemã, canonista ou consuetudinária de formação mais recente – e, de todo modo, não coincidentes com a normativa romana clássica – não constitua apenas o fruto de um mero aperfeiçoamento doutrinal, mas corresponda a tendências reais da sociedade daquele tempo, na direção de uma disciplina das relações jurídicas mais fluida e eficaz: é o que ocorre no caso do contrato em favor de um terceiro, dos seguros, dos contratos in-

---

[98] J. Voet, *Commentarius ad Pandectas in quo praeter Romani iuris principii ac controversias illustriores, jus etiam hodiernum ... excutiuntur*, Venetiis, 1775, 2 vols.
[99] S. Stryk, *Usus modernus Pandectarum*, 1690.
[100] Na edição florentina tardia, as obras dos dois Stryk, Samuel e seu filho Johann, que também foi jurista, ocupam dezoito volumes: Stryk, *Opera omnia, tam tractatus, quam disputationes continentia, [...],* Florentiae, 1837-1842.
[101] J. Voet, *Commentarius ad Pandectas*, Venetiis, 1775, I, proêmio: "Cetera, quae ad antiquitates spectant [...] summo tantum digito tetigerim [...]".
[102] A. Struve, *Jurisprudentia romano-germanica forensis*, 1670.

formais, da tutela dos credores de boa-fé e de outras regras que se encontram nesses autores [Luig, 1998b].

Não obstante alguns elementos comuns, a distância de orientação entre os juristas da jurisprudência elegante holandesa e os mestres do *usus modernus* é notável. Os primeiros (Noodt, Schulting e os demais, mesmo que cada um apresente matizes diferentes) consideram que sem os instrumentos da filologia e da história não é possível compreender nem ao menos os perfis estritamente jurídicos das normas dos textos romanos, de modo que o método "elegante" não é para eles um luxo, mas uma condição necessária para entender corretamente os textos. Além do que não subsiste mais, pelo menos em alguns dos juristas holandeses, a convicção da intangibilidade das leis romanas: em todo caso, eles não titubeiam em destacar seus defeitos, suas lacunas, suas carências qualitativas propriamente ditas [Bergh, 2002, pp. 63-70].

Por sua vez, os autores do *Usus modernus Pandectarum* limitam deliberadamente (como vimos com Voet) o recurso ao estudo filológico dos textos antigos porque pretendem conservar o *Corpus* justiniano em sua integridade, ao qual, porém, acrescentam os elementos da tradição alemã e da jurisprudência dos Tribunais. Mas se a sistemática de suas obras é a dos textos antigos, principalmente das Instituições, as categorias conceituais derivam, em proporção não irrelevante, da vertente jusnaturalista de Grócio e de Pufendorf, em uma mistura singular de antigo e de novo, de conservação do existente e de reconsideração metodológica que anuncia uma nova fase da ciência jurídica.

7. *Giovanni Battista De Luca*

Voltando para a Itália, Giovanni Battista De Luca (1613-1683), natural de Venosa, na região da Basilicata, e formado em Nápoles – o centro mais produtivo da cultura jurídica italiana dessa época – deve ser considerado o mais significativo jurista italiano do século XVII[103]. Ele foi advogado em Roma durante a maior parte de sua vida, só aos 60 anos ordenou-se sacerdote e foi finalmente nomeado cardeal. Sua fama é devida, antes de mais, a uma vasta obra, que recolhia em 15 volumes as alegações por ele analisadas na prática de tantas décadas, intitulada *Theatrum veritatis ac iustitiae*[104]: um conjunto de milhares de "casos", que incidem principalmente sobre questões ligadas aos contratos, às usuras, aos feudos, às regalias, aos testamentos e aos fideicomissos, aos dízimos: ou seja, a temas frequentes na práxis jurídica do Estado pontifício. Em suas páginas, é impressionante a limpidez de suas argumentações, que foram pensadas e escritas para causas judiciais particulares tanto como advogado quanto na função de consultor[105]. E destaque-se sua atitude voltada a não assumir acriticamente uma máxima legal, mesmo que ela seja competentemente defendida pela doutrina, mas a examinar a aplicabilidade de uma ou de outra opinião presente na doutrina à luz da especificidade do caso em questão: como afirma ele, por exemplo, acerca da muito debatida questão de se a escritura que os contraentes concordaram em utilizar em um negócio seja requerida apenas para fins proba-

---

[103] Sobre De Luca, cf. Lauro, 1991; Birocchi, 2002, pp. 297-315.
[104] Roma 1669-1673, com 4 vols. de suplemento, 1677. A obra é subdividida por assunto entre os 15 vols.: 1. De feudis; 2. De regalibus; 3. De iurisdictione; 4. De servitutibus, emphyteusi, locationibus; 5. De usuris, interesse et cambiis; 6. De dote; 7. De donationibus, emptione, contractibus; 8. De credito et debito; 9. De testamentis; 10. De fideicommissis; 11. De legatis et successionibus ab intestato; 12. De beneficiis ecclesiasticis; 13. De iurepatronatu et pensionibus ecclesiasticis; 14. De regularibus et monialibus; 15. De iudiciis et praxi Curiae Romanae. Cf. a edição veneziana de 1706.
[105] De fato, muitos casos são constituídos por *responsa*, isto é, pareceres: neles, De Luca às vezes exprime seu parecer à parte, fazendo-lhe seguir um articulado exame inicial, onde estabelece quais poderiam ser os argumentos legais do adversário, para depois demonstrar sua inconsistência (cf., por exemplo, em *Theatrum*, vol. VIII, o disc. 74, n. 1-6). Também é muito interessante a indicação, frequente em De Luca, do resultado da causa, que geralmente não aparece nas coletâneas de *consilia*.

tórios (logo, onde ela faltar possa ser suprida por uma prova diferente), ou para a validade substancial do ato (*ad substantiam*), portanto, não substituível onde falte a escritura[106].

Em vez de acumular citações doutrinais, De Luca preferia deliberadamente ancorar seu raciocínio na solidez intrínseca das motivações em direito, não sem apelar, quando achasse oportuno, a doutrinas de autores distanciados da prática dos tribunais, como os teólogos da Escola de Salamanca. Mesmo sendo um hábil conhecedor das teorias e das doutrinas, ele despreza a vã ostentação de citações, muito comum nos advogados de seu tempo (o *vulgus pragmaticorum*, por ele desacreditado); antes privilegia nas argumentações a linha direta que mostra a verdadeira natureza de uma relação jurídica em discussão: as alquimias dos doutores não deviam, por exemplo, ocultar a existência da relação principal subjacente a uma relação fideijussória[107], ou a natureza substancialmente usurária – e, portanto, ilícita, conforme à doutrina do tempo – de uma relação qualificada como contrato trino[108].

Dotado de notável independência de juízo, De Luca criticou, entre outras coisas, o instituto do fideicomisso familiar universalmente utilizado pela aristocracia, observando ironicamente que o único meio de realmente proteger no decorrer do tempo a sólida administração de um patrimônio familiar teria sido criar um "fideicomisso dos cérebros"[109], ou seja, de transmitir de pai para filho não apenas os bens, mas as competências; e criticou, mesmo quando advogado da Rota, as isenções eclesiásticas.

Foi muito importante sua iniciativa de publicar uma redação resumida em língua italiana da obra principal[110], na tentativa de tornar familiar a linguagem e o conteúdo do direito – em uma síntese de direito comum, doutrina, direito local – para além do ambiente forense, a serviço de quem não fosse jurista profissional. E fez o mesmo com uma obra institucional (*Instituta*)[111] e o escrito sobre o estilo legal[112], ambos em língua italiana e cheios de destaques perspicazes e exatos e de preciosas informações sobre a práxis jurídica daquele tempo.

---

[106] Cf. o caso discutido em De Luca, *Theatrum*, VII/3 *de alienationibus*, disc. 44.

[107] De Luca, *Theatrum*, VIII, *De credito et debito*, disc. 74 [cf. Birocchi, 2002, pp. 311 s.].

[108] O contrato "trino", elaborado em princípios do século XVI pelo teólogo J. Eck, consistia em juntar um contrato societário, um contrato de seguro e um de compra e venda para, desse modo, esconder o empréstimo com juros que a Igreja proibia.

[109] "Enquanto não se encontrar a proteção de fazer o fideicomisso dos cérebros, tudo será em vão [...]": De Luca, *Il dottor volgare*, III. 10, Colônia, 1740 (vol. II, p. 12).

[110] De Luca, *Il dottor volgare, ovvero Il compendio di tutta la lege civile, canonica, feudale e municipale, nelle cose più ricevute in pratica* (1673), Veneza, 1740, 6 vols.

[111] De Luca, *Istituta civile divisa in quattro libri con l'ordine de' titoli di quella di Giustiniano*, Veneza, 1743.

[112] De Luca, *Dello stile legale*; cf. a edição em apêndice ao vol. XV do *Theatrum veritatis et iustitiae*, Venetiis, 1716.

20. Doutrina jurídica e profissões legais

1. *Papel da doutrina e da imprensa jurídica*

O direito romano-comum devia sua extraordinária força expansionista não apenas à qualidade de suas regras e à sua completude, mas também a sua polivalência, além de sua autoridade. A autoridade dependia da vinculação ao ofício imperial que – na Itália até o século XIII, na Alemanha e nos domínios do Império até a Idade Moderna – teve um peso político e institucional considerável, mesmo que tenha sido gradualmente superada pelos Estados absolutos e, na Alemanha, pelos principados territoriais da Idade Moderna. Por sua vez, a polivalência é uma característica essencial do direito transmitido no *Corpus iuris* justiniano: há nele normas de caráter expressamente absolutizante – lembremos, por exemplo, o adágio do Digesto sobre os poderes legislativos do príncipe: "Quod principi placuit legis habet vigorem" –, mas há também núcleos normativos e regras de proteção do indivíduo como tal, desde que seja livre e não de estatuto servil. Pensemos na doutrina da propriedade (*dominium*), na liberdade testamenteira, na noção do matrimônio consensual baseado na *maritalis affectio* dos esposos, na equiparação dos filhos homens e das mulheres na sucessão legítima, e assim por diante. Vão se servir do direito romano soberanos e cidades, comunidades rurais e corporações, simples súditos e mulheres indefesas. A todos – e não apenas ao Estado absoluto – a normativa justiniana oferecia meios de proteção válidos e desejáveis.

Eram as próprias aporias e contradições presentes na Compilação que apresentavam aos advogados ocasiões e argumentos infindáveis para fazer valer suas razões. Além disso, a doravante elaboração secular de interpretações, teorias, métodos, esquemas, motivos teóricos e práticos oferecia um amplo leque de instrumentos incomparavelmente mais eficazes e flexíveis dos que os instrumentos à disposição dos juristas que tinham permanecido fiéis à aplicação do costumes tradicionais. Daí vem o sucesso incontornável dos juristas profissionais formados a partir dos textos do direito comum.

Insere-se aqui o papel desempenhado pela doutrina dos juristas. A persistência do direito comum na Idade Moderna manifesta-se também nisto: que as opiniões dos doutores ainda apresentem e mantenham, no decorrer da Idade Moderna, o valor de fonte do direito. Um magistrado em sua sentença, um advogado em sua defesa, um consultor em seu parecer legal podiam ancorar explicitamente a abordagem das questões de direito enfrentadas em um caso concreto nas teses expressas pelos doutores do direito comum em seus comentários, em seus tratados ou também em seus *consilia*. Além disso, essa evocação direta das opiniões doutrinais não mantinha vínculos nem de tempo nem de lugar: uma alegação do século XVII podia fazer referência a uma glosa acursiana, a um comentário de Baldo degli Ubaldi, a um *consilium* de Jasão del Majno, ou seja, a doutrinas expressas até três ou quatro séculos antes. Naturalmente, era normal que também fossem continuamente evocadas as opiniões dos juristas da mesma época.

Mas, a partir do final do século XV, verificou-se uma reviravolta nos modos de atuar e na técnica dos doutores, determinada por uma revolução tecnológica fundamental: a invenção da imprensa. Com um ritmo rapidamente crescente, dos prelos dos impressores começaram a sair também as obras de direito mais importantes por antiguidade e autoridade, as mais lidas nas universidades, as mais úteis para a prática. O *Corpus iuris* com a Glosa acursiana, os comentários e as coletâneas de *consilia* dos grandes comentadores civilistas e canonistas do século XIV e de princípios do século XV, assim como uma quantidade de tratados, de pareceres e de obras legais de autores daquela época. Evidentemente, imprimir algumas centenas de exemplares de determinada obra implicava custos e prazos enormemente inferiores aos custos e prazos necessários para copiá-las à mão, a despeito da técnica e da organização comprovadas dos *stationarii*. Desse modo, muitas obras, cuja sobrevivência antes dependia da paciente iniciativa de um amanuense, a partir de então eram impressas sem esforço, mesmo que fosse apenas para satisfazer a ambição de um jurista desejoso de se ver publicado.

Têm-se na segunda metade do século XV cerca de 2.000 títulos de obras jurídicas publicadas (são os assim chamados incunábulos, em geral graficamente elegantes), e esse número se multiplica no decorrer do século XVI: as impressões jurídicas típicas do século XVI são na Europa algumas dezenas de milhares. Enquanto no primeiro período após a invenção da imprensa encontramos uma multidão de impressores em centros importantes, mas também em centros menores (por exemplo, Trino nas proximidades de Vercelli), no decorrer da segunda metade do século XVI algumas sedes – principalmente Lyon e Veneza – afirmaram-se com absoluta primazia como centros da editoria jurídica internacional: de fato, o mercado livreiro ampliara-se para toda a Europa, visto que a língua internacional do direito ainda era o latim. Houve empreendimentos editoriais de vulto, como a publicação, em 1584, da grande coletânea dos *Tractatus universi iuris*. Também as recorrentes edições, em poderosos tomos in-fólio, das obras completas dos expoentes máximos da escola do Comentário – Bartolo, Baldo degli Ubaldi, Giovanni d'Andrea, o Abade Panormitano, Tartagni e muitos outros; sem falar dos cinco tomos do *Corpus iuris civilis* com a Glosa acursiana – atestam a capacidade editorial e empresarial de grande monta.

Na era anterior, frequentemente, um jurista não podia se permitir nem mesmo adquirir o *Corpus iuris* glosado e atuava durante toda a sua existência profissional recorrendo às preciosas anotações das aulas a que assistira na juventude em alguma universidade: muitos manuscritos de aulas dadas no século XV em Bolonha, Pádua ou Pavia chegaram até nós assim, talvez conservados por alguma biblioteca monástica alemã ou espanhola, à qual o jurista do lugar, tendo estudado na Itália, os deixou ao morrer. Mas, após a invenção da imprensa, um advogado ou um juiz, mesmo não particularmente abastados, puderam se permitir ter à própria disposição uma verdadeira biblioteca jurídica, composta de dezenas ou de centenas de obras impressas de autores que viveram do século XII em diante. As principais bibliotecas jurídicas dos séculos XVII e XVIII atualmente conservadas na Europa junto a bibliotecas públicas ou junto a mosteiros quase sempre contabilizam vários milhares de tomos, ordenadamente alinhados em estantes por assunto ou por autor.

Essa disponibilidade crescente de textos jurídicos acarretou justamente mudanças significativas no papel da doutrina como fonte do direito. Em um caso concreto submetido aos juízes, diante de uma questão controversa, o advogado ou o consultor de uma das partes podiam recorrer a um leque de opiniões tão variado que permitia uma latitude muito ampla de argumentações em direito. Também as proposições aparentemente mais explícitas dos textos legais tinham dado lugar, por parte de doutores antigos ou recentes, a interpretações limitadoras ou extensivas quase sempre distanciadas da letra do texto ou de seu espírito: interpretações que era lícito invocar em uma causa. Muito característico é o fato de essas possíveis referências a teses da doutrina por parte de advogados e consultores não estarem limitadas às obras de exegese do direito positivo local ou geral, mas se estenderem a textos e autores expressamente situados em outras vertentes da cultura. Nas páginas de Giovanni Battista De Luca, não raro se encontra, em apoio a uma argumentação forense, a remissão a autores de formação culta que talvez tratem dos usos judiciários dos antigos egípcios ou das ideias de Platão sobre a justiça, ou a textos dos teólogos da Escola de Salamanca. Posteriormente, as obras dos jusnaturalistas do século XVIII também entrarão na gama de textos utilizáveis com finalidades práticas. Nesse sentido, a doutrina do direito comum tem, por assim dizer, uma natureza onívora: qualquer ideia pode ser evocada e qualquer tese pode ser utilizada em um caso concreto e em um texto jurídico, até se tornar, com o tempo, ela também direito, uma vez que tenha sido adotada por juristas, advogados, tribunais de justiça.

2. Communis opinio doctorum

Tudo isso abria aos juízes, chamados a decidir sobre as alegações das partes, uma margem igualmente ampla de discricionariedade. Evidentemente, sofria as consequências dessa ampliação a certeza do direito, ou seja, a previsibilidade das consequências jurídicas de um ato ou de um comportamento juridicamente relevante. Mas a certeza é um valor a tal ponto fundamental que nenhum ordenamento jurídico pode se permitir negligenciá-la além de certo limite.

Pode-se, então, explicar por que se firmaram, a partir do século XV e sobretudo no século XVI, alguns instrumentos fundamentais para reparar os inconvenientes e os riscos criados pela excessiva discricionariedade permitida aos agentes do direito, especialmente os juízes. Trata-se de duas vias muito diferentes entre si, mas convergentes no fim: por um lado, a importância atribuída à *communis opinio doctorum*, por outro, o peso crescente exercido pela jurisprudência das grandes magistraturas. Enquanto não damos a necessária atenção ao segundo aspecto, é necessário esclarecer imediatamente as características do primeiro critério.

Ele consistia em identificar as questões de direito a respeito das quais, no decorrer do tempo, uma pluralidade de juristas se pronunciara em caráter científico, em um tratado, em um *consilium*. Ao se verificar o consenso de todos ou da maior parte dos juristas, inclusive dos nomes mais influentes, sobre determinada solução da questão em análise, afirmava-se que existia a respeito dela uma opinião comum (*communis opinio*). E dessa constatação fazia-se derivar a consequência de que, onde a questão se apresentasse em uma causa, os juízes deviam adequar-se a ela. Além disso, segundo alguns autores da época, nesse caso, a opinião comum devia prevalecer até mesmo sobre o texto da lei, desde que os autores o conhecessem[113].

Devemos observar que essa vinculação à *communis opinio* nunca foi imposta por lei, mas se impôs gradualmente nos fatos e na práxis. Tratou-se de um vínculo voltado para o propósito não declarado, mas evidente, de fornecer alguns elementos de certeza em um sistema que se tornara, como já foi dito, altamente incerto. Nem os advogados nem os juízes eram obrigados a se ater a ela, mas a tendência a fazê-lo tornou-se cada vez mais forte, também por um motivo concreto: o direito comum previa, com base em alguns textos romanísticos, a responsabilidade por culpa, civilmente sancionável, do juiz que cometesse erros de direito. O juiz fiel à *opinio communis* estava imune a todo risco. Surgiram, então, alguns tratados sobre a matéria, entre os quais o já mencionado de Antônio Corácio, muitas vezes reeditado, nos quais se discutia, entre outras coisas, a hipótese de conflito entre as opiniões expressas por um mesmo autor, respectivamente, desde a cátedra e em um parecer legal, para estabelecer qual delas seria mais confiável porque expressa com maior ponderação [L. Lombardi, 1967, pp. 148-60]. Também vieram a lume coletâneas sistemáticas que poupavam os pesquisadores do cansaço de longas investigações[114]. Por outro lado, não faltaram textos nos quais eram contrapostas as opiniões comuns a outras opiniões igualmente comuns, como a de Jerônimo Caevallos[115]. Desse modo, a gama das possíveis argumentações, que a teoria da *communis opinio* tendia a circunscrever, voltava a se dilatar de novo.

---

[113] Antonius Corasius, *Tractatus de communi doctorum opinione*, 1574.
[114] *Communium opinionum syntagama*, Lião, 1576, muitas vezes reeditado. A obra recolhe em três tomos as opiniões que tinham sido consideradas "comuns" a uns vinte autores do século XVI (entre os quais Claro, Damhouder, Gribaldi Mofa, Hipólito Bonacossa, Antonio Corácio), elencando sucessivamente, separadamente para cada um desses autores e em ordem alfabética, a matéria específica da *communis opinio*.
[115] Hier. Caevallos, *Speculum aureum opinionum communium contra communes*, Venetiis, 1604: são abordadas mais de 800 questões.

Por essas vias, o papel da doutrina adquiria uma incisividade jamais alcançada: porque, se as teses e as opiniões dos juristas podiam ao menos ser utilizadas como apoio para uma argumentação forense e judiciária, elas adquiriam de fato verdadeira força de lei sobre as questões acerca das quais a maior parte dos doutores se exprimira de modo concorde. Tratava-se de ilhas de certeza em um arquipélago mais vasto onde reinava a disparidade e a dispersão das opiniões, logo, a incerteza; mas isso não diminui a real importância do papel desempenhado pelas doutrinas dos juristas na primeira parte da Idade Moderna, jamais igualada nas eras posteriores. Além disso, deve-se ressaltar que a certeza induzida pela existência de uma opinião comum não era necessariamente imutável no tempo: em um sistema jurídico plurissecular, que possibilitava a sedimentação de novas opiniões sobre as opiniões antigas, uma tese que prevalecia em determinado momento podia se tornar, cem anos depois, finalmente minoritária: porque o vínculo de observância do qual já falamos nunca se estendeu à obra doutrinal e prática dos doutores, que são livres para debater e para inovar.

Se considerarmos que as doutrinas e as opiniões dos juristas eram expressas principalmente no interior do quadro normativo do direito comum – ou seja, em referência a um sistema de fontes extraestatais e supranacionais – não parece desprovido de sentido recorrer à expressão "república da cultura jurídica" para qualificar uma fase da história europeia na qual a comunidade internacional dos doutores criava, em uma língua comum e um debate sem fronteiras, as linhas evolutivas de um único grande ordenamento jurídico.

Surgida, sobretudo, no intervalo entre os séculos XIV e XVI, a doutrina como fonte autônoma do direito viu seu papel diminuir, mesmo sem desaparecer de fato, ao passo que as decisões dos supremos tribunais de justiça adquiriram uma autoridade crescente no interior dos respectivos Estados, atuando como ponto de referência constante também para as jurisdições inferiores.

Uma escala precisa entre as diversas fontes do direito comum, que atesta essa evolução histórica, é expressa no final do século XVII por De Luca em seu *Dottor volgare*. É atribuída às decisões dos supremos tribunais – do reino ou do principado no qual se desenrola o processo, mas também, em instância inferior, de outros reinos ou principados – a autoridade máxima, com referência, contudo, ao ponto decidido em juízo, não às argumentações colaterais. Seguem-se os "votos decisivos", isto é, os pareceres ou *consilia* escritos "pro veritate" por doutores acreditados; e depois, em escala descendente, as doutrinas dos grandes comentadores, as dos "modernos" de formação culta (considerados válidos para a formação dos juristas, mas inaptos para servir à prática das decisões), e finalmente os *consilia* de cada parte e as peças dos advogados[116].

3. *Profissões legais: a formação e o acesso*

A universidade continuou a exercer durante os séculos da Idade Moderna seu dever de formação superior para aqueles que aspiravam obter acesso às profissões legais. Ao lado dos centros de formação antigos e daqueles surgidos no decorrer do século XIV e do século XV, outros vieram à luz na Europa na primeira parte da Idade Moderna. E, como vimos, houve centros de formação que, em momentos diferentes, tornaram-se polos irradiadores de novas tendências da cultura jurídica: é o que acontece em Bourges e em Salamanca no século XVI, em Leiden no século XVII, em Halle e Jena no século XVIII e em diversos outros centros universitários. Aos ensinamentos tradicionais, acrescentaram-se em muitos centros, a partir do século XVII, alguns ensinamentos novos: foram instituídos cursos de direito público, de direito feudal, de direito natural, de "direito pátrio". Na França, foi inaugurado em 1679 um curso obrigatório de "droit français" com o objetivo de destacar as características comuns aos

---

[116] De Luca, *Il Dottor volgare*, Proêmio, cap. VIII [também em Ascheri, 2003, pp. 94 s.].

diversos *coutumes*; nos Países Baixos, na Alemanha, na Lombardia e em outros lugares, o direito pátrio também se tornou objeto de estudo com referência às leis e aos costumes locais, assim como às decisões jurisprudenciais. Tais ensinamentos, unidos às novas tendências do pensamento jurídico e, ao mesmo tempo, indicativos do papel crescente da normatividade estatal e da jurisprudência dos Tribunais soberanos.

Todavia, o espaço de formação que predominou durante muito tempo pela importância e pelo zelo exigido dos jovens voltados para as profissões legais continuou a ser em todas as partes da Europa o dos textos romanos, assimilados segundo a divisão àquela altura secular que tinha seu centro de gravidade nos primeiros nove livros do Código e nos primeiros vinte e quatro livros do Digesto. Por outro lado, os modos de ensino não eram uniformes, porque havia faculdades jurídicas e professores ainda comprometidos com o método escolástico do comentário tardio ("mos italicus"), enquanto outros se inspiravam na abordagem erudita e filologicamente aguerrida dos Cultos ("mos gallicus"). E da segunda metade do século XVII em diante os professores começaram a incorporar a seu ensinamento algumas doutrinas do jusnaturalismo e do racionalismo jurídico.

Por quase dois séculos, do fim do século XVI à segunda metade do século XVIII, em algumas regiões da Europa, entre as quais a Itália, mesmo sem ter desaparecido, a formação universitária dos juristas atravessou uma crise bastante grave, parcialmente derivada da virada aristocrática, típica daquele período histórico [Zorzoli, 1986]. Onde as funções e os cargos de maior prestígio eram reservados aos membros da classe aristocrática, os colégios profissionais que tinham acolhido nos próprios estatutos os vínculos de classe e que constituíam o lugar do qual eram geralmente escolhidos os candidatos às altas magistraturas conquistaram o privilégio soberano de poder conferir diretamente o título doutoral. É o que acontece, por exemplo, em Milão, Nápoles e outros lugares. O fechamento característico da Europa quinhentista também se manifestou naquilo que diz respeito aos juristas: para fins de admissão aos colégios, o requisito da cidadania já existia antes, mas a partir de então vai se estendendo, até abarcar por vezes um período de mais de cem anos de residência da família na cidade. E para os colégios mais importantes e prestigiosos – como em Milão para o Colégio dos jurisconsultos, do qual saíam as candidaturas dos poderosíssimos membros do Senado – era indispensável ainda a posse do *status* de nobre. Em Pavia, o jovem Jacopo Menochio, posteriormente destinado a uma carreira brilhante de jurista e de magistrado, teve negado o acesso ao Colégio dos juízes locais porque não pôde provar a nobreza de sua família, originária de Lucca. Também o Colégio dos doutores, às vezes unido[117], às vezes separado do Colégio dos juízes, manteve-se vivo em muitas partes da Europa, não raro com funções judiciárias de instância de apelo.

Junto aos colégios profissionais, foram inaugurados cursos de direito, simplificados em comparação com os tradicionais e difíceis modelos didáticos da universidade. A obtenção do título doutoral era por esse caminho pelo menos mais simples, mesmo que os casos difíceis e delicados, que exigiam pleno domínio do instrumental técnico, tenham continuado a ser confiados a juristas dotados de alto profissionalismo: qualidade também encontrável em muitos juristas pertencentes à classe aristocrática[118].

Veneza apresentou um regime particular: ali o direito comum não estava nem nunca entrou em vigor, mesmo que a universidade de Pádua, onde o direito comum era ensinado de acordo com os parâmetros tradicionais, tenha constituído durante séculos um dos principais centros da cultura e da formação jurídica na Europa. Na Seseníssima República de Veneza vigorava o direito consuetudinário consagrado nos estatutos e nos pronunciamentos das di-

---

[117] Para Parma, Di Noto Marrella, 2001.
[118] Também as escolas superiores frequentemente incluíam em seus currículos noções de direito. Os textos de referência eram constituídos pelas Instituições justinianas para o direito civil e por manuais de instituições de direito canônico e eclesiástico que sintetizavam os princípios e os institutos do *Corpus iuris canonici* para os países católicos e os países das Igrejas protestantes nas terras em que a Reforma se estabelecera firmemente [Brambilla, 2005].

versas magistraturas urbanas. Papel importante tiveram os "consultores" (*consultores in iure*), chamados a dar seu embasado parecer acerca de numerosas e delicadas questões, de política legal ao direito. Entre eles, figura Paolo Sarpi (1552-1623), frade da Ordem dos Servitas, cultíssimo autor de obras como a grande *Istoria del Concilio tridentino* e defensor das razões da autonomia jurisdicional de Veneza diante da Sé papal em matéria eclesiástica.

Por outro lado, durante esses séculos, a formação jurídica continuou a constituir um canal de mobilidade social. O genovês Andrea Spinola declarava na terceira década do século XVII que se ele, em algum momento, tivesse se encontrado "em dificuldades", ele teria anteposto sem hesitação as funções de procurador legal às de magistrado, mais prestigiosas, apesar de menos lucrativas [Ferrante, 1989, p. 203]. Em Nápoles, a revolta de 1647 levou a uma proposta de reforma que privilegiava nitidamente a classe dos togados diante da aristocracia nobiliárquica, que é rejeitada como "escandalosa" pelo Conselho de Itália em Madri [Rovito, 2003, p. 509]. Mas, ao final do século, Francesco d'Andrea dizia por escrito aos netos que em Nápoles, mais que em qualquer outra parte da Itália, era a carreira forense que abria o caminho para os mais altos cargos e para grandes fortunas, mesmo para quem fosse de origem social modesta[119]. Era um trajeto que normalmente exigia um longo tempo, porque a escala das magistraturas e das funções públicas ligadas ao conhecimento do direito era composta de muitos degraus. Isso vale até para *los letrados*, ou seja, para o pessoal que cursou uma formação superior, geralmente juristas, atuantes nos mais importantes centros da administração e da justiça dos vastos domínios espanhóis.

Na França, o sistema da venalidade dos ofícios, que permitia à monarquia adquirir recursos em dinheiro pondo, por assim dizer, em leilão muitos ofícios públicos – um sistema muito difundido na Idade Moderna e que, por outro lado, exigia para a entrada nas magistraturas mais importantes a posse de uma formação legal sólida, devidamente testada –, comportava o desembolso de quantias descomunais. De modo que uma carreira de sucesso podia compreender várias gerações de juristas de uma mesma família, que culminava na obtenção de cargos juntos às Cortes soberanas, que abriam o acesso à nobreza. De fato, uma parte não desprezível da nobreza do Antigo Regime era constituída pelos titulares das magistraturas e das funções de maior destaque, os quais formavam a "nobreza de toga" ("noblesse de robe"): quase todos juristas de formação.

A obtenção do cargo mediante desembolso de determinada quantia – variável de acordo com a importância da função – atribuía um direito permanente, que, no início do século XVII, foi ampliado na França a ponto de se reconhecer a hereditariedade do ofício, como vimos acima. Mas é preciso ressaltar que as funções de maior destaque, tanto nas magistraturas como no governo, eram atribuídas pelo rei aos "comissários" e eram revogáveis a qualquer momento: é o que ocorreu, por exemplo, no caso dos presidentes do Parlamento de Paris e das outras Cortes soberanas do reino. Os comissários já eram, por regra, titulares de um ofício, tendo a posse, portanto, de um papel permanente, mas a nova e mais importante função atribuída ao comissário não tinha o caráter da estabilidade para permitir ao soberano liberdade de revogação e de decisão a qualquer momento.

4. *Advogados, procuradores, causídicos*

Um aspecto não secundário da organização das profissões legais residia na articulação dessas mesmas profissões em vários níveis. Na Itália, no topo da escala, situavam-se os colégios dos jurisconsultos da nobreza, aos quais cabiam as funções – de natureza judiciária, de consultoria, de defesa – mais importantes e lucrativas. De menor prestígio eram os advogados

---

[119] Francesco d'Andrea, *Avvertimenti ai nipoti* (1698), ed. Ascione. Nápoles, 1990, pp. 141; 156.

que possuíam o diploma que os habilitava a promover a defesa, mas que não pertenciam à elite aristocrática. Abaixo deles, atuava uma categoria de operadores de posição inferior, geralmente chamados de "causídicos" [Pagano, 2001], que assumiam os deveres de representação processual com o antigo título de procuradores e se responsabilizavam pela verificação dos fatos inerentes à causa, não sem prospectar alguns elementos da defesa: eles são os "fatistas" mencionados por De Luca no capítulo de seu *Dottor volgare*, onde o variado quadro das profissões legais é delineado com nítida clareza[120]. Geralmente os causídicos formavam uma corporação profissional autônoma, distinta da categoria dos juízes e advogados e, às vezes, unida à dos notários. E ainda encontramos em muitos centros a categoria dos "solicitadores", com funções similares às dos causídicos. Os notários mantiveram a estrutura originária da Idade Média, com os procedimentos tradicionais de cooptação, com a "matrícula" periodicamente atualizada daqueles que pertenciam às artes notariais, com estatutos próprios, com uma formação profissional organizada pelas escolas internas à corporação e diferenciada da formação universitária ou extrauniversitária dos advogados e dos juízes. Por fim, havia a vasta "multidão" (é o que diz De Luca) dos colaboradores e dos praticantes, auxiliares das categorias anteriores.

Esse amplo espectro de funções e de categorias no interior das profissões legais, que reencontramos em várias articulações na Itália dos séculos XVI ao XVIII, não é muito diferente nas outras regiões da Europa.

Na França, os advogados organizavam-se em "ordens" dotadas de ampla autonomia, inspiradas no modelo corporativo medieval. Em particular, a Ordem de Paris conferiu a si mesma em 1660 uma organização própria, que a tornou quase completamente independente do Estado [Bell, 1994]: os advogados elegiam delegados, enquanto o presidente (*bâtonnier*) era designado pelos presidentes anteriores e tinha poderes incisivos para a admissão e a exclusão dos quadros, mesmo que fosse possível o recurso à assembleia e, em última instância, ao Parlamento de Paris, diante do qual os neoadvogados deviam prestar o juramento por ocasião de seu ingresso na profissão [Fitzsimmons, 1987]. No interior, a autonomia dos advogados diante das jurisdições superiores e do poder régio era geralmente mais restrita. A partir de 1537, foi imposta a obrigação do diploma (licenciatura em direito) para o acesso à profissão e, a partir de 1679, passou a ser obrigatório o curso de "direito comum francês" neoinstituído.

Por sua vez, os procuradores detinham o *status* de oficiais régios (*officiés*) e, como tais, eram nomeados pelo rei e usufruíam do sistema da venalidade dos cargos, com a possibilidade de assumir a função mediante pagamento. Mas também eles gozavam de certo grau de autonomia. Nenhum título universitário era requerido para ter acesso ao ofício [Halpérin, 1996].

Na Alemanha, as duas categorias dos advogados e dos procuradores coexistiam com a tradicional distinção de funções, mesmo que a posição dos procuradores pareça ter prevalecido, dado que eles não apenas representavam a parte em juízo, como também expunham oralmente no tribunal as razões do cliente. Por isso, em muitos ordenamentos alemães, a advocacia constituía o estágio inicial da profissão, que levava depois a obter também o título e as funções de procurador.

A articulação da profissão de advogado em dois níveis também se afirmou na Inglaterra do *Common law* e deu lugar à diferenciação nos dois ramos dos *solicitors* (os solicitadores) e dos *barristers* (os advogados de defesa), já mencionada e que se mantém até agora.

Um aspecto que merece toda a atenção está no muito estreito entrelaçamento entre funções de defesa, funções de consultoria e funções de juízo. Desde muitos séculos, bem antes do fechamento aristocrático quinhentista, como vimos, o Colégio dos juízes e advogados constituía uma corporação única, regida pelos mesmos estatutos e sem nenhuma distinção interna entre as duas profissões legais. Em seu interior, eram escolhidos pelos juízes os jurisconsultos encarregados de redigir o *consilium sapientis* que o magistrado posteriormente se limitava a

---

[120] De Luca, *Il Dottor volgare*, lib. XV, 8-9, Florença, 1843, vol. IV, pp. 105-26.

simplesmente transformar em sentença. Além disso, o Colégio podia atuar como instância de apelo para determinadas causas: é o que acontece, por exemplo, em Verona nas causas de Cátaro da Dalmácia [Carcereri de Prati, 2001]; já em outros lugares, tais funções eram desempenhadas por outro Colégio, o dos doutores em lei, diferenciado do Colégio anterior, ou o dos professores da faculdade jurídica local: é o que ocorre, por exemplo, em Jena, assim como em várias universidades da Itália, da Holanda e de outros países.

A práxis de solicitar um parecer às faculdades legais foi recorrente, sobretudo na Alemanha. Não apenas os Tribunais, mas também qualquer uma das partes podia requerer um *consilium*, às vezes para decidir se apresentava ou não uma causa, outras para "pré-constituir" uma orientação favorável a si em um contencioso [Falk, 2001]. Todavia, foram muitos os juristas de renome que, nesse tempo, declararam pouco confiáveis esses *consilia* das partes, mesmo que provenientes de uma faculdade universitária. Carpzov foi particularmente rígido ao condená-los [Falk, 2006].

Quanto às técnicas de argumentação dos advogados e dos consultores desses séculos, poucos escritos têm a vivacidade e a concretude que caracterizam as páginas de De Luca em seu *Dottor volgare* e em *Lo stile legale*, supramencionados: nessas obras, entre outras coisas, ele distingue as diversas tipologias argumentativas que são eficazes, respectivamente, nas argumentações orais e nas argumentações escritas, diante dos diversos tribunais e dos diversos juízes – os tribunais supremos e os tribunais inferiores, os monocráticos e os colegiados, mesmo com base no disparatado nível cultural dos juízes – e nos diversos momentos do processo, da fase de instrução à audiência e ao colóquio reservado com o juiz[121].

Um exame das alegações e das argumentações forenses, em grande medida ainda por estudar, mostra a variedade dos módulos utilizados e a flexibilidade das técnicas oratórias. Vejamos, para limitar-nos a um único exemplo dos anos finais do Antigo Regime, a habilidade e a eficácia de convencimento com as quais o advogado bolonhês Ignazio Magnani conseguiu em 1789, na função de promotor público, fazer excluir a premeditação em um processo por homicídio no qual um jovem tirara a vida da noiva que, de repente, afastara-se dele[122].

Na Idade Moderna, os cargos judiciários de maior destaque geralmente foram ocupados, alcançando, por parte do soberano, os membros do Colégio dos jurisconsultos, que herdara (por exemplo, na Lombardia) as funções do antigo colégio dos juízes pela inserção das normas sobre o acesso reservado exclusivamente ao membros da nobreza lombarda [Vismara, 1958]. De modo que o substancial monopólio das funções forenses – tanto de acusação quanto de defesa – reservado aos juízes do colégio não desapareceu na Idade Moderna, mesmo que o poder de escolha ou, pelo menos, a direção da seleção dos membros das grandes magistraturas fosse incumbência do soberano e de seus homens de governo.

Na França, os oficiais do rei no território, os bailios (*baillis*) e os senescais (*sénéchaux*), abandonaram no século XVI as funções judiciárias porque eram nobres "de capa curta", ou seja, de formação militar. Passaram a julgar em nome do rei os lugares-tenentes, nobres de "capa longa" ("de robe longue") e juristas de formação [Sueur, 1994, II, p. 516]. Mas as cortes locais haviam herdado da era medieval e conservaram na Idade Moderna a presença ativa em juízo de conselheiros ou assessores, geralmente advogados ou notáveis do lugar, que cooperavam com aquele que presidia a audiência para a decisão da causa. Na primeira metade do século XVI, alguns éditos transformaram essa função dos conselheiros em um "ofício", adquirível mediante pagamento segundo o sistema da venalidade dos cargos.

---

[121] De Luca, *Dello stile legale*, in *Theatrum veritatis et iustitiae*, vol. XV, Venetiis, 1734, pp. 521-53.
[122] I. Magnani, *Collezione delle più celebri difese criminali*, Bolonha, 1825 (processo Luigi Sbilisca).

21. A jurisprudência

1. *Supremas Cortes e Rotas*

Nos séculos da Idade Moderna, a jurisprudência adquiriu em cada um dos ordenamentos políticos europeus um papel de grande destaque entre as fontes do direito. Estamos nos referindo às sentenças e às decisões judiciais dos tribunais superiores de cada Estado, ou seja, dos corpos que frequentemente receberam o nome de Supremas Cortes porque suas competências e suas decisões eram de última instância, não podiam ser subvertidas por outras magistraturas e nem mesmo pelo próprio monarca.

E, de fato, todo Estado teve sua Corte ou suas Cortes Supremas [Petronio, 1997]. E cada uma delas teve características e competências específicas, que exigiriam uma descrição analítica. O Sacro Real Conselho de Nápoles exerceu com autoridade as funções de Suprema Corte do reino. Na Itália, encontramos, além disso, o Senado milanês, criado pelos franceses em 1499 e herdado pelos espanhóis, mas que derivava da fusão em um único órgão dos dois Conselhos, um político-jurídico, o outro jurisdicional, que remontavam à era dos Viscontis e dos Sforzas. No Estado saboiano, operavam como Supremas Cortes, instituídas por Emanuel Filiberto em 1580, os Senados de Piemonte e de Saboia e, a partir do século XVII, os de Pinerolo e de Casale. Uma rica jurisprudência afirmou a sua importância mesmo fora dos domínios saboianos.

A Rota Romana funcionava como o mais qualificado tribunal eclesiástico para toda a cristandade católica, mas também como tribunal do Estado pontifício em matéria civil, mesmo não sendo tribunal de última instância. No decorrer da primeira metade do século XVI, inspirando-se em parte na Rota Romana, em parte em outros modelos como o Conselho de Justiça aragonês [Isaacs, 1993], foram instituídos na Itália central diversos tribunais superiores novos, as Rotas, cujos juízes eram escolhidos entre juristas de prestígio que não pertenciam ao Estado para o qual eram recrutados. Em Florença, a partir de 1502, a Rota teve como característica dever motivar as próprias sentenças. E assim também a Rota Civil de Gênova, que rapidamente alcançou um prestígio particular também fora da Itália por suas articuladas decisões em questões comerciais [Piergiovanni, 1987].

Na França, o Parlamento de Paris, herdeiro da *Curia regis*, fora reestruturado desde o século XIII como Suprema Corte de Justiça da monarquia. No decorrer dos séculos, particularmente no século XV, foram acrescentadas outras Supremas Cortes, cujas decisões eram definitivas e normalmente incontestáveis, uma para cada qual das principais regiões históricas conquistadas pela monarquia: foi o que aconteceu com a Provença, o Languedoc, a Bretanha, a Normandia, o Delfinado, o Condado Franco, o Rossilhão, Lorena e outras regiões. Todavia, o Parlamento de Paris manteve o próprio primado, não só porque sua jurisdição se estendia sobre cerca de um terço do território do reino, mas porque cabia a ele o poder de registrar as ordenações régias, que só assim adquiriam valor de lei.

Na Alemanha, acima das Cortes dos principados territoriais, encontramos dois tribunais supremos. O Conselho Áulico do Império (*Reichshofrat*) tinha competência sobre questões atinentes aos direitos e às prerrogativas do Império e era presidido pelo próprio imperador. O

Tribunal da Câmara Imperial (*Reichskammergericht*) era o Supremo Tribunal do Império, competente como tribunal de última instância para os apelos contra sentenças civis de juízes locais (salvo para os tribunais das terras às quais o próprio imperador concedera ao príncipe o privilégio de não apelar), mas também de primeira instância para causas de particular importância publicística e política, como, por exemplo, as causas feudais de maior relevo e as controvérsias nas quais estivessem envolvidos uma cidade ou um principado territorial.

Reformado em 1495, o Tribunal da Câmara Imperial passou a contar com a nomeação de juízes doutos, formados nas universidades, logo, familiarizados com os textos do direito romano e com o método das escolas. Esse requisito, anteriormente exigido de metade dos juízes, foi posteriormente imposto a todos os dezesseis componentes do tribunal, os quais eram obrigados a aplicar o direito romano-comum (inclusive o da Glosa e o da doutrina italiana, sobretudo), ao passo que os costumes locais que as partes pretendessem invocar deviam, a cada vez, ser comprovados em juízo sob a responsabilidade das próprias partes.

Desse modo, a respeitável jurisprudência do Tribunal da Câmara Imperial, mesmo com problemas evidentes no que se refere a prazos, processos e capacidade de dirimir judicialmente as questões mais delicadas, atuou como instância judiciária suprema significativa dentro do Império [Diestelkamp, 1999][123]. Sua jurisprudência tornou-se conhecida também fora da Alemanha por meio das obras escritas por alguns de seus juízes, entre os quais Mynsinger von Frundeck (m. 1588) e Andreas Gaill (m. 1587)[124]. E teve como efeito uma recepção muito ampla do direito comum nos territórios do Império, visto que suas decisões de última instância também influenciaram as decisões dos tribunais inferiores, que queriam evitar o risco de ver as próprias decisões subvertidas em apelo.

Sob Carlos V, os Países Baixos foram separados do ducado de Borgonha e quase completamente desvinculados do Império, por meio da instituição de uma ordem política e jurídica que agrupava dezessete províncias, entre as quais Flandres, Liège, Luxemburgo, Artois, Lille, Douai, Brabante, as províncias holandesas: o território correspondente ao Benelux moderno mais algumas províncias que posteriormente se tornaram partes da França. A instituição do Grão-Conselho de Malines teve como propósito criar uma instância judiciária superior que unificasse o direito local. A grande multiplicidade dos costumes locais (não menos de seiscentos, que o imperador tentou – sem sucesso – coordenar e uniformizar com uma Pragmática Sanção de 1531[125]) encontrava na jurisprudência da Suprema Corte uma coordenação decididamente inspirada nas fontes e nas doutrinas do direito comum [Wijffels, 1985], que alguns professores das recentes universidades de Louvain e de Leiden levaram a um nível particularmente elevado, como vimos.

A vitoriosa luta pela independência fez sair da esfera espanhola – também em razão da escolha predominante pelo calvinismo, contraposto ao catolicismo das províncias meridionais – as sete províncias do Norte após 1580. Nasciam as Províncias Unidas: Holanda, Zeelândia, Groningen, Utrecht, Frísia, Gueldres, Zutphen. Também a ligação com a Corte de Malines é

---

[123] Nos anos 70 do século XVIII, Goethe fez pesquisas sobre o Tribunal da Câmara Imperial em Wetzlar por certo tempo depois de sua formatura, fazendo dele um juízo equilibrado (*Poesia e verità*, lib. 12), substancialmente ratificado pelas pesquisas recentes [Diestelkamp, 1999, p. 274].

[124] Andreas Gaill-K. Mynsinger, *Practicae observationes Imperialis Camerae* [...], Coloniae Agrippinae, 1583. A obra reúne em ordem sistemática a matéria do direito processual, à qual se acrescentam duas seções dedicadas respectivamente aos contratos e às sucessões; a referência contínua aos doutores do direito comum amadurecido, especialmente o italiano, é acompanhada pela indicação das orientações jurisprudenciais do Tribunal da Câmara Imperial. Interessante, por exemplo, é a evocação de um costume difundido que reservava apenas ao senhor a escolha dos pares em um juízo feudal; Gaill a declara não apenas contrária ao que está indicado nos *Libri Feudorum*, mas sobretudo irracional e iníqua ("contra aequitatem"), visto que não assegurava ao vassalo um julgamento justo. E refere que o Tribunal da Câmara Imperial se pronunciara nesse sentido, depois de ter decidido em seus julgados que, nesse ponto, o senhor e o vassalo tinham os mesmos direitos: "[Sie] sollen im gleichem Rechten gehalten werden" (*Observationes*, lib. II, n. 34, p. 323). A obra está em latim, mas algumas citações estão em alemão.

[125] Texto in Gilissen, 1979, p. 201.

rompida, e os recursos contra as sentenças dos juízes locais dessas províncias serão encaminhados à Corte Suprema da Holanda.

2. Juízes, competências e procedimentos das Cortes

Não havia uniformidade de disciplina, nem de poderes, nem de procedimentos entre as diversas Cortes Supremas da Europa. Entretanto, é possível reconhecer elementos comuns a muitas delas. Antes de tudo, deve-se mencionar um perfil geral característico desses séculos de absolutismo: a imponente ampliação dos poderes soberanos dá-se em grande parte por meio do instrumento das jurisdições régias, cuja expressão máxima são as Cortes soberanas. Ou seja, permanece o modelo do "Estado jurisdicional", no qual os poderes soberanos se traduzem principalmente por meio de controles e de sentenças de natureza judicial, mais que por meio do exercício concreto de poderes administrativos ou legislativos, que só posteriormente adquirirão relevância.

Quanto às competências dos grandes tribunais, é preciso ter claro que a distinção moderna entre as funções do Estado era desconhecida na era do absolutismo. De fato, sabemos que muitas cortes soberanas (à exceção das Rotas) também exercem funções de natureza legislativa. Em diversos estados – na França, em parte dos territórios submetidos à coroa espanhola, por exemplo no ducado milanês a partir de 1499, data de criação do Senado – as leis estabelecidas pelo rei só entravam em vigor depois de terem sido registradas pelo Parlamento ou pelo Senado; e esse registro não era apenas um preceito formal, visto que frequentemente o rei devia dobrar-se às solicitações de emenda da Corte, quando não tinha de renunciar a decretá-la[126]. Na França, o advogado do Parlamento de Paris, Etienne Pasquier – que fora aluno de Cujácio e expoente de destaque das teses galicanas favoráveis à monarquia e contrárias aos jesuítas –, exaltava a função do Parlamento e da Corte dos Condes, definindo essas magistraturas como "o alambique" pelo qual a fonte da lei (que era o rei) devia necessariamente passar para se tornar utilizável e eficaz [Fumaroli, 1980, p. 430]. E também onde esse poder formal não estava presente, o temor da oposição da Corte soberana muitas vezes foi suficiente para frear a vontade do rei: é o que ocorre em Nápoles no início do século XVIII acerca de um projeto de pragmática preferido pelo vice-rei Althann [Luongo, 2001, p. 388].

Além disso, frequentemente, as ordens promulgadas diretamente pelas Cortes tinham força de lei, com eficácia geral e não limitada ao caso particular, especialmente em matéria de processo; as decisões regulamentares ("arrêts de règlements") do Parlamento de Paris podiam ditar regras vinculantes para matérias não disciplinadas nem pelas ordenações régias nem pelo costume[127]. Outras funções exercidas pelas Cortes soberanas tinham a natureza de poder executivo: no governo da carreira dos magistrados inferiores, ou no controle dos benefícios eclesiásticos, ou na administração de universidades, ou na concessão de dispensas à proibição de alienação dos bens herdados por meio de um fideicomisso. Frequentemente confiavam-se a juízes da Corte deveres de governo de cidades ou de comunidades locais, como na Lombardia, aos pretores de Pavia ou de Cremona, escolhidos regularmente entre os membros do Senado.

Contudo, o dever primário das Cortes soberanas residia no exercício da jurisdição. Com muita frequência, a Corte tinha jurisdição exclusiva sobre questões de importância política particular, por exemplo, em matéria de bens da coroa, ou de relações feudais, ou de causas relativas a comunidades locais, ou em matéria de benefícios eclesiásticos onde o Estado tivesse

---

[126] Um caso entre muitos: a reforma da *Ordonnance du commerce* francesa de 1673 – projetada pelo chanceler Miromesnil em 1779 – não foi aplicada por causa da hostilidade do Parlamento parisiense.

[127] Por exemplo, em 1551, uma decisão do Parlamento admitiu, por estímulo do grande jurista Charles Du Moulin, a revogação das doações pela vinda inesperada de um filho, disposição que em seguida entrou no *Coutume* de Paris, reelaborada pelo próprio Du Moulin.

razões a fazer valer diante da Igreja. Às vezes, cabia-lhe pronunciar-se sempre e onde quer que uma Corte inferior assumisse uma causa penal pela qual o réu corresse o risco de receber a pena capital, até porque o apelo em matéria penal era nesses séculos, de modo geral (mas não em Veneza), muito circunscrito: nesses casos, a decisão de pena de morte não era deixada ao juiz ordinário. Frequentemente também cabia à Corte uma função de instrução ou até mesmo de decisão no procedimento de concessão das graças, que constituía um elemento fundamental no exercício do poder dos Estados absolutos.

Para as causas civis, normalmente cabia às Cortes Supremas o juízo de última instância em relação aos tribunais de primeiro e de segundo grau, mas apenas para as causas de maior valor. Quase sempre a Corte detinha o poder de advocacia, isto é, podia decidir livremente assumir diretamente uma causa, retirando-a da alçada do tribunal competente de primeiro ou de segundo grau.

Logo, um complexo muito vasto e variado de competências judiciárias, ao qual correspondiam regras processuais não idênticas nos diversos ordenamentos. Mesmo nessa frente, a posição das Rotas era diferente, pois suas sentenças geralmente eram impugnáveis diante dos tribunais urbanos compostos de expoentes da classe forense local [Savelli, 1994].

Normalmente, a composição do corpo judicante era prerrogativa direta do soberano, que escolhia os magistrados segundo procedimentos diferenciados: às vezes, de modo exclusivo, em outros casos, a partir de uma lista de nomes propostos pela própria Corte ou pelo governador do território sobre o qual a corte exercia sua jurisdição. O sistema da venalidade dos cargos, difundido na França, na Espanha e em outros lugares a partir do século XVI, permitia a candidatos pertencentes a famílias suficientemente dotadas de recursos em espécie competirem pelos lucrativos e prestigiosos cargos nas magistraturas máximas; e a hereditariedade reconhecida na França a muitos "oficiais" muitas vezes possibilitou a transmissão do ofício no interior de uma mesma família. Mas os requisitos de competência jurídica dos magistrados continuavam sendo essenciais (nesse ponto, Veneza também constituía uma exceção).

O fechamento aristocrático da Europa a partir do século XVI, do qual já falamos, limitou em alguns Estados a seleção para os cargos das magistraturas supremas apenas à classe dos nobres: isso se deu em Milão, onde os quinze juízes do poderosíssimo Senado eram nomeados exclusivamente no interior do colégio dos jurisconsultos, que, por sua vez, estava aberto apenas para os membros da aristocracia lombarda. De todo modo, onde esses requisitos de classe não eram exigidos, o exercício das mais elevadas funções judiciárias constituía a via para chegar à nobreza chamada "de toga" ("noblesse de robe"), para diferenciá-la da nobreza de origem militar e feudal.

Em Nápoles, o acesso aos dois órgãos judiciários máximos, o Sacro Régio Conselho e o Tribunal Sumário (competente para os assuntos em que estivessem em jogo os interesses do Fisco), estava aberto também para juristas provenientes de famílias que não pertenciam à nobreza e, às vezes, de condições modestas. Era o que enfatizava com orgulho, no fim do século XVII, Francesco d'Andrea, já mencionado, ao evocar, no que se refere ao papel da classe forense e, particularmente, dos advogados dentro do reino, o regime diferenciado das repúblicas aristocráticas de Veneza e de Gênova[128]. Por seu turno, o pessoal das Rotas era normalmente recrutado entre juristas estrangeiros de comprovada competência[129].

Diferentemente do que se passava com as Rotas e com os Conselhos venezianos, os componentes das Cortes soberanas em geral eram nomeados vitaliciamente [Savelli, 1994]. Isso permitia aos membros do colégio uma autonomia substancial, até mesmo diante do poder monárquico. Com efeito, mesmo na ausência de uma divisão dos poderes no sentido moderno, os corpos constituídos, em primeiro lugar justamente os grandes tribunais, atuaram como limitadores do poder do monarca, que, como vimos, era "absoluto" apenas em teoria. Não é errado falar de um "equilíbrio dos poderes", que em alguns períodos – por exemplo, na França

---

[128] Francesco d'Andrea, *Avvertimenti ai nipoti*, Nápoles, 1990, pp. 141 s.
[129] Por exemplo, em Gênova, Sigismondo Scaccia foi juiz; em Florença, Ansaldo Ansaldi.

nos anos da Fronda em meados do século XVII, quando por alguns anos o Parlamento de Paris se impôs diante da própria monarquia, antes de Luís XIV consolidar seu forte estilo de governo – pendeu para o lado das magistraturas. Elas eram claramente a expressão do núcleo aristocrático, mas, em certa medida, também representavam interesses mais amplos em relação à sua base social: é o que ocorre, por exemplo, nos territórios italianos do domínio espanhol [Petronio, 1972].

Eram muito diversificados os modos de proceder das Cortes. A Rota Romana, cuja imensa autoridade, até mesmo fora da Itália, já foi mencionada, passou a praticar, a partir do século XIV, um método que previa a redação escrita de um esquema de decisão (*decisio*), com argumentações de fato e de direito, fundado sobre as alegações das partes, mas redigido pelo auditor-relator com base na elucidação dos pontos controversos (*dubia*). Depois de ter submetido o caso ao colégio dos auditores e de ter colhido separadamente o voto, que cada um dos membros do colégio fornecia após ter ouvido as partes, não contraditória, mas isoladamente, o texto da *decisio* era submetido às partes em disputa para possíveis contestações e, eventualmente, reformulado. Só nesse ponto é que a sentença propriamente dita era emitida, limitada ao dispositivo [Santangelo Cordani, 2001]. A partir de 1563, foi introduzida a obrigação da redação escrita da *decisio*, iniciando-se assim a série de compilações oficiais de decisões da Rota Romana, dotadas de autoridade particular. Um procedimento similar (mas não idêntico) também foi adotado pelos outros grandes tribunais italianos do Antigo Regime. Havia Rotas provinciais do Estado da Igreja em Avignon, Bolonha, Ferrara, Perugia, Macerata [Gorla, 1993].

Visto que as sentenças da era comunal careciam de justificativas legais, as Rotas geralmente foram buscar no modelo da Rota Romana o requisito da justificação, aplicando-o, porém, à sentença em vez de ao esquema de decisão preliminar (*decisio*), do qual já falamos. Mas outras Cortes soberanas de alto prestígio e competência julgavam, por sua vez, sem achar necessário justificar: é o caso, por exemplo, do Senado milanês[130], que mesmo assim alcança uma grande ressonância, mesmo externa ao ducado, no que se refere à jurisprudência penal, por meio da obra de Giulio Claro [Massetto, 1989].

Na decisão, a latitude de discricionariedade das Cortes soberanas era maior ou menor conforme os casos, mas em geral era realmente ampla. O Parlamento de Paris e as outras Cortes soberanas do reino de França, especialmente nas regiões meridionais do reino, podiam distanciar-se abertamente do rigor das leis em seus julgamentos porque se consideravam, como o soberano, "livres da observância da lei" ("legibus soluti", segundo a expressão do Digesto). Só com a ordenação sobre a justiça de 1667 é que essa discricionariedade foi definitivamente abolida. Também em Milão o Senado – do qual se costumava dizer solenemente que julgava diretamente "quase com o sopro divino" e "tamquam Deus" [Monti, 2003][131] – estava habilitado por lei a julgar "segundo a consciência", "segundo a equidade", "considerando somente a verdade dos fatos" e, segundo alguns, também "contra o direito comum" e "contra os estatutos"[132]. Discricionariedade análoga era atribuída ao Sacro Régio Conselho de Nápoles [Miletti, 1995]. Até mesmo os despachos régios eram mantidos ocultos por iniciativa dos juízes togados [Cernigliaro, 1983, II, p. 622]. E o mesmo se afirmava de várias outras Cortes Supremas na Itália e na Europa, do Piemonte ao Delfinado e à Aquitânia [Massetto,

---

[130] Giulio Claro, membro do Senado milanês, atesta que essa Corte atinha-se simplesmente a pronunciar a absolvição ou a condenação: "non dicitur nisi 'viso processu condemnamus', vel 'absolvimus', et sententia valet et tenet": Claro, *Receptae Sententiae*, pars V, § Finalis, q. 93, vers. Fuit aliquando.

[131] Essa assimilação, claramente ousada, era justificada pelos juristas: dado que a Corte Suprema (Senado, Conselho e outras) recebera do rei o poder de representá-lo, ou seja, ela possuía a mesma amplitude de poderes do soberano ao administrar a justiça. A ideologia político-religiosa medieval atribuía ao rei um poder e um carisma de natureza divina, com base na passagem veterotestamentária (Provérbios 21, 1) segundo a qual "o coração do rei está nas mãos de Deus".

[132] O que afirma Ruginelli, *Tractatus de senatoribus*, Mediolani, 1697, § 1, gl. VI, cap. 28, n. 275-276 [a esse respeito ver, Monti, 2003, p. 163].

1989]. Também aconteceu, dentro de um mesmo reino, que uma jurisprudência local atestasse uma interpretação da lei que não era aceita em nível central: é o que se deu na Sicília do século XVIII a propósito dos poderes de alienação dos feudos por parte dos barões [De Martino, 1979, p. 177].

Isso significava que a Corte Suprema podia, por exemplo, decidir também para além do que as partes haviam requerido na demanda de julgamento, com base em fatos conhecidos pela própria Corte, desde que constantes nos autos[133]; e até prescindir do direito positivo, como pode fazer o soberano que a Corte tem o poder de representar[134]. Analogamente, a qualidade e a quantidade da pena podia variar com base em uma livre avaliação dos elementos aduzidos em juízo, em virtude do poder reconhecido às Cortes soberanas, que era qualificado com o termo técnico de *arbitrium* [Meccarelli, 1998]. Naturalmente, eram empregados com profusão os instrumentos tradicionais da técnica argumentativa.

A administração da justiça do Antigo Regime baseava-se no sistema das provas legais. Os juízes deviam seguir regras probatórias predeterminadas, que estavam fixadas em parte nas leis romanas, canônicas e locais – como, por exemplo, a regra que exigia a concordância de, pelo menos, duas testemunhas para poder considerar um fato verificado com "prova plena" – e em parte foram sendo gradualmente estabelecidas pela doutrina do direito comum. Assim nascia uma complexa rede de regras, com a possibilidade de somar ao processo penal os indícios e as provas parciais, até formar a prova plena [Rosoni, 1995]. Se não se chegasse a ela, os juízes não podiam condenar, no processo penal, à pena fixada pela lei: daqui surgia a motivação para conseguir a prova por meio do instrumento decisivo da confissão. Na presença de evidências, os juízes estavam habilitados a submeter o acusado à tortura [Langbein, 1997]. Se houvesse a confissão, confirmada depois que a tortura cessasse, a pena edital era infligida. Mas se, por outro lado, não se chegasse à prova, o direito comum atribuía ao juiz o poder de infligir uma pena substitutiva ou excepcional, naturalmente inferior à pena edital [Alessi, 2001].

Tratava-se de um sistema penal oposto ao sistema moderno. Os juízes não tinham a liberdade de avaliar as provas, porque havia a esse respeito regras restritivas a serem respeitadas. Mas, por outro lado, não estavam limitados aos princípios modernos da legalidade da pena e da taxatividade dos delitos ("nullum crimen, nulla poena sine lege"), tendo, portanto, uma ampla margem de discricionariedade para a fixação das penas.

Por outro lado, devemos observar que foi exatamente a grande margem de discricionariedade das Altas Cortes a respeito das regras do direito, da qual já falamos, que permitiu a superação de alguns vínculos decorrentes das regras do direito comum, com resultados por vezes inovadores. É o que acontece justamente, junto a algumas Cortes soberanas, em matéria de provas legais[135].

3. *Coletâneas de decisões*

Na França, a jurisprudência do Parlamento de Paris, transcrita em registros idôneos desde 1254, dera origem a coletâneas de decisões. As mais antigas dentre elas remontam, como

---

[133] "Et super non petitis, de quibus constat in actis, iudicare valide possunt": Calvino, *De aequitate*, III. 253, n. 5-6, Mediolani, 1676 [a esse respeito, ver Monti, 2003, p. 123].

[134] "Cum Senatus noster principem representat, non ligatur eius legibus et exemplis, nec statutis, cum lege positiva solutus sit" (assim, a propósito do Senado milanês, Giuseppe Oldradi, *De litteris et mandatis principum*, Milão, 1630, praeludium I, n. 45 [a esse respeito, ver Massetto, 1989, p. 1219]). Uma tese deveras arriscada.

[135] Na ausência da prova plena (só alcançável com pelo menos dois testemunhos concordantes), o processo romano-canônico previa o recurso à tortura para transformar um indício, constituído pela declaração de uma única testemunha, em prova plena por meio da confissão. Mas algumas Cortes soberanas, como a de Rossilhão e outras, valendo-se de seu poder discricionário e da faculdade de decidir "secundum conscientiam" e de modo equitativo, superaram por volta do final do Antigo Regime o sistema das provas legais, evitando assim ter de recorrer à tortura judiciária para conseguir a prova [Durand in *Confluences*, 1979].

vimos acima, à segunda metade do século XIII, ao passo que no século XIV Guillaume du Breuil utilizou algumas outras em uma obra constantemente reeditada no século XVI[136] e Jean le Coq (Johannes Galli, m. 1400) compôs uma obra na qual uma série de casos judiciários decididos pelo Parlamento era apresentada sob forma de perguntas, com as argumentações das duas partes em causa seguidas pela decisão[137]. Também foram enviados a Paris, durante dois séculos, os apelos dos territórios de Flandres sujeitos à coroa de França[138].

Outras coletâneas de decisões do Parlamento parisiense foram compostas do século XVI ao século XVIII por juristas como Papon, Louet, Brodeau, Rousseau de la Combe. Elas alcançaram ampla circulação. Além disso, vemos que foram profusamente utilizadas, mesmo fora da França, as decisões do Parlamento de Grenoble, no Delfinado, organizadas por Guy Pape (1490)[139], as sentenças da cúria arquiepiscopal (Capella) de Toulouse (1483)[140], as do Parlamento de Bordeaux compiladas por Nicholas Bohier[141] e outras mais.

As sentenças da Rota de Gênova em matéria comercial, editadas por Marco Antonio Belloni[142], foram utilizadas por juristas e citadas pela doutrina em toda a Europa em razão não apenas da importância comercial bancária da cidade da Ligúria – a praça bancária mais poderosa e rica do mundo entre os séculos XVI e XVII, fato até hoje atestado pelos magníficos palácios e retratos dos personagens eminentes pintados pelos maiores artistas da época, de Rubens a Van Dyck –, mas também e, sobretudo, pela qualidade jurídica das próprias decisões. Já falamos da Rota Romana, e as numerosas e amplas coletâneas de suas decisões (na acepção supraestabelecida), a partir das coletâneas trecentistas de Thomas Falstof, de Bernard du Bosquet[143] e de Gilles Bellemère[144] [Santangelo Cordani, 2001], para prosseguir com as *Recentiores*, organizadas por juristas de renome, entre os quais Prospero Farinaccio, tiveram grande difusão e tornaram-se o modelo, especialmente em matérias ligadas ao processo civil, aos benefícios eclesiásticos, às usuras e à matéria matrimonial. Do mesmo modo, as coletâneas das sentenças do Sacro Real Conselho napolitano organizadas por Matteo D'Afflitto (1448-1528)[145] [Vallone, 1988], por Vicenzo de Franchis (1580-1609)[146] e por outros juízes e juristas foram muito utilizadas pelos práticos e pelos tratadistas espanhóis, franceses, alemães, além dos práticos e tratadistas dos outros Estados italianos [Miletti, 1988][147].

Nesse, como em muitos outros casos, quem coletou e, por vezes, integrou as decisões jurisprudenciais foram juízes ou juristas de destaque, que publicaram coletâneas muito bem-sucedidas. No caso do reino de Saboia, é o que foi feito pelo jurisconsulto Antoine Favre – um jurista formado pelos cânones da Escola dos Cultos, autor de importantes obras de crítica textual[148] –, que em 1606 reuniu na ordem sistemática do Código justiniano um vasto repertório de decisões do Senado de Saboia, do qual ele foi um componente respeitável[149]. É o que

---

[136] G. du Breuil, *Stilus Supraemae Curiae Parlamenti Parisiensis atque Tholosani* [...], Paris, 1530.
[137] Johannes Galli, *Quaestiones*, ed. Marguerite Boulet-Sautel, Paris, 1944.
[138] Cf. a bela edição moderna dessas causas, que abarcam o período de 1320 a 1521, organizada por R. C. van Caenegem, *Les arrêts et jugés du Parlement de Paris sur appels flamands conservés dans les registres du Parlement*, Bruxelas, 1966-1977, 2 vols.
[139] Guy Pape (Guido Papa), *Decisiones Parlamenti Delphinatus* [...], Lugduni, 1577.
[140] *Decisiones materiarum quotidianarum* [...] *in Capella sedis archiepiscopalis Tholose* [...], Lugduni, 1527.
[141] Nicholas Bohier (Boerius), *Decisiones Burdegalenses* [...], Lugduni, 1579.
[142] *Decisiones Rotae Genuensis de mercatura*, Genuae, 1581, várias vezes reeditada até o final do século XVII.
[143] Rota Romana, *Decisiones quae hactenus extant*, Lugduni, 1567: aqui reproduzidas as *Antiquiores*, as *Antiquae*, as *Novae* e as de Thomas Falstof [Santangelo Cordani, 2001, pp. 61-76].
[144] Aeg. Bellamera, *Decisiones*, Lugduni, 1556.
[145] M. de Afflictis, *Decisiones Sacri regii Consilii Neapolitani, per Matthaeum de Afflictis* [...] *collectae*, Venetiis, 1596.
[146] V. de Franchis, *Additiones aureae, et annotationes solemnes ad tres partes decisionum Sacri Regij Consilij Neapolitani a D. Vincentio De Franchis* [...] *editarum*, Venetiis, 1616.
[147] Temos alentado relatório dessas coletâneas de decisões em Ascheri 1989, pp. 212-35.
[148] Antoine Favre (Fabro), *Coniecturarum iuris civilis libri sex*, Lugduni, 1596-1599; id., *De erroribus pragmaticorum*, Francofurti, 1598.
[149] Antoine Favre (Fabro), *Codex Fabrianus definitionum forensium*, Genebra, 1640.

também se deu no Senado de Piemonte: Ottavio Cacherano[150] e Antonino Tesauro[151]. É o que fez Carlo Tapia, autor de coletâneas de decisões do Sacro Régio Conselho de Nápoles e de outras Cortes Supremas italianas[152]. É o que também fez Giulio Claro, o autor do célebre compêndio de direito penal que já mencionamos, que citou em sua síntese um grande número de decisões do Senado milanês, do qual era juiz: decisões que, graças ao êxito da obra de Claro, atingiram um peso considerável na Europa, mesmo sem nunca terem sido organizadas em coletâneas orgânicas. Ainda é o caso do napolitano Giacomo Antonio Marta, cuja afortunada *Compilatio totius iuris controversi*, editada em 1620[153], recolhia a respeito de pontos sensíveis do direito a síntese das decisões de mais de cinquenta Cortes de justiça, não apenas italianas, mas também do Império germânico, de Leipzig, do Delfinado, de Toulouse, de Portugal, de Aragão, além, naturalmente, da Rota Romana.

Geralmente, as coletâneas de *decisiones* tinham como autor um jurista atuante no tribunal, que selecionava uma série de decisões das quais, na maioria das vezes, fora ele o relator, tendo, portanto, nessa função, redigido a argumentação sobre a qual o colégio baseara a decisão da controvérsia. Surgiram assim as coletâneas de Guy Pape para o Delfinado, de Nicholas Bohier para Bordeaux, de Matteo d'Afflitto e de Vicenzo de Franchis para Nápoles, de Andreas Gaill para o Tribunal da Câmara Imperial alemão, de Jean le Coq para o Parlamento de Paris, e assim por diante. Mas, por ocasião da composição da coletânea, o aparato doutrinal e a própria argumentação podiam ser revistos e modificados, por vezes até em um sentido diferente acerca do dispositivo da decisão.

Na realidade, o valor das coletâneas – e a razão de seu sucesso mesmo fora do Estado de atuação do tribunal – não estava em sua natureza de precedente jurídico, e sim no mérito das argumentações e das opiniões, incrementado pelo fato de elas provirem de colégios dotados de grande autoridade. No final do século XVIII, o repertório de Fontana[154] registra não menos que 800 títulos de decisões, metade das quais de coletâneas italianas [Ascheri, 1989].

Na Rota Romana, à distância de dois séculos, ainda se consideravam válidos os precedentes contidos nas coletâneas de decisões trecentistas "antigas", que só podiam ser questionados com a anuência da maioria qualificada dos juízes [Ascheri, 1989, p. 105]. No reino de Nápoles, também se aderia sem objeções à jurisprudência do Sacro Real Conselho; e aqui a posição que considerava vinculante para os juízes do reino, até mesmo a pena de nulidade segundo alguns, a linha jurisprudencial consolidada em decisões precedentes (*stylus iudicandi*), foi afirmado com energia particular por autores como Matteo d'Afflitto [Vallone, 1988]. Por vezes, afirmou-se – como aconteceu, por exemplo, na Toscana e também na Rota Romana – o princípio do precedente vinculante: duas (ou três) sentenças conformes por parte do tribunal superior em processos judiciários diferentes constituíam um precedente que podia obrigar também o próprio tribunal [Ascheri, 1989, p. 99]. No domínio saboiano, as constituições setecentistas de Vítor Amadeu II conferiram à jurisprudência dos Senados valor explícito e formal de fonte do direito, subordinada às leis do rei e aos estatutos, mas com primazia sobre o direito comum.

A jurisprudência das Supremas Cortes alcançava um efeito unificante parcial para o direito vivo no interior de cada ordenamento [Gorla, 1977]. Essa é uma função essencial de certeza desempenhada pelos Supremos Tribunais da Idade Moderna. Ao lado deles, as sentenças de alguns tribunais máximos desempenharam também fora do Estado de pertencimento um papel paritário ou superior ao papel desempenhado pelas teorias e pelos pareceres dos grandes doutores e dos maiores tratadistas de obras jurídicas.

---

[150] O. Cacherano, *Decisiones sacri Senatus Pedemontani*, Venetiis, 1570.
[151] G. A. Tesauro (Thesaurus), *Quaestionum forensium libri quatuor*, Augustae Taurinorum, 1656.
[152] *Decisiones Sacri Neapolitani Concilii*, 1629; *Decisiones Supremi Italiae Senatus*, 1626.
[153] Marta neapolitanus, *Compilatio totius iuris controversi*, Venetiis, 1620, em 6 tomos, que abordam, respectivamente, os juízos civis, os juízos criminais, os contratos, os feudos, as sucessões e os benefícios. No interior de cada uma dessas seis partes, a matéria é ordenada por temas alfabeticamente dispostos.
[154] A. Fontana, *Amphitheatrum legale, seu Bibliotheca legalis amplissima*, Parmae, 1688, reed. Turim, 1961, 3 vols.

É difícil, talvez mesmo impossível dizer, também por conta da extrema variedade dos ordenamentos judiciários e das jurisdições, qual foi o nível da justiça administrada nesses séculos. Certamente não faltaram, ao lado das demonstrações de respeito (tingido de temor) pelo poder dos grandes tribunais e de seus julgados irrecorríveis, ironias e críticas algumas vezes ferozes. Baste-nos lembrar a representação de inigualável eficácia com a qual Rabelais descreve o juiz que decide as causas em tempo real, lançando dados para determinar quem, entre os dois litigantes, está com a razão[155], ou que decide, antes de tudo, "queimar os papéis" e seguir o processo sem advogados[156]. Ou a feliz descrição, claramente alusiva aos defeitos da justiça desse tempo [Massetto, 2006], que Cervantes faz no *Dom Quixote* da justiça administrada por Sancho Pança, governador por pouco tempo de uma ilha remota[157]: bom-senso e agilidade substituem com evidente consenso do narrador, além dos litigantes, os acessórios barrocos do processo tradicional.

Mas esses comportamentos, que correspondem às convicções de Rabelais e de Cervantes, são (note-se) atribuídos a personagens menores, com características cômicas, quase como que exorcizando seu poder subversivo. As críticas, mesmo sendo corrosivas, ainda não se traduzem, a não ser na segunda metade do século XVIII, em um projeto ou uma perspectiva de reforma do sistema judiciário.

---

[155] Rabelais, *Pantagruel*, parte III, caps. 39-40 (ed. Boulenger, Paris, 1955, p. 468).
[156] "Prémièrement – ordena Pantagruel – faictez moi brusler tous ces papiers": Rabelais, *Pantagruel*, parte II, cap. 10 (p. 216).
[157] Cervantes, *Don Chisciotte*, II, cap. 45 (publicado em 1614).

22. Direitos locais e legislação régia

1. *Direitos locais*

Nos três primeiros séculos da Idade Moderna, até o final do século XVIII, um componente fundamental do sistema das fontes do direito continuou a ser, em toda a Europa, o complexo dos direitos particulares e locais.

Dos direitos particulares, bastará lembrar a característica comum a todos eles de prever uma disciplina específica para a regulamentação dos direitos de cada ordem ou classe. A nobreza feudal, a aristocracia urbana, os militares, os grupos mercantis e artesãos, os camponeses, os marinheiros – sem falar dos eclesiásticos seculares e regulares, submetidos ao direito canônico e ao foro da Igreja – tinham, cada qual, as próprias regras referentes ao estatuto pessoal, aos deveres, aos direitos, às sanções. O direito feudal, o direito comercial, o direito militar, o direito agrário constituíam complexos normativos específicos, em grande medida consuetudinários e originários da Baixa Idade Média. Eles permaneceram em vigor até o final do século XVIII, desvinculados da geografia política do continente, frequentemente ultrapassando os limites dos Estados: baste considerar, por exemplo, os costumes alpinos sobre a administração dos bosques e pastos.

Na Alemanha, ao lado das normas do direito imperial válidas para todo o território, ao lado dos direitos dos principados territoriais, ao lado do direito comum que se impôs com a recepção de que ainda falaremos, sobreviveram os estatutos das cidades, particularmente em algumas cidades imperiais, não submetidas à autoridade de um principado territorial, mas diretamente ao Império e, por isso, consideradas "livres". Entre os séculos XV e XVI, geralmente a legislação medieval dessas cidades foi substituída por uma nova redação estatutária, às vezes proposta por um único jurista, outras, por juristas atuantes na administração urbana. Nessas reformas, quase sempre o direito romano comum estava integrado ao estrato normativo consuetudinário preexistente, mas nisso não houve uniformidade alguma.

Podem-se citar algumas das cidades que se muniram de novos estatutos: Nuremberg foi a primeira a empreender, com a reforma de 1479, uma integração sistemática entre direito local e direito comum; Worms, com a reforma de 1499, deu por sua vez um espaço maior ao direito romano; Frankfurt do Meno passou por uma revisão da matéria processualística em 1509 e uma nova reforma publicada em 1578, obra principalmente do magistrado Johann Fichard; Friburgo da Brisgóvia, em 1520, encomendou a tarefa de reescrever o texto do estatuto da cidade ao grande jurista humanista Ulrich Zasius, que conseguiu atingir um feliz equilíbrio entre a tradição local e a orientação douta. Por sua vez, a redação estatutária de Lübeck (1586), feita por Calixtus Schein, manteve-se deliberadamente fiel aos costumes locais, sem se abrir à recepção do direito comum; o mesmo se pode dizer da reforma de Hamburgo, de 1497, posteriormente revisada em 1603. Outras cidades, como Augsburgo ou Colônia, conservaram o estatuto medieval sem promover reformas, exceto reformas parciais.

Nos territórios provinciais italianos dependentes da coroa espanhola, alguns textos legislativos apresentam uma estrutura orgânica. No ducado de Milão, por exemplo, submetido à coroa de Espanha de 1535 a 1713, as *Constituições* de 1541 estabeleceram as competências das magistraturas, o sistema das penas, alguns baluartes do direito público e privado, válidos para todo o ducado; e se é verdade que muitas das disposições encontram a própria origem no ordenamento de Visconti-Sforza e no breve período de dominação da França, durante o qual o ducado assumira muitas características próprias do Estado moderno, todavia as Constituições de Carlos V foram ainda o resultado de uma reelaboração não apenas formal e constituíram, durante mais de dois séculos, a lei fundamental da Lombardia espanhola, aplicada antes de qualquer outra fonte e repetidamente comentada.

No Reino de Nápoles, que também estava submetido à Espanha e se caracterizava por uma complexa dialética entre a autoridade monárquica e o poderoso núcleo feudal [Cernigliaro, 1983], não existiu um texto legislativo semelhante, uma vez que o *Liber augustalis* de Frederico II, de 1231, integrado com os capítulos dos Anjou, as pragmáticas aragonesas e as ordens régias posteriores, conservara seu vigor. Enquanto isso, uma vasta e notável compilação[158], composta nas primeiras décadas do século XVII pelo magistrado napolitano Carlo Tapia, regente do Conselho de Itália em Madri – onde ele quis sistematizar a multiplicidade das disposições vigentes, distinguindo-as das que tinham sido ab-rogadas e utilizando a doutrina e a jurisprudência do reino – não alcançou valor oficial.

No que diz respeito às repúblicas, é preciso mencionar pelo menos a reforma legislativa fundamental de Gênova, que, em 1576[159], estabeleceu um ordenamento político-constitucional destinado a se perpetuar durante dois séculos, até o da autonomia da Ligúria, estudado e admirado também por observadores estrangeiros. Trata-se de um ordenamento que apresenta aspectos realmente heterogêneos: se, por um lado, um observador inteligente e sem preconceitos criticava a produção normativa aluvial e, no mais das vezes, arbitrariamente aplicada de acordo com as conveniências[160], por outro lado, a limitação do poder do doge e do Senhorio genovês era efetiva e ciumentamente tutelada pela magistratura dos Síndicos [Ferrante, 1995], em formas que resultam singularmente interessantes e, em certo sentido, modernas quando confrontadas com as instituições das monarquias dessa mesma época. Todavia, essas garantias não se estendiam para além do espaço urbano, e só no final do século XVIII houve uma tentativa (malsucedida) de ampliar às duas margens o controle dos Síndicos, uniformizando assim o regime jurídico do território da república [Savelli, 2006, p. 294]; mas, por outro lado, com a venda da Córsega à França, a república renunciava à ambição de vir a ser um Estado.

Na França, o fenômeno dos direitos locais apresenta características específicas, decorrentes da história do país e da presença de uma monarquia forte. A distinção entre as regiões meridionais (*Pays de droit écrit*) e as regiões do centro e do norte (*Pays de droit coutumier*), que remontava à Idade Média, manteve-se durante a Idade Moderna, até a Revolução. No sul da França, do século XII ao século XIV, diversas terras e cidades tinham posto por escrito os costumes locais na forma de estatuto, análoga à forma característica das comunas italianas; mas o direito romano justiniano manteve todo o seu peso nessas regiões, como fonte subsidiária e integrativa dos direitos locais, reconhecido como costume geral (não como lei) por Filipe, o Belo, em 1312 e depois, outra vez, por Henrique IV em 1609.

Ao contrário, as regiões de direito consuetudinário desenvolveram seus costumes (*coutumes*), originalmente inspirados no direito dos francos, mas transformados no decorrer dos séculos por circunstâncias diferentes em cada lugar. Se, como vimos, nos séculos XII e XIV, juristas como Beaumanoir, Boutaric e alguns outros autores tinham exposto em obras de grande valor de síntese o conteúdo desses costumes, a oportunidade de uma redação por

---

[158] *Ius Regni Neapolitani*, 1605-1643, 6 vols.
[159] *Leges novae*, Genuae, apud Marcum Bellonum, 1576.
[160] Andrea Spinola escrevia o seguinte em seus *Ricordi* inéditos no início do século XVII: em Gênova, "existem montanhas de decretos [...]. Bem percebo que são criados como e quando convém a alguns e que em seguida são deixados de lado se caso assim seja vantajoso" [texto em Savelli, 2006, p. 264].

escrito e oficial de todos os costumes do reino foi claramente percebida no século XV: não apenas por uma exigência de certeza, mas porque a monarquia tinha a intenção de exercer também nesse campo uma função de controle.

A ordem de pôr por escrito todos os costumes do reino foi dada por Carlos VII com a ordenação de Montils-les-Tours de 1454, mas só teve resultados parciais: só Touraine, Anjou e outras poucas regiões obedeceram a ela, enquanto a Borgonha, que ainda não estava submetida à monarquia francesa, os codificou em 1459. O impulso decisivo para a codificação dos *coutumes* ocorreu, porém, em 1499, com Carlos VIII, quando se estabeleceu um procedimento constantemente seguido a partir de então. Com cartas patentes, o rei ordenava ao *baili* ou ao *sénéchal* a redação por escrito dos costumes do lugar; essa redação era efetuada por juízes locais assistidos por práticos; o texto era examinado e revisado, também com a introdução de regras diferentes e geralmente inspiradas no direito romano, por comissários régios escolhidos entre os membros do tribunal soberano competente para a região; essa segunda redação era, então, submetida à assembleia local, composta de representantes do clero, da nobreza e do Terceiro Estado, que discutiam eventuais emendas e depois votavam o texto, com resultado positivo apenas para os artigos com os quais os três corpos tivessem concordado. Nesse caso, o texto era declarado "acordado", ao passo que, se faltasse o consenso de pelo menos um dos três estados, ele não era considerado aprovado, e sim qualificado como "reservado"; por fim, o *coutume* era publicado e, a partir de então, era considerado oficialmente vigente.

No período de algumas décadas, esse procedimento – pelo qual as autonomias e a vontade centralizadora da monarquia estavam em equilíbrio substancial – levou à aprovação do texto escrito de centenas de costumes. Papel fundamental, no processo de revisão centralizada que já mencionamos, foi desempenhado por dois presidentes do Parlamento de Paris: Pierre Lizet (1482-1554) e Christophe de Thou (1508-1582), um culto humanista que promoveu uma harmonização dos costumes submetidos a seu exame enquanto comissário régio. Alguns desses costumes tinham, naturalmente, maior importância pela qualidade da redação ou pela amplitude do território ao qual se referiam (Normandia, Bretanha, Poitou, Berry e outras).

Entre todos, o *coutume* de Paris foi aos poucos alcançando uma prioridade nítida. Redigido pela primeira vez em 1510, ele foi comentado com profundidade de análise crítica por um dos maiores juristas dessa época, Charles Du Moulin (1500-1566)[161], que apontou algumas de suas lacunas e incongruências e propôs para ele uma redação revista, posteriormente realizada em 1580, com a incorporação de numerosas regras decorrentes das decisões do Parlamento parisiense. A partir de então, essa redação tornou-se o texto de referência mais acreditado, ao qual a jurisprudência recorria para o preenchimento de lacunas ou para a resolução de ambiguidades dos outros costumes. Além do costume parisiense, na segunda metade do século XVI muitos outros *coutumes* também passaram por uma revisão e, nessa formatação renovada, não sofreram mais mudanças até o fim do século XVIII.

No limiar da Revolução, podiam-se contar na França cerca de 400 costumes locais e quase 65 costumes provinciais ou regionais.

Uma das consequências dessa orientação promovida pela monarquia teve uma importância particular. Com a redação escrita, deteve-se definitivamente o processo criativo do costume nos setores nos quais a normativa cristalizara-se a partir de então em um texto. Mesmo sendo verdade que na França, diferentemente de Flandres, não se atribui formalmente o valor de lei ao costume – de modo que, em princípio, as inovações não estavam vetadas, desde que aprovadas nas formas previstas –, aquilo que ocorreu na Itália com os estatutos comunais e na Alemanha com a redação escrita dos *Landrecht* também se verificou na França a partir do século XVI: a coexistência entre direitos locais e direito romano-comum se manteve, mesmo que em modos e em graus diferentes, mas cessou a evolução, por assim dizer, espontânea dos sistemas consuetudinários que, durante muitos séculos, haviam modelado o direito civil e penal.

---

[161] Caroli Molinaei, *Omnia qua extant opera*, Parisiis 1681, 5 vols.

Se, de um lado, a presença de um leque tão ampliado de costumes escritos tornou mais segura sua verificação, por outro, criou problemas difíceis de interpretação de normas frequentemente similares, mas formuladas em cem redações textuais diferentes. Surge, então, uma florescência de comentários de costumes singulares por parte de juristas destacados, entre os quais René Chopin para os *coutumes* de Paris e de Anjou, Pierre Pithou para Troyes, Guy Coquille para Nivernais. A partir dessa base, começou a se delinear uma nova orientação voltada para destacar os aspectos comuns dos diversos costumes escritos: foi o que fizeram, depois de alguns impulsos nessa direção já esboçados por Du Moulin, um escrito de Coquille[162] e, sobretudo, o muito influente livro de Antoine Loisel[163], construído com o recurso a breves aforismos que sintetizavam exatamente os princípios comuns. Mais tarde, fizeram o mesmo Claude Poquet[164], Poullain du Parc[165] e, em particular, F. Bourjon em um texto[166] que influenciará diretamente a codificação napoleônica. Também contribuirão para essa obra de confronto as coletâneas sistemáticas impressas dos costumes principais, começando por aquela publicada em 1576 por Pierre Guenoys até o *Nouveau Coutumier général*, editado em Paris em 1724 em 4 volumes.

Impulso decisivo foi impresso por um édito de Luís XIV, de 1676, pelo qual se prescrevia que em todas as faculdades de Direito do reino fosse instituída – em acréscimo aos ensinamentos tradicionais de direito romano e de direito canônico, que ainda eram amplamente preponderantes – uma cátedra de "droit français", com o objetivo de ilustrar o conteúdo das ordenações régias e dos costumes. A tendência a destacar as linhas comuns do direito consuetudinário viu-se então amplamente fortalecida.

Nesse mesmo período, outros juristas aventuram-se em obras de síntese de âmbito ainda maior, tentando combinar dentro de um único quadro sistemático as normas consuetudinárias com as normas do direito romano-comum. Foi o que fizeram Claude Ferrière (1676) e Boutaric (1738), abrindo um caminho que, posteriormente, na segunda metade do século XVIII, Robert-Joseph Pothier percorrerá magistralmente com seus tratados privatistas, na tentativa de construir um "direito comum francês" que englobasse os dois filões principais da tradição jurídica do reino.

Nos Países Baixos, pairando sobre a extrema fragmentação consuetudinária [De Schepper-Cauchies, 1997], a exposição de Hugo Grócio oferece um quadro de conjunto[167] que terá uma influência duradoura.

Na Suíça setecentista, a estrutura normativa também foi repensada. Mas as diferenças de abordagem são sensíveis. Se a ausência de uma recepção do direito comum propriamente dita se verifica em muitos cantões, o modo de codificar o direito urbano varia muito. Em Basileia, privilegiado centro de estudiosos humanistas, a nova redação dos estatutos urbanos, promulgada em 1719 sob os cuidados de Johann Wettstein, inspira-se no modelo estatutário de 1614 da vizinha Württemberg com a inserção de consideráveis elementos de direito romano retirados do *usus modernus pandectarum* da escola alemã, mesmo atribuindo sempre o segundo lugar na hierarquia das fontes ao direito consuetudinário e apenas o terceiro lugar ao direito comum. Já em Berna, Sigmund von Lerber reforma em 1762, por atribuição da nobreza local, o estatuto urbano, expurgando os traços romanísticos da redação seiscentista anterior e, ao mesmo tempo, validando o papel da legislação em relação aos costumes locais, internos ao cantão: uma orientação que não terá sucesso diante do apego tenaz às tradições locais [Caroni, 2006].

---

[162] Coquille, *Institution au droit français*, 1607.
[163] Loisel, *Institutes coustumières*, 1607; cf. a edição Paris, 1935.
[164] Poquet, *Les règles du droit français*, 1730.
[165] Poullain du Parc, *Les principes du droit français selon les maximes de Brétagne*, 1767-1771.
[166] Bourjon, *Le droit commun de la France e la coutume de Paris réduits en principes*, 1747.
[167] H. Grotius, *Inleidinge tot de Hollandsche rechts-geleerdheid*, Arnheim, 1939, 2 vols.; em tradução latina: id., *Institutiones iuris hollandici*, Haarlem, 1962.

2. Legislações régias

2.1. Absolutismo e poder legislativo

Na era do absolutismo, afirma-se, acima dessas fontes normativas especiais e gerais, uma atividade propriamente legislativa do Estado – ou seja, o poder de promulgar disposições vinculantes para todo o reino – que cabe sobretudo ao soberano em linha de princípio, mas é exercida mediante recurso a procedimentos diferenciados nos diversos Estados. Na praxe de aprovação das leis, os papéis e os diversos desígnios do rei, de algumas assembleias representativas e de alguns tribunais soberanos às vezes se harmonizam, outras se anulam, quando não há alternativas entre eles.

A variedade de modos e de instrumentos próprios da função legislativa nos primeiros séculos da Idade Moderna não deve oferecer uma imagem deformada: na realidade, nesses séculos, o papel da legislação régia permaneceu relativamente marginal, visto que campos inteiros do direito, a começar pelo do direito privado, foram deixadas à disciplina das fontes tradicionais, aos direitos locais (consuetudinários e estatutários) e ao direito comum no continente, à justiça régia na Inglaterra. Portanto, pode-se ressaltar, ao lado dos elementos de descontinuidade já indicados, a continuidade do modelo do "Estado jurisdicional" da Baixa Idade Média também nesses séculos do absolutismo, nos quais o poder do soberano se entrelaça com o poder dos grupos sociais: por isso, a estrutura institucional que caracteriza essa fase histórica foi qualificada de constituição "classista-absolutista" [Fioravanti, 2002].

A tipologia das leis diretamente sancionadas pelos soberanos da Idade Moderna – com (ou sem) a cooperação de magistraturas supremas ou de órgãos colegiais representativos – compreende um leque de configurações. Havia, antes de tudo, numerosas medidas legislativas com objeto específico e circunscrito. Depois, vieram as leis concebidas para desenhar de modo orgânico a disciplina de setores inteiros do ordenamento. Finalmente, também vieram à luz coletâneas sistemáticas de normas anteriores, antigas e recentes, ordenadas pelos soberanos ou pelo menos formalmente reconhecidas por eles (enquanto, em outros casos, as coletâneas de origem privada, mesmo utilizadas na prática, permaneceram desprovidas de valor oficial).

O Estado moderno conheceu, além disso, muitas outras disposições normativas de origem diversa: uma multiplicidade de decretos, de ordens, de capítulos, de pragmáticas – os nomes são os mais diversos – promulgados pelos governadores provinciais ou pelas magistraturas de nomeação régia, além das assembleias representativas nos Estados nos quais elas exerciam um papel. Com efeito, eram numerosos os assuntos da competência dos poderes normativos legítimos, no interior dos sistemas constitucionais que ainda não teorizavam nem praticavam a moderna tripartição dos poderes e das funções. Nessa época, assumiram importância particular as medidas de natureza legislativa decididas, com valor vinculante, pelos tribunais soberanos, cujas competências não eram apenas judiciárias, mas também normativas, como vimos.

E mais: na Idade Moderna também sobreviveram e continuaram a ser aplicadas, até o século XVIII reformador, as fontes normativas tradicionais de origem medieval, de origem não estatal: os estatutos urbanos e rurais, os estatutos corporativos, os costumes escritos. Mas apenas com a condição de receberem do soberano ou do príncipe local o selo de uma aprovação expressa que já os reconduzia, em linha de princípio, à autoridade do Estado. Finalmente, o direito comum prevalecia, com seu riquíssimo aparato normativo e doutrinal, sobre o panorama das fontes normativas.

2.2. Espanha

No reino de Castela, as *Cortes* (onde estavam representadas as três ordens da nobreza, do clero e da burguesia urbana) exerciam na Baixa Idade Média a iniciativa legislativa, dando vida, com o beneplácito do rei, a disposições normativas – mesmo na forma de "leis pactuadas", que não podiam ser modificadas, a não ser na mesma forma e com o acordo de ambos os sujeitos – e eram, além disso, chamadas a votar as propostas de lei de iniciativa régia. No decorrer do século XVI, Carlos V e Filipe II obtiveram o reconhecimento de fato de seu poder legislativo autônomo, quase sempre exercido na forma da "pragmática sanção" de origem imperial tardia, para a qual não era necessária a intervenção das *Cortes*, apesar das repetidas tentativas dessas últimas de reafirmarem as próprias prerrogativas.

Por outro lado, nos outros reinos da monarquia espanhola – especialmente em Aragão, Catalunha, Navarra –, as *Cortes* conseguiram conservar até o século XVIII o direito de intervir pelo menos no processo da aprovação das normas de lei: percebemos aqui os sinais do tenaz apego às autonomias surgidas no decorrer da Idade Média, próprio de muitas regiões da Espanha contemporânea.

Na Itália espanhola dos séculos XVI e XVII, coexistiam muitos modelos constitucionais no procedimento de formação das leis régias. No Ducado de Milão, requeria-se o procedimento do registro ("ratificação") – por parte do Senado de Milão – das ordens da coroa de Espanha, mantendo-se desse modo a normativa introduzida nos anos do domínio francês de Luís XII (1499-1512). No Reino de Nápoles, adotou-se o critério castelhano que permitia ao rei de Espanha uma maior autonomia legislativa mediante o instrumento das pragmáticas, enquanto a Sicília (que também estava sob o domínio espanhol) conservou a tradição do Parlamento coautor das leis ("capítulos"), herdada do período de domínio aragonês.

No caso de Castela, é necessário evocar, entre as normas específicas de fonte régia, as leis de Toro de 1505: tratava-se de 82 leis que ditaram regras importantes em matéria de direito privado, também em relação aos critérios para a sucessão fideicomissória: uma matéria central no ordenamento jurídico da aristocracia desses séculos. As leis de Toro foram fundamentais para o direito da Castela dos séculos XVI e XVII e também tiveram influência em muitos territórios dominados pela coroa espanhola fora dos limites da Península Ibérica.

Uma nova coletânea de leis, que integrasse as leis do Ordenamento de Montalvo de 1484, anteriormente mencionada, já estava prenunciada desde a primeira metade do século XVI e preparada por uma série de juristas. Mas só em 1567, o rei Filipe II teve possibilidade de promulgar a *Nueva Recopilación*, uma coletânea sistemática, repartida em nove livros divididos em títulos, que contém leis e ordenações promulgadas entre 1484 e 1567, inclusive as Ordenações de Montalvo e as leis de Toro. Junto com as *Partidas*, que permaneciam em vigor, a nova recompilação constituiu a base do direito castelhano até o século XVIII.

Depois que, em 1512, Navarra foi conquistada militarmente por Fernando, o Católico, e passou a fazer parte das possessões da coroa de Castela, houve a tentativa – coerente com a orientação centralizadora que alguns historiadores classificaram como "decisionismo castelhano" – de aplicar em Navarra o direito castelhano de modo subsidiário comparativamente ao *Fuero* geral navarro. Mas a resistência foi feroz. Então foi posto em ato um critério já afirmado desde o final do século XIV na própria Castela: diante de normas provenientes do rei, mas não compartilhadas pelas *Cortes*, as autoridades às quais as Ordenações eram destinadas as transmitiam às magistraturas locais por meio de uma fórmula particular: "Obedeça-se, mas não se aplique" ("obedézcase, pero no se cumpla"). Notemos que esta fórmula, felizmente imbuída de ironia, foi repetidamente empregada até nos territórios das Índias Ocidentais conquistados pela Espanha.

2.3. *Portugal*

Na Idade Moderna, duas compilações legislativas tiveram importância particular para Portugal.

A primeira consiste na reelaboração das Ordenações Afonsinas de 1446, já citadas, promovida por iniciativa do rei Manuel d'Aviz (1495-1521). As *Ordenações Manuelinas*, promulgadas em uma segunda redação definitiva em 1521, não se limitam a reproduzir os textos anteriores, mas os modificam por vontade expressa do rei, incluindo as leis régias posteriores à compilação de 1446. Tais leis compreendem, em cinco livros, o direito administrativo, a disciplina das igrejas, o processo, o direito civil e o direito penal. As leis posteriores poderiam mudar as Ordenações apenas onde estivessem incluídas pelo supremo tribunal de Lisboa em um livro especialmente destinado a isso[168].

Um século depois, foi aprovada uma nova compilação que coletava as leis posteriores a 1521. A compilação foi promovida durante o período que viu a união pessoal de Portugal com a Espanha sob Filipe II (de 1580 a 1640), com a contribuição do jurista Jorge de Cabedo. Promulgadas por Filipe II em 1603, as *Ordenações Filipinas* estabeleceram que, se não estivessem expressamente ab-rogadas, as ordenações anteriores continuavam em vigor.

A ordem das fontes manteve como direito subsidiário referente às três Ordenações (a Afonsina, a Manuelina, a Filipina) o direito canônico e o direito romano-comum, além da doutrina do direito comum, com a Glosa de Acúrsio e a opinião de Bartolo. Onde essas fontes suplementares de nada valessem, devia-se recorrer ao rei.

Em 1769, a Lei da Boa Razão, sob o rei José I, promovida pelo marquês de Pombal, introduziu algumas reformas importantes.

As Ordenações mantiveram-se em vigor em Portugal, no que diz respeito ao direito civil, até a introdução do Código Civil de 1867. De ainda maior duração e de particular importância histórica foi a aplicação das Ordenações no Brasil, então colônia portuguesa, mesmo depois da separação do governo de Lisboa. O livro IV, sobre o direito civil, só foi substituído em 1916, com a aprovação do Código Civil brasileiro.

2.4. *Alemanha*

Nos territórios da Alemanha, o poder legislativo do rei e imperador era condicionado pela estrutura institucional das classes (*Stände*), dominada pelos príncipes territoriais, que exprimiam a própria vontade na Dieta imperial (*Reichstag*). Algumas decisões de natureza legislativa assumidas nessa forma passaram a ser, com o tempo, consideradas leis fundamentais, superiores em autoridade quando comparadas a todas as outras fontes locais, territoriais e gerais vigentes no Império. As mais importantes eram a Bula de Ouro de 1356 sobre a eleição do rei da Alemanha, as normas estabelecidas na Dieta de Worms de 1495 (paz territorial perpétua entre os *Länder*, anualidade das Dietas imperiais, Reforma do Tribunal da Câmara Imperial), as disposições da Dieta de Augsburgo de 1555 sobre a paz religiosa entre regiões protestantes e regiões católicas (em cada uma devia prevalecer a confissão do príncipe local: "cuius regio eius religio"), as cláusulas da Paz de Vestfália de 1648 sobre o papel constitucional da Dieta imperial e sobre a liberdade religiosa e algumas outras normas de natureza distinta, entre as quais as promessas juramentadas dos reis neoeleitos da Alemanha no ato da coroação, realizadas diante do colégio dos príncipes-eleitores (*Wahlkapitulationen*).

Então, na Alemanha, o rei-imperador não podia legislar por si só, mesmo que teoricamente sua qualidade de sucessor dos imperadores romanos do Império tardio lhe atribuísse o pleno poder legislativo. Ele podia promulgar éditos, rescritos e mandatos (isto é, medidas específicas), desde que não contrastantes com as disposições normativas aprovadas pelas Dietas: foi o que prometeu Carlos V em 1519, ao passo que a violação dessa regra acarretava a nulidade da medida imperial (é o que Francisco I teve de declarar em 1745).

Um segundo grupo de intervenções, constituído por leis orgânicas voltadas para disciplinar de modo sistemático setores inteiros do ordenamento jurídico, encontra na Alemanha uma realização importante com a *Carolina*, de 1532, que redesenhou todo o setor do direito penal nos territórios do Império. Fruto de uma longa preparação, cujas premissas remontam à instituição do novo Tribunal da Câmara Imperial em 1495 e à exigência de renovar um sistema penal rude e primitivo, a reforma pôde se inspirar na reforma introduzida em 1507 no Principado episcopal de Bamberg por impulso decisivo de um jurista que não era professor,

---

[168] Scholz in Coing, 1976, II.2, p. 286.

dotado de grande experiência e aberto ao novo, Johann von Schwarzenberg (1463-1528). Entre outras coisas, ele utilizou em profusão as doutrinas da criminalística italiana da Baixa Idade Média. O projeto de codificação penal foi repetidamente discutido e revisto por ocasião das Dietas imperiais entre os anos 1521 e 1532, com o processo habitual, que dava amplo espaço às classes e aos principados territoriais. A oposição de alguns dos principados mais influentes – Brandenburgo, Palatinato, Saxônia, favoráveis em matéria penal à manutenção dos "justos e equânimes" usos antigos[169] – foi superada pela introdução de uma "cláusula salvadora" que permitia recorrer à nova normativa apenas de modo subsidiário no que dizia respeito aos direitos territoriais (*Landrecht*) preexistentes. Mas, pouco a pouco, a autoridade da *Carolina* foi se afirmando em toda a Alemanha, onde ficou em vigor até o fim do século XVIII, ilustrada e comentada por juristas acreditados como Justinus Gobler (1562)[170], Johann Kress[171] e Johann Samuel Böhmer[172].

O significado da reforma introduzida com a *Carolina* está, antes de tudo, na superação de uma organização cruamente objetiva do direito penal, agravada pelo fato de que na Alemanha o sistema altomedieval das composições pecuniárias, concebido como um prejuízo a ser ressarcido, vinha sendo substituído havia tempo por um sistema de severas penas corporais. A *Carolina* introduziu, em vez disso, o princípio que subordinava a punibilidade à culpa e ao dolo do autor do fato criminoso, atribuindo um peso determinante ao elemento subjetivo. A sistemática dos crimes e sua qualificação específica também receberam uma formulação jurídica atenta, inspirada nos desenvolvimentos da doutrina e das legislações italianas dos séculos XIV e XV. Uma integração da normativa criminalística em nível imperial, comum a todo o território alemão, foi realizada pelas Ordenações policiais imperiais (*Reichspolizeiordnungen*) de 1530, 1548 e 1570, discutidas e aprovadas pelas Dietas imperiais com a cooperação das ordens e das classes. Essa tipologia normativa, adotada também pelos principais territórios alemães, disciplinava a ordem interna com base em uma noção de "polícia" que a doutrina e a normativa vinham elaborando contextualmente [Stolleis, 1988].

Outro complexo de reformas legislativas orgânicas ainda teve lugar na Alemanha, sempre no decorrer do século XVI, por obra dos principados territoriais. A variedade dos costumes locais e, sobretudo, a recepção do direito comum romano-italiano tornaram os príncipes sensíveis à exigência de encerrar em textos legislativos orgânicos as mais importantes normativas de direito privado, penal e processual, em parte conservando deliberadamente o núcleo dos costumes próprios que ainda era considerado válido, em parte acolhendo regras e esquemas do direito comum.

Na Baviera, onde o direito territorial se consolidara no início do século XVII em uma compilação que figura entre as mais completas dos territórios alemães[173], o duque Maximiliano José III encarregou, em meados do século XVIII, o chanceler Von Keittmayr de apresentar uma nova coletânea orgânica com as normas do ducado: foi desse modo que vieram à luz um Código Penal[174], um Código Processual[175] e até um Código Civil[176], que, em determinados aspectos, antecipam as codificações do final do século XVIII [Tarello, 1976, p. 257]: a matéria é disposta segundo um moderno critério sistemático, e o direito anterior é ab-rogado para os institutos disciplinados de forma completa nos novos códigos. Contudo, o recurso ao direito comum não está excluído deles, e ainda não estão presentes nem a orientação da cultura

---

[169] "Rechtsmässigen und billigen Gebräuchen" [Conrad, 1962, II, p. 407].
[170] *Carolina-Kommentare des 16. Jahrhunderts* von Justin Gobler, Georgius Remus und Nicolaus Vigelius, reed. Goldbach, 2000.
[171] *Commentatio succincta in Constitutionem Criminalem Caroli V. imperatoris*, 1721.
[172] *Meditationes in Constitutionem Criminalen Carolinam*, 1770.
[173] *Landrecht Policey- Gerichts- Malefiz- und andere Ordnungen der Fürstentümer Obern und Nider Bayern*, München, 1616.
[174] *Codex juris Bavarici criminalis*, 1752.
[175] *Codex juris Bavarici judiciarii*, 1753.
[176] *Codex Maximilianeus Bavaricus civilis*, 1756.

jusnaturalística, nem muito menos a abordagem iluminista que se difundirá na Europa nos anos seguintes.

2.5. *França*

Para a França da Idade Moderna vale, em linha de princípio, o adágio segundo o qual "aquilo que o rei quer é o que quer a lei"[177]. Denominam-se *ordonnances* as leis que disciplinam, de modo geral, um ou mais institutos. Trata-se de uma prerrogativa que no decorrer da Idade Moderna passou a ser própria do rei: nesse tempo, as cidades tinham perdido o poder estatutário, exceto para questões menores de ordem administrativa e de segurança pública; e, a partir de 1572, os senhores territoriais foram proibidos de aprovar normativas em conflito com as ordenações do rei.

A forma jurídica que dá realidade às *ordonnances* é a das "cartas patentes", subscritas pelo rei e munidas do selo régio. Mas elas só entram em vigor depois de terem sido registradas pelo tribunal soberano – a primeira entre todas, o Parlamento de Paris – competente no território sobre o qual elas devem ser aplicadas. A verificação por parte dos tribunais não é meramente formal; se surgirem motivos de oposição, eles são explicitados e a ordenação é modificada, quando não retirada. A oposição dos tribunais soberanos e a falta de registro ocorreram em muitas ocasiões: por exemplo, quando com uma *Ordonnance* se quis abolir nos *Pays de droit écrit* de tradição romanística, contra a vontade dos Parlamentos meridionais, o benefício previsto pelo Senatoconsulto Velleiano para as mulheres não assistidas pelo pai ou pelo marido em um ato jurídico (1606); ou quando, em 1629, a monarquia tentou fazer aprovar o princípio – válido no reino da Inglaterra – segundo o qual o rei possui o domínio direto de todo o território do reino, portanto também sobre as terras alodiais e não enfeudadas[178].

A resistência oposta pelos tribunais soberanos ao acolhimento de *ordonnances* não aceitas determinou – com base no pleno poder legislativo do rei, inconteste em linha de princípio – o recurso a outras formas e procedimentos menos vinculantes, nas quais a vontade do soberano pudesse ser exercida sem obstáculos. Com efeito, a partir do reino de Henrique IV, muitas vezes o rei submeteu ao *Conseil du roi*, onde sua vontade era lei, numerosas decisões (*arrêts*) de natureza legislativa. Outras normas legislativas puderam ser deliberadas na forma de ordenações "sem endereço nem selo", particularmente nas questões militares em que o rei dispunha de plenos poderes. Por essas vias, o absolutismo legislativo do monarca pôde, em várias ocasiões, vencer as resistências.

Mesmo que as leis novas, muitas vezes, não respondessem a solicitações dos Estados Gerais e tivessem mesmo de obter o registro por parte dos Parlamentos, no decorrer do século XVI o poder legislativo direto do soberano passou por desenvolvimentos de grande alcance. Algumas *ordonnances* – construídas para serem amplos recipientes de normas relacionadas a institutos completamente diferentes entre si – introduziram de modo permanente regras em nada marginais. Entre as mais significativas, devem-se mencionar pelo menos a lei que abreviou os prazos para as prescrições (1510) e a ordenação de Villers-Cotterêts de 1539[179], apresentada pelo chanceler Poyet, que disciplinou, entre outras coisas, as doações, o apelo por abuso contra medidas da jurisdição eclesiástica consideradas ilegais, o procedimento inquisitório no processo penal, a disciplina dos atos do estado civil; a ordenação impôs, ainda, a língua francesa, em vez do latim, para todos os atos notariais registrados no reino de França. Não menos importante foi a ordenação de Moulins de 1566[180], procedente do chanceler Michel de l'Hôpital (1505-1573), ex-estudante e posteriormente professor de direito em Pádua, defensor de uma linha de tolerância para com os protestantes, em nome da liberdade religiosa, chamado a dirigir as finanças e depois a chancelaria da França sob Catarina de Médicis e

---

[177] É o que Loysel afirma em 1607: "qui veut le Roy, si veut la loy".
[178] "Directe universelle", *Code Michaud*, art. 383.
[179] Ordonnance de Villers-Cotterêts, 1539, in Isambert, vol. XII, pp. 600-40.
[180] Ordonnance de Moulins, 1566, in Isambert, vol. XIV, pp. 189-212.

Francisco II. A ordenação aboliu as jurisdições municipais civis, introduziu a hipoteca judiciária e estabeleceu a necessidade da escritura para todo acordo de valor superior a cem liras (art. 54), determinando assim a superioridade da prova escrita sobre a prova testemunhal ("lettres passent témoins"); uma disposição que se manteve como fundamental para o ordenamento jurídico francês até o surgimento dos códigos modernos.

Houve algumas tentativas de sistematização do rico complexo de ordenações régias entre o fim do século XVI e o início do século XVII. O rei Henrique III encarregou um alto magistrado e culto jurista, Barnabé Brisson (1531-1591), de compilar não apenas as leis régias, mas também as normativas locais. E isso foi feito, sem que, todavia, fosse conferido à obra valor oficial[181]; isso também não se deu com a reelaboração ordenada vinte anos depois ao jurista Charondas Le Caron pelo rei Henrique IV[182]. Luís XIII também não conseguiu, em 1629, vencer a feroz oposição do Parlamento de Paris, que se opôs com sucesso contra a aprovação de um texto apresentado pelo grão-chanceler Marillac que tinha como propósito – por solicitação dos Estados Gerais que se haviam reunido em 1614 – sistematizar as principais disposições de direito público em um único texto no qual, entre outras coisas, acentuavam-se os poderes legislativos do rei[183].

Por sua vez, uma tipologia normativa de tipo codificador madura afirmou-se na França da segunda metade do século XVII, com algumas grandes ordenações de Luís XIV, que constituem verdadeiros marcos na história das legislações modernas. O impulso para sua realização se deve ao grande ministro Colbert. Ele estava convicto de que só uma obra sistemática de reforma legislativa podia atribuir à monarquia o controle normativo que os tribunais de justiça arrogavam-se de fato, interpretando discricionariamente as leis do reino[184]. Uma comissão dirigida pelo tio de Colbert, Henri Pussort, deu início à obra de reforma à qual o rei associou um grupo de juristas capitaneado por um magistrado eminente, o primeiro presidente do Parlamento de Paris, Lamoignon, que por iniciativa própria concebera um projeto de redação unificada e sistemática do direito civil.

Foi desse modo que, em 1667, veio à luz a *Ordonnance civile*[185], obra que se deve, sobretudo, a Pussort, que reformatou toda a disciplina do processo civil de modo orgânico, proibindo, entre outras coisas, o Parlamento de pronunciar as decisões discricionárias (os chamados *arrêts en équité*) que contradiziam frequentemente as normas positivas. O processo disciplinar da ordenação era essencialmente escrito, mas simplificado e induzido por força de uma normativa que se tornara obrigatória para todos os tribunais do reino. Três anos mais tarde, em 1670, a *Ordonnance criminelle*[186] estabeleceu claramente as regras do processo penal, baseado no princípio inquisitório. Cabia ao magistrado o dever de instruir a causa com plenos poderes e em segredo, em busca das provas e, particularmente, da confissão do réu, que devia ser conseguida recorrendo também à tortura: esse era um rude aparato repressivo, fundado no sistema das provas legais, com poucas concessões aos direitos de defesa, inutilmente afirmados pelo presidente do Parlamento de Paris, Lamoignon. Por outro lado, introduzia-se a regra do apelo obrigatório ao Parlamento em caso de condenação capital, os juízos penais eram limitados a duas instâncias e instaurava-se estrito controle sobre as justiças penais senhoriais. O sistema da ordenação só cairá por terra nos anos da Revolução.

---

[181] Ela é chamada Code du Roy Henri III, de 1587.
[182] Code du Roy Henri III [...] augmenté par L. Charondas Le Caron.
[183] É o chamado Code Micheau, in Isambert, vol. XVI, pp. 223-342.
[184] "Il n'y a pas de petit conseiller [...] qui ne juge tous les jours contre les termes précis de l'ordonnance... et ainsi s'arroge la puissance législative" (Colbert, *Mémoire sur la réformation de la justice*, 1665, in Colbert, *Lettres, instructions et mémoires*, ed. P. Clément, VI, Paris, 1869).
[185] Ordonnance civile, 1667, in Isambert, vol. XVIII, pp. 103-80. Cf. a edição organizada por N. Picardi, *Code Louis.* I: *Ordonnance civile*. Milão, 1996.
[186] Ordonnance criminelle, 1670, in Isambert, vol. XVIII, pp. 321-47. Cf. *Code Louis.* II: *Ordonnance criminelle*, organizado por A. Laingui. Milão, 1996.

Não menos importante é a *Ordonnance du Commerce*, de 1673[187], que também se deve à iniciativa de Colbert, mas foi apresentada por um culto mercador parisiense, Jacques Savary, que conciliava com a atividade profissional e as funções de juiz de causas comerciais a capacidade de expor as regras próprias do comércio da época (*Le Parfait Négociant*, 1675). Se as normas sobre as sociedades comerciais, sobre o câmbio, sobre os livros de comércio, sobre falências são a tradução em poucos e concisos artigos de lei da disciplina consuetudinária de origem italiana e medieval, naquela época amplamente reconhecida na Europa o valor que assumem é completamente novo: pela primeira vez, o Estado entra diretamente no campo do direito da economia valendo-se do instrumento da legislação régia. Essa linha de intervenção foi completada com a *Ordonnance de la Marine*, de 1681[188], que estabeleceu com grande perícia técnica as regras jurídicas do comércio marítimo segundo princípios havia muito tempo praticados (e fixados por escrito, entre outros, no célebre *Consolato del mare*). Desse modo, a legislação de Luís XIV atingia o objetivo de uniformizar as regras jurídicas do comércio em todo o território do reino. Tanto esses textos legislativos como alguns dos melhores comentários compostos no século XVIII – entre os quais os de Jousse sobre as ordenações civis, comerciais e criminais[189] e os de Emerigon e de Valin sobre a ordenação marítima[190] – tiveram larga difusão e exerceram influência até mesmo fora da França.

Discutiu-se se essas leis orgânicas apresentam as características próprias de um código, no sentido moderno do termo. A sistematicidade de seu aparato, a amplitude do setor disciplinado, a clareza da redação na língua corrente da região, o cuidado em evitar contradições, a incorporação refletida de regras tradicionais e de algumas regras novas induzem a dar uma resposta afirmativa. Mas ainda falta a elas um caráter fundamental dos códigos modernos, isto é, a exclusão de toda outra fonte aplicável às matérias disciplinadas: as ordenações colbertinas – como, aliás, todas as leis régias da era do absolutismo – ab-rogam toda outra norma em contradição com a nova disciplina, mas não excluem o recurso aos costumes, ao direito comum e à doutrina nos pontos em que se encontrem lacunas ou quando seja necessário interpretar termos e regras presentes na própria lei. Em outros termos, persiste com elas, em vários níveis, a estrutura do ordenamento normativo.

Isso vale também para o caso das importantes ordenações que o chanceler D'Aguesseau (1668-1751), eminente jurista[191], chanceler da França por décadas, promoveu durante o reinado de Luís XV em matéria de doações (1731), testamentos (1735) e substituições hereditárias (1747): textos atentamente meditados e preparados, redigidos de forma sintética e acurada, o que os aproxima dos artigos dos códigos modernos, mas que são parciais nos conteúdos no duplo sentido da matéria tratada e da sempre possível heterointegrabilidade com outras fontes do direito divergentes da lei do Estado: com o direito comum e com os costumes escritos ainda em vigor no reino. É preciso ressaltar a profundidade do esforço e a agudeza diagnosticadora com a qual o grão-chanceler se dispôs lucidamente a uma revisão aprofundada da disciplina jurídica do direito privado, tradicionalmente alheio às intervenções normativas da monarquia. Foi significativa – porque em contraste com os costumes tradicionais da aristocracia – a limitação dos fideicomissos a apenas dois graus, ou seja, não além da segunda geração.

D'Aguesseau lamentava a heterogeneidade da jurisprudência dos tribunais soberanos, mesmo tendo em alta conta o papel deles; e até mesmo por isso considerava necessária uma revisão normativa que levasse em consideração a tradição romanística, ao lado da tradição dos costumes. Também muito interessante é a intenção de legislar por princípios, ditando apenas

---

[187] Ordonnance du Commerce (1673), in Isambert, vol. XIX, pp. 92-107.
[188] Ordonnance de la Marine (1681), in Isambert, vol. XIX, pp. 282-366.
[189] D. Jousse, *Nouveau commentaire sur l'ordonnance civile du mois d'avril 1667*, Paris, 1767; Id., *Nouveau commentaire sur l'ordonnance du commerce du mois de mars 1673*, Paris, 1761; Id., *Nouveau commentaire sur l'ordonnance criminelle du mois d'août 1670*, Paris, 1763.
[190] B.-M. Emerigon, *Nouveau commentaire sur l'ordonnance de la marine du mois d'août 1681*, Paris, 1780; Valin, *Nouveau commentaire sur l'ordonnance de la marine du mois d'août 1681*, La Rochelle, 1776.
[191] Cf. a edição completa: D'Aguesseau, *Oeuvres*, Paris, 1761-1789, 13 vols.

poucas regras gerais sobre pontos específicos, sem com isso anular as diferenças e as especificidades das diversas regiões históricas da França[192]. Também a prudente aproximação, que procedia por etapas por meio do redesenho de cada um dos institutos, consciente das resistências dos Parlamentos que efetivamente se esboçaram, inscreve-se em seu estilo de governo[193].

2.6. *Dinamarca e Noruega*

Diferentemente do que se passou na Suécia e na Noruega no final da Idade Média, a Dinamarca continuou a aplicar três direitos locais distintos até o século XVII: uma tentativa de unificação normativa empreendida pelo rei Cristiano II (1513-1523) foi ab-rogada por seu sucessor, Frederico I, mesmo que não tenham faltado normas régias, publicadas no *Corpus Iuris Danici*. Com a eleição do rei Cristiano III em 1559, a nobreza conseguiu obter significativas disposições em privilégio próprio.

Houve uma reviravolta quando da unificação da jurisdição entre cidade e campo em 1623, mas, sobretudo, em 1660, quando Frederico III introduziu uma nova forma de governo absolutista, eliminando muitos privilégios da nobreza, com o apoio do clero e da burguesia. Iniciou-se nessa época a preparação de um texto legislativo válido em todo o reino, inicialmente por obra do jurista Peter Lassens, seguido por Rasmus Vinding; o primeiro se inclinava pelo uso das fontes de direito romano comum; o segundo era favorável à reelaboração do direito local, que constituiu a base da nova legislação do reino.

Promulgado pelo rei Cristiano V em 1683, o *Danske Lov* disciplinava em seis livros a jurisdição, o clero, as classes, o direito marítimo, o direito privado, o direito penal [Tamm, 1990, p. 128]. A nova lei aplicava-se a todos os súditos da Dinamarca, considerados iguais em direito. Isso eliminava a distinção entre direitos dos camponeses e direitos dos citadinos, bem como os privilégios da nobreza e constituía, sobretudo, por disposição expressa, a fonte exclusiva à qual os juízes deviam se referir nas decisões das causas [Wagner, in Coing, II. 2, p. 508]. O texto do *Danske Lov*, apesar de repetidamente remanejado e complementado, manteve-se como pedra fundamental até a era contemporânea.

Na Noruega, o rei Cristiano IV propôs um texto unificado em 1604 (*Lov*), que acolhia sem grandes reelaborações o direito anterior, com exclusão das normas sobre a Igreja. O absolutismo monárquico afirmado no decorrer do século XVII levou à reelaboração do direito do reino. A partir de 1683, o rei arquitetou uma estreita aproximação com a legislação vigente na Dinamarca naquela mesma época, mesmo com as oportunas adaptações exigidas pela realidade norueguesa em suas diferenças. Portanto, o *Norske Lov* de 1787, promulgado por Cristiano V, reflete muito fielmente o modelo dinamarquês, que era apenas quatro anos anterior a ele. Esse texto também se manteve como fundamental, tanto que constitui até hoje uma das bases do direito da Noruega.

2.7. *Suécia*

As tentativas de reforma legislativa promovidas na Suécia no início do século XVII não alcançaram bom êxito: dois projetos diferentes preparados por uma comissão legislativa nomeada em 1604 foram debatidos sem sucesso – um inspirado nos interesses e no predomínio constitucional da nobreza, outro voltado para a afirmação do poder régio [Wagner, in Coing, HB II.2, p. 531] –, resultando na confirmação da normatização anterior do direito territorial (*Landslag*) de Kristoffer, completada porém com uma menção singular às leis mosaicas em alguns institutos do direito penal.

Depois de algumas tentativas de reelaboração da legislação confiadas a partir de 1643 aos juristas Johann Olofsson Stiernhöök e George Stiernhielm, uma nova comissão foi instituída

---

[192] D'Aguesseau, *Mémoire sur les vues générales*, pp. 205 s. [cf. Birocchi, 2002, pp. 146 ss.].
[193] "Uma das primeiras regras da política é só empreender as coisas possíveis": é uma de suas máximas [Birocchi, 2002, p. 145].

pelo rei Carlos XI em 1686. Uma memória introdutória, realmente notável, que provavelmente se deve aos dois primeiros juristas mencionados, expressa pela primeira vez na Europa, com grande clareza, o programa que virá a ser típico dos soberanos do despotismo esclarecido, fautores das codificações modernas: clareza e completude do ditado legislativo, unicidade da disciplina para todos os súditos, sem distinção de *status* pessoais, referência ao direito natural e às legislações estrangeiras. A comissão predispôs uma série de leis e codificou, entre outras coisas, o direito marítimo. Os trabalhos prosseguiram durante trinta anos, com a contribuição determinante de Erik Lindsköld e, posteriormente, também de Gustav Cronhielm, que deu forma a um texto sistemático que, preparado desde 1717, foi aprovado apenas em 1734. Intitulado *Sveriges Rikes Lag*, entrou em vigor dois anos depois.

Subdividido em nove livros – cinco deles dedicados ao direito privado, dois ao direito penal, dois ao direito processual[194] –, o *Sveriges Rikes Lag* permaneceu em vigor na Suécia durante todo o século XVIII. Depois, foi gradualmente reformado e teve seus conteúdos substituídos durante os dois séculos subsequentes. Mas ainda continua vigente em uma pequena porção.

2.8. *O Estado saboiano*

Foi apenas no decorrer do século XVIII que, em alguns estados italianos, foram desencadeados processos efetivos de revisão e de racionalização das fontes legislativas. O caso de maior destaque, na primeira metade do século, é o do Estado saboiano – que compreendia o Piemonte e a Saboia[195] –, onde o rei Vítor Amadeu II promoveu, em 1723, uma reforma legislativa[196] com a qual não se limitava a ressistematizar as leis de seus predecessores, mas estabelecia uma disposição diferenciada da justiça e do sistema das fontes[197]. Revistas e com modificações significativas em 1729 e depois, outra vez, em 1770, as Constituições piemontesas tratam das relações entre Estado e religião, das magistraturas, dos procedimentos judiciários, do direito penal e, em medida muito restrita, do direito privado.

A disciplina é típica do período do absolutismo, na intenção (aliás, apenas parcialmente alcançada) de circunscrever o peso dos Tribunais na práxis legislativa e de lhes delimitar o arbítrio judicial; e com a reafirmação de um sistema penal severo e pouco atento aos direitos da defesa. Mas não faltam características inovadoras. Fruto também do aconselhamento de juristas não italianos – entre outras coisas, foi pedido um parecer a três renomados professores holandeses –, as Constituições piemontesas introduziram algumas limitações à perpetuação sem limites temporais do fideicomisso; e estabeleceram uma escala de níveis normativos que punha em primeiro lugar, para os juízes, as próprias constituições; em segundo, os estatutos (desde que, aprovados pelo rei e ainda aplicados); em terceiro, a jurisprudência dos tribunais régios; em quarto, "o texto da lei comum"[198]. Destaquem-se aqui, ao lado da prioridade habitualmente atribuída à regularização soberana – cuja violação comportava, aliás, a nulidade insanável da sentença[199] –, a importância atribuída à jurisprudência e a limitação do direito comum apenas ao texto da lei, com exclusão da doutrina como fonte normativa, tanto que os

---

[194] A parte processualística foi reeditada, na versão latina da mesma época, com organização de A. Giuliani e N. Picardi, *Codex legum svecicarum* (1734), Holmiae, 1743, reedição fac-similar: Milão, 1996. Entre as disposições dignas de nota, mencionemos a que autoriza expressamente a mulher a testemunhar em juízo, diferentemente do que era disposto pelo direito comum (*de probationibus*, § 10, p. 363).

[195] Aos quais se juntou, a partir de 1720, a Sardenha, que contudo manteve regime jurídico próprio.

[196] Uma reedição dos livros III e IV, organizada por G. S. Penne, está em *Costituzioni sabaude* (1723), Milão, 2002.

[197] Sobre esse assunto, cf. Viora, 1928; Micolo, 1984; Birocchi, 2002, pp. 335-50.

[198] *Leggi e Costituzioni di Sua Maestà*, III. 22. 9 (ed. 1729), repetido na ed. de 1770.

[199] *Leggi e Costituzioni*, III. 23. 3 (ed. 1729), repetido na ed. de 1770. O princípio da nulidade de uma sentença *contra ius* remontava ao direito romano, mas devemos notar que no direito comum afirmara-se o princípio da sanabilidade, uma vez transcorrido o prazo para fazer valer a querela de nulidade, enquanto o texto das Constituições piemontesas estabeleciam que "nunca" uma sentença que tivesse violado as constituições régias transitaria em julgado.

advogados e os juízes eram proibidos de citar nas alegações e nas sentenças os pareceres dos doutores[200]: sinal evidente da crise na qual se encontrava, à época, o sistema tradicional do direito comum. As Constituições suscitaram comentários elogiosos da parte de diversos observadores da Europa pré-iluminista e, em décadas posteriores, foram seguidas como modelo por outros soberanos que tinham a intenção de reformar a legislação.

É o que ocorre na Toscana, quando em 1745 o grão-duque Francisco Estêvão, marido de Maria Teresa da Áustria, deu início a uma tentativa de reforma que compreendia uma revisão do sistema normativo confiada ao jurista Pompeu Neri, ex-aluno de Averani, em Pisa. Giuseppe Averani foi, por sua vez, professor titular da primeira cátedra de direito público instituída na Itália. As ideias de Neri, de corte conservador naquilo que dizia respeito ao sistema social tradicional, que ele não achava prudente subverter, eram muito mais incisivas quanto à necessidade de reformular em uma revisão global o amontoado dos direitos locais (apenas no território florentino ainda seguiam em vigor cerca de 500 estatutos), que deveriam confluir em um *corpus* orgânico, limitado, porém, às normas não coincidentes com o direito romano, que se mantinha como fundamental: ele mencionava explicitamente o direito romano, não o direito comum, como fonte geral na qual se inspirar[201]. Nota-se aqui claramente a marca do ensinamento de seu mestre, assim como a influência da escola holandesa. De todo modo, o projeto não foi implantado.

Também se tornou digna de registro a organização realizada no ducado de Modena, por meio de uma interessante reforma do Supremo Conselho de Justiça [Tavilla, 2000] e especialmente com a inauguração, em 1771, do Código de Este[202]: um texto legislativo notável não apenas por algumas escolhas de conteúdo, mas também porque, pela primeira vez, eram nele expressamente ab-rogadas as legislações estatutárias, que até aquele momento vinham sendo mantidas no ducado. Mas continuava a ser admitido o recurso ao direito comum como fonte subsidiária naquilo que se referia à legislação ducal.

---

[200] Birocchi, 2002, p. 343.
[201] Mesmo com Neri enfatizando – e esta observação é importante – que o direito romano devia ser levado em consideração em coligação com as interpretações da jurisprudência local, que podiam não coincidir com a interpretação predominante em outras regiões da Itália ou da Europa: Pompeo Neri, *Discorso primo*, in M. Verga, *Da "cittadini" a "nobili"*, Milão, 1990, pp. 341 ss.: uma passagem sobre a qual Birocchi, 2002, p. 379, chamou a atenção.
[202] Donati, 1930; Tavilla, 2000; uma reedição recente dos livros I e IV, organizada por C. E. Tavilla, *Codice estense*, Milão, 2001.

23. Jusnaturalismo

1. *Jusnaturalismo moderno*

Entre as correntes da cultura do século XVII, as doutrinas do direito natural apresentam uma importância particular não apenas pela qualidade das ideias desenvolvidas por seus expoentes, mas também porque sua influência na evolução posterior do direito foi determinante. Mesmo que não se possa falar de uma escola no sentido acadêmico, visto que, paralelamente a algumas características comuns, cada um dos expoentes dessa orientação de pensamento formou-se por conta própria e exprime ideias e posições específicas, há de comum nesses autores o papel central atribuído à elaboração de uma doutrina e de um sistema: teorias que têm a ambição não apenas de justificar o fundamento teórico do direito natural, mas de delinear dentro de um quadro sistemático os conteúdos de suas regras tanto no campo do direito público como no campo do direito privado. A intenção era identificar os princípios e os valores do direito alicerçados na razão, considerada o fundamento da "natureza" humana.

Mencionamos anteriormente os antecedentes antigos e medievais, assim como as elaborações dos teólogos de Salamanca: os autores modernos da corrente jusnaturalista passaram a se referir a eles, direta ou indiretamente. Contudo, mesmo com essas raízes múltiplas e profundas, a doutrina do direito natural chegou, no século XVII, a um ponto de virada fundamental. Foi só a partir desse momento que as doutrinas jusnaturalistas entraram no horizonte visível da cultura jurídica, influenciando profundamente seu desenvolvimento seja nas exposições teóricas dos juristas, seja nos raciocínios daqueles que, entre eles, propunham novas regras de direito para o futuro. Tudo isso com base em uma concepção do direito natural fundada no homem, concebido como um ser que conjuga a razão – considerada parte essencial da sua "natureza" – com as exigências instintivas: uma concepção laica, que nisso se destaca nitidamente da concepção medieval.

Nessa perspectiva, a ênfase nos direitos do indivíduo, ou seja, nos inalienáveis direitos subjetivos da pessoa humana, constitui uma característica central das novas doutrinas jusnaturalistas, que se encontra na base da enunciação dos direitos de liberdade das constituições modernas.

Quanto aos conteúdos do direito natural, se, por um lado, devemos observar que eles não são idênticos nos diferentes autores, por outro, deve-se destacar, pelo fato de ser significativa, uma tríplice série de fontes de referência presentes em seus escritos: ao lado do direito romano – que certamente não era esquecido (a começar pelos preceitos ético-jurídicos do título I do Digesto) – posicionam-se, de um lado, também para os racionalistas, as referências aos preceitos fundamentais da Escritura e do cristianismo, considerados em sua valência ética; de outro lado, o contínuo recurso aos textos literários, poéticos, históricos e filosóficos gregos e romanos. A marca humanística, a familiaridade com a cultura antiga, a naturalidade com a qual esses textos são considerados textos de referência válidos também em sua dimensão filosófico-jurídica são uma constante nos jusnaturalistas modernos, mesmo quando se percebe que isso, de fato, não implicava uniformidade de ideias, pois esses mesmos textos transmitiam valores e preceitos totalmente diferentes. A originalidade do autor moderno residia também no critério de escolha de suas fontes.

Além disso, a urgência de definir os contornos e os conteúdos do direito natural nascia, talvez até antes de tudo, da presença de problemas novos dentro de uma nova realidade: a falta de uma concepção unitária e coerente da comunidade internacional sob a dupla autoridade suprema do Império e da Igreja, em concomitância com a formação dos Estados da Europa moderna; a presença de Estados soberanos em conflito entre si pelo domínio dos mares e pela conquista das terras extraeuropeias; e ainda os contrastes decorrentes do cisma religioso como consequência da Reforma protestante, com as cruentas guerras de religião e com a necessidade de dar um fim a elas [Oestreich, 2006].

Tudo isso explica por que alguns intelectos se dedicaram a definir a natureza e a disciplina das relações entre Estados, a natureza e os limites do poder público em relação ao indivíduo, ou seja, as regras de um ordenamento superior acerca dos ordenamentos positivos porque baseado em normas universais e racionais. Regras dotadas de um fundamento teórico autônomo, não mais vinculadas às duas supremas instituições unificadoras do pensamento político-jurídico medieval[203].

Comum a muitos expoentes da orientação jusnaturalista – mesmo que com características muito particulares aos diversos autores, por exemplo em Grócio, Hobbes e em Locke, como veremos – é a teoria de um "contrato social" originário, celebrado entre os homens para chegar a uma condição de paz e de segurança e cuja tutela é confiada a um soberano. A doutrina do contrato social geralmente se manifesta na forma de um acordo entre os homens, logo, como um acontecimento da sociedade terrena, mas também é possível encontrá-la em outros autores em uma formulação diretamente ligada à religião. A aliança entre Deus e Abraão – com suas derivações bíblicas: basta relembrar a passagem do Êxodo na qual Moisés ousa convocar o próprio Deus à observância da aliança[204] – também é considerada o modelo para as convenções entre os homens, que estão na base da sociedade política[205].

Mesmo com acentuações diferentes, uma outra característica comum às construções da escola jusnaturalista reside na convicção de que é possível, além de necessário, identificar um conjunto – um "sistema" – de princípios e de regras de direito natural que é objetivamente válido porque conforme à razão e à natureza humana; um conjunto de regras concebido como válido em todos os tempos e em todos os lugares, sempre e de todo modo, visto que a natureza humana é considerada imutável no tempo. Daqui decorre uma visão atemporal, a-histórica do direito própria dessa orientação de pensamento e compartilhada por seus expoentes.

Mas nem todos concordam com a ideia de que exista um direito natural, em uma das possíveis acepções distintas que referimos. Em Pascal, por exemplo, é patente a convicção de que o direito é, por um lado, costume, por outro, comando: em ambos os casos, válido porque observado e imposto, não por causa de seus conteúdos, que variam no tempo até o ponto de (é o que ele afirma) não haver regra – por mais que em determinada época seja considerada intangível e "natural": aqui incluídas as proibições de crimes hediondos como o parricídio, o infanticídio ou o incesto – que não tenha sido em um passado mais ou menos remoto considerada admissível, quando não até mesmo virtuosa[206].

---

[203] Sobre as relações entre o direito natural religioso e sua secularização moderna, ver as pesquisas de Todescan, 1983-2001.
[204] Êxodo 32,13: "Moisés suplicou [...]: Senhor [...] recorda-te de Abraão, de Jacó, aos quais juraste por ti mesmo [...]".
[205] Essa organização teológica da aliança ("covenant") está particularmente viva no protestantismo de orientação puritana. Nós a encontramos em alguns textos constitucionais das colônias americanas – formadas por ingleses exilados por motivos religiosos – bem antes do nascimento dos Estados Unidos da América.
[206] "Le larcin, l'inceste, le meurtre des enfants et des pères, tout a eu sa place entre les actions vertueuses [...]. De cette confusion arrive que l'un dit que l'essence de la justice est l'authorité du législateur, l'autre la commodité du souverain, l'autre la coutume présente. Et c'est le plus sûr. Rien, suivant la seule raison, n'est juste de soi, tout branle avec le temps" (Pascal, *Pensées*, 94, ed. C. Carena, Turim, 2004, pp. 52-4).

2.1. Grócio

A profunda influência de que goza o pensamento de Hugo Grócio (1583-1645)[207] deve-se essencialmente, no campo do direito, à obra *De iure belli ac pacis*, redigida na França e publicada em 1625, depois que o autor fugira da prisão perpétua à qual fora condenado em sua terra natal, a Holanda, por conta das posições que assumira no confronto entre as duas correntes do calvinismo: Grócio, seguidor de Armínio, atribuía a salvação não apenas à predestinação e à graça, mas também às obras, ou seja, ao comportamento consciente do indivíduo, diferentemente dos gomaristas, que foram os que prevaleceram na Holanda, atacando furiosamente os adversários. De modo que a posição "laica" de Grócio quanto ao direito natural não comportava, de fato, uma visão irreligiosa da vida nem da fonte primeva do direito.

O fim da obra era identificar uma série de princípios gerais e de regras fundadas na razão, passíveis de serem compartilhadas por todos os homens: um objetivo que se explica – e que explica sua sorte imediata e duradoura – quando consideramos a condição histórica da Europa da primeira metade do século XVII, na qual não apenas não se reconhecia mais uma autoridade superior a qualquer outra na ordem temporal (como o fora, em linha de princípio, o império medieval), como também não se reconhecia mais no pontífice romano a autoridade espiritual suprema, como no Ocidente anterior à Reforma.

Dessa exigência surge a enunciação do princípio que Grócio considerava fundamental – simultaneamente ético e jurídico, de acordo com a razão e a natureza humana, que é razão –, que impõe obedecer aos pactos ("pacta sunt servanda")[208]. O autor faz derivar disso toda outra regra, a começar daquelas que impõem ressarcir os danos provocados a outros, restituir o que foi fraudulentamente subtraído, pagar com a pena – uma pena proporcional à gravidade do delito – as consequências dos próprios atos criminosos, constituídos por comportamentos objetivamente prejudiciais ao próximo e à sociedade, não por fatos relevantes apenas no "foro interno" da consciência. Em Grócio, a perspectiva da ordem violada e das formas legítimas pelas quais ela pode ser restaurada é na realidade comum ao direito público, ao direito privado, ao direito penal e ao direito internacional. E isso explica por que também figuram em seu tratado numerosas teorias e definições sobre temas estritamente privados: sobre contratos (com a tese do valor constitutivo do consenso na venda quanto à transferência da propriedade)[209], sobre a propriedade (com a classificação entre modos de aquisição a título originário e a título derivativo)[210] e sobre muitos outros institutos; por vezes, até o mérito da disciplina romanística é submetido à crítica[211].

No *De iure belli ac pacis*, estava expressa a ideia de que o fundamento do direito natural reside na natureza racional do homem e não no comando direto de Deus. A afirmação que se tornou célebre – o direito natural seria verdadeiro e justo mesmo que se considerasse, por absurdo, que Deus não existe – significava justamente isso. Desse modo, Grócio se contrapunha à orientação voluntarista, retomada por algumas correntes do pensamento protestante, que situava a raiz do direito natural no comando de Deus, e não na razão considerada a verdadeira "natureza" do homem, ela também portanto, definitivamente, de derivação divina (como o próprio Grócio acreditava)[212]. Por isso se justifica a designação dessa configuração

---

[207] É vastíssima a bibliografia sobre Hugo Grócio, a cujo pensamento também é dedicada uma série contínua de estudos, a "Grotiana"; cf. o verbete bibliográfico de R. Feenstra in *Juristen* 2001, pp. 257-60.

[208] Grócio, *De iure belli ac pacis*, Lugduni Batavorum, 1919, *Prolegomena*, 15: "cum iuris naturae sit stare pactis, [...] ab hoc ipso fonte iuria civilia fluxerunt".

[209] *De iure belli ac pacis*, II. XI. 1-4.

[210] *De iure belli ac pacis*, II. V-VII.

[211] Um exemplo: Grócio considera contrária à *aequitas naturalis*, bem como à utilidade pública, devendo ser por isso rejeitada – "male Romanis legibus introductum" – a disposição romana (Dig. 14. 1. 1. 20 *licet autem*) que na *actio exercitoria* responsabilizava solidariamente os marinheiros (*exercitores*) por um ato executado por ordem do capitão do navio (*De iure belli ac pacis*, II. 11. 13), porque essa regra poderia levá-los a desistir de embarcar.

[212] Grócio, *De iure belli ac pacis*, *Prolegomena*, 11, p. 7: "Haec quidam quae iam diximus, locum aliquem haberent etiamsi daremus, quod sine summo scelere dari nequit, non esse Deum, aut non curari ab eo negotia humana." Os

do direito natural, que será objeto de significativo consenso junto a outros autores dos séculos XVI e XVII, sob a denominação de "jusracionalismo".

O pensamento de Grócio exerceu sua principal influência, sobretudo, na doutrina do direito internacional público. Partindo da consideração de que "no mundo cristão as guerras são conduzidas com uma falta de freios vergonhosa até mesmo para os povos bárbaros", como se "uma norma universal autorizasse a desencadear crimes de todo tipo"[213], Grócio se propôs identificar uma "lei comum entre as nações", para conter essa violência desenfreada. Os temas clássicos do direito de guerra e do conceito de guerra justa – mesmo que, em princípio, o autor compartilhasse a ideia de que "a guerra está muito distante de qualquer princípio de direito"[214] – recebiam, na base teórica que já abordamos, uma organização nova: é o que acontece com os capítulos sobre os prisioneiros de guerra, sobre o butim, sobre o valor da palavra empenhada e da confiança (*fides*) entre inimigos, sobre as represálias e assim por diante, análises nas quais o exame dos costumes se faz acompanhar de enunciação das possíveis atenuações que os tornem menos arbitrários e menos duros[215].

Com efeito, nesse campo, Grócio partia de uma concepção na qual figuram, de um lado, os princípios de razão que formam os fundamentos do "direito de natureza", de outro, as regras do "direito das gentes" (*ius gentium*) que englobam os comportamentos criados e sedimentados, nas relações internacionais de paz e de guerra, pelo costume, ou seja, pela história. Entre as duas ordens de regras, não são poucos os vínculos, visto que muitos princípios de razão se cristalizaram nos costumes; mas entre eles não há identidade[216].

A historiografia jurídica moderna [Tierney, 2002] demonstrou que grande parte das proposições de Grócio, incluindo aquela sobre a validade intrínseca do direito natural, deriva do pensamento da Escolástica espanhola, particularmente de Francisco de Vitória e, sobretudo, de Francisco Suárez. Pode então parecer inadequado considerar Grócio o fundador do jusnaturalismo e do direito internacional moderno. Todavia, a estrutura geral de suas obras é original e, em muitos pontos, as formulações do pensador holandês introduzem elementos novos e novas composições. Além disso, Grócio soube repropor teses que já estavam presentes no pensamento escolástico e na tradição canonística medieval com o cabedal de uma cultura diferente da medieval, porque amplamente inspirada nas fontes clássicas valorizadas pelo Humanismo; ele uniu uma importante vertente do pensamento medieval cristão com o mundo da cultura protestante e laica, em uma forma que teve sucesso imediato e vasto. Por fim, devemos observar que a história das ideias e seu impacto sobre a realidade dependem do contexto no qual essas ideias vêm à luz; uma afirmação como aquela, já citada, dos *Prolegomena* grocianos sobre a validade do direito natural independentemente da Revelação tinha (e teve) um peso muito diferente em um mundo no qual, a partir do século XVI, uma esfera importante da cultura se secularizara.

2.2. *Hobbes*

Temporalmente próximo de Grócio, mas muito distante dele na abordagem teórica, o inglês Thomas Hobbes (1588-1679) é um pensador de importância central na história do pensamento político-jurídico. Suas duas principais obras foram escritas na França, onde ele viveu durante uma década para fugir dos riscos aos quais o expuseram suas posições filorre-

---

princípios enunciados anteriormente (ibid., 8, p. 6) eram os princípios básicos do direito natural: "alieni abstinentia, et si quid alieni habemus aut lucri inde fecerimus restitutio, promissorum implendorum obligatio, damni culpa dati reparatio, et poenae inter homines meritum".

[213] *De iure belli ac pacis, Prolegomena*.
[214] "Bellum ab omni iure abesse longissime" (Grócio, *De iure belli ac pacis, Prolegomena*, 3).
[215] Sobre esse assunto, cf. os capítulos 4-16 do livro III do *De iure belli ac pacis*.
[216] Grócio observa em muitas ocasiões que nem sempre o *ius gentium* coincide com o direito natural: por exemplo, para o direito natural, não faria diferença matar o inimigo com veneno ou com a espada, ao passo que o direito das gentes (isto é, o costume) admite o segundo modo, mas não o primeiro (*De iure belli ac pacis*, III. 4. 9.1; III. 4. 15.1).

galistas (entre outras coisas, ele foi colaborador do chanceler e filósofo Francis Bacon) acerca das circunstâncias constitucionais inglesas daqueles anos, nos quais o Parlamento inglês vinha conquistando em relação ao poder monárquico – por meio da irrupção de ásperas lutas civis, que culminaram na execução do rei Carlos I Stuart – um papel primário na legislação: uma fase histórica que está na base do constitucionalismo moderno.

No *De cive* (1642) e depois sobretudo no *Leviatã* (1651), Hobbes deu uma expressão teórica vigorosa – seguindo um método que ele comparava com o das ciências exatas – aos fundamentos teóricos do absolutismo. De um "estado de natureza" originário, no qual todo homem se encontra em luta com os outros homens para satisfazer as próprias necessidades vitais e conquistar para si mesmo espaço e poder segundo a própria natureza, o indivíduo e a coletividade só podem ter êxito, para Hobbes, se renunciarem, unilateralmente, a todo direito autônomo e confiando a soma de todos os poderes – e não apenas o poder de governo e a justiça, mas também o poder de fazer as leis – a um único sujeito, o soberano, que se torna exatamente por isso "absoluto": uma teoria em contraste evidente com a teoria do "contrato social", visto que o soberano não assume nenhuma obrigação e os súditos não reservam direito algum para si. E isso para poder assegurar a paz, impossível de outro modo, por conta da inevitável irrupção da "guerra de todos contra todos". Só tem valor de lei aquilo que é estabelecido pelo soberano, lei contra a qual ninguém pode se rebelar, nem mesmo se seu conteúdo for injusto em termos racionais. A margem de autonomia do indivíduo está limitada às relações dentro das quais nem mesmo a autoridade poderia penetrar, visto que elas são irrelevantes para a ordem interna do Estado e para a manutenção do poder soberano. Até mesmo no campo da religião, quem decide é o monarca.

Essas posições, coerentes com o absolutismo monárquico, contêm contudo não poucos elementos que serão retomados e desenvolvidos, em contextos constitucionais muito diversos, já distanciados não apenas das concepções medievais, mas também das modernas teorias do absolutismo do direito e do poder político. Baste-nos mencionar o positivismo legislativo do qual Hobbes se faz porta-voz e por força do qual ele considera que só podem ser classificadas como jurídicas as normativas estabelecidas pelo poder político e, desse modo, transformadas em leis vinculantes, não as leis naturais não positivadas; ou a doutrina da lei como ordem, válida em si independentemente de seus conteúdos éticos (mesmo sem negar que existam lei de natureza, mas, por assim dizer, desarmadas porque desprovidas de sanção)[217]; ou ainda o desprezo pelo costume como fonte do direito[218]; ou a aversão pelo papel dos juristas como intérpretes privilegiados do direito, coerentemente com as posições de Bacon e em conflito com as de Coke sobre a supremacia do *Common law*[219]; ou a fecunda distinção entre "lei" e "direito"[220], entre *lex* e *ius*, que configura o binômio moderno entre direito objetivo e direito subjetivo.

2.3. *Locke*

Algumas décadas depois, na própria Inglaterra, vieram se contrapor às teses absolutistas de Hobbes sobre o Estado e sobre o direito as ideias de um pensador que se situa entre os maiores da Europa moderna, John Locke (1632-1704). Das posições juvenis tendentes ao voluntarismo ele passa, na idade madura – especialmente nos célebres *Dois tratados sobre o governo* publicados em 1690, mas escritos cerca de dez anos antes –, a uma concepção racionalista do direito natural, definido como "uma regra de conduta fixa e eterna, ditada pela própria razão"[221], "clara e inteligível para todas as criaturas racionais"[222]. Em uma fase poste-

---

[217] "Não é a sabedoria, mas a autoridade que cria a lei": Hobbes, *Dialogo*, I, p. 401 [Birocchi, 2002 p. 196].
[218] Hobbes, *Leviatã*, II. 26.
[219] Aqui se percebe o eco do debate entre os defensores do *Common law* e os defensores da *equity*, entre Edward Coke e Francis Bacon, ao qual o Hobbes da última fase esteve estreitamente ligado.
[220] "Multum interest inter legem et ius; lex enim vinculum, ius libertas est": Hobbes, *De cive*, XIV. 3.
[221] Locke, *Essays on the Law of Nature*, VII, p. 198 [Fassò, 2002, II, p. 197].
[222] Locke, *Two Treatises on Government*, II, 124.

rior ao estado de natureza originário – que para Locke, diferentemente de Hobbes, era um estado de paz e de liberdade, não de violência endêmica –, os homens tinham pactuado, com o propósito de evitar e de corrigir as prevaricações e as iniquidades, confiar a autoridades reconhecidas os poderes de governo e de juízo (contrato social). Poder primeiro e fundamental era o poder legislativo, que Locke sustentava dever ser conferido a um órgão representativo, distinto do poder de governo em sentido estrito e que cabia ao soberano: trata-se de um embrião da teoria sobre a separação dos poderes, ligada às circunstâncias constitucionais inglesas daquele momento – vividas pelo filósofo em primeira pessoa, até mesmo com um expatriamento forçado na França e na Holanda, concluído apenas depois da queda dos Stuart –, que justamente naqueles anos conduziam à afirmação definitiva do papel constitucional e legislativo do Parlamento inglês com a "Revolução" de 1688.

Segundo Locke, a fonte primeira do poder legislativo, logo a verdadeira soberania, residia no povo, que a confiava ao órgão representativo, mas conservava, por assim dizer, suas chaves também na dinâmica desencadeada pelo contrato social. Essa afirmação fundamental, que está na base do conceito moderno de soberania popular, não era de modo algum nova – suas raízes são remotas e remontam ao pensamento antigo e à Idade Média –, mas adquiria um significado fecundante nas circunstâncias concretas da condição histórica da Inglaterra daqueles anos. Locke derivava daí, sobretudo, o importante corolário segundo o qual o povo poderia revogar legitimamente a delegação a qualquer momento em que o legislador infringisse os limites que a "lei natural" lhe impunha[223]. Não apenas a conquista violenta, a usurpação ou a tirania podiam dar lugar a um "direito de resistência" ativo, mas também a violação dos direitos inatos fundamentais do homem por parte do legítimo legislador comportavam uma espécie de direito de "apelo ao Céu", que equivalia à dissolução legal da autoridade constituída e legitimava o direito de resistência[224]. O pacto fiduciário com o povo devia ser considerado rompido quando o poder legislativo tentasse "tornar-se a si mesmo, ou uma parte da comunidade, senhor ou árbitro das vidas, das liberdades e dos bens do povo"[225]. A propriedade privada também constituía para Locke, diferentemente de Grócio e de Hobbes, um direito inato e inviolável, que para ele se fundava, aliás, no trabalho do homem, "que acrescenta com sua obra algo de seu aos bens da natureza, com isso tornando-a propriedade sua"[226].

Pode-se compreender qual era o alcance ideal dessas doutrinas sobre a soberania popular, sobre os limites do poder legislativo e sobre sua diferenciação do poder executivo. Com efeito, as ideias de Locke, juntamente com a enunciação lapidar e sintética dos direitos à vida, à liberdade, à propriedade e à resistência à opressão como direitos fundamentais e inalienáveis do homem, exercerão um papel central tanto nas doutrinas jurídico-políticas posteriores como nas declarações de direitos modernas.

2.4. *Pufendorf*

Entre os expoentes da escola do direito natural, o autor mais amplamente lido e citado foi a alemão Samuel Pufendorf (1632-1694)[227]. Nascido na Saxônia, ele estudou em Jena filosofia e matemática simultaneamente ao direito, recebendo desse modo uma formação multidisciplinar, frequente no caso dos jovens mais dotados das universidades alemãs. Em 1661, foi convocado a assumir em Heidelberg a primeira cátedra de direito natural na Europa, precursora do ensino moderno de filosofia do direito. Um escrito no qual criticava a organização do Sacro Romano Império retirou-lhe o apoio do eleitor do Palatinato e o levou a deixar Heidelberg. Tendo se transferido para a Suécia, a partir de 1670, ensinou em Lund e em Estocolmo

---

[223] Locke, *Two Treatises on Government*, II, 13.
[224] Locke, *Two Treatises on Government*, II, 20-21; 176; 242 [Fassò II, p. 210].
[225] Locke, *Two Treatises on Government*, II, 22.
[226] Locke, *Two Treatises on Government*, II, 27.
[227] Autor situado entre os mais estudados: contam-se não menos que 15 monografias recentes sobre ele. Cf., entre outros, Denzer, 1971; Laurent, 1982; Dufour, 1991; Fiorillo, 1993; Goyard-Fabre, 1994.

e publicou durante esses anos suas duas obras mais famosas, *De iure naturae ac gentium* (1672) e a síntese escrita pouco tempo depois, *De officio hominis et civis* (1673). Tendo sido, desde jovem, iniciado ao cartesianismo, foi dele que extraiu a convicção de que o direito e as ciências humanas em geral poderiam receber uma sistematização conceitual não menos rigorosa que a sistematização que a física estava construindo para a realidade sensível. Daqui provém a teoria que contrapõe aos entes físicos, submetidos às leis do movimento exprimível em linguagem matemática, os "entes morais" – pessoas e coletividades pequenas e grandes e até mesmo o Estado – que operam segundo "os modos que os seres inteligentes aplicam [...] para dirigir e regular a liberdade das ações voluntárias do homem"[228].

Para Pufendorf, tanto quanto para Grócio, o direito natural também é comum a todos os homens porque fundado na razão; e se distingue da religião e da teologia, que são por sua vez diversas junto aos diferentes povos. Mas ele se distingue do pensador holandês pela ideia segundo a qual a essência da lei consiste em um comando de um superior que vincula os sujeitos-súditos[229]: um comando de Deus para as normas de direito natural, do príncipe para as leis positivas[230], tornado pelo menos coativo pelo poder público, ou seja, pelo Estado. Manifesta-se aqui uma abordagem voluntarista do direito, decorrente em parte dos princípios da teologia de Lutero que Pufendorf professava, em parte da influência exercida pelo pensamento político de Hobbes.

Essa abordagem não se refere apenas ao direito positivo, mas também se amplia ao direito natural, que, para Pufendorf, está fundado na razão, mas (diferentemente de Grócio) é impensável fora da vontade divina que imprime no homem seus preceitos, racionalmente demonstráveis[231]. O que torna operantes – e por isso dotados de juridicidade efetiva – os princípios do direito natural é a coatividade, vinculada ao direito positivo por meio do poder régio: um poder que, na visão de Pufendorf, tem as características de autoridade suprema e indivisa, próprias do absolutismo. Mesmo assim, o modo de governo, que para Pufendorf é idealmente determinado primeiramente pela submissão dos súditos ao poder do soberano, pode a seu ver ser livremente escolhido por parte do povo[232]. E visto que o direito, tanto natural quanto positivo, consta de comandos e de sanções, onde faltam uns e outras, abre-se o campo da liberdade: para o direito, aquilo que não é proibido é lícito, mesmo que possa não estar em conformidade com a moral. Daí resulta uma nítida distinção entre direito e teologia: o direito tem por objeto as relações (e os deveres) do homem com os outros homens, a religião, a relação do homem com Deus. Daí resulta a concepção de um espaço muito amplo que é deixado à liberdade humana.

Entre as contribuições de Pufendorf, deve-se mencionar a obra sobre as relações entre Estado e Igreja, na qual ele elabora a distinção entre a disciplina jurídica das igrejas no contexto do direito público (*ius circa sacra*) e as normas de organização interna das igrejas propriamente ditas (*ius in sacra*)[233], a primeira reservada ao Estado, as segundas confiadas às igrejas: uma doutrina que está na base das teorias eclesiásticas do protestantismo e que esta-

---

[228] Pufendorf, *De iure naturae ac gentium* (1672), I. I. 3 (ed. Francofurti et Lipsiae, 1744, I, p. 5).
[229] Pufendorf, *De iure naturae ac gentium*, I. VI. 4 (I, p. 89): "decretum quo superior sibi subiectum obligat". Pouco antes, ele distingue a lei do pacto, afirmando que isso só vale entre os homens, ao passo que nem as leis divinas positivas, nem as *leges naturales* provêm de acordos entre os homens (I. VI. 2).
[230] Pufendorf, *De officio hominis et civis*, I. 2-3; II. 11-12.
[231] Pufendorf, *De iure naturae ac gentium*, II. III. 13 (I, p. 197). Aqui e em outras passagens manifesta-se certa dissonância entre a concepção voluntarista (a lei como comando) e a concepção racionalista do direito natural (a lei como preceito de razão).
[232] Pufendorf, *De iure naturae ac gentium*, VII. II. 5-8. À tese do "contrato social", largamente difundida no pensamento jusnaturalista, segundo a qual a humanidade, ao sair do "estado de natureza" originário, teria estreitado um "pacto de união" (ou seja uma associação voluntária de defesa mútua), seguido de um "pacto de submissão" ao soberano (*pactum subiectionis*), Pufendorf acrescenta ainda um estágio intermediário posterior, que consiste na escolha da forma de governo.
[233] *Über die Natur und Eigenschaft der christlichen Religion und Kirche in Ansehung des bürgerlichen Lebens und Staats*, 1687.

belece as premissas de uma separação do papel do Estado em relação às confissões religiosas, que assim podem existir e coexistir.

Quanto à disciplina de cada um dos institutos, a leitura das páginas de Pufendorf mostra como a construção de um conjunto de regras conformes ao direito natural é fruto de um trabalho muito complexo com as fontes. Por exemplo, na questão do matrimônio, o preceito evangélico da indissolubilidade é discutido à luz das hipóteses de adultério de um dos cônjuges e da recusa a ter filhos; e é decidido pela afirmação de que, se a disparidade de caráter ou de cultura não constitui motivo para divórcio, por sua vez, a violação dos compromissos fundamentais assumidos com o pacto matrimonial (a fidelidade, a filiação) torna o divórcio lícito[234]. É característico o amplo procedimento de citação de fontes antigas, literárias e históricas, assim como de trechos poéticos de autores da mesma época, de Molière a Milton, para evocar costumes díspares da história e opiniões divergentes sobre as questões em exame. E, não raro, deixa-se explicitamente para o leitor concluir se a coisa está ou não está em conformidade com a natureza e o direito natural (como, por exemplo, no caso da poligamia)[235].

Na realidade, essas posições que o próprio autor considera ecléticas – e que Leibniz julgará pouco filosóficas, talvez porque consideradas não suficientemente rigorosas e coerentes – não foram a razão última de sua ampla fortuna. Com efeito, as características enunciadas por Pufendorf, por exemplo, ao definir os requisitos necessários da "lei" – a generalidade, a irretroatividade, a pertinência ao mundo do direito dos comportamentos externos, a aplicação das mesmas regras jurídicas a todos os súditos, sem distinção de *status* – antecipam algumas das posições fundamentais do iluminismo jurídico[236]: e não por acaso elas serão amplamente acolhidas por Rousseau.

A multiplicidade das experiências da história, adotadas na discussão sobre os temas, tornava precisamente muito problemática, por um lado, a construção de um sistema de direito natural dotado de valência absoluta; por outro, habilitava o jurista a raciocinar não mais sobre as normas positivas, mas sobre os próprios fundamentos da disciplina de cada instituto. E isso abria caminho para as reformas legislativas do século XVIII.

2.5. Leibniz

Uma concepção do direito natural bastante distanciada da concepção de Pufendorf foi a que exprimiu um dos gênios da cultura moderna, Gottfried Wilhelm Leibniz (1646-1716), matemático grandioso, fundador, com Newton, do cálculo diferencial e infinitesimal, filósofo, historiador; e também jurista. Ao voluntarismo de Pufendorf, ele contrapunha a estrutura racional das leis do direito natural, que a seu ver se estendia ao foro interno, a ponto de induzi-lo a considerar até mesmo a teologia como uma espécie de jurisprudência divina[237]. Sua aspiração, só parcialmente realizada, foi mostrar como, a partir de poucos princípios básicos, por meio de um método combinatório semelhante ao da matemática, fosse concebível desenhar um "sistema" coerente de normas aplicáveis a cada caso concreto, mesmo com o auxílio imprescindível da interpretação dos juristas profissionais. Era nítida sua posição em apoio do racionalismo jurídico, no sentido de que os preceitos da justiça (que não devem ser confundidos com os preceitos da lei positiva) tinham para ele a mesma base racional irrefutável dos preceitos da aritmética, ao mesmo tempo que eram coerentes com o preceito evangélico da

---

[234] "Deus coniungit coniuges interveniente pacto; igitur ipsos non vult dirimi, nisi pactum illud fuerit violatum" (Pufendorf, *De iure naturae et gentium*, VI. 1, §§ 22-25, Francofurti et Lipsiae, 1744, vol. II, p. 41-8, a p. 48). Há também uma referência pungente ao direito canônico e à práxis da Igreja de Roma sobre a verificação da nulidade do vínculo (ibid., VI. 1, § 21, vol. II, p. 40).

[235] Pufendorf, *De iure naturae et gentium*, VI, 1, § 17: "nos quae in utramque partem iactantur argumenta proponemus, iudicio penes lectorem relicto".

[236] Dufour, 1986.

[237] Leibniz, *De fine scientiarum* (1693), in *Textes inédits*, ed. Grua, I, p. 241 [Birocchi, 2002, p. 261].

caridade para com o próximo: um escrito de juventude de Leibniz leva o título significativo de *A justiça como caridade universal*[238].

Para Leibniz, os conteúdos não eram diferentes dos conteúdos do direito comum romano, cujo mérito ele não discutia – diferenciando-se nisso das posições de Grócio e de outros jusnaturalistas[239] –, mas defendia uma ordenação mais racional, que o levou a patrocinar até um código propriamente resolutivo de uma série de casos controversos. Ele também manifestou ideias pouco convencionais sobre o ensino do direito, sugerindo otimistamente – ele que se doutorara em filosofia aos 20 anos e em direito no ano seguinte – uma formação na qual se condensassem em apenas dois anos as noções históricas, a exegese, os tirocínios práticos e o treinamento na solução dos casos[240].

2.6. Domat

Na esteira do jusnaturalismo, devemos examinar ainda o pensamento de um dos mais importantes juristas europeus do século XVII, Jean Domat (1625-1696)[241]. Primeiro advogado, posteriormente procurador do rei em Clermont-Ferrand, depois convocado ao serviço do rei em Paris, ele foi autor de uma obra que exerceu profunda influência não apenas na França por mais de um século. No tratado *As leis civis em sua ordem natural* – significativamente escritas em francês, mas depois traduzidas para o latim e para as principais línguas europeias[242] –, Domat quis expor as regras do direito da França com base em alguns princípios fundamentais, que podem ser sintetizados assim:

A natureza imperfeita do homem, decorrente do pecado original, condena-o ao trabalho e à fadiga, vinculando suas atividades a regras "naturais" comuns a todos os povos. Até o cuidado de si mesmas e dos próprios interesses, mesmo que aparentemente em conflito com o preceito divino do amor ao próximo, pode ser mensageira de atividades úteis à coletividade. As regras do direito natural – por exemplo, as regras sobre a capacidade jurídica de quem tenha alcançado a maioridade, ou as regras sobre as garantias que o vendedor assegura ao comprador, ou as regras sobre o ressarcimento dos prejuízos – podem se concretizar em regras positivas não idênticas nos diversos ordenamentos e em grande medida já estão contidas nos textos jurídicos romanos. Outras regras, dependentes das circunstâncias e das escolhas contingentes do poder político, principalmente, mas não exclusivamente no campo do direito público, têm o caráter de normas arbitrárias e são, portanto, de outra espécie quando comparadas às regras do direito natural, imutáveis. A ordem social, com sua divisão de ônus e de *status* próprios das diversas classes, deve ser aceita sem objeções nem subversões. Dentro dos limites da ordem pública e dos bons costumes, os indivíduos podem disciplinar livremente suas relações contratuais em respeito à boa-fé e às regras conformes ao direito natural, em ampla medida, como dissemos, coincidentes com aquilo que foi transmitido pelos textos do direito romano.

É uma visão complexa, mas não eclética, na qual a tradição romanística era valorizada à luz do direito natural, e o direito natural era identificado não apenas com os critérios da razão, mas também com os critérios da ética, decorrentes por sua vez da fé religiosa: sendo a fé religiosa uma dimensão particularmente viva no jansenista Domat, amigo de Pascal e vinculado, também na abordagem dos problemas de lógica jurídica, com os mestres de Port-Royal. Mesmo que seu pensamento, pelos motivos indicados, não possa ser qualificado como de orientação liberalista nem em economia nem em ética, não poucas das regras que ele exprimiu –

---

[238] Leibniz, *Scritti politici e di diritto naturale,* ed. Mathieu, Turim, 1965, pp. 83-105: de 1670-1671. Ver também Leibniz, *La giustizia,* org. A. Baratta, Milão, 1967.

[239] Por exemplo, ele não concordava com as teses de Grócio sobre o efeito obrigatório e diretamente acionável dos pactos nus.

[240] *Nova methodus discendae docendaeque jurisprudentiae,* 1667, mas revisto posteriormente [Birocchi 2002, p. 211].

[241] Baudelot, 1938; Matteucci, 1959.

[242] Podem-se listar algo como 68 edições da obra até a primeira metade do século XIX; a primeira edição remonta a 1689.

especialmente em matéria de contratos – serão acolhidas, em um contexto histórico e econômico muito diferente, pelo Código napoleônico e pela doutrina posterior do direito civil até o final do século XIX.

2.7. *Thomasius*

Com a obra de Christian Thomasius (1655-1728)[243], as doutrinas do jusnaturalismo moderno receberam uma orientação parcialmente nova. A muito estreita ligação cultural com Pufendorf não impediu Thomasius – que foi com Stryk, seu mestre, o refundador da Faculdade de Direito de Halle, onde ensinou durante trinta anos, depois que suas críticas à doutrina universitária do tempo o obrigaram a se afastar de Leipzig – de adotar uma abordagem bem diferente da abordagem de seu mestre. Em sua obra de maior destaque – editada em 1705[244] e escrita com estilo sintético: um motivo para o sucesso seguro de um livro de direito –, Thomasius defende a necessidade de distinguir com clareza o âmbito do direito do âmbito da moral individual e social. Daqui a distinção que ele formulou, e que se tornou clássica, entre aquilo que é "justo", isto é, "honesto", e aquilo que é "decoroso" (*decorum*)[245]. Só a primeira categoria pertence ao mundo do direito porque se refere às relações intersubjetivas e dita as regras (e as punições decorrentes) voltadas a evitar a lesão dos direitos dos outros. A categoria do honesto pertence, por sua vez, à ética e não tem importância direta para o direito ("non omne quod licet honestum est", mas também vale o contrário: os dois círculos não se sobrepõem)[246], enquanto a categoria do *decorum* inclui os comportamentos convenientes e recomendáveis nas relações recíprocas, cuja inobservância, contudo, não pode ser castigada com punições: por exemplo, as obrigações naturais ou as obrigações meramente sociais.

Desse modo, não apenas se definia o limite entre aquilo que é direito natural e aquilo que não é direito – entre outras coisas, ao atribuir apenas ao que é ordenado pelo príncipe o caráter próprio da juridicidade[247], aliás, acerca do qual nem Pufendorf nem Leibniz não eram lá muito claros nem precisos –, mas se determinava uma espécie de limite do território específico do direito, deixando uma ampla margem à liberdade dos indivíduos para além desse limite. Isso permitia emancipar a moral do legalismo ético típico de algumas correntes do protestantismo, assim como desvincular o indivíduo da ingerência excessiva do Estado legislador [Solari, 1959, p. 294].

Thomasius mostrou seu temperamento anticonformista não apenas na crítica a alguns métodos correntes de ensino acadêmico – defendendo uma didática mais próxima da realidade concreta do direito e sustentando suas argumentações teóricas com a lógica da razão e com a evocação do "senso comum" que figura no próprio título de sua obra, sem recorrer a modelos do passado – mas também ao condenar como contrária à razão e, portanto, à lei natural uma série de instituições ainda bem vivas em seu tempo. Criticou, entre outras coisas, a tortura judiciária[248], a configuração dos crimes de heresia e de bruxaria[249], a proibição canônica dos juros, a doutrina do preço justo; e defendeu, em coerência com sua posição, que comportamentos como a coabitação fora do matrimônio (concubinato) ou a relação sexual entre adultos anuentes não deveriam ser subsumidos e sancionados pelo direito, mas fossem avaliados e eventualmente rechaçados apenas no plano ético.

---

[243] Sobre Thomasius, cf. Schneiders, 1989; Villani, 1997; Luig, 1998a, pp. 186-95; 1998c, pp. 148-72.
[244] *Fundamenta juris naturae et gentium ex sensu communi deducta*: a referência ao "senso comum" é importante.
[245] Thomasius, *Fundamenta juris naturae*, Proêmio, § XIII, lib. I, cap. VI (ed. Halae et Lipsiae, 1718, pp. 5; 164-86).
[246] A ética pode ditar regras de comportamento inspiradas na generosidade e no amor ao próximo que nem por isso são regras juridicamente vinculantes.
[247] "Doctoris character est dare consilium, Principis imperare" (C. Thomasius, *Fundamenta iuris naturae et gentium*, Halae, 1718, reed. Aalen, 1963, I. IV. 79, p. 139); sobre isso, cf. Prodi, 2000, p. 407.
[248] *De tortura*, 1705: a tortura judiciária é criticada porque já é uma pena, porque é desumana e vingativa, porque viola os direitos da defesa e pode induzir a confissões falsas.
[249] *An haeresis sit crimen*, 1697 (não deve ser punida porque é um ato do intelecto, não da vontade); *De crimine magiae*, 1701 (não deve ser punida por falta de objeto).

Por essas características de sua atividade, mas também pela contribuição dada ao projeto de codificação do direito confiado pelo rei da Prússia em 1714 à Faculdade de Direito de Halle[250] e pelas ideias expressas em um escrito sobre a legislação publicado postumamente[251], o pensamento de Thomasius pode ser considerado um momento significativo de transição entre as teorias do jusnaturalismo e a fase posterior do iluminismo jurídico, que florescerá na segunda metade do século XVIII.

A importância histórica das doutrinas do jusnaturalismo moderno, de Grócio a Wolf, de Hobbes a Locke e aos outros autores aqui apresentados, está não apenas no valor intrínseco de suas teorias político-jurídicas, mas também – e talvez mais ainda – na força reformadora implícita nessas teorias. O desenho de um sistema de regras jurídicas, de direito público e de direito privado, declaradas de acordo com a natureza humana e a razão, válidas em todo tempo e lugar, levava já, por si só, a julgar desejável a adequação dos ordenamentos positivos a essas regras, com a correspondente modificação das regras consideradas não conforme a elas. Daqui nascerá, no século XVIII, o iluminismo jurídico.

Apenas alguma voz isolada se levantou para discordar da própria organização do jusnaturalismo. Entre essas vozes, a mais notável foi a de Giambattista Vico (1668-1744), o filósofo napolitano autor de uma obra[252] na qual o direito era reconduzido à categoria da historicidade: assim como a civilização humana atravessou estágios de evolução sucessiva, a cada um dos quais correspondem comportamentos, costumes, produtos da arte e do intelecto coerentes com o espírito do tempo, o direito também reflete as características específicas da fase de civilização na qual floresceu[253].

Mas a abordagem historicista de Vico, que era realmente inovadora, só será redescoberta e valorizada cem anos depois de sua morte.

---

[250] Birocchi, 2002, pp. 229 ss.
[251] *Lectiones de prudentia legislatoris* (1740).
[252] G. Vico, *La scienza nuova seconda*, Bari, 1953 (a primeira redação foi impressa em 1725; a segunda, em 1744).
[253] Vico faz corresponder às três fases da civilização – a fase "poética", a fase "heroica" e a fase humana e racional – três "espécies de direito natural": o direito divino (que referia tudo à vontade dos deuses), o direito da força (representado por Aquiles, "que põe toda a razão na ponta da lança") e o direito "humano, ditado pela razão humana" (Vico, *La scienza nuova*, IV. 3, ed. cit., p. 437). A esses critérios Vico reconduz também as normas de direito privado, por exemplo o direito das sucessões legítimas com referência à exclusão das mulheres, que estava em vigor na fase "heroica" vivida pelos povos primitivos: pela Roma arcaica e pelos germanos (ibid., IV. 12. 2, 476).

24. Juristas do século XVIII

1. *Itália: Gravina, Averani*

Em Nápoles, a cultura jurídica mantivera um papel de destaque nos séculos de dominação estrangeira sobre a Península. Um grupo restrito de juristas – especialmente advogados e juízes das mais supremas magistraturas do reino – desenvolveu, juntamente com a consciência da importância das próprias funções na gestão da coisa pública, um espírito crítico que não deixava de ser exercido nem mesmo diante dos poderes máximos constituídos naquele tempo, a Igreja e o Estado, mesmo que não fossem contestados por eles no plano religioso e político. Esses e outros personagens, não apenas em Nápoles, geralmente eram eruditos em muitas disciplinas, da matemática à história, das letras clássicas ao direito. E, nas Academias que na época floresciam na Itália e na Europa, desenvolviam, em contato com outros eruditos, suas dissertações ricas em ideias nem sempre e nem exclusivamente "académicas". É uma tradição civil à qual a melhor historiografia da Itália meridional[254] tem dado destaque há muito tempo.

O advogado e magistrado Francesco d'Andrea (1625-1698) foi mestre de ética profissional e de espírito crítico para, pelo menos, duas gerações de juristas napolitanos, nos quais – não da cátedra, porque os embriões mais vivos da cultura não passavam pela universidade – inculcou a dignidade de quem, por meio do domínio da sabedoria jurídica presente em Nápoles, podia abrir caminho, mesmo não tendo às costas uma família conspícua[255]. Domenico Aulisio (1649-1717) também foi mestre de rigor moral e de pensamento, tendo atuado informalmente por meio da interpretação crítica dos textos jurídicos. A obra de Franceso Fraggiani (1725-1763) também teve grande importância. Ele foi jurista, crítico acerbo do direito do seu tempo[256] e defensor aguerrido, no alto ofício ministerial a ele conferido, dos direitos do rei contra as ingerências eclesiásticas [Di Donato, 1996, p. 841].

Pietro Giannone foi aluno de Aulisio e autor de uma *Istoria civile del Regno di Napoli* (1723) que – tendo acarretado para seu autor uma implacável perseguição eclesiástica e civil que lhe custou uma prisão perpétua – deve ser considerada, simultaneamente, um processo ao poder temporal da Igreja e uma obra germinal da identidade civil napolitana e meridional. Ela é forjada, em grande parte, na perspectiva de uma história do direito medieval e moderno, italiano e meridional. E, se não poucos materiais são literalmente extraídos das obras de De Luca e de outras fontes, a perspectiva civil e cultural no interior da qual se reivindica a autonomia do reino é completamente diferente em Giannone[257].

Importância particular teve a obra de Gian Vincenzo Gravina (1664-1718), ele também formado em Nápoles, para onde veio de sua Calábria nativa ainda muito jovem com o objetivo

---

[254] "Uma severa coorte que se estende nos séculos", assim Benedetto Croce a celebrou nas páginas de introdução de sua *Storia del Regno di Napoli* (1924), Bari, 1958, p. 5.

[255] F. D'Andrea, *Avvertimenti ai nipoti*, ed. Ascione. Nápoles, 1990, p. 156.

[256] Cf. a sua anotação sobre o fato de que "nunca se publicou tanto quanto hoje sobre o direito de natureza e das gentes, assim como nunca se violou tanto quanto hoje cada direito de natureza e das gentes" (F. Fraggianni, *Promptuarium*, ed. Di Donato, 1996, I, p. 65).

[257] Uma reconstrução crítica da historiografia de Giannone está em Ajello, 2002, pp. 155-60.

de estudar e onde, por alguns anos, frequentou o ambiente forense ainda inspirado no exemplo de Francesco d'Andrea. Mas logo depois se mudou para Roma, onde lhe foi conferida a cátedra de *ius civile* e depois a de direito canônico e onde figurou entre os três fundadores da Arcádia, uma academia que defendia um novo e mais sóbrio estilo poético, não sem aderência com a nova cultura europeia. A fama de Gravina é decorrente, sobretudo, da obra que ele publicou em 1701-1708, intitulada *Origines juris civilis*, fruto de sua docência em Roma. O aparato histórico que a caracteriza, com a reconstrução – uma das primeiras na Europa – da ciência jurídica dos glosadores, dos comentadores e dos Cultos, conjuga-se com a perspectiva de uma formação nova e diferente do jurista prático, simultaneamente fundada no conhecimento da história e na capacidade de articular um raciocínio consequente e rigoroso fundado não em vãs citações de doutrina, e sim em uma sólida base racional [Ghisalberti, 1962]. Para Gravina, de fato, as regras fundamentais de um ordenamento jurídico são as mesmas em todos os povos. Aqui se torna nítida a assimilação de motivos típicos dos Cultos, mas também de elementos do racionalismo cartesiano e das concepções do jusnaturalismo moderno; assim como o embrião de uma ideia de separação dos poderes, com a distinção, considerada essencial, entre o poder de governo e a função jurisdicional. A obra de Gravina foi muito admirada e citada na Europa (ela foi comentada e utilizada na Alemanha) e, algumas décadas depois, foi levada em conta por Montesquieu na redação do *Esprit des lois*.

Nesses mesmos anos, não foi menos significativa a personalidade de um outro professor, o toscano Giuseppe Averani (1662-1738), acadêmico da Crusca, matemático, físico e teólogo, mas jurista antes de qualquer outra coisa, durante muitos anos docente na universidade de Pisa. Pode-se perceber perfeitamente a natureza de seu trabalho intelectual na obra principal, as *Interpretationes iuris*, em cinco livros[258], que contém uma série de análises de pontos específicos do direito ligados a muitas outras passagens da compilação de Justiniano, principalmente do Digesto. A partir de cada uma das questões, o autor discute profundamente as teses dos intérpretes anteriores, inclusive dos maiores expoentes da Escola Culta, para depois prosseguir com autonomia de pensamento, sugerindo interpretações originais e atentamente equilibradas. Nesse trabalho de escavação, feito diretamente nos textos da lei, residia para Averani a essência do dever do professor universitário na formação do futuro jurista. Percebe-se claramente que seu ensinamento – só aparentemente técnico e isolado da realidade concreta de seu tempo[259] – foi particularmente fecundo pelo testemunho dos contemporâneos, assim como pelo florescimento em Pisa de estudos e de investigações sobre o direito romano, atestados por uma erudita e ardente polêmica científica sobre a origem do manuscrito das Pandectas e sobre seu êxito na Itália, polêmica sustentada por dois personagens ligados a Averani, Grandi e Tanucci [Marrara, 1981]. Mas é especialmente significativo que algumas das mais destacadas figuras do reformismo italiano do século XVIII tenham provindo precisamente da escola do mestre de Pisa: Bernardo Tanucci, posteriormente ministro de Carlos de Bourbon em Nápoles, Pompeo Neri, reformador na Toscana e depois na Lombardia, sob Maria Teresa de Áustria.

Luigi Cremani, professor de direito penal em Pavia, também era de origem toscana. Sua obra sobre direito criminal[260], em três volumes, alcançou grande ressonância, também por conta do enxerto de algumas teses da escola jusnaturalista e da orientação reformadora de Beccaria (mas isso não completamente: Cremani não tinha inclinação a tendências humanitárias) sobre a planta tradicional das doutrinas penalistas do direito comum.

Nesses mesmos anos, pouco antes de sobrevirem à Itália os exércitos napoleônicos que determinaram o fim do Antigo Regime, o piemontês Tommaso Maurizio Richeri publicava uma vasta análise que utilizava amplamente o direito comum, as Constituições piemontesas e

---

[258] J. Averani, *Interpretationum juris libri quinque*, Lugduni, 1751, 2 vols.
[259] Averani defendeu com argumentações histórico-jurídicas eruditas, entre outras coisas, a autonomia do grão-ducado da Toscana em uma consulta de 1722 (in M. Verga, *Da "cittadini" a nobili. Lotta politica e riforma delle istituzioni di Francesco Stefano*. Milão, 1990, pp. LVIX-CXIII). E defendeu a reabilitação de Galilei [Birocchi, 2002, p. 327].
[260] A. Cremani, *De iure libri tres*, Ticini, 1791-1793.

as decisões dos Senados para expor, segundo a sistemática das Instituições justinianas, o direito do reino de Saboia[261].

2   Holanda: Bijnkershoek

O prestígio dos professores de Leiden e de outras universidades dos Países Baixos – assim como de algumas universidades da Alemanha – foi muito elevado durante todo o século XVIII. Os escritos de Noodt e de Schulting circularam muito na Europa e na Itália[262]. Cornelis van Bijnkershoek (1673-1743) foi juiz, não professor, e durante vinte anos presidente do Supremo Tribunal da Holanda, a Hoge Raad, mas foi ao mesmo tempo estudioso das fontes romanísticas, com uma orientação mais comprometida com o texto da *Littera Florentina* do Digesto em relação a Noodt[263]. Mas sua fama decorre, sobretudo, dos estudos de direito público[264] e de direito internacional[265], como também de uma coletânea de direito privado publicada postumamente[266]. Na África do Sul suas obras são utilizadas até hoje na práxis judiciária. Em Nápoles, Rapolla considerava Bijnkershoek o melhor jurista de seu tempo[267].

3.   Alemanha: Böhmer, Heinecke, Wolff

Também e especialmente na Alemanha, continuou a florescer a composição de obras inspiradas nos métodos do *Usus modernus Pandectarum*, da qual já falamos. Continuou-se a estudar pelos textos de Adam Struve – particularmente a *Jurisprudentia Romano-Germanica forensis*, constantemente reeditada até o século XVIII e que era chamada o "pequeno Struve" por suas reduzidas dimensões em comparação com seus outros volumosos tratados –; o mesmo aconteceu com as obras de Samuel Stryk, a começar pela obra que deu nome à orientação teórico-prática do *Usus modernus*, que teve muito sucesso, e não apenas na Alemanha. A análise dos textos justinianos, às quais não eram alheios alguns elementos do método dos Cultos e, sobretudo, da escola holandesa da jurisprudência elegante, era acompanha de grande atenção dirigida à jurisprudência e à prática forense.

Entre as escolas universitárias, teve relevância particular, pela qualidade de seus mestres, a Universidade de Halle – onde ensinaram, entre outros, Thomasius e Wolff –, ao lado da Universidade de Jena e da Universidade de Leipzig.

Papel importante foi desempenhado por Justus Henning Böhmer (1674-1749), aluno de Stryk e, durante muitos anos, professor em Halle. Seu denso tratado de direito eclesiástico protestante[268] lançou as bases de um verdadeiro sistema, extraindo algumas categorias da tradição canonística e defendendo o assim chamado princípio do "territorialismo" em matéria religiosa, com um dever de tutela reservado ao príncipe secular, ao mesmo tempo defendendo o princípio da tolerância religiosa; ele ocupou-se ainda do direito civil, na esteira da orientação do *Usus modernus Pandectarum* [Rütten, 1982].

O troféu de autor mais fecundo e sobretudo de autor mais amplamente conhecido e lido vai, sem dúvida, para Johann Gottlieb Heinecke (Heineccius) (1681-1741), professor em vá-

---

[261] T. M. Richeri, *Universa civilis et criminalis jurisprudentia iuxta seriem Institutionum ex naturali, et Romano iure depromta, et ad usum perpetuo accomodata*, Placentiae, 1790-1795, 13 vols.

[262] Já recordamos que foi justamente a esses autores, nos anos 20 do século XVIII, que os legisladores piemonteses de Vítor Amadeu II pediram um parecer sobre o texto de reforma que estavam preparando.

[263] C. v. Bijnkershoek, *Observatione juris romani*, em oito livros, 1710-1733.

[264] C. v. Bijnkershoek, *Quaestiones juris publici*, 1737.

[265] C. v. Bijnkershoek, *De foro legatorum*: sobre direito diplomático.

[266] C. v. Bijnkershoek, *Quaestiones juris privati*, 1744.

[267] F. Rapolla, *Difesa della giurisprudenza* (1744), p. 96 [Birocchi, 2002, p. 368].

[268] J. H. Böhmer, *Ius ecclesiasticum Protestantium*, 1734-1736, 6 vols.

rias universidades alemãs e holandesas. Seus *Elementa iuris civilis secundum ordinem Institutionum* (1725) tiveram não menos que cento e cinquenta edições no decorrer do século. Igual sorte teve uma obra paralela que segue, por sua vez, a ordem sistemática do Digesto, em 50 livros[269]. Essas obras devem seu enorme sucesso à abordagem sintética, baseada em breves e claras definições de cada instituto seguidas de uma cadeia bem argumentada de corolários enunciados segundo um método axiomático. Os princípios "puros" do direito privado romano, expostos sem condescender a "subtilitates", eram inseridos em uma estrutura sistemática e argumentativa muito distanciada do direito antigo, apesar da adoção do esquema tradicional das Instituições justinianas ou do Digesto. Dessa forma, o texto constituía uma eficiente introdução institucional ao sistema do direito privado romano "moderno", diretamente ancorada na fonte antiga, sem referências ulteriores à doutrina do direito comum, mas com acenos precisos à práxis judiciária do tempo, particularmente nos pontos em que ela se separava das regras do direito romano. O recurso direto e sem mediações doutrinais à fonte legislativa antiga é especialmente significativo: a exigência de simplificação já se fazia sentir claramente.

Mas Heinecke não descuidou da orientação moderna do direito natural e das gentes, ao qual dedicou um manual que também teve grande acolhida, os *Elementa iuris naturae ac gentium* (1737)[270], concebido com método análogo, mas não idêntico: o autor traça, em primeiro lugar, as linhas do direito natural (os deveres do homem para com Deus, para consigo mesmo e para com os demais, a propriedade, os contratos e as obrigações), com base em regras retiradas em parte de Grócio e de outras obras dos jusnaturalistas; a seguir, trata do homem como ser social e de seus deveres para com a família e para com o Estado (direito das gentes). Heinecke compôs ainda aquele que é considerado o primeiro texto de sistematização científica do direito privado alemão, os *Elementa iuris germanici* (1735-1736)[271] que, escritos em latim segundo seu método habitual, pretendiam identificar as especificidades da disciplina consuetudinária da área alemã no campo do direito privado.

Filósofo, teólogo, matemático, professor célebre em Halle e em Marburg, autor de uma série muito ampla de escritos, Christian Wolff (1670-1754) também era estudioso do direito, ao qual dedicou duas obras escritas quando já idoso, na intenção de delinear as características essenciais da lei natural[272]. Ele institui um paralelismo entre as obrigações naturais às quais todo indivíduo está obrigado como homem (*obligationes connatae*) – entre elas, o respeito à vida, a obediência à autoridade legítima, o respeito ao próximo – e os direitos naturais, que derivam simetricamente das obrigações naturais: ao dever de observar as obrigações corresponde o direito a que elas sejam cumpridas[273]. Dever e direito são comuns a todos e, portanto, configuram um feixe de regras universalmente válidas, sem distinção de *status*: o destinatário da norma jurídica é um "sujeito único".

Para Wolff, a sociedade civil é a continuação histórica do contrato social originário. E dessa origem o soberano extrai a legitimação de seu poder sobre os súditos, voltado para a consecução da segurança e do bem-estar (*Wohlfart*) de seus súditos, mediante uma série de leis e disposições sobre as quais ele tem pleno domínio[274]. É uma concepção parcialmente

---

[269] Io. Gottl. Heineccius, *Elementa iuris civilis secundum ordinem Pandectarum*, Venetiis, 1737, 2 vols. Um exemplo de sua análise, extraído das páginas dedicadas aos títulos sobre a apelação do livro 49, tít. 1-12 do Digesto. Heinecke resume em síntese cada um dos 12 títulos, com remissões às passagens paralelas. Depois condensa em dois axiomas (*axiomata*) algumas regras básicas: pode-se interpor apelo a) quando alguém considera ter sido ofendido pelo juiz, b) recorrendo a um juiz de mais alta instância. Mas ele adverte que "hoje as coisas mudaram muito" em comparação com a disciplina antiga. E cita a práxis das cortes alemãs, bastante distanciada das regras romanas no que diz respeito ao apelo penal e à necessária devolução do recurso a uma autoridade superior (ibid., vol. II, § 266).

[270] Io. Gottl. Heineccius, *Elementa iuris naturae ac gentium*, Venetiis, 1740.

[271] Io. Gottl. Heineccius, *Historia iuris civilis romani ac germanici*, Venetiis, 1742. Depois de uma primeira parte, dedicada à história do direito romano, segue-se uma segunda, que traça mais concisamente a história das leis alemãs medievais.

[272] *Jus naturae methodo scientifica pertractatum*, Halae, 1749; *Institutionis juris naturae et gentium*, Halae, 1750.

[273] Wolff, *Institutiones*, § 45.

[274] Wolff, *Institutiones*, §§ 833; 1017-1040; id., *Jus naturae*, I. 26; II. 284; VIII. 390-398.

derivada de Hobbes e Leibniz, funcional naquilo que se refere às características do absolutismo monárquico prussiano e austríaco. O que explica por que as teorias wolffianas tenham recebido tanta atenção nesses territórios e tenham sido retomadas e desenvolvidas por juristas como Karl Anton Martini na Áustria e Joachim Darjes na Alemanha, que se situavam entre os mais influentes inspiradores de reformas administrativas e legislativas na área alemã. Na Itália, o único seguidor das doutrinas de Wolff foi Giovanni Maria Lampredi, professor em Pisa[275]. Outros autores – por exemplo, David Nettelblat e Johann Pütter; deste último foram alunos, em Göttingen, alguns dos juristas e reformadores do século XIX alemão[276] – desenvolveram as doutrinas de Wolff elaborando obras de síntese nas quais, entre outras coisas, figura uma "parte geral" do direito que isola algumas categorias e alguns princípios, extraídos do direito privado, na intenção de elaborar conceitos transversais em relação a cada instituto: na parte geral, figura, por exemplo, a capacidade jurídica, a pessoa jurídica, a representação. São as categorias que constituem, na época, a premissa das exposições manualísticas do direito privado.

4. Suíça: Barbeyrac, Vattel

Seguidor de Pufendorf, comentador agudo e profundo dos escritos dele e dos de Grócio sobre o direito natural, Jean Barbeyrac (1674-1744) – francês de origem que mais tarde se mudou para a Suíça pelo fato de ser protestante depois da revogação do édito de Nantes em 1685, posteriormente professor em Lausanne e em Groningen[277] – contribuiu para tornar conhecidas na Europa as doutrinas dos dois jusnaturalistas e desenvolveu, entre outras coisas, com nitidez particular, a ideia de Pufendorf que limitava o Império das normas às ordens do soberano e aos mandamentos do próprio Deus, deixando um espaço de liberdade que, para Barbeyrac, configurava um direito em acepção plena[278].

Entre os discípulos de Wolff, tem um papel particular o jurista suíço (de Neuchâtel) Emeric de Vattel (1714-1767), autor de uma obra que teve influência determinante sobre as doutrinas do direito público internacional[279]. O "direito das gentes" assume uma nova fisionomia: o princípio da não ingerência nos assuntos internos de outros Estados – sancionado pela Paz de Vestfália em 1648 – leva Vattel a conceber os Estados como "pessoas livres que vivem no estado de natureza", dotados de plena autonomia na administração de suas políticas internas, legitimados para agir rechaçando o direito de intervenção dos demais Estados. A doutrina de Grócio e de outros autores favoráveis a essas intervenções "abre as portas a todos os furores do entusiasmo e do fanatismo" e por isso deve ser rejeitada[280]. O que está sendo teorizado é o princípio do equilíbrio, mas, sobretudo, da não intervenção no direito internacional, em absoluto respeito à soberania dos Estados. É fácil perceber em que medida essa abordagem é coerente com as tendências da política europeia dessa mesma época e posteriores.

Mesmo assim, não tinham faltado nos anos anteriores vozes de orientação completamente diferente. Em um escrito publicado em 1713 – na mesma época do tratado de Utrecht, que concluía a longa guerra de sucessão espanhola e, entre outras coisas, reconhecia à Prússia o

---

[275] Autor de uma obra em três volumes: *Juris publici universalis sive juris naturae et gentium theoremata*, Livorno, 1776-1778.
[276] Entre esses, o barão Von Stein e Karl Friedrich Eichhorn, dos quais ainda falaremos. É interessante notar que Pütter ministrava, com grande sucesso, um curso de história do direito público alemão [Kleinheyer-Schröder 1996, p. 333], que se iniciava em meados do século XVIII.
[277] Meylan 1937.
[278] Barbeyrac, Nota a Pufendorf, *De officio hominis et civis* (1707), I. 2. 2: "nasce aqui um direito que alguém tem de agir como queira a respeito dessas coisas permitidas e desse direito nasce nos outros uma obrigação de não impedi-lo" [Tarello, 1976, p. 129, é que chamou a atenção para essa passagem].
[279] *Le droit des gens ou principes de la loi naturelle apliqués à la conduite des affaires des nations et des souverains*, 1758.
[280] Vattel, *Le droit des gens*, cap. Preliminar, §§ 4-7.

status de reino, o abade de Saint-Pierre apresentava um ambicioso projeto de "paz perpétua" na Europa, com a retomada de alguns pontos de um projeto elaborado em 1598 pelo ministro Sully por encomenda do rei Henrique IV da França. Os soberanos e os regentes das dezoito principais potências europeias deveriam, segundo Saint-Pierre, decidir formar uma liga perpétua, em condição de paridade, fazendo-se representar por seus deputados em um congresso permanente que deliberaria de modo vinculante desde que alcançasse a maioria qualificada de três quartos dos votos[281]. Não surpreende que o projeto, apesar de admirado e comentado (Rousseau dedicará a ele, meio século depois, um escrito elogioso)[282], tenha permanecido como letra morta.

5. França: Pothier

Entre os juristas franceses do século XVIII, um papel de destaque completo cabe, sem dúvida alguma, a um magistrado de Orléans que foi também o primeiro professor encarregado de ensinar "direito francês" na universidade, Robert-Joseph Pothier (1699-1772). Em 1740, ele publicou um celebrado comentário ao *Coutume* de Orléans, posteriormente revisto e completado em 1760, que evidenciava claramente suas afinidades com os outros costumes, na tentativa de delinear o "direito comum consuetudinário" francês. Alguns anos depois, ele voltou a expor os conteúdos essenciais do direito romano seguindo a ordem sistemática do Digesto (*Pandectae in novum ordinem digestae*, 1748), mas acompanhando a análise com anotações concisas de síntese que encontram seu ponto de força no comentário ao título *de regulis iuris*, que encerra o Digesto. Mas a fama de Pothier deve-se mesmo aos numerosos tratados de direito privado – sobre a propriedade, sobre os direitos régios, sobre as sucessões, sobre as obrigações, sobre a venda, sobre a locação, sobre o câmbio, sobre o matrimônio e outros temas mais[283] – nos quais soube conjugar de modo magistral a disciplina do direito comum de vertente romanística com os mais válidos elementos da tradição consuetudinária francesa.

Nos pontos em que os costumes dispunham de uma disciplina própria a eles, Pothier os assume como fundamento de sua análise. Por exemplo, no tratado sobre as sucessões, ele discute a questão do direito do primogênito varão a herdar dois terços dos bens feudais (*droit d'ainesse*) com base nas normas, não exatamente coincidentes, dos costumes de Paris, de Orléans e de Tours. Mas integra essa disciplina, nos casos dúbios não decididos no texto dos *coutumes*, com a evocação de regras extraídas do direito romano[284].

Os dotes de clareza, a utilização castiça da língua francesa, a tentativa simplificadora e unificadora de suas análises destinadas não tanto à ciência, mas à prática do direito e a sua aplicação explicam não apenas a grande e duradoura acolhida de seus tratados, mas também o fato de os codificadores napoleônicos terem se inspirado neles em grande medida, mesmo sendo anti-histórico considerar Pothier (assim como, com mais razão, Domat) uma espécie de codificador "ante litteram" ou também simplesmente um potencial reformador.

---

[281] C. I. Castel de Saint-Pierre, *Projet pour rendre la paix perpetuelle en Europe*, Utrecht, 1713, ed. Paris, 1986, p. 95; cf. pp. 80-6; 677-87 (para o projeto de Sully).

[282] J.-J. Rousseau, *Extraits du projet de paix perpetuelle*, 1761 (In: id., *Oeuvres complètes*, éd. de la Pléiade, Paris, 1964, vol. III, pp. 563-99); cf. o *Fragment* de 1782: "qu'on ne dise donc point que si son système n'a pas été adopté, c'est qu'il n'était pas bon; qu'on dise au contraire qu'il était trop bon pour être adopté" (ibid., p. 599). Mas Rousseau não tem ilusão alguma quanto à possibilidade de acolhida do projeto.

[283] Cf., entre outras, a edição das *Oeuvres complètes* de Pothier, Paris, 1821-1824, 26 vols. Uma edição em língua italiana publicada em Milão em 1807-1813 compreende 46 volumes.

[284] Pothier, *Traité des successions*, Paris, 1812, pp. 66-110. No caso de gêmeos para os quais não se possa provar a ordem exata de prioridade no momento do nascimento, Pothier considera que o direito de primogenitura sobre os bens feudais não deva ser aplicado (ao passo que Du Moulin optaria pela escolha por meio de sorteio) dado que nenhum dos dois poderia provar seu direito em caso de contestação, enquanto a regra romana impõe que cabe a quem move a causa o ônus da prova (ibid., p. 69).

25. O sistema das fontes

1. *Direitos locais e direito comum*

Legislação dos Estados, costumes locais, estatutos de cidades e corporações, direito feudal, direito romano comum, direito canônico, jurisprudência dos grandes tribunais: do século XV ao final do século XVIII, até as codificações modernas, estas e outras fontes do direito coexistiram no continente em uma trama extremamente complexa, em parte também diferenciada nos diversos países e até no interior de um mesmo Estado.

Ao esboçar sinteticamente essa trama, é preciso antes de tudo ter presente o dualismo fundamental entre direitos locais e particulares, de um lado, e direito comum, do outro; um dualismo que remonta ao segundo período medieval e permanece nos três primeiros séculos da Era Moderna. Para simplificar, pode-se incluir no primeiro ramo dessa dupla ordem normativa tudo o que é local (estatutos, costumes) ou particular (direitos de classe, normas feudais), enquanto no segundo grupo entram não apenas as leis romanas e (para os países que permaneceram católicos) as leis da Igreja – o *Corpus iuris civilis* e o *Corpus iuris canonici* –, mas também as doutrinas dos doutores que direta ou indiretamente se reportam ao direito romano. Esse dualismo assume, contudo, um caráter muito diferente em alguns Estados do continente agora dotados de estruturas monárquicas estáveis e consolidadas: sobretudo na França, onde desde a segunda metade do século XVI se assiste ao nascimento de um "direito comum francês", como veremos.

O mais importante elemento de novidade no sistema das fontes modernas é a entrada de um terceiro elemento, a regulamentação do Estado. Vimos que os soberanos agora legislam com plena autoridade em muitos campos do direito. E, onde intervêm com leis gerais, impõem que sua regulamentação tenha prioridade em relação a qualquer outra fonte do direito. Essa prioridade não é nova: basta lembrar que já na Idade Média as ordenações do rei da França, os estatutos ingleses dos reis normandos, as constituições de Frederico II para o reino da Sicília haviam recebido expressamente a prioridade sobre os direitos locais e sobre o direito romano comum. Mas na Era Moderna o recurso à legislação régia – embora ela quase sempre evite entrar com suas prescrições no amplo território do direito privado – torna-se bem mais frequente, como vimos, a ponto de constituir um segmento ineliminável de grande parte dos ordenamentos europeus.

O binômio transforma-se assim em um trinômio: leis régias e normas do Estado, direitos locais e particulares, direito comum. Esta é também a hierarquia adotada com mais frequência em cada ordenamento: os juízes devem primeiro aplicar as normas promulgadas pelo soberano, depois as normas locais ou particulares, por fim o direito comum se as duas primeiras categorias de normas não são adequadas para resolver o caso, ou se de algum modo devem ser complementadas ou interpretadas.

A legislação régia era, ao mesmo tempo, direito comum em relação aos direitos locais e direito particular em relação ao direito romano comum. Essa dupla natureza criou problemas de difícil resolução quanto às regras de interpretação da lei. Respeitando a ordem de prioridade de que falamos, bem como das regras sobre a interpretação dos estatutos em sua relação de integração direta com o direito comum, o critério predominante foi aplicar o mesmo princípio: a lei promulgada pelo rei era interpretada como direito especial, recorrendo ao direito comum em caso de lacuna.

Se esse é o princípio geral, enunciado por exemplo pela doutrina do reino de Nápoles acerca das Constituições suevas e angevinas incluídas nas coletâneas sistemáticas[285], a prática jurisprudencial muitas vezes assumiu uma orientação diferente. Em Nápoles, o Sacro Conselho Régio operou eventualmente superando a interpretação literal das normas de Frederico II[286]. Em Milão, a grande amplitude dos poderes discricionários do Senado permitia-lhe julgar sem precisar justificar o distanciamento da rigorosa aplicação das constituições de Carlos V, quando não do próprio direito comum [Monti, 2003, p. 326]. E no século XVIII o senador Gabriele Verri afirma que as Constituições de Carlos V, o texto fundamental para o direito Lombardo, deviam receber a interpretação analógica enquanto direito comum do Domínio [Di Renzo Villata, 2006 b, p. 239].

O exercício da jurisdição atribuiu às supremas magistraturas um papel muito importante no sistema das fontes e das regras jurídicas. No interior do ordenamento – ou da região – em que o Tribunal tinha a função de juiz de última instância, suas sentenças tinham um peso determinante também na linha jurisprudencial dos juízes inferiores: não apenas por uma obrigação formal, que em diversas ocasiões é reafirmada, mas pelo próprio fato de que a linha adotada pelo Tribunal superior implicitamente acaba predominando nos níveis inferiores, que naturalmente não ficavam satisfeitos ao ver em última instância sua decisão ser derrubada.

Quanto à relação entre decisões dos tribunais e regulamentação, uma corrente da doutrina considera que o tribunal soberano, enquanto titular do poder do rei em matéria de justiça, podia também decidir contrariamente à lei ("contra ius"). Outros, ao contrário, consideram que esse poder só cabia aos tribunais na presença de uma autorização específica concedida pelo soberano em cada caso (foi o que afirmou, por exemplo, Antonino Tesauro em relação ao Senado do Piemonte). E De Luca sustenta que nem sequer a Rota Romana podia julgar contra o direito, "porque o juiz não é legislador"[287]. Observe-se que, mesmo em relação a esse ponto, os textos romanistas ofereciam contatos não unívocos: porque, de um lado, o Código ressaltava o papel inderrogável da lei, não contornável com o recurso a precedentes jurisprudenciais[288], de outro o Digesto admitia que as ambiguidades da lei podiam ser resolvidas adequando-se ou ao costume ou à jurisprudência consolidada[289].

Através da linha jurisprudencial corroborada pelo Tribunal no interior do distrito estatal ou regional da jurisdição, após a adequação de fato dos tribunais inferiores, não apenas a grande variedade das jurisdições e das sentenças, mas também a imensa variedade das opiniões doutrinais circulantes encontrava uma barreira, constituída precisamente pela jurisprudência do Tribunal soberano local: um remédio para a crescente incerteza do direito[290].

---

[285] É o que afirma, entre outros, De Nigris: acerca do qual, ver Miletti, 1995, p. 111; Caravale, 2005, p. 82.

[286] Um caso interessante, que me foi apontado pelo prof. Marco Miletti, refere-se à contribuição (*adiutorium*) para o dote que por lei o vassalo era obrigado a pagar por ocasião do casamento da filha do seu senhor (*Constitutiones Regni Siciliae*, III. 20, c. *Quam plurimum*). No caso específico, quem dotava a esposa era o avô, se o pai fosse falecido: o vassalo, querendo subtrair-se ao ônus, argumentava que a norma deveria ser interpretada restritivamente ("filha" não equivale a "neta"), mas o Conselho, ao contrário, a considera aplicável, afirmando que de qualquer modo a norma deveria ser interpretada extensivamente, na medida em que "favorabilis" – favorável certamente ao senhor, talvez menos aos vassalos... – mas que a aplicação por analogia tampouco era necessária porque, ao aplicá-la também ao avô, apenas se explicitava o seu conteúdo ("non est extensio sed comprehensio"): De Franchis, *Decisiones Sacri Regii Consilii Neapolitani*, Venetiis, 1720, I, dec. 225.

[287] De Luca, *Theatrum veritatis ac iustitiae*, XV, p. I, 35, n. 72 [acerca do qual, Savelli, 1994, p. 9].

[288] Cod. 7. 47. 13, de 529 (Justiniano): nem mesmo as sentenças imperiais sobre casos isolados devem constituir precedente, "cum non exemplis sed legibus iudicandum est".

[289] Dig. 1. 3. 38 (Calístrato): "Imperator noster Severus rescripsit in ambiguitatibus quae ex legibus proficiscuntur, consuetudinem aut rerum perpetuo similiter iudicatarum auctoritatem vim legum obtinere debere".

[290] Afirmava-o, por exemplo, De Luca, *Theatrum*, vol. XV, *De iudiciis*, XXXV, n. 75.

Acima das fontes locais e particulares, para além das leis dos soberanos absolutos, nesses séculos existia também, desde sempre, o edifício imponente do *Corpus iuris civilis*, muito enriquecido e complementado pela doutrina agora secular dos glosadores, dos comentadores e, a partir do século XVI, também pelos mestres da escola humanista e culta. Ainda que de modos muito diferenciados, o papel do direito romano continuou crucial na Europa até o final do século XVIII [Luig, 1977].

1.1. *Itália*

Nos Estados italianos, a aplicabilidade do direito comum – como regulamentação subsidiária para preencher lacunas e ambiguidades dos direitos locais – era inquestionável e geral. A relação entre os direitos locais e o direito manteve as características já consideradas para a Idade Média, com a ressalva – que se encontra, por exemplo, no tratado de Stefano Federici[291], escrito em Brescia no século XVI – de que o direito comum constituía a regulamentação de referência na interpretação dos estatutos conformes a ele ("secundum legem") e alheios a ele ("praeter legem"), mas não para os estatutos contrários ao próprio direito comum ("contra legem").

Havia, contudo, a significativa exceção de Veneza, que não incluíra o direito comum entre as fontes oficiais, deixando os juízes livres para julgar discricionariamente nos casos em que os estatutos e as outras disposições regulamentares da Sereníssima não contivessem as normas capazes de resolver uma questão específica [Zordan, 2005, p. 175]. No decorrer da Era Moderna, com a criação de um Estado territorial que se estendia até o rio Adda, o primado de Veneza sobre o continente se afirmou através da ação das magistraturas venezianas. E o delicado equilíbrio constitucional, que sempre impediu o surgimento de um poder central absoluto protegendo a natureza de Estado republicano da Sereníssima [Povolo, 2006] realizou-se também e, talvez, em primeiro lugar por meio da jurisprudência das magistraturas (em particular a Advocacia da Comuna e a Vara da Justiça Civil), que exerceram o seu papel, em um entrelaçamento singular de competências, recorrendo amplamente a critérios de "equidade" discricional, distantes dos procedimentos de direito estrito estabelecidos pelo direito comum [Cozzi, 1982, p. 319], também apontado na vizinha e prestigiosa universidade de Pádua.

A onipresença do direito comum civil e canônico, a abrangente e persistente realidade dos direitos locais escritos e a importância cada vez maior do direito régio não conseguiram fazer com que os costumes deixassem de ser relevantes na Itália, no decorrer da Idade Moderna. Em qualquer campo do direito civil, comercial, feudal, penal e processual o costume manteve o seu papel. A doutrina discute suas características: quantos atos conformes são necessários para criá-lo, dentro de quais limites temporais, como se deve considerar obtido o consenso que constitui seu pressuposto, como deve ser entendido o critério da "racionalidade" (*rationabilitas*) que se exigia para a validade de um costume: um requisito estreitamente ligado com avaliações de ordem ética e religiosa [Garré, 2005]. Na prática, para a efetiva incidência e para a aplicação da norma consuetudinária, era essencial o poder de avaliação do juiz, em grande medida confiado ao seu poder discricionário, ao seu *arbitrium*, em uma época em que o papel da jurisdição dos tribunais se tornara fundamental.

Quanto aos estatutos, se era inquestionável que eles ainda estavam em vigor na última redação a ser aprovada (que muitas vezes remontava ao final do século XIV), e igualmente inquestionável que o direito do príncipe ou do rei tinha a prioridade sobre eles e que o direito comum só fosse invocado em terceiro e último lugar no caso de lacuna da regulamentação local (segundo os critérios já vistos para o final da Idade Média), não foi tão inquestionável o peso a ser atribuído ao estatuto da cidade dominante em relação aos estatutos das outras cidades. Na Lombardia, por exemplo, no século XVII os intérpretes questionaram se à indiscutível prioridade das constituições de Carlos V de 1541 era preciso acrescentar a prioridade do

---

[291] S. Federici, *De interpretatione legum*, n. 4; 53 [a respeito disso, ver Piano Mortari, 1956].

estatuto de Milão em relação aos estatutos das outras cidades do Ducado; e as opiniões foram divergentes[292]. Na Toscana, o papel supletivo que o estatuto de Florença havia codificado em relação aos outros estatutos locais do ducado dos Médici[293] só é parcialmente respeitado [Mannori, 2006, p. 357].

1.2. França

Desde o século XIV, graças a Filipe, o Belo, a França admitira a legitimidade do uso do direito romano no *Pays de droit écrit* da parte meridional do reino, ainda que apenas a título de costume geral para não oferecer um reconhecimento nem indireto em relação à autoridade imperial alemã, que considerava o direito Justiniano como o próprio direito. Os tribunais soberanos do Languedoc, da Provença, do Delfinado e do Roussilhão deram um peso cada vez maior ao direito comum, também porque os costumes locais não romanizantes do sul da França, que, embora tivessem existido nos séculos XII e XIII, não haviam desembocado em redações escritas que os preservassem da temível concorrência do direito romano, como ao contrário acontecera na Itália das comunas. Por outro lado, consolidou-se a prática de, em alguns casos, pedir ao rei "cartas de rescisão" que tinham o efeito de anular cláusulas contratuais específicas com as quais as partes haviam renunciado a se valer de normas do direito romano ("renunciationes"). Nesses casos o direito romano, já excluído, voltava a ser aplicado.

Por outro lado, nas regiões do centro e do norte do país (*Pays de droit coutumier*), como vimos, os costumes tiveram plena vigência. Se em regiões como as Flandres ou a Alsácia, então terras do Império, o direito romano é aplicado como direito subsidiário em caso de lacuna do costume, nas outras regiões francesas as lacunas das *coutumes* locais eram solucionadas recorrendo aos costumes das províncias vizinhas e, em última instância, à de Paris, à qual se reportava a renomada jurisprudência do Parlamento parisiense. Assim se expressou, entre outros, o principal comentador da *Coutume* de Paris, Charles Du Moulin, o qual – depois de ter reconhecido o papel do direito romano como *ius commune* – mais tarde, nos anos 50 do século XVI, chegou a defender posições muito diferentes [Thireau, 1980]: negou decididamente a assimilação das *coutumes* aos estatutos italianos e a vigência positiva do direito romano, afirmando que desde sempre estavam em vigor na França costumes gerais muito distantes do direito romano[294]. Desse modo, para esse autor era preciso considerar que o direito comum francês era constituído não pelo direito romano e sim pelo direito consuetudinário das grandes regiões da França[295].

No mesmo sentido se expressaram outros juristas renomados, entre os quais Guy Coquille, Louis Charondas Le Caron e Etienne Pasquier. Este último defendeu a tese de que nem sequer o direito romano dos países de direito escrito do sul da França se originava do *Corpus iuris* Justiniano, e sim do direito teodosiano do final do Império e das leis romano-visigóticas, aplicadas e assimiladas até se transformar em costume [Thireau, 2006].

A relação entre os costumes particulares e locais (por exemplo, no que diz respeito ao direito feudal) e o costume geral da região era uma relação de subsidiariedade, no sentido de que se recorria a este último para preencher as lacunas dos primeiros. No entanto, para algumas matérias (por exemplo, no que diz respeito à sucessão no feudo), consideradas perten-

---

[292] Sobre as opiniões opostas, a esse respeito, de dois juristas lombardos do século XVII, Francesco Redenaschi e Giovanni Battista Barbó, ver a pesquisa de G. Di Renzo Villata, 2006 b, pp. 232-5. A questão referia-se a uma norma de Pávia sobre as sucessões, divergente em relação à dos estatutos de Milão.

[293] Florença, Statuti (1415), V. 1.

[294] "Franci et Galli semper habuerunt consuetudines quasdam generales et communes [...]": Caroli Molinaei, *Prima pars Commentariorum in Consuetudines Parisienses*, n. 106, in Id., *Opera omnia*, I, Paris, 1658, col. 44.

[295] Du Moulin aconselhava os "jovens inexperientes" que haviam estudado nas universidades a não adotar os "argumentos escolásticos dos doutores italianos" – que obrigavam o intérprete a se prender ao significado literal dos estatutos e, em caso de dúvida, a recorrer ao direito comum ("stricte ad verborum proprietatem intelligenda, semper in dubio [ad ius commune] recurrendum") – porque na França os costumes são normas gerais e não normas especiais [a esse respeito, ver Caravale, 2005, pp. 129-31].

centes ao direito público, um jurista eminente como Le Caron considera que o costume geral não podia ser revogado por costumes locais[296].

Os costumes adquiriram tal autoridade que, mesmo depois de sua aprovação pela monarquia, ocorrida no século XVI como vimos acima, a tese predominante na doutrina francesa foi que os costumes mantinham sua origem e sua qualificação de costumes mesmo tendo recebido o selo da aprovação régia. E uma parte não pequena da doutrina (entre outros, Pierre Rebuffi) considera que nem sequer a legislação do rei – na forma requerida pelas *ordonnances*, com o registro do Parlamento de Paris – podia a rigor infringir os costumes a não ser para causas da maior importância e, de qualquer modo, explicitando que o regulamento devia valer também na presença de costumes contrários [Piano Mortari, 1962].

Outro limite ao poder legislativo do rei foi constituído por um núcleo restrito de princípios, qualificados pela doutrina como "leis fundamentais do reino", que foram considerados irrevogáveis por terem como fundamento uma tradição ininterrupta: entre eles, a sucessão ao trono apenas de filhos homens primogênitos segundo a linha de sucessão (uma regra impropriamente atribuída à Lei Sálica), a inalienabilidade dos bens do patrimônio público régio[297]. O princípio que está na base dessa concepção é importante, porque mostra, como também na época do absolutismo, que a doutrina contemporânea submetera o poder normativo do rei a alguns limites, fundamentados principalmente na tradição.

O direito romano teve um peso relevante também nos países de direito consuetudinário. Ele foi mantido sempre presente como *ratio scripta*, ou seja, como regulamentação residual à qual sempre se podia recorrer em caso de necessidade, precisamente por ser considerada de alta qualidade e conforme à razão, à justiça e ao direito natural: o próprio Du Moulin o reconheceu, e com ele os maiores juristas que afirmavam, como vimos, a natureza de direito comum das *coutumes* francesas. Como vimos, Pothier recorreu amplamente ao direito romano: não apenas nas matérias em que as *coutumes* eram menos desenvolvidas, como a das obrigações, mas também onde elas tinham disposições expressas, como em matéria sucessória. Mas a relação entre as duas regulamentações era estabelecida por Pothier com uma análise sutil, que aproveitava as lacunas, as regras gerais e a relação entre regra e exceção em ambos os direitos, o romano e o consuetudinário[298].

Outros autores, porém, tiveram opinião diferente, por considerarem que o direito romano, mesmo na França, não era uma simples "razão escrita", e sim verdadeiro direito positivo, a ser aplicado como complemento e integração das normas consuetudinárias: assim afirmou, no século XVI, o presidente do Parlamento de Paris, Pierre Lizet, que costumava inspirar suas decisões o mais possível no direito romano. A ele se opôs Christophle de Thou, já mencionado, também ele presidente daquele Parlamento, convicto defensor das *coutumes* como direito comum do reino [Caravale, 2005, p. 137].

1.3. *Alemanha*

O caso do direito romano nos territórios da Alemanha foi diferente. Desde o período inicial de criação da universidade de Bolonha, e depois cada vez mais intensamente, estudan-

---

[296] Caravale, 2005, p. 167.
[297] Sueur, 1994, I, pp. 75-105.
[298] Um exemplo. Em relação à sucessão sobre os bens móveis e os adquiridos, a *coutume* de Paris excluía, diferentemente da Novela 118 de Justiniano, os colaterais do falecido, reservando a legítima apenas aos descendentes; mas, se houvesse um único ascendente paterno e dois maternos vivos, os bens deixados pelo falecido deviam ser divididos por dois ou por três? A *coutume* não se manifestava a esse respeito, enquanto a Novela justiniana ratificava a primeira solução. Pothier opta pela segunda solução, evocando a regra geral das sucessões que divide a herança em partes iguais entre aqueles que se encontram na mesma condição (Pothier, *Traité des sucessions*, Paris, 1813, p. 112), na ausência de uma regra específica, como a relativa à primogenitura. Aqui portanto, para preencher uma lacuna das *coutumes*, fazia-se com que um princípio geral evidentemente extraído das próprias *coutumes* (não do direito Justiniano, porque no interior de um mesmo direito a exceção normativa deveria prevalecer sobre a regra: "in toto iure generi per speciem derogatur") prevalecesse sobre o direito romano.

tes provenientes dos países alemães – como de qualquer outra parte da Europa – haviam começado a frequentar as universidades da Itália e da França para obter uma preparação jurídica superior. A partir do século XIV, também na Alemanha surgiram universidades dotadas de faculdades de direito (Praga, 1348; Viena, 1365; Heidelberg, 1386; Colônia, 1388; Leipzig, 1409): a demanda de juristas cultos aumentava continuamente nas cidades e nos estados territoriais. Príncipes, igrejas, mosteiros, cidades, corporações, súditos necessitavam de funcionários, de juízes, de defensores, de consultores dotados de capacidades profissionais particulares, que só podiam ser obtidas com um estudo especializado de nível universitário. E sabemos que objeto exclusivo do estudo universitário eram o *Corpus iuris civilis* e o direito canônico.

É, portanto, natural que, em suas memórias escritas e em suas argumentações, esses juristas tendessem a privilegiar esquemas, regras e métodos apreendidos das fontes do direito comum. Isso levou a uma progressiva afirmação desse conjunto normativo nas questões controversas e nas decisões jurisprudenciais. Foi um processo concomitante ao enfraquecimento da força vinculante dos costumes, nem sempre claros, frequentemente lacunares e também não fáceis de comprovar. Compreende-se assim por que o imperador Maximiliano I atribuiu ao recém-instituído Tribunal Cameral do Império (*Reichskammergericht*, 1495) a tarefa de julgar "de acordo com o direito comum", ou seja, com base no direito romano complementado pela doutrina da Glosa de Acúrsio e dos comentadores. E também a Carolina, que em 1532 reformulou o direito penal, baseou-se no direito comum, assim como o Regulamento Notarial de 1512, igualmente válido para todo o território do Império.

Especialmente no início, houve fortes resistências ao direito romano. A desconfiança em relação aos juristas cultos e às suas sutilezas encontrou alimento também no terreno religioso, com a acusação dirigida aos juristas de serem "maus cristãos" ("Juristem böse Christen"). As classes rurais, compostas de colonos que viviam em terras de um senhor, preferiam ater-se aos costumes já estratificados, mais favoráveis a eles que a disciplina romanística que exaltava os direitos do proprietário. Num primeiro momento, a recepção do direito romano também teve a oposição da classe feudal, que mantinha com o soberano uma relação contratual bem diferente da relação de subordinação dos súditos em relação ao imperador romano e bizantino representado nos textos de Justiniano. Mas a recepção do direito romano não demorou a ter sucesso e por pelo menos quatro séculos influenciou o direito dos territórios da Alemanha na forma do *usus modernus Pandectarum* de que já falamos.

A posição de preeminência do Tribunal Cameral diante dos tribunais locais inferiores fortaleceu muito o papel do direito comum efetivamente vigente aplicado nos territórios alemães. Os outros tribunais de justiça menores, conscientes de que um recurso em apelação ao Tribunal do Império seria decidido de acordo com o direito comum, começaram a adequar-se a ele, a fim de evitar uma revisão muito frequente de suas decisões.

Isso não significa de modo algum que qualquer outra fonte normativa tenha sido abandonada, nem que o direito comum tenha recebido uma prioridade na graduação das fontes. Ao contrário, o princípio era exatamente o oposto: o direito das cidades (*Stadtrecht*) prevalecia sobre o direito do principado territorial (*Landrecht*) em que a cidade estava inserida e o *Landrecht* prevalecia sobre o direito comum[299]. E a análise da jurisprudência confirma que efetivamente assim ocorria[300]. Por sua vez, as normas do Império aprovadas nas formas que conhecemos

---

[299] "Stadtrecht bricht Landrecht, Landrecht bricht gemeines Recht".

[300] Um exemplo entre muitos. Na coletânea de questões discutidas pelo jurista de Brandemburgo, Johannes Köppen, e publicadas no século XVII, uma delas diz respeito à destinação dos frutos de uma terra enfeudada após a morte do feudatário. O autor cita as opiniões opostas dos maiores doutores do direito comum, de Bartolo a Giasone de Majno (alguns consideravam que estavam legitimados a recebê-los apenas os agnados, outros os subdividiam entre agnados e herdeiros do falecido: assim se manifesta a Universidade de Frankfurt, segundo o autor), mas logo depois esclarece que "iure saxonico plene secus statuitur", pois o *Landrecht* consignava os frutos aos herdeiros (J. Köppen, *Decisiones in quibus questiones illustres in Germania quotidie occurrentes [...]*, Magdeburg, 1617, q. 13, n. 41-44). As regras consuetudinárias locais frequentemente são expressas em alemão.

(*Reichsrecht*) predominavam sobre todas as outras, como vimos ocorrer para todos os estados na era do absolutismo; assim como as normas do príncipe territorial (ou aprovadas formalmente por ele) prevaleciam sobre as outras, inclusive o direito comum, no interior do território.

Os costumes locais germânicos não eram, portanto, rejeitados, ou melhor, tinham sua prioridade reconhecida em relação ao direito comum – precisamente como, na Itália, os estatutos das cidades vinham antes do direito comum na graduação das fontes –, mas de fato em muitas circunstâncias eles não eram fáceis de documentar e, além disso, no caso de lacuna e quando fosse preciso interpretá-los era novamente o direito comum que prevalecia. Precisamente a presença constante do direito comum explica o fenômeno das codificações dos *Landrecht* – fruto de uma fusão parcial entre costumes locais e normas romanísticas – que muitos principados alemães realizaram no decorrer do século XVI, como vimos acima.

É digna de nota a função de consultoria que as faculdades de direito e alguns colégios de escabinos desempenhavam em diversos principados da Alemanha. As faculdades de Halle, de Leipzig, de Jena, de Wittenberg e outras desenvolveram essa atividade, algumas já a partir do século XVI. Os autos do processo eram transmitidos à faculdade que preparava um parecer, confiando sua redação a um relator e depois aprovando-o colegialmente, às vezes em forma de simples deliberação decisória, mais frequentemente acompanhada de motivação de fato e de direito. O parecer era acatado pelo juiz comissionado e transformado em sentença. O exame acurado de uma série de casos específicos levou à conclusão de que a qualidade de tais pareceres não raro é medíocre [Falk, 2006], de modo que a severa avaliação de Carpzov, que acusava os consultores universitários de visar mais ao enriquecimento pessoal que à proteção da verdade e da justiça[301], não parece desprovida de fundamento.

2. Crise do direito comum e direito pátrio

A extraordinária multiplicidade das fontes e a difícil conexão de tantos planos normativos, juntamente com a quantidade cada vez maior de textos disponíveis para publicação e de opiniões surgidas no interior da grande "república da cultura jurídica" europeia, explicam os sintomas crescentes de crise do sistema do direito comum que, já em parte manifestos desde o século XVI, levarão no final do século XVIII à grande reviravolta das codificações.

Quem consulta as coletâneas de decisões do período final do direito comum percebe claramente esses sintomas de crise. As próprias Rotas, não obstante o indubitável valor de sua jurisprudência [Gorla, 1977], já são em ampla medida abandonadas pelos litigantes [Birocchi, 2006]. Mas sobretudo percebe-se claramente como a presença simultânea de uma exuberante selva de fontes normativas e doutrinais diversificadas permite aos Tribunais uma enorme margem de discricionariedade, apenas parcialmente limitada pelo peso dos antecedentes e do *stylus iudicandi* do próprio Tribunal[302].

Estamos diante de um processo histórico que, uma vez mais, tem caráter europeu, no sentido de que se registra em todas as partes do continente, da Espanha à Alemanha, da Ho-

---

[301] "Doctores in consulendo aeris saepe magis quam veritatis studio duci, experientia compertum habemus" (Carpzov, *Responsa juris electoralia*, Leipzig, 1709, praefatio).

[302] Em único exemplo, entre os inúmeros possíveis, de como as regras legais podiam ser flexivelmente utilizadas na prática. No direito comum estava em vigor a norma que exigia a declaração de pelo menos duas testemunhas para a prova (norma sancionada pelo Código Justiniano e derivada do Antigo Testamento); mas em um caso decidido em 1735 pelo Senado do Piemonte – se se devia incluir ou não um filho nos benefícios previstos no testamento, tendo o pai testador prescrito que o filho devia contentar-se unicamente com a legítima se tivesse cedido ao vício do jogo – os juízes, aos quais se haviam dirigido os outros irmãos, não consideraram provado o vício, não obstante o fato de que várias testemunhas haviam declarado tê-lo visto na mesa de jogo; tratava-se, porém, de ocasiões diferentes, e para cada uma delas havia uma única testemunha, não duas; o Tribunal (evidentemente orientado em favor do filho, que indubitavelmente havia continuado a jogar após a morte do pai) apoia-se em uma tese formulada no século XVI pelo jurista Aimone Cravetta sobre os "testes singulares" [sobre a questão, A. Padoa Schioppa, 2003, p. 465].

landa à França e à Itália. Mas em cada região da Europa – e também no interior de cada reino ou república – a situação das fontes do direito é diferente, mesmo sendo intensa a circulação das obras e das doutrinas.

Um fenômeno de grande importância, que só recentemente a historiografia jurídica começou a estudar, é o surgimento daquilo que se convencionou chamar "direito pátrio" [Birocchi, 2006]. No interior de cada ordenamento continuam em vigor os direitos locais e particulares de origem medieval, estatutos, costumes, regras feudais e outros direitos específicos. Em cada ordenamento vigoram normas de lei de origem régia, aprovadas nas formas que já conhecemos. Em cada ordenamento as sentenças dos grandes tribunais e as principais coletâneas de *decisões* relativas aos casos, escritas quase sempre por juízes ou por juristas que haviam participado dos próprios casos, têm autoridade como fonte parcialmente vinculante para os juízes inferiores. Em cada ordenamento recorre-se ao direito romano comum para complementar, interpretar, correlacionar entre si as regulamentações específicas; no entanto, agora esse direito é quase sempre considerado mais um direito de razão que um direito positivo [Luig, 1977].

O resultado do complexo acúmulo de todas essas fontes é, contudo, diferente de um país para outro: não apenas porque as normas locais e as leis do monarca são diferentes em cada ordenamento, mas porque o próprio direito comum é diferente na medida em que interage com fontes diferentes. E já no século XVII, também na Itália, alguns ressaltaram a progressiva redução do papel do direito romano: por exemplo, Paolo Sarpi, com referência não apenas a Veneza, é claro [Povolo, 2006, p. 31], mas também Giovanni Battista De Luca [Mazzacane, 1994]. Até os formulários notariais são regionalizados, ainda que a clássica *Suma* de Rolandino continue a circular. Esse contexto explica as propostas e as tentativas de redação escrita do direito pátrio, por exemplo na Toscana por iniciativa de Pompeo Neri.

No Piemonte saboiano o peso do direito comum foi sensivelmente redimensionado quando, em 1729, Vitor Amadeu II vetou taxativamente, na segunda redação de suas Constituições, o recurso à opinião dos doutores por parte dos advogados, permitindo apenas a evocação direta das fontes romanísticas[303], subordinadas porém às próprias Constituições, aos estatutos e às decisões dos Senados saboianos [Pene Vidari, 2006].

Nos ordenamentos não monárquicos o sistema das fontes apresenta características particulares. Já falamos de Veneza. Para Gênova, até o final do século XVIII permanecem fundamentais as linhas traçadas por três regulamentações [Savelli, 2006]. As *regulae* de 1413 continuam a ser invocadas como restrição ao exercício do poder dos doges, e as duas legislações de 1528 e de 1576 estabelecem os padrões do poder patrício da República. Em especial, as leis de 1576 instituem a magistratura dos Sindicantes [Ferrante, 1995], muito forte no controle do poder de governo do doge e da Senhoria, bem como as duas Rotas, a civil e a criminal, já mencionadas, deliberadamente compostas apenas de juristas estrangeiros.

A partir do final do século XVI desenvolve-se na França uma doutrina sobre os costumes escritos que visa esclarecer seus elementos comuns, construindo um "direito comum consuetudinário", que é considerado expressão de uma verdadeira identidade nacional francesa. Encontramos autores e obras de "instituições de direito francês", nas quais as diversas categorias de fontes (locais, régias, romanas) contribuem para fornecer um quadro abrangente de síntese (Le Caron[304], Coquille[305]).

O direito romano comum já está desvinculado do direito canônico, o qual, por sua vez, depois da divisão causada pela Reforma Protestante, não constitui mais o sistema universal que havia sido para a Europa nos séculos da Baixa Idade Média, ainda que em grande medida

---

[303] Regie Costituzioni (1729), livro III, tit. 22, § 9. A redação de 1723, ao contrário, admitia as opiniões dos doutores desde que se fundamentassem "na razão natural ou dos povos" (Regie Costituzione, 1723, livro III, tit. 29, § 2).
[304] L. Charondas Le Caron, *Pandectes ou digestes du droit François*, Paris, 1610, 2. ed.
[305] G. Coquille, *Institutions au droit des François*, Paris, 1608.

se mantenham, até as reformas do final do século XVIII, os limites tradicionais que atribuem à Igreja a disciplina do casamento e os privilégios do clero.

O surgimento de um direito nacional manifesta-se na França a partir do século XVI também em relação ao direito romano. De um lado, aceita-se a recepção de toda uma série de regras romanísticas na medida em que elas já estão "naturalizadas" (a expressão é de Etienne Pasquier) no direito francês, ou seja, de uma forma fragmentária e específica, não enquanto componentes de um único conjunto normativo: ao *Corpus iuris* como tal não se reconhece mais esse papel nem sequer para os países de direito escrito da parte meridional do reino. Por outro lado, tende-se a considerar que as regras de direito romano que devem ser vistas como válidas e aplicáveis o são enquanto expressão de princípios de direito natural, conformes à razão e válidas em qualquer época, expressas de forma madura pelo Digesto e pelo Código. As regras romanas são compreendidas dessa forma por autores como Domat e outros jusracionalistas, já mencionados [Thireau, 2006].

Desse modo, mesmo que por caminhos aparentemente opostos (a identificação de algumas regras romanísticas com a tradição local e nacional; sua identificação com o direito natural universal), o direito romano como tal é redimensionado na França do Antigo Regime. No entanto, seria totalmente equivocado subestimar o seu peso: setores inteiros do sistema privatístico – no que diz respeito às obrigações, propriedades, sucessões – são, nas próprias redações escritas dos costumes, inspirados no direito romano, às vezes na forma mais rigorosa e filologicamente fundamentada que era fruto da doutrina dos juristas da Escola Culta. Quando, na segunda metade do século XVIII, Pothier escreve seus tratados privatísticos, o componente do direito romano certamente não é certamente inferior ao do direito consuetudinário. Ambos já são considerados elementos de um único direito nacional francês.

É diferente a situação da Alemanha, onde, como vimos, a partir do século XVI a vigência do direito romano comum como sistema geral de direito tornou-se um princípio fundamental com a recepção. No entanto, no século XVII e sobretudo no XVIII houve também na Alemanha um trabalho de comparação e de elaboração doutrinal acerca dos costumes e em relação com o direito romano. Surge uma dupla tendência. De um lado, eliminam-se do rol das normas objeto de estudo as chamadas "leis ab-rogadas", ou seja, as disposições do *Corpus iuris* que não devem mais ser consideradas vigentes: obras específicas são dedicadas a identificá-las e a mostrar quanto, ao contrário, os tribunais de justiça levam em conta o direito consuetudinário de origem germânica[306]. Por outro lado, examinam-se pela primeira vez aquelas regras de direito que se distanciam do direito romano e são aplicadas por meio consuetudinário nos territórios da Alemanha. Entre elas, têm especial destaque algumas normas de direito privado: a regra pela qual "a mão deve ajudar a mão" ("Hand wahre Hand") no que diz respeito a coisas móveis recebidas em boa-fé[307]; ou a regra que unifica, quanto ao tratamento sucessório, os filhos de segundas núpcias aos das primeiras núpcias de um casal (*unio prolium, Einkindschaft*); ou o "presente matinal" (*morgengabe*) que o marido entregava à esposa no dia seguinte ao do casamento como contribuição matrimonial. E outras ainda.

Em 1707, Georg Beyer fez uma longa lista dessas normas "germânicas" em Wittenberg; em seguida Johann Gottlieb Heineccius as organizou sistematicamente em sua obra sobre o direito germânico[308]. Na tentativa de reconstruir os traços originais de um direito germânico bem diferente do direito romano e complementar a este, alguns autores adotaram o duplo critério de considerar aplicáveis por analogia costumes de outras cidades e de considerar

---

[306] Simon van Groenewegen, *De legibus abrogatis* (1649); Simon van Leeuwen, *Censura forensis theoretico-pratica* (1662).

[307] A regra estabelece que sempre que uma coisa móvel tiver sido confiada por contrato por um sujeito (A) a um segundo sujeito (B) e este, por sua vez, a tenha consignado (por exemplo, dada como penhor) a um terceiro sujeito detentor de boa-fé (C), este (C) não pode tê-la subtraída pelo proprietário (A) mediante a ação de reivindicação (como dispunha o direito romano): nesse caso, (A) deverá primeiro resgatar o penhor de (C) e depois entender-se com (B).

[308] Henneccius, *Elementa iuris germanici*, Halae, 1746, 3. ed.

"pangermânicos", portanto dotados de alcance geral, costumes atestados em textos escritos apenas para alguns lugares; mas outros, entre os quais Heineccius, rejeitaram essa ampliação dos costumes locais [Luig in *Il diritto patrio*, 2006].

Por outro lado, no estudo do direito romano comum e em sua utilização concreta, o método culto e humanista, adotado precisamente pela jurisprudência elegante e também pelos juristas do *Usus modernus Pandectarum* da Alemanha, combina-se agora com o enfoque jusnaturalista, enquanto o direito romano é considerado o mais conforme à razão, uma verdadeira *ratio scripta*.

Paralelamente, as obras da Escola Elegante e de Vinnius[309] oferecem, na tradicional moldura sistemática das Instituições justinianas, não apenas as noções básicas do direito romano, mas uma série de regras argumentativas e de exemplos extraídos da prática judiciária, muito úteis para o trabalho concreto do jurista: isso explica seu grande sucesso na Europa, através de inúmeras edições. Assim ocorre também na Alemanha [Luig, 1970], por exemplo com a obra já citada de Georg Adam Struve[310] e com o comentário às Instituições justinianas de Joachim Hoppe[311], o conciso manual com base no qual se formou o jovem Goethe[312].

O ensino do direito, portanto, também sofre a influência dessas transformações. No século XVII, encontramos na Holanda, na Suécia e na Alemanha cátedras ativas de *ius hodiernum* [Ahsmann, 1997]; na França, desde 1679 o ensino de direito francês passou a ser realizado também na parte meridional do reino [Chène, 1982]; no decorrer do século XVIII, instituem-se cursos de direito pátrio em Nápoles, na Toscana, na Lombardia, em Louvain; enquanto isso, são publicadas obras históricas sobre o direito espanhol de Gregório Mayans [Vallejo, 2001][313], sobre o direito português de Mello Freire [Almeida Costa, 2005, p. 289], sobre o direito dinamarquês de Peder Kofod Ancher [Tamm, 1990], sobre o direito alemão de Hermann Conring e de Johann Heinecke, já mencionadas[314] [Luig, 1983].

Na Itália, um dos mais significativos sinais da crise do sistema de direito comum é constituído pelas considerações que um dos maiores eruditos e historiadores do século XVIII europeu, Ludovico Antonio Muratori (1672-1750), dedicou ao direito no célebre ensaio *Dei difetti della giurisprudenza* publicado em 1742. O autor, historiador de profissão mas certamente não desconhecedor de direito, tendo-se, entre outras coisas, formado em Direito Canônico e Civil em Módena, quis condensar em poucas páginas uma avaliação crítica sobre o sistema do direito de sua época, tendo o cuidado de distinguir as falhas a seu ver inelimináveis de qualquer ordenamento – a começar pela impossibilidade para o legislador de prever qualquer possível caso, a dificuldade de interpretar sua vontade originária, a inevitável divergência de juízo e de mentalidade dos homens chamados a aplicar as leis – daquelas falhas que, ao contrário, poderiam ser corrigidas, a começar pela selva inextricável de fontes normativas e sobretudo das inúmeras e discordantes opiniões dos doutores.

Já anteriormente Muratori tencionara dirigir-se ao imperador para sugerir uma intervenção legislativa esclarecedora sobre pontos de direito particularmente controversos[315]. No escrito de 1742, ao contrário, Muratori dirigia-se ao papa Bento XIV propondo a composição de um texto legislativo que, além de esclarecer e trazer alguns exemplos, introduzisse ao

---

[309] Vinnius, *In quatuor Libros Institutionum Commentarius*, Venetiis, 1768.
[310] G. A. Struve, *Jurisprudentia romano-germanica forensis*, Jena, 1760.
[311] Hoppe, *Commentatio succincta ad Institutiones Justinianeas*, Frankfurt, 1715; Id., *Examen institutionum imperialium*, Frankfurt, 1733.
[312] Goethe, *Poesia e verità*, liv. 4; liv. 9 (in Id., *Opere*, vol. I, Florença, 1963, pp. 711; 926). O pai do poeta depois procurou apresentar ao jovem, ainda não universitário, a obra mais difícil de Struve, mas não obteve grande sucesso.
[313] *Origen i Progresso del Derecho Español* [Birocchi, 2006, p. 51].
[314] Heineccius, *Elementa iuris germanici*, 1735-1737.
[315] Muratori, *De Codice Carolino*, 1726: permaneceu inédito, publicado só dois séculos mais tarde por B. Donati, *Ludovico Antonio Muratori e la giurisprudenza del suo tempo: contributi storico-critici seguiti dal testo della inedita dissertazione di L. A. M. De Codice Carolino, sive De novo legum codice instituendo*, Módena, 1935.

mesmo tempo algumas reformas, referentes por exemplo aos fideicomissos. E elogiava a obra do soberano saboiano Vítor Amadeu II que, em época recente, havia levado a termo uma reformulação orgânica da legislação com as Constituições piemontesas de 1723, revistas seis anos depois. O historiador de Módena mostrava-se decisivamente cético em relação àqueles projetos de reestruturação global que os maiores expoentes do jusnaturalismo, de Grócio a Pufendorf, haviam propugnado em suas obras, e considerava infundada a pretensão de identificar um direito de razão válido para todos os tempos. No entanto, mais modestamente, julgava possível corrigir algumas das distorções que faziam com que o caminho da justiça se tornasse incerto e confuso, até mesmo pela presença de uma multidão de leguleios que o autor evidentemente menosprezava. Teses semelhantes aparecem no pequeno tratado *Della pubblica felicità*[316], escrito sete anos mais tarde.

A autoridade e o prestígio de que gozava Muratori, além da clareza dos juízos e da vivacidade da exposição, talvez inesperada em um erudito como ele, explicam por que o seu ensaio conseguiu suscitar um vivo debate que encontrou, entre outros, um crítico gentil mas decidido no napolitano Francesco Rapolla, que anos antes já condenara tanto as disputas artificiosas dos doutores como o enfoque puramente filológico dos juristas cultos, inútil na prática do direito[317]. A crítica a Muratori, ao contrário, concentra-se na desconfiança de Rapolla em relação a uma intervenção legislativa resolutiva e à correspondente confiança em uma doutrina clara e robusta, rigorosa mas concreta como, a seu ver, era a dos juristas holandeses[318].

A crise do direito comum pode ser resumida, com uma simplificação talvez excessiva, mas fundamentada em muitos elementos que surgem a partir da análise histórica, como o resultado de uma dupla realidade.

De um lado, há a presença simultânea de um conjunto de fontes – estatutos e costumes locais e de classe, textos do *Corpus iuris*, tratados teóricos e práticos da doutrina acumulados no decurso de mais de seis séculos, decisões judiciais, leis monárquicas, textos de direito canônico – tão amplo e diversificado que tornava difícil, se não impossível, a identificação de uma disciplina unívoca para grande parte das questões e dos casos controversos, mesmo na presença de um conjunto articulado de regras sobre a hierarquia das fontes e sobre as maneiras de combiná-las. Por outro lado, é evidente o enorme espaço que essa condição das fontes deixa aberto não apenas para o intérprete, mas para o juiz; um espaço que se estendia ao campo penal e não era substancialmente reduzido nem sequer pela presença de regras legais sobre as provas.

O resultado era confiar aos juízes e aos tribunais o verdadeiro governo do direito. Mas precisamente sobre os juízes e sobre os tribunais se acumulavam nuvens cada vez mais densas. No continente europeu, diferentemente do que ocorria na Inglaterra, os juízes dos tribunais soberanos estavam perdendo o consentimento dos julgadores e dos súditos precisamente por seu poder incontrolado. Contestava-se cada vez mais frequentemente o exercício de uma discricionariedade inquestionável nem com o apelo e nem sequer (na ausência da obrigação da motivação) com a comprovação das argumentações. Criticavam-se agora abertamente os processos de nomeação dos juízes dos tribunais soberanos, a prática legalizada da venalidade dos cargos, sua duração vitalícia, o desaparecimento do poder de escolha dos juízes por parte dos litigantes, a severidade de um sistema penal que – mesmo não desprovido de apoio popular também em suas práticas mais severas: as execuções capitais atraíam as multidões[319] – era afinal hostilizado pela opinião pública culta.

O resultado do período das reformas dos Habsburgos e da Revolução Francesa foi em grande medida um resultado antijudicial. Em lugar do amplo poder discricionário dos juízes,

---

[316] L. A. Muratori, *Della pubblica felicità: oggetto de' buoni principi*, org. por C. Mozzarelli, Roma, 1996.
[317] F. Rapolla, *De jurisconsulto* (1726), ed. org. por I. Birocchi. Bolonha, 2006: uma obra conhecida por Muratori.
[318] Rapolla, *Difesa della giurisprudenza*, 1744.
[319] Esse aspecto do sistema penal do antigo regime, em que as execuções capitais gozavam do apoio popular, foi ressaltado por Cavanna, 1975.

irrompem com força, no decorrer de poucos anos e com a contribuição determinante de um grupo de intelectuais, a afirmação do princípio de legalidade, a publicidade dos juízes, a motivação das sentenças, os direitos da defesa, a vontade de reduzir a função julgadora à aplicação direta e automática da lei.

O multiforme amontoado das fontes é substituído pela exaltação da lei do Estado, agora considerada não apenas o principal instrumento da política, mas também a restauradora da certeza do direito.

26. O direito inglês (séculos XVI-XVIII)

No final da Idade Média, o *Common law* já constituía um amplo e articulado sistema de direito. No entanto, sua evolução continuou com desenvolvimentos de grande alcance, quase em todos os campos do direito público e privado.

Na raridade dos textos de doutrina que é própria do direito inglês, uma obra se destaca entre as outras, escrita por um jurista que atuou na segunda metade do século XV e terminou a carreira de juiz no Tribunal de Queixas Comuns (*Common Pleas*): o tratado *Of Tenures* de Littleton[320], dedicado ao tema da propriedade. A estrutura sistemática em que se dividem os três livros, a clareza da redação, a precisa análise dos diversos modos de propriedade e de posse, a acurada distinção entre aspectos substanciais e processuais são as qualidades que tornaram o texto de Littleton universalmente consultado e insubstituível por pelo menos três séculos. No século XVII o grande juiz Coke dedicará a ele um importante comentário, que também se tornou clássico.

Natureza bem diferente tem uma obra escrita em 1470 por Sir John Fortescue, então *Chief Justice* do King´s Bench, posteriormente exilado na França após a queda dos Lancaster. O livro *De Laudibus Legum Angliae*[321], escrito pelo jovem príncipe Eduardo no exílio, esclarece em termos acessíveis para um aluno não jurista e com convicto apoio as características peculiares do direito inglês, incluindo uma interessante descrição das profissões legais e das *Inns of Court*.

Ao lado das obras fundamentais de Coke, do qual falaremos mais adiante, na doutrina jurídica inglesa do século XVII tiveram um papel significativo os escritos de John Selden (1584-1654), um culto jurista e político (mas não juiz) que em alguns de seus textos estudou diversos institutos do direito hebraico[322]; e que na crise constitucional de 1628 defendeu as posições do Parlamento e das Cortes contra a pretensão da monarquia de exercer a prerrogativa da prisão diante dos súditos [Baker, 2002, p. 474]. Por outro lado, a dimensão histórica do direito foi cultivada por William Prynne (1600-1669), mas sobretudo por Sir Matthew Hale (1609-1676). Juiz do tribunal dos *Common Pleas*, Hale terminou a carreira como *Chief Justice* do King´s Bench e deve ser considerado o primeiro historiador do direito inglês. São particularmente importantes a obra *History of the Common Law* (1713) e aquela dedicada às sentenças da coroa (*History of the Pleas of the Crown*, 1736), ambas publicadas postumamente – como outros eruditos do século XVII, Hale foi estranhamente avesso à publicação de suas obras – e desde então influentes durante séculos no mundo dos juristas de *Common law*.

---

[320] Th. Littleton, *Treatise of Tenures*, Nova York, 1978. A primeira edição é de 1481: um dos primeiros livros publicados em Londres.
[321] J. Fortescue, *De Laudibus Legum Angliae*, ed. Union (NJ), 1999.
[322] J. Selden, *De successsionibus in bona defuncti secundum leges Ebraeorum*, 1631; *De successione in pontificatum Ebraeorum*, 1631; *De jure naturali et gentium juxta disciplinam Ebraeorum*, 1640.

1. A justiça

A relevância dos instrumentos processuais na evolução do direito permaneceu muito forte ao longo de toda a Idade Moderna. A limitação dos *writs*, agora cristalizados também pela reivindicação do Parlamento como órgão legislativo, levou a várias formas de extensão dos instrumentos existentes, algumas das quais realizadas mediante "ficções" jurídicas; como aquela que permitiu a extensão do *writ of ejectment* – que originariamente protegia os locatários de um imóvel ou de uma terra contra atos de expulsão – à proteção geral da propriedade ou da posse, complementando ou substituindo os *writs* tradicionais. De fato, no decorrer do tempo esse se tornou o principal instrumento para as ações "reais", destinadas à proteção da posse e da propriedade imobiliária. Para tanto, adotava-se o curioso expediente de fingir que dois litigantes delegavam dois outros sujeitos na posição respectiva de locatário e locador [Plucknett, 1956, p. 374].

Houve uma evolução muito significativa nas funções do júri civil e penal. Aquela que havia sido a tarefa originária dos jurados – o testemunho sobre as pessoas e os fatos ligados à causa ou ao delito – transformou-se gradualmente, no decorrer do tempo, em uma função diferente: de testemunhos, os jurados se tornaram verdadeiros juízes, autores de um veredicto ("vere dictum") que no entanto dizia respeito apenas à questão de fato levada a juízo, verificada pelos jurados através de testemunhos, documentos ou com outros meios de prova. Por outro lado, ao juiz togado cabia aplicar ao veredicto as regras do direito. Essa evolução, já consolidada no início da Era Moderna, não privava os juízes de instrumentos incisivos para orientar os jurados antes de eles se retirarem para uma sala de conselho. Além disso, o juiz podia até colocar em discussão um veredicto considerado injusto e errôneo e pedir a nomeação de um segundo júri. Em relação aos jurados, mantinha-se o instrumento da *attaint*, um procedimento de caráter penal para a eventualidade de o veredicto dado por eles se demonstrar equivocado.

Remonta a essa época a instituição de um tribunal de justiça penal especial, a *Star Chamber*, constituída pelo Conselho do Rei – ou seja, pelo chanceler, o tesoureiro e por outros ministros com a participação de juízes e de um bispo; mas no início as audiências tiveram a participação do próprio soberano –, que perseguia uma ampla série de crimes com um procedimento expeditivo e sumário, rápido e eficaz mesmo em relação a personagens poderosos, sem a intervenção do júri, sem o poder de condenação capital, mas com recurso à tortura judiciária, que os outros tribunais de justiça ingleses não praticavam. Originada de um estatuto de 1487[323], a Câmara Estrelada atuou por um século e meio e foi considerada legítima também pelos outros tribunais de justiça, mesmo na vigência de outros estatutos que proibiam as jurisdições penais especiais, em coerência com o princípio do "juízo dos pares" pertencente à *Magna Carta*. Mas o redimensionamento do poder soberano e o reequilíbrio das funções de governo que caracterizaram o fim do absolutismo na Inglaterra levaram à abolição da *Star Chamber* em 1641.

O papel da jurisprudência, consolidado a partir do século XII, continuou a ter extrema importância no desenvolvimento do direito inglês da Era Moderna, como veremos. O prestígio dos juízes e sua autoridade foram determinantes também na origem do moderno constitucionalismo. A autonomia dos juízes de *Common law*, sua independência de juízo mesmo diante do poder monárquico, das classes e dos interesses econômicos são elementos constitutivos do direito inglês. Isso não significa, porém, que os juízes eram isolados ou alheios ao mundo da política. Basta lembrar que dois personagens de primeira grandeza na história da jurisprudência de *Common law*, que durante anos presidiram os tribunais dos *Common Pleas* e do *King's Bench*, Sir Edward Coke e Lord Mansfield, desempenharam funções políticas de grande destaque no Parlamento de Westminster.

---

[323] 3 Hen. VIII, c. 1.

2. Equity

Um elemento essencial do direito inglês é constituído pela extensão da jurisdição do Tribunal de Chancelaria. Desde a época normanda, o chanceler, guardião do grande selo do reino, era titular de poderes judiciários, pois a ele cabia, entre outras coisas, a emissão dos novos *writs* que constituíam a base da jurisdição do rei. E para os recursos, que os súditos continuaram a dirigir ao soberano mesmo após a formação dos Tribunais Centrais de Justiça, era o chanceler que se pronunciava em nome do rei, aceitando ou rejeitando os pedidos de intervenção em casos judiciários para os quais se dirigia ao rei a súplica de resolver os processos imperativos e restritivos dos Tribunais Centrais de Justiça. No decorrer do século XV essa função da Chancelaria se expandiu gradualmente, afirmando-se sobretudo onde o *Common law* não oferecia uma proteção adequada [Maitland, 1969²].

O critério geral adotado pelo chanceler foi julgar "segundo a consciência", com um exame conjunto do fato e do direito e com uma notável margem de discricionariedade. Nessa direção, a influência do direito canônico (e indiretamente também do direito romano-comum) foi muito considerável.

Um dos campos em que a Chancelaria atuou mais criativamente foi o das relações fiduciárias. Ocorria que um sujeito A pretendia, por razões pessoais, despojar-se de bens de sua propriedade cedendo-os a um outro sujeito B, com a intenção porém de que B os gerenciasse fiduciariamente ("upon trust") no interesse do concedente A ou de um outro sujeito C designado por A. Isso, segundo o *Common law*, não era possível, na medida em que a transferência da propriedade para B lhe atribuía o pleno direito de usufruir e dispor dos bens, sem nenhuma obrigação perante outros. O Tribunal de Chancelaria, ao contrário, tornou eficaz o negócio fiduciário, em nome da equidade. Considere-se que o chanceler geralmente era um eclesiástico, como tal grande conhecedor do direito canônico, bem como do direito romano; e a *aequitas* era uma das chaves da justiça eclesiástica.

O rei favoreceu a jurisdição do Tribunal de Chancelaria, que a partir do século XV passou a ser uma jurisdição complementar em relação à dos tribunais de *Common law*, com regras inicialmente fluidas, depois fixadas pelos precedentes [Baker, 2002, p. 107]. Ela assumiu o nome de *Equity*. O processo era totalmente distinto do dos outros tribunais régios: entre outras coisas, nos processo da Chancelaria não existia o júri, enquanto o chanceler impunha ao citado o juramento sobre os fatos contestados. O chanceler pôde ampliar notavelmente suas intervenções jurisdicionais através do instrumento da injunção (*injunction*): se convencido de que o juízo de um tribunal de *Common law* levava a resultados "contra a consciência", ou seja, contra a equidade, ele estava habilitado a intimar as partes a se apresentarem diante dele para obter justiça, mesmo no caso em que, nesse meio-tempo, já houvesse ocorrido a intervenção de outro tribunal.

Afirmaram-se assim não poucas regras novas e eficazes, que não tardaram a ser reconhecidas. Os méritos da *Equity* em relação ao *Common law* são tratados em um escrito[324] no qual se ressalta como nenhuma outra regra imperativa podia responder às sempre mutáveis e diversificadas necessidades e acontecimentos da vida, ao passo que a equidade desempenha muito bem essa função de adaptação do direito à realidade. São teses que foram defendidas com particular determinação pelo chanceler e cardeal Wolsey no início do século XVI.

O papel de suplência da *Equity* foi defendido com equilíbrio por Thomas More (1477--1535), aluno de Erasmo de Rotterdam, humanista, jurista de *Common law*, autor de um dos mais significativos textos de filosofia política do Renascimento, chanceler, depois condenado à pena capital (que ele enfrentou com heroísmo) por ter-se recusado, por motivos de fé religiosa,

---

[324] O *Diálogo entre um doutor em teologia e um estudioso de Common law*, escrito na quarta década do século XV, é de autoria de Cristopher of Saint Germain, um advogado (*barrister*) do Inner Temple, bom conhecedor de direito canônico e de teologia.

a reconhecer ao rei o papel de chefe da Igreja da Inglaterra[325]. More costumava insistir para que os juízes dos tribunais de Westminster mitigassem o rigor excessivo do *Common law* se queriam evitar que o chanceler interviesse nos juízos em nome da equidade [Baker, 2002, p. 107].

Também foi chanceler um outro grande nome da história do pensamento moderno, Francis Bacon (1561-1626), filósofo e jurista, autor de alguns escritos fundamentais destinados a analisar o método das ciências da natureza, mas também das ciências humanas.

Nos primeiros anos do século XVII, o acirrado conflito entre rei e parlamento, que levou à crise da guerra civil e depois à superação do absolutismo com as revoluções de 1649 e de 1688, teve um dos principais terrenos de embate na divergência entre *Common law* e *Equity*. À posição de Sir Edward Coke se contrapôs a do Tribunal de Chancelaria, presidido por homens igualmente vigorosos no plano intelectual e político: entre eles, Lord Ellesmere e Sir Francis Bacon. Os defensores da *Equity* opunham às teses de Coke a doutrina da supremacia do monarca sobre qualquer outra autoridade e a sua tradicional função de juiz supremo; uma tese que tinha sólidas bases na doutrina político-jurídica antiga e medieval. Enquanto isso, os adeptos do *Common law* contestavam o próprio critério da equidade, que fundamentava a justiça do chanceler, ironizando o seu caráter arbitrário, mutável diante da inconstância da estatura física ou do tamanho do pé do chanceler*. Se no governo dos Stuart a monarquia apoiou o chanceler, a vitória do Parlamento reequilibrou a situação em favor do *Common law*.

Com o passar do tempo, a jurisdição do Tribunal de Chancelaria se tornou mais lenta e embaraçada, até porque o responsável de qualquer decisão judiciária era apenas o chanceler, embora seu trabalho contasse com o auxílio de inúmeros colaboradores. Isso pode explicar por que, no final do século XIX, após um longo período de crise, a jurisdição de *Equity* foi absorvida no único Tribunal de Justiça Central, sobre o qual falaremos.

No entanto, a contribuição que o Tribunal de Chancelaria deu ao moderno direito inglês não pode ser subestimada: deve-se à jurisdição de *Equity* a afirmação de importantes institutos e de regras inovadoras em muitos setores: além do *trust* já mencionado, a disciplina do erro, da fraude, da rescisão do contrato, bem como o princípio da execução em forma específica (que o *Common law* não conhecia); e outras coisas mais [Baker, 2002, p. 203].

Não apenas o sistema da *Equity*, mas também a justiça do Almirantado (*Admiralty Court*) em matéria de controvérsias de direito marítimo testemunham como a influência da tradição romanística e canonística nada teve de marginal no direito inglês da Era Moderna. De fato, para tais controvérsias exigia-se o recurso ao direito romano. Não faltam os tratados e os escritos que comprovam esse fato [P. Stein, 2003]. Uma associação específica, *Doctor's Common*, criada no século XVI e atuante por três séculos [Coquillette, 1988}, reunia os juristas especializados na discussão de causas que requeriam o emprego de conhecimentos do direito canônico e civil. Mas os tribunais de *Common law* conseguiram, com o tempo, restringir sensivelmente a jurisdição do Almirantado reivindicando para si a competência de tudo o que dizia respeito às terras, mesmo ultramarinas, bem como os crimes marítimos e a pirataria, além dos contratos marítimos entre estrangeiros.

A jurisdição eclesiástica manteve um papel de grande destaque por sua competência sobre os processos beneficiários e matrimoniais [Helmholz, 2004]. Não poucas regras de formação canonística foram mantidas mesmo depois da separação entre a Igreja da Inglaterra e a de Roma.

3. *Edward Coke*

A divergência entre *Common law* e *Equity* acentuou-se até desembocar em uma crise aguda no início do século XVII. Nesse caso, que marca um momento crucial do direito inglês,

---

[325] Th. More, *Utopia*, 1516.
* Referência ao provérbio de Horácio: "Metiri se quemque suo modulo ac pede verum est" (A verdade é que cada um deve medir-se por sua estatura e por seu pé; Horácio, *Epistulae* 1.7.98). [N. da T.]

teve um papel de protagonista uma das figuras mais importantes na história do direito inglês, Sir Edward Coke (1552-1634).

Profundo conhecedor do *Common law*, Coke compôs uma série de obras destinadas a permanecer fundamentais nos dois séculos seguintes: em particular, seus *Reports* em 13 volumes[326] tiveram sucesso na tarefa de reconstruir todo o sistema de *Common law* através da citação e do comentário de milhares de casos decididos desde a época medieval até o início do século XVII. A influência e o prestígio da obra foram enormes, assim como os dos livros dos *Institutes*[327], uma exposição sistemática do direito imobiliário, do direito criminal, dos principais *statutes* e do sistema dos tribunais de justiça.

Presidente (*Chief Justice*) da *Court of Common Pleas* desde 1606, Coke se opôs decididamente ao pedido do rei de subtrair à jurisdição de *Common law* um caso referente aos direitos reconhecidos por um arcebispo, afirmando que a justiça dos juízes de profissão, portanto aquela administrada pelos tribunais régios tradicionais, devia constituir o verdadeiro fundamento do direito inglês, como tal não passível de ser substituído nem invalidado nem sequer pela vontade direta do soberano. Sua concepção do *Common law* como "lei fundamental" do reino, capaz de se impor e de predominar diante da coroa e do próprio parlamento, foi enunciada em termos que se tornaram clássicos; assim como permaneceu memorável a tese por ele defendida diretamente diante do rei, segundo a qual para julgar corretamente não basta a equidade natural, mas é preciso aplicar uma técnica do direito que só os especialistas possuem, por estarem familiarizados com as decisões antigas: "o trigo novo nasce de campos antigos"[328].

Alguns anos mais tarde, em 1611, Coke negou que uma Comissão especial nomeada pelo rei pudesse decretar a pena de prisão em um caso específico. E pouco depois, em 1615, tornando-se *Chief Justice* do King's Bench, entrou em choque com o Tribunal de Chancelaria que pretendia, como fizera no passado, reformar uma decisão do tribunal régio, decisão que o recorrente afirmava ser fraudulenta. Mas teve de enfrentar a oposição do então chanceler, Lord Ellesmere, que na batalha em apoio do Tribunal de Equity tinha o pleno suporte do rei Jaime I. Um decreto soberano estabeleceu que o chanceler podia intervir com seu juízo mesmo depois que um caso tivesse sido decidido com base no *Common law*.

Edward Coke foi derrotado. E pouco depois, em 1616, tendo permanecido em minoria no seu tribunal em um caso sobre as prerrogativas do rei em matéria eclesiástica[329], ele foi obrigado a deixar a sua dignidade de *Chief Justice*. Mas nos anos seguintes ainda desenvolveu um papel de destaque na frente oposicionista, durante o caso político que levou à afirmação do parlamento e ao moderno constitucionalismo inglês: em 1628, o embate foi duro, entre o tribunal do King's Bench e o governo do rei, que ordenara a prisão de cinco cavaleiros que haviam se recusado a subscrever um empréstimo forçado imposto pela coroa[330]. A argumentação de Coke – que declarou contrária à *Magna Carta* a pretensão de aprisionar um súdito sem submetê-lo a um processo – não foi resolutiva. No choque entre rei e Parlamento chegou-se a um passo da guerra civil.

4. O Bill of Rights

Foi a política religiosa do reino que levou a controvérsia entre monarquia e parlamento ao seu desfecho. A pretensão de Jaime II, de absolver de moto próprio em casos específicos –

---

[326] E. Coke, *The Reports [...] in thirteen Parts*, Londres, 1826, 6 vols.
[327] E. Coke, *Institutes of the Laws of England, I-IV*, Londres, 1628-1648, 4 vols.
[328] "Out of the old fields must come the new corn" (Bonham's Case, 1610; o texto desse célebre caso está em *English Reports*, Abingdon, Oxfordshire, 1979, vol. 77, pp. 638-58) [a esse respeito, Plucknett, 1956, p. 51].
[329] Case of Commendans, 1616: Colt and Glover v. Bishop of Coventry (texto em *English Reports*, vol. 80, pp. 290-313).
[330] Five Knights Case, Darnel's Case, 3 State Trials, 1 [Baker, 2002, p. 474].

mesmo que em nome da tolerância e da liberdade religiosa – pela observância de disposições legislativas votadas pelo parlamento, levou à derrota do rei, à sua abdicação e à subida ao trono da filha Maria juntamente com o marido Guilherme III. A nova estrutura foi explicitada em 1689 com o *Bill of Rights*[331]. Nele, entre outras coisas, declarava-se ilegal ("illegal") qualquer ordem do rei que suspendesse, sem autorização do parlamento, a aplicação de uma lei; qualquer imposição estável de tributos não votada pelo parlamento; a manutenção de um exército em tempo de paz sem a autorização do parlamento. Além disso, estabelecia-se o princípio da eleição livre dos membros do parlamento, sua liberdade incondicional de palavra, a necessidade de convocações regulares das sessões parlamentares.

Dez anos antes, uma lei (*Act of Habeas Corpus*)[332] introduzira fortes garantias diante de ordens do governo que fossem restritivas da liberdade pessoal. O *habeas corpus* – que paradoxalmente indicava literalmente o poder do juiz de se fazer com que lhe entregassem em custódia quem fosse detido ilegalmente – tinha precedentes remotos e recentes, mas só com essa lei tornou-se o instrumento formal para impedir as prisões ilegais por parte do poder executivo. Todo súdito inglês podia agora obter o *writ* de *Habeas Corpus* com o objetivo de ser submetido a um processo regular na presença de jurados. Primeiramente ele foi limitado apenas à verificação das irregularidades cometidas no processo de prisão, depois foi transformado em instrumento para averiguar o fundamento da própria prisão (Baker, 2002, pp. 146; 474).

Por sua vez, em uma série de decisões, o juiz John Holt fortaleceu as garantias da defesa e a proteção do citado nos processos criminais [Plucknett, 1956, p. 247]. Em 1701, o *Act of Settlement* sancionou formalmente as garantias da independência dos juízes, garantindo-lhes a segurança do salário e a estabilidade no cargo, do qual os juízes só podiam ser removidos com um voto de ambos os ramos do parlamento.

Com essas disposições, que reduziam substancialmente as prerrogativas do rei e do governo e fortaleciam correspondentemente o papel do parlamento e a independência do poder judiciário, superava-se o regime do absolutismo monárquico e estabeleciam-se os fundamentos do moderno Estado constitucional europeu, baseado no equilíbrio dos três poderes.

5. *O contrato:* Assumpsit

No terreno do direito privado, deve-se assinalar a evolução ocorrida na disciplina do contrato, cujas origens, como vimos, encontram-se na primeira fase do *Common law*. Houve uma guinada no século XV, quando foi aplicado a algumas figuras contratuais o instrumento do *Assumpsit*, um *writ* que estendia à inadimplência de uma obrigação previamente assumida – por exemplo, a de cuidar adequadamente de um animal recebido em custódia – a proteção que era garantida à vítima de um ato ilícito através do *writ of trespass*. Mais tarde, estendeu-se uma proteção semelhante a quem estivesse endividado e tivesse começado a pagar a dívida sem contudo quitá-la (*indebitatus assumpsit*); nesses casos, o fato colocado como fundamento do *Assumpsit* (ou seja, o início da execução da obrigação) devia ser provado para obter a proteção correspondente.

Os conflitos surgidos a esse respeito entre o King's Bench e a *Court of Common Pleas*, ambos competentes em matéria de *Assumpsit*, levaram em 1602 a uma decisão histórica, o *Slade Case*: naquela ocasião, decidiu-se que "todo contrato que impõe prestações implica em si mesmo um *Assumpsit*, porque quem concorda em pagar uma soma ou entregar uma coisa, por isso mesmo assume o compromisso de pagar ou de entregar a coisa"[333]. Quando se comprovava a existência do acordo, devia-se presumir o *Assumpsit*, sem necessidade de prová-lo [Plucknett, 1956, p. 645 s.]. Contudo, durante muito tempo se debateu sobre qual forma o

---

[331] 1 William & Mary, sess. 2, c. 2. Texto em http://www.constitution.org/eng/eng_bor.htm.
[332] 31 Car. II, c. 2.
[333] Slade Case (1602), in *English Reports*, vol. 76, pp. 1074-9, na p. 1077.

acordo devia assumir para se tornar acionável, porque o *Common law* não admitia (analogamente ao direito romano e ao contrário do direito canônico) a acionabilidade dos "pactos nus": daí a importância que, depois do *Slade Case*, a jurisprudência passou a atribuir à *consideration*, ou seja, às motivações que eram expressas pelas partes na estipulação do contrato.

Outro passo foi dado na segunda metade do século XVIII, quando o juiz Lord Mansfield, do qual falaremos dentro em pouco, declarou em algumas decisões históricas[334] que a *consideration* devia ser considerada um simples meio de prova do contrato, de modo que podia ser substituída, também em virtude do recente *Statute of Fraud*, por outras formas de provar a dívida ou a obrigação. E declarou que, quando se podia provar, mesmo com um escrito informal, a existência de um compromisso assumido em consciência, a obrigação se tornava acionável. Nessa orientação também teve um papel a doutrina continental, em especial o pensamento de Robert-Joseph Pothier, cuja obra sobre os contratos, publicada poucos anos antes, era conhecida pelo grande juiz inglês.

6. *Os* Reports

A transcrição dos debates processuais – na forma dos *Year Books* dedicados às sucessivas sessões de atividade do Tribunal dos *Common Pleas* – iniciada, como vimos, desde o final do século XIII, continuou ativamente até o século XVI. Depois da metade do século XV, alguns membros das Inns of Court organizaram coletâneas de *reports*, que muitas vezes se estendem por vários anos ou décadas: é o caso das de Roger Townhend, de John Bryt, de John Spelman[335], de John Caryll[336], de John Port[337].

Com o advento da imprensa começaram as edições cumulativas de *Year Books*, dedicadas primeiramente aos dois séculos de jurisprudência transcorridos entre 1327 e 1535. Essas coletâneas impressas dos casos atingiram a dimensão máxima com a grande edição in-fólio de 1679-1680.

Nesse meio-tempo, desde o início do século XVI o estilo dos *Reports* modificou-se, à medida que pouco a pouco assumiram mais importância os aspectos do direito discutidos no decorrer do processo. E a jurisprudência do King's Bench atraiu mais a atenção dos *reporters*. Mesmo após a introdução da imprensa continuou-se a recorrer alternativamente a coletâneas manuscritas. Algumas coletâneas de *Reports* devidas a autores isolados adquiriram particular prestígio: entre elas, os casos reportados por Edmund Plowden para o período de 1550 a 1570 com comentários próprios e sobretudo os 11 volumes de *Reports* comentados de Sir Edward Coke, já mencionados, publicados de 1600 a 1616, aos quais se acrescentaram dois outros volumes póstumos. Também no decorrer do século XVIII houve inúmeras coletâneas de casos, organizadas por autores isolados e publicadas[338].

Ao mesmo tempo impusera-se, por motivos evidentes, a necessidade de dispor de obras organizadas por matéria, que ajudassem a encontrar, na imensidão dos materiais oferecidos pelos *Reports* de vários séculos, os casos relativos a cada matéria. Desde o final do século XV compuseram-se alguns índices, publicados, nos quais se remetia aos *Reports* de cada caso, classificando-os em ordem alfabética por matérias. O maior desses *Abridgments* foi publicado por Charles Viner na metade do século XVIII[339], com um denso conjunto de notas e de referências cruzadas.

---

[334] São célebres, entre outros, os casos Pillans v. Van Mierop (1765), in *English Reports*, vol. 97, pp. 1035-41; Trueman v. Fenton (1777), in *English Reports*, vol. 98, pp. 1232-35.
[335] *The Reports of Sir John Spelman*, Londres, 1977 (Selden Society, 99).
[336] Publicada em 1602; agora em edição crítica: *Report of Cases of John Caryll*, Londres, 1999-2000 (Selden Society, 115-6). Seus *Reports* se estendem por quatro décadas, dos anos 80 do século XV a 1523.
[337] *The Notebook of Sir John Port*, Londres, 1986 (Selden Society, 102).
[338] A esse respeito, ver uma síntese em Baker, 2002, pp. 180-4.
[339] Ch. Viner, *General Abridgment of Law and Equity*, Londres, 1741-1753.

Uma grande coletânea de *Reports* anteriores a 1865 é a publicada em pelo menos 178 volumes entre 1902 e 1932 e reimpressa em edição fac-similar em 1979[340].

7. Lord Mansfield

Um setor no qual o direito inglês da Idade Moderna teve importantes desenvolvimentos é o direito comercial. Na Idade Média, os costumes comerciais italianos haviam chegado à Inglaterra e a justiça dos comerciantes era exercida pela *Piepowdercourts* (os tribunais "dos pés empoeirados": assim chamados por serem frequentados por mercadores viajantes), ou seja, por juízes-comerciantes com base no modelo continental dos juízes de feira, mercados, corporações. Mas Coke, no início do século XVII, seguido em medida mais incisiva por Holt no final do mesmo século [Plucknett, 1956, p. 669], já haviam atraído casos de direito comercial para a jurisdição da *Court of Common Pleas*. Nesse campo, porém, foi decisiva a obra de William Murray, Lord Mansfield (1705-1793).

Esse personagem central do direito inglês do século XVIII, último filho de uma nobre família escocesa, culto latinista, orador excelente e elegante, após os estudos em Oxford foi primeiramente *barrister* na Lincoln's Inn, depois *Solicitor general* (1742), em seguida *Attorney general* (1754) à Câmara dos Comuns e atuante nesta também na vida política, como constante adversário de William Pitt. Em 1756, trocou a carreira política pela nomeação de *Chief Justice* do King's Bench e nessa função foi mais cerca de três décadas protagonista de inúmeras decisões de enorme destaque na história do *Common law*.

Sua cultura estendia-se do direito romano à doutrina continental. De fato, em suas decisões, ele costumava aproveitar também algumas regras extraídas da riquíssima elaboração conceitual do continente, inseridas com habilidade no contexto dos costumes e das tradições de *Common law*.

Foram fundamentais as sentenças que modelaram o direito comercial – em particular as referentes a contratos, navegação, seguros, sociedades, letras de câmbio – incluindo definitivamente as suas regras e os seus costumes no âmbito do *Common law*, enfatizando o valor dos acordos e a importância atribuída à boa-fé[341]. Ele tinha o hábito de submeter os casos controversos em matéria de comércio a jurados escolhidos entre os melhores comerciantes londrinos e ouvir com atenção as avaliações deles antes de enfrentar as questões de direito ligadas ao caso em exame. Além disso, costumava fazer notas detalhadas no decorrer da audiência [Oldham, 1992] e servia-se delas para instruir pontualmente o júri, não evitando nem sequer intervir com eventuais observações e ressalvas a propósito das questões de fato [Baker, 2002, p. 85]. Sua atitude era deliberadamente antiformalista ao abordar as questões legais: como declarou em um processo famoso decidido por ele, "não gosto de obstruir a justiça por questões de forma"[342]. É característico que ele se declarasse particularmente satisfeito quando encontrava convergências entre *Common law* e *Equity* [Baker, 2002, p. 203].

As decisões de Lord Mansfield também tiveram muito peso em outros temas cruciais. A questão da escravidão, por exemplo, havia sido enfrentada pela jurisprudência. O juiz Holt, entre outros, declarara que um escravo se torna livre quando chega à Inglaterra e que nesse caso não conta (ao contrário do que outros consideravam) a circunstância de ele ser cristão ou

---

[340] *The English Reports*, Londres, 1900-1932; reimpressão fac-similar, Abingdon (Oxfordshire), 1979. Os casos estão agrupados por magistraturas. Os do King's Bench estão nos volumes 72-122 (a partir de 1378); os dos *Common Pleas* nos volumes 123-144 (a partir de 1486); os da Exchequer nos volumes 145-160 (a partir de 1286); os da Chancery Court (Equity) nos volumes 21-47 e 56-71 (a partir de 1557).

[341] Como Lord Mansfield declarou significativamente em 1765: "Hodierni mores are such that the old notion about the nudum pactum is not strictly observed as such [...] Fides servanda est" (Pillans v. Van Mierop, in *English Reports*, vol. 97, p. 1.040).

[342] "I never like to entangle justice in matter of form": foi o que Mansfield afirmou no caso Trueman v. Fenton de 1777 (*English Reports*, vol. 98, p. 1.233).

infiel: na Inglaterra (afirmou-se então) existe a servidão (*villeinage*), mas não a escravidão que torna o homem uma simples coisa móvel, como o são os animais. Também Blackstone confirmou que "no momento em que põe os pés na Inglaterra, um escravo é livre"[343].

Mas as opiniões estavam divididas sobre o ponto de se um escravo, que na Inglaterra gozava do *status* de livre, podia voltar a ser escravo quando saía do país. Uma célebre decisão de Mansfield não negou em princípio a "legitimidade" da escravidão, mesmo declarando-a "odiosa", mas no caso específico decidiu que um escravo que se tornara livre em solo inglês não podia sair da Ilha contra a própria vontade. E isso posteriormente foi considerado um argumento de alcance geral contra a escravidão [Baker, 2002, p. 476].

A abolição da escravidão por via legislativa, já projetada em via gradual em 1792, talvez por influência da Revolução Francesa, foi depois determinada em 1807 para os escravos africanos[344] e em 1833 para os das colônias inglesas das Índias Ocidentais[345].

8. Stare decisis: *o precedente judiciário*

Um dos eixos do direito inglês consolidou-se muito lentamente no decorrer da Idade Moderna: o princípio da vinculatividade do precedente judiciário, para o qual Hale, nos anos 70 do século XVII, usou a fórmula, que depois se tornou tradicional, de "stare decisis".

O amplo uso que, na metade do século XIII, Bracton fizera das decisões por ele consultadas e transcritas havia sido excepcional, pois as séries de registros geralmente ainda não eram acessíveis e consultáveis naquela época. Apesar disso, o próprio Bracton nem sempre se adequava aos casos citados e frequentemente antepunha as "boas decisões" antigas às dos juízes contemporâneos a ele, considerando-os menos preparados que seus sábios predecessores. Convém esclarecer que mesmo depois disso a evocação de precedentes por parte dos advogados em juízo ou dos juízes em suas sentenças tinha um peso não obrigatório, baseado não no precedente em si, mas antes no costume: o apelo a várias decisões judiciais conformes servia para demonstrar que esse era o costume, ao qual era conveniente se adequar no novo processo. Ao contrário, não existia a regra pela qual uma só decisão constituía um precedente vinculante. Aliás, um renomado juiz contemporâneo de Hale, o Chief Justice dos *Common Pleas* Vaughan, declarava, em 1670, que não teria sido racional remeter-se a um precedente judiciário errôneo, que devia ser aplicado ao caso em exame como coisa julgada, mas não necessariamente ser repetido[346]. Só uma linha judicial consolidada era considerada realmente vinculante [Baker, 2002, p. 199].

Entre os séculos XVI e XVII, porém, surgiu o critério de considerar vinculantes no futuro também aquelas decisões que tivessem sido assumidas pela *Exchequer Chamber*, ou seja, por um tribunal supremo que, para casos judiciários de particular importância, reunia os juízes régios dos três tribunais centrais, o Tribunal da Fazenda, o Banco do Rei e o Tribunal das Queixas Comuns. O caráter vinculante dessas decisões no final do século XVII era agora considerado inquestionável [Plucknett, 1956, p. 348]. O valor vinculante das sentenças de *Equity* também se consolidou na mesma época. E se agora se distinguia entre o dispositivo específico da sentença e as proposições colaterais, a liberdade do juiz ainda era considerável ao avaliar o peso a ser atribuído aos precedentes: por exemplo, não era raro que o juiz declarasse impropriamente reportado um certo precedente que não aprovava, contrapondo-lhe um princípio legal diferente que considerava válido e fidedigno: Lord Mansfield recorreu repetidamente a esse expediente argumentativo [Fifoot, 1977, pp. 198-229].

---

[343] Blackstone, *Commentaries*, vol. I, p. 123.
[344] Estatuto 47, George III, c. 36.
[345] Estatuto 3 & 4 William IV, c. 73, c. 12.
[346] "If a judge conceives a judgement given in another Court to be erroneous, he being sworn according to law [...], in his conscience ought not to give the like judgement": assim se pronunciou Vaughan no caso Bole v. Horton (*English Reports*, vol. 124, pp. 1.113-29, na p. 1.124).

Só mais tarde, no século XIX, se consolidará a regra pela qual até mesmo um único precedente – que comprovadamente havia enfrentado o mesmo caso legal atualmente em discussão – tem valor vinculante inquestionável para o juiz de nível inferior: um precedente do tribunal de recursos diante do tribunal de justiça, um precedente da câmara dos lordes diante do tribunal de recursos e do tribunal de justiça. Em relação ao caráter vinculante de um precedente isolado para o próprio tribunal que o enunciou, contudo, as opiniões foram e ainda são discordantes. Contextualmente, também o costume, antes em certa medida flexível, é enrijecido sempre que um precedente judiciário o tenha por assim dizer codificado. Surge, então, o moderno princípio do "stare decisis".

9. William Blackstone

Juntamente com Bracton e com Coke, não obstante as diferenças entre um e outro, Sir William Blackstone (1723-1780) pode ser considerado o autor mais lido e difundido na multissecular história do direito inglês. Sua fama se deve aos *Commentaries on the Laws of England*[347], um tratado em quatro volumes concebido como texto didático pela cátedra de Oxford à qual Blackstone havia sido chamado, a única cátedra universitária destinada ao ensino do direito. Todo o *Common law* é reapresentado com referência às fontes jurisprudenciais e legislativas: do privado ao público, do processual ao penal. Mesmo os instrumentos criados para contornar procedimentos já abandonados havia séculos, mas ainda não eliminados – como o duelo judiciário: *trial by battle* – são claramente ilustrados, junto com os expedientes e as ficções jurídicas voltadas para a mesma finalidade. De fato, naquela época, até os tribunais centrais ampliavam suas competências jurisdicionais através de audaciosas ficções jurídicas [Maitland, 1948, p. 79][348]. Isso evidencia, entre outras coisas, a enorme relevância assumida pelo *writ of trespass* nas duas diferentes articulações.

O quadro sistemático e atualizado que se delineia nas páginas de Blackstone, escritas para ser compreendidas mesmo por não juristas de profissão, mas altamente apreciadas pelos juristas mais qualificados, entre os quais Lord Mansfield [Braun, 2006, p. 152], juntamente com a convicta adesão ao que ele qualifica a "racionalidade superior"[349] do *Common law* em relação ao *civil law*, que o autor também conhece, explica o imenso sucesso da obra. O texto de Blackstone foi amplamente utilizado e reimpresso várias vezes também nas colônias americanas. Nenhuma outra obra oferece um quadro tão nítido e completo do direito inglês na segunda metade do século XVIII.

10. O direito da Escócia

Uma história própria, bem diferente da história do direito inglês, teve o direito da parte setentrional da Ilha britânica, onde desde a Idade Média celtas, anglos e normandos, junta-

---

[347] W. Blackstone, *Commentaries on the Laws of England*, Londres, 1765-1789, 4 vols. O texto integral dos *Commentaries* pode ser encontrado no *site*: http://www.lonang.com/exlibris/blackstone.

[348] Por exemplo, o King's Bench pôde ingerir-se em causas relacionadas a dívidas (que em princípio cabiam à *Court of Common Pleas*) prendendo o acusado que, desse modo, ficava sujeito à sua jurisdição como prisioneiro e depois aceitando discutir a demanda processual do autor, que dizia respeito à dívida. E junto ao tribunal de Exchequer, competente para as causas fiscais mas não para as obrigações e os contratos entre pessoas físicas, obtinha-se resultado análogo com a declaração do autor de ser devedor do rei, mas devedor inadimplente por ser credor insatisfeito do combinado, e desse modo o débito e o crédito entre os dois litigantes eram decididos pelo tribunal da fazenda [Maitland, 1948, p. 79].

[349] "The superior reasonableness of the laws of England": essa opinião, subjacente a toda a obra, é colocada como comentário da regra diferente do *Common law* em matéria de testemunho: Blackstone menciona "o engenhoso expediente" criado pelo direito comum do Continente – acompanhar o testemunho de um único teste com o juramento supletivo da parte para obter a prova plena – mas depois defende a doutrina inglesa, mais flexível, louvando precisamente sua "racionalidade superior" (Blackstone, *Commentaries*, III. 23).

mente com uma população de escotos proveniente da Irlanda, formaram um reino que elaborou suas próprias normas consuetudinárias. A Igreja teve grande peso também no terreno do direito, através da jurisdição exercida segundo o processo romano-canônico do continente. Por intermédio do direito canônico, também o direito romano penetrou como complemento dos costumes locais e conquistou espaço notável, mesmo sem ser jamais adotado de modo direto e formal [Robinson, 2000, p. 228]. As primeiras universidades surgidas na Escócia (St. Andrew, 1412; Glasgow, 1451; Edimburgo, 1556) não impediram o fluxo de estudantes para o continente. Especialmente atrativa foi a universidade de Leiden na Holanda, fundada em 1575. A biblioteca dos advogados de Edimburgo (da qual foi bibliotecário o filósofo David Hume) era provida de textos da melhor cultura jurídica do continente.

Entre os escritores que dedicaram sua obra ao direito escocês, um papel central foi desempenhado por James Dalrymple, visconde de Stair (1619-1695). Professor em Glasgow, advogado e desde 1671 presidente do principal tribunal de justiça escocês, a Court of Session, ele publicou em 1681 uma obra de síntese que permaneceu fundamental[350], que integrava e selecionava a exposição dos costumes locais à luz das doutrinas do direito natural, com base na convicção de que o direito "deve ser tratado como uma disciplina racional" [Robinson, 2000, p. 235]. A influência de Grócio e da Escola Holandesa é evidente, até mesmo pelo frequente recurso ao direito romano.

Em 1707, com o Tratado de União, a Escócia foi incluída no Reino Unido (United Kingdom), do qual ainda faz parte [Levack, 1987]. Os representantes escoceses ingressaram no Parlamento inglês, de modo que a autonomia constitucional da Escócia deixou de existir, não podendo ser assimilada a uma estrutura de tipo federal[351]. Mas o direito escocês manteve a própria fisionomia, distinta do *Common law*: o Tratado de 1707 reconheceu que nenhuma decisão judiciária assumida pelos tribunais locais podia ser reexaminada por juízes de *Common law*. Isso não impediu que na prática se afirmasse, ainda que apenas em casos excepcionais, a jurisdição do apelo da Câmara dos Lordes inglesa também para as causas julgadas pelo tribunal supremo da Escócia.

Os escoceses orgulhavam-se da identidade de seu direito local. É característico que o escocês James Boswell tenha vencido o seu temor reverencial diante do grande Samuel Johnson – que gostava de ironizar os escoceses à custa de seu jovem amigo e futuro biógrafo – reivindicando a superioridade do direito de sua pátria no tratamento processual diferente reservado aos devedores, que na Inglaterra eram presos com base apenas na palavra jurada do credor, ao passo que na Escócia o processo era bem mais garantista em relação a eles[352].

No decorrer do século XVIII, a universidade de Glasgow teve um particular desenvolvimento. Ali lecionou Francis Hutcheson, que influenciou o pensamento de David Hume e foi professor de Adam Smith, um dos fundadores da ciência econômica moderna, por sua vez professor de direito na mesma universidade, autor de importantes ciclos de aulas de *Jurisprudence*[353] (filosofia do direito) que estão ao mesmo tempo repletas de referências históricas e atuais ao direito de família, aos contratos, ao direito de polícia.

---

[350] Stair, *Institutes of the Laws of Scotland*, 1681.
[351] Um Parlamento escocês, mas com competência limitada, foi instituída apenas há poucos anos, em 1998.
[352] *Boswell's Life of Johnson*, 15 de maio de 1776 (ed. Londres, 1957, p. 774).
[353] Edição italiana: A. Smith, *Lezioni di Glasgow* (1762-1763; 1763-1764), org. por E. Pesciarelli. Milão, 1989.

Quarta parte
A era das reformas (1750-1814)

A segunda metade do século XVIII europeu caracteriza-se por uma dupla tendência no terreno do direito. O sistema do direito comum continua vivo, com o patrimônio riquíssimo de suas fontes e de seu aparato de doutrinas, mas mostra sinais cada vez mais evidentes de crise, que alguns autores já haviam assinalado há muito tempo (assim fez Hotman, na França, desde o século XVI) e para os quais outros observadores recentes (é o caso de Muratori na Itália na metade do século XVIII) haviam chamado a atenção: uma crise de certeza, determinada pelo emaranhado das fontes e das doutrinas acumuladas durante séculos, e uma crise de conteúdos, derivada de novas tendências de pensamento e de novas exigências do poder e da sociedade amadurecidas no decorrer da Era Moderna.

Nessa direção, algumas doutrinas e algumas categorias do direito natural são agora adotadas também por autores e tratadistas ainda ancorados no direito comum, como Heinecke, Pothier, ou Cremani, já mencionados. Mas a partir da metade do século uma nova tendência cultural se afirma: a crítica ao sistema das instituições já implícita em muitas posições do jusnaturalismo – na medida em que os que esboçavam as linhas do direito natural, ao fazê-lo, implicitamente já exaltavam sua superioridade qualitativa em relação às normas positivas em conflito com ele, fossem elas legislativas ou consuetudinárias – torna-se agora crítica aberta e não raro radical. E traduz-se em uma infinidade de propostas de reforma para uma pluralidade de setores da vida em sociedade: das relações entre Estado e Igreja às instituições do patriciado, do sistema dos delitos e das penas à justiça civil e criminal, do regime jurídico da família ao direito da economia. Surge pela primeira vez a convicção de que a sociedade pode ser transformada segundo um projeto orgânico e racional; que é tarefa do Estado realizar esse projeto; e que o instrumento para alcançar o objetivo é o direito na sua dimensão legislativa.

A cultura europeia entra assim em uma nova fase, designada como época das Luzes (Iluminismo, *Lumières*, *Aufklärung*, *Enlightment*). Uma fase que pode ser caracterizada sob o aspecto da cultura com a fórmula cunhada por Kant, quando, à pergunta "o que é o Iluminismo?"[1], respondeu que o seu lema poderia ser simplesmente este: "atreva-se a conhecer" ("sapere aude").

No decorrer de poucas décadas, as ideias das Luzes determinaram um modo de agir totalmente novo por parte do poder: elas inspiraram a ação de alguns soberanos até se traduzir em um conjunto de intervenções que transformaram os próprios alicerces do ordenamento do Antigo Regime. A partir de então, a lei do Estado torna-se na Europa algo que jamais havia sido nos longos séculos do direito comum, a fonte primeira e dominante do direito, o instrumento privilegiado, se não exclusivo, de suas transformações e de sua evolução. Os soberanos do continente (ao contrário do que ocorrera na Inglaterra no século XVII) mantiveram, porém, nessa fase histórica, todos os poderes conquistados durante a Era Moderna, chegando até a fortalecer o monopólio legislativo, que constituía o principal instrumento de sua ação: compreende-se, portanto, por que essa época foi qualificada pelos historiadores como a era do absolutismo esclarecido.

---

[1] I. Kant, *"Was ist Aufklärung"* (1784).

Os poderes do Estado fortaleceram-se também onde o Antigo Regime foi removido de forma traumática: na França da Revolução. E aonde chegaram as reformas desapareceu uma das funções do poder público medieval e moderno: o Estado deixou de constituir o "braço secular" da Igreja para combater as heresias e os desvios da ordem religiosa. E ao mesmo tempo desapareceu a tendência secular dos Estados de se servir da religião para perseguir objetivos de domínio sobre os indivíduos e grupos sociais. Em contrapartida, a luta contra as ordens religiosas e a expropriação de uma parte considerável das imensas propriedades eclesiais teve consequências sociais, econômicas e jurídicas tanto sobre a sociedade civil como sobre as estruturas dos Estados católicos.

O poderoso impulso das reformas assinala o declínio do patriciado como classe dominante da sociedade europeia. Depois de três séculos de poder e de esplendor, ao mesmo tempo a política, a economia, a sociedade e a cultura denunciam a deterioração de um tecido luxuoso, mas agora gasto. E, como sempre, a arte oferece o sinal mais expressivo dessa deterioração: basta pensar nas ásperas representações da nobreza nas comédias de Carlo Goldoni, nos versos de Giuseppe Parini e de Carlo Porta, até mesmo nas *Bodas de Fígaro* do abade Lorenzo da Ponte musicadas pelo gênio de Mozart. Começou a ascensão da burguesia. E o direito é parte integrante e fundamental dessa transformação profunda.

Com a Revolução Francesa, modificou-se pela primeira vez na Europa continental – embora de formas bem diferentes em relação ao modelo inglês – o fundamento constitucional da soberania, com a decisiva (mas ainda parcial) concretização do princípio da soberania popular. As raízes dessa evolução também devem ser buscadas na época das Luzes.

Um aspecto central dessa fase histórica é constituído pela superação definitiva do sistema do direito comum, que, como sabemos, predominava no continente havia quase sete séculos. Em particular na Áustria e na França, entre o final do século XVIII e o início do XIX, chega-se à codificação do direito privado, do direito penal, dos dois processos: setores fundamentais do ordenamento que anteriormente estavam reservados ao jogo intrincado dos costumes, dos direitos locais e do direito comum são agora sistematizados de forma clara e orgânica em algumas poucas leis exaustivas, em verdadeiros códigos, pensados *ex novo* e escritos na língua do país. O mais importante, os códigos substituem totalmente as fontes anteriores, ou seja, não são mais (ao contrário dos regulamentos dos soberanos medievais e modernos) passíveis de ser complementados pelas outras fontes do direito: os advogados e os juízes devem necessariamente extrair dos códigos e apenas deles as regras para a defesa, para a acusação e para a decisão dos casos.

O direito europeu do continente entra assim na era das codificações, que já o caracteriza há mais de dois séculos.

27. Iluminismo jurídico

1. *Montesquieu*

Costuma-se designar como momento inicial da nova cultura iluminista o ano da primeira edição de uma obra que teve enorme repercussão na Europa: em 1748 foi publicado o *Esprit des lois* de Charles de Secondat, barão de Montesquieu (1689-1755). Na época alto magistrado e presidente do tribunal soberano de Bordeaux, estudioso de história, de direito, de literatura, mas também de ciências naturais, o autor já se tornara famoso um quarto de século antes com a publicação, em 1721, de uma pequena obra, as *Lettres Persanes*, em que imaginara que um muçulmano proveniente da distante Pérsia descrevia aos familiares, em forma epistolar, suas impressões sobre a França da época por ocasião de uma viagem a Paris: um feliz recurso literário (já adotado algumas décadas antes pelo genovês Giovan Paolo Marana) que permitia ao autor representar com aparente ingenuidade e com pungente ironia não poucos aspectos dos costumes da época, inclusive alguns criticáveis aspectos da justiça[2]. Em sua obra principal, Montesquieu se propôs um objetivo bem mais ambicioso: quis traçar um quadro completo das relações necessárias que ocorrem entre o regime político-constitucional de um país e seu direito público e privado.

Baseado em um amplo conhecimento de primeira mão não apenas da história antiga da Grécia e de Roma, mas também da história medieval e moderna da França e da Europa, o *Esprit des lois* retoma e reformula a tripartição aristotélica dos regimes políticos, considerando três formas de governo: o governo republicano, por sua vez diferenciado dependendo de o poder residir em todo o povo (democracia) ou então apenas no componente aristocrático; o governo monárquico, em que o soberano governa através das leis; o governo despótico, no qual o déspota pode atuar em todos os campos a seu arbítrio. Entre os regimes aristocráticos, o autor tem bem presentes as repúblicas de Veneza e de Gênova; entre os regimes tirânicos ele considera típico, para sua época, o regime da Turquia, que atribuía poderes indiscriminados ao sultão. Quanto ao governo monárquico, para Montesquieu nele é essencial o papel da nobreza[3], que ao mesmo tempo fortalece e modera o poder soberano; e entre as monarquias o autor distingue os modelos da França e da Inglaterra, detendo-se nas diferenças entre os dois ordenamentos. O princípio fundamental do governo republicano é a "virtude" e com ela a busca da igualdade: na distribuição dos encargos fiscais como nas sucessões de direito privado[4]. O princípio em que se sustenta o governo monárquico, por outro lado, é a honra[5]. Mas existem monarquias estruturadas para a obtenção da "glória" (como é a da França) e outras fundamentadas no valor da "liberdade" (como é o caso da monarquia da Inglaterra): onde a liberdade é entendida como "a tranquilidade de espírito que provém da opinião da própria segurança"[6].

---

[2] Montesquieu, *Lettres Persanes* (1721), ed. P. Vernière, Paris, 1960.
[3] Montesquieu, *Esprit des lois*, ed. R. Dérathé, Paris, 1973, II. 4: "point de monarque, point de noblesse; point de noblesse, point de monarque, mais on a un despote".
[4] Montesquieu, *Esprit des lois*, V. 5.
[5] Montesquieu, *Esprit des lois*, IV. 2.
[6] Montesquieu, *Esprit des lois*, XI. 5: "é necessário que o governo seja tal que um cidadão não possa ter medo de outro cidadão".

Justamente as páginas sobre a constituição britânica, fruto de um reconhecimento pessoal do autor, que residira em Londres, estão entre as mais importantes da obra, na medida em que pela primeira vez a constituição inglesa, uma constituição não escrita, era descrita para a opinião culta do continente. O papel do rei como titular do poder executivo, mas não do poder legislativo, os poderes legislativo e fiscais do parlamento, bem como a disciplina jurídica da família e a estrutura do processo civil e a pena como instituto tão característico do júri[7], recebiam assim uma representação particularmente clara, na qual implicitamente transparecia a admiração do autor pelas instituições do outro lado da Mancha.

Com base nisso, Montesquieu, dando uma nova interpretação às teses de Locke, teorizava a doutrina dos três poderes – legislativo, executivo e judiciário – que se tornará o eixo do moderno constitucionalismo não apenas da Europa; defendia os méritos de um regime representativo que confiasse o poder legislativo conjuntamente a uma Câmara eletiva e a uma segunda Câmara alta, expressão da nobreza e da elite da nação; e declarava, embora sem tons polêmicos, preferível o modelo inglês da separação dos poderes por ser mais adequado para defender a liberdade dos indivíduos[8]. A esse respeito, ele enunciava a célebre fórmula segundo a qual a liberdade aumenta quando o poder é limitado; e que o que permite a limitação dos poderes é precisamente sua separação, na medida em que é o poder que bloqueia o poder[9]: "quando na mesma pessoa ou no mesmo corpo constituído o poder legislativo está conjugado ao poder executivo, não existe liberdade"[10]. Ao poder judiciário, que Montesquieu qualifica como "quase nulo", cabe não a criação de regras, mas a aplicação da lei, de modo diferenciado, porém: enquanto no regime da república o juiz deve limitar-se a uma aplicação automática e por assim dizer mecânica da lei – é famosa a expressão que atribui ao magistrado a função de representar simplesmente "a boca da lei": "la bouche de la loi" – nas monarquias ao juiz é reconhecido um papel maior, que o habilita a recorrer também ao "espírito da lei"[11].

Podem-se vislumbrar no pensamento de Montesquieu componentes de diferentes naturezas. Algumas regras consideradas preferíveis em absoluto, como a da liberdade, capazes de garantir o bem do indivíduo e o da sociedade, parecem inspiradas na teoria do jusnaturalismo: como por exemplo na doutrina constitucional sobre os três poderes ou na avaliação positiva do júri popular[12] ou sobre os princípios de legalidade e de proporcionalidade do direito penal. Muitas vezes a racionalidade de um princípio ou de um instituto está vinculada, ao contrário, a uma determinada forma de governo: é o que ocorre acerca de alguns aspectos do sistema penal (em que as características do regime republicano impõem sanções rígidas e discricionariedade mínima ou nula em sua aplicação, enquanto no regime monárquico o soberano dispõe amplamente do instrumento da graça)[13] ou na avaliação do instituto do fideicomisso, considerado negativo no regime aristocrático e positivo no monárquico[14]; e como em muitíssimos outros exemplos extraídos tanto do direito público como do privado. Outras vezes, Montesquieu baseia regras e institutos jurídicos nas características físicas do país, no clima e em geral na geografia.

Esses elementos coexistem em Montesquieu com a consciência da historicidade do direito, que assume formas muito diferentes no tempo e no espaço. Até o direito dos povos, segundo o autor, não é o mesmo em todos os lugares[15]. Cada povo tem seu próprio direito, suas leis

---

[7] Montesquieu, *Esprit des lois*, VI. 3.
[8] Montesquieu, *Esprit des lois*, XI. 6, *de la constitution d'Angleterre*.
[9] Montesquieu, *Esprit des lois*, XI. 4: "Pour qu'on ne puísse abuser du pouvoir, il faut que, par la disposition des choses, la pouvoir arrête le pouvoir."
[10] Montesquieu, *Esprit des lois*, XI. 6. E continua: "tout serait perdu si le même homme ou le même corps des principaux, ou des nobles, ou du peuple, exerçaient ces trois pouvoirs".
[11] Montesquieu, *Esprit des lois*, VI. 2; XI. 6.
[12] Montesquieu, *Esprit des lois*, VI. 3; XII. 3.
[13] Montesquieu, *Esprit des lois*, VI. 4; VI. 21.
[14] Montesquieu, *Esprit des lois*, V. 8-9; XXVI. 6; XXX. 33.
[15] Montesquieu, *Esprit des lois*, I. 3: a propósito da tribo indígena norte-americana dos iroqueses [sobre isso, ver Tarello, 1976, p. 271].

e seus costumes, embora existam relações necessárias entre regime político e regime jurídico. E é precisamente em virtude de um atento reconhecimento da experiência histórica que para Montesquieu é possível reconstruir, com um método empírico, mas com intenção científica, as relações necessárias entre as formas de governo e as regras do direito público e privado.

Essa complexa articulação conceitual – que mescla a reformulação original de teorias políticas antigas e modernas com elementos extraídos do conhecimento histórico, o enunciado de princípios e de valores imutáveis com análises empíricas pontuais, portanto jusnaturalismo, historicismo, sociologia – não é o último motivo do sucesso extraordinário da obra de Montesquieu.

2. Os Enciclopedistas e Rousseau

Uma fase significativa da nova cultura iluminista foi marcada pelo grande empreendimento da *Enciclopédia*. Dirigida por dois intelectuais de formação diferente, Denis Diderot e Jean-Baptiste D'Alembert, publicada no período de cerca de quinze anos a partir de 1750, a obra demandou muitas energias da intelectualidade francesa, abertas às novas dimensões da cultura. E, se no terreno do direito os verbetes organizados por Louis de Jaucourt não têm particular qualidade teórica, eles contudo refletem muitas posições dos jusnaturalistas e de Montesquieu[16]; enquanto o verbete *Droit de la nature*, escrito por Diderot, constitui um interessante desenvolvimento do pensamento antigo e moderno sobre o tema[17].

A *Enciclopédia* também contara com a colaboração de um autor natural de Genebra, Jean-Jacques Rousseau (1712-1788), que, tendo se transferido para a França com trinta anos de idade depois de diversas vicissitudes, logo se tornou, com seus escritos de economia, de pedagogia e de literatura, uma das figuras mais relevantes (mas também uma das mais controvertidas) do mundo intelectual parisiense. No terreno das ideias político-jurídicas, o texto fundamental de Rousseau é o pequeno tratado intitulado *O contrato social*, surgido como fragmento de uma obra mais ampla depois não levada a termo, publicado em 1762. Nessas poucas páginas encontramos expressas algumas ideias que – quase ignoradas nos vinte e cinco anos posteriores à publicação da obra – assumirão, a partir da Revolução Francesa, um destaque absoluto na história das doutrinas políticas e constitucionais modernas.

"O homem nasceu livre, e em todos os lugares se encontra acorrentado": o *incipit* do *Contrato* já é um prenúncio do enfoque do livro. A vida em sociedade, o contrato social, não é para Rousseau uma escolha livre realizada em um momento do passado, mas uma necessidade objetiva. A soberania pertence a quem criou o contrato, ao povo na sua totalidade: não ao soberano. E é uma soberania única, inalienável e indivisível[18]. O que resulta das deliberações coletivas é a "vontade geral" do povo, que produz um corpo único, um ente moral, que assume o nome de povo[19]. Além disso, "o pacto social estabelece tal igualdade entre os cidadãos, que todos eles se obrigam sob as mesmas condições e todos devem usufruir os mesmos direitos"[20]. Em relação às ideias de Grócio e dos jusnaturalistas sobre o contrato social, contrárias às suas, Rousseau reage com veemência[21].

---

[16] *Encyclopédie*, verbete *Loi* (ed. Neuchâtel-Genève, 1778, vol. XX, p. 264); verbete *Juge* (vol. XIX, p. 166).
[17] *Encyclopédie*, verbete *Droit*, vol. XI, pp. 424-9 [a esse respeito, ver Tarello, 1976, pp. 333 ss.].
[18] Rousseau, *Contrato social* (1762), II. 1-2.
[19] Rousseau, *Contrato social*, I. 6: "Cada um de nós põe em comum a sua pessoa e todo seu poder sob a suprema direção da vontade geral; e recebemos enquanto corpo cada membro como parte indivisível do todo". Essa proposição já se encontra na primeira versão da obra: ver a edição crítica organizada por R. Derathé, ed. Pléiade, J.-J. Rousseau, *Oeuvres complètes*, vol. III, Paris, 1964, p. 290.
[20] Rousseau, *Contrato social*, II. 4.
[21] De fato, Rousseau expressa uma oposição radical à concepção do contrato social de Grócio, contestando vivamente a ideia de que é legítima a renúncia da soberania do povo em favor de um soberano: e observa que não se pode

As deliberações coletivas manifestam-se através da lei, que tem caráter geral e abstrato e deve emanar de todo o povo, não de corpos particulares e intermediários que destruiriam a vontade geral, cuidando apenas de interesses setoriais[22]. Para Rousseau, até as instituições representativas e o exército profissional são conflitantes com a soberania do povo[23]: de fato, ele elogia o Estado de dimensões limitadas e se pronuncia resolutamente em favor da democracia direta[24]. Por outro lado, o poder legislativo deve ser diferenciado do poder executivo: "quem dirige os homens não deve dirigir as leis, e quem dirige as leis não deve dirigir os homens"[25]. As decisões devem ser tomadas sempre por maioria, graduando o nível desta em função da importância da matéria, sem jamais exigir a regra da unanimidade[26].

Não é difícil perceber como tal concepção da soberania, do Estado e do direito estava em conflito não apenas com a realidade institucional da época, mas também com as ideias de Locke, de Montesquieu e dos outros expoentes do pensamento político de então. O *Contrato* de Rousseau introduz na história do pensamento político-jurídico europeu, com argumentos tão concisos quanto eficazes, uma concepção do poder político baseado no princípio da democracia direta e no sufrágio universal, portanto no significado pleno e rigoroso da soberania popular. Um princípio que abrirá arduamente o seu caminho na Europa e fora dela no decorrer dos dois séculos seguintes.

3. *Voltaire*

Quem imprimiu uma marca indelével ao iluminismo jurídico europeu foi um francês, François-Marie Arouet, mais conhecido pelo nome literário de Voltaire (1694-1778). Autor de importantes obras históricas sobre a França medieval e moderna, de escritos literários e poéticos, de ensaios filosóficos, formidável polemista[27], Voltaire colocou no centro de sua atividade de escritor a denúncia das injustiças e das distorções geradas pelo ordenamento legal da época.

A pretensão de impor aos súditos uma única fé religiosa e de obrigar a respeitá-la mesmo através do poder imperativo do Estado foi combatida por Voltaire com as armas aguçadas da história, da filosofia e da sátira. As terríveis sanções penais prescritas havia séculos aos heréticos, o procedimento da inquisição que eliminava os direitos da defesa, a disciplina exclusivamente canonística do casamento e a proibição do divórcio, os privilégios civis, penais e fiscais do clero e sua subtração à coação do Estado, o regime das ordens monásticas, a intolerância religiosa e suas funestas consequências ("nós nos exterminamos por parágrafos")[28] e muitos outros temas constituíram o objeto de inúmeros escritos de implacável denúncia.

Igualmente nítida foi a denúncia das violações da liberdade de pensamento e de expressão, que o instituto da censura dos livros codificava limitando fortemente a liberdade de imprensa. O sistema penal e os vastos poderes discricionários dos tribunais soberanos foram estigmatizados através da apresentação de erros judiciários exemplares, como a condenação e a execução capital do calvinista Calas, acusado erroneamente de ter assassinado o filho para evitar que se convertesse ao catolicismo (*Mémoire de Donat Calas*, 1762)[29], ou o procedimento

---

adotar uma atitude simplista fazendo que o direito seja derivado do fato e considerando legítimo aquilo que é apenas o resultado da força (Rousseau, *Contrato social*, I. 2-3).

[22] Rousseau, *Contrato social*, II. 6.
[23] Rousseau, *Contrato social*, III. 15: quando os cidadãos optam por se fazer representar por deputados ou pagam as tropas para ficar em casa, "o Estado já está próximo da ruína".
[24] Rousseau, *Contrato social*, II. 9.
[25] Rousseau, *Contrato social*, II. 7.
[26] Rousseau, *Contrato social*, IV. 2.
[27] *Candide ou l'optimisme*, 1759.
[28] Voltaire, *Traité sur la tolerance* (1765), VI.
[29] Voltaire, *Oeuvres complètes*, ed. Beauchot, Paris, 1828-1840, reimpressão 1866 (40 vols.), vol. 23, pp. 522-9; Id., *L'Affaire Calas et autres affaires*, Paris, 1975, pp. 35-87.

contra o protestante Sirven em 1765, também ele injustamente acusado de ter matado a filha[30]; observe-se que em ambos esses casos a intervenção dos juízes penais estava ligada a razões confessionais, de modo que Voltaire, ao censurar os tribunais de justiça, continuava ao mesmo tempo a sua batalha contra a intolerância religiosa: não por acaso o tratado sobre a tolerância, publicado em 1763[31], foi escrito por ocasião do Caso Calas.

Mais em geral, Voltaire criticava a pluralidade dos costumes e a arbitrariedade das excessivas regras em vigor, diferentes para localidades situadas até a poucas léguas de distância. E criticava a pluralidade dos regimes jurídicos para as diversas classes sociais, em especial para a classe feudal e nobre, patrocinando uma clara e uniforme disciplina para todos os súditos do reino. Para Voltaire, o remédio contra as normas obsoletas e contraditórias era simples: era preciso revogá-las para substituí-las por outras, melhores. É célebre a sua exclamação: "Querem ter boas leis? Queimem as antigas e elaborem novas"[32].

Essas batalhas ideológicas – nas quais se encontram não poucas argumentações inspiradas nas ideias de Pufendorf e dos jusnaturalistas – apelavam para o princípio da liberdade originária do homem (todo homem nasce livre) e levavam à exaltação da liberdade econômica e da iniciativa individual, contra as restrições do regime tradicional das pessoas, das famílias e da economia. Por outro lado, não faltam em Voltaire conceitos e preconceitos conflitantes com a ideia de igualdade entre os homens. E deve-se ressaltar que o instrumento para realizar essas instâncias, tanto em relação à Igreja como às classes privilegiadas, era constituído, para Voltaire, pelo poder soberano, através do instrumento da lei. Sua posição era e sempre permaneceu uma posição pró-absolutista, não particularmente inclinada à adoção de formas de representação política, embora conhecesse por experiência o modelo constitucional inglês e o admirasse[33]. Não por acaso Voltaire foi, durante décadas, familiar e conselheiro de um dos mais poderosos e coerentes soberanos do absolutismo esclarecido, Frederico da Prússia; e foi admirador de uma outra soberana do despotismo esclarecido, a imperatriz Catarina da Rússia.

Voltaire manteve uma correspondência muito ativa com os intelectuais de toda a Europa por mais de meio século[34], até sua morte. E graças a seus escritos muitas ideias das "Luzes" adquiriram poder de convicção sobre a opinião pública culta e se tornaram um eficaz instrumento de pressão sobre os soberanos absolutos.

4. *Iluministas franceses*

Entre as personalidades da cultura francesa inspiradas nas ideias iluministas, é preciso mencionar ainda alguns autores, por sua relevância na apresentação das críticas ao sistema de Antigo Regime. Claude-Adrien Helvétius (1715-1771) afirma o princípio utilitarista da máxima felicidade para o maior número de homens, um objetivo que a seu ver só pode ser perseguido através do instrumento da legislação, que obrigue os indivíduos a se comportarem de modo virtuoso[35]: uma concepção que confirma o papel hegemônico agora atribuído à lei entre as fontes do direito e da sua evolução. Não diferente é a atitude do barão d'Holbach, também ele defensor de uma rígida disciplina normativa de origem soberana, que depure a sociedade dos vícios e dos erros em contraste com os ditames da razão[36].

---

[30] Voltaire, *Oeuvres*, ed. Beauchot, vol. 24, pp. 445-60; Id., *L'Affaire Calas* [nota precedente], pp. 199-236.
[31] Voltaire, *Traité sur la tolérance à l'occasion de la mort de Jean Calas*, in *L'Affaire Calas* [notas precedentes], pp. 88-198.
[32] Voltaire, *Dictionnaire philosophique* (1764), verbete *Lois*.
[33] Ver as observações elogiosas das *Lettres philosophiques ou Lettres anglaises* (1734), 8: "La nation Anglaise est la seule de la terre qui soit parvenue à régler le pouvoir des rois en leur résistant" (ed. Naves, Paris, 1964, p. 34).
[34] Voltaire, *Correspondance*, ed. Berstermann, Paris, 1977-1992, 13 vols. da Coleção La Pléiade.
[35] *Esprit des lois* (1757), II. 15: "os vícios de um povo estão, se ouso dizê-los, sempre disfarçados no seio da sua legislação", de modo que querer eliminá-los "sem fazer nenhuma mudança nessa mesma legislação é pretender o impossível".
[36] P.-H. Th. D'Holbach, *Politique naturelle*, 1773; Id., *Système social*, 1774, reimpressão Hildesheim/Nova York, 1969.

Uma outra linha do pensamento iluminista é representada por autores que concentram sua crítica em um dos pilares fundamentais da sociedade: o instituto da propriedade privada. Em uma obra publicada anonimamente em 1755 (como grande parte das publicações da época, submetidas à censura eclesiástica), intitulada *Código da natureza*, o autor Morelly denunciava precisamente a propriedade privada como causa do abandono do feliz estado de natureza originário dos homens; e propunha uma utopia renovadora, que seria realizada abolindo a propriedade individual e impondo uma rígida disciplina de igualdade, com a saída obrigatória da criança da família com a idade de dez anos, para fazer com que os jovens crescessem "nas oficinas"[37].

Igualmente crítico em relação à propriedade privada, destruidora do estado de natureza, é um dos mais conhecidos e influentes autores do século XVIII, o abade de Mably (1709-1785). Mas para Mably a solução não está em uma impossível restauração de uma ordem já ultrapassada, e sim no preparo de remédios que limitem os danos provocados pela propriedade. Alguns modelos – entre os quais o reino da Suécia[38] – oferecem elementos válidos para a reforma do ordenamento jurídico, que contudo não deve inspirar-se no objetivo da igualdade entre as classes, como erroneamente (a seu ver) havia sido disposto na constituição de algumas colônias dos Estados Unidos, em particular na Pensilvânia.

5. *Beccaria, Verri e* Il Caffè

Nos mesmos anos em que os escritos de Voltaire, com sua crítica corrosiva, repercutiam na planta ainda sólida do direito de Antigo Regime, um pequeno grupo de patrícios lombardos, reunidos em torno da forte personalidade de Pietro Verri (1728-1797) e do irmão Alessandro (1741-1816), discutiam – nas páginas de um periódico criado por eles, *Il Caffè*, que foi publicado de 1764 a 1765 – temas de economia, de direito e de costume público e privado, abordados em um debate livre inspirado na nova cultura das "Luzes". Observe-se que, tanto em Milão como em outros lugares, a reação refletida contra as instituições do patriciado e a elaboração das ideias de reforma foram incentivadas essencialmente por representantes da classe aristocrática: sem dúvida minoritárias e hostilizadas em seu ambiente, mas ainda assim pertencentes a ele. Desse modo, seria um erro representar (como alguns fizeram) a nova tendência da cultura iluminista como o resultado de uma pressão da classe burguesa, ainda menos como o fruto de uma luta de classes.

Pietro Verri – filho de um jurista de prestígio, o senador Gabriele, erudito e rígido defensor do sistema do direito comum e das tradições jurídicas lombardas – havia amadurecido uma ácida aversão por aquele sistema, pelo insuperável sucesso da codificação de Justiniano e pelo espaço excessivo do poder discricionário dos juristas, uma casta poderosa: em Milão, escreveu ele, "tudo está nas mãos dos doutores"[39]. Delineia-se aquela forte reação antijurisprudencial que caracteriza grande parte da cultura iluminista e que encontrará alimento e oportunidades durante a Revolução Francesa.

Do grupo fazia parte um jovem recentemente formado em direito na Universidade de Pavia, o marquês Cesare Beccaria (1738-1794), que, encorajado por Verri, passou a refletir sobre o sistema penal da época. Em poucos meses surgiu daí um pequeno livro, intitulado *Dei delitti e delle pene*, publicado anonimamente em Livorno em 1764. A obra teve um sucesso imediato e clamoroso, que tornou necessárias numerosas reedições, no decorrer das quais o autor intro-

---

[37] Morelly, *Código da natureza*, 1755.
[38] Mably, *De la législation ou principes des loix*, 1776.
[39] P. Verri, "Orazione panegirica sulla giurisprudenza milanese" (1763), in C. Beccaria, *Dei delitti e delle pene*, org. F. Venturi, Turim, 1965, pp. 126-46. Id., *Sulla interpretazione delle leggi* (1765). Em outra parte, Justiniano é sarcasticamente definido como "um imbecil príncipe grego" [Tarello, 1976, p. 373].

duziu também significativas complementações[40]. Passados apenas dois anos, o grande Voltaire não só fez traduzir e publicar o texto em francês, mas ele próprio lhe escreveu um comentário altamente elogioso[41]. A obra não tardou a ser lida e admirada em toda a Europa, até na Rússia da imperatriz Catarina, que teria desejado transformar em lei as ideias nela contidas[42].

Beccaria parte de uma concepção utilitarista do direito penal. De fato, a pena deve visar à defesa da sociedade mediante a prevenção e a repressão dos comportamentos criminosos que tragam prejuízos à comunidade: "o único fim é impedir que o réu cause novos danos aos seus concidadãos e dissuadir os outros de fazer o mesmo"[43]. É uma concepção não "retributiva" do direito penal, em um duplo sentido: porque expressa uma noção secularizada do direito penal – pela qual é eliminada a punição dos pecados e dos comportamentos sob o aspecto da religião[44] – e porque se afirma que a pena não tem o objetivo de desencadear uma reação direta contra o réu para puni-lo pelo mal que provocou. Ao contrário, ela é concebida como o instrumento para evitar que o malfeitor ponha em prática outros comportamentos criminosos e ao mesmo tempo para dissuadir, com o medo da sanção, quem quisesse imitá-lo.

Nessa perspectiva, a pena deve ser proporcional à gravidade do crime[45], porque um excesso de severidade indiscriminada – convém ter presente o imenso elenco de crimes aos quais o sistema penal da época infligia a pena capital – pode até produzir o efeito contrário, uma vez que a falta de graduação das sanções pode levar o criminoso a aumentar a violência para tentar ocultar as provas do crime. As penas não devem ser, portanto, inutilmente severas, mas devem ser aplicadas imediatamente, indefectivelmente e sem exceções: penas brandas, mas certas[46]. Um critério oposto ao então dominante, que atenuava a dureza das sanções penais com o amplo recurso à graça do soberano.

Para Beccaria, só a lei pode estabelecer a forma precisa da pena e só a lei deve explicitar para quais comportamentos ela deve ser aplicada[47]. É a enunciação do moderno princípio da legalidade do delito e da pena ("nullum crimen, nulla poena sine lege", segundo a formulação que será cunhada no século XIX por Anselm Feuerbach): um princípio fundamental, afirmado em contraste com o sistema de direito comum que, ao contrário, deixava para o juiz uma ampla margem de discricionariedade em ambas as frentes. Leis penais claras e concisas, em forma de código, escritas na língua do país, a serem aplicadas sem dar espaço para discricionariedades interpretativas. Também o recurso ao "espírito da lei" era considerado por Beccaria "um dique rompido à corrente das opiniões"[48].

Os delitos eram classificados em ordem de gravidade, adotando como critério o nível de perigo de cada ato delituoso em relação à própria sociedade: no ápice, os delitos que põem em risco a própria existência, a começar pela lesa-majestade, em níveis inferiores e de gravidade decrescente, os delitos contra as pessoas, do homicídio até os menores delitos contra tranquilidade pública[49].

Quanto às provas, Beccaria compartilhava com Montesquieu a convicção da oportunidade de manter algumas regras legais (por exemplo, a presença de pelo menos duas testemunhas

---

[40] C. Beccaria, *Dei delitti e delle pene*, ed. crítica de G. Francioni. Milão, 1984.
[41] Voltaire, *Commentaire sur le traité des délites et des peines*, 1766.
[42] Uma ampla série de opiniões e de discussões que comprovam o sucesso de Beccaria na Europa foi reunida por F. Venturi in C. Beccaria, *Dei delitti e delle pene*, Turim, 1981, pp. 113-660.
[43] Beccaria, *Dos delitos e das penas*, 12.
[44] "Um tipo de delitos que cobriu a Europa de sangue humano" (Beccaria, *Dos delitos e das penas*, 39).
[45] Beccaria, *Dos delitos e das penas*, 6.
[46] Beccaria, *Dos delitos e das penas*, 27: "A certeza de um castigo, mesmo moderado, causará sempre a impressão mais intensa que o temor de outro mais severo, aliado à esperança da impunidade". Ibid., 46: "À medida que as penas se tornam mais brandas, a clemência e o perdão se tornam menos necessários." Sobre os tempos do processo, ibid., 19: "O processo [...] deve ser concluído no tempo mais breve possível. Que contraste é mais cruel que a indolência de um juiz diante das angústias do réu?"
[47] Beccaria, *Dos delitos e das penas*, 3.
[48] Beccaria, *Dos delitos e das penas*, 4-5.
[49] Beccaria, *Dos delitos e das penas*, 8; 20; 22; 24.

para constituir a plena prova do fato), ele elogiava o júri popular como mais justo nas suas avaliações, por ser mais próxima do sentimento comum[50]. E, em contrapartida, criticava a tortura judiciária – ainda praticada em sua época na presença de indícios, com o objetivo de levar o acusado à confissão – como fonte de condenações injustas e de injustas absolvições, devidas não à constatação objetiva de provas, mas apenas à resistência física e nervosa do acusado[51].

Quanto aos modos da pena, Beccaria enumera uma série de sanções de severidade crescente, que da simples detenção temporária ("prisão") chegam até o banimento (com ou sem confisco de bens), às penas corporais e aos trabalhos forçados temporários ou perpétuos ("escravidão com as obras e com a pessoa")[52]. Por outro lado, não vê com bons olhos as penas pecuniárias[53], em coerência com o critério de considerar o sujeito atingido pela sanção penal como um sujeito único, sem distinções de classe ou de condição social[54]. Nesse ponto, Beccaria, como Voltaire, distingue-se claramente de Montesquieu.

Mas deve-se ressaltar sobretudo a crítica à pena de morte[55]: é o tema do capítulo mais famoso da obra, no qual o autor argumenta com lúcida paixão não apenas a contrariedade da pena capital com o mandamento ético e religioso que proíbe matar, mas também o risco de cometer erros judiciários irreparáveis e até a maior força dissuasiva de uma pena de trabalhos forçados, que pode ser prolongada por toda a vida, em relação à execução capital em que o sofrimento do condenado se consuma em um segundo.

O livro de Beccaria deve seu extraordinário sucesso também ao estilo claro e persuasivo, preciso mas eivado de humanismo, com o qual as argumentações são apresentadas, acompanhando constantemente as críticas de correspondentes propostas construtivas. A obra inaugura na Europa a época das reformas do sistema penal do Antigo Regime. E o debate [Imbert, 1989] aberto em 1764 sobre a pena de morte não cessou desde então.

6. *O iluminismo napolitano e Filangieri*

Na Itália, ao lado de Milão, o centro principal em que floresceu uma cultura inspirada nas ideias iluministas foi Nápoles [F. Valsecchi, 1971; Venturi, 1972; Ajello, 1976]. Ao lado de autores de notável importância para a história das doutrinas econômicas e publicistas, como foram Antonio Genovesi[56] e Ferdinando Galiani[57], foi significativa a figura de Francesco Mario Pagano, advogado e autor de escritos de inteligente crítica aos graves defeitos do sistema penal de sua época (ele fala de "trevas do fórum"), do qual propõe a reforma no interior de uma maior certeza induzida por um procedimento de codificação[58]. No momento da Revolução Partenopeia de 1799, Pagano assumiu um papel central, estabelecendo as linhas da constituição e projetando reformas corajosas, entre as quais a abolição da pena capital. Mas a dura repressão que encerrou essa breve fase ceifou sua existência, condenando-o à morte.

Um raio ainda mais amplo de notoriedade e de influência teve a obra de Gaetano Filangieri: sua *Scienza della legislazione* – da qual foram publicados entre 1780 e 1788 oito volu-

---

[50] Beccaria, *Dos delitos e das penas*, 13-14.
[51] Beccaria, *Dos delitos e das penas*, 16.
[52] Beccaria, *Dos delitos e das penas*, 22-25.
[53] Beccaria, *Dos delitos e das penas*, 22, a propósito da pena para o furto.
[54] Beccaria, *Dos delitos e das penas*, 21: na quinta edição Beccaria introduziu a afirmação explícita de que as penas "devem ser as mesmas para o primeiro e para o último cidadão".
[55] Beccaria, *Dos delitos e das penas*, 28: "se eu demonstrar que a [pena de] morte não é nem útil nem necessária, terei vencido a causa da humanidade". Observe-se que, para os dois casos de ameaça à segurança da nação e de ameaça de revolução, Beccaria considera necessária a condenação à morte.
[56] A. Genovesi, *Della Diceosina o sia Della filosofia del giusto e dell'onesto*, Vercelli, 1779, 3 vols.
[57] F. Galiani, *De' doveri de' principi neutrali verso i principi guerreggianti, e di questo verso i neutrali*, libri due. Nápoles, 1782.
[58] F. M. Pagano, *Considerazioni sul processo criminale*, 1787; *Della ragion criminale*, 1795.

mes[59], interrompidos pela morte precoce do autor – delineia um vasto programa de reforma das leis civis e penais, reformulando, entre outras coisas, a disciplina do processo e detendo-se no ordenamento da instrução. Filangieri atribui à legislação a tarefa de inovar, com equilíbrio mas sem hesitações, o ordenamento jurídico de sua época. E não hesita em propor reformas de alcance realmente muito incisivo: da abolição ao fideicomisso à proporcionalidade dos tributos, da instituição do júri penal à redução da mão-morta eclesiástica[60]. As escolhas não raro são originais: por exemplo, ele conjuga a manutenção de algumas regras legais sobre as provas (a pluralidade de testemunhos) com o princípio de livre convencimento dos juízes[61]. Filangieri é coerente com a postura absolutista, que atribui ao soberano a tarefa de legislar[62]; mas combate abertamente os privilégios nobiliários e manifesta com clareza uma tendência favorável ao crescimento da riqueza e ao livre exercício da propriedade; e parece auspiciar uma verdadeira carta constitucional[63]. Foi também tentado pela ideia de se transferir para uma sociedade mais concordante com suas ideias, nos Estados Unidos que precisamente na época estavam promulgando sua constituição.

As ideias do jovem patrício napolitano, admiradas mas também criticadas na pátria – também Goethe o conheceu em sua viagem de 1787[64] – são precisas e bem argumentadas. E tiveram ampla circulação na França, na Inglaterra e até nos Estados Unidos, através de traduções em francês e em inglês.

7. Bentham

Um papel de destaque na promoção de novas ideias sobre o direito foi desenvolvido por Jeremy Bentham (1748-1832), o expoente mais significativo do iluminismo jurídico inglês. Estudante em Oxford, *barrister* aos vinte e um anos de idade, ele logo abandonou a profissão legal[65] para se dedicar ao estudo dos mais diversos temas – da constituição inglesa ao sistema penal, dos direitos de liberdade à educação, dos projetos de código às reformas econômicas e a muitos outros –, abordados com agudo espírito crítico e sem nenhuma concessão às convenções tradicionais. Iniciou com uma crítica radical à obra de Blackstone, recentemente publicada e já famosa, com base no princípio fundamental de que "a medida do certo e do errado é [ou seja: deve ser] a felicidade máxima para o máximo número de pessoas"[66]. Esse será o critério básico da filosofia do utilitarismo, da qual Bentham é o fundador.

---

[59] G. Filangieri, *La scienza della legislazione* (1780-1788), ed. crítica organizada por V. Ferrone, A. Trampus *et al.*, Veneza, 2003-2004, 7 vols.

[60] Filangieri, *Scienza della legislazione*, II. 4; 5; 16; 26; 36; III. 18 [a esse respeito, Birocchi, 2002, pp. 521 s.].

[61] Filangieri, *Scienza della legislazione*, III. 13-15.

[62] Com isso, ele recusa o modelo constitucional inglês (Filangieri, *Scienza della legislazione*, I. 11).

[63] Filangieri, *Scienza della legislazione*, II. 31.

[64] Ao relatar o encontro com Filangieri, admirado por ele, Goethe também fala de uma opinião de uma dama da alta sociedade napolitana [a princesa Teresa, irmã de Filangieri] que declarava ao hóspede estrangeiro seu divertido espanto pela paixão do jovem patrício pela reforma, enquanto as nossas leis (dizia ela) são tão familiares e agora fáceis de transgredir: por que mudá-las? (Goethe, *Italienische Reise* [*Viagem à Itália*], 12 de março de 1787, noite: "quantas vezes não disse [a Filangieri]: se vocês fizerem novas leis, teremos novamente de nos dar o trabalho de encontrar logo o meio para transgredi-las, ao passo que já encontramos a solução para as leis antigas").

[65] Sua estreia na profissão foi típica de sua personalidade: desde o primeiro dia protestou contra o costume imemorial que exigia uma tarifa correspondente a três dias de trabalho para obter da Chancelaria uma documentação legal que podia ser obtida em um único dia. O fato é citado por John Stuart Mill, que foi aluno de Bentham, no ensaio crítico dedicado a ele em 1838. Sobre esse autor, ver as remissões aos escritos e à bibliografia no *site* http://www.utilitarian.net/bentham.

[66] Bentham, *A Fragment on Government*, Londres, 1776, Preface. A obra começava criticando a atitude constantemente elogiosa de Blackstone em relação às regras do *Common law*, também as mais anacrônicas e irracionais, porque "a system that is never to be censured, will never be improved" (*A Fragment*, Preface; o texto encontra-se em http://www.ecn.bris.ac.uk/het/bentham/government.htm).

Para Bentham, toda a estrutura do *Common law* é discutível: ele condena o "direito feito pelos juízes", a ausência de códigos sistemáticos, o mecanismo das ficções legais, o sistema penal, o próprio júri[67]; e defende (sem nenhum sucesso, no que diz respeito à Inglaterra) a ideia da codificação, desenhando sinteticamente todo o sistema legal que deveria substituir as regras existentes, não apenas na Inglaterra mas em todos os lugares.

Uma série de seus escritos, que na versão original permaneceram em grande parte inéditos até o século XX[68], foi traduzida para o francês por Etienne Dumont[69], suíço natural de Genebra, e exerceu uma profunda influência no continente. Também na Inglaterra muitas das maiores reformas da jurisdição e da legislação civil e penal, ocorridas no decorrer do século XIX, foram direta ou indiretamente inspiradas por Bentham. E suas ideias estão na base de algumas correntes do pensamento jurídico do século XX [Hart, 1982], particularmente a análise econômica do direito.

8. Kant

Uma contribuição de elevado e duradouro valor às doutrinas sobre o direito veio de um dos maiores filósofos da história, Immanuel Kant (1724-1804). A distinção entre direito e moral, já explicitada por autores como Thomasius, baseia-se, para Kant, na natureza diferente da obrigação nos dois setores: o dever moral é tal por si mesmo na medida em que deriva de uma ideia de razão que gera por si só o impulso a se adequar a ela, enquanto o imperativo que nasce do direito tem também outros elementos de coerção[70]: o direito tem natureza intersubjetiva e está inseparavelmente ligado ao poder de coagir, com a coatividade[71].

O único direito inato e originário é, para Kant, aquele que torna possível a liberdade de todo homem, fazendo-a coexistir com a liberdade de qualquer outro homem[72]. Para tal finalidade é legitimada a autoridade do Estado: não para a obtenção da máxima felicidade – Kant rejeita as teorias utilitaristas, uma vez que só o indivíduo conhece aquilo que o faz feliz – e sim para a garantia que assegura a cada um a sua liberdade por intermédio da lei[73]. Kant considera o direito natural um imperativo da razão prática, uma instância válida em si por ser conforme ao "dever ser", à proteção da liberdade individual, enquanto o direito positivo é a sua tradução concreta em normas munidas de coação[74]. Essa postura, que identifica na liberdade humana o verdadeiro e único fundamento ético do direito, explica a distância que separa Kant das doutrinas jusnaturalistas e iluministas, que se haviam aventurado na tentativa de construir um edifício completo de direito natural em que cada peça do ordenamento jurídico fosse definida em nome da razão e em vista da utilidade pública e privada. Para Kant e para os juristas que seguiram seus passos no século XIX, o jusnaturalismo peca por empiria, porque tende a transformar instâncias e regras ligadas a situações históricas particulares, e enquanto tais mutáveis e discutíveis, em leis eternas da razão [Solari, 1959].

---

[67] Um projeto de reforma judiciária, preparado por Bentham e encaminhado por ele aos membros da Assembleia Nacional Constituinte francesa em 1789, rejeitava a adoção do júri penal, tão admirado pelos *philosophes* [A. Padoa--Schioppa, 1994, p. 75]. Não é de admirar que o projeto tenha sido ignorado pelos constituintes, salvo pela curiosa forma de votação da comissão julgadora adotada na lei de 18 de setembro de 1791, que prescrevia aos jurados o uso de bolas brancas ou pretas a ser depositadas em uma urna.
[68] Da edição completa das obras de Bentham foram publicados até agora 20 volumes dos 70 previstos: J. Bentham, *Collected Works*, org. de J. H. Burns *et al.*, Londres/Oxford, 1968-2006.
[69] J. Bentham, *Oeuvres*, Bruxelas, 1829-1834, reimpressão Aalen, 1969, 4 vols.; Id., *Traités de législation civile et pénale*, org. de E. Dumont, Bruxelas, 1840, 4 vols. Ver, nesta última edição, a audaciosa tentativa de traçar em um único quadro o projeto de toda a legislação: Bentham, *Vue générale d'un corps complet de législation* (vol. IV, pp. 71-282).
[70] Kant, *Metafísica dos costumes*, 1797, Introdução, I; IV.
[71] Kant, *Metafísica dos costumes*, Introdução à doutrina do direito, § C-E.
[72] Kant, *Metafísica dos costumes*, § B.
[73] Kant, *Sobre a expressão corrente: isto pode ser correto na teoria, mas nada vale na prática*, 1793, II, Corolário.
[74] Kant, *Metafísica dos costumes*, Doutrina do direito.

Por outro lado, se Kant se aproxima de Locke ao considerar que a transição do estado de natureza ao estado civil da sociedade é o meio para realizar os princípios do direito natural e que, portanto, o segundo não está em contradição nem em antagonismo com o primeiro (ao contrário do que julgara Hobbes), de Locke o separa a convicção de que associar-se em comunidades estatais é para o homem um dever, e não fruto de um mero cálculo de utilidade [Bobbio, 1969, p. 219]. Essa passagem ocorre com um "contrato originário" que para Kant não deve ser concebido, porém, como um fato histórico, mas como um princípio de razão, como proteção da liberdade do indivíduo, que estaria em grave perigo numa sociedade sem regras.

Mas Kant vai além da relação entre liberdade individual, lei e Estado. Em alguns escritos ele focaliza as implicações institucionais do valor da paz. Como o direito, através do Estado, torna efetiva a garantia das liberdades dos indivíduos, assim se pode pensar em uma estrutura que substitua a força pelo direito nas relações internacionais: um "direito cosmopolita" que obrigue até os Estados à observância do direito e impeça que as controvérsias entre Estados e entre povos sejam resolvidas com o meio brutal e primitivo da guerra[75]. Esse objetivo, que constitui para Kant "o maior problema para o gênero humano", leva-o a configurar um ordenamento supraestatal e supranacional que abarque toda a humanidade, garantindo assim – e só assim – a possibilidade da paz perpétua[76]. Ele poderá ser alcançado quando "a violação de um direito em um ponto qualquer da terra for percebida como referente a cada homem".

Outros pensadores de épocas diferentes e com abordagens distintas entre si – pense-se em Dante Alighieri em *Da monarquia* de 1311 ou no abade de Saint Pierre em 1713 – já haviam refletido sobre uma nova ordem internacional. Mas Kant se movimenta em um plano mais geral, com base em princípios. Com a força de seu pensamento, o filósofo de Könisberg criou um modelo coerente de ordenamento internacional que parece hoje, em um mundo globalizado, ainda mais atual do que quando foi formulado, há dois séculos.

---

[75] Kant, *Ideia de uma história universal do ponto de vista cosmopolita*, 1784, tese V.
[76] Kant, *Para a paz perpétua*, 1795, artigo III.

28. As reformas

Na primeira metade do século XVIII, como vimos, diversos Estados europeus haviam promovido iniciativas de revisão do próprio ordenamento legislativo: entre eles, a França, com as portarias do chanceler D'Aguesseau (1731-1747), o reino saboiano com as Constituições piemontesas (1723; 1729), a Suécia com o *Rikes Lag* (1736). Mas só a partir da metade do século, e apenas em alguns Estados, a legislação assumiu o papel de instrumento privilegiado para uma transformação profunda do direito e das instituições, com base nas críticas e nas propostas surgidas da nova cultura do jusnaturalismo e do iluminismo. Dois Estados se destacam pela organicidade e incisividade das reformas determinadas pelos respectivos soberanos: a Prússia de Frederico II (1740-1786) e os domínios dos Habsburgos durante os reinados de Maria Teresa (1740-1780) e de José II (1780-1790). Por esse motivo vamos nos deter um pouco mais neles, em especial no segundo, que constitui o modelo mais coerente e radical do absolutismo esclarecido na Europa.

Em outros ordenamentos, embora as inovações legislativas da segunda metade do século XVIII tenham sido significativas, elas tiveram um caráter totalmente diferente, porque se inscrevem no âmbito das consolidações do direito anterior, constituindo um prosseguimento de tal direito em espírito de continuidade em relação ao passado: foi o que ocorreu nos domínios saboianos com a revisão das Constituições ocorrida em 1770; em Módena, com o notável Código estense de 1771; em Veneza, com o importante *Codice della Veneta mercantile marina* de 1786[77], na Baviera, com os códigos já mencionados anteriormente[78]; na Espanha, com a *Novíssima Recopilación* de 1805, que acompanhava as várias reedições do século XVIII acrescidas da *Nueva Recopilación* de 1567.

Não faltaram reformas legislativas nem mesmo na França, como veremos. Mas aqui a condição de crise econômica e política da monarquia levou a um resultado explosivo em 1789. A virada das reformas só ocorreu, repentina e radical, com a Assembleia Constituinte.

Poucos anos antes, longe da Europa, as colônias inglesas dos Estados Unidos, por sua vez, haviam iniciado um caminho de independência que não apenas as distanciou da metrópole inglesa, mas as levou – com a aprovação da constituição federal de 1787 – a uma estrutura institucional destinada a marcar de modo permanente e profundo sua história e a do planeta.

1. A Prússia de Frederico, o Grande

Na terceira década do século XVIII, o principado de Brandemburgo, transformado em reino em 1701, recebera de Frederico Guilherme I um ordenamento que aumentava muito os poderes do soberano no âmbito fiscal e no governo civil e militar, reduzindo correspondentemente as prerrogativas tradicionais das classes sociais (*Stände*), em particular a da nobreza. O filho Frederico II, que reinou de 1740 a 1786, foi um dos protagonistas da história política

---

[77] Acerca do qual, ver Zordan, 1981-1987, 2 vols.
[78] Ver cap. 22. 2: *Codex juris Bavarici criminalis*, 1752; *Codex juris Bavarici judiciarii*, 1753; *Codex Maximilianeus Bavaricus civilis*, 1756.

europeia e introduziu um amplo leque de inovações também no âmbito do direito. Dotado de vasta cultura e bem informado das novas ideias – entre outras coisas, esteve por muito tempo em contato com Voltaire –, o rei enunciou o projeto de substituir o direito romano comum por uma regulamentação inspirada na tradição do território prussiano, mas também fundamentada na razão natural[79]. Em 1750, expressava em um de seus escritos a exigência de dispor as leis "razoáveis", destinadas à "felicidade pública", claras e precisas, reunidas em um único texto a ser interpretado "segundo a letra"[80]. O extraordinário fascínio que a personalidade dinâmica e reformadora de Frederico II suscitava na Europa – mesmo no período dramático da Guerra dos Sete Anos (1756-1763) que o opôs aos Habsburgo e à França – é expresso por muitas fontes da época, entre as quais também se encontra a de Goethe, nas recordações de seus anos de juventude[81].

Frederico assumiu posições muito decididas sobre a administração da justiça. É famoso o caso do moleiro Arnold, que havia sido condenado por não ter pagado ao senhor do lugar a taxa combinada para o uso do moinho. O moleiro alegava que não podia fazer uso dele porque outro senhor havia desviado as águas. Mas foi condenado tanto em primeira instância quanto na apelação. Após uma série de recursos ao rei por parte de Arnold ("existem juízes em Berlim"), o rei em pessoa, ao ser informado dos fatos, determinou que o caso fosse reexaminado. Diante da nova confirmação dos precedentes julgados pelos juízes do tribunal cameral, Frederico reagiu destituindo alguns dos mais altos magistrados do reino e fazendo com que fossem encarcerados por um ano: é drástica a sua avaliação da prática de maus-tratos infligidos pelos juízes aos recorrentes de baixa extração social[82]. O caso, realmente extraordinário, merece ser lembrado porque atesta, ao mesmo tempo, a vontade de Frederico de instaurar uma justiça igualitária para os súditos de qualquer condição, o seu despotismo centralizador em relação à magistratura mesmo em conflito com a doutrina da divisão dos poderes professada por ele em atenção a Montesquieu, enfim a coragem demonstrada pelos magistrados ao se opor à vontade explícita de seu soberano. Três elementos conflitantes, altamente simbólicos da nova era das reformas do absolutismo esclarecido.

A tarefa de traduzir em atos o seu programa legislativo foi confiada por Frederico ao jurista que desde 1731 exercia a função de chanceler, Samuel Cocceius. Ele preparou, primeiro para a Pomerânia[83], depois para Brandemburgo[84], dois projetos de regulamentação judiciária com características profundamente inovadoras. A seleção e a nomeação dos juízes, as regras de processo e os procedimentos especiais recebiam um tratamento organizado em três partes, modificando em vários aspectos a apresentação do processo romano-canônico. Previa-se uma seleção dos juízes por exames e uma carreira regular. Explicitava-se o princípio da subordinação dos juízes apenas à lei, convidando-os explicitamente a ignorar eventuais portarias do soberano em conflito com a lei e exortando-os a julgar com a mesma conscienciosidade – no prazo máximo de um ano para os três graus de julgamento – "pequenos e grandes, pobres e ricos" (I.1. § 14). Além disso, as sentenças deviam ser dotadas de motivação [Tarello, 1976, p. 232].

Se essa formulação, confirmada na sucessiva codificação processual fredericiana de 1781[85], sanciona o princípio da igualdade dos súditos perante a justiça, a linha seguida no

---

[79] Ver a portaria de 1746, que confia ao chanceler Cocceius essa difícil tarefa [Tarello, 1976, p. 236].
[80] Frederico II, *Dissertation sur les raisons d'établir ou d'abroger les lois*, 1750, discurso à Academia de Ciências de Berlim (*Scritti*, org. J. D. Preuss, Berlim, 1846-1857, 10 vols.); *Oeuvres de Fréderic II, roi de Prusse*, s.l., 1790, vol. II [Tarello, 1976, p. 237].
[81] *Poesia e verdade* (1811), livros II-III.
[82] "Todas as vezes que os camponeses têm uma causa contra pessoas de respeito ('vornehme Leute'), são derrotados. Mesmo assim, não posso imaginar que eles moveriam uma ação se não tivessem alguma razão", foram as palavras de Frederico a seu ministro Carmer, 1779 [cf. Luebke, 1994, p. 401].
[83] *Project eines Codicis Fridericiani Pomeranici*, 1747.
[84] *Project eines Codicis Fridericiani Marchici*, 1748. Ver a recente edição (com Introdução histórica de H. Mohnhaupt) organizada por F. Cordipatri, *Codex Fridericianus Marchicus*. Milão, 2000, 2 volumes com o *Plan du Roi* de Frederico II.
[85] *Allgemeine Gerichtsordnung*, 1781.

projeto de codificação civil de 1749-1751[86] é diferente. Aqui as escolhas adotadas por Cocceius, que era seguidor das ideias de Pufendorf e profundo conhecedor do direito comum, haviam levado a incorporar no projeto de código muitas regras e muitas categorias derivadas da tradição romanística, consideradas coerentes com os princípios do direito natural. Não era essa a formulação que Frederico II desejava, na medida em que, como vimos, ele queria ao mesmo tempo superar o direito comum romano, adotar os costumes tradicionais do território e delinear uma regulamentação clara, inspirada nos ditames da razão. Além disso, o rei não pretendia de modo algum eliminar a organização por classes nas relações de direito privado e na disciplina dos *status* pessoais, mesmo tendo reduzido as prerrogativas do direito público da aristocracia, como vimos. Isso explica por que o projeto de código civil foi abandonado ainda antes de entrar em vigor.

2. O Allgemeines Landrecht

A iniciativa da codificação foi retomada algumas décadas depois, quando Frederico II encarregou uma Comissão de preparar um novo projeto de código geral para a Prússia. Um primeiro projeto, no qual trabalharam particularmente Gottlieb Suarez e F. Klein, foi acompanhado por um segundo (1784-1788) que entrou em vigor em 1794 com o título de *Allgemeines Landrecht* (Direito comum territorial) para os Estados prussianos (ALR). Em relação ao sistema das fontes anterior, o novo código substituía o direito comum como regulamentação superior e geral, mas não substituía os direitos particulares e locais, que portanto continuavam em vigor embora estivesse prevista sua futura conciliação com o novo código.

Trata-se de um código dotado de características complexas e também heterogêneas. Na Introdução são estabelecidos alguns princípios gerais, entre os quais se destaca a enunciação de que os direitos do indivíduo derivam do nascimento, da classe social e das normas positivas (*Einleintung*, § 82). O livro I disciplina o direito civil, com exceção das relações familiares e sucessórias, tratadas no Livro II, que inclui também a disciplina das classes sociais (*Stände*), o direito público geral, bem como o direito penal. Essa divisão da matéria revela uma escolha de fundo: Frederico e seus codificadores pretendiam manter firme a organização tradicional por classes da sociedade da Prússia, estabelecendo para cada *Stand* uma estrutura normativa específica, mas também fixando algumas regras de alcance geral, comum às várias classes.

O *status* de classe era adquirido com o nascimento e era dividido nas três categorias típicas do direito do Antigo Regime: a nobreza (*Adelstand*); a burguesia das cidades (*Bürgerstand*); a classe rural (*Bauernstand*), por sua vez subdividida nas duas classes de camponeses livres e dos servos. Uma parte importante do direito privado recebia uma disciplina diferente em função da classe de pertencimento. A nobreza gozava de privilégios jurisdicionais (só os juízes de nível superior intervinham nos litígios dos nobres), podia dispor dos próprios bens familiares por fideicomisso e tinha acesso quase exclusivo aos cargos públicos. Os camponeses de condição livre não tinham permissão para exercer uma função diferente da agricultura enquanto o direito de propriedade era limitado por restrições na destinação econômica do terreno; os servos não tinham possibilidade de mudar de lugar nem de *status* e seu casamento dependia do beneplácito do senhor, que tinha permissão para infligir até mesmo punições físicas. O direito da classe burguesa estava estabelecido sobretudo nos estatutos e nos costumes das cidades. Mas as normas gerais do Livro I do Código – relativas aos contratos, às obrigações, aos direitos régios, a uma parte do direito sucessório – valiam para todos e sobretudo para os burgueses, mesmo sendo revogadas pelas normas especiais destinadas às outras duas classes no Livro II, já mencionado.

---

[86] *Project des Corporis Juris Fridericiani*, 1749, sobre pessoas, família, ações; a segunda parte, sobre os direitos régios, foi publicada em 1751; a terceira parte, sobre as obrigações civis e o direito penal, permaneceu inédita.

Era, portanto, um Código por muitos aspectos ainda do Antigo Regime, seja no que se refere ao sistema das fontes, seja no que se refere à disciplina diferenciada por classes, seja enfim pela presença simultânea de normas de direito público e de direito privado em um mesmo texto.

3. Os domínios dos Habsburgos: Maria Teresa

O longo reinado de Maria Teresa da Áustria (1740-1780) conduziu os Estados dos Habsburgos a novas terras. Sobretudo a partir da metade do século a soberana favoreceu uma série de intervenções legislativas[87] que visavam criar um ordenamento público muito diferente do do Antigo Regime [F. Valsecchi, 1971].

Com base nas doutrinas elaboradas pelos juristas de uma corrente doutrinária que assumirá o nome de escola cameralista, em 1749 é realizada uma reforma da administração com a qual as matérias financeiras dos domínios habsburgos eram reunidas em uma única Chancelaria (*Oberste Kanzlei*), enquanto a administração central dos negócios judiciários era confiada a um órgão de governo diferente (*Oberste Justizstelle*): delineava-se assim aquela separação entre administração e jurisdição que caracteriza o Estado constitucional moderno, enquanto nos séculos precedentes as duas funções estavam entrelaçadas e muitas vezes presentes simultaneamente nas magistraturas centrais. Por sua vez, a instituição do Conselho de Estado, determinada em 1766, criou um órgão central de elevada consultoria político-jurídica, composto de três membros da nobreza e de três juízes togados, encarregados de encontrar as escolhas mais adequadas para os casos delicados, com base em critérios de imparcialidade. Em 1757, a direção superior das questões da Lombardia é conferida ao recém-instituído Departamento da Itália, que substituiu o Conselho da Itália de origem espanhola: em lugar de órgão, em alguma medida representativo, um órgão administrativo do Estado.

Foram as necessidades cada vez maiores de despesas causadas pelas guerras, em especial durante a longa luta com Frederico II na Guerra dos Sete Anos (1756-1763), que impulsionaram uma reforma do sistema fiscal cujas implicações foram bem além do terreno da economia. Uma primeira intervenção importante ocorreu com a prescrição de que os tributos dos impostos fundiários fossem pagos em dinheiro com base em uma avaliação decenal da rentabilidade das terras, na proporção de um por cento a cargo do feudatário e de dois por cento a cargo do enfiteuta.

Na Lombardia, a iniciativa do recenseamento foi realizada em um período de dez anos, de 1750 a 1760. Um reconhecimento minucioso da riqueza fundiária, dirigido pelo jurista toscano Pompeo Neri, reconstruiu com extrema precisão as características de cada parcela da paisagem rural e urbana, estabelecendo a titularidade dos direitos sobre as terras e sobre os imóveis com o objetivo de aplicar um tributo proporcional à riqueza imobiliária. Os muitos obstáculos obstinadamente interpostos pelo patriciado e pelo clero – que tinham motivos para temer a erosão de seus privilégios – foram superados pela vontade da soberana, que se valia em Viena da obra de um ministro dotado de capacidades excepcionais, o conde de Kaunitz. Por fim, pela primeira vez o critério da proporcionalidade dos impostos mostrou-se operante. Alguns vultosos privilégios da nobreza, arraigados havia séculos, eram assim eficazmente refutados. Para as propriedades eclesiásticas, que somavam cerca de um terço dos bens fundiários, foi mantido um regime de isenção parcial[88].

---

[87] Os textos legislativos de Maria Teresa podem ser encontrados em *Sammlung aller k. k. Verordnungen und Gesetze von Jahre 1740-1780*, organizados por Kropatscheck, Viena, 2. ed., 1787, 9 vols. Para a Lombardia austríaca, ver o *Gridario Greppi* no Arquivo de Estado de Milão. O *Gridario* de 1727 a 1794. Milão, G. R. Malatesta [1727-1794], 8 vols., tem uma versão digital disponível em http://www.historia.unimi.it

[88] A parte dominical dos bens eclesiásticos (cultivada diretamente por empregados de igrejas e mosteiros) permaneceu isenta na época, enquanto o imposto fundiário sobre a parte gerenciada por colonos locatários era um terço menor que o da propriedade dos leigos.

O verdadeiro alcance da reforma, porém, encontrava-se em outro lugar. Com a proporcionalidade afirmava-se o princípio da equiparação jurídica, em relação ao Estado e às funções públicas, entre o patriciado e a burguesia. Se cada um era obrigado a contribuir em proporção às próprias rendas, deixava de existir o pressuposto de um *status* particular da nobreza. Deixava de existir o critério da administração tributária confiada às "corporações" ou à *Ferme Générale** e nascia, como dissemos, um novo sujeito, o proprietário-contribuinte [Mannori-Sordi, 2002], em relação direta com o governo do Estado. Não por acaso uma reforma dos ordenamentos locais, realizada na Lombardia em 1755, atribuiu os direitos de acesso às magistraturas comunais com base no censo, confiando a eleição dos representantes à assembleia dos "estimados", ou seja, de quem era proprietário de terras, pertencesse ou não à nobreza; e também na administração provincial os cargos deixaram de ser exclusividade dos membros patrícios das famílias do decurionato [Mozzarelli, 1982]. Caía assim um dos fundamentos do Antigo Regime. E, embora os soberanos habsburgos tenham preservado uma série de privilégios de *status* da nobreza – por exemplo, em matéria de fideicomissos, limitados mas não abolidos nem por Maria Teresa nem por José II –, o impacto do princípio censitário não deixou de ser profundo e definitivo.

Quando, naqueles anos, Giuseppe Parini, eclesiástico e excelente literato, preceptor em casas patrícias de Milão, escrevia os versos elegantes de seu pequeno poema *Il Giorno* ["O Dia"] descrevendo com mordaz ironia o cotidiano vazio e dissoluto de um jovem patrício, a partir dessa representação – que teria sido impensável apenas algumas décadas antes – compreendemos que uma época chegava ao fim, a época do predomínio social do patriciado, que durou quase três séculos[89].

Houve uma guinada decisiva também no que diz respeito às grandes magistraturas. Quando o Senado de Milão manifestou a própria contrariedade (como tantas vezes havia ocorrido anteriormente, no decorrer de dois séculos e meio, quase sempre com sucesso) a uma reforma desejada por Viena, um seco despacho da soberana deixou bem claro aos senadores que a legítima fonte do poder era uma só: "apenas em nós reside a fonte de toda jurisdição" (entendida no sentido tradicional de "poder legítimo", que inclui a legislação). E até o poderosíssimo Senado teve de se submeter [Petronio, 1972].

O papel do Estado é afirmado na época de Maria Teresa também no âmbito da instrução superior. Em analogia com a reforma universitária de Viena, em 1771 a universidade de Pavia recebia um novo ordenamento que colocava os professores sob o controle do governo e não mais do Senado de Milão. Todos os cursos foram revistos, e os professores escolhidos pela direção, com referência à capacidade profissional, mas também, para matérias politicamente delicadas como o direito canônico, com referência às posições doutrinárias dos professores, de modo que o ensino fosse coerente com a linha determinada pelo soberano. O objetivo era preparar bons funcionários para a administração pública. Além disso, devolvia-se à universidade o monopólio da graduação, subtraindo aos colégios profissionais – a começar pelo Colégio de Jurisconsultos de Milão, composto apenas de patrícios – o privilégio secular de conferir o título de doutor: a formação dos juristas tornava-se, assim, uma tarefa do Estado.

Maria Teresa iniciou também uma revisão profunda do direito privado das províncias alemãs do Império. Os trabalhos estenderam-se por mais de uma década, até que em 1766 foi apresentado um projeto (*Codex Theresianus*) organizado em três livros dedicados respectivamente às pessoas, às coisas e às obrigações: um texto composto de mais de 8.000 artigos, que se tornaria a fonte exclusiva para as matérias de direito civil, apesar de manter uma ligação com as doutrinas do direito natural. Mas a oposição do chanceler Von Kaunitz revelou-se

---

* Organização de financistas que possuía um convênio com o governo para recolher impostos sobre grande número de produtos comerciais. [N. do R.]

[89] Os versos de Lorenzo da Ponte nas *Bodas de Fígaro* de Mozart (1786), que ironizam os "direitos" pré-nupciais do senhor feudal e foram motivo de escândalo, também são um sintoma do fim de uma época.

decisiva: ele considerou o projeto demasiado dependente do direito comum e ao mesmo tempo demasiado atinente às peculiaridades dos direitos provinciais, além de excessivamente prolixo.

Por outro lado, as ideias de reforma do sistema penal ganharam espaço. Na metade dos anos 1760, não apenas as páginas de Beccaria, mas também vozes respeitadas provenientes de Viena haviam proposto a abolição da tortura judiciária. Assim se expressara, entre outros, um jurista e estudioso de administração pública (cameralista) de grande autoridade, Joseph von Sonnenfels, incansável defensor de muitas reformas administrativas e financeiras [Osterloh, 1970], professor em Viena e autor de um tratado de instituições de direito público que por quase um século foi um modelo indiscutível no Império Habsburgo[90]. Rejeitadas claramente pela soberana e por Kaunitz ainda em 1775, mas reapresentadas corajosamente por seu autor vienense, algumas reformas foram promulgadas um pouco mais tarde: com os decretos de 2 e de 19 de janeiro de 1776, Maria Teresa reduzia os crimes punidos com a pena capital e abolia a tortura judiciária.

3.1. José II

Associado ao Império desde 1765, José II teve oportunidade de intervir várias vezes nas reformas do reinado de Maria Teresa, em sintonia com as escolhas de Kaunitz. Na Lombardia, as relações com a Igreja foram confiadas a uma Junta Administrativa nomeada pelo soberano. A Ferme Générale, confiada aos poderes dos coletores de impostos (financistas) que tinham exclusividade na arrecadação dos impostos sobre o sal e sobre o tabaco, foi primeiramente reformada seguindo as ideias de Pietro Verri e depois abolida, sendo a arrecadação confiada diretamente ao Estado. As competências administrativas do Senado foram substancialmente reduzidas em coerência com a linha de separação entre funções judiciárias e funções administrativas.

Tornando-se sucessor de sua mãe em 1780, José II realizou, na década em que exerceu sozinho o poder, uma política bem mais radical que a de Maria Teresa. Seu temperamento pessoal e sua sofisticada formação intelectual, aperfeiçoada sob a direção de Karl Anton Martini, professor de direito natural em Viena [Cassi, 1999], levaram o imperador a apresentar diretamente, em primeira pessoa, um programa preciso de governo, que foi realizado com absoluta determinação.

Em 1781, o imperador promulgou em Viena o Edito de Tolerância (*Toleranzpatent*), com o qual pela primeira vez se reconhecia a igualdade entre os súditos do Império das diversas confissões religiosas cristãs – estendida um ano mais tarde também aos judeus – quanto ao acesso aos cargos públicos, aos cursos acadêmicos e aos direitos privados, inclusive os direitos de culto, mesmo reservando à religião católica a posição de culto dominante. Em 1783, a lei matrimonial (*Ehepatent*) sancionou a natureza de contrato do casamento, como tal legitimamente disciplinável pelo direito civil do Estado: depois de mais de mil anos, a Igreja perdia o monopólio da regulamentação sobre o vínculo matrimonial[91]. Essa reforma também constituía uma concretização das ideias do jurisdicionalismo iluminista. No terreno das sucessões, o regime normal, estabelecido por lei em 1786 (*Erbfolgepatent*), tornava-se o dos burgueses, com equiparação entre filhos homens e mulheres na sucessão legítima, mantendo-se porém para os nobres, embora com algumas limitações, o instituto do fideicomisso[92]; e para os camponeses o requisito da indivisibilidade da propriedade agrícola.

Além disso, José II promoveu a codificação em quase todos os setores do ordenamento tratados pelos modernos códigos: no direito civil, no penal, no processual. A relevância dessas intervenções legislativas é realmente grande: trata-se, de fato, dos primeiros códigos concebi-

---

[90] *Grunsätze der Polizey, Handlung und Finanz*, 1765-1772, 3 vols.
[91] Para o ordenamento estatal, o sacerdote assumia a função de oficial do estado civil.
[92] Decreto de 12 de abril de 1786 [acerca do qual ver A. Padoa-Schioppa, 2003, p. 456].

dos na forma que se tornará geral na Europa no decorrer dos dois séculos seguintes. A disciplina legislativa do código tem o caráter da completude, articula-se de forma sistemática, isola o direito substancial do processual, distingue o civil do penal e cada um dos dois direitos processuais dos respectivos âmbitos substanciais, por fim suprime qualquer outra fonte normativa, inclusive o direito comum com todo o seu patrimônio de doutrinas elaboradas no decorrer dos séculos.

O processo civil é disciplinado no Regulamento judiciário civil de 1781, que é aplicado também na Lombardia a partir de 1785. Era um processo por alguns aspectos ainda próximo daquele do direito comum, que incluía regras legais sobre a prova testemunhal e impunha o procedimento escrito em todas as fases do processo. O juiz desempenhava um papel relevante na direção do processo e na aceitação das provas, bem como nos poderes de jurisdição voluntária, mesmo respeitando o princípio dispositivo que deixava às partes amplas faculdades de movimento no sistema das provas e em sua produção em juízo. O procedimento escrito é acompanhado por um procedimento inteiramente oral, em que tudo se desenvolve em uma única audiência sem a presença dos advogados de defesa [Taruffo, 1980, p. 36]. O ordenamento judiciário, por sua vez, havia sido totalmente reestruturado, retirando dos tribunais superiores qualquer poder diferente da jurisdição. Os processos eram discutidos e decididos em três graus de juízo subordinados a três órgãos judiciários: o tribunal de primeira instância, o tribunal de apelação, o tribunal de revisão.

Além disso, deve-se mencionar, quanto ao processo civil, o importante código promulgado no principado de Trento em 1788[93], conhecido como Código Barbacoviano por ter sido inteiramente preparado pelo jurista trentino Barbacovi. O papel da oralidade, o processo de conciliação obrigatória, o juiz único de primeiro grau, o juiz eletivo para as controvérsias menores são aspectos de uma codificação singularmente moderna no enfoque [Taruffo, 1980, p. 42].

Foi muito importante o Código Penal Josefino de 1787[94]. Nele encontramos uma nítida afirmação do princípio de legalidade de origem iluminista – "nullum crimen, nulla poena sine lege" – acompanhada da proibição expressa do recurso à analogia (§§ 1; 13; 19): um princípio não novo, que no entanto adquire relevância especial pelo fato de a disciplina do código não admitir mais nenhuma heterointegração, excluindo portanto o recurso ao direito comum. Por outro lado, o destinatário da sanção é único, sem distinções de classe. E a pena é imprescritível. A tortura judiciária já havia sido abolida em 1776, e ao mesmo tempo fora muito reduzida a aplicação da pena de morte, infligida no código apenas para os casos de sedição. Todavia, eram mantidas as penas corporais (surras, espancamentos, pelourinho) ao lado das penas pecuniárias e das detentivas, com ou sem trabalhos forçados. A essa disciplina prescrita para os crimes de direito comum[95] se acrescentam no segundo livro do Código as normas sancionatórias relativas a uma segunda categoria de crimes, designada com o termo "graves transgressões políticas", que encerra os comportamentos considerados lesivos à ordem pública, os crimes de natureza administrativa e política, em sentido amplo, para os quais a fase de instrução era confiada à polícia.

O código penal foi acompanhado, em 1788, pelo código de processo penal. Trata-se de um texto importante, por ser um precursor dos modernos códigos processual-criminalistas. Ele se caracteriza por um duplo aspecto. Preserva rigorosamente o sistema das provas legais, com a taxativa indicação da confissão, do testemunho concordante de ao menos duas testemunhas ou do concurso de pelo menos duas circunstâncias (indícios) como condições para a condenação. Se esses requisitos não são preenchidos, o acusado deve ser absolvido por insu-

---

[93] *Codice giudiziario per il principato di Trento*, 1788.
[94] *Allgemeine Gesetz über Verbrechen und derselben Bestrafung*, 1787 [sobre esse código, ver a excelente síntese de Cavanna, 2005, pp. 294-308].
[95] Crimes também com base no direito natural; com a descriminalização, também ela de origem iluminista, de comportamentos considerados pecaminosos, mas não mais criminalmente puníveis, como blasfêmia, sodomia, adultério.

ficiência de provas (§ 166). No entanto, a presença apenas das circunstâncias determina a redução da pena em um grau (§ 148). Foi abolida, portanto, a discricionariedade do juiz na presença de indícios, típica do direito comum, mas não inteiramente. A esses elementos de garantismo, porém, se contrapõem outros, de sinal contrário [Cavanna, 2005, p. 312]: o juiz é ao mesmo tempo encarregado de reunir as provas da acusação, de providenciar a defesa (é vetada a presença do advogado de defesa) e de pronunciar a sentença. E o silêncio ou a simulação do acusado são combatidos com a arma dissuasiva dos golpes de vara, eufemisticamente definidos como "castigos", não torturas[96].

Na Lombardia havia entrado em vigor, desde 1786, a *Norma interinale* do processo criminal, preparada pelo jurista Karl Anton von Martini por incumbência de José II. Baseada no princípio inquisitório [Dezza, 1989] que confiava ao juiz a exclusividade da ação criminal, a disciplina da *Norma interinale* ainda seguia a linha tradicional do direito comum ao negar a presença do advogado de defesa na fase de instrução, ao adotar as regras legais sobre as provas, ao deixar ampla discricionariedade ao juiz e ao limitar a apelação, ao passo que para outros aspectos adotava o princípio de legalidade [Cavanna, 1975].

Ambos os códigos processualistas de José II terão longa duração. Especialmente na Lombardia, a *Norma interinale* permanecerá em vigor por duas décadas, até a promulgação do código de processo penal de 1807 [Dezza, 1983], portanto também por boa parte do período napoleônico. E ambos serão retomados sem grandes variações após o parêntese napoleônico.

Nos anos do reinado de José II teve menos sucesso a codificação civilista, talvez pela própria novidade do empreendimento. Um projeto em três livros foi preparado em 1786 por uma comissão presidida pelos juristas Horten e Kees. O primeiro livro, concernente aos direitos das pessoas e da família, revisto por um dos protagonistas do pensamento jurídico da época, Joseph von Sonnenfels, foi introduzido na Áustria e na Galícia em 1787. Os outros dois livros de direito civil não foram concluídos.

Ainda na Lombardia a época de José II caracterizou-se por uma infinidade de intervenções, muitas das quais destinadas a eliminar órgãos e institutos atuantes há séculos. Em 1786 foi abolido o Senado de Milão: uma data histórica, um evento saudado quase com incredulidade pelos milaneses, o que se explica pelo enorme poder que essa magistratura suprema exercera por quase três séculos. Foram revogadas as constituições de Carlos V, a principal lei do ducado por quase dois séculos e meio. Foram drasticamente reduzidos os mosteiros contemplativos, cujo número já havia caído pela metade em 1781. Instituiu-se em Pavia um seminário geral de Estado para a formação do clero. Foram abolidas as corporações de ofícios. Reestruturou-se todo o sistema do serviço público, com rígida separação entre funções judiciárias e funções administrativas. Foram limitados e passaram a ser resgatáveis os fideicomissos, pilar do sistema social do Antigo Regime. Esses foram alguns dos golpes de foice infligidos com determinação inflexível pelo soberano vienense, ao qual a fórmula de "déspota esclarecido" se aplica com plena justificação. Nunca antes, nos séculos do absolutismo, o governo monárquico havia alcançado tal nível de centralização, através do recurso sistemático ao instrumento legislativo.

Naturalmente, a vida do direito continuava com seus ritmos, através de todas essas mudanças. Um caso processual de direito sucessório, referente aos irmãos Verri após a morte do pai, o senador Gabriele, oferece um quadro vívido de como os acontecimentos pessoais e patrimoniais de uma família patrícia se construíam e desmoronavam entre as malhas de uma rede de normas estatutárias e de disposições testamentárias e fideicomissárias, na mesma época da transição da ordem judiciária do Senado para o dos novos tribunais e dos novos procedimentos. E vemos como Pietro Verri, corajoso teorizador de uma reforma abolidora dos privilégios de primogenitura e crítico feroz da classe forense, não renunciara a se valer deles

---

[96] Um projeto apresentado pelo advogado fiscal Luigi Villa em 1787 em resposta a uma consulta realizada por José II em vista da aplicação de seu código na Lombardia, que suscitara muitas reservas, não teve continuidade, apesar de conter propostas normativas de grande valor [Rondini, 2006].

com determinação e com sucesso contra as pretensões dos irmãos, em um caso pessoal e processual que durou sete anos[97].

3.2. Pedro Leopoldo

Não é de admirar que a morte de José II tenha suscitado uma forte reação, tanto em Viena como em Milão. O sucessor do irmão, Leopoldo II, havia sido por um quarto de século (de 1765 a 1790) grão-duque da Toscana e nessa função introduzira uma série importante de reformas, em parte similares às realizadas por Maria Teresa e por José II [Wandruszka, 1968]. Iniciara a reforma da administração pública garantindo uma formação mais adequada dos funcionários; interviera na gestão da universidade de Pisa, onde se formaram alguns dos personagens importantes do reformismo italiano do século XVIII, de Bernardo Tanucci, ministro de Carlos de Bourbon em Nápoles[98] a Pompeo Neri, atuante em Milão; tentara fazer o recenseamento das propriedades fundiárias, assim como se fizera na Lombardia nos anos precedentes, mas a oposição das classes privilegiadas – o clero e o patriciado – levara a melhor. Ainda mais ousada e inovadora havia sido a tentativa de introduzir na Toscana uma reforma constitucional [Manetti, 1991] que garantisse, com base censitária, um regime representativo não apenas no âmbito local, mas também no sistema de governo central do grão-ducado: uma tentativa tanto mais notável por ser excepcional no mundo do absolutismo esclarecido; no entanto, também nesse ponto a reforma foi detida tanto pela oposição da classe dos funcionários, que não viam com bons olhos a perspectiva de um poder legislativo baseado no princípio da representação, como pela pouca determinação das classes burguesas.

Por outro lado, em 1786, Pedro Leopoldo conseguiu promulgar uma lei de importância histórica[99]. Não estamos diante de um código no significado que ele assumirá em seguida, porque a matéria penal e também a disciplina do processo não são regulamentadas de forma completa e sistemática. No entanto, o sistema penal é reformulado de uma nova maneira, com uma disciplina do processo que superava muitas das regras e dos costumes seculares do direito comum e dos direitos locais[100]. Abolição da tortura judiciária, descriminalização dos crimes de opinião e de religião, abrandamento das hipóteses de lesa-majestade, reformulação do sistema das penas, mas sobretudo eliminação da pena de morte. A "Leopoldina"[101] (assim foi denominada a reforma) foi a primeira lei na Europa a aceitar, em relação a esse ponto crucial, as ideias inovadoras de Beccaria. Ela foi prontamente traduzida para o alemão, o inglês e o francês. No entanto, alguns poucos anos mais tarde, depois de movimentos populares que perturbaram a ordem pública, a pena de morte foi reintroduzida pelo sucessor de Pedro Leopoldo na Toscana, Ferdinando III[102].

No breve período de seu reinado em Viena, de 1790 a 1792, Leopoldo aventurou-se com sucesso em um empreendimento não fácil. Salvou o essencial das reformas josefinas – o ordenamento judiciário, a disciplina civil do casamento, a limitação dos privilégios do patriciado e do clero, a separação entre jurisdição e administração não foram alterados – mas os pontos radicais, fruto do doutrinarismo intelectual josefino, foram atenuados ou eliminados. Na Lombardia, Leopoldo ouviu as vozes críticas que se haviam levantado contra o Código penal

---

[97] Nesse emaranhado de litígios estão entrelaçados institutos diferentes: de um lado, os fideicomissos que cabiam ao primogênito e por ele reivindicados com sucesso (era essa a situação de Pietro Verri após a morte do pai e do tio), de outro a "sociedade fraterna" disciplinada nos institutos milaneses, que os irmãos de Pietro (inclusive o preferido, Alessandro) quiseram dissolver dividindo os bens contra a vontade de Pietro. Ver a reconstrução da intricada história, que deu lugar a não menos que catorze processos no decorrer de setenta anos, a partir de 1782, em Di Renzo Villata, 1999; id., in Pietro Verri, *Scritti di argomento familiare ed autobiografico*, org. por G. Barbarisi, Roma, 2003, pp. 649-713.
[98] *Bernardo Tanucci*, 1986.
[99] Ver as pesquisas reunidas em *La Leopoldina*, org. por L. Berlinguer e F. Colao, 1989.
[100] Para Siena, ver a pesquisa sobre a justiça penal de Colao, 1989.
[101] Edição crítica organizada por D. Zuliani, *La riforma penale di Pietro Leopoldo*. Milão, 1995, 2 vols.
[102] Lei de 30 de agosto de 1795.

de 1787 e instituiu uma comissão, da qual Beccaria também fazia parte, encarregada de estudar uma revisão mais adequada às tradições locais e às ideias da doutrina italiana: o Projeto de Código constitui um exemplo precoce de moderna reestruturação da disciplina penal [Cavanna, 1975]. Instituiu uma comissão para reformar o processo civil [Danusso, 1982]. Eliminou o Seminário geral de Pavia restituindo à Igreja a formação do clero. Mas o Senado de Milão não foi restabelecido, e as reformas na administração local com base censitária foram mantidas. Na época da descida de Napoleão na Itália, em 1796, o Antigo Regime na Lombardia havia desaparecido para sempre.

No governo de Leopoldo a codificação civil também teve um progresso sensível, através do projeto de Karl Anton Martini, o expoente do pensamento jusnaturalista que já mencionamos, nativo do Vale de Non e professor de direito natural em Viena, a quem Maria Teresa confiara, em sua época, a formação do próprio Leopoldo adolescente. O Projeto Martini de 1794 foi a base do texto que três anos mais tarde, em 1797, foi adotado na Galícia com o nome de Código Civil Galiciano. Um texto que se qualifica com as características de um código moderno: de fato, revoga as fontes subsidiárias e o direito comum permitindo apenas os costumes "secundum legem", limita-se ao direito privado, contém também algumas disposições gerais que declaram a conexão do direito privado civil com o direito natural, em virtude da qual o súdito, antes de ser súdito, é homem e tem direito à proteção da sua pessoa e de seus bens. Quem garante essa proteção é o soberano: é aqui visível a distância em relação à configuração da Declaração dos Direitos francesa de 1789, da qual o legislador austríaco quer diferenciar-se [Cavanna, 2005, p. 273].

4. A Independência americana

Os fatos que levaram algumas colônias inglesas, estabelecidas na América do Norte a partir da primeira metade do século XVII, a se libertar do domínio britânico com um guerra, a se aliar em 1778 em uma liga confederada e a firmar, nove anos mais tarde, um pacto constitucional criando os Estados Unidos são de tal alcance que ao menos uma alusão a eles é necessária, mesmo em uma história do direito europeu. De fato, a cultura política subjacente à revolução americana é de origem europeia, mesmo na absoluta originalidade dos resultados obtidos além do Atlântico.

Os artigos da Confederação aprovada em 1778 haviam instituído entre as colônias outrora inglesas e agora independentes uma união (denominada *United States of America*) fundamentada em um princípio claro: os treze Estados (muitos dos quais já possuíam Constituições próprias, que em qualquer caso remontavam ao século XVII)[103] permaneciam "soberanos", enquanto uma assembleia confederada (Congresso) – composta de delegados escolhidos pelas câmaras legislativas de cada Estado – era investida da tarefa de decidir sobre as questões de interesse comum na economia, na defesa, nas relações internacionais e também de realizar a escolha de um colégio arbitral sempre que surgissem controvérsias entre os Estados da Confederação. As decisões do Congresso eram assumidas atribuindo um voto a cada uma das delegações dos treze Estados, mesmo que compostas de um número diferente de delegados. As decisões importantes exigiam pelo menos nove votos, ou seja, o assentimento de ao menos nove Estados. Mas as decisões do Congresso não tinham como destinatários diretos os cidadãos, e sim os próprios Estados, que estavam incumbidos de implementá-las autonomamente sem que estivesse previsto um poder efetivo de coerção em caso de inadimplência.

Bastaram poucos anos para mostrar que essa estrutura institucional demasiado frágil não permitia a realização de tudo o que havia sido considerado necessário ao se criar a Confederação. E assim, na tentativa de empreender uma reforma eficaz, chegou-se à decisão de insti-

---

[103] É o caso, por exemplo, dos *Fundamental Orders* de Connecticut de 1639. Nos anos 1770, os anos da guerra da independência, muitos Estados aprovaram novas constituições.

tuir uma nova Convenção, composta de 55 delegados eleitos por doze Estados[104]. A Convenção iniciou seus trabalhos em Filadélfia em maio de 1787 estabelecendo um procedimento que exigia o voto favorável da maioria dos Estados para a aprovação das deliberações[105] e que impunha aos delegados o rigoroso respeito do sigilo sobre seus trabalhos: essa era uma medida que os contemporâneos já haviam considerado de importância decisiva para o sucesso do empreendimento. No decorrer de menos de quatro meses a Convenção conseguiu discutir e aprovar o texto que se tornará (e que permanecerá, até hoje) a Constituição dos Estados Unidos: um evento que alguns dos protagonistas – entre os quais Washington e Madison – saudaram como "um milagre" [Drinker Bowen, 1986].

5. A Convenção de Filadélfia e a Constituição

A escolha fundamental foi realizada já nos primeiros dias. Em 30 de maio foi aprovado o princípio pelo qual seria instituído um governo "nacional" com os três setores do legislativo, do executivo e do judiciário, claramente distintos com base na (não escrita) constituição inglesa de um século antes e nas teorias de Locke e de Montesquieu. Era essa a posição do Projeto da Virgínia, elaborado por James Madison para a Convenção, ao qual se havia contraposto o projeto de New Jersey, que, ao contrário, apontava para a continuidade com os critérios confederados[106]. O primeiro foi explicitamente anteposto ao segundo em 19 de junho, obtendo sete votos contra três. A posição federalista havia prevalecido sobre a confederalista, e esta opção fundamental não será mais questionada.

A questão mais debatida, porém, foi a da composição das duas Câmaras legislativas. Logo se decidiu que os parlamentares da Câmara Baixa (a Câmara dos Representantes) deveriam ser eleitos em número proporcional em relação à população de cada Estado e com eleição direta[107]. Por outro lado, para a Câmara Alta (o Senado) os delegados dos Estados menores eram instados a manter o critério de dar a cada Estado o mesmo peso, como já ocorria desde 1778, enquanto os grandes Estados (Virgínia, Pensilvânia) exigiam também aqui o critério da representação proporcional. A Convenção esteve a ponto de naufragar diante daquele obstáculo. Mas, após dias de acirrado debate, em 16 de julho a questão foi solucionada por diferença mínima, com cinco votos contra quatro (mas sabia-se que os delegados dos três Estados ausentes nessa votação estavam do lado dos cinco): o Senado teria um mesmo número de senadores para cada Estado[108], escolhidos pela Câmara legislativa de cada Estado[109]. A posição dos Estados pequenos – sem o voto dos quais nenhuma maioria teria sido possível na Convenção – prevaleceu assim com a adoção daquele que foi chamado o "grande compromisso". O bicameralismo permitiu a coexistência das duas lógicas (a lógica da representação popular e a da representação por Estados), com a importante especificação, contudo, de que as leis destinadas à arrecadação de tributos deveriam ser propostas pela Câmara dos Representantes[110].

Outra escolha fundamental referia-se ao executivo federal: a Convenção deveria determinar suas características. Decidiu-se que o poder de governo deveria ser confiado a um único

---

[104] O décimo terceiro Estado, Rhode Island, recusou-se a enviar seus delegados para a convenção.

[105] Como na Confederação de 1778, votava-se atribuindo um voto a cada Estado-membro, independentemente do número de seus delegados na Convenção. Em caso de discordância no interior da mesma delegação, o voto do Estado era conforme ao parecer da maioria dos delegados presentes ou então era de abstenção em caso de empate.

[106] Deve-se observar que, na terminologia dessa fase da história americana, denominava-se "federal" a posição de quem defendia a estrutura precedente (que hoje chamaríamos de "confederada") e se qualificava como "nacional" a posição de quem afirmava a necessidade de um governo central acima daquele de cada Estado, ou seja, a posição que em seguida será denominada "federalista".

[107] Constitution (1787), art. I, section 2.

[108] Constitution (1787), art. I, section 3.

[109] Só em 1913 (Décima Oitava Emenda) é aprovada a eleição direta dos senadores.

[110] Constitution (1787), art. I, section 7.

indivíduo e ter duração quadrienal[111], com a possibilidade de duas reeleições[112]. Mas quem o elegeria? Para encontrar a solução para esse ponto nomeou-se uma comissão restrita nos primeiros dias de setembro: cada Câmara legislativa dos Estados teria a faculdade de decidir os procedimentos para nomear um número de eleitores igual ao número total de seus representantes no Congresso federal, incluindo os da Câmara e do Senado. Os eleitores votariam no presidente por maioria absoluta. Caso não houvesse *quorum*, a escolha do presidente, a ser efetuada entre os primeiros cinco nomes votados, caberia à Câmara dos Representantes[113].

Os poderes atribuídos ao presidente eram enormes, a ponto de haver quem falasse de uma "monarquia republicana". De fato, a ele caberia a nomeação dos juízes da Suprema Corte, a subscrição dos tratados internacionais[114], o poder de veto para as leis votadas pelo Congresso, um veto passível de ser derrubado em segunda votação apenas com dois terços dos votos do Congresso[115]. Afirmou-se que essa configuração do poder presidencial foi aceita porque era opinião amplamente compartilhada que a primeira presidência caberia (como de fato ocorreu) a George Washington, o herói da guerra da independência, que gozava de enorme prestígio na Convenção e em toda a Confederação.

O procedimento para emendar a Constituição no futuro previa que a proposta recebesse o voto favorável de dois terços de ambos os ramos do Congresso (ou então de dois terços dos Estados, através do voto das respectivas Câmaras, para a instituição de uma nova Convenção) e a sucessiva ratificação por parte de três quartos dos Estados (ou de três quartos dos membros da nova Convenção)[116].

Em 17 de setembro de 1787 o projeto de Constituição foi aprovado pela Convenção. Após um breve e eficaz apelo final de Benjamin Franklin, que convidava a uma aprovação unânime[117], os votos dos doze Estados presentes na Convenção foram todos favoráveis, com trinta e seis membros que assinaram o texto e apenas três dissidentes, minoritários no interior das respectivas delegações.

O verdadeiro protagonista dos trabalhos fora indubitavelmente James Madison, autor do projeto da Virgínia e secretário da Convenção [Rossiter, 1987]. Mas um papel bem incisivo coube, nas fases cruciais, também a James Wilson e ao governador Morris, da Pensilvânia, a Roger Sherman, do Connecticut, a John Rutledge, da Carolina do Sul e a outros. Estranhamente Alexander Hamilton, delegado de Nova York, não teve nenhuma participação importante, embora todos previssem sua atuação como protagonista e que teve esse papel tanto antes como depois da Convenção: suas posições resolutamente "nacionais", ou seja, favoráveis a um forte poder central, levaram-no a assumir na assembleia uma posição crítica em relação ao "grande compromisso" (mas não o impediram de lutar com plena eficácia, pouco depois, pela ratificação da Constituição)[118]. Benjamin Franklin falou pouco e sucintamente, mas seu prestígio e suas admoestações influenciaram a assembleia. George Washington, eleito presidente na primeira sessão, só tomou a palavra uma única vez, na sessão conclusiva; contudo, tinha tal autoridade que até seus silêncios e seus olhares pesaram [Drinker Bowen, 1986].

Começava agora o processo das ratificações. Ele nada tinha de previsível, como revelaram as acirradas discussões dos meses seguintes, que em alguns casos – como ocorreu nos dois

---

[111] Constitution (1787), art. II.
[112] A limitação a uma única reeleição foi introduzida em 1951 (Vigésima Segunda Emenda).
[113] Constitution (1787), art. II, section 1.
[114] Constitution (1787), art. II, section 2.
[115] Constitution (1787), art. I, section 7.
[116] Constitution (1787), art. V.
[117] Franklin, sem dúvida o homem mais célebre da Convenção, juntamente com Washington, declarou que votaria o projeto com convicção porque "I think a general government necessary for us", e isso não obstante sua discordância específica sobre alguns pontos para os quais remetia, porém, ao texto já aprovado, consciente da insensatez da opinião de uma dama francesa que costumava afirmar: "il n'y a que moi qui a toujours raison" (J. Madison, *Debates in the Federal Convention of 1787*, Buffalo [Nova York], 1987, p. 578). Seu apelo foi coroado com pleno sucesso.
[118] Ver suas contribuições fundamentais aos *Federalist Papers* de 1787: trad. it. *Il Federalista*, Pisa, 1955.

Estados cruciais da Virgínia e de Nova York – se encerraram com uma aprovação por pequena margem por parte das respectivas Câmaras legislativas. O projeto votado pela Convenção exigia o voto positivo de pelo menos nove dos treze Estados para a entrada em vigor[119]. No final de julho de 1788, onze Estados já haviam ratificado[120] e a Constituição entrou em vigor.

Embora a Convenção tivesse decidido não inserir na Constituição a Carta dos Direitos para não se sobrepor às de cada Estado, isso ocorreu três anos depois, em 1719, com a aprovação das dez primeiras emendas (*Bill of Rights*), que retomavam elementos extraídos das Declarações de algumas colônias, como Virgínia, Maryland, Massachusetts. Nelas eram sancionadas as liberdades de expressão, de religião, de imprensa, de associação; as garantias de liberdade pessoal, de um processo rápido e regular ("due process of law") a ser celebrado publicamente com a intervenção do júri e com o direito do acusado de ser defendido e confrontado com as testemunhas de acusação[121].

A fórmula federalista, que permitia a sobrevivência e a ampla autonomia legislativa, executiva e judiciária de cada Estado-membro, mas ao mesmo tempo garantia um sólido governo central controlado pelo Congresso composto das duas Câmaras, era uma fórmula nova na história. E os contemporâneos estavam bem conscientes dessa originalidade, como Franklin escreveu a um interlocutor europeu[122] e como mostram as lúcidas argumentações dos clássicos *Federalist Papers*, escritos por Hamilton, Jay e Madison[123] nos meses cruciais das ratificações. Além disso, a Constituição também permitia – os fatos de dois séculos de história americana o demonstram sem nenhuma dúvida[124] – a configuração de estruturas muito diferentes no equilíbrio de poderes entre centro e periferia, entre federação e Estados-membros. E a instituição da Suprema Corte se mostraria crucial ao dar forma, no tempo, àquela Carta dos Direitos da qual a *Bill of Rights* constituiu apenas o ponto de partida.

Todos os modelos sucessivos de constituição federal no mundo – até o modelo da União Europeia da segunda metade do século XX – se inspirarão, ao menos em parte, no grande modelo de Filadélfia de 1787.

---

[119] Constitution (1787), art. VII.
[120] A Carolina do Norte ratificou em novembro de 1788, enquanto Rhode Island, que não participara da Convenção de Filadélfia, aderiu dois anos mais tarde.
[121] Constitution, *The Bill of Rights* (1791), arts. I-X.
[122] "If it [the Constitution's ratification] succeeds, I do not see why you might not in Europe carry the Project [...] by forming a Federal Union and One Grand Republic of all its different States and Kingdoms": foi o que disse Franklin a Grand, em 22 de outubro de 1787 (*Documentary History of the Constitution*, vol. IV, pp. 241 s.).
[123] *Il Federalista*, Pisa, 1955.
[124] G. Bognetti, 1998-2000.

29. Revolução Francesa e direito

Os acontecimentos da Revolução Francesa assinalaram uma profunda guinada na história do direito europeu. As inovações introduzidas no decorrer dos dois anos em que atuou a Assembleia Nacional Constituinte, de 1789 a 1791, tiveram tal alcance que influenciaram, direta ou indiretamente, não apenas a história constitucional da França, mas também as escolhas e as tendências amadurecidas no continente no decurso do século XIX; por esse motivo não podem ser ignoradas. Mas à primeira revolução somaram-se outras, em um crescendo de radicalismo e de violência que teve o seu ápice com a convenção jacobina e com o Terror de 1793-1794. Após a queda de Robespierre (9 de Termidor do ano II = 27 de julho de 1794), os quatro anos do Diretório marcaram um distanciamento de uma série de medidas extremas dos anos precedentes e desembocaram no Golpe de Estado de 18 de Brumário do ano VIII (11 de novembro de 1799) que instituiu o consulado e inaugurou as duas décadas e meia do domínio napoleônico na França e na Europa.

Foram vinte e cinco anos dramáticos, nos quais as transformações do direito público e do direito privado constituem uma chave de leitura essencial não apenas para compreender a história política daquele período e do posterior, mas também para apreender algumas das características determinantes dos ordenamentos jurídicos da Europa contemporânea.

Embora, como veremos, grande parte das reformas introduzidas pela Constituinte tenha suas raízes nas ideias e nas propostas dos iluministas, a historiografia recente esclareceu bem como é equivocado ver a revolução como resultado natural do programa dos *philosophes*. Ao contrário, nenhum deles a previra e muitos a teriam condenado (entre outros, Rousseau se expressara drasticamente contra a violência política). Tratou-se, como muito bem se escreveu, de uma "revolução sem maestro" [Cavanna, 2005], no sentido de que, mesmo no decorrer dos eventos, os desdobramentos foram imprevisíveis e imprevistos até mesmo pelos protagonistas. Na verdade, foi uma sucessão de várias revoluções [Forrest, 1999], de sinal muito diferente entre si, cada uma enxertada na precedente, que explodiram uma após a outra até o resultado regularizador de Napoleão.

Nesse caso, os dois anos de atividade da Constituinte representam uma fase de importância extraordinária. Talvez nunca, nem antes nem depois daquela época, houve na história tal volume de reformas no nível legislativo, incluindo todos os ramos do direito. Isso ocorreu mediante um processo de assembleia, com trinta comitês em atividade à tarde e à noite para preparar os projetos de lei, com discussões públicas que ocupavam boa parte do dia, realizadas na presença de centenas de deputados reunidos cotidianamente em plenário, onde se alternavam na tribuna oradores das mais diferentes tendências e opiniões, com uma direção de vozes alternadas sobre cada questão, favoráveis e contrárias em relação aos projetos de lei que estavam sendo discutidos, para depois chegar a decisões concretas assumidas com o voto e formalizadas no texto de centenas de leis. O *Moniteur* e outros jornais forneciam todos os dias, de maneira precisa e completa, informações sobre o debate realizado na assembleia e as decisões adotadas em cada caso.

1. *Os* Cahiers de doléances

A França do final do século XVIII havia conhecido, depois da Guerra dos Sete Anos (1756-1763), uma grave crise das finanças públicas, que fora enfrentada procurando primeiro redimensionar o poder dos parlamentos que se opunham a uma revisão do sistema dos impostos (reforma de Maupeou, 1771), depois com uma tentativa de adoção de algumas medidas ousadas e inovadoras, inspiradas nas ideias dos fisiocratas em apoio à produção agrícola, como a divisão dos campos de pastagem comuns, a tentativa de introduzir a livre circulação dos cereais (reforma de Turgot, 1775), a reforma parcial das administrações municipais inspirada no princípio censitário (reforma de Necker, 1778). Tais tentativas fracassaram substancialmente pela oposição conjunta dos parlamentos, do patriciado, dos superintendentes régios e das classes rurais. Luís XVI, que subiu ao trono em 1774, certamente não tinha a índole reformadora de Maria Teresa e de José II e cedeu a essas pressões.

A permanência e a acentuação de uma condição de crise não resolvida levaram então a uma proposta de convocação dos Estados Gerais, desenterrados depois de quase dois séculos de inatividade por iniciativa (observe-se) sobretudo dos Parlamentos, determinados a impedir medidas normativas que reduzissem seus privilégios: ninguém podia prever que essa iniciativa determinaria o fim deles. A sessão foi precedida de uma gigantesca pesquisa sobre a situação do país e sobre as aspirações de reforma expressas em todas as partes por representantes da nobreza, do clero e do terceiro estado (que era a expressão da classe dos proprietários de terra e dos burgueses e comerciantes das cidades): os *Cahiers de doléances*[125] oferecem a imagem em alta definição da sociedade francesa de 1789, mas revelam também a presença de uma quantidade de precisas instâncias de reforma do sistema jurídico.

De todos os cantos da França chegam duras críticas ao forte poder discricionário dos tribunais soberanos de justiça, às justiças senhoriais exercidas rudemente por pessoas de confiança dos feudatários, à severidade excessiva das penas, ao sigilo das instruções penais, à multiplicidade dos costumes locais, à obscuridade das leis e da linguagem jurídica que faziam a fortuna de uma multidão de advogados vorazes, às complicações do sistema tributário, à multiplicidade de pesos e medidas, aos obstáculos interpostos ao comércio e à circulação de bens, às dimensões da mão-morta eclesiástica que engessava grande parte da propriedade fundiária, aos abusos dos oficiais do rei que dispunham arbitrariamente da liberdade dos indivíduos. E a muitas outras mazelas do ordenamento em vigor.

Nunca antes se realizara, nem na França nem em outros lugares, um reconhecimento tão aprofundado das expectativas da sociedade civil, produzido minuciosamente em uma centena de assembleias locais e sintetizado em documentos precisos. Por isso não é de admirar que os representantes eleitos e convocados para a reunião dos três Estados tenham desejado, desde o início, fazer-se porta-vozes daquilo que os *cahiers* haviam manifestado expressamente. O evento decisivo ocorreu quando a assembleia do Terceiro Estado – que conseguira dobrar a sua representação subindo de 300 para 600 componentes, enquanto expressão da imensa maioria da "nação" – se proclamou "nacional" (10 de junho de 1789), ou seja, representativa de toda a nação. Foi determinante para essa guinada a influência exercida pelas teses do abade de Sieyès, que teorizara a ideia de "nação" e a soberania do povo: de fato, ele afirma que uma assembleia representativa, não dividida por classes, ao estabelecer a "constituição", estava habilitada a exercer a plena soberania, que cabia à nação independentemente da vontade do rei e que acima de si só devia reconhecer o direito natural[126].

As outras duas assembleias foram então unidas a ela por decreto do rei e formaram assim uma única Assembleia Nacional que se definiu constituinte por estar habilitada a deliberar e

---

[125] Uma rica série de *Cahiers* (não exaustiva, no entanto) foi publicada nos *Archives Parlementaires* de Mavidal e Laurent, Première série (1787-1799), vols. I-VI, Paris, 1879.

[126] "La nation existe avant tout, elle est à l'origine de tout; sa volonté est toujours légale; elle est la loi elle-même. Avant elle et au dessus d'elle, il n'y a que le droit naturel" [Sieyès, cit. in: Godechot, 1968, p. 24].

aprovar a constituição (17 de junho e 9 de julho de 1789). A ordem antiga foi então rompida com um pacto jurado – sem dúvida contrastante com a legalidade anterior, porque a tradição dos Estados Gerais exigia que os representantes das três ordens discutissem e deliberassem separadamente, convergindo todos com votações distintas sobre um mesmo texto – que subverteu as próprias bases do equilíbrio de classes do Antigo Regime. Cem anos depois da Revolução Inglesa nascia também no continente, ainda que de maneiras totalmente diferentes, um regime constitucional representativo.

Nessa primeira fase da sua atividade, a Constituinte aprovou, em uma histórica sessão que se prolongou pela noite de 4 de agosto de 1789, a abolição do sistema feudal e senhorial: alguns expoentes de destaque da nobreza, que ainda gozava de enormes privilégios e poderes econômicos e jurídicos, aproximaram-se da tribuna para declará-los extintos; entre eles em especial o visconde de Noailles e o duque de Aiguillon. E se é verdade que essa guinada, como tantas vezes ocorreu na história, foi provocada por fatos contingentes (a revolta em ação nos campos ameaçava gravemente as classes feudais), também é verdade que a solução adotada no decorrer daquela noite marcou o fim de uma era que havia durado mil anos.

2. *A Constituinte:* a Declaração dos Direitos do Homem

A tarefa que a Constituinte se propusera realizar em julho de 1789 já é clara desde o nome: discutir e aprovar uma constituição. E de fato o resultado do trabalho foi, passados dois anos, a aprovação da Constituição de setembro de 1791. Também por influência do recente modelo do outro lado do Atlântico, certamente conhecido dos protagonistas da revolução, o termo *constituição* (entendida no sentido de texto legislativo fundamental) fazia a sua entrada na história política do continente para delinear as liberdades fundamentais e os pilares do ordenamento público do Estado. Mas, ao assumir essa tarefa, os constituintes decidiram antes de tudo esboçar em um texto, deliberadamente breve e solene, alguns princípios cardeais da nova ordem que pretendiam instituir. A *Declaração dos Direitos do Homem e do Cidadão*, votada pela Assembleia entre 20 e 26 de agosto de 1789, ao final de um apaixonado debate, é constituída por um preâmbulo e 17 artigos. Com ela, a lei, expressão da vontade popular do novo sujeito titular da soberania, a "nação", torna-se o instrumento para a afirmação dos direitos fundamentais.

O texto começa com a afirmação de que todos "os homens nascem e permanecem livres e iguais em direitos" (art. 1): a doutrina do pensamento jusnaturalista sobre a liberdade originária do homem e sobre a ilicitude de discriminações de *status* era formalmente traduzida em uma fórmula jurídica. Em seguida, enumera, como "direitos naturais e imprescritíveis do homem", a liberdade, a propriedade, a segurança e a resistência à opressão, declarando que a finalidade de toda associação política é a conservação desses direitos (art. 2): é clara a influência do pensamento de Locke. A seguir declara-se que "a soberania reside essencialmente na Nação" e que desta deve derivar expressamente toda autoridade de corporações ou de indivíduos (art. 3): manifesta-se aqui a concepção de Rousseau, que vincula e identifica soberania, Estado e nação, contradizendo assim o princípio da soberania submetida ao soberano. A liberdade é definida como o poder de "fazer tudo aquilo que não prejudique os outros", no respeito dos direitos naturais do homem, e só pode ser limitada por lei (art. 4), ao passo que tudo aquilo que a lei não proíbe não pode ser impedido (art. 5).

A lei, por sua vez, é expressão da "vontade geral", deve ser igual para todos, e todos os cidadãos devem poder contribuir para a sua formação, pessoalmente ou através de seus representantes; e todos são igualmente admissíveis aos cargos públicos de acordo com suas capacidades (art. 6). Aqui a menção à rousseauniana "vontade geral" liga-se ao reconhecimento da representação política (que Rousseau havia negado), sem contudo renunciar a formas de democracia direta; e é afirmado o princípio meritocrático relativo à nomeação para os cargos públicos, negando assim qualquer barreira de classe. É explícita a afirmação da necessidade de que os tributos sejam determinados por "todos os cidadãos", diretamente ou através de seus representantes (art. 14), "de acordo com suas possibilidades" (art. 13), portanto acatando o princípio da proporcionalidade dos impostos, que ainda não havia sido adotado na França, como vimos. A afirmação de que "um Estado em que não esteja assegurada a garantia dos direitos nem estabelecida a separação dos poderes não tem constituição" (art. 16) liga indissoluvelmente a estrutura da nova constituição política à proteção da liberdade dos indivíduos e à negação da legitimidade constitucional de todo regime absolutista, exigindo com tal finalidade a separação entre as autoridades destinadas, respectivamente, a legislar, a governar e a julgar, segundo as doutrinas expressas por Locke e por Montesquieu.

Com uma série de enunciados não menos relevantes se sanciona o direito à livre manifestação do pensamento, que inclui a liberdade de falar, escrever e imprimir, "respondendo, todavia, pelos abusos desta liberdade nos termos previstos na lei" (art. 11), enquanto se afirma que "ninguém pode ser molestado por suas opiniões, incluindo as opiniões religiosas, desde que sua manifestação não perturbe a ordem pública estabelecida pela lei" (art. 10): esta última fórmula é o fruto de um debate no qual a versão originária do projeto, que enunciava o princípio da tolerância religiosa, foi contestada por Mirabeau e por outros constituintes por ser demasiado redutiva e potencialmente restritiva da liberdade de culto, de modo que se limitou a fazer referência ao limite da ordem pública legislativamente determinado. No preâmbulo se havia declarado que o texto era estabelecido "na presença e sob os auspícios do Ser Supremo", uma fórmula que permitia reunir os sufrágios dos católicos (entre os quais os membros do clero constituíam um quarto dos 1.155 deputados da Assembleia) e dos deístas, seguidores de uma religiosidade não confessional na esteira de uma parte dos iluministas.

Uma breve série de artigos sobre a liberdade pessoal adota as ideias de Montesquieu, de Beccaria e de Voltaire sobre o princípio de legalidade e de irretroatividade da pena (art. 8), sobre a presunção de inocência do acusado até a condenação (art. 9), sobre o respeito do processo estabelecido pela lei como condição taxativa para a acusação, a prisão ou a detenção de todo cidadão (art. 7): é a condenação dos poderes de polícia do Antigo Regime. Por outro lado, o direito de propriedade, já citado como um dos direitos inalienáveis, é declarado inviolável e até sagrado, o único limite sendo constituído pela expropriação, admitida apenas "quando a necessidade pública legalmente comprovada o exigir e sob condição de justa e prévia indenização" (art. 17).

Os nomes que associamos a alguns artigos desse texto constituem suas fontes, evidentes ainda que não declaradas. Os enunciados de algumas constituições de colônias americanas[127] eram conhecidos na França e provavelmente foram considerados pelos redatores da Declaração, embora o fundamento político e jurídico desta fosse muito diferente do daquelas [Oestreich, 2001, p. 77]. Tampouco haviam sido esquecidas as instâncias sobre os princípios de liberdade, segurança, propriedade e direitos naturais do homem expressos por alguns tribunais soberanos nos anos anteriores à revolução[128]. Mas sobretudo as ideias e as batalhas do iluminismo jurídico europeu encontram aqui meta normativa concreta. As liberdades do homem e do cidadão são reivindicadas no texto da Declaração com base no modelo que a moderna historiografia denominou "individualista" [Fioravanti, 1995], para ressaltar que nele a liberdade é proclamada como um direito do indivíduo: ou seja, um direito do homem enquanto tal, não mais (segundo o modelo medieval) como um direito concedido a cada corporação social organizada ou a cada classe, das quais agora o indivíduo é expressamente desvinculado.

Se é verdade que as escolhas realizadas pelos constituintes às vezes se mostram não coerentes com os enunciados de princípio da Declaração, se é verdade que muitos artigos são o fruto de compromissos de última hora entre tendências divergentes surgidas no decorrer da discussão, se é verdade que algumas afirmações sobre a vontade geral e sobre a lei como sua

---

[127] Por exemplo, as constituições de Virgínia, Maryland e Carolina do Norte (1777); de Vermont (1779); de Massachusetts (1780); de Hampshire (1784).

[128] É o caso da Cour des aides de 1771; do Parlamento de Paris em 1788 [Godechot, 1968, p. 29].

expressão podiam ser utilizadas e manipuladas (isso não demora a ocorrer durante a própria Revolução Francesa e em seguida, até mesmo no século XX) para legislar contra a liberdade e a segurança em nome da liberdade e da segurança, também é verdade que os enunciados de princípio inseridos na Declaração têm um valor universal que acabará se impondo, ainda que através de um percurso longo e conturbado.

Um exemplo é constituído pelos direitos políticos. De fato, a Declaração já implica, potencialmente, o princípio democrático em sentido pleno e coerente, que inclui o sufrágio universal: vimos que ela afirma solenemente que todos os homens são iguais "em direitos", sem distinguir entre direitos públicos e privados; e que o direito de contribuir para a formação da lei cabe "a todos os cidadãos" (art. 6). No entanto, a discussão sobre os requisitos necessários para exercer o sufrágio nas eleições locais e nacionais levou a um resultado bem diferente: adotando uma distinção enunciada no famoso texto de Sieyès sobre o Terceiro Estado, e por ele defendido também em assembleia, os "cidadãos" foram prontamente divididos em duas categorias. O direito de voto é reconhecido apenas para os "cidadãos ativos", assim denominados com base no censo, distinguidos dos outros cidadãos, declarados "passivos": só quem pagava um imposto igual a pelo menos três dias de trabalho por ano possuía o eleitorado ativo, enquanto para o eleitorado passivo se requeria que o imposto atingisse ao menos dez dias de trabalho, e para a Câmara legislativa ainda mais. O princípio do sufrágio universal foi defendido em assembleia só por cinco deputados, entre os quais Duport e Robespierre[129].

Deve-se ressaltar, contudo, que essa configuração baseada no censo e na riqueza (na renda fundiária ou na renda mobiliária) constituía de qualquer modo uma ruptura radical em relação aos requisitos de classe típicos do Antigo Regime, bem menos passíveis de ser modificados rapidamente em relação aos do modelo censitário, que permitia aceder à elite até em um tempo relativamente curto, no decorrer de uma única geração.

Não menos relevante é a superação, ocorrida graças à Constituinte, da multisecular distinção de *status* jurídico entre cidade e campo. Não apenas no plano fiscal, não apenas para as leis eleitorais, agora o único sujeito é o cidadão, com as especificações e os condicionamentos censitários já mencionados.

3. *A reforma administrativa*

Contextualmente é iniciada uma reforma completa do ordenamento administrativo[130]: são abolidas as autonomias das regiões históricas – da Normandia ao Franco-Condado, de Languedoc à Bretanha, de Roussilhão à Lorena e assim por diante – a França é subdividida em 83 departamentos, subdivididos em distritos, cada um dos quais formado de várias comunas, por sua vez formadas de vários cantões, com assembleias locais eletivas (com base censitária), para cada um dos três níveis superiores. Também se abolia a venalidade dos cargos, e com ela a transmissibilidade dos empregos públicos por via hereditária. Derivava daí uma estrutura do Estado mais uniforme e centralizada que a do Antigo Regime, porque as antigas regiões históricas desapareciam, e com elas suas seculares autonomias. O processo será completado uma década mais tarde, quando Napoleão designar para a chefia de cada departamento um prefeito diretamente dependente do governo central, enquanto na reforma de 1790 os procuradores-prefeitos que representavam o rei e dirigiam os departamentos e os distritos eram eleitos pelas assembleias locais.

---

[129] Calculou-se que apenas 4 milhões de franceses, entre os 7 milhões que contava então a população masculina, tinham a qualificação de cidadãos ativos; muito inferior, naturalmente, era o percentual dos cidadãos habilitados para o eleitorado passivo para os cargos locais e ainda mais reduzido o dos eleitores habilitados para escolher os deputados para a Assembleia Nacional: apenas 1% dos cidadãos ativos. Esse dado é ainda mais relevante quando se considera que os eleitores chamados a escolher os deputados para os Estados Gerais de 1789 eram em número maior.

[130] Lei de 26 de fevereiro de 1790 [Duvergier, I, p. 102].

O primeiro a ressaltar esse aspecto de continuidade entre o Antigo Regime e a revolução foi Alexis de Tocqueville, que em sua breve e fundamental obra de 1846[131] (talvez o ensaio mais penetrante sobre a Revolução Francesa já escrito em duzentos anos) afirma que a revolução, embora na aparência destruidora da ordem do Antigo Regime, na verdade sob o aspecto administrativo constituiu sua complementação sob o signo da continuidade, porque levou a termo a obra multissecular da monarquia, destinada a adquirir do Estado o controle centralizado do território: uma história na qual, por exemplo, a instituição dos "comissários" revogáveis por parte do rei constituíra um passo importante. No entanto, é preciso ressaltar que a revolução inicialmente concebeu e disciplinou uma ordem institucional em que tanto os cargos administrativos como os cargos judiciários deviam ser preenchidos através da eleição popular. A guinada, para ambas as ordens, ocorrerá alguns anos mais tarde, com Napoleão.

A estrutura militar também é completamente transformada. A mobilização de uma parte da população em defesa da revolução – a tomada da Bastilha de 14 de julho de 1789 constituiu um momento decisivo – levou à organização da Guarda Nacional, composta unicamente de cidadãos ativos e obrigatória, organizada por cantões e destinada à manutenção da ordem interna no respeito à lei e à proteção da propriedade, com a obrigação de ser exercida aos domingos cinco meses por ano[132]. O exército propriamente dito, cuja composição foi longamente discutida, devia prover a defesa do território contra as ameaças do exterior e foi regulamentado admitindo para os oficiais um duplo critério de promoção, baseado na antiguidade e na escolha do rei[133]. Mas no momento em que as milícias estrangeiras se mobilizaram contra a França da revolução, também a guarda nacional foi incluída entre as forças em defesa do país. E a vitória de Valmy de 20 de setembro de 1792 mostrou que a transformação havia ocorrido: a milícia, que no Antigo Regime era a milícia do rei, se tornara a milícia da nação.

4. As reformas da justiça

Outro grande capítulo das reformas discutidas e decididas pelos constituintes foi o da justiça. A oposição contra o arbítrio dos tribunais soberanos era uma das expressas com mais frequência nos *Cahiers*, como dissemos. E logo a Assembleia dedicou-se a projetar uma nova ordem judiciária[134]. Abolidos os tribunais soberanos, a justiça é articulada de maneira uniforme em vários níveis, com base em um princípio fundamental, a eletividade dos juízes [Royer, 2001]. Em cada cantão era preciso eleger, pelo período de dois anos, um ou mais juízes de paz, que deveriam ser escolhidos entre os cidadãos elegíveis para os cargos locais: essa inovação havia sido inspirada sobretudo no modelo holandês, admirado e popularizado por Voltaire. Em cada departamento era instituído um tribunal, igualmente composto de juízes eletivos [Krynen, 1999], a ser escolhidos entre os "homens da lei" (advogados, magistrados, tabeliães) que tivessem ao menos trinta anos de idade e cinco anos de exercício da profissão. As sentenças do tribunal nas causas civis podiam ser impugnadas, mas decidiu-se que o recurso deveria ser encaminhado não a um tribunal superior e sim a um dos tribunais contíguos à escolha das partes, para evitar a reprodução de uma hierarquia das jurisdições.

Aos dois graus de julgamento chegava-se a um terceiro grau: a sentença podia ser impugnada diante do único Tribunal Superior de Justiça, mas apenas fazendo valer um erro de direito, ou seja, afirmando que os juízes de mérito haviam descumprido a lei ou a haviam interpretado de modo errôneo. A instituição do Tribunal Superior de Justiça[135], que retomava e generalizava uma função anteriormente exercida pelo *Conseil du roi*, tinha a função de garan-

---

[131] A. de Tocqueville, *L'ancien régime et la Révolution*, 1846.
[132] Decreto de 12-18 de junho de 1790 (Duvergier, I, p. 216); decreto de 29 de setembro-14 de outubro de 1791.
[133] Lei de 21 de setembro de 1790.
[134] Lei de 16-24 de agosto de 1790 (Duvergier, I, p. 310).
[135] Lei de 27 de novembro-1º de dezembro de 1790 (Duvergier, II, p. 56).

tir a uniformidade da interpretação da lei em todo o Estado: uma função nomofilática fundamental destinada a aumentar a certeza do direito e não a reexaminar o mérito do caso concreto. Também nesse terreno se apreende o efeito unificador da revolução, não mais questionado desde então: enquanto o Antigo Regime mantivera treze tribunais soberanos e inapeláveis em outras tantas regiões históricas, cada uma dotada de seus próprios costumes processuais e substanciais, a reforma de 1790 criou um único tribunal supremo competente para todo o território do Estado. No decorrer do tempo o Supremo Tribunal de Justiça constituiu a principal fonte de interpretação e também de integração em relação aos Códigos napoleônicos; mas o caminho que levou à supremacia da jurisprudência do Supremo foi longo, como veremos.

Coerente com a tendência antijurisprudencial que caracteriza toda a obra da Constituinte – e que é muito mais singular quando se considera que grande parte dos protagonistas da Assembleia era constituída por homens da lei – foi a instituição do *référé législatif* [Alvazzi del Frate, 2005], um procedimento instituído pela primeira vez que convidava os juízes a se dirigir ao corpo legislativo para pedir a correta interpretação de uma lei e os obrigava a suspender a causa pedindo a intervenção do legislador sempre que se verificasse um conflito repetido entre juízes de mérito e Supremo Tribunal de Justiça em relação a um mesmo caso[136].

Quanto aos juízes, a reforma não foi menos drástica. A hostilidade em relação às magistraturas do Antigo Regime levou os Constituintes – que haviam abolido a venalidade dos cargos e declarado o princípio da gratuidade dos processos, suprimindo o costume secular das gratificações que deviam ser dadas aos juízes[137] – a adotar o princípio da eletividade dos juízes, como vimos. E foi o que realmente ocorreu a partir de 1792. Mas passados apenas sete anos, no início da era napoleônica, essa reforma foi revogada estabelecendo o princípio da nomeação dos juízes por parte do governo, que se afirmará quase em todos os lugares no continente europeu e que desde então não será mais abandonado.

As funções da acusação pública foram repartidas, seguindo as ideias expressas por Thouret na Assembleia [Royer, 2001], entre duas diferentes magistraturas: de um lado, o procurador do rei, nomeado pelo governo, encarregado de zelar pela observância das leis penais, pela execução das sentenças e pelo comportamento dos juízes, de outro o acusador público, eletivo assim como os juízes, encarregado de sustentar os motivos da acusação[138].

O processo penal, por sua vez, foi completamente reformulado. O ponto decisivo foi a instituição do júri popular. Desejado pelos *philosophes* a partir de Montesquieu, requerido por alguns *cahiers*, o júri é considerado pelos constituintes o principal remédio para as falhas tantas vezes denunciadas pelos críticos do sistema penal do Antigo Regime: a arbitrariedade e a crueldade das sentenças, muitas vezes alheias em suas condenações àquilo que o súdito (ainda não o "cidadão") considerava justo e correto. Após uma apaixonante discussão, é rejeitada a proposta de Adrien Duport que pedia o júri também para as causas civis como no modelo inglês, ao passo que para os crimes ele foi estabelecido e disciplinado por lei[139].

Os jurados eram escolhidos a partir de listas votadas pelos cidadãos eleitores, portanto com os mesmos requisitos de eleitorado ativo e passivo exigidos para os cargos representativos locais. Um júri de acusação (aliás, abolido poucos anos depois) avaliava preliminarmente a causa, que depois era discutida publicamente diante de um segundo júri composto de doze jurados, aos quais cabia o julgamento sobre a questão de fato e, portanto, sobre a inocência ou a culpabilidade do acusado. O julgamento de culpabilidade exigia o voto de pelo menos dez dos doze jurados e era pronunciado – este ponto é de importância fundamental, porque implicava o abandono do sistema das provas legais, típico do direito comum – com base no

---

[136] Lei de 16-24 de agosto de 1790 (Duvergier, I, p. 330), tit. II, art. 12; lei de 27 de novembro-1º de dezembro de 1790 (Duvergier, II, p. 56).
[137] Decreto de 4-11 de agosto de 1789 (Duvergier, I, p. 33).
[138] Lei de 16-24 de agosto de 1790, tit. VII e VIII; lei de 16 de setembro de 1791, títulos IV e V.
[139] Lei de 16 de setembro de 1791 [acerca da qual, ver A. Padoa Schioppa, 1994].

"livre convencimento". Este devia formar-se exclusivamente no decorrer do debate, com a adoção do critério fundamental da oralidade (ou seja, ouvindo diretamente as partes e as testemunhas, em contraste com o procedimento no Antigo Regime): Duport expressou muito bem a exigência de avaliar não apenas as palavras mas também as expressões, os silêncios, as hesitações que contribuem para esclarecer os jurados sobre a credibilidade das declarações. Aos juízes, por sua vez, cabia a determinação da pena. A sentença era inapelável: o veredicto dos jurados tinha caráter comparável ao de um verdadeiro ordálio ("vox populi, vox Dei"), não suscetível de revisão na medida em que os jurados representavam a sociedade no seu todo, ou seja, o povo que constituía a própria fonte da soberania.

O modelo seguido pelos constituintes era o modelo do *trial by jury* inglês. No entanto, um exame da disciplina adotada na lei de 1791 permite observar que nela não existem vestígios das estreitas inter-relações entre jurados e juízes que o júri inglês conhecia mesmo na separação entre juízo de fato e juízo de direito. Os constituintes franceses quiseram separar drasticamente os dois momentos, impedindo qualquer contato entre jurados e juízes togados, toda função, ainda que apenas informativa, dos juízes em relação ao júri, e isso pela desconfiança profunda para com a magistratura que os levara a decretar o fim da antiga ordem judiciária[140].

5. *O código penal*

O sistema penal também foi reformulado desde os alicerces [Laingui, 1985]. O projeto de código penal preparado por incumbência dos constituintes por um deputado que então era um respeitado membro do Parlamento de Paris, Lepeletier de Saint Fargeau, estabelecia antes de tudo a tripartição dos fatos ilícitos em contravenções, delitos e crimes: as primeiras eram punidas com multas pela polícia municipal, os segundos (que incluíam os delitos menores, como o furto simples não reincidente, as brigas e os insultos) de competência dos tribunais correcionais, os terceiros – que incluíam todos os delitos graves – de competência do tribunal criminal com a intervenção do júri. Eram anulados os crimes contra a ortodoxia religiosa, em particular os crimes de heresia, magia, bruxaria, blasfêmia, suicídio. Estabelecia-se o critério fundamental da invariabilidade da pena, sem deixar aos juízes nenhuma margem de flexibilidade, nem mesmo para a quantificação das sanções em caso de circunstâncias agravantes, também elas já previstas e sancionadas.

O projeto de código foi aprovado pela Assembleia[141] com a única modificação substancial de manter a pena de morte que Lepeletier, nesse ponto concordando com as ideias de Beccaria, havia proposto abolir: de nada valeram as inflamadas declarações de Duport e de alguns outros constituintes, entre os quais Robespierre, ainda muito distante da violenta e sanguinária febre que o tornaria protagonista (e no fim vítima) do Terror. O código de 1791 – escrito, observe-se, por um jurista que havia sido alto magistrado – assinala o ápice da tendência antijurisprudencial na França e na Europa: mas precisamente essa excessiva rigidez, muitas vezes em conflito com as exigências da justiça e da equidade em cada caso, que na realidade nunca são iguais entre si, levou os próprios júris a descumpri-lo e ocasionou uma drástica mudança de rota em 1810.

6. *O direito civil: propriedade, trabalho, família*

A Constituinte se propôs a meta de um código de leis civis para todo o Estado, mas não chegou a redigi-lo. Também não tiveram sucesso os igualmente importantes projetos da Con-

---

[140] Em 3 de novembro de 1789 foi deliberada a suspensão dos trabalhos dos parlamentos (Duvergier, I, p. 55). Isso marcou o seu fim: afirmou-se na época que os magistrados haviam sido enterrados vivos.

[141] Decreto de 25 de setembro-6 de outubro de 1791 (Duvergier, III, p. 352).

venção, devidos a um dos maiores protagonistas do direito francês revolucionário e napoleônico, Cambacérès, do qual voltaremos a falar. No entanto, os anos da revolução levaram a intervenções setoriais de grande importância também no terreno do direito civil: em particular em matéria de direito de propriedade, de trabalho, das pessoas e da família.

A abolição das instituições feudais abriu caminho para uma reviravolta fundamental na disciplina da propriedade. Tanto a alienação do patrimônio fundiário eclesiástico (do qual falaremos) como a eliminação da propriedade senhorial e feudal levaram à superação da distinção, de origem medieval mas vigente até esse momento, entre o domínio direto do senhor ou da Igreja e o domínio útil de quem cultivava a terra entregando ao simples proprietário uma cota em dinheiro ou em gêneros: duas formas diferentes de propriedade, uma vez que tanto o senhor direto como o enfiteuta podiam dispor do próprio direito alienando-o a terceiros. Para as terras então feudais estabeleceu-se, num primeiro momento, o princípio do resgate a cargo do enfiteuta como condição para se tornar pleno proprietário, mas a forte oposição dos colonos e dos locatários, sem condições de pagar uma indenização que chegava a cerca de 20 anuidades de tributo, levou a declarar franca e livre toda propriedade fundiária e a estabelecer que o cultivador do terreno poderia tornar-se proprietário dele com todos os direitos sem pagar nenhuma indenização[142]. Desse modo, restabelecia-se, depois de séculos, o direito indivisível e monolítico de propriedade já conhecido pelo direito romano e que alguns anos mais tarde o código napoleônico adotará. O proprietário foi declarado livre de qualquer obrigação de permitir o uso coletivo de sua terra e de fechá-la ou murá-la como quisesse[143].

Um dos objetivos desse novo regime era fracionar a propriedade fundiária entre uma quantidade de pequenos proprietários, cidadãos "ativos" de acordo com o princípio censitário. O objetivo foi alcançado apenas parcialmente, mas o desaparecimento do regime econômico das terras senhoriais e feudais foi definitivo e foi determinante para a economia e para a política do século XIX.

No âmbito da economia, as intervenções da Assembleia Constituinte destinaram-se a reformar radicalmente a organização do trabalho. O princípio que estava na base das corporações de ofícios, titulares do monopólio do exercício do próprio ofício na cidade, foi posto em discussão, por ser considerado um privilégio exclusivo: ele já havia sido defendido pelos fisiocratas, mas a supressão desejada por Turgot em 1774 fora revogada passados apenas dois anos. Por outro lado, em 1791 chegou-se à medida drástica e definitiva da abolição das corporações e das associações profissionais[144]. Em 1793 será votada a lei que sancionava o direito autoral e a propriedade literária e artística[145].

A Constituinte havia declarado que o monopólio da defesa judiciária que cabia aos advogados devia ser considerado um privilégio, em contraste com a nova ordem que abolia os privilégios [Fitzsimmons, 1987], e por isso se suprimiu a ordem dos advogados[146], se introduziu o princípio da liberdade de defesa em juízo e se aboliu também a ordem dos procuradores por serem ligados ao sistema da venalidade dos cargos[147]. Outra lei proibiu as associações de operários, tachadas como ilegítimas por ser consideradas negativas para a economia e para a ordem pública, com a ressalva de que não apenas as deliberações eventualmente assumidas em comum (entre as quais a abstenção do trabalho) eram proibidas, mas que até as finalidades de assistência mútua deviam ser consideradas falaciosas[148]. A proibição de associação estava destinada a vigorar até 1864.

---

[142] Decretos de março de 1790; 24-27 de agosto de 1792; 17 de julho de 1793.
[143] Lei de 5 de junho de 1791; lei de 28 de setembro de 1791.
[144] "Il n'y a plus ni jurandes, ni corporations de professions, ni maitrises": lei de 2-17 de março de 1791 (Duvergier, II, p. 230). Ver o decreto promulgado desde 4-11 de agosto de 1789 (Duvergier, I, p. 55).
[145] Lei de 19 de julho de 1793.
[146] Decreto de 2-11 de setembro de 1790 (Duvergier, I, p. 352).
[147] Lei de 15 de dezembro de 1790. Os procuradores logo foram restabelecidos com o antigo nome de *avoués*, depois abolidos em 1793 e restabelecidos em 1800.
[148] Lei Le Chapelier, 14 de junho de 1791.

Quanto ao direito das pessoas, foi fundamental antes de tudo a abolição da servidão, coerente com a Declaração dos Direitos, que implicava a igualdade jurídica de todos os indivíduos. Mas a escravidão ainda foi mantida por muito tempo nas colônias. Estabeleceu-se que a maioridade seria obtida ao completar 21 anos[149], estendendo-se assim para toda a França o regime das regiões em que se adotava o direito consuetudinário. As discriminações religiosas e civis em relação aos protestantes e aos judeus também foram abolidas[150].

Na Constituição de 1791 (art. 7) foi formalmente sancionado o princípio do casamento civil, declarando que "a lei só considera o casamento um contrato civil". Isso implicava a legitimação para disciplinar seus pressupostos, seus impedimentos e suas formas – o que em parte já havia sido realizado durante o Antigo Regime, em especial impondo o consentimento dos genitores como condição de validade do vínculo, em oposição com o direito canônico que considerava essencial apenas o consentimento dos nubentes – mas implicava também a negação da necessária ligação entre casamento-contrato e casamento-sacramento, que por tantos séculos se afirmara no direito europeu. Um ano mais tarde essa laicização do casamento levou – diferentemente do que ocorre na Áustria de José II – à introdução do divórcio[151], que uma lei da Convenção tornou muito mais fácil[152]. Para as controvérsias familiares é instituído o tribunal de família[153], composto dos parentes chamados a dirimir litígios e conflitos, uma instituição que (como não é difícil compreender) se mostrou imprópria e, portanto, foi anulada alguns anos depois.

Para a mulher, porém, não foi abolido durante a revolução nem o estado de submissão ao marido nas relações familiares e na administração dos bens (poder marital), nem a incapacidade de agir que requeria a presença do cônjuge ou de um outro familiar para habilitá-la a realizar qualquer negócio jurídico, excetuando-se apenas a habilitação para o comércio. Não obstante a formação de associações de mulheres politicamente ativas e empenhadas em defender os direitos femininos, as mulheres foram constantemente excluídas dos direitos políticos, na convicção geral (rejeitada apenas por muito poucos, entre os quais Condorcet) que sua natureza física e psíquica as tornava incapazes de exercer o voto e de ter participação política.

Foram muito importantes as disposições referentes às sucessões. Aceitando a admoestação expressa com vigor por Mirabeau às vésperas da morte, foram estabelecidas as primeiras medidas contra o poder excessivo dos pais em relação aos filhos e contra a desigualdade nas sucessões[154]. Em 1792 foi abolida a substituição fideicomissária[155], um dos pilares do regime jurídico do patriciado do Antigo Regime. Em 1793 foi abolido o instituto da deserdação[156] e estabeleceu-se a equiparação dos filhos naturais aos legítimos para efeitos sucessórios[157]. Em 1794, o ímpeto igualitário não apenas levou a sancionar a paridade entre todos os filhos na sucessão intestada, mas se reduziu a cota disponível a um sexto da herança, chegando a ponto de estender retroativamente essa disciplina, anulando os testamentos posteriores ao dia da tomada da Bastilha, considerado "o dia do início da natureza e da razão"[158]. Não faltam nessas disposições os motivos de caráter político: a tendência a favorecer os jovens, considerados mais favoráveis à nova ordem, é expressa em várias ocasiões, não apenas na França[159]. E o

---

[149] Decreto de 20-25 de setembro de 1792.

[150] Decreto de 24 de dezembro de 1789; 28 de janeiro, 10 de julho, 20 de setembro de 1790.

[151] Lei de 20 de setembro de 1792; o divórcio podia ser requerido e obtido por consentimento mútuo, por incompatibilidade de gênios e por algumas causas graves (demência, condenação penal e outras), nominalmente indicadas.

[152] Lei de 28 de abril de 1794: para o divórcio eram suficientes seis meses de separação de fato. O Diretório revogou essa disposição um ano mais tarde.

[153] Lei de 16-24 de agosto de 1790, título X.

[154] Lei de 8-14 de abril de 1791.

[155] Decretos de 2 de setembro e 14 de novembro de 1792.

[156] Decreto de 7 de março de 1793.

[157] Lei de 12 de Brumário do ano III (6 de janeiro de 1794).

[158] Lei de 17 de Nevoso do ano II (6 de janeiro de 1794).

[159] O decreto promulgado na República cisalpina em 7 de novembro de 1796 estabelecia a desvinculação geral dos fideicomissos, habilitando também os credores dos fideicomissos a pedi-la, mas declarava evitar a abolição completa

impulso para formar uma nação de jovens revolucionários foi tal que sugeriu que se afastassem as crianças da família para obrigá-las a ingressar em institutos de educação dirigidos pelo Estado: um projeto que por sorte ficou no papel. Esses e outros excessos foram eliminados mais tarde, mas a limitação dos poderes coercitivos do pai e o princípio da paridade entre os filhos na sucessão legítima não foram mais abandonados.

7. Igreja e Estado

A relação da revolução com a religião e com a Igreja foi complexa e ambígua. A grande maioria dos constituintes era formada por católicos. A menção ao Ser Supremo na Declaração dos Direitos tinha, como vimos, o objetivo de envolver não apenas a eles, mas também aos intelectuais deístas, que se declaravam crentes em um Deus único, mas não na Igreja da tradição nem em outras igrejas. Mas o problema das relações com a Igreja católica não demora a se manifestar. O abandono dos privilégios votado na noite de 4 de agosto de 1789 incluía a abolição dos dízimos, dos benefícios eclesiásticos e das outras fontes de renda em favor do clero secular e regular: uma reviravolta radical, em evidente descontinuidade com uma tradição viva há mais de um milênio. O confisco das imensas propriedades imobiliárias da Igreja ocorreu logo depois[160], e com ele foi decretada a transformação dos bens eclesiásticos em bens nacionais e sua venda ao público[161] com um processo de rateio que de fato favoreceu amplamente aqueles que, entre os nobres e os proprietários da cidade e do campo, tinham recursos em dinheiro para investir em terras.

No decorrer de 1790, um comitê especialmente eleito pela Assembleia elaborou uma lei[162] que foi denominada *Constituição Civil do Clero*. As dioceses eram reformuladas no interior das fronteiras dos departamentos, com dez sedes metropolitanas. A nomeação dos bispos era confiada à assembleia dos eleitores do departamento que, com seu voto, deviam escolher para o episcopado vacante um eclesiástico com pelo menos quinze anos de serviço na diocese. A eleição deveria receber a consagração do arcebispo. Regras análogas valiam para os cargos eclesiásticos menores. O clero era obrigado a jurar fidelidade à nação, à constituição, à lei e ao rei. Os enormes bens das igrejas e das ordens religiosas – que nesse meio-tempo haviam sido abolidas isentando os monges dos votos solenes[163] – foram destinados à venda, prometendo-se aos eclesiásticos meios de sustento substitutivos a cargo do Estado.

A falta de aprovação da Constituição Civil do Clero por parte do papa Pio VI[164] provocou um cisma que por alguns anos dividiu o clero francês em dois: de um lado, os sacerdotes "constitucionalistas" que haviam aceitado o processo deliberado pela assembleia; de outro, os "refratários". Todos os bispos (com exceção apenas de Talleyrand, na época bispo de Autun, membro da Constituinte: foi ele quem consagrou os bispos eleitos com o novo procedimento determinado pela Assembleia) apoiaram as posições do papado.

Durante o Terror (1793-1794) a corrente anticatólica e antirreligiosa também ganhou força, a ponto de levar a sistemáticas destruições de igrejas e mosteiros, de impor abjurações forçadas ao clero, de promover uma descristianização que não foi remediada pela imposição do culto ao Ente Supremo, desejada por Robespierre (que até o fim se declarou religioso e crente na imortalidade da alma) em maio de 1794. Tratava-se de uma tentativa de instituir uma verdadeira religião de Estado, coerente com a doutrina da absoluta soberania da nação e

---

dos fideicomissos com o objetivo de proteger os filhos de família "presos à boa causa do patriotismo". Deseja-se, evidentemente, incentivar assim para a "boa causa" (ou seja, a aprovação do domínio francês) os jovens primogênitos patrícios que um dia herdariam o patrimônio da linhagem em virtude do fideicomisso.

[160] Decreto de 2 de novembro de 1789.
[161] Decretos de 13 de maio e 16 de julho de 1790.
[162] Lei de 12 de julho de 1790.
[163] Decretos de 28 de outubro de 1789 e de 13 de fevereiro de 1790.
[164] Breves de 10 de março e de 13 de abril de 1791.

com a tese que confiava aos representantes do povo a função de expressar a vontade popular. A tentativa logo se mostrou estéril, mas é indicativa de uma atitude extrema de negação da autonomia das igrejas – em contraste com o princípio da separação entre Igreja e Estado, entre aquilo que é de César e aquilo que é de Deus – que terá desdobramentos bem mais graves no século XX.

Das numerosas disposições normativas assumidas pela Convenção, limitamo-nos a recordar a Constituição de 1793, que instituía, entre outras coisas, o sufrágio universal e, em certo sentido, formalizava o regime da assembleia e o centralismo jacobino do período do terror. Mas a constituição não entrou em vigor porque a crise de Termidor de 1794 sobreveio para interromper a fase mais dramática da Revolução.

8. *Conclusões*

No passado definiu-se a obra da Constituinte como a revolução da burguesia contra a ordem do Antigo Regime. Essa caracterização com certeza é inadequada: não apenas uma parte da aristocracia teve um papel determinante na dinâmica da Assembleia (Mirabeau, Duport, Lameth, Lepeletier, Noailles e muitos outros protagonistas pertenciam à nobreza de toga ou de espada), não apenas uma burguesia, no sentido que o termo assumirá na Europa no século XIX com a revolução industrial, ainda não existia na França quando eclodiu a revolução, mas algumas das reformas mais importantes e incisivas – entre as quais a proclamação da liberdade como condição inalienável do indivíduo, a proteção da pessoa humana contra os arbítrios do poder, a afirmação da soberania popular – tinham um alcance universal, e não uma origem nem um valor de classe.

É singular que precisamente na fase histórica em que a legislação, através das formas da representação política, assumia o papel de motor do novo direito, aparentemente deixando de lado as outras fontes tradicionais e diminuindo a função criativa dos juristas, estes últimos tenham desempenhado uma função central na Constituinte: de Thouret a Duport, de Lepeletier ao próprio Robespierre, os magistrados e os advogados ativos na Assembleia, mesmo com posições muitas vezes divergentes entre si, foram determinantes ao traçar as linhas das reformas que marcaram o fim do Antigo Regime.

Cada fase, após a inicial da Constituinte, viu a predominância de uma facção decidida a dominar eliminando as outras pela força. E isso ocorreu a partir do momento em que a deriva que levou à marginalização e depois à eliminação física da monarquia com a execução de Luís XVI em 1792 levou a França, em evidente contraste com as afirmações da Declaração dos Direitos, a uma estrutura política sem divisão dos poderes, ou seja, a um regime caracterizado por uma verdadeira ditadura de assembleia.

A Constituição dos Montagnards de 1793, já mencionada, que aliás não entrou em vigor, continha princípios de alcance profundamente inovador, entre os quais o do sufrágio universal (já afirmado em 1792) e o do dever da nação de assumir as necessidades fundamentais de seus membros menos afortunados: princípios que se consolidarão trabalhosa e progressivamente no decorrer de mais de um século. Evoca-se a soberania do povo, mas este é identificado com a Convenção, a qual, por sua vez, se expressa no Comitê de Saúde Pública, dominado por Robespierre: uma "pirâmide de identidades" [Furet, 1989] que se resolve na tirania de um partido e de um homem, sem nenhum controle, separação ou equilíbrio de poderes.

A obstinação em defesa do poder logo se traduziu na espiral do Terror, com a condenação sumária e a execução imediata de milhares de indivíduos malquistos pela facção que dominava a Assembleia. As garantias de proteção da liberdade e da proteção pessoal foram completamente invertidas: o próprio Robespierre, que em 1791 lutara por elas na Constituinte, não hesitou em apoiar primeiro uma lei sobre os "suspeitos"[165], em seguida em fazer aprovar a lei que dispunha a sumária declaração de "fora da lei" ("hors la loi") e a sua execução imediata e sem processo de quem fosse suspeito de trair os interesses da nação[166]. Um mecanismo do qual um mês mais tarde foi vítima seu próprio idealizador, guilhotinado sem processo em 1794, na tarde do 9 de Termidor.

Lembramos esses aspectos da revolução porque com eles se inaugura uma série de doutrinas e de processos – entre os quais a atribuição da qualificação de "inimigo do povo", equivalente a uma condenação inapelável, a quem não estivesse em consonância com os homens naquele momento no poder, e a sumária execução sem processo dos dissidentes ou supostos dissidentes – que terão desdobramentos assustadores no século XX.

---

[165] Lei sobre os suspeitos de setembro de 1793: são considerados tais todos aqueles que não mostraram abertamente seu "apego à Revolução". O decreto de 10 de outubro de 1793 da Comuna de Paris institui o "certificado de civismo", sem o qual se é incluído entre os "suspeitos".

[166] Lei de 22 de Prairial do ano II = 10 de junho de 1794.

30. A era napoleônica

1. *O Diretório e a Itália jacobina*

A reação à ditadura da assembleia que levara aos assassinatos funestos do Terror se traduziu na França, após a crise de Termidor, em uma reforma constitucional baseada em uma relação bem diferente entre os poderes. De fato, a Constituição do ano III (1795) prescrevia uma estrutura do corpo legislativo que incluía duas câmaras: o Conselho dos Quinhentos, ao qual competia propor, discutir e votar as leis, e o Conselho dos Anciãos, habilitado a aprovar ou rejeitar em bloco tudo o que havia sido votado pela primeira Câmara. O corpo eleitoral era desigualmente subdividido entre dois níveis: os eleitores de primeiro grau elegiam por sufrágio universal masculino aqueles de segundo grau, que não podiam superar 2% dos de primeiro grau e eram os únicos dotados de direito de voto para o corpo legislativo. O critério censitário era mantido, com um limiar de renda mais elevado. O poder de governo cabia a um Diretório de cinco membros, designados pelo corpo legislativo, desprovidos de iniciativa legislativa, plenipotenciários nas relações internacionais, habilitados à nomeação e à destituição dos ministros, dos funcionários e dos militares.

Entre as inovações legislativas dessa fase histórica merece ser mencionado o novo Código dos delitos e das penas aprovado em 25 de outubro de 1795 (3 de Brumário do ano IV) e conhecido como *Code Merlin*, devido ao nome do jurista que foi seu autor, Philippe Antoine Merlin de Douai (1754-1838): já havia organizado um célebre Repertório de direito, deputado primeiro na Constituinte e depois na Convenção, primeiro defensor e em seguida autor da funesta lei sobre os "suspeitos" de 1794, Merlin adotou no Código de 1795 um critério diferente em relação às escolhas de 1791, porque a fase de instrução do processo penal foi tornada secreta e se autorizou a utilização das atas de instrução em debate, com um retorno parcial à disciplina pré-revolucionária. Manteve-se o júri duplo, de acusação e de julgamento.

A mesma estrutura da Constituição do ano II se encontra, com algumas variações, nas regiões do norte da Itália – Lombardia, Vêneto, Emília – que em 1796-1797 foram conquistadas com audaciosas campanhas militares por um jovem general do exército francês, chamado Bonaparte, nascido na Córsega no mesmo ano (1769) em que a Ilha foi vendida à França pela República de Gênova. No triênio que os historiadores denominaram "jacobino", entre 1796 e 1799, foram publicados na Itália, entre intensos debates, alguns textos de constituições que se inspiravam no modelo francês do ano III, mesmo com variações dignas de nota [Ghisalberti, 1971]. Bicameralismo à francesa, princípio censitário para os direitos de voto, júri penal, mas também reconhecimento constitucional da religião católica e tolerância para com os judeus caracterizam a Constituição da República Cispadana de 1797, que foi aprovada por Napoleão depois de ter imposto algumas modificações, destinadas a fracionar o território e a representação para as cidades maiores, Bolonha e Módena. O general, embora nessa fase tivesse encorajado os italianos a reformular autonomamente o próprio sistema em nome da liberdade, já tivera o cuidado de deixar bem claro quem no final teria o peso decisivo[167]. Mas,

---

[167] Ele declarara aos membros do congresso reunidos em Reggio em 1796: "N'oubliez pas que les lois ne sont rien sans la force."

seja como for, a breve história das Repúblicas jacobinas assinala uma fase de importância histórica para a Itália. Não por acaso o símbolo do tricolor foi retirado dessa experiência.

Dois anos mais tarde, em 1799, um projeto diferente de constituição era preparado em Nápoles no breve e dramático *intermezzo* da República Partenopeia [De Martino, 2003], apresentado por iniciativa do reformador e jurista meridional Francesco Mario Pagano. O projeto em parte retomava as ideias de Filangieri e previa, entre outras coisas, a instituição de uma magistratura especial (os Éforos) com a tarefa de averiguar a correspondência das leis com os princípios da constituição e de controlar também o poder executivo e o judiciário. Mas a República logo foi abolida e seus promotores acabaram no patíbulo.

2. O regime napoleônico

Quase na mesma época o golpe de Estado do 18 de Brumário do ano VIII (9 de novembro de 1799) mais uma vez modificava radicalmente o ordenamento constitucional da França, instituindo um triunvirato no qual a Bonaparte cabiam as funções de primeiro cônsul. A Constituição do ano VIII[168] foi escrita em boa parte, sob a supervisão de Napoleão, por um dos protagonistas da Constituinte, Sieyès, sobrevivente das tempestades revolucionárias, e submetida a plebiscito. Ao primeiro cônsul – que estava habilitado a decidir também sozinho, sem o necessário consentimento dos outros dois cônsules – eram conferidos poderes enormes: cabiam a ele todas as funções de comando e de governo (orçamento, nomeação e destituição dos ministros, dos funcionários, dos embaixadores, dos militares), o comando do exército, o poder regulamentar. Além disso, estava encarregado da iniciativa de legislar. As leis, apresentadas pelo governo, deviam ser submetidas ao voto do Tribunato e em seguida ao voto do corpo legislativo, com tempos rigidamente preestabelecidos e sem alternativa a não ser rejeitar ou aprovar. Na preparação das leis era chamado a dar a sua contribuição o recém-reformado Conselho de Estado: um órgão de alta consultoria do governo, cujas funções foram muito importantes e de elevada qualidade, sobretudo na elaboração dos códigos, dos quais falaremos; mas também na competência em apelação para as controvérsias entre indivíduos e administração pública, confiadas em primeira instância a um conselho de governo da província constituído por funcionários: nascia assim o embrião de uma justiça administrativa, embora as decisões do Conselho de Estado em âmbito jurisdicional só tivessem eficácia executiva após o aval do governo [Mestre, 1983].

Ao Senado cabia a tarefa de verificar a constitucionalidade das leis e de deliberar as modificações constitucionais. Foi o que ocorreu apenas dois anos mais tarde, quando a Napoleão foi conferido o consulado vitalício e a faculdade de designar o sucessor; e ocorreu de novo em 1804, quando Napoleão se fez nomear imperador.

Foram quinze anos de regime ditatorial. A própria estrutura dos poderes na Constituição do ano VIII não deixa dúvidas a esse respeito, mas a prática constitucional instaurada por Napoleão foi ainda mais autoritária: até as instituições formalmente correspondentes ao princípio representativo foram na prática esvaziadas, enquanto a seleção dos membros do Tribunato, do Corpo legislativo e do Senado foi realizada com critérios de absoluta discricionariedade por parte de Napoleão e de seus homens.

As inovações de caráter legislativo e administrativo foram muito relevantes. Déspota genial, mestre no conhecimento e no domínio dos homens com a dupla chave do incentivo e da sanção, Napoleão serviu-se com inteligência de uma série de juristas de alta qualidade – muitos dos quais já atuavam no período da Constituinte – para promulgar as mais importantes reformas legislativas, a começar pelos cinco códigos.

A atribuição aos governadores de província das tarefas de representação do Estado e do governo no território, com amplas funções administrativas, de ordem interna e também de natureza política por ocasião das nomeações e de eventos eleitorais constitui um ponto funda-

---

[168] Texto em *Les Constitutions de la France depuis 1789*, Paris, 1970, pp. 143-62.

mental que leva a termo o processo secular de centralização do Estado no território, na direção que já mencionamos: a nomeação eletiva que predominara na fase inicial da Revolução é eliminada. Os governadores de província eram nomeados pelo governo, escolhidos por Napoleão em uma lista preparada pelo ministro do interior e podiam ser destituídos a qualquer momento. Os membros do Conselho de cada departamento, com funções de divisão dos impostos, também eram designados pelo primeiro cônsul.

No âmbito da justiça, a inovação fundamental foi a abolição da eletividade dos juízes, que aliás não havia dado bons resultados. Só os juízes de paz continuaram eletivos, enquanto para os juízes togados dos três níveis (tribunal, apelação, Supremo) determinou-se que fossem escolhidos pelo governo (ou seja, pelo primeiro cônsul), primeiro nas listas dos notáveis dos departamentos[169], em seguida nas listas eleitorais segundo os critérios censitários estabelecidos em 1802. Mas, para contrabalançar esse poder de escolha e de nomeação confiado ao governo, a Constituição do ano VIII estabeleceu o duplo princípio da irrevogabilidade da nomeação para juiz por parte do governo e da duração vitalícia do cargo[170]. De fato, na primeira aplicação da reforma foi Cambacérès, o segundo cônsul, quem selecionou com amplitude de critérios os novos juízes, quase todos homens de lei. Foi restabelecida a ordem dos advogados, dirigida por um presidente (*bâtonnier*) que era escolhido pelo procurador-geral entre os membros do Conselho da Ordem[171], e foi novamente admitida a categoria dos *avoués*[172], ambos suprimidos durante a revolução. E alguns anos mais tarde exigiu-se expressamente tanto para os juízes como para os advogados o diploma universitário em direito[173] e para o acesso à magistratura dois anos de exercício da advocacia[174]. O Ministério Público foi reunificado abolindo o acusador público eletivo e sancionando expressamente a sua natureza de representante da vontade do governo [Royer, 2001, p. 454].

Nas relações com a Igreja, Napoleão novamente se propôs chegar a um acordo com Roma, após as rupturas dos anos precedentes. A Concordata a duras penas concluída em 1801 declarava público e livre o culto católico, impunha ao clero um juramento de "obediência e fidelidade ao governo" com a obrigação de informá-lo se tivesse conhecimento de fatos prejudiciais ao Estado, ratificava as vendas dos bens eclesiásticos ocorridas nos anos passados, excluindo delas as igrejas não alienadas anteriormente. O procedimento para a nomeação dos bispos voltava a ser o da concordata de 1516, que atribuía ao governo o poder de escolher e nomear os bispos para os postos vacantes e ao pontífice a confirmação canônica; o princípio da eleição introduzido em 1790 não foi, portanto, confirmado. Os bispos tinham a tarefa de nomear os párocos entre as "pessoas apreciadas pelo governo"[175]. A partir daí é possível perceber como o acordo estava longe de garantir uma efetiva separação entre Igreja e Estado. A relação com a Igreja piorou alguns anos mais tarde, quando a oposição de Pio VII às pretensões imperiais levou Napoleão a aprisionar o papa, a deportá-lo para a França e a declarar o fim do Estado pontifício em 1809, anexando seus territórios e a cidade de Roma ao Império francês. A resistência da Igreja foi geral e foi um dos motivos da crise do regime.

O governo de Bonaparte marcou, na disciplina do direito público e privado, a conclusão e a síntese do período revolucionário. Muitas reformas do período da revolução, especialmente aquelas do biênio de atividade da Constituinte, foram mantidas por Napoleão, muitas foram abolidas ou modificadas. Outras reformas importantes, apresentadas pela primeira vez, surgiram nos mesmos anos e depois tiveram ampla duração, não raro até o presente, a começar pelo grande empreendimento dos códigos.

---

[169] Constituição do ano VIII; leis de 28 de Chuvoso e 27 de Ventoso do ano VIII.
[170] Constituição do ano VIII, art. 41 e art. 68.
[171] Lei de 22 de Ventoso do ano XII (13 de março de 1804); decreto de 14 de dezembro de 1810.
[172] Lei de 18 de Frutidor do ano IX (5 de setembro de 1800).
[173] De 1809 em diante: lei de 22 de Ventoso do ano XII (13 de março de 1804).
[174] Lei de 20 de abril de 1810.
[175] *Concordat entre la République française et le pape* (15 de julho de 1801), em M. Kerautret, *Les grands Traités du Consulat (1799-1804)*, Paris, 2002, pp. 189-94.

3. A Itália napoleônica

A incessante sucessão de campanhas militares realizadas por aquele genial estrategista que foi Napoleão respondia a um projeto de domínio na Europa que em parte se realizou, submetendo ao controle da França toda a Itália (exceto a Sicília e a Sardenha), a Renânia, a Áustria, Flandres. No fim o projeto foi anulado pela poderosa coalizão europeia que, com a intervenção determinante da Inglaterra, derrotou Bonaparte. Mas as consequências do domínio napoleônico foram profundas mesmo fora da França. Não obstante a política fortemente centralizadora de Napoleão, mas também em consequência dela, tanto na Alemanha como na Itália o despertar de uma consciência nacional está ligado à experiência do domínio francês, sem o qual a Itália talvez não tivesse vivido o *Risorgimento* nacional.

No mundo do direito, os anos napoleônicos assinalaram uma reviravolta decisiva. A Itália, mesmo dividida em três partes[176], experimentou nessa época uma unidade econômica e jurídica que não conhecia havia mais de um milênio. O modelo francês foi determinante tanto na configuração das instituições de direito público e privado como na jurisprudência de alguns Estados da Península na época subsequente. Alguns importantes projetos de código foram criados na República Italiana e no Reino Itálico entre 1801 e 1809, de início solicitados por Napoleão, depois eliminados à medida que chegavam a termo na França os códigos determinados pelo Imperador, que ele pretendeu estender a todo o Império. Alguns desses projetos italianos – entre os quais o comercial[177] e o penalista[178], para os quais contribuíram alguns juristas de renome, o sardo Azuni e o veneziano Stefani para o primeiro, Tommaso Nani e Giandomenico Romagnosi para o segundo – são realmente notáveis por sua qualidade e constituem os primeiros verdadeiros códigos modernos que foram concebidos na Península.

A contribuição de Romagnosi para os projetos de Código penal foi essencial. Apenas um dos projetos promovidos por Luosi, o código de processo penal[179] – para o qual o próprio Romagnosi deu uma contribuição decisiva – entrou em vigor em 1807: Napoleão não quer admitir o júri popular para a Itália, de modo que o modelo francês não podia ser aplicado. No entanto, alguns princípios característicos do novo processo francês foram igualmente acolhidos [Dezza, 1983]: entre eles, o princípio do livre convencimento, requerido não aos jurados, mas ao juiz como elemento necessário para a condenação. A influência desse código (mas também dos válidos projetos de código penal daqueles anos) manifestou-se no decorrer do tempo e é claramente perceptível em muitos códigos italianos posteriores, até o século XX [Cavanna, 2005].

4. As reformas na Prússia

Os anos napoleônicos levaram a inovações relevantes também em países e ordenamentos não conquistados pelos franceses. No reino da Prússia, após a derrota sofrida em Tilsitt, o rei Frederico Guilherme III chamou para a direção dos negócios civis do reino o barão (Freiherr) Karl von Stein (1757-1831), um nobre que se formara em Göttingen com o jurista Pütter e que já servira ao rei na administração. No período de apenas dois anos, de 1807 a 1808, o barão Von Stein introduziu três reformas fundamentais.

Antes de tudo, foi abolida a servidão da gleba, instituindo-se a livre transmissibilidade das terras e o livre exercício das profissões[180]: os camponeses tornavam-se súditos iguais aos ou-

---

[176] As regiões pouco a pouco diretamente anexadas à França (Piemonte, Ligúria, Parma e Piacenza, Toscana, Lácio), a República Italiana, depois Reino da Itália (Lombardia, Vêneto, Friuli, Trentino, Emília-Romanha, Marcas), o Reino de Nápoles.

[177] *I progetti del Codice di commercio del Regno italico (1806-1808)*, org. por A. Sciumè. Milão, 1999.

[178] Ver os materiais reunidos em *Collezione dei travagli sul Codice penale pel Regno d'Italia*, Brescia, 1807, 6 vols.

[179] Publicado, com os projetos de 1802 e de 1806, sob a organização de E. Dezza, *Le fonti del Codice di procedura penale del Regno italico*. Milão, 1985.

[180] Edikt de 9 de outubro de 1807.

tros súditos, embora Von Stein não tenha conseguido abolir a jurisdição senhorial sobre os colonos, que só desaparecerá em 1848. Em segundo lugar, o governo central foi reformado criando cinco ministros (do interior, do exterior, da justiça, das finanças, da guerra) diretamente subordinados ao rei[181]. Por fim, a administração local, anteriormente formada em parte por cooptação, em parte por homens designados pelo rei, foi tornada eletiva com base censitária e autônoma do poder central, embora para a formação do orçamento e para a gestão financeira se exigisse o controle do governo[182].

Era um conjunto coerente e incisivo de reformas que minava desde as bases a tradicional estrutura por classes – não por acaso Von Stein pertencia por família à classe dos cavaleiros (*Ritterschaft*), diretamente subordinada ao rei [Holmsten, 1975] – e que ao mesmo tempo fortalecia tanto o poder régio como o papel da burguesia, ainda que não previsse, não obstante a inclinação do barão Von Stein em tal sentido, a introdução de instituições representativas.

5. A Constituição espanhola

Nesses anos, outras inovações legislativas importantes também foram realizadas na Europa fora da órbita francesa, às vezes em contraste com as linhas da política napoleônica.

Falaremos dentro em pouco do Código civil austríaco. Precisamos lembrar aqui a iniciativa constitucional da Espanha, onde se desenvolveu uma forte resistência ao domínio francês. Em 1812, uma Assembleia nacional formada pelas *Cortes* promulgou em Cádiz uma constituição claramente inspirada nas ideias do Iluminismo e do moderno constitucionalismo. O poder legislativo e o poder de tributação eram reservados a uma única Câmara, que reunia todos os deputados eleitos no país. Eles representavam a nação, não a província de proveniência. O sistema eleitoral era estruturado em vários níveis, com um eleitorado ativo muito amplo no primeiro nível e com requisitos de censo cada vez mais restritos para o eleitorado ativo e passivo nos níveis superiores.

Ao rei era reservado o poder executivo, com a nomeação e a destituição de ministros e de altos funcionários, mas também o poder de negar a promulgação das leis, que contudo entrariam em vigor se o Parlamento as tivesse votado pela terceira vez não obstante a oposição soberana. Além disso, o rei devia jurar o respeito à Constituição (art. 173): não era mais, portanto, o primeiro titular da soberania.

Por outro lado, a Constituição sancionava o princípio da unidade legislativa e da unidade jurisdicional do Estado. Ela negava expressamente a liberdade religiosa, declarando a religião católica, apostólica e romana a única admitida na nação (art. 12).

Trata-se de um texto que segue a tendência do constitucionalismo francês de 1791, com a importante exceção da liberdade religiosa. Há também na Declaração preliminar uma insistente evocação às tradições da Espanha, até mesmo com a remissão ao visigótico *Liber iudiciorum*, que, se é em parte instrumental, em parte é a expressão de um genuíno sentimento de continuidade histórica [Tomás y Valiente, 1983, p. 437], talvez passível de ser vinculado à cultura nascente do romantismo, de que falaremos.

A constituição espanhola permaneceu em vigor apenas por dois anos, de 1812 a 1814, depois foi retomada de 1820 a 1823 e novamente por um ano em 1837, para ser novamente rejeitada todas as vezes que o movimento constitucional teve de capitular diante da restauração. No entanto, mais tarde ela desempenhou um papel também fora da Espanha, em especial no reino das Duas Sicílias em 1820.

Nas partes da Itália que permaneceram alheias à conquista francesa, na Sicília e na Sardenha, a antiga e arraigada aspiração à autonomia encontrou alimento no apoio da Inglaterra,

---

[181] Organisationsedikt de 24 de novembro de 1808.
[182] Ordnung de 19 de novembro de 1808.

que nesses anos manteve na Ilha um forte controle militar e civil, confiando seu exercício a Lord Bentick [Ricotti, 2005]. Um texto de constituição foi amplamente discutido em 1812 pelos três braços que representavam os barões, o clero e as cidades estatais: resultou daí um modelo que em parte imitava o inglês bicameral, com uma Câmara dos Comuns e uma Câmara dos Pares, com uma limitação dos poderes do rei que, entre outras coisas, não poderia afastar-se da Sicília sem a autorização do Parlamento e com uma redução parcial das prerrogativas dos barões em matéria fiscal e dos fideicomissos [Romano, 2001]. Também se prescrevia uma reforma da justiça que, entre outras coisas, introduziria o júri penal [Novarese, 2002]. O rei Fernando de Bourbon, que se transferira de Nápoles para Palermo, endossou o texto, sem entusiasmo. Mas, com a queda de Napoleão e com a reunificação da Sicília a Nápoles, o projeto foi abandonado.

A conquista da Ilha de Malta por parte da Inglaterra, por sua vez, levou à introdução de institutos inspirados na tradição de *Common law*: entre eles, também o júri popular, que mais tarde, no Código Penal de 1854, receberá uma regulamentação original.

31. As codificações

1. *O Código Civil francês: projetos (1793-1799)*

O principal fruto da época napoleônica foi a codificação do direito privado, penal e processual. Se é verdade que alguns Estados europeus, em especial o Estado dos Habsburgo, já haviam promulgado códigos de processo e de direito penal, se a própria França por duas vezes, nos anos da Revolução, havia codificado o direito e o processo penal em 1791 e em 1795, apenas com a realização dos cinco códigos determinados por Napoleão e promulgados entre 1804 e 1810 estamos na presença de um tecido legislativo orgânico e completamente desenhado com o objetivo de cobrir de maneira exclusiva todos os principais setores do ordenamento tradicionalmente disciplinados pelo direito comum e pelos direitos locais.

Entre os códigos, o mais relevante é, de longe, o Código Civil, que constitui um dos maiores monumentos legislativos da França e da Europa moderna. Sua origem – sobre a qual a historiografia moderna trouxe nova luz: vejam-se as pesquisas de Halpérin, Martin, Cavanna, Petronio, Solimano – não deve ser atribuída apenas ou principalmente a Napoleão, embora este tenha sido determinante ao exigir que o projeto fosse levado a termo, e sim às correntes de política do direito que se manifestaram antes, mas sobretudo depois da crise do Termidor.

A iniciativa para a composição de um Código Civil foi encaminhada no ápice do período jacobino: no verão de 1793, a Convenção encarregou uma comissão de escrever um projeto de código. Quem de fato o realizou foi um jurista que teria um papel fundamental nos quinze anos seguintes, Jean-Jacques Régis de Cambacérès (1753-1824). Natural de Montpellier, onde se formara em Direito, havia presidido o tribunal penal de Hérault, sendo em seguida deputado na Convenção, ele foi o autor não apenas deste, mas dos outros dois projetos de código de que falaremos. Na época napoleônica foi segundo cônsul e depois arquichanceler do Império e dirigiu com extraordinária eficácia o Conselho de Estado na composição dos cinco códigos. Pronto a atender docilmente caso a caso às escolhas de quem estivesse no poder, o que o levou a ser qualificado como "camaleônico" [Cavanna, 2005, p. 516], Cambacérès foi contudo um jurista dotado de capacidades excepcionais na elaboração de textos legislativos complexos, como demonstram tanto os seus projetos de código como as centenas de lúcidas e pontuais intervenções nas discussões preparatórias dos códigos.

O projeto de 1793 desenhava em 719[183] artigos todo o campo do direito civil, adotando uma clássica tripartição baseada em Gaio: pessoas e famílias, bens, contratos. As escolhas eram coerentes com as liberais e permissivas da revolução, aboliam o pátrio poder e o poder marital, facilitavam os processos e os tempos do divórcio, limitavam a cota disponível nas sucessões, com equiparação dos filhos naturais aos legítimos. E com a interessante inovação de considerar entre as fontes das obrigações o fato ilícito que ocasione um dano injusto. Ao final de uma discussão de dois meses, a Convenção derrubou o projeto – que foi criticado por ser demasiado "jurídico" e muito pouco "filosófico" –, provavelmente pela oposição do Comitê de Salvação Pública que ainda não considerava chegado o momento de encerrar o ímpeto revolucionário com uma disciplina estabilizadora do direito privado [Halpérin, 1996].

---

[183] Código civil, Primeiro Projeto Cambacérès (1793), em Fenet [mais adiante, nota 189], vol. I, pp. 17-98.

Após a queda de Robespierre, em setembro de 1794 a convenção encarregou uma nova comissão de preparar o almejado projeto "filosófico". Quem o escreveu foi o próprio Cambacérès, que em poucas semanas apresentou um código de apenas 297 artigos[184] redigido na forma de breves aforismos: por exemplo, "não existe convenção sem consenso"; "toda convenção, seja qual for sua causa, legisla para aqueles que a criaram"; "quem causa um dano é obrigado a ressarci-lo". Era uma tentativa de "código de princípios", de grande interesse do ponto de vista do método, que nos conteúdos refletia ainda a ideologia revolucionária. Como Cambacérès declarava no relatório de introdução, no centro de seu projeto estava o indivíduo, ou seja, a pessoa, dona de si mesma (princípio de liberdade), dona dos próprios bens (princípio de propriedade), dona de dispor deles em seu próprio interesse (princípio do contrato). Dessa vez as críticas da assembleia voltaram-se para o caráter excessivamente sintético do texto, mas além disso havia o fato substancial da mudança política subsequente à queda de Robespierre que tornava inviável um Código inspirado numa ideologia agora em crise. O projeto foi abandonado em 9 de dezembro de 1794.

O passo seguinte foi dado só dois anos mais tarde. Na nova estrutura constitucional do ano III, a reação antijacobina se manifestava agora com força e com ela aumentava a crítica a algumas escolhas libertárias do período revolucionário. Foi de novo Cambacérès quem redigiu um terceiro projeto de Código Civil, composto de 1.104 artigos[185], no qual, entre outras coisas, o divórcio era restringido, o pátrio poder voltava a aparecer e com ele o poder de administrar os bens da esposa, os direitos sucessórios dos filhos naturais eram fortemente reduzidos em relação aos que cabiam aos filhos legítimos. No entanto, esse projeto, considerado ainda demasiado próximo das soluções jacobinas, também não foi levado a termo, embora os legisladores napoleônicos o levarão em conta poucos anos mais tarde.

Na época da reação que se seguiu ao Termidor e ao Diretório, de fato, o clima ideológico e político havia mudado totalmente. É característico o fato de que um jurista que mais tarde se tornará protagonista da codificação civil napoleônica, Portalis, desejasse em 1797 a recuperação do direito romano e da tradição antiga no direito privado, rejeitando a ideia da codificação [Solimano, 1998]. Naquela época, o próprio Portalis redigia um ensaio sobre os "usos e abusos do espírito filosófico no direito"[186], em que a ênfase é colocada precisamente nos abusos. Nos mesmos anos, um ideólogo como Cabanis expressava a convicção de que, ao contrário das teses rousseaunianas e de outros *philosophes*, o homem é mau por natureza e cabe às leis torná-lo melhor. Também Jeremy Bentham – cujos escritos, traduzidos em francês, tiveram ampla divulgação – afirmava que o legislador, com seus preceitos, devia promover a utilidade individual e coletiva, até mesmo mediante a previsão de incentivos e de sanções: por exemplo, o poder do pai de dispor, por testamento, de uma parte importante dos bens podia produzir nos filhos um respeito que a igualdade sucessória da legítima não garantia[187].

É nesse novo contexto que, em 1798, uma nova Comissão para a redação do Código Civil é nomeada pelo Diretório, presidida por Jean-Ignace Jacqueminot. Nesse meio-tempo multiplicavam-se também os projetos privados de código. Um deles, recentemente descoberto e estudado, foi elaborado por um jurista respeitado, que já atuara na constituinte e mais tarde havia presidido o supremo tribunal de justiça, Target (1733-1806), que entre outras coisas reintroduziu no projeto não poucos elementos da tradição, do encarceramento dos filhos ao poder marital, da prisão por dívidas à autorização parental para o casamento [Solimano, 1998]. Outro projeto relativo às sucessões remonta a Jean Guillemot, que também propõe a restauração da autoridade paterna, garantia de ordem não apenas nas famílias, mas também no Estado: um motivo que na época é cada vez mais invocado.

---

[184] Código civil, Segundo Projeto Cambacérès (1794), em Fenet [mais adiante, nota 189], vol. I, pp. 99-139.
[185] Código civil, Terceiro Projeto Cambacérès (1795), em Fenet [mais adiante, nota 189], vol. I, pp. 140-326.
[186] J.-E.-M. Portalis, *Ecrits et discours juridiques et politiques*, Aix-Marseille, 1988, pp. 230-400.
[187] Solimano, in Cavanna, 2005, pp. 536-544.

Com o advento do consulado, em dezembro de 1799 Jacqueminot recebeu novamente a incumbência do ano precedente. E pouco mais tarde apresentou ao Conselho dos Quinhentos um projeto de 900 artigos, limitado porém ao direito de família, às sucessões e às doações [Halpérin, 1992]. As novas tendências pós-termidorianas estão bem presentes: sensíveis limitações ao divórcio, reintrodução do testamento como instrumento que induziria os filhos à virtude segundo as ideias de Bentham, aumento da cota disponível, negação da capacidade de agir à mulher. Tampouco nessa ocasião chegou-se à aprovação parlamentar, mas uma comparação com o Código Civil que será promulgado quatro anos mais tarde revela que muitos dos artigos do projeto Jacqueminot serão assimilados sem variações [Solimano, em Cavanna, 2005, p. 549].

2. O Código Civil Napoleônico

Foi a nova comissão nomeada pelo primeiro cônsul em 12 de agosto de 1800 que preparou o projeto destinado finalmente ao sucesso. A comissão era composta de quatro juristas, dois dos quais provenientes das regiões de direito consuetudinário da França (Tronchet, presidente do Supremo Tribunal de Justiça, já célebre advogado e respeitado membro da Constituinte; e Bigot-Préameneu), os outros dois provenientes das regiões meridionais de direito escrito (Portalis e Maleville). O projeto foi apresentado pela comissão em janeiro de 1801. Ele reflete algumas das tendências então emergentes nos anos imediatamente precedentes: por exemplo, o pátrio poder é restaurado, bem como o poder marital, a incompatibilidade de caráter deixa de ser considerada causa para o divórcio, a adoção é proibida.

O projeto seguiu o percurso que se tornará constante para a aprovação dos códigos no século XIX, não apenas na França. Depois de ter sido submetido aos tribunais e aos ambientes profissionais competentes – os quais responderam com uma grande quantidade de observações, preciosas para a compreensão de muitos aspectos do direito da época –, o projeto foi transmitido em uma versão revista ao Conselho de Estado. Ali ele foi discutido analiticamente no decorrer de mais de 100 sessões, metade das quais tiveram a participação do próprio Napoleão, que interveio várias vezes para fazer valer os seus pontos de vista. São descrições de grande interesse, transcritas fielmente pelo secretário do Conselho de Estado. Para a origem de cada um dos códigos, as atas de Locré – que uma década depois da queda de Napoleão cuidou da publicação dos trabalhos preparatórios dos cinco códigos em pelo menos 31 volumes[188] – constituem uma vasta mina de informações: dia após dia, artigo a artigo, todos os aspectos relevantes do direito civil são discutidos, analisados com lucidez pelos componentes do Conselho de Estado, que reexaminam profundamente regras romanas, normas consuetudinárias, opções dos anos revolucionários e conseguem esboçar uma disciplina ao mesmo tempo antiga e nova, com fórmulas que conjugam rigor e clareza expressiva[189]. Em seguida o projeto passou pelo crivo do Tribunato e chegou por fim (sem discussão, como exigia a constituição do ano VIII) ao voto final do Corpo legislativo[190]. A seguir o texto foi votado várias vezes, sendo subdividido em 36 leis distintas, cuja aprovação foi concluída em 21 de março de 1804. Finalmente nascia o Código Civil.

Um aspecto fundamental sobre o qual é preciso chamar a atenção refere-se ao caráter exclusivo da nova disciplina do Código Civil. Ele se deve a dois elementos, distintos mas vinculados entre si.

---

[188] Locré, *La législation civile, criminelle et commerciale de la France*, Paris, 1827-1832, 31 vols. No entanto, as atas do Conselho de Estado foram publicadas no mesmo ano da aprovação do código: *Procès verbaux du Conseil d'Etat*, Paris, anos VIII-XIII; e em *Archives Parlementaires*, série 2ª, vols. I-VIII.

[189] Sobre os trabalhos preparatórios são fundamentais, além da obra de Locré citada na nota precedente, os materiais reunidos por P.-A. Fenet, *Récueil complet des travaux préparatoires du Code civil*, Paris, 1827, reimpressão fac-similar Osnabrück, 1968, 15 vols.

[190] A oposição inicial de alguns expoentes do Tribunato e do Corpo legislativo havia sido superada por Napoleão do modo mais fácil: substituindo-os.

O primeiro elemento concerne à exclusão de qualquer outra fonte subsidiária anteriormente em vigor. Com uma célebre disposição de lei contemporânea ao código[191] é estabelecido que, a partir do momento de sua entrada em vigor, as leis, as portarias, os costumes, o direito romano, a jurisprudência dos tribunais soberanos e qualquer outra fonte de direito deixariam de vigorar nas matérias disciplinadas pelo próprio código. Desse modo decretava-se a eliminação do rol das fontes do direito do imenso patrimônio de regras acumulado no decorrer dos séculos, incluindo naturalmente aquele constituído pelo direito comum. Observou-se com razão [Solimano, em Cavanna, 2005] que essa disposição já estava presente no projeto de 1801[192], uma vez que desde o início fazia parte do programa da comissão.

O segundo elemento está contido no artigo 4 do código, que proíbe o juiz de se recusar a julgar "sob pretexto de silêncio, obscuridade ou falha da lei". Essa disposição tinha o objetivo de anular o *référé législatif*, que no entanto já havia sido implicitamente superado e que agora era quase sempre omitido nos casos em que o Supremo Tribunal de Justiça poderia ou deveria invocá-lo [Halpérin, 1996]; no entanto, em 1807 uma lei estabeleceu que, no caso de conflito persistente, entre tribunais de mérito e supremo tribunal sobre a interpretação da lei, a questão deveria ser submetida ao chefe do Estado, que decidiria com regulamentação sob parecer do Conselho de Estado[193]. No Livro preliminar do projeto de 1801 figurava uma disposição ulterior (art. 11): em caso de lacuna, o juiz era autorizado a recorrer à equidade, entendida como "o retorno à lei natural ou aos usos aceitos"[194]. Portalis, no *Discurso preliminar* ao projeto, defendera essa disposição enfatizando que era inevitável o surgimento de casos não previstos nem previsíveis pelo legislador, sem que isso significasse de modo algum o retorno ao arbítrio judicial do Antigo Regime. Mas no Conselho de Estado o artigo 11 foi vetado, e com ele a remissão à equidade como fonte supletiva. O Código tornava-se fonte exclusiva, não passível de heterointegração com outras fontes por parte do juiz.

Estamos nas origens do moderno positivismo legislativo. Os próprios direitos fundamentais de propriedade e de liberdade enunciados na Declaração dos Direitos de 1789 encontram agora sua disciplina concreta nos códigos, a começar pelo Código Civil. Na verdade, o código tem a natureza de uma constituição propriamente dita, fundamentada nos dois pontos fundamentais da liberdade e da propriedade; a primeira em parte dependente da segunda, na medida em que só o cidadão proprietário é plenamente cidadão.

O Código Civil é composto de 2.281 artigos, subdivididos em três partes: livro I, as pessoas (arts. 1-515, que incluem o direito das pessoas e de família: casamento, filiação, adoção, tutela); livro II, os bens e as modificações da propriedade (arts. 516-710: os direitos reais); livro III, as diversas maneiras de aquisição da propriedade (arts. 711-2.281: sucessões, doações, obrigações, contratos, relações patrimoniais entre cônjuges, relações de garantia, expropriação forçada). A prescrição normativa caracteriza-se pela extraordinária clareza das proposições, que utilizam com amplitude os termos e as expressões da linguagem comum sem por isso perder a precisão técnica que se requer do direito. Ninguém ignora que Stendhal considerava o direito um modelo no qual inspirar-se também no estilo literário, a ponto de às vezes ler alguns de seus artigos antes de fazer suas refeições.

A própria divisão sistemática já revela a intenção de colocar a propriedade no centro da disciplina civilista, tanto que o código muitas vezes foi qualificado como o "código da propriedade": basta observar que tanto as obrigações como as sucessões estão colocadas conjuntamente no livro II, dedicado às "formas de aquisição da propriedade". Vimos que a declaração dos direitos de 1789 havia proclamado a propriedade como "sagrada e inviolável", incluindo-a entre os direitos naturais e inalienáveis. Isso tem os seus efeitos também na perspectiva do

---

[191] Lei 30 Ventoso do ano XII (21 de março de 1804).
[192] Fenet, II, p. 415.
[193] Lei de 16 de setembro de 1807.
[194] Código civil (1801), Livro preliminar, art. 11.

direito público, que desde a época da revolução, como vimos, considerava verdadeiros cidadãos, habilitados ao voto, aqueles que possuíam um certo patrimônio ou renda. De fato, para a ideologia da época, que se afirmará ainda mais no século XIX, a propriedade tem a maior relevância. Como escreveu muito bem [Solari, 1959], ela constitui uma "condição física da liberdade". É célebre no código a definição da propriedade como "o direito de gozar e de dispor das coisas da maneira mais absoluta" (art. 544); com essa fórmula o legislador pretendeu explicitar seu caráter monolítico, rejeitando definitivamente a noção de origem medieval do duplo domínio dividido do senhor direto e do enfiteuta, já anulado pela Constituinte. Havia também um objetivo contingente para justificar uma formulação tão drástica: desse modo, os adquirentes das propriedades eclesiásticas e nobiliárias alienadas nos anos precedentes eram garantidos para o futuro [Cavanna, 2005]. No entanto, existem limites, indicados pela sequência do artigo 544: "desde que não se faça deles um uso proibido pelas leis ou pelos regulamentos". O que remete não apenas à expropriação por necessidade pública, mas a outros possíveis limites para assinalar os quais, além da lei, se declara suficiente tão somente o poder regulamentar.

A transferência da propriedade é regida no código por um princípio fundamental que se distancia da tradição do direito romano, ainda considerada válida por Pothier. Enquanto nos contratos translativos da propriedade o direito romano estabelecia que a propriedade devia passar ao credor apenas com a entrega da coisa (*traditio*)[195], o código estabeleceu que "para a obrigação de entregar a coisa a ser concluída basta o consenso dos contraentes. Tal obrigação constitui o credor como proprietário" (art. 1.138). O princípio de que o consenso das partes por si só tinha efeito translativo não era novo na medida em que havia sido teorizado por alguns expoentes do jusnaturalismo, enquanto na França já está presente em diversas regiões em que ainda se adota o direito consuetudinário. Mas agora ele se impõe como regra geral. Quanto aos bens móveis, afirma-se no código a regra de que "a posse vale como título" (art. 2.279).

É sobretudo na disciplina da família e das sucessões que se apreende o espírito com que o legislador napoleônico pretendeu alcançar um equilíbrio entre tradição e renovação. A autoridade do pai e do marido é plenamente restaurada, embora se torne geral o critério das regiões de direito consuetudinário, de acordo com o qual o pátrio poder deixa de existir quando se atinge a maioridade. O pátrio poder inclui a faculdade de fazer com que o filho seja preso, mesmo com limites mais restritos em relação à disciplina do antigo regime. O casamento do filho exige o consentimento positivo do pai até os 21 e os 25 anos (respectivamente para a filha e para o filho) e o seu conselho formal até os trinta anos ("ato respeitoso"). As causas de divórcio são muito mais limitadas em relação à disciplina de 1792; ele exige, entre outras coisas, o consentimento repetido dos genitores de ambos os cônjuges. Os bens são administrados unicamente pelo marido, tanto em regime de comunhão de bens (em uso nas regiões que adotam o direito consuetudinário) como também no regime dotal próprio dos países de direito escrito. Ambos os regimes são admitidos. A mulher casada é desprovida da capacidade de agir e é equiparada ao menor e ao incapaz (art. 1.124). O adultério da mulher é causa de divórcio, o do marido só o é se ele leva a concubina para casa (art. 229-230).

Para as sucessões, a cota disponível voltou a subir – de um quarto à metade da herança na presença de filhos (art. 913) – em relação às restrições introduzidas no período revolucionário. O testamento é favorecido, por ser considerado um instrumento nas mãos do pai para induzir os filhos a comportamentos corretos e respeitosos, segundo a ideologia já mencionada, que é retomada em várias ocasiões nos trabalhos preparatórios do Código. Os filhos naturais são excluídos da família e a eles se destina não mais que um terço da cota que cabe aos filhos legítimos, com a proibição de doações em favor deles (art. 908). A adoção é fortemente limitada.

Para delinear essa dura disciplina do poder do pai e do marido, que parece tão distante do espírito do moderno direito familiar, o legislador napoleônico foi levado por uma intenção

---

[195] Cod. Iust. 2. 3. 20: "traditionibus et usucapionibus, non nudis pactis dominia rerum transferuntur".

precisa, que os redatores do código expressam em várias circunstâncias durante os trabalhos preparatórios: um forte centro de autoridade na pessoa do pai é por eles considerado o pressuposto e a garantia da "ordem", uma ordem que não se limita à família, mas inclui a sociedade e o Estado: "é da autoridade paterna que depende principalmente a tranquilidade pública", observava um dos redatores do código, Maleville. Napoleão, por sua vez, compartilhava plenamente a concepção monárquica da família. Há, portanto, uma motivação política nas escolhas realizadas pelo código nessa matéria tão delicada. E se é verdade tudo o que Portalis havia escrito sobre as motivações do legislador revolucionário – na revolução tudo é político, ele observara[196], até o direito civil, e isso explica muitas das disposições daqueles anos, por exemplo o favorecimento da igualdade sucessória entre os filhos, na medida em que para os jacobinos os potenciais aliados da revolução eram mais os jovens que os velhos – não é menos verdade que uma clara intenção política, mas de sinal contrário, atuou também nas escolhas do legislador napoleônico.

A regulamentação do código sobre as obrigações é amplamente tributária da mais renomada doutrina francesa anterior, sobretudo de Pothier e de Domat. Em relação ao contrato, é fundamental a norma do artigo 1.134: "as convenções legalmente formadas têm força de lei diante daqueles que as criaram". Essa famosa formulação, que leva a vontade das partes ao nível da lei e se impõe portanto ao juiz como vinculante, deriva particularmente de Domat. Ela assumiu o papel de pilar legal da autonomia da vontade dos indivíduos, de importância central em uma época de desenvolvimento da economia industrial. Não se trata, porém, de autonomia indiscriminada, não apenas porque a norma atribui esse efeito às convenções desde que "legalmente formadas" – com tudo o que tal especificação implica quanto às formas e aos requisitos do contrato – mas porque o próprio código impõe a observação dos efeitos que a lei reconhece à obrigação (art. 1.135) bem como os limites da ordem pública e do bom costume (art. 6). Além disso, deve-se observar (como evidenciou a recente historiografia: Martin, Niort, Cavanna) que a intenção do legislador napoleônico não era deixar o caminho livre para os indivíduos, mas encaminhar a ação deles dentro de sólidos parâmetros legais capazes de garantir o respeito da boa-fé e das regras de honestidade: as declarações de Portalis e de Bigot-Préameneu [Cavanna, 2005, p. 578 s.] são bem claras a esse respeito.

O Código Civil – que Napoleão considerava o resultado mais importante e duradouro de seu domínio – deve seu sucesso bissecular a três aspectos principais. Nos conteúdos, o código alcançou um excelente equilíbrio duplo: a unificação dos dois ramos da tradição francesa, o romanístico nos países de direito escrito e o consuetudinário no norte do país; e a inserção de uma série de inovações do período da revolução, excluindo dele outros não mais condizentes com a guinada pós-termidoriana. No método, o código pela primeira vez teceu uma disciplina coerente de todo o direito civil, fazendo com que ela ocupasse o lugar de qualquer outra fonte do direito em clara descontinuidade com a tradição histórica de pelo menos sete séculos. Era a resposta à crise agora irreversível do sistema do direito comum. Na forma, o código atingiu um nível de excelência com a adoção de uma linguagem clara e sucinta, magistral ao fixar o preceito da lei em fórmulas breves, sem redundâncias.

A qualidade formal e substancial do texto da lei explica seu sucesso no tempo. Na França, ele respondeu muito bem aos desafios do novo século, até porque a doutrina, mas sobretudo a jurisprudência conseguiram torná-lo flexível, reinterpretar não poucas de suas normas das maneiras requeridas pelas exigências decorrentes da formação de uma nova burguesia do comércio e da indústria ao lado da burguesia de proprietários fundiários. As intenções reguladoras, centradas no Estado e até autoritárias de Napoleão – para as quais a historiografia recente chamou a atenção [Bürge, 1991; Solimano, 1998] – não impediram o código de desenvolver um papel importante no século XIX, até mesmo na direção da autonomia dos indivíduos diante do Estado. Na Europa, o código constituiu no decorrer do século XIX e tam-

---

[196] Portalis, "Discours préliminaire sur le Projet de Code civil", in id., *Ecrits et discours juridiques et politiques*, Aix-Marseille, 1988, pp. 21-64.

bém no século XX um modelo muito influente, em particular (mas não apenas) nas regiões que a França napoleônica havia conquistado: a Renânia, a Bélgica, a Holanda, Luxemburgo, a Itália.

Se com certeza não se devem subestimar os elementos de continuidade da disciplina do código em relação às tradições do Antigo Regime e do direito comum [Petrônio, 2002], a transição do regime do direito comum ao da codificação constitui contudo, como sabemos, um momento essencial de ruptura na história do direito continental. É particularmente interessante ver como a prática se adaptou mais a essa mudança radical e imprevista do sistema das fontes que dos conteúdos normativos.

O estudo das alegações apresentadas pelos advogados da época oferece elementos preciosos de documentação a esse respeito. Os advogados lombardos da primeira metade do século XIX, por exemplo, citam os artigos do então muito recente Código Civil Napoleônico, mas têm o cuidado de ressaltar quase com obstinação as correspondências normativas entre estes e as fontes do direito romano[197]; outras vezes lembra ainda, para defender uma tese processual, os nomes dos grandes autores do direito comum, eventualmente sem a citação precisa da passagem; e os acompanham com os das mais "modernas" escolas do direito natural[198]. Percebe-se que o seu cuidado, mesmo na tentativa bem compreensível de granjear a simpatia de juízes formados ainda nas fontes tradicionais, é o de ressaltar sempre que possível os elementos de continuidade em relação ao passado.

A oratória forense também se modificou em decorrência do advento dos códigos, assumindo um estilo mais sóbrio e eficaz.

3. *Os outros códigos franceses*

Se o Código Civil é indubitavelmente, pelos motivos mencionados, o monumento legislativo mais importante, os outros códigos napoleônicos também têm grande importância no panorama europeu das codificações do século XIX.

O Código de Processo Civil, aprovado em 1806, assinala o retorno a um procedimento mais formal em relação à tentativa radicalmente antiformalista da reforma de 24 de outubro de 1793 (3 Brumário ano II), incorporando ao mesmo tempo a nova estrutura judiciária introduzida pela Constituinte. Desde 1797 Jean Guillemot havia preparado um projeto, ao qual a partir de 1801 se seguirão outros projetos, um dos quais [Solimano, 1999] escrito por Eustache-Nicholas Pigeau, professor e autor de um estudo sobre o processo civil publicado no limiar da Revolução. O projeto definitivo foi preparado por uma comissão nomeada pelo ministro Abrial, da qual fazia parte o próprio Pigeau que mais tarde escreverá o comentário mais respeitado sobre o novo código. Este se baseava na oralidade para o procedimento diante dos juízes de paz, enquanto diante do tribunal o processo centrava-se nas provas escritas e no intercâmbio dos relatórios de defesa, deixando espaço para a palavra apenas nos debates conclusivos: "um processo centrado na escrita no qual se inseriam momentos de oralidade" [Taruffo, 1980]. O procedimento assim disciplinado marcava um retorno deliberado à *Ordonnance civile* de 1667, cujos méritos foram redescobertos graças aos excessos antiformalistas da lei de 1793 (acusada por alguns críticos de ter transformado o processo civil em uma loteria).

---

[197] Ver, por exemplo, o caso Damarzit-Régny discutido pelo Supremo Tribunal de Justiça do Reino Itálico em 1813: o advogado de Damarzit não se contenta em evocar o art. 171 do código de processo civil napoleônico e de se apoiar constantemente no renomado Repertório de Merlin, mas se remete ao direito romano (Cod. 3.1.10); ao fazer isso, evidentemente espera influenciar a decisão dos juízes [Storti Storchi, in *L'arte di difendere*, 2006, pp. 119-63; p. 140].

[198] Muitos exemplos em Di Renzo Villata 2006c (em especial às pp. 89-117) e nos diversos ensaios que compõem o volume *L'arte del difendere* 2006, em que se estudam as causas da grande coletânea das alegações do advogado de Milão Giovanni Margherita, atuante por cerca de cinquenta anos entre os séculos XVIII e XIX, conservadas no Instituto de História do Direito Medieval e Moderno da Universidade de Milão.

Em 1807 surgiu o Código de Comércio. O projeto – preparado em 1801 por Philippe-Joseph Gorneau (então deputado na Constituinte e conselheiro de recursos em Paris) por iniciativa do ministro do Interior, Chaptal – foi revisto e melhorado dois anos mais tarde atendendo às observações críticas dos tribunais e das câmaras de comércio. Seguiu-se, como sempre, a discussão em Conselho de Estado, da qual o próprio Napoleão participou em algumas ocasiões. No interior do Conselho é possível identificar duas correntes distintas, uma das quais – que poderíamos chamar dos civilistas: Merlin de Douai, Treilhard, Bigot-Préameneu, mas sobretudo o próprio Cambacérès – decidida a limitar os distanciamentos da disciplina comercial em relação à do direito civil comum, ao passo que a outra – representada por Crétet, Bégouen, Beugnot, homens provenientes do mundo da economia – inclinada a favorecer sua especificidade, com base na consideração de que aquilo que beneficia o comércio beneficia a nação no seu todo e não apenas à classe mercantil e industrial [A. Padoa Schioppa, 1992]. As escolhas foram atentamente equilibradas entre essas duas posições.

O código trata em quatro livros, respectivamente, do comércio por via terrestre, do comércio marítimo, da falência e da jurisdição comercial. Esta última era (e por muito tempo continuará a ser na França) confiada aos tribunais de comércio, compostos de comerciantes, e entre outras coisas podia decidir a prisão por dívidas que, ao contrário, o direito civil havia eliminado para as obrigações não comerciais. É importante a enumeração taxativa, no início do código, dos atos de comércio: desse modo, o direito comercial, que durante séculos se desenvolvera como direito "dos comerciantes", se transformava – em coerência com o desaparecimento das corporações de ofícios – em um direito objetivo, o direito dos "atos de comércio", independentemente do *status* pessoal de quem realizava tais atos. Em matéria de falência, as disposições foram drásticas por influência direta de Napoleão, que desejou impor a prisão imediata do devedor insolvente na tentativa de impedir as falências dolosas (art. 455). Pela primeira vez o código disciplinava as sociedades anônimas que a *Ordonnance* de 1673 ainda ignorava, estabelecendo porém que toda nova sociedade devia antes obter, depois de uma conveniente instrutória, a autorização do governo: uma consequência da natureza jurídica originária das sociedades anônimas, surgidas a partir do século XVII como entidades privilegiadas, cada uma das quais era autorizada com uma específica medida soberana. A presença no código de normas sobre a bolsa, sobre os seguros marítimos, sobre a livre negociabilidade das ações, sobre as acomanditas e sobre outros institutos atesta que o legislador tinha bem presentes os desenvolvimentos recentes da economia. O Código de Comércio também teve ampla e profunda influência na Europa por mais de sessenta anos.

O processo penal foi profundamente reestruturado no *Code d'instruction criminelle*, aprovado em 1808. A questão mais amplamente debatida foi a do júri penal, ao qual Napoleão era ferrenhamente contrário. Em 1804, a discussão em Conselho de Estado foi muito acirrada[199], com uma parte dos conselheiros inclinados a eliminá-la, evocando entre outras coisas o perigo real de que os jurados fossem muito condicionados e atemorizados no decorrer do processo. No entanto, a defesa apaixonada do instituto do júri popular realizado por outros conselheiros, particularmente pelo então presidente do Supremo Tribunal de Justiça, Treilhard, desta vez prevaleceu: o próprio Napoleão, certamente não habituado a aceitar as ideias alheias, se deixou convencer. Cambacérès propôs a eliminação do júri de acusação e a conservação do júri de julgamento, excluído apenas para alguns delitos particulares. E assim foi decidido.

Na disciplina da fase instrutória reafirmou-se resolutamente o princípio do sigilo, já característico da *Ordonnance criminelle* de 1670. As informações de crime e os testemunhos deviam ser avaliados e reunidos pelo juiz instrutor sob estímulo do procurador do rei, sem que o acusado pudesse se defender e sem nem sequer a obrigação de informá-lo sobre os fatos

---

[199] A discussão em Conselho de Estado acontece em duas ocasiões, em 18 de Brumário do ano XIII (30 de outubro de 1804) e em 30 de janeiro de 1808; cf. Locré, *La législation civile, commerciale et criminelle de la France*, Bruxelas, 1827; trad. it., *Legislazione civile, commerciale e criminale*. Nápoles, 1843, 16 vols. (vol. 13, pp. 237-49; pp. 316-26).

apresentados como base da acusação. Em contrapartida, para a fase dos debates orais vale o critério da publicidade, na presença do advogado de defesa e com a possibilidade de contrainterrogatório do acusado na presença dos jurados. No entanto, diferentemente do prescrito em 1791 e em 1795, os depoimentos das testemunhas recolhidos por escrito durante a instrutória eram lidos e colocados como base do interrogatório do acusado, contestando suas eventuais discrepâncias com as declarações feitas durante os debates orais. Um processo em que, como se disse, volta a ser ouvido mais "o barulho do papel que o da voz das palavras e das coisas". Seja como for, permanecia o critério fundamental do livre convencimento e da inapelabilidade do veredicto dos jurados.

Por fim, em 1810 é aprovado o último dos cinco códigos, o Código Penal. Aqui a guinada em relação à disciplina do código de 1791 foi muito clara. O projeto de *Code criminel* apresentado em 1801-1802 já assinalava claramente o caminho: no relatório preliminar, Target criticava duramente o otimismo ingênuo de Beccaria, que em suas palavras "só consultou seu coração", enquanto o legislador não pode, em nome da benignidade, sacrificar a segurança da sociedade. "As sociedades para as quais se dão as leis devem ser consideradas pelo que são e não como poderiam ser" [Carbasse, 2000]. Percebe-se a influência de Bentham quando se insiste na necessidade de configurar as normas de modo que obtenha o efeito desejado, mesmo recorrendo à intimidação para reprimir as tendências dos criminosos. "O Código Penal é um ato de guerra, é preciso tremer ao lê-lo", escreve ainda Target [Cavanna, 2005, p. 592].

O resultado normativo foi coerente com essas premissas. Permanece a tripartição entre crimes, delitos e contravenções. As penas para os crimes não são muito diferentes das do código revolucionário e incluem a pena capital, os trabalhos forçados perpétuos ou por tempo determinado, a deportação, a reclusão, o pelourinho, o banimento. Entre os crimes, é dado um peso preponderante aos crimes contra a segurança do Estado, a que é dedicada pouco menos da metade dos 484 artigos do código: a intenção política dessa escolha é clara. Reintroduz-se a sanção do confisco dos bens do condenado, já reprovada por Beccaria. A tentativa é punida com a mesma pena atribuída ao crime consumado. A reincidência é severamente punida. A participação no crime é sancionada com a mesma pena prevista para o autor do delito. Até o princípio da legalidade do crime é descumprido com uma disposição especial (decreto de 3 de março de 1810) que habilita o governo a determinar a prisão por até um ano de indivíduos considerados perigosos. É muito importante a reforma do sistema das penas fixas, característica do código de 1719: experimentados os graves inconvenientes da rigidez, que às vezes levava os júris a não observar a reconstrução dos fatos para evitar condenações desproporcionais ao caso em exame, agora se estabelece um mínimo e um máximo para cada pena estabelecida pelo código, permitindo aos juízes uma adequada margem de flexibilidade. Mas esta vale apenas para os delitos passíveis de ser punidos pelo tribunal correcional, não para os crimes graves de competência dos júris.

4. *Os códigos austríacos: o Código Penal*

Na mesma época em que Napoleão promovia a sua codificação, em Viena amadureciam os novos Códigos Civis austríacos.

Em 1803, Francisco I, o filho de Leopoldo, aprovou o Código Penal. A preparação do texto nos anos precedentes contara com a colaboração dos mais renomados professores e juristas de Viena, de Martini a Kees, de Zeiller (cujo papel na elaboração do Código Civil veremos em breve) a Sonnenfels. O fundamento da disciplina de 1803 é constituído pelos dois Códigos Josefinos, o penal de 1787 e o processual penal de 1788. No entanto, não faltam as inovações.

Antes de mais nada, o código compreende tanto o direito penal substancial como o processo penal. No primeiro continuou fundamental a distinção josefina entre delitos e "graves transgressões políticas", os primeiros constituídos pelos crimes clássicos, as segundas abrangendo os ilícitos e as contravenções de menor gravidade. É muito clara a afirmação do princípio de legalidade do crime e da pena, bem como o esclarecimento de que apenas o dolo intencional autoriza a repressão penal. O sistema das penas para os delitos é severo, com a ampliação (em relação ao Código Josefino) da aplicação da pena de morte e com a pena da prisão também "dura" e "duríssima", que implicam os grilhões e o acorrentamento, bem como as sanções do bastão e do açoite. Certamente não é o conceito de Beccaria, que propugnava a humanização da pena. Os crimes religiosos também são perseguidos. O princípio da legalidade da pena retira do juiz o poder discricionário de infligir uma pena extraordinária (como ocorria no direito comum) em caso de insuficiência de provas.

Quanto ao processo, manteve-se intacto o sistema das provas legais: são necessárias ao menos duas testemunhas, ou então a confissão do réu. Só a plena prova permite a condenação. Mas precisamente essa configuração aparentemente garantista se traduz no seu oposto, porque com o objetivo de obter a confissão está prevista a adoção de meios brutais, a começar pelo uso repetido do bastão e do açoite. Não se fala de tortura, mas é disso que se trata. Por outro lado, não está prevista a presença do advogado de defesa, e o juiz desempenha a tríplice função de realizar a acusação, fazer a defesa do acusado e pronunciar a sentença: um procedimento inquisitório puro, no qual os direitos do inquirido são reduzidos aos termos mínimos. Por esse motivo o processo disciplinado pelo código foi qualificado como "uma conciliação impossível entre absolutismo e garantismo" [Dezza, 2001, pp. 241 ss.].

5. *O Código Civil (ABGB)*

O Código Civil austríaco é um texto relevante para a Europa. Os precedentes que mencionamos, em especial o Projeto Martini de 1794 e o código galiciano de 1797, serviram de ponto de partida para uma reestruturação completa de toda a matéria do direito civil, realizada por uma comissão cujo protagonista foi um professor que sucedeu Martini na cátedra vienense de direito natural, Franz von Zeiller (1751-1828). Os trabalhos preparatórios foram concluídos em 1811 com a aprovação do texto que assumiu o nome de Código Civil Geral (*Allgemeines Bürgergesetzbuch*: ABGB). É um texto geral no duplo sentido de estender-se a todo o vasto conjunto dos domínios dos Habsburgos e de visar a uma disciplina que reúne todos os homens, adotando o critério da unificação do sujeito jurídico[200].

Zeiller colocava como fundamento da sua concepção do direito o pensamento jusfilosófico de Kant: a distinção entre direito e moral não significa a ausência de princípios éticos no direito, cujo sujeito é o indivíduo, livre para agir e solicitado a seguir o padrão imperativo ditado pela sua consciência ética. Os traços dessa concepção do direito podem ser percebidos no código, que tanto nos conteúdos como na forma se diferencia nitidamente do modelo napoleônico contemporâneo. Quanto à forma, enquanto o legislador francês se expressa por preceitos e comandos, o legislador austríaco prefere as formulações por princípios: "não é imperativo mas enunciativo e definitório" [Cavanna, 2005], com uma intenção que não é abstratamente doutrinal, mas mostra também uma finalidade pedagógica: ali se apreende a influência da escola wolffiana.

O direito natural é evocado em um artigo bem conhecido do código, que no caso de lacuna normativa prescreve em primeiro lugar ao juiz o recurso à analogia, mas em segundo plano, quando nem mesmo a analogia for útil, obriga a decidir "segundo os princípios do direito natural" (§ 7). O alcance teórico e a concreta aplicação desse critério nos quase dois séculos de vigência do ABGB foram temas amplamente discutidos pela doutrina e pela jurisprudência, mas, seja como for, é certo que a remissão não se traduziu em um recurso textual às dou-

---

[200] Sobre o código austríaco, ver Ogris, 1987; e as atas do Congresso *L'ABGB*, 2006.

trinas da escola de direito natural; mesmo na Áustria e nos domínios dos Habsburgos a codificação havia posto um fim à era do direito comum. Por outro lado, o código deixava um certo espaço, nos seus interstícios, para normativas e costumes específicos dos territórios do Império, tão diferentes por língua, tradições, costumes [*L'ABGB*, 2006]. E esse foi outro motivo de seu sucesso.

Como o código francês, mas de formas e com regras muito diferentes, o ABGB conseguiu estabelecer um ótimo equilíbrio entre tradição e renovação, conciliando-as.

No âmbito dos direitos reais, a tradição do direito comum prevalece: a propriedade é ainda expressamente disciplinada na forma do domínio compartilhado de origem medieval [Dezza, 2000, p. 150], com a menção de um possível duplo regime, respectivamente, para o simples proprietário e para o enfiteuta (§ 357). E os bens imóveis da categoria do domínio compartilhado são diferenciados em bens concedidos em feudo, em locação e em enfiteuse (§ 359), cada qual com um regime jurídico próprio.

Quanto às obrigações, o código adota a regra romana que exige a entrega da coisa para a transferência da propriedade e dos outros direitos reais (§ 425). Para os móveis, procede-se com "a tradição material de mão em mão". Para os imóveis, "o ato de aquisição deve ser inscrito nos livros públicos" (§ 431) e só assim se torna oponível a terceiros. É o sistema tabular, que obriga à manutenção dos registros públicos nos cartórios judiciários: um sistema de publicidade imobiliária bastante eficiente, que não se encontra no código francês, no qual a publicidade imobiliária será disciplinada *ex novo* só em 1855.

O direito das pessoas e da família é a seção do ABGB que mais diretamente recebeu a marca do pensamento iluminista. Aqui a distância do Código Napoleão é realmente grande. A mulher pode administrar livremente o próprio patrimônio, sem a necessidade da autorização marital. A educação dos filhos e o poder genitorial são confiados a ambos os genitores e não apenas ao pai e não têm o caráter autoritário que é típico do modelo francês. O filho natural deve receber os cuidados e a alimentação proporcionais aos bens da família (§ 166), mas os ilegítimos são excluídos da sucessão intestada (§ 753). O casamento civil introduzido por José II é mantido, mas ele é indissolúvel para os católicos (§ 39), enquanto o divórcio é admitido para os protestantes e para os judeus (§§ 115; 123). O peso da tradição percebe-se na norma que proíbe o casamento entre cristãos e não cristãos (§ 64); o filho apóstata pode ser deserdado (§ 768.1). Também o fideicomisso é conservado (§§ 618-619).

O ABGB não demorou a ser objeto de uma abundante doutrina. Nos anos imediatamente subsequentes à sua entrada em vigor, Zeiller escreveu um amplo comentário sobre ele, que será de longe o mais autorizado no século XIX pelo papel eminente que seu autor desempenhara como legislador. Outros comentários importantes foram publicados na Áustria por Nippel e por Winiwarter, enquanto no Lombardo-Vêneto (onde o código vigorou até a unificação da Itália) não apenas esses comentários foram traduzidos, mas outros se acrescentaram a eles, escritos por autores italianos, entre os quais os de Carozzi e de Basevi.

O sucesso do ABGB é demonstrado pelo fato de que mesmo depois de dois séculos ele ainda está em vigor na Áustria. E mesmo os países que se separaram do domínio dos Habsburgos no decorrer do século XIX e após a crise final do império subsequente à Primeira Guerra Mundial o aplicaram positivamente e às vezes o restabeleceram.

Quinta parte
A era das nações (1815-1914)

No século que transcorre entre a queda do regime de Napoleão e a Primeira Guerra Mundial – um século de paz na Europa, interrompido porém pela guerra franco-alemã de 1870, sintoma de uma crise que explodirá devastadoramente em 1914 –, os países europeus consolidaram os ordenamentos jurídicos que as reformas do século XVIII e os primeiros quinze anos do século XIX haviam criado para substituir os existentes havia séculos. Não obstante as aspirações e as nostalgias dos anos da Restauração, não obstante a linha político-constitucional adotada pelos soberanos em 1815 com os acordos da Santa Aliança e realizada com determinação nas duas décadas seguintes, o *status* de privilégio do patriciado, a sociedade dividida em ordens e classes, a distinção jurídica entre cidade e campo, o emaranhado de normas e de jurisdições especiais, tudo isso havia desaparecido para sempre. Nada o demonstra com tanta clareza quanto a história da legislação.

Embora com ritmos e com processos diferentes – às vezes com uma preparação de décadas, como na Alemanha –, o princípio da codificação do direito privado, penal e processual se afirma por todas as partes do continente europeu no século XIX, muitas vezes com base no modelo francês e em menor medida no modelo austríaco. As instituições políticas fundamentam-se no critério censitário, com uma progressiva extensão do sufrágio, mas com evidentes momentos de descontinuidade que se repetirão até o século XX. Desenvolve-se na Europa uma economia baseada nas novas técnicas da produção industrial e no aumento das transações comerciais, ligada à criação da grande rede ferroviária europeia e ao advento da navegação a vapor.

De um lado, os proprietários de terras, de outro, os industriais e comerciantes – dois grupos sociais bem distintos, embora ligados por tantos laços e interesses – assumem o papel de protagonistas da vida econômica e política. O século XIX é o século da burguesia: uma classe que tomou o lugar do patriciado do Antigo Regime como classe dominante na sociedade, na política, na economia. A burguesia garante para si uma série de privilégios – não apenas econômicos, mas também jurídicos: nas relações de trabalho, no sistema penal, nos direitos eleitorais – que encontram no sufrágio restrito sua evidente manifestação e também seu instrumento eficaz. Consolidam-se comportamentos muito distantes (não melhores nem piores, mas diferentes) dos próprios do patriciado do Antigo Regime. A burguesia amadurece um conjunto de regras, mais sociais que jurídicas, caracterizadas por uma severa ética pessoal e por um duro rigor de comportamento individual e social. É um mundo em que coexistem liberdade e coerção, generosas aberturas mas também profundas hipocrisias tanto na vida pública como na vida privada: nas relações familiares, na administração, nos negócios. De Balzac a Dickens, de Zola a Thomas Mann e a tantos outros autores, a ética e o costume familiar, social, econômico e político da burguesia, com suas luzes e suas sombras, encontraram na arte sua expressão mais nítida e verdadeira. É nesse novo contexto que deve ser enquadrado o direito da época.

Numa primeira fase, o pensamento jurídico é dominado pelo esforço de adaptar as técnicas e os métodos hermenêuticos à interpretação e à aplicação de novos códigos, que na França e em outros lugares elevam-se ao centro do ensinamento e da doutrina. No entanto, a autoridade dos tribunais, particularmente do Supremo Tribunal de Justiça da França, não demora a intervir para moldar o direito, com uma produção jurisprudencial que recebe a atenção também fora do país de origem e que às vezes consegue adaptar a disciplina dos códigos de modo que a torne funcional para com as exigências de uma economia e de uma sociedade em processo de transformação.

Ao mesmo tempo, no mundo da arte e da cultura se afirma uma nova tendência: a cultura do romantismo descobre as tradições do passado e busca apaixonadamente na Idade Média as raízes da identidade originária dos povos europeus, em especial a identidade dos povos germânicos que se estabeleceram no Ocidente ao final do mundo antigo. Essa tendência está na base do processo de unificação política da Alemanha e do *Risorgimento* italiano, mas se estende também a países e Estados já existentes e unificados há séculos, como a França. A Escola Histórica do Direito nasce nesse terreno cultural.

Da mesma fonte deriva a ideologia da nação – concebida como comunidade ideal e política –, e dela nasce a ardente aspiração a fazer com que Estado e nação coincidam. A palavra *nação* na Alta Idade Média havia indicado a etnia de um povo e mais tarde, até o século XVIII, quase sempre designava a região histórica de pertencimento de um indivíduo (a Bretanha, a Campânia, a Baviera, e assim por diante), ao passo que a palavra *pátria*, por sua vez, costumava indicar, ainda no século XVIII, a cidade de origem. Ambos os termos agora passam a coincidir com o pertencimento ao Estado, que assumirá o nome de "Estado nacional".

O abalo profundo de 1848 fez com que fosse elevada a primeiro plano a instância de um constitucionalismo representativo que havia sido removida com o advento do domínio napoleônico e com a Restauração. Depois disso, na segunda metade do século e no novo contexto europeu que agora compreendia os dois Estados surgidos sob o poderoso impulso da ideia de nação, o direito conheceu importantes desenvolvimentos. A Itália e a Alemanha se dotaram, de maneiras e em épocas diferentes, de Códigos próprios e novas leis. Também na França, Bélgica, Suíça e em outros países europeus a evolução da regulamentação foi bem considerável, em consonância com o crescimento da nova economia e com a acentuação dos graves problemas econômicos, sociais e políticos suscitados pelo processo de industrialização. Esse processo tem como protagonista a Inglaterra, até porque na Ilha a revolução industrial havia decolado primeiro que no continente e porque a potência política e econômica inglesa constituía agora um Império de nível planetário.

A origem da legislação previdenciária, a formação das associações operárias e dos sindicatos, a extensão das tarefas do Estado na educação, na saúde e em outros campos da vida em sociedade são aspectos dessa fase histórica. Pouco a pouco o sufrágio se amplia até se tornar universal.

No campo da doutrina e do pensamento jurídico, o século XIX é o século da Alemanha. As obras da Escola Histórica, da pandectística e das outras escolas e correntes doutrinais constituem, por aproximadamente um século, as pontas de lança da cultura jurídica europeia e mundial. Figuras eminentes de estudiosos, quase sempre professores nas melhores universidades alemãs, iniciativas de estudo e de documentação realizadas através de ricas coleções de fontes, monografias e revistas científicas, atestam essa primazia da cultura alemã: no direito privado, no direito público elevado à plena autonomia científica, na pesquisa histórico-jurídica. Mas também em outros países europeus, particularmente na Itália, a cultura do direito alcança níveis de excelência no final do século, e os manterá por algumas décadas.

Mesmo que em forma diferente em relação à época do direito comum, é importante ressaltar que também na era das nações, em que cada Estado reivindica sua identidade nacional, as trocas de modelos e de doutrinas entre os países europeus – incluindo as realizadas entre a Inglaterra e os países do continente – foram intensas e contínuas em muitos campos do direito. E continuarão a sê-lo até a profunda ruptura da Primeira Guerra Mundial.

32. O direito da Restauração

1. *Introdução*

Através da Declaração de 1789, a Revolução Francesa havia inserido no direito uma série de princípios fundamentais de liberdade que depois encontraram sua especificação positiva nos Códigos. Desse modo, o instrumento da lei se torna, desde o início, o instrumento essencial de afirmação dos direitos, inclusive dos direitos fundamentais de liberdade. Não se fez distinção entre constituição e lei ordinária: as constituições foram aprovadas na forma de leis ordinárias, a começar pela Constituição de 1791. E podiam ser modificadas com o procedimento prescrito pelas leis ordinárias.

O mesmo ocorre fora da França no decorrer do século XIX: na Bélgica, no Piemonte e em outros lugares. Era fundamental a noção da lei como forma concreta da soberania: aquela soberania que no Antigo Regime cabia ao rei agora se expressava na lei, promulgada por uma assembleia que se considerava representativa da nação, independentemente do alcance do direito de voto (seja como for, restrito por censo, antes do advento do sufrágio universal) atribuído aos cidadãos para elegê-la. Com a lei, e apenas com a lei, era possível disciplinar os direitos da pessoa. Mas no direito não havia nada acima da lei. Na França, o Supremo Tribunal de Justiça tinha a tarefa de verificar a aplicação correta da lei, mas não de averiguar seus conteúdos em nome de princípios superiores. A lei, que havia sido o instrumento para inserir no direito os princípios de liberdade do jusnaturalismo e do iluminismo, passou assim a constituir o horizonte intransponível da soberania, embora um artigo da Declaração dos Direitos pudesse oferecer um sólido argumento para limitá-lo[1].

Na Alemanha, tanto antes como depois da unificação nacional, a relação entre lei, Estado e direitos foi em parte diferente. Antes de tudo, para algumas matérias (orçamento, tributação, guerra) o rei, depois imperador após a unificação nacional, se atribuía poderes de intervenção direta, teorizado pela doutrina com o argumento das lacunas contidas na constituição. Em segundo lugar, a doutrina (enunciada por Gerber e por outros juristas, como veremos) do Estado como "pessoa jurídica" permitia teorizar sua soberania plena e absoluta, representando suas decisões como fruto de uma "vontade" superior que não admite negativas ou exceções por parte dos indivíduos e das instituições: é uma doutrina que se remete à noção hegeliana do Estado como um ente supremo "que se pensa e se conhece, e realiza o que sabe"[2]. No entanto, a elaboração de teorias sobre o "Estado de direito" e sobre os "direitos públicos subjetivos" permitia restringir parcialmente essa noção: impondo a reserva de lei para a disciplina dos direitos da pessoa, delineando através da lei os poderes públicos, atribuindo aos indivíduos a faculdade de recorrer ao juiz contra a administração pública que tivesse lesado seus direitos ou tivesse agido ilegitimamente.

---

[1] O artigo 16 da Declaração dos Direitos de 1789, já citado, afirmava que "a sociedade em que não esteja assegurada a garantia dos direitos nem estabelecida a separação dos poderes não tem Constituição". Essa afirmação implica que uma Constituição em que faltem tais garantias não pode ser qualificada como tal: portanto, a forma-lei não tem o monopólio da soberania, porque existem princípios fundamentais que estão acima da lei. Mas por muito tempo esse princípio permaneceu apenas potencial.

[2] Hegel, *Filosofia do direito*, § 257.

A noção de *rule of law*, na Inglaterra, tinha teor diferente da noção continental de "Estado de direito": de fato, na Ilha valia, como vimos, o princípio da soberania do binômio Parlamento/Rei ("King in Parliament") – no sentido de que com a lei era possível intervir em qualquer campo do direito, incluindo o setor dos direitos de liberdade, de equilíbrio dos poderes e de representatividade política estabelecidos no *Bill of Rights* de 1689 –, mas o papel da legislação era muito diferente, na medida em que as leis se inseriam no tronco do *Common law* de formação judicial e com ele interagiam: o "direito", *rule of law*, era o resultado desse entrelaçamento, e nunca foi identificado apenas com a lei.

No entanto, um dos motivos fundamentais que levaram os Estados Unidos a promulgar uma constituição (mas algumas Colônias já o haviam feito) havia sido a convicção de que os direitos fundamentais eram anteriores a qualquer promulgação positiva e a superavam, de modo que a constituição não podia deixar de reconhecê-los nem poderia aboli-los: era o que Hamilton já argumentava no *Federalist*[3].

2. A Santa Aliança

Com o Congresso de Viena de 1815, os soberanos da Europa fizeram um pacto solene de restauração. Esse pacto se fundamentava em dois princípios. Em primeiro lugar, o princípio de legitimidade, de acordo com o qual a soberania de cada Estado (excluindo, porém, as repúblicas aristocráticas: Veneza e Gênova não sobreviveram) cabia aos soberanos que ocupavam o trono antes da tempestade revolucionária francesa e aos seus herdeiros legítimos, embora as fronteiras entre os Estados tenham sido reformuladas com muita desenvoltura, com base nas novas estruturas de poder amadurecidas no período napoleônico e negociadas em Viena. Em segundo lugar, a negação do constitucionalismo representativo, ou seja, a recusa de aceitar no continente (para a Inglaterra a tradição já era diferente havia mais de um século) a separação dos poderes introduzida na França em 1789-1791.

Entre os elementos mais significativos da ordem – nova e ao mesmo tempo antiga – instaurada na Europa após a queda de Napoleão, merece ser mencionada a Confederação Germânica, estabelecida com um texto constitucional aprovado em 1815 (*Bundesakte*). Trinta e nove Estados alemães – entre os quais os dois maiores, Prússia e Áustria – criavam um organismo comum (*Bundestag*) encarregado de decidir em plenário por maioria de dois terços as questões mais importantes, inclusive as de guerra e de paz, enquanto as decisões ordinárias ficavam a cargo de um órgão restrito em que contavam sobretudo os Estados de maiores dimensões. No *Bundestag* tinham assento os representantes dos Estados, e suas decisões implicavam os Estados, não diretamente os cidadãos. Mas ainda assim o princípio de uma comunidade germânica era afirmado [Hartung, 1950, p. 176], em formas muito diferentes em relação ao Império Romano-Germânico encerrado em 1806, e não mais renascido. Da nova ordem surgirá o processo de unificação política alemã da segunda metade do século XIX.

A ordem restaurada no Congresso de Viena logo suscitou reações fortes e difusas. Elas se concentraram na forma de sociedades secretas, entre as quais teve um papel importante a Carbonária, que fez numerosos adeptos no interior de Estados como a Espanha e as Duas Sicílias, mas também no reino saboiano, no Lombardo-Vêneto e em outros lugares. Um aspecto merecedor de atenção está no caráter europeu dessas reações: a era napoleônica havia fortalecido a dimensão europeia da política interna. E a concomitante exigência de novas constituições (concedidas em 1820 e em 1821 na Espanha, em Nápoles e na Sicília, retomando a carta de Cádiz de 1812) o comprova[4].

---

[3] *The Federalist* (1787-1788), n. 78.
[4] Uma comparação entre a Constituição napolitana de 1815 e a de 1820 (baseada no modelo espanhol de 1812 e revogada quase em seguida) é esclarecedora: na primeira, todo poder está concentrado no rei e a Câmara Baixa é composta de alguns "notáveis" escolhidos por um grupo de eleitores designados por sorteio entre aqueles que cor-

A ordem de 1815 é, portanto, revogada no período de não muitos anos. A luta dos gregos contra os turcos – com ampla repercussão na Europa: Byron morreu em 1824 combatendo pela liberdade helênica – obteve em 1827 a independência da Grécia com o acordo entre a França, a Rússia e a Inglaterra. Na França, a tentativa reacionária de Carlos X suscitou a revolta que em julho de 1830 levou ao trono a linhagem de Orléans com Luís Filipe, em contraste com a linha da Santa Aliança: mas o novo rei conseguiu fazer com que os soberanos europeus aceitassem o critério de não intervenção, garantindo-lhes o controle do partido bonapartista e do movimento democrático.

A união entre Bélgica e Holanda, estabelecida em Viena, é rompida em 1831, garantindo a soberania à Bélgica. Na constituição belga de 1831[5], inspirada em boa parte nos modelos franceses de 1791 e de 1830, entraram algumas enunciações que foram imitadas pelas constituições de outros Estados europeus da segunda metade do século XIX e do século XX. De qualquer modo, o rei mantinha uma enorme soma de poderes, desde a nomeação e demissão dos ministros até a promulgação das leis, desde o estabelecimento de tratados à dissolução das câmaras. Além disso, a constituição belga estabeleceu, ao contrário do modelo francês do ano VIII, que as controvérsias entre os indivíduos e as administração pública deveriam ser sempre de competência da jurisdição ordinária (art. 92; 93), a qual contudo não tinha o poder de anular um ato administrativo contestado por um indivíduo, mas apenas declará-lo eventualmente ilegítimo. Afirmava-se assim o duplo princípio da questionabilidade jurisdicional do ato administrativo e da jurisdição única: uma noção nova, que terá influência também na legislação italiana posterior à unificação.

Na Itália, as ideias e a propaganda apaixonada de Giuseppe Mazzini – que em 1832 fundava a Jovem Itália, com o objetivo de criar a Itália "una, independente, livre, republicana" – suscitaram uma adesão profunda por parte de uma exígua mas ardorosa e combativa minoria de jovens, dispostos ao sacrifício da vida para a obtenção da unidade nacional. Uma linha diferente foi expressa alguns anos mais tarde por um eclesiástico saboiano, Vincenzo Gioberti. Ele afirmou[6] que o caminho para a unificação da Península só podia ser o de confiar ao papa a presidência de uma confederação dos Estados italianos. Com Gioberti a perspectiva da unidade italiana pela primeira vez tornou-se uma posição amplamente compartilhada.

Quando em 1846 o arcebispo de Senigallia, Mastai Ferretti, foi eleito para o papado, assumindo o nome de Pio IX, por algum tempo pareceu que o projeto poderia ser realizado, depois que o novo pontífice introduziu algumas reformas no Estado pontifício [Ara, 1966], saudadas como o nascimento de um novo papel na Península. Em Nápoles Pio IX era exaltado pelos promotores da reforma constitucional que começaram a atuar em 1847 e levaram o rei Fernando de Bourbon a conceder a constituição, com base no texto francês de 1830.

A grande conflagração de 1848 mudou não apenas a atitude de Pio IX, mas toda a perspectiva italiana. O próprio Gioberti mudou de ideia[7] reconhecendo no Piemonte o único poder capaz de levar adiante a unificação italiana.

3. *Legislações italianas anteriores à unificação*

3.1. *Reino das Duas Sicílias*

Enquanto os acontecimentos político-constitucionais se desenvolviam em um clima de crescente tensão entre o velho regime e as aspirações constitucionais e nacionais, a vida do

---

respondessem aos elevados requisitos de censo exigidos, na segunda está previsto um complicado sistema de eleição em três estágios (paróquia, distrito, província) que institui o sufrágio universal em nível inferior (ver a *Raccolta di costituzioni italiane*, Turim, 1852, vol. II, respectivamente pp. 328 e 346).

[5] Texto em http://www.dsg.unito.it/dircost
[6] V. Gioberti, *Del primato morale e civile degli Italiani*, Lausanne, 1845, 3 vols.; a primeira edição é de três anos antes.
[7] *Il rinnovamento civile d'Italia*, 1851.

direito nos seus setores tradicionais continuava de formas bem menos conflituosas. Mas também nessa vertente o quarto de século precedente não havia passado em brancas nuvens. A codificação não tardou a ser vista como uma necessidade em todos os lugares. Desde o início os códigos napoleônicos assumiram um papel central nos Estados italianos que iniciaram uma codificação própria; mas não faltaram intervenções significativas de modificações, especialmente no terreno do direito de família, em um processo que pode ser considerado de "nacionalização" em relação ao modelo francês[8].

Diferentemente do que ocorreu em outros Estados italianos, o retorno dos Bourbon a Nápoles no início não foi marcado pela vontade de uma restauração radical. Talvez pela influência exercida pelo ministro Donato Tommasi, que quando jovem havia sido adepto de Filangieri [Feola, 1984] e acompanhara o rei na Sicília no período napoleônico, Fernando I ordenou que a estrutura dos códigos do reino de Joaquim Murat não fosse modificada até a instauração de uma nova ordem. E o Reino das Duas Sicílias foi o primeiro a se dotar de Códigos próprios: em 1819, após um trabalho preparatório de apenas dois anos, foi aprovado um conjunto de apenas cinco Códigos[9].

O conteúdo da codificação napolitana é diretamente calcado no modelo napoleônico, do qual uma grande parte das normas é copiada literalmente. No entanto, não faltam regras diferentes em relação à matriz francesa, algumas das quais foram introduzidas antes da aprovação dos códigos. É nítido o distanciamento, em especial no direito de família. O casamento civil é eliminado e volta-se ao casamento canônico, mesmo mantendo os registros do estado civil e modificando alguns dos impedimentos canônicos em sentido menos restritivo quanto aos graus de parentesco. O divórcio é abolido. O pátrio poder deixa de existir quando se completam 25 anos, mas os filhos podem ser deserdados (art. 848). A posição das filhas nas sucessões legítimas, contudo, continua equiparada à dos filhos homens, sem reintroduzir as disposições restritivas dos antigos costumes napolitanos; e se reconhecem os direitos da viúva indigente a uma parcela da renda dos bens do marido morto (art. 689) – diferentemente do Código Napoleônico, que não se pronunciava a esse respeito, provavelmente pela predominância do regime da comunhão de bens, enquanto na Itália era normal o regime dotal de separação dos bens. Para as famílias da nobreza se restabelece o morgadio do Antigo Regime (art. 946-963).

Os direitos régios e as obrigações são quase inteiramente calcados no modelo napoleônico, mas se introduz o contrato de enfiteuse que vigorava no sul da Itália e que os franceses não haviam adotado. No Código Comercial, diferentemente do prescrito no Código francês, é exigida a autorização governamental também para as comanditas por ações e negada a prisão por dívidas para os não comerciantes subscritores de notas promissórias protestadas.

O Código Penal também apresenta uma série de diferenças em relação ao Código Napoleônico. A pena capital é infligida com modalidades cada vez mais cruéis para os crimes mais graves. Mas a tentativa é punida em medida menor em relação ao delito consumado, seguindo o modelo italiano de longínqua origem lombarda.

É notável o regime processual, em que algumas disposições probatórias legais são acompanhadas por uma disciplina de debates públicos e orais que prevê a formação da prova em debates, sem atribuir peso determinante aos autos e aos materiais instrutórios.

3.2. Ducado de Parma

Entre os códigos aprovados na Itália da Restauração, por julgamento comum o Código Civil de 1820 é "superior a qualquer outro código italiano" [Sclopis, III, 1864]. Foi elaborado no decorrer de um intenso quinquênio de trabalho com a intervenção de uma primeira comissão de Parma (que teve como membros os juristas Gaetano Godi e Francesco Cocchi) favorá-

---

[8] Ver a síntese de Solimano, 2006.
[9] *Código para o Reino das Duas Sicílias* (1819), composto de cinco diferentes Códigos segundo o modelo francês: *1. Leis civis; 2. Leis penais; 3. Leis do processo nos julgamentos civis; 4. Leis do processo nos julgamentos penais; 5. Leis de exceção para os negócios de comércio.*

vel à reintrodução do recurso em via subsidiária ao direito comum, de uma segunda comissão de Milão (um de seus membros foi Luigi Valdrighi) que se baseou sobretudo no modelo francês e no modelo austríaco [Di Renzo Villata, 2006c], em seguida de uma terceira e de uma quarta comissão, a última das quais presidida por Francesco Ferrari.

O resultado foi notável, porque foi obtido um equilíbrio entre tendências não facilmente conciliáveis. Se no casamento é rejeitado o modelo francês – restaurando o casamento canônico e negando o divórcio –, algumas regras sobre os impedimentos e sobre o caráter público são extraídas do recente Código Napolitano. O pátrio poder "natural" é atribuído a ambos os genitores, mas cabe apenas ao pai o pátrio poder "civil" sobre os filhos, que inclui também a eventual ordem de prisão do filho. Depois de obter o aval da rainha – Maria Luísa da Áustria, na época esposa de Napoleão, respeitada pelo equilíbrio e pela moderação que demonstrou no governo do ducado de 1815 a 1847 – foi decidida, ao final de acirradas discussões, a equiparação das filhas aos filhos homens na sucessão legítima. O regime dotal é reintroduzido segundo a tradição italiana, mas pela primeira vez foi eliminada a obrigação de dotar a filha. Foi acurada a disciplina dos institutos do direito agrário, da enfiteuse à colônia parciária, da feitoria à meação, típicos do mundo rural paduano e apenínico. Por fim, os principais institutos do direito comercial – sociedades, notas promissórias e outros – foram incluídos no Código Civil: uma escolha original, destinada a sucessos bem maiores em alguns países da Europa muitos anos mais tarde [Ranieri, 1982].

Não desprovidos de méritos são também o Código de Processo Civil de 1820 (cujo autor principal foi Francesco Cocchi), o Código Penal e o de Processo Penal de 1821, obra mais importante de Giuseppe Caderini e Gaetano Godi.

3.3. *Reino da Sardenha*

No Reino da Sardenha, que incluía Piemonte, Saboia, Sardenha, Nice e Genovesado, após uma primeira intervenção legislativa de simples restauração – a partir de 1814 foram restauradas as fontes de direito anteriores à conquista francesa de 1796-1797, inclusive as Constituições do século XVIII e o direito comum –, logo se tentou dar forma a uma codificação autônoma, mas os projetos de 1820 [Soffietti, 1997] não foram levados a termo. Apenas Gênova havia solicitado e obtido no Congresso de Viena a autorização para conservar o Código Civil e o Código Comercial, este último certamente mais adequado para as necessidades de suas transações comerciais marítimas que as leis saboianas.

Um código específico para a Sardenha foi aprovado em 1827 por iniciativa do rei Carlos Félix[10]; ele trata ao mesmo tempo de direito privado, penal, processual e público, utilizando amplamente a antiga legislação da Ilha e remetendo ao direito comum como fonte supletiva: é, portanto, um texto ainda fiel à organização do Antigo Regime. Só com a ascensão de Carlos Alberto ao trono em 1831 propôs-se uma codificação saboiana autônoma para todo o reino. Os trabalhos se estenderam por duas décadas.

O primeiro e o mais importante fruto foi o Código Civil Albertino de 1837. O principal modelo é indubitavelmente o Código Napoleônico, em medida menor também o Código Napolitano, mas não são irrelevantes os distanciamentos e as inovações do legislador saboiano: grande parte deles deriva de tentativas de restauração da antiga ordem, mas outras assinalam novos caminhos. O primeiro artigo, que designa a religião católica como a religião do reino, foi desejado expressamente pelo rei. O casamento é o de direito canônico e seu governo, juntamente com a respectiva jurisdição, volta a ser assumido pela Igreja; o divórcio é negado; os registros do estado civil ficam a cargo das paróquias. O pátrio poder volta a ser vitalício, restaurando a norma romana mesmo para os que já se haviam subtraído a ela sob o império do código francês [Cavina, 1995]. As filhas são equiparadas aos filhos na sucessão legítima (art. 931) [Mongiano, 1999], mas a controversa questão da relação entre dote e suces-

---

[10] *Leggi civili e criminali del Regno di Sardegna*, Turim, 1827, a que se refere Lattes, 1909.

são encontra uma solução diferente do modelo transalpino, porque a cota de sucessão que caberia à filha com a morte do pai é "sub-rogada" aos filhos homens, ainda que com a obrigação de uma compensação da qual se deduz preliminarmente o que a filha havia recebido em dote [art. 942-948, Pene Vidari, 1997].

Nos casos de lacunas, o Código remete à analogia e, se esta não é suficiente, aos "princípios gerais do direito": uma formulação nova em relação aos códigos contemporâneos, que será retomada no código de 1865. Melhorada em relação aos modelos é a disciplina da posse, a das hipotecas [Genta, 1978] e sobretudo a das águas, sobretudo no que se refere à servidão coativa do aqueduto [Moscati, 1993], matéria importante para a agricultura da planície padânea, que se beneficiou da obra de Romagnosi sobre o comportamento das águas (1823) e da contribuição do advogado novarense Giovanetti [Dezza, 1992a]. É reconhecida a propriedade intelectual (art. 440). A discussão sobre o fideicomisso foi longa e acirrada, mas no final a vontade do rei, compartilhada pelo Senado do Piemonte e pelo Conselho de Estado, que eram baluartes da antiga ordem, se sobrepôs ao voto contrário manifestado pelo ministro da justiça Barbaroux, que deve ser considerado o verdadeiro e o mais autorizado promotor do código [Sclopis, III, 1864]: o morgadio é admitido para as famílias da nobreza. Mas a sociedade do Antigo Regime havia chegado ao fim; e o instituto não teve sucesso.

O Código permaneceu em vigor até a unificação italiana. A ele se seguiram o Código Penal (1839), que em parte utiliza o modelo de Parma de 1821 e que Mittermaier considerou melhor que o Código francês de 1810, embora se adote a pena de morte para muitos delitos e ainda figure a pena acessória do pelourinho. O Código Comercial (1842), por sua vez, é calcado no Código Napoleônico de 1807, adotando modificações análogas às já assinaladas para o Código das Duas Sicílias. O Código de Processo Criminal (1847) adota os critérios da publicidade e da oralidade sem contudo introduzir o júri popular. Por fim (já no reinado de Vítor Emanuel II), o Código de Processo Civil é promulgado em 1854.

3.4. Grão-ducado da Toscana

Com o retorno da dinastia dos Lorena na Toscana, os códigos franceses foram prontamente ab-rogados, com a única exceção do Código de Comércio. No campo do direito civil, foram mantidas as disposições referentes às hipotecas e ao tabelionato. O programa de codificação civil é empreendido uma primeira vez sob a direção de Vittorio Fossombroni em 1814, sem sucesso. Uma segunda tentativa ocorreu em 1847, com uma comissão de que fazia parte o professor Pietro Capei, correspondente de Savigny, jurista de particular relevo na Itália da época. Mas também esse projeto não teve um final feliz. Assim, até a unificação, o direito civil da Toscana continuou na tradição do direito comum, mesmo com algumas leis para matérias específicas e sem mais a vigência dos estatutos: de fato, uma forte corrente doutrinal defendeu a opção pela continuidade [Colao, 1999].

No setor penal foi restaurada a lei de 1795, que em parte adotava as inovações da Leopoldina de 1786, embora tenha reintroduzido a pena de morte. No entanto, aqui o impulso dado pelo grão-duque Leopoldo em 1847 teve melhor sorte. Com base em projetos preparados havia uma década (Projeto Puccioni, 1838), reelaborados por uma comissão em que teve um papel dominante o professor Antonio Mori, chegou-se em 1853 à promulgação de um Código Penal que todos concordam em considerar o melhor dos códigos penalistas da época [Da Passano, 1995], não apenas com referência à Itália[11]. Ao lado da tradição criminalista toscana e dos conselhos do renomado criminalista Giovanni Carmignani, os autores do Código tiveram presente, entre outras coisas, o modelo germânico, também através de trocas de correspondência com o grande Mittermaier. A coerente disciplina do princípio de legalidade, a taxativa enumeração das figuras de crime com exclusão dos crimes de opinião, a necessidade de na base da conduta penalmente relevante haver uma ação criminosa concreta, a atenuação da pena na hi-

---

[11] *Codice penale del Granducato di Toscana* (1853), org. por M. Da Passano *et al.*, Pádua, 1995.

pótese da tentativa e no concurso de pessoas no crime, o estabelecimento do dolo como a regra e a culpa como a exceção para os fins da imputabilidade: são alguns dos aspectos característicos do Código. A pena capital, ainda presente no Código, foi abolida um pouco depois.

3.5. *Reino Lombardo-Vêneto e outros Estados italianos*

O retorno dos austríacos determinou na Lombardia e no Vêneto uma clara descontinuidade em relação ao período napoleônico [Di Simone, 1999]. Só o Código de Comércio francês foi mantido, restrito ao comércio terrestre. O Código Penal austríaco de 1803, que já mencionamos, foi traduzido e estendido ao novo reino. E o mesmo ocorreu com o Código Civil de 1811, que passou a vigorar a partir de 1816. Os principais comentários austríacos foram traduzidos, a começar pelo de Zeiller[12]. Outros comentários e tratados, às vezes apreciáveis, foram compostos na Itália. Entre outros, Alberto Albertini escreveu sobre o Código Penal[13], Giuseppe Carozzi[14] e Gioachino Basevi[15], sobre o Código Civil. O Regulamento Processual Civil, que reproduz o Regulamento Josefino de 1781, entrou em vigor em 1815[16]. O processo civil fundamentava-se na escrita e o criminal no sistema investigativo, que excluía a intervenção da defesa na fase instrutória.

Pouco depois da metade do século, o Lombardo-Vêneto adotou dois novos códigos: o novo Código Penal austríaco de 1852 e o apreciável primeiro Código de Comércio alemão de 1861 (ADHGB), elaborado na Alemanha nos anos precedentes e adotado também pelo Império Habsburgo em 1863.

Uma codificação longe de ser medíocre e uma organização administrativa de ótimo nível [Di Simone, 2006], e reconhecida como tal, certamente não foram suficientes para impedir que a desatenção às agora fortíssimas instâncias nacionais levasse o domínio de Viena sobre a Lombardia e o Vêneto à crise definitiva.

Em 1816, no restaurado Estado pontifício, o papa Pio VII (1802-1823), assessorado pelo cardeal Consalvi, aboliu os estatutos municipais e os fideicomissos e programou uma codificação completa, que só foi realizada parcialmente com a aprovação de um Regulamento de Comércio em 1821. Foi o papa Gregório XVI quem levou a termo, uma década mais tarde, a codificação processualista com um Regulamento que inclui na primeira parte também uma série de artigos de direito privado[17] que, contudo, mantêm o direito comum canônico e civil.

Na metade do século, em Módena, uma comissão presidida por Vincenzo Palmieri, incentivada e controlada pelo duque Francisco V, elaborou uma codificação completa[18], que em parte retomava as diretrizes do Código Estense de 1771, em parte se remetia aos códigos de outros Estados da Itália e em parte também inovava, por exemplo no que diz respeito às hipotecas, em que se levam em conta os projetos de reforma que na época estavam sendo preparados na França.

4. *O Código Civil holandês*

Em 1838, foi promulgado na Holanda um novo Código Civil (*Burgerlijk Wetboek*) que, embora calcado em ampla medida no modelo do Código francês de 1804, se distancia dele

---

[12] F. de Zeiller, *Commentario sul Codice civile universale [...] della monarchia austriaca*, primeira versão italiana do advogado G. Carozzi. Milão, 1815-1816, 10 vols.
[13] A. Albertini, *Del diritto penale vigente nelle provincie lombardo venete*, Veneza, 1824-1834, 2 vols.
[14] G. Carozzi, *La vera teorica dei contratti, discussa secondo la lettera e lo spirito del Codice civile generale austriaco ed applicata ai casi di controversia più frequenti. Commentario teorico-pratico*. Milão, 1824.
[15] G. Basevi, *Annotazioni pratiche al Codice civile austriaco*. Milão, 7. ed., 1859.
[16] *Regolamento generale del Processo civile pel Regno Lombardo-Veneto* (1815), org. por M. Taruffo. Milão, 2003.
[17] *Regolamento legislativo e giudiziario per gli affari civili*, 1834: para o direito privado, ver os arts. 1-266.
[18] Código Civil para os Estados estenses (1851); Código de Processo Civil (1852), cf. a ed. Milão, 2003, com Introdução de M. Vellani; Código Criminal (1855); Código de Processo Criminal (1855); Código de Comércio (1859).

sob diversos aspectos em virtude de um cuidadoso trabalho preparatório realizado no decorrer de uma década, em parte respeitando a tradição do direito comum elaborado pela doutrina e pela prática holandesa, bem como as teses e as posições de juristas como, em especial, Joannes van der Linden.

Entre os aspectos dignos de nota, pode-se mencionar a atenta disciplina da posse, o requisito da tradição da coisa[19] e a necessidade da transcrição nas transferências imobiliárias, o reconhecimento da capacidade de agir às pessoas jurídicas, a disciplina do casamento civil e do divórcio (com exclusão, contudo, do divórcio simplesmente consensual), enfim a inclusão em um quinto livro próprio da matéria das provas que o modelo francês confiava ao Código de Processo Civil.

5. A doutrina jurídica italiana

Entre os juristas italianos da primeira metade do século XIX, a personalidade de maior destaque é a de Giandomenico Romagnosi (1761-1835). Natural de Piacenza, aluno do Colégio Alberoni dirigido pelos padres vicentinos, ele escreveu quando jovem um importante ensaio sobre *A gênese do direito penal* (1791) em que desenvolve a tese de que o principal objetivo do direito penal é a defesa da sociedade do perigo causado por quem cometeu ou pode cometer um crime: adotando uma feliz expressão de Sêneca que se remete a Platão, foi dito e muitas vezes repetido que a verdadeira finalidade das sanções penais não era punir o réu manchado por um delito, e sim dissuadir todo potencial deliquente de cometê-lo ("non quia peccatum est, sed ne peccetur")[20]. O direito de punir não deriva de um contrato social, mas de um direito próprio e originário da sociedade[21]. O objetivo da pena é sobretudo a prevenção, que atua através do "impulso contrário criminoso" induzido pelo sistema das penas.

Romagnosi lecionou em Pavia, em Parma e em Milão e, na era napoleônica, desenvolveu um papel determinante na criação dos projetos do Código Penal e de Processo Penal, como já lembramos: dois projetos que estenderam a sua influência bem além do período napoleônico, até as codificações posteriores à unificação e ao século XX [Cavanna, 2005]. Na mesma época, Romagnosi criou uma moderna revista jurídica, o *Giornale di Giurisprudenza* e durante muito tempo cooperou com os *Annali di Statistica* que interligavam de uma nova maneira a análise jurídica com a análise econômica, utilizando amplamente os instrumentos quantitativos. Seus interesses científicos abrangiam todos os ramos do direito, do penal ao processual, do direito administrativo ao constitucional, do direito privado à filosofia do direito. Seu estudo sobre o direito administrativo[22] é um dos primeiros dedicados a um novo ramo da ciência jurídica [Mannori, II, 1987]. A obra sobre as águas[23] adquiriu particular autoridade e foi útil para o legislador piemontês. As consultas forenses[24] – às quais Romagnosi dedicou tempo e energias em vários momentos da vida, no fim também por necessidades práticas, por ter sido completamente marginalizado após a volta da Áustria à Lombardia – tiveram ampla circulação.

Tem especial significado o escrito *Della costituzione nazionale rappresentativa*, publicado fora da Itália em 1815 e reeditado em 1848 como primeira parte da *Scienza delle costituzioni*

---

[19] A esse respeito, em que o Código holandês se distancia do modelo francês sem contudo retornar à disciplina do direito comum germânico, ver Schrage, 2003, p. 953 (o ensaio faz uma síntese de toda a história do princípio segundo o qual "non nudis pactis dominia rerum transferuntur", cujo enfoque bem diferente do direito canônico clássico foi visto acima.

[20] Sêneca, *De ira*, I. 19: "nam, ut Plato ait, nemo prudens punit quia peccatum est, sed ne peccetur". Sêneca reproduz assim o brilhante raciocínio de Platão, *Leis*, 11 (934 ab).

[21] G. Romagnosi, *Genesi di diritto penale*, § 223.

[22] G. Romagnosi, *Principj fondamentali di diritto amministrativo*, Florença, 1814.

[23] G. Romagnosi, *Della condotta delle acque secondo le vecchie intermedie e vigenti legislazioni dei diversi paesi d'Italia*, Prato, 3. ed., 1836, 2 vols.; Id., *Della ragion civile delle acque nella rurale economia*, Prato, 3. ed., 1836.

[24] G. Romagnosi, *Collezione delle scelte Consultazioni forensi*. Milão, 1836-1837, 3 vols.

[Mannori, I, 1984]: Romagnosi apresenta a ideia de que em todos os lugares da Europa era preciso obter a identidade entre Estado e nação: "nações inteiras independentes, donas de todo seu território, e vivendo sob um governo moderado"[25]. É a tese da "etnicarquia", a única capaz de garantir a paz na Europa. Se esta última previsão estava destinada a ser duramente desmentida, a ardente aspiração à unidade nacional italiana era bem evidente no escrito do autor Emiliano. Isso explica a proibição de publicação, o ostracismo da Áustria, a reedição em 1848 e o profundo respeito pelo qual Romagnosi é cercado em vida e celebrado após a morte por alunos e admiradores, entre os quais se destaca Carlo Cattaneo.

As doutrinas criminalistas tiveram um desenvolvimento particular na Itália [Da Passano, 2000]. Ao lado de Romagnosi, deve-se lembrar, para a Lombardia, Tommaso Nani, professor em Pavia [Dezza, 1992b]. Mas é sobretudo importante a escola toscana. Em Pisa, desde 1790 foi professor Giovanni Carmignani (1768-1847)[26], literato e jurista de renome. Retomando e desenvolvendo as teses de Romagnosi, o autor coroou a sua atividade científica com uma obra (*Teoria delle leggi della sicurezza sociale*)[27] que desde o título revela o enfoque teórico que lhe serve de base. Em sua breve existência, o florentino Francesco Forti (1806-1838), colaborador da "*Antologia*" de Vieussseux e magistrado, tratou de direito civil com uma abordagem ao mesmo tempo histórica e teórica [Mannori, 2003] em uma obra publicada postumamente[28], forte e original no formato e no enfoque, que teve um peso considerável não apenas na Toscana.

Deve-se lembrar com especial atenção Francesco Carrara (1805-1888), natural de Lucca. Advogado de renome, depois também professor em Pisa, Carrara deu muito valor ao conceito da função da defesa, destacando ao mesmo tempo que a tarefa mais importante da norma penal é punir com a sanção adequada – mas não com a pena de morte, decisivamente rejeitada por ele – quem infringir deliberadamente as regras objetivamente predeterminadas[29]. O reexame de todos os principais problemas teóricos e sistemáticos do direito penal encontra no seu vasto *Programma del corso di diritto criminale*, publicado em nove volumes entre 1859 e 1870, e nos *Opuscoli di diritto criminale*[30] um modelo de rigor e de profundidade que logo tornou suas obras clássicas, não apenas na Itália. Carrara teve um papel importante também na preparação do Código Penal para o Cantão Ticino em 1873. Ao seu pensamento estarão ligados constantemente não apenas os expoentes daquela que será denominada a Escola Clássica, mas também os maiores estudiosos de direito penal do século XX.

Entre os outros nomes dignos de menção devem-se lembrar o senense Pietro Capei, para o direito comercial o genovês Cesare Parodi[31] e o romano Emidio Cesarini[32], para o direito penal Giuseppe Giuliani[33].

Uma personalidade de muito destaque é a de Pellegrino Rossi (1787-1848). Suas teses sobre a exigência de adaptar o Código Civil francês às novas exigências da economia e da sociedade burguesa [Ungari, 1967, p. 59] tiveram ampla repercussão, também por terem sido expressas a partir das prestigiadas cátedras parisienses às quais Rossi havia sido chamado pela primeira vez para lecionar direito constitucional comparado [Lacché, 2001]. Não menos influentes foram seus escritos de direito penal. No terreno constitucional, Rossi desenvolveu um papel central em 1832, no projeto de reforma em sentido federal da constituição da Confede-

---

[25] G. Romagnosi, *Della costituzione di una monarchia nazionale rappresentativa. La scienza delle costituzioni*, org. por G. Astuti, Roma, 1937.
[26] *Giovanni Carmignani*, org. de M. Montorzi, 2003.
[27] Pisa, 1834, 4 vols.
[28] F. Forti, *Istituzioni civili*, Florença, 1840, 2 vols.; F. Forti, *Tra due patrie*, uma antologia dos escritos organizada por L. Mannori, Florença, 2003.
[29] "A ciência criminal é a busca dos limites internos e externos dentro dos quais apenas o Estado pode proteger os direitos humanos despojando de um de seus direitos o homem que o tiver atacado" (Carrara, *Programma*, vol. I, pp. 26 ss.).
[30] Lucca, 1867, 2 vols.; Florença, 1898-1905, 7 vols.
[31] C. Parodi, *Lezioni di diritto commerciale*, Gênova, 1854-1857, 4 vols.
[32] E. Cesarini, *Principii della giurisprudenza commerciale*, Macerata, 2. ed., 1840.
[33] G. Giuliani, *Istituzioni di diritto criminale, col commento della legislazione gregoriana*, Macerata, 2. ed., 1840-1841.

ração Helvética de 1815³⁴: um projeto não realizado, que contudo teve notável importância na preparação da constituição suíça de 1848. Tendo-se transferido para a França, em 1834 Rossi é chamado, como vimos, para ocupar pela primeira vez a cátedra de direito constitucional em Paris e posteriormente foi nomeado professor no Collège de France. Ministro da República romana na revolução de 1848, morreu no mesmo ano, vítima de um fanático. Pela multiplicidade de suas experiências em três países, pela força intelectual e pelo impulso inovador difundido em vários campos do direito, Rossi é justamente considerado um dos mais significativos juristas europeus da primeira metade do século XIX.

Foram notáveis alguns juristas do sul da Itália, professores mas especialmente advogados, a alguns dos quais se devem também inúmeras traduções de obras jurídicas estrangeiras [Napoli, 1987] e de coletâneas de sentenças do Supremo Tribunal de Justiça da França, com anotações que permitiam o seu emprego no reino. Pasquale Liberatore (1763-1842) tratou de doutrinas criminalistas³⁵ ilustrando, entre outras coisas, os códigos napolitanos de 1819. Nicola Rocco foi um dos primeiros autores a cultivar sistematicamente com acuidade o terreno do direito internacional privado³⁶. O siciliano Emerico Amari (1810-1870), professor em Palermo e, após a reação que se seguiu à revolução de 1848, em Gênova e em Florença, foi um inteligente estudioso de direito penal e de teoria geral, particularmente aberto à dimensão comparatista do direito [Jayme, 1988-1989], inspirado na concepção historicista de Vico e adepto de um consciente recurso às experiências de outros países para a promoção de um verdadeiro progresso na legislação italiana³⁷.

Exilado em Turim após a reação subsequente à revolução de 1848, Pasquale Stanislao Mancini (1817-1888), natural da Campânia, foi chamado à cátedra de direito internacional no ateneu piemontês e nessa função pronunciou em 1851 uma aula inaugural em que o princípio de nacionalidade era considerado a base do direito internacional³⁸. Seu escrito teve enorme repercussão não apenas na Itália, porque – retomando algumas teses de Romagnosi – elevava à dignidade de ciência, no terreno do direito público, a tendência para a ideia de nação, cada vez mais forte na Itália. Também por esse motivo Mancini é considerado um dos fundadores das doutrinas internacionalistas do século XIX [Jayme, 1988]. Nessa época, o Piemonte estava se afirmando cada vez mais não apenas pelo desenvolvimento da economia facilitado pela personalidade extraordinária de Cavour, mas também sob o aspecto cultural, com uma grande atenção dirigida também à história jurídica [Moscati, 1984].

Teve grande e duradoura autoridade, não apenas na Itália³⁹, Nicola Nicolini (1772-1857), magistrado e professor em Nápoles⁴⁰, posteriormente advogado por alguns anos afastado da magistratura por ter sido acusado de participação dos movimentos de 1821. Ele publicou um amplo e orgânico tratado de processo penal⁴¹ e uma respeitada coletânea de *Questões de direito*⁴², nas quais o enfoque historicista baseado no pensamento de Vico – que o leva a afirmar que toda palavra da lei tem suas raízes na história e apenas nessa perspectiva pode ser correta-

---

³⁴ Pellegrino Rossi, *Per la patria comune*, org. por L. Lacché, Palermo, 1997.
³⁵ P. Liberatore, *Saggio sulla giurisprudenza penale del regno di Napoli*. Nápoles, 1814; *Introduzione allo studio della legislazione*. Nápoles, 1832.
³⁶ N. Rocco, *Dell'uso e autorità delle leggi del regno delle Due Sicilie considerate nelle relazioni con le persone e con il territorio degli stranieri*. Nápoles, 1837, 2 vols.; a terceira edição, publicada em Nápoles em 1857, traz o título *Trattato di diritto civile internazionale*.
³⁷ E. Amari, *Critica di una scienza delle legislazioni comparate*, 1857; nova edição, 1969.
³⁸ P. S. Mancini, *Della nazionalità come fondamento del diritto delle genti* (1851), org. por E. Jayme, Turim, 2000.
³⁹ A correspondência de Nicolini com Mittermaier, Savigny, Ortolan, Sclopis, Carmignani e outros [uma seleção de cartas encontra-se em Nicolini, 1907] revela o seu prestígio na Europa.
⁴⁰ Nomeado professor de direito penal em 1831, por um quarto de século Nicolini dedicou ao ensino dez horas por semana distribuídas por cinco dias, apesar de seus múltiplos compromissos profissionais e judiciários; era fato notório que a universidade napolitana se enchia de alunos apenas para assistir às suas aulas e às de Galluppi, professor de lógica e metafísica [Nicolini, 1907, p. LXVII].
⁴¹ *Procedura penale nel regno delle Due Sicilie*. Nápoles, 1828-1831, 9 vols.
⁴² *Questioni di diritto*, Nápoles, 1834-1841, 6 vols.

mente compreendida – se vincula a uma grande capacidade construtiva e com uma concretude que fizeram com que seus escritos fossem constantemente apreciados até o final do século.

6. *A França: leis, doutrina, jurisprudência*

6.1. *Legislação*

A Constituição de 1814 atribuía ao rei o poder executivo, a nomeação dos juízes e também a iniciativa legislativa. À Câmara dos Pares, composta de membros escolhidos pelo rei, se juntava a Câmara dos Representantes, eleitos por critério censitário muito restritivo. As leis requeriam o voto das duas Câmaras, as quais não podiam propor emendas, mas apenas votar os projetos de lei[43]. Com a revolução de julho, que em 1830 levou ao trono Luís Filipe d'Orléans, alguns aspectos mudaram, atenuando o caráter autocrático e aristocrático da constituição: as duas Câmaras tiveram a permissão de compartilhar com o rei a iniciativa legislativa, a Câmara dos Representantes passou a eleger o próprio presidente, a área censitária do eleitorado ativo e passivo foi dividida em dois[44].

A queda de Napoleão não determinou o abandono da codificação na França, embora o Código Civil tenha sido prontamente desembaraçado do nome de quem o havia promovido. Só o divórcio foi abolido com a lei de 1816 (na década anterior os casos de divórcio tinham sido raros, no total pouco mais de dois mil; o divórcio será reintroduzido apenas em 1884, ao final de longos e acirrados debates). E os outros quatro Códigos também permaneceram em vigor.

Nas cinco décadas seguintes não faltaram inovações legislativas de destaque. Fracassadas as repetidas tentativas de codificar o direito agrário, diversos costumes tradicionais – por exemplo, no que diz respeito aos direitos de pastagem nos campos após a colheita (*vaine pâture*) – foram inseridos em 1827 no *Code Forestier*, que limitou os direitos de uso e de colheita nos bosques.

No direito penal, é importante a introdução de uma nova disciplina das circunstâncias atenuantes. Vimos que o Código Penal de 1810 manteve para os crimes o critério das penas fixas. A excessiva rigidez desse princípio foi inicialmente corrigida, confiando aos juízes dos tribunais do júri (não aos jurados) o poder de reconhecer a presença de circunstâncias atenuantes[45]. Mas isso não impedia que houvesse atenuações ou até absolvições julgadas "escandalosas", decididas por jurados com o objetivo de evitar que o acusado recebesse uma pena que eles consideravam desproporcional ao delito. Por isso foi muito importante a reforma introduzida em 1832, que atribuiu ao júri a competência geral de reconhecer circunstâncias atenuantes, mesmo na presença de circunstâncias agravantes[46]. O efeito positivo da reforma da jurisprudência penal não tardou a se manifestar[47].

Introduziram-se restrições substanciais sobre os imóveis urbanos, com a imposição de taxas de manutenção, de reconstrução e harmonização das fachadas dos estabelecimentos e com imponentes processos de expropriação para as grandes obras; a resistência às expropriações e sobretudo a exigência de obter indenizações correspondentes levaram entre 1833 e 1841 à instituição legal de um júri composto de proprietários para a avaliação do valor de cada área expropriada[48]. A tendência dirigista no governo do mercado e dos respectivos contratos, já implícita, como vimos, na concepção napoleônica da codificação, encontra no século XIX

---

[43] *Charte constitutionnelle* de 4 de junho de 1814 (*Les Constitutions [...] de la France*, ed. L. Duguit *et al.*, Paris, 1952, pp. 168-74].
[44] *Charte constitutionnelle* de 14 de agosto de 1830 (*Les Constitutions [...]*, pp. 194-200).
[45] Lei de 25 de junho de 1824.
[46] Lei de 28 de abril de 1832.
[47] Foi o que reconheceu prontamente Berriat-Saint-Prix, professor de direito penal em Paris: *Cours de droit criminel*, 1836 [Carbasse, 2000, p. 409].
[48] Leis de 7 de julho de 1833 e de 3 de maio de 1841.

não poucas confirmações no que diz respeito à França, especialmente se se consideram as restrições à propriedade e as regras sobre os contratos; mas pouco a pouco, também com a incorporação de alguns conceitos da Escola Histórica alemã e da ciência econômica, uma postura mais liberista consolidou-se no direito privado[49].

Em 1838 foi inteiramente reformulado o terceiro livro do Código de Comércio, relativo à falência: a excessiva severidade da disciplina napoleônica, já crítica na época da elaboração do código, foi abandonada e substituída por um regime mais adequado às exigências dos credores. Uma lei de 1841 impôs limitações ao trabalho infantil, proibindo o trabalho aos menores de 8 anos e limitando, para as empresas mecânicas com mais de vinte operários, em oito horas e em doze horas por dia o tempo de trabalho, respectivamente, de rapazes até 12 anos e dos 12 aos 16 anos[50]: limitações que por si sós revelam a dura realidade social ligada ao início da revolução industrial.

Em 1844 foi reconhecido o direito de patente em favor do inventor[51]. O regime hipotecário e a transcrição imobiliária – que não haviam obtido uma estrutura normativa completa no Código Civil – foram reformulados em 1855[52]. A prisão por dívidas, que o Código de Comércio havia mantido, foi substancialmente abolida em 1867[53]. Ao mesmo tempo, foi eliminada a autorização governamental para as sociedades anônimas [Lefebvre-Teillard, 1985], atendendo a um grande pedido dos ambientes empresariais que desejavam remover os empecilhos do pesado poder discricionário do governo[54].

6.2. Doutrina

Nessa ordem de relativa estabilidade normativa da disciplina dos códigos, o aspecto de mais interesse é constituído pelas maneiras como a doutrina jurídica trabalhou sobre os códigos visando sua aplicação. A designação tradicional, a esse respeito, sintetiza o método adotado pelos juristas com a fórmula de "Escola da Exegese", para indicar o fato de que os juristas consideravam sua tarefa essencial, se não até exclusiva, a de aprofundar analiticamente o exame da disciplina normativa dos códigos, sem se aventurar fora deles com considerações de teoria geral ou *de iure condendo*.

A parte preponderante da atividade doutrinal desenvolveu-se especialmente sobre o Código Civil, que também no ensino universitário predominava claramente sobre qualquer outra fonte, mesmo coexistindo com os cursos de direito público, de direito romano e de direito penal. O primeiro curso de direito comercial foi inaugurado em Paris em 1809, ficando a cargo de Pardessus, autor de um curso que durante décadas gozou de grande autoridade mesmo fora da França[55]. Em 1828, foi instaurado o ensino de direito administrativo, em 1829 o de história do direito, em 1834 o de direito constitucional. Os cursos universitários de direito fundamentavam-se sobretudo na interpretação das normas dos códigos e das leis, recebendo uma denominação referente a elas ("Curso de Código Civil") e não à disciplina ensinada.

Depois das primeiras exposições de Locré e de Maleville, que ainda na época napoleônica haviam documentado o processo de formação do Código Civil[56] – só mais tarde Locré publicará, como já vimos, a série completa dos volumes dos trabalhos preparatórios dos cinco có-

---

[49] A esse respeito, ver a pesquisa de Bürge, 1991, pp. 296-494.
[50] Lei de 22 de março de 1841.
[51] Lei de 5 de julho de 1844.
[52] Lei de 22 de março de 1855.
[53] Lei de 22 de julho de 1867.
[54] Lei de 24 de julho de 1864.
[55] J.-M. Pardessus, *Éléments de jurisprudence commerciale*, Paris, 1811; id., *Cours de droit commercial*, Paris, 1825-1826, 5 vols.
[56] J. G. Locré, *Esprit du Code Napoléon tiré de la discussion, ou Conférence historique analytique et raisonnée du projet de Code civil par J. G. Locré*, Paris, 1805-1814, 7 vols.; J. de Maleville, *Analisi ragionata della discussione intorno al codice civile tenutasi nel Consiglio di Stato francese*. Milão, 1805-1809, 12 vols.

digos[57] –, um curso em forma de comentário foi iniciado em 1808 por Delvincourt (1762--1831)[58], diretor da faculdade parisiense, que em suas obras multiplica as remissões às doutrinas de Pothier e dos autores do Antigo Regime, sem contudo ignorar os pontos controversos enfrentados pela jurisprudência. Na mesma época, dois professores do interior também dedicaram ao Código amplos estudos: Toullier, decano em Rennes, na Normandia, que utiliza extensamente argumentos extraídos da tradição do Antigo Regime e às vezes apresenta soluções que transcendem o texto legislativo (por exemplo, no que diz respeito ao mandato tácito conferido à mulher para as despesas domésticas: Halpérin, 1996)[59]; e Proudhon, decano em Dijon, autor de uma série de tratados sobre cada instituto civilista[60] nos quais deliberadamente evita as referências históricas partindo do pressuposto de que "é no interior do Código que se deve estudar o Código", adotando portanto um método estritamente exegético.

Uma finalidade explicitamente didática e uma clareza expositiva peculiar caracterizam o comentário de todo o Código Civil realizado por Alexandre Duranton (1783-1866)[61], professor em Paris, que contudo não negligencia nem o papel da jurisprudência nem o peso dos costumes: de acordo com o autor, estes podem atenuar alguns rigores da lei, como ele destaca, por exemplo, em relação aos direitos dos filhos naturais.

Também foi muito influente a obra de Raymond-Théodore Troplong (1795-1869), um jurista que começou como autodidata e funcionário público; depois de ingressar na magistratura, durante o segundo império chegou à presidência do Supremo Tribunal de Justiça, que exerceu de 1852 a 1869. De 1834 a 1855 ele escreveu uma copiosa série de tratados sobre as matérias do livro III do Código (obrigações, contratos, sucessões) nos quais muitas vezes dá prova de originalidade: sem deixar de elogiar o código, às vezes também o critica e defende teses audaciosas e contrárias à opinião da maioria, como por exemplo a subsistência de um direito real sobre a terra em benefício do locatário. E, como magistrado, redimensiona o papel da jurisprudência. Suas páginas, escritas em um estilo vivo com doutrina não revelada, mostram como a chamada Escola da Exegese era na verdade bem menos condicionada pelo sentido literal do Código do que podia parecer. Basta ver como, por exemplo, o tema da comunhão dos bens entre cônjuges leva o jurista a avaliar com cuidado os direitos e as prerrogativas da mulher, com abundância de referências históricas ao direito antigo e moderno, com uma abordagem livre e às vezes crítico em relação à jurisprudência e com notável liberdade de movimento diante do texto literal do próprio Código[62].

Dois juristas alsacianos, ambos professores em Estrasburgo – mais tarde magistrados do Supremo Tribunal de Justiça após a anexação da Alsácia à Alemanha em 1870 –, são os autores de um Curso que alguns consideram o melhor fruto da escola exegética francesa: Charles Aubry (1803-1883) e Frédéric-Charles Rau (1803-1877) começaram por traduzir para o francês a quarta edição da obra sobre o Código Civil do professor de Heidelberg, Carl Zachariae (1765-1843), que desde 1808 dedicara ao Código um importante manual[63] estruturado segundo um esquema sistemático autônomo, diferente do adotado pelo próprio Código. Em seguida, eles reformularam profundamente e desenvolveram seu próprio tratado[64], em que visavam conjugar o método exegético – privilegiando a interpretação literal das normas e rejeitando o instrumento interpretativo baseado no "espírito" dela – com a abordagem dog-

---

[57] Locré, *La Législation civile, commerciale et criminelle de la France*, Paris, 1827-1832, 31 vols.
[58] Delvincourt, *Cours de droit civil*, 1808-1824.
[59] Toullier, *Le droit civil français suivant l'ordre du Code*, 1. ed., 1811; 4. ed., 1824, 14 vols.
[60] *Traité de l'état des personnes* (1809); *Traité des droits d'usufruit, d'usage et de superficie* (1823-1827); *Traité du domaine de propriété* (1839).
[61] *Cours de droit français suivant le Code civil* (1820-1856), 22 vols.
[62] Troplong, *Du contrat de mariage et des droits respectifs des époux, commentaire du titre V, livre III du Code civil*, Paris, 1852.
[63] *Handubuch des französischen Zivilrechts*: a obra destinava-se às regiões da Renânia que Napoleão havia anexado ao império francês e às quais o Código Civil havia sido estendido.
[64] Aubry e Rau, *Cours de droit civil français*, a partir de 1839; 4. ed., 1869-1879.

mática e sistemática da doutrina alemã, o que foi considerado uma verdadeira revolução metodológica.

Por fim, Charles Demolombe (1803-1888), advogado e professor em Caen, na Normandia, começou em 1845 a composição de um Curso de direito civil louvado também por seu estilo cativante, do qual chegou a publicar no mínimo 31 volumes[65]; mesmo considerando o texto do código "a lei suprema", o autor não deixa de evocar a jurisprudência como complemento "animado e vivo" da lei, nem de expressar suas opiniões sobre temas controversos, por exemplo pronunciando-se em favor do reconhecimento do estado de filho natural através da prova da posse de estado.

Esses autores, mesmo em suas personalidades bastante diferentes, estão ligados substancialmente pela adesão às escolhas do legislador napoleônico e pela intenção de abrir suas potencialidades para toda questão possível de direito civil, formando nele os futuros juristas: "eu não conheço direito civil, eu ensino o Código Napoleão", declarava orgulhosamente um expoente dessa tendência, Buguet [L. Lombardi, 1967, p. 205]. Mas atitudes bem mais independentes e até mesmo mais críticas em relação a essa servil aquiescência à prescrição legislativa foram expressas na mesma época pelos promotores de algumas revistas jurídicas que tiveram ampla circulação, não apenas na França. A *Thémis* (1819-1826, posteriormente dirigida por Warnkoenig até 1831) deu amplo espaço à jurisprudência e inspirou-se no método histórico que Savigny estava defendendo com sucesso cada vez maior na Alemanha. A *Revue étrangère de législation et d'économie politique* (1833-1843) foi dirigida por outro jurista de origem alemã, Foelix (daí a denominação "Revue Foelix"), que se formou em Koblenz e depois exerceu a advocacia em Paris. A revista deu espaço à informação sobre os direitos estrangeiros. Em 1843, o mesmo Foelix publicou um importante estudo que conferia autonomia científica à matéria do direito internacional privado[66]. Abertura às experiências estrangeiras e atenção à jurisprudência caracterizam a *Revue de législation et de jurisprudence* (1843-1852), criada por um jurista de origem polonesa radicado na França, Wolowski (a revista é conhecida como "Revue Wolowski"), na qual confluiu a *Revue critique de jurisprudence en matière civile* iniciada em 1851.

Também Eugène Lerminier (1803-1857), nomeado ainda bem jovem professor de legislações comparadas no Collège de France, estudioso de direito grego antigo[67], afirma que o código merecia ser avaliado criticamente e revisto para corresponder melhor às exigências destinadas a mudar com o passar do tempo[68]. Seu sucessor foi Edouard-Réné Laboulaye (1811-1883), historiador de direito antigo, autor de obras que divulgaram na França a doutrina de Savigny[69] e o direito dos Estados Unidos, mas também grande defensor da liberdade religiosa, de reformas da condição feminina e da constituição francesa em sentido mais liberal[70].

Eram posições minoritárias, muitas vezes atacadas por juristas profissionais, como André-Marie Dupin (1785-1865)[71], advogado, magistrado e político, que foi bastante influente também na função de procurador-geral do Supremo Tribunal de Justiça na época da monarquia de julho. Uma posição isolada teve também o crítico talvez mais radical de muitas opções do código e do direito da época, Emile Acollas (1826-1891), por curto tempo decano da faculdade parisiense durante a revolta da Comuna de 1870, depois exilado na Suíça, autor de vários

---

[65] Demolombe, *Cours de Code civil*, 1845-1888.
[66] *Traité du droit international privé*, 1843.
[67] *Histoire des législateurs et des constitutions de la Grèce antique*, Paris, 1852, reimpressão Aalen, 1974.
[68] *Introduction générale à l'histoire du droit*, Paris, 1829, Bruxelas, 1836; *Cours d'histoire des législations comparées professé au College de France*, Bruxelas, 1838.
[69] Sobre a consolidação das ideias da Escola Histórica na França, ver Bürge, 1991, pp. 150-295.
[70] Como mostram os títulos de algumas de suas numerosas obras, todas de notável interesse: *Histoire du droit de la propriété foncière en Occident*, 1839; *Essai sur la vie et les doctrines de F.-Ch. de Savigny*, 1842; *Recherches sur la condition civile et politique des femmes*, 1843; *Essai sur les lois criminelles des Romains*, 1845; *La révision de la Constitution*, 1851; *La liberté religieuse*, 1858; *L'Etat et ses limites*, 1863; *Histoire politique des Etats-Unis*, 1866.
[71] A.-M. Dupin Ainé, *Profession d'avocat: recueil de pieces concernant l'exercice de cette profession*, Bruxelas, 1834.

textos sobre o direito privado nos quais defende, entre outras coisas, a posição dos filhos naturais, patrocina a reintrodução do divórcio, critica os rigores do pátrio poder (na França chegavam a um milhão por ano os casos de prisão do filho por iniciativa do pai: Halpérin, 1996) e denuncia a desigualdade contratual do operário em relação ao empregador, derivada da disciplina insuficiente do Código Civil[72].

As múltiplas funções desempenhadas pelo Estado e pela administração pública exigiram a atenção de uma parte da doutrina. Foi importante a obra de sistematização e de reelaboração realizada por Firmin Laferrière (1798-1861), que, ao lado dos apreciáveis estudos de história constitucional francesa, publicou em 1839 um *Curso de direito público e administrativo*[73] que se tornou um texto de referência até o final do século. No terreno das doutrinas penais, Pellegrino Rossi publicava em 1829 o seu *Traité de droit penal*; pouco tempo depois era chamado a lecionar economia política no Collège de France (1833) e no ano seguinte a inaugurar, sempre em Paris, a nova cátedra de direito constitucional [Lacché, 2001]. A nova cátedra de legislação penal comparava era confiada, em 1837, a Joseph Ortolan, que por mais de trinta anos será o principal expoente na França de uma tendência que pode ser definida como eclética [Carbasse, 2000], na qual a concepção retributiva da pena (deve-se punir o autor de um crime porque se manchou com uma falta: "quia peccatum est") se liga à concepção utilitarista defendida, entre outros, por Bentham (deve-se punir o réu para prevenir outros possíveis crimes e garantir assim a segurança da sociedade: "ne peccetur")[74].

Na mesma época afirmou-se a convicção de que era necessária uma reforma do sistema penitenciário. Um relatório redigido por Tocqueville e por Beaumont mostrou que nos Estados Unidos a pena de prisão era cumprida em celas individuais, e não em locais comuns, como ocorria na França e na Europa. Além disso, o regime carcerário deveria ser diferenciado e por assim dizer individualizado para os diversos detentos[75].

6.3. Jurisprudência

Por quase um século, a ideologia afirmada com o iluminismo e com a revolução, que limitava os juízes à simples tarefa de "bocas da lei", não reconhecendo à jurisdição nenhuma margem de discricionariedade nem de autonomia na aplicação desta ao caso concreto – uma ideologia que aliás jamais encontrou plena confirmação na realidade, porque julgar sobre o caso individual não é nem pode ser nunca por sua natureza uma operação automática –, dominou na França até o fim do século XIX, e o mesmo ocorreu nos outros países europeus que haviam adotado códigos. Nessa perspectiva, também o Supremo Tribunal de Justiça tinha a tarefa de interpretar corretamente a lei, no exclusivo interesse da lei.

A atribuição ao rei (através das decisões do Conselho de Estado) do poder de dirimir os conflitos entre os tribunais de mérito e o Supremo Tribunal de Justiça sobre a interpretação da lei é mantida até que, em 1837, contrariando a tendência predominante nos anos anteriores, é estabelecido legislativamente que, após uma segunda decisão do Supremo Tribunal de Justiça com sessões unidas, o tribunal de mérito discordante teria de se submeter[76]: era uma importante vitória do Supremo TribunaL de Justiça, que desde então incrementou cada vez mais a sua influência. Ela se estendeu também à interpretação do contrato quando, com reforma parcial da linha predominante em 1808[77], foi afirmado pelo tribunal em 1872 o princípio

---

[72] E. Acollas, *Les enfants naturels*, Paris, 1871; id., *Le mariage: son passé, son présent, son avenir*, Paris, 1880; *Manuel de droit civil à l'usage des étudiants*, Paris, 1885.
[73] F. Laferrière, *Cours de droit public et administratif*, 1839; a quinta edição é de 1860.
[74] Ortolan, *Éléments de droit penal*, 1855.
[75] Ch. Lucas, *Théorie de l'emprisonnement*, 1836.
[76] Lei de 1º de abril de 1837.
[77] Naquele ano, uma importante decisão do Supremo Tribunal de Justiça havia estabelecido que a interpretação equivocada do texto do contrato por parte de um tribunal de mérito não constituía falha censurável no Supremo (Supremo Tribunal de Justiça, 2 de fevereiro de 1808). O caso referia-se à responsabilidade de um sócio de uma sociedade comercial, que duas decisões de mérito haviam considerado ilimitado ao passo que o sócio fazia valer a natu-

segundo o qual a violação de uma cláusula contratual "clara e precisa" era suscetível de ser impugnada no Supremo[78]. No entanto, continuou a ser possível, e não raro, que ao decidir novos casos os tribunais inferiores se distanciassem da linha jurisprudencial do Supremo[79].

A jurisprudência era conhecida através de uma série de publicações periódicas, entre as quais as mais importantes são as criadas pelas ativas "dinastias" familiares e editoriais dos Sirey[80] e dos Dalloz[81]. A elas se juntariam amplos e precisos repertórios gerais de legislação, doutrina e jurisprudência, organizados alfabeticamente e abrangendo direito público e privado, entre os quais se destaca o organizado por Merlin de Douai[82] e aquele, admirável por sua completude, promovido pelos Dalloz[83].

Os campos em que no decorrer do século XIX o Tribunal estabeleceu decisões importantes, destinadas a influir decisivamente sobre a jurisprudência, são inúmeros em todos os ramos do direito. Entre os muitos casos significativos, no terreno do direito privado podemos lembrar as decisões com que se admitiu o ressarcimento para os danos em favor da mãe solteira seduzida e abandonada[84] ou se limitou a noção de erro sobre a pessoa como causa de nulidade do casamento[85].

Com referência a um dos casos acima lembrados, pode-se observar que para a norma do Código Civil que considerava passível de anulação o casamento realizado após um "erro na pessoa" (art. 180) é adotada – preferindo-a a outras possíveis, desde que não tivessem violado a norma – uma interpretação restritiva: em uma decisão de 1862, de fato é excluído que o ter infligido à esposa uma condenação de quinze anos de trabalhos forçados (com marca a fogo e exclusão dos direitos civis) poderia ser configurado como um elemento capaz de constituir um erro sobre a pessoa do marido, de modo que a mulher não podia pedir a anulação do casamento[86].

É igualmente significativo o método seguido para avaliar o alcance das normas do Código à luz do sistema normativo no seu todo. Por exemplo, em 1838 o Supremo Tribunal declarou que a promessa de casamento devia ser considerada por si só nula, por ser contrária à "ilimitada liberdade" que deve ser dada aos noivos antes das núpcias: desse modo, o pedido de ressarcimento do dano ocasionado pela quebra da promessa só era admissível caso se comprovasse um dano patrimonial[87]. Desse modo, a disposição do art. 1.134 sobre as convenções era limitada com base em um princípio de ordem pública relativo à liberdade do consentimento no casamento, evocando a esse respeito (isso também é significativo) uma tradição jurisprudencial constante.

O exame das decisões evidencia claramente o alcance dos poderes de avaliação e de interpretação de que os tribunais se valeram mesmo após a entrada em vigor dos Códigos.

---

reza da comandita e a própria qualidade do comanditário, com base nas cláusulas contratuais (H. Capitant, *Les grands arrêts de la jurisprudence civile*, Paris, 8. ed., 1984, n. 97, pp. 336 s.).

[78] Supremo Tribunal de Justiça, 15 de abril de 1872 (*Les grands arrêts*, n. 98, pp. 339-41).

[79] Por exemplo no que diz respeito à responsabilidade objetiva [J. P. Dawson, 1968, p. 404].

[80] *Recueil général des lois et des arrêts, en matière civile, criminelle, commerciale et de droit public*, desde 1800, com materiais a partir de 1791; *Journal du Palais*, desde 1801.

[81] *Jurisprudence générale du royaume*, desde 1825.

[82] *Répertoire universel et raisonné de jurisprudence*, Paris, 1827, 19 vols.; é uma revisão do *Répertoire* publicado em 1775 por Guyot e pelo próprio Merlin de Douai.

[83] *Répertoire méthodique et alphabétique de législation, de doctrine et de jurisprudence en matière de droit civil, commercial, criminel, administratif, de droit des gen set de droit public*, 1845-1870, 46 vols.; *Supplement*, 1887-1897, 19 vols.

[84] Supremo Tribunal, 24 de março de 1845 [Sirey, 1845, I, p. 539]; vinte anos mais tarde, decidiu-se que o sedutor fosse obrigado a prover os gastos para a manutenção e a educação do filho (Supremo Tribunal, 26 de julho de 1864, Sirey, 1865, I, p. 33).

[85] Supremo Tribunal, 24 de abril de 1862, *Les grands arrêts*, n. 20, p. 72; ver a nota seguinte.

[86] Supremo Tribunal, 24 de abril de 1862 (*Les grands arrêts*, n. 20, p. 73): para o Supremo, podia constituir erro sobre a pessoa apenas o que dissesse respeito à identidade física ou à identidade familiar do cônjuge ("l'un des époux se présentant comme membre d'une famille qui n'est pas la sienne").

[87] Supremo Tribunal, 30 de maio de 1838 (*Les grands arrêts*, n. 19, pp. 68 s.).

33. A Escola Histórica e a doutrina alemã

Enquanto na primeira década do século XIX em Paris e Viena surgiam os primeiros códigos modernos, tão diferentes entre si no enfoque e nos resultados normativos, na Alemanha nascia uma linha de cultura jurídica original, destinada a influenciar a doutrina do direito na Europa ao longo de todo o século XIX. Na época só alguns observadores na Europa tinham consciência do desenvolvimento cultural e artístico dos países de língua alemã. E entre aqueles poucos quase nenhum prestava atenção ao mundo do direito: o famoso livro de Madame de Staël[88] trata de literatura e de filosofia com muita sutileza, mas nada diz sobre a doutrina jurídica, a qual, como diremos, está estreitamente ligada às mais vivas correntes culturais da época.

Nas origens da Escola Histórica alemã está uma dupla convicção: o direito não pode ser projetado apenas com base em raciocínios desvinculados da tradição histórica e a definição de suas regras não deve ser confiada exclusivamente à intervenção do legislador. Tanto as teses tradicionais do jusnaturalismo como as codificações iluministas da Prússia, da França e da Áustria eram colocadas novamente em discussão, mas de um modo muito diferente do que, desde o século XVIII, havia sido escrito mesmo por autores preocupados com a dimensão histórica, como em particular Justus Moser, advogado e publicista de Osnabrück, para quem a "pátria" era a sua Vestfália, não ainda uma Alemanha concebida unitariamente [Welker, 1996].

Ambas as posições já estão presentes no pensamento e na obra de Gustav Hugo (1764--1844). Professor em Göttingen por quase meio século, Hugo rejeitou decisivamente a pretensão de "coagir sob forma de lei o direito na sua totalidade"[89] e enfatizou a relevância do costume e das manifestações "espontâneas" do próprio direito[90]. A seu ver, para determinar suas regras e conteúdos, mesmo em relação ao presente, era necessária uma análise da tradição que devia fundamentar-se em sólidas bases históricas: daí a atenção dedicada por ele à reconstrução, com uma doutrina renovada e nova, das linhas do antigo direito romano[91], aproveitando as notáveis pesquisas sobre a Antiguidade que estavam sendo realizadas em Göttingen desde o século XVIII.

1. *Savigny*

No entanto, o verdadeiro fundador da Escola Histórica foi Karl Friedrich von Savigny, talvez o mais importante – e sem dúvida o mais influente – jurista alemão e europeu do século XIX. Nascido em 1779 de uma família protestante proveniente de Lorena que no século XVII se mudou para a Alemanha por motivos religiosos, Savigny foi primeiro aluno e depois professor de direito em Marburg, onde já em 1802-1803 enunciou com clareza, no seu curso de

---

[88] De Staël, *De l'Allemagne*, escrito em 1810, mas publicado em 1815, após a queda de Napoleão, a quem Staël havia sido adversária. Ele a expulsara da França, ordenando a destruição de toda a primeira edição da obra.
[89] Wieacker, 1980, II, p. 50.
[90] G. Hugo, *Institutionen des heutigen römischen Rechts*, 1789; *Civilistisches Magazin*, 1791-1837, 6 vols.
[91] Hugo, *Lehrbuch der Geschichte des römischen Rechts*, 1790.

Metodologia Jurídica[92], o programa ao qual se manteria fiel por toda a vida: valer-se dos instrumentos de um correto método histórico para reconstruir os materiais, os conteúdos do direito, que contudo requeriam a contribuição de um igualmente rigoroso método científico, fundamentado em categorias gerais, para ser enquadrados em uma moldura conceitual e sistemática unitária e coerente.

Savigny forneceu um primeiro modelo dessa nova abordagem histórica das fontes com a publicação, em 1803, de um livro sobre o direito de posse[93]: ele reconstruía a posse no direito romano, evidenciando suas raízes clássicas, ou seja, o princípio fundamental baseado na vontade de possuir; e esclarecendo assim, com o auxílio dos instrumentos da filologia e da análise jurídica, os complexos aspectos técnicos do instituto, a partir do problema de elevar ao nível de categoria jurídica aquilo que aparece como um simples "fato" [Moriya, 2003]: a posse como fonte de outros direitos, principalmente o usucapião e os interditos. A originalidade da pesquisa, rigorosamente jurídica e ao mesmo tempo histórica, teve imediato reconhecimento na Alemanha e serviu para consolidar a fama do autor, que na época tinha apenas 24 anos de idade. Mais de dez anos depois, a partir de 1815, Savigny começou a publicar o fruto de suas longas pesquisas sobre edições e manuscritos da tradição jurídica medieval, realizadas em bibliotecas alemãs, francesas e italianas, públicas e privadas. A *História do direito romano na Idade Média*, em sete volumes[94], é acima de tudo uma história de textos, de autores e de obras, que visa mais desenhar com precisão o quadro das fontes que reconstruir os institutos e as regras jurídicas e identificar os vínculos com a história política, social e religiosa contemporânea: para essas pesquisas, a obra é antes uma premissa indispensável, jamais tentada dessa forma anteriormente. De fato, ainda hoje ela constitui, pela acuidade das pesquisas e das análises, o ponto de partida de toda pesquisa sobre as escolas dos glosadores e dos comentadores.

Nesse meio-tempo, Savigny havia sido chamado a Berlim, onde em 1810, por inspiração de Wilhelm von Humboldt, criou-se um modelo de universidade baseado em um elevado ideal de pesquisa científica como base para a formação de uma nova elite do país, confiada a professores particularmente qualificados. Para Humboldt, a tarefa da escola era dar uma formação geral rigorosa e sólida[95] através de um método que envolvesse ativamente os estudantes da universidade no trabalho intelectual de pesquisa conduzido pelos professores[96]. Savigny dedicou-se profundamente a essa tarefa importante, não apenas no ensino direto (não poucos dos eminentes juristas alemães do século XIX foram seus alunos), mas também assumindo papéis estratégicos em várias funções públicas; foi, entre outras coisas, "ministro da legislação". Mas jamais interrompeu seu trabalho científico. Em 1814, ele criava uma revista que já no título ("Revista para uma ciência jurídica fundamentada na história")[97] expressa claramente o programa enunciado em Marburg dez anos antes. No mesmo ano de 1814 publicava um breve escrito que teve enorme repercussão: "Sobre a vocação do nosso tempo para a legislação e a jurisprudência"[98].

O autor respondia ao convite que no mesmo ano um jurista então professor em Heidelberg, Thibaut, fizera aos alemães: a resposta às recentes (e com razão elogiadas) codificações da França e da Áustria devia ser, a seu ver, uma resposta nacional, que superando os arcaísmos

---

[92] Savigny, *Vorlesungen über juristische Methodologie* (1802-1842), ed. organizada por A. Mazzacane, Frankfurt a.M., 1993.
[93] Savigny, *Das Recht des Besitzes*, 1803, reimpressão 1990; trad. it. *Trattato del possesso*. Nápoles/Salerno, 1857.
[94] Savigny, *Geschichte des römischen Rechts im Mittelalter*, 1815-1831, 7 vols., 2. ed., 1834-1851, trad. it. de E. Bollati, Turim, 1856, 3 vols.
[95] W. v. Humboldt, *Rapporto al re (Rechenschaftsbericht)*, dezembro de 1809 (em id., *Werke*, org. A. Flitner e K. Giel, Stuttgart, 1960, vol. IV, p. 218); para Humboldt, só assim seria possível adquirir a flexibilidade necessária quando é preciso mudar o campo da própria atividade: observe-se a atualidade deste princípio.
[96] Para Humboldt, os estudantes também devem ser "pesquisadores": "pesquisadores dirigidos por pesquisadores autônomos", que são seus professores (W. v. Humboldt, *Werke*, IV, p. 169 [Berglar, 1970, p. 91]).
[97] *Zeitschrift für geschichtlice Rechtswissenschaft*, a partir de 1815.
[98] Savigny, *Vom Beruf unserer Zeit für Gesetzgebung und Rechtswissenschaft*, 1814.

do Código prussiano de 1794 desse à Alemanha um texto civilista novo, na perspectiva (e como instrumento de promoção) de uma unificação nacional alemã[99]. Savigny indicou um percurso totalmente diferente: a seu ver, os tempos não estavam maduros para uma codificação alemã. A tarefa ineludível e preliminar era desenvolver, através de um aprofundado trabalho de pesquisa, os instrumentos conceituais e as categorias sistemáticas apropriadas que um dia permitiriam chegar à forma do Código Civil. Nesse trabalho de natureza antes de tudo científica, que deveria ser realizado pelos juristas eruditos das universidades, era preciso incorporar os frutos da tradição histórica, que para a Alemanha incluía desde séculos a grande corrente do direito comum de origem romanística. Savigny falava de tradição do povo alemão – mais tarde usará o termo "espírito do povo" (*Volksgeist*) – mas com isso, diferentemente dos expoentes da cultura alemã do romantismo como Jacob Grimm, entendia não a tradição consuetudinária das leis germânicas da Alta Idade Média, mas a tradição cultivada por juristas alemães dos séculos do final da Idade Média e modernos, portanto antes de tudo a tradição "erudita" do direito comum.

O grande sucesso das teses de Savigny e as evidências da extraordinária autoridade que ele possuía resultam do fato de que seu prognóstico se confirmou literalmente: só no final do século, com a unificação política já concluída, e após um aprofundado trabalho preparatório de décadas, a Alemanha dará forma ao seu Código Civil.

O próprio Savigny quis realizar o programa que enunciara. Seu último empreendimento foi uma obra em oito volumes, o *Sistema do direito romano atual*, publicada de 1840 a 1856[100], em que ele estabeleceu as bases do trabalho de reconstrução cujo encaminhamento havia desejado desde a época da juventude. A obra era concebida como a parte geral de um tratado de direito civil, do qual ele escreveu também a seção sobre as obrigações, em três outros volumes. A característica essencial desse amplo estudo reside no método adotado: Savigny constrói seu edifício conceitual utilizando algumas categorias gerais – "direito subjetivo", "relação jurídica", "ato jurídico", "negócio jurídico", "representação", "pessoa jurídica" e outras – que constituem, por assim dizer, os tijolos do edifício, os elementos que lhe permitem delinear os contornos dos institutos do direito civil. Os conteúdos, as regras específicas, são em grande parte obtidos da tradição do direito romano comum e frequentemente evocam o *Usus modernus Pandectarum* característico da cultura dos juristas alemães do século XVIII. Mas não faltam os conceitos derivados da nova e florescente cultura historicista e da Antiguidade – desde 1816 Savigny saudara com entusiasmo a descoberta do Gaio veronense por parte de Niehbur [Vano, 2000] – a que se acrescentam as contribuições originais do próprio Savigny sobre muitos pontos cruciais da matéria tratada. Dirige-se particular atenção ao tema do conflito entre leis, ou seja, ao direito internacional privado, ao que se dedica todo um volume, o oitavo.

Uma das razões da influência e do sucesso dos escritos de Savigny está na qualidade de sua prosa, que por sua forma literária clara e fluente se distancia do estilo tradicionalmente pesado dos tratados de direito. Mas o mais importante foi sobretudo o grande prestígio científico e pessoal que as obras histórico-jurídicas e as eminentes funções públicas desempenhadas haviam garantido a Savigny. Além disso, outro elemento também contribuiu para o sucesso de seus escritos: a capacidade do autor de incorporar em um projeto coerente vertentes da cultura muito distantes entre si e às vezes até opostas. Os historiadores do direito discutiram por muito tempo se Savigny deve ser considerado um seguidor do romantismo ou da tendência classicista; se sua formação kantiana implica ou não uma recusa dos métodos do jusnaturalismo que Kant havia criticado; se seu apelo ao espírito popular inclui ou não as tradições alemãs.

---

[99] A. F. J. Thibaut, *Über die Notwendigkeit eines allgemeinen bürgerlichen Rechts für Deutschland*, 1814; reimpressão em J. Stern, *Thibaut und Savigny*, 1914, 3. ed., 1973.
[100] Savigny, *System des heutigen römischen Rechts*, Berlim, 1840-1856, reimpressão Bad Homburg, 1961. No final do século, a obra foi integralmente traduzida para o italiano por Vittorio Scialoja: F. C. von Savigny, *Sistema del diritto romano attuale*, Turim, 1886-1898, 8 vols.

Acerca deste último ponto, já observamos que o *Volksgeist* de Savigny não se identifica com o "direito popular" dos antigos germanos que a cultura de tendência germanista estava descobrindo naquelas décadas. Na contraposição, que se tornará frequente na cultura acadêmica alemã, entre romanistas e germanistas – os primeiros adeptos da cultura clássica antiga e de seus prolongamentos medievais e neolatinos, os segundos adeptos da tradição histórica dos povos germânicos e das literaturas provenientes daquele tronco – Savigny sem dúvida pertencia, por formação e por preferência, à corrente romanística. No entanto, suas relações estreitas e até seus vínculos pessoais com alguns expoentes do romantismo são indubitáveis: a família Brentano, à qual pertencia a esposa de Savigny, estava ligada à cultura romântica de Heidelberg [Wieacker, 1980]. Contudo, por temperamento, ele estava mais próximo de Goethe que de Schiller.

Quanto ao método teórico de seu *Sistema*, a influência kantiana é bem clara nele: Savigny concebe o direito como o perímetro das regras em que se realiza e se desenvolve a liberdade humana, distinguindo assim, mas também vinculando o âmbito da legalidade e o da moralidade. Mas isso não o impede de retomar e de reformular muitas categorias sistemáticas elaboradas pelos jusnaturalistas, de Pufendorf a Wolff e a seus seguidores: embora Savigny rejeitasse as tendências intelectualistas e abstratas dessa corrente cultural, não é difícil encontrar em suas obras a fonte de muitos instrumentos teóricos utilizados por ele no *Sistema*; seu "direito romano atual" incorpora amplamente os preceitos do direito romano, sobretudo do direito clássico, servindo-se contudo de uma trama conceitual elaborada e desenvolvida precisamente pelo jusnaturalismo. Tudo isso ocorre de uma forma tão favorável e coerente que não nos permite definir Savigny simplesmente como um eclético, mas como um clássico do direito.

2. *A Escola Histórica: romanistas e germanistas*

À sombra da grande personalidade de Savigny podem ser identificadas duas correntes da Escola Histórica: uma corrente histórico-antiga e uma corrente dogmático-jurídica[101].

A primeira se realiza através da produção de estudos sobre as fontes que renovam profundamente e desde as bases o conhecimento do passado. Em 1816, Barthold Niebuhr identificava em um código veronense palimpsesto do século V, embaixo do texto de São Jerônimo, a versão quase completa das clássicas Instituições de Gaio, cuja edição integral[102] foi organizada por Göschen em 1820: uma descoberta fundamental para o conhecimento do direito romano clássico, que a partir de então conheceu uma fase ininterrupta de estudos histórico-jurídicos. Graças a Lachmann e a outros estudiosos, a filologia clássica atingia o alto nível científico que desde então a caracteriza. A obra gigantesca de Teodoro Mommsen (1817-1903) tornava disponíveis milhares de textos de inscrições antigas reunidas na Itália[103], preparava a edição do Digesto e mais tarde do Código Teodosiano que a partir de então merecerá a atenção constante de estudiosos[104], além de produzir obras fundamentais sobre a história, o direito público e o direito penal da antiga Roma[105].

A segunda corrente teve como protagonista um professor que o próprio Savigny quer como seu sucessor em Berlim no momento de deixar a cátedra para assumir um cargo ministerial: Georg Friedrich Puchta (1798-1846). Aluno de Hegel no ginásio, Puchta publicou um tratado sobre o costume[106] no qual defende duas teses que depois se tornaram clássicas: o costume é fonte inestimável para o conhecimento do direito, mas ele próprio não é fonte do direito capaz de se impor à lei; seja como for, ele é "direito" e cabe ao juiz, não às partes,

---

[101] A intricada história da relação entre tradição romanística e tradição jusnaturalista na Alemanha na construção de uma nova sistemática jurídica é o objeto da pesquisa de Cappellini, 1984-1985.
[102] *Gaii Institutionum commentarii* IV, 1820 [sobre a qual, ver Vano, 2000].
[103] *Corpus Inscriptionum Latinarum*, vols. III/3-4; V; IX,; X: fundamentais para o estudo do mundo romano.
[104] *Digesta Iustiniani Augusti*, 1868-1870, 2 vols.; *Codex Theodosianus* (ed. Mommsen-Meyer), 1905.
[105] *Römische Geschichte*, 1854-1856, 3 vols.; *Römisches Staatsrecht*, 1871-1888, 3 vols.; *Römisches Strafrecht*, 1899.
[106] *Das Gewohnheitsrecht*, 1828-1837, 2 vols.

comprovar sua efetiva existência. Puchta se contrapõe a Beseler (do qual falaremos) e aos germanistas na medida em que não tem confiança no papel da lei do Estado como fonte privilegiada do direito privado. Em vez disso, ele afirma, em harmonia com Savigny, a função fundamental da doutrina jurídica[107]. Mas distancia-se de Savigny por adotar um enfoque conceitual diferente: para Puchta, a doutrina tem a tarefa de tornar evidente, com um rigoroso trabalho de pesquisa, a relação hierárquica entre as categorias jurídicas de modo que se demonstre a coerência interna das regras de direito positivo, ainda que tal coerência não seja explícita nas próprias regras. É de sua autoria a imagem da "pirâmide conceitual" como estrutura sistemática coerente capaz de ordenar logicamente os conceitos jurídicos. Por esse motivo ele é considerado o fundador do positivismo científico na forma da "jurisprudência dos conceitos" (*Begriffsjurisprudenz*) [Haferkamp, 2004], uma das linhas fundamentais da doutrina alemã da segunda metade do século XIX.

Entre os alunos de Savigny em Marburg havia dois irmãos originários de Kassel, Jacob e Wilhelm Grimm, que encontraram no jovem professor, apenas alguns anos mais velho que eles, um modelo humano de fascinante valor intelectual e de generosa abertura: ele lhes abriu sua biblioteca particular e os acolheu com amizade. Foi Jacob quem redigiu aquelas anotações das aulas do curso de Metodologia que só seriam publicadas um século e meio mais tarde. É realmente singular que precisamente da biblioteca do romanista Savigny o jovem Jacob, que como estudante não podia se permitir nem sequer a aquisição de livros didáticos, tenha conhecido as fontes da cultura alto-alemã da Idade Média, às quais dedicaria toda sua vida. Poucos anos mais tarde, juntamente com o irmão, começaria a recolher os contos populares, ouvindo-os pessoalmente de algumas mulheres do povo, amas de leite ou domésticas em casas burguesas: uma obra que desde então constitui um clássico da literatura e que certamente tem suas raízes na sociedade medieval dos germanos[108].

Jacob Grimm (1785-1863) é uma figura exemplar da linha antiga do germanismo romântico. Foi um estudioso de grande coerência que em 1837 preferiu, com outros seis professores, perder o cargo e ser exilado para não renegar a constituição que prometera observar ao seu chamado a Göttingen e que o novo soberano rejeitava. Só alguns anos mais tarde foi chamado a Berlim. Para ele, a reconstrução das memórias históricas dos povos germânicos constituía uma tarefa cultural, não um programa político nem tampouco um pressuposto doutrinal para construir um novo direito; era antes uma reapropriação da identidade do seu povo, a ser realizada através do conhecimento historicamente rigoroso do próprio passado remoto. Os *Deutsche rechtsaltertümer*, publicados em 1828[109], são um de seus frutos significativos. As fontes dos principais institutos dos direitos germânicos da Alta Idade Média são pela primeira vez reunidos, extraídas de um vasto conjunto de textos e de manuscritos europeus.

A corrente germanista também se beneficiou da nova metodologia filológica. Os estudos medievalistas, que haviam começado havia tempo na Europa (recorde-se a obra de Muratori), são agora realizados com um novo método, cuidando sobretudo da edição crítica das fontes, dos relatos aos documentos, das leis alto-medievais às fontes eclesiásticas. Nascem grandes coleções de textos, a começar pela memorável realização dos *Monumenta Germaniae Historica*, iniciada pelo barão Karl von Stein nos últimos da sua vida e ainda em curso, base de toda pesquisa moderna sobre a Idade Média na Europa. De fato, os estudos sobre a fase alto-medieval da história dos povos germânicos têm caráter europeu, porque esses povos haviam se fixado em grande parte do Ocidente, da Gália à Espanha, da Itália à Inglaterra e à Escandinávia: estudar as origens germânicas significava estudar a história da Europa na Idade Média.

---

[107] G. Puchta, *System des gemeinen Zivilrechts*, 1832.
[108] *Kinder- und Hausmärchen*, vol. I, 1812; vol. II, 1815; vol. III, 1822. São cerca de 200 contos, dos quais conhecemos também as fontes orais, os nomes das poucas pessoas das quais os irmãos Grimm as recolheram, ouvindo-as pessoalmente [Gerstner, 1973, pp. 39 s.].
[109] Uma segunda edição ampliada foi publicada em 1854; reimpressão Darmstadt, 1955, 2 vols.

O método histórico-comparatista teve adeptos de grande valor. Entre outros, um aluno direto de Hegel, Eduard Gans (1797-1839), dedicou uma ampla pesquisa ao estudo das instituições do direito hereditário em perspectiva comparada não apenas europeia[110]; Wilhelm Wilda foi o primeiro a reconstruir os traços históricos originários do direito penal dos povos germânicos[111].

Uma corrente diferente do germanismo foi iniciada por Karl Friedrich Eichhorn (1781-1854), que em 1815 fundou com Savigny a revista (*Zeitschrift für geschichtliche Rechtswissenschaft*) cuja origem já mencionamos. Seu objetivo era analisar as origens do direito vigente na Alemanha, em particular do direito público, traçando sua história desde a Idade Média até o presente. Remetendo-se às pesquisas realizadas no século XVIII, mas com um método mais histórico, Eichhorn publicou em 1808, em quatro volumes, uma "História do Estado e do direito alemão"[112] na qual pela primeira vez também o direito privado alemão era objeto de um exame específico. O método era o oposto do de Grimm[113]: do passado, só o que havia sobrevivido constituía objeto da pesquisa de Eichhorn, que por outro lado pressupunha a existência e a permanência, mesmo na Idade Média, de um "Estado" como elemento unificador do direito germânico medieval acima das classes ("Stände") e fonte de seus direitos.

Com Georg Beseler (1809-1888), a corrente germanista assumiu uma linha mais radical, separando-se claramente da Escola Histórica. A recepção do direito romano ocorrida na Alemanha no final da Idade Média é considerada um desvio em relação à tradição nacional; com essa finalidade, Beseler contrapunha o "direito popular" da tradição consuetudinária alemã ao "direito dos juristas" fruto da recepção erudita[114]. E fez da recuperação dessa tradição popular o centro de pesquisas, sistemáticas, mas também históricas[115], com o objetivo de conseguir esboçar, com uma nova doutrina[116] e, no futuro, com uma moderna codificação, um direito privado alemão que fosse fiel à tradição nacional.

Nessa acepção mais ampla, até o estudo dos costumes praticados na vida concreta do direito pode ser considerado um elemento de conhecimento do direito popular. Quando, por exemplo, o jurista Carl Einert publicou em 1839 a sua monografia sobre o direito cambial[117], ele percebeu que havia chegado ao conceito fundamental da abstração da obrigação cambial não a partir dos textos legislativos nem das doutrinas dos juristas e sim do exame da prática dos comerciantes, que já de fato consideravam a letra de câmbio uma espécie de papel-moeda, livremente negociável justamente em virtude desse critério. Foi muito respeitado o estudo sistemático de Heinrich Thöl sobre o direito comercial[118], baseado em uma trama rigorosa de conceitos jurídicos. No entanto, a mais influente de todas foi a doutrina de Levin Goldschmidt (1829-1897), erudito reconstrutor das raízes históricas do direito comercial[119], jurista convicto da necessidade de fazer distinção entre a codificação de direito comercial e a de direito civil [Raisch, 1965], principal inspirador do Código de Comércio alemão de 1861 (ADHGB).

Foram objeto de particular prestígio a figura científica e a obra de Karl Georg Wächter (1797-1880), deputado, juiz e professor em Leipzig e em outros lugares. Seu tratado de direito penal[120] une a tradição romanística e a consuetudinária alemã, enquanto a obra sobre o

---

[110] E. Gans, *Das Erbrecht in weltgeschichtlicher Entwicklung*, 1824-1835, 4 vols.
[111] W. Wilda, *Das Strafrecht der Germanen*, 1842.
[112] K. F. Eichhorn, *Deutsche Staats- und Rechtsgeschichte*, 1808-1823.
[113] A diversidade do enfoque é expressa com muita clareza por Jacob Grimm na introdução aos *Deutsche Rechtsalterümer*, embora o nome de Eichhorn não figure ali explicitamente (vol. I, p. VII).
[114] G. Beseler, *Volksrecht und Juristenrecht*, 1843.
[115] G. Beseler, *Die Lehre von den Erbverträgen*, 1835-1840, 3 vols.
[116] G. Beseler, *System des gemeinen deutschen Privatrechts*, 1847-1855, 3 vols.
[117] C. Einert, *Das Wechselrecht nach dem Bedürfnis des Wechselgeschafts im 19. Jahrhundert*, Leipzig, 1839, reimpressão Aalen, 1969.
[118] H. Thöl, *Das Handelrecht*, 1841-1847, 2 vols.; em 1880 foi publicado o volume III.
[119] L. Goldschmidt, *Universalgeschichte des Handelsrechts*, Leipzig, 1891; trad. it. *Storia universale del diritto commerciale*, Turim, 1913.
[120] G. Wächter, *Lehrbuch des römisch-teutschen Strafrechts*, 1825-1826, 2 vols.

direito privado de Württemberg[121] é considerada o melhor modelo de uma exposição em âmbito regional do sistema privatista vigente antes da unificação nacional alemã.

No limiar de 1848, em um encontro entre "germanistas" ocorrido em Lübeck em 1847 sob a presidência de Jacob Grimm é aprovada uma linha de política do direito favorável à introdução na Alemanha do júri popular, à codificação comercial e cambial e à cooperação científica entre "romanistas" e "germanistas" [Wieacker, 1980, II, p. 96]: um programa que de fato será progressivamente realizado a partir dos anos subsequentes.

3. O direito penal e Mittermaier

Paul Johann Anselm von Feuerbach (1775-1833) formou-se como filósofo de linha kantiana em Jena e tomou de Kant a ideia da nítida distinção entre a esfera do direito e a da moral, entre o imperativo ético e a regra jurídica que estabelece as fronteiras do lícito e as protege com a sanção. Ainda bem jovem, tornando-se professor de direito em Landshut e em Munique, na Baviera, inspirou um projeto de Código Civil e de um Código Penal que entrou em vigor em 1813. Sua concepção do direito penal baseava-se na tributabilidade dos delitos e das penas ("nullum crimen, nulla poena sine lege"), no necessário valor dissuasivo da pena diante dos criminosos potenciais[122], na publicidade e na oralidade como requisitos da justiça penal[123]. Ao rigoroso enfoque teórico Feuerbach acrescentava uma atitude de atenção concreta pela prática e pelas experiências normativas estrangeiras, adotando um inteligente método comparatista.

No século XIX nenhum jurista alemão teve uma notoriedade europeia e uma rede internacional de relações científicas comparáveis às de Carl Joseph Mittermaier (1787-1867). Aluno de Feuerbach, depois professor em Heidelberg por cerca de duas décadas e em 1848 respeitado deputado no Parlamento de Frankfurt, Mittermaier dedicou a maior parte de suas excepcionais capacidades de trabalho – 30 volumes, 600 artigos científicos, a criação de importantes revistas jurídicas[124], uma correspondência de mais de 10.000 cartas com estudiosos de todas as partes da Europa[125] – às temáticas do direito criminal e do processo penal. Desde os primeiros trabalhos, ele projetou as linhas de uma política criminal inspirada em critérios de legalidade e de brandura e certeza das penas[126]; foi defensor das reformas carcerárias[127] e adversário da pena de morte[128]. Para o processo penal[129] afirma com veemência os direitos da defesa[130] e os princípios da publicidade, da oralidade e do livre convencimento[131], afirmando, entre outras coisas, que na falta deste as próprias provas devem ser consideradas simples indícios. Seu convicto apoio ao instituto do júri[132] foi decisivo para sua introdução na Alemanha na metade do século.

---

[121] G. Wächter, *Handbuch des in Königreiche Württemberg geltendes Privatrecht*, 1839-1851, 2 vols.

[122] P. J. A. Feuerbach, *Über die Strafe als Sicherungsmittel vor künftigen Beleidigungen des Verbrechers*, 1800.

[123] Feuerbach, *Betrachtungen über Öffentlichkeit und Mündlichkeit der Gerechtigkeitspflege*, 1821.

[124] Entre as quais o *Archiv für Kriminalistik* (desde 1816) e o *Archiv für die civilistische Praxis* (a partir de 1819) [ver a bibliografia em Nuzzo, 2004].

[125] Diversos volumes da correspondência (em particular cartas de correspondentes alemães a Mittermaier) foram publicados recentemente na série *Sonderhefte* do Max-Planck-Institut für europäische Rechtsgeschichte de Frankfurt am Main: ver as cartas de estudiosos alemães e suíços para Mittermaier publicadas por Jelowik, 2001; e as trocadas com criminalistas europeus, publicadas por Riemer, 2005.

[126] C. J. Mittermaier, *Beiträge zur Criminalistik mit vergleichenden Bemerkungen [...]*, 1830.

[127] C. J. Mittermaier, *Die Gefängnisverbesserung*, 1858.

[128] C. J. Mittermaier, *Die Todesstrafe nach dem Ergebnis der wissenschaftliche Forschung*, 1862.

[129] C. J. Mittermaier, *Handbuch des peinliches Prozesses*, 1810-1812; *Das deutsche Strafverfahren in genauer Vergleichung mit dem englischen und französischen Strafverfahren*, 4. ed., Heidelberg, 1845-1846. E inúmeros outros volumes.

[130] C. J. Mittermaier, *Die Vertheidigungskunst*, 1814.

[131] C. J. Mittermaier, *Die Mündlichkeit, das Anklageprinzip, die Öffentlichkeit und das Geschworenengericht*, 1845.

[132] C. J. Mittermaier, *Erfahrungen über die Wirksamkeit der Schwurgerichte in Europa und Amerika*, 1865.

Estas e outras teses foram expostas e ilustradas por Mittermaier com argumentações indubitavelmente penetrantes e convincentes, mas deliberadamente desprovidas de dogmatismo doutrinal. Ele preferiu basear-se em dois elementos de método: de um lado, em dados empíricos extraídos da jurisprudência e também da estatística judiciária (com base nela mostrou, por exemplo, como era um mito o da maior eficácia dissuasiva da pena de morte, nos países em que ela era praticada, em relação aos países em que havia sido abolida); por outro lado, em um conhecimento perfeito das legislações e das práticas de outros países, incluindo a Itália[133], sobre as quais ele sempre teve o cuidado de estar totalmente informado.

O prestígio de Mittermaier e a enorme circulação de suas ideias tiveram o efeito positivo de exercer uma influência sensível não apenas na Alemanha, mas também em outros Estados da Europa, através da atividade científica e prática dos diferentes juristas de cada país que com ele costumavam ter um intercâmbio intelectual.

4. *O direito público: Von Mohl, Von Stein, Gneist*

Por volta da metade do século, alguns eminentes professores destacam-se pelas contribuições fundamentais dadas às doutrinas do direito público.

Formado em Heidelberg com Thibaut e Zachariae, professor primeiro em Tübingen e depois em Heidelberg, após ter sido atuante deputado no Parlamento de Frankfurt de 1848, Robert von Mohl (1799-1875) é um dos fundadores do moderno juspublicismo. Se a obra sobre a constituição americana[134] escrita na juventude já havia aberto novos horizontes, o estudo sobre o direito público de Württemberg foi considerado um modelo de sistematização da matéria também para outros Estados alemães[135], enquanto tratado sobre a polícia[136] ainda mantinha a ampla concepção tradicional da "polícia", que a seu ver se destinava não apenas à segurança, mas a uma função mais ampla de proteção do bem-estar coletivo (saúde, abastecimento, entre outras coisas), devendo porém respeitar uma série de limites jurídicos para o exercício de seus poderes. Além disso, a ampla *História da literatura juspublicista*, em três volumes[137], reuniu um manancial de informações que ainda é utilizado pelos pesquisadores. A noção de "Estado de direito", cuja fórmula foi cunhada por Von Mohl, que também foi um de seus mais importantes teóricos, consistia para ele em dois elementos complementares, a separação dos poderes e os direitos humanos [Wesel, 2001].

Estudioso não apenas de política mas também de economia e de ciências sociais e políticas foi Lorenz von Stein (1815-1890), atuante nos debates políticos de 1848, autor de uma história dos movimentos sociais na França a partir da Revolução[138], depois professor em Viena por cerca de trinta anos. O regime constitucional moderno, ao qual dedicou uma obra importante[139], deveria, a seu ver, conferir o poder de governo à monarquia e as funções normativas e de controle ao Parlamento. A definição enunciada por ele do dualismo entre lei e regulamento, com o esclarecimento dos limites meramente aplicativos desta última fonte, de competência do governo, passou a ser um ponto incontestável da sucessiva doutrina publicista. Ele se opôs ao enfoque conceitualista dos pandectistas, enfatizando que "a ciência do direito é a ciência das forças que produzem o próprio direito"[140] [Fioravanti, 2001, p. 54]. Além disso, colaborou com Leopold August Warnkoenig (1794-1866) – autor, este último, de uma

---

[133] Ver o volume organizado por E. Jayme: C. J. A. Mittermaier, *Italienische Zustände 1844*, reimpressão Heidelberg, 1988 [bem como Balestrieri, 1983].
[134] R. v. Mohl, *Das Bundesstaatsrecht der vereingten Staaten von Nordamerika*, 1824.
[135] R. v. Mohl, *Das Staatsrecht des Königreich Württemberg*, 1829-1831, 2 vols.
[136] R. v. Mohl, *Die Polizei-Wissenschaft nach den Grundsätzen des Rechtsstaats*, 1832-1833, 2 vols.
[137] R. v. Mohl, *Die Geschichte und Literatur der Staatswissenschaften*, 1855-1858, 3 vols.
[138] L. v. Stein, *Die Geschichte der sozialen Bewegung in Frankreich von 1789 bis auf unsere Tage*, 1850, 3 vols.
[139] L. v. Stein, *System der Staatswissenschaft*, 1852-1856, 2 vols.
[140] L. v. Stein, *Gegenwart und Zukunft des Rechts- und Staatswissenschafts Deutschlands*, 1876, p. VII.

sólida reconstrução histórica do direito de Flandres e dos Países Baixos[141] – na composição de uma história do direito público da França[142], uma obra que durante décadas constituiu uma base de referência para a análise das origens históricas da administração do Estado francês.

Jurista importante na Europa foi Rudolph von Gneist (1816-1895). Originário da Prússia, estudou com Savigny em Berlim, onde foi professor de direito civil e depois de direito público desde o final dos anos 50, Gneist foi ainda deputado e mais tarde juiz e presidente do tribunal administrativo que havia contribuído para criar. Durante décadas ele combateu suas batalhas de política do direito em duas frentes. As longas e aprofundadas pesquisas de história do direito administrativo inglês[143], realizadas na juventude, pesquisas que os próprios estudiosos ingleses consideraram importantes por enfatizarem aspectos antes não evidentes de seu próprio direito, levaram-no à formulação do princípio do autogoverno (*selfgovernment*) como critério fundamental para tornar completo e eficaz o regime constitucional moderno. De acordo com Gneist, este se fundamentava na separação dos poderes, mediante a sua implementação em âmbito local: o regime inglês tradicional que confiava aos notáveis do lugar, a título honorário, funções públicas relevantes – do júri à administração local – poderia, a seu ver, ser tomado como modelo também na Alemanha.

Em segundo lugar, Gneist afirma com veemência o princípio segundo o qual a administração pública é taxativamente obrigada a respeitar o direito vigente, uma obrigação que no caso de pretensa violação atribui ao cidadão o poder de recurso; e o julgamento deve ser confiado não à própria administração e sim a outro tribunal, imparcial, que para Gneist deve ser distinto da jurisdição ordinária. Um dos fundamentos da moderna noção de Estado de direito (*Rechtsstaat*)[144] – a proteção do cidadão em relação à administração pública – recebia assim, por seu incentivo, não apenas uma formulação completa, mas também o impulso decisivo para uma efetiva atuação legislativa e jurisdicional.

O suíço Johann Kaspar Bluntschli (1808-1881) foi primeiramente professor em Zurique e dedicou à sua cidade um estudo em que explorava as raízes antigas e também as especificidades germano-alemânicas do direito zuriquenho, acompanhado por ele nas suas transformações até o presente[145]. Mais tarde, teve um papel decisivo na elaboração de um projeto de Código Cantonal de Direito Privado[146] que entrou em vigor em 1854-1856 e exerceu notável influência sobre o Código unitário federal suíço que será preparado meio século mais tarde por Eugen Huber. Nesse meio-tempo havia passado a lecionar na Alemanha, após uma malsucedida tentativa de ingressar na vida política da Suíça. Assim, primeiro em Munique, depois em Heidelberg, publicou um estudo de direito público repleto de referências comparatistas às constituições americana e suíça[147], inspirado na ideia de que, como instituição que forma o objeto do direito público, o Estado nasce natural e organicamente do "povo", do *Volk* evocado pela Escola Histórica [Fioravanti, 1979, p. 181]. Era uma concepção organicista do Estado, que será refutada vinte anos mais tarde por Gerber. Em seguida, Bluntschli dedicou-se também ao direito internacional público com uma obra que teve ampla repercussão e contribuiu para criar a moderna doutrina internacionalista, em particular elaborando uma série de regras destinadas a introduzir uma disciplina jurídica a ser aplicada no caso de direito de guerra[148].

A esses expoentes da cultura jurídica alemã acrescentamos aqui, por conexão, também o nome de um jurista inglês, John Austin (1790-1859), que se formara com Bentham e Stuart Mill e se especializara na Alemanha antes de assumir uma cátedra universitária em Londres, à qual teve de renunciar porque seu método não teve nenhum sucesso nas margens do Tâmisa;

---

[141] L. A. Warnkoenig, *Flandrische Staats- und Rechtsgeschichte*, 1835-1842, 3 vols.
[142] L. A. Warnkoenig, e L. v. Stein, *Französische Staats. und Rechtsgeschichte*, 1845-1848, 3 vols.
[143] R. v. Gneist, *Das heutige englische Verfassungs- und Verwaltungsrecht*, 1857-1860, 2 vols.
[144] R. v. Gneist, *Das Rechtsstaat und die Verwaltungsgericht in Deutschland*, 1872.
[145] J. K. Bluntschli, *Staats- und Rechtsgeschichte der Stadt Zürich*, 1838-1839, 2 vols.
[146] J. K. Bluntschli, *Privatrechtlichen Gesetzgebung in den Kanton Zürich*, 1844.
[147] J. K. Bluntschli, *Allgemeines Staatsrecht*, 1851-1852, 2 vols.
[148] J. K. Bluntschli, *Das moderne Völkerrecht der zivilisierten Staaten*, 1868.

suas doutrinas só tiveram repercussão na segunda metade do século. Em sua obra mais importante[149], Austin formulou uma noção rigorosamente positivista do direito: para ele, o direito consiste em uma série de comandos dotados de sanção, tanto no civil como no penal, e portanto exige a presença de uma autoridade capaz de impor a obediência. Isso pode ocorrer também através do costume, que se forma quando as hierarquias da sociedade impõem de fato a observância de determinadas regras, mas ocorre principalmente e em última instância através do poder do soberano, que não tem outra autoridade acima de si. É uma concepção que não reconhece nenhum papel ao direito natural nem à moral como elementos constitutivos ou limitadores dos preceitos jurídicos; e tampouco dá espaço à soberania popular.

5. Conclusão

Esses nomes, aos quais outros poderiam ser acrescentados, são suficientes para mostrar a que nível chegou a doutrina jurídica alemã antes da unificação nacional. Ela se caracteriza não apenas pela multiplicidade das correntes e das tendências doutrinais – entre romantismo e classicismo, entre romanistas e germanistas, entre Escola Histórica e aberturas comparatistas –, mas pelo rigor conceitual, pelo esforço sistemático e pela profundidade da análise histórica e jurídica dessas construções, todas devidas a professores universitários.

Podemos nos perguntar se e como essa doutrina contribuiu para a vida e para a evolução do direito alemão. Três considerações podem fornecer um começo de resposta. Em primeiro lugar, a doutrina jurídica, sobretudo na sua dimensão histórica, forneceu algumas peças culturais e alguns instrumentos operativos essenciais para a construção do mosaico de uma identidade nacional. Em segundo lugar, no século XIX, a formação dos juristas, na Alemanha mas não apenas no interior de suas fronteiras, foi confiada a faculdades universitários de nível muito alto, que garantiram uma qualidade profissional particularmente elevada a juízes e advogados provenientes de todas as partes dos territórios alemães. Em terceiro lugar, a concepção do papel não subsidiário nem servil mas de vanguarda ativa da ciência do direito em relação à criação do novo direito e à interpretação do direito vigente, uma concepção compartilhada por toda a doutrina alemã, constituiu um contrapeso importante diante do papel crescente e potencialmente exclusivo do Estado na sua função de legislador.

---

[149] J. Austin, *The Province of Jurisprudence Determined*, 1832.

34. Códigos e leis da segunda metade do século XIX

1. O ano de 1848

A sublevação que se propagou como um raio na Europa desde o início de 1848 – de Paris a Berlim, de Nápoles a Frankfurt, de Budapeste a Turim, de Viena a Milão – tinha motivações em parte comuns, em parte diferentes nos diversos países. Um elemento de base, comum a todos, era constituído pela intolerância agora aguda para com os regimes constitucionais em que a representação política se restringia a uma camada muito pequena da população, correspondente apenas à faixa censitária superior, com a exclusão da média burguesia agrária e comercial que também era na época a principal fonte da riqueza das nações. A censura à imprensa e as limitações à liberdade de associação também suscitavam forte oposição. A isso se acrescentava, na Itália, a rejeição à potência austríaca e a ardente aspiração à unificação política, que também na Alemanha então constituía havia diversas décadas o objetivo supremo, exaltado pela nova cultura do romantismo e do historicismo. Enfim, a Revolução Industrial agora iniciada também no continente provocava patologias alarmantes no proletariado urbano – exploração, desemprego, doenças –, patologias para as quais as várias correntes do socialismo propugnavam soluções radicais, ainda que não coincidentes entre si, e recrutavam em medida crescente militantes ativos entre os operários e entre os intelectuais.

As constituições que no curto período de poucos meses, sob a pressão não controlável do povo, os soberanos concederam a Nápoles, a Paris, a Turim, a Berlim e a outros lugares respondiam, ao menos em parte, a essas instâncias.

Na França, o conservadorismo de Luís Filipe e a linha adotada por Guizot na política interna e nas relações com as potências estrangeiras provocaram nos primeiros meses de 1848, após uma inútil tentativa do rei de salvar a monarquia, a proclamação da república, sob a presidência provisória do escritor e poeta Lamartine: a dupla pressão de uma burguesia que havia anos exigia a extensão do sufrágio e de uma classe operária que em Paris reclamava condições de trabalho menos penosas levaram à queda do regime orleanista. A constituição de 4 de novembro de 1848[150] instituiu uma única Assembleia Nacional a ser eleita por sufrágio universal direto (masculino), enquanto o poder executivo era conferido a um presidente da república igualmente elegível por sufrágio universal, com a maioria absoluta dos votantes, a quem cabia a livre escolha e destituição dos ministros. Era um regime constitucional radicalmente novo, cujo corpo eleitoral passava de repente de menos de 200 mil a quase 10 milhões de eleitores.

Um dos campos nos quais o ano de 1848 trouxe inovações de destaque foi o da liberdade de imprensa. A instituição do tribunal do júri para os crimes de imprensa, ocorrida em diversos países europeus que até esse momento não haviam seguido o exemplo da França, é um sinal importante disso. Nos mesmos meses, uma série de leis intervinha incisivamente também no terreno das relações sociais, disciplinando sobretudo as relações de trabalho, limitando a 12 (doze) horas por dia o horário de trabalho nas manufaturas, declarando o trabalho "um direito", permitindo o direito de associação, afirmando a igualdade de relações entre patrão e

---

[150] *Les Constitutions de la France*, Paris, 1970, pp. 253-78.

operário[151]. Eram também legitimadas as sociedades e as associações de socorro mútuo[152], propugnadas na França por Saint-Simon. São medidas análogas às que a Inglaterra, onde a Revolução Industrial era atuante havia mais de meio século, havia adotado nas décadas precedentes[153]. A dramática condição da classe operária e proletária, explorada em grau muitas vezes desumano no período inicial da industrialização, suscitava teorias e teses polêmicas em pensadores radicais como Pierre-Joseph Proudhon, autor de um panfleto em que à pergunta sobre o que é a propriedade respondia simplesmente: a propriedade é um roubo[154].

Não por acaso, 1848 é também o ano em que foi publicado o *Manifesto do Partido Comunista*, escrito por um aluno de Hegel, Karl Marx, que fundou uma das ideologias fundamentais do mundo contemporâneo. O "socialismo científico" (como foi denominado) partia de uma análise econômica do capitalismo moderno para afirmar a inelutabilidade de uma luta de classes que substituiria a burguesia pela classe operária, instituindo uma verdadeira "ditadura do proletariado" e reivindicando ao Estado a exclusividade dos meios de produção e dos direitos de propriedade, como estratégia política e jurídica que um dia levaria à "sociedade sem classes". Nascia o social-comunismo marxista, destinado no século XX a imponentes e trágicos destinos.

Mas já nos meses seguintes a situação mudou substancialmente. Na primeira eleição a presidência da república foi entregue a Luís Napoleão, que havia anos atuava na mobilização da opinião pública contra a Monarquia de Julho. De fato, as próprias escolhas dos defensores da revolução e as desordens de 1848 favoreceram os planos bonapartistas. E o golpe de Estado de 2 de dezembro de 1851 assinalou uma nítida inversão de rota, que se concretizou na aprovação de uma nova constituição: por dez anos o governo da República francesa era confiado a Luís Napoleão, se instituía o Senado como segunda Câmara, com senadores escolhidos diretamente pelo presidente, ao qual também cabia com exclusividade a iniciativa legislativa[155]. Um ano mais tarde, Napoleão III era proclamado imperador, e continuará a sê-lo até 1870.

Os territórios alemães seguiram um caminho diferente. Deve-se partir do pressuposto de que desde 1834 (mas os inícios remontam à década precedente) se realizara na maior parte da Alemanha (Prússia, Saxônia, Hannover, Baviera, Hessen e em outros lugares, mas não na Áustria e nos territórios dos Habsburgos) uma união alfandegária (*Zollverein*) que constituiu um incentivo muito importante não apenas para o desenvolvimento econômico, mas também para as perspectivas de unificação nacional então expressivas na cultura da época, como vimos. No Estado principal, a Prússia, o regime autoritário de Frederico Guilherme IV, que permaneceu fiel às instituições do Antigo Regime, é profundamente abalado pelo surto revolucionário e em março de 1848 uma constituição não distante da parisiense foi concedida pelo rei, mesmo contra a vontade. Nesse meio-tempo amadurecia a iniciativa de convocar uma assembleia representativa de todos os territórios alemães: a uma fase preliminar seguiu-se, na primavera de 1848, a eleição com sufrágio amplo de uma assembleia que começou seus trabalhos em Frankfurt em maio do mesmo ano, presidida por Heinrich von Gagern e composta em boa parte de intelectuais e políticos, sobretudo de juristas.

Ao final de longas e apaixonadas discussões, decidiu-se não incluir no futuro Estado alemão os territórios dos Habsburgos: prevaleceu a solução da "pequena Alemanha", ao passo que a outra opção (a "grande Alemanha") teria comportado a inclusão no futuro Estado alemão também das populações não germânicas do Império dos Habsburgos, eslavos, italianos, boêmios. Quanto às escolhas constitucionais, uma declaração dos direitos retomava os princí-

---

[151] Decretos de 25 de fevereiro e de 9-14 de setembro de 1848; Constituição de 4 de novembro de 1848.

[152] Lei de 15-20 de julho de 1850; decreto de 26 de março – 6 de abril de 1852.

[153] Os dois *Factory Acts* de 1802 e de 1819 tinham, respectivamente, limitado a 12 horas por dia o trabalho dos aprendizes nas fábricas com energia hidráulica e excluído os menores de nove anos do trabalho nas fábricas têxteis de algodão. Mas a condição dos desempregados – composta em parte do proletariado urbano ou rural – tornou-se mais difícil com o *Poor Law Amendment Act* de 1834, que obrigou os pobres a trabalhar nas *workhouses*, limitando o trabalho em domicílio [Halpérin, 2004, p. 134].

[154] P.-J. Proudhon, *Qu'est-ce que la propriété?* (1840): "c'est le vol".

[155] Constituição de 14 de janeiro de 1852.

pios de 1789 e os complementava com importantes afirmações sobre o direito ao trabalho e sobre a proteção jurisdicional da própria constituição[156]. Na constituição aprovada em Frankfurt[157] o ordenamento do Estado previa um bicameralismo que associava à Câmara, a ser eleita por sufrágio universal direto, uma Câmara dos Estados. Para a presidência do novo Estado prescrevia-se um regime constitucional hereditário, mas a vida do governo (ainda que uma norma explícita em tal sentido não fosse inserida na constituição) dependia da confiança do Parlamento [Willoweit, 1992, p. 238].

Em maio de 1849, o Parlamento de Frankfurt entregou a coroa imperial ao rei da Prússia, que no entanto a rejeitou na medida em que não pretendia depender do beneplácito de uma assembleia renunciando à investidura tradicional por graça divina e por sucessão dinástica. Nesse meio-tempo, Viena – depois das traumáticas exonerações de Metternich de março de 1848 e após a ascensão ao poder do príncipe de Schwarzenberg – conseguira conter com as armas a revolução na Lombardia e na Áustria (ainda não na Hungria). A reação de 1849 já se delineava então na Europa. Assim, o projeto de Frankfurt, que parecia prestes a criar a unificação alemã por consenso e por via pacífica, não sustentado por uma potência política e militar, foi abandonado. "Quem deseja dominar a Alemanha deve conquistá-la", afirmava em 1849 o rei da Prússia. O que de fato ocorrerá vinte anos mais tarde, não através de conquistas militares e sim na forma da hegemonia exercida pelo Estado mais forte, a Prússia, e por iniciativa de Bismarck.

O ano de 1848 foi decisivo também para a Suíça. As tentativas de fortalecer o governo central da confederação, às quais se dedicara entre outros Pellegrino Rossi no interessante projeto de 1832[158], não haviam chegado a se concretizar devido à resistência acirrada dos cantões, que se recusaram a renunciar à sua soberania. Mas em 1847 a aliança de alguns cantões (*Sonderbund*), que declararam guerra a outros membros da confederação, deu o impulso decisivo para uma reforma capaz de evitar permanentemente o risco de quebrar a unidade nacional. Com a reforma aprovada em 1848 o elemento federal se sobrepôs, através da instituição de uma dupla Câmara – uma eleita diretamente, a outra por representação dos cantões – titular do poder legislativo federal e do poder de eleger o governo de sete ministros, que exerceriam por turnos a presidência da Confederação. A Suíça adotava a estrutura federal que desde então a caracteriza.

A Itália fora a primeira a conhecer a onda de descontentamento crescente: o rei Ferdinando fora obrigado a conceder desde janeiro de 1848 uma constituição calcada ainda no modelo francês de 1830. No Piemonte, o rei Carlos Alberto assinou em 4 de março, a poucos dias dos motins de Paris, o Estatuto que assumiu o nome de albertino[159] [Soffietti, 2004].

Nele, a organização constitucional fundamentava-se no bicameralismo. A uma Câmara dos deputados eletiva (as condições para o eleitorado ativo e passivo eram delegadas à lei) correspondia o Senado de nomeação régia, com cargo vitalício. Ambas as Câmaras exercem conjuntamente o poder legislativo, incluindo a iniciativa legislativa que aliás também era conferida ao rei. O rei era o titular do poder executivo, a ele cabiam a nomeação e a destituição dos ministros, o comando das forças armadas, o poder de concluir os tratados internacionais e de declarar a guerra. Os magistrados eram declarados inamovíveis depois de três anos de exercício. A religião católica era declarada, por expressa vontade do rei, a única religião do Estado, enquanto os outros cultos eram apenas tolerados.

A essa constituição, declarada pelo próprio Estatuto um regime monárquico representativo, é de fato acrescentado um complemento essencial na prática constitucional que se formou logo depois de sua entrada em vigor. Além disso, a vida do governo – estipulado que, com base no Estatuto, a escolha dos ministros e o poder de destituir o governo cabiam exclu-

---

[156] Lei de 27 de dezembro de 1848.
[157] Constituição de 23 de março de 1849.
[158] P. Rossi, *Per la patria comune*, org. por L. Lacché, Palermo, 1997.
[159] *Lo Statuto albertino e i lavori preparatori*, org. por G. Negri e S. Simoni, Turim, 1992.

sivamente ao rei – fica condicionada à confiança das Câmaras, em particular à confiança da Câmara dos deputados. Se a confiança deixasse de existir, o governo seria obrigado a se demitir. Desse modo se instituía, na prática constitucional que logo se tornaria permanente e irrevogável, aquele vínculo orgânico entre governo e representação política que constitui o fulcro do regime parlamentar.

Só a Inglaterra ficou imune ao turbilhão de 1848. Aí o regime constitucional havia correspondido por muito tempo a algumas das instâncias que a Restauração compreendera no continente. A dialética fecunda entre os dois partidos havia permitido a criação de estratégias eficazes para os problemas sociais suscitados pela Revolução Industrial. Investigações rigorosas sobre a pobreza e sobre a condição operária haviam levado à aprovação de leis sobre o trabalho e sobre a indigência. Além disso, a realidade histórica de um Império mundial que dominava os mares possibilitava um comércio próspero. Uma classe dirigente à altura do papel histórico do país mostrava-se capaz de responder aos desafios, melhor do que ocorria no continente europeu.

Quanto à Igreja, alguns anos mais tarde um documento papal publicado em 1864, o *Sílabo*[160], retomou uma série de proposições enunciadas pelo próprio Pio IX nos anos subsequentes a 1848. O papa formulava uma decidida condenação às pretensões do Estado de se ingerir em questões religiosas e eclesiásticas (pretensões que nada tinham de imaginárias, a partir dos anos reformadores e revolucionários do final do século XVIII), e ao mesmo tempo também expressava a pretensão da Igreja de influir diretamente sobre as escolhas legislativas do Estado, a denúncia do princípio da "separação entre Estado e Igreja" (art. 55) e a inconciliabilidade da Igreja "com o progresso, com o liberalismo e com a civilização moderna" (art. 80). Essas teses só seriam expressamente superadas um século mais tarde, com o Concílio Vaticano II.

Fizemos um rápido esboço de alguns aspectos dos textos constitucionais promulgados sob o impulso da revolução, mesmo daqueles posteriormente revogados alguns meses depois, quando a reação se consolidou na Europa, porque a virada de 1848 foi determinante para a afirmação dos princípios do constitucionalismo moderno. Em muitos Estados, como na Baviera e na Prússia, por exemplo, a ordem do Antigo Regime não foi mais restaurada com as mesmas configurações anteriores ao ano de 1848. Na Áustria, a vitória da antiga ordem foi determinada pela força das armas e iniciou-se assim o processo de decadência da mais grandiosa construção do Império dos Habsburgos, que seria levado a termo com a Primeira Guerra Mundial. Na França, o advento do regime do Segundo Império só anulou em parte as inovações de 1848. A Confederação Helvética assumiu a estrutura federal. Na Itália, por fim, em Nápoles e no Estado pontifício[161] a reação foi clara, o reino da Sardenha manteve inalterado o Estatuto Albertino e, não obstante a derrota de Novara, saiu do turbilhão como o único possível protagonista da unificação nacional. Doze anos mais tarde, o Estatuto Albertino de 1848 se tornará a constituição da Itália unida, e continuará a sê-lo por mais de um século [Ghisalberti, 1978].

2. *A unificação legislativa italiana*

A unificação política da Península, atingida no decorrer de apenas dois anos e considerada um milagre na Europa, imediatamente, até mesmo antes da proclamação do reino da Itália em março de 1861, suscitou o problema do regime jurídico do novo Estado. As opções possíveis eram muito diferentes: podia-se proceder à anexação pura e simples das novas regiões, estendendo a elas o regime do Piemonte, ou então conservar o mais possível as instituições e as leis anteriores à unificação, ou ainda projetar estruturas jurídicas novas, pensadas *ad hoc*.

---

[160] Texto em http://web.tiscali.it/claufi/sillabo.htm.
[161] Onde desde 1846 uma notável reforma constitucional [Ara, 1966], já mencionada acima, atraíra muita atenção na Europa.

A unificação administrativa constituiu o terreno em que as instâncias de autonomia se fizeram sentir com mais força. Não apenas alguns pensadores políticos de tendência federalista, a começar pelos lombardos Carlo Cattaneo e Giuseppe Ferrari, defendiam a necessidade de proteger as tradições e as especificidades dos inúmeros e tão diferentes ordenamentos locais e regionais formados no decorrer dos séculos, mas até políticos plenamente integrados na elite dirigente do novo Estado sugeriram de início soluções contrárias à centralização. Foi o que fizeram tanto Marco Minghetti como Carlo Farini em 1860 [Pavone, 1964] sugerindo a divisão do reino em algumas grandes províncias dotadas de ampla autonomia.

Cavour, contudo, nos meses turbulentos da expedição de Garibaldi, indicou claramente uma linha diferente, baseada ao mesmo tempo no parlamentarismo de cunho subalpino e na centralização política. A escolha, esboçada desde 1859 e depois sancionada firmemente em 1865, foi a da centralização. O exército e a administração central foram estruturados adotando o modelo piemontês, que por sua vez era diretamente inspirado no modelo francês e napoleônico. O governo impôs sobre todo o território a sua linha política e administrativa através do instituto do governador de província [*prefetto*], verdadeiro órgão político e também administrativo, encarregado de controlar e se necessário reprimir as iniciativas locais dissidentes das diretrizes do centro. As regiões históricas (com a única exceção parcial e transitória da Toscana) não tiveram nenhum reconhecimento institucional, ao passo que se atribuiu às províncias um grau limitado de competências, dirigidas por uma delegação provincial que por sua vez era presidida e controlada pelo governador da província. No município, o prefeito era nomeado pelo rei, escolhido pelo governo entre os conselheiros eleitos[162].

Essa opção fundamental tinha motivações que podiam ser atribuídas à razão de Estado e motivações políticas contingentes. As primeiras baseavam-se sobretudo na necessidade de dispor de um ordenamento nacional sólido e compacto para fazer frente aos sérios perigos de desagregação do novo Estado. As motivações contingentes derivavam do temor, já percebido com clareza por Cavour, de que a inclusão repentina (e imprevista) do sul da Itália no novo Estado pudesse alterar o equilíbrio político do governo piemontês, fundado em uma restrita hierarquia administrativa e censitária [Capone, 1981].

A questão da unificação legislativa foi enfrentada na mesma época. Em 1859, na iminência da guerra com a Áustria, o governo obtivera os plenos poderes legislativos (além dos executivos)[163] e o ministro da Justiça, Urbano Rattazzi, se valera deles para, aproveitando a delegação obtida – sem ter de enfrentar os obstáculos do trabalhoso processo parlamentar –, promulgar uma série muito importante de leis: uma revisão dos recentes Códigos Penal, de Processo Penal e de Processo Civil, uma nova lei municipal e provincial[164], bem como uma completa regulamentação das jurisdições e do ordenamento judiciário, que, entre outras coisas, introduzia pela primeira vez o júri popular, antes limitado aos crimes de imprensa[165]. Os novos códigos, com algumas modificações não insignificantes introduzidas por uma comissão da qual era membro Mancini [D'Amelio, 1961-1962], foram estendidos às províncias da Emília e da Romanha, depois às Marcas, ao passo que na Lombardia e na Toscana continuavam temporariamente em vigor os códigos e as leis precedentes. Em 1860 estenderam-se ao reino de Nápoles o Código Civil e o de Processo Penal piemonteses, mas não os Códigos Civilistas saboianos.

Com a conquista de Roma em 1870, o Estado pontifício deixava de existir, depois de muitos séculos. O papa Pio IX condenou firmemente o evento, que foi considerado um ataque à Igreja. As relações do novo Estado italiano com o papado e com a Igreja foram regulamentadas pela Itália com uma lei promulgada em 1871, a Lei das Garantias, com a qual se asseguravam ao papa o livre exercício do magistério eclesial e a condição jurídica de um chefe de Estado. A lei era inspirada diretamente no princípio enunciado várias vezes por Cavour:

---

[162] Lei de 20 de março de 1865, anexo A.
[163] Lei de 25 de abril de 1859, n. 3.345.
[164] Lei de 20 de novembro de 1859, n. 3.783; 3.784; 3.786.
[165] Leis de 13 de novembro e de 20 de novembro de 1859.

"Igreja livre em um Estado livre". No entanto, a Santa Sé rejeitou essa regulamentação e vetou por muito tempo a participação dos católicos na vida política.

2.1. O *Código Civil*

A discussão sobre a conveniência de adotar uma legislação uniforme para o novo Estado iniciou-se no Parlamento subalpino já em 1860 e levou, no período de cinco anos, à implementação dos primeiros quatro Códigos da Itália unificada, aprovados em 1865.

O mais importante deles é o Código Civil. Quase em seguida se descartou a solução mais simples, que consistia em estender a toda a Península um dos códigos anteriores à unificação, solução depois defendida por alguns (o senador e historiador Federico Sclopis, por exemplo, havia sugerido com elegância, sendo ele piemontês, a adoção dos códigos napolitanos). Nasceu daí a iniciativa de refazer *ex novo* o texto legislativo, que uma Comissão composta de juristas predominantemente piemonteses e lombardos conseguiu elaborar rapidamente: surgiu assim o primeiro projeto Cassinis de 1860, acompanhado de um segundo no ano seguinte [ver a reconstrução de Solimano, 2004]. Algumas escolhas fundamentais foram realizadas na época: entre elas, a adoção do casamento civil (que o Código Albertino não contemplava), a exclusão do divórcio, a introdução do testamento hológrafo, a extensão da legítima também aos filhos naturais, a concessão de direitos civis aos estrangeiros.

Em 1862, o ministro Miglietti apresentou um novo projeto, que pouco depois Giuseppe Pisanelli (nesse meio-tempo nomeado ministro da Justiça) submeteu ao exame de cinco comissões de várias partes da Itália; nasceu daí um novo projeto proposto pelo próprio Pisanelli, que o complementou com um importante relatório. Quando a discussão parlamentar estava sendo iniciada, a decisão de transferir a capital para Florença determinou uma aceleração imprevista. A codificação foi realizada com o instrumento da lei delegada, que limita fortemente o papel do Parlamento na discussão concreta sobre as escolhas legislativas. O Código Civil e os outros Códigos promulgados em 1865 foram aprovados dessa forma, que desde então se tornará constante na Itália sempre que for preciso aprovar textos tecnicamente complexos como os códigos.

Em linha geral, o Código Civil se mantém próximo das escolhas napoleônicas, mesmo nos pontos em que os códigos anteriores à unificação as haviam abandonado para voltar ao passado: é o que ocorre sobretudo no que se refere ao casamento civil, em que a opção laica e separatista foi muito evidente (ainda que aprovado, no Senado do reino, com apenas um voto de maioria); e contudo a adoção do princípio da indissolubilidade, aprovada sem oposição, secularizava, por assim dizer, um dos eixos da disciplina canonística, não por acaso mantida também pelo legislador de 1942 em regime concordatário. As inovações foram muitas, às vezes decorrentes de uma hábil combinação entre os textos preexistentes (como a propósito das pessoas jurídicas, como no art. 2), outras vezes de formulações novas, quando não de omissões deliberadas e portanto repletas de significado. Entre estas últimas será suficiente recordar, por exemplo, a abolição da obrigação de conceder dote às filhas, a eliminação dos chamados "atos respeitosos" no caso de casamento com o objetivo de obter o consentimento do pai, a ausência da deserdação [Ungari, 1974].

Entre as disposições inovadoras, várias concerniam à família, em que, entre outras coisas, as severidades autoritárias do regime napoleônico foram em parte suavizadas, reconhecendo à mãe um papel específico no exercício do pátrio poder, ainda que subordinado em relação ao marido (art. 220), enquanto a autorização marital exigida à mulher para poder fazer negócios acabou por ser aceita, e portanto estendida também às partes do reino onde ela anteriormente não existia, como na Lombardia e no Vêneto, então submetidas ao Código austríaco. O regime dotal voltava a constituir o regime patrimonial ordinário entre os cônjuges, segundo a tradição italiana; se restabelecia, contra a tradição francesa, a figura do herdeiro testamentário no lugar do simples legatário universal, que dependia dos reservatários quanto à conquista da posse dos bens hereditários. Sem dúvida foi original e corajoso o reconhecimento ao estrangeiro dos direitos civis concernentes ao cidadão [Storti Storchi, 1989], fruto da aceitação das teorias de Pasquale Stanislao Mancini [Nishitani, 1998]: um resultado que, contudo, não resistirá à prova do tempo.

No âmbito dos direitos reais foram importantes, entre outras coisas, a distinção dos bens do Estado em bens públicos e bens patrimoniais, que permitiu uma liberalização parcial do regime jurídico destes últimos; o reconhecimento da propriedade intelectual (art. 437); a minuciosa regulamentação das servidões prediais e dos consórcios agrários. Menos significativas – na adesão geral ao modelo francês – foram as inovações relativas à matéria dos títulos, em que, aliás, a livre estipulação dos juros convencionais contribuía para acentuar a tendência liberista. Por fim – mas as inovações dignas de menção são bem mais numerosas que as poucas que acabamos de citar – a nova regulamentação da transcrição imobiliária (art. 1.932), calcada em parte na recente lei francesa de 1855, em parte no modelo da Casa de Este, e em parte nova, vem remediar com eficácia uma falha fundamental do Código Napoleônico e de quase todos os outros códigos anteriores à unificação.

2.2. Os outros Códigos

O Código de Processo Civil de 1865 foi obra quase exclusiva de Pisanelli, que se baseou sobretudo no modelo francês de 1806. A característica dominante do processo civil era o formalismo baseado na escrita, que na primeira fase do processo, até os debates orais, era deixado à iniciativa das partes na lógica do princípio dispositivo, limitando ao máximo os poderes do juiz [Taruffo, 1980]. O processo sumário era previsto sem contudo esclarecer os casos em que ele seria aplicado e remetendo amplamente às regras do processo formal, lento e complexo. Para as impugnações, o sistema do Supremo Tribunal de Justiça é escolhido, não obstante as resistências de quem (por exemplo, entre os juristas lombardos) teria preferido o princípio da terceira instância para permitir uma articulação menos centralizada da jurisprudência: de fato, as decisões do Supremo Tribunal de Justiça, focalizadas apenas nos aspectos jurídicos do caso em exame, gozavam de uma autoridade particular nesse plano, até mesmo em relação às decisões de mérito. Mas depois a solução adotada manteve ao menos cinco tribunais supremos (em Turim, em Florença, em Nápoles, em Palermo e, desde 1870, também em Roma). O Supremo Tribunal único foi estabelecido no direito penal em 1889 e no civil apenas em 1923 [Meccarelli, 2005].

Também a lei sobre o ordenamento judiciário[166] retomou as escolhas da lei Rattazzi de 1859 [D'Addio, 1966], introduzindo porém o instituto dos conciliadores não togados para as controvérsias menores, extraído do modelo napolitano. O controle sobre os magistrados permanece rígido tanto no interior da magistratura (com efetivos poderes atribuídos ao Supremo Tribunal) quanto por parte do governo, do qual dependia, entre outras coisas, o Ministério Público e, portanto, a orientação concreta da jurisdição e da ação penal.

O Código de Processo Penal e o Código de Comércio de 1865 foram ainda mais estreitamente derivados do modelo piemontês anterior à unificação. O primeiro adotou, contudo, o júri popular introduzido seis anos antes por Rattazzi e regulamentou de modo menos severo a liberdade provisória. Manteve, contudo, a rígida subdivisão entre a fase instrutória – secreta, inspirada no princípio inquisitório, com amplo poder discricionário deixado ao juiz, sem espaço para a defesa – e a fase dos debates públicos. O resultado foi a criação de um processo desordenado, que suscitou inúmeras críticas, que só foram respondidas meio século depois, com o novo Código de Processo Penal de 1913.

O Código de Comércio de 1865, por sua vez, modificou apenas poucas normas do Código piemontês de 1842. Mas já poucos anos mais tarde, por iniciativa de Pasquale Stanislao Mancini, a exigência de uma renovação radical da regulamentação comercial se impôs: o modelo francês de 1807 não atendia mais às necessidades de uma economia agora transformada pela Revolução Industrial. Em 1869 começaram os trabalhos que depois de treze anos, em

---

[166] Lei de 6 de dezembro de 1865.

1882, se concluíram com a aprovação de um novo Código de Comércio[167], fruto da ativa colaboração de juristas da Ligúria, do Vêneto, da Lombardia, de Nápoles e da Sicília, sob a direção ora direta, ora indireta de Mancini [A. Padoa Schioppa, 1992, pp. 157-203]. Pasquale Stanislao Mancini (1817-1888), jurista da Campânia – político, advogado e estudioso de cultura diversificada – desenvolveu efetivamente um papel fundamental em diferentes campos do ordenamento e da codificação italiana do século XIX: do direito penal ao comercial, dos processos ao direito internacional[168].

As inovações do Código de Comércio de 1882 foram numerosas e profundas. Para as sociedades de capitais foi abolido – como já havia ocorrido na França em 1867 – o requisito da autorização governamental, agora incompatível com as exigências de rápido desenvolvimento do capitalismo industrial. A autorização discricionária do governo foi substituída pelo controle sobre a conformidade à lei do ato constitutivo, confiado ao tribunal civil; foram atentamente regulamentados o papel da assembleia, as responsabilidades dos administradores, os processos de votação. Foram reconhecidas as sociedades cooperativas, já há algumas décadas atuantes na prática [Fabbri, 1979]. A nota promissória teve o princípio de abstração reconhecido, segundo o modelo germânico introduzido em 1848, que prescindia da causa da obrigação para os fins da executoriedade, desde que o título fosse formalmente correto. O contrato de transporte foi reformulado levando em conta a nova situação criada pelo monopólio do sistema ferroviário. Os contratos de Bolsa foram incluídos entre os contratos comerciais. O processo falimentar recebeu uma regulamentação nova, mais severa. A detenção por dívidas, que ainda era prevista para os devedores comerciais, foi anulada. Poucos anos mais tarde, em 1888, foram abolidos os tribunais de comércio. O Código foi saudado como o mais moderno da Europa, também porque tinha o cuidado de levar em conta as recentes legislações europeias, incluindo a alemã e a da Bélgica promulgadas alguns anos antes, e introduzia outras melhorias.

2.3. O Código Penal

Faltava o Código Penal. As tentativas iniciadas desde 1860 para chegar oportunamente também nesse terreno a uma codificação unitária não tiveram sucesso: após a abolição da pena de morte na Toscana, decidida em 1860, os toscanos (e não apenas eles) consideravam o seu Código muito superior ao modelo piemontês de 1859, que havia sido prontamente estendido às outras partes do Reino da Itália. A Toscana continuou portanto a aplicar o Código de 1853. Mas teve início o longo trabalho de preparação de um novo Código Penal italiano, que se estendeu quase sem interrupção por mais de um quarto de século. Oito projetos[169] viram sucessivamente a luz, para os quais colaboraram pouco a pouco os melhores expoentes da doutrina universitária, do fórum e da magistratura: Carrara, Buccellati, Ambrosoli, Pessina, Lucchini, mas também os ministros Mancini, Pisanelli, Vigliani, Zanardelli e muitos outros desempenharam um trabalho bastante acurado no decorrer dos anos, vencendo não poucas resistências científicas e profissionais. Sobre o projeto Vigliani de 1875 realizou-se uma aprofundada discussão no Senado. A dificuldade que parecia insuperável, a profunda divergência sobre a conveniência de conservar a pena de morte, foi finalmente vencida pela Câmara em 7 de dezembro de 1877, que votou sua abolição.

Na mesma época, Luigi Lucchini (1847-1919) – professor de direito penal em Modena, Siena e Bolonha, mais tarde magistrado do Supremo Tribunal de Justiça, várias vezes deputado e depois senador, uma figura central na ciência criminalista italiana da segunda metade do século XIX –, através da *Rivista penale* por ele fundada em 1874, desempenhou um papel determinante de crítica construtiva e de estímulo que conduziu, em 1883, a um novo projeto

---

[167] *I motivi del nuovo Codice di commercio italiano, ossia raccolta completa [...]*, org. por A. Marghieri. Nápoles, 1885-1886, 6 vols.
[168] Ver *Pasquale Stanislao Mancini*, 1991.
[169] Para a fase dos trabalhos até 1870, cf. *Il Progetto del Codice penale pel Regno d'Italia coi lavori preparatori per la sua compilazione raccolti ed ordinati sui documenti ufficiali*, Florença, 1870, 2 vols.

inspirado precisamente por Lucchini sob a direção do advogado e político bresciano Giuseppe Zanardelli, que em 1876 se tornou ministro da Justiça com a ascensão da esquerda ao poder. O último projeto (Projeto Zanardelli de 1887) foi novamente organizado por Lucchini, o verdadeiro protagonista da fase conclusiva: ele deve ser considerado o pai do novo Código. Depois de ser novamente revisto por delegação do Parlamento, o Código entrou em vigor em 1890[170]. Nenhum Código Penal havia tido na Itália uma preparação tão ampla e aprofundada.

O Código Zanardelli (assim foi denominado) tratava em três livros, respectivamente, dos crimes e das penas em geral, dos delitos, das contravenções. As penas para os delitos compreendiam a prisão perpétua, a reclusão, a detenção, o banimento, a multa, a interdição dos ofícios públicos; para as contravenções, a prisão e a multa. Foram muitas e fundamentais as inovações em relação ao modelo francês, austríaco e alemão. No lugar da tripartição entre crimes, delitos e contravenções, precursora de complexos problemas de limites entre as duas primeiras, o Código adota uma bipartição linear que distingue os delitos das contravenções. Além disso, há nele a reformulação da noção de imputabilidade, devida a Lucchini, com a clara explicitação do elemento da consciência e da compreensão do crime por parte do seu autor, ao lado do elemento da vontade como pressupostos essenciais para a imputabilidade. E ainda: mais equilíbrio nas sanções, com a correção da excessiva severidade em relação aos crimes contra a propriedade, característica do modelo francês; distinção entre crime tentado e crime frustrado, com grau diferente da sanção entre as duas hipóteses, ambas punidas com menor gravidade que o crime consumado segundo a tradição italiana, que remonta ao direito Lombardo; disciplina nova para a reincidência e para a participação no crime. E muitas outras coisas.

2.4. *O Código de Processo Penal de 1913*

A regulamentação do processo penal, que permaneceu fiel ao Código de 1865, tornou-se objeto de críticas crescentes quando o novo Código Penal Zanardelli, de um lado, e as ideias da Escola Positiva do Direito Penal, de outro (voltaremos a ela), solicitaram uma reforma integral de tal processo. Houve tentativas e projetos no início dos anos 1890, mas apenas em 1895 o ministro Camillo Finocchiaro Aprile deu encaminhamento a um projeto orgânico de codificação. Este foi desenvolvido com intensidade no triênio sucessivo por uma comissão presidida por Enrico Pessina – professor da Escola Clássica, na esteira de Carrara, mas próximo também de Luigi Lucchini –, foi retomado em 1893, deu lugar a um Projeto completo em 1905, por fim foi levado a termo com um novo Projeto de 1911 por iniciativa do mesmo Finocchiaro, amplamente coadjuvado, quase até o fim, pelo magistrado Guglielmo Vacca. Com a contribuição de Lodovico Mortara, o Código foi finalmente aprovado em 1913 através do processo habitual da delegação legislativa [Miletti, 2003].

O Código modificava em medida relevante a disciplina precedente, sobretudo no sentido de introduzir maiores direitos de defesa na fase instrutória. Nesse aspecto atendia às exigências da Escola Clássica, mas por outro lado suscitava as críticas da Escola Positiva. O próprio Lucchini, de posições contrárias, havia criticado duramente o Código tanto no Parlamento como na *Rivista penale*, considerando-o pouco coerente. De fato, ele adotava também algumas instâncias dos "positivistas", expressas em particular pelo magistrado Garofalo. O equilíbrio entre a proteção do acusado e a proteção da sociedade vítima do crime se revelava, como sempre, um equilíbrio difícil.

3. *O Código Civil espanhol*

Em 1888, a Espanha aprovou, após um percurso não breve nem fácil, um Código Civil nacional[171]. Um importante Projeto havia sido criado pouco depois da metade do século, em

---

[170] *Lavori parlamentari del nuovo Codice penale italiano: discussione al Senato (dall'8 al 17 novembre 1888)*, Roma, 1889.
[171] Texto em http://civil.udg.es/normacivil/estatal/CC/INDEXCC.htm.

1851, caracterizado pela tentativa de adotar uma codificação unitária para todo o país, de acordo com o modelo francês. Mas a resistência dos defensores do sistema civilista plural espanhol[172], caracterizado pela presença de normas locais passadas (*Fueros*), impediu o projeto – que tomava como modelo essencialmente o direito civil de Castela – de obter a aprovação. Só mais tarde, após a promulgação de algumas leis especiais sobre as hipotecas (1861), sobre o casamento e o registro civil (1870) o processo de codificação foi retomado. A partir da metade do século XIX, aos defensores do Código único – em maioria entre os juristas espanhóis – se haviam contraposto de um lado os inimigos da codificação, de outro os juristas favoráveis à promulgação de códigos civis diferentes para cada uma das principais regiões históricas da Espanha: Castela, Aragão, Catalunha, Países Bascos, Navarra [Tomás y Valiente, 1983, p. 546]. A solução de conjugar a adoção de uma codificação unitária com a preservação de institutos civilistas típicos das diversas tradições regionais dividia os juristas. Mas foi precisamente ela que prevaleceu, com a contribuição determinante de Manuel Alonso Martinez (1827-1891).

O Código de 1888 apresenta, portanto, características particulares na arquitetura das fontes, que o diferenciam notavelmente dos modelos contemporâneos do continente. O art. 1.1 indica na ordem, como fontes do direito civil, a lei, o costume, os princípios gerais do direito. O costume não deve ser contrário à lei, não deve infringir a ordem pública nem a moral e deve ser comprovado. Mas a noção de "lei" é bem mais complexa que a das codificações dos outros países europeus. As tradições jurídicas específicas das regiões históricas da Península Ibérica efetivamente encontraram lugar na disciplina do código.

O instrumento adotado para reconhecer tais tradições consiste no conceito de "vizinhança civil" ("vecindad civil"). Todo indivíduo, com base na *vecindad* que lhe cabe, está sujeito ou ao direito civil comum, que é o regulamentado pelo código, ou ao direito civil "especial" ou "foral" (art. 14.1). Esta segunda categoria compreende as normas do direito civil que já vigoram nas províncias ou nos territórios da Espanha (art. 13.2). Trata-se, em particular, de regras específicas sobre a sucessão, sobre os direitos reais, sobre alguns contratos. Havia muito tempo, muitas vezes por séculos, eles estavam arraigados em diversas regiões da Espanha. Na Catalunha e em Andaluzia existia um verdadeiro sistema de direito civil, diferente do existente em Castela.

O Código disciplinava a relação entre direitos locais e normativa codicista como uma relação entre direito especial e direito comum. Na presença de uma regulamentação "foral" só se recorria ao Código como meio supletivo, para preencher as eventuais lacunas do direito local. Por outro, onde não existiam normativas especiais (nos "territórios de direito comum"), o Código tinha aplicação direta (art. 13.2).

Quanto à determinação do direito para cada indivíduo, o Código previa uma disciplina complexa. O pertencimento à *vecindad* de direito comum ou à do direito "foral" ou especial derivava do pertencimento do pai. Mas o filho podia, depois de completar 14 anos, optar pela normativa do lugar do seu nascimento, caso este fosse diferente daquele do pai (art. 14.3). Além disso, depois de alguns anos de residência contínua em um lugar (de dois a dez), se adquiria a *vecindad* correspondente (art. 14.5). Essa regulamentação só foi modificada recentemente, em 1990.

4. *A Constituição, os Códigos da Alemanha unida e o BGB*

A estrutura do Estado que o estímulo nacional agora atuante há mais de meio século e o gênio de Bismarck criaram na Alemanha reflete ao mesmo tempo a tradição diversificada dos territórios alemães e as novas exigências criadas pela unificação política. Depois de 1848, a Prússia havia conhecido uma presença forte do Parlamento representativo, eleito com base

---

[172] Acerca do qual, ver os ensaios reunidos em *Hispania*, 1990.

censitária e orientado em sentido liberal na economia e em sentido democrático no controle das decisões de despesa: uma tendência que pareceu a ponto de se impor em 1858, mas que o rei Frederico Guilherme IV e sobretudo Bismarck, chamado ao governo como chanceler, conseguiram domar: o governo prussiano se reservou o direito de intervir diretamente e com autoridade, mesmo sem a aprovação parlamentar, no ordenamento militar e na fixação das despesas relativas ao exército. O dualismo entre instituições representativas e governo – que reflete o tradicional entre "povo" e soberano [Hartung, 1950, p. 268] – é típico da Prússia e a distancia da constituição da Bélgica de 1831, apesar de esta ter sido tomada como modelo.

A estrutura constitucional mudou profundamente nos anos da unificação. Ela foi obra direta de Bismarck, assessorado por juristas de sua confiança como Triepel e Becker. Em 1866 foram definidos os aspectos essenciais de uma constituição entre os Estados da Alemanha do Norte que, estendida à Baviera e aos Estados alemães do Sul, se torna a constituição da Alemanha unida em 1871[173].

Ao lado do Conselho (*Bundesrat*) onde eram representados os Estados conforme o modelo de 1815, o Parlamento eletivo (*Reichstag*) – a ser eleito por sufrágio universal masculino, como instrumento de representação política de todo o povo alemão, de acordo com organização que Bismarck defende firmemente – exercia o poder legislativo em uma série importante de matérias das quais se decidiu que a disciplina jurídica deveria ser estabelecida em âmbito federal: comércio, moeda, transportes, indústria, um pouco mais tarde também o direito civil, o direito penal, o direito das associações, a lei sobre a imprensa. Após algumas resistências, Bismarck também concedeu ao Parlamento todas as competências de balanço e de tributação direta e indireta, inclusive os gastos militares. As decisões de natureza executiva tinham poder coercitivo direto, exercido pelo governo.

No Governo, o peso da Prússia, cujo soberano era ao mesmo tempo o imperador do novo Estado alemão, era determinante. Nas modificações da constituição de competência do *Bundesrat*, contudo, tanto a Prússia como, pouco depois, a Baviera adquiriram um peso em termos de voto que as habilitava a vetar decisões às quais fossem contrárias. Era uma constituição de cunho federal, ainda que muito diferente dos modelos da Suíça e dos Estados Unidos.

4.1. *O Código de Comércio de 1861*

Mesmo antes de chegar à unificação política, a Alemanha havia obtido a unificação legislativa no âmbito do direito da economia. A união alfandegária (*Zollverein*) iniciada desde a quarta década do século trouxe consigo a necessidade de uma disciplina uniforme da legislação. E assim nasceu já em 1848 uma inovadora lei sobre a nota promissória (*Wechselordnung*), adotada em todos os Estados alemães; entre outras coisas, nela se adotava pela primeira vez o princípio fundamental da abstração da obrigação cambial, teorizado por Einert, como vimos. Após uma cuidadosa obra de preparação, através dos trabalhos de uma Comissão reunida em Nuremberg, chegou-se em 1861 à promulgação do Código de Comércio alemão (ADHGB), em cuja preparação teve notável peso a autoridade científica de Levin Goldschmidt; um Código que os diferentes Estados alemães, incluindo também a Áustria com os territórios dos Habsburgos, adotaram no curso de alguns anos.

Era um Código certamente mais condizente com a economia da época que o modelo napoleônico – do qual hauria, porém, a configuração "objetivista", que fundamentava a normativa do direito comercial nos "atos de comércio" e não na qualidade pessoal do comerciante – na medida em que se adequava aos progressos da industrialização, às novas necessidades e às oportunidades determinadas pela criação da rede ferroviária na Europa, ao desenvolvimento das sociedades comerciais e do crédito. Entre outras coisas, estabelecia-se no Código que os negócios unilateralmente comerciais fossem disciplinados para ambas as partes pelo direito comercial e não pelo direito civil (art. 277).

---

[173] Texto da Constituição no *site* http://documentarchiv.de/ksr/verfksr.html.

Em relação a esse ponto crucial e a outros institutos, a disciplina comercial alemã será revista no fim do século, juntamente com a fase final de aprovação do Código Civil: um novo Código de Comércio aprovado em 1896 (HGB) entrará em vigor em 1900, com mudanças significativas, entre as quais a adoção de uma estrutura "subjetivista" que retomava algumas posições doutrinais de Heinrich Thöl, bem como (ao contrário do estabelecido no Código de 1861) a extensão da disciplina civilista aos negócios unilateralmente comerciais (art. 345).

4.2. O Código Civil (BGB)

A preparação do Código Civil alemão foi longa e complexa[174]. Se na primeira metade do século a posição negativa assumida por Savigny em 1814 foi substancialmente compartilhada, em seguida uma série de codificações locais surgiu, entre as quais é importante o "Projeto de Dresden" para as obrigações de 1866. Mas só com a unificação o propósito de criar um Código Civil tornou-se concretamente atual e politicamente desejado. No ano seguinte, uma Comissão preliminar (*Vorkommission*), instituída em 1873 e presidida pelo professor de direito comercial Levin Goldschmidt, submeteu ao *Bundesrat*, obtendo sua aprovação, um parecer no qual se estabeleciam alguns pontos fundamentais destinados a se tornar inalterados: o novo Código deveria fundamentar-se no direito privado vigente nos territórios alemães, excluindo uma série de institutos agora obsoletos ou então ligados às características de cada território (feudos, fideicomissos familiares, direitos sobre as águas, sobre as florestas, sobre a caça e outros), a ser disciplinados com leis especiais. O Código não deveria incluir o direito comercial, ao qual devia ser destinado um código diferente. Até o processo de elaboração do novo Código Civil era claramente indicado.

Com base nisso foi nomeada em 1874 uma primeira Comissão de onze membros, composta de magistrados provenientes de diversos territórios da Alemanha (o presidente era Heinrich Pape, que dirigia o Tribunal de Comércio Federal) e de alguns professores, entre os quais o germanista Paul von Roth e o pandectista Bernard Windscheid, autor do mais célebre tratado de direito privado da época. A Comissão confiou a redação das diversas partes do Código a cada um de seus componentes, assessorados por redatores contratados especialmente para isso. Os trabalhos se estenderam por pelo menos treze anos, até porque depois de uma primeira redação cada um dos artigos foi reexaminado e discutido por toda a Comissão. O primeiro Projeto ficou pronto em 1887, foi transmitido ao *Bundesrat* e publicado com os Motivos em 1888.

As discussões e as críticas dirigidas ao Projeto nos dois anos seguintes levaram, após uma primeira revisão em âmbito ministerial, à criação de uma segunda Comissão em 1891; era integrada também por alguns componentes da primeira Comissão, entre os quais, com a função de relator principal, o magistrado de apelação prussiano Gottlieb Planck. A Comissão trabalhou por mais cinco anos e em 1896 conseguiu concluir o novo Projeto que, discutido pelo *Bundesrat* e pelo *Reichstag*, foi aprovado no mesmo ano e passou a vigorar a partir de 1900[175].

A sistemática do BGB reflete a divisão dos tratados da doutrina alemã da época. Inicia-se por uma Parte Geral (ausente tanto no Código francês como no austríaco) que trata de institutos transversais ao direito privado como um todo, como a capacidade das pessoas físicas e jurídicas, o negócio jurídico, a prescrição: uma parte que, como se disse, "tira dos parênteses" essas regras gerais, as quais devem ser integradas em cada caso para compreender a disciplina de cada instituto (um método logicamente rigoroso, mas não desprovido de inconvenientes: Wieacker, 1980, II, p. 187). Seguem-se os livros II-V, relativos às obrigações, aos direitos reais, ao direito de família, às sucessões, num total de 2.385 artigos.

---

[174] Para os trabalhos preparatórios, ver: W. Schubert, *Materialen zur Entstehungsgeschichte des BGB: Einführung, Biographien, Materialen*, Berlim, 1978; id., *Die Vorlagen der Redaktoren fur die erste Komission zur Ausarbeitung des Entwurfs eines Bürgerlichen Gesetzbuches*, org. de W. Schubert (1876-1887), reimpressão Berlim/Nova York, 1981-1986, 15 vols. [amplo estudo histórico de B. Dölemayer em Coing, 1982, vol. III/2].

[175] Para o texto do BGB, ver, ao lado das numerosas edições e dos comentários, o *site* http://dejure.org/gesetze/BGB.

Os conteúdos, à parte algumas exceções, são predominantemente extraídos da disciplina do "direito romano atual", portanto da tradição germânica do século XIX, por sua vez baseada no modelo do direito comum ("Usus modernus Pandectarum") reformulado por Savigny e pelos pandectistas na segunda metade do século XIX. No entanto, o Código levou em conta a disciplina dos diversos territórios alemães, apontando também novas soluções quando as diversidades pareciam inconciliáveis ou as soluções existentes não se mostravam adequadas. Os temas e os institutos mais ligados às inovações da economia e da sociedade – por exemplo, a relação de trabalho, o direito da economia e o direito agrário – foram deliberadamente deixados fora do Código, na tentativa de delinear uma disciplina estável no tempo e também (ao menos nas intenções) "politicamente neutra". Diferentemente do Código Napoleão, o BGB é um código caracterizado por uma linguagem técnica extremamente precisa, escrito para ser compreendido mais por juristas que por cidadãos leigos em direito.

A disciplina da família fundamenta-se em um pátrio poder forte. A disponibilidade testamentária é fortalecida limitando a cota dos legitimários. A norma sobre o casamento inclui o divórcio. A tradição do direito comum pode ser percebida em muitas disposições, entre as quais o requisito da entrega da coisa para a passagem da propriedade na compra e venda. Nos contratos e nas obrigações considera-se o indivíduo como livre e soberano, sem limitações do tipo do "justo preço" ou da lesão enorme, na medida em que se tem como modelo "o operador jurídico racional" [Wieacker, 1980, II, p. 197].

Estas e outras escolhas foram criticadas, por diferentes motivos, até por juristas de ideias distantes entre si. Houve quem, como Otto von Gierke, lamentou que no Projeto de 1887 não tivessem sido suficientemente valorizadas algumas linhas históricas da tradição associativa alemã, quem desejou uma estrutura teórica ainda mais abstrata e rigorosa (foi o caso de Zitelmann), quem, por fim – a começar do professor austríaco Anton Menger –, atacou o enfoque "burguês" do Código[176], por exemplo no que diz respeito às relações de trabalho: não por acaso no *Reichstag* os social-democratas haviam votado contra a aprovação do BGB.

Seja como for, o Código Civil alemão (BGB: *Bürgerlisches Gesetzbuch*) é um dos grandes monumentos legislativos do século XIX europeu. Não lhe faltam inovações de relevo. Ao lado da sistemática do Código, que por sua coerência é superior à dos códigos francês e austríaco, muitas regras jurídicas novas devem ser assinaladas: do princípio da liberdade contratual à ação geral por enriquecimento ilícito, da disciplina dos vícios da vontade às importantíssimas "cláusulas gerais", que consistem em evocar expressamente no código alguns princípios gerais, como honestidade, boa-fé, bons costumes, justa causa, princípios de razoabilidade e de proporcionalidade e outros[177]. No século XX o recurso às cláusulas gerais permitirá aplicações flexíveis, pouco a pouco correlatas à evolução dos costumes e da economia.

5. O Código Civil suíço

A Confederação Helvética atingiu a meta da unificação legislativa do direito privado através de um longo caminho, percorrido no decorrer de meio século, de 1861 a 1911. O resultado é um dos mais significativos da história das modernas codificações europeias[178].

A primeira meta foi alcançada em 1881 com a aprovação do *Código das Obrigações*. Vinte anos antes o jurista de Berna Walter Munzinger (1830-1873), já encarregado de redigir um código comercial para o seu cantão, recebeu a incumbência de preparar um Código de Co-

---

[176] *Das bürgerliche Recht und die besitzlosen Volksklassen*, reimpressão 1927.
[177] Ver, por exemplo, no BGB: o § 138 (que declara nula uma transação contra a moral); as disposições que estabelecem a rescindibilidade de alguns contratos se existem "motivos importantes" (emprego, § 626; mandato, § 671; sociedade, § 712), bem como a menção da boa-fé (por exemplo, no § 242).
[178] Também a respeito desse Código, ver o estudo histórico de B. Dölemayer [em Coing, 1982, vol. III/2]. Reflexões sobre esta e outras codificações do direito privado em Caroni, 1988.

mércio aplicável para toda a Confederação, enquanto se haviam manifestado vozes favoráveis a uma codificação federal unitária do direito das obrigações civis e comerciais, segundo um modelo já criado para o cantão de Zurique. O projeto de Munzinger de 1864 não teve continuidade porque a matéria ainda não era considerada de competência federal. Mas só quatro anos mais tarde a conferência geral dos cantões helvéticos e a associação dos juristas suíços concordaram em promover o encaminhamento de uma codificação unitária do direito das obrigações. Munzinger preparou então, por incumbência do Conselho Federal (*Bundesrat*), um novo Projeto publicado em 1871, que após a sua morte precoce foi inserido em um segundo projeto de Heinrich Fink em 1877. Discutido pelo Parlamento helvético nos dois anos seguintes, ele foi aprovado em 1881.

O Código das Obrigações suíço – para o qual Munzinger se havia inspirado nos recentes modelos do Código de Comércio alemão de 1861 e do projeto de Dresden de 1866 para as obrigações – tinha a característica fundamental de ditar uma disciplina unitária para as obrigações civis e para as comerciais. Nisso se diferenciava dos modelos europeus da França, Áustria, Alemanha, que haviam separado a codificação dos dois ramos do direito privado atribuindo a cada um um código distinto. Entre outras coisas, a unificação tivera o efeito de estender ao direito civil não poucas normas nascidas no leito do comércio, mais funcionais, pragmáticas e modernas que as da clássica tradição civilista do direito comum.

O resultado positivo obtido em 1881 levou os defensores da unificação legislativa a se empenharem para conseguir a promulgação de um Código Civil que abarcasse todo o direito privado. A unificação do direito privado deve ser entendida como o símbolo e o efeito de uma tendência mais ampla de unificação da Confederação sob o aspecto político-constitucional [Caroni, 1986].

Em 1884, a pedido da Associação dos Juristas Suíços (*Schweizerische Juristenverein*)[179], o *Bundesrat* encarregou o então presidente da Associação, o professor Eugen Huber (1849-1923), de realizar um reconhecimento preliminar dos ordenamentos de direito privado dos diversos cantões. Nasceu daí uma obra ampla e analítica[180], com base na qual em 1892 o *Bundesrat* deu a Huber o encargo de elaborar um projeto de Código Civil[181]. Desse momento em diante, Eugen Huber, que havia sido chamado precisamente para lecionar em Berna após uma década passada em Haia, foi por vinte anos o protagonista onipresente de um magistral processo de elaboração normativa.

A preparação do Código foi conduzida com extremo cuidado: advogados, magistrados, professores, expoentes das tradições dos cantões, políticos, pessoas físicas e associações, grupos sociais foram interpelados várias vezes[182] à medida que os projetos parciais tomavam forma[183]. Era preciso encontrar soluções que conciliassem tanto os conflitos entre a tendência inspirada no Código Napoleônico dos cantões de língua francesa e a tendência germanizante dos cantões alemães como as divergências entre as tendências tradicionalistas dos ambientes rurais e das montanhas (especialmente acerca de direitos imobiliários, de família e de sucessão) e as da burguesia comercial e industrial, favoráveis a uma mais moderna e dinâmica disciplina dos bens e de sua circulação.

---

[179] Essa corrente foi levada adiante por alguns expoentes de destaque da advocacia, da universidade e da política, papéis muitas vezes desempenhados por eles ao mesmo tempo, o que dava a possibilidade de promover no âmbito parlamentar as ideias expressas pela cátedra e na profissão: entre eles, em particular, Paul Friedrich Wyss, Carl Hilty, Karl König, Albert Zeerleder, Louis Ruchonnet.

[180] E. H. Huber, *System und Geschichte des Schweizerischen Privatrechtes*, Basel, 1886-1893, 4 vols.

[181] Em 1898 a Constituição federal foi modificada admitindo o princípio da unificação legislativa do direito privado.

[182] Ver o longo elenco de nomes e de contribuições citado por Dölemeyer [em Coing, 1982, vol. III/2, pp. 1.978-2.024].

[183] As principais etapas foram o Plano de 1893; os três Projetos parciais de 1893-1898; os novos Projetos de 1896-1900, após o exame dos governos dos cantões e dos departamentos federais; a revisão de 1904, subsequente ao exame de uma nova comissão de especialistas tripartite composta de expoentes dos cantões; de juristas e de portadores de interesses econômicos; por fim, a revisão realizada pelo Conselho nacional de 1904 a 1907.

Em 1907 foi concluída a redação do Código, que entrou em vigor no mesmo ano. A sistemática é linear: os quatro livros são dedicados, respectivamente, às pessoas, à família, às sucessões e aos direitos reais. Ele não possui uma parte geral; quanto às fontes, em caso de lacuna se remete em primeiro lugar ao costume e em segundo lugar à livre decisão do juiz[184]. Nos anos seguintes, até 1911, Huber trabalhou, com o método agora consagrado, na revisão do Código das Obrigações de 1881, tornando-o coerente com o novo Código Civil e reformulando diversos institutos[185].

Enfim, Huber conseguiu cumprir a tarefa que lhe fora confiada vinte anos antes. O seu Código – escrito em uma linguagem clara e acessível, logo traduzida para o francês e para o italiano, todas com versões oficiais – é considerado por alguns estudiosos (entre os quais Franz Wieacker), pelo equilíbrio e pela coerência de suas normas, o melhor dos códigos privatistas do século XIX europeu.

6. *O Código de Processo Civil austríaco*

Entre os códigos do final do século XIX apresenta um relevo particular o Código de Processo Civil austríaco, aprovado em 1895 e adotado três anos mais tarde. Preparado por Franz Klein (1854-1926), professor em Viena e mais tarde ministro da justiça, o Código se caracteriza pela adoção de alguns critérios gerais que o diferenciam claramente do modelo francês, baseado no princípio dispositivo. Para limitar os comportamentos protelatórios das partes e as morosidades dos processos, o Código austríaco baseia-se no princípio da oralidade e sobretudo atribui ao juiz civil uma série de poderes na coleta e na livre avaliação das provas, bem como na direção do procedimento, também na tentativa de suprir as menores possibilidades operativas e defensivas do litigante mais fraco [Taruffo, 1980].

Desse modo, o modelo "liberal" do processo civil é substancialmente modificado.

7. *O direito inglês*

No decorrer do século XIX, o direito inglês superou o sistema processual que o regera por mais de sete séculos. Através de uma série de intervenções normativas que se sucederam por cerca de meio século, a pluralidade dos *writs* foi eliminada e a jurisdição central foi unificada adotando uma nova estrutura.

Em 1832, os nove tradicionais *writs* das ações pessoais que ainda existiam[186] foram abolidos e substituídos por um único *writ of summons*[187], no qual contudo o ator devia sempre inserir o nome da forma de ação com base na qual pretendia fazer valer a sua reivindicação. Esta disposição foi eliminada vinte anos mais tarde, em 1852, quando se estabeleceu que a indicação da ação não era mais necessária[188].

A tríade classificatória das ações, que existia desde os tempos de Bracton e tinha seiscentos anos, foi suprimida em 1832[189]: foram eliminadas as duas categorias das ações reais e das

---

[184] Código Civil suíço (1907), art. 1: "Nos casos não previstos pela lei, o juiz decide segundo o costume e, na falta deste, de acordo com a regra que ele adotaria como legislador".
[185] Em particular foi revista a disciplina das sociedades e do contrato de trabalho e a posição da mulher casada na gestão dos bens familiares e na sucessão: foram aqui acolhidas algumas das instâncias em favor dos trabalhadores (por exemplo, no que diz respeito aos aluguéis) feitas valer pela representação social-democrata, agora presente no Parlamento, mas também algumas instâncias do nascente movimento de emancipação das mulheres, de que se fez porta-voz a advogada Anna Mackenroth.
[186] Deb, Detinue, Covenant, Account, Trespass, Case, Trover, Assumpsit, Replevin.
[187] 2 Will. IV, c. 39.
[188] Common Law Procedure Act, 15 & 16 Vic., c. 76.
[189] Real Property Limitation Act, 3 & 4 Will. IV, c. 27, sect. 36.

ações mistas, para um conjunto de 60 ações tradicionais (reais e mistas), com poucas exceções. Havia tempo, de fato, uma ação pessoal, o *writ of ejectment*, substituíra na prática as antigas ações reais e se tornara o principal instrumento para a proteção da propriedade e da posse. Até as exceções remanescentes foram removidas em 1860[190].

O projeto foi levado adiante com energia pelo parlamentar escocês Henry Brougham (1788-1868), lorde chanceler em 1830, que em um discurso parlamentar de 1828 havia elencado como necessárias não menos de 60 reformas do sistema jurídico inglês. Mais tarde vangloriou-se de ter obtido a aprovação de três quartos delas [Baker, 2002, p. 215].

O espírito do iluminismo reformador havia contagiado, com características próprias, também a Ilha: há apenas cinquenta anos uma revogação de tantos *writs* históricos não teria sido concebível. O coerente conjunto de medidas que redesenharam o secular ordenamento judicial inglês pode ser considerado o resultado de um movimento para as reformas através do instrumento da legislação, que foi encaminhado e inspirado por alguns intelectuais britânicos, a começar por Jeremy Bentham. Se grande parte de suas propostas não obteve o consenso indispensável para serem traduzidas na prática – a partir das reiteradas propostas de codificação do direito –, a influência exercida por suas ideias foi, como já sabemos, enorme.

A literatura também contribuiu para aguçar a sensibilidade da opinião pública e do Parlamento para as falhas do sistema legal da época. Tiveram muito impacto particularmente as vívidas representações da realidade contidas nos romances de Charles Dickens (1812-1869), que quando jovem havia sido cronista judiciário e funcionário de um escritório de advocacia: a severidade das prisões por dívidas (que seu pai tivera de sofrer), os processos lentos e arbitrários do Tribunal de Chancelaria e outras regras duras e anacrônicas do direito inglês, postas a nu nas páginas do escritor, pouco a pouco perderam a aura de intangibilidade que as mantivera em vigor.

Por fim, concluiu-se a reforma das jurisdições centrais, realizada entre 1873 e 1875 sob a direção de Lorde Selborne. Os dois *Judicature Acts*[191], que configuraram o ordenamento judiciário ainda operante, aboliram todas as formas remanescentes de ações, estabelecendo ao mesmo tempo que no futuro tanto as causas de *Common law* como as de *Equity* deveriam ser administradas no interior de um mesmo Tribunal de Justiça, a High Court of Justice, ao qual eram transferidas as competências dos três tribunais de *Common law* (King's Bench, *Common Pleas*, Exchequer), do Tribunal de *Equity* (*Chancery Court*) e também as dos Tribunais do Almirantado, dos divórcios, das bancarrotas e dos testamentos (Probate Court): a High Court foi subdividida em cinco seções, que correspondem aos três tribunais de *Common law*, à Chancery Court e ao Almirantado juntamente com os tribunais menores citados. Acima, estava o Supremo Tribunal, que juntamente com o Alto Tribunal de Justiça constituiu a Supreme Court of Judicature. Possibilitou-se um último recurso mantendo os poderes judiciários da Câmara dos Lordes.

A grande contribuição da Equity para a evolução do direito inglês, que já mencionamos, foi assim incorporada e continuada no interior de uma jurisdição central agora unificada.

Um segundo importante núcleo de reformas foi promovido na Inglaterra na segunda metade do século. Se as reformas por via legislativa do sistema parlamentar e do sistema judiciário foram qualificadas por Dicey como fruto do benthamismo e do individualismo [Baker, 2002, p. 216], ou seja, são reformas de cunho liberal, o novo ciclo foi ao contrário promovido sob o impulso das exigências da economia industrial e da correspondente e agora ineludível questão social. Elas são comuns a outros países europeus, embora a Inglaterra, que estava mais adiantada no processo de industrialização, em muitos casos precedeu o Continente. Falaremos disso em breve.

---

[190] Common Law Procedure Act, 23 & 24 Vic., c. 126, sect. 26.
[191] Judicature Act, 36 & 37 Victoria, c. 66; Judicature Act, 38 & 39 Victoria, c. 77.

8. Legislação e sociedade

A segunda metade do século XIX conheceu na Europa transformações sociais, econômicas e dos costumes que naturalmente tiveram reflexos no direito. A legislação especial que nasceu nesta última parte do século revela claramente seus vestígios[192].

8.1. Família

Um primeiro setor de inovações legislativas diz respeito à família. Na França, a Restauração havia abolido o divórcio admitido no Código Napoleônico. A crescente consciência das consequências não raro dramáticas, sobretudo para a mulher, de uniões irremediavelmente viciadas – uma consciência exaltada com muita eficácia também pela literatura: pense-se em Madame Bovary de Flaubert ou em Anna Karenina de Tolstoi – levou em 1884, após longas batalhas parlamentares e de opinião, à reintrodução do divórcio na França[193], limitado contudo a poucas causas específicas (rapto, estupro, sevícias, condenação penal) e com a exclusão do consentimento mútuo como causa de dissolução do vínculo. Ainda na França, muito gradualmente se impôs também a proteção da mulher: à esposa é reconhecida uma pequena capacidade de agir[194], bem como o usufruto de uma parcela dos bens do cônjuge falecido[195], a mulher separada foi subtraída ao poder marital[196], concedeu-se à mulher trabalhadora a possibilidade de dispor livremente de seu salário[197].

A posição dos filhos ilegítimos, cruamente sacrificada no Código Napoleônico, foi melhorada no final do século, reconhecendo-lhes ainda que uma pequena parcela de direitos de sucessão[198], enquanto em 1912, ao final de duas décadas de tentativas infrutíferas, como instrumento para facilitar o reconhecimento dos filhos naturais foi reformado o art. 340 do Código, admitindo em alguns casos taxativamente indicados a investigação da paternidade[199] [Lefebvre-Teillard, 1996].

8.2. Indústria e comércio

Os desenvolvimentos da industrialização e dos transportes na segunda metade do século XIX tiveram reflexos importantes sobre a disciplina jurídica da economia. Ao lado de uma legislação especial ainda mal conhecida, que visava também à padronização das técnicas específicas dos produtos e que teve projeções internacionais [Vec, 2006], houve desenvolvimentos importantes na regulamentação referente às sociedades e aos contratos comerciais.

A necessidade de dispor de capitais enormes para o encaminhamento e a operacionalização de grandes empresas – a começar pela imponente construção da rede ferroviária, que foi realizada com capitais privados e modificou todo o sistema comercial e industrial para o transporte das mercadorias – determinou o sucesso cada vez maior da forma societária das sociedades anônimas por ações. As comanditas por ações previstas pelo Código de Comércio napoleônico não precisavam da autorização governamental, e isso explica seu grande sucesso na primeira metade do século[200]; mas agora elas não atendiam às exigências do desenvolvimento industrial e, por outro lado, os processos complexos e pouco transparentes ligados à

---

[192] Para o direito privado, ver a síntese de Coing, 1985-1989, vol. II.
[193] Lei de 27 de julho de 1884; foi determinante a iniciativa tenazmente levada adiante por Alfred Naquet.
[194] Lei de 9 de abril de 1881: a esposa foi autorizada a depositar somas módicas na caixa econômica e a fazer pequenas retiradas para as necessidades domésticas.
[195] Lei de 9 de março de 1891: usufruto de ¼ dos bens na presença dos filhos, de ½ caso não houvesse filhos.
[196] Lei de 5 de fevereiro de 1893.
[197] Lei de 13 de julho de 1907.
[198] Lei de 25 de março de 1896.
[199] Lei de 6 de novembro de 1912.
[200] Em seus romances, Balzac havia expresso o que ele chamou a "febre das comanditas" ("fièvre des commandites") [cf. Hilaire, 1995, p. 167].

autorização do governo se chocavam contra a necessidade de conseguir rápida e capilarmente os capitais.

Primeiro na Inglaterra (em 1844 e em 1856), depois nos territórios alemães (gradualmente a partir de 1861), em seguida na França com a lei de 24 de julho de 1867 [Lefebvre-Teillard, 1985] aboliu-se a autorização discricionária do governo, substituindo-a pela homologação do ato constitutivo da sociedade anônima confiada ao juiz: um procedimento que, ao contrário do anterior, devia apenas verificar a regularidade formal do ato com que se queria dar início à nova empresa na forma da sociedade anônima por responsabilidade limitada. Talvez seja essa a etapa mais significativa do caminho percorrido pelo direito em apoio ao liberismo econômico que se afirmou progressivamente, na França e em outros países europeus, no decorrer do século XIX. Na Itália, como vimos, chegou-se a isso em 1882 com o novo Código de Comércio.

Ao mesmo tempo eram disciplinados de maneira bem mais minuciosa os órgãos da sociedade anônima, atribuindo ao conselho de administração os poderes de governo da empresa e à assembleia dos sócios os poderes por assim dizer soberanos, com uma disciplina que previa em muitos casos o chamado voto "progressivo", com o qual se atribuía ao pequeno acionista um peso proporcionalmente maior em relação ao grande acionista, com o objetivo de encorajar os investimentos em ações[201]. Na Alemanha nascia em 1892 uma nova figura societária, a sociedade por responsabilidade limitada, mais simples que a sociedade anônima.

Precisamente as novas condições criadas pela rede ferroviária explicam algumas intervenções normativas em matéria de contrato de transporte, que se encontram na Alemanha, na França, na Itália e em outros lugares: na tentativa de não tornar excessivamente vantajosa a posição da transportadora, que de fato gozava de uma situação de monopólio, se excluiu ou se limitou o direito de introduzir cláusulas contratuais que a liberassem da responsabilidade no caso de perda ou de avaria[202].

Surgem novos institutos, inseridos nos Códigos comerciais mais recentes (como o helvético de 1881, o italiano de 1882, o alemão revisto de 1900) ou então com leis especiais. Na França, por exemplo, a venda em hasta pública de mercadorias por atacado e os armazéns gerais foram disciplinados em 1858[203], o penhor comercial em 1863[204], os cheques (*chèques*) em 1865[205], os corretores (*courtiers*) em 1866[206], a hipoteca naval em 1874[207]. No que diz respeito à falência, a reviravolta do início do século levou, após longos anos de preparação, a uma reforma que atenuava as consequências civis e penais a cargo dos responsáveis pelas pequenas falências e favorecia a concordata desde que requerida na época oportuna pelo devedor comercial insolvente[208]. O seguro, que se desenvolvia intensamente não apenas para os danos (transportes, incêndios, chuvas de granizo) mas para o ramo de vida, permaneceu por muito tempo confiado aos poucos artigos do Código Napoleônico, mas em 1905 foi instituído por lei um controle do Estado sobre o exercício do seguro de vida[209].

É interessante observar que, para uma grande parte desses institutos e dessas reformas, o modelo seguido nos códigos da Europa continental e nas leis especiais aqui mencionadas foi o da Inglaterra [A. Padoa Schioppa, 1992]. O capitalismo e a industrialização na Ilha britânica haviam alcançado uma fase mais avançada, e por isso não é de admirar que muitas

---

[201] Essa disposição não raro foi contornada por parte dos grandes acionistas cedendo temporariamente aos seus "testas-de-ferro" um certo número de ações por ocasião das assembleias societárias. As ações depois voltavam ao seu lugar.

[202] Para a França, lei 11-13 de abril de 1888, e lei 17-29 de março de 1905, com modificação do art. 103 do Code de commerce; para a Itália, art. 416 do Código de Comércio de 1882.

[203] Lei de 28 de maio – 11 de junho de 1858.
[204] Lei de 23-29 de maio de 1863.
[205] Lei de 14-20 de junho de 1865.
[206] Lei de 18-24 de julho de 1866.
[207] Lei de 10-22 de dezembro de 1874.
[208] Lei de 4-5 de março de 1889.
[209] Lei de 17-20 de março de 1905.

soluções normativas amadurecidas em Londres foram retomadas, poucos anos mais tarde, pelos legisladores do continente, não muito diferentemente do que ocorre hoje na Europa em relação às regras estadunidenses sobre os títulos de crédito, sobre a Bolsa ou sobre as sociedades de capitais.

8.3. *Trabalho*

As disposições que na Inglaterra e no continente proibiam as associações operárias continuaram a vigorar por muito tempo. Uma primeira descriminalização parcial das reuniões pacíficas ocorreu na Inglaterra em 1825. Nesse meio-tempo nasciam os sindicatos operários, originariamente desprovidos de personalidade jurídica e por isso não habilitados a atuar em juízo, até que em 1871 uma lei (*Trade Union Act*) os reconheceu como lícitos desde que seu estatuto tivesse sido aprovado pela autoridade de governo central ou local. A ruptura do contrato por parte do operário, anteriormente punida por condenação penal, é descriminalizada em 1875. Na França, o "delito de coalizão" que punia as associações operárias com base no Código Penal Napoleônico (art. 414-416) foi abolido em 1864, autorizando unicamente as coalizões consideradas "passageiras", enquanto a liberdade de associação sindical foi reconhecida legislativamente vinte anos depois, com a lei de 21 de março de 1884 [Halpérin, 2004]. Na Alemanha, isso ocorre só mais tarde, em 1908, embora os sindicatos já existissem e estivessem organizados há tempo.

No fim do século XIX, a Igreja de Roma posicionou-se em relação à questão operária com a encíclica *Rerum novarum* do papa Leão XIII, que remonta a 1891. Diante do risco real da exploração a encíclica evocava o dever do Estado de intervir com uma legislação que protegesse os trabalhadores. Rejeitava-se com firmeza a doutrina do socialismo, afirmando que a propriedade privada é parte do direito natural; rejeitava-se também o instrumento da greve, mas se requeria que o contrato de trabalho fosse disciplinado legislativamente para proteger o contraente fraco, ou seja, o operário, e se declarava que o salário devia ser suficiente para permitir a satisfação das exigências fundamentais da vida do trabalhador. Por fim, auspiciava-se a formação de associações cristãs para proteção dos trabalhadores.

A proteção social dos trabalhadores das indústrias teve progressos importantes na Alemanha de Bismarck. A lei sobre o seguro contra as doenças, aprovada em 1883, estabelecia a obrigação de segurar os trabalhadores com contribuições obtidas por dois terços sobre o salário e por um terço a cargo do empregador, deixando a opção por uma das muitas Caixas já existentes voltadas para isso. Em 1884 foi votada, depois de algumas tentativas infrutíferas, a lei que tornava obrigatório o seguro contra os infortúnios do trabalho[210], a cargo predominante da empresa sob o controle de uma administração estatal. Por fim, um seguro que protegia da invalidez e provia a necessidades da velhice ao se cumprirem setenta anos de idade, com reversibilidade para a viúva, foi aprovada em 1889; o encargo era dividido pela metade entre o trabalhador (mediante descontos no salário) e o seu empregador, com uma complementação do Estado.

A origem dessa legislação está ligada à história do movimento operário, que na Alemanha se consolidara havia um quarto de século, incentivado por intelectuais e políticos entre os quais Lassalle, Bebel, Liebknecht, Bernstein, ligados a tendências políticas muitas vezes conflitantes embora movidas por uma mesma inspiração marxista e socialista. Bismarck queria tornar menos agressivas as forças políticas que defendiam os interesses do proletariado oferecendo respostas concretas para as exigências reais dos trabalhadores, mas ao mesmo tempo buscava um projeto de fortalecimento do Estado na gestão da economia e das relações sociais: uma tendência própria dele e coerente com a tradicional política interna da Prússia, não obstante a oposição dos liberais [Stolleis, 2003]. E foi através dessas leis defendidas firmemente

---

[210] Unfallversicherungsgesetz, de 6 de julho de 1884. Uma lei que punha a presunção de responsabilidade a cargo do empregador em caso de infortúnio do operário era votada na Suíça já em 1877.

pelo grande chanceler que foram criadas as premissas para aquele conjunto de providências que será denominado o Estado social.

Na Itália, um processo histórico análogo levou à aprovação de algumas leis de proteção dos trabalhadores: em 1883 foi instituída a Caixa Econômica nacional para segurar os operários contra os infortúnios do trabalho, que complementava a atuação das sociedades previdenciárias, com disciplina reformulada em 1898[211]: se estabelecia uma indenização fixa poupando os acidentados no trabalho do ônus da prova da eventual culpa do industrial, ao qual de qualquer modo era evitado o risco da indenização [Castelvetri, 1994]. Quanto às controvérsias de trabalho, em 1893 uma lei[212] confiou a colégios de "probiviri" – compostos paritariamente de membros designados pelos empregadores e de membros designados pelos operários – a tarefa de tentar a conciliação e a de decidir as controvérsias de menor importância, confiando à jurisdição ordinária as outras controvérsias e a competência sobre os recursos. Através dos *probiviri* formou-se uma interessante jurisprudência sobre o trabalho[213].

Durante muito tempo, a relação de trabalho dos operários manteve-se presa, no século XIX agora industrializado, ao modelo romanístico da locação de serviços (*locatio operarum*), que vemos adotada, entre outros, no Código Civil Napoleônico (art. 1.781). Entre o final do século XIX e o início do século XX se impôs, porém, tanto na doutrina como na legislação, um enfoque novo, que levava em conta algumas importantes especificidades do trabalho operário no interior das empresas industriais.

Em 1890, era eliminado por lei, na França, o documento (*livret ouvrier*) que registrava os eventuais adiantamentos de salário recebidos pelo operário obrigando-o a restituí-los mesmo que não fosse mais funcionário do empregador anterior[214] [Halpérin, 1996, p. 267]; e se admitia o ressarcimento do dano em caso de resolução unilateral do contrato, revogando ao mesmo tempo a impressionante disposição do Código Napoleão que obrigava o juiz a certificar o testemunho do empregador em caso de controvérsia sobre o montante do salário[215]. Na Alemanha, o primeiro contrato coletivo de trabalho, relativo aos operários tipográficos, remonta a 1896 e é considerado pelo jurista Philipp Lotmar, em contraste com outras opiniões doutrinais, dotado de eficácia direta [Wesenberg-Werner, 1999, p. 272]; um resultado que na França foi parcialmente obtido em 1913 com uma sentença do Supremo Tribunal de Justiça[216].

As primeiras legislações que disciplinaram a relação de trabalho como figura contratual autônoma foram a da Bélgica de 1900[217] e a da Holanda de sete anos mais tarde, depois incluída no Código Civil holandês de 1838 (art. 1.637). Nelas se estabelecia, entre outras coisas, que o empregador deveria cuidar das condições de trabalho do operário, pagá-lo em dinheiro a cada quinze dias, que a eventual demissão deveria ocorrer com o correspondente aviso prévio, que o trabalhador poderia procurar um trabalho diferente, que a relação não se interromperia em caso de morte do empregador.

A essa altura a doutrina jurídica, em alguns de seus expoentes de relevo, percebeu que era preciso enquadrar em novos termos a disciplina da relação de trabalho. Em 1889, Otto von Gierke sublinhara a incongruência da disciplina da locação, insistindo no vínculo profissional e na relação de solidariedade que ligam o empregador e o prestador de serviço de uma empresa[218] e defendendo também nessa vertente algumas concepções que lhe eram caras, que ele atribuía aos direitos da Idade Média alemã [Coing, 1989, II, p. 197]. Alguns anos mais tarde,

---

[211] Lei de 17 de março de 1898, n. 80.
[212] Lei de 15 de junho de 1893, n. 295.
[213] E. Redenti, *Massimario della giurisprudenza dei probiviri* (1906), nova ed. org. por S. Caprioli, Turim, 1992.
[214] Lei de 2-18 de julho de 1890.
[215] Lei de 13 de julho de 1890 que modificou o art. 1.781 do Code civil de 1804.
[216] Foi admitida a acumulação do interesse coletivo e do interesse individual: Supremo Tribunal de Justiça, 5 de abril de 1913, *Dalloz Périodique*, 1914, 1, 65 [Halpérin, 1996, p. 266].
[217] Lei de 10 de março de 1900.
[218] O. v. Gierke, *Die soziale Aufgabe des Privatrechts*, 1889.

no início do novo século, Lodovico Barassi[219] na Itália, Philipp Lotmar[220] e Hugo Sinzheimer[221] na Alemanha, A. Beaucourt[222] na França e outros dedicavam ao contrato de trabalho aprofundados estudos específicos, abrindo caminho para um novo ramo do direito, destinado a grandes progressos no século XX.

8.4. Justiça administrativa

Entre os aspectos mais significativos do direito no século XIX está a progressiva afirmação da proteção jurisdicional das pessoas físicas diante da administração pública.

Na França a crítica corrosiva de Alexis de Tocqueville condenara a disciplina da justiça administrativa introduzida por Napoleão, na medida em que o cidadão que se visse obrigado a fazer valer suas razões perante a administração se encontrava diante da própria administração ativa, na função de juiz [Mannori-Sordi, 2001]. Uma progressiva evolução para formas de juízo menos parciais foi iniciada com uma lei de 1845 que introduziu a oralidade e o caráter público nos julgamentos do Conselho de Estado. Em 1872 foi reconhecida a eficácia imediatamente executiva de suas sentenças, reformando assim o critério restritivo adotado em 1800 que as subordinava ao *placet* do governo; além disso, admitia-se o recurso por "abuso de poder" em relação a um ato administrativo [Burdeau, 1995, p. 168], com a possibilidade de anular o próprio ato[223]: um avanço fundamental para a questionabilidade jurisdicional dos atos administrativos. E a tarefa de dirimir os conflitos entre a jurisdição ordinária e a jurisdição administrativa foi subtraída ao Conselho de Estado e confiada a um tribunal instituído precisamente para tal finalidade.

Em 1875 a Alemanha instituiu os primeiros tribunais administrativos, confiando à jurisdição deles, contudo, apenas o julgamento de legitimidade (não o julgamento do mérito, que continuava inquestionável) relativo aos atos de império da administração pública e aos de gestão dos serviços públicos; os atos de natureza contratual e de gestão dos bens públicos eram confiados à jurisdição ordinária. A distinção entre as duas categorias era e continuará a ser problemática, mas desse modo os princípios inerentes à noção constitucional de "Estado de direito", defendidos por Gneist e por outros publicistas, haviam se estendido à proteção jurisdicional das pessoas físicas diante dos poderes públicos.

Na Itália, o Piemonte saboiano introduzira em 1842 o contencioso administrativo com eficácia diretamente executiva. Em 1859, Urbano Rattazzi conseguira inserir – entre as inúmeras leis e reformas promulgadas por seu governo no breve período em que ele obtivera plenos poderes – também a atribuição ao Conselho de Estado da jurisdição referente à lesão de direitos por parte da administração pública nos casos em que esta atuara como sujeito de direito público, enquanto para os outros casos operava a jurisdição ordinária conforme um modelo próximo do da Bélgica, particularmente interessante pela opção de atribuir à jurisdição ordinária também uma ampla série de controvérsias com a administração pública [Holthöfer, 1993, p. 69]. Com a unificação nacional, porém, na Itália a escolha realizada em 1865 foi abolir o contencioso administrativo atribuindo à jurisdição ordinária toda controvérsia em que uma pessoa fizesse valer a lesão de um direito [Mannori-Sordi, 2001][224].

Nos anos seguintes desenvolveu-se um intenso debate doutrinal e político sobre a questão. As críticas dirigidas aos inconvenientes do regime parlamentar viciado pela excessiva ingerência dos partidos levaram a reivindicar, como uma solução possível, uma plena proteção do indivíduo diante de abusos da administração provocados pela contaminação entre esta e a

---

[219] L. Barassi, *Il contratto di lavoro nel diritto positivo italiano*. Milão, 1901.
[220] Ph. Lotmar, *Der Arbeitsvertrag nach dem Privatrecht des deutschen Reiches*, Leipzig, 1902-1908, 2 vols. [sobre ele, Caroni (org.), 2003].
[221] H. Sinzheimer, *Der korporative Arbeitsnormenvertrag*, Berlim, 1907-1908, 2 vols.
[222] A. Beaucourt, *Le contrat du travail, nature juridique et principaux effets*, Paris, 1912.
[223] Lei de 21 de maio de 1872.
[224] Lei de 20 de março de 1865, anexo E.

política. Os escritos de Stefano Jacini (1879) e sobretudo de Marco Minghetti (1881)[225] argumentaram que nem o sistema inglês do autogoverno nem o modelo francês podiam constituir a resposta válida para a Itália [Cianferotti, 1980, pp. 109-15]. Silvio Spaventa empenhou-se com especial eficácia, em uma intervenção que se mostrou decisiva[226], para introduzir uma proteção jurisdicional também para os interesses legítimos, ao lado da dos direitos subjetivos, já garantida pela jurisdição ordinária [Sordi, 1985]. E em 1889 essa proteção foi atribuída ao Conselho de Estado, instituindo uma seção jurisdicional própria para julgar recursos sobre as sentenças da Junta provincial administrativa, presidida pelo governador da província[227]. Ao Conselho de Estado cabiam competências de mera legitimidade, com a exceção de algumas matérias específicas para as quais o julgamento se estendia também ao mérito das disposições administrativas. Nascia assim um modelo completo de proteção jurisdicional das pessoas físicas em relação à administração pública; um modelo destinado a se manter firme até o presente, mesmo com algumas importantes modificações.

O direito inglês, em contrapartida, aplicava um critério totalmente diferente, que não se alterou com o tempo. As reclamações contra um ato administrativo eram dirigidas diretamente ao funcionário que o adotara, considerado pessoalmente responsável, salvo o seu direito de recorrer diante da administração. Portanto, a jurisdição ordinária era competente para julgar tais reclamações, em tudo igualadas às controvérsias entre pessoas físicas [Plucknett, 1956].

No século XIX, em grande parte da Europa os direitos de voto para as eleições políticas permaneceram ligados às condições de censo dos cidadãos de sexo masculino. Mas em alguns países se afirmou o sufrágio universal masculino: assim ocorreu na França desde 1848, com disciplina que se manteve em vigor também nas duas décadas do Segundo Império. A Inglaterra realizou uma progressiva redução dos requisitos de censo em 1832, em 1867, em 1884, com correspondente ampliação do número de eleitores, até a obtenção do sufrágio universal – masculino e feminino – estabelecido em 1918. Assim fez também a Itália, que após a unificação estendeu o voto de poucos milhares de eleitores a cerca de dois milhões em 1882 e depois ampliou progressivamente o eleitorado até alcançar o sufrágio universal em 1912.

A extensão do sufrágio universal às mulheres aconteceu na França só em 1944, na Itália nas primeiras eleições do segundo pós-guerra, em 1946.

---

[225] M. Minghetti, *I partiti politici e l'ingerenza loro nella pubblica amministrazione*, 1881.
[226] S. Spaventa, *Giustizia nell'Amministrazione* (1880), ed. Turim, 1949.
[227] Lei de 31 de março de 1889.

35. As profissões legais

1. *Magistratura*

A história da magistratura na França do século XIX esteve estreitamente ligada aos acontecimentos e às reviravoltas da vida política [Bruschi, 2002]. Houve, é claro, uma continuidade testemunhada pela presença de famílias de magistrados que atuaram por várias gerações. Em 1848, Séguier, pertencente a uma antiga família de magistrados, ainda estava na direção do tribunal de recursos de Paris, depois de quase meio século desde sua primeira nomeação [Rousselet, 1960]. Mas cada mudança de regime comportou intervenções do governo destinadas a remover os magistrados mais próximos do poder precedente ou ao menos considerados contrários à nova ordem. Assim ocorreu em 1815 com um expurgo radical, assim em menos medida em 1830 e em 1848, assim de novo em 1852 com o advento do Segundo Império, assim por fim nos primeiros quinze anos da terceira república, a partir de 1870. Isso se verificou de várias formas, quase sempre indiretas, na medida em que o princípio da inamovibilidade da magistratura, introduzida com a Constituição do ano VIII, como vimos, não foi revogado em 1814 e nem sequer mais tarde, não obstante diversas tentativas realizadas em tal sentido. Em 1852, o instrumento utilizado foi o de instituir em cada departamento uma "comissão mista" (composta do governador da província, do procurador-geral e de um militar) para avaliar cada posição: uma política que suscitou a crítica acerba de um grande escritor hostil a Napoleão III e por ele malvisto, Victor Hugo [Royer, 2001, p. 546]. Para os postos de grau elevado e para as funções do Ministério Público e de procurador de Estado, os governos tiveram o cuidado de nomear homens fiéis a eles [*Staatsanwaltschaft*, 2005].

Essas intervenções eram muito mais fáceis na medida em que, na França, durante grande parte do século tanto o ingresso como a progressão na carreira para os magistrados foram determinados com base em decisões discricionárias do ministro da Justiça. Só com a terceira república foi instituído em 1883 um Conselho Superior da magistratura composto de magistrados do Supremo Tribunal de Justiça para as propostas de avanço na carreira, que no entanto ainda continuavam pertencendo ao ministro da Justiça. Ao ministro cabia também o poder discricionário de dar continuidade às medidas disciplinares em relação aos magistrados, para as quais a competência era atribuída ao Supremo Tribunal de Justiça[228]. Era o início de um lento processo de autogoverno da magistratura que se imporá no século XX.

A entrada na magistratura exigia, desde 1810 em diante, apenas o diploma em Direito e dois anos de estágio nos tribunais como advogado. A escolha cabia ao ministro, com base em listas tríplices propostas pelo procurador-geral do distrito: um processo com alto grau de discricionariedade[229]. Algumas propostas de instituir uma seleção para o ingresso através de um concurso (é o que defende Foucart, professor em Poitiers em 1835) não tiveram continuidade. O mesmo ocorreu com a proposta de voltar à eletividade dos juízes, promulgada em

---

[228] Lei de 30 de agosto de 1883.
[229] Na metade do século Laboulaye escrevia, descrevendo uma prática corrente: para o ingresso e para a carreira na magistratura "o ponto fundamental é pedir a intervenção de um parente, um deputado, um protetor qualquer" [Royer, 2001, p. 654].

1876 por apenas dois anos e de novo votada pelo Parlamento em 1882, mas imediatamente descartada. Só em 1906 o princípio do concurso como via de acesso para a magistratura foi adotado de maneira geral[230], ainda que com poderes remanescentes de controle reservados ao ministério da Justiça.

Quanto ao papel da jurisprudência, será suficiente ressaltar que a função redutiva que se desejara atribuir aos juízes na primeira era das codificações com o tempo cedeu lugar a intervenções incisivas, realizadas na presença de novos fatores ou de novas sensibilidades. Assim encontramos em algumas sentenças o recurso ao conceito de "abuso do direito" para limitar o direito de propriedade, ou a menção dos "deveres sociais" do proprietário [Halpérin, 1996, p. 196], para os quais chamava a atenção também a encíclica *Rerum novarum* de Leão XIII.

No campo penal, os júris, mantidos em vigor não obstante as ininterruptas discussões sobre suas virtudes e defeitos, não raro se mostraram brandos ao julgar, com base em defesas eloquentes, crimes de sangue atrozes, mas determinados por paixões violentas, ao passo que se mostraram inexoráveis ao punir com severidade os crimes contra a propriedade [Schnapper, 1991, pp. 241-312]. Nesse aspecto, atitudes menos severas foram adotadas por alguns juízes togados, competentes para os delitos correcionais subtraídos ao júri popular: como ocorreu (mas isso suscitou ao mesmo tempo celeuma e aprovação) quando, em 4 de março de 1898, o juiz Paul Magnaud absolveu uma mãe solteira, acusada de ter roubado um pão depois de três dias de jejum: Zola criou para ele, em um artigo publicado dez dias depois, o epíteto de "bom juiz".

A Itália, depois da unificação, adotou para a magistratura o mesmo critério escolhido, como veremos, para a codificação e para a administração: a lei sobre o ordenamento judiciário de 1865 estendeu ao reino da Itália o modelo piemontês, por sua vez inspirado no modelo francês. O ingresso na magistratura ocorria por etapas com um primeiro concurso, seguido por um ano de ouvidoria, por um segundo exame para a nomeação como juiz de primeira instância e por um terceiro exame para se tornar adjunto judiciário. A comissão examinadora era designada pelo ministro da Justiça. Depois de 1860, houve um amplo recrutamento de novos juízes, em ampla medida piemonteses, juntamente com o expurgo de não poucos magistrados dos Estados anteriores à unificação, considerados hostis à nova ordem. Avalia-se que cerca da metade das nomeações tenha ocorrido por escolha direta do ministro, recrutando os novos juízes entre os advogados, os procuradores, os escrivães [Guarnieri, 1997]. Essa centralização na carreira dos magistrados remetia-se, por sua vez, ao Estatuto Albertino, que estabelecera que "os juízes, nomeados pelo rei, com exceção daqueles de circunscrição administrativa, são inamovíveis depois de três anos de exercício" (art. 69): uma norma que não apenas justificava formalmente o papel decisório e discricionário do governo, mas excluía da inamovibilidade os ouvidores e os juízes de primeira instância. Nos anos subsequentes à unificação, também para os magistrados superiores o princípio estatutário da inamovibilidade torna-se de fato inoperante, como foi ressaltado por observadores imparciais como o piemontês Federico Sclopis [Capone, 1981, p. 209].

Na Alemanha, o acesso às profissões legais foi disciplinado de forma unitária pouco depois da unificação nacional e desde então permaneceu inalterado em sua essência. Trata-se de uma matéria de competência concorrente entre Estado e regiões, de modo que cada um dos *Ländner* pouco a pouco especificou em formas não idênticas as linhas de uma disciplina que nos traços fundamentais é comum, com base em uma tradição que se perde no tempo. A lei federal sobre o ordenamento judiciário de 1877[231] – sobre a qual se pronunciaram alguns dos maiores juristas, entre os quais Otto von Gierke, às vezes também em defesa de tradições locais diferenciadas – estabeleceu, portanto, que para se tornar juiz na Alemanha era preciso ter estudado por três anos (seis semestres) em uma universidade, após o que um primeiro exame nacional conferiria, se superado positivamente, a qualificação de "relator". Seguiam-se três

---

[230] Lei financeira de 1906 e decreto Sarrien de 18 de agosto de 1906 [Royer, 2001, p. 660].
[231] Gerichtsverfassungsgesetz de 27 de janeiro de 1877, § 2.

anos de estágio (remunerado) em tribunais e em escritórios profissionais de advocacia, ao final dos quais era preciso enfrentar um segundo exame nacional constituído por pelo menos nove provas escritas [Cappelletti, 1957].

Quem é aprovado consegue a qualificação de "assessor" e é "jurista completo". A admissão na magistratura ocorre em função dos postos disponíveis, em geral seguindo a classificação de mérito com que se conclui o segundo exame nacional. Mas o segundo exame nacional abre ao mesmo tempo – sem a necessidade de nenhuma outra prova – também o caminho para o exercício da advocacia para aqueles que não foram admitidos à magistratura e para aqueles que não pretendem se tornar juízes mesmo tendo obtido uma posição elevada na classificação para a assessoria judiciária.

Esses aspectos têm importância especial, precisamente por serem muito diferentes daqueles próprios do acesso às profissões legais na França e na Itália desde o século XIX até hoje. A formação comum na Alemanha não é apenas a formação universitária, mas também a prática, que se estende por um triênio e obriga tanto os futuros juízes quanto os futuros advogados a um estágio em ambos os ramos do mundo forense.

Na Inglaterra a advocacia manteve o seu caráter bifrontal, com as funções atribuídas aos *solicitors* na representação das partes e as funções de defesa, apanágio da restrita categoria dos *barristers* atuantes nas quatro históricas Inns of Court de Londres. E os juízes dos tribunais centrais continuaram a ser escolhidos pelo rei (pelo governo) entre os *barristers* de grande prestígio: um pequeno grupo de juristas de alta categoria, universalmente respeitados e generosamente remunerados[232].

2. *Advocacia*

Depois das transgressões do período revolucionário e das intervenções de restabelecimento da Ordem dos Advogados e da Ordem dos *avoués*, realizadas por Napoleão, a Restauração estabeleceu na França um dualismo entre as duas profissões forenses destinado a permanecer por um século e meio, até a lei de 1971. Os *avoués*, que exerciam a função tradicional dos procuradores representando a parte em juízo, eram reconhecidos como uma profissão distinta, com o direito de designar o sucessor[233]. Mas o entrelaçamento de funções de representação e de função de defesa exercidas pelas duas categorias profissionais foi intricado, com extrapolações nos dois sentidos: algumas funções de defesa junto aos tribunais inferiores foram atribuídas aos procuradores, ao passo que os advogados reivindicaram e por fim obtiveram em 1911 a possibilidade de exercer o mandato sob encargo da parte.

Para os advogados, a organização das Ordens (*barreaux*) foi disciplinada de acordo com o modelo típico do de Paris, mas em cada Ordem o Conselho de disciplina, que tinha o poder de admitir e excluir os próprios membros, foi estruturado com a convocação dos advogados com mais tempo de serviço, atribuindo-lhes a tarefa de eleger o presidente da Ordem (*bâtonnier*)[234], duas funções que a lei napoleônica atribuíra ao procurador-geral. A pedido dos advogados, a liberalização das Ordens é incrementada em 1830 pela monarquia de julho, confiando à assembleia plenária de seus membros a eleição do presidente, mas a partir de 1852 e por duas décadas voltou-se à designação por parte do Conselho de disciplina.

O papel do Estado no governo da advocacia[235] pode ser avaliado com base em alguns elementos significativos. Antes de tudo, é indicativo o fato de que as reformas e as normativas

---

[232] Na metade do século XIX o custo global para a remuneração dos 56 magistrados do Supremo Tribunal de Justiça franceses era equivalente a um décimo do custo dos 99 juízes régios da Inglaterra, portanto cerca de cinco vezes inferior [Rousselet, 1960, p. 80].
[233] Lei de 28 de abril de 1816.
[234] Portaria de 20 de novembro de 1822.
[235] *Avocats et notaires en Europe*, org. por J.-L. Halpérin, 1996.

de governo das Ordens tenham sido constantemente apresentadas através do instrumento legislativo ou regulamentar, não com regulamentações autônomas. Além disso, a magistratura mantém o poder de intervir com recursos nas decisões de admissão ou de expulsão por parte dos Conselhos de disciplina. Por fim, deve-se observar que as restrições à liberdade de opinião e de conduta política da advocacia foram superadas com o tempo, juntamente com o papel cada vez maior exercido pelos advogados nas funções parlamentares e ministeriais. Enquanto na fórmula do juramento no ato do ingresso na profissão se exigia em 1822 também o compromisso de "ser fiéis ao rei", essa referência foi eliminada em 1848, depois foi substituída pela menção às "autoridades do Estado francês", até se chegar à fórmula atual[236], que simplesmente obriga o advogado a exercer a defesa "com dignidade, consciência, independência, probidade e humanidade" [Halpérin, 1996, p. 72].

O percurso da profissão forense na Alemanha do século XIX foi um pouco diferente. Enquanto em grande parte dos Estados alemães vigorava ainda o tradicional binômio entre os advogados e os procuradores, na Prússia de Frederico II os "comissários de justiça" desenvolviam as duas funções na defesa, mas como funcionários escolhidos e nomeados pelo governo. Quase em todas as partes ainda vigorava o número fechado para os defensores, e até as tarifas eram estabelecidas pelo Estado. Os advogados tinham o *status* de funcionários públicos, deviam obediência ao governo e por isso não gozavam nem de independência nem de autonomia. Só por volta da metade do século XIX se formaram na Prússia alguns "conselhos honorários" surgidos por iniciativa espontânea dos advogados e dotados de funções disciplinares e regulamentares. Primeiro as cidades, depois as regiões constituíram livres associações de profissionais. O número fechado pouco a pouco foi abandonado.

A batalha para instaurar uma "livre advocacia" foi conduzida por algumas décadas, também por incentivo de Rudolf von Gneist[237]. E em 1871, poucos anos depois da unificação, formou-se uma Associação Nacional da Advocacia (*Deutsche Anwaltverein*). Enfim, com uma lei de 1878 estendida a toda a Alemanha[238] os advogados obtiveram a liberalização do exercício da profissão forense, a unificação das funções de defesa e das de representação, a liberdade de associação [Wesel, 2001, p. 428].

No entanto, o controle das deliberações dos conselhos da Ordem dos Advogados (*Rechtsanwälte*) ainda cabia à magistratura. E o acesso à profissão era (e é ainda, como vimos) disciplinado na forma de um duplo exame nacional e de um estágio judiciário e profissional organizado depois da universidade.

Na Itália da Restauração, com a queda definitiva do ordenamento dos colégios profissionais do Antigo Regime, o regime jurídico da advocacia foi bem diferenciado nos diversos Estados. Normalmente os advogados e os procuradores continuaram a ser dois organismos diferentes: assim ocorria no Piemonte, na Toscana, em Nápoles, mas não no Lombardo-Vêneto, onde o Regulamento processual austríaco de 1815 unificou as duas categorias. Sobretudo no processo penal a disciplina normativa austríaca limitou consideravelmente o papel do defensor, que na maior parte dos casos era obrigado apenas a apresentar um relatório escrito no decorrer da fase dos debates orais: isso determinou, na Lombardia e no Vêneto, uma situação de grande crise no seio da advocacia [Meriggi, 1987].

As duas funções de advogado e de procurador no reino das Duas Sicílias[239] podiam ser acumuladas; na Toscana os procuradores eram habilitados também para a defesa.

---

[236] Lei de 31 de dezembro de 1990.
[237] R. v. Gneist, *Die freie Advokatur*, 1867: esse escrito denunciava como verdadeiro mal da advocacia alemã a condição de funcionários públicos própria dos advogados. A lei de 1878 foi a resposta a essas críticas.
[238] Lei de 1º de julho de 1878.
[239] Lei de 15 de maio de 1817.

Após a obtenção da unidade nacional, uma disciplina uniforme foi introduzida em 1874, depois de um debate parlamentar que se estendeu por pelo menos oito anos[240]. As duas categorias profissionais foram mantidas distintas de acordo com a tradição, atribuindo aos procuradores a tarefa da representação em juízo, aos advogados a da defesa. No entanto, a acumulação de funções foi consentida, embora os procuradores só pudessem atuar no interior de seu próprio distrito. Além disso, admitia-se o registro concomitante em ambas as Ordens. Cada uma das duas Ordens elegia os próprios Conselhos, os quais por sua vez elegiam o presidente e os membros do Conselho de disciplina. As deliberações disciplinares eram impugnáveis diante do tribunal de apelação local. Um regime, portanto, em que autonomia da advocacia e controle da magistratura coexistiam. A progressiva unificação dos dois ramos da profissão e a conquista de uma efetiva autonomia organizativa e disciplinar das Ordens só ocorrerão mais tarde, no decorrer do século XX.

Deve-se observar que, também na época em que a legislação já assumira o papel de fonte primária do novo direito, os juristas de fato não perderam sua função de "criadores" do novo direito, ao lado da função de intérpretes e de profissionais. Por outro lado, essa tendência se afirmara com força já na experiência da Assembleia constituinte francesa de 1789 a 1791, modelo das experiências parlamentares do continente europeu; e também no Parlamento de Frankfurt de 1848. Duas assembleias de importância histórica em que os juristas – advogados, mas também magistrados – desempenharam um papel fundamental.

A história da advocacia na Europa no decorrer do século XIX[241] assinala a progressiva afirmação de uma Ordem que, presente havia séculos nos ordenamentos europeus, nem sequer a vaga iconoclasta da Revolução Francesa conseguira derrubar. Ao contrário, através de um processo gradual, os advogados se apropriaram também de uma parte das funções dos procuradores, indicando uma espécie de monopólio das funções de defesa que no Antigo Regime eram em muitos ordenamentos subdivididas entre duas categorias sociais e profissionais bem distintas, como vimos.

Isso não implica de modo algum que se tenha produzido uma homogeneidade social da advocacia do século XIX [Siegrist, 1996]. Ainda que a grande maioria dos advogados fosse proveniente da classe burguesa dos proprietários ou dos profissionais, em menos medida também dos comerciantes, a distância profissional e social entre os grandes advogados e os inúmeros profissionais de médio ou de pouco sucesso era enorme, não obstante todos possuíssem o mesmo título profissional. Os vínculos da advocacia superior com a nobreza permaneceram estreitos por razões profissionais (as desavenças em matéria sucessória e familiar encontravam alimento nos grandes patrimônios) e não raro levaram à constituição de vínculos familiares. São também frequentes – por exemplo em Nápoles [Macry, 2002, pp. 268-273], mas também em outros lugares – a participação em investimentos imobiliários e o exercício de atividades creditícias por parte de advogados, garantidas com hipotecas. Igualmente usual é a presença, na mesma família, de magistrados e de advogados.

Com a ascensão da advocacia, também se afirmaram tendências em parte novas no exercício das funções de defesa. A própria deontologia profissional é reconsiderada por alguns em termos diferentes que no passado [Beneduce, 1996]. O austríaco Julius Vargha, por exemplo, em uma obra que teve ampla repercussão[242], afirma a tese da necessária predominância dos interesses do cliente para os objetivos da defesa, abandonando a antiga doutrina (que remonta ao direito romano e que durante séculos fez parte da fórmula do juramento do advogado no ato de ingresso na profissão) segundo a qual o advogado teria de defender apenas as causas de cuja validade estivesse pessoalmente convencido[243].

---

[240] Lei de 8 de junho de 1874.
[241] Ver as pesquisas de Mazzacane-Vano, 1994; e de Malatesta, 2006.
[242] *Die Vertheidigung in Strafsachen*, Viena, 1878.
[243] Cod. Iust. 3. 1. 14. 4. do ano 530.

Com a consolidação do Estado liberal a advocacia assumiu um papel cada vez maior no interior da classe política. No entanto, seria equivocado considerar que ela atuou como um grupo de pressão homogêneo. Ao contrário, encontramos advogados entre os liberais e entre os democráticos, entre os conservadores e entre os progressistas [Malatesta, 2006]. Certamente, na Itália muitos dos jovens que lutaram pela independência e pela unidade nacional durante o *Risorgimento* eram juristas e advogados. Mas após a unificação encontramos advogados tanto no governo da "Direita" como no da "Esquerda", com posições que nada têm de coincidentes. Mais tarde, com a progressiva extensão da representação política e dos direitos de voto, foram muitos os advogados eleitos para a Câmara graças à sua boa fama local.

Para a França, um caso significativo é o dos irmãos Dupin: descendentes de uma família da antiga nobreza togada, sobrinhos de um conselheiro do Parlamento e filhos de um político e funcionário público – várias vezes deputado e depois vice-governador, atuante na Revolução até a Restauração –, André-Marie Dupin (1785-1865) foi advogado de renome, mas ainda influente procurador-geral do Supremo Tribunal de Justiça no governo dos Orléans e com Napoleão III, enquanto o irmão Simon-Philippe (1795-1846), dotado de excelente oratória, exerceu com grande sucesso a advocacia e foi também deputado. A continuidade e a descontinuidade dos papéis desempenhados por juristas entre os séculos XVIII e XIX – do Antigo Regime à revolução, dos anos napoleônicos à Restauração e à monarquia de julho, da *noblesse de robe* à era da burguesia – encontram aqui um exemplo particularmente concludente.

O direito da época possui vestígios claros dessa proveniência jurídica de grande parte da classe política. E, se é verdade que muitas vezes as tendências mais inovadoras e modernas da cultura jurídica da primeira metade do século XX, tanto na França como na Itália, provêm de iniciativas de advogados – é o caso das revistas de direito, das traduções de obras estrangeiras e de sentenças do francês e do alemão –, não menos relevante é sua contribuição na legislação. Para a Itália, advogados como os genoveses Antonio Caveri e Cesare Cabella, o florentino Tommaso Corsi, o luccano Francesco Carrara, o bresciano Giuseppe Zanardelli, o napolitano Pasquale Stanislao Mancini, para nos limitar a poucos nomes, exerceram papéis de destaque também e precisamente na atividade legislativa. Na França, o peso político e o papel dos advogados na legislação aumentaram ainda mais com a terceira república, que alguns qualificaram como a "república dos advogados" [Royer, 2001, pp. 570-4]: de fato, da advocacia provinham muitos políticos de primeiro plano, como Adolphe Crémieux e Dufaure, ministros da Justiça muito influentes nos anos 1970.

3. *Tabelionato*

Durante o século XIX, a terceira profissão jurídica clássica manteve na Europa muitas das características tradicionais, que se haviam consolidado de forma diferenciada nos diversos países entre a Idade Média e a época moderna.

Na França, uma vez mais, primeiro a Assembleia Constituinte, depois a intervenção napoleônica encarregaram-se de unificar no território a figura do tabelião "público"[244], em lugar dos tabeliães régios, eclesiásticos e senhoriais do Antigo Regime [Hilaire, 2003]. Para ter acesso à profissão eram necessários seis anos de aprendizado[245], enquanto a disciplina interna era confiada ao autogoverno dos cartórios; só as sanções mais graves ficavam a cargo do tribunal[246].

A Alemanha, por sua vez, mesmo após a unificação nacional, manteve uma pluralidade de figuras profissionais que remontava ao dualismo medieval entre tabeliães imperiais e tabeliães eclesiásticos. Na Renânia e em Hamburgo, continuou-se no século XIX a seguir o modelo

---

[244] Lei de 25 Ventoso do ano XI (16 de março de 1803).
[245] O diploma em Direito só será exigido como obrigatório em 1973. Mas existiam escolas de tabeliães para os estagiários.
[246] Ordonnance 4-12 de janeiro de 1843.

francês que não autorizava o tabelião a exercer a advocacia (*Nur-Notariat*), ao passo que na Prússia, em Hannover e em outros lugares as duas profissões podiam ser exercidas conjuntamente (*Anwaltnotariat*), enquanto em algumas regiões a autenticação dos documentos também cabia ao tribunal. Ainda hoje ambos os modelos são operantes, o primeiro sobretudo no sul da Alemanha, o segundo em muitos *Länder* do norte.

Na Itália da Restauração diversos Estados, mesmo legislando diferentemente, mantiveram a organização tradicional do tabelionato público que havia recebido reconhecimento e disciplina legislativa nos anos napoleônicos[247]. A unificação normativa aconteceu por etapas depois de 1860, através de um longo processo que atingiu finalmente o seu objetivo em 1913[248], com a lei que ainda regulamenta a profissão. A partir daquele ano passou a se exigir o diploma em Direito para ter acesso ao tabelionato. Nesse meio-tempo uma linha adotada decisivamente pelo tabelionato levou à diminuição do efetivo, que dos sete mil tabeliães na época posterior à unificação (não poucos dos quais, porém, eram subempregados) reduziu os tabeliães a menos de 5 mil [Santoro, 2004].

---

[247] Regulamento sobre o tabelionato, 17 de junho de 1806.
[248] Lei de 16 de fevereiro de 1913, n. 89.

36. A doutrina jurídica entre os dois séculos

1. *A Pandectística: Windscheid*

A partir das premissas de método explicitadas com grande autoridade nos escritos de Savigny e de Puchta, desenvolveu-se na segunda metade do século XIX uma tendência que por várias décadas exerceu um papel dominante sobre a doutrina jurídica alemã, com influências profundas também em outros países europeus e não europeus. A elaboração rigorosa do sistema de direito privado baseado no "direito romano atual" assumiu o nome de Pandectística por derivar do corpo de regras contido sobretudo no Digesto. Mas o trabalho conceitual realizado pelos professores alemães tem características peculiares, bem distantes do método e também do espírito do direito romano clássico.

O objetivo dos pandectistas é construir um sistema completo de direito, logicamente coeso e desprovido de lacunas. As eventuais lacunas devem ter condição de ser preenchidas recorrendo à arquitetura abrangente do edifício, ou seja, trabalhando sobre os conceitos de acordo com o critério da "pirâmide" explicitado por Puchta. O direito é assim concebido como um corpo coerente de regras, cientificamente fundamentadas por serem elaboradas por técnicos do direito desvinculados, em seu trabalho intelectual, de condicionamentos normativos, de pressupostos ideológicos ou políticos, de interesses práticos. Por isso essa tendência foi definida corretamente com a fórmula "positivismo científico" [Wieacker, 1980, II], que não deve ser confundido com o positivismo legislativo na medida em que este último assume como dado indiscutível a lei positiva ao passo que o primeiro pressupõe a existência de uma ciência do direito objetivamente fundada e autônoma em relação aos interesses e aos padrões éticos. Nisso se percebe o eco, ainda que modificado, do enfoque kantiano. E o mesmo ocorre na concepção da tarefa do jurista "como tal" ("Jurist als solche"), que não deve expressar preferências ou escolhas de valor na sua obra de intérprete e de operador, mas apenas inspirar-se na lógica rigorosa e severa dos conceitos: daí a caracterização dos pandectistas como expoentes de uma "jurisprudência dos conceitos" (*Begriffsjurisprudenz*).

O Código Civil Alemão (BGB), cuja origem já vimos, nasceu sobre essa base, em direta relação de continuidade com o que Savigny preconizara no início do século. E não é casual que para isso tenha colaborado, na primeira fase, aquele que mais que qualquer outro personifica as características de método da escola: Bernard Windscheid (1817-1892). Professor em diversas universidades, entre as quais as de Heidelberg e Leipzig, ele escreveu obras importantes de direito privado (é célebre a sua teoria da pressuposição)[249], mas sobretudo publicou em 1861-1870 um tratado de direito privado em três volumes, o *Manual de Direito das Pandectas*[250], destinado a se tornar o texto clássico de referência da pandectística na Alemanha e na Europa.

O método seguido por Windscheid, típico da pandectística, conjuga o rigor filológico e histórico com a intenção de esclarecer tendo em vista a aplicação prática. Por exemplo, no que diz respeito à sucessão legítima, ele esclarece antes de tudo as etapas evolutivas do direito

---

[249] B. Windscheid, *Die Lehre von der Voraussetzung*, 1850.
[250] B. Windscheid, *Lehrbuch des Pandektenrechts*, 1861-1870, 3 vols. A obra teve sete edições durante a vida do autor.

romano arcaico e clássico, dos quais o Digesto (mas também as Instituições de Gaio que recentemente voltaram a ser objeto de estudos) constitui testemunho, para depois deter-se nas disposições de Justiniano que, quando inovadoras em relação ao passado, são para o autor as únicas ainda vigentes[251]. Diante de casos não previstos, seu raciocínio leva à solução argumentando com os instrumentos da lógica aplicados às intenções plausíveis do legislador[252].

O método consiste, portanto, em fundamentar as argumentações em um arcabouço conceitual que se remete, quanto às fontes, diretamente aos textos romanos. Por exemplo, no que diz respeito à compra e venda, Windscheid fundamenta no Digesto, no Código e nas Instituições de Justiniano a regra que atribui ao comprador o risco no caso de perecimento ou deterioração da coisa vendida, mesmo antes da entrega da coisa; e nas fontes romanísticas é fundamentada a tese que nega a extensão por analogia da mesma regra a qualquer outro caso de impossibilidade não culposa de prestação por parte do vendedor[253].

É característico que se prescinda inteiramente das riquíssimas elaborações, às vezes inovadoras, da secular doutrina do direito comum. A relação direta e exclusiva com o texto de Justiniano torna o tipo da argumentação jurídica bastante próximo daquele que é próprio do jurista positivo diante do Código. Não é de admirar, portanto, que haja continuidade direta entre o método pandectista anterior à codificação do BGB e o positivismo científico posterior à sua entrada em vigor em 1900.

Mas o rigor argumentativo e a conexão direta com as fontes romanas são acompanhados, em Windscheid, por uma consideração atenta das exigências equitativas, também em uma relação mais livre com as fontes, não sem evocações diretas ou indiretas à tradição jusnaturalista[254].

Claro na forma, nítido na sistemática, rigoroso na argumentação, o Manual de Windscheid adquiriu grande autoridade também na jurisprudência, muito maior na ausência de um Supremo Tribunal e de um Código Civil único, que só passarão a existir mais tarde. E o BGB indubitavelmente foi influenciado por ele, a ponto de alguns o denominarem jocosamente de "pequeno Windscheid".

Ao lado de Windscheid, outros juristas se impuseram na mesma época. Os manuais de direito privado de Vangerow, de Brinz, de Bekker, de Regelsberger, de Arndts, de Dernburg, embora diferentes no estilo e no feitio pelas diferenças de personalidade de cada autor, têm em comum a adoção dos mesmos critérios metodológicos e sistemáticos próprios da Pandectística.

Na Áustria, as doutrinas de Joseph Unger (1828-1913), professor em Viena, mas também senador, ministro e alto magistrado, levaram o direito civil a ir além do método da escola exegética predominante nos primeiros anos de vigência do Código Civil austríaco de 1811. A Escola Histórica, num primeiro momento, e a influência do pensamento de Jhering, em seguida, permitiram que Unger elaborasse teses inovadoras, entre as quais a da validade do contrato em favor de terceiro (em contraste com a tradição romanística) e as importantes reflexões sobre a responsabilidade contratual e extracontratual, que influíram também sobre a formação do Código Civil alemão de 1900[255].

O sucesso do método e da escola dos Pandectistas foi realmente imponente. Na segunda metade do século XIX, o primado da doutrina jurídica alemã já era amplamente reconhecido. Tornou-se normal que nos diversos países europeus, mas também em outros lugares, até o

---

[251] "Na seguinte exposição [sobre a sucessão legítima] esses diferentes graus de evolução [do direito romano antigo] serão diferenciados; com isso é essencialmente facilitada a clara visão do direito vigente, que é aquela sancionada pela Nov. 115 de Justiniano, à qual por esse motivo é dedicado maior espaço" (Windscheid, *Diritto delle Pandette*, § 575, trad. it. de C. Fadda e P. E. Bensa, Turim, 1925, vol. III, p. 243).

[252] Windscheid, *Diritto delle Pandette*, § 580 (vol. III, p. 252): "se Justiniano quis [...] ele igualmente quis [...]". Windscheid vai do certo para o incerto, partindo da disposição de Justiniano relativa aos filhos para argumentar a medida dos direitos sucessórios dos netos.

[253] B. Windscheid, *Diritto delle Pandette*, § 390, trad. it. de C. Fadda e P. E. Bensa, Turim, 1925, vol. II, pp. 510 s.

[254] Ver, por exemplo, o estudo do problema de a venda do imóvel fazer desaparecer a locação ("emptio tollit locatum") [reconstruído por Falk, 1989, pp. 128-30].

[255] J. Unger, *System des oesterreichischen allgemeinen Privatrechts*, 1865-1859, 2 vols.

distante Japão, os jovens se encaminhassem para a carreira universitária passando, após a conclusão do curso, um ou mais semestres na Alemanha para aprofundar seus conhecimentos em contato com os mestres das universidades alemãs. Na base desse indiscutível prestígio estavam o rigor intelectual dos professores, sua dedicação exclusiva à pesquisa e ao ensino, a atração exercida por uma concepção da doutrina jurídica que se orgulhava de se proclamar "científica" e por isso independente de condicionamentos externos, de vínculos de interesse ou de ideologia, de servil subordinação ao texto normativo.

2. *Jhering e Gierke*

2.1. *Jhering*

Entre os juristas do século XIX, Rudolf von Jhering (1818-1892) – professor em várias universidades alemãs, depois em Viena, por fim em Göttingen, na última etapa da vida – é sem dúvida aquele que mais soube atrair a atenção de um público de intelectuais e de leitores bem mais amplo que o que costuma se aproximar das obras de direito. Isso se deve à peculiar atitude do autor em ressaltar com grande eficácia, desde o título de suas obras, os elementos que ligam os aspectos técnicos do direito aos valores e motivos metajurídicos, considerados e discutidos como fundamentais para compreender o mundo do direito. Isso se aplica às obras deliberadamente destinadas à divulgação, entre as quais *A luta pelo direito* (1872) – em que se defende a tese de que o direito, para se afirmar, precisa de energias e de batalhas dos sujeitos envolvidos, destinadas a fazê-lo triunfar – e *Sério e jocoso na jurisprudência* (1884), brilhante e primorosa incursão intelectual entre exemplos e metáforas jurídicas.

A importância do pensamento de Jhering, porém, vai além. Sua obra-prima escrita na juventude, *O espírito do direito romano* (1852-1865) – uma obra que, mesmo incompleta, deve ser incluída entre os clássicos da historiografia romanística –, é concebida com o propósito de mostrar aquilo que de permanentemente válido se pode extrair do pensamento dos grandes juristas de Roma. É um propósito que o autor realiza com a chave de três critérios considerados essenciais para o estudo de qualquer sistema de direito: a análise que distingue os casos jurídicos concretos explicitando os traços típicos de cada um, a concentração que realiza a síntese de normas relativas a um instituto definindo seu caráter comum, enfim a construção que erige o sistema em que cada um dos institutos pode ser inserido de modo coerente[256]. Essa postura revela a sua filiação ao conjunto de ideias em que Savigny e sobretudo Puchta haviam fundamentado sua concepção da ciência jurídica.

Mas o decurso de alguns anos amadurece em Jhering uma nova postura, ainda que em certa medida ela já estivesse presente nas obras escritas na juventude. Ele percebeu (e declarou) que o método dos pandectistas – a começar pela do maior deles, Windscheid, que era e continuou a ser um de seus melhores amigos – negligenciava um aspecto essencial: o direito não é uma mera trama rigorosa de categorias e de conceitos, e sim, antes de tudo, um instrumento capaz de permitir a obtenção de resultados concretos na vida de relação. O indivíduo o emprega para suas finalidades pessoais, muitas vezes egoístas, mas nem por isso negativas ou irrelevantes; o Estado e as instituições públicas também atuam para alcançar determinadas finalidades. O direito disciplina esses impulsos e os regulamenta. O que conta no direito é, portanto, a finalidade: *A finalidade do direito*[257] é precisamente o título de sua obra de plena maturidade, também ela incompleta, mas claramente destinada a esclarecer a correlação inseparável entre as regras do direito e sua função operacional e finalizada.

O grande sucesso dos escritos de Jhering deve-se a vários motivos. O estilo sempre claro e elegante de suas argumentações é acompanhado por uma marcante habilidade para a iden-

---

[256] Kleinheyer-Schroeder, 1996, pp. 222 s.
[257] R. v. Jhering, *Zweck im Recht*, 1877-1883, 2 vols.

tificação de novas conceitualizações jurídicas repletas de aplicações concretas, destinadas por isso a um sucesso duradouro: um exemplo é a qualificação das responsabilidades de quem conclui um contrato preliminar como "culpa in contrahendo", que ofereceu uma chave de solução para inumeráveis questões particulares havia tempo discutidas pela doutrina. Também no terreno do direito penal a rigorosa distinção entre "responsabilidade" e "culpabilidade" teve grande peso na doutrina subsequente. Mas sobretudo a crítica de Jhering à postura da "jurisprudência dos conceitos" – uma crítica proveniente, observe-se, de um jurista preparado como poucos para a elaboração de categorias conceituais – influenciou profundamente as doutrinas jurídicas do século XX, a começar pela tendência que Philip Heck denominará "jurisprudência dos interesses".

2.2. Gierke

Otto von Gierke (1841-1921) – professor em Breslau (Wroclaw), depois em Heidelberg e a partir de 1887 em Berlim – é certamente um dos maiores juristas europeus do século XIX. Aluno de Beseler, ele dedicou muitos anos de intenso trabalho à composição de uma obra histórica sobre a evolução do direito das associações do mundo antigo à Idade Média, uma pesquisa que se estendeu até o exame das doutrinas jusnaturalistas do século XVII[258]. Trata-se de um mural muito amplo, fruto de um estudo analítico de centenas de volumes de fontes, uma pesquisa que na historiografia do direito comum civil e canônico ainda hoje não tem igual pela completude e pelo esforço de reconstrução. O capítulo sobre as doutrinas político-jurídicas é a primeira exposição historicamente documentada das ideologias políticas medievais e não por acaso foi altamente elogiado e traduzido em inglês pelo maior historiador do *Commom law*, Frederic Maitland.

Já em sua pesquisa histórica e depois em várias ocasiões nos escritos de direito positivo, Gierke elaborou e desenvolveu uma ideia fundamental, que está na base de toda a sua obra de estudioso: ao lado da concepção romana da associação de pessoas – que equipara a pessoa jurídica a um único sujeito e encontra na teoria medieval da "persona ficta" a sua representação coerente – existe na história uma configuração diferente das associações de pessoas, que põe no centro não a ficção jurídica da unidade e sim a ligação recíproca entre os sujeitos, o elemento por assim dizer comunitário e aglutinante. Essa concepção, mesmo que de forma não expressa e implícita, segundo Gierke nasceu no mundo germânico, mais tarde foi marginalizada pela recepção romanística e erudita do direito comum, mas ressurge em autores como Althusius[259] e sobretudo exige um desenvolvimento ulterior no direito moderno.

A crítica de Gierke ao primeiro projeto de Código Civil alemão[260] baseia-se na ressalva de que nele a fidelidade ao modelo romanístico, típica da escola pandectística, deixa de valorizar os aspectos essenciais da genuína ideia associativa, ou seja, peca por individualismo unilateral. De acordo com Gierke, o que se requer é, ao contrário, desenvolver uma ideia mais madura do papel social do direito, que discipline direitos e deveres de maneira diferente. Foi uma crítica que influenciou a elaboração ulterior e a disciplina adotada pelo BGB.

Gierke forneceu a explicitação analítica dessas teses em seu último trabalho, o grande *Tratado de Direito Privado*[261]. Para Gierke, a ideia associativa deve marcar todo o direito, com a plena valorização dos corpos intermediários e das associações submetidas ao Estado; nesse ponto ele se opõe à concepção de Laband e de outros publicistas, que representam o Estado como uma pessoa, através de uma *fictio iuris*. No direito privado, a ideia associativa comporta uma série de corolários em cada parte do ordenamento: uma disciplina não discriminatória

---

[258] O. v. Gierke, *Das deutsche Genossenschaftsrecht*, 1868-1913, 4 vols.; reimpressão Graz, 1956.
[259] Gierke dedicou uma monografia a esse jurista antes praticamente ignorado: *Johannes Althusius und die Entwicklung der naturrechtlichen Staatstheorien*, 1880.
[260] O. v. Gierke, *Der Entwurf eines bürgerlichen Gesetzbuchs*, 1889; *Die soziale Aufgabe des Privatrechts*, 1889.
[261] O. v. Gierke, *Deutsches Privatrecht*, 1895-1917, 3 vols.: I. *Parte geral e pessoas*; II. *Direitos reais*; III. *Obrigações*. A obra permaneceu incompleta.

dos direitos do locatário em relação aos do proprietário, uma acentuação do papel do ressarcimento dos danos morais, uma consideração mais atenta das causas de dissolução do vínculo matrimonial, uma disciplina da relação de trabalho baseada na ideia de que trabalhadores e empregadores formam uma verdadeira comunidade, com direitos e deveres recíprocos; e muito mais.

Essas teses que enfatizam o elemento comunitário das relações jurídicas são acompanhadas pela valorização dos direitos da personalidade e dos frutos do trabalho individual, por exemplo no que se refere ao direito autoral e de patentes. Como para outros grandes juristas, também para Gierke é impossível encerrar o pensamento em uma categoria conceitual exclusiva, porque nela confluem e se fundem elementos diferentes: valorização da história e propensão para as exigências evolutivas do direito, tendências sociais e motivos liberais. Nisso ele antecipa algumas linhas do pensamento jurídico do século XX.

3. O direito público

As bases para a elaboração das modernas doutrinas de direito público foram estabelecidas na segunda metade do século XIX principalmente por três professores universitários alemães. Através de sua obra, preparada, acompanhada e seguida pela de outros juristas alemães, o direito público – em especial o direito constitucional e o direito administrativo – adquiriu pela primeira vez uma configuração disciplinar e uma estruturação conceitual e sistemática bem diferentes das tradicionalmente baseadas no modelo privatista e pandectista, que mesmo assim exerceu um papel essencial nesse processo de transição.

3.1. Gerber

Carl Friedrich Gerber (1823-1891), aluno de Puchta, professor em Tübingen e depois em Leipzig, havia escrito quando jovem uma obra de direito privado[262] que ambicionava superar a divergência entre os romanistas e os germanistas centrando todo o sistema conceitual do direito privado na noção de "vontade da pessoa" (*Personenwillen*); em seguida estendeu ao direito público sua postura, primeiro ressaltando o papel do indivíduo e do povo na formação da vontade do Estado[263], mais tarde adotando em seu texto de direito público[264] a concepção do Estado como pessoa jurídica, à qual ele podia assim atribuir uma vontade que se manifesta através do próprio Estado. Adaptando ao Estado como pessoa jurídica a concepção "organicista", Gerber enunciava uma doutrina jurídica objetiva sobre o Estado, que não necessita de uma relação direta com a sociedade civil: de fato, o Estado tem em si mesmo a própria fonte de autoridade [Fioravanti, 1979, p. 252]. Nascia a concepção estatista do direito público – na qual os únicos limites eram os contidos nos preceitos, também eles de direito positivo, do Estado de direito – que dominará a ciência jurídica não apenas além até boa parte do século XX.

3.2. Laband

Fundamentando-se nessas ideias, Paul Laband (1838-1918), professor em Heidelberg e desde 1872 em Estrasburgo, formulou em 1870 – a propósito da lei de orçamento[265] – a crucial distinção entre leis em sentido formal e leis em sentido material, destacando o caráter de disposições específicas e politicamente orientadas, desprovidas de generalidade e abstração, que são próprias das primeiras, como precisamente as leis anuais sobre o orçamento. A tarefa do

---

[262] C. F. Gerber, *System des deutschen Privatrechts*, 1848-1849.
[263] C. F. Gerber, *Über öffentliche Rechte*, 1852.
[264] C. F. Gerber, *Grundzüge eines Systems des deutschen Staatsrechts*, 1865.
[265] P. Laband, *Das Budgetsrecht*, 1870.

jurista estudioso de direito público consiste, para Laband, em elaborar os dados normativos existentes de acordo com rigorosas categorias dogmáticas que correspondam às regras da lógica, ao passo que os pressupostos e os dados históricos e sociológicos não têm nem devem ter nenhum espaço nessa atividade de conceitualização. É uma postura que em parte tinha origem em Puchta e em Gerber, passível de ser definida como positivismo científico [Wilhelm, 1974]. Ela é desenvolvida por Laband no Tratado de Direito Público[266], que terá grande sucesso no meio século seguinte.

3.3. Jellinek

Diferentemente de Gerber e de Laband, Georg Jellinek (1851-1911) tinha formação em religião e em filosofia. Depois de um início de carreira em Viena, lecionou em Heidelberg a partir de 1890. A ele se deve a fórmula, depois tornada corrente, que atribui ao direito a função de garantir o "mínimo ético"[267], desse modo distinguindo, mas não separando, a esfera do direito em relação à esfera da moral. Para Jellinek, o mundo dos comportamentos constitucionalmente relevantes, já considerado por Laband, desempenha a função de preencher as lacunas do ordenamento publicista, enquanto o princípio da ausência de lacunas deve valer para o juiz encarregado de resolver um caso concreto[268].

Na importante monografia sobre os "Direitos Públicos Subjetivos"[269] Jellinek elaborou algumas teses que se tornaram dominantes na doutrina juspublicista não apenas alemã. As relações entre o indivíduo e o Estado são classificadas em quatro diferentes categorias ou *status*, dependendo de se tratar da subordinação do cidadão em relação ao Estado, como na relação com a polícia (*status* passivo), dos direitos de liberdade (*status* negativo, no sentido de que o Estado não pode suprimi-los), das reivindicações apresentadas pelo cidadão à administração pública (*status* positivo), ou enfim da participação ativa do cidadão na vida política (*status* ativo).

A concepção que inclui no direito público, com função normativa, também elementos "factuais" não legislativos diferencia o pensamento de Jellinek em relação à postura de Gerber e de Laband. Aqui se percebem influências do pensamento de Max Weber e da nascente sociologia do direito, que tornam menos abstratamente positivistas as construções conceituais que culminaram no Tratado de 1900[270], o qual não por acaso é dividido em duas distintas seções dedicadas, respectivamente, à "teoria social" e à "teoria jurídica" do Estado.

3.4. Dicey

A Inglaterra, mãe do moderno Estado constitucional, nunca teve uma constituição escrita. Mas sua constituição nem por isso foi menos real nem menos eficaz que os modelos das constituições escritas dos Estados Unidos e do continente europeu. A representação mais límpida e autorizada do modelo constitucional britânico da segunda metade do século XIX e início do século XX é aquela que Albert Venn Dicey (1835-1922), advogado (*barrister*) e professor em Oxford, publicou em livro em 1885[271], do qual se disse que com o passar dos anos adquiriu quase valor de fonte de direito.

Dicey sintetiza a constituição inglesa em três princípios fundamentais. Em primeiro lugar, a soberania do Parlamento (em que com essa fórmula se entende não apenas o Parlamento composto da Câmara dos Comuns e da Câmara dos Lordes, mas também o rei nas suas tarefas de cooperação nos trâmites legislativos: um conjunto de três sujeitos tradicionalmente desig-

---

[266] P. Laband, *Das Staatsrecht des deutschen Reiches*, 1876-1882, 3 vols.
[267] G. Jellinek, *Die sozialethische Bedeutung von Recht, Unrecht und Strafe*, 1878.
[268] G. Jellinek, *Gesetz und Verordnung*, 1887.
[269] G. Jellinek, *System der subjektiven öffentlichen Rechte*, 1892.
[270] G. Jellinek, *Allgemeine Staatslehre*, 1900.
[271] A. V. Dicey, *Introduction to the Study of the Law of the Constitution*, Londres, 1885; a obra teve inúmeras reedições com acréscimos e complementações; valemo-nos da publicada em Londres em 1956.

nado como "King in Parliament"): nenhuma autoridade pode estar acima desta, que é portanto soberana. Em segundo lugar, a supremacia do direito (*rule of law*), que obriga o governo a respeitar as liberdades das pessoas e de expressão do indivíduo sem nenhuma margem de poder discricionário. Em terceiro lugar, a que Dicey define como a "constituição convencional", a qual consiste no respeito de práticas não formalizadas nem em textos de leis nem em decisões judiciárias, mas nem por isso menos relevantes: por exemplo, a obrigação de convocar o Parlamento ao menos uma vez por ano; ou a confiança de que o governo deve gozar para permanecer no cargo; ou a prescrição de várias leituras de uma proposta de lei antes do voto definitivo do Parlamento; e assim por diante[272].

O aspecto mais significativo da constituição britânica consiste, mais ainda que no fato de não estar consignada em um texto solene como as constituições continentais e americanas, no fato de ter sido formada através de decisões judiciais, ao menos no que diz respeito à proteção das liberdades dos indivíduos[273], bem como com a aprovação de leis isoladas de alcance específico e circunscrito. Dicey considera a *rule of law* assim formada como mais sólida que as garantias oferecidas por um texto constitucional, na medida em que se fundamenta em um costume compartilhado e já consolidado cuja violação seria considerada revolucionária. Aqui há talvez uma acentuação ideológica, motivo não menos importante do sucesso da obra, mas as teses do professor de Oxford são indubitavelmente confirmadas tanto pela autoridade indiscutível dos julgados e dos juízes ingleses – fortalecida e sem dúvida não enfraquecida pelo instituto do júri (como agudamente havia notado Tocqueville)[274] – como pela responsabilidade pessoal dos funcionários públicos britânicos, sujeitos à jurisdição comum até para suas decisões administrativas.

3.5. Orlando

Na Itália, a moderna ciência do direito público é fundada na penúltima década do século XX por Vittorio Emanuele Orlando (1860-1952). Suas primeiras contribuições, influenciadas pelas teorias histórico-sociológicas de Spencer e pelos escritos de Luigi Palma [Cianferotti, 1980], remontam a 1879, antes ainda de concluir o curso universitário. Realizou um período de estudos em Munique, sob a orientação de Aloys Brinz, que revelou ao jovem jurista siciliano a perspectiva do severo método histórico-jurídico alemão. A partir de 1885 lecionou em Modena, depois em Messina, em Palermo e, desde 1903, em Roma; a partir de 1897 como deputado, depois várias vezes como ministro, Orlando desempenhou, do fim do século XIX até o advento do fascismo, importantes funções políticas nacionais e internacionais.

Antes de iniciar a carreira política, Orlando desenvolveu uma aguda e fecunda atividade de pensamento. Os estudos realizados na juventude atestam uma atenta sensibilidade histórica no estudo das instituições. Em seguida, o aprofundamento das categorias conceituais dos juristas alemães levou-o, também na esteira da obra de Bluntschli, a propugnar em seus escritos uma separação nítida entre o componente histórico-político do direito público e a dimensão propriamente jurídica, à qual ele atribuiu a tarefa de delinear categorias adequadas à construção do moderno direito constitucional[275].

Na Itália do início dos anos 1880, sucessivos à crise da Direita histórica e ao advento da Esquerda ao poder, multiplicavam-se as críticas dirigidas às degenerações do sistema parlamentar, acusado de enfraquecer a autoridade do governo e de impedir a imparcialidade das decisões administrativas. Ao contrário, Orlando, em oposição a outros autores, afirma a compatibilidade entre parlamentarismo e Estado de direito. Nessa perspectiva, segundo o constitucionalista de Palermo, os membros do Parlamento não representavam apenas seus eleitores, e sim toda a comunidade nacional, inclusive as classes que não tinham o direito de voto; o que

---

[272] Dicey, *Law of the Constitution*, pp. 26 s.; 417-73.
[273] Dicey, *Law of the Constitution*, pp. 131; 445 ss.
[274] Tocqueville, *De la démocratie en Amérique* (1835-1840), I. 1. 8 (ed. Paris, 1952, vol. I, p. 288).
[275] V. E. Orlando, *Principi di diritto costituzionale*, 1889.

permitia, entre outras coisas, justificar a oposição – expressa tanto por Orlando como por outros – ao sufrágio universal, considerado prematuro para a Itália [Fioravanti, 2002]. Como muitos, também ele admirava o modelo constitucional inglês, uma vez que nele a proteção do indivíduo e das suas liberdades estava vinculada à eficácia do governo, controlado mas não freado pelo Parlamento.

Como ocorre com muitos grandes juristas, na obra de Orlando pode-se vislumbrar a presença simultânea de matrizes diferentes. A sensibilidade pelos componentes históricos e políticos é acompanhada pelo uso bem ponderado das categorias conceituais: ele enfatizou em várias ocasiões a supremacia do "direito" em relação à "lei", afirmando que é a lei que deve ser enquadrada no sistema e nas categorias do direito e não o contrário. Daí a importância da obra de pesquisa doutrinal que constitui o objeto da ciência jurídica e que é a característica típica do positivismo científico.

3.6. *Santi Romano*

Um dos alunos de Orlando foi outro jurista siciliano, Santi Romano (1875-1947). Professor em Pisa e em Milão, depois nos anos 1930 chamado a presidir o Conselho de Estado, Romano foi um estudioso de direito constitucional e de direito administrativo entre os maiores da Itália unificada. Ele também tomou como base as doutrinas dos maiores juspublicistas alemães, em particular de Gerber e Jellinek, mas também as do francês Hauriou. E a partir dessas bases desenvolveu doutrinas e teorias originais, com posições muitas vezes divergentes em relação às doutrinas dominantes.

Seu escrito mais famoso, o pequeno texto *O ordenamento jurídico*, foi publicado em 1917. O ensaio aborda a questão central da natureza do direito, rebatendo acima de tudo a tese que a representa como o conjunto das normas legislativas ou consuetudinárias existentes em dado ordenamento. Romano considera que o elemento jurídico é característico de toda "instituição", entendendo com esse termo toda estrutura organizada, "todo organismo ou corpo social"[276], ainda que disciplinado de forma implícita e não através de normas. Seja como for, o direito que caracteriza a instituição, que para Romano é sinônimo de "ordenamento jurídico", transcende a simples soma das suas normas[277]. É, em certo sentido, uma reformulação moderna do bem conhecido ditado de acordo com o qual "ubi societas ibi ius", através de uma teoria que amplia a noção de instituição teorizada por Hauriou naqueles anos.

A essa concepção institucionalista, desenvolvida desde os anos da juventude, Romano acrescenta uma outra, ainda mais relevante, que ressalta a pluralidade dos ordenamentos jurídicos. O Estado é para ele a maior das instituições, mas não a única: também as igrejas, as organizações privadas e até as organizações criminosas possuem o caráter da juridicidade na medida em que são instituições estruturadas, que impõem a seus membros uma série de comportamentos, cuja violação é punida com sanções. Não importa se essas sanções têm natureza penal ou são de outro tipo, como é o caso da excomunhão na Igreja. Para Romano, até mesmo a comunidade internacional tem as características próprias de uma instituição, mesmo carecendo de uma organização estrutural e coercitiva. Assim, a juridicidade do direito do Estado não exclui a de outras instituições. Elas podem dar origem a "direitos" diferentes e até conflitantes com os do Estado, mas nem por isso desprovidos do caráter da juridicidade[278].

Através da doutrina da pluralidade dos ordenamentos jurídicos, era em parte refutada a representação do Estado como pessoa (Gerber), mas também a tese que configurava o direito público como a disciplina das relações entre sujeitos públicos ou entre estes e os indivíduos

---

[276] S. Romano, *L'ordinamento giuridico* (1918), Florença, 1951, p. 35.

[277] "O ordenamento jurídico [...] é uma entidade que se move em parte de acordo com as normas, mas, sobretudo, movimenta, quase como peças de um tabuleiro, as próprias normas, que assim representam mais o objeto e até o meio da sua atividade que um elemento da sua estrutura" (Romano, *L'ordinamento giuridico*, p. 15).

[278] Romano, *L'ordinamento giuridico*, pp. 104-223. A rica historiografia sobre a obra de Romano é avaliada criticamente por Fioravanti, 2001, pp. 277-326.

(Jellinek), estendendo o seu alcance também para os aspectos funcionais internos a qualquer departamento da administração.

3.7. *O direito administrativo*

O direito administrativo desenvolveu-se no decorrer do século XIX em correspondência com o aumento da extensão do raio de atividades das administrações públicas. Se a obra de sistematização de Laferrière, já mencionada, continuou a ser evocada não apenas na França, na Itália dos anos posteriores à unificação não poucos autores se detiveram nas temáticas publicistas e administrativistas, de Giuseppe Saredo a Giovanni Manna, de Lorenzo Meucci a Luigi Palma [Cianferotti, 1998]. Mas a reviravolta que deu autonomia ao direito administrativo só aconteceu no final do século.

Otto Mayer (1846-1924), professor em Estrasburgo e em Leipzig, é considerado o fundador da moderna doutrina jurídica do direito administrativo, não apenas para a Alemanha. Estudioso do direito administrativo francês, sobre o qual escreveu um estudo bastante respeitado[279], ele direcionou suas contribuições doutrinais para um objetivo preciso. Baseando-se nas obras de Gneist, de quem fora aluno, mas também considerando as doutrinas de Hegel sobre o Estado, Mayer quer traçar as categorias sistemáticas e conceituais capazes de enquadrar as diversas atividades e funções da administração pública – que anteriormente haviam sido elaboradas pelos juristas com base em seu objeto (ou seja, separadamente para a administração financeira, civil, militar e assim por diante) – com critérios rigorosamente jurídicos. Por exemplo, a noção de "ato administrativo", a de "procedimento administrativo", a de "organismo de direito público" eram aplicadas com o mesmo dispositivo conceitual aos diversos setores da atividade da administração pública, fornecendo assim um quadro preciso de conceitos que permitia enquadrar o direito administrativo na moldura do Estado de direito.

Desse modo, a atividade da administração pública podia ser juridicamente analisada e até monitorada com maior certeza. Essa postura é sistematicamente expressa em seu Tratado de Direito Administrativo[280], que se tornou um clássico dessa disciplina. Em contraste com as posições de Laband, críticas em relação a uma configuração doutrinal autônoma do direito administrativo, Mayer sustenta com fortes argumentos sua especificidade [Fioravanti, 2001, pp. 451-518]. A reelaboração conceitual da matéria e o recurso a categorias como as dos "bens", dos "contratos" e dos "organismos" de direito público constituíram, desde então, instrumentos constantemente utilizados pelos estudiosos, mesmo com conotações nem um pouco uniformes.

Na Itália, também para o direito administrativo Orlando exerceu um papel de fundador, publicando em 1891 um primeiro texto de síntese[281] e promovendo a partir de 1897 o vasto *Tratado* em dez volumes[282] que constituiu desde então, por quase um século, o instrumento indispensável para qualquer pesquisa sobre a matéria. A proteção do cidadão exigia, para Orlando – em consonância com as ideias de Spaventa e de Minghetti, já mencionadas –, a questionabilidade dos atos administrativos, para que a relação entre o cidadão e o Estado (cuja soberania era por ele afirmada de modo unitário, partindo da noção unificadora de pessoa jurídica pública, enunciada por Gerber) fosse considerada uma relação entre dois sujeitos, com base nas teorias de Jellinek sobre os direitos públicos subjetivos.

Federico Cammeo (1872-1939)[283] desenvolveu com muita acuidade e coerência, no período de meio século em que foi professor em Pádua e em Florença – através de uma densa série de escritos e de notas a processo sobre a jurisprudência do Conselho de Estado e com

---

[279] O. Mayer, *Theorie des französischen Verwaltungesrechts*, 1886.
[280] O. Mayer, *Deutshces Verwaltungsrecht*, 1895-1896, 2 vols.
[281] V. E. Orlando, *Principi di diritto amministrativo*, 1891.
[282] *Trattato di diritto amministrativo*, dirigido por V. E. Orlando.
[283] Sobre ele, ver o volume de ensaios *Per Federico Cammeo*, 1993.

um texto de síntese[284] –, uma concepção do direito administrativo que pretendia esclarecer as maneiras e os limites de discricionariedade da administração pública para a proteção das liberdades dos indivíduos.

Oreste Ranelletti (1868-1956), professor em Nápoles, em Pavia e em Milão, por sua vez, em seus escritos monográficos e em um texto de síntese[285], desenvolveu uma série de teorizações destinadas a libertar o Estado de uma série de restrições e de empecilhos decorrentes de uma extensão direta das normas de origem privatista, por exemplo sobre os contratos da administração pública [Fioravanti, 2001, p. 549]. São duas posturas muito diferentes, ambas inspiradas porém na convicção da tarefa científica da ciência jurídica de direito público.

4. *O direito penal*

As doutrinas criminalistas tiveram desenvolvimentos importantes na segunda metade do século XIX. Entre os estudiosos alemães destaca-se a figura de Karl Binding (1841-1920), por muitos anos professor em Leipzig, a quem se deve aquela que é denominada a "teoria normativa" do direito penal[286]. A violação de um preceito da lei penal que veta um determinado comportamento não necessariamente implica, no caso concreto, uma condenação penal, porque para isso é necessária a concorrência de elementos que no preceito específico podem não estar literalmente presentes: como ocorre se, por exemplo, o elemento intencional não está explicitado na norma que pune o atentado à propriedade alheia. Por outro lado, Binding se opõe à generalização da inescusabilidade da ignorância do preceito penal. E oferece um estudo sistemático inovador da parte especial do direito penal[287] que será retomado constantemente pela doutrina subsequente.

Na Itália, na última parte do século XIX à Escola Clássica dos alunos de Francesco Carrara e de seus seguidores se contrapôs uma orientação diferente que assumiu o nome de Escola Positiva. O fundador dessa nova tendência foi Cesare Lombroso (1835-1909), médico e professor em Pavia e em Turim, que no livro *O homem delinquente*, publicado em 1876, expôs uma teoria criminológica baseada no argumento de que os autores dos delitos mais graves são indivíduos predispostos ao crime por sofrerem de taras físicas congênitas, das quais ele deu numerosos exemplos e modelos. Isso exigia que se abordasse o fenômeno com meios adequados, instituindo clínicas apropriadas destinadas a manter reclusos os criminosos. De fato, os manicômios se multiplicaram, não apenas na Itália. A obra efetivamente teve ampla repercussão na Europa e abriu caminho para múltiplos estudos.

Entre os seguidores de Lombroso, contudo, se impôs também uma corrente diferente, que enfatizava os condicionamentos sociais como causa principal (ou pelo menos concausa) da delinquência. Entre esses autores, teve particular importância a obra de Enrico Ferri (1856--1929), advogado e político de ideias socialistas – foi também deputado por muito tempo –, autor da *Sociologia criminal* (1884), bem como o pensamento de Garofalo, magistrado atuante na primeira fase de preparação do Código Penal de 1889. Esses criminalistas insistiam não apenas na denúncia das discriminações sociais como motivos da criminalidade, mas também e sobretudo no tema da prevenção como meio principal para a diminuição dos fenômenos criminosos.

As duas Escolas se confrontaram por décadas, não apenas na Itália, onde a Escola Clássica, representada por juristas como Enrico Pessina e Vincenzo Manzini, levou a melhor ao menos nas universidades. No entanto, a influência da Escola Positiva foi profunda tanto na doutrina como na prática. E autores não acadêmicos, como o advogado milanês Luigi Majno, inspiraram-se nela no pensamento e na ação.

---

[284] F. Cammeo, *Corso di diritto amministrativo*, Pádua, 1914; reimpressão Pádua, 1992.
[285] O. Ranelletti, *Principii di diritto amministrativo*, Nápoles, 1912.
[286] K. Binding, *Grundriss des gemeinen deutschen Strafrechts, Allgemeiner Teil*, 1879; *Handbuch des Strafrechts*, 1885.
[287] K. Binding, *Lehrbuch des gemeinen deutschen Strafrechts, Besonderer Teil*, 1896-1905, 3 tomos.

Das teses da Escola Clássica distanciava-se, na Alemanha, Franz von Listz (1851-1919), renomado estudioso de origem austríaca, professor em diversas universidades e depois por longo tempo em Berlim. Apesar de ser autor de obras de cunho sistemático e técnico-jurídico[288], a parte mais duradoura e influente de seu trabalho consiste na ênfase da importância primária da criminologia no projeto do sistema penal. Tanto o elemento clínico-psíquico (Lombroso) como o fator ambiental-social (Ferri) são para Listz essenciais para a compreensão da origem do crime. Ele aceita a noção de Jhering da finalidade como marca distintiva da ordem jurídica. Com relação ao autor dos crimes, distingue três categorias de réus: o delinquente ocasional, que não necessita de reeducação, o delinquente reeducável, e o delinquente irrecuperável. As penas devem ser adaptadas a cada uma dessas categorias de réus, ainda que isso comporte problemas difíceis de compatibilidade com o princípio, que ele também aceita, da peremptoriedade das penas. Essas ideias terão êxito no decorrer do século XX.

Na Itália, foi profunda a influência do pensamento de Vincenzo Manzini (1872-1957), que desde a aula inaugural proferida em Ferrara em 1900[289] manifestou a tendência depois explicitada no grande *Tratado de Direito Penal* iniciado por ele em 1908, reeditado várias vezes até os anos 1980. Rejeitando as teses da Escola Positiva, Manzini adota um método jurídico resolutamente ancorado na legislação penal do Estado, a seu ver o único garante eficaz das exigências de segurança social e das do indivíduo. A postura técnico-jurídica também é adotada por Arturo Rocco (1876-1942), defensor da necessidade de elaborar no campo criminalista "um conjunto de princípios jurídicos sistematicamente ordenados" [Grossi, 2000, p. 87] e que mais tarde promoverá, ao lado do irmão Alfredo Rocco, ministro da Justiça, o Código Penal de 1930, ainda em vigor na Itália.

5. Civilistas, comercialistas, processualistas

Na Itália, a tendência dominante do pensamento jurídico civilista foi a nascida do rico patrimônio de conceitos jurídicos elaborado pelos pandectistas da escola alemã: Vittorio Scialoja, mestre de várias gerações de estudiosos, traduzira os oito volumes do Sistema de Savigny. O Tratado de Windscheid, por sua vez, foi traduzido por Carlo Fadda e Paolo Emilio Bensa, que acompanharam a versão italiana, iniciada em 1887, com um erudito e denso aparato de notas, das quais nas décadas seguintes partiram constantemente os estudiosos italianos do direito civil [Irti, 2002]. Já dissemos que a aculturação junto às Escolas transalpinas se tornara normal a partir dos anos 1880. As acirradas discussões sobre a natureza do direito subjetivo, sobre o papel da vontade nos negócios e sobre seus limites encontram eco também na Itália [Alpa, 2000, pp. 158-70].

Mas não faltaram algumas vozes dissonantes, esclarecidas recentemente por Paolo Grossi [Grossi, 2000]. Se em 1884 Enrico Cimbali (1855-1887) se apoiava em Darwin e em Spencer para invocar uma superação da postura estaticamente exegética do Código Civil em resposta às exigências diferentes da sociedade em transformação, pouco anos mais tarde Giacomo Venezian (1861-1915) enfrentava com acuidade, também com base em profundas pesquisas históricas e comparatistas, temas incomuns escolhidos não por acaso, como o da propriedade coletiva, do usufruto e da proteção da licença. E Emanuele Gianturco (1857-1907) – autor de textos científicos e didáticos de excelente qualidade – reprovava em 1891 a hipocrisia de uma concepção da liberdade contratual aparentemente inconsciente da condição miserável dos trabalhadores braçais e dos operários [Grossi, 2000, p. 44]. Um dos maiores civilistas foi o lombardo Carlo Francesco Gabba (1835-1920), durante décadas renomado e estimado professor em Pisa, autor de numerosos escritos e adversário decidido das teses divorcistas [Valsecchi, 2004, p. 190].

---

[288] F. v. Listz, *Lehrbuch des deutschen Strafrechts*, 1881.
[289] V. Manzini, *La crisi presente del diritto penale*, 1900.

Mas a fixação no dado normativo continuou a predominar na doutrina mais respeitada, como mostram, por exemplo, os escritos de Gian Pietro Chironi (1855-1918) e de Vittorio Polacco (1859-1926), mesmo com a indicação de possíveis reformas do Código, por exemplo no que diz respeito à responsabilidade objetiva, à responsabilidade extracontratual [Cazzetta, 1991] ou de contrato de trabalho [Castelvetri, 1994].

No direito comercial, afirmou-se, no fim do século XIX, o pensamento de Cesare Vivante (1855-1944), que por mais de quarenta anos foi a personalidade científica dominante não apenas na Itália nesse campo do direito. Primeiro como advogado, depois como professor em Parma, Bolonha e Roma, desde 1888 Vivante propugnou a unificação do direito das obrigações sugerindo que se superasse a dicotomia entre dois códigos, o civil e o comercial[290]. Isso permitiria a adoção nas obrigações civis de regras menos formalistas vigentes no mundo da economia, ao mesmo tempo evitando a extensão aos não comerciantes de regras pensadas em benefício deles: a áspera crítica de Vivante ao Código Comercial de 1882 nascia precisamente daqui, em especial da norma (art. 54) que estendia a disciplina comercialista aos negócios unilateralmente comerciais.

A partir de 1893, Vivante começou a publicação do *Tratado*[291] que logo se tornou o texto mais respeitado e continuou a sê-lo por mais de trinta anos. A postura, enunciada desde a célebre página inicial da obra, baseava-se no conceito de que a construção jurídica do direito comercial deve antes de tudo levar em conta a realidade, basear-se no "direito que nasce das coisas", portanto nas exigências e nos costumes de quem atua no mundo da economia. E a *Rivista del diritto commerciale e del diritto generale delle obbligazioni*, fundada por ele em 1903, tornou-se porta-voz, desde o título, de uma postura doutrinal nova e moderna do direito da economia. Essa atitude saudavelmente empírica não impede Vivante de tomar posição, até de modo contundente, sobre os "maus costumes" desse mesmo mundo dos negócios: é o que demonstra a sua luta pela reforma das sociedades comerciais, continuada (aliás, sem sucesso) por cerca de trinta anos[292]. Por fim, na Itália a opção pelo Código único se tornará predominante em 1942, embora desde a metade da década de 1920 o próprio Vivante tenha mudado de opinião acerca desse ponto específico. Muitos dos melhores expoentes da doutrina comercialista do século XX saíram da escola de Vivante; e, seja como for, todos foram muito influenciados por ela.

Para a Alemanha, já mencionamos as duas figuras dominantes de Levin Goldschmidt e de Heinrich Thöl, ambos influentes – ainda que com metodologias diferentes – tanto no enfoque teórico como na predisposição legislativa do direito comercial alemão nas duas versões dos Códigos de 1861 e de 1900; o primeiro se destaca também por suas profundas pesquisas sobre a história do direito comercial da Idade Média[293].

O direito autoral e as patentes foram objeto de uma monografia fundamental escrita por Josef Kohler (1849-1919), considerado o fundador da moderna doutrina jurídica sobre a propriedade intelectual[294] e sobre a concorrência[295]. Mas os interesses científicos de Kohler, professor em Würzburg e depois em Berlim, autor de pelo menos 2.500 publicações científicas, foram bem além desse campo: ele promoveu o conhecimento da comparação jurídica não apenas com inúmeras pesquisas pessoais, mas também fundando uma Revista[296] dedicada expressamente a isso. Não foi menos ativo como historiador do direito, um campo no qual ele

---

[290] C. Vivante, Per un Codice unico delle obbligazioni, in *Archivio giuridico*, 29 (1888); Id., Ancora per un Codice unico delle obbligazioni, in *Monitore dei Tribunali*, 33 (1892).
[291] C. Vivante, *Trattato di diritto commerciale*, 1. ed. 1893; 5. ed. Milão, 1922, 4 vols.
[292] A esse respeito, A. Padoa-Schioppa, 2002, pp. 226-38.
[293] L. Goldschmidt, *Universalgeschichte des Handelsrecht*, 1991; trad. it. *Storia universale del diritto commerciale*, Turim, 1913 [ver Scherner, 2003].
[294] J. Kohler, *Das deutsche Patentrecht*, 1878; Id., *Urheberrecht*, 1907.
[295] J. Kohler, *Der unlautere Wettbewerb*, 1914.
[296] *Zeitschrift für vergleichende Rechtswissenschaft*, desde 1878.

tratou dos mais variados temas e das fontes mais diversas, do Código de Hamurabi aos direitos dos povos primitivos (a etnologia jurídica começou a partir desses interesses), dos estatutos medievais italianos à literatura[297] como fonte do direito.

Na segunda metade do século XIX as doutrinas sobre o processo civil tiveram importantes desenvolvimentos graças a alguns juristas alemães[298] e italianos.

Na Alemanha, Oscar Bülow (1837-1907) enunciou uma teoria que concebia o processo civil como uma relação jurídica triangular – autônoma perante o direito substancial – entre as duas partes em litígio e o juiz[299], na qual as partes têm o direito de obter do juiz, com a sentença, o reconhecimento do próprio direito; uma relação de natureza publicista, que se insere no esquema dos direitos públicos subjetivos elaborados por Gerber, Laband e Jellinek. Nos mesmos anos, Adolf Wach (1843-1926), que na primeira fase da sua atividade científica havia estudado o processo executivo italiano da época comunal na perspectiva da corrente germanista da Escola Histórica[300], formulava uma tese em parte diferente da de Bülow, na medida em que a relação de direito público própria do processo civil pode comportar não apenas o reconhecimento de um direito subjetivo a respeito do adversário, mas também a determinação de um *status* com a ação de averiguação [Tarello, 1976]. Além disso, Wah ressaltava, também de acordo com sua reavaliação do processo germânico antigo, a importância do princípio da oralidade no processo, em contraposição com a tradição da forma escrita própria do processo romano-canônico do direito comum[301].

Na Itália, tanto a síntese original de Matteo Pescatore (1810-1879)[302], outro magistrado piemontês e senador, como os numerosos estudos exegéticos realizados em Turim e em Nápoles nos anos posteriores à unificação[303] foram superados pelos escritos de Lodovico Mortara (1855-1936). Advogado em sua cidade natal, Mântua, professor em Pisa e em Nápoles, a partir de 1903 ele preferiu abandonar a cátedra[304] para se tornar magistrado do Supremo Tribunal de Justiça e autor de sentenças de grande relevo, promotor de importantes reformas da justiça em 1901 (com a reforma do processo sumário) e em 1912 com a introdução do juiz único civil, por sinal revogada dois anos mais tarde pela oposição da classe forense [Taruffo, 1980].

Depois da guerra, Mortara foi ministro da Justiça por um curto período, depois aposentado antes do tempo como presidente do Supremo em 1923 por ser malvisto pelo fascismo. Já em alguns escritos da juventude[305] e depois no vasto *Comentário* ao Código de Processo Civil[306], Mortara manifestou uma linha, nova na Itália, inspirada na concepção publicista do processo civil e em suas conexões com a ordem constitucional. A concretude da abordagem das fontes, a reavaliação da tarefa criativa da jurisprudência e o papel determinante desenvolvido desde 1890 em sugerir e em realizar a reforma do ordenamento judiciário conferiram à obra de Mortara um peso muito elevado, que só em anos recentes foi convenientemente reconhecido [Cipriani, 1991; 2006].

Sob o aspecto da autoridade científica, a partir do início do século XX a primazia passou para um outro estudioso, Giuseppe Chiovenda (1872-1937), natural de Ossola, professor em Parma, Bolonha, Nápoles e em Roma, mestre de duas gerações de processualistas civis [Ci-

---

[297] J. Kohler, *Shakespeare vor dem Forum der Jurisprudenz* (1919), reimpressão Aalen, 1980.
[298] Para a doutrina alemã, ver a síntese de Nörr, 1976, que analisa os elementos de continuidade e de descontinuidade entre as doutrinas jusnaturalistas sobre o processo civil e as teorias do século XIX: de Wolf a Grolman e Gönner.
[299] O. Bülow, *Gesetz und Richteramt*, 1885.
[300] A. Wach, *Der italianische Arrestprozess*, 1868.
[301] A. Wach, *Die Mündlichkeit im oesterrichischen Civilprozessentwurf*, 1895.
[302] M. Pescatore, *Sposizione compendiosa della procedura civile e criminale*, Turim, 1864.
[303] Entre os quais deve ser mencionado ao menos o *Trattato di diritto giudiziario italiano* de Luigi Mattirolo, Turim, 1875-1880, 5 vols.
[304] Sobre os motivos dessa opção, talvez devida a divergências com Scialoja, ver as profundas pesquisas de Cipriani, 2006, pp. 25-80.
[305] L. Mortara, *Lo Stato moderno e la giustizia*, 1885.
[306] L. Mortara, *Commentario del Codice e delle leggi di procedura civile*. Milão, 1889-1909, 5 vols.

priani, 1991]. Seu método também parte da reivindicação da natureza publicista do direito civil, mas se diferencia do de Bülow e de Wach na medida em que considera a ação um "direito potestativo" que o ator faz valer diante do adversário provocando a intervenção do juiz com o objetivo de obter não uma sentença favorável, mas o direito de obter a realização concreta do direito objetivo[307].

Para Chiovenda, a tarefa do juiz civil não está circunscrita à mera vontade das partes nem pode ser limitada pelas estratégias evasivas ou protelatórias destas[308]; ele aprova o modelo da recente reforma do processo austríaco de 1898, inspirada por Franz Klein, que fortalecera justamente os poderes do juiz civil. Daí o acento posto com muita eficácia por Chiovenda nos princípios da oralidade [Cipriani, 2002], da concentração e da imediaticidade, considerados os fundamentos necessários para um processo civil que garanta a averiguação correta dos fatos e a realização da justiça no caso concreto [Taruffo, 1980, p. 191]: princípios nos quais Chiovenda inspirou em 1919 o projeto de Código que leva o seu nome, mas que não teve continuidade. A grande autoridade de Chiovenda deve-se também ao sólido arcabouço histórico e lógico das suas construções jurídicas, condensadas em duas obras de síntese[309] que tiveram sucesso duradouro, não apenas na Itália.

6. Romanistas, medievalistas, eclesiasticistas

O estudo do direito romano continuou na segunda metade do século XIX e no século XX no caminho indicado pela Escola Histórica, com resultados cada vez mais exaustivos e analíticos. O estudo do pensamento jurídico romano da época clássica é enriquecido com a feliz redescoberta das Instituições de Gaio ocorrida em 1816, mas também pela criação de instrumentos de trabalho para a correta compreensão dos textos e de seu significado. Nessa direção são fundamentais os dois instrumentos preparados por Otto Lenel (1849-1955): a reconstrução crítica do Edito Perpétuo[310] e a palingênese dos textos de jurisconsultos clássicos[311], realizada recolocando os fragmentos de cada autor em sua ordem originária, para tornar possível um estudo monográfico do pensamento dos diversos juristas e a reconstrução histórica da evolução de suas doutrinas.

A pesquisa dos princípios e das formulações autênticas do direito clássico, iniciada com resultados importantes desde a época humanista e da Escola Culta, foi desenvolvida com grande intensidade utilizando os instrumentos rigorosos da filologia clássica, indicados por Lachmann e por outros estudiosos dos textos antigos e medievais, para identificar as interpolações contidas sobretudo no Digesto. Aquela que foi denominada "caça às interpolações" levou um grupo de estudiosos, sobretudo alemães e italianos, a representar de modo cada vez mais preciso – ainda que com alguns excessos de espírito crítico que em seguida serão corretamente rejeitados – os traços característicos do direito clássico. Ao mesmo tempo começava também a valorização dos documentos do direito antigo através do estudo dos papiros do Egito, bem como do estudo científico do direito na era pós-clássica.

Ao lado da obra do grande Teodoro Mommsen, que já recordamos, podem ser citados, para a Alemanha, ao menos os nomes de Otto Gradenwiz, excelente caçador de interpolações; de Ludwig Mitteis, pioneiro nos estudos papirológicos; de Moritz Wlassak, pesquisador do processo romano clássico. Zachariae von Lingenthal foi o pioneiro dos estudos de história do direito bizantino da Idade Média. Uma corrente original, cuja importância só foi reavaliada

---

[307] G. Chiovenda, *L'azione nel sistema dei diritti*, aula inaugural proferida em Bolonha em 1903, depois em *Saggi di diritto processuale civile*, Roma, 1930, vol. I, pp. 3-99.
[308] G. Chiovenda, *Le forme nella difesa giudiziale del diritto*, 1901, depois em *Saggi*, vol. I, pp. 353-78.
[309] G. Chiovenda, *Principii di diritto processuale civile*. Nápoles, 1906; 4. ed., 1928. Id., *Istituzioni di diritto processuale civile*. Nápoles, 1933-1936, 2 vols. em 5 tomos.
[310] O. Lenel, *Das Edictum perpetuum*, 1883.
[311] O. Lenel, *Palingenesia iuris civilis*, 1889.

em anos recentes [Garré, 1999], foi marcada pelos estudos de Johann Bachofen (1815-1887) que identificou, com base em fontes religiosas e civis anteriormente negligenciadas, a fase histórica em que vigorou o regime de matriarcado[312] nas estruturas públicas e privadas de muitas comunidades antigas.

Na Inglaterra deve-se chamar a atenção para o livro de Henri Sumner Maine (1822--1888), *Ancient Law*, publicado em 1861, que delineou um ciclo histórico considerado constante nas sociedades primitivas, que consiste na transição da fase de relações ligadas à condição de *status* das pessoas – sacerdotes, gentios, famílias – à fase na qual nasce o contrato como modo de criação de obrigações e de vínculos também fora do *status*. O exame comparado dos dados oferecidos por algumas civilizações antigas (Maine permaneceu, entre outros, também na Índia com tarefas de administrador por conta do governo inglês) foi em seguida amplamente desenvolvido.

Na Espanha, a corrente metodológica da Escola Histórica é introduzida pelos estudos romanísticos e medievalistas de Eduardo de Hinojosa (1852-1919)[313], que criou uma próspera escola de estudiosos, os quais concentraram suas pesquisas no caso intrincado e apaixonante da evolução do direito na Península Ibérica [Aguilera Barchet, 1994]. Para a Itália, após os estudos pioneiros de Ilario Alibrandi, um papel central foi desenvolvido por Vittorio Scialoja (1853-1933), já mencionado acima, professor em Camerino e depois por quase meio século em Roma, filho de um professor de direito e economia exilado de Nápoles para Turim depois de 1848. Intelecto agudo e classicamente claro tanto na exposição escrita como na palavra, Vittoria Scialoja possuía ao mesmo tempo a paixão histórico-filológica e o rigor conceitual, animado por uma inteligência que fascinava os alunos e subjugava os adversários e os juízes nas causas por ele discutidas como advogado. Scialoja foi mestre de um denso e eleito grupo de professores de direito nas universidades italianas, não apenas de romanistas, mas de privatistas, de publicistas, de processualistas. E no século XX dirigirá importantes reformas legislativas, da lei sobre a cidadania de 1912 ao Código Civil de 1942.

Ao lado de Scialoja, inúmeros outros romanistas de renome se destacam entre os dois séculos, entre os quais é preciso ao menos recordar o talento elevado e forte de Pietro Bonfante (1864-1932), a laboriosidade inteligente de Contardo Ferrini (1859-1902), a feliz síntese de Silvio Perrozzi (1857-1931), para nos limitar a poucos nomes.

Os desenvolvimentos da pesquisa histórico-jurídica foram não menos relevantes para a época medieval. Continuando o caminho aberto na primeira fase da Escola Histórica pela cultura do romantismo, as pesquisas sobre a Idade Média do direito realizadas em primeiro lugar por estudiosos alemães foram de excepcional intensidade.

Mencionaremos apenas alguns nomes e algumas obras. Já falamos de Otto von Gierke e da sua grande história das associações. Georg Waitz publicou uma reconstrução histórica do direito público medieval de grande fôlego (1844-1878, 8 volumes)[314]. Julius Ficker esboçou um quadro inigualável do papel do Império na Itália medieval[315]. Heinrich Brunner ofereceu a síntese ainda hoje mais completa e aprofundada dos direitos germânicos nas suas fontes e nos seus institutos publicistas[316] (1887-1892, 2 volumes). Konrad Maurer estudou os sistemas sucessórios dos povos germânicos do norte da Europa (1907-1908, 8 volumes). Ernst Mayer escreveu obras de síntese sobre a história do direito público medieval na Itália, Alemanha, França e Espanha (1899-1926, 6 volumes). As leis anglo-saxãs (Felix Liebermann), o direito penal (Josef Kohler), o direito processual (Adolf Wach, Mortiz August von Bethmann Hollweg), o direito romano na Alta Idade Média (Marx Conrat-Cohn), os glosadores (Hermann Fitting,

---

[312] J. Bachofen, *Das Mutterrecht*, 1861; trad. it. *Il matriarcato*. Milão, 2004.
[313] E. de Hinojosa, *Historia general del derecho español*, Madri, 1887.
[314] G. Waitz, *Deutsche Verfassungsgeschichte* (1844-1878), reimpressão fac-similar, Graz, 1955, 8 vols.
[315] J. Ficker, *Forschungen zur Reichs- und Rechtsgeschichte Italiens*, Innsbruck, 1868-1874, reimpressão Aalen, 1961, 4 vols.
[316] H. Brunner, *Deutsche Rechtsgeschichte*, Leipzig, 1906-1928².

Emil Seckel), o direito comercial (Levin Goldschmidt), e muitos outros temas foram objeto de pesquisas extensas e profundas. A história do direito canônico medieval também teve estudiosos de grande relevo: Johann Friedrich von Schulte compôs uma obra de síntese ainda incomparável[317], Hinschius compôs um amplo mural do direito histórico da Igreja[318], Rudolf Sohm reconstruiu a história das instituições eclesiásticas[319].

Os *Monumenta Germaniae Historica* continuaram a publicação de suas ricas séries de leis, crônicas e documentos em edições críticas impecáveis.

Observe-se que quase todos esses autores adotaram um enfoque não nacional, mas europeu, embora atribuíssem um destaque particular ao componente germânico do direito medieval. Para a época moderna, é preciso pelo menos lembrar o vasto panorama que Roderick Stintzing e em seguida Ernst Landsberg[320] traçaram da doutrina jurídica alemã até o final do século XIX, um panorama que não tem paralelos em outros países europeus.

Foram muito importantes também as pesquisas de alguns historiadores do direito da França: a obra de Fustel de Coulanges sobre a cidade antiga (1864), as análises de Jacques Flach sobre as origens do Estado e do direito na França (1884-1904)[321], os estudos sistemáticos de Paul Viollet sobre a história do direito público e sobre a história do direito civil francês[322] (1890-1905).

Na Itália, o pioneiro da história do direito foi o professor Antonio Pertile (1830-1895), natural de Pádua, autor de uma obra em seis volumes[323] que é uma mina de dados obtidos das fontes medievais e modernas. O protagonista dos estudos da corrente germanista da Alta Idade Média do direito foi Francesco Schupfer (1833-1925), professor em Roma durante décadas, que ao "direito privado dos povos germânicos, com particular referência à Itália", dedicou um vasto *Curso* em cinco volumes[324] e se ocupou também de história das obrigações e de muitos outros temas. A corrente "romanística", interessada em identificar os elementos de continuidade entre Idade Média e mundo antigo, teve em Nino Tamassia (1860-1931)[325], professor em Pádua, um estudioso de elevada qualidade. Também Arrigo Solmi, Federico Patetta, Francesco Brandileone contribuíram com trabalhos importantes para o conhecimento do direito medieval italiano.

No âmbito do direito eclesiástico e canônico destaca-se a obra de Francesco Ruffini (1863-1934), professor em Turim e depois senador, que ao lado de estudos de direito positivo eclesiástico dedicou pesquisas de relevo ao processo canonístico medieval[326] e ao significativo tema da história da liberdade religiosa[327].

Para a Inglaterra, dois nomes se destacam entre todos. Frederic Maitland (1850-1906), professor em Cambridge, estudou a fundo o pensamento de Henri Bracton, deu início à edição dos *Year Books* – fonte essencial para compreender a formação do *Common law* – e publicou com Pollock (mas a obra é quase inteiramente de sua autoria) uma história do direito inglês até o ano de 1307[328] que deve ser realmente considerada clássica, talvez sem paralelos até mesmo

---

[317] J. F. von Schulte, *Die Geschichte der Quellen und Literatur des canonischen Rechts* (1875), reimpressão fac-similar em Graz, 1956, 3 vols.
[318] P. Hinschius, *System des katholischen Kirchenrechts*, Berlim, 1869-1897, 6 vols.
[319] R. Sohm, *Kirchenrecht. I: Die geschichtlichen Grundlagen*, Leipzig, 1982.
[320] R. Stintzing e E. Landsberg, *Geschichte der deutschen Rechtswissenschaft*, 1880-1910, 5 vols.
[321] J. Flach, *Les origines de l'ancienne France (10e e 11e siècles)*, Paris, 1886-1917, 4 vols.
[322] P. Viollet, *Histoire des institutions politiques et administratives de la France (1890-1912)*, reimpressão Aalen, 1966, 4 vols.; Id., *Histoire du droit civil français*, Paris, 1893.
[323] A. Pertile, *Storia del diritto italiano*, Turim, 1896-1902, reimpressão fac-similar em Bolonha, 1966, 9 vols.
[324] F. Schupfer, *Il diritto privato dei popoli germanici con speciale riguardo all'Italia*, Città di Castello, 1907-1915, 5 vols.
[325] Suas pesquisas estão reeditadas em N. Tamassia, *Scritti di storia giuridica*, Pádua, 1969, 3 vols.; e em Id., *Studi sulla storia giuridica dell'Italia meridionale*, Bari, 1957.
[326] F. Ruffini, *L'actio spolii, studio storico-giuridico*, Turim, 1989.
[327] F. Ruffini, *La libertà religiosa, storia dell'idea*, Turim, 1901; Milão, 1991.
[328] F. Pollock e F. W. Maitland, *The History of English Law before the Time of Henry the Third*, 1895, 2 vols.

no continente europeu pela profundidade e excelência da reconstrução histórica e jurídica. William Holdsworth (1871-1944) iniciou em 1903 a publicação de uma monumental história do direito inglês[329] que abarca todo o período do *Common law* das origens ao século XX.

7. Teóricos e sociólogos do direito

Por volta do final do século XIX, a reação à postura de fixação exclusiva no dado legislativo, típica de uma grande parte da doutrina jurídica, se fez sentir de modo crescente. Um papel significativo foi desenvolvido, na França, pelo civilista Marcel Planiol (1853-1931), professor em Rennes e em Paris, estudioso dos costumes normandos da Idade Média, autor de mais de 200 notas o processo [Halpérin, 1996, p. 184] e autor de um inovador *Tratado de Direito Civil*[330] no qual se valorizava o papel da jurisprudência, que Planiol considerava uma verdadeira fonte do direito: através das sentenças dos juízes, compartilhadas por outros juízes e portanto consolidadas, a jurisprudência deve ser vista como criadora de segmentos fundamentais do costume.

Outras vozes originais devem ser mencionadas para a França. Émile Durkheim (1858-1917) se fez a pergunta incitante de "como é possível que, mesmo se tornando mais autônomo, o indivíduo depende cada vez mais estreitamente da sociedade"[331]; e respondeu indicando no direito a estrutura que garante ao mesmo tempo a solidariedade e a proteção do indivíduo, nas diversas formas que o direito pode assumir quanto à sanção e quanto ao incentivo dos diversos comportamentos. Léon Duguit (1859-1928), professor em Bordeaux, tornou-se defensor de uma concepção do direito público resolutamente realista: rejeitando como "metafísicas" tanto a tese da soberania estatal sem limites como a do Estado como pessoa jurídica, Duguit considerou o Estado-autoridade simplesmente como um grupo de indivíduos encarregados de desempenhar funções específicas a serviço e sob o controle dos cidadãos[332]. Nesse sentido, deu grande importância às finalidades de caráter social[333] e esboçou as linhas das transformações desejáveis tanto no direito privado como no direito público[334].

Entre os juristas que atuaram entre os dois séculos, Raymond Saleilles (1855-1912) destaca-se por uma série de características que tornam bastante peculiar a sua figura no panorama da cultura jurídica francesa e europeia [Grossi, 1998, pp. 193-262]. Professor em Dijon e depois em Paris, espírito religioso aberto às ideias modernistas, romanista na juventude, Saleilles foi na França de fim de século aquele que mais que qualquer outro se abriu para o conhecimento da cultura jurídica da Europa da época e sobretudo da Alemanha. Admirador de Savigny, embora só compartilhasse em parte a sua metodologia, ele traduziu para o francês e estudou os projetos do Código Civil alemão (o futuro BGB)[335], acompanhando o estudo com pesquisas originais e inovadoras sobre o direito das obrigações[336] em que, entre outras coisas, defende a tese, até então rejeitada pela maioria, da responsabilidade objetiva como pressuposto para o ressarcimento dos acidentes de trabalho[337]. Também no campo penal deixou uma marca duradoura com a obra em que defende o princípio da "individualização" da pena[338],

---

[329] W. Holdsworth, *A History of English Law*, 1903-1966, 16 vols.
[330] M. Planiol, *Traité élémentaire de droit civil*, 1899-1901, 3 vols.
[331] E. Durkheim, *Division du travail social*, 1893.
[332] L. Duguit, *L'Etat, le droit objectif et la loi positive*, 1901; Id., *L'Etat, les gouvernants et les agents*, 1903.
[333] L. Duguit, *Le droit social, le droit individuel et les transformations de l'Etat*, 1908.
[334] L. Duguit, *Les transformations du droit privé*, 1911; Id., *Les transformations du droit public*, 1913.
[335] R. Saleilles, *Introduction à l'étude du droit civil allemand*, 1897.
[336] R. Saleilles, *Essai d'une théorie générale de l'obligation, d'après le projet de Code civil allemand*, 1890; *Etude sur la théorie générale de l'obligation dans la seconde rédaction du projet du Code civil pour l'Empire d'Allemagne*, 1895.
[337] R. Saleilles, *Les accidents de travail et la responsabilité civile (essai d'une théorie objective de la responsabilité délictuelle)*, 1897.
[338] R. Saleilles, *L'individualisation de la peine*, 1898.

uma tese baseada na exigência de adequar a condenação penal à personalidade e à situação individual do réu.

No que diz respeito aos códigos, particularmente ao Código Civil, Saleilles manifestou uma atitude nem um pouco inclinada à mera exegese: embora não renegasse de modo algum a exigência da codificação, não apenas lutou por uma reforma que corrigisse os traços agora obsoletos do Código Napoleão (por exemplo, em relação aos contratos de trabalho e de responsabilidade civil), mas reivindicou a liberdade de movimento do jurista, até mesmo em respeito ao princípio de legalidade ("para além do Código, mas através do Código") [Halperin, 1996, p. 182]. A inclinação para a justiça levou-o a desenvolver a tese, apresentada naquela época por Stammler, de um direito natural "com conteúdo variável", para assinalar a exigência de levar em conta, no trabalho concreto tanto do jurista teórico como do prático, na doutrina como na jurisprudência, aquilo que na sociedade estava passando por mudanças. Essa abertura cultural e civil fazia com que ele observasse os "fatos" com muita atenção, como pressuposto para a obra de sistematização e de análise do jurista. Conduzia-o, portanto, para a sociologia do direito.

A reflexão mais aprofundada e inovadora do sistema das fontes do direito é realizada por um outro jurista francês, François Gény (1861-1959), professor em Dijon e depois em Nancy. Em seu *Método de interpretação*[339] publicado em 1899, Gény argumentou com lucidez e doutrina a insuficiência da postura tradicional que pretendia resolver qualquer questão de direito recorrendo às técnicas da exegese dos textos legislativos, a começar pelo Código Civil, supondo uma espécie de vontade implícita da lei também para os casos concretos e para situações novas e portanto estranhas às previsões do legislador. Sem negar de modo algum a obrigatoriedade dos Códigos, Gény ressalta que as inevitáveis lacunas que todo texto legislativo deixa abertas deveriam ser preenchidas recorrendo a um duplo canal. Antes de tudo, através da fonte consuetudinária, presente em todo ordenamento e ineliminável manifestação de vida da sociedade; em segundo lugar, através da "livre pesquisa científica", ou seja, recorrendo, com a análise doutrinal, tanto ao mundo das informações sobre os fatos sociais quanto à esfera das ideias e dos valores de justiça [Tanzi, 1990].

Essa postura é mais aprofundada na obra sobre *Ciência e técnica do direito privado*[340], que identifica no direito uma base de regras "dadas" – ou seja, predeterminadas pela "natureza das coisas", pela história e também pela razão –, diferente daquilo que, ao contrário, é simplesmente "construído" através da formalização técnica, na atividade legislativa e no próprio costume, das regras "dadas". Desse modo, denunciava-se com eficácia o risco de reduzir a tarefa do intérprete e do juiz a um mero "fetichismo da lei". O respeito da lei deve ser acompanhado, de acordo com Gény, pela consciência de que as mudanças sociais e os valores da justiça não podem ser alheios ao trabalho do jurista, em seu necessário trabalho de intérprete e de operador: um papel não meramente recognitivo, mas também criativo. São ideias que na França e fora dela, da Alemanha aos próprios países do *Common law*, tiveram uma repercussão profunda no século XX.

Na Alemanha e na Áustria, depois das teses críticas já expressas por Jhering e por Gierke, desenvolveram-se nos primeiros anos do século XX linhas de pensamento diferenciadas entre si, mas convergentes ao contestar a postura lógico-sistemática da pandectística e da jurisprudência dos conceitos.

Ferdinand Tönnies (1855-1936), retomando a conceituação de Sumner Maine, elaborou uma representação das relações entre homens que distinguia entre as duas formas da "comunidade" (constituída pelas agregações naturais dentro da casa e na aldeia) e da "sociedade" (que encontra no contrato criado por indivíduos isolados sua forma mais típica): dessas duas formas derivam dois grupos de institutos jurídicos, de um lado o direito familiar e os direitos reais, de outro os direitos individuais e as obrigações [Treves, 1980].

---

[339] F. Gény, *Méthode d'interprétation et sources en droit privé positif*, 1899.
[340] F. Gény, *Science et technique en droit privé positif*, 1913-1924.

No centro do pensamento inovador de Eugen Ehrlich (1862-1922), professor na universidade de Czernowitz, então pertencente ao império austro-húngaro, está a tese de que o direito tem a sua base fundamental não na legislação e tampouco na jurisprudência, e sim no ordenamento interno das comunidades humanas. As normas que desse modo se formam espontaneamente constituem direito independentemente da presença de instrumentos de sanção que garantam que elas sejam respeitadas. Só uma fina camada de normas de decisão desemboca no instrumento legislativo, que portanto não deve ser superestimado. Ao contrário, é tarefa essencial da ciência do direito estudar o "direito vivo", o direito que se revela nos fatos: essa é a tarefa de uma disciplina nova que Ehrlich denominou pela primeira vez de "sociologia do direito"[341].

Na mesma época nascia na Alemanha um vigoroso movimento de ideias que foi caracterizado como o movimento pelo "direito livre" (*Freirechtsbewegung*). O ponto central da crítica era a pretensão do legislador (o BGB havia entrado em vigor justamente naqueles anos) de abarcar todo o campo do direito privado, preenchendo com o auxílio das categorias lógico-sistemáticas qualquer possível lacuna. Uma série de escritos publicados nos primeiros anos do novo século, dotados de uma forte carga argumentativa e polêmica, pretendeu derrubar esse mito, mostrando que as lacunas são um elemento ineliminável de toda regulamentação legislativa e afirmando que a tarefa específica do jurista, tanto teórico como prático, é preencher esses vazios desenvolvendo uma livre atividade de criação [L. Lombardi, 1967, pp. 201--370]. Alguns artigos de Ernst Stampe em 1950, um bem-sucedido ensaio do ano seguinte de Hermann Kantorowicz (um jurista e historiador do direito de múltiplos interesses científicos), intitulado *A luta pela ciência jurídica*[342], os escritos do advogado de Karlsruhe, Ernst Fuchs[343] e outras contribuições – entre as quais as importantes teses científicas de Gény e de Ehrlich – alcançaram o objetivo de esclarecer com eficácia a unilateralidade da visão legalista do direito predominante na época inicial das codificações. Alguns aplicaram a fórmula do "direito livre" até reivindicar a faculdade do juiz ou do intérprete de decidir ou de argumentar até mesmo "contra a lei". Mas prevaleceu a tese de considerar não apenas oportuna mas necessária a intervenção ativa e livre do jurista apenas nos espaços, grandes e pequenos, deixados abertos pela estrutura legislativa [Barberis, 2004, p. 105].

8. *O positivismo jurídico: apogeu e crise*

A extraordinária profusão de doutrinas que lembramos de modo sintético para a segunda metade do século XIX e o começo do século XX testemunha a vitalidade do pensamento jurídico europeu, sobretudo na Alemanha. Um elemento comum a uma grande parte dos autores, tanto no direito privado como no direito público, consiste na pretensão de construir conceitos e sistemas jurídicos dotados de validade científica. A crítica às tendências meramente exegéticas parte dessa premissa. Com razão qualificou-se essa tendência, amplamente predominante não apenas na Alemanha, com a fórmula do "positivismo": desejava-se elevar a ciência jurídica ao nível da verdadeira ciência, baseando-a, como a ciência da natureza, nos fatos [Larenz, 1966, p. 48]. Uma fórmula que certamente deriva do enfoque dado também às ciências humanas e sociais por pensadores como, em particular, Auguste Comte na França e Herbert Spencer na Inglaterra: este último adotara uma concepção "organicista" que aplica à história dos homens algumas leis da evolução da espécie, sobre a "luta pela vida" e sobre a seleção natural, recentemente elaboradas por Charles Darwin. Não poucos juristas de renome, de Duguit a Orlando e a Ehrlich, as consideram relevantes também para a teoria do direito.

---

[341] E. Ehrlich, *Soziologie des Rechts*, 1913.
[342] H. Kantorowicz, *Der Kampf um die Rechtswissenschaft*, 1906, publicado sob o pseudônimo de Gneus Flavius.
[343] E. Fuchs, *Schreibjustiz und Richterkönigtum*, 1907; Id., *Recht und Wahrheit in unserer heutigen Justiz*, 1908; Id., *Die Gemerinschädlichkeit der konstruktiven Jurisprudenz*, 1909.

Assim como nas ciências físicas e naturais o positivismo se apoia na forma do método científico baseado nos dados experimentais elaborados segundo categorias e leis dotados de coerência interna, também os dados e os postulados do direito são considerados suscetíveis de elaboração conceitual dotada das características da cientificidade. A jurisprudência dos interesses, de Jhering a Philip Heck (1858-1943)[344], conserva essa convicção, mesmo partindo de premissas diferentes em relação à jurisprudência dos conceitos. Também a concepção do Estado como pessoa jurídica – uma concepção por si só organicista – está ligada a esse conceito, embora também esteja ligada a algumas ideias de Hegel sobre o Estado, visto como o ápice da evolução histórica. E o mesmo se aplica à sociologia do direito de Ehrlich, o qual aliás considera objeto de ciência apenas aquilo que parte dos dados oferecidos pela realidade do direito, independentemente da elaboração no plano legislativo ou jurisprudencial.

A concepção do direito privado expressa pelos juristas alemães, embora com destaques e sensibilidades diferentes, não pôs no centro a tese da absoluta liberdade da vontade e da autonomia soberana do indivíduo; ao contrário, retorna com insistência em muitos autores a consideração dos limites que a comunidade, a proteção do terceiro e a boa-fé obrigam a respeitar nos contratos e nos direitos de propriedade (Hofer, 2001].

No final do século XIX, surgiu uma forte reação ao positivismo científico, embora ele mantivesse sua influência sobre a doutrina europeia por algumas décadas. Essa reação nasceu da convicção de que no direito intervêm como componentes inelimináveis não apenas os dados positivos, da norma aos fatos sociais, mas também elementos diferentes, que pertencem ao pensamento e à vontade, independentes da percepção e da experiência. Essa ideia, que retoma o posicionamento de Kant, é expressa pelo neokantiano Rudolf Stammler[345] – que concebia o direito como "a ciência dos fins" – e depois desenvolvida, entre outros, por Heinrich Rickert e por Emil Lask[346], para quem "tudo aquilo que cai na esfera do direito perde o seu caráter naturalista, em uma livre relação com os valores" [Larenz, 1966, pp. 119-40]. Para esses autores, o trabalho do jurista é certamente um trabalho científico, mas sua natureza é diferente da do cientista das ciências exatas. A doutrina jurídica tem para eles um caráter criativo e não meramente recognitivo: nisso reside a discordância tanto em relação às doutrinas do positivismo dos conceitos quanto em relação à sociologia como única forma científica do fenômeno jurídico.

No período de tempo que vai do final do século XIX até a Primeira Guerra Mundial surgiram na Europa muitas das ideias que caracterizarão a cultura jurídica no século XX. Pensando na história atormentada e dramática que se seguiu a ele, podemos nos perguntar qual foi, em última instância, o papel de tantas elaborações conceituais penetrantes, em particular com referência à história alemã.

Sem antecipar o que diremos em breve, podemos considerar que esse imenso esforço analítico e construtivo, histórico e crítico (não podemos esquecer que grande parte dos autores mais importantes, de Savigny a Gierke, de Gerber a Kohler, de Binding a Saleilles e a tantos outros, conhecia a fundo a tradição antiga e medieval do direito europeu) contribuiu para dotar o pensamento jurídico de instrumentos aptos não apenas a compreender melhor a realidade do tempo e a natureza multiforme do fenômeno jurídico, mas também para superar os empecilhos da subserviência acrítica reservada ao dado legislativo, que muitos autores então consideravam, após as codificações, como a fonte potencialmente exclusiva do direito.

---

[344] Ph. Heck, *Gesetzeauslegung und Interessenjurisprudenz*, 1914.
[345] R. Stammler, *Wirtschaft und Recht nach der materialistischen Geschichtsauffasung*, 1896; *Theorie der Rechtswissenschaft*, 1911.
[346] E. Lask, *Rechtsphilosophie*, 1905.

Sexta parte
O século XX

O tiro de pistola de 28 de junho de 1914 que de Sarajevo espalhou fulminantemente os seus efeitos provocando a eclosão da Primeira Guerra Mundial marca o início daquele que é chamado o "século breve" [Hobsbawm, 2002], se se considera como momento final a derrocada do comunismo soviético em 1991.

No âmbito do direito, a Europa do século XX passou por profundas transformações. A participação na vida política da classe operária e das camadas sociais mais pobres – ocorrida desde o final do século XIX com a formação de partidos e de movimentos de oposição à burguesia industrial e agrária, com a organização dos sindicatos, com a extensão progressiva do direito de voto até o sufrágio universal – refletiu-se não apenas na normalização legislativa mas também na prática constitucional, na configuração dos contratos individuais e coletivos, no direito consuetudinário. Da disciplina jurídica das pessoas e da família ao direito da economia, do direito do trabalho às regras e às funções da administração pública, quase não existe campo no qual a práxis, a doutrina e a legislação não introduziram inovações substanciais em cada país da Europa.

Na primeira metade do século, os fatos traumáticos da Primeira Guerra determinaram em 1917 o advento do comunismo na Rússia então tsarista. Nasce um ordenamento jurídico caracterizado pelo controle total do poder político sobre a economia e sobre a própria liberdade física e espiritual das pessoas. O recurso indiscriminado à violência legalizada culmina no sistema brutal dos *gulagui*, com o sacrifício de milhões de seres humanos inocentes. Em decorrência das feridas da guerra, malcuradas (mas seria melhor dizer exacerbadas) pelo regulamento de paz de 1919, instalam-se em três países europeus – na Itália, na Alemanha e na Espanha – os regimes autoritários do fascismo, do nazismo e do franquismo que de formas diferentes suprimem as liberdades políticas e marcam a passagem dos três países da democracia formal à ditadura. Na Alemanha, o regime totalitário de Hitler assume os traços cruéis da exaltação nacionalista e do ódio racial, até gerar o extermínio organizado de milhões de judeus. Bastariam esses eventos – todos, observe-se, ocorridos com o recurso sistemático também às armas do direito: eleições, leis, regulamentos, doutrinas, sentenças – para concluir que na primeira metade do século XX a Europa conheceu, também na esfera do direito, fenômenos de autêntica barbárie.

Isso não significa negar ou subestimar os resultados de sinal diferente que também surgiram entre as duas guerras: na legislação como na doutrina, não apenas no interior dos países europeus que permaneceram ancorados na democracia, mas até nos países totalitários, não faltaram juristas de renome, leis inovadoras e códigos de qualidade, que não por acaso permaneceram em vigor mesmo depois da guerra. Por outro lado, é notável a tentativa, todavia fracassada, de criar um organismo supranacional (a Sociedade das Nações) para regulamentar as relações e os conflitos entre Estados.

A Segunda Guerra Mundial, provocada pela vontade de domínio militar do regime nazista sobre a Europa, é o trágico complemento da Primeira Guerra. Ela marca o fim do papel hegemônico dos Estados europeus na política mundial.

Na segunda metade do século XX o direito se caracteriza por uma série de transformações radicais. No âmbito das ideias, a crise do positivismo científico, já latente na primeira metade daquele século, leva à formulação de uma série de doutrinas filosófico-jurídicas que conferem diferentes equilíbrios à relação entre lei, direito e justiça. Após a Segunda Guerra, declina na Europa a concepção da lei como fonte primária do direito. Os direitos fundamentais da pessoa fundamentam-se agora em uma fonte superior à lei, a constituição, intangível pelas maiorias parlamentares comuns. E à constituição é confiada a tarefa de enunciar alguns princípios gerais de justiça nos quais devem inspirar-se tanto a legislação comum como a jurisprudência. A proteção da constituição e dos valores nela enunciados é confiada aos recém-instituídos Tribunais constitucionais, embora apresentem diferentes configurações na Itália, na Alemanha, na França e na Espanha.

É posto em discussão e parcialmente superado o princípio da soberania ilimitada do Estado: internamente, através do abandono da noção de Estado-legislador como "senhor do direito"; externamente, com a criação de um ordenamento destinado a instituir um mercado único, que apresenta muitas características próprias da estatalidade federal. Nasce e se desenvolve a Comunidade Europeia, depois transformada em União Europeia, um modelo novo e original de organização político-jurídica entre Estados.

Por esses caminhos, o "dogma" da soberania una e indivisível, personificada juridicamente em um organismo que transcende os indivíduos e as comunidades locais e sociais, é solapado. O indivíduo e a sociedade intermediária adquirem ou readquirem uma legitimação originária também sob o aspecto jurídico. Consolida-se uma doutrina que atribui aos indivíduos, isolados e associados, a fonte da soberania. E que reconhece a compatibilidade também jurídica de cidadanias múltiplas e verticais, admitindo que o indivíduo possa ao mesmo tempo ser cidadão do próprio município, da região, do Estado nacional, da Europa e do mundo, em uma relação baseada em competências distintas e em lealdades compatíveis.

No âmbito planetário, o sucesso agora reconhecido da economia de mercado favorece o modelo jurídico da sociedade de capitais aptas a atuar em contextos institucionais diferentes de acordo com esquemas organizativos e contratuais que passam a adquirir uniformidade no espaço, facilitados pela revolução informática e digital que conquistou todos os continentes vencendo todas as distâncias espaciais.

Até os casos ocorridos em países distantes tornam-se a tal ponto atuais para os cidadãos de outros países e obrigam os governos a tomar posição. A luta pelos "Direitos Humanos" – vinculada à falência evidente do sistema da propriedade pública dos meios de produção – obtém uma série de vitórias de alcance histórico, quase sempre incruentas e pacíficas, em relação ao comunismo soviético. Abre-se o caminho para o acesso dos países do Leste europeu à União Europeia. A progressiva transformação do mundo em uma única e imensa "aldeia global", favorecida pela televisão e pela revolução informática e telemática, traz consigo a superação do princípio de não intervenção, quando se torna evidente para a opinião pública que um Estado está realizando políticas de genocídio.

A Organização das Nações Unidas, criada em 1945, atua há mais de meio século segundo regras jurídicas em parte novas, continuando o caminho iniciado após a Primeira Guerra, com o objetivo (ainda remoto) de garantir uma nova ordem internacional baseada não mais na força, mas no direito.

37. Direito e legislação entre as duas guerras

A ruptura da Primeira Guerra Mundial foi profunda também no âmbito do direito.

Uma série de questões de grande relevância prática se impôs à atenção dos parlamentos e dos governos beligerantes, determinando a aprovação de inúmeras leis especiais durante e depois do conflito. Foi o que ocorreu, por exemplo, na Itália em relação aos limites introduzidos no direito de propriedade fundiária nas zonas de guerra. Assim, limitou-se ao sexto grau de parentesco a sucessão legítima, chamando o Estado às sucessões vacantes. O mesmo se fez para com o instituto da ausência, modificado com o objetivo de não deixar suspensa por um período de tempo muito longo a condição pessoal e patrimonial das viúvas e dos familiares de milhares de militares "desaparecidos" em guerra. Também a abolição do instituto da autorização marital para a mulher, repetidamente preconizada pela doutrina das cinco décadas anteriores, mas decidida na Itália apenas em 1919, está indubitavelmente ligada à enorme redução de homens provocada pela guerra [Bonini, 1996].

Alguns juristas perceberam que algumas dessas intervenções tinham um alcance mais amplo, que ia além das contingências bélicas. Dois dos maiores expoentes da nova geração de estudiosos de Direito Privado italianos, Alfredo Rocco e Filippo Vassalli, observaram em 1919[1] que precisamente o impulso dado pela produção de armamentos havia acelerado alguns processos de transformação da economia e do direito antes latentes no interior da grande indústria. Dos cartéis entre empresas à formação de grupos polivalentes [Nörr, 1993], do papel direto do Estado na economia às tecnologias da produção em massa, muitos elementos levavam os juristas mais atentos a repensar o direito da economia disciplinado pelos Códigos de Direito Privado do século XIX. São posições que amadurecerão no terreno legislativo apenas mais tarde, no decorrer dos anos 1930 e, na Itália, na fase final da preparação do Código Civil de 1942.

O direito da Igreja católica havia mantido as fontes tradicionais do *Corpus iuris canonici*, complementadas com o regulamento do Concílio de Trento, com o do Concílio Vaticano de 1870 – que, entre outras coisas, já proclamara o dogma da infalibilidade papal – e com uma série de normas específicas de origem pontifícia. Com a ascensão de Pio X ao pontificado, em 1904, empreendeu-se uma iniciativa de codificação que, confiada a uma comissão de consultores sob a chefia do cardeal Gasparri, depois de doze anos de trabalho levou à promulgação do *Codex iuris canonici* de 1917[2]. Pela primeira vez em sua história a Igreja reunia com um claro projeto sistemático, em cinco livros e 2.414 cânones, "todas e apenas" as leis a serem observadas enquanto vigentes. Sobre as possibilidades de sucesso do empreendimento haviam se expressado, antes da conclusão, juízos céticos ou negativos juristas do nível de Emil Friedberg e Francesco Ruffini. Mas a exigência preliminar era desbastar a multiplicidade das fontes acumuladas no tempo e limitar assim a arbitrariedade e a incerteza na aplicação delas. E esse propósito acabou se impondo, contra as previsões da maioria.

Os conteúdos do *Codex* são quase sempre conformes à regulamentação precedente, com inovações muito insignificantes [Falco, 1992]. Mas a simplicidade das diretrizes, a drástica

---

[1] Reunidos em *Stato e cultura giuridica*, 1990. É importante o ensaio de Filippo Vassalli, "Della legislazione di guerra e dei nuovi confini del diritto privato" (1919), in id., *Studi giuridici*, Roma, 1939, vol. II, pp. 375-403.

[2] Texto latino em: www.mercaba.org/Codigo/CARTEL%20CODIGOS.htm.

seleção e a simplificação representam, por si sós, escolhas não casuais. Certamente teve a influência do modelo das codificações seculares, evocado pelos próprios consultores, canonistas de renome entre os quais figuravam Wernz, Sägmüller e o secretário monsenhor Pacelli, o futuro Pio XII. No entanto, as diferenças permaneciam: não apenas o direito divino continuava no vértice da hierarquia normativa, mas também o costume mantinha um peso considerável, até mesmo quando, ainda que não expressamente revogado pelo Código, era contrário ao próprio Código (can. 5); isso era permitido ("tolerari potest") se o costume era atuante há pelo menos cem anos e se o bispo local considerava útil sua observância; com maior razão permaneciam os costumes "secundum legem" e "praeter legem". O Código permaneceu em vigor para a Igreja latina até 1983.

1. *As constituições de Weimar e de Viena*

Na Alemanha, o trauma da derrota militar, agravado pelas condições iníquas e vexatórias impostas pelas potências vencedoras com o Tratado de Versalhes, levou a uma reviravolta constitucional: a monarquia imperial, que perdeu o poder após o fim da guerra, foi sucedida por uma república presidencial, a república de Weimar, que tem como fundamento jurídico a constituição de mesmo nome, por ter sido elaborada na pequena cidade goethiana da Turíngia.

A constituição de Weimar de 1919[3] é um documento de grande importância não apenas por seus conteúdos, mas pelo valor inovador das discussões que acompanharam sua origem e aplicação nos catorze anos de sua vigência, até o advento do nacional-socialismo de Hitler em 1933. O protagonista de sua redação foi o jurista Hugo Preuss (1860-1925), que em seus escritos constitucionalistas expressara críticas motivadas ao regime autoritário da Alemanha pós-bismarckiana, na qual o governo mantivera algumas prerrogativas tradicionais do absolutismo, suficientes para se impor diante do Parlamento: em lugar do Estado autoritário (*Obrigkeitsstaat*), Preuss almejava o advento de um Estado autenticamente democrático, baseado na vontade popular (*Volksstaat*).

A nova constituição confiava a soberania do Estado, de um lado, ao Parlamento eleito por sufrágio universal (*Bundestag*), do qual o governo dirigido pelo chanceler dependia através do voto de confiança (art. 54), de outro, ao presidente da República, também ele eleito por sufrágio universal, ao qual eram reservados poderes excepcionais para os casos de emergência (art. 48). A estrutura central do Estado era equilibrada com aquela reconhecida às regiões (*Länder*), representadas em uma Câmara própria (*Bundesrat*) e tornadas menos desiguais com o redimensionamento do peso da Prússia. O regime de Weimar era, portanto, em seu núcleo unitário, um regime parlamentar-presidencialista, no qual os partidos políticos haviam adquirido um peso cada vez maior.

A Constituição dedicava toda a segunda parte à definição dos direitos fundamentais, um tema que havia sido abordado no início do século por Georg Jellinek e por Friedrich Giese[4] e que nos anos de Weimar se tornou central no debate político-jurídico. Ao lado dos tradicionais direitos de liberdade pessoal e de expressão, que incluíam os da liberdade religiosa e da liberdade de associação também de natureza política, com o reconhecimento dos partidos (art. 124), uma considerável série de disposições destinava-se a proteger os valores da igualdade (art. 109) com referência ao direito da economia e à condição dos trabalhadores: afirmava-se que a propriedade privada "obriga" e deve ser voltada não apenas ao bem privado, mas também ao "bem comum" (art. 153). Abria-se amplo espaço para a expropriação para utilidade pública, extensível com o objetivo de providenciar moradias (art. 155), bem como para as empresas privadas "passíveis de socialização", que poderiam ser transformadas em propriedade coletiva (art. 156). As representações conjuntas de empregadores e trabalhadores atri-

---

[3] Texto em italiano em: www.dsg.unito.it/dircost/.
[4] F. Giese, *Die Grundrechte*, 1905.

buíam-se tarefas de contratação coletiva obrigatória e de regulamentação da produção, sob o controle do Estado (art. 165)[5].

Pela primeira vez passavam a fazer parte de uma constituição princípios diferentes dos de liberdade e de propriedade, tradicionalmente presentes nas Declarações de Direitos a partir de 1789: na constituição de Weimar figuravam princípios de equidade e de justiça social cuja compatibilidade com os primeiros nada tinha de indubitável, sendo ao contrário não raro problemática [Costa, 2002]. A doutrina alemã questionou-se sobre a natureza jurídica de tais disposições de princípio, sobre a hierarquia interna a elas, sobre sua eventual modificação e sobre a relação da constituição com a legislação ordinária: questões muito importantes, nas quais se confrontavam posições muito diferentes, em um debate que por muitos aspectos abre caminho para o constitucionalismo europeu da segunda metade do século, como veremos.

O debate[6] viu os estudiosos alemães e austríacos de direito público alinhados em frentes contrapostas. Os antipositivistas (Günther Holstein, Erich Kaufmann, Heinrich Triepel e outros) evocavam a tradição histórica e até o direito natural como limites superiores à própria constituição, na tentativa de questionar sua legitimidade; mas ao mesmo tempo negavam que o legislador comum podia contrariar a constituição. Os positivistas (entre os quais Georg Anschütz, Friedrich Giese, Hans Nawiask, mas também o jurista mais respeitado da escola austríaca, Hans Kelsen), ao contrário, defendiam a legitimidade de uma constituição que sem dúvida rompera bruscamente com o ordenamento de 1871, mas que havia sido reconhecida como efetiva pelos cidadãos, afirmavam a possibilidade de reformá-la no futuro sob as condições prescritas no próprio texto (art. 76) e além disso declaravam a legitimidade de normas legislativas comuns que eventualmente se mostrassem em conflito com alguns dos princípios gerais enunciados pela própria constituição[7]. Autores como Richard Thoma, defensor da Constituição, considerava necessário permitir ao legislador liberdade de movimento porque precisamente a presença simultânea, entre os princípios fundamentais acatados pela constituição, de valores diferentes e não raro até conflitantes – os exemplos acima apresentados são o testemunho eloquente desse fato: liberdade, mas também socialização – tornava inevitável realizar, na prática, escolhas não neutras, com base nos diferentes e muitas vezes inconciliáveis programas dos partidos políticos representados no Parlamento.

Houve quem afirmasse que a função de árbitro nos conflitos entre lei e constituição poderia ser confiada ao Tribunal de Justiça do Estado (*Staatsgerichtshof*), ou seja, ao Supremo Tribunal introduzido pela nova constituição com a função de dirimir as controvérsias do Estado com as regiões, embora ele não tivesse sido dotado de poderes de jurisdição quanto à eventual violação dos direitos fundamentais dos indivíduos por parte do Estado. A oportunidade de futuramente atribuir ao Tribunal essa função de fiador dos direitos fundamentais foi defendida, entre outros, por Kaufmann e Triepel. No entanto, a resistência em reconhecer aos juízes o papel de "guardiães da constituição" era bastante acentuada entre os constitucionalistas, a partir do momento em que a natureza implicitamente política das questões que eles teriam de resolver era bem clara para todos. Carl Schmitt, destinado a se tornar, por alguns anos, o principal jurista do regime nacional-socialista, considerava que o papel de "guardião da constituição" cabia ao presidente da República, titular de poderes excepcionais, como lembramos.

---

[5] Art. 165: "Os operários e empregados devem colaborar com os empresários para a determinação das condições de emprego e de trabalho e para o desenvolvimento econômico abrangente das energias produtivas. As organizações das duas categorias e os contratos por elas estipulados são juridicamente reconhecidos [...]. Os conselhos operários de distrito e o do *Reich* para o cumprimento das tarefas econômicas gerais e a colaboração para a efetivação das leis de socialização, formam, juntamente com os representantes dos empresários e com as outras classes interessadas, conselhos econômicos de distrito, e um conselho econômico do *Reich*". Como veremos, essa formulação é adotada pelo fascismo de Mussolini.

[6] Ele foi atentamente reconstruído por Stolleis, 2004, pp. 66-70; 145-78.

[7] Essa é uma situação paradoxal [Stolleis, 2004, p. 93], em certo sentido contraditória, na medida em que eram precisamente os juspublicistas favoráveis à estrutura constitucional de Weimar que admitiam a liberdade do legislador diante da própria constituição.

De fato, a "revolução legal" que levou Hitler ao poder em 1933, precedida pelo decreto que atribuía ao governo os poderes de polícia para a Prússia (20 de julho de 1932), realizou-se com a "suspensão" dos direitos fundamentais determinada por dois decretos de 8 e de 28 de fevereiro de 1933: todos os três subscritos pelo presidente do *Reich*.

Na época de Weimar, até o direito da economia foi repensado na Alemanha, em conexão e em resposta à dupla crise da inflação do início dos anos 1920 e da derrocada de 1929, que se transferiu dos Estados Unidos para a Europa no começo dos anos 1930. Um grupo de economistas e juristas de Freiburg ("ordoliberalistas") afirma que era preciso combater os cartéis entre empresas e o predomínio dos potentados econômicos por meio de instrumentos jurídicos [Gerber, 2001]. E foi totalmente reavaliado o regime das sociedades anônimas. Aceitando algumas ideias expressas por personagens especialistas em economia e abertos para o novo – entre os quais Walther Rathenau, grande industrial e ministro do Exterior, assassinato em 1922 –, um projeto de reforma foi elaborado em 1930 e parcialmente posto em prática[8] [Nörr, 1988, pp. 107-21], no qual se delineava um governo societário diferente daquele do passado. O Diretório da Sociedade (*Vorstand*), que incluía os diretores operacionais da empresa, adquiria os verdadeiros poderes de decisão que no modelo tradicional cabiam ao Conselho de Administração (composto de representantes da propriedade da empresa), enquanto o Conselho de Supervisão (*Aufsichtsrat*) via fortalecidos os poderes de controle e à Assembleia Geral (*Hauptversammlung*) restavam tarefas mais circunscritas. Esse modelo será substancialmente adotado na lei alemã de 1937 sobre a sociedade anônima[9] e sobreviverá – com importantes acréscimos quanto à representação dos trabalhadores no controle da sociedade – até o presente, como "modelo alemão". Um modelo que, em relação ao modelo tradicional, se mostra mais próximo da realidade efetiva da vida da empresa, na qual de fato as decisões operacionais quase sempre são assumidas pelos dirigentes.

Deve-se fazer uma alusão também à importante Constituição austríaca de 1920[10]. Elaborada com a contribuição determinante do maior jurista de Viena, Hans Kelsen, ela apresenta duas características de relevo [Mannoni, 2004, p. 32]. Contém a declaração de que as normas do direito internacional "geralmente reconhecidas" (portanto, antes de tudo os costumes radicados em nível internacional) valem como parte integrante do direito constitucional do país (art. 9): uma afirmação de princípio de importância indubitável, coerente com a postura de Kelsen sobre a hierarquia normativa. E contém a instituição – pela primeira vez na Europa – de um Tribunal de Justiça constitucional habilitado a deliberar a revogação de leis julgadas em conflito com a Constituição (art. 140): um poder que alguns anos mais tarde (1929) foi estendido às questões de inconstitucionalidade levantadas mesmo de modo incidental no decorrer de um julgamento. Ambas as disposições serão retomadas duas décadas mais tarde, em formas diversas, tanto na Alemanha como na Itália.

2. *O direito do fascismo e os novos códigos*

O advento do fascismo, com a tomada do poder por um movimento que logo se tornou partido hegemônico e em seguida partido único, em poucos anos levou à transformação do ordenamento constitucional italiano, embora o Estatuto Albertino de 1848 tenha permanecido formalmente em vigor. Desde 1919, Benito Mussolini, que provinha das fileiras socialistas, propusera um modelo de Estado no qual a assembleia representativa deveria ser acompanhada por conselhos de categoria expressos pelas empresas e pelos trabalhadores [Aquarone, 1978, p. 3]: um modelo derivado das teses do social-democrata alemão Kurt Eisner, em parte adotadas na constituição de Weimar (no já mencionado art. 165). Para cada categoria o fascismo

---

[8] Decreto presidencial de 19 de setembro de 1931.
[9] Aktiengesetz de 30 de janeiro de 1937.
[10] Cf. Baltl, 1993; Hoke, 1996. Texto em italiano em: www.dsg.unito.it/dircost/index2.htm.

permitiu o reconhecimento de um único sindicato e de uma única associação patronal, impondo-lhes a adesão ao regime[11]. Greve e *lockout* foram proibidos e punidos criminalmente.

Ao chefe do governo é reservada a prerrogativa de submeter ao rei a nomeação e a demissão dos ministros[12]; e ao governo foi atribuído um amplo poder de promulgar normas jurídicas com valor de lei[13]. Em 1926, os municípios passaram a ser administrados não mais por um prefeito eleito, e sim por um interventor (denominado *podestà*) escolhido pelo governador da província, ou seja, pelo governo[14]. Instaurava-se assim um regime claramente autocrático, em que até as liberdades de imprensa e de associação eram duramente reprimidas. Em 1926, era instituído o "Tribunal Especial para a Defesa do Estado"[15] destinado a reprimir a divergência política que a magistratura comum evidentemente não havia atingido em medida adequada às expectativas do regime. Um desvio que levará em 1938 à promulgação das funestas leis raciais[16].

Em 1927, a *Carta del Lavoro*, escrita por Italo Balbo, traçou as linhas daquilo que se denominou o ordenamento corporativo[17]; uma ordem que a doutrina jurídica elaborou com atenção, de acordo com linhas em parte ligadas à tradição, em parte novas [Stolzi, 2007]. Em 1928, a designação das candidaturas para a eleição de deputados é reservada a um órgão de linha política garantida, o Grande Conselho do Fascismo[18]. E o ordenamento corporativo foi completado no decorrer dos anos 1930 até que, em 1939, a Câmara dos *Fasci* e das Corporações assumiu o lugar da Câmara dos Deputados[19]. O projeto autocrático, que anulava o pluralismo político das democracias liberais, era assim concluído.

Nesse quadro amadureceu a atividade de renovação dos códigos. Surgido de uma delegação de 1923, que retomava uma iniciativa encaminhada logo depois do fim da guerra com uma intenção inicial de simples revisão, o processo de codificação pouco a pouco ampliou os objetivos iniciais [Bonini, 1996]. No mesmo ano de 1923 finalmente se realizara a unificação jurisdicional no âmbito civil, almejada havia décadas, mediante a abolição dos Supremos Tribunais de Justiça descentralizados e a instituição do Supremo Tribunal Civil único com sede em Roma. Para presidi-lo, em substituição a Ludovico Mortara, então ministro da Justiça e não visto com bons olhos pelo novo regime, foi chamado Mariano d'Amelio.

A codificação do fascismo obteve o seu primeiro resultado satisfatório em 1930, com a aprovação dos dois Códigos Penais. O ministério da Justiça era presidido pelo professor de direito comercial Alfredo Rocco (1875-1935). A redação dos dois códigos contou com a grande contribuição do irmão do ministro, Arturo Rocco (1876-1942), professor de direito penal.

O Código de Direito Penal de 1930[20] – ainda em vigor na Itália, mesmo com modificações de grande importância introduzidas no decorrer dos últimos cinquenta anos tanto por meio legislativo como através de sentenças do Tribunal Constitucional –, em comparação ao Código Zanardelli de 1889, caracteriza-se por uma postura acentuadamente repressiva. Se as instâncias da Escola Positiva haviam recebido ampla acolhida em um Projeto de 1921 depois não levado a termo, o recrudescimento das penas se manifesta desde 1926 com a reintrodução da

---

[11] Lei de 3 de abril de 1926, n. 563.
[12] Lei de 24 de dezembro de 1925, n. 2.263.
[13] Lei de 31 de janeiro de 1926, n. 100.
[14] Lei de 4 de fevereiro de 1926, n. 237; decreto de 3 de setembro de 1926, n. 1.910.
[15] Lei de 26 de novembro de 1926, n. 2.008.
[16] R. D. 5 de setembro de 1938; R. D. 15 de novembro e 17 de novembro de 1938; R. D. 29 de junho de 1939.
[17] Publicada em Aquarone, 1978, vol. II, pp. 477-81. No art. III atribuiu-se ao sindicato de categoria legalmente reconhecido o poder de "estabelecer contratos coletivos de trabalho obrigatórios para todos os pertencentes à categoria". No art. VI afirma-se que as corporações, em que estão presentes o sindicato dos trabalhadores e a associação de categoria da empresa, "constituem a organização unitária da produção e representam legalmente seus interesses". A Carta dos Direitos adquiriu formalmente valor de lei apenas em 1941, quando estava sendo concluída a redação do novo Código Civil.
[18] Lei de 9 de dezembro de 1928, n. 2.693.
[19] Lei de 19 de janeiro de 1939, n. 129.
[20] *Lavori preparatori del Codice penale e del Codice di procedura penale*, Roma, 1928-1930, 25 vols.

pena de morte para os crimes políticos mais graves[21] e é confirmado no Código de 1930, em que se sanciona, entre outras coisas, a criminalização da greve e se introduz a categoria dos crimes contra a economia pública. Seja como for, permanece inalterado o princípio fundamental de legalidade ("nullum crimen, nulla poena sine lege") – que nazismo e comunismo, ao contrário, negaram –, e a repressão penal é fundamentada no princípio de culpabilidade: nenhum fato pode ser punido na ausência de dolo ou de culpa. Mas na prática este último princípio é em várias ocasiões desrespeitado, como por exemplo nos casos de embriaguez e de erro inocente sobre a lei penal [Dolcini, 1991, p. 26]. A intenção sancionatória também se acentua no caso da participação de pessoas no crime, na medida em que o corréu é punido com a mesma pena infligida ao réu principal, ao passo que o Código de 1889 a atenuava. E para o concurso de crimes se impõe a acumulação material das penas.

Tudo isso correspondia às ideias que Alfredo Rocco, juntamente com outros juristas, havia anos apresentava na perspectiva de um fortalecimento do Estado em sentido autoritário, que se traduziria em uma nova disciplina do direito; as próprias liberdades individuais deveriam ser concebidas como o resultado de uma autolimitação do Estado [Ungari, 1974, p. 63].

O Código de Processo Penal de 1930[22] também foi promovido por Alfredo Rocco e organizado de acordo com as mesmas diretrizes. O Projeto preliminar, redigido por Vincenzo Manzini, e depois o texto definitivo, por um lado adequavam o processo às inovações introduzidas no Código Penal, por exemplo quanto às medidas de segurança e à instituição de um juiz de vigilância; por outro lado, correspondiam à concepção de Rocco, que via no Ministério Público um órgão distinto do juiz no julgamento penal e um representante do Estado quanto à função executiva. No entanto, a disciplina do Código em parte revoga esses princípios quando, por exemplo, confia ao Ministério Público a escolha e toda a condução do julgamento sumário [Delitala, 1960]. A inspiração autoritária já assinalada para o Código Penal se manifesta, por outro lado, na completa exclusão do defensor da fase instrutória do processo.

O Código de Processo Civil de 1940 conclui um intenso período de mais de vinte anos de projetos de reforma do Código de 1865[23]. Os projetos de Chiovenda (1919), Mortara (1923), Carnelutti (1926), Redenti (1936), Solmi (1937 e 1939) eram muito diferentes uns dos outros por suas orientações e escolhas normativas [Taruffo, 1980]: quanto aos poderes do juiz, à articulação do processo, ao papel da escrita, ao regime das provas, à execução. O Código de 1940, para o qual contribuiu, entre outros, Piero Calamandrei, introduziu uma série de inovações de grande importância em relação à disciplina de 1865, que ainda estava em vigor. Antes de mais nada, é instituída a figura do juiz instrutor, encarregado de cuidar do estudo da causa até o envio de autos ao conselho com o exercício dos poderes necessários para o reconhecimento e a instrução do processo; cabe a ele elaborar o relatório que será submetido ao conselho. Deseja-se assim conciliar o objetivo de um processo mais ágil com a exigência de não confiar a decisão a um único juiz. Com base no projeto Redenti de 1936 [Cipriani, 2006, p. 344], os poderes do juiz são ampliados em relação ao Código de 1865, mas o princípio dispositivo permanece inalterado, evitando a atribuição ao juiz de poderes de natureza inquisitória sobre a instrução do processo e em outros setores (como, ao contrário, haviam proposto o projeto Redenti e os dois projetos Solmi). O critério da concentração (um dos três eixos da teoria de Chiovenda, juntamente com a oralidade e a imediaticidade) se realiza com a proibição de impugnar as disposições preliminares, que não são mais assumidas pelo juiz na forma de sentença e sim com portarias ou decretos. Por outro lado, é limitada fortemente a faculdade de apresentar novas deduções e novas provas no decorrer do processo. Ao Ministério Público, órgão distinto do juiz, é por sua vez confiada a função de proteção do interesse público no processo civil.

---

[21] Lei de 25 de novembro de 1926, n. 2.008.
[22] *Lavori preparatori*: ver nota 20.
[23] G. Tarzia e B. Cavallone, *I progetti di riforma del processo civile (1866-1935)*. Milão, 1989, 2 vols.

3. O Código Civil italiano de 1942

A história da preparação do Código Civil foi bem longa e complexa[24]. Uma primeira fase foi protagonizada por Vittorio Scialoja, ao qual em 1923 foi confiada a presidência da Comissão encarregada da revisão do Código, disposta com lei delegada, renovada dois anos mais tarde. Scialoja pretendia reformar o Código de 1865 sem modificar sua estrutura básica, mas aperfeiçoando sua formulação também à luz da doutrina mais fidedigna; além disso, era favorável a uma padronização unitária do direito civil italiano e francês, em vista da qual em 1927 havia preparado um projeto conjunto para a matéria das obrigações[25], com inovações importantes no que diz respeito a contratos, entre as quais a introdução de uma ação geral de lesão e de uma ação de ressarcimento por abuso de direito [Chiodi, 2004]. No entanto, o Projeto não teve continuidade. O projeto preliminar do livro I do Código (pessoas e famílias) foi publicado em 1930; para ele haviam colaborado ativamente também professores de direito romano, bem como especialistas em direito civil. Seguiram os projetos do Livro das Sucessões (1936) e do Livro da Propriedade e dos Direitos Reais (1937).

Algumas escolhas básicas já haviam sido feitas: entre elas, a decisão de não introduzir no Código uma parte geral, que o Código alemão, ao contrário, havia adotado, distanciando-se do modelo napoleônico; a disciplina sintética das pessoas jurídicas, complementada com a figura das associações não reconhecidas, destinada a se tornar uma preciosa válvula de segurança da autonomia privada[26] [Busnelli, 1993] e um instrumento jurídico polivalente, utilizado mais tarde para os partidos e para os sindicatos; a reintrodução do princípio da reciprocidade no direito internacional privado.

O Código melhorava a posição sucessória do cônjuge supérstite, que na existência de filhos continuava a ser, contudo, simples usufrutuário (art. 581), e a dos filhos naturais; introduzia o instituto da adoção; e fortalecia o papel do juiz na proteção dos menores. No que diz respeito à propriedade, eram introduzidos muitos novos limites para a proteção dos interesses públicos, por exemplo quanto à reorganização das propriedades fundiárias (art. 846), de expropriação para fins de reflorestamento (art. 867), de restrições hidrogeológicas (art. 866), de proteção dos bens históricos e artísticos (art. 839), de imissões (art. 844).

A formação do Livro das Obrigações ocorreu em várias fases: ao Projeto ítalo-francês de um Código das Obrigações e dos Contratos, reapresentado em 1936, seguiu-se, em maio de 1940, um Projeto ministerial em 837 artigos e de resto ainda limitado unicamente às obrigações civis, substituído no fim do mesmo ano de 1940 por um novo Projeto em 1.019 artigos no qual estava agora incluída a matéria das obrigações comerciais [Rondinone, 2003]: havia poucas semanas, por iniciativa de Filippo Vassalli e com o ativo apoio do ministro da Justiça, Dino Grandi, havia sido tomada a histórica decisão de fundir num único Código os dois ramos do direito privado, dividindo a matéria comercialista entre o Livro IV (princípios gerais, contratos civis e comerciais, títulos de crédito) e o Livro V (empresa, sociedade, contrato de trabalho, invenções industriais, concorrência).

Caía a dupla disciplina de contratos como a venda, a procuração, o empréstimo, a sociedade, a fidejussão, a transação. Como Cesare Vivante lucidamente prognosticara cinquenta anos antes (embora mais tarde também ele tenha mudado de opinião), através da adoção de um código único das obrigações, as regras mais eficazes e mais funcionais para uma economia de troca, próprias do direito comercial, em geral afirmaram sua predominância em relação às regras tradicionais do direito civil[27]. A disciplina das sociedades é desvinculada da matéria das

---

[24] Bonini, 1996; Teti, 1990; A. Padoa Schioppa, 2003; Solimano, 2006.
[25] *Le projet franco-italien du Code des obligations*, org. por M. Rotondi, Pádua, 1980 [sobre o qual, ver Chiodi, 2004].
[26] Busnelli, in *I cinquant'anni*, 1993.
[27] Alguns exemplos: no novo Código são adotadas e estendidas a qualquer tipo de negócios – a partir do Código Comercial de 1882 – as figuras do contrato consigo mesmo (art. 1.395; cf. art. 386 do Código Comercial), do contrato por pessoa a nomear (art. 1.401), da venda de coisas alheias (art. 1.478, cf. Código Comercial art. 59), do emprés-

obrigações e colocada no Livro V, primeiramente intitulado "da empresa e do trabalho" e no final simplesmente "do trabalho". Quanto aos órgãos sociais, eram reconhecidas a assembleia dos obrigacionistas (art. 2.415) e as assembleias especiais (art. 2.376); modificava-se o regime da responsabilidade dos administradores, agora excluída em relação às atribuições da comissão executiva e dos administradores delegados (art. 2.392, parágrafo 1); o colégio sindical era disciplinado com base nas leis de reforma de 1936-1937, com ao menos um componente escolhido entre os revisores oficiais das contas ou os inscritos nos registros profissionais. De particular importância era a limitação da competência da assembleia, quanto à gestão da sociedade, aos únicos objetos reservados pelo ato constitutivo ou a ela submetidos pelos administradores (art. 2.364, n. 4): esta norma, que assinalava o declínio da concepção da "democracia" de assembleia, era derivada do Projeto Asquini de 1940, que por sua vez indubitavelmente a extraiu da *Aktiengesetz* alemã de 1937.

No âmbito do direito do trabalho, a tipologia adotada no Código finalmente superava a postura ultrapassada do Código de 1865, que ainda se situava na perspectiva da *locatio operarum* de ascendência romanística. Era um progresso inegável, embora a disciplina do contrato de trabalho subordinado – inspirada em parte nas teorias de Lodovico Barassi, em parte nos princípios corporativos – atribuísse depois ao empregador um papel discricionário muito amplo na decisão do fim da relação contratual[28], em um contexto no qual a disparidade de posições entre empregadores e trabalhadores subordinados era muito grande pela proibição (entre outras coisas) do direito de greve no regime corporativo.

O Código de 1942 é em grande parte o resultado da obra de juristas de origem universitária. A estrutura doutrinal é visível na arquitetura como um todo, bem mais harmônica e racional que a do Código Pisanelli e dos próprios BGB e do Código suíço (basta lembrar a feliz concepção do Livro V do trabalho e do Livro VI sobre a proteção dos direitos). Em outros casos, as soluções adotadas são o fruto da aceitação legislativa de determinadas elaborações da doutrina dos anos e das décadas precedentes: como ocorre quanto à contribuição de Giuseppe Osti para a disciplina do art. 1.218 sobre os limites da responsabilidade do devedor[29] e da excessiva onerosidade sobrevinda, de Cesare Grassetti para a redação dos artigos sobre a interpretação do contrato, de Francesco Ferrara para as pessoas jurídicas, de Antonio Scialoja, Alfredo De Gregorio e Alberto Asquini para as sociedades, de Mario Rotondi para o direito industrial e para a unificação do direito das obrigações. Em outros casos ainda (alguns dos quais já mencionados, mas de qualquer modo não muito numerosos) foram adotadas as tendências da jurisprudência do Supremo Tribunal, relativamente negligenciada[30], não obstante a presença do presidente do Supremo, Mariano d'Amelio, na direção da Comissão após a morte de Vittorio Scialoja. Além disso, são notáveis as contribuições da doutrina alemã e sobretudo da regulamentação do Código Civil Alemão (BGB), por exemplo com a introdução das cláusulas gerais (a boa-fé nos contratos, o princípio de correção) e da ação geral de enriquecimento.

No novo clima criado pela vontade política de Dino Grandi de desvincular os trabalhos preparatórios do Código do obséquio à tradição e do afirmado apolitismo do jurista, repetidamente evocado por Vittorio Scialoja e pelo próprio Mariano D'Amelio, foi sobretudo Filippo Vassalli quem encontrou uma linha para incorporar na legislação de direito privado as novas tendências da "sociedade de massa" (a palavra é dele) ao mesmo tempo preservando o papel eminente e central do Código[31]. Aquele mesmo Código civil que juristas do regime

---

timo com juros (art. 1.815), da fidejussória agora desprovida do benefício da excussão (art. 1.944; cf. art. 1.907 do Código Civil de 1865; art. 40 do Código Comercial).

[28] Spagnuolo Vigorita, in *I cinquant'anni*, 1993.
[29] Que não é obrigado a ressarcir o prejuízo se prova que a falta de cumprimento é decorrente da impossibilidade de efetuar o pagamento por motivo a ele não imputável.
[30] Sacco, 1992, p. 266.
[31] F. Vassalli, "Motivi e caratteri della codificazione civile" (1947), in id., *Studi giuridici*. Milão, 1960, vol. III.2, pp. 605-39 [sobre Vassalli, ver as observações de Salvi, 1990 e de Grossi, 2002, p. 73].

ideologicamente de ponta como Sergio Panunzio e Carlo Costamagna haviam desejado até abolir, em nome dos princípios corporativos [Salvi, 1990].

No quadro das pesquisas necessárias para a compreensão histórica do Código, um aspecto que não pode ser esquecido diz respeito às relações entre o Código e o fascismo. Ele traz todo o arcabouço do sistema corporativo, adotado, entre outras coisas, no sistema do Código com o caráter estatal da *Carta del lavoro*. E, se é verdade que a revogação das normas que faziam referência às fontes corporativas foi decidida desde novembro de 1944, não é menos verdade que a postura "contratualista" e fundamentalmente não estatal que estava na base do próprio sistema se afirmou no pós-guerra – em um contexto político-constitucional completamente mudado e no quadro da liberdade sindical e da autonomia associativa que o fascismo, ao contrário, havia negado – e em seguida caracterizou até hoje a disciplina das relações de trabalho e das relações industriais.

Além disso, existe o componente que poderíamos denominar estatista do Código, que ainda não foi plenamente esclarecido, não obstante a sua particular relevância. Ele se manifesta de várias maneiras e em várias direções: no papel bem mais incisivo atribuído pelo Código à magistratura no âmbito da jurisdição voluntária e contenciosa do direito familiar e no das relações econômicas em matéria de empresa, trabalho e sociedade e em matéria de contrato; nas novas limitações impostas à autonomia e ao domínio dos indivíduos em relação aos contratos, à propriedade e aos direitos reais em nome do interesse público; na predisposição de formas de intervenção do Estado na economia – como as sociedades com participação pública (arts. 2.458-2.460) e as sociedades de interesse nacional (art. 2.461) – ligadas aos desdobramentos recentes da grande crise econômica, industrial e bancária dos anos 1930, que haviam levado à criação do Instituto para a Reconstrução Industrial (IRI) e à promulgação da Lei Bancária de 1936[32]; na fixação de regras mais severas em relação às sociedades anônimas, e de normas imperativas (bem como de cláusulas imperativas: art. 1.339) em algumas matérias antes deixadas à autonomia das partes, com a intenção de proteger o contraente mais fraco e o sócio ou o acionista minoritário.

São medidas de diferentes naturezas e finalidades, mas todas convergem no propósito de acentuar o papel do Estado: do Estado como fonte da autonomia patrimonial (regime concessório das pessoas jurídicas), ou do Estado como empreendedor e como sujeito de atividade econômica, ou do Estado como regulador dos conflitos entre particulares, ou do Estado como garante do equilíbrio de interesses entre as partes, ou ainda do Estado como promotor da proteção dos fracos. Nessa perspectiva, as inovações do Código não são tanto uma manifestação da linha política e ideológica do fascismo quanto a tradução normativa de tendências profundas e gerais criadas pela evolução da sociedade, da política, da economia não apenas italiana, mas do Ocidente no século XX.

4. *Nazismo e direito*

Com a ascensão de Hitler ao poder em 1933 começa a fase mais trágica da história da Alemanha e da Europa do século XX. A derrota da Primeira Guerra, a iniquidade evidente do tratado de paz de 1919 – com as duríssimas sanções infligidas à Alemanha pelos vencedores e em particular pela França –, enfim, a crise econômica do início da década de 1930 deram um impulso formidável às ambições de vingança que o nazismo soube inescrupulosamente explorar para levar a termo o seu projeto de domínio.

Já dissemos que a suspensão dos direitos fundamentais teoricamente garantidos pela Constituição de Weimar ocorreu aplicando um artigo da própria constituição, que atribuía ao presidente da República poderes excepcionais em caso de emergência: isso aconteceu em 28

---

[32] Lei Bancária de 12 de março de 1936.

de fevereiro de 1933, logo após o incêndio do Reichstag[33]. Em 5 de março as eleições davam aos nacional-socialistas a maioria absoluta. Uma lei sobre os plenos poderes ao chanceler – que lhe conferiu o poder legislativo com a faculdade de revogar até a constituição, a que logo se somou o poder de instituir tribunais especiais e de ordenar o encarceramento dos dissidentes – foi votada em 23 de março, em um clima de feroz intimidação que obteve no Parlamento os dois terços de votos necessários para a modificação da constituição. Duas linhas da lei foram suficientes para anular o Estado de direito[34]. A partir desse momento, Hitler levou adiante com rapidez e brutal eficiência um projeto de transformação do Estado em uma máquina político-militar que se alicerçava inteiramente num homem e numa doutrina, sem nenhum contrapeso institucional. Com a morte de Hindenburg em 1934, Hitler assumiu também o cargo de presidente da República: seu poder tornou-se absoluto.

A ideologia adotada pelo novo regime circulava havia tempos na subcultura alemã: fundamentava-se no mito da superioridade física e moral dos "arianos" de descendência germânica em relação às outras etnias do continente e do planeta. Uma superioridade que, com base numa ideologia explicitamente racista, legitimava os alemães à submissão militar e civil dos outros povos. Um ramo ulterior dessa subcultura atribuía aos judeus (que representavam 1% da população alemã) a responsabilidade coletiva por grande parte dos males, verdadeiros ou não, de seu país e de todo o planeta.

No âmbito do direito, surgiram assim, no decorrer de poucos anos, disposições que impediram a divergência política e cultural, obrigando a imprensa e os intelectuais a se adequarem à ideologia do regime; leis que proibiram aos judeus o exercício das profissões e do comércio, o casamento com cristãos[35], a frequência em escolas e universidades e o exercício de toda uma série de outros direitos, sob pena de condenação a trabalhos forçados. A cidadania alemã era negada a quem não fosse "de sangue germânico". Os programas escolares e universitários marginalizaram as culturas do Ocidente romano e cristão; até o direito romano foi considerado expressão de uma civilização decadente em relação à tradição jurídica dos germanos.

Foram abolidas as autonomias locais e regionais que havia séculos a Alemanha conhecia na sua organização institucional. Apenas o direito codificado civil e comercial não foi substancialmente alterado, não obstante algumas tentativas nesse sentido por parte de juristas do regime. No direito penal, foi expressamente negado o princípio de legalidade, na medida em que passou a ser considerado crime qualquer fato contrário ao "sadio sentimento do povo". Em outubro de 1939, uma ordem de Hitler obrigou a eliminar as crianças malformadas e os doentes mentais: uma ordem que o bispo Van Galen, de Münster, foi um dos pouquíssimos a denunciar abertamente.

A ideologia de um "povo" unido na fidelidade a um único "chefe" (o Führer) atingiu o paroxismo com a Segunda Guerra Mundial. Algumas corajosas tentativas de resistência foram sangrentamente reprimidas. A "solução final" do regime, que consistia na eliminação física dos judeus no âmbito mundial, foi decidida após uma simples ordem verbal secreta de Hitler. Não apenas na Alemanha, mas nos países conquistados pelos exércitos do Reich – na França, Itália, Holanda, Suécia, Polônia e em outros lugares – os judeus foram capturados, confinados nos campos de concentração e eliminados aos milhões. Só a derrota militar de 1945 pôs fim ao nazismo.

---

[33] O presidente da República Hindenburg havia chamado Hitler ao poder em 30 de janeiro; em 4 de fevereiro um decreto havia limitado a liberdade de imprensa e de reunião.

[34] Lei sobre os plenos poderes (*Ermächtikungsgesetz*), 23 de março de 1933: "As leis do Reich podem ser deliberadas não apenas na forma estabelecida pela Constituição, mas também pelo governo [...]" (art. 1). "As leis decididas pelo governo podem desvincular-se da Constituição [...]" (art. 2). A lei foi aprovada com 441 votos a favor, 84 contrários.

[35] Lei de 15 de setembro de 1935.

5. O direito da União Soviética

O regime instaurado por Vladimir Lênin em 1917 nasceu de uma costela do movimento socialista de origem marxista, que na Rússia era atuante desde o final do século XIX e já ocasionara em 1905 uma oportunidade revolucionária, de resto logo fracassada. Dois anos antes (*O que fazer?*, 1903), contra a maioria dos socialistas russos, Lênin defendera a necessidade de uma aliança entre os camponeses e os operários contra a ordem econômica e política da Rússia dos tsares, promovendo no interior da social-democracia uma fração de militantes revolucionários (os bolcheviques) em luta pelo predomínio sobre o movimento com a posição então majoritária dos mencheviques.

A grave crise econômica e social provocada pela Primeira Guerra levou em 1917 primeiro à reviravolta de fevereiro e depois, em outubro do mesmo ano, à tomada do poder por parte dos bolcheviques sob a direção de Lênin. O comunismo soviético, que durou setenta anos, é a tentativa mais radical e mais grandiosa, na tragicidade de seus resultados, de criar uma sociedade inteiramente planificada do alto sob a direção de um partido elitista. Isso teve uma influência enorme em várias partes do planeta por todo o século XX e até o presente.

Não é de admirar que o direito tenha sido um instrumento essencial do regime comunista. De fato, os dois princípios fundamentais que o regime declarou perseguir – a "ditadura do proletariado" e a abolição da propriedade privada – são de natureza essencialmente jurídica, o primeiro no âmbito da constituição, o segundo no da economia e da ordem social e familiar.

A ditadura do proletariado traduziu-se, no regime introduzido por Lênin, no monopólio do poder por parte dos bolcheviques, através da instituição de um Conselho dos Comissários do Povo composto de quinze membros, todos pertencentes ao partido, e dotado de poder legislativo. Era sempre o partido que determinava a seleção dos componentes do Congresso dos Sovietes, titular do poder constituinte, e do Comitê Executivo que dele derivava.

A propriedade fundiária foi abolida em 1918, sem nenhuma indenização de expropriação para os proprietários. O Estado foi constituído proprietário do solo, com a concessão em usufruto aos camponeses agricultores, beneficiários no interior da comuna rural (*mir*) das parcelas isoladas de terra distribuídas às famílias sob a direção de um chefe, por sua vez submetido ao controle dos Conselhos (Sovietes) de partido. As empresas industriais foram nacionalizadas. Até a distribuição para o consumo foi centralizada, com os resultados que podem ser imaginados. No início dos anos 1920, houve um recuo parcial com a autorização dos particulares de exercer o comércio varejista (Nova Política Econômica, NEP), mas sem alterar a linha fundamental que colocava toda a economia sob o regime do direito público. O usufruto do solo pelos agricultores também foi restringido, e eles foram impedidos de vendê-lo (1922). A validade dos contratos foi subordinada à ausência de um prejuízo para o Estado [Halpérin, 2004, p. 217].

Com a chegada de Stálin ao poder o controle do Estado sobre a economia acentuou-se ainda mais, através de medidas coercitivas de incentivo dos *colcozes*: fazendas agrícolas dirigidas coletivamente, com a obrigação de fornecer as cotas de produtos estabelecidas pelo centro recebendo do Estado um pagamento muito inferior a seu valor real. Apesar da oposição dos camponeses, grande parte da economia foi assim coletivizada, até por meio de brutais deportações que envolveram populações inteiras.

O principal instrumento do governo era, de fato, constituído pela política criminalista. O Código Penal de 1922 negava o princípio de legalidade, na medida em que qualificava como crime tudo aquilo que fosse considerado "ofensivo ao regime soviético e à ordem jurídica instaurada pelo governo dos operários e dos camponeses". As infrações de natureza econômica eram punidas com penas graves, em ampla medida discricionariamente cominadas por tribunais compostos de juízes só nominalmente eletivos, na verdade designados pelo partido. Cortes políticas e tribunais especiais estiveram em atividade nos anos 1930. Nesse meio-tempo o sistema dos "canteiros" e dos "campos de trabalho", inaugurado desde 1914, se estendeu até formar uma gigantesca rede de lugares de repressão, o arquipélago Gulag, reconstruído com força extraordinária por um escritor que foi uma de suas vítimas [Soljenitsin, 2001]. Ali foram confinados e encontraram a morte, em aproximadamente quarenta anos, opositores políticos, etnias marginalizadas, camponeses, operários, intelectuais, artistas, quase sempre com base em simples suspeitas: muitos milhões de pessoas.

A face demoníaca do século XX se mostra aqui, como no Holocausto hitlerista, com os seus traços mais terríveis. E é, infelizmente, uma face europeia, configurada e aperfeiçoada com os instrumentos do direito.

6. A doutrina jurídica

Entre os estudiosos de destaque que a Alemanha continuou a produzir na primeira metade do século XX, cabe um lugar especial ao historiador e sociólogo Max Weber (1864-1920). Jurista de formação, professor em várias universidades entre as quais a de Heidelberg e Munique, Weber formou-se como historiador do direito dedicando importantes pesquisas à história das estruturas agrárias antigas, à origem do direito comercial na Idade Média e às raízes religiosas do capitalismo moderno, com especial referência à ética protestante do calvinismo[36]. No entanto, sua atividade intelectual dirigiu-se sobretudo para a identificação das categorias conceituais – que o autor denomina "tipos ideais", fruto de um processo de abstração e de classificação em relação aos infinitos casos concretos da realidade, categorias sempre suscetíveis de modificação – capazes de compreender e de organizar os comportamentos sociais, políticos, religiosos, econômicos e também jurídicos. A amplitude do ponto de vista a partir do qual o estudioso observa a realidade histórica lhe permite considerar, em uma estrutura única e coerente, não apenas as civilizações do Ocidente grego, romano e cristão, mas as da Índia, da China e do Islã para elaborar critérios capazes de compreender as mais diversas experiências do passado[37].

Para Max Weber, a sociologia do direito deve ser diferenciada da doutrina do direito, na medida em que a primeira estuda os comportamentos jurídicos reais (o direito no seu "ser": *Sein*), enquanto a segunda estuda a correta compreensão das normas legislativas, jurisprudenciais ou consuetudinárias (o direito no seu "dever ser": *Sollen*). A história conheceu ordenamentos políticos baseados no poder carismático de líderes religiosos ou civis, outros baseados na tradição, outros ainda baseados em regras aplicadas por autoridades civis incumbidas de fazê-lo por processos predeterminados e verificáveis, e por isso "racionais": aos três sistemas de poder correspondem três diferentes sistemas de direito, o último dos quais (o direito racional) é característico da civilização ocidental de procedência grega e romana. Nela o Estado moderno – com a moderna burocracia, com a subdivisão dos poderes, com o monopólio adquirido do uso legal da força para impedir as violências internas – representa o ponto de chegada também para o direito, mesmo na profunda diversidade entre os sistemas de tipo continental e o *Common law* inglês. Nesse modelo, é característica a presença de uma classe especializada de juristas profissionais, de formação universitária ou de formação prática, mas de qualquer modo desconhecida dos ordenamentos jurídicos de outras civilizações[38].

O extraordinário desenvolvimento cultural que Viena conheceu nas primeiras décadas do século XX – nas artes, na literatura, nas ciências – manifestou-se também no direito. A figura mais relevante, principal expoente de uma das grandes escolas de pensamento jurídico do século, foi a de Hans Kelsen (1881-1973), professor na Áustria e na Alemanha, da qual se afastou nos anos do nazismo, continuando nos Estados Unidos o seu percurso de teórico do

---

[36] M. Weber, *L'etica protestante e lo spirito del capitalismo* (1904-1905). Milão, 1991.
[37] A obra fundamental, publicada postumamente, é o amplo estudo intitulado *Economia e sociedade* [trad. it. Milão, 1974, 2 vols.] (*Wirtschaft und Gesellschaft*, 1920; 5. ed., 1985); uma seção é dedicada à sociologia do direito (na edição italiana, vol. II, pp. 1-202), embora se trate de direito em muitas outras partes da obra.
[38] Weber, *Economia e società*, vol. I, p. 210; vol. II, pp. 130 ss.

direito. Já em sua primeira obra sobre o Estado, Kelsen qualifica as normas jurídicas como juízos hipotéticos, com os quais se estabelece que a determinados comportamentos devem corresponder determinadas sanções, estabelecidas pelo Estado[39]. A validade da norma jurídica que proíbe ou regulamenta determinado comportamento depende de uma norma superior que autoriza o juiz a intervir, e o poder do juiz, por sua vez, é estabelecido por uma norma de nível ainda superior: é a teoria da estrutura "em degraus" (*Stufenbautheorie*) das normas jurídicas, que leva Kelsen a supor uma "norma fundamental" (*Grundnorm*) da qual todas as outras descendem em cadeia, uma norma que não existe como norma positiva, mas apenas como norma de princípio, não "posta" e sim "pressuposta"[40]. Sobre essas bases o jurista austríaco constrói, em 1934, uma "teoria pura do direito"[41], uma teoria positivista por ser fundamentada na normatividade do direito. O ilícito não é ilícito em si, mas precisamente por ser passível de uma sanção estabelecida normativamente, a qual constitui o elemento essencial da juridicidade.

Kelsen repensou e em parte modificou suas teorias na época em que permaneceu nos Estados Unidos, esclarecendo, entre outras coisas, que uma concepção positivista do direito deve encontrar um ponto de confluência entre duas posições extremas, nenhuma das quais pode ser aceita na sua forma pura: de um lado, a teoria normativista – para a qual a "validade" formal das normas e sua "efetividade" real são conceitos totalmente separados –, de outro lado, a teoria sociológica, que reduz a validade unicamente à efetividade. Também a norma fundamental – que está na origem da juridicidade de um ordenamento, em nítida contraposição com as doutrinas de Gerber sobre o Estado-pessoa como fonte do direito – é agora religada a um ato de vontade, a uma prescrição que, contudo, está vinculada à realidade histórica de um Estado. Mas permanece inalterada em Kelsen a ideia de que os direitos subjetivos não têm um fundamento fora da norma positiva e que os valores não têm natureza racional[42].

Nos anos de Weimar e no período nazista, mas também em épocas recentes, tiveram profunda repercussão as teorizações de um jurista de ampla cultura e múltiplos interesses culturais, Carl Schmitt (1888-1985), do qual já lembramos algumas teses sobre o direito internacional e sobre a constituição alemã. Entre outras coisas, Schmitt expressou veementes críticas ao conceito de "Estado de direito" (*Rechtsstaat*) elaborado pela doutrina jurídica do século XIX, acusada de legitimar, através de tal conceito, uma concepção liberal do Estado em que o direito (cristalizado na lei) podia contrapor-se à vontade do "povo" (*Volk*), e com base nisso opor-se ao ordenamento instaurado em 1933 enquanto não jurídico e portanto ilegal. Outros juristas, defensores do regime hitlerista, limitaram-se a substituir a qualificação de "liberal" até então atribuída ao Estado de direito pela qualificação de "nacional" [Stolleis, 2004, pp. 349-53]. Naquela época realizou-se, por outro lado, uma política universitária de adaptação dos docentes de direito público às teses do regime, com o afastamento de alguns professores contrários, além daqueles afastados por motivos raciais. O ensino do direito romano também foi marginalizado [Koschaker, 1962, pp. 529 ss.].

O alto nível alcançado pela doutrina jurídica italiana entre os dois séculos manteve-se mesmo no período entre as duas guerras. Limitamo-nos a mencionar alguns nomes, entre os muitos dignos de nota.

Com a instauração do fascismo, a doutrina jurídica teve de enfrentar uma situação muito diferente daquela do Estado liberal das décadas precedentes. No campo do direito público houve quem, como Orlando, num primeiro momento acreditou que o novo regime poderia realizar uma síntese entre a esfera da sociedade e a da política na forma de um "Estado admi-

---

[39] H. Kelsen, *Hauptprobleme der Staatsrechtslehre*, 1911; 2. ed., 1923.
[40] H. Kelsen, *Allgemeine Staatslehre*, 1925.
[41] H. Kelsen, *Reine Rechtslehre*, 1934; trad. it. *Lineamenti di dottrina pura del diritto*, Turim, 1967. [Ed. bras.: *Teoria pura do direito*. São Paulo: Martins Fontes, 2006.]
[42] H. Kelsen, *General Theory of Law and State*, 1954; trad. it. *Teoria generale del diritto e dello Stato*. Milão, 6. ed., 2000. [Ed. bras.: *Teoria geral do direito e do Estado*. São Paulo: Martins Fontes, 2005.]

nistrativo", neutro em relação às instâncias dos partidos (ou melhor, agora, do partido). E quem previu, como Ranelletti, o renascimento do estatuto na sua forma originária que atribuía ao rei a plena prerrogativa do poder executivo. Outros (Carlo Costamagna), ao contrário, afirmaram o primado constitucional do partido como leme para a política do direito. Outros ainda (Sergio Panunzio) enunciaram uma tese diferente, que atribuía ao Estado, como sujeito jurídico, uma função dinâmica de direção, um elemento programático contido em uma série de enunciados fundamentais de natureza constitucional, aos quais a própria administração devia inspirar-se na sua ação [Fioravanti, 2001].

Costantino Mortati elaborou uma doutrina jurídica[43] que, superando a contraposição oitocentista entre política e administração, via o Estado como uma rede de poderes públicos e privados que é mantida coesa pela constituição [Fioravanti, 1990, p. 57], por sua vez identificável não apenas em sua formulação normativa expressa (na Itália, o Estatuto Albertino), mas também nas especificações (por exemplo, no que diz respeito às relações entre os poderes, à formação do governo e assim por diante) experimentadas e corroboradas consuetudinariamente na vida concreta do direito público, naquela que ele denominou em 1940, com uma fórmula bem-sucedida, a "constituição material"[44]. Desse modo passava a fazer parte do pensamento publicista a ideia da preeminência da constituição em relação às leis comuns e em relação à administração, mas sobretudo a ideia de que a constituição devia ser considerada em um quadro mais amplo que a da mera normativa positiva escrita. É uma linha de pensamento que se tornará fundamental após a Segunda Guerra Mundial.

No direito penal, Giacomo Delitala, professor e advogado em Milão mas natural da Sardenha (1902-1972), publicava em 1930 uma monografia sobre o "fato" na teoria penal[45] que constituiu um ponto inquestionável da doutrina penalista não apenas italiana: a doutrina da tripartição dos elementos essenciais do delito – o fato, a culpabilidade, a antijuridicidade, o primeiro e o terceiro puramente objetivos, o segundo de natureza subjetiva – juntamente com a postura rigorosamente lógica do raciocínio jurídico, que reconduz os diversos aspectos do direito penal a poucos conceitos solidamente vinculados entre si, fizeram escola por três gerações de penalistas. Também no exercício da advocacia, Delitala impôs um estilo forense novo, caracterizado por uma lógica encerrada na argumentação, que concedia bem pouco ao *páthos* oratório típico da eloquência forense tradicional. Em Delitala, a força lógica do raciocínio – que no direito também tem alguma importância, até como poderoso elemento de persuasão – se conjugava com uma abertura mental não comum em relação às exigências reeducativas e humanitárias da pena.

O direito civil[46] conhecia, com a obra de Antonio Cicu, uma guinada importante no terreno do direito de família, do qual se ressaltava o caráter publicista[47]: para Cicu, a família como núcleo institucional básico da sociedade civil e política exigia uma disciplina que levasse em conta essa natureza pública em sentido amplo, a ponto de visar subordinar o interesse individual ao interesse coletivo na disciplina jurídica. Com abertura nova e inusitada, um professor de direito comercial, Mario Rotondi, vislumbrava no método da comparação histórico-jurídica a vocação científica do direito[48]; e além disso estabelecia as premissas para a elaboração de um novo ramo do direito comercial, o direito da empresa industrial[49]. Angelo Sraffa continuava a linha inaugurada por Cesare Vivante, acompanhado por uma aguda percepção das exigências práticas do direito da economia.

Francesco Ruffini, professor em Turim e senador, solitário opositor (com Benedetto Croce) da Concordata de 1929, dedicava-se à história de grandes personagens da Itália do século

---

[43] C. Mortati, *L'ordinamento del governo nel nuovo diritto pubblico italiano*, Roma, 1931.
[44] C. Mortati, *La costituzione in senso material*. Milão, 1940.
[45] G. Delitala, *Il fatto nella teoria generale del reato*. Milão, 1930.
[46] Ver as pesquisas e as sínteses de Grossi, 2000; 2002.
[47] É uma postura já presente em A. Cicu, *Diritto di famiglia, teoria generale*, Roma, 1914.
[48] M. Rotondi, *Il diritto come oggetto di conoscenza: dogmatica e diritto comparato*, Pavia, 1927.
[49] M. Rotondi, *Trattato di diritto dell'industria*, Pádua, 1929-1931, 2 vols.

XX, de Cavour a Mazzini e a Manzoni, em um clima cultural agora completamente mudado, enquanto o filho Edoardo aprofundava a história do sistema majoritário[50]. O recente Código de Direito Canônico de 1917, que substituíra as fontes tradicionais do *Corpus iuris canonici* de origem medieval, fora objeto de uma aguda análise de Mario Falco[51].

Guido Zanobini, com base na progressiva ampliação do raio de intervenção da administração pública, acrescentava uma roupagem jurídica a muitos aspectos novos da prática administrativa[52]. Já fizemos alusão a Costantino Mortati. No âmbito do processo civil, Piero Calamandrei, professor em Florença, publicava uma vasta pesquisa histórica e jurídica sobre o Supremo Tribunal de Justiça[53] e mais tarde desenvolvia um papel importante na codificação de 1940; enquanto Salvatore Satta desenvolvia, em contraposição à corrente dominante, uma concepção nitidamente "privatista" do processo civil, que a seu ver deveria ser confiado sobretudo à iniciativa das partes, com base no princípio dispositivo. Já falamos do papel da doutrina, particularmente de Filippo Vassalli, nas escolhas para o Código Civil. Jurista com um enorme campo de ação foi Francesco Carnelutti: do processo civil ao direito e ao processo penal, do direito do trabalho ao direito comercial e à teoria geral do direito, suas ideias e suas obras abrangem todo o território do direito com contribuições muitas vezes originais, expressas com brilhantismo.

Para a França devem-se mencionar ao menos os nomes de Louis Josserand (1868-1941) e de Georges Ripert (1880-1958). O primeiro, professor em Lyon e mais tarde conselheiro do Supremo Tribunal de Justiça, lutou pela admissão de uma responsabilidade por risco, de natureza objetiva e portanto desvinculada da culpa de quem tivesse ainda que indiretamente provocado um dano extracontratual[54]; desenvolveu a tese do abuso do direito; e fez valer o peso do elemento psicológico na avaliação judicial do exercício dos direitos subjetivos[55]; em seguida suas posições tornaram-se mais propensas à defesa da disciplina tradicional do Código Civil, por exemplo no que diz respeito à família [Halpérin, 1996, p. 189].

Georges Ripert, professor em Paris, foi jurista de vastos interesses, que iam do direito civil ao direito comercial para chegar até a temas de filosofia e sociologia do direito. A relação entre ética e direito é investigada em uma monografia dos anos 1920[56], na qual a distinção entre a regra moral e a regra jurídica (esta última sendo provida de sanção civil ou penal, diferentemente da primeira) é de um lado sublinhada como condição de liberdade de consciência para o indivíduo, que não é obrigado a compartilhar o fundamento ético de toda lei, e de outro circunscrita, pois a ligação entre as duas esferas não é nem deve ser anulada para não reduzir o direito a mera técnica ou a mero comando autossuficiente. Além disso, é de autoria de Ripert a tese, solidamente argumentada, da progressiva "comercialização do direito privado", ou seja, da positiva aceitação no direito das obrigações de regras mais ágeis e mais eficazes, nascidas no âmbito do direito comercial para facilitar os intercâmbios. O tema das relações entre capitalismo e direito da economia também atraiu a atenção de Ripert, que a ele dedicou pesquisas significativas[57].

---

[50] Dos onze juristas, os dois Ruffini, pai e filho, foram os únicos que se recusaram a prestar o juramento de fidelidade ao regime, imposto pelo fascismo aos professores universitários em 1931; e por isso tiveram de deixar de lecionar.

[51] M. Falco, *Introduzione allo studio del Codex iuris canonici*. Milão, 1925; 2. ed., Bolonha, 1992.

[52] Uma síntese completa da doutrina de Zanobini encontra-se em seu bem-sucedido *Corso di diritto amministrativo*, em 5 vols., cuja primeira edição remonta a 1936-1940.

[53] P. Calamandrei, *La Cassazione civile*. Milão, 1920, 2 vols.

[54] Essa tese, defendida por Josserand já no final do século XIX (*De la responsabilité des choses inanimées*, 1897), foi mais tarde progressivamente adotada pela jurisprudência, que introduziu uma "presunção de responsabilidade" para o incêndio de materiais inflamáveis e para os acidentes automobilísticos: Supremo Tribunal Civil, 16 de dezembro de 1920 [Sirey, 1992, 1, 97]; Supremo Tribunal de Justiça em Tribunal Pleno, 13 de fevereiro de 1930 (*Dalloz périodique*, 1930, 1, 57) [acerca do qual, cf. Halpérin, 1996, pp. 193 s.].

[55] L. Josserand, *Les mobiles dans les actes juridiques du droit privé*, 1928.

[56] G. Ripert, *La règle morale dans les obligations civiles*, 1925.

[57] G. Ripert, *Aspects juridiques du capitalisme moderne*, 1946; 2. ed., 1951.

Entre os nomes de maior destaque da primeira metade do século XX devem por fim ser mencionados alguns juristas dos Estados Unidos. Oliver Wendell Holmes, juiz da Suprema Corte e já autor de uma clássica obra de síntese sobre o *Common law*[58], expressou a ideia de que o direito "não é fruto da lógica, mas da experiência", e que sua essência deve ser reportada à previsão daquilo que os Tribunais de Justiça decidem sobre as questões controversas[59]. Benjamin Cardozo (1870-1938), também ele juiz da Suprema Corte, ressaltou, em escritos muito influentes[60], o papel crucial de conciliação entre jurisdição e sociedade, contribuindo, entre outras coisas, para a evolução jurisprudencial do Tribunal nos anos 1930 no âmbito da economia. Roscoe Pound (1870-1964), professor em Harvard, em inúmeros escritos teorizou sobre o caráter empírico da jurisprudência e a ineludível consequência que daí deriva quanto à relação com a realidade da estrutura social[61].

Essa tendência, que será seguida também por outros juristas estadunidenses, entre os quais Jerome Frank, influenciará profundamente o pensamento jurídico europeu da segunda metade do século XX, em particular a corrente de pensamento do "realismo jurídico" escandinavo.

7. *Pactos de paz e ventos de guerra*

A consciência dos desastres provocados pela guerra e da necessidade de prevenir futuros conflitos entre Estados foi a base do pacto que instituiu a Sociedade das Nações, deliberado em 1919[62] como complementação do Tratado de Versalhes. Os Estados que o subscreveram (as potências europeias vencedoras da Primeira Guerra e em seguida a maioria dos outros países; mas não os Estados Unidos) comprometiam-se a submeter a árbitros internacionais suas eventuais controvérsias e a apoiar até com a força qualquer Estado que fosse objeto de agressão por parte de outros Estados (art. 10). Mas a ausência de qualquer poder de coerção diferente da cooperação voluntária logo revelou o caráter utópico da nova instituição. A França, com a ocupação do Ruhr em 1923, e a Itália, com a guerra da Etiópia em 1936, agiram unilateralmente sem obstáculos. Em seguida a Alemanha e o Japão se retiraram do pacto.

Teve melhor sorte a instituição do Tribunal Permanente de Justiça Internacional (1921), ao qual os Estados podiam, voluntariamente, recorrer para resolver controvérsias de natureza internacional (art. 15). Mais tarde ele se transformou no Tribunal Internacional de Justiça, ainda operante.

Depois de Versalhes, as tentativas de criar as condições de uma relação entre os Estados que evitasse o risco de uma nova guerra levaram por duas vezes a resultados que pareciam promissores. A Sociedade das Nações de início pareceu adquirir maior peso com a entrada da Alemanha em 1926, por incentivo do ministro Gustav Stresemann, pouco depois precocemente desaparecido. O Pacto de Locarno, concluído naquele mesmo ano, introduzia uma garantia coletiva sobre as fronteiras que levou a Alemanha a aceitar as fronteiras estabelecidas em 1919. Os países contraentes (França, Inglaterra, Itália, Alemanha, Bélgica) comprometiam-se a recorrer à arbitragem em caso de controvérsias e a intervir em apoio de quem fosse objeto de agressão.

Dois anos mais tarde, em 1928, um tratado bilateral foi assinado em Paris entre o ministro do Exterior francês, Aristide Briand, e o Secretário de Estado americano, Frank Kellogg[63], com o qual se repudiava a guerra como meio de resolução das controvérsias internacionais e se propunha uma rede de proteção internacional para essa finalidade: pelo menos 63 Estados

---

[58] O. W. Holmes, *The Common Law*, Boston, 1881.
[59] O. W. Holmes, *Collected Legal Papers*, Nova York, 1952.
[60] B. Cardozo, *The Nature of the Judicial Process*, 1912; id., *The Growth of the Law*, 1924.
[61] R. Pound, *The Spirit of the Common Law*, 1921; id., *Law and Morals*, 1924.
[62] Texto em: http://it.wikisource.org/. [Em português: http://pt/wikisource.org/.]
[63] Pacto Briand-Kellogg, 1928: http://cronologia.leonardo.it/storia/a1928a.htm.

aderiram ao Tratado na década seguinte. Mas a restrição de autorizar o recurso à legítima defesa e à ausência de instrumentos concretos de realização das finalidades do Tratado tornou-o evidentemente vulnerável. Quando Hitler violou o Tratado de Locarno rearmando o Ruhr, ficou claro que esses acordos não se sustentariam por muito tempo.

Houve quem, nos vinte anos que intercorreram entre as duas guerras mundiais, denunciou lucidamente as causas que, não enfrentadas em sua origem, tornariam inúteis os esforços de paz. Na Itália, um jovem professor de economia piemontês, Luigi Einaudi, escrevera em 1918[64] que, enquanto não se decidisse dotar de força militar uma instituição supranacional capaz de se impor aos Estados, a esperança de debelar a guerra seria inevitavelmente frustrada. Nos anos 1930, Philip Kerr (Lord Lothian, 1882-1940) – um diplomata inglês que atuara na África do Sul e na Índia patrocinando com grande lucidez, juntamente com outros ingleses, a transformação do Commonwealth britânico em uma verdadeira federação de Estados [Bosco, 1989] – adquiriu grande notoriedade publicando um panfleto[65] no qual demonstrava a inutilidade de uma postura meramente cooperativa em relação à paz: em vez disso, era preciso obrigar os Estados a renunciar à soberania militar, como em sua época haviam feito as colônias americanas com a Constituição de Filadélfia, que criou a federação americana.

Nem o incentivo de alguns intelectuais isolados, nem os esforços dos diplomatas conseguiram, naquele contexto, modificar a estrutura das relações internacionais. A guerra foi o resultado final do imperialismo da Alemanha hitlerista. O único limite legal à violência bélica – um limite, contudo, quase sempre desrespeitado – continuou a ser o das poucas regras do "direito de guerra", por exemplo em relação aos prisioneiros, custosamente elaboradas na Europa nos séculos precedentes.

---

[64] L. Einaudi, La Società delle Nazioni è un ideale possibile? (1917), in id., *La guerra e l'unità europea*. Bolonha, 1986, pp. 19-28.
[65] Lord Lothian (Philip Kerr), *Pacifism is not enough*, 1937; trad. it. *Il pacifismo non basta*. Bolonha, 1996.

38. Os direitos na segunda metade do século XX

1. *Do Estado legislativo ao Estado constitucional*

Na segunda metade do século XX, os fundamentos da concepção que liga o direito ao Estado e à lei voltam a ser postos em discussão. As degenerações ocorridas entre 1915 e 1945 – com a guerra de trincheiras, com o sacrifício de milhões de soldados, com o envolvimento das populações civis, até o genocídio – haviam mostrado em quais abismos poderia cair o Estado soberano, arrastando consigo povos inteiros através da repressão das liberdades, mas também com o apoio do voto popular. E a quais aberrações poderia chegar a legislação, na ausência de limites éticos e de freios institucionais.

O resultado dessa crise pode ser resumido, no que concerne aos ordenamentos da Europa continental, na fórmula do "Estado constitucional". Valendo-nos de um lúcido diagnóstico jurídico moderno [Zagrebelsky, 1992], podemos afirmar que tanto os direitos fundamentais da pessoa como alguns padrões de justiça que põem um limite às liberdades individuais são desvinculados da lei, no sentido de que eles – se sancionados na Constituição: é o que ocorre na Itália, na França, na Alemanha, na Espanha e em outros países europeus; mas mesmo que não estejam contidos em um texto escrito, como na Inglaterra – não podem ser modificados e muito menos revogados com lei ordinária. Sua eventual violação por parte do legislador pode ser corrigida através da intervenção do Tribunal constitucional, que em alguns ordenamentos, como o italiano, está habilitado a decretar sua revogação. Para as eventuais modificações da Constituição exigem-se procedimentos particulares e maiorias qualificadas. E, em relação a alguns princípios fundamentais, uma parte da doutrina considerou que nem mesmo com o processo de modificação constitucional seja possível decretar sua eliminação.

Além disso, as modernas constituições incluem, ao lado de regras jurídicas precisas e taxativas sobre os direitos das pessoas e sobre os poderes do Estado, uma série de princípios – de liberdade, de justiça, de igualdade, de proteção dos fracos e assim por diante – que não são expressos na forma de regras diretamente aplicáveis, mas na forma de enunciados programáticos: eles indicam os valores fundamentais em que devem inspirar-se tanto o legislador como o juiz em sua atuação. Uma parte da doutrina considerou esses princípios externos e alheios ao direito positivo, ao passo que outra linha de pensamento, agora dominante na Itália, considera-os integrados ao ordenamento constitucional e concretamente utilizáveis em relação a decisão de casos concretos nos quais eles se mostrem relevantes e legalmente aplicáveis para as finalidades de uma decisão coerente com os valores sancionados pela própria constituição.

Essa mudança radical de perspectiva, que viu a crise do modelo de Estado-legislador do século XIX como fonte potencialmente exclusiva do direito, é fruto de uma ordem jurídica na qual têm voz, na formação das leis, interesses diferentes e contrapostos agora representados nas assembleias parlamentares e para isso habilitados pelo voto popular, por meio da dinâmica do sufrágio universal. Por outro lado, no próprio texto constitucional contrapõem-se enunciados na forma de princípios, bem como alguns valores básicos – basta pensar nos direitos de liberdade econômica, de um lado, e nos preceitos de justiça social, de outro: uns inspirados no critério do confronto radical entre os indivíduos até o eventual desaparecimento dos fracos e dos inaptos em nome da meritocracia e da liberdade, outros voltados para a proteção econômica e jurídica incondicional de cada membro da comunidade nacional em nome da justiça e da solidariedade – são (ou pelo menos parecem) muitas vezes divergentes, quando não até opostos e incompatíveis. Daí a necessidade de confiar à responsabilidade dos juízes, em cada caso, uma solução que, sem violar as regras do ordenamento legislativo, concilie igualmente esses interesses e esses valores.

O modelo do legislador onipotente deu lugar ao modelo de uma ordem jurídica de vários níveis, que no interior do Estado se articula no nível legislativo e no constitucional, mas também prevê, para baixo, o nível regional e, para cima, o nível europeu. Além disso, agora também desempenham um papel dois outros níveis normativos: para baixo, o nível municipal, mesmo sem retornar à autonomia legislativa da época comunal, reconquistou um certo poder normativo em alguns países europeus. No nível mundial, alguns setores para os quais a exigência de uniformidade normativa é essencial alcançaram o objetivo com convenções internacionais ratificadas por quase todos os Estados, por exemplo no que se refere a títulos de crédito[66] e de venda internacional[67].

O redimensionamento do papel da legislação (que paradoxalmente foi paralelo à sua enorme e patológica dilatação quantitativa em quase todos os países europeus) foi acompanhado pelo ressurgimento de duas outras fontes, não só na realidade da qual jamais desaparecera, mas também na consideração dos juristas. De um lado, o costume, de outro a doutrina agora são reconhecidos como elementos inelimináveis não apenas de conhecimento, mas também de produção do direito positivo.

Nessa dinâmica jurídica extremamente complexa – em que compareçem lado a lado constituições, leis ordinárias, leis regionais, diretrizes europeias, mas também costumes e doutrinas – a jurisdição, tanto ordinária como constitucional, assumiu uma função fundamental de equilíbrio entre lei, direitos e justiça. Uma função bem mais relevante que aquela, deliberadamente redutiva, a ela atribuída no sistema introduzido no continente com as codificações do século XIX.

2. As novas constituições: Itália, Alemanha, França, Espanha

2.1. Itália

Na Itália, o fim do fascismo e a volta da democracia ao final da Segunda Guerra Mundial levaram ao lançamento de um novo ordenamento constitucional. Uma Assembleia constituinte composta de representantes dos partidos que sucederam o fascismo aprovou em 1947 a Constituição que entrou em vigor no ano seguinte. Ela assinala uma descontinuidade forte em relação ao regime constitucional do Estatuto Albertino, que o fascismo não revogara formalmente, bem como, naturalmente, em relação aos vinte anos de regime fascista.

O regime político estabelecido pela constituição de 1948 é de tipo parlamentar. O governo, constituído com o encargo atribuídio pelo presidente da República ao primeiro-ministro e com a nomeação dos ministros, entra em função depois de ter obtido a confiança das duas Câmaras e deve demitir-se se houver ali um voto de desconfiança. Tanto a Câmara dos Deputados como o Senado são órgãos eletivos, cujos membros são escolhidos por sufrágio universal, masculino e feminino. O bicameralismo é perfeito, no sentido de que só o voto de ambos os ramos do Parlamento sobre um mesmo projeto atribui a este o valor de lei.

Uma ampla seção sobre as liberdades dá início à Constituição, inovando em relação à tradição constitucional do século XIX, mas na esteira das declarações dos direitos e, em parte, da constituição de Weimar. As escolhas fundamentais da Constituição tiveram a cooperação

---

[66] Convenção de Genebra sobre letra de câmbio e nota promissória, 7 de junho de 1930.
[67] Convenção de Viena sobre a venda internacional, 1980 (passou a vigorar em 1988); <www.iusreporter.it/Testi/convenzione-vienna-1980.htm>.

de personagens eminentes da cultura jurídica e econômica – entre os quais Luigi Einaudi e Piero Calamandrei – e as três principais forças políticas de inspiração ideológica profundamente diferenciada: a componente católica, a liberal, a marxista. Os traços dessas diversas contribuições são evidentes nela. Se a proteção da família considerada "sociedade natural" (art. 29) e a manutenção do regime concordatário (art. 7) provêm da vertente católica, o princípio da distinção entre Estado e Igreja como ordenamentos independentes e soberanos (art. 7), o da liberdade da empresa e da economia e o da necessária garantia dos gastos públicos (art. 82) têm origem liberal, ao passo que a componente marxista pesou no destaque da função social da propriedade, no pleno reconhecimento do direito ao trabalho e do direito de greve, na afirmação das funções de controle do Estado sobre a economia (art. 43) e no chamado à colaboração dos trabalhadores para a gestão das empresas (art. 46).

A convergência sobre esses e outros pontos essenciais foi profunda e compartilhada. Foi o que ocorreu, por exemplo, com relação à norma do art. 3 que inclui entre as funções da República "a remoção dos obstáculos de ordem econômica e social que limitam de fato a liberdade e a igualdade dos cidadãos". Até o repúdio à guerra e o importante reconhecimento das limitações de soberania destinadas à paz e à justiça entre as nações (art. 11) – um princípio que permitiu, entre outras coisas, a adoção dos tratados comunitários sem a necessidade de modificar a constituição, diferentemente do que ocorreu em outros países europeus – foram amplamente aprovados. E o mesmo ocorreu com as normas sobre a proteção dos trabalhadores (art. 38), sobre a saúde, o trabalho feminino (art. 37), sobre a organização sindical (art. 39).

Profundamente inovador é o regime previsto para a estrutura institucional no interior do território do Estado nacional. O ordenamento próprio do modelo francês, ancorado no centralismo, é abandonado em favor de um modelo diferente, que institui as regiões, dotadas de amplas autonomias administrativas mas também de poderes legislativos em uma série especificada de matérias (art. 117). Além disso, há cinco regiões com estatuto especial (Sicília, Sardenha, Trentino-Alto Adige, Friule-Venezia Giulia e Valle d'Aosta), dotadas de maiores autonomias e de amplas prerrogativas tributárias (art. 116).

Por fim, é instituído o Tribunal constitucional (arts. 134-137), posto como garantia do respeito à constituição por parte do legislador ordinário e habilitado a decidir sobre os conflitos de atribuição entre os poderes do Estado e sobre os conflitos entre Estado e regiões. O Tribunal tem o poder de declarar inconstitucional – com o efeito de determinar sua imediata revogação – uma lei ordinária submetida ao seu crivo nos modos previstos pela lei. A questão da constitucionalidade é levantada diante do Tribunal por iniciativa de um sujeito no decorrer de um processo, desde que um juiz ordinário a tenha considerado não manifestamente infundada.

A incidência da jurisprudência constitucional na disciplina normativa italiana dos últimos cinquenta anos foi extremamente relevante, em todos os campos do direito: público, privado, penal, processual. Basta recordar que, desde sua primeira sentença de 1956, o Tribunal estabeleceu que a própria competência seria estendida também às leis anteriores à Constituição[68]. O novo Código de Processo Penal de 1989, do qual falaremos em breve, também foi quase imediatamente corrigido em pontos essenciais através de alguns pronunciamentos do Tribunal, ocorridos três anos depois, em 1992. É interessante notar que nessas sentenças a motivação fundamental que levou o Tribunal a decretar a ilegitimidade constitucional foi a "manifesta irrazoabilidade" da norma[69].

---

[68] Tribunal constitucional, sentença de 14 de junho de 1956, n. 1.
[69] A proibição para os oficiais de polícia judiciária de depor sobre o conteúdo de declarações testemunhais previamente adquiridas (C.P.P. 1989, art. 1954) é "desprovida de justificação razoável" (Tribunal constitucional, sentença n. 24 de 31 de janeiro de 1992); idêntica motivação para a proibição (art. 513 C.P.P.) de utilizar os autos do acusado que nos debates orais utilize a faculdade de não responder (sentença de 3 de junho de 1992, n. 254); e para a proibição de avaliar as declarações de uma testemunha feitas na fase preliminar, que nos debates orais declare "não se lembrar" (sentença de 3 de junho de 1992, n. 255, que sanciona a ilegitimidade do art. 500 do C.P.P.). Essas três sentenças tiveram como relator o juiz constitucional Mauro Ferri.

O modelo de Estado que a Constituição prefigura é, portanto, bem diferente daquele da Itália posterior à unificação.

2.2. República Federal Alemã

Com a divisão política e militar da Europa entre os territórios controlados pelos Estados Unidos e pela Inglaterra e aqueles controlados pela União Soviética, a Alemanha é dividida em dois Estados diferentes. A leste, a República Democrática Alemã é submetida ao domínio soviético, ao passo que no ocidente formou-se em 1948 a República Federal Alemã. Mesmo com base em alguns princípios já declarados no período de ocupação militar dos aliados, sobretudo no sentido de uma acentuada descentralização [Hartung, 1950, p. 367], um grupo de juristas encarregados da conferência dos presidentes dos *Länder* preparou um projeto que posteriormente se tornou a base da nova Lei Fundamental (*Grundgesetz*) alemã-ocidental[70], aprovada por uma assembleia parlamentar provisória e depois pelos representantes de cada um dos *Länder* entre 1948 e 1949[71].

Não poucas normas da Constituição de 1949 são derivadas da Constituição de Weimar, a começar pela enunciação dos direitos fundamentais, que foram colocados no início do texto (arts. 1-19), não sem acréscimos importantes [Willoweit, 1992, p. 331][72]. A experiência do fracasso da República de Weimar e mais ainda a vontade de romper completamente com o trágico parêntese do nacional-socialismo [Kimminich, 1987] levaram os constituintes – a maioria dos quais havia participado como juristas na experiência weimariana – a declarar a República um Estado "democrático e social" (art. 20. 1), a enunciar o "direito de resistência" contra tirania (art. 20. 4), a vetar os partidos que tenham métodos ou finalidades em contraste com a democracia (art. 21. 2)[73], a limitar fortemente os poderes do presidente da República, acentuando ao contrário os do chanceler (art. 65). A mesma clara origem histórica têm a limitação do voto popular à eleição do Parlamento (*Bundesrat*) e a exclusão dos referendos e de outras formas de democracia direta.

A intenção de garantir a estabilidade do governo foi perseguida com o mecanismo da desconfiança construtiva, que permite a mudança do chanceler e do governo apenas com um voto que contextualmente garanta a maioria dos votos parlamentares a um novo candidato (art. 67). A estrutura do Estado não pode ser considerada federal em sentido estrito, mas ainda assim fundamenta-se em um acentuado dualismo entre os poderes centrais e autonomia dos nove *Länder*. A Constituição garante a estes numerosas e importantes competências legislativas concorrentes, que incluem justiça, polícia, escola, tributação, direito do comércio, da indústria e dos serviços (art. 74), mas também direito civil e direito penal, para os quais em sua maioria se manteve a codificação unitária do BGB e dos outros Códigos.

Ao Estado central cabem algumas competências exclusivas – moeda, ferrovias, correios, alfândega, defesa (a partir de 1954), bem como o poder de ditar as normas de diretrizes nas matérias de competência concorrente (art. 73). O dualismo entre *Bundestag* (eleito por sufrágio popular universal a cada quatro anos) e *Bundesrat* (com delegados dos governos dos *Länder*, em medida diferenciada com base na população de cada um) não representa um bicameralismo "perfeito", na medida em que a confiança no governo cabe à primeira Câmara ao passo que a segunda Câmara tem apenas poderes de emenda em relação aos poderes legislativos da primeira, que de qualquer modo prevalece em caso de divergência (art. 77). Aos *Länder* e às suas estruturas cabe todavia a execução das decisões do governo e da administração central.

---

[70] Texto em: www.datenschutz-berlin.de/recht/de/gg/.

[71] Em um único *Land* – a Baviera – a Constituição não obteve a maioria dos votos. No entanto, uma moção aprovada contextualmente expressou a vontade da Baviera de também passar a fazer parte da República Federal Alemã.

[72] A Constituição começa com a afirmação da inviolabilidade da dignidade humana (art. 1); é proclamada a igualdade de direitos da mulher em relação ao homem (art. 3. 2), declara-se que ninguém é obrigado a prestar serviço militar contra a própria consciência (art. 4. 3).

[73] O juízo a esse respeito cabe ao Tribunal constitucional (art. 21. 2).

A jurisdição tem no vértice dois Tribunais centrais, o Tribunal Federal Supremo (*Obersten Bundesgericht*, art. 95) – para a justiça comum, administrativa, de finanças e do trabalho – e o Tribunal Constitucional (*Bundesverfassungsgericht*, art. 93), competente para as questões de interpretação da constituição sobre os direitos e as obrigações dos órgãos constitucionais, para as reclamações mesmo individuais baseadas na pretensa violação de um direito fundamental por parte do poder público, bem como pelas controvérsias entre Estado central e *Länder*[74].

A constituição econômica federal é orientada para o liberalismo econômico e para o mercado, uma tendência que caracterizou as décadas posteriores à guerra. Igualmente decidida é a proteção da estabilidade monetária, com a atribuição de uma grande autonomia ao Banco Central (art. 88), para evitar o risco da espiral inflacionária, causa não menos importante da crise da democracia alemã depois de 1919. Em vários artigos a Constituição menciona e prefigura a participação da Alemanha da União Europeia.

Com a queda do muro de Berlim e o fim do domínio soviético, a reunificação da Alemanha realizou-se em 1991 com a inclusão na República Federal Alemã da cidade de Berlim e dos seis *Länder* outrora pertencentes à República Democrática (DDR), sob o império da Constituição alemã-ocidental de 1949.

2.3. França

Em 1946, a França do pós-guerra também promulgou uma nova constituição[75], fundamentada no modelo da República parlamentar, portanto com grandes poderes atribuídos à Assembleia: poder legislativo com exclusividade (art. 13), aprovação do balanço do Estado (arts. 16-18), confiança no governo (art. 45). O regime parlamentar entrou em crise com a guerra da Argélia e em decorrência da instabilidade de governo, desembocando em uma mudança de regime constitucional ocorrida em 1958, com a volta do general De Gaulle ao poder. O novo regime traduziu-se em uma estrutura constitucional nova, sancionada com a Constituição de 1958, ainda em vigor[76].

O ponto principal da Constituição, para a qual contribuíram alguns juristas, entre os quais o constitucionalista Maurice Duverger, reside no grande poder atribuído ao presidente da República. Com uma reforma realizada poucos anos depois, a partir de 1965 ele é eleito por sufrágio universal (diferentemente do que ocorre na Itália, na Alemanha, na Espanha), escolhe o primeiro-ministro, preside o Conselho dos Ministros, pode dissolver a Assembleia Nacional, representa o seu país nas reuniões de cúpula da Europa. Por outro lado, a prática constitucional que se consolidou depois de 1958 (não a Constituição, que não se manifesta sobre isso) atribuiu ao presidente da República um poder direto na ação de governo em política externa, em ampla medida subtraído ao controle do Parlamento. Quando a maioria parlamentar é politicamente homogênea em relação ao presidente da República, este é, portanto, o efetivo titular do poder de governo. Quando essa homogeneidade não existe (isso ocorreu repetidas vezes) subsiste uma espécie de diarquia entre o governo expresso pela maioria parlamentar, por um lado, e a presidência da República, de outro, uma vez que os "poderes reservados" do presidente, ainda que reduzidos, de fato permanecem.

O regime parlamentar baseia-se em um mecanismo eleitoral em dois turnos, que determinou a formação de um bipolarismo em contraste com a fragmentação política do decênio pós-guerra. O Parlamento é titular do poder legislativo. Mas a Constituição estabelece taxativamente os setores que devem ser disciplinados com lei (art. 34), deixando um amplo espaço, fora destes e como complemento deles, ao poder regulamentar de responsabilidade do governo (art. 37). Além disso, o governo pode empenhar a autoridade do governo diante da Assem-

---

[74] As competências do Tribunal são estabelecidas na Bundesverfassungsgerichtsgesetz (BVerfGG) de 12 de março de 1951, § 13 (texto em: www.gesetze-im-internet.de/bverfgg).

[75] Texto em: www.dsg.unito.it/dircost (França).

[76] Texto em: www.conseil-constitutionel.fr/textes/c1958web.htm.

bleia sobre projetos de lei ou textos de tratados recorrendo a um voto de confiança; nesse caso, o texto é considerado automaticamente aprovado, a não ser que uma moção de censura votada pela maioria absoluta da Assembleia determine com isso também a queda do governo (art. 49. 2-3). Esta última disposição permitiu a aprovação de alguns textos importantes – por exemplo, aquele que estabeleceu a eleição do Parlamento europeu por sufrágio universal em 1976 – que de outro modo não teriam obtido a maioria dos votos na Assembleia.

A Constituição de 1958 instituiu um Conselho constitucional de nove membros, escolhidos em cotas iguais pelo presidente da República e pelos dois presidentes da Assembleia e do Senado. O Conselho tem a tarefa de decidir sobre a conformidade ou não à Constituição das leis que com esse objetivo lhe são submetidas pelo presidente da República, pelo primeiro-ministro ou por um certo número de componentes das duas Câmaras (art. 62); se a decisão é negativa, a lei é rejeitada. Não são admitidos recursos individuais nem recursos por parte da magistratura.

Por fim, deve-se ressaltar que, mesmo tendo instituído as Regiões, na França as autonomias territoriais permaneceram muito menores que os modelos, bem diferentes uns dos outros, da Alemanha, da Itália e da Espanha. Entre outras coisas, elas não dispõem nem de autonomia legislativa, nem de poder fiscal.

2.4. Espanha

A atribulada história política da Espanha no século XX refletiu-se, como é natural, também nas suas constituições. Após o parêntese autoritário dos anos de domínio de Primo de Rivera (1923-1931), a volta à democracia republicana havia produzido em 1931 uma Constituição[77] que sancionava um regime de tipo parlamentar. Ela incluía a indicação das matérias de competência exclusiva do Estado (art. 14) e daquelas para as quais a legislação cabia ao Estado, mas a execução podia ser confiada às regiões autônomas (art. 15). A competência legislativa destas era admitida, mas apenas para as matérias residuais (art. 16).

A república entrou em crise com a eclosão de uma sangrenta guerra civil, iniciada em 1936, encerrada em 1939 com a vitória armada e com a subida ao poder do general Franco. Foi instaurado um regime autoritário, do qual é clara expressão a lei sobre as *Cortes* de 1942[78]: o poder legislativo é exercido por um organismo selecionado e de fato dominado pelo chefe de Estado, que é ao mesmo tempo titular do pleno poder de governo.

O retorno da Espanha à democracia após a morte de Franco em 1975 – um retorno facilitado pela perspectiva do ingresso na Comunidade Europeia, ocorrido em 1985, e realizado pacificamente com a volta da monarquia – encontrou na constituição de 1978[79] uma estrutura coerente, ao mesmo tempo, com os padrões da democracia e com a tradição espanhola de autonomia das diversas partes da Península. Na arquitetura da constituição de 1978, a segunda Câmara (Senado) representa precisamente as autonomais locais. O governo é de tipo parlamentar e exige a confiança da primeira Câmara (Congresso). A legislação estatal é de pertinência do Congresso. As leis relativas aos direitos fundamentais e à organização do Estado e das autonomias locais (leis orgânicas) requerem a maioria absoluta dos votos (art. 81).

As comunidades autônomas compreendem várias províncias limítrofes e representam as regiões históricas, entre as quais Castela, Catalunha, Aragão, Países Bascos, Andaluzia. A Constituição estabelece (art. 148) uma série de 22 matérias que são de competência das regiões: da agricultura ao ambiente, da pesca ao artesanato e aos monumentos. Por outro lado, não se trata de competências exclusivas, mas concorrentes com as do Estado, que possui competência exclusiva em 32 matérias fundamentais (art. 149). Entre elas encontram-se tam-

---

[77] Ver o texto em www.dsg.unito.it/dircost (Espanha).
[78] Texto em www.dsg.unito.it/dircost (Espanha).
[79] www.constitucion.es/; it.wikisource.org/wiki/Costituzione_spagnola_del_1978.

bém o direito civil, o penal e o processual. No entanto, para o direito civil as comunidades autônomas mantêm suas peculiaridades históricas; trata-se sobretudo de costumes e regras no campo do direito de família, de sucessão e de propriedade. E é significativo que a Constituição não se limite a confirmar essas diversas tradições, mas permita que as comunidades autônomas continuem o estabelecido mesmo com modificações e inovações (art. 149, n. 8).

A proteção dos princípios e das regras constitucionais é confiada a um Tribunal constitucional, que além de decidir sobre as controvérsias entre Estado e regiões autônomas investiga a conformidade das leis em relação à Constituição: a pedido do Governo, das Câmaras, das comunidades autônomas, mas também – quando se lamenta a violação de um direito fundamental sancionado pela constituição – sob recurso apresentado pelos indivíduos que se consideram lesados (art. 161).

3. Novos Códigos

Mesmo em uma situação de crise em que nos deteremos dentro em pouco, a "forma Código" ainda se mostra bem viva, embora continuamente modificada pelas leis e pelos regulamentos que se sucedem em ritmo acelerado.

Não faltaram importantes Códigos novos: basta pensar no Código de Direito Canônico de 1983, no novo Código Civil dos Países Baixos de 1992[80], no Código de Processo Penal italiano de 1988.

O novo Código de Direito Canônico[81] apresenta características peculiares em relação à codificação de 1917. Ele se refere expressamente à Igreja latina, ao passo que para a Igreja católica oriental, que permaneceu ligada ao papado romano, existe agora um Código diferente. O Código de 1983 fundamenta a disciplina da Igreja sobretudo nos supremos preceitos das Escrituras, a começar pelo Novo Testamento, como é tradição constante do direito canônico[82], mas está também organicamente vinculado com as inovações doutrinais, pastorais e litúrgicas do Concílio Vaticano II[83]. Por outro lado, a abertura do Concílio para o ecumenismo e a superação das divisões seculares entre os cristãos orientais e ocidentais, protestantes e católicos, está ligada à tendência impressa pelo papa João XXIII, promotor do próprio Concílio. O mesmo se aplica à abertura para os não cristãos e para todos os "homens de boa vontade" sobre a questão crucial da paz[84].

---

[80] *Nieuw Burgerlijk Wetboek* (1992); *New Netherlands civil code: patrimonial law: property, obligations and special contracts*, translated by P. P. C. Haanappel, Deventer [etc.], 1990.

[81] Texto em: www.intratext.com/X/ITA0276.htm.

[82] A esse respeito deve-se ressaltar a grande importância – também para o direito canônico – do reconhecimento, ocorrido em 1943 por atuação do papa Pio XII, do método histórico na interpretação dos textos bíblicos com a encíclica *Divino afflante Spiritu* de 30 de setembro de 1943: "Nossos escrituristas [...] não devem deixar de lado nenhuma das novas descobertas feitas pela arqueologia, pela história ou pela literatura antiga, que têm condições de levar a conhecer melhor qual era a mentalidade dos antigos escritores, e sua maneira e arte de pensar, narrar, escrever. Nessa matéria, mesmo os leigos católicos devem ter consciência de que eles não apenas serão beneficiados pela ciência profana, mas também prestarão um grande serviço à causa cristã, se com toda a conveniente diligência e aplicação se dedicarem à exploração e à pesquisa de coisas da antiguidade, e desse modo poderão contribuir, na medida de suas forças, para a solução de questões até agora não bem esclarecidas." Desse modo, a pesquisa teológica, através de um trabalho histórico-exegético adequado, sem ferir a ortodoxia, podia fazer a distinção entre os elementos efêmeros e transitórios (por estarem ligados à mentalidade do tempo) dos preceitos contidos nos textos sagrados e os de origem divina e portanto eternos.

[83] São particularmente relevantes as constituições e os decretos *Lumen gentium* (sobre a Igreja e a sua estrutura), *Gaudium et spes* (sobre as relações entre a Igreja e o mundo contemporâneo), *Apostolicam actuositatem* (sobre o apostolado dos leigos), *Unitatis redintegratio* (sobre o ecumenismo), *Nostra aetate* (sobre as relações com as religiões não cristãs), *Dignitatis humanae* (sobre a liberdade religiosa). Texto em: www.vatican.va/archive/hist_councils/ii_vatican_council/index_it.htm.

[84] João XXIII, Encíclica *Pacem in terris*, 11 de abril de 1963. Texto em: www.vatican.va/holy_father/john_xxiii/encyclicals/documents/hf_j-xxiii_enc_11041963_pacem_it.

A própria intitulação da seção do Código dedicada ao "povo de Deus" tem sua fonte no Concílio. Alguns princípios básicos deste – a começar pela liberdade religiosa, pela valorização do laicado, pelas conferências episcopais e outros – estão presentes ou são pressupostos no Código [Feliciani, 2002]. Naturalmente, nele também há elementos fundamentais de continuidade em relação à tradição canonística, por exemplo quanto ao conceito de *aequitas canonica*, de coisa julgada, de vínculo matrimonial, de disciplina dos sacramentos. Não faltam enunciações significativas, por exemplo no que se refere a costumes "contra legem", ou seja, conflitantes com a normativa canonística: eles não são rejeitados incondicionalmente, mas podem ser admitidos ou tolerados, se presentes há muito tempo, a juízo do bispo local (can. 5). Portanto, estamos diante de uma disciplina suficientemente elástica, aberta para o alto às normativas superiores da Escritura e dos concílios, para baixo às tradições religiosas locais que não estejam em conflito com os princípios básicos.

No âmbito do direito, também é muito relevante a guinada impressa em tempos mais recentes pelo papa João Paulo II, com o reconhecimento de omissões e erros realizados pela Igreja no passado[85]: porque isso implica uma superação, implícita ou explícita dependendo dos casos, de teses, entre as quais as do Silabo do século XIX, que condenavam as modernas liberdades políticas e as modernas democracias.

Na Itália, a maior inovação em forma de Código ocorreu com o novo Código de Processo Penal que entrou em vigor em 1989. Resultado de um caminho atribulado que se estendeu por mais de quinze anos, o Código introduziu uma profusão de elementos novos, abandonando o chamado modelo "misto" do Código de 1930, que tinha caráter investigativo na fase de instrução e caráter acusatório na fase dos debates orais. O novo Código adotou amplamente o modelo acusatório, estabelecendo o princípio de que a prova se forma no debate, enquanto o que o precede são as investigações preliminares confiadas a um juiz diferente. Não se trata de um modelo acusatório "puro" [Cordero, 2006] porque a ação penal continua obrigatória e porque o juiz para as investigações preliminares pode exercer oficialmente uma atividade de suplência (art. 506).

Por outro lado, o Tribunal Constitucional atenuou subtancialmente a estrutura acusatória do Código com algumas decisões que já mencionamos. É interessante notar que em uma dessas sentenças o Tribunal afirmou expressamente um princípio por si só inconciliável com o princípio acusatório puro: "o fim primeiro e ineludível do processo penal não pode deixar de ser o da busca da verdade"[86].

Para perceber claramente quão crítica se tornou a disciplina codicista no decorrer dos últimos anos, basta considerar que sobre esse Código recente, elaborado por alguns dos mais qualificados juristas até com base na experiência estrangeira, abateu-se em poucos anos, além das intervenções do Tribunal Constitucional, uma verdadeira enxurrada de leis e de decretos legislativos de complementação[87]. A unificação desse amontoado de normas e de sentenças apresenta, aqui como em tantas outras matérias, grandes dificuldades.

4. *Pessoas e família*

Na segunda metade do século XX as mudanças da sociedade foram rápidas e profundas: nos costumes, nas ideologias, na economia, na política, nas consequências sociais do extraordinário desenvolvimento das ciências. O direito não podia permanecer alheio a essas transformações.

Um âmbito em que as inovações legislativas foram muito relevantes diz respeito ao direito das pessoas e da família.

---

[85] João Paulo II, Dia do Perdão, 12 de março de 2000.
[86] Tribunal constitucional, sentença de 3 de junho de 1992, n. 255, in *Giustizia Costituzionale*, 37 (1992), p. 1962.
[87] Ver uma lista parcial in Conso-Grevi, 1996, pp. 885-91.

Sob esse aspecto, destaca-se a ascensão espetacular, sem precedentes na história desde o mundo antigo até hoje, do estatuto jurídico da mulher. Se no consentimento matrimonial a equiparação ao homem fora reconhecida havia séculos por influência da Igreja e do direito romano, se a igualdade entre os dois sexos em princípio estava implícita nas declarações dos direitos, a condição de "menoridade" da mulher tanto no direito público como no direito privado só foi derrubada no decorrer do século XX. O direito de voto, com a admissão das mulheres ao sufrágio universal, afirmou-se em momentos diferentes nos vários países: na França em 1944, na Itália em 1946, na Bélgica em 1949. O acesso efetivo aos cargos públicos e privados – políticos, administrativos, judiciários, empresariais, acadêmicos, científicos – ocorreu bem mais lentamente e em muitos setores ainda é desigual.

No direito de família, os direitos da mulher obtiveram reconhecimentos de grande importância [Lefebvre-Teillard, 1996]. A capacidade de ação da mulher foi plenamente admitida, sem a assistência e o necessário consentimento do marido como se requeria na legislação napoleônica e em outros códigos do século XIX; nos Países Baixos, por exemplo, isso ocorreu com uma lei de 1954, promovida por Eduard M. Mejers e realizada por Van Oven. Na Bélgica, isso se verificou quatro anos mais tarde [Halpérin, 2004]. O exercício do pátrio poder passou a ser atribuído aos dois cônjuges na maior parte das legislações. A preeminência do marido como chefe da família perdurou na França até 1970[88], ao passo que na Alemanha a norma do BGB (§ 1354) que confiava ao marido as decisões sobre a vida comum foi superada com uma reforma legislativa de 1957, depois que a jurisprudência já a limitara por coerência com a equiparação entre os sexos expressa na constituição de 1948.

A introdução do divórcio nos países que não o haviam admitido nos respectivos códigos também está ligada sobretudo (mas não apenas) ao tema da emancipação feminina. Na Itália, o divórcio foi admitido por lei em 1970[89] e confirmado por referendo quatro anos mais tarde, na Espanha isso ocorreu em 1981, na Irlanda ainda mais recentemente, em 1996. A descriminalização do adultério – em muitos ordenamentos só era punido o adultério da mulher – foi aprovada na Itália em 1968, na França em 1975. E o mesmo ocorreu com a legislação sobre o aborto, que a Inglaterra reconheceu (mas só condicionado ao parecer favorável de dois médicos) em 1967, enquanto na mesma época os países escandinavos admitiam tanto o aborto como a contracepção (1966). Na Alemanha, na Bélgica e na Irlanda a resistência à legitimação do aborto foi muito mais forte [Halpérin, 2004, p. 309]. Na base dessas regulamentações, mais ou menos permissivas dependendo dos países, está a reivindicação da autonomia da mulher na decisão relativa a uma gravidez: e isso não apenas para as mulheres solteiras, mas também no interior de um casamento legítimo. A autonomia da mulher também foi reconhecida nas suas escolhas de trabalho e no exercício das profissões, eliminando as restrições que nesse âmbito limitavam a condição da mulher casada.

Outra tendência fundamental consolidada nas décadas recentes diz respeito à guarda dos filhos, em particular dos menores [Lefebvre-Teillard, 1996]. Se a superação da noção de "autoridade paterna", com os respectivos poderes de punição em relação aos filhos, já se verificara entre as duas guerras[90], posteriormente nos diversos países europeus a ênfase recaiu com força cada vez maior no interesse primordial do menor, não apenas limitando o poder de coerção do pai, não apenas confiando aos dois genitores uma mesma responsabilidade, mas atribuindo funções e poderes de intervenção cada vez mais fortes à magistratura, com o apoio de assistentes sociais e de psicólogos. Isso constituiu uma verdadeira revolução nas relações de direito familiar, não desprovida, ao lado das finalidades positivas que a determinaram, de

---

[88] Lei de 4 de junho de 1970.
[89] Lei de 1.º de dezembro de 1970.
[90] Na França, um decreto-lei de 30 de outubro de 1935 substituiu o poder de punição do filho atribuído ao pai, que podia chegar até a ordenar sua prisão, pela noção bem diferente de "assistência educativa" (Huet-Weiller, in *Le droit de la famille*, 1992, p. 405).

riscos e de distorções, como talvez seja inevitável quando se entra no delicado equilíbrio das relações no interior da família.

Também nos processos de divórcio, a proteção do interesse dos filhos passou a ocupar o primeiro plano, com referência à atribuição de guarda e à possibilidade de ambos os genitores continuarem a ter um contato com os filhos mesmo depois da separação conjugal. E o mesmo ocorre com os avós.

Quanto à filiação natural, a tendência à plena equiparação com os filhos legítimos para fins sucessórios se consolidou muito. Por outro lado, a posição do cônjuge sobrevivente também foi fortalecida, garantindo uma cota importante da sucessão legítima e uma porção equivalente da cota necessária em caso de testamento, especialmente com referência à viúva.

Ampliaram-se muito as possibilidades de adoção, superando as rígidas restrições de idade estabelecidas nos códigos do século XIX: da adoção no interesse de pais idosos e sem filhos passou-se à adoção destinada a dar uma família a menores abandonados, favorecendo portanto a aspiração de genitores ainda relativamente jovens, capazes de educar crianças em tenra idade. À reforma introduzida na Itália pela lei de 1975[91] acrescentou-se em anos mais recentes a nova disciplina da adoção, que cria uma ligação menos estreita entre adotante e adotado, não rompendo os vínculos com a família natural deste último. A adoção e a afiliação visam, ao mesmo tempo, satisfazer o desejo de ter filhos por parte de casais estéreis e alcançar o benefício afetivo e educativo que a presença de pais adotivos representa para o menor desprovido de família. Essa dupla finalidade explica o apoio das legislações recentes à adoção internacional, que permite oferecer uma melhor perspectiva de vida a crianças de países pobres, de outro modo destinadas ao abandono e à fome. Contra os riscos infelizmente reais de abusos e de práticas ilegais multiplicaram-se também nesse campo as verificações judiciárias preliminares à autorização da adoção.

Setores e relações nos quais as intervenções normativas são ainda mais recentes referem-se às uniões de fato, cada vez mais numerosas na Europa; referem-se à procriação assistida, que permite o implante de embriões com o objetivo de provocar uma gravidez de outro modo impossível; e referem-se às uniões entre homossexuais, depois que as graves sanções jurídicas e sociais referentes a eles, em vigor há séculos, foram gradualmente suprimidas. Algumas legislações – por exemplo, nos Países Baixos e na Escandinávia – chegaram a admitir para tais uniões processos e efeitos não diferentes do casamento, ao passo que em outros países elas tiveram um reconhecimento no plano econômico, assistencial e previdencial. Trata-se de tendências recentes e controversas, que ainda não permitem uma avaliação histórica.

De modo mais geral, pode-se observar que estas e outras linhas recentes de desenvolvimento do direito de família encontram sua fonte na concepção do indivíduo como portador de direitos fundamentais, radicados na constituição e que devem ser protegidos, se preciso, também com os instrumentos do direito. A posição da mulher, a defesa do menor, as soluções para as convivências difíceis, a repressão à violência doméstica, exigências por séculos subordinadas à restrição dos vínculos familiares, tornaram-se instâncias prioritárias, a ser protegidas mesmo à custa de quebrar esses vínculos e até de ferir a união familiar, no passado não raro fundada na tácita renúncia à autonomia dos seus componentes mais vulneráveis. Daí a entrada do juiz – uma entrada que pode ser curativa, mas também se revelar traumática – no recinto privado da família, outrora penetrável de fora apenas por iniciativa do pai.

5. *Direito da economia, do trabalho, do ambiente*

Na segunda metade do século XX o direito da economia passou por reformas importantes. A exigência de garantir a concorrência e de impedir a formação de cartéis se impôs na Alemanha desde o imediato pós-guerra [Nörr, 1993] – também por incentivo dos Estados

---

[91] Lei de 9 de maio de 1975, n. 151, sobre o direito de família.

Unidos, que queriam evitar o ressurgimento dos potentados econômicos [Wells, 2001] e que havia tempo tinham adotado uma linha de controle sobre os cartéis[92] – e em 1957 levou à aprovação de uma lei orgânica sobre a concorrência, que contou com a contribuição decisiva de Franz Böhm, na época expoente da escola dos "ordoliberalistas" de Freiburg. A disciplina introduzida pela Comunidade do Carvão e do Aço (Ceca) em 1951 é retomada pelo Tratado que instituiu a Comunidade Europeia em 1957 com normas explícitas para proteção da concorrência (art. 3 e art. 85) e contra os abusos de posição dominante (art. 86), até o regulamento completo de 1990[93], que impôs restrições rigorosas a esse respeito com o objetivo de garantir o correto funcionamento do mercado único. Na Itália, naquele mesmo ano chegou-se à aprovação da lei sobre a concorrência[94] que instituiu a Autoridade Garante da concorrência e do mercado. O mesmo aconteceu em outros países europeus.

No que se refere às sociedades comerciais, as inúmeras intervenções regulamentadoras no âmbito italiano e no âmbito europeu recaíram sobre a transparência dos balanços e das informações, em especial para as sociedades cotadas em Bolsa (por exemplo, na Inglaterra já a partir de 1948)[95], e a abertura para formas de governo societário diferenciadas. Tanto no âmbito europeu como no âmbito nacional[96] reconheceu-se a possibilidade de adotar o modelo alemão do Diretório (*Vorstand*) nomeado e controlado pelo Conselho de Vigilância (*Aufsichtsrat*), cuja origem remonta ao início dos anos 1930 e à lei de 1937, reformada em 1965[97]. O modelo alemão prevê também que o controle societário deve ter a participação operacional de uma representação de trabalhadores (*Mitbestimmung*), que desde 1976 estão presentes em medida paritária em relação aos outros componentes no Conselho de Vigilância das grandes sociedades anônimas[98].

Através da contribuição conjunta de novos instrumentos legislativos e de poderes de intervenção confiados a autoridades específicas (para o mercado europeu através da Comissão, para alguns Estados-membros através de autoridades específicas sobre a concorrência e sobre a Bolsa), a Europa visou alcançar um correto equilíbrio entre liberalismo econômico e disciplina jurídica do mercado, concebendo a segunda como a condição para o desenvolvimento do primeiro, no interesse do mercado e, portanto, dos consumidores.

O direito do trabalho transformou-se sensivelmente, ainda que de maneiras diferenciadas, no decorrer dos últimos cinquenta anos do século. Na Itália e em outros países europeus, a contratação coletiva, negociada pelos empregadores e pelos sindicatos mais representativos, muitas vezes com a mediação ativa do governo, constituiu a base para a renovação dos contratos individuais nos diversos setores da economia, deixando apenas um espaço residual para a contratação suplementar, interna a cada empresa. Na Itália, em 1970, depois dos anos agitados da reconstrução e do impetuoso crescimento econômico, uma lei (o "Estatuto dos Trabalhadores")[99] garantiu aos trabalhadores das empresas com mais de quinze funcionários uma série de prerrogativas, enquanto impôs aos empregadores uma série de procedimentos inderrogáveis: a reintegração no posto de trabalho é obrigatória se ação movida pelo trabalhador contra a demissão é aceita pelo juiz (art. 18), as admissões devem ocorrer respeitando as classificações estabelecidas pela agência de emprego (art. 33), o trabalhador tem o direito de conservar o maior cargo recebido (art. 13); e outras disposições. A jornada de trabalho diminuiu em todos

---

[92] A primeira importante lei antitruste dos Estados Unidos remonta a 1890: trata-se do Sherman Act, que proibia os cartéis entre empresas.
[93] Regulamento CEE 4.064/90.
[94] Lei de 10 de outubro de 1990, n. 287.
[95] Companies Act de 1948.
[96] Por exemplo na França com a lei de 24 de julho de 1966.
[97] Aktiengesetz de 6 de setembro de 1965.
[98] É uma medida introduzida por algumas empresas desde 1952, depois retomada na lei de 1965 e em uma lei de 4 de maio de 1976 (*Mitbestimmungsgesetz*).
[99] Lei de 20 de maio de 1970, n. 300.

os países (na França foi reduzida para 35 horas semanais), permitindo uma semana de trabalho de apenas cinco dias. O regulamento europeu em 1992, com o Tratado de Maastricht, também adotou algumas linhas comuns, introduzindo o novo capítulo da "política social"[100].

Admitida agora em todos os países europeus a plena legitimidade do direito de greve, os limites desse direito variaram no tempo e no espaço. Na Inglaterra, uma série de restrições – voto secreto nas assembleias, proibição de greves de solidariedade e outras – foi introduzida durante o governo de Margaret Thatcher[101]. Alguns anos mais tarde, na Itália, uma lei de 1990[102] estabeleceu algumas limitações para a greve nos serviços públicos essenciais. A uma fase de crescente rigidez na regulamentação de proteção da estabilidade no posto de trabalho seguiu-se, nos anos 1980, uma fase de progressiva liberalização e flexibilidade, em correspondência com linhas de política econômica mais orientadas para o liberalismo, a limitação do papel do Estado na economia, a atenuação da progressividade dos impostos. Dos Estados Unidos (com a presidência Reagan iniciada em 1981) algumas dessas tendências se transmitiram para a Inglaterra e também para o continente europeu – na França, na Itália, na Espanha –, ainda que em formas diferentes e bem atenuadas. Nelas se inspiraram as novas democracias da Europa central e oriental após a queda do regime comunista, na perspectiva do ingresso na União Europeia.

Além disso, novas formas de contrato, não contempladas nos códigos civis, se afirmaram na Europa, por influência do modelo americano, em que o capitalismo e a economia de mercado atingiram um nível particularmente avançado e dinâmico. Institutos como o *leasing*, o *factoring*, o *franchising*, agora difundidos na Europa, revelam sua origem já no próprio nome e demonstram uma vez mais a força de penetração do costume no terreno do direito comercial. O mesmo se aplica às práticas e às regras relativas aos títulos mobiliários e ao mercado dos "derivados" e dos *futures*, atuantes numa moldura que, como veremos, é agora global em nível planetário.

Os consumidores de produtos e serviços oferecidos por grandes empresas não têm mais os instrumentos para verificar diretamente a qualidade dos produtos nem para se defender de técnicas produtivas e comerciais agressivas. Daí nasceu, nas décadas da segunda metade do século XX, uma tendência normativa que pouco a pouco se tornou mais forte: a proteção dos consumidores concretizou-se em leis que impõem precisos requisitos de transparência aos produtos, que autorizam a promoção de ações coletivas (*class actions*), também elas de origem americana. Outras leis europeias e nacionais punem a publicidade enganosa e, nos contratos, as cláusulas vexatórias. São leis aprovadas em épocas diferentes nos diversos países europeus, que se vinculam, sob outro aspecto, às disposições contra os cartéis e às regras para a instauração de uma verdadeira concorrência, já mencionadas. Introduzidas já nos anos 1970 em alguns países escandinavos [Halpérin, 2004, p. 299], as normas em defesa dos consumidores se multiplicaram, por exemplo na França em 1972 para as vendas em domicílio, passíveis de ser rescindidas por iniciativa do adquirente sob termos definidos. E a União Europeia, por sua vez, determinou importantes diretrizes a esse respeito, como a de 1985 sobre a responsabilidade por produtos defeituosos[103], aplicada de diferentes maneiras nos países da União.

Desse modo, por um lado, manifestaram-se a tendência à liberalização do comércio e à desregulamentação da economia e do trabalho e, por outro, a tendência a definir – com regras de natureza legislativa ou regulamentar ou com controles de autoridades independentes dotadas de grande poder de sanção – os limites dentro dos quais as empresas podem se movimentar com o objetivo de aumentar o crescimento, a produção e os lucros. A evolução do direito das décadas passadas torna evidente a relevância de ambas as linhas.

A isso se acrescenta a atenção cada vez maior do legislador pela proteção do ambiente. Em todos os países multiplicaram-se, a partir do final dos anos 1960, as medidas legislativas e regulamentares sobre a proteção do ambiente, que é ao mesmo tempo proteção da paisagem

---

[100] Protocolo sobre a política social, anexo ao Tratado de Maastricht de 1992.
[101] Trade Union Act, 1984.
[102] Lei de 12 de junho de 1990, n. 146.
[103] Diretriz CEE 85/374 sobre os produtos defeituosos.

urbana e rural e proteção da saúde: contra a poluição hídrica, atmosférica, sonora, contra os danos de obras públicas e de construções privadas que não levam em conta o impacto ambiental. Desde 1986 (com o Ato Único Europeu) e sobretudo com o Tratado de Maastricht de 1992, essa matéria passou a fazer parte das competências comunitárias. As legislações nacionais foram obrigadas a levá-la em conta. Na Itália, as medidas normativas referentes ao ambiente são inúmeras[104].

6. *Elementos de crise do sistema*

Como se pode perceber a partir do que se disse até aqui, as principais constituições europeias da segunda metade do século XX introduziram importantes inovações em relação aos modelos constitucionais do século XIX. As maneiras são diferenciadas, mas é possível apreender alguns elementos comuns.

Em primeiro lugar, ampliou-se muito o leque dos direitos fundamentais enunciados no âmbito constitucional: ao lado dos direitos de liberdade e de igualdade garantidos pelo direito, a proteção da equidade nas relações sociais foi inserida entre as finalidades do Estado, em uma perspectiva bem mais rigorosa que no passado. Esse objetivo constitucional legitima novos institutos e intervenções normativas que dizem respeito à previdência, à saúde, aos direitos de greve, à progressividade dos impostos, à condição feminina, entre outras.

Em segundo lugar, acentuou-se o impulso ao fortalecimento das autonomias locais, especialmente no âmbito regional. Poderes legislativos, funções executivas, tributação, ambiente, cultura e formação são apenas alguns dos setores nos quais as autonomais regionais e municipais obtiveram, de diferentes maneiras e em medida certamente desigual, reconhecimento no âmbito constitucional em muitos Estados europeus.

Em terceiro lugar, a pluralidade dos níveis normativos tornou-se uma constante dos sistemas jurídicos, particularmente na Europa. O Estado agora perdeu aquele monopólio da função legislativa que exerce há dois séculos. Não apenas o nível legislativo regional, mas também e sobretudo o nível normativo europeu, do qual falaremos, intervém em uma ampla área para ditar as linhas às quais as legislações nacionais devem se adequar em virtude dos tratados assinados e das competências neles atribuídas à União Europeia. Essa estrutura em vários níveis não pode deixar de trazer à mente do historiador a condição do direito nos longos séculos do *ius commune*, mesmo que a situação histórica e as coordenadas dos sistemas jurídicos de hoje sejam completamente diferentes das do passado.

Em quarto lugar, fortaleceu-se o papel da constituição em relação à lei. De um lado, pelas modificações da constituição e pelas leis de natureza constitucional (leis constitucionais ou leis orgânicas) introduziram-se processos mais rigorosos e maiorias parlamentares mais amplas em relação às prescritas para a aprovação das leis ordinárias. Por outro lado, e sobretudo, a conformidade da lei ordinária em relação às regras e aos princípios constitucionais é protegida – também aqui, de diferentes maneiras, mas com objetivo fundamentalmente convergente – através da instituição de um Tribunal de Justiça destinado especificamente para isso. Os princípios da constituição, até os de natureza programática, tornaram-se imperativos para o legislador nacional. A Constituição tornou-se "acionável".

Desse modo, os tribunais constitucionais tornaram-se os verdadeiros "protetores" das constituições. Através de seus pronunciamentos, não apenas as leis conflitantes com a constituição chegam a ser revogadas, mas os preceitos constitucionais nos quais são expressos os valores e os direitos fundamentais são concretamente especificados e tornados operantes. Além disso, os tribunais constitucionais representam o elemento de conclusão, o eixo de todo o sistema constitucional dos Estados, os garantes do equilíbrio dos poderes. Isso explica por

---

[104] Marchello, 1999; Caravita, 2005.

que a escolha dos juízes constitucionais foi confiada à designação separada de diversos órgãos do Estado: ao presidente da República, ao governo, ao parlamento, à magistratura ordinária.

Essa função acentuada do nível constitucional e da sua jurisdição manifestou-se paralelamente com dois outros fenômenos ligados entre si: a ampliação da legislação ordinária e a crise das codificações.

De fato, as leis se multiplicaram em todas as partes. Não apenas o fortalecimento das autonomias regionais determinou em alguns países, como a Itália, uma abundante produção legislativa local nas matérias de competência exclusiva ou concorrente das regiões, mas sobretudo no âmbito nacional o fluxo de novas regulamentações tornou-se cada vez mais intenso. Isso se realizou de duas formas, em dois níveis: de um lado, a legislação ordinária que tem como fonte o Parlamento, de outro os regulamentos ministeriais, realizados dentro de limites traçados pela legislação ordinária mas muitas vezes inovadores nos conteúdos "praeter legem". A primeira forma é predominante na Itália, a segunda na França. Mas a ampliação normativa, de dimensões impressionantes, está presente em ambos os países e é comum também nos outros Estados europeus. A isso se acrescenta, naturalmente, a rica legislação no nível europeu, fundamental para o direito da economia.

As razões desse fenômeno residem essencialmente no contínuo e premente afluxo de demandas provenientes dos diversos setores da sociedade: as instâncias dos grupos econômicos e dos grupos sociais das mais diferentes naturezas dirigem-se à classe política sugerindo ou aceitando, cada vez com mais frequência, intervenções de natureza legislativa. Responde-se com uma nova lei ou com uma reforma normativa aos pontos problemáticos surgidos na vida comum. A evolução incessante das tecnologias e suas consequências sobre a vida social tornam trabalhoso o processo de adaptação normativa.

O efeito dessa floresta de normas é duplo. De um lado, tornou-se cada vez mais difícil verificar qual é a disciplina positiva que deriva do entrelaçamento de leis e regulamentos vinculados uns aos outros pela matéria, mas difíceis de conciliar. Por outro lado, entrou em crise o modelo das codificações: de fato falou-se precisamente de crise das codificações – e da nossa época como uma "era da descodificação"[105] – para descrever o fato incontestável de que agora quase todo instituto disciplinado pelos Códigos vê a disciplina codicista complementada e alterada por normas externas de legislação especial. O caráter exaustivo e abrangente dos Códigos nas respectivas matérias deixou de existir[106].

Tudo isso produziu, quase em todas as partes, uma dramática crise de certeza sobre a verdadeira configuração do direito em vigor e sobre seus conteúdos. Uma crise que encontra um precedente comparável (ainda que totalmente diferente nas origens e nas características) na crise do direito comum do final do século XVIII, que levou às modernas codificações. Daí, nos anos recentes, a acentuada relevância da jurisprudência como fonte do direito e como âncora para orientar as previsões: uma vez que as linhas consolidadas das decisões judiciais certamente podem mudar com o tempo, mas ainda assim apresentam um nível de continuidade e de estabilidade superior ao da legislação contemporânea.

É impossível dizer qual será no futuro o resultado dessa grave crise do direito, e de qualquer maneira essa tarefa não cabe ao historiador. Seja como for, é indubitável que o enfoque tradicional para a formação do jurista, há dois séculos, fundamentado quase totalmente no estudo da codificação e da legislação nacional, não é mais adequado para o jurista de hoje e de amanhã. Tanto na prática como no estudo teórico impuseram-se agora métodos de interpretação e de argumentação mais articulados, que levam em conta a pluralidade dos níveis normativos e do papel bem maior reconhecido à jurisprudência e à doutrina. Também aqui não se pode deixar de recordar a riquíssima experiência histórica do direito europeu, que durante séculos atuou precisamente nessas direções.

---

[105] N. Irti, *L'età della decodificazione*. Milão, 1979; 3. ed. 1989.
[106] Para um reexame crítico das codificações em perspectiva histórica e atual, cf. a coletânea de contribuições publicadas em *Codici*, org. por P. Cappellini e B. Sordi, 2002.

39. Aspectos da nova cultura jurídica

1. *Comparação, história, sociologia do direito*

Na segunda metade do século XX, a doutrina jurídica dos diversos países europeus teve avanços importantes, também em decorrência da multiplicação das cátedras correspondendo ao grande aumento dos estudantes universitários. Só podemos nos limitar aqui a um aceno muito rápido, com o objetivo de lembrar algumas das tendências inovadoras que, muitas vezes transversais em relação às diversas áreas do direito, assinalam uma clara descontinuidade de métodos em relação à doutrina do período precedente[107].

Uma reviravolta fundamental consiste na crise do formalismo positivista, que ainda dominava a doutrina jurídica na metade do século. Os textos de direito privado, penal, público, processual, internacional – tanto na Itália como na França, na Alemanha, na Espanha e em outros lugares – naturalmente continuaram a levar em absoluta consideração o dado normativo nacional. No entanto, a doutrina dotou-se de outros instrumentos, que pouco a pouco se impuseram como essenciais para um correto enquadramento conceitual do instituto estudado em cada caso: a comparação, a história, a economia, as pesquisas estatísticas e sociologias, as perspectivas de reforma são alguns dos instrumentos que os autores de monografias utilizaram com frequência cada vez maior na análise jurídica. E o desenvolvimento impetuoso do direito comunitário, por sua vez, impôs à doutrina – primeiro para o direito da economia, depois também para o direito constitucional, administrativo, processual, penal – um enfoque diferente, baseado em vários níveis normativos.

As pesquisas sobre os direitos estrangeiros sem dúvida não faltaram anteriormente. Vimos com quanta atenção a doutrina alemã estudara no século XIX as tradições nacionais e as legislações dos diversos países, ao passo que, na primeira metade do século XX, entre outros, Edouard Lambert, na França, e Mario Rotondi, na Itália, haviam concentrado sua obra científica na comparação[108]. Mas os avanços depois da Segunda Guerra Mundial foram vigorosos. Basta mencionar o exemplo do civilista Gino Gorla que, fiel ao método tradicional em suas primeiras monografias, publicou em 1954 dois volumes sobre o contrato[109], nos quais pela primeira vez se realizava uma análise rigorosa sobre as diferenças de enfoque conceitual entre a "causa" do contrato – elaborado pelo direito comum e desenvolvido pelos códigos e pela doutrina continental – e a "*consideration*" própria do sistema de *Common law*. Gorla também dedicou pesquisas esclarecedoras[110] também à ligação inseparável entre comparação e história, ressaltando as analogias e as diferenças entre os dois sistemas de *civil law* e de *Common law*. Uma análoga abertura para a dimensão histórico-comparatista caracteriza os escritos de Mauro Cappelletti, aluno de Calamandrei e processualista civil de renome. Por sua vez,

---

[107] Para um quadro das principais correntes contemporâneas do pensamento filosófico-jurídico, ver as duas excelentes sínteses de Bruno Oppetit (1999) e de Mauro Barberis (2004), aliás de caráter bem diferente.
[108] Sobre a doutrina comparatista na Alemanha no campo do direito privado, cf. Ranieri, 2003.
[109] G. Gorla, *Il contratto, problemi fondamentali trattati con il metodo comparativo e casistico*. Milão, 1955, 2 vols.
[110] G. Gorla, *Diritto comparato e diritto comune europeo*. Milão, 1981. Sobre as doutrinas comparatistas e sobre sua relevância no âmbito do direito europeu em perspectiva histórica e atual, cf. Moccia, 2005.

Rodolfo Sacco, também ele civilista, renovou os métodos da comparação[111] e inaugurou uma próspera escola de comparatistas. Na Alemanha, foram criados alguns grandes Institutos Max Planck com o objetivo de investir recursos na pesquisa jurídica comparada: em Hamburgo, para o direito privado internacional e estrangeiro[112], em Freiburg para o direito penal[113], em Heidelberg[114] para o direito público e internacional.

História, sociologia e ciência política são consideradas instrumentos essenciais para a compreensão das características fundamentais de um ordenamento, bem como para a avaliação dos papéis do juiz [Simon, 1975] e do advogado [Malatesta, 2006]. Um professor americano de origem eslava, Mirjam Damaska[115], considerou oportuno identificar dois modelos de processo que refletem dois modelos de Estado e de poder: um centralizado e voltado para a obtenção de finalidades comuns (entre os quais o *welfare* como justiça social), o outro individualista e liberalista; o primeiro europeu-continental, o segundo anglo-americano. Também a organização judiciária, o poder dos juízes, as regras processuais, o mecanismo das provas, o papel dos advogados seriam uma expressão coerente dos dois modelos.

A dimensão histórica do direito já está presente em muitas pesquisas de direito positivo. O desenvolvimento incessante e trabalhoso da legislação obriga a um enfoque diacrônico, sem o qual o próprio direito vigente se torna incompreensível.

Quanto às pesquisas propriamente histórico-jurídicas, por volta da metade do século XX se impôs na Itália a atenção para o fenômeno grandioso do direito comum clássico. A obra de Francesco Calasso (1903-1963), professor em Catânia, Florença e Roma, deu um impulso decisivo para essa linha de investigações, através de pesquisas sobre o direito público e privado dos glosadores[116], em uma visão da Idade Média que põe o direito no centro de um processo de evolução e de transformação da civilização[117], com base no patrimônio cultural antigo e nos ideais cristãos. Pesquisas continuadas por alunos diretos e indiretos do mestre. Também fora da Itália o direito comum motivou as pesquisas de estudiosos de renome, entre os quais deve-se lembrar no mínimo Eduard M. Meijers (1880-1954), um dos juristas mais significativos da Holanda do século, que redescobriu a escola de Orléans e é autor de pesquisas históricas inovadoras em vários campos do direito[118]. Para o direito canônico da época clássica são fundamentais as pesquisas de Stephan Kuttner (1907-1996), inspirador de um denso grupo de pesquisadores europeus e americanos. Entre os romanistas, a obra de Franz Wieacker (1908-1994) estendeu-se do direito antigo à história do direito privado europeu[119]. Mas os nomes significativos são bem mais numerosos. Em anos recentes, na Alemanha, na Itália e em outros lugares, as pesquisas voltaram-se sobretudo para o direito da época moderna e contemporânea, antes um pouco negligenciada pelos historiadores do direito. E um específico Instituto Max Planck, fundado em 1964 por Helmut Coing (1912-2000) em Frankfurt am Main[120], criou uma estrutura de pesquisa, única no seu gênero, voltada ao estudo de toda a tradição do direito europeu[121].

---

[111] R. Sacco, *Introduzione al diritto comparato*, 5. ed., Turim, 1992.
[112] www.mpipriv.de.
[113] www.mpg.de/institutProjekteEinrichtungen/institutsauswahl/strafrecht/index.html.
[114] www.mpil.de.
[115] M. Damaska, *The Faces of Justice and State Authority* (1986), trad. it. *I volti della giustizia e del potere*. Bolonha, 1991.
[116] F. Calasso, *I Glossatori e la teoria della sovranità*, 3. ed. Milão, 1957; id., *Il negozio giuridico*. Milão, 1959; id., *Gli ordinamenti giuridici del Rinascimento medievale*. Milão, 1954.
[117] F. Calasso, *Medioevo del diritto*. Milão, 1954.
[118] E. M. Meijers, *Études d'histoire du droit*, tomos I-IV, org. por R. Feenstra, Leiden, 1956-1966; id., *Le droit ligurien de succession en Europe occidentale*, Leiden, 1928; *Études d'histoire du droit international privé*, Paris, 1967.
[119] F. Wieacker, *Privatrechtsgeschichte der Neuzeit*, 2. ed., Göttingen, 1967; trad. it., *Storia del diritto privato moderno*. Milão, 1980.
[120] www.mpier.uni-frankfurt.de/.
[121] Ver o *site* do Instituto Max Planck de Frankfurt, citado na nota anterior, com o catálogo *on-line* da esplêndida biblioteca, repleta de todas as fontes fundamentais e da literatura secundária sobre a história do direito na Europa.

A sociologia do direito, por sua vez, teve desenvolvimentos importantes na segunda metade do século XX, promovidos na Itália por Renato Treves (1907-1993)[122]. As pesquisas empíricas se multiplicaram: sobre a justiça, a criminalidade, a família, as sociedades comerciais, os processos administrativos. Os aspectos teóricos – muitas vezes na esteira do pensamento de Max Weber, mas também partindo de diversas bases conceituais – foram cultivados por estudiosos como Niklas Luhmann (1927-1998)[123], autor de uma complexa teorização do direito como "subsistema social" dotado de autonomia, fundamentado na autoconvicção dos destinatários de que as prescrições normativas e judiciárias são objetivamente justas. Na França, Jean Carbonnier (1908-2003), professor de direito civil em Paris, foi o precursor de uma abertura para a dimensão sociológica[124] que se realizou com a verificação empírica, também através de sondagens efetuadas com uma metodologia rigorosa, das expectativas e das escolhas da sociedade civil em relação a reformas; algumas leis correspondentes a essas expectativas foram inspiradas por ele, como por exemplo as referentes ao divórcio consensual e quanto aos direitos sucessórios do cônjuge.

2. Filosofias e teorias do direito

O positivismo constituiu, também na segunda metade do século XX, a corrente dominante do pensamento jurídico. O enfoque qualificável como "idealista" [Oppetit, 1999] – que de diferentes maneiras liga a essência do fenômeno jurídico a uma ordem de ideias e de valores externa e superior às leis em vigor – cedeu cada vez mais espaço para o enfoque "positivista", que concebe o direito como um fenômeno ancorado em normas efetivamente existentes e verificáveis na realidade. No âmbito deste segundo enfoque, as correntes do "normativismo" positivista enfatizam a lei, um sistema com diferentes estruturas de normas, que consistem em comandos vinculados a mecanismos de sanção que os tornam coercitivos (é o caso de Kelsen: do direito como "dever-ser"); as correntes do "realismo" positivista, ao contrário, fazem referência à eficácia das regras de fato observadas e aplicadas com base nas decisões jurisprudenciais (é o caso, de distintas maneiras, do realismo estadunidense e escandinavo: o direito como "ser"). Também a sociologia do direito, muito desenvolvida na segunda metade do século, estuda o direito na sua realidade efetiva e empírica, à luz de chaves conceituais de diferentes naturezas.

Na segunda metade do século XX algumas correntes do pensamento jurídico dos Estados Unidos assumiram um papel fundamental. A característica comum de muitas dessas tendências pode ser considerada a superação, na análise dos temas e dos textos de direito, da perspectiva estritamente técnico-jurídica em favor de uma abordagem interdisciplinar. Foram investigadas sobretudo as ligações do direito com outros campos da cultura e do conhecimento: as ligações entre direito e economia (análise econômica do direito), entre direito e estrutura social com relação aos direitos femininos ("gender and law"), entre direito e interesses político-econômicos ("critical legal studies"), entre direito e literatura ("law and literature"), entre direito e moral nas profissões jurídicas ("legal ethics"), entre direito e ecologia. Esses diversos campos de pesquisa agora são cultivados também deste lado do Atlântico, com uma intensidade que se explica apenas em parte pelo papel global e pelo enorme peso internacional da grande democracia americana.

As pesquisas que daí derivaram estão separadas do vínculo direto com o direito positivo, de modo que podem estender-se à análise de contextos diferentes do estadunidense originário. Na verdade, as *Law Schools* mais celebradas – em especial Harvard, Yale, Stanford, Chicago, Columbia, Berkeley, Michigan, Virginia e algumas outras – já conquistaram, no nível

---

[122] R. Treves, *Introduzione alla sociologia del diritto*, 2. ed., Turim, 1980.
[123] N. Luhmann, *Rechtssoziologie*, 3. ed., Opladen, 1983; trad. it. *Sociologia del diritto*, Bari, 1977.
[124] J. Carbonnier, *Essai sur le besoin createur de droit*, Paris, 1969; id., *La famille*, 16. ed., Paris, 1993; id., *Flexible droit. Textes pour une sociologie du droit sans rigueur*, Paris, 1971.

didático mas sobretudo no nível científico e acadêmico, uma primazia internacional não muito diferente daquela de que desfrutaram as universidades alemãs do século XIX. Assim, uma menção a algumas dessas doutrinas é necessária até para quem estuda o direito europeu na segunda metade do século XX.

2.1. O realismo jurídico

Uma linha de pensamento qualificável como "realismo jurídico" teve importantes avanços tanto nos Estados Unidos como na Europa, especialmente nos países escandinavos. Na Suécia, o iniciador foi Axel Hägerström (1868-1939), para quem mesmo no mundo do direito a única realidade cognoscível é a realidade empírica, a realidade dos fatos. Karl Olivecrona (1897-1980), o expoente mais famoso da escola, dá à sua obra principal precisamente o título de "fato"[125]. A obrigatoriedade de uma norma também não pode ser atribuída nem a sua origem ética, nem à vontade do Estado, mas ao fato de que ela é concretamente observada e obedecida. O direito pode ser qualificado como "a regra da força", na medida em que a presença da sanção não é um simples fortalecimento da norma, mas constitui a essência da sua juridicidade [Barberis, 2004, p. 120]. Por sua vez, para o jurista sueco as regras de comportamento que evidenciam a força vinculante das normas jurídicas dependem apenas em parte da existência de sanções: na verdade, o que as torna vinculantes é uma "predisposição subjetiva à obediência", um elemento psicológico objetivamente encontrável na realidade [Castignone, 1998, p. 107], sem o qual a efetiva vinculatividade da norma desapareceria. Para Vilhelm Lundstedt (1882-1955) até os direitos e as obrigações jurídicas não existem como tais e, portanto, não podem constituir objeto de ciência (um de seus livros intitula-se *A não cientificidade da ciência jurídica*), na medida em que os direitos são simplesmente posições de vantagem protegidas pelo Estado através da organização judiciária [Fassò, 2001-2002, III, p. 290].

O dinamarquês Alf Ross (1899-1979) também se insere nessa corrente realista, que vincula a validade à real observância das normas, com o acréscimo importante do peso exercido pela expectativa, para os indivíduos, daquilo que os juízes decidirão[126]. Mas, para Ross, a decisão do juiz também é influenciada por seus valores subjetivos e por sua ideologia sobre a justiça, ao passo que a tarefa da doutrina, na perspectiva do positivismo jurídico, deveria ser a de prever o comportamento futuro dos juízes, com base na correspondência de suas linhas jurisprudenciais e dos possíveis desvios futuros de tais linhas [Barberis, 2004, p. 121].

A relevância do elemento subjetivo – a adequação dos indivíduos ao direito positivo, que reside essencialmente na jurisprudência – distingue o realismo de origem escandinava do estadunidense de autores como Holmes, Cardozo, Pound, já mencionados. Jerome Frank (1889-1957)[127], integrante da Comissão da Bolsa Americana e depois juiz federal, colocou as decisões dos juízes no centro da realidade do direito, ressaltando, além disso, que toda pretensão de atribuir as decisões (e portanto o direito) à averiguação e à qualificação "objetiva" dos fatos e das normas revela-se ilusória: os "fatos" postos como fundamento das decisões judiciais são muitas vezes discutíveis, com base em testemunhos inevitavelmente discordantes, como oscilantes e incertas são as próprias regras legais, cuja interpretação depende em certa medida da ideologia dos juízes [Castignone, 1998, p. 111].

2.2. Hart, Dworkin

O inglês Herbert Hart (1907-1992), professor em Oxford, aplicou ao direito os critérios lógicos da análise da linguagem, adotando algumas teses do moderno jusnaturalismo e outras

---

[125] K. Olivecrona, *Il diritto come fatto* (1939), nova ed. 1971.
[126] A. Ross, *Diritto e giustizia* (1953), Turim, 1965, p. 70: se existe a razoável expectativa "de que uma norma será tomada como base para as decisões dos tribunais do país, então a norma nacional é válida" [Castignone, 1998, p. 113].
[127] J. Frank, *Law and the Modern Mind*, Londres, 1949.

teses desenvolvidas pela escola do realismo jurídico[128]. Ele distinguiu duas categorias de normas: as normas primárias, que impõem obrigações, e as normas secundárias, que atribuem competências e poderes; uma distinção que não é nova (é encontrada, por exemplo, em Jhering) e é reapresentada, quanto às normas secundárias, com referência às normas que atribuem e regulamentam o exercício dos poderes jurídicos. Na relação entre essas categorias está a chave da compreensão do direito. Mas, para Hart, o reconhecimento das normas efetivamente válidas pressupõe a presença de uma outra "norma de reconhecimento" que, quase sempre de maneira implícita, permite identificá-las. Sob um certo aspecto esse enfoque aproximou-se daquele dos juristas escandinavos por estar ligado à aceitação de fato das normas jurídicas (*legal rules*), mas é proposto com base em alguns instrumentos da filosofia analítica.

O enfoque positivista e realista de Hart – que separa direito e moral, considerando essenciais para o direito as características formais a que nos referimos – está ligado à convicção de que, para determinar a validade das normas, deve haver alguns requisitos "mínimos" de proteção das pessoas e das coisas, sem os quais um ordenamento jurídico não teria condições de sobreviver, requisitos que se identificam com preceitos éticos, como a autoconservação e a proteção da propriedade.

Quanto à teoria da interpretação, Hart discute as posições contrapostas dos "formalistas" (para os quais a cada norma deve ser atribuído um único significado, que o intérprete deve "descobrir") e dos "céticos" (que atribuem ao intérprete a função de "inventar" o significado da norma, por si só polivalente). Para Hart, ao contrário, existe em cada norma um núcleo certo e unívoco, mas também um halo periférico no qual reina a "penumbra", que o intérprete pode dissipar com os instrumentos da análise da linguagem[129]; ainda que mais tarde o próprio Hart tenha questionado essa teoria "mista"[130].

Segue a linha antipositivista a obra do americano Ronald Dworkin[131], professor em Yale e depois em Oxford, onde sucedeu Herbert Hart. Ao negar aos juízes o poder de criar o direito quando falta a regra legal ou o precedente jurisprudencial, Dworkin afirmou que a tarefa do juiz é aplicar ao caso judiciário um ou vários princípios (*principles*) que têm natureza essencialmente ética e que, como tais, são sempre subjacentes às regras legais e constituem seu autêntico substrato legitimador[132].

2.3. *Teorias da justiça: Rawls*

O americano John Rawls (1921-2002) dedicou à justiça uma obra importante e amplamente discutida[133]. Na tentativa de estabelecer uma linha de caracterização da justiça social que deixe um espaço adequado para a liberdade individual, ele imaginou que a escolha de um indivíduo que hipoteticamente não tenha noção da própria condição social deveria ser orientada a privilegiar uma normativa ou uma decisão que deixe ao outro o máximo de liberdade compatível com a própria liberdade: um enfoque que remete à tese expressa por Kant na sua definição da liberdade. Esse parâmetro, que seria espontaneamente preferido pelo indivíduo

---

[128] H. Hart, *The Concept of Law*, Londres, 1961; trad. it., *Il concetto di diritto*, Turim, 1965.

[129] Hart, *Il concetto di diritto*, cap. VII. O exemplo apresentado por ele refere-se à norma que proíbe a entrada de veículos em um parque. É certo que a norma abrange os automóveis, mas não é claro que inclui também as bicicletas. Aqui intervém o intérprete.

[130] Em relação ao exemplo citado na nota anterior, o próprio Hart observa que é preciso levar em conta a finalidade da norma, não simplesmente a análise linguística: uma ambulância certamente é um veículo, mas sua entrada no parque pode ser considerada legítima.

[131] R. Dworkin, *Taking Rights Seriously*, Cambridge (Mass.), 1977; trad. it. *I diritti presi sul serio*. Bolonha, 1982. [Ed. bras.: *Levando os direitos a sério*, São Paulo, Martins Fontes, 2007. N. da T.]

[132] "As várias tendências da abordagem profissional da jurisprudência fracassaram [porque] ignoram o fato crucial de que os problemas jurídicos são fundamentalmente problemas de princípios morais e não fatos técnicos ou de estratégia" (Dworkin, *I diritti presi sul serio*, p. 69).

[133] A justiça como "equidade" (*fairness*) pode ser definida a partir de uma situação puramente hipotética de igualdade entre os sujeitos, na qual nenhum conhece a verdadeira posição na sociedade, de modo que se permite uma "simetria" nas respectivas posições (J. Rawls, *Una teoria della giustizia*; trad. it. Milão, 1982, p. 221).

inconsciente para evitar o risco de se ver indefeso, deveria inspirar também a legislação nas intervenções redistributivas, cada vez mais numerosas e frequentes no mundo contemporâneo, destinadas a obter resultados conformes à equidade: uma desigualdade só é justa se também beneficia o menos privilegiado (o princípio do *maximin*). Há aqui a tentativa de oferecer um critério objetivo e geral de justiça.

Radicalmente libertária é a posição assumida por Robert Nozick (1938-2002), que concebe os direitos individuais como instrumentos destinados essencialmente à defesa contra qualquer interferência alheia ("rights against interference"); ele teoriza a necessidade de um "Estado mínimo" para proteger essa defesa, negando ao contrário toda legitimação a regras destinadas à redistribuição de bens e direitos que se supõe possuídos a justo título[134], na medida em que a sorte atribuiu a cada indivíduo uma condição que não deve ser alterada à força (ele fala de "loteria distributiva").

2.4. Hermenêutica, análise da linguagem, teorias da argumentação

Algumas linhas das recentes teorias filosófico-jurídicas têm em comum o aprofundamento dos métodos e das finalidades próprios do pensamento jurídico.

A relevância indiscutível do "texto" – tanto legislativo como judicial – no trabalho do jurista teórico e prático explica o interesse que as teorias sobre a hermenêutica apresentam para a reflexão sobre o direito. As teses do filósofo Hans Georg Gadamer (1900-2001)[135] afirmam que a interpretação de um texto constitui um processo no qual a direção da análise hermenêutica é em alguma medida traçada já em uma fase inicial de "pré-compreensão" do próprio texto, em que desempenham um papel as convicções do intérprete e o contexto em que ele atua; e enfatizam a "circularidade" do processo interpretativo, pela qual o sentido de uma de suas partes é o resultado da relação entre o texto específico e o contexto em que ele está inserido.

A natureza criativa e não simplesmente recognitiva do raciocínio do juiz foi enfatizada por Josef Esser (1910-1999), que adotou algumas teses do realismo jurídico americano, enxertando-as, porém, no tronco da hermenêutica [Barberis, 2004, p. 65]: ao interpretar a norma para aplicá-la ao caso concreto, o juiz não apenas pode mas deve inspirar-se nas solicitações (aliás não raro conflitantes) do seu tempo e do contexto em que atua, de maneira que aplique a norma positiva de forma dirigida, mas ao mesmo tempo racionalmente argumentada[136].

As teorias analíticas do direito também possuem uma base filosófica ancorada nas teorias do positivismo lógico. Na Itália, foi Norberto Bobbio (1909-2004) o primeiro a abordar a temática da análise da linguagem jurídica, em um ensaio de 1950 no qual pretendeu identificar um papel científico da doutrina, a ser obtido através dos instrumentos de uma rigorosa análise do discurso do legislador[137]; um enfoque mais tarde enriquecido e em parte corrigido através do reconhecimento do caráter não meramente descritivo, e sim também inevitavelmente prescritivo da doutrina jurídica[138]. Uberto Scarpelli (1924-1993) desenvolveu a distinção entre o significado descritivo e o significado prescritivo do discurso jurídico, entre as proposições cognoscitivas e as normativas, negando as estas últimas a possibilidade de ser avaliadas com o metro da verdade ou da falsidade, na medida em que elas são o fruto de escolhas de natureza ética, em sentido amplo, e não de demonstrações que possam ambicionar ao critério da cientificidade[139].

---

[134] "O Estado não pode usar o próprio aparelho coercitivo com o objetivo de fazer com que alguns cidadãos ajudem outros": R. Nozick, *Anarchia, Stato e Utopia* (1974); trad. it., Florença, 1981, pp. XIII, 159-94.
[135] H. G. Gadamer, *Wahrheit und Methode* (1960); trad. it., *Verità e metodo*. Milão, 1983.
[136] J. Esser, *Precomprensione e scelta del metodo nel processo di individuazione del diritto* (1970). Nápoles, 1983.
[137] N. Bobbio, Scienza del diritto e analisi del linguaggio (1950), in id., *Contributi a un dizionario giuridico*, Turim, 1994.
[138] N. Bobbio, Essere e dover essere nella scienza del diritto (1967), in id., *Studi per una teoria generale del diritto*, Turim, 1970.
[139] U. Scarpelli, *L'etica senza verità*. Bolonha, 1982.

Em contrapartida, há entre os teóricos do direito quem concentrou a atenção na dimensão dialética do raciocínio jurídico. O belga (de origem polonesa) Chaïm Perelman (1912--1984) aprofundou a antiga temática da teoria da argumentação e da arte da persuasão[140] – que tem precedentes fundamentais em Aristóteles, na filosofia estoica, nas obras medievais e modernas sobre os "lugares-comuns" – para evidenciar como no processo e mais em geral no raciocínio jurídico é errado pressupor uma lógica de tipo silogístico, baseada em argumentações irrefutáveis. Ao contrário, o que vale é a dialética dos argumentos, o "peso" – não por acaso a imagem da balança acompanha desde sempre a representação personalizada da justiça – que cada um deles possui em si e que pode ser exaltado ou diminuído em virtude da capacidade de persuasão do advogado.

3. *Análise econômica do direito*

As ligações entre o direito e economia estão no centro de uma nova linha de pesquisa conhecida como "análise econômica do direito". Desenvolvida nos Estados Unidos a partir dos anos 1970, por influência de alguns juristas pertencentes sobretudo às Escolas de Chicago e de Yale[141], essa tendência doutrinal investigou sistematicamente as consequências econômicas da disciplina de cada instituto; ou seja, avaliou quais efeitos uma determinada regra jurídica – por exemplo referente à concorrência, à propriedade, às sociedades anônimas, ao processo civil, ou ao direito penal ou público – pode produzir no campo da economia, influenciando assim também o campo do direito. Esse enfoque pode ser igualmente aplicado às normas já existentes e às possíveis reformas legislativas. Mas também é válido para avaliar o efeito de decisões jurisprudenciais. Desse modo foi possível não apenas avaliar o impacto da lei sobre a economia privada e pública, mas também se refletiu sobre as maneiras em que uma regra está destinada a incidir na vida social concreta, orientando as escolhas dos indivíduos e dos grupos. Obviamente, essa abordagem privilegia elementos como a eficiência, a utilidade e a riqueza, que estão na origem de muitas das escolhas (ainda que não de todas) dos operadores jurídicos: no direito da economia, mas também em outros campos, do direito sucessório ao ilícito civil, dos contratos à concorrência.

A dupla premissa dessa linha de pensamento é de que os indivíduos são "maximizadores racionais" – ou seja, escolhem as soluções legais mais vantajosas para eles, com base em um cálculo de conveniência – e de que as regras jurídicas têm condições de modificar os comportamentos individuais e coletivos porque os sujeitos responderão racionalmente aos incentivos e aos desincentivos criados por vínculos externos. Nessa perspectiva, Coase e depois Posner, bem como outros expoentes da Escola, pensaram ter condições de demonstrar como o critério da maximização da riqueza foi implicitamente subjacente, ainda que não declarado, a muitas das decisões mais relevantes dos juízes de *Common law*, desde o passado não recente: ou seja, os juízes teriam favorecido as soluções que determinavam um efeito final economicamente mais vantajoso para o conjunto dos sujeitos envolvidos.

A partir do início da década de 1970, Richard Posner, professor em Chicago e depois juiz federal, aplicou sistematicamente a análise econômica – originariamente reservada a institutos jurídicos ligados ao mercado, aos preços, à concorrência – aos mais diferentes campos do direito, mostrando como os direitos de família e das sucessões, o sistema penal, o processo e qualquer outro campo do direito apresentam substratos de natureza econômica que devem ser destacados[142]. O critério da maximização da riqueza é assumido como parâmetro de avaliação não apenas da eficiência de um sistema jurídico, mas – com uma extensão sem dúvida

---

[140] Ch. Perelman, *Justice et raison*, 1963; *Droit, morale et philosophie*, 1968.
[141] O ponto de partida foram dois artigos pioneiros de 1960, escritos respectivamente pelo professor de Chicago, Ronald Coase, e pelo professor de Yale (de origem italiana), Guido Calabresi [Parisi, 2006].
[142] R. Posner, *Economic Analysis of Law*, 5. ed., Nova York, 1998.

audaciosa, não compartilhada por outros expoentes da Escola – também da sua conformidade à justiça[143]. Nesse ponto a chamada corrente "positiva" da análise econômica do direito (uma corrente atuante sobretudo em Chicago, com Posner e outros), por um lado, se diferencia do enfoque utilitarista que remonta a Bentham – que identificava como parâmetro não a riqueza e sim a utilidade: um critério que parece difícil ou impossível de medir e de comparar de forma interpessoal – e, por outro, se diferencia da chamada corrente "normativa", representada por Calabresi e pela Escola de Yale. Estes autores afirmaram que, no terreno da avaliação jurídica – quer quanto às decisões jurisprudenciais, quer quanto à normativa vigente ou futura –, um incremento de riqueza não pode ser considerado um progresso social positivo em termos de justiça se não é ao mesmo tempo ligado a outros objetivos e resultados, como a utilidade e a igualdade: na análise econômica do direito, o critério do crescimento da riqueza deve, portanto, ser combinado e complementado com o da melhor distribuição.

Ainda mais recentemente, uma terceira tendência surgida na Law School da Virginia, que se denominou "funcionalista", enfatizou as implicações econômicas e jurídicas das escolhas públicas (*public choices*), realizadas por quem representa a comunidade no seu todo, como incentivos ou desincentivos para a política do direito e como critério de avaliação das regras e das decisões jurisprudenciais. Nesse quadro, desenvolveram-se assim análises que focalizam outros fatores a ser levados em conta na compreensão e na avaliação do direito, entre os quais a relação entre lei e costume, o "mercado das regras", o federalismo, a liberdade contratual [Parisi, 2006].

4. Outras correntes e escolas

A tendência denominada "estudo crítico do direito" (*Critical legal studies*), desenvolvida sobretudo em Harvard a partir dos anos 1960, caracteriza-se por uma abordagem valorativa não convencional em relação aos conteúdos, aos valores e aos interesses implícitos nas normas e nas decisões. Especialmente com relação às decisões judiciais, estudiosos como Roberto Unger[144] enfatizaram que o dado normativo ou jurisprudencial não é por si só determinante no complexo mecanismo que leva à decisão (princípio de "indeterminação"), na medida em que esta muitas vezes nasce de motivações práticas ou ideológicas ou de poder às quais a motivação da sentença, ancorada no dado normativo ou no preceito jurisprudencial, oferece simplesmente a roupagem formal.

Richard Posner está, com outros estudiosos, na origem de algumas linhas de pesquisa, que são indicadas com a fórmula de "direito e literatura" ("Law and Literature")[145]. De fato, alguns juristas perceberam as múltiplas correlações entre o mundo do direito e o das obras literárias. Em primeiro lugar, muitas tendências e muitas exigências vivas na sociedade são expressas com evidência insuperável precisamente nos escritos literários, tanto com referência ao passado como com referência ao presente e ao futuro ("Law in Literature"): basta pensar em autores como Balzac, Dickens ou Zola, para limitar-nos apenas a três nomes entre os milhares possíveis. Em segundo lugar, as técnicas de exposição e de argumentação dos juristas não se diferenciam das técnicas da retórica, elaboradas pelos pensadores antigos e modernos ("Law as Literature") e aplicadas em textos de natureza poética e religiosa (basta pensar, por exemplo, no uso da metáfora como instrumento de expressão e de persuasão). Em terceiro lugar, as obras literárias apresentaram aos juristas e ao direito uma série de problemas específicos, enfrentados de diferentes maneiras no decorrer do tempo ("Literature in Law"), da liberdade de imprensa à difamação, do direito à privacidade aos limites das boas maneiras. Trata-se de vertentes na verdade heterogêneas[146], ligadas pelo fio comum da literatura.

---

[143] R. Posner, *The Economics of Justice*, Cambridge (Mass.)/Londres, 1983.
[144] R. M. Unger, *Critical Legal Studies Movement*, Cambridge (Mass.), 1986.
[145] R. Posner, *Law and Literature*, 2. ed., Cambridge (Mass.)/Londres, 1998.
[146] A segunda vertente diz respeito ao método jurídico, a terceira estuda as normativas civis e penais ligadas à produção literária.

Se a abordagem que qualificamos como positivista teve indubitavelmente uma predominância na segunda metade do século XX – tanto na direção normativista de Kelsen como na direção realista dos escandinavos e dos americanos –, não faltaram aqueles que, depois da Segunda Guerra Mundial, reapresentaram o enfoque jusnaturalista. Isso se explica facilmente, considerando que o positivismo jurídico incorre no risco de justificar *a priori* mesmo soluções normativas ou jurisprudenciais que contrariam o senso comum sobre a justiça, um risco que as degenerações autoritárias do século demonstraram ser bem real. Poucos anos depois da Segunda Guerra, Leo Strauss propunha de novo assim a instância fundamental do direito natural[147], como um meio de impedir, também no terreno do direito, leis e dispositivos contrários à ética.

A crítica ao próprio conceito de direito natural, já repetidamente realizada desde o século XVIII, encontrou novos apoios. Norberto Bobbio, um dos mais notáveis teóricos e historiadores do pensamento filosófico-jurídico do século XX, ressaltou acerca do conceito de "direito natural" que, de um lado, falta ao substantivo ("direito") um dos atributos fundamentais do direito, a eficácia, na medida em que suas normas não são juridicamente sancionáveis, e que, de outro lado, o adjetivo ("natural") remete a um dos termos mais polivalentes da história, porque no decorrer do tempo foram considerados conformes à "natureza" regras e costumes completamente diferentes, quando não opostos[148].

Isso não significa que o enfoque positivista – tanto no componente normativista como no do realismo jurídico – não tenha suscitado críticas ou correções. A tensão inerente ao fenômeno jurídico entre aquilo que é e aquilo que deveria ser (entre *sein* e *sollen*, para usar a rica terminologia de dois verbos alemães) certamente não se atenuou. Uma recente reflexão sobre o tema é oferecida por Jürgen Habermas[149], que expressou a ideia de que o direito não pode nem se reduzir à política (como ocorreria se se tomasse ao pé da letra o positivismo legislativo, que reconhece como "direito" apenas aquilo que formalmente é lei) nem se identificar com a moral, mas tampouco pode tornar-se autônomo desses dois polos. Após o desaparecimento, na era moderna, do critério da indisponibilidade da lei em relação aos preceitos supremos da revelação religiosa, permanece contudo a necessidade de um critério superior de legitimação do direito político, que Habermas identifica, por um lado, na "vontade da maioria" das modernas democracias quanto à lei, e, por outro, na consideração de todas as peculiaridades do caso tendo em vista a decisão quanto à jurisprudência. O direito é, portanto, em relação à moral e à política, ao mesmo tempo autônomo e vinculado em uma tensão sem a qual a "legalidade" não pode ser considerada realmente "legitimada".

5. *Novos direitos e novos sujeitos*

Um setor no qual em épocas recentes se desenvolveu a reflexão dos juristas, em estreita conexão com a evolução normativa interna e internacional, refere-se à noção e à proteção dos "direitos fundamentais". A época contemporânea foi qualificada por Norberto Bobbio, sob esse aspecto, como "a era dos direitos"[150]. E ressaltou-se que os direitos considerados merecedores de proteção expandiram-se progressivamente com o decorrer do tempo, incluindo novas categorias. Falou-se de não menos que quatro sucessivas "gerações" de direitos humanos.

Uma primeira geração é a clássica dos direitos de liberdade, explicitada na Declaração francesa de 1789: a liberdade pessoal, de expressão, de reunião, contra as arbitrariedades do

---

[147] L. Strauss, *Diritto naturale e storia* (1953).
[148] Bobbio ressaltou que, para alguns dos filósofos que trataram desse tema, o estado "natural" do homem na sociedade sem Estado é a paz (Pufendorf), para outros a guerra (Hobbes), para outros ainda a felicidade (Thomasius) ou a perfeição (Wolf) [Bobbio, 1959]. Lembramos também o que observara Pascal ao criticar o enfoque jusnaturalista.
[149] J. Habermas, *Morale, diritto, politica*, Turim, 2001.
[150] Bobbio, 1990.

poder político e de governo. São as "liberdades negativas" [Berlin, 2005], no sentido de que garantem um espaço no interior do qual o indivíduo é protegido de ingerências externas. Dessa geração conceitualmente faz parte também a igualdade jurídica de cada pessoa humana, portanto a negação das discriminações devidas a diferenças de *status*, de raça e de sexo: diferenças superadas nos fatos só em épocas muito posteriores à proclamação das liberdades.

Em anos mais recentes, os direitos da mulher constituíram o objeto de um ramo específico de elaboração doutrinal, desenvolvido particularmente nos Estados Unidos com a fórmula de "Gender and Law". Estudos e cursos universitários específicos foram dedicados aos vários aspectos do direito que diz respeito à posição da mulher: o princípio geral de igualdade e suas implicações no direito privado e no direito público, a concreta disciplina da paridade na família, no trabalho e no acesso aos empregos, os crimes de estupro e violência doméstica cuja vítima é a mulher. As pesquisas sobre a posição jurídica da mulher no passado remoto e recente são acompanhadas pela avaliação das medidas de parificação recentes e das perspectivas futuras.

Uma segunda geração de direito diz respeito à representação política dos indivíduos e de toda a população através do sufrágio universal, a proteção dos trabalhadores, os seguros sociais, a previdência, o direito de greve, o direito à saúde, conquistados no Ocidente no decorrer de cerca de um século, do final do século XIX em diante: são as "liberdades positivas" [Berlin, 2005], que garantem aos indivíduos a participação ativa nas decisões comuns e a proteção de seu bem-estar.

Uma terceira geração de direitos, que se consolidou nas últimas décadas, refere-se a um leque de condições e de aspectos da vida que merecem proteção e que muitas vezes só pode ser obtida com novos instrumentos jurídicos de natureza coletiva. São as regras para a proteção do contraente fraco diante dos potentados econômicos, através das "ações coletivas". São os direitos do indivíduo e das coletividades ao desenvolvimento da economia. São as exigências de defesa do ambiente contra os danos e os riscos de degradação irreversível causados pelo homem. É o direito à paz, ao qual voltaremos.

Uma quarta geração de direitos identificada pela doutrina recente diz respeito a uma série de "novos sujeitos" [Castignone, 1998]. Nela existe a atenção cada vez maior pelo respeito da vida humana desde a fase anterior ao nascimento. Nela estão os direitos da criança, os do portador de deficiências físicas, os do portador de deficiências mentais. E os direitos do embrião. Mas também se discutem os direitos dos indivíduos das gerações futuras, um tema ao qual se vincula a questão inquietante dos limites que devem ser postos à intervenção do homem na engenharia genética. E não é só isso: a noção dos direitos estendeu-se, graças a alguns estudiosos, também a sujeitos não humanos; afirmou-se que existem e devem ser protegidos também os "direitos dos animais" (Peter Singer, Tom Regan)[151]. E até os direitos da Terra, que alguns estudiosos consideram uma unidade biológica e viva (James Lovelock)[152].

São temas sobre os quais o debate está aberto. Nesse campo, o percurso do pensamento jurídico apenas começou.

6. *O papel dos juristas*

É natural que em uma época de transformações tão profundas também a posição do jurista na sociedade e as formas de exercício de suas funções tenham dado lugar a reflexões e a controvérsias. Um ramo específico da filosofia do direito desenvolveu-se, sobretudo nos Estados Unidos, com a denominação de "ética legal" (*Legal ethics*). Os problemas de deontologia forense impuseram-se com referência, em especial, às funções do defensor e aos limites da

---

[151] P. Singer, *Animal Liberation*, 1975; T. Regan, *The Case of Animal Rights*, 1985.
[152] J. Lovelock, *Gaia. A New Look at Life on Earth*, 1979; trad. it., *Gaia, nuove idee sull'ecologia*. Milão, 1981; id., *The Revenge of Gaia*, Santa Barbara, 2006.

defesa[153]. E foi posta novamente em discussão e criticada, com argumentações válidas[154], a tese de que o advogado é instado a se servir de todos os instrumentos legais, sem nenhuma limitação, para apoiar as razões do cliente.

A complexidade cada vez maior dos processos de produção, a multiplicação da economia dos serviços e a força de penetração das novas tecnologias (a começar pela revolução informática e telemática) levaram alguns juristas atentos a esses novos desenvolvimentos a considerar que o direito está agora perdendo a unidade de método e também a autonomia conceitual que o caracterizavam no passado. Os juristas estão se tornando "correia de transmissão" de interesses econômicos poderosos e alguns chegaram a descrever esse processo em andamento com a fórmula usada por Anthony Kronman de Yale: o "jurista perdido"[155]. Outros autores, entre os quais especialmente o civilista Natalino Irti, denunciaram um fenômeno em curso de "niilismo jurídico"[156]: hoje o direito seria uma projeção das forças superpoderosas da técnica, às quais é impossível pôr um limite. E isso tanto na formação das leis quanto na prática contratual, tanto na jurisprudência quanto na doutrina.

É indubitável que uma parte não irrelevante da produção legislativa e da prática é moldada pelas transformações da economia, pelas exigências de produzir em escala planetária, pela potência das grandes corporações que se fazem valer com feroz determinação também diante do legislador nacional ou europeu. É incontestável que existem advogados de empresa e escritórios profissionais que se sustentam com os honorários de um único grande cliente: e então pode realmente acontecer (e acontece) que o jurista "se perca". Por outro lado, isso ocorria também na Florença dos Bardi e dos Peruzzi, na Gênova dos Fieschi e dos Spinola, na Holanda da Companhia das Índias, ou na França da Companhia de Suez. O direito comercial nasceu da prática, e esta reflete, como todo costume, as tendências e as correntes dominantes da sociedade e da economia.

É igualmente incontestável que eventos epocais, a começar da revolução informática e telemática, modificaram os tempos, os fluxos de informação e os processos de decisão em todos os campos da atividade humana, e que isso exige a elaboração de novas regras. Qualquer tentativa de deter esses processos está destinada ao insucesso: como sempre, as revoluções tecnológicas – do alfabeto à imprensa, da dinamite à energia nuclear, do telégrafo ao digital – são incontroláveis. Mas nem por isso o papel do direito deixou de existir. A exigência de conciliar interesses divergentes não desapareceu. A insuficiência das tentativas de predeterminação de todos os conflitos possíveis, que tornam tão prolixos e minuciosos os esquemas contratuais do *Common law*, tornou-se evidente. E se intensificaram as intervenções de árbitros, que são juristas especializados e elitistas, para resolver esses conflitos. Mas sobretudo o entrelaçamento entre interesses e valores e a difícil relação entre valores divergentes [Luzzati, 2005] – todos presentes nas constituições, como vimos – deixam um espaço muito amplo para a intervenção ativa de um terceiro sujeito, o jurista: nas vestes de legislador, de estudioso, de juiz.

O método do operador jurídico mudou? Sim, no sentido de que os instrumentos de seu trabalho são diferentes, os gigantescos bancos de dados acessíveis a todos obrigam-no a tomar caminhos novos, as técnicas redacionais dos contratos mudaram, as estratégias de interpretação são bem mais argutas e flexíveis em relação às teses muito simples da época das codificações. Mas não existe automatismo em seu procedimento, e isso permite uma margem de autonomia até mesmo em relação a interesses fortes. Sem falar dos setores – do direito penal ao direito de família – em que o conflito entre ideologias e entre enfoques doutrinais e normati-

---

[153] *Officium advocati*, 2000.
[154] W. H. Simon, *The Practice of Justice. A Theory of Lawyers' Ethics*, Cambridge (Mass.)/Londres, 1998.
[155] A. T. Kronman, *The Lost Lawyer. Failing Ideas of the Legal Profession*, Cambridge (Mass.)/Londres, 1993.
[156] N. Irti, *Nichilismo giuridico*, Roma/Bari, 2004, pp. 5-17. "Tudo o que garantia verdade e unidade do direito já desapareceu. [...] Restam agora apenas a incessante produção e consumo de normas. [...] A comunidade, capaz de reunir o direito em coerência e unidade, não existe mais. [...] O mercado global, despojando o homem de qualquer identidade e reduzindo-o a função da produção e do comércio, não gera nenhuma comunidade" (pp. 8; 16-7).

vos é hoje muito profundo e obriga o jurista, juiz ou advogado, a fazer escolhas profissionais e éticas muitas vezes difíceis, mas ainda assim escolhas.

A formação do jurista do futuro não poderá deixar de levar em conta a revolução tecnológica e a multiplicação dos níveis normativos, que tem um precedente histórico no direito comum. Mas a essência de seu trabalho, que reside na conciliação dos interesses e dos valores obtida no respeito da legalidade, em nossa opinião, não mudará no futuro.

O mundo de amanhã também terá muita necessidade de juristas cultos, independentes e responsáveis.

40. O direito da União Europeia

1. *Origem*

Na segunda metade do século XX desenvolveu-se na Europa um processo de união econômica e política que constitui o elemento mais significativo da história recente do nosso continente. Esse processo, que ainda está em curso, realizou-se em grande medida com os instrumentos do direito: tanto com instrumentos tradicionais como com instrumentos originais e com novas regras.

A União Europeia tem raízes antigas do ponto de vista ideal e conceptual, a algumas das quais já tivemos ocasião de nos referir anteriormente. A ideia de uma entidade superior em relação aos reinos e aos Estados encontra-se, com referência ao Império, nos juristas do final da Idade Média e no pensamento de Dante. A ideia de uma confederação europeia é enunciada várias vezes: já no século XVI com os projetos políticos do rei da França, Henrique IV, e no século XVIII na obra de Bernardin de Saint Pierre. O ideal da "paz perpétua", a ser realizado com a superação da soberania dos Estados, foi expressa com admirável lucidez por Immanuel Kant em 1784 e 1795.

O modelo da Federação americana, iniciado na Filadélfia em 1787, repetidamente atraiu a atenção de quem, na Europa, imaginava um caminho capaz de superar os antagonismos e as guerras entre Estados: entre outros, com particular eficácia, o escritor Victor Hugo[157] [F. Wilhelm, 2000]. No século XIX, alguns dos protagonistas do *Risorgimento* italiano tiveram claro o objetivo da união política da Europa, que um dia coroaria o processo de unificação nacional: basta recordar o pensamento federalista de Carlo Cattaneo[158] que previu a formação dos Estados Unidos da Europa e a obra de Giuseppe Mazzini que fundou, ao lado da Jovem Itália, também a Jovem Europa.

Ainda no século XIX as relações internacionais se desenvolveram por muito tempo através de instrumentos de cooperação que por alguns aspectos se aproximavam do modelo de uma confederação de Estados. A Santa Aliança atuou nesse contexto de 1815 até 1848. E mais tarde, no fim do século, o "concerto" das grandes potências – todas europeias: Inglaterra, França, Alemanha, Império Habsburgo, Itália, Rússia – sugeriu precisamente a imagem de uma confederação de Estados em formação, com regras de conciliação que funcionaram apenas quando o acordo entre os governos era unânime[159]. A deflagração da Primeira Guerra Mundial e os acontecimentos sucessivos mostraram claramente a imensa desarmonia do "concerto" e sua fragilidade.

Entre as duas guerras, a tentativa mais ambiciosa de criar uma nova ordem internacional foi a da Sociedade das Nações, já mencionada. Não faltaram as tentativas de acordos interestatais na Europa – um importante projeto político de união foi apresentado pelo político

---

[157] Desde 1849 Hugo vaticinava os Estados Unidos da Europa: www.lettres.net/hugo/texte03.htm.
[158] Bobbio 1971, p. 32; S. Fontana, http://www.altronovecento.quipo.it/, n. 6 (2003).
[159] Como Luigi Einaudi lucidamente observou desde 1897: L. Einaudi, Gli Stati Uniti d'Europa, in Id., *Il Buongoverno*, Bari, 1955, p. 601 (*La Stampa*, 20 de agosto de 1897).

francês Aristide Briand em 1930[160] –, e houve iniciativas de mobilização da opinião pública, com a criação de movimentos destinados à união política do continente, como o promovido por Coudenhove-Kalergi. Até alguns expoentes antifascistas, entre os quais Carlo Rosselli (1899-1937), preconizaram a união do continente com uma base federal, que deveria ter acompanhado a almejada derrota dos regimes autoritários da Itália, Alemanha e Espanha. Outras vozes se levantaram em prol de uma ideia que circulava havia séculos, agora reavivada pela tragédia da Primeira Guerra: a ideia de uma federação europeia. Em 1932, o maior intelectual italiano do século XX, Benedetto Croce (1866-1952) – historiador, filósofo, estudioso de literatura –, encerrava a sua *Storia d'Europa* com uma bela página que invocava a união do continente.

Nosso continente teria sido unido se o programa de domínio hitlerista se tivesse realizado: teria nascido uma união imposta, realizada com a força das armas por parte do Estado nacional mais forte, contra a identidade e contra a vontade dos povos dominados, em formas e com ideologias bem mais totalitárias em relação às tentativas de unificações da época napoleônica. Em 1940 chegou-se muito perto desse resultado. Mas ele não foi alcançado.

Nos anos da Segunda Guerra Mundial surgiu o primeiro projeto coerente de uma futura federação europeia. Ele foi formulado com rigor conceptual no Manifesto de Ventotene de 1941, redigido por Altiero Spinelli com a colaboração de Ernesto Rossi e de Eugenio Colorni[161]. Spinelli, condenado muito jovem por antifascismo, amadurecera na prisão e depois no exílio uma crítica ao comunismo marxista que desembocara em uma visão coerente do federalismo político[162]. O núcleo central do raciocínio do Manifesto consiste na análise das causas que haviam levado a Europa a uma crônica instabilidade continuamente pontuada por guerras entre Estados, até a tragédia das duas guerras mundiais desencadeadas por responsabilidade da Europa num período de trinta anos.

A causa principal era atribuída à estrutura do Estado moderno como "soberano", ou seja, na concepção de que todo Estado pode dispor com total autonomia de um exército próprio capaz de levar a termo a guerra contra outros Estados. Nesse caso, o sistema das relações internacionais e a razão de Estado implicam que, sempre que se vislumbra, com ou sem razão, a exigência de defender ou de ampliar o território do Estado, se recai naquela "continuação da política com outros meios" que é a guerra, segundo a célebre definição do general alemão Von Clausewitz[163]. Mesmo os períodos em que não há guerra devem ser considerados simples períodos de trégua, não de verdadeira paz. A solução estrutural para esse estado de coisas é, portanto, uma só: transferir a soberania para um nível superior ao dos Estados, como haviam feito em sua época as colônias americanas, de tal modo que a guerra entre Estados se torne estruturalmente impossível. Isso implica, numa era em que a soberania reside no povo através das instituições representativas das modernas democracias, a criação dos Estados Unidos da Europa na forma pacífica e consensual da federação entre Estados.

Nos anos imediatamente sucessivos à conclusão da Segunda Guerra Mundial um conjunto de elementos atuou sinergicamente em favor da integração política europeia: o perigo do domínio soviético, que dividira a Europa em dois com a "cortina de ferro"; a dimensão europeia do Plano Marshall para a reconstrução e para o renascimento do continente arrasado pela guerra, que em 1948 levou à criação da Organização Europeia de Cooperação Econômica (OECE) da qual participavam 17 países europeus; a presença de movimentos federalistas ativos e organizados, o primeiro dos quais fundado por Spinelli em 1943. O próprio protago-

---

[160] Texto em http://hypo.ge.ch/www/cliotexte//html/europe.union.1930.html. Cf. também o *site* http://ellopos.net/politics/leger-memorandum.htm. O memorando de Aristide Briand sobre a União Europeia foi preparado em 1930 por seu chefe de gabinete, o diplomata Alexis Léger (1887-1975), que mais tarde se tornará famoso como poeta, com o nome de Saint-John Perse.

[161] A. Spinelli e E. Rossi, *Il Manifesto di Ventotene* (19141). Milão, 2006.

[162] É interessante notar que nessa evolução intelectual tiveram um peso notável as ideias dos federalistas ingleses, desde Seeley a Lothian e Robbins, que Spinelli e Rossi conheceram na prisão sob indicação de Luigi Einaudi.

[163] K. von Clausewitz, *Della guerra* (1830), I.11. Turim, 2000.

nista da resistência a Hitler, Winston Churchill, em um discurso realizado em Zurique em setembro de 1946, proclamou a necessidade de um dia chegar à união federal europeia. São teses que foram debatidas no Congresso de Haia de 1948, no qual os diversos expoentes do europeísmo político se confrontaram sobre as perspectivas futuras.

A reviravolta que levou o projeto do mundo das ideias para o da realidade efetiva ocorreu em 1950, quando o ministro francês Robert Schumann propôs que a gestão do carvão e do aço fosse confiada a uma autoridade supranacional, independente da França e da Alemanha, para evitar no futuro os conflitos de interesse econômico e político que haviam estado entre as causas fundamentais das guerras de 1870, de 1914 e de 1945. A ideia fundamental viera de um outro francês, Jean Monnet (1888-1979), já ativo intermediário entre os governos da França, Inglaterra e Estados Unidos entre as duas guerras e no decorrer da Segunda Guerra, com o objetivo de promover no plano militar e político uma cooperação tão estreita a ponto de prefigurar (e se pensou nisso diretamente) até uma união entre os parlamentares nacionais da França e da Inglaterra para fazer frente à ameaça hitlerista.

Monnet estava convencido de que só se chegaria à federação europeia por um processo gradual capaz de criar modelos de união centrados em objetivos concretos individuais[164]: um processo que conjugasse os interesses e os ideais, para fortalecê-los reciprocamente também no plano político. O chanceler alemão Konrad Adenauer, por sua vez, estava decidido a encaminhar o seu país, após a tragédia da guerra e da destruição, para uma organização europeia de estrutura federal; e apoiou decididamente o projeto Schumann. Surgiu assim a Comunidade Europeia do Carvão e do Aço (CECA), aprovada com o tratado de 8 de abril de 1951[165] ao qual logo aderiram, ao lado da França e da Alemanha, também Itália, Bélgica, Países Baixos e Luxemburgo: nascia a Europa dos Seis.

O que caracteriza a CECA não é apenas o objetivo econômico e político da gestão comum do carvão e do aço. É sobretudo a forma, o instrumento jurídico-institucional como se desejou e se levou a termo esse objetivo: na forma prevista pelo tratado institutivo, a Alta Autoridade – encarregada de assumir as decisões necessárias à política comum para o carvão e para o aço – é nomeada pelos governos nacionais, mas atua de modo totalmente independente destes. As decisões de maior importância para o desempenho das tarefas fixadas pelo tratado exigem o parecer conforme de um Conselho composto dos ministros nacionais. Uma Assembleia, composta dos representantes para isso designados pelos parlamentares nacionais entre os próprios membros, desempenha funções de controle. As controvérsias ligadas à matéria do tratado são decididas por um Tribunal de justiça composto de juízes que cada um dos Estados designa.

Nesse meio-tempo, a situação internacional e o risco iminente de domínio representado pelo Império soviético obrigavam a incluir a República Federal Alemã na organização da defesa euro-americana (em 1949 fora criada a Otan). Foi então que nasceu na França, por iniciativa do primeiro-ministro René Pleven, a ideia de criar uma defesa europeia, que permitisse o rearmamento da Alemanha Ocidental, a ser realizado porém dentro de uma estrutura militar e política não mais nacional e sim comum. Apresentado em 1950, o projeto de uma "Comunidade Europeia de Defesa" (CED) traduziu-se em 1952[166] em um tratado que incluía, no art. 38, o mandato conferido a uma futura assembleia parlamentar europeia de elaborar um projeto "com estrutura federativa ou confederativa" para os países europeus da CED. A iniciativa política que levou os governos dos outros cinco países filiados à CECA – a começar pelos da França e da Alemanha – a convergir para esse ponto central partira do primeiro-mi-

---

[164] Declaração Schumann de 9 de maio de 1950, cujo inspirador foi Monnet: J. Monnet, *Mémoires*, Paris, 1976, pp. 373-92.

[165] O texto dos tratados europeus de 1951 a 2000 pode ser consultado no *site*: http://eur-lex.europa.eu/fr/treaties/index.htm [Também disponível em português: http://eur-lex.europa.eu/pt/treaties/index.htm. N. dos T.]

[166] Tratado institutivo da Comunidade Europeia de Defesa (27 de maio de 1952), in *Relazioni internazionali. Settimanale di politica estera*, 18 (1954), n. 27, 3 jul. 1954, pp. 768-80.

nistro italiano Alcide De Gasperi, antifascista e europeísta convicto, por incentivo de Altiero Spinelli. A incumbência de redigir o projeto foi confiada à Assembleia parlamentar da CECA, completada com outros componentes: a Assembleia *ad hoc*, presidida pelo ministro belga Paul-Henri Spaak, também ele federalista convicto[167].

Para a futura comunidade política europeia – com competências que incluíam as da CECA, as da defesa e da política externa, em perspectiva também da união econômica – o projeto previa um Parlamento bicameral com uma Câmara eleita por sufrágio universal e um Senado eleito por parlamentares nacionais, titular do poder legislativo para as matérias de competência comunitária; um Conselho executivo com um presidente eleito pelo Senado e titular do poder de governo juntamente com o Conselho de ministros; um Tribunal de justiça. Para a entrada em vigor do projeto, aprovado pelo governo dos Seis Países da CECA (a Inglaterra se recusara a aderir), exigia-se a ratificação dos seis parlamentos nacionais. Mas em 30 de agosto de 1954 a Assembleia nacional francesa rejeitou o projeto, com poucos votos de diferença. Caiu assim, a um passo da meta, a tentativa mais ambiciosa de união europeia com base federal que até então chegara a ser esboçada.

2. *A formação da Comunidade Europeia*

O fracasso da Comunidade Europeia de Defesa foi visto como uma derrota até mesmo por quem era contrário a ela. E uma forte reação se manifestou em pouco tempo, com a iniciativa de continuar o caminho da integração econômica iniciado com a CECA. Alguns meses mais tarde, um grupo de reflexão, nomeado pelos governos dos Seis em Messina, em 1955, e presidido por Paul-Henry Spaak, propôs um duplo objetivo: a criação de uma autoridade europeia para a energia atômica (a recente crise de Suez levara os governos a se tornar conscientes da precariedade dos recursos energéticos europeus) e o encaminhamento de um mercado comum europeu. Os governos aceitaram essas indicações e promoveram a redação de um projeto orgânico. Chegou-se assim à assinatura dos dois Tratados de Roma de 25 de março de 1957, que instituíam o Euratom e a Comunidade Econômica Europeia (CEE)[168]. Se o primeiro manteve as promessas só em medida muito limitada (na medida em que a vontade da França de dotar-se de sua própria força nuclear de fato tornou o tratado inoperante), o segundo mostrou-se decisivo para a integração europeia. Também aqui a adesão inicial ocorreu por parte dos seis países da CECA, pois a Inglaterra se recusou a aderir ao projeto.

O principal objetivo era eliminar as fronteiras internas para o comércio intraeuropeu e estabelecer uma única tarifa aduaneira externa para a Comunidade Europeia. A tarefa era difícil porque exigia uma complexa obra de intervenção normativa e administrativa para cada um dos seis países. A originalidade do tratado está no modelo jurídico e institucional que foi imaginado para alcançar esses objetivos. Quem o propôs foi novamente a personalidade extraordinária de Jean Monnet, que desenvolveu aqui organicamente o seu projeto, que foi considerado "funcionalista", para uma progressiva integração da Europa em setores restritos mas essenciais do ordenamento econômico.

No centro do tratado estão o sistema das instituições e o conjunto das regras e dos procedimentos necessários para a criação do mercado comum. A finalização do projeto contou com a colaboração determinante de um funcionário assessor de Jean Monnet, o jurista e economista Pierre Uri. A arquitetura é muito semelhante àquela criada com a CECA, mas apresenta dimensões bem mais complexas devido à finalidade mais ampla do empreendimento.

A estrutura da CEE está alicerçada em quatro instituições. A Comissão, nomeada pelos governos, tem uma tríplice função de iniciativa legislativa, de instrumento de governo e de

---

[167] Projeto de Comunidade política, aprovado em 10 de março de 1953, in *Relazioni internazionali*, 18 (1954), pp. 800-8
[168] Texto na versão original in http://eur-lex.europa.eu/fr/treaties/index.htm.

"guardião" dos tratados. O Conselho de Ministros, formado pelos ministros dos governos nacionais em exercício, desempenha a função legislativa e também exerce poderes executivos através das "decisões"; tem composição variável, na medida em que os ministros variam conforme as matérias tratadas. A Assembleia parlamentar (formada por parlamentares nacionais delegados por cada parlamento) coopera com o Conselho na aprovação das leis comunitárias inicialmente em medida bastante reduzida, que será ampliada progressivamente com os sucessivos tratados, como veremos; além disso, pode também decidir, por maioria qualificada, a censura em relação à Comissão, provocando sua demissão. O Tribunal de Justiça, composto de juízes provenientes de cada um dos países da CEE, exerce a jurisdição no âmbito das competências comunitárias – sob iniciativa da Comissão ou então de cada um dos Estados-membros ou ainda de pessoas físicas ou jurídicas individuais – quando um Estado é acusado de ter faltado a uma obrigação imposta pelo tratado ou os órgãos comunitários são acusados de ter assumido em relação a eles decisões deturpadas por incompetência, ilegitimidade, excesso de poder; o Tribunal também exerce o controle de legitimidade sobre os atos do Conselho e da Comissão (arts. 169-174).

É fácil perceber que as quatro instituições que acabamos de mencionar apresentam, ainda que nos limites das competências específicas do tratado, algumas características próprias da estatalidade, a começar pela articulação entre função normativa (confiada à Comissão para a iniciativa, ao Conselho parcialmente assessorado pela Assembleia parlamentar quanto ao poder de decisão legislativa), função de governo (exercida pela Comissão e em parte pelo Conselho) e função julgadora (desempenhada pelo Tribunal de Justiça). Sem dúvida, não estamos diante da clássica divisão dos três poderes, e sim de uma estrutura institucional que visa a um equilíbrio dos poderes concernentes às quatro instituições, com uma acurada articulação entre elas das funções normativas, executivas e de controle.

A atividade legislativa da CEE é dividida nas duas categorias dos *regulamentos*, imediatamente executivos e aplicáveis no interior de toda a Comunidade, e das *diretrizes*, que impõem as Estados obrigações quanto ao resultado a ser alcançado mas deixam a cargo das legislações nacionais a forma e os instrumentos necessários para tanto (art. 189). Há também as *decisões*, relativas a casos específicos, de competência tanto do Conselho como da Comissão, que têm o caráter de providências imediatamente obrigatórias para os destinatários, passíveis de ser por ele impugnadas diante do Tribunal de Justiça. Essa articulação é original particularmente no que diz respeito à categoria das diretrizes: o mecanismo prescrito pelo tratado permite atingir um resultado normativo coerente e uniforme para toda a Comunidade, garantindo porém uma margem de autonomia, dentro dos limites dos princípios estabelecidos, que leve em conta as especificidades de cada ordenamento e as tendências políticas de cada Estado.

Com esses instrumentos desenvolveu-se, no decurso de meio século, um imponente conjunto de normas comuns, que progressivamente levaram à eliminação das barreiras alfandegárias internas e à instauração de uma verdadeira concorrência entre países da CEE[169]. Além disso, estatuiu-se o princípio da conciliação das legislações nacionais no que se mostra necessário para o funcionamento do mercado comum: de fato, o tratado prevê (art. 100) que possam ser aprovadas diretrizes com essa finalidade, submetidas à unanimidade do Conselho de Ministros a pedido da Comissão e prévia consulta da Assembleia parlamentar.

Um apoio fundamental para a integração econômica da Europa comunitária veio da jurisprudência do Tribunal de Justiça. De fato, algumas sentenças do Tribunal constituíram verdadeiros marcos na formação do direito europeu da CEE. Vamos nos limitar a mencionar algumas.

---

[169] A política agrícola teve (e ainda tem) um peso determinante no interior da CEE, com o objetivo de proteger, através de vultosos financiamentos de apoio, a produção agrária continental em relação aos produtos menos custosos provenientes de outras regiões do planeta. Só muito lentamente abriu-se caminho para uma política de liberalização do comércio nesse âmbito.

Em 1963, o Tribunal sancionou – com referência ao art. 12 do Tratado CEE mas com valor geral – a eficácia imediata e direta do Tratado e das suas prescrições normativas no interior de cada ordenamento nacional[170]; uma eficácia que não pode ser limitada por nenhuma medida interna de um Estado-membro[171]. A aplicabilidade direta das diretrizes comunitárias, mesmo na ausência da lei de recepção nacional, foi ratificada várias vezes, a partir de 1970[172]. A primazia do direito comunitário sobre o direito interno foi claramente expressa em 1978[173] e depois regularmente confirmada[174]. Em seguida, também o Tribunal Constitucional italiano reconheceu, a partir de 1973, a legítima aplicabilidade da normativa do Tratado mesmo em derrogação à própria normativa constitucional[175].

Deve-se ao Tribunal de Justiça Europeu a primeira explicitação de um princípio que se tornou fundamental no direito comunitário: o princípio do mútuo reconhecimento normativo, em virtude do qual todo Estado-membro, na ausência de uma disciplina de harmonização normativa comunitária, nos setores de competência da CEE é obrigado a respeitar a normativa vigente no ordenamento ao qual pertencem a empresa ou o indivíduo de um outro Estado-membro que atuem no interior do primeiro Estado[176].

Quanto à estrutura argumentativa e às motivações adotadas pelo Tribunal nas suas decisões, é suficiente mencionar algumas. É de 1963 a afirmação de que "o direito comunitário atribui aos indivíduos, ao lado dos deveres, também direitos subjetivos", na medida em que o preâmbulo do tratado, "além de mencionar o governo, faz referência aos povos"[177]. Em 1978, a preeminência do direito comunitário sobre o direito interno e a proibição de aprovar novas normas estatais conflitantes com as comunitárias foram justificadas declarando simplesmente que fazer o contrário "equivaleria a negar o caráter real de compromissos incondicional e irrevogavelmente assumidos, em virtude do Tratado, pelos Estados-membros, pondo assim em risco as próprias bases da Comunidade"[178].

Como é frequente para muitas decisões judiciais de alcance histórico – já o vimos a propósito de Sir Edward Coke e de Lord Mansfield, do Supremo Tribunal de Justiça francês e do Tribunal Constitucional italiano – também as motivações do Tribunal europeu são singularmente lineares e desprovidas de tecnicismos.

Os resultados obtidos com a criação da CEE foram excepcionais no terreno da economia[179]. O estímulo da concorrência no âmbito europeu, vinculado à vontade de superar as dificuldades posteriores à guerra, levou a um novo dinamismo que permitiu um crescimento econômico e social sem precedentes nos seis países. Isso induziu também a Inglaterra, no início contrária ao mercado comum, a mudar de opinião pedindo para passar a fazer parte dele. A recusa francesa – nesse ínterim, a partir de 1958 o general De Gaulle havia assumido o poder – foi superada só em 1972, quando entraram na CEE a Grã-Bretanha, a Irlanda e a

---

[170] Tribunal de Justiça Europeu, Caso Van Gend & Loos *v.* Administração fiscal holandesa de 5 de fevereiro de 1963 (processo 26/62).

[171] Tribunal de Justiça Europeu, Caso Costa contra Enel de 15 de julho de 1964 (processo 6/64).

[172] Tribunal de Justiça Europeu, Caso Sace contra Ministério das Finanças italiano de 17 de dezembro de 1970 (processo 33/70).

[173] Tribunal de Justiça Europeu, Caso Finanças contra Simmenthal de 9 de março de 1978 (processo 106/77).

[174] Ver os casos citados em Mengozzi, 1994, pp. 328-40.

[175] Tribunal Constitucional italiano, Caso Frontini contra Finanças de 27 de dezembro de 1973 (processo 183/73).

[176] É famoso sobre esse ponto o caso Rewe Zentral contra Bundesmonopol de 20 de fevereiro de 1979 (processo 120/78). Ele é conhecido como caso Cassis de Dijon, porque se tratava de julgar se era lícito à administração alemã negar o comércio do Licor Cassis de Dijon que possuía uma graduação alcoólica diferente da prevista pela normativa da República Federal. O Tribunal julgou ilícita a proibição.

[177] Tribunal de Justiça Europeu, Caso Van Gend & Loors contra Administração holandesa dos impostos, de 5 de fevereiro de 1963 (processo 26/62), in Mengozzi, 1994, p. 283.

[178] Tribunal de Justiça Europeu, Caso Finanças contra Simmenthal, de 9 de março de 1978 (processo 106/77) [in Mengozzi, 1994, p. 329].

[179] Na Itália a renda *per capita* multiplicou-se por cinco no decorrer de quarenta anos, de 1950 a 1990.

Dinamarca. Depois disso a CEE se ampliou ainda mais, incluindo a Grécia (em 1979), a Espanha (que nesse meio-tempo voltara à democracia após a morte de Franco) e Portugal (em 1985), também este, como a Grécia e a Espanha, de volta ao regime democrático graças à perspectiva de ingressar na CEE, que não teria permitido a entrada de Estados-membros governados por regimes autocráticos. Também para esses países o ingresso na CEE, agora composta de doze Estados, produziu resultados econômicos de grande relevo.

No decênio durante o qual a França havia sido governada por De Gaulle, a ideologia gaullista, que era contrária a qualquer desenvolvimento supranacional e patrocinava uma Europa "das pátrias", em essência uma simples liga das nações, impôs alguns atrasos em relação aos desenvolvimentos previstos no tratado de Roma. Foram congeladas as cláusulas do tratado que previam, a partir de 1996, uma progressiva transição do processo das decisões por unanimidade para o processo majoritário[180]. Assim, manteve-se o poder de veto, paralisando as decisões acerca das quais mesmo um único governo fosse decididamente contrário. Nesse meio-tempo, em 1965 havia sido decidida a fusão das três instituições (CECA, Euratom, CEE) em um único organismo comunitário[181]. Contudo, é significativo que nem mesmo De Gaulle quis ou pôde subtrair o seu país aos vínculos e aos processos em ação para a integração europeia.

3. A evolução institucional da União Europeia

Uma nova fase começou com a iniciativa – assumida pelo presidente francês Giscard d'Estaing e compartilhada por outros governos da CEE – de adotar a norma do tratado de Roma que previa chegar à eleição por sufrágio universal da Assembleia parlamentar europeia, uma instância defendida tenazmente pelos movimentos federalistas e europeístas. Isso foi deliberado em 1976[182] e três anos mais tarde levou à primeira eleição daquele que agora se chama Parlamento Europeu. Desse modo, ele adquiria uma legitimação institucional e constitucional bem mais elevada, derivada da relação direta entre os cidadãos eleitores e os parlamentares europeus. De fato, com a contribuição do Parlamento Europeu, a partir desse momento, no período de menos de vinte anos os avanços do processo de integração foram impressionantes: nas competências daquela que a partir de 1992 será denominada União Europeia, na promoção do mercado único, nas instituições, nos processos de decisão.

Os primeiros resultados apareceram a partir de 1979 no controle mais incisivo realizado pelo recém-eleito Parlamento Europeu sobre o balanço comunitário, mas verificaram-se sobretudo com a aprovação de um ambicioso projeto de reforma das instituições comunitárias que foi votada com ampla maioria pelo Parlamento Europeu em fevereiro de 1984[183]. O Projeto, cujo promotor e protagonista foi mais uma vez Altiero Spinelli, planejava uma reforma que teria atribuído à Comissão as funções de governo comunitário quanto à união econômica delegando ao Parlamento e ao Conselho funções legislativas segundo um claro esquema bicameral, generalizando o processo por maioria para as deliberações do Conselho. O projeto deveria ser submetido diretamente às ratificações dos parlamentos nacionais. Com negociações apropriadas seriam regulamentadas as relações com aqueles Estados que não teriam ratificado o projeto, rejeitando a nova estrutura da CEE: desse modo poderia ser superado o obstáculo constituído pela norma do tratado CEE (art. 236), ainda em vigor[184], que exige a ratificação unânime por parte dos Estados-membros para as modificações dos tratados europeus.

---

[180] Em 1996, com o chamado "Compromisso de Luxemburgo" os governos chegaram a um acordo de fato que permitia que cada um deles se opusesse à adoção de decisões sobre as quais, com base no tratado, seria agora possível decidir com maioria qualificada, quando afirmasse que a adoção da decisão feriria um interesse fundamental do Estado dissidente.
[181] Tratado de 8 de abril de 1965, que entrou em vigor em 1967.
[182] "Ato relativo à eleição [...] por sufrágio universal direto do Parlamento Europeu", 20 de setembro de 1976.
[183] "Projet de Traité instituant l'Union européenne", Parlement Européen, février 1984.
[184] Tratado UE (2000), art. 48, então art. N.

A maioria dos governos nacionais, com diferentes motivações, não pretendia dar continuidade ao projeto, mesmo sem tê-lo rejeitado formalmente. Mas a necessidade, claramente percebida pelos governos, de não impedir o processo de integração levou, dois anos mais tarde, à aprovação do Ato único de 29 de dezembro de 1986[185]. O presidente da Comissão Europeia, Jacques Delors, desempenhou um papel importante para sua finalização. O Ato estendia, ainda que de forma muito sucinta, as competências da CEE para a coesão econômica e social entre as regiões, a pesquisa e o desenvolvimento tecnológico, o ambiente e a cooperação na política externa. Contudo, o objetivo fundamental do novo tratado era outro: com ele foi decidido levar a termo – dentro de um prazo de seis anos, ou seja, até 1992 – a integração econômica europeia iniciada em 1957, realizando de forma completa as quatro liberdades que constituem sua essência, ou seja, a livre circulação de mercadorias, das pessoas, dos capitais, dos serviços. Precisamente o grande sucesso do mercado comum induzia a completar o seu projeto.

Com essa finalidade, o Ato introduzia algumas importantes inovações institucionais. Antes de mais nada, previa para o futuro a convocação regular do Conselho europeu (constituído pelos chefes de Estado e de governo dos países-membros), que desse modo se tornava a instância superior para os incentivos políticos necessários à vida da comunidade. Em segundo lugar, deliberava que os pareceres até então solicitados ao Parlamento Europeu fossem substituídos por um processo de "cooperação" bem mais rigoroso: nos casos previstos, para que uma proposta de regulamento ou de diretriz – apresentada pela Comissão e votada pelo Conselho de Ministros por maioria qualificada – pudesse ser aprovada e se tornar operativa, era necessário o voto do Parlamento Europeu[186]. Em terceiro lugar, o Ato único estabelecia que a harmonização das legislações nacionais, nos setores em que ela era necessária para chegar ao mercado único, poderia ser realizada com diretrizes comunitárias decididas pelo Conselho por maioria qualificada e submetida ao processo de "cooperação" do Parlamento Europeu para a aprovação ou as emendas[187].

A tarefa a ser realizada para alcançar o objetivo do mercado único mostrou-se realmente difícil. Após a redação do Livro Branco em nome da Comissão (1985), o inglês Lord Cockfield traçou um mapa preciso de pelo menos trezentas diretrizes, necessárias para garantir as quatro liberdades de circulação. O novo procedimento de aprovação das diretrizes previsto pelo Ato único, com decisões por maioria e cooperação do Parlamento, mostrou-se frutífero. O princípio do mútuo reconhecimento normativo, também ele explicitado no Livro Branco, recebeu um grande impulso até por ser coerente com a instância de uma redução normativa parcial (*deregulation*) no âmbito comunitário[188].

Se na primeira fase do mercado comum o modelo da harmonização e da uniformidade legislativa estivera bem presente – era o modelo da união aduaneira (*Zollverein*) e do Código de Comércio Pangermânico de 1861 (ADHGB), que desempenhara um papel de vanguarda na unificação política da Alemanha – nesta segunda fase afirmou-se o modelo diferente da "concorrência entre normas" dos vários países, um modelo concebido como instrumento de crescimento econômico e também de espontânea harmonização normativa. Por sua vez, as forças econômicas dos Doze países da Comunidade Europeia deram um impulso decisivo orientando as próprias escolhas (isso não era óbvio) na direção do mercado único. O mais importante é que de fato, a partir daquela época, nos setores ligados à política econômica, grande parte da legislação nacional dos países da Comunidade foi apenas a aplicação das diretrizes comunitárias, ainda que diferenciada em cada país. Uma fatia da soberania nacional já se transferira para o nível europeu.

No entanto, havia um obstáculo, ainda não enfrentado. A liberdade de comércio, a mobilidade dos capitais, a fixidez dos câmbios e a autonomia das políticas monetárias não podiam

---

[185] Ato único europeu (1986).
[186] Art. 189 C, hoje correspondente ao art. 252 do Tratado CEE (2000).
[187] Art. 100 A, hoje correspondente ao art. 95 do Tratado CEE (2000).
[188] Cf. Beutler *et al.*, 1998, p. 527.

ser obtidas ao mesmo tempo: se os três primeiros objetivos eram considerados necessários na perspectiva do mercado único, era preciso eliminar a possibilidade de políticas monetárias independentes dos Estados-membros [T. Padoa-Schioppa, 2004, p. 35]. A solução do Sistema Monetário Europeu (SME) dos anos 1970 e 1980, com bandas programadas de oscilação dos câmbios, havia apenas remediado a situação, sem resolvê-la. Para tanto, era preciso complementar a união econômica com a união monetária em nível europeu. Uma Comissão presidida por Delors foi encarregada de estudar a questão e o Relatório que ela produziu, assinada unanimemente pelos presidentes dos Bancos centrais da CEE, indicou os procedimentos e as etapas que permitiriam chegar à união monetária em coerência com a união econômica.

Dessas premissas nasceu, em 1992, o Tratado de Maastricht, que criou a União Europeia[189]. No centro dele estava o projeto de criar uma moeda única instituindo um Banco central europeu[190], responsável pela política monetária da União e composta de um diretório de seis membros e dos presidentes de cada banco central dos países da moeda única[191]. Decidiu-se que a moeda europeia, batizada de euro, seria adotada sete anos mais tarde, no final de 1999[192]. Uma estrutura precisa de regras atribuiu ao Banco Central Europeu a responsabilidade exclusiva da política monetária, garantiu-lhe plena independência dos governos de acordo com o modelo alemão da Bundesbank e determinou que as decisões no interior do Conselho poderiam sempre ser assumidas por maioria, não com um voto ponderado, mas com um voto por cabeça para cada componente do Conselho.

O Tratado de Maastricht inovou também em outros âmbitos. No âmbito da união econômica, o tratado inclui uma série de outras competências de grande importância. O capítulo sobre a "coesão"[193] garante intervenções e investimentos da União em apoio às regiões menos desenvolvidas. O capítulo sobre a política social e sobre a formação[194] tem o objetivo de garantir alguns requisitos comuns sobre as condições de trabalho e de proteção dos trabalhadores e dos jovens no interior da União. Afirma-se aqui, de maneira explícita, uma diretriz fundamental da União Europeia, um aspecto que distingue o "modelo europeu" dos outros modelos do mundo contemporâneo, que se expressa com o termo "solidariedade": se o mercado único tem o objetivo de multiplicar as transações comerciais e favorecer assim os consumidores ao mesmo tempo fazendo aumentar o bem-estar coletivo, a solidariedade promove formas de proteção e de tutela dos territórios pobres e das coletividades economicamente atrasadas da União.

O capítulo sobre o ambiente[195] cria as bases de uma política comum para proteger a natureza e as condições de vida contra os perigos da poluição e da devastação do território. Outras competências da união referem-se às tecnologias e à pesquisa[196], às redes transeuropeias[197], à proteção dos consumidores[198], à saúde pública[199], à cultura e à proteção do patrimônio cultural europeu[200], à indústria[201], à cooperação para o desenvolvimento dos países subdesenvolvi-

---

[189] Sobre os aspectos institucionais do Tratado de Maastricht, cf. A. Padoa Schioppa, 1992a.
[190] Art. 4 A e art. 109 A-M, correspondentes hoje aos arts. 8 e 105-125 do Tratado CEE (2000).
[191] Inglaterra e Dinamarca ficaram de fora, mesmo tendo ratificado o Tratado: é a chamada cláusula do *opting out*.
[192] Foi determinante, na decisão e no sucessivo debate para a ratificação, o papel do chanceler alemão Helmut Kohl, que renunciou à supremacia europeia do marco na perspectiva de um interesse comum superior da União Europeia e da própria Alemanha.
[193] Art. 130 A-E, correspondente aos arts. 158-162 do Tratado CEE (2000).
[194] Arts. 117-122, correspondentes aos arts. 136-145 do Tratado CEE (2000).
[195] Art. 130 R-T, corresponde aos arts. 174-176 do Tratado CEE (2000). Sobre esta base, a CEE – que desde os anos 1970 interviera com diretrizes em matéria de águas, ar, poluição sonora, lixo, fauna e flora – promulgou dezenas de diretrizes que as legislações nacionais adotaram com maior ou menor rapidez [lista in Marchello, 1999, pp. 44-50; cf. Caravita, 2005, pp. 71-86].
[196] Art. 130 F-P, correspondente aos arts. 163-173 do Tratado CEE (2000).
[197] Art. 129 B-D, correspondente aos art. 153 do Tratado CEE (2000).
[198] Art. 129 A, correspondente aos arts. 163-173 do Tratado CEE (2000).
[199] Art. 129, correspondente ao art. 152 do Tratado CEE (2000).
[200] Art. 128, correspondente ao art. 151 do Tratado CEE (2000).
[201] Art. 130, correspondente ao art. 157 do Tratado CEE (2000).

dos[202]. Trata-se, em todos esses casos, de competências "concorrentes", que coexistem com as dos Estados e são complementares, em respeito ao princípio de subsidiariedade. As únicas competências exclusivas da União referem-se à política sobre a concorrência para o mercado único e a política monetária.

Além disso, o Tratado estendeu as competências da União Europeia à política externa e de segurança[203] (o chamado "segundo pilar", enquanto o primeiro pilar é constituído pela união econômica e monetária) e aos assuntos internos e de justiça[204] (o "terceiro pilar"), referentes à imigração, aos processos judiciários e de polícia contra a criminalidade transnacional e outras matérias correlatas. No entanto, as novas competências fundamentais do segundo e do terceiro pilar permanecem essencialmente a cargo dos governos (é o chamado método intergovernamental que geralmente postula a unanimidade), com um papel mais limitado para a Comissão e um papel ainda menor para o Parlamento Europeu.

Entre os princípios gerais adotados no tratado, dois em especial devem ser mencionados, por seu alcance: o conceito de cidadania europeia[205], ainda que limitado a alguns campos específicos entre os quais os direitos eleitorais dos imigrantes; e o princípio de subsidiariedade[206] (art. 3B), realmente fundamental, com o qual se explicita o critério pelo qual as decisões relativas às matérias de competência concorrente entre os Estados nacionais e a união devem ser assumidas no nível inferior e, portanto, mais próximo do cidadão, ao passo que o nível europeu da decisão deve prevalecer se e quando se mostra o único apto a realizá-la ou no mínimo o mais eficaz. Esse é um padrão fundamental do direito europeu, que não pretende substituir os direitos nacionais ou locais a não ser quando isso for necessário para as finalidades da União, compartilhadas por todos por estar contidas nos tratados.

Por fim, o Tratado de Maastricht introduziu uma série de reformas institucionais. Antes de mais nada, os poderes do Parlamento Europeu são consideravelmente ampliados, introduzindo para muitas matérias um processo de "codecisão"[207] que, unindo-se ao de "cooperação" previsto pelo Ato Único e substituindo-o em alguns setores, implica um papel maior do próprio Parlamento na tramitação legislativa comunitária. Em caso de conflito com o Conselho, introduz-se um complexo procedimento de "conciliação". Mas nenhum regulamento e nenhuma diretriz podem passar contra a vontade da maioria absoluta do Parlamento. Por outro lado, fortalece-se o papel do Parlamento na formação da Comissão: o presidente é designado pelo Conselho por unanimidade após consulta ao Parlamento Europeu e a Comissão é nomeada apenas depois de ter recebido o voto positivo do próprio Parlamento[208].

Aumentaram as matérias sobre as quais é possível decidir por maioria qualificada no interior do Conselho de Ministros. No entanto, o princípio da unanimidade permaneceu para todas as matérias mais importantes: entre elas, a harmonização legislativa e fiscal, o balanço, a política social, o ambiente, as decisões sobre os recursos da União e muitas outras[209]. Além disso, nesses casos cabe ao Parlamento Europeu simplesmente expressar um parecer, sem nenhum poder de decisão. Isso vale ainda mais para o segundo e para o terceiro pilar [Beutler et al., 1998]. Assim, se, de um lado, o modelo de tipo democrático e parlamentar da União Europeia se delineou com uma certa clareza no jogo conjunto de Comissão, Conselho e Par-

---

[202] Art. 130 U-Y, correspondente aos arts. 177-181 do Tratado CEE (2000).
[203] Arts. J 1 – J 18, correspondentes aos arts. 11-28 do Tratado UE (2000).
[204] Arts. K 1 – K 14, correspondentes aos arts. 29-42 do Tratado sobre a UE (2000).
[205] Arts. 8 – 8 E, correspondentes aos arts. 17-22 do Tratado CEE (2000).
[206] Art. 3 B, correspondente ao art. 5 do Tratado CEE (2000): "nos setores que não são de sua competência exclusiva, a Comunidade intervém, segundo o princípio de subsidiariedade, apenas se e na medida em que os objetivos da ação prevista não podem ser suficientemente realizados pelos Estados-membros e podem, portanto, devido às dimensões e aos efeitos da ação em questão, ser realizados melhor no nível comunitário".
[207] Art. 189 B, correspondentes ao art. 251 do Tratado CEE (2000).
[208] Art. 158 § 2 do Tratado de Maastricht.
[209] No Tratado de Maastricht as matérias em que o veto de um único ministro pode impedir as decisões do Conselho são mais de sessenta [A. Padoa Schioppa, 1992a].

lamento, por outro ele está ausente precisamente nos setores de maior relevância, que no entanto agora são de competência da União.

Por outro lado, deve-se observar que as exigências ligadas a um encaminhamento e a uma gestão correta da união monetária e da união econômica levaram à adoção, no tratado, de medidas de monitoramento e de controle muito rigorosas sobre os limites dos déficits nacionais e sobre o nível da dívida pública de cada Estado, medidas ulteriormente reforçadas com a adoção do "pacto de estabilidade"[210]. Sob esse aspecto, a disciplina jurídica da União chega a ser mais centralizadora e mais restritiva, para a soberania nacional, em comparação à prevista em ordenamentos de tipo federal consolidado, como o estadunidense.

No decênio que se seguiu ao Tratado de Maastricht sucederam-se em curto espaço de tempo diversas intervenções de modificação dos tratados europeus, que mostram como houve nos governos a consciência de que a organização institucional ainda não estava finalizada para nenhum dos três pilares relativos às agora imensas competências da União Europeia.

Em 1994, a Áustria, a Finlândia e a Suécia passaram a fazer parte da União Europeia: era agora a Europa dos Quinze.

O Tratado de Amsterdam de 1997[211] inovou em vários pontos. O papel do Parlamento Europeu foi ainda mais fortalecido: o nome do presidente da Comissão designado pelo Conselho deve obter prejudicialmente a aprovação do Parlamento Europeu, o qual deve, ao final do processo, confirmar com seu voto a entrada em exercício da Comissão[212]. Além disso, conserva o poder de censura que obriga à demissão, se necessário, de toda a Comissão. O processo legislativo, por um lado, tornou-se menos desordenado em relação à disciplina de Maastricht (as fases previstas em caso de conflito com o Conselho se reduzem notavelmente)[213]. Por outro, a codecisão se estendeu a inúmeras matérias antes confiadas à "cooperação"[214]. Além disso, o Parlamento agora é chamado a codecidir sobre diversas matérias e não simplesmente consultado.

O presidente da Comissão adquiriu maior peso, na medida em que a nomeação dos Comissários exige não apenas o voto do Conselho, mas também o seu consentimento[215]: desse modo, ele se torna uma espécie de primeiro-ministro. Por outro lado, estabeleceu-se que no futuro cada Estado, independentemente de suas dimensões, não poderá ter mais que um comissário: de fato, preparava-se o ingresso de dez novos países europeus na União e desejava-se evitar uma Comissão com excesso de membros.

Quanto ao Conselho de Ministros, as matérias para quais se admitiu a decisão por maioria qualificada aumentaram: são quase sem exceção as mesmas para as quais está prevista a codecisão do Parlamento. Há, porém, a introdução de uma cláusula chamada de salvaguarda, que permite que um governo vete uma decisão sobre a qual exista maioria qualificada se considerar que seu país tem "importantes motivos específicos" para rejeitá-la[216]. Por outro lado, introduziu-se a possibilidade de que um ou mais governos expressem, se quiserem, sua abstenção, a qual, diferentemente do voto contrário, não impede a aprovação de uma decisão sobre a qual os outros ministros sejam unânimes. Isso vale também para algumas decisões relativas ao terceiro pilar. É evidente, nessas disposições, a tensão entre dois polos: de um

---

[210] Tratado de Maastricht (1992), Protocolo sobre o procedimento para os déficits excessivos; Resolução do Conselho Europeu relativa ao pacto de estabilidade e de crescimento (Amsterdã, 17 de junho de 1997); Regulamentos CEE 1.466-1.467/97, modificados com o Regulamento CEE 1.055/2005.
[211] Texto em http://eur-lex.europa.eu/fr/treaties/index.htm.
[212] Tratado de Amsterdã, art. 158. 2, correspondente (para esta parte) ao art. 214. 2 do Tratado CEE (2000).
[213] Tratado de Amsterdã, novo art. 189 B, correspondente ao art. 251 do Tratado CEE (2000).
[214] O processo de cooperação oferece menos espaço para o Parlamento em relação à codecisão, mas não desaparece no Tratado de Amsterdã (art. 189 C).
[215] Art. 158. 2 al. 3, correspondente ao art. 214 2 al. 3 do Tratado CEE (2000).
[216] Art. J. 13. 2, correspondente ao art. 23. 2 do Tratado sobre a UE (2000).

lado, a evidente necessidade de não se deixar bloquear pelo poder de veto, por outro o constante temor dos governos de abandonar a âncora da unanimidade.

Além disso, introduziu-se a "cooperação reforçada"[217], que permite levar adiante iniciativas não compartilhadas por todos – desde que não conflitantes com as normativas precedentes da União – sempre que ao menos oito governos (dos quinze) estejam de acordo. Mas também aqui vale a cláusula de salvaguarda. Por outro lado, esclareceu-se de modo mais analítico o princípio de subsidiariedade, com o importante corolário de que ela é operante nos dois sentidos: para baixo se considera que uma decisão pode ser assumida eficazmente em nível nacional, para o alto se, ao contrário, o objetivo só pode ser alcançado decidindo-se em nível europeu. Por fim, o novo Tratado reafirma o compromisso da União de promover "o respeito dos direitos fundamentais"[218], como garantidos pela Convenção Europeia sobre os Direitos Humanos: uma afirmação de princípio de grande importância tanto nas relações internas à União como diante dos países terceiros [Alston, 1999, p. 99].

A própria conferência de Amsterdam relegara outros pontos para uma decisão futura, na impossibilidade de encontrar uma solução compartilhada. E por isso, apenas três anos mais tarde, uma nova conferência intergovernamental se concluiu em dezembro de 2000 com a aprovação do Tratado de Nice[219]. O principal resultado que se queria alcançar era a definição das condições institucionais para a entrada na União de dez novos países, em parte situados na Europa centro-oriental e saídos do domínio soviético após a crise do comunismo subsequente a 1989.

Quanto à escolha dos membros da Comissão, o novo tratado abandonou a regra da unanimidade do Conselho e o substituiu pela decisão por maioria qualificada, tanto para a designação como para a nomeação final dos comissários subsequente ao voto do Parlamento Europeu. Mesmo para a designação e a nomeação do presidente da Comissão por parte do Conselho passou a ser exigida a maioria qualificada e não mais a unanimidade[220]. Além disso, também se definiu a extensão do processo de decisão por maioria qualificada a uma série de cerca de vinte matérias anteriormente decididas apenas por unanimidade. Algumas delas são indubitavelmente relevantes[221].

Por outro lado, o novo Tratado determinou que toda proposta a ser decidida por maioria qualificada que não obtenha o voto de um número de Estados cuja população total não alcance ao menos 62% da população total da União possa ser vetada mesmo a pedido de um único Estado[222]. Introduziu-se, portanto, o princípio de uma minoria de bloqueio, um princípio destinado a evitar a inclusão em minoria de três dos Estados mais populosos (um dos quais é, porém, a Alemanha com seus 80 milhões de habitantes), ou ao menos de dois Estados grandes mais um grupo de Estados menores[223]. Essa disposição do Tratado de Nice apresenta um aspecto constitucional importante: pela primeira vez se introduz o elemento da população total da União. Não se fala, deliberadamente, de "povo", mas a população total constitui um elemento relevante para as decisões comuns no interior do Conselho.

---

[217] Tratado de Amsterdam: a) título sobre a flexibilidade, Cláusula geral, art. 1. 1; art. K. 15-17 (correspondentes aos arts. 43-45 do Tratado sobre a UE 2000); b) cláusulas específicas CEE, art. 5a.2 (correspondente ao art. 11 do Tratado CEE 2000).
[218] Art. F, correspondente ao art. 6 do Tratado sobre a UE (2000).
[219] Texto em http://eur-lex.europa.eu/fr/treaties/index.htm e em *Comunità e Unione europea. Codice delle istituzioni*, org. por B. Nascimbene, Turim, 2005.
[220] Tratado CEE (2000), novo art. 214. 2.
[221] Entre elas: é eliminada a cláusula de salvaguarda sobre a cooperação reforçada (mas não sobre a defesa), o princípio majoritário é estendido a alguns acordos internacionais, aos direitos de circulação e de permanência, às medidas (não porém às normativas) sobre a imigração, a diversos aspectos da política comercial, à proteção dos trabalhadores, à indústria, à coesão econômica e social, ao estatuto dos partidos políticos europeus, aos processos de balanço.
[222] Tratado CEE (2000), novo art. 205. 4.
[223] Tratado de Nice, Protocolo sobre o alargamento, art. 3.

4. Rumo à Constituição europeia?

A negociação concluída em Nice estabeleceu os procedimentos operacionais em vista do ingresso na União Europeia dos países da Europa centro-oriental (Polônia, Hungria, República Tcheca, Eslováquia, Eslovênia), das repúblicas bálticas (Estônia, Letônia, Lituânia) e dos pequenos Estados insulares de Malta e de Chipre. Desde 2005 a União compreende 25 Estados-membros com uma população total de mais de 450 milhões de cidadãos, aos quais agora se somaram a Romênia e a Bulgária.

O Conselho Europeu de Nice também promulgou a Carta dos Direitos da União[224], que havia sido previamente aprovada pela Comissão e pelo Parlamento Europeu. Trata-se de um documento que enuncia uma série de direitos fundamentais comuns a toda a União. A Carta foi elaborada por uma Convenção presidida pelo alemão Roman Herzog[225] e composta dos representantes do Parlamento Europeu, dos Parlamentos nacionais, dos governos e da Comissão Europeia: um organismo dotado, portanto, de um grau muito elevado de legitimação política e institucional.

O objetivo da Carta é definir com clareza o perímetro dos valores e dos princípios fundamentais nos quais a União reconhece a sua identidade[226] e nos quais inspira a sua ação, tanto no próprio interior como na avaliação dos novos pedidos de adesão. Tais princípios estão reunidos em seis capítulos, para um conjunto de 54 artigos, alguns dos quais abordam exigências e instâncias amadurecidas só nos anos recentes, em parte novas em relação às formulações tradicionais das Cartas de Direitos precedentes. O princípio da *dignidade* se aplica a toda pessoa humana e inclui o direito à vida e à integridade pessoal (arts. 1-5). A *liberdade* se estende à vida privada, à instrução, ao trabalho e à empresa (arts. 6-19). A *igualdade* exclui as discriminações entre homens e mulheres ou baseadas em preferências religiosas, ideológicas ou sexuais e é afirmada mesmo em relação aos direitos das crianças, dos idosos e dos portadores de deficiências (arts. 20-26). A *solidariedade* se desenvolve, entre outras, nas condições de trabalho, na admissão de ações coletivas, na proteção do ambiente, na defesa dos consumidores (arts. 27-38). A *cidadania* inclui o direito de voto para o Parlamento Europeu e para as administrações municipais em favor dos cidadãos que residem em um Estado da União diferente do próprio, bem como a plena liberdade de circulação e de permanência no interior da União Europeia (arts. 39-46). A *justiça* compreende o direito à defesa gratuita para os indigentes, a presunção de inocência e a duração razoável do processo (arts. 47-50). Como se vê, as tradicionais liberdades são incluídas nesse quadro – no qual é fácil perceber, em alguns capítulos, a marca permanente da Revolução Francesa, com o trinômio de liberdade, igualdade e fraternidade – e são complementadas e fortalecidas com garantias ulteriores relativas a novos direitos.

Ainda que não diretamente "acionáveis", na medida em que o Tratado de Nice não incluiu a Carta entre os textos dotados de valor obrigatório no âmbito europeu, os direitos fundamentais enunciados na Carta são contudo relevantes não apenas no plano dos princípios, uma vez que tanto o Tribunal de Justiça da União como o Tribunal Europeu dos Direitos do Homem, de Estrasburgo, têm condições de levá-la em conta em suas decisões, que agora costumam se referir com frequência aos princípios gerais do direito europeu.

A presença de uma Carta dos Direitos, juntamente com a disciplina da cidadania europeia, por si só atribui à União algumas características próprias de uma moderna constituição. Na verdade, não é descabido considerar que a União já possui uma "constituição material" própria, mesmo na ausência de um texto formalmente constitucional, se se considera o fato de que suas cinco instituições fundamentais – os dois Conselhos dos primeiros-ministros e dos

---

[224] Texto em: http://eur-lex.europa.eu/fr/treaties/index.htm e em *Comunità e Unione europea. Codice delle istituzioni*, org. por B. Nascimbene, Turim, 2005, pp. 3-14.
[225] Com a presença, entre os italianos, dos juristas Andrea Manzella, Elena Paciotti e Stefano Rodotà.
[226] Sobre as configurações histórico-filosóficas da identidade europeia, cf. P. Rossi, 2006.

ministros, o Parlamento Europeu, a Comissão e o Tribunal de Justiça – apresentam, como dissemos, muitas das características próprias da estatalidade.

A doutrina jurídica, que desde os anos 1950 levou em consideração as características peculiares da Comunidade e depois da União Europeia, inicialmente analisou as regras e as instituições comunitárias com a lente e com os instrumentos conceptuais próprios da doutrina internacionalista, ou seja, baseando-se na natureza pactual das normas do tratado institutivo da CEE. Com o desenvolvimento histórico e institucional que levou da Comunidade à União, porém, pouco a pouco se impôs um enfoque de tipo constitucionalista nos estudos do direito europeu: a disciplina dos tratados e sua evolução e transformação mantiveram os traços típicos do direito internacional, mas as instituições da União, a produção normativa, o sistema das garantias e dos controles, a existência de um Parlamento eletivo, tudo isso levou muitos estudiosos dos diversos países – incluindo alguns agudos observadores do outro lado do oceano – a adotar parâmetros conceptuais e categorias jurídicas próprias do direito constitucional de uma federação de Estados, mesmo com a clara consciência da distância de tais categorias em relação a uma realidade como a da União, que essa natureza por ora só tem em medida parcial, e que não poucos estudiosos julgam que não possa alcançar de forma madura nem sequer no futuro.

No período dos vinte anos a partir de 1984, a progressiva ampliação das competências da União nos seus três "pilares" determinou, portanto, uma série ininterrupta de reformas, que em 1986, 1992, 1997 e em 2000 se realizaram com modificações diretas dos tratados comunitários. Vimos acima como cada uma dessas reformas ampliou contextualmente as competências e as funções da União e modificou as regras institucionais: as funções do Parlamento Europeu, os procedimentos de voto no interior do Conselho, a escolha do presidente e dos membros da Comissão foram modificadas e ampliadas progressivamente. No entanto, ainda restavam muitos problemas não resolvidos, para os quais o Conselho europeu remetia sempre a intervenções futuras. Com a Cúpula de Laeken de 2001, o Conselho decidiu confiar a uma Convenção – composta de representantes dos parlamentares nacionais, do Parlamento Europeu, da Comissão e dos Governos, analogamente ao que ocorrera com a Carta dos Direitos – a tarefa de redefinir no seu conjunto as funções e as instituições da União, em um quadro finalmente orgânico e adequado.

Depois de um ano e meio de trabalho da Convenção – presidida por Valéry Giscard d'Estaing, ela era composta de 105 membros, entre os quais também os observadores dos dez países do alargamento já mencionados, cujo ingresso na União agora estava próximo – foi aprovado em 2003 um Projeto de "Tratado que institui a Constituição da União Europeia"[227]. Discutido e modificado em alguns pontos pela subsequente Conferência Intergovernamental, o projeto foi subscrito por unanimidade pelo Conselho Europeu de Roma em 29 de outubro de 2004[228] e submetido às ratificações nacionais.

O Tratado Constitucional ambiciona dar uma estrutura institucional e funcional adequada a uma realidade ainda em formação, como é a da União Europeia. Algumas inovações contidas no texto possuem uma importância inquestionável. Entre elas devem-se mencionar: a aceitação da Carta dos Direitos como direito positivo da União[229]; um quadro institucional unificado, que substitui a estrutura dos três pilares; um novo modo de voto no interior do Conselho, baseado na regra da dupla maioria dos Estados e da população[230]; a atribuição da presidência do Conselho europeu a uma pessoa que não exerça ao mesmo tempo o cargo de

---

[227] A esse respeito, ver A. Padoa Schioppa, 2004.
[228] *La Costituzione europea*. Nápoles, 2004; e muitas outras edições. A partir de agora citado como Tratado Constitucional (2004). O texto encontra-se também em: http://eur-lex.europa.eu/fr/treaties/index.htm.
[229] Tratado Constitucional (2004), II. 61-114.
[230] Tratado Constitucional (2004), I. 25.

chefe de Estado ou de governo, com um mandato de dois anos e meio, renovável uma vez[231]; a nomeação de um ministro das relações exteriores da União, presente no Conselho e ao mesmo tempo vice-presidente da Comissão[232]; a generalização e a simplificação do processo de co-decisão para as leis europeias[233]; o encaminhamento de uma política de segurança comum e de uma defesa europeia[234]a nova disciplina da cooperação reforçada[235]; a possibilidade de passar da regra da unanimidade para a das decisões por maioria para quase todas as competências da União, sob a difícil condição, porém, de que essa passagem seja decidida por unanimidade ("cláusula-ponte"); a maior proteção do princípio de subsidiariedade com um envolvimento dos Parlamentos nacionais; a institucionalização do método da Convenção para as futuras modificações da Constituição europeia; e assim por diante.

Não obstante essas inovações, o Tratado Constitucional só correspondeu às expectativas em medida limitada. O exame dos trabalhos da Convenção revela que a maioria de seus membros era favorável à adoção de regras institucionais mais incisivas[236]. Em especial, os dois pontos cruciais – o poder de veto que paralisa toda decisão controversa e a exclusão do Parlamento Europeu das decisões para as quais ainda vigora a regra da unanimidade dos governos – não foram enfrentados. Além disso, o procedimento previsto para as futuras modificações do Tratado Constitucional, mesmo tendo o mérito de institucionalizar o método da Convenção, mantém a obrigação do voto unânime do Conselho e a regra da ratificação unânime por parte dos Estados[237]. À distância de dois anos do fechamento da Conferência Intergovernamental de 2004, dezoito dos vinte e sete países ratificaram o Tratado Constitucional. Mas o não dos referendos da França e da Holanda, expresso em 2005, tornou pouco provável que o texto possa entrar em vigor na forma em que foi subscrito pelos governos.

Nos últimos anos foi acirrado o debate sobre a conveniência de a União Europeia levar a harmonização legislativa até se dotar de um Código Civil único. Não faltaram projetos, na forma de um código de princípios, ou de um conjunto de regras comuns sobre os conflitos de direito, ou de uma codificação relativa aos contratos[238]. Mas predominou a tese de que, em relação a isso, é preciso manter uma ampla margem de autonomia para as diversas tradições nacionais, especialmente em assuntos ligados ao direito de família, às sucessões, aos direitos reais.

Mesmo com essas limitações, a União Europeia constitui o evento histórico mais importante e inovador que a Europa conheceu no decorrer do século XX. O modelo de integração pacífica e compartilhada realizado com os tratados e com as armas do direito – com base na subsidiariedade, na proteção das diversidades, da concorrência e da solidariedade – suscitou intenções concretas de imitação por parte de outras regiões do planeta, da África à América do Sul e à Ásia. A perspectiva futura de um modelo federal de nova concepção, bem menos centralizado que o das outras federações existentes, continua a ser a mais coerente em relação ao plano de integração pacífica nascido depois das duas guerras mundiais.

---

[231] Tratado Constitucional (2004), I. 22.
[232] Tratado Constitucional (2004), I. 28.
[233] Tratado Constitucional (2004), I. 34; III. 396.
[234] Tratado Constitucional (2004), I. 40-41.
[235] Tratado Constitucional (2004), I. 44.
[236] Ver o *site* http://european-convention.eu.int que contém os materiais da Convenção. Sobre o projeto, Padoa Schioppa, 2003c.
[237] Tratado Constitucional (2004), IV. 443. Convém lembrar que a Constituição dos Estados Unidos da América de 1787 prescrevia que a própria Constituição entraria em vigor com a ratificação de pelo menos nove colônias num total de treze. Sem essa norma não é improvável que os Estados Unidos não teriam tido condições de superar a fase da Confederação.
[238] Há uma literatura enorme sobre esses temas: cf. *Vers un droit privé*, 1994; *Il Codice civile europeo*, 2001.

41. Rumo a um direito global?

Se por globalização do direito se entende a extensão de um conjunto de normas jurídicas além das fronteiras políticas e geográficas em que elas surgiram, até abranger toda a comunidade internacional, ou no mínimo aquelas regiões do planeta que mantêm relações econômicas e políticas entre si, o fenômeno certamente não pode ser considerado novo. Em especial, as regras comuns relativas às transações comerciais e à disciplina jurídica do comércio internacional têm tradições muito extensas no espaço. O direito do mar, por exemplo, difundiu-se por séculos em ampla escala por via consuetudinária, ao longo das rotas comerciais. E o mesmo ocorreu, no interior da *respublica christiana*, para uma série de regras de direito internacional de paz e de guerra, já no mundo antigo e posteriormente desde a Idade Média à Paz de Vestfália e depois, até a era contemporânea.

No entanto, o fenômeno da globalização assumiu em épocas recentes um caráter indubitavelmente novo e diferente. Há, de um lado, a vertente das instituições supranacionais e extranacionais em suas relações com os Estados e com os indivíduos; de outro, a vertente das regras jurídicas relativas à economia internacional. Pode-se falar de globalização do direito quando sobre uma ou outra dessas frentes desenvolveu-se um processo de homologação que está envolvendo todo o planeta. As interconexões desse processo com o mundo do direito – no terreno dos direitos humanos, da harmonização legislativa, das estruturas constitucionais[239] – são inegáveis e profundas.

1. *Nascimento e estrutura da ONU*

A tragédia da Primeira Guerra Mundial havia suscitado, como sabemos, a iniciativa da criação da Sociedade das Nações, com o objetivo de futuramente proteger os Estados de agressões recíprocas e de proteger a nação eventualmente agredida comprometendo os outros Estados a intervir em defesa dela com sanções econômicas, mas também com a força. O fracasso dessa tentativa, já evidente no decorrer dos anos 1930, desembocou na nova tragédia da Segunda Guerra. Mas a exigência de criar um instrumento novo para a gestão das crises entre Estados não demorou a se impor à atenção dos dois governos do Ocidente aliados contra a potência hitlerista, agora senhora do continente europeu.

Desde agosto de 1941, Roosevelt e Churchill assinaram uma declaração, a Carta Atlântica, com a qual se proclamava o direito dos povos a não sofrer mudanças territoriais sem o seu consentimento, à segurança das fronteiras, à livre escolha da forma de governo, à liberdade do comércio. As violações desses direitos teriam de ser combatidas até mesmo com a força dos Estados que se declarassem prontos a defender tais princípios, criando um sistema permanente de segurança coletiva. Pouco mais tarde, após o ataque do Japão e da entrada dos Estados Unidos na guerra, vinte e seis Estados aprovaram uma Declaração apresentada por Roosevelt e por Churchill em nome das "Nações Unidas". A iniciativa dirigia-se contra as potências do Eixo (Alemanha, Itália e Japão) e não incluía, entre outros, nem a União Soviética nem a China.

---

[239] Ver a ótima síntese de Delmas-Marty, 1998.

Uma extensão do projeto a essas duas potências levou, em 1943, a projetar um diretório constituído por Estados Unidos, Inglaterra, União Soviética e China com o objetivo de instituir uma organização internacional geral para garantir a paz, fundamentada no princípio da "igualdade soberana" entre os Estados que aderissem a ela. O Senado americano votou uma resolução nesse sentido já em janeiro. No decorrer de 1943 e no ano seguinte, a proposta tomou forma, através de um projeto do secretário de Estado americano Cordell Hull. E entre agosto e outubro de 1944 a Conferência de Dumbarton Oaks, nos arredores de Washington, elaborou – com a participação de EUA, Grã-Bretanha, União Soviética e China – um Projeto de Carta das Nações Unidas que prefigura muito de perto, nas finalidades e na estrutura, aquela que pouco depois se tornará a Carta da ONU.

O entendimento político geral ocorrido em Ialta, ao final da guerra, entre Roosevelt, Churchill e Stálin, em fevereiro de 1945, incluiu um acordo sobre a configuração da ONU. Decidiu-se, entre outras coisas, reconhecer, para as questões de natureza não processual, o poder de veto de cada uma das cinco potências permanentes do futuro Conselho de Segurança – nesse meio-tempo a França se juntara às quatro potências originárias – de modo que se assegurasse às cinco, mas sobretudo aos EUA e à URSS, que nenhuma decisão seria assumida pelo Conselho contra a vontade até de um único governo. Ao final da Conferência realizada em San Francisco, de abril a junho de 1945, com a participação de pelo menos cinquenta Estados, após longas negociações e acirrados debates, o projeto foi enfim aprovado por aclamação. Nascia a Organização das Nações Unidas. Ela entrou em vigor em outubro de 1945, depois da ratificação do tratado por parte dos primeiros vinte e nove Estados signatários[240].

A estrutura e os poderes da nova organização estão delineados na Carta[241].

A principal finalidade da ONU, expressa no art. 1, é "manter a paz e a segurança internacional", promovendo entre as nações relações amigáveis, fundamentadas no princípio da igualdade de direitos e da autodeterminação dos povos. As controvérsias internacionais devem ser resolvidos com meios pacíficos, sem o recurso ao uso da força (arts. 2.3 e 2.4).

A ONU é uma organização de Estados e, portanto, tem por membros Estados que aceitem as obrigações da Carta e sejam aceitos para fazer parte dela ou como membros originários ou por decisão da Assembleia Geral sob petição do Conselho de Segurança (arts. 3-5). No período de mais de meio século, a quase totalidade dos Estados do planeta ingressou na ONU, que conta hoje com 192 membros. O princípio da "igualdade soberana" dos membros (art. 2.1) indica a paridade jurídica entre os diversos Estados no interior da ONU, independentemente das dimensões, da população e da potência. De fato, na Assembleia Geral, cada Estado dispõe de um único voto. No entanto, o principal órgão deliberador, o Conselho de Segurança, é composto de 15 membros, dos quais cinco permanentes – são os Estados fundadores: EUA, Rússia (que substituiu a URSS), Inglaterra, China e França – e dez não permanentes, eleitos a cada dois anos pela Assembleia Geral (art. 23). A igualdade, portanto, não vale para os cinco membros permanentes, os quais têm também o privilégio exclusivo, no interior do Conselho de Segurança, de exercer o poder de veto, que impede toda decisão com a qual até mesmo um deles não esteja de acordo (art. 27.3).

É muito importante o chamado princípio do "domínio reservado", expresso no art. 27 da Carta: a ONU não está autorizada a intervir em questões "que pertencem essencialmente à competência interna de um Estado". De acordo com uma interpretação amplamente aceita, isso impede que a ONU interfira, em relação a cada Estado-membro, nos conteúdos da constituição, no regime territorial, nas condições da população, nos aspectos econômicos ou culturais, na esfera das relações entre os indivíduos. Não é uma delimitação de competência por

---

[240] A Carta das Nações Unidas é constituída de 111 artigos. Para indicações bibliográficas sobre a imensa quantidade de análises e sínteses doutrinais escritas nos principais países no decorrer de sessenta anos, ver Marchisio, 2000, pp. 389-421.

[241] Ver o *site* http://www.un.org.

matéria, e sim um limite por assim dizer vertical [Marchisio, 2000, p. 70], que impede a ONU de criticar as características internas de cada ordenamento nacional, tanto para os objetivos de sua admissão na organização como para outros objetivos mesmo que previstos na Carta, como, por exemplo, o respeito aos direitos do homem e às liberdades fundamentais (art. 1.3, ao qual voltaremos).

É claro que só com essa condição foi possível incluir na ONU Estados tão profundamente diferentes quanto ao regime constitucional: Estados democráticos e Estados autoritários ou totalitários, Estados de economia de mercado e Estados de economia pública e planificada. Desdobramentos mais recentes da doutrina e da prática de intervenção da ONU, contudo, submeteram também esse princípio a limitações, no sentido de considerá-lo não passível de ser invocado para o caso de violações particularmente graves de direitos fundamentais – perda de vidas em larga escala, "limpeza" étnica – violações pelas quais o Estado se torne responsável ou que ele não tenha condições de impedir[242].

Um aspecto da Carta que deve ser ressaltado é a atenta consideração da realidade das relações internacionais e de poder existentes no momento da sua criação, quando ainda havia vastos territórios coloniais ou semicoloniais que compreendiam uma grande parte do planeta. O capítulo XI sobre os territórios não autônomos e os capítulos XII e XIII sobre as administrações fiduciárias tratam disso. A perspectiva, já enunciada no art. 1.2 da Carta com a remissão à "autodeterminação dos povos", era que fosse superada a condição de dependência de Estados e de povos de outros Estados, sem com isso ter de modificar a "constituição" e a estrutura da ONU. De fato, à medida que a descolonização se realizou na África, na Ásia e em outros lugares, os povos já submetidos a outros Estados ingressaram na ONU; entre eles se incluíram, depois de 1989, as repúblicas que faziam parte da URSS.

Outro aspecto relevante da Carta refere-se aos acordos regionais (cap. VIII), ou seja, a compatibilidade, no interior da ONU, de organizações entre grupos de Estados para a manutenção da paz e da segurança no âmbito regional, como, por exemplo, a Aliança Atlântica (Otan). A ONU pode servir-se delas para alcançar os seus objetivos, por iniciativa do Conselho de Segurança (art. 53).

À "solução pacífica das controvérsias" é dedicada a primeira série de intervenções institucionalmente concernentes à ONU (cap. VI). Se as partes, ou seja, antes de tudo os Estados-membros não conseguem superar o conflito surgido entre eles com negociações, com a arbitragem ou então com o recurso ao Tribunal de Justiça Internacional, o Conselho de Segurança está habilitado a indicar, com recomendações apropriadas dirigidas aos sujeitos envolvidos, soluções adequadas com esse objetivo (art. 36). Além disso, se se manifestam ameaças à paz, violações da paz ou atos de agressão (art. 39), o Conselho de Segurança pode, em primeiro lugar, convidar à adoção de medidas provisórias (art. 40), em segundo lugar decidir quais medidas de sanção econômica ou diplomática adotar (art. 41), em terceira e última instância realizar, com o recurso à força militar, qualquer ação necessária para manter a paz ou restabelecer a segurança (art. 42).

A Carta da ONU aborda aqui o ponto crucial; como garantir o respeito da paz e a resposta às agressões realizadas por Estados, portanto com a guerra, se não se dispõe da força? A resposta da Carta é clara, ao menos em princípio: todos os membros da ONU devem comprometer-se à colocar à disposição do Conselho de Segurança, a seu pedido, as forças armadas necessárias (art. 43.1). Isso deverá ocorrer mediante a conclusão de acordos específicos entre o Conselho de Segurança e cada Estado-membro, ou grupos de Estados-membros, submetendo os próprios acordos às ratificações dos Estados signatários (art. 43).

Com essa finalidade está previsto que o Conselho de Segurança possa dispor também de uma força própria, a ser empregada com o apoio de uma Comissão de Estado-Maior (arts. 44-46). Em outros termos, prefigura-se a criação de uma força armada supranacional para a

---

[242] Singer, 2003, p. 144.

manutenção da paz. Essa parte da Carta, sem dúvida a mais inovadora para a obtenção das suas finalidades, até agora nunca foi aplicada. Os "acordos" sobre a força própria da ONU não surgiram, embora a Carta assinada em 1945 almeje a sua negociação "o mais cedo possível" (art. 43.3). E apesar do fato de que a disciplina projetada na Carta, confiando ao Conselho as decisões, ainda assim deixe a cada um de seus membros permanentes, mesmo na presença de uma força própria da ONU, a chave para decidir ou impedir uma intervenção através do poder de veto.

A Assembleia Geral da ONU, que inclui um membro para cada um dos quase duzentos Estados que a constituem, além de ter uma tarefa de incentivo e de avaliação dentro do perímetro das competências próprias da ONU (art. 10), desempenha uma série de funções específicas, adotando as deliberações mais importantes com uma maioria de dois terços (art. 18), a começar pela escolha dos membros não permanentes. Mas as decisões fundamentais, relativas à paz e à guerra, às sanções e às intervenções operacionais, são de pertinência exclusiva do Conselho de Segurança. E devem ter a aprovação de todos os cinco membros permanentes.

Quanto às emendas e às reformas da Carta, ao voto de dois terços da Assembleia Geral deve-se acrescentar o do Conselho, com a unanimidade dos membros permanentes (art. 109).

O órgão das Nações Unidas é o Secretariado Geral, que desempenha as funções administrativas, atua como estrutura de governo da ONU e é presidido pelo Secretário-Geral, eleito pela Assembleia a pedido do Conselho de Segurança (arts. 97-101). Seu papel tem uma importância central na implementação das diretrizes políticas e operacionais das Nações Unidas.

O Conselho Econômico e Social (cap. X da Carta), composto de 54 membros, eleitos pela Assembleia Geral e subdivididos por áreas continentais, tem entre suas tarefas a elaboração de propostas e de recomendações referentes a questões internacionais – econômicas, sociais, culturais, educativas, sanitárias – bem como iniciativas e projetos que promovam o respeito dos direitos do homem e das liberdades fundamentais (art. 62).

Por fim, é órgão das Nações Unidas o Tribunal Internacional de Justiça. Ele foi constituído em 1942, com base na Carta da ONU (arts. 92-96) e em um estatuto que retoma as regras do Tribunal Permanente de Justiça Internacional instituído com a Sociedade das Nações em 1920. As funções do Tribunal, que opera em Haia, são de duas ordens. Em primeiro lugar, a ele compete dirimir as controvérsias entre Estados que sejam submetidas livre e voluntariamente por ambas as partes, ou em virtude de uma cláusula jurisdicional inserida em um tratado, ou por efeito da declaração de aceitação da jurisdição do Tribunal realizada antecipadamente e em geral para cada um dos Estados em litígio. Em segundo lugar, o Tribunal é chamado a redigir pareceres sobre questões jurídicas submetidas a ele pela ONU.

O Tribunal é composto de quinze juízes de diversos países e representativos dos diversos ordenamentos, eleitos conjuntamente, mas com votações separadas pela Assembleia Geral e pelo Conselho de Segurança das Nações Unidas.

De 1946 a 2006, o Tribunal pronunciou 92 sentenças e redigiu 25 pareceres.

2. *Direito da economia e globalização*

Os desenvolvimentos da economia de troca no decorrer das últimas décadas mostram o surgimento de um mercado agora sem fronteiras, na medida em que até regiões e países anteriormente alheios e contrários à economia de mercado – basta mencionar a China e a Rússia – agora se converteram decididamente a ela, na tentativa de favorecer um crescimento real de suas economias. Como é natural, as empresas mais dinâmicas do Ocidente inseriram-se nesse processo para conquistar uma porção substancial de novos mercados, tornados ainda mais atraentes na medida em que para muitos produtos, agora amplamente difundidos nos países prósperos, a demanda potencial e a consequente taxa de crescimento das empresas que os produzem – de automóveis a geladeiras, de cosméticos a leite em pó – são e serão também no futuro previsível de modesta importância.

Nesse processo, as empresas já dotadas de dimensões e de estruturas capazes de fazê-las operar em nível internacional e multinacional evidentemente encontram-se em posição dominante. E, entre elas, as empresas do país mais rico e dinâmico do mundo ocidental, os Estados Unidos. Essas empresas já estão presentes na Europa há algum tempo e, portanto, estão acostumadas a se inserir em contextos econômicos e normativos diferentes do próprio. Se a isso se acrescenta o fato de que a língua franca do planeta, também no reino dos negócios, é hoje o inglês americano, não é de admirar que a estrutura jurídica predominante nos negócios de troca no âmbito internacional rapidamente se tornou a costumeira para as empresas americanas.

Um primeiro aspecto da globalização do direito da economia é, portanto, constituído pelos modelos contratuais de cunho americano, que derivam da grande planta do *Common law*. Deve-se ressaltar – porque se trata de um aspecto fundamental – que tais modelos nasceram e se desenvolveram em ampla medida fora de uma disciplina normativa de tipo codicista: sabemos que o direito inglês, assim como o estadunidense que dele deriva, nunca aderiu à escolha continental das codificações. A fonte essencial desses modelos é, ao contrário, o costume: assim nasceram e se desenvolveram formas contratuais agora afirmadas também na Europa dos códigos, do *franchising* ao *leasing*, do *factoring* aos contratos sobre os títulos derivados, que já nos nomes revelam sua origem estadunidense, onde o processo de desenvolvimento da economia capitalista é mais avançado. Sob esse aspecto, os desdobramentos da contratualística recente lembram de perto a análoga e bem mais remota história medieval que exportara da Itália das comunas, juntamente com os tecidos trabalhados e pintados, com as joias, com as armas preciosamente decoradas e com tantos outros produtos de valor, também a letra de câmbio, os livros de comércio, a partida dobrada e as sociedades comerciais. E o mesmo ocorre com a sucessiva afirmação do modelo da responsabilidade limitada e das sociedades de capitais.

Pesquisas recentes sobre a globalização do direito[243] evidenciaram algumas características próprias das novas formas do direito comercial. A contratualística é elaborada com a assistência determinante dos departamentos jurídicos das empresas, a maioria americanos ou no mínimo versados em direito americano. Eles atuam no interior de grandes *Law firms*, cada uma das quais é formada por centenas de advogados, com especializações que cobrem todas as áreas do direito e todos os ordenamentos do planeta. Esses conhecimentos muitas vezes são determinantes até para definir onde é conveniente localizar uma nova iniciativa de produção: de fato, a deslocalização das empresas implica a escolha do lugar mais conveniente para produzir. Mais conveniente sobretudo quanto ao custo do trabalho, mas também quanto ao regime jurídico e fiscal em vigor[244].

As diferenças de regulamentações entre os diversos Estados do mundo[245] têm, portanto, grande importância nas decisões de investimento do mercado. Falou-se de "dialetos jurídicos" [Ferraresi, 2000] no interior do próprio mercado, que nem por isso perde o seu caráter global.

No terreno da regulamentação, por outro lado, não faltam alguns setores para os quais as exigências ligadas ao incentivo do comércio obrigaram a superar as fronteiras nacionais e continentais e obter uma legislação uniforme em nível internacional[246]. Nesses e em outros

---

[243] Elas foram mencionadas e criticamente discutidas por Ferraresi, 2000; 2002.

[244] Basta pensar no fenômeno recente, de enormes proporções, que levou muitas *software-houses* americanas a confiar serviços de programação a profissionais da Índia, que é rica de talentos matemáticos e, além disso, oferece a dupla vantagem do ótimo conhecimento do inglês e de um custo de trabalho incomparavelmente inferior ao dos EUA; ou então no desenvolvimento recente de economias como a da Irlanda, que atraiu capitais e empresas também em decorrência de seu regime jurídico atraente.

[245] Mas também no interior de um mesmo Estado federal: é famoso o caso do Delaware (EUA) e da sua legislação particularmente atraente para as sociedades de capitais.

[246] Basta recordar a Convenção de Genebra sobre a letra de câmbio e a Convenção de Viena sobre a venda internacional, já mencionadas acima.

setores a globalização se manifesta na forma tradicional da unicidade legislativa, que depois costuma receber interpretações não necessariamente idênticas no interior de cada ordenamento estatal, bem como aplicações jurisprudenciais não idênticas por parte dos tribunais nacionais de justiça.

Quanto às controvérsias de natureza econômica entre empresas atuantes em âmbito transnacional, é preciso ter presente o alcance sempre crescente assumido pelo instituto da arbitragem. Entre as cláusulas dos contratos internacionais é frequente a indicação do foro competente ou então, cada vez mais, a convenção de recorrer à arbitragem internacional, em caso de controvérsia. As garantias de sigilo, mas sobretudo de rapidez, que são próprias da arbitragem levaram as empresas a se valer desse instrumento, que no entanto não é desprovido de inconvenientes, também no que diz respeito aos seus custos. E aqui volta a ser determinante o papel dos *lawyers*: um grupo bastante restrito de juristas de negócios de nível internacional, cujo prestígio ultrapassou as fronteiras, gerencia com margens muito amplas de discricionariedade a maior parte das controvérsias das grandes multinacionais, que se confiam a eles cada uma das quais escolhendo cada vez o próprio árbitro e fazendo com que o colégio seja presidido por um árbitro designado por acordo entre as próprias partes ou escolhido previamente pelos dois árbitros de cada parte. Desse modo, o direito global da economia desenvolveu-se também através de uma jurisprudência arbitral que também se torna fonte do direito.

As exigências impostas em particular pela economia dos comércios e da produção promoveram a criação de instrumentos aptos a resolver com rapidez e eficácia as controvérsias econômicas de natureza internacional. O Tribunal Permanente de Arbitragem (que atua desde 1899 em virtude da Convenção de Haia, onde tem sede) trata de controvérsias de Estados que decidam confiar-se ao seu laudo. O Tribunal Internacional de Arbitragem, instituído em 1923 com sede em Paris, desenvolve uma intensa atividade de arbitragem entre pessoas físicas, empresas ou indivíduos, para casos relativos ao comércio internacional. O International Center for Settlement of Investment Disputes (ICSID), criado em 1965 com a Convenção de Washington, onde está sediado, decide sobre controvérsias entre Estados e indivíduos (pessoas físicas ou empresas) relativas a investimentos internacionais. O Tribunal Internacional do Direito do Mar – criado com a Convenção de Montego Bay de 1982, que entrou em vigor em 1994 e tem sede em Hamburgo – dirime as controvérsias de direito do mar e tem competência exclusiva quanto aos fundos marítimos em águas internacionais.

3. *A proteção internacional dos direitos humanos*

No âmbito do direito internacional, as inter-relações entre os Estados compreendem agora todo o planeta. As vicissitudes históricas que se seguiram às duas guerras mundiais levaram à configuração de um sistema que encontra na Organização das Nações Unidas o seu foro oficial. Os quase duzentos Estados que nela estão hoje representados abrangem a totalidade da população mundial. Isso jamais acontecera na história, e esse fato, por si só, já merece grande atenção por suas consequências atuais e potenciais [Sen, 2003].

A Carta de 1946 impôs a obrigação para os Estados de favorecer o autogoverno das populações submetidas ao domínio colonial (art. 73 b); uma obrigação originariamente entendida como o compromisso de conceder amplas autonomias, que com o tempo se ampliou até coincidir com o da plena independência e soberania dos territórios outrora coloniais. Se na Índia a libertação do domínio colonial ocorreu graças a um amplo movimento animado e guiado pela personalidade excepcional de Gandhi, a ONU desempenhou um papel fundamental na história da descolonização, através das intervenções da Assembleia Geral, que aplicou de modo extensivo as normas da Carta que lhe atribui (art. 10) o poder de se ocupar, com sindicâncias ou com recomendações, de tudo o que é objeto da competência da ONU.

Em 1960, a "Declaração sobre a Concessão da Independência aos Países e Povos Coloniais"(Resolução 1514) afirmou claramente que a subordinação de um povo a uma potência estrangeira constitui violação dos direitos fundamentais da pessoa humana. E o Tribunal Internacional de Justiça declarou (no seu parecer de 21 de junho de 1971) que a Carta da ONU torna o princípio da autodeterminação aplicável a todos os territórios. O processo de descolonização, agora concluído, da África, Ásia, Oceania e América Central em grande parte pode ser atribuído, nos tempos e nos modos, à linha de conduta impressa pelas Nações Unidas.

Um aspecto fundamental da evolução do direito após a Segunda Guerra Mundial é constituído pela proteção dos direitos humanos em nível internacional. Vimos acima que a categoria dos "direitos fundamentais", presente nas constituições europeias a partir da Declaração de 1789, ampliou-se progressivamente e ainda se encontra em grande evolução. Mas não se trata apenas de um componente dos direitos nacionais: os "direitos humanos" passaram a integrar o círculo das relações jurídicas entre os Estados.

O ponto de partida aconteceu no imediato pós-guerra, com a aprovação por parte da Assembleia Geral das Nações Unidas da Declaração Universal dos Direitos do Homem, ocorrida em 10 de dezembro de 1948. Preparada por uma Comissão em que foi central o papel desempenhado pelo advogado e professor francês René Cassin, a Declaração enuncia em 30 breves artigos uma série de direitos fundamentais, a começar da liberdade, da dignidade e da igualdade, com o apelo à fraternidade entre os homens (art. 1). Ao lado das agora tradicionais formulações da liberdade de pensamento, de associação, de proteção da liberdade pessoal contra as medidas restritivas do poder, ao lado da presunção de inocência, do direito a uma justiça imparcial, do princípio de legalidade da pena, da reivindicação do direito de propriedade material e imaterial, traz também o reconhecimento de outros direitos. O direito à nacionalidade (art. 15), os ligados à família e ao casamento (art. 16), o direito à plena liberdade religiosa e à liberdade de culto (art. 18), o direito à privacidade (art. 12), o direito à informação (art. 19), o direito ao trabalho (art. 23), ao descanso (art. 24), à segurança social (art. 22), a um adequado nível de vida (art. 25), à educação e ao livre desenvolvimento da personalidade (art. 26). A eles se soma a proclamação de direitos "políticos", entre os quais a liberdade de movimento das pessoas dentro e fora do próprio país (art. 13), o direito de asilo para quem seja perseguido por motivos políticos (art. 14), o direito de participar diretamente ou através de eleições por sufrágio universal do governo do próprio país (art. 21).

A Declaração é anexa à Carta da ONU. Não é um texto formalmente "acionável", mas nem por isso sua importância é menor. Uma série de artigos da Carta faz menção explícita aos direitos do homem: é o que ocorre no prólogo, no art. 1.3 e nos arts. 55 c e 62.2. E a propósito da autodeterminação dos povos, a que já nos referimos, a Carta usa o termo fundamental de declarar "sagrada" a tarefa de obtê-la (art. 73). Deve-se ressaltar sobretudo a importância da Declaração no contexto das relações internacionais: cada um dos Estados que ao longo do tempo ingressaram na ONU com essa própria atitude aceitou a ideia de que os direitos do homem, cuja indicação específica é representada pela Declaração Universal dos Direitos, fazem parte do "pacto" estipulado com a entrada nas Nações Unidas. Se se considera que uma grande parte dos enunciados sobre os direitos contidos na Declaração estava bem longe não apenas de ser realizada de fato, mas até de ser simplesmente reconhecida em princípio pelos Estados, é possível avaliar qual era o alcance potencial da própria Declaração.

A natureza não obrigatória da Declaração e a ausência de instrumentos de acionabilidade tornaram até demasiado fácil a sua inobservância, especialmente porque o princípio do "domínio reservado", já mencionado, impedia de investigar a estrutura constitucional interna dos Estados-membros da ONU. Mas seria um equívoco considerar que os direitos expressos na Declaração tenham permanecido letra morta. Já falamos da descolonização, certamente favorecida pela ONU. Apenas dois anos depois de 1948, a Convenção Europeia sobre os Direitos do Homem, que foi assinada em Roma em 4 de novembro de 1950 e entrou em vigor três anos mais tarde[247], projetava um sistema de instituições para a proteção desses direitos, em seguida complementado com diversos Protocolos adicionais.

Em 1959 nascia assim o Tribunal Europeu dos Direitos do Homem, com sede em Estrasburgo. Originariamente, os recursos eram admitidos apenas por parte dos Estados, ao passo que a Comissão decidia se eventualmente transmitiria os recursos individuais ao Tribunal. Com os Protocolos 9 e 11 de 1990 e 1994[248] reconheceu-se ao Tribunal a competência de decidir, depois de passar pelo crivo da Comissão, também os recursos apresentados pelos indivíduos por suposta violação dos direitos humanos. E os recursos se multiplicaram: se em 1981 os casos decididos eram 7, em 1997 haviam aumentado para 119, após milhares de recursos submetidos à Comissão encarregada do exame prévio. O mais importante é talvez que as sentenças do Tribunal são vinculantes para os Estados que aderiram à Convenção. Com referência à Itália, deve-se lembrar que o problema dos tempos muito longos dos processos e a exigência de abreviá-los começaram a determinar reformas no ordenamento judiciário nacional – bem como a introdução na Constituição do princípio da "duração razoável" (art. 111, na nova formulação de 2003) – só a partir do momento em que as condenações do Tribunal de Estraburgo a recursos individuais movidos contra o Estado italiano se tornaram frequentes.

São muito significativos dois acordos das Nações Unidas sobre os direitos humanos de 16 de dezembro de 1966, que entraram em vigor dez anos mais tarde entre os primeiros 35 Estados que os ratificaram. Eles se referem a direitos econômicos, sociais, culturais, civis e políticos e agora integram o direito internacional.

O princípio da proteção dos direitos do homem, afirmado na Declaração Universal de 1948, esteve no centro das reivindicações que levaram à crise do regime do comunismo soviético. Nesse aspecto, um papel fundamental foi desempenhado por Andrei Sakarov, o grande físico russo que, depois de ter contribuído para a construção do armamento nuclear de seu país, ousou dirigir críticas corajosas, a partir de 1962, não apenas contra as armas atômicas, mas também contra a violação dos direitos de liberdade. Já em 1968 e depois dos anos seguintes, ele propôs a instituição de uma comissão internacional de controle sobre a observância da Declaração dos Direitos do Homem[249]. Quando, depois de dois anos de negociações, os Estados Unidos, a URSS e os países europeus assinaram em Helsinque, em 1975, a Ata Final da Conferência sobre Segurança, esta reconheceu a intangibilidade das fronteiras e, portanto, pela primeira vez de modo formal, também a divisão da Alemanha em duas, mas reconheceu também (nos capítulos VII e VIII) os direitos fundamentais do homem, inclusive o direito à autodeterminação dos povos, com referência explícita à Declaração de 1948. Na época, pôde parecer uma concessão verbal feita pela URSS em troca de uma concessão substancial em seu benefício em relação às fronteiras da Europa. Mas quinze anos mais tarde a razão desarmada dos direitos humanos mostrou-se mais forte que a razão de Estado soviética.

A especificação dos direitos do homem contida na Declaração de 1948, embora maior que a dos modelos tradicionais, não é nem podia ser o ponto final, na medida em que a evolução dos costumes e das ideias pouco a pouco levou a ampliar a fronteira dos direitos considerados fundamentais. Para cada uma das sucessivas "gerações" de direitos fundamentais do homem, cuja existência (como vimos acima) foi reconhecida pela moderna doutrina, o direito internacional introduziu recentemente algumas formas de proteção.

É antes de tudo sobre a primeira geração dos direitos de liberdade que a eficácia da Declaração Universal da ONU até agora se manifestou. De fato, muitos regimes políticos do planeta ainda não eram (ou não são) dotados de uma estrutura coerente com a Carta nesse

---

[247] Em 2006, 46 Estados europeus aderiram à Convenção; entre eles estão a Rússia, a Ucrânia e outros Estados pertencentes à ex-União Soviética.

[248] Que passaram a vigorar respectivamente em 1994 e em 1998.

[249] A. Sakarov, *Considerazioni sul progresso, la coesistenza pacifica e la libertà intellettuale*, agora em id., *Il mondo tra mezzo secolo*, Carnago (Va), 1992, p. 21; e de novo em 1971, em um *Promemoria* escrito ao Secretário da URSS, Brejnev (ibid., p. 55). O resultado dessas batalhas foi o exílio imposto ao autor, então demasiado conhecido no mundo para receber uma condenação mais rigorosa.

plano. Já hoje, mas ainda mais em perspectiva, as potencialidades da equiparação jurídica da mulher em relação ao homem tanto no direito privado como no direito público[250] são enormes, em comparação a sociedades, Estados e tradições que estão ainda muito distantes da paridade.

A batalha pelo respeito dos direitos humanos obteve uma vitória histórica com o abandono do *apartheid* na República da África do Sul. Nesse caso, a pressão da comunidade internacional, realizada com meios não militares, derrotou as resistências da elite local. O que aconteceu depois é ainda mais significativo: em vez de desencadear uma série sem fim de vinganças sangrentas, o fim da segregação dos negros abriu caminho para um processo de conciliação na qual ofendidos e ofensores, oprimidos e opressores passaram a discutir juntos, a chorar e a se justificar até chegar a uma reconciliação, sem nenhuma intervenção do aparelho público, sem juízes nem tribunais, sem condenações penais a não ser para os maiores responsáveis pelos crimes. E um processo de pacificação semelhante foi encaminhado para curar as feridas de um feroz genocídio recente entre africanos, ocorrido em Ruanda. Temos aqui um novo modelo de um caminho não processual para a reconciliação, para a conquista da paz interna depois de acontecimentos dramáticos e sangrentos que laceraram uma comunidade. Um modelo que vem da África.

Os direitos concernentes à representação política e à proteção social também foram ativamente considerados no quadro das instituições internacionais. Basta considerar como a Organização Internacional do Comércio (OMC), que tem o objetivo de promover as transações comerciais no âmbito internacional, recentemente passou a condicionar a admissão de novos Estados na Organização ao respeito a uma série de regras sobre os horários de trabalho, à proibição do trabalho infantil e à previdência. Esse é um exemplo de como o objetivo de instaurar um mercado global com regras apropriadas de concorrência em nível internacional pode conjugar-se com a proteção dos direitos humanos [Alston, 1999].

A relevância cada vez maior das regras para a proteção do ambiente contra as forças que põem em risco o equilíbrio ecológico do planeta inevitavelmente obrigou a um enfoque supranacional: se a proteção do ambiente e da biodiversidade é um objetivo a ser perseguido, também e sobretudo no interesse das gerações futuras, é claro que ele só pode ser realizado através de intervenções coordenadas em nível planetário. Os ventos e as águas não costumam respeitar as fronteiras nacionais. Também nesses aspectos o papel das instituições internacionais e da regras estabelecidas com tratados e convenções é relevante: basta pensar no Protocolo de Kyoto de 1997 (que entrou em vigor em 2005) para a defesa do ambiente.

Por fim, veio se consolidando a ideia de que entre os direitos fundamentais do homem está também o direito à paz. Se esse é em certo sentido o pressuposto implícito na criação da ONU (mas também, em um contexto continental, da União Europeia), em tempos mais próximos de nós começou-se a afirmar que o direito à paz não é apenas um ideal coletivo, mas um direito fundamental propriamente dito: não um mito infundado, mas um objetivo a ser perseguido com instrumentos adequados que entram com justa razão no terreno do direito. E isso voltou a colocar em discussão as instituições internacionais, a começar pela ONU, com a finalidade de dotá-las de instrumentos adequados para a proteção efetiva e eficaz desse direito.

Outro aspecto, de notável significado, é constituído pela recente consciência de que o recurso a sanções econômicas em relação a Estados e governos que ameaçam a paz ou a segurança, bem como o recurso a medidas militares indiscriminadas, pode pôr em risco aqueles "direitos humanos fundamentais" que as organizações internacionais pretendem justamente proteger. Isso ocorre quando quem é atingido pelas sanções econômicas ou pelas bombas contra um regime violento ou agressivo contra outros Estados são as populações civis, que não são responsáveis pelas ações de seus governos, quase sempre autoritários. Em dezembro de 1997, a Comissão das Nações Unidas sobre os Direitos Econômicos e Sociais invocou a

---

[250] A Convenção da ONU sobre os direitos políticos da mulher remonta a 1952.

esse respeito o Pacto de 1966 sobre os direitos humanos. A necessária coerência entre a proteção da paz com os instrumentos do direito e a proteção dos direitos fundamentais se está afirmando como exigência não eludível [Alston, 1999].

Em anos recentes, surgiram alguns Tribunais internacionais destinados a fazer justiça nos casos em que os crimes cometidos no interior de um Estado têm tal magnitude a ponto de se configurar como crimes contra a humanidade, como tais passíveis de punição em qualquer parte, até mesmo acima da jurisdição nacional. O princípio da jurisdição universal para os crimes contra a humanidade foi repetidamente invocado para justificar a intervenção de qualquer Estado[251]. Um passo muito importante foi dado com a instituição do Tribunal Penal Internacional, que foi criado em 1998 e passou a funcionar em 2002, após a ratificação obtida em mais de 60 Estados. O Tribunal julga uma série de delitos muito graves (genocídio, crimes contra a humanidade, crimes de guerra) para os quais os Tribunais nacionais competentes tenham se omitido de deliberar[252]. E natureza semelhante – ainda que com objeto circunscrito – têm o Tribunal Internacional para a ex-Iugoslávia e aquele para Ruanda, terras devastadas recentemente por cruéis genocídios em massa.

Esses Tribunais de instituição recente nasceram da exigência de oferecer uma resposta – no mínimo uma tentativa de resposta – ao horror que suscita a visão do sofrimento dos povos distantes, cujas imagens dolorosas chegam à casa de milhões de ocidentais.

As jurisdições internacionais, certamente relevantes e inovadoras, são contudo limitadas em sua eficácia por uma série de barreiras e de cautelas estabelecidas pelos sujeitos que as instituíram. Aquela que em princípio é a mais importante de todas porque tem competência sobre os Estados, o Tribunal Internacional de Justiça, como sabemos só tem o poder de julgar se tem o assentimento de cada um dos Estados contendores que se submetem à sua jurisdição (arts. 36-37 do Estatuto de 1946). O recente Tribunal Penal Internacional, por sua vez, não apenas foi até agora rejeitado pela maior potência mundial, os Estados Unidos, apesar de o terem inicialmente aprovado, mas só pode intervir na ausência de um processo nacional de punição dos crimes (art. 7 do Estatuto de 1998): o que é compreensível e também em princípio coerente com o critério de subsidiariedade, mas ainda assim deixa aberto o caminho – nos Estados totalitários e autocráticos – para estratégias processuais locais, manipuladas do alto para impedir a intervenção do próprio Tribunal. Um aspecto constitutivo essencial da jurisdição, ou seja, a possibilidade de provocar seu exercício por parte de um sujeito público ou privado que se considera lesado perante um outro sujeito mesmo renitente a se apresentar em juízo, está portanto ausente da justiça internacional.

Outra limitação, não menos substancial, consiste na ausência de poderes coercitivos reais dos Tribunais Internacionais. O exercício eficaz da jurisdição é inseparável do poder de executar a sentença, impondo o seu respeito à parte perdedora que eventualmente queira subtrair-se a ela. O "monopólio da violência legítima" – característica do Estado moderno segundo a terminologia de Max Weber – é precisamente aquilo que falta à justiça internacional, que se torna efetiva só com a condição de que os Estados aceitem observar as decisões do Tribunal.

As limitações que destacamos não devem levar a subestimar o peso nem a importância das iniciativas já levadas positivamente ao sucesso em épocas recentes com o incentivo das organizações internacionais, para algumas das quais chamamos a atenção.

4. *Conclusão*

Um elemento que contribui em medida determinante para a globalização das relações internacionais é constituído pelo fluxo em tempo real das informações, em forma escrita atra-

---

[251] É o caso dos "Princípios de Princeton sobre a jurisdição universal" de 2001 [Singer, 2003, p. 133].
[252] Estatuto de Roma do Tribunal Penal Internacional, 17 de julho de 1998.

vés da imprensa, em forma telemática através da Internet e das imagens televisivas. É o fenômeno já descrito há décadas, conhecido com a fórmula que compara o planeta a uma "aldeia global"[253]. O mundo está se tornando "um" pela primeira vez na história. A intuição de Immanuel Kant antecipou em dois séculos a representação de um fenômeno que só hoje começou a se realizar efetivamente e se tornou evidente sob nossos olhos. Mas o fato de que "a violação de um direito em um ponto da terra é sentida em todos os pontos"[254] ainda não comporta a possibilidade de remediar essa violação.

Entre o indivíduo ofendido e o observador distante se interpõe o diafragma da soberania nacional. Isso certamente não significa negar que no passado tenha havido intervenções diretas e indiretas, econômicas e militares, em relação a outros Estados. Mas a doutrina sancionada há mais de três séculos com a fórmula de "princípio de não intervenção", que está na base da Paz de Vestfália de 1648, ainda resiste: como vimos acima com referência à Carta da ONU e ao princípio do "governo reservado". No entanto, essa doutrina já mostra claros sinais de estar em processo de superação.

É significativo que a disposição da Carta da ONU que prevê para as Nações Unidas a possibilidade de criar sua própria estrutura militar (art. 43) ainda hoje não se tenha realizado: a resistência dos Estados até aqui mostrou-se intransponível. Merece ser lembrada, entre outras, a proposta apresentada em 1946 por aquele que talvez representasse a maior autoridade científica do planeta[255], que teria levado à criação de um governo mundial, acompanhada de uma reforma da ONU que teria abolido o poder de veto e transformado a Assembleia Geral em sentido representativo. A proposta não teve apoio.

As intervenções autorizadas pela ONU através do Conselho de Segurança, que se multiplicaram enormemente após a queda do Império soviético, são o fruto de acordos menos exigentes que os previstos pela Carta (arts. 44-46), não formalizados com o processo da ratificação. São acordos que não implicam a constituição de uma força própria da ONU, mas o recurso – sob a égide das Nações Unidas – a forças de vários Estados, ou de organizações militares já existentes, como a Otan.

As limitações da eficácia dos instrumentos designados para a proteção dos direitos fundamentais, incluindo naturalmente o direito à paz, são inegáveis, não obstante a evolução notável dos anos recentes [T. Padoa-Schioppa, 2002]. A doutrina política e jurídica não deixou de mostrá-los. São limites que concernem antes de tudo à capacidade operacional das organizações internacionais, que se mostra em contradição com a natureza agora planetária das relações econômicas, financeiras e comerciais. Até a criminalidade possui hoje ramificações que cobrem todo o planeta, de modo que só pode ser combatida com eficácia dotando-se de estruturas investigativas e operativas igualmente transnacionais. O verdadeiro motivo dessas limitações está na relutância dos governos nacionais de se despojar de alguns de seus poderes, transferindo-os para um nível superior.

É uma resistência que não pode surpreender quem tem experiência com organizações humanas: a tendência à conservação do próprio poder constitui um aspecto intrínseco à natureza humana, tanto no interior dos Estados como nas relações internacionais, como já sabia Tucídides no século V a.C.[256] Só uma situação de grave perigo ou o impulso de uma força

---

[253] M. McLuhan, *Aldeia global*, 1964.

[254] Kant, *À Paz Perpétua*, 1795.

[255] Albert Einstein sugeriu que o controle sobre o armamento atômico – que naquele momento só os Estados Unidos possuíam – fosse confiado a uma autoridade supranacional, as Nações Unidas criadas havia pouco, mesmo sem exigir o consenso de todos e com o convite a todos os Estados a ter voz ativa nessa aliança pela paz: A. Einstein, *On Peace*, ed. O. Nathan e H. Norden, Nova York, 1981, pp. 369-508, em especial às pp. 395, 409.

[256] São célebres as "razões" que Tucídides põe nos lábios dos atenienses no diálogo com os habitantes da pequena Ilha de Melos: "Pois sabeis tão bem quanto nós que, nos raciocínios humanos, se leva em conta a justiça quando a necessidade recai com a mesma força sobre ambas as partes; caso contrário, os mais fortes exercem o seu poder e os mais fracos se adaptam a ele. [...] De fato consideramos [...] que os que são mais fortes são também aqueles que, em virtude de uma lei natural, sempre mandam" (Tucídides, *A guerra do Peloponeso*, V. 89; V. 105).

superior – uma força material e física, mas eventualmente também uma força ideal e espiritual, como várias vezes ocorreu na história: a força não é apenas a força física – podem vencer sua resistência. Essa resistência atua também onde os poderes se tornaram ao menos em parte nominais ou figurativos: como ocorre precisamente com aqueles aspectos da soberania – a começar pela soberania militar, à qual cabe a tarefa de garantir a segurança dos cidadãos diante das ameaças externas – que agora são apanágio de poucos Estados, talvez até de nenhum Estado considerado isoladamente do contexto internacional.

Também em relação a esse aspecto houve quem, ao desenhar um mapa das possíveis maneiras de reformar as Nações Unidas, se deteve no modelo europeu [Beck, 1998]: precisamente o modelo da União Europeia, mesmo ainda incompleto, parece oferecer elementos institucionais – regras e formas de gestão das relações entre Estados, formas de limitação da soberania, princípios jurídicos como a subsidiariedade – que poderiam ser aplicados, com as devidas diferenças, também à ONU [Singer, 2003, pp. 165, 228].

Observe-se que o impulso para superar o dogma da soberania nacional, outrora considerada intangível e até "sagrada", surgiu da sociedade civil, dos indivíduos e das coletividades: com motivações e com propostas não raro incompatíveis entre si, ela provém ao mesmo tempo do mundo da economia, dos movimentos pela paz, da opinião pública chocada com as imagens de fome, de genocídio, de opressão, de guerra. Aqui está a principal fonte de aspectos tão diversos da globalização, como as regras legais e consuetudinárias do comércio internacional, os instrumentos jurídicos para a luta contra a criminalidade transnacional, as intervenções militares promovidas pela ONU para a manutenção da paz (*peace-keeping*) ou para a promoção ativa desta com a força (*peace-enforcing*), ou até mesmo para afastar ou deter ações de genocídio.

Embora ainda esteja muito distante de um modelo coerente de organização supranacional democrática, a ONU obtém uma legitimação real de baixo – dos povos constituídos por indivíduos livres e iguais nos seus direitos, que são a fonte da soberania: segundo a doutrina de origem europeia que agora conquistou, "imperio rationis" e não mais "ratione imperii", também outras civilizações. Por isso, a ONU tornou-se o foro onde o processo atual de unificação de fato do planeta pode transformar-se, e talvez em parte já esteja se transformando, em uma união pacífica e compartilhada: em uma união de Estados e de povos que vivem sob o governo do direito.

Abreviaturas

ASD	Annali di storia del diritto
AHDE	Anuario de historia del derecho español
BBKL	Biographisch-Bibliographisches Kirchenlexihon (www.bautz.de/bbkl)
BMCL	Bulletin of Medieval Canon Law
CCL	Corpus Christianorum, Series latina, Turnholt
CEE	Comunidade Econômica Europeia
DBI	Dizionario Biografico degli Italiani
DDC	Dictionnaire de droit canonique
Duvergier	*Collection complète des lois, décrets, ordonnances [...] de 1788 à 1824* par J.-B. Duvergier, Paris, 1825-1828
ED	Enciclopedia del diritto, Milão, 1958-2005.
HRG	Handwörterbuch des Rechtsgeschichte
IC	Ius commune
Isambert	Jourdan, Decrouzy, Isambert, *Récueil général des anciennes lois françaises*, Paris, 1822-1839, 29 volumes.
LdM	Lexihon des Mittelalters
MGH	Monumenta Germaniae Historica
MHP	Monumenta Historiae Patriae
PL	Patrologia Latina, ed. Migne
PG	Patrologia Grega, ed. Migne
QF	Quellen und Forschungen aus italienischen Archiven und Bibliotheken
RHDFE	Revue historique de droit français et étranger
RSDI	Rivista di storia del diritto italiano
TRG	Tijdschrift voor Rechtsgeschiedenis
UE	União Europeia
Wahrmund	*Quellen zur Geschichte des römisch-kanonisches Processes im Mittelalter*, Innsbruck, 1905-1917
ZSS	Zeitschrift der Savigny-Stiftung für Rechtsgeschichte

Bibliografia

(L') *ABGB e La codificazione asburgica in Italia e in Europa*, org. por P. Caroni e E. Dezza. Pádua, 2006.
Acher, J. Une chanson en l'honneur du glossateur Martinus, *Studi in onore di Biagio Brugi*. Palermo, 1910, pp. 507-18.
A Ennio Cortese. Roma, 2001, 3 vols.
Aguilera Barchet, B. *Introduction juridica a la Historia del Derecho*. Madri, 1994.
—. *Historia y derecho*. Barcelona, 1999.
Ahsmann, M. Teaching the Ius hodiernum. Legal education of advocates in the northern Netherlands (1575-1800), *Tijdschrift voor Rechtsgeschiedenis*, 65, 1997.
Ahsmann, M. J. A. M. *Collegium und Kolleg. Der juristische Unterricht an der Universität Leiden 1575--1630*. Frankfurt am Main, 2000.
Aimo, P. *Le origini della giustizia amministrativa*. Milão, 1990.
Ajello, R. *Arcana Juris*. Nápoles, 1976.
—. *Formalismo medievale e moderno*. Nápoles [1990].
—. *Il collasso di Astrea*. Roma/Nápoles, 2002.
Alessi, G. *Il processo penale*. Roma, 2001.
Almeida Costa, M. J. *História do direito português*. Coimbra, 2005.
Alpa, G. *La cultura delle regole: storia del diritto civille italiano*. Roma/Bari, 2000.
Alston, Ph. *Diritti umani e globalizzazione. Il ruolo dell'Europa*. Turim, 1999.
Alvazzi del Frate, P. *Giurisprudenza e référé législatif in Francia nel periodo rivoluzionario e napoleônico*. Turim, 2005.
Amelotti, M.; Costamagna, G. *Alle origini del notariato italiano*. Roma, 1975.
Aquarone, A. *L'organizzazione dello stato totalitário*. 2. ed. Turim, 1978.
Ara, A. *Lo statuto fondamentale dello Stato della Chiesa*. Milão, 1966.
Archi, G. G. *Teodosio e la sua codificazione*. Bolonha, 1976.
(L')*arte del difendere*, org. por M. G. Di Renzo Villata. Milão, 2006.
Ascheri, M. *Istituzioni medievali, secoli V-XV*. Bolonha, 1974.
—. *Tribunali, giuristi e istituzioni dal medievo all'età moderna*. Bolonha, 1989.
—. *I diritti del medioevo italiano*. Roma, 2000.
—. Législation et coutumes dans les villes italiennes et leur contado (XIIe-XIVe siècles), *La coutume au village dans l'Europe médiévale et modern*. Toulouse, 2000a, 73-92.
—. *Introduzione storica al diritto moderno e contemporâneo*. Turim, 2003.
Avocats et notaires em Europe. Les professions judiciaires et juridiques dans l'histoire contemporaine, sous la direction de J.-L. Halpérin. Paris, 1996.

Bader, K. S.; Dilcher, G. *Deutsche Rechtsgeschichte. Land und Stadt, Bürger und Bauer im Alten Europa*. Berlim, 1999.
Baker, J. H. *An Introduction to English Legal History*. 4. ed. Londres, 2002.
Balestrieri, P. Mittermaier e l'Italia, *Ius Commune*, 10 (1983), pp. 97-140.
Baltl, H.; Kocher, G. *Oesterreichische Rechtsgeschichte*. Viena, 1993.
Barberis, M. *Breve storia della filosofia del diritto*. Bolonha, 2004.
Barbieri, E. *Notariato e documento notarile a Pavia (secoli XI-XIV)*. Como, 1990.
Baudelot, B. *Un grand jurisconsulte du XVIIe siècle. Jean Domat*. Paris, 1938.
Beck, U. (org.). *Politik der Globalisierung*. Frankfurt am Main, 1998.
Bell, D. A. *Lawyers and Citizens. The Making of a Political Elite in Old Regime France*. Oxford, 1994.
Bellomo, M. *L'Europa del diritto comune*. Lausanne, 1988.

Bellomo, M. *Saggio sull'Università nell'età del diritto comune*. 2. ed. Roma, 1992.
Belloni, A. *Le questioni civilistiche del secolo XII*. Frankfurt am Main, 1989.
—. *Professori giuristi a Padova nel secolo XV*. Frankfurt am Main, 1986.
Beneduce, P. *Il corpo eloquente*. Bolonha, 1996.
Bennasar, B. *Storia dell'Inquisizione spagnola*. Milão, 1994.
Bergh, G. C. J. J. van den. *The Life and Work of Gerard Noodt (1647-1725)*. Oxford, 1988.
—. *Die hollandische elegante Schule*. Frankfurt am Main, 2002.
Berglar, P. *Wilhelm von Humboldt*. Reinbeck bei Hamburg, 1970.
Berlin, I. *Libertà*. Milão, 2005.
Berman, H. *Law and Revolution. The Formation of the Western Legal Tradition*. Cambridge (Mass.), 1983.
Berman, H. J. *Law and Revolution. II: The Impact of the Protestant Reformations on the Western Legal Tradition*. Cambridge (Mass.)/Londres, 2003.
Bernardo Tanucci statista letterato giurista. Nápoles, 1986, 2 vols.
Bertram, M. Der Dekretalenapparat des Goffredus Tranensis, *BMCL*, 1 (1971), pp. 79-83.
Besta, E. *Legislazione e scienza giuridica dalla caduta dell'Impero romano al secolo decimosesto*, I-II. Milão, 1923-1925.
Beutler, B.; Bieber, R.; Pipkorn, J.; Streil, J.; Weiler J. H. H. *L'Unione europea. Istituzioni ordinamento e politiche*. Bolonha, 1998.
Bezemer, K. *Pierre de Belleperche. Portrait of a Legal Puritan*. Frankfurt am Main, 2005.
Birocchi, I. *Saggi sulla formazione storica della categoria generale del contrato*. Cagliari, 1988.
—. *Causa e categoria generale del contratto [...]. I: Il Cinquecento*. Turim, 1997.
—. Juan Ginés Sepulveda, internazionalista moderno?, *A Ennio Cortese*. Roma, 2001, pp. 81-116.
—. *Alla ricerca dell'ordine. Fonti e cultura giuridica nell'età moderna*. Turim, 2002.
—. La formazione dei diritti patrii nell'Europa moderna, *Diritto patrio (Il)*, org. I. Birocchi e A. Mattone. Roma, 2006, pp. 17-71.
Bloch, M. *La società feudale*. Turim, 1953.
Bobbio, N. Quelques arguments contre le droit naturel, *Annales de philosophie politique*, 1959, pp. 175-181.
—. *Diritto e Stato nel pensiero di Emanuele Kant*. Turim, 1969.
—. *Una filosofia militante. Studi su Carlo Cattaneo*. Turim, 1971.
—. *Il positivismo giuridico*. Turim, 1979.
—. *L'età dei diritti*. Turim, 1990.
Böckenförde, E. W. La pace di Westfalia e il diritto di alleanza dei ceti dell'Impero, *Lo Stato moderno*, org. E. Rotelli e P. Schiera. Bolonha, 1974, vol. III, pp. 333-62.
—. *Diritto e secolarizzazione. Dallo Stato moderno all'Europa unita (1991)*. Roma/Bari, 2007.
Bognetti, G. P. *L'età longobarda*. Milão, 1968, 4 vols.
Bognetti, G. *Lo spirito del costituzionalismo americano. I: La Costituzione liberale. II: La Costituzione democratica*. Turim, 1998-2000, 2 vols.
Bonini, R. *Disegno storico del diritto privato italiano (dal Codice Civile del 1865 al Codice civile del 1942)*. Bolonha, 1996.
Bosco, A. *Lord Lothian, un pioniere del federalismo*. Milão, 1989.
Bougard, F. *La justice dans le Royaume d'Italie de la fin du VIIIe siècle au début du XIe siècle*. Roma, 1995.
Brague, R. *Europe. La voie romaine*. Paris, 1992; trad. it. *Il futuro dell'Occidente*. Milão, 1998.
Brambilla, E. *Genealogie del sapere. Università, professioni giuridiche e nobiltà togata in Italia (XIII-XVIII secolo)*. Milão, 2005.
BRAUN, A. *Giudici e Accademia nell'esperienza inglese. Storia di un dialogo*. Bolonha, 2006.
Brundage, J. A. The Ambidestrous Advocate. A Study in the History of legal Ethics, "*Ins Wasser geworfen und Ozeane durchquert*" Festschrift für Knut Wolfgang Nörr, hrsg. von M. Ascheri [...]. Colônia/Weimar/Viena, 2003, pp. 39-56.
Brunner, O. *Terra e potere*. Milão, 1983.
Bruschi, C. *Parquet et politique pénale depuis le XIXe siècle*. Paris, 2002.
Burdeau, F. *Histoire du droit administratif*. Paris, 1995.
Bürge, A. *Das französische Privatrecht im 19. Jahrhundert. Zwischem Tradition und Pandektenwissenschaft, Liberalismus und Etatismus*. Frankfurt am Main, 1991.

Caenegem, R. C. van, *Royal Writs in England from the Conquest to Glanvill. Studies in the Early History of the Common Law*. Londres, 1959.

Caenegem, R. C. van, *The Birth of the English Common Law*. 2. ed. Cambridge, 1988.
—. *I Signori del diritto*. Milão, 1991.
—. *An Historical Introduction to Private Law*. Cambridge, 1992; trad. it. *Introduzione storica al diritto privato*. Bolonha, 2004.
—. *An Historical Introduction to Western Constitutional Law*. Cambridge, 1995; trad. it. *Il diritto costituzionale. Un'introduzione storica*. Roma, 2003.
—. *European Law in the Past and the Future. Unity and Diversity over two Millennia*. Cambridge, 2002; trad. it. *I sistemi giuridici europei*. Bolonha, 2003a.
Calasso, F. *Introduzione al diritto comune*. Milão, 1951.
—. *Gli ordinamenti giuridici del Rinascimento medievale*. Milão, 1953.
—. *Medioevo del diritto*. Milão, 1954.
Cannata, C. e Gambaro, A. *Lineamenti di storia della giurisprudenza europea. Dal Medioevo all'epoca contemporanea*. Turim, 1989.
Capone, A. *Destra e sinistra da Cavour a Crispi*. Turim, 1981.
Cappelletti, M. *Studio del diritto e tirocinio professionale in Italia e in Germania*. Milão, 1957.
Cappellini, P. *Systema iuris*. Milão, 1984-1985, 2 vols.
Caprioli, S. *Modi arguendi. Testi per lo studio della retorica nel sistema del diritto comune*. Spoleto, 2006.
Caravale, M. *Ordinamenti giuridici dell'Europa medievale*. Bolonha [1994].
—. *La monarchia meridionale*. Bari, 1998.
—. *Alle origini del diritto europeo. Ius commune, Droit commun, Commom Law nella dottrina giuridica della prima età moderna*. Bolonha, 2005.
Caravita, B. *Diritto dell'ambiente*. Bolonha, 2005.
Carbasse, J.-M. *Histoire du droit pénal et de la justice criminelle*. Paris, 2000.
—. *Introduction historique au droit*. Paris, 1998.
Carcereri de Prati, C. *Il Collegio dei giudici-avvocati di Verona*. Verona, 2001.
Carlen, L. *Rechtsgeschichte der Schweiz*. Berna, 1968.
Caroni, P. *Das Obligationenrehct 1883-1983*. Berna-Stuttgart, 1984.
—. *Rechtseinheit. Drei historische Studien zu art. 64 BV*. Basel und Frankfurt am Main, 1986.
—. *"Privatrecht": Eine sozialhistorische Einführung*. Basel und Frankfurt am Main, 1988.
—. *Saggi sulla storia della codificazione*. Milão, 1998.
—. (org.) *Forschungsband Philipp Lotmar (1850-1922)*, Colloquium zum 150. Geburtstag. Berna, 15-16 jun. 2000. Frankfurt am Main, 2003.
—. Al di fuori di ogni contrapposizione dialettica, Vaterländisches Recht nella Svizzera settecentesca, in *Diritto patrio (Il)*, org. I. Birocchi e A. Mattone. Roma, 2006, pp. 173-97.
Cassese, S. *Lo spazio giuridico globale*. Roma/Bari, 2003.
Cassi, A. A. *Il "bravo funzionario" asburgico tra Absolutismus e Aufklärung*. Milão, 1999.
—. *Il "Ius commune" tra Vecchio e Nuovo Mondo. Mari, terre, oro nel diritto della "Conquista" (1492--1680)*. Milão, 2004.
Castaldo, A. *Introduction historique au droit*. Paris, 1998.
Castelvetri, L. *Il diritto del lavoro delle origini*. Milão, 1994.
Castignone, S. *Introduzione alla filosofia del diritto*. Roma/Bari, 1998.
Cattaneo, M. *Illuminismo e legislazione*. Milão, 1966.
Cauchies, J.-M. Les Principautés des Pays Bas, in *Renaissance du pouvoir législatif et génèse de l'Etat*, Montpellier, 1988, pp. 59-74.
Cavanna, A. Il problema delle origini del tentativo nella storia del diritto italiano, *Annali della facoltà di Giurisprudenza dell'Università degli studi di Genova*, 9 (1970).
—. *La codificazione penale in Italia. Le origini lombarde*. Milão, 1975.
—. *Storia del diritto moderno in Europa. Le fonti e il pensiero giuridico*, vol. I. Milão, 1982; vol. II. Milão, 2005.
—. La conscience du juge dans le Stylus iudicandi du Sénat de Milan, in *La conscience du juge dans la tradition juridique européenne*. Paris, 1999.
Cavina, M. *Il potere del padre. Configurazioni e "ius corrigendi". Lineamenti essenziali nella cultura giuridica italiana preunitaria*. Milão, 1995-1996, 2 vols.
Cazzetta, G. *Responsabilità aquiliana e frammentazione del diritto comune civilistico*. Milão, 1991.
Cernigliaro, A. *Sovranità e feudo nel Regno di Napoli, 1505-1557*. Nápoles, 1983, 2 vols.
Chène, Ch. *L'enseignement du droit français en Pays de droit écrit (1679-1793)*. Genève, 1982.
Chenu, M. D. *La théologie comme science au XIIIe siècle*. Paris, 1957.

Chiantini, M. *Il "Consilium sapientis" nel processo del secolo XIII. San Gimignano 1246-1312*. Siena, 1997.
Chiodi, G. *L'interpretazione del testamento nel pensiero dei Glossatori*. Milão, 1996.
—. Delinquere ut universi. Scienza giuridica e responsabilità penale delle "universitates" tra XII e XIII secolo, *Studi di storia del diritto*, 3 (2001), pp. 91-200.
—. Roma e il diritto romano. Consulenze di giudici e strategie di avvocati dal X al XII secolo, *Roma tra Oriente e Occidente*. Spoleto, 2002, pp. 1141-1254.
—. Il progetto italo-francese di Codice delle obbligazioni, in *Il Progetto italo-francese delle obbligazioni (1927)*, orgs. G. Alpa e G. Chiodi. Milão, 2004.
Chittolini, G. *Istituzioni e società nella storia d'Italia. La crisi degli ordinamenti comunali e le origini dello stato del Rinascimento*. Bolonha, 1979.
Cianferotti, G. *Il pensiero di V. E. Orlando e la giuspubblicistica italiana fra Ottocento e Novecento*. Milão, 1980.
—. *Storia della letteratura amministrativistica italiana*. Milão, 1998.
Cipriani, F. *Storie di processualisti e di oligarchi. La procedura civile nel Regno d'Italia (1866-1935)*. Milão, 1991.
—. *I problemi del processo di cognizione tra passato e presente* 2002), www.associazionedeicostituziona listi.it/materiali/convegni/roma20021114/doc/cipriani.doc.
—. *Scritti in onore dei "Patres"*. Milão, 2006.
Classen, P. *Studium und Gesellschaft im Mittelalter*, Stuttgart, 1983.
Clavero, B. *Genocidio y Justicia. La destrucción de la Indias, ayer y hoy*, Madri, 2002.
—. Europa Hoy entre la historia y el derecho o bien entre postcolonial y preconstitucional, *L'Europa e gli altri*, QF 33/34 (2004-2005), pp. 509-607.
Clés pour le siècle. Droit et science politique, information et communication, sciences économiques et de gestion. Paris, 2000.
(Il) Codice civile europeo, org. G. Alpa. e E. N. Buccico. Milão, 2001.
Codici, orgs. P. Cappellini e B. Sordi. Milão, 2002.
Coing, H. (ed.), *Handbuch der Quellen und Literatur der neueren europäischen Privatrechtsgeschichte*, Veröffentlichung des Max-Planck-Institut für europäische Rechtsgeschichte. Munique, 1973-1986, 7 vols.
—. *Europäisches Privatrecht*. Munique, 1985-1989, 2 vols.
Colao, F. *La giustizia criminale senese nell'età delle riforme leopoldine*. Milão, 1989.
—. *Progetti di codificazione civile nella Toscana della Restaurazione*. Bolonha, 1999.
Colli, G. *Per una bibliografia dei trattati giuridici pubblicati nel XVI secolo*. Milão, 1994.
Colli, V. Collezioni d'autore di Baldo degli Ubaldi nel MS Biblioteca Apostolica Vaticana, Barb. lat. 1398, *Ius communes*, 25 (1998), pp. 323-46.
Colliva, P. *Statuta nationis germanicae universitatis Bononiae*. Bolonha, 1975.
—. *Il cardinale Albornoz, lo Stato della Chiesa, le Constitutiones Aegidianae (1353-1357)*. Bolonha, 1977.
Confluences des droits savants et des pratiques juridiques. Milão, 1979.
Conrad, H. *Deutsche Rechtsgeschichte*, I-II, Karlsruhe, 1962-1966, 2 vols.
Conso, G. e Grevi, V. *Profili del nuovo Codice di procedura penale*. Pádua, 1996.
Conte, E. *Tres Libri Codicis. La ricomparsa del testo e l'esegesi scolastica prima di Accursio*. Frankfurt am Main, 1990.
—. *Servi medievali, dinamiche del diritto comune*. Roma, 1996.
Coquillette, D. R. *The Civilian Writers of Doctors' Commons, London. Three Centuries of Juristic Innovation in Comparative, Commercial and International Law*. Berlim, 1988.
Cordero, F. *Procedura penale*. 8. ed. Milão, 2006.
Corradini, D. *Garantismo e statualismo. Le codificazioni civilistiche dell'Ottocento*. Milão, 1971.
Cortese, E. *La norma giuridica. Spunti teorici nel diritto comune classico*. Milão, 1962-1964, 2 vols.
—. *Il Rinascimento giuridico medievale*. Roma, 1992.
—. *Il diritto nella storia medievale*. Roma, 1995, 2 vols.
—. *Scritti*. Spoleto, 1999, 2 vols.
—. *Le grandi linee della storia giuridica medievale*. Roma, 2000.
—. Théologie, droit canonique et droit romain. Aux origines du droit savant (X^e-XIIe s.), *Académie des Inscriptions et Belles Lettres*, Comptes rendus de l'année 2002, pp. 57-74.
Costa, P. *Iurisdictio*. Milão, 1969; 2. ed., 2002.
—. *Civitas. Storia della cittadinanza europea*. Roma/Bari, 1999-2001, 4 vols.

Costa, P. Diritti, in M. Fioravanti (org.). *Lo Stato moderno in Europa*. Roma, 2002.
Costamagna, G. *Il notaio a Genova tra prestigio e potere*. Roma, 1970.
Couvreur, G. *Les pauvres, ont-ils des droits?*. Paris, 1961.
Cozzi, G. *Republica di Venezia e Stati italiani*. Turim, 1982.
Criscuoli, G. *Introduzione allo studio del diritto inglese*. Milão, 1981.

D'Addio, M. *Politica e magistratura (1848-1876)*. Milão, 1966.
Damaska, M. *I volti della giustizia e del potere*. Bolonha, 1991.
D'Amelio, G. Pasquele Stanislao Mancini e l'unificazione legislativa nel 1859-1861, *Annali di storia del diritto*, 5-6 (1961-1962), pp. 159-220.
Danusso, C. Note sulla riforma lombarda del processo civile giuseppino. Il procedimento sommario (1790-1792), *RSDI*, 1982.
—. La codificazione penale nel granducato di Toscana, *Codice penale pel Granducato di Toscana (1853)*, Pádua, 1995.
—. *Emendare o intimidire*. Turim, 2000.
Dawson, C. *The Making of Europe*; trad. it. *La nascita dell'Europa*. Milão, 1969.
Dawson, J. P. *The Oracles of the Law*. Ann Arbor, 1968.
De Ghellinck, J. *Le mouvement théologique du 12. siècle. Sa préparation lointaine avant et autor de Pierre Lombard ses rapports avec les initiatives des canonistes*. Bruges/Bruxelas/Paris, 1948.
Del Giudice, P. *Storia del diritto italiano. Le fonti*. Milão, 1925, vol. II.
Delitala, G. Codice di procedura penale, *Enciclopedia del diritto*, VII, 1960, p. 284.
Delmas-Marty, M. *Trois défis pour um droit mondial*. Paris, 1998.
De Lubac, H. A propos de la formule "diversi, sed non adversi", *Mélanges Jules Lebreton, Recherches des science religieuse*, 40 (1951-1952), pp. 27-40.
—. *Exégèse médiévale. Les quatre sens de l'Ecriture*. Paris, 1959-1964; trad. it. *Esegesi medievale*. Milão, 1986-1988.
De Martino, A. *Tra legislatori e interpreti. Saggi di Storia delle idee giuridiche in Italia meridionale*. Nápoles, 1979.
—. *Giustizia e politica nel Mezzogiorno, 1799-1825*. Turim, 2003.
Demougeot, E. *De l'unité à la division de l'empire romain (395-410)*. Paris, 1951.
Denzer, H. *Moralphilosophie und Naturrecht bei Samuel Pufendorf*. Munique, 1971.
El derecho en la época del Quijote, Universidad rey Juan Carlos. Cizur Menor (Navarra), 2006.
Derecho y administración pública en las Indias hispánicas. Cuenca, 2002.
De Schepper, H. e Cauchies, J. M. Legislation and Justice in the Low Counties, *Legislation and Justice*. Oxford, 1997.
De Vergottini, G. *Scritti di storia del diritto italiano*. Milão, 1977.
Dezza, E. Il *Codice di procedura penale del Regno itálico (1807)*. Pádua, 1983.
—. *Accusa e inquisizione, dal diritto comune ai codici moderni*. Milão, 1989.
—. *Saggi di storia del diritto penale moderno*. Milão, 1992a.
—. *Tommaso Nani e la dottrina dell'indizio nell'età dei lumi*. Milão, 1992b.
—. *Lezioni di storia della codificazione civile*. Turim, 2000.
—. *Saggi di storia del processo penale nell'età della codificazione*. Pádua, 2001.
Dicey, A. V. *Law of the Constitution*. Nova York, 1956.
Di Donato, F. *Esperienza e ideologia ministeriale nella crisi dell'Ancien Régime. Niccolò Fraggianni tra diritto, istituzioni e politica (1725-1763)*. Nápoles, 1996, 2 vols.
Diestelkamp, B. *Recht und Gericht im Heiligen Römischen Reich*. Frankfurt am Main, 1999.
Di Noto Marrella, S. *Il Collegio dei dottori e giudici e la Facoltà legale parmense in età farnesiano-borbonica*. Pádua, 2001.
Di Renzo Villata, M. G. Egidio Bossi. Un grande criminalista milanese quasi dimenticato, *Ius Mediolani*, Studi di storia del diritto milanese offerti dagli allievi a Giulio Vismara. Milão, 1996, pp. 364-616.
—. "Sembra che in genere il mondo vada migliorando". Pietro Verri e la famiglia, *Pietro Verri e il suo tempo*. Milão, 1999, pp. 147-270.
—. Dall'ABGB al Codice civile parmense, I lavori della Commissione milanese, *L'ABGB e la codificazione asburgica in Italia*, org. P. Caroni e E. Dezza. Pádua, 2006a, 111-87.
—. Tra "ius nostrum" e "ius commune". Il diritto patrio nel Ducato di Milano, *Diritto patrio (Il)*, orgs. I. Birocchi e A. Mattone. Roma, 2006b, pp. 217-54.
—. *L'arte del difendere. Allegazioni avvocati e storie di vita a Milano tra Sette e Ottocento*. Milão, 2006c.

(Il) Diritto patrio tra diritto comune e codificaazione (secoli XVI-XIX), orgs. I. Birocchi e A. Mattone. Roma, 2006.
Di Simone, M. R. *Istituzioni e fonti normative in Italia dall'antico regime all'Unità*. Turim, 1999.
—. *Percorsi del diritto tra Austria e Italia (sec. XVII-XX)*. Milão, 2006.
Diurni, G. *Ricerche sull'Expositio ad Librum Papiensem e la scienza giuridica preirneriana*. Roma, 1976.
Dolcini, E. Codice Penale, in G. Marinucci e E. Dolcini. *Studi di diritto penale*. Milão, 1991, pp. 2-44.
Dolezalek, G. *Verzeichnis der Handschriften zum römischen Recht bis 1600*. Frankfurt am Main, 1972, 4 vols.
Dolezalek, G.; Mayali, L. *Repertorium manuscriptorum veterum Codicis Iustiniani*. Frankfurt am Main, 1985.
Donati, B. *La formazione del codice estense del 1771 e altre riforme nel ducato a seguito dell'opera di L. A. Muratori*. Modena, 1930.
Donne e diritti. Dalla sentenza Mortara del 1906 alla prima avvocata italiana, org. N. Sbano. Bolonha, 2004.
Drinker Bowen, C. *Miracle at Philadelphia*. Boston/Nova York/Londres, 1986.
(Le) Droit de la famille en Europe, son évolution de l'antiquité à nos jours, sous la direction de R. Ganghofer. Estrasburgo, 1992.
Duby, G. *L'economia rurale nell'Europa medievale*. Bari, 1972, 2 vols.
—. *Lo specchio del feudalesimo*. Roma/Bari, 1984.
Dufour, A. Pufendorfs Ausstrahlung im französischen und angloamerikanischen Kukturraum, *Samuel Pufendorf 1632-1982*. Estocolmo, 1986.
—. Pufendorf, *Histoire de la pensée politique moderne, 1450-1700*, org. J. H. Burns. Paris, 1991.
Durand, B. Le juge colonial français, *L'Europa e gli Altri*, QF 33/34 (2004-2005), pp. 613-39.

Engelmann, W. *Die Wiedergeburt der Rechtskultur in Italien durch die wissenschaftliche Lehre*. Leipzig, 1938.
Ennen, E. *Die europäische Stadt des Mittelalters*, Göttingen, 1972; trad. it. *Storia della città medievale*. Bari, 1978.
Errera, A. Forme letterarie e metodologie didattiche nella scuola bolognese dei glossatori civilisti tra evoluzione ed innovazione, *Studi di storia del diritto medievale e moderno*, org. F. Liotta. Bolonha, 1999.
—. Dialettica e interpretazione analogica, da Bologna a Orléans, *Il ragionamento analogico, profili storico-giuridici*, Atti del Convegno della società italiana di storia del diritto, Como, 2006 (no prelo).
L'Europa e gli "Altri". Il diritto coloniale fra Otto e Novecento, *Quaderni Fiorentini per la storia del pensiero giuridico moderno*, 33/34 (2004-2005).

Fabri, F. (org.). *Il movimento cooperativo nella storia d'Italia*. Milão, 1979.
Falco, G. *La Santa romana repubblica*. 4. ed. Milão/Nápoles, 1963.
Falco, M. *Introduzione allo Studio del Codex iuris canonici (1925)*, org. G. Feliciani. Bolonha, 1992.
Falk, U. *Ein Gelehrter wie Windscheid, Erkündungen auf den Feldern der sogenannten Begriffsjurisprudenz*. Frankfurt am Main, 1989.
—. In dubio pro amico, *Studi di storia del diritto*, 3 (2001), pp. 389-417.
—. *Consilia, Studien zur Praxis des Rechtsgutachten in der frühen Neuzeit*. Frankfurt am Main, 2006.
Fassò, G. *Storia della filosofia del diritto*. Bolonha, 2001-2002, 3 vols.
Favier, J. Les légistes et le gouvernement de Philippe le Bel, *Journal des Savants*, (1989), pp. 92-108.
Feliciani, G. *Le basi del diritto canonico dopo il Codice del 1983*. Bolonha, 2002.
Feola, R. *La monarchia amministrativa*. Nápoles, 1984.
Ferrante, R. Il "governo delle cause". La professione del causidico nell'esperienza genovese (XV–XVIII secolo), *RSDI*, 62 (1989), pp. 181-298.
—. *La difesa della legalità. I sindacatori della Repubblica di Genova*. Turim, 1995.
—. *Dans l'ordre établi par le Code civil*. Milão, 2002.
Ferraresi, M.R. *Le istituzioni della globalizzazione. Diritto e diritti nella società transnazionale*. Bolonha, 2000.
—. *Il diritto al presente. Globalizzazione e tempo delle istituzioni*. Bolonha, 2002.
Ferrari, V. *Diritto e società. Elementi di sociologia del diritto*. Roma/Bari, 2004.
Fifoot, C. H. S. *Lord Mansfield*, Aalen, 1977.
Fioravanti, M. *Giuristi e costituzione politica nell'Ottocento tedesco*. Milão, 1979.

Fioravanti, M. Costituzione, amministrazione e trasformazioni dello stato, *Stato e cultura giuridica in Italia dall'Unità alla Repubblica*, org. A. Schiavone. Roma/Bari, 1990, pp. 3-88.
—. *Appunti di storia delle costituzioni moderne. Le libertà fondamentali*. Turim, 1995.
—. *La scienza del diritto pubblico*. Milão, 2001.
— (ed.). *Lo Stato moderno in Europa. Istituzioni e diritto*. Roma/Bari, 2002.
Fiorillo, V. *La dottrina giusnaturalistica di Samuel Pufendorf*. Turim, 1993.
Fitzsimmons, M. P. *The Parisian Order of Barristers and the French Revolution*. Cambridge, 1987.
Fliche, A. *La Réforme grégorienne*. Louvain-Paris, 1924-1937, 3 vols.
Font Rius, J. M. *Cartas de población y franquicia de Cataluña*. Madri/Barcelona, 1969, 2 vols.
(La) Formazione storica del diritto moderno in Europa. Florença, 1977.
Forrest, A. *La Rivoluzione francese*. Bolonha, 1999.
Fossier, R. *Enfance de l'Europe*. Paris, 1982; trad. it. *L'infanzia dell'Europa. Economia e società dal X al XII secolo*. Bolonha, 1987.
Fournier, P. e Le Bras, G. *Histoire des collections canoniques en Occident*, 2 vols. Paris, 1931-1932.
Fowler-Magerl, G. *Ordines iudiciarii and libelli de ordine iudiciorum*. Turnhout, 1994.
Fransen, G. *Les décrétales et les collections de décrétales*. Turnhout, 1972.
Fried, J. *Die Entstehung des Juristenstandes im 12. Jahrhundert*. Köln, 1974.
—. *Ordo iudiciorum vel ordo iudiciarius*. Frankfurt am Main, 1984.
Fuhrmann, H. *Einfluss und Verbreitung der pseudoisidorische Fälschungen*. 3 vols. Stuttgart, 1972-1974.
Fumaroli, M. *L'âge de l'éloquence. Rhétorique et "res literaria" de la Renaissance au seuil de l'époque classique*. Paris, 1980.
Furet, F. *Critica della Rivoluzione francese*. Roma/Bari, 1989.

Galasso, G. *Potere e istituzioni in Italia*. 4. ed. Turim, 1974.
Galgano, *Lex mercatoria. Storia del diritto commerciale*. Bolonha, 2001.
Ganshof, F.L. *Frankish Institutions*. Providence, Rhode Island, 1968.
—. *Recherches sur les Capitulaires*. Paris, 1968a.
García-Gallo, A. *Manual de historia del derecho español*. 4. ed. Madri, 1971.
Garlati Giugni, L. *Inseguendo la verità. Processo penale e giustizia [...] per lo Stato di Milano*. Milão, 1999.
Garré, R. *Fra diritto romano e giustizia popolare*. Frankfurt am Main, 1999.
—. *Consuetudo, Das Gewohnheitsrecht in der Rechtsquellen-und Methodenlehre des späten ius commune in Italien (16. -18. Jahrhundert)*. Frankfurt am Main, 2005.
Gaudemet, J. *Histoire du droit séculier et du droit de l'Eglise aux IVe et Ve siècles*. Paris, 1979.
—. *Les sources du droit de l'Eglise en Occident du IIe au VIIe siécles*. Paris, 1985.
—. *L'Eglise dans l'Empire romain*. 2. ed. Paris, 1989.
—. *Introduction historique au droit*. Paris, 2000.
Gazzaniga, J.-L. *Introduction historique au droit des obligations*. Paris, 1992.
Genta, E. *Ricerche sulla storia dell'ipoteca in Piemonte*. Milão, 1978.
Gerber, D.J. *Law and Competition in Twentieth Century Europe. Protecting Prometheus*. Oxford, 2001.
Gerstner, H. *Brüder Grimm*. Reinbeck bei Hamburg, 1973.
Gewohnheitsrecht. Berna, 2000.
Ghisalberti, C. *Le Costituzioni giacobine, 1796-1799*. Milão, 1957.
—. *Gian Vincenzo Gravina giurista e storico*. Milão, 1962.
—. *Storia costituzionale d'Italia, 1848-1948*. Roma/Bari, 1978.
Gilbert, R. *Historia general del derecho español*. Madri, 1978.
Gilissen, J. *Introduction historique au droit*. Bruxelas, 1979.
Giovanni Carmignani (1768-1847), *Maestro di scienze criminali e pratico del foro, sulle soglie del diritto penale contemporaneo*, org. M. Montorzi. Pisa, 2003.
Giuliani, A. *Abelardo e il diritto*. Milão, 1964.
(La) giustizia nell'alto medioevo (secoli V-VIII). Spoleto, 1995.
(La) giustizia nell'alto medioevo (secoli IX-XI). Spoleto, 1997.
Godechot, J. *Les institutions de la France sous la Révolutione et l'Empire*. 2. ed. Paris, 1968.
Gordley, J. *The Philosophical Origins of Modern Contract Doctrine*. Oxford, 1991.
Gorla, G. I *Tribunali supremi degli stati italiani fra i secoli XVI e XIX [...], La formazione storica del diritto moderno in Europa*. Florença, 1977.
—. Procedimento individuale [...]. La prassi della Rota di Macerata [...], *Grandi tribunali e Rote*. Milão, 1993, pp. 3-78.

Gough, J. W. *Fundamental Law in English History*. Oxford, 1955.
Gouron, A. *La science du droit dans le Midi de la France au Moyen Age*. Londres, 1984.
—. *Etudes sur la diffusion des doctrines juridiques medievales*. Londres, 1987.
—. Coutume contre loi chez les premiers glossateurs, *Renaissance du pouvoir législatif et genèse de l'Etat, sous la direction de A. Gouron e A. Rigaudière*, Montpellier, 1988a, pp. 117-30.
—. Non dixit: Ego sum consuetudo, *ZSS, RA* 118 (1988b), pp. 133-40.
—. Sur les traces de Rogerius en Provence, *Etudes offertes à Pierre Jaubert*. Bordeaux, 1992, pp. 313-26.
—. *Droit et coutume en France aux XIIe et XIIIe siècles*. Aldershot, 1993.
—. *Juristes et droits savants. Bologne et la France medieval*. Aldershot, 2000.
Goyard-Fabre, S. *Pufendorf et le droit naturel*. Paris, 1994.
Grandi tribunali e Rote nell'Italia di Antico regime, org. M. Sbriccoli e A. Bettoni. Milão, 1993.
Grossi, P. Usus facti, *QF*, 1 (1972), pp. 287-355.
— (org.). *La seconda Scolastica nella formazione del diritto privato moderno*. Milão, 1973.
—. *L'ordine giuridico medievale*. Roma/Bari, 1995.
—. *Assolutismo giuridico e diritto privato*. Milão, 1998.
—. *Scienza giuridica italiana*. Milão, 2000.
—. *La cultura del civilista italiano. Un profilo storico*. Milão, 2002.
Guarnieri, C. Magistratura e sistema politico nella storia d'Italia, in R. Romanelli (org.). *Magistrati e potere nella storia europea*. Bolonha, 1997, pp. 241-71.
Guillaume Durand, évêque de Mende (v 1230-1296). Paris, 1992.
Guillot, O.; Rigaudière, A. e Sassier, Y. *Pouvoirs et institutions dans la France médiévale*. Paris, 1998.

Habermas, J. *La costellazione postnazionale. Mercato globale, nazioni e democrazia*. Milão, 1999.
—. *Morale, diritto, politica*. Turim, 2001.
Haferkamp, H.-P. *Georg Friedrich Puchta und die "Begriffsjurisprudenz"*. Frankfurt am Main, 2004.
Halpérin, J.-L. *L'impossible Code civil*. Paris, 1992.
—. *Histoire du droit privé français depuis 1804*. Paris, 1996.
—. *Histoire des droits en Europe de 1750 à nos jours*. Paris, 2004.
Hart, H. L. A. *Essays on Bentham*. Oxford, 1982.
Hartung, F. *Deutsche Verfassungsgeschichte*. Stuttgart, 1950.
Haskins, C. H. *Studies in Mediaeval Culture*. Oxford, 1929.
—. *The Renaissance of the 12th Century*. Nova York, 1957.
Hattenhauer, H. *Europäische Rechtsgeschichte*. Heidelberg, 1992.
Helmholz, R. H. *The Spirit of Classical Canon Law*. Atenas/Londres, 1996.
—. *The Canon Law and the Ecclesiastical Jurisdiction from 597 to the 1640s*. Oxford, 2004 (The Oxford History of the Laws of England, I).
Hepple, B. A. *The Making of Labour Law in Europe. A Comparative Study of Nine Countries up to 1945*, Londres-Nova York, 1986.
Hespanha, A. *Introduzione alla storia del diritto europeo*. Bolonha, 2003.
Hilaire, J. *Introduction historique au droit commercial*. Paris, 1986.
—. *La vie du droit*. Paris, 1994.
—. *Le droit, les affaires et l'histoire*. Paris, 1995.
—. *La scienza dei notai. La lunga storia del del notoriato in Francia*. Milão, 2003.
Hispania. Entre derechos propios y derechos nacionales, Atti dell'Incontro di Studio [...] 25-27 de maio de 1989, orgs. B. Clavero, P. Grossi e F. Tomás y Valiente. Milão, 1990, 2 vols.
Hobsbawm, E. J. *Il secolo breve*. Milão, 2002.
Hofer, S. *Freheit ohne Grenzen? Privatrechtstheoretische Diskussionen im 19. Jahrhundert*, Tübingen, 2001.
Hoke, R. *Oesterreichische und deutsche Rechtsgeschichte*. Viena, 1996.
Holdsworth, W. *A History of English Law*. Londres, 1922-1966, 17 vols.
Holmes, C. The Legal Instruments of Power in Early Modern England, *Legislation and Justice*, Oxford, 1977, pp. 269-90.
Holmes, O. W., *The Common Law*, Boston, 1945.
Holmsten, G. *Freiherr vom Stein*, Reinbeck bei Hamburg, 1975.
Holthöfer, E. *Beiträge zur Justizgeschichte del Nederlande, Belgiens und Luxemburgs im 19. und 20. Jahrhundert*. Frankfurt am Main, 1993.
Horn, N. *Aequitas in den Lehren des Baldus*, Köln-Graz, 1968.

I cinquant'anni del Codice civile, org. G. Cattaneo. Milão, 1993, 2 vols.
Iglesia Ferreirós, A. La creación del derecho en Cataluña, *AHDE*, 47 (1977), pp. 99-423.
—. *La creación del derecho*, vols. I-II, Madri, 1996.
—. Biblioteca Apostolica Vaticana, ms. Ottob. Lat. 3058 des los Usatges glosados, *Initium*, 8 (2003), pp. 511-894.
Imbert, J. *La peine de mort*. Paris, 1989.
"Ins Wasser geworfen und Ozeane durchquert". Festschrift für Knut Wolfgang Nörr, hrsg. von M. Ascheri […], Köln/Weimar/Wien, 2003.
Irti, N. *L'età della decodificazione*. Milão, 1999.
—. *Scuole e figure del diritto civile*. Milão, 2002.
ISAACAS, K. A. Politica e giustizia agli inizi del Cinquecento. L'istituzione delle prime Rote, in *Grandi tribunali e Rote nell'Italia di Antico regime*, orgs. M. Sbriccoli e A. Bettoni. Milão, 1993.
Isotton, R. Il progetto sostituito di Codice penale per il Regno italico di G. D. Romagnosi (1806), prima trascrizione, *Diritto penale del XXI secolo*, 5 (2006), pp. 119-77.

Jayme, E. *Pasquale Stanislao Mancini. Il diritto Internazionale privato tra Risorgimento e attività forense*, Pádua, 1988.
—. Emerico amari. Il diritto comparato come scienza, *Annali della Facoltà di Giurisprudenza di Genova*, 22 (1988-1989), pp. 557 ss.
Jelowik, L. *Briefe deutscher und schweizer Germanisten an Karl Anton Mittermaier*. Frankfurt am Main, 2001.
Jones, A. H. M. *Il tardo Impero romano*, 3 vols. Milão, 1973.
*Juristen. Ein biographisches Lexikon von der Antike bis zum 20. Jahrhundert*I, hrsg. v. M. Stolleis, 2. ed. Munique, 2001.
Juristische Buchproduktion im Mittelalter, hrsg. V. Colli. Frankfurt am Main, 2002.

Kantorowicz, H. *Albertus Gandinus und das Strafrecht der Scholastik*, Berlim, 1907-1926, 2 vols.
—. *Studies in the Glossators of the Roman Law*. Cambridge, 1938; 2. ed., Aalen, 1969.
Kaser, M. *Das römische Privatrecht. II: Die nachklassischen Entwicklungen*. Munique, 1959.
—. *Das römische Zivilprozessrecht*. Munique, 1996.
Keller, H. e Behrmann, T. (orgs.). *Kommunales Schriftgut in Oberitalien, Formen, Funktionen, Ueberlieferungen*. Munique, 1995.
Kelly, J. *Storia del pensiero giuridico occidentale*. Bolonha, 1996.
Kiefner, H. Qui possidet dominus esse praesumitur, *ZSS, RA*, 79 (1962), pp. 239-306.
Kimminich, O. *Deutsche Verfassungsgeschichte*, Baden-Baden, 1987.
Kisch, G. *Erasmus und die Jurisprudenz seiner Zeit*. Basel, 1960.
Kleinheyer, G. e Schröder, J. *Deutsche und europäische Juristen aus neun Jahrhunderten*. 4. ed. Heidelberg, 1996.
Koenigsberger, H. G. e Mosse, G. L. *Europe in the Sexteenth Century*. Londres, 1968; trad. it. *L'Europa del Cinquecento*. Roma/Bari, 1974.
Koschaker, H. *L'Europa e il diritto romano*. Florença, 1962.
Kroeschell, K. *Deutsche Rechtsgeschichte*, vols. I-II. Opladen, 1980.
Kronman, A. *The Lost Lawyer*. Cambridge (Mass.), 1995.
Krynen, J. *L'election des juges. Étude historique française et contemporaine*. Vendome, 1999.
Kuttner, S. *Repertorium der Kanonistik*. Cidade do Vaticano, 1937.
—. *Harmony from Dissonance. An Interpretation of Medieval Canon Law*. Latrobe (Pa.), 1960.
—. *Medieval Councils, Decretals, and Collections of Canon Law*. Londres, 1980.
—. Urban II and the Doctrine of Interpretation. A Turning Point?, *Studia Gratiana*, 15 (1972), pp. 55--85; e Id. *The History of Ideas and Doctrines of Canon Law in the Middle Ages*, Londres, 1992.

Lacché, L. *Un liberale europeo. Pellegrino Rossi (1787 – 1848)*. Milão, 2001.
—. Europa una e diversa. A proposito di "ius commune europaeum" e tradizioni costituzionali communi, *Teoria del diritto e dello stato. Rivista europea di cultura e scienza giuridica*, 1 (2003), pp. 39-71.
Laingui, A. *Histoire du droit penal*. Paris, 1985.
Landau, P. Kanonisches Recht und römische Form. Rechtsprinzipien im ältesten römischen Kirchenrecht, *Der Staat, Zeitschrift für Staatslehre*, 32 (1993), pp. 553-68.

Landau, P. Aequitas in the Corpus iuris canonici, *Syracuse Journal of International Law and Commerce*, 20 (1994), pp. 95-104.
—. *Kanones und Dekretalen. Beiträge zur Geschichte der Quellen des kanonischen Rechts*, Goldbach, 1997.
—. Pacta sunt servanda, *Ins Wasser geworfen [...]*, Festschrift Nörr, 2003, pp. 457-74.
Landsberg, E. *Geschichte der deutschen Rechtswissenschaft*, III, Munique/Berlim, 1910, 2 vols.
Langbein, J. H. *Torture and the Law of Proof*, Chicago (Ill.), 1977.
Lange, H. Ius aequum und ius strictum bei den Glossatoren, *ZSS, RA*, 71 (1954), pp. 319-47, agora in *Das römische Recht im Mittelalter*, hrsg. von E. Schrage, Darmstadt, 1987, pp. 89-115.
—. *Römisches Recht im Mittelalter. I: Die Glossatoren*. Munique, 1997.
Larenz, K. *Storia del metodo nella scienza giuridica*. Milão, 1966.
Lattes, A. *Il diritto consuetudinario delle città lombarde*. Milão, 1899.
—. *Le leggi civili e criminali nel Regno di Sardegna*. Milão, 1909.
Laurent, P. *Pufendorf et la loi naturelle*. Paris, 1982.
Lauro, A. *Il cardinale Giovan Battista de Luca*. Nápoles, 1991.
Leca, A. *La république européenne: introduction a l'histoire des institutions publiques et des droits communs de l'Europe*. Aix-en-Provence, 2000.
Lefebvre, Ch. *Les pouvoirs du juge en droit canonique*. Paris, 1938.
Lefebvre-Teillard, A. *La société anonyme au XIXe siécle, du Code de Commerce à la loi de 1867. Histoire d'un instrument juridique du developpement capitaliste*. Paris, 1985.
—. *Introduction historique au droit des personnes et de la famille*. Paris, 1996.
Legal Consulting in the Civil Law Tradition, ed. M. Ascheri, I, Baumgartner e J. Kirschner. Berkeley, 1999.
Legislation and Justice, Oxford, 1997, A. Padoa-Schioppa (ed.) (*The Origins of Modern State in Europe, 13th-18 th Centuries*, European Science Foundation).
Lemarignier, J. F. *La France médiévale. Institutions et société*. Paris, 1970.
(La) Leopoldina nel diritto e nella giustizia in Toscana, orgs. L. Berlinguer e F. Colao. Milão, 1989.
Lepsius, S. *Von Zweifeln zur Überzeugung. Der Zeugenbeweis im gelehrten Recht ausgehend von der Abhandlung des Bartolus von Sassoferrato*. Frankfurt am Main, 2003.
Levack, B. *The Formation of the British State. England, Scotland, and the Union, 1603-1707*, Oxford, 1987.
Lévy, J.-Ph. *Diacroniques*. Paris, 1995.
Lévy, J.-Ph. e Castaldo, A. *Histoire du droit civil*. Paris, 2002.
Lindqvist, Th. Law and the Making of the State in Medieval Sweden, *Legislation and Justice*, Oxford, 1997, pp. 211-28.
Lombardi, G. Sul titolo "quae sit longa consuetudo" (8. 52 [53] del Codice giustinianeo), *SDHI*, 18 (1952), pp. 21-87.
Lombardi, L. *Saggio sul diritto giurisprudenziale*. Milão, 1967.
Lombardia, P. *Lezioni di diritto canonico*. Milão, 1983.
Luebke, D. M. Frederick the Great and the Celebreted Case of the Millers Arnold (1770-1779). A Reappraisal, *Central European History*, 32 (1994), pp. 379-408.
Luig, K. Institutionenlehrbücher des nationalen Rechts im 17. und 18. Jahrhundert, *Ius commune*, 3 (1970), pp. 64-97.
—. Die Geltungsgrund des römischen Rechts im 18. Jahrhundert in Italien, Frankreich und Deutschland, *La formazione storica del diritto moderno in Europa*. Florença, 1977, vols. II, pp. 819-45.
—. Conring, das deutsche Recht und die Rechtsgeschichte, *Hermann Conring (1606-1681)*, hrsg. von M. Stolleis, Berlim, 1983.
—. Thomasius, *HRG*, vol. V, 1998a, col. 186-195.
—. Usus modernus, *HRG*, vol. V, 1998b, col. 628-636.
—. *Römisches Reicht, Naturrecht, nationales Recht*, Goldbach, 1998c.
Luongo, D. *Vis Jurisprudentiae. Teoria e prassi della moderazione giuridica in Gaetano Argento*. Nápoles, 2001.
Lupoi, M. *Alle radici del mondo giuridico europeo*. Roma, 1994.
Luzzati, C. *La politica della legalità. Il ruolo del giurista nell'età contemporanea*. Bolonha, 2005.

Macry, P. *Ottocento. Famiglia, élites e patrimoni a Napoli*. Bolonha, 2002.
Maffei, D. *Gli inizi dell'umanesimo giuridico*. Milão, 1955.

Maffei, D. *Studi di storia delle Università e della letteratura giuridica*, Goldbach, 1995.
Maitland, F. W. *Bracton and Azo*. Londres, 1895.
—. *The Forms of Action at Common Law*. Cambridge, 1948.
—. *The Constitutional History of England*. Cambridge, 1950.
—. *Equity. A Course of Lectures*. 2. ed. Cambridge, 1969.
— (com F. Pollock). *The History of English Law before the Time of Edward I*, 2. ed. Cambridge, 1984, 2 vols.
Malatesta, M. *Professionisti e gentiluomini. Storia delle professioni nell'Europa contemporanea*. Turim, 2006.
Manetti, G. M. *La costituzione inattuata. Pietro Leopoldo Ganduca di Toscana: dalla riforma comunitativa al progetto di costituzione*. Florença [1991].
Mannoni, S. *Potenza e ragione. La scienza del diritto Internazionale nella crisi dell'equilibrio europeo*. Milão, 1999.
—. *Frontiere del diritto pubblico*. Milão, 2004.
Mannori, L. *Uno Stato per Romagnosi. I: Il progetto costituzionale*. Milão, 1984; *II: La scoperta del diritto amministrativo*. Milão, 1987.
— (org.). *Tra due patrie. Un'antologia degli scritti di Francesco Forti (1806-1838)*. Florença, 2003.
—. Un'istessa legge per un'istessa sovranità [...] nella Toscana asburgico-lorenese, in *Diritto patrio (II)*, orgs. I. Birocchi e A. Mattone. Roma, 2006, pp. 355-86.
Mannori, L. e Sordi, B. *Storia del diritto amministrativo*. Roma/Bari, 2001.
—. Giustizia e amministrazione, in *Lo Stato moderno*, org. M. Fioraventi. Roma/Bari, 2002.
Maravall, J. A. The Origins of the Modern State, in *Cahiers d'histoire mondiale* (1961), pp. 789-808; trad. it. Le prime forme dello "Stato moderno", in *Lo Stato moderno*, orgs. E. Rotelli e P. Schiera, vol. I. Bolonha, 1971, pp. 51-68.
Marchello, F. et al. *Diritto dell'ambiente*. Nápoles, 1999.
Marchisio, S. *L'Onu. Il diritto delle Nazioni Unite*. Bolonha, 2000.
Marongiu, A. *Storia del diritto italiano. Ordinamento e istituto di governo*. Milão, 1977.
Marrara, D. Lettere di Giuseppe Averani relative alla polemica pandettaria tra il Grandi e il Tanucci, *Materiali per una storia della cultura giuridica*, 11 (1981), pp. 3-35.
Martin, X. *Mythologie du Code Napoléon. Aux sousbassements de la France moderne*. Bouère, 2003.
Martinage, R. *Histoire du droit penal en Europe*. Paris, 1998.
Martinez-Diez, G. *La Colecciòn canonica Hispana*, Madri, 1966-1982, 4 vols.
Massetto, G. P. *Un magistrato e una città nella Lombardia Spagnola. Giulio Claro pretore a Cremona*. Milão, 1985.
—. Sentenza, *Enciclopedia del diritto*, 41 (1989), pp. 1200-49.
—. *Saggi di storia del diritto penale lombardo, secc. XVI-XVIII*. Milão, 1994.
—. Il lucro dotale nella dottrina e nella legislazione lombarde dei secoli XIV-XVI, *Ius Mediolani, studi di storia del diritto milanese offerti dagli allievi a Giulio Vismara*. Milão, 1996, pp. 189-364.
—. Aspetti dell'amministrazione della giustizia in Italia nell'età del Don Chisciotte, *El derecho en la época del Quijote*. Cizur Menor (Navarra), 2006.
Mattei, U. *Common Law. Il diritto anglo-americano*. Turim, 2001.
Matteucci, N. *Jean Domat, un magistrato giansenista*. Bolonha, 1959.
Mayali, L. *Droit savant et coutumes*. Frankfurt am Main, 1987.
Mazohl-Wallnig, B. *Oesterreichischer Verwaltungsstaat und administrative Eliten im Konigreich Lombardo-Venetien, 1815-1859*. Mainz, 1993.
Mazzacane, A. *Scienza, logica e ideologia nella giurisprudenza tedesca del sec. XVI*. Milão, 1971.
—. Diritto comune e diritti territoriali. Il riformismo di G. B. De Luca, in *Giustizia, potere e corpo sociale*, orgs. A. De Benedictis e I. Mattozzi. Bolonha, 1994.
—. De Luca, *DBI*, vol. XXXVIII, pp. 340-47.
Mazzacane, A.; Vano, C. (orgs.). *Università e professioni giuridiche in Europa nell'età liberale*. Nápoles, 1994.
Mazzanti, G. Irnerio: contributo a una biografia, *RIDC*, 11 (2000), pp. 117-83.
Meccarelli, M. *Arbitrium. Un aspetto sistematico degli ordinamenti giuridici in età di diritto comune*. Milão, 1998.
—. *Le Corti di Cassazione nell'Italia unita. Profili sistematici e costituzionali della giurisdizione in una prospettiva comparata, 1865-1923*. Milão, 2005.
Meijers, E. M. *Études d'histoire du droit*, tome I-IV, org. R. Feenstra. Leiden, 1956-1966.

Menger, Ch. F. *Deutsche Verfassungsgeschichte der Neuzeit. Eine Einfuhrung in die Grundlagen.* Heidelberg/Karlsruhe, 1981.
Mengozzi, P. *Casi e materiali di Diritto comunitário.* Pádua, 1994.
Meriggi, M. *Il Regno Lombardo-Veneto.* Turim, 1987.
Mestre, J.-L. *Introduction historique au droit administratif français.* Paris, 1983.
Meyer, A. *"Felix et inclitus notarius". Studien zum italienischen Notariat vom 7. bis zum13. Jahrhundert.* Tübingen, 2000.
Meyer, Chr. H. F. *Die Distinktionstechnik des 12. Jahrhundert,* Leuven, 2000.
Meyer-Holz, U. *Collegia Iudicum.* Baden-Baden, 1989.
Meylan, Ph. *Jean Barbeyrac et les débuts de l'enseignement du droit dans l'ancienne Académie de Lausanne.* Lausanne, 1937.
Micolo, F. *Le regie costituzioni. Il cauto riformismo di una piccola corte.* Milão, 1984.
Migliorino, F. *In terris Ecclesiae. Frammenti di "ius proprium" nel "Liber Extra" di Gregorio IX.* Roma, 1992.
Miletti, M. N. *Tra equità e dottrina.* Nápoles, 1995.
—. *Stylus iudicandi. Le raccolte di decisioni del Regio di Napoli in età moderna.* Nápoles, 1998.
—. *Un processo per la terza Italia. I: L'attesa.* Milão, 2003.
Minnucci, G. *La capacità processuale della donna nel pensiero canonistico classico,* vols. I-II. Milão, 1990-1994.
Moccia, L. *Comparazione giuridica e diritto europeo.* Milão, 2005.
Mommsen, T. *Disegno del diritto pubblico romano* (1893); trad. it. Varese/Milão, 1943.
Mongiano, E. *Patrimonio e affetti. La successione legittima nell'età dei codici.* Turim, 1999.
Monti, A. *I formulari del Senato di Milano (secoli XVI-XVIII).* Milão, 2001.
—. *Iudicare tamquam Deus. I modi della giustizia senatoria nel Ducato di Milano tra Cinque e Settecento.* Milão, 2003.
Montorzi, M. *Fides in rem publicam. Ambiguità e tecniche del diritto comune.* Nápoles, 1984.
Moriya, K. *Savignys Gedanke im "Recht des Besitzes".* Frankfurt am Main, 2003.
Moscati, L. *Da Savigny al Piemonte. Cultura storico-giuridica subalpina tra la Restaurazione e l'unità.* Roma, 1984.
—. *In materia di acque tra diritto comune e codificazione albertina.* Roma, 1993.
—. *Italienische Reise. Savigny e la scienza giuridica della Restaurazione.* Roma, 2000.
Mozzarelli, C. *Sovrano, società e amministrazione locale nella Lombardia teresiana, 1749-1758.* Bolonha, 1982.
Much, R. *Die Germania des Tacitus.* 3. ed. Heidelberg, 1967.
Müller, W. P. *Huguccio.* Washington (D.C.), 1994.
Musselli, L. *Storia del diritto canonico.* Turim, 1992.

Napoli, M. T. *La cultura giuridica europea in Italia.* Nápoles, 1987.
Nascimbene, B. *Comunità e Unione europea. Codice delle istituzioni.* Turim, 2005.
Nicolaj, G. *Cultura e prassi dei notai preirneriani.* Milão, 1991.
Nicolini, F. *Nicola Niccolini e gli studi giuridici nella prima metà del secolo XIX.* Nápoles, 1907.
Nicolini, U. *Il principio di legalità nelle democrazie italiane,* Pádua, 1955.
Nishitani, Y. *Mancini und die Parteiautonomie im Internationalen Privatrecht,* Heidelberg, 1998.
Nörr, K. W. *Kirche und Konzil bei Nicholaus de Tudeschis (Panormitanus),* Köln-Graz, 1964.
—. *Zur Stellung des Richters im gelehrten Prozess der Frühzeit. Iudex secundum allegata non secundum conscientiam iudicat.* Munique, 1967.
—. *Naturrecht und Zivilprozess. Studien zur Geschichte des deutschen Zivilprozessrechts,* Tübingen, 1976.
—. *Zwischen den Mühlsteinen. Eine Privatrechtsgeschichte der Weimarer Republik,* Tübingen, 1988.
—. *Die Leiden des Privatrechts, Kartelle in Deutschland von der Holzstoffkartellentscheidung zum Gesetz gegen Wettbewerbsbeschränkungen,* Tübingen, 1993.
Novarese, D. *Fra common law e civil Law. Il Jury nell'esperienza costituzionale siciliana, 1810-1815, Historia constitucional,* 2002, n. 3, http://hc.rediris.es/03.
Nuzzo, L. *Bibliographie der Werke Karl Josef Anton Mittermaiers.* Frankfurt am Main, 2004.

Oestreich, G. *Storia dei diritti umani e delle libertà fondamentali.* Roma/Bari, 2006.
Officium advocati, orgs. L. Mayali, A. Padoa Schioppa e D. Simon. Frankfurt am Main, 2000.
Ogris, W. *ABGB.* Viena, 1987.

Oldham, J. *The Mansfield Manuscripts and the Growth of English Law in the Eigthteenth Century*, 1992, 2 vols.
Olivi, B. *L'Europa difficile. Storia politica della Comunità europea*. Bolonha, 1993.
Olivier Martin, F. *La coutume de Paris. Trait d'union entre le droit romain et les legislations modernes*. Paris, 1925.
Omodeo, A. *L'età del Risorgimento italiano*. Nápoles, 1955.
Oppetit, B. *Philosophie du droit*. Paris, 1999.
Orestano, R. *Introduzione allo studio del diritto romano*. Bolonha, 1987.
Organizzazione (L') del territorio in Italia e in Germania secoli XIII-XIV, orgs. G. Chittolini e D. Willoweit. Bolonha, 1994.
Osler, D. The Mith *of* European Legal History, *Rechtshistorisches Journal*, 16 (1997), pp. 393-410.
Osterloh, K. H. *Joseph von Sonnenfels und die oesterreichische Reformbewegung im Zeitalter des aufgeklärten Absolutismus*. Viena, 1970.
Ourliac, P. e Gazzaniga, J.-L. *Histoire du droit privé français*. Paris, 1985.

Pace, G. *Riccardo da Saliceto, un giurista bolognese del trecento*. Roma, 1995.
Padua-Schioppa, A. *Ricerche sull'appello nel diritto intermedio*. Milão, 1967-1970, 2 vols.
—. Sul principio della rappresentanza diretta nel diritto canonico classico, *Proceedings of the Fourth International Congress of Medieval Canon Law.*, 1976, pp. 107-31.
—. Il ruolo della cultura giuridica in alcuni atti giudiziari italiani dei secoli XI e XII, *Nuova Rivista Historica*, 1980.
—. *Saggi di storia del diritto commerciale*. Milão, 1992.
—. Il Trattato sull'Unione europea, *il Mulino*, 41 (1992a), pp. 59-72.
—. *La giuria penale in Francia dai philosophes alla Costituente*. Milão, 1994.
—. Aspetti della giustizia milanese nella prima età viscontea, *Ius Medolani*. Milão, 1996.
—. *Italia ed Europa nella storia del diritto*. Bolonha, 2003.
—. Giudici e giustizia nell'Italia carolingia, *Amicitiae pignus. Studi in memoria di Adriano Cavanna*. Milão, 2003a, vol.III, pp. 1623-67.
—. Le istituzioni europee nel Progetto della Convenzione, *Il Mulino*, 52 (2003b), n. 409, pp. 899-912.
—. Il bicchiere mezzo pieno della Costituzione europea, *Il Mulino*, 53 (2004), n. 415, pp. 941-52.
—. *Il diritto nella storia d'Europa*. I: *Il medioevo*, 2. ed. Pádua, 2005.
Padoa-Schioppa, T. *Dodici settembre. Il mondo non è al punto zero*. Milão, 2002.
—. *La lunga via per l'euro*. Bolonha, 2004.
Padovani, A. *Perché chiedi il mio nome? Dio, natura e diritto nel secolo XII*. Turim, 1997.
Pagano, E. Avvocati ed esercizio delle professioni legali in Lombardia nel secondo Settecento, *RSDI*, 74 (2001).
Parisi, F. Scuole e metodologie nell'analisi economica del diritto, *Cardozo Law Review*, Universidade de Trento, 2006.
Pasquale Stanislao Mancini: l'uomo, lo studioso, il politico, Atti del Convegno di Ariano Irpino. Nápoles, 1991.
Pavone, C. *Amministrazione centrale e amministrazione periferica, da Rattazzi a Ricasoli (1859-1866)*. Milão, 1964.
Pene Vidari, G. S. *Aspetti di storia giuridica del secolo XIX*. Turim, 1997.
— (org.). *Les Sénats de la Maison de Savoie. I Senati sabaudi tra antico regime e restaurazione*. Turim, 2001.
—. Legislazione e giurisprudenza nel diritto sabaudo, *Diritto patrio (Il)*, orgs. I. Birocchi e A. Mattone. Roma, 2006, pp. 201-15.
Per Federico Cammeo, *Quaderni Fiorentini*, 22 (1993).
Petit, C. *Del ius mercatorum al derecho mercantil*, Madri, 1997.
—. *Iustitia gothica. Historia social y teología del proceso en la Lex Visigothorum*, Huelva, 2001.
Petronio, U. *Il Senato di Milano*, Varese, 1972.
—. Sinallagma e analisi strutturale dei contratti, all'origine del sistema contrattuale moderno, *Toward a General Law of Contract*, Berlim, 1990, pp. 215-47.
—. I Senati giudiziari, *Il Senato nella storia. Il Senato nel Medioevo e nella prima età moderna*. Roma, 1997, pp. 355-452.
—. *La lotta per la codificazione*. Turim, 2002.

Piano Mortari, V. *Ricerche sulla teoria dell'interpretazione del diritto nel secolo XVI*. I: *Le premesse*. Milão, 1956.
—. *Diritto romano e diritto nazionale in Francia nel secolo XVI*. Milão, 1962.
—. *Gli inizi del diritto moderno in Europa*. Nápoles, 1980.
Piccialuti, M. Documenti d'archivio sulla codificazione del 1942, *Per Francesco Calasso. Studi degli allievi*. Roma, 1978, pp. 563-78.
Piergiovanni, V. *Gli statuti civili e criminali di Genova nel Medioevo. La tradizione manoscritta e le edizioni*, Gênova, 1980.
— (org.). *The Courts and the Development of Commercial Law*, Berlim, 1987.
Pitzorno, B. Il diritto romano come diritto consuetudinario, *Per il XIV Centenario della Codificazione giustinianea*. Pavia, 1934.
Plucknett, Th. *A Concise History of the Common Law*. Londres, 1956.
Pollock, F. e Maitland, F. W. *The History of English Law before the Time of Edward I*. 2. ed. Cambridge, 1984.
Poly, J.-P. e Bournazel, E. *La mutation féodale*. Paris, 1980.
Povolo, C. Un sistema giuridico repubblicano. Venezia e il suo stato territoriale, (secoli XV-XVIII), *Diritto patrio (Il)*, orgs. I. Birocchi e A. Mattone. Roma, 2006, pp. 297-354.
Prodi, P. *Il sacramento del potere. Il giuramento politico nella storia costituzionale dell'Occidente*. Bolonha, 1992.
—. *Una storia della giustizia*. Bolonha, 2000.
Prosdocimi, L. *Observantia*. Milão, 2001.
Putney. Alle radici della democrazia moderna, org. Marco Revelli. Milão, 1997.

Quaglioni, D. *Politica e diritto nel Trecento italiano*. Bolonha, 1983.

Radding, Ch. *The Origins of the Medieval Jurisprudence. Pavia and Bologna 850-1150*. New Haven (Conn.)/Londres, 1988.
Raisch, P. *Geschichtliche Voraussetzungen, dogmatishce Grundlagen und Sinnwandlung des Handelsrechts*, Karlsruhe, 1965.
Ramada Curdo, D. Notes on the History of European Colonial Law and Legal Institutions, *L'Europa e gli altri*, QF 33/34 (2004-2005), pp. 15-71.
Ranieri, F. Italien, in H. Coing, *Handbuch*, vol. III, 1, Munique, 1982, pp. 254-64.
—. Die Rechtsvergleichung und das deutsche Zivilrecht, 2003, in *Ius Wasser geworfen [...], Festschrift Nörr*, pp. 777-804.
Renaissance du pouvoir législatif et genèse de l'Etat, sous la direction de A. Gouron et A. Rigaudière, Montpellier, 1988.
Riché, P. *Ecoles et enseignement dans le Haut Moyen Age*. Paris, 1979.
Ricotti, C. R. *Il costituzionalismo britannico nel Mediterraneo (1794-1818)*. Milão, 2005.
Reimer, L. H. (hrsg.), *Das netzwerk der "Gefängnisfreunde" (1830-1872). Karl Josef Anton Mittermaiers Briefwechsel mit europäischen Strafvollzugexperten*. Frankfurt am Main, 2005.
Robinson, O. F. Fergus, T. D. e Gordon, W. M. *European Legal History. Sources and Institutions*. Londres, 2000.
Rolandino e l'Ars Notaria, da Bologna all'Europa, Atti del Convegno Internazionale [...], org. G. Tamba. Milão, 2002.
Romanelli, R. (org.) *Magistrati e potere nella storia europea*. Bolonha, 1997.
Romano, A. *Colendo iustitiam et iura condendo [...]. Federico II Legislatore del Regno di Sicilia nell'Europa del Duecento*. Roma, 1997.
—. *La Costituzione siciliana del 1812 e il modello inglese*, in Atti dell'Accademia peloritana dei Pericolanti, 70 (2001), pp. 31-53.
Rondini, P. *Il Progetto di Codice penale per la Lombardia austriaca di Luigi Villa (1787). Pietra scartata e testata d'angolo?*, Pádua, 2006.
Rondinone, N. *Storia inedita della codificazione civile*. Milão, 2003.
Rosener, W. *I contadini nel Medioevo*. Roma/Bari, 1989.
Rosoni, I. *Quae singula non prosunt collecta iuvant*. Milão, 1995.
Rossi, G. *Consilium sapientis iudiciale*. Milão, 1958.
Rossi, P. *L'identità dell'Europa*. Bolonha, 2006.
Rossiter, C. *1787. The Grand Convention*. Nova York/Londres, 1987.

Rousselet, M. *Histoire de la justice*. Paris, 1960.
Rovito, P. L. *Il Viceregno spagnolo di Napoli*. Nápoles, 2003.
Royer, J.-P. *Histoire de la justice en France*. 3. ed. Paris, 2001.
Ruffini, E. *Il principio maggioritario*. Cremona, 1976.
—. *La ragione dei più*. Bolonha, 1977.
Ruffini, F. *La libertà religiosa, storia dell'idea*. Milão, 1901; reimp. Milão, 1967.
Rütten, W. *Das zivilrechtliche Werk Justus Henning Böhmer*. Tübingen, 1982.
Sacco, R. *Introduzione al diritto comparato*. 5. ed. Turim, 1992.
Salvi, C. La giusprivatistica tra codice e scienza, *Stato e cultura giuridica*. Roma/Bari, 1990, pp. 233-74.
Salvioli, G. *Storia della procedura civile e criminale*. Milão, 1925-1927, 2 vols.
—. *Storia del diritto italiano*. 9. ed. Turim, 1930.
Samuel Pufendorf 1632-1982. Estocolmo, 1986.
Sánchez-Arcilla Bernal, J. *Manual de Historia del Derecho*, Madri, 2004.
Santangelo Cordani, A. *La giuripridenza della Rota romana nel secolo XIV*. Milão, 2001.
Santarelli, U. *Mercanti e società tra mercanti*. Turim, 1998.
Santoro, M. *Il notariato nell'Italia contemporanea*. Milão, 2004.
Sarti, N. *Un giurista tra Azzone e Accursio*. Milão, 1990.
—. *Maximum dirimendarum causarum remedium. Il giuramento di calunnia nella dottrina civilistica dei secoli XI-XIII*. Milão, 1995.
Savelli, R. *La repubblica oligarchica. Legislazione, istituzioni e ceti a Genova nel Cinquecento*. Milão, 1981.
—. Tribunali, "*decisiones*" e giuristi, in *Origini dello stato. Processi di formazione in italia fra medioevo ed età moderna*, orgs. G. Chittolini, A. Molho e P. Schiera. Bolonha, 1994, pp. 397-421.
—. Che cosa era il diritto patrio di una repubblica?, in *Diritto patrio (Il)*, orgs. I. Birocchi e A. Mattone. Roma, 2006, pp. 255-95.
Savigny, F. C. von, *Geschichte des romischen Rechts im Mittelalter*. 2. ed., Bad Homburg, 1834-1851, 7 vols.; trad. it. *Storia del diritto romano nel medioevo*. Turim, 1856, 3 vols.
Sbriccoli, M. *L'interpretazione dello statuto*. Milão, 1969.
—. *Crimen laesae maiestatis. Il problema del reato politico alle soglie della scienza penalistica moderna*. Milão, 1974.
Scherner, K. O. *Goldschmidts Universum*, 2003, in *Ins Wasser geworfen [...], Festschrift Nörr*, pp. 859-92.
Schmitt, C. *Il nomos della Terra*. Milão, 1991.
Schnapper, B. *Voies nouvelles en histoire du droit*. Paris, 1991.
Schneiders, W. (hrsg.). *Christian Thomasius*. Hamburgo, 1989.
Schnur, R. *Individualismo e assolutismo*, Varese, 1979.
Schrage, E. J. H. *Traditionibus et usucapionibus, non nudis pactis dominia rerum transferuntur*, 2003, in *Ins Wasser geworfen [...], Festschrift Nörr*, pp. 913-58.
Schulte, J. F. von, *Die Geschichte der Quellen und Literatur des canonischen Rechts von Gratian bis auf die Gegenwart*, Stuttgart, 1875-1880; reimp. fac-similar Graz, 1956, 3 vols.
Schulz, F. *History of Roman Legal Science*, Oxford, 1946; trad. it. *Storia della giuripridenza romana*. Florença, 1968.
Schulz, R. (ed.), *Europäische Rechts-und Verfassungsgeschichte, Ergebnisse und Perspektive der Forschung*, Berlim, 1991.
Sciumè, A. *I principi generali del diritto nell'ordine giuridico contemporaneo*. Turim, 2002.
Sclopis, F. *Storia della legislazione italiana*, III [1789-1847]. Turim, 1864.
Seckel, E. *Distinctiones glossatorum* (1911); reimp. Aalen, 1956.
Sen, A. *Globalizzazione e libertà*. Milão, 2003.
Siegrist, H. *Advokat, Bürger und Staat. Eine vergleichende Geschichte der Rechtsanwälte in Deutschland, Italien und in der Schweiz (18. -20. Jh.)*. Frankfurt am Main, 1996, 2 vols.
Simon, D. *Die Unabhängigkeit des Richters*, Darmstadt, 1975.
Simonetti, M. *Biblical Interpretation in the Early Church*. Edimburgo, 1994.
Sinatti D'Amico, F. *Le prove nel diritto longobardo*. Milão, 1968.
Singer, P. *One World. L'etica della globalizzazione*. Turim, 2003.
Soetermeer, F. *Utrumque ius in peciis. Aspetti della produzione libraria a Bologna fra Due e Trecento*. Milão, 1997; cf. a edição alemã de igual título. Frankfurt am Main, 2002.
Soffietti, I. Dalla pluralità all'unità degli ordinamenti giuridici nell'età della restaurazione. Il Regno di Sardegna, in *Nozione formazione e interpretazione del diritto dall'età romana alle esperienze moderne*. Pesquisas dedicadas ao professor Filippo Gallo. Nápoles, 1997.

Soffietti, I. *I tempi dello Statuto Albertino. Studi e fonti*. Turim, 2004.
Solari, G. *Individualismo e diritto privato*. Turim, 1959.
Solimano, S. *Verso il Code Napoléon. Il progetto di Codice civile di Guy Jean-Baptiste Target (1798-1799)*. Milão, 1998.
—. Alle origini del Code de procédure civile del 1806: Il Progetto Pigeau, *Studi di storia del diritto*, 2 (1999), pp. 729-72.
—. *Il letto di Procuste. Diritto e politica nella formazione del Codice civile unitario: i progetti Cassinis (1860-1861)*. Milão, 2003.
—. L'edificazione del diritto privato italiano: dalla Restaurazione all'Unità, *Il bicentenario del Codice napoleonico*, Atti dei Convegni lincei, 221. Roma, 2006, pp. 55-88.
Solženicyn, A. *Arcipelago Gulag*. Milão, 2001, 2 vols.
Sordi, B. *Giustizia e amministrazione nell'Italia liberale. La formazione della nozione di interesse legitimo*. Milão, 1985.
—. *Tra Weimar e Vienna*. Milão, 1987.
Sorrenti, L. *Tra scuole e prassi giudiziarie. Giuliano da Sesso e il suo "Libellus quaestionum"*. Roma, 1999.
Spagnesi, E. Il diritto, *Storia dell'Università di Pisa*. I: *1343-1737*, Pisa, 1993, 2 tomos, t. I, pp. 191-259.
—. Irnerio teologo, una riscoperta necessaria, *Studi medievali*, 42 (2001), pp. 325-79.
Staatsanwaltschaft, Europäische und Amerikanische Geschichten, hrsg. v. B. Durand, L. Mayali, A. Padoa-Schiopa e D. Simon. Frankfurt am Main, 2005.
Stato e cultura giuridica in Italia dall'Unità alla Repubblica, org. A. Schiavone. Roma/Bari, 1990.
Stato moderno (Lo), orgs. E. Rotelli e P. Schiera, 3 vols. Bolonha, 1971-1974.
Stein, E. *Histoire du Bas-Empire*, Amsterdam, 1968, 2 vols.
Stein, P. *I fondamenti del diritto europeo. Profili sostanziali e processuali dell'evoluzione dei sistemi giuridici*. Milão, 1987.
—. English Civil Law Literature, 2003, *Ins Wasser geworfen [...], Festschrift Nörr*, pp. 979-92.
Stein, P.; Shand, J. *I valori giuridici della civiltà occidentale*. Milão, 1981.
Stintzing, R. *Geschichte der deutschen Rechtswissenschaft*. Munique/Leipzig, 1880-1898, 3 vols.
Stolleis, M. *Condere . leges et interpretari. Gesetzgebung und Staatsbildung im 17. Jahrhundert*, ZRG GA, 101 (1984), pp. 89-116.
—. *Geschichte des öffentliches Rechts in Deutschland*. Munique, 1988-1999, 3 vols.
—. *Geschichte des Sozialrechts in Deutschland*, Stuttgart, 2003.
—. Ius belli ac pacis und der frühmoderne Staat, 2003, *Ins Wasser geworfen [...], Festschrift Nörr*, pp. 993-1008.
—. *A History of Public Law in Germany, 1914-1945*, Oxford, 2004.
Stolzi, I. *L'ordine corporativo. Poteri organizzativi e organizzazione del potere nella riflessione giuridica dell'Italia fascista*. Milão, 2007.
Storia d'Italia. Annali 10: *I professionisti*, org. M. Malatesta. Turim, 1998.
Storti Storchi, C. *Diritto e istituzioni a Bergamo, dal Comune alla Signoria*. Milão, 1984.
—. *Ricerche sulla condizione giuridica dello straniero in Italia, dal tardo diritto comune all'età preunitaria*. Milão, 1989.
—. Appunti in tema di "potestas condendi statuta", *Annali dell'Istituto storico italo-germanico in Trento*, 30 (1991), pp. 319-43.
—. *Intorno ai Costituti pisani della legge e dell'uso (secolo XII)*. Nápoles, 1998.
Strauss, L. *Diritto naturale e storia*. Gênova, 1990.
Sueur, Ph. *Histoire du droit public français*. Paris, 1994, 2 vols.

Tabacco, G. L'allodialità del potere nel medioevo, *Studi medievali*, 11 (1970), pp. 565-615.
Tamassia, N. *Scritti di storia giuridica*, Pádua, 1969, 3 vols.
Tamm, D. *Retshistorie*. I: *Dansk retshistorie*. Copenhague, 1990.
Tanzi, A. *François Gény tra scienza del diritto e giurisprudenza*. Turim [1990].
Tarello, G. *Storia della cultura giuridica moderna. Assolutismo e codificazione del diritto*. Bolonha, 1976.
Taruffo, M. *La giustizia civile in Italia dal '700 a oggi*. Bolonha, 1980.
Tavilla, C. E. *Homo alterius. I rapporti di dipendenza personale nella dottrina del Duecento*. Nápoles, 1993.
—. *Riforma e giustizia nel Settecento estense. Il Supremo consiglio di giustizia (1761-1796)*. Milão, 2000.
Tellenbach, G. *Libertas. Kirche und Weltordnung im Zeitalter des Investiturstreits*, Stuttgart, 1936.
Teti, R. *Codice civile e regime fascista*. Milão, 1990.

Thireau, J.-L. *Charles Du Moulin, 1500-1566 Étude sur les sources, la méthode, les idées politiques et économiques d'un juriste de la Renaissance.* Genève, 1980.
—. Le droit français entre droit commun et codification, in *Diritto patrio (Il)*, orgs. I. Birocchi e A. Mattone. Roma, 2006, pp. 75-90.
Thompson, E.A. *The Early Germans* (1965); trad. it. *Una cultura barbarica. I Germani.* Bari, 1976.
—. *The Goths in Spain*, Oxford, 1969.
Tiberio Deciani, 1509-1582. Alle origini del pensiero giuridico moderno, org. M. Cavina, Udine, 2004.
Tierney, B. *L'idea dei diritti naturali. Diritti naturali, legge naturale e diritto canonico, 1150-1625.* Bolonha, 2002.
Timbal, P. C. *Les obligations contractuelles dans le droit français des XIIIe et XIVe siècles d' apres la jurisprudence du Parlement.* Paris, 1973-1977, 2 vols.
Todescan, F. *Le radici teologiche del giusnaturalismo laico.* Milão, 1983-2001, 3 vols.
Todorov, T. *Il nuovo disordine mondiale.* Milão, 2003.
Tomás y Valiente, F. *Manual de historia del derecho español*, Madri, 1983.
Torelli, P. *Scritti di storia del diritto italiano.* Milão, 1959.
Treves, R. *Introduzione alla sociologia del diritto.* 2. ed. Turim, 1980.

Ullmann, W. *The Medieval Idea of Law as Represented by Lucas de Penna.* Londres, 1946.
—. *Gelasius I (492-496)*, Stuttgart, 1981.
Ungari, P. *L'età del Codice civile.* Nápoles, 1967.
—. *Storia del diritto di famiglia in Italia.* Bolonha, 1972.
—. *Alfredo Rocco e l'ideologia giuridica del Fascismo*, Brescia, 1974.
Unger, R. M. *Critical Legal Studies Movement.* Cambridge (Mass.), 1986.

Vallejo, J. *Ruda equidad, ley consumada. Concepción de la potestad normativa (1250-1350)*, Madri, 1992.
—. De sagrado arcano a constitución essencial, identificación histórica del derecho patrio, in *Los Borbones, dinastia y memoria de naciòn en la España del siglo XVIII*, org. P. Fernandez Albaladejo, Madri, 2001.
Vallerani, M. *La giustizia pubblica medievale.* Bolonha, 2005.
Vallone, G. *Iurisdictio domini*, Lecce, 1985.
—. *Le "Decisiones" di Matteo d'Afflitto*, Lecce, 1988.
Valsecchi, C. *Oldrado da Ponte e i suoi consilia. Un'auctoritas del primo Trecento.* Milão, 2000.
—. *In difesa della famiglia? Divorzisti e antidivorzisti in Italia tra Otto e Novecento.* Milão, 2004.
Valsecchi, F. *L'Italia nel Settecento dal 1714 al 1788.* Milão, 1971.
Vano, C. *"Il nostro autentico Gaio". Strategie della Scuola storica alle origini della romanistica moderna.* Nápoles, 2000.
Varano, V. e Barsotti, V. *La tradizione giuridica occidentale*, vols. I-II. Turim, 2002-2003.
Vec, M. *Recht und Normierung in der Industriellen Revolution.* Frankfurt am Main, 2006.
Venturi, F. *Settecento riformatore.* Turim, 1972-1990, 7 vols.
Vers un droit privé européen commun?, hrsg. von B. Schmidlin, Basel, 1994.
Vervaart, O. M. D. F. *Studies over Nicolaas Everaerts (1462-1532) en zijn Topica*, Arnhem, 1994.
Vicens Vives, J. La struttura amministrativa statale nei secoli XVI e XVII, *XIe Congrès International des Sciences Historiques, Rapports IV, Histoire moderne*, Estocolmo, 1960, pp. 1-24; trad. it. In *Lo Stato moderno*, orgs. E. Rotelli e P. Schiera. Bolonha, 1971, vol. I, pp. 221-46.
Viehweg, Th. *Topica e giurisprudenza.* Milão, 1962.
Villani, A. *Christian Thomasius illuminista e pietista.* Nápoles, 1997.
Villey, M. *La formation de la pensée juridique moderne.* Paris, 1975; trad. it. *La formazione del pensiero giuridico moderno.* Milão, 1986.
Vinciguerra, S. (org.). *I Codici preunitari e il Codice Zanardelli*, Pádua, 1993.
Viora, M. *Le Costituzioni piemontesi.* Turim, 1928.
Vismara, G. *Storia dei patti successori.* Milão, 1986.
—. Le istituzioni del patriziato lombardo (1958), agora em Id., *Scritti di storia giuridica. III: Istituzioni lombarde.* Milão, 1987.
—. Leggi e dottrina nella prassi notarile italiana dell'alto medioevo, in Id. *Scritti di storia giuridica. II: La vita del diritto negli atti privati medievali.* Milão, 1987a.
—. *La giurisdizione civile dei vescovi (secoli I-IX).* Milão, 1995.
Volante, R. *Il sistema contrattuale del diritto comune classico.* Milão, 2001.

Waelkens, L. *La théorie de la coutume chez Jacques de Revigny*, Leiden, 1984.
—. La "Lectura Institutionum´de Raoul d'Harcourt, *RIDC*, 3 (1992), pp. 79-91.
Wandruszka, A. *Pietro Leopoldo, un grande riformatore*. Florença, 1968.
Watson, A. *The Evolution of Law*, Baltimore (Md.), 1985.
—. *La formazione del diritto civile*. Bolonha, 1986.
—. *Sources of Law, Legal Change, and Ambiguity*, Philadelphia (Pa.), 1998.
Weber, M. *Economia e società*. Milão, 1974, 2 vols.
—. *L'etica protestante e lo spirito del capitalismo*. Milão, 1991.
Weigand, R. *Die Naturrechtslehre der Legisten und Dekretisten*. Munique, 1967.
Weimar, P. Die legistische Literatur der Glossatorenzeit, in H. Coing (org.), *Handbuch der Quellen und Literatur der europäischen Privatrechtsgeschichte*, Munique, 1973-1986, vol. I, pp. 129-260.
Welker, K. H. L. *Rechtsgeschichte als Rechtspolitik, Justus Möser als Jurist und Staatsmann*, Osnabruck, 1996.
Wells, W. *Antitrust and Formation of the Postwar World*, Nova York, 2001.
Wesel, U. *Geschichte des Rechts, von den Frühformen bis zim Gegenwart*. 2. ed., Munique, 2001.
Wesenberg, G. e Wesener, G. *Storia del diritto privato in Europa*. Pádua, 1999.
Wickham, Ch. *Legge, pratiche e confliti*. Roma, 2000.
Wieacker, F. *Storia del diritto privato moderno*. Milão, 1980, 2 vols.
Wijffels, A. *Qui millies allegatur. Les allégations du droit savant dans les dossiers du Grand Conseil de Malines, Causes septentrionales*, Leiden, 1985, 2 vols.
Wilhelm, F. *Victor Hugo et l'Idée des États-Unis d'Europe*. Luxemburgo, 2000.
Wilhelm, W. *Metodologia giuridica nel secolo XIX*. Milão, 1974.
Willoweit, D. *Deutsche Verfassungsgeschichte*. 2. ed. Munique, 1974.
—. La formazione dello Stato nel basso Medioevo: un'analisi comparata, in *L'organizzazione del territorio in Italia e in Germania, secoli XIII-XIV*. Bolonha, 1994, pp. 27-38.
Winroth, A. *The Making of Gratian's Decretum*. Cambridge, 2000.
Witte, J. jr. *Law and Protestantism. The Legal Teaching of the Luteran Reformation*. Cambridge, 2002.
Wolf, A. *Gesetzgebung in Europa, 1100-1500, zur Entstehung der Territorialstaaten*. Munique, 1996.
Wolf, E. *Grosse Rechtsdenker der deutschen Geistesgeschichte*. Tübingen, 1951.
Wolter, U. The Officium in Medieval Ecclesiastical Law, *Legislation and Justice*. Oxford, 1997, pp. 17-36.

Zagorin, P. The Social Interpretation of the English Revolution, *Journal of Economic History*, 19 (1959), pp. 376-401; trad. it. L'interpretazione sociale della Rivoluzione inglese, in *Lo Stato moderno*, orgs. E. Rotelli e P. Schiera. Bolonha, 1974. vol. III, pp. 235-61.
Zagrebelsky, G. *Il diritto mite*. Turim, 1992.
Zimmermann, R. *The Law of Obligations. Roman Foundations of the Civilian Tradition*. Cape Town, 1990.
Zordan, G. *Il Codice per la Veneta mercantili marina*, Pádua, 1981-1987, 2 vols.
—. *L'ordinamento giuridico veneziano*, Pádua, 2005.
Zorzoli, M. C. *Università dottori giureconsulti. L'organizzazione della Facoltà legale di Pavia nell'età spagnola*. Pavia, 1986.
Zulueta, F. de e Stein, P. *The Teaching of Roman Law in England around 1200*, Londres, 1990.
Zweigert, K. e Kötz, H. *Introduzione al diritto comparato*. I: *Principi fondamentali*, II: *Istituti*. Milão, 1992-1995.

Índice de assuntos

ABGB, 1811, 333-4
Absolutismo, 163-4
Ações coletivas, 447, 459
Ações de classe, 459
Acusação pública, 1791, 311
Administração local, 296, 374
Administração pública, reforma, 1790, 309
Administração-jurisdição, 295, 297, 306, 308
Admiralty Court, 269
Adoção, séc. XIX, 445
Advocacia, 217
Advocacia, Idade Moderna, 211, 212
Advocacia, séc. XIX, 389-92
Advogados, colégio, 102-3
Advogados, deontologia, 103
Advogados, Napoleão, 320
Aequitas, legisladores, 137-40
Aequitas canonica, 146
Aequitas mercantil, 125
Alegações forenses, 213, 330
Alemães e direito, origens, 28-30
Allgemeines Landrecht, 294
Alódio, 46
Ambiental, direito, 485
Amity line, 182
Análise da linguagem jurídica, 455
Análise econômica do direito, 456-7
Analogia, estatutos, 145
Anglo-saxônico, direito, 36-7
Animais, direito dos, 459
Apelação, direito comum, 71, 77
Apelação, tribunais superiores, 217, 220
Apelação penal, 1790, 310
Apelações pós-clássicas, 16
Appel comme d'abus, 90, 171
Arbitrium judicial, 218, 219, 256, 256
Argumenta, 70, 191
Arimanos, 45
Arrêts de règlement, 216
Arrêts en commandement, 175
Arrêts en équité, 232
Artes notariae, 99-100
Assembleia Constituinte, 1789-1791, 306-10
Assembleia da ONU, 478, 480
Assembleias representativas, 175-7

Associações, Gierke, 397
Assumpsit, 271
Atenuantes, França, 1832, 349
Ato Único Europeu, 469
Attaint, 267
Attorneys, 156
Ausência, 419
Autonomias citadinas e rurais, 89
Autorização marital, 370, 419
Avoués, 320, 389

Bannum, 38
Barristers, 157
Bartolismo, 116
Bâtonnier, 212
Begriffsjurisprudenz, 359
Benefício feudal, 41
Bens públicos e patrimoniais, 371
BGB, 376-8
Bíblia, exegese, 22, 442
Bíblia, regras jurídicas, 21
Bill of Rights, 1689, 177, 270-1
Bispos, jurisdição, 21, 23
Bispos, nomeação, França, 1790-1801, 215, 320
Brevia de curso, 154
Breviário alariciano, 31
Britânica, coleção, 55
Brocardos, 67
Bula de ouro, 1356, 174
Bundesverfassungsgericht, 440
Burocracia antiga tardia, 16

Caffè, Il, 286
Cahiers de doléances, 306-7
Calas e Sirven, Voltaire, 284-5
Calvinismo e direito, 167, 168
Cameralistas, 295, 297
Capitulares carolíngios, 39
Caridade e justiça, direito canônico, 146
Carolina, 1532, 229, 230
Carta da ONU, 1945, 478-80
Carta del Lavoro, 1927, 423
Carta dos Direitos, União Europeia, 474, 475
Cartas pueblas, 132
Cartularium langobardicum, 48, 49, 50

Casamento civil, séc. XVIII, 297, 314
Casamento, 20, 169, 244, 354
Cases, Common Law, 270-4
Castas, Alemanha, 174
Casus, 67
Cátedras e planos de estudo, 94
Causídicos, Idade Moderna, 211-2
Cautelas, 195
CECA, Comunidade do Carvão e do Aço, 464
CED, Comunidade Europeia de Defesa, 464
CEE, Comunidade Econômica Europeia, 465-8
Celibato eclesiástico, séc. XI, 55
Censo, princípio censitário, 296
Censo teresiano, 295
Charta, 98
Cidadania ativa, 1789, 309
Cidadania europeia, 474
Cidade-campo, Revolução Francesa, 309
Clarendon, Assembleias, 153
Cláusulas gerais, BGB, 377
Clero, Constituição Civil do, 1790, 315
Code d'instruction criminelle, 1808, 331-2
Code Forestier, 349
Code Merlin, 1795, 318
Codecisão, União Europeia, 471
Codex iuris canonici, 1917, 419
Codex iuris canonici, 1983, 442
Codex Theresianus, 296
Codificação, Savigny-Thibaut, 1814, 356, 357
Codificações modernas, 324-34
Código barbacoviano, 298
Código Civil albertino, 1837, 343
Código Civil alemão, 1899, 376-8
Código Civil austríaco (ABGB), 333-4
Código Civil espanhol, 1888, 373-4
Código Civil francês, 1804, 326-30
Código Civil francês, projetos, 1793-1799, 324-6
Código Civil Galiciano, 1797, 301
Código Civil holandês, 1838, 345-6
Código Civil italiano, 1865, 370-1
Código Civil italiano, l942, 425-7
Código Civil parmense, 1820, 342-3
Código Civil suíço, 1881-1907, 377-9
Código das Obrigações, Suíça, 1881, 377-8
Código de Comércio alemão. 1861, 375-6
Código de Comércio francês, 1807, 331
Código de Comércio italiano, 1882, 371-2
Código de Napoleão, 326-30
Código de Processo Civil austríaco, 1895, 379
Código de Processo Civil italiano, 1865, 371
Código de Processo Civil italiano, 1940, 424
Código de Processo Penal italiano, 1913, 373
Código de Processo Penal italiano, 1930, 424
Código de Processo Penal italiano, 1988, 443
Código de Processo Penal Josefino, 298
Código de Processo Penal, Itália napoleônica, 1807, 321

Código justiniano, 18
Código Penal austríaco, 1803, 332-3
Código Penal francês, 1791, 312
Código Penal francês, 1810, 332
Código Penal italiano, 1889, 372-3
Código Penal italiano, 1930, 423
Código Penal Josefino, 1787, 298
Código Penal lombardo, 1792, 300-1
Código Penal toscano, 1853, 344
Código teodosiano, 18, 16n, 31, 187, 358
Códigos, Baviera, séc. XVIII, 230
Códigos, Duas Sicílias, 1819, 342
Códigos, Estado pontifício, séc. XIX, 488
Códigos, Frederico da Prússia, 293-4
Códigos, José II, 297-8
Códigos, projetos, Itália napoleônica, 321
Colcozes, 429
Coleção em 74 títulos, 54
Colégios dos doutores, 96
Colégios dos juízes, Idade Moderna, 212-3
Collegia, Holanda, 201-2
Colônias e direito colonial, 178-81
Colonos, 45, 122
Comanditas, 124, 381 e n
Comentadores, 110-9
Common Law e Equity, séc. XVII, 269, 270
Common Law, formação, 149-59
Common Law, Idade Moderna, 266-76, 379-80
Communis opinio doctorum, 208
Companhia das Índias, 180
Comparação jurídica, séc. XX, 450, 451
Compilationes antiquae, 78
Composições pecuniárias, 29, 32
Comunas rurais, estatutos, 128
Comunas, 86-9
Comunhão de bens, Troplong, 351
Comunismo e direito, 367, 429
Concílio de Trento, 169
Concílios antigos, 21-2
Concordata, França, 1801, 320
Concubinato eclesiástico, 43
Condado e cidade, 88-9, 309
Confederação Americana, 1778, 301-2
Confederação Germânica, 1815, 340
Confederação Helvética, origens, 91-2
Congresso, Confederação Americana, 301
Consciência, juízo segundo, Equity, 268
Conseil du roi, 91, 175
Conselho de Segurança da ONU, 479, 480, 487
Considération, 272
Consilia de Colégios e Faculdades, 212-3, 260
Consilium sapientis, 103, 105-7, 117
Constituição alemã, 1871, 374, 375
Constituição alemã, 1919, 420-2
Constituição alemã, 1949, 439-40
Constituição austríaca, 1920, 422
Constituição belga, 1832, 341

ÍNDICE DE ASSUNTOS 511

Constituição dos Estados Unidos, 301-4
Constituição espanhola, 1812, 322
Constituição espanhola, 1978, 441
Constituição Europeia, 475, 476
Constituição francesa do ano VIII, 319
Constituição francesa, 1946, 440
Constituição francesa, 1958, 440, 441
Constituição italiana, 1948, 437-8
Constituição siciliana, 1812, 322
Constituição suíça, 1848, 367
Constituições jacobinas, Itália, 318
Consulado do mar, 125
Cônsules, 86
Consultores in iure, Veneza, 211
Consumidores, tutela, 447
Contra-Reforma católica, 169
Contrato de trabalho, séc. XIX, 385
Contrato social, 172, 173, 238, 242, 283
Contrato trino, 205
Contrato, Código napoleônico, 329
Contrato, Cultos, 189
Contratos agrários, 123
Contumácia processual, 73, 104
Convenção de Filadélfia, 1784, 302-4
Convenção europeia, 475
Cooperação reforçada, 473
Corporações de ofício, abolição, 313
Corporações medievais, 88
Corporações, fascismo, 423
Corpus iuris, divisão em 5 volumes, 66
Cortes, Castela, 175, 227
Costumes e leis, glosadores, 140-3
Costumes e leis, Revigny, 111
Costumes locais, Alta Idade Média, 46-9
Costumes, Alemanha, 260
Costumes, França, 130-2, 224-6, 257, 258
Costumes, Itália meridional, 128, 129
Costumes, Puchta, 358
Costumes, teoria, Idade Moderna, 256-8, 264, 420, 481
Costums, Catalunha, 133
County Courts, 150
Court of Common Pleas, 154
Coutume de Beauvaisis, 131n
Coutume de Orléans, 253
Coutumes, França, 131-2, 224-6, 257, 258
Covenant, 238n
Criminologia, séc. XIX, 404
Cristianismo e legislação pós-clássica, 17
Critical Legal Studies, 457
Cuius regio eius religio, 168n
Culpa in contrahendo, 397
Culpabilidade e responsabilidade, Jhering, 396-7
Culpabilidade, Código Zanardelli, 373
Cultos, Escola, 183-92
Custódia, 124

Danelaw, 36
Danske Lov, 1683, 234
Decisiones, Rota romana, 218
Decisões judiciais, coletâneas, 219-22
Declaração dos Direitos, 1789, 307-8
Declaração dos Direitos, 1948, 483-4
Decretais, 77-9
Decretalistas, 79-81
Decretistas, 76-7
Decreto, 104
Decreto de Graciano, 75-6
Decretum, Ivo de Chartres, 55
Delegação de jurisdição, glosadores, 72
Democracia direta, Rousseau, 284
Deontologia legal, 195, 459-60
Departamentos franceses, 1790, 309
Devedores, prisão, Inglaterra e Escócia, 276
Dictatus papae, 1075, 53
Digesto, 18, 61, 249
Dinamarca, legislação, sécs. XVI-XVII, 234
Diplomas jurídicos, 95, 210
Direito administrativo, séc. XIX, 402, 403
Direito autoral, 405
Direito canônico, era medieval, 22, 42, 75-85, 147
Direito canônico, Idade Moderna, 169, 419-20, 442
Direito civil, doutrina, Itália, séc. XIX, 405
Direito civil, França revolucionária, 312-5
Direito comercial, Idade Média, 124-5
Direito comercial, séc. XIX, 360, 382, 405, 433
Direito comercial, sécs. XVI-XVIII, 198-9
Direito comum, sistema, 143-8, 255-65
Direito constitucional, Itália, séc. XIX, 400, 401
Direito da economia, séc. XX, 445-6
Direito eclesiástico, Böhmer, 250
Direito feudal, 121-2
Direito germânico, sécs. XVII-XVIII, 203, 250-1
Direito grego e legislação pós-clássica, 17
Direito industrial, 432
Direito internacional, 181, 240, 252, 348
Direito lombardo, 33-5, 120
Direito marítimo, Idade Média, 125
Direito natural, mundo antigo e Idade Média, 84-5
Direito natural, séc. XX, 458
Direito natural, sécs. XVI-XIX, 199-201, 237-53, 333-4
Direito pátrio, sécs. XVII-XVIII, 260-5
Direito penal, séc. XIX, 347, 360, 361, 362, 403-4
Direito penal, sécs. XII-XIV, 104-5, 152-3
Direito penal, sécs. XVI-XVII, 197-8, 229, 230
Direito processual civil, doutrina, séc. XIX, 403-7
Direito público, séc. XIX, 353, 362-4, 398-400

Direito romano, 18, 48-9, 51-2, 61-3, 143-8, 184-7, 255-65
Direito romano, historiografia, séc. XIX, 407
Direito rural, Idade Média tardia, 122-4
Direito subjetivo, Salamanca, 201
Direitos do Homem, 1789, 307
Direitos do Homem, séc. XX, 458, 482-6
Direitos locais, era medieval, 46-9, 126-35
Direitos locais, Idade Moderna, 223-6, 254-65
Direitos naturais, Locke, 242
Direitos públicos subjetivos, 399
Diretório, 318
Diretrizes CEE, 466
Discricionariedade, jurisprudência, 196, 218, 219
Dissensiones dominorum, 69
Distinções, direito canônico, 75-6
Distinções, glosadores, 68, 72-4
Districtus, 46
Divórcio, 314, 328, 444
Documento notarial, 127
Domesday Book, 150
Domínio dividido, 45
Dote, estatutos, 127
Droit français, 226
Due Process of Law, 304
Duelo judiciário, 35, 61

Edicta, 16
Edictum de beneficiis, 42
Édito de Liutprando, 34
Édito de Rotari, 33
Edsöre, 135
Eidgenossenschaft, 88
Einkindschaft, 262
Elegante, Jurisprudência, 201, 202
Eleições comunais, Idade Média, 127
Encomienda, 179
Enfiteuse, 123
Enquête, 90, 109
Equidade, direito comum, 137-40, 218, 256
Equity, 268-9
Escandinávia, 135, 234-5
Escócia, direito, 275-6
Escola Clássica, direito penal, 403
Escola Histórica, 355-61
Escola Positiva, direito penal, 403
Escolástica espanhola, 199-201
Escravidão, Lord Mansfield, 273, 274
Especialização, 90
Estado constitucional, 436, 437
Estado de Direito, Von Mohl, 362
Estado e Igreja, Idade Média, 23-5, 53, 54, 150
Estado e Igreja, Idade Moderna, 166-7, 243-4, 315, 316, 320
Estado, pessoa jurídica, 398
Estatística, Romagnosi, 346
Estatuto Albertino, 1848, 367

Estatutos comunais, 113, 114, 126-7
Estatutos e direito comum, 143-6, 256, 257
Estatutos reais e pessoais, 114-5
Estilo legal, Idade Moderna, 213
Estudantes universitários, 93-4
Estudos gerais, 65
Etnicarquia, Romagnosi, 347
Exchequer, 154
Excomunhão, 22
Exegese, direito comum, 70, 81-2
Exegese, Escola da, 350-2
Exequatur, 170, 174
Expositio ad Librum Papiensem, 51
Expropriação para utilidade pública, 308, 349

Falência, França, 1838, 350
Falsificações canônicas, 42
Família, direito de, séc. XIX, 328, 329, 334, 376, 377, 381
Família, direito de, séc. XX, 432, 444, 483
Fascismo e direito, 422-7, 431
Fazañas, 132
Feudo, 39-41, 259, 313
Ficções jurídicas, Common Law, 267, 275
Fideicomisso, 205, 297, 314
Fides publica notarial, 98
Filiação, séc. XX, 445
Filologia e direito, 183-7
Florença, Rota, 214
Formulário de Marcolfo, 48, 50
Francos sálios e ripuários, 32-3
Freeholders, 152, 176
Freirechtsbewegung, 412
Fueros, 132-4
Furto, Alta Idade Média, 51

Gaio veronês, 358
Garantias, lei, 1871, 369-70
Gender and law, 459
Germanismo e romanismo, séc. XIX, 359
Globalização e direito da economia, 480-2
Glosa ordinária do Corpus iuris, 66
Glosadores, 63-74, 137-43
Glosas, 63
Graça, poder de, 174
Grandes Assembleias, 152
Greve, direito de, 447
Grundnorm, Kelsen, 431
Guerra justa, 178, 240
Gulag, 429

Habeas corpus, 271
Hand wahre Hand, 262
Hermenêutica, séc. XX, 455
Hierarquia, 15, 90
Hispana, coleção canônica, 31
História do Direito, sécs. XIX-XX, 407-10, 451

Historicismo, Cultos, 184-7
Homicídio, 32, 63n, 104, 128
Humanismo jurídico, 183
Hundred courts, 150

Igreja (origens), 20
Igreja, reforma gregoriana, séc. XI, 53-5
Igreja e Estado, era medieval, 23-5, 53, 54, 150
Igreja e Estado, Idade Moderna, 167, 243, 315, 316, 320
Igualdade de direitos, séc. XVIII, 297, 307-8
Iluminismo jurídico 279-91
Império antigo tardio, 15
Império medieval, 38-9, 87
Imprensa jurídica, 206, 207
Imprensa, liberdade de, 1848, 365
Incunábulos jurídicos, 207
Índios e liberdade, 179, 200
Indústria, legislação, séc. XIX, 381
Injunction, 268
Inns of Court, 157
Inquisição espanhola, 169, 170
Inquisição processual, 104, 298
Inquisitio, Alta Idade Média, 39
Instrumentum, 98
Interpretação da lei, 71, 144, 145, 254, 411
Investiduras, luta pelas, 54
Investitura salva querela, 49
Iurisdictio, 91
Ius ad bellum, ius in bello, 181
Ius circa sacra, 243
Ius commune e ius proprium, 143-6
Ius hodiernum, séc. XVII, 263
Ius placeti, 168
Ius proprium e ius commune, 143-6
Ius strictum, 138

Judeus, sécs. XIX-XX, 297, 428
Judicature Acts, 1873-1875, 380
Juízes de paz, 310
Juízes, Colégio dos, 103
Juízes, eletividade, 1792, 311
Juízes, Idade Média, 51, 107
Juízes, nomeação, séc, XIX, 320, 387-9
Juramento, Alta Idade Média, 34, 39
Júri penal, sécs. XVIII-XIX, 287-8, 311-2, 331, 371
Júri, Common Law, 152, 157-8, 267
Jurisdicionalismo, 170, 297
Jurisprudência, Idade Moderna, 214-22, 353-4
Juristas, papel, séc. XX, 459-61
Justiça, Frederico da Prússia, 292-3
Justiça, Idade Moderna, 215, 222
Justiça, lombardos, 35
Justiça, reformas, 1789-1791, 310-1
Justiça, teorias, séc. XX, 454-5
Justiça administrativa, séc. XIX, 319, 385-6

Justiça carolíngia e pós-carolíngia, 42-4
Justiça medieval tardia, 107-9
Justice retenue, 90

King's Bench, 154
Konsistorien, 168
Kurfürsten, 174

Länder, 439
Landrecht, 130, 259, 260
Landslag, 135
Landtag, 176
Law and literature, 457
Law Merchant e Common law, 125
Law Schools, 452
Legal ethics, 459
Legislação pós-clássica, 16-7
Legislação régia, Idade Moderna, 227-36
Legislação, crises, séc. XX, 448-9
Legitimidade, princípio de, 340
Lei Sálica, 32-3
Leis e costumes, glosadores, 140-3
Leis fundamentais do reino, França, 258
Leopoldina, 1786, 300
Letra de câmbio, 124
Letrados, 211
Lettres passent témoins, 232
Levellers, 173
Lex Iutiae, 135
Liber Augustalis, 101, 224
Liber Extravagantium, 79
Liber iudiciorum, 31, 133, 134
Liber Sextus, 79
Liberdade citadina, 88
Liberdade de expressão, 1789, 308
Liberdade de imprensa, 1789, 308
Liberdade e direito, Kant, 290-1
Liberdade religiosa, Holanda, 202
Libertas, 123
Libri feudorum, 122
Literatura e direito, 457
Livre convencimento, 1791, 312
Livres, 45
Lombardos, 33-5
Lugares comuns, 70

Magistratura, séc. XIX, 387-9
Magna Carta, 158-9
Majoritário (princípio), 25, 87, 469
Malines, Grão-Conselho de, 215
Meação, 123
Menores, séc. XX, 444, 445
Mercado Comum Europeu, 465-8, 469
Mercantes, 124-5
Metáfora, direito canônico 82
Milão, Senado, 214
Ministério Público, França 103, 320

Missi dominici, 38, 43
Mitbestimmung, 446
Moeda europeia, 470
Moeda, valor, Bartolo, 115
Monaquismo, 25
Mos gallicus, 194
Mos italicus, 193
Moulins, Ordonnance, 1566, 231
Mulher, direitos, 314, 444, 459
Mulher e sucessão, 32, 127, 155n
Mutualidade, 1848, 366

Nação, séc. XIX, 338
Nação, Sieyès, 306
Nápoles, Sacro Régio Conselho, 214, 217
Nápoles, Tribunal Sumário, 217
Narratores, common law, 156
Nationes universitarie, 93
Natura id est deus, 85
Nazismo e direito, 427, 428
Niilismo jurídico, 460
Noblesse de robe, 211
Normandos, 89
Norske Lov, 1604, 234
Notabilia, 67
Notariado, Idade Média, 49-51, 98-102
Notariado, séc. XIX, 392-3
Notários de registro, 100
Nueva Recopilación, 1567, 228
Nullum crimen nulla poena sine lege, 287

Obrigações, Código civil, 1942, 425
Obrigações, Código suíço, 1881, 377, 378
Obrigações, prova, Beaumanoir, 131
Officium, direito canônico, 83
Olim, Les, 109
ONU, gênese, 477-8
Oralidade no processo penal, 1791, 312
Ordálios, germanos, 29, 36
Ordines iudiciorum, 64
Ordonnances, sécs. XVI-XVIII, 231-3
Ostensio chartae, 44

Pacta sunt servanda, Grotius, 239
Pactos simples, direito comum, 83, 111, 189
Palatium de Pavia, 51
Pandectística, Escola e método, 394-6
Panormia, Ivo de Chartres, 55
Papa, eleição, 1059, 53
Papa, origens, primado, 20-1
Paris, Parlamento de, 109, 214
Parlamento Europeu, 468, 469
Parlamento inglês, 159, 176
Partidas, Siete, 134
Patentes, 405
Patriciado e magistraturas, 217
Pátrio poder, 17, 314-5, 328

Patrística, 22
Pays de droit coutumier, 131-3
Pays de droit écrit, 131
Paz de Vestfália, 167, 181
Paz perpétua, séc. XVIII, 253, 291
Paz privada, 105, 117
Paz, direito à, 485
Pena de morte, 128, 288
Penas, Beccaria, 287
Penitenciais, 27
Pessoa jurídica, 83, 398
Pessoa, 20
Pessoalidade da lei, 30, 35
Pessoas, direito das, séc. XX, 443
Petty Jury, 152
Piemonte, Senado, 214, 221
Placita Coronae, 153
Plea Rolls, 155
Poderes, separação, 242, 282
Polícia, ordens, Alemanha, séc. XVI, 230
pós-acursianos, 110, 111
Positiones, 104
Positivismo jurídico, 241, 412, 413, 452
Posse, 70, 90, 104, 356
Povo, comentadores, 114
Pragmáticas, Castilha, 135, 143, 228
Pragmáticos, 195
Precedente jurídico, Common Law, 274
Prefeitos, Napoleão, 319
Primogenitura, Pothier, 253
Principados territoriais, 46
Processo penal, Idade Média, 104
Processo penal, Mittermaier, 361
Processo romano-canônico, 103-5
Procuradores do rei, França, 103
Procuradores, França, 212
Professores universitários, 94-5
Profissões da lei, 47
Profissões legais, Common Law, 156-7
Profissões legais, era medieval, 98-103
Profissões legais, Idade Moderna, 209-13
Proporcionalidade, impostos, 295, 308
Propriedade, sécs. XVI-XVII, 201, 239
Propriedade, sécs. XVIII-XIX, 286, 308, 312-3, 328, 334
Propriedade comum, 20, 28
Prova escrita, 204-5, 232
Provas legais, Idade Moderna, 219, 289, 298
Pseudo-Isidoro (decretais), 42

Quaestiones statutorum, 111
Quaestiones, direito comum, 64, 68, 112
Quod principi placuit, 90n

Racismo, 428
Ramismo, 191
Ratificação, Milão, 228

Ratio legis, direito comum, 139, 145
Realismo jurídico, 453-4
Rechtsstaat, séc. XIX, 362, 363
Référé législatif, 311
Reforma protestante e direito, 166-8
Reformas iluministas, 292-302
Régale, 171
Regiões, Espanha, 441
Regiões, Itália, constituição, 1948, 438
Registros notariais, 98-9
Registros públicos, 17
Regra beneditina, 25
Regulamentos CEE, 466
Reichshofrat, 214
Reichskammergericht, 215, 259
Reichstag, 176
Renunciationes, França, 257
Repetitiones, direito comum, 118
Reports, 155, 272, 273
Represálias, 115
Representação direta, direito comum, 83, 139
Representação política, 242, 309, 315-6, 386
Rescriptum, 16
Resistência, direito de, 242
Responsabilidade coletiva comunas rurais, 88
Revistas jurídicas, França, séc. XIX, 352
Revolução Americana, 302-4
Revolução Francesa e direito, 305-25
Revolução Inglesa, 177
Rex superiorem non recognoscens, 90
Rigor iuris, 138
Romantismo, 338
Rota, Gênova, Rota, 198
Rota Romana, 214, 218, 220
Rotas, 214, 218
Rule of law, 340, 400

Saboia, Senado, 220
Sachsenspiegel, 130
Salamanca, Escola, 199-201
Santa Aliança, 340
Schwabenspiegel, 130
Seguro, 124, 382
Sejm, Polônia, 176
Selfgovernment, Gneist, 363
Senhorias, 89, 115
Separação dos poderes, 242, 282, 308
Serjeants, Common law, 156
Servidão da gleba, 321
Servos, 45
Sheriff, 151
Sílabo, 1864, 368
Simonia, 53
Sinallagma, 189
Sindicato, sindicalistas, era das comunas, 87-8
Slade Case, 271
Soberania, teorias, 171-3, 283-4, 307

Soberania popular, 242, 283
Sociedade anônima, séc. XIX, 331, 382
Sociedade anônima, séc. XX, 422, 425-6, 446
Sociedade das Nações, 434
Sociologia do direito, 412, 430, 452
Solicitadores, Idade Moderna, 212
Solutio contrariorum, 67
Stände, 174, 229
Star Chamber, 267
Stare decisis, 274, 275
Stylus iudicandi, 221
Subsidiariedade, princípio de, 471
Sucessão da filha, estatutos, 127
Sucessão legítima, Idade Moderna, 253, 297, 314, 328, 394
Sufrágio universal, 316, 386
Summa Codicis, 65
Summa Perusina, 50
Suspeitos, lei sobre, 317
Sveriges Rikes Lag, 1734, 235

Tentativa de delito, Lombardos, 34
Teologia e direito, séc. XVI, 199
Teoria Geral do Direito, sécs. XIX-XX, 410-2
Terras comuns, 124
Terror, França, 315-7
Testamento (Novo), 20
Testemunho, testemunhas, 17, 196, 260
Tolerância, Edito de, 1781, 297
Topica, topoi, 70, 191
Toro, leis de, 228
Tortura judiciária 219, 246, 297
Trabalho, contrato, Código 1942, 426
Trabalho, direito do, séc. XX, 446-7
Trabalho, legislação, sécs. XVIII-XIX, 313, 383-5
Tractatus universi iuris, 194
Transcrição, França, 1855, 350
Tratado Constitucional Europeu, 475, 476
Tratado de Amsterdam, 472-3
Tratado de Maastricht, 1992, 470-2
Tratado de Nice, 473
Tribunais Constitucionais, séc. XX, 448-9
Tribunal Constitucional, Itália, 423, 438, 443, 467
Tribunal de Justiça Europeu, 467
Tribunal Europeu dos Direitos do Homem, 484
Tribunal Internacional de Arbitragem, 482
Tribunal Internacional de Justiça, 480, 486
Tribunal Internacional do Direito do Mar, 482
Tribunal Penal Internacional, 486
Tribunal Permanente de Arbitragem, 482
Tribunal Superior de Justiça, 310, 353-4, 371
Tributos, proporcionalidade, 295
Trust, 268

União Europeia, 468, 470-2
União Soviética, direito, 429-30

Unificação administrativa italiana, 1860-1865, 369
Universidade, 63, 93-7
Universitas, 93
Usatges de Barcelona, 122
Usos cívicos, 124
Usus modernus Pandectarum, 202-4, 250
Usus terrae, 47
Utilitarismo, Bentham, 289
Utrumque ius, 147

Vassalagem, 40
Venalidade dos cargos, 211
Vencidad civil, 374
Verba-voluntas, glosadores, 139
Vestfália, Paz de, 229
Villers-Cotterêts, Ordonnance, 1539, 231
Vingança particular, 29
Visigodos e direito, 31
Volksgeist, 357, 358

Vontade geral, 283, 284, 307
Vorstand, 446
Voto, direito de, 1789, 309

Wahlkapitulationen, 174, 229
Wohlfart, Wolff, 251
Writ of covenant, 153
Writ of debt, 153
Writ of ejectment, 267
Writ of novel disseisin, 152
Writ of right, 151
Writ of summons, 379
Writ of trespass, 153
Writ praecipe quod reddat, 151
Writs, 151-154, 380

Year Books, 155

Zollverein, 366

Índice dos nomes de pessoas e de lugares

Abelardo, Pedro, 76 e n, 82
Ablaing, R. C. d', 131
Abrial, André-Joseph, 330
Accolti, Francesco (Aretino), 119
Acher, J., 41n, 64n
Acollas, Emile, 352, 353n
Acúrsio, glosador, 63, 66, 70, 71, *72-3* e n, 100, 110, 111, 139, 141n, 142n, 185n, 229, 259
Adenauer, Konrad, 464
Adriano I, papa, 42
Afonso IX, rei de Leão, 132n
Afonso V, rei de Portugal, 143
Afonso V de Aragão, 81
Afonso VI, rei de Leão, Castilha e Galiza, 132n
Afonso VIII, rei de Castilha, 133
Afonso X, rei de Castilha e Leão, 89, *134*, 143
Afonso XI, rei de Castilha, 135
África, 22, 25, 180, 476, 479, 483, 485
África do Sul, 180, 198, 250, 435, 485
Agobardo, 47 e n
Agostinho, monge, 26 e n
Agostinho de Hipona, santo, 22, 23, 35, 75, 82 e n, 146 e n, 195n
Agramunt, 132
Aguesseau, Henri François d', 233 e n, 234n, 292
Aguilar de Campoo, 134
Aguilera Barchet, B., 132n, 408
Agustín, Antonio, 187 e n
Ahsmann, M., 201, 263
Ajello, R., 249n, 288
Alano Ânglico, canonista, 79
Alberico, glosador, 72, 142
Alberico da Rosciate, 118, 126n
Alberigo, J., 22n
Alberti, A., 50n
Albertini, Alberto, 345 e n
Alberto da Gandino, 105 e n, 111
Alberto Galeotti, legista, 111
Albornoz, Egídio de, cardeal, 129, 143
Alciato, Andrea, *184-7*, 188, 189 e n, 194, 202
Alemanha, 9, 30, 41, 45, 46, 65, 77, 88, 96, 130, 164, 168, 174, 176, 188, 192, 198, 206, 210, 212, 213, 214, 223, 225, 229-30, 249, 250, 252, 258-60, 262-3, 321, 337-8, 339, 345, 351, 355-7, 358n, 360-5, 366, 367, 374, 375, 376, 378, 384-5, 388-90, 392, 393, 394, 396, 402, 404, 405, 406, 407, 408, 410-2, 417, 418, 420, 422, 427, 427, 430, 434-6, 437, 439, 440, 441, 444, 445, 450-1, 462, 464, 469, 470n, 473, 477, 484
Alessandro, Alessandro d', 183
Alessi, G., 219
Alexandre de Santo Egídio, 68n
Alexandre III (Rolando Bandinelli), papa, 78, 98, 146
Alexandre VI (Rodrigo Bórgia), papa, 178
Alfredo, rei da Inglaterra, 36
Alighieri, Dante, 87 e n, 112, 118, 128 e n, 129, 147, 291, 462
Almeida Costa, M. J., 116, 143, 263
Alonso Martinez, Manuel, 374
Alpa, G., 404
Alsácia, 257, 351
Alston, Ph., 473, 485, 486
Althann, vice-rei de Nápoles, 216
Althusius, Johann, 203, 397
Alvazzi del Frate, P., 311
Amari, Emerico, 348 e n
Ambrósio, santo, 23 e n, 24 e n, 76n
Ambrosoli, Filippo, 372
Amerbach, Bonifácio, 186
América Latina, 178
Amsterdam, 472 e n, 473
Anastásio, imperador bizantino, 17n, 70n
Ancher, Peder Kofod, 263
Ancona, 198
Andaluzia, 374, 441
André, juiz de Bari, 129
André de Barletta, 120
André de Isérnia, 118, 130
Anjou, 46, 89, 131, 225, 226
Ansaldo Ansaldi, 198, 217n
Anschütz, G., 421
Anselmino de Orto, 121
Anselmo de Aosta, 54, 150
Anselmo de Lucca, 54, 74
Antônio de Bútrio, 81
Aquarone, A., 422, 423n
Aquitânia, 218
Ara, A., 341, 368n
Aragão, 132n, 133, 169, 175, 221, 228, 374, 441

Archi, G. G., 18
Arezzo, 35n, 60, 65, 100
Argélia, 440
Aristóteles, 69 e n, 70 e n, 178n, 188, 189, 191, 456
Arles, 64n, 65
Arndts, K. L., 395
Arnold, moleiro, 293
Artois, 215
Ascheri, M., 9, 106n, 127n, 209n, 220n, 221
Ascione, I., 211n, 248n
Ásia, 180, 476, 479, 483
Asquini, Alberto, 426
Astuti, G., 347n
Átila, rei dos hunos, 21
Atto, bispo de Vercelli, 53 e n
Aubry, Charles, 351 e n
Augsburgo, 130, 168, 223, 229
Augusto, imperador romano, 23n
Aulísio, Domenico, 248
Austin, John, 363, 364 e n
Austrália, 149, 180
Áustria, 9, 46, 168, 236, 252, 280, 299, 314, 321, 334, 340, 346, 347, 355, 356, 366, 367, 368, 369, 375, 378, 395, 411, 430, 472
Autun, 315
Auvergne, 46
Averani, Giuseppe, 236, 248-9 e n
Avignon, 118, 129, 184, 189n, 218
Azuni, Domenico Alberto, 321
Azzara, C., 33n
Azzone, glosador, *65-6*, 67n, 68 e n, 69n, 71 e n, 72, 73, 80, 98n, 100, 106, 134, 138n, 139 e n, 142 e n, 156

Bach, Johann Sebastian, 164
Bachofen, Johann, 408 e n
Bacon, Francis, 188, 241 e n, 269
Baker, J. H., 151n-153n, 155, 156n, 157, 159, 266, 267-9, 270n, 271, 272n, 273, 274, 380
Balbo, Italo, 423
Baldo degli Ubaldi, 113n, *116-8*, 124, 143, 145 e n, 147 e n, 185n, 198, 206
Baldovini, Jacopo, 110, 111, 126
Balestrieri, P., 362n
Baltl, H., 422n
Balzac, Honoré de, 337, 381n, 457
Bamberg, 229
Banti, O., 127n
Barassi, Ludovico, 385 e n, 426
Baratta, A., 245n
Barbacovi, Francesco, 298
Barbaroux, Giuseppe, 344
Barberis, M., 9, 412, 450n, 453, 455
Barbeyrac, Jean, 252 e n
Barbieri, E., 99
Barbò, Giovanni Battista, 257n

Barcelona, 64n, 122 e n, 125, 132-4n
Bardi, família, 460
Barni, G., 108n
Baroni, M. F., 78n
Bartolo de Saliceto, 185n
Bartolo de Sassoferrato, 70, 99 e n, *112-6*, 117-8, 143-5 e n, 147n, 183, 185n, 207, 229, 259n
Bartolomeu de Brescia, 77
Bartolomeu de Cápua, 129
Basevi, Gioachino, 334, 345 e n
Basileia, 81, 170, 186, 226
Basilicata, 204
Batávia, 180
Baudelot, B., 245n
Bauduin, François, 188, 189
Baux (Provença), 64n
Baviera, 29, 46, 59, *130*, 168, *230*, 292, 338, 361, 366, 368, 375, 439n
Beato, padre da Igreja, 22 e n
Beauchot, 284n, 285n
Beaucourt, A., 385 e n
Beaumanoir, Philippe de, 89, 131 e n
Beauvaisis, 89,131
Bebel, August, 383
Beccaria, Cesare, 249, *286-8*, 297, 300, 301, 308, 312, 332, 333
Beck, U., 488
Becker, Erich, 375
Becket, Thomas, 150
Beckhaus, F. G. C., 138n, 141n
Beda, o Venerável, 27n, 36n
Bégouen, Jacques François, 331
Behrends, F., 40n
Behrmann, T., 101
Bekker, E. L., 395
Bélgica, 330, 338, 339, *341*, 372, 375, 384, 385, 434, 444, 464
Bell, D.A., 212
Bellarmino, Roberto, 170
Bellemère, Gilles, 220
Belleperche, Pierre de, 111 e n, 112
Bellomo, M., 93, 95, 143
Belloni, A., 68n, 95, 96
Belloni, Marco Antonio, 220
Belluno, 100
Beneduce, P., 391
Benelux, 215
Benevento, 33, 65, 120, 129
Bengala, 180
Bennassar, B., 169
Bensa, Paolo Emilio, 395n, 404
Bentham, Jeremy, *289-90*, 325, 326, 332, 353, 363, 380, 457
Bentick, William, 323
Bento de Núrsia, santo, 25 e n, 26
Bento XIV (Prospero Lambertini), papa, 263
Berengário I, 133

ÍNDICE DOS NOMES DE PESSOAS E DE LUGARES   519

Bérgamo, 87n, 118, 126n, 127, 128n
Bergh, G. C. J. J. van den, 191, 202 e n, 203, 204
Berlim, 9, 199, 293, 356, 358, 359, 363, 365, 397, 404, 405, 440
Berlin, I., 459
Berlinguer, L., 300n
Berman, H., 9, 55, 166n, 168
Bernardo de Claraval, 78 e n
Bernardo de Pavia, 78
Bernstein, Eduard, 383
Berriat-Saint-Prix, Jacques, 349n
Berry, 225
Berstermann, Théodore, 285n
Bertram, M., 80
Beseler, Georg, 359, 360 e n, 397
Besomi, O., 183n
Besta, E., 63n, 108n
Bethmann Hollweg, Moritz August von, 408
Beugnot, Arthur, 109n, 331
Beutler, B., 469n, 471
Beyer, Georg, 262
Beza, Teodoro, 172
Bezemer, K., 111
Bieler, L., 27n
Biella, 127
Bigot-Préameneu, Felix-Julien-Jean, 326, 329, 331
Bijnkershoek, Cornelis van, 250 e n
Binding, Karl, 403 e n, 413
Birocchi, I., 9, 178n, 189 e n, 196, 203, 204n, 205n, 234n, 235n, 236n, 241n, 244n, 245n, 247n, 249n, 250n, 260, 261, 263n, 264n, 289n
Bismarck, Otto von, 367, 374, 375, 383
Blackstone, William, 274 e n, *275*, 289 e n
Blanot, Jean de, 41n
Bloch, M., 43
Bluhme, F., 33n, 34n, 39n, 47n, 49n, 50n
Bluntschli, Johann Kaspar, 363 e n, 400
Boaventura de Bagnoregio, santo, 85
Bobbio, mosteiro, 27
Bobbio, Norberto, 173n, 291, 455 e n, 458 e n, 462n
Böckenförde, E. W., 54n, 166n, 167, 176, 181
Bodin, Jean, 172 e n, 188 e n, 190 e n, 195
Boécio, Severino, 69n, 70
Bognetti, G., 304
Bognetti, G. P., 35
Bohier, Nicholas, 220 e n, 221
Böhm, Franz, 446
Böhmer, Johann Samuel, 230
Böhmer, Justus Henning, 250 e n
Bole v. Horton, 1670, 274
Bollati, E., 356n
Bolognini, Ludovico, 183
Bolonha, 9, 52, 59, 63 e n-65, 68, 75, 77, 78, 79, 80-1, 93-4, 96, 100, 101, 102, 110, 113, 117-9, 121, 127, 128, 130, 133, 134, 143, 187, 191, 194, 199, 218, 258, 318, 372, 405, 406

Bondurand, E., 40n
Bonfante, Pietro, 408
Bonfiglio, juiz lombardo, 51
Bonham's Case, 1610, 270n
Bonifácio VIII (Benedetto Caetani), papa, 79
Bonini, R., 419, 423, 425n
Bonizo de Sutri, 54 e n
Bonvesin della Riva, 102n
Bordeaux, 220, 221, 281, 410
Boretius, A., 39n, 47n, 48n, 51n, 52n
Borgonha, 29, 46, 53, 91, 215, 225
Bosco, A., 435
Bosquet, Bernard du, 220
Bossi, Egidio, 197
Bossuet, Jacques-Bénigne, 171, 172
Boswell, James, 276
Botone, Bernardo, canonista, 80, 146
Bougard, F., 39, 44
Boulenger, J., 185, 222n
Bourbon, dinastia, 166
Bourges, 9, 184, 187, 188, 194, 199, 209
Bourjon, F., 226 e n.
Bournazel, E., 121
Boutaric, E., 224, 226
Boyer, B. B., 76n
Brabante, 215
Bracton, Henri, 153, 155 e n, 156 e n, 157n, 274, 275, 379, 409
Brague, R., 192
Brambilla, E., 96, 102, 191, 210n
Brandemburgo, 230, 259n, 292, 293
Brandileone, Francesco, 409
Brasil, 178, 180, 229
Braun, A., 275
Brescia, 50n, 127
Breslau, 397
Bretanha, 41, 46, 91, 131, 214, 225, 309, 338
Breuil, Guillaume du, 220 e n
Briand, Aristide, 434 e n, 463 e n
Brinz, Aloys, 395, 400
Brisson, Barnabé, 232
Brodeau, Julien, 220
Brøndum-Nielsen, J., 135n
Brougham, Henry, 380
Brühl, C., 29n, 35n
Brundage, J. A., 103n
Brunner, Heinrich, 408 e n
Brunner, O., 181
Bruschi, C., 387
Bruxelas, 9
Bryt, John, 272
Buccellati, Antonio, 372
Budapeste, 365
Budé, Guillaume, 184, 186, 187, 188
Buguet, professor de código civil, 352
Bulgária, 474

Búlgaro, glosador, 64 e n, 68 e n, 69, 71 e n, 93, 138-9, 141 e n, 142 e n
Bülow, Oscar, 406 e n, 407
Burcardo de Worms, 42, 88
Burdeau, F., 385
Bürge, A., 329, 350n, 352n
Burgos, 134
Burns, J. H., 290n
Busnelli, F. D., 425 e n
Butrigario, Jacopo, 113n, 118
Byron, George Gordon, 341

Cabanis, Pierre-Jean-Georges, 325
Cabedo, Jorge de, 229
Cabella, Cesare, 392
Cabo da Boa Esperança, 180
Caccialupi, Giovanni Battista, 191
Cáceres, 132
Cacherano, Ottavio, 221 e n
Caderini, Giuseppe, 343
Cádiz, 322, 340
Caen, 352
Caenegem, R. C. van, 10, 149n, 150, 155, 220n
Calabresi, Guido, 456n, 457
Calamandrei, Piero, 424, 433 e n, 438, 450
Calas, Jean, 284, 285
Calasso, Francesco, 22, 39, 49, 50n, 86, 117n, 137, 451 e n
Calcedônia, concílio de, 22
Calcondila, Demétrio, 185
Calístrato, jurista romano, 18, 255n
Calvino, João, 167, 172, 173, 186, 219n
Cambacérès, Jean-Jacques Régis de, 313, 320, 324-5, 331
Cambridge, 409
Camerino, 408
Cammeo, Frederico, 402 e n, 403n
Campânia, 338
Canadá, 149
Canaletto (Giovanni Antonio Canal), 164
Canellas, Viodal de, 133
Cannata, C. A., 10
Canossa, 54, 61n
Cantuária, 52, 54, 101, 150
Canuto II Magno, rei, 36
Capei, Pietro, 344, 347
Capitant, H., 354
Capone, A., 369, 388
Cappelletti, Mauro, 389, 450
Cappellini, P., 358n, 449n
Caprioli, S., 70, 105n, 127n, 384n
Caravale, M., 10, 89, 255n, 257n, 258 e n
Caravita, B., 448n, 470n
Carbasse, J.-M., 332, 349n, 353
Carbonnier, Jean, 452 e n
Carcereri de Prati, C., 213
Cardozo, Benjamin, 434 e n, 453

Carena, C., 238n
Carlo di Tocco, 120
Carlos Alberto, rei da Sardenha, 343, 367
Carlos Borromeu, santo, 170
Carlos Félix, rei da Sardenha, 343
Carlos I de Anjou, rei da Sicília, 118, 129
Carlos I Stuart, rei da Inglaterra, 167, 177, 241
Carlos II o Calvo, imperador, 40n
Carlos II Stuart, rei da Inglaterra, 177
Carlos III de Bourbon, rei da Espanha, 300
Carlos Magno, imperador, 13, 35, 38-9, 41, 42, 43, 47n, 51 e n
Carlos Martel, 38
Carlos V, imperador, 163, 166, 176, 179, 200, 215, 224, 228, 229, 255, 256, 299
Carlos VII, rei da França, 170, 225
Carlos VIII, rei da França, 225
Carlos X, rei da França, 341
Carlos XI, rei da Suécia, 235
Carmer, ministro de Frederico II da Prússia, 293n
Carmignani, Giovanni, 344, 347, 348n
Carnelutti, Francesco, 424, 433
Carolina do Norte, 304n, 308n
Carolina do Sul, 303
Caroni, P., 226, 377n, 378, 385n
Carozzi, Giuseppe, 334, 345 e n
Carpzov, Benedikt, 168, 197, 213, 260 e n
Carrara, Francesco, 347, 372, 373, 392, 403
Caryll, John, 272
Casale (Piemonte), 214
Casaregi, Giuseppe Maria Lorenzo, 125n, 198
Caspar, E., 53n
Cassi, A. A., 178n, 179 e n, 200, 297
Cassin, Réné, 483
Cassinis, G. B., 370
Cassino, 25
Castaldo, A., 32n
Castela, 89, 109, 132-4, 143, 175, 195, 200, 227, 228, 374, 441
Castelvetri, L., 384, 405
Castignone, S., 453 e n, 459
Catalunha, 31, 59, 65, 132n, 133, 143, 175, 228, 374, 441
Catânia, 451
Catarina de Aragão, rainha da Inglaterra, 167
Catarina de Médicis, rainha da França, 231
Catarina II, imperatriz da Rússia, 285, 287
Cátaro, 213
Cattaneo, Carlo, 347, 369, 462
Cauchies, J. M., 226
Cavallone, B., 424n
Cavanna, A., 10, 34, 264n, 298n, 299, 301, 305, 321, 324, 325n, 326, 327, 328, 329, 332, 333, 346
Caveri, Antonio, 392
Cavina, M., 343

Cavour, Camilo, conde de, 348, 369, 433
Cazzetta, G., 405
Celso, jurista romano, 83 e n
Cerea, 107
Cernigliaro, A., 218, 224
Cervantes Saavedra, Miguel de, 222 e n
César, Gaio Júlio, 28n
Cesarini, Emidio, 347 e n
Charondas Le Caron, Louis, 232 e n, 257, 258, 261n
Chartres, 55
Chène, Ch., 263
Chenu, M. D., 82
Chiantini, M., 106n
Chiappelli, L., 50n
Chiavenna, 62n
China, 25, 430, 477, 478, 480
Chindasvinto, rei dos visigodos, 31 e n
Chiodi, G., 64, 108, 142n, 425 e n
Chiovenda, Giuseppe, 406, 407 e n, 424
Chironi, Gian Pietro, 405
Chittolini, G., 117
Chopin, René, 226
Churchill, Winston S., 464, 477, 478
Cianferotti, G., 386, 400, 402
Cícero, Marcos Túlio, 70 e n, 84 e n, 137n, 183, 185n, 190, 199
Cicu, Antonio, 432 e n
Cimbali, Enrico, 404
Cino de Pistoia, 111, *112-3* e n, 147-8 e n
Cipolla, Bartolomeo, 195 e n
Cipriani, F., 406 e n, 407, 424
Clarendon (Inglaterra), 150, 153 e n, 158
Claro, Giulio, 197 e n, 208n, 218 e n, 221
Claudius Seruanius, 118n
Clausewitz, Karl von, 463 e n
Clavero, B., 178n
Clément, P., 232n
Clemente V (Bertrand de Got), papa, 79
Clermont-Ferrand, 131, 245
Clodoveu, rei dos francos, 32-3
Coase, Ronald, 456 e n
Cocceius, Samuel, 293 e n, 294
Cocchi, Francesco, 342, 343
Cockfield, Francis Arthur, 469
Coimbra, 96, 110, 143, 200
Coing, Helmut, 10, 69n, 229n, 234, 376n, 377n, 378n, 381n, 384, 451
Coke, sir Edward, 159 e n, 177, 241 e n, 266, 267, 269, *269-70* e n, 272, 273, 275, 467
Colbert, Jean-Baptiste, 175, 180, 232 e n, 233
Colli, G., 194
Colli, V., 117
Colliva, P., 93, 129
Colombo, Cristóvão, 178
Colônia, 77, 196, 223, 259
Colorni, Eugenio, 463

Columbano, são, 27
Commendans, Case of, 1616, 270n
Compiègne, 40
Comte, Auguste, 412
Condado Franco-, 214, 309
Condorcet, Marie-Jean-Antoine Caritat, marquês de, 314
Connan, François, 188-90
Connecticut, 301n, 303
Conrad, H., 168, 230n
Conrado II, o Sálico, 42, 121
Conrat-Cohn, Max, 408
Conring, Hermann, 203, 263
Conso, G., 443n
Constânça, 66n, 86 e n, 184
Constâncio, imperador, 24
Constantino, imperador, 15, 17 e n, 18, 23, 34n, 138, 140, 141n, 183
Constantinopla, 9, 15, 18-9, 22, 24n, 38, 184
Conte, E., 118n, 1123n
Coquille, Guy, 226 e n, 257, 261n
Corácio, Antonio, 208 e n
Cordero, F., 443
Cordipatri, F., 293n
Córsega, 224, 318
Corsi, Tommaso, 392
Cortés, Hernán, 178
Cortese, E., 10, 55, 63, 85n, 112n, 113n, 122n, 137n, 139n, 140n, 141n, 142n, 189
Costa, P., 91, 178n, 421
Costamagna, Carlo, 427, 432
Costamagna, G., 99 e n
Coucy, 109
Coudenhove-Kalergi, Richard, 463
Coulanges, Fustel de, 409
Couvreur, G., 85
Covarrubias, Diego, 195 e n, 200
Cozzi, G., 256
Cravetta, Aimone, 260n
Cremani, Luigi, 249 e n, 279
Crémieux, Adolphe, 392
Cremona, 197, 216
Crétet, Emmanuel, 331
Cristiano II, rei da Dinamarca, 234
Cristiano III, rei da Dinamarca, 234
Cristiano IV, rei da Noruega, 234
Cristiano V, rei da Dinamarca, 234
Cristiano V, rei da Noruega, 234
Croce, Benedetto, 248n, 432, 463
Cromwell, Oliver, 177
Cronhielm, Gustav, 235
Cuenca, 133
Cujas, Jacques (Cujácio), 187, 190, 193, 202, 203, 216
Cumeano, penitencial de, 27n
Cusago (Milão), 44
Czernowitz, 412

D'Addio, M., 371
D'Afflitto, Matteo, 220, 221
D'Alembert, Jean-Baptiste, 283
D'Amelio, G., 369
D'Amelio, Mariano, 423, 426
d'Ors, A., 31n
Da Passano, M., 344 e n, 347
Da Ponte, Lorenzo, 280, 296n
Dalloz, editores, 354
Dalmácia, 213
Dalrymple, James, 276
Damaska, Mirjan, 451 e n
Dâmaso, canonista, 79
Damhouder, Joos, 197, 208n
Daniel, profeta, 76
Danusso, C., 301
Darjes, Joachim, 252
Darnel's Case, 1628, 270n
Darwin, Charles Robert, 404, 412
Dawson, J. P., 10, 21, 354n
De Franchis, Vincenzo, 220 e n, 221
De Gasperi, Alcide, 465
De Gaulle, Charles, 440, 467, 468
De Ghellinck, J., 69, 82
De Gregorio, Alfredo, 426
De Lubac, H., 22
De Luca, Giovanni Battista, 204-5 e n, 207, 209 e n, 212 e n, 213 e n, 248, 255 e n, 261
De Martino, A., 219, 319
De Nigris, A. M., 255
De Schepper, H., 226
De Vergottini, G., 64
de Zulueta, F., 138n, 142n, 155n, 157
Decembrio, Pier Candido, 183n
Deciani, Tiberio, 197
Decio, Filippo, 119 e n
Decio, Lancelloto, 119
Delaware, 481n
Delfinado, 65, 119, 214, 218, 220-1, 257
Delitala, Giacomo, 424, 432 e n
Della Torre, Raffaele, 198
Delmas-Marty, M., 477n
Delors, Jacques, 469, 470
Delvincourt, Claude-Etienne, 351 e n
Demolombe, Charles, 352 e n
Demougeot, E., 15
Denzer, H., 242n
Dérathé, R., 281n, 283n
Dernburg, Heinrich, 395
Desidério, rei dos lombardos, 35
Deusdedit, cardeal, 54
Dezza, E., 299, 321 e n, 333, 334, 344, 347
Di Donato, F., 248 e n
Di Noto Marrella, S., 210n
Di Renzo Villata, M. G., 197, 255, 257n, 300n, 330n, 343
Díaz de Moncalvo, Alonso, 134n

Dicey, Albert Venn, 9, 177, 380, *399-400*
Dickens, Charles, 337, 380, 457
Diderot, Denis, 283
Die, 65
Diestelkamp, B., 215 e n
Dijon, 351, 467n
Dinamarca, 36, 135, 234, 468, 470n
Dino del Mugello, 110, 112
Diocleciano, imperador, 18
Diurni, G., 51
Dolcini, E., 424
Dölemayer, B., 376n, 377n
Dolezalek, G., 63n, 64n, 137n
Domat, Jean, *245-6*, 253, 262, 329
Donati, B., 236n, 263n
Doneau, Hugues, 186, 189-90, 191, 201, 202, 203
Douai, Philippe Antoine Merlin de, 215, 318, 331, 354 e n
Downer, L. J., 37n, 151n
Drinker Bowen, C., 302, 303
Du Moulin, Charles, 190, 195, 216n, 225, 226, 253n, 257 e n, 258
Duaren, François, 186, 188 e n, 190 e n
Duby, G., 46, 48
Dufaure, Jules-Armand, 392
Dufour, A., 242n, 244n
Duguit, Léon, 349n, 410 e n, 412
Dumbarton Oaks, 478
Dümmler, E., 38n
Dumont, Etienne, 290 e n
Dupin, André-Marie, 352 e n, 392
Dupin, Simon-Philippe, 392
Duport, Adrien, 309, 311, 312, 316
Durand, B., 249n, 304n
Durand, Guillaume (Guglielmo Durante), 106n, 110
Duranton, Alexandre, 351
Durkheim, Émile, 410 e n
Duverger, Maurice, 440
Duvergier, J. B., 309n-311n, 312n, 313n
Dworkin, Ronald, 453-4 e n

Eck, J., 205n
Eckhart, K. A., 32n, 130n
Edimburgo, 276
Eduardo II, rei da Inglaterra, 101
Eduardo, o Confessor, rei, 36
Egberto, 27n
Egito, 25, 197, 407
Ehrlich, Eugen, 412 e n, 413
Eichhorn, Karl Friedrich, 252n, 360 e n
Eike von Repgow, 89, 130
Einaudi, Luigi, 435 e n, 438, 462n, 463n
Einert, Carl, 360 e n, 375
Einstein, Albert, 487n
Eisner, Kurt, 422
Elisabete I, rainha da Inglaterra, 167, 176

Ellesmere, Thomas Egerton, 269, 270
Emanuel Filiberto, 214
Emerigon, B.-M., 233 e n
Emília, 61, 128 , 318, 321, 369
Engelmann, W., 87
Enguerrand IV de Coucy, 109
Ennen, E., 88 e n
Erasmo de Rotterdam, 185 e n, 186, 201, 268
Errera A., 111n
Escandinávia, 9, 135, 359, 445
Escócia, 9, 164, 167, 177, 179, 275, 276
Eslováquia, 474
Eslovênia, 474
Espanha, 9, 19, 22, 25, 31, 65, 132, 133, 163-4, 166, 169-70, 174, 175, 179, 196, 217, 224, 227-9, 260, 292, 322, 322, 340, 359, 373, 374, 408, 408, 417, 418, 436, 437, 440-1 e n, 444, 447, 450, 463, 468
Espinosa, Baruch, 180
Esser, Josef, 455 e n
Estados Unidos, 149, 179, 238n, 286, 289, 301, 302, 340, 352, 353, 375, 399, 430, 434, 439, 446n, 447, 452, 456, 459, 459, 464, 476n, 477, 478, 486, 487n
Estêvão de Tournai, canonista, 77
Estocolmo, 242
Estônia, 474
Estrasburgo, 190n, 351, 398, 402, 474, 484
Estremadura, 132, 133
Etelberto, rei de Kent, 36
Etério, padre da Igreja, 22 e n
Etiópia, 434
Eugênio III (Bernardo Paganelli), papa, 78, 146
Eugênio IV (Gabriel Condulmer), papa, 81
Evertszoon, Nicolas (Everardus, Everardo), 191 e n, 194

Fabbri, F., 372
Fabrotti, C. A., 187
Fadda, Carlo, 395n, 404
Falco, G., 24, 419
Falco, Mario, 433 e n
Falk, U., 213, 260, 395n
Falstof, Thomas, 220 e n
Fano, 100
Faral, E., 109n
Farinaccio, Prospero, 197n, 220
Farini, Carlo, 369
Fassò, G., 10, 241n, 242n, 453
Favier, J., 91
Favre, Antoine, 186, 220 e n
Federici, Stefano, 256 e n
Feenstra, R., 239n, 451n
Feliciani, G., 443
Felino Sandei, canonista, 81 e n
Félix V (Amadeu VIII de Saboia), antipapa, 81
Fenet, P.-A., 324n, 325n, 326n, 327n

Feola, R., 342
Fergus, T. D., 10
Fernando I de Bourbon, rei das Duas Sicílias, 323, 342, 367
Fernando II, o Católico, rei de Aragão, 178, 228
Fernando III de Lorena, 300
Fernando III, o Santo, rei de Castela e León, 134
Ferrante, R., 211, 224, 261
Ferrara, 77, 117, 218
Ferrara, Francesco, 426
Ferrara, R., 100n
Ferraresi, M. R, 481 e n
Ferrari, Francesco, 343
Ferrari, Giuseppe, 369
Ferri, Enrico, 403, 404
Ferri, Mauro, 438n
Ferrière, Claude, 226
Ferrini, Contardo, 408
Ferrone, V., 289n
Feuerbach, Paul Johann Anselm von, 287, 361 e n
Fichard, Johann, 223
Ficker, Julius, 61n, 408 e n
Fieschi, família, 460
Fifoot, C. H. S., 9, 274
Filadélfia, 302, 304 e n, 435, 462
Filangieri, Gaetano, 288-9 e n, 319, 342
Filelfo, Francesco, 119
Filipe, o Belo, rei da França, 90, 101, 131, 142, 224, 257
Filipe II, rei da Espanha, 166, 170, 174, 228-9
Filipe II, rei da Espanha, 229
Filipe II Augusto, rei da França, 88, 89
Finazzi, G., 87n, 128n
Fineano, 27n
Fink, Heinrich, 378
Finlândia, 472
Finocchiaro Aprile, Camillo, 373
Fioravanti, M., 10, 91, 227, 308, 362, 363, 398, 401-3, 432
Fiorillo, V., 242n
Fitting, Hermann, 65n, 137n, 408
Fitzsimmons, M. P., 212, 313
Flach, Jacques, 409 e n
Flandres, 46, 215, 220, 225, 257, 321, 363
Flaubert, Gustave, 381
Fliche, A., 55
Florença, 96, 99, 100, 116, 118, 126n, 128, 183, 198, 217n, 257 e n, 348, 370, 371, 402, 433, 451, 460
Foelix, Jean-Jacques, 352
Font Rius, J. M., 132n
Fontana, S., 221 e n, 462n
Forrest, A., 305
Fortescue, John, 266 e n
Forti, Francesco, 347 e n
Fossier, R., 40, 46
Foucart, Victor-Emile, 387

Fournier, P., 42
Fraggianni, Francesco, 248 e n
França, 9, 27, 30, 31, 36, 41, 46, 48, 54, 59, 63, 65, 65, 77, 88, 89, 91, 101, 103, 109, 111, 112, 119, 138, 141 e n, 143, 143, 150, 163, 164, 166, 167, 168, 170, 171, 174-5, 180, 184, 186, 188, 194, 196, 199, 209, 211-2, 213, 214, 215, 216-7, 219, 220, 224, 225, 231, 233, 234, 239, 240, 242, 245, 253, 254, 257 e n, 258, 259, 261-2, 263, 266, 279-81, 283, 284, 289, 292, 292, 305-6, 308, 308, 309, 310, 312, 314, 316, 318, 319, 320, 321 e n, 324, 326, 328, 329-31, 337-9, 340, 341, 345, 348, 349-53, 355 e n, 356, 362, 363, 365, 366, 368, 372, 378, 381-3, 384, 385, 386, 387, 389, 392, 402, 408-11, 412, 418, 427, 428, 433, 434, 436, 437, 440 e n, 441, 444 e n, 446n-447, 449, 450, 452, 460-2, 464-5, 468, 476, 478, 478
Francesco de Acúrsio, 111, 155n
Francioni, G., 287n
Francisco, são, 85
Francisco Estêvão, ver Francisco I, imperador
Francisco I, imperador, 229, 236, 332
Francisco II de Valois, rei da França, 232
Francisco V, duque de Modena, 345
Franco, Francisco, 441, 468
Francônia, 46
Franeken (Países Baixos), 202
Frank, Jerome, 434, 453 e n
Frankfurt am Main, 223, 259n, 361, 362, 366, 367, 391, 451
Frankfurt/Oder, 203
Franklin, Benjamin, 303 e n, 304 e n
Fransen, G., 77n, 78
Frederico Guilherme I, rei da Prússia, 292
Frederico Guilherme III, rei da Prússia, 321
Frederico Guilherme IV, rei da Prússia, 366, 375
Frederico I, rei da Dinamarca, 234
Frederico I Barba-ruiva, imperador, 64
Frederico II, imperador, 80, 89, 93, 101, 110, 120, 129, 224, 254
Frederico II, o Grande, rei da Prússia, 285, *292-4*, 295, 390
Frederico III, rei da Dinamarca, 234
Freire, Mello, 263
Friburgo da Brisgóvia, 184, 223, 422, 446, 451
Fried, J., 97
Friedberg, Emil, 75n, 78n, 79n, 419
Frísia, 176, 215
Friuli-Veneza Giulia, 321n, 438
Fuchs, Ernst, 412 e n
Fuhrmann, H., 42
Fulberto de Chartres, 40
Fumaroli, M., 186, 216
Furet, E., 316

Gabba, Carlo Francesco, 404
Gadamer, Hans Georg, 455 e n
Gagern, Heinrich von, 366
Gaill, Andreas, 215 e n, 221
Gaio, 17, 18, 114, 187, 189, 191, 358, 395, 407
Galen, Clemens August van, cardeal, 428
Gália, 15, 19, 28, 25, 30-2, 50, 359
Galiani, Ferdinando, 288 e n
Galilei, Galileo, 249n
Galluppi, Pasquale, 348n
Gambaro, A., 10
Gans, Eduard, 360 e n
Ganshof, F. L., 39
García y García, A., 79n
García-Gallo, A., 133
Garfagnolo, 61, 108
Garibaldi, Giuseppe, 369
Garlati Giugni, L., 104
Garofalo, Raffaele, 373, 403
Garré, R., 256, 408
Gasbarri, S., 33n
Gasparri, cardeal, 419
Gaudemet, J., 10, 22, 23
Gaudenzi, A., 100
Gazzaniga, J.-L., 131
Gelásio I, papa, 24 e n, 147
Genebra, 30, 172, 437n, 481n
Genovesi, Antonio, 288 e n
Genserico, rei dos vândalos, 21
Genta, E., 344
Gentili, Alberico, 181 e n, 193
Gény, François, 411-2
Gerber, Carl Friedrich, 339, 363, *398* e n-399, 401, 402, 406, 413, 422, 431
Gerhard, J., 168
Gerson, Jean, 85
Gerstner, H., 359n
Ghisalberti, C., 249, 318, 368
Giannone, Pietro, 248 e n
Gianturco, Emanuele, 404
Gibert, R., 134n
Gierke, Otto von, 377, 384 e n, 388, 396-8, 408, 411, 413
Giese, Friedrich, 420 e n, 421
Gilchrist, J., 54n
Gilissen, J., 215
Giovanetti, Giacomo, 344
Giovanni d'Andrea, 81 e n, 106n, 143, 207
Giscard d'Estaing, Valéry, 468, 475
Giuliani, A., 76n, 235n
Giuliani, Giuseppe, 347 e n
Giuliano de Sesso, 111
Glanvell, V. v., 54n
Glanvill, Ranulfo de, 153, 155 e n
Glasgow, 276
Gneist, Rudolph von, *362-3* e n, 385, 390 e n, 402
Gobler, Justinus, 230 e n

Godefroy, Denis (Godofredo), 187
Godefroy, Jacques (Godofredo), 187
Godi, Gaetano, 342, 343
Godofredo de Trani, 80 e n
Goethe, Johann Wolfgang, 215n, 263 e n, 289 e n, 293, 358
Goldoni, Carlo, 280
Goldschmidt, Levin, 360 e n, 375, 376, 405 e n, 409
Gönner, Nikolaus, 406n
Gordley, J., 82
Gordon, W. M., 10
Gorla, Gino, 10, 218, 221, 260, 450 e n
Gorneau, Philippe-Joseph, 331
Göschen, Johann Friedrich, 358
Gosias, Martino, 64
Göttingen, 321, 355, 359, 396
Gough, J. W., 177
Gouron, André, 64n, 65 e n, 140n, 141 e n
Goyard-Fabre, S., 242n
Graciano, canonista, 24n, 26n, 40n, 49n, 75-7, 79, 81 e n-84, 96, 146
Gradenwiz, Otto, 407
Grandi, Dino, 249, 425, 426
Grassetti, Cesare, 426
Gravina, Gian Vincenzo, 248-9
Grécia, 25, 84, 86, 184, 188, 197, 281, 341, 468
Gregório I Magno, papa, 23, 26 e n, 36, 74, 75, 84n
Gregório IX (Ugolino dei Conti di Segni), papa, 79, 116, 134
Gregório VII (Hildebrando de Soana), papa, 53 e n, 54
Gregório XVI (Bartolomeo Cappellari), papa, 345
Greifswald, 191
Grenoble, 101, 220
Grevi, V., 443n
Gribaldi Mofa, Matteo, 191, 193, 208n
Grimm, Jacob, 357, 359 e n, 360 e n, 361
Grimm, Wilhelm, 359 e n
Grócio, Hugo, 168, 180, 181, 192, 198, 202, 203, 204, 226, 238-40 e n, 242, 243, 245 e n, 247, 251, 252, 264, 276, 283 e n
Groenewegen, S. van, 202n, 262n
Grolman, Karl Ludwig, 406n
Grossi, Paolo, 10, 85, 137n, 140n, 199n, 404, 410, 426n, 432n
Grua, Gaston, 244
Guarnieri, C., 388
Guenoys, Pierre, 226
Guicciardini, Francesco, 119
Guido de Baysio, 80, 81n
Guido de Cumis, 111
Guido de Suzzara, 80, 110
Guilherme, o Conquistador, rei da Inglaterra, 36, 150

Guilherme de Cabriano, 64, 68n
Guilherme de Ockham, 81, 85
Guilherme III de Orange, rei da Inglaterra, 177, 271
Guillemot, Jean, 325, 330
Guisa, dinastia, 166
Guizot, François-Pierre-Guillaume, 365
Guyot, J. N., 354n

Haanappel, P. P. C., 442
Habermas, Jürgen, 458 e n
Haenel, G., 31n, 50n, 69n, 70n, 138n
Haferkamp, H.-P., 359
Hägerström, Axel, 453
Haia, 464, 480, 482
Hale, Matthew, 266, 274
Hall, G. D. G., 155n
Halle, 203, 209, 246, 247, 250
Halpérin, J.-L., 10, 212, 324, 326, 327, 351, 353, 366n, 383, 384 e n, 388, 389 e n, 390, 410, 411, 429, 433 e n, 444, 447
Hamburgo, 223, 392, 451, 482
Hamilton, Alexander, 303, 304, 340
Hampshire, 308n
Hamurabi, rei da Mesopotâmia, 406
Hannover, 366, 393
Hanslik, R., 25n
Harrington, James, 173 e n
Hart, H. L. A., 290
Hart, Herbert, 453-4
Hartung, F., 340, 375, 439
Hattenhauer, H., 10
Hauriou, Maurice, 401
Haydn, Franz Joseph, 164
Heck, Philip, 397, 413 e n
Hegel, Georg Wilhelm Friedrich, 339n, 358, 360, 366, 402, 413
Heidelberg, 96, 110, 194, 242, 259, 351, 356, 358, 361, 362, 363, 394, 397, 398, 430, 451
Heinecke, Johann Gottlieb (Heineccius), 250, 250-1 e n, 263, 279
Helmholz, R. H., 83n, 150, 155n, 269
Helsinque, 484
Helvétius, Claude-Adrien, 285
Henrique de Susa (cardeal de Óstia), 80 e n, 146
Henrique I, rei da Inglaterra, 151, 153n
Henrique II, rei da Inglaterra, 150-2, 155, 158
Henrique III, rei da Inglaterra, 156n, 159, 232
Henrique IV, imperador, 53
Henrique IV, rei da França, 166-7, 224, 231, 232, 253, 462
Henrique VIII, rei da Inglaterra, 167, 176
Hérault, 324
Hermano de Metz, 53n
Herzog, Roman, 474
Hespanha, A., 10
Hessen, 366

Hilaire, J., 101, 125, 381n, 392
Hilty, Carl, 378
Hindenburg, Paul, presidente da Alemanha, 428 e n
Hinojosa, Eduardo de, 408 e n
Hinschius, P., 42n, 409 e n
Hitler, Adolf, 417, 420, 422, 427, 428 e n, 435, 464
Hobbes, Thomas, 238, *240-1*, 242, 243, 247, 252, 291, 458n
Hobsbawm, E., 417
Hoke, R., 422n
Holanda, 164, 180, 181, 186, 192, 213, 215, 239, 242, 250, 263, 276, 330, 341, 345, 384, 428, 451, 460, 476
Holbach, Paul-Henry Dietrich, barão de, 285 e n
Holdsworth, William, 154, 410 e n
Holmbäck, 135
Holmes, Oliver Wendell, 177, 434 e n, 453
Holmsten, G., 322
Holstein, Günther, 421
Holt, J. C., 158n
Holt, John, juiz inglês, 271, 273
Holthöfer, E., 385
Honório III (Cencio Savelli), papa, 79, 94, 95, 146
Hôpital, Michel de l', 167, 186, 188, 231
Hoppe, Joachim, 263 e n
Horácio, Flacco Quinto, 185n
Horn, N., 116, 147
Horten, projeto dos Habsburgo, 1786, 299
Hotman, François, 186, 188 e n, 189, 279
Huber, Eugen, 363, 378 e n, 379
Huber, Ulrik, 202
Huesca, 133
Huet-Weiller, D., 444
Hugo, glosador, 51 e n, 64
Hugo, Gustav, 355 e n
Hugo, Victor, 387, 462 e n
Hugocião de Pisa, 77, 83 e n, 84, 146 e n
Hugolino, glosador, 70n, 73
Huillard-Bréholles, J.-L.-A., 101, 120
Hull, Cordell, 478
Humberto de Moyenmoutier, 53
Humboldt, Wilhelm von, 356 e n
Hume, David, 276
Hungria, 33, 367, 474
Hutcheson, Francis, 276

Iacopo d'Arena, 123n
Iacopo, glosador, 140 e n, 141
Ialta, 478
Iglesia Ferreirós, A., 31, 122n, 133n, 134n
Imbert, J., 288
Inácio de Loyola, 169
Índia, 149, 180, 408, 430, 435, 481n, 482
Indonésia, 180

Inglaterra, 9, 15, 25, 26, 27n, 30, 35, 36, 41, 48, 54, 59, 63, 65, 77, 88, 90, 101, 109, 125, 149-51, 155 e n, 157, 159, 163, 164, 166-7, 173, 177, 179-82, 212, 227, 241, 242, 264, 267, 269, 269, 273-4, 276, 279, 281, 289, 290, 321, 322, 338, 340-1, 359, 366, 368, 380-2, 383, 389 e n, 399, 408, 409, 412, 434, 436, 439, 444, 446, 447, 462, 464-5, 467, 470n, 478
Inocêncio I, papa, 21 e n
Inocêncio III (Lotário dos Condes de Segni), papa, 78, 79, 83, 106n, 144, 146
Inocêncio IV (Sinibaldo Fieschi), papa, *80* e n, 99n
Inocêncio XI (Benedetto Odescalchi), papa, 171
Irlanda, 9, 25, 27, 65, 177, 276, 444, 467, 481n
Irnério (Wernerius, Guarnerius), *63* e n-64, 65n, 73, 75, 100, 137, 138, 140
Irti, Natalino, 404, 449n, 460 e n
Isaacs, K. A., 214
Isabel, a Católica, rainha de Castela, 178
Isambert, 131n, 231n-232n, 233n
Isidoro de Sevilha, 31, 48 e n, 49 e n, 146 e n
Israel, 21, 167
Ístria, 43
Itália, 9, 15, 19, 22, 25, 27, 30, 31, 33, 35, 36, 38-9, 41, 42, 45, 47, 48, 50-1, 55, 59, 62, 63, 65, 77, 79, 81, 86, 87, 88-90, 93, 96, 98, 99, 101, 104-5, 110, 111, 112, 113, 115-7, 120, 122, 126, 128, 129, 130, 133, 143, 144, 164, 170, 184, 188, 194, 197-8, 203, 204, 206, 207, 210-3, 214, 218, 224, 225, 228, 236 e n, 248, 249-52, 256, 257, 259, 260-1, 263, 279, 288, 295, 301, 318, 319, 321, 322, 330, 334, 338, 341, 342, 344-8, 358, 359, 362, 365, 367, 368, 369, 370, 373, 382 e n, 384, 385, 386, 388, 389, 390, 392, 393, 400, 401, 402, 403-9, 417, 418, 419, 422, 423, 428, 432, 434-7, 439, 440, 441, 443, 444, 445, 446, 447, 448, 449, 450-1, 455, 462, 463, 464, 467n, 477, 481, 484
Iugoslávia, 486
Ivo de Chartres, 55 e n, 75, 141n

Jaca (Espanha), 132n, 133
Jacarta, 180
Jacini, Stefano, 386
Jacopo de Belviso, 118
Jacqueminot, Jean-Ignace, 325, 326
Jaime I, rei de Aragão, 133, 134n
James I Stuart, rei da Inglaterra, 177, 270
James II Stuart, rei da Inglaterra, 177, 270
Japão, 25, 396, 434, 477
Jasão de Majno, 119, 145 e n, 146n, 206, 259n
Jaucourt, Louis de, 283
Java, 180
Jay, John, 304
Jayme, E., 348 e n, 362n
Jellinek, Georg, *399* e n, 401, 402, 406, 420

Jelowik, L., 361
Jena, 203, 209, 213, 242, 250, 260, 263n, 361
Jerônimo, São, 24n, 358
Jerusalém, 20, 22
Jhering, Rudolf von, *395-7* e n, 404, 411, 413, 454
João Bassiano, glosador, *64* e n, 65, 67 e n, 68n, 69n, 70, 72, 112, 139 e n, 142 e n, 155n
João de Bonônia, 101
João Paulo II (Karol Wojtyla), papa, 443 e n
João Sem Terra, rei da Inglaterra, 88, 90
João Teutônico, canonista, 77, 78, 79, 83n, 146
João XI, papa, 53
João XXII (Jacques Duèse), papa, 79, 85 e n
João XXIII (Angelo Giuseppe Roncalli), papa, 442 e n
Johnson, Samuel, 167, 276
Jorge III, rei da Inglaterra, 180
Jørgensen, P. J., 135n
José I, rei de Portugal, 229
José II de Habsburgo, imperador, 292, *296-7*, 299 e n, 300, 306, 314, 334
Josserand, Louis, 433 e n
Jousse, Daniel, 233 e n
Juliano, Sálvio, 18, 112n, 140 e n
Justiniano, 15, 16n, *17n-19*, 23, 33n, 50n, 51, 60, 61, 62, 66 e n, 71-3, 138, 140, 185, 189, 249, 255n, 258n, 286 e n, 395 e n

Kant, Immanuel, 279n, *290-1* e n, 333, 357, 361, 413, 454, 462, 487 e n
Kantorowicz, Hermann, 63n, 105n, 111, 138n, 139n, 141n, 412 e n
Kassel, 359
Kaufmann, Erich, 421
Kaunitz-Rietberg, Wenzel Anton von, 295, 296, 297
Kaye, J. M., 153n
Kees, jurista austríaco, séc. XVIII, 299, 332
Keittmayr, 230
Keller, H., 101
Kellogg, Frank, 434 e n
Kelly, J. M., 10
Kelsen, Hans, 421, 422, *430-1* e n, 452, 458
Kent, 35, 36
Kerautret, M., 320n
Kerr, Philip (Lord Lothian), 435 e n, 463n
Kiefner, H., 70
Kimminich, O., 439
Klein, Franz, 294, 379, 407
Kleinheyer, G., 252n, 396n
Koblenz, 352
Kohl, Helmut, 470n
Kohler, Josef, 405 e n, 406n, 408, 413
König, Karl, 378
Köppen, Johannes, 259n
Koschaker, P., 10, 431

Krause, V., 39n
Kress, Johann, 230
Kristoffer, 234
Kroeschel, K., 29
Kroll, W., 19n
Kronman, Anthony, 460 e n
Kropatscheck, jurista austríaco, 295
Krynen, J., 310
Kuttner, Stephan, 55, 77 e n, 80, 451
Kyoto, 485

Laband, Paul, 397, *398-9* e n, 402, 406
Labeão, Antistio, 18, 189
Laboulaye, Edouard-Réné, 131n, 352, 387n
Lacché, L., 347, 348n, 353, 367n
Lachmann, Karl, 358, 407
Lácio, 128, 321n
Laferrière, Firmin, 353 e n, 402
Lagaböter, Magnus, 135
Laingui, A., 232n, 312
Lamartine, Alphonse de, 365
Lambert, Edouard, 450
Lameth, Alexandre Théodore Victor de, 316
Lamoignon, Guillaume de, 232
Lampredi, Giovanni Maria, 252
Landau, P., 23, 78, 83, 146 e n
Landsberg, Ernst, 68n, 409 e n
Landshut, 361
Lanfranco de Pavia, 52, 55
Langbein, J. H., 219
Lange, H., 137n, 138n, 139
Languedoc, 91, 214, 257, 309
Laon, 109
Larenz, K., 412, 413
Las Casas, Bartolomeu de, 178 e n, 179, 200
Lask, Emil, 412 e n
Lassalle, Ferdinand, 383
Lassens, Peter, 234
Lattes, A., 127n, 343n
Laurent, François, 242n, 306n
Lauro, A., 204n
Laval, Antoine, 186
Le Bras, G., 42
Le Bret, Cardin, 172 e n
Le Coq, Jean (Johannes Galli), 220 e n, 221
Leão I, papa, 21 e n
Leão III, papa, 38
Leão XIII (Vincenzo Gioacchino Pecci), papa, 383, 388
Leca, A., 10
Leeuwen, Simon van, 262n
Lefebvre, Ch., 103n, 146n
Lefebvre-Teillard, A., 350, 381, 381, 444
Legendere, P., 65n
Lehmann, K., 40n, 121n, 144n
Leibniz, Gottfried Wilhelm, 244 e n, 245 e n, 246, 252

Leiden, 9, 199, 201 e n-202, 209, 215, 250, 276
Leipzig, 221, 246, 250, 259, 260, 360, 394, 398, 402, 403
Lemarignier, J. F., 90
Lenel, Otto, 407 e n
Lênin, Nikolai (Vladimir Ilič Ulianov), 429
León, 132 e n, 134
Leonardo da Vinci, 164
Leopoldo II de Habsburgo-Lorena, imperador, 300, 301, 332, 344
Leovigildo, rei dos visigodos, 31 e n
Lepeletier de Saint Fargeau, Louis-Michel, 312, 316
Lepsius, S., 115
Lerber, Sigmund von, 226
Lérida, 132n, 133
Lerminier, Eugène, 352
Letônia, 474
Levack, B., 276
Lévy, J. Ph., 32n, 105n
Liberatore, Pasquale, 348 e n
Liebermann, Felix, 36n, 408
Liebknecht, Karl, 383
Liège, 53, 215
Ligório, Afonso Maria de, 173
Ligúria, 321n
Lille, 215
Lincoln, 156n
Linden, Joannes van der, 346
Lindqvist, Th., 135
Lindsay, 48n, 49n
Lindsköl, Erik, 235
Lisboa, 229
Listz, Franz von, economista, 404 e n
Littleton, Th., 266 e n
Lituânia, 474
Liutprando, rei dos lombardos, *34* e n, 45n, 47 e n, 51
Lívio, Tito, 185
Livorno, 402
Lizet, Pierre, 225, 258
Locke, John, 172, 177, 238, *241-2* e n, 247, 282, 284, 291, 302, 307
Locré, Jean-Guillaume, 326 e n, 331n, 350 e n, 351
Logroño, 132n
Lohmann, H., 78
Loisel, Antoine, 190, 195, 226 e n
Lombardi, G., 140n
Lombardi, L., 107n, 208, 352, 412
Lombardia, 29, 52, 119, 121, 183, 197, 210, 213, 216, 224, 249, 256, 263, 295 e n-298, 299 e n, 300, 301, 318, 321n, 345, 346, 347, 367, 369, 370, 390
Lombroso, Cesare, 403, 404
Londres, 9, 54, 88, 150, 154-6, 158, 266n, 282, 363, 383, 389

Lopez, Gregorio, 134
Lorena, 297, 436
Lotário I, imperador, 50
Lotmar, Philipp, 384, 385 e n
Louet, Georges, 220
Louisiana, 179
Lourenço Hispano, canonista, 79, 80, 81
Louvain, 215, 263
Lovelock, James, 459 e n
Loyseau, Charles, 172 e n
Lübeck, 223, 361
Lucas de Penne, 118
Lucca, 81, 99, 107, 127, 210
Lucchini, Luigi, 372-3
Ludovico, o Bávaro, imperador, 87
Luebke, D. M., 293n
Luhmann, Niklas, 452 e n
Luig, K., 203, 204, 246n, 256, 261, 263
Luís Filipe d'Orléans, rei da França, 341, 349, 365
Luís IX, o Santo, rei da França, 109, 131n
Luís Napoleão, ver Napoleão III, imperador
Luís XII, rei da França, 119, 228
Luís XIII, rei da França, 175, 232
Luís XIV, rei da França, 167, 171, 174, 195, 199, 218, 226, 232, 233
Luís XV, rei da França, 175, 233
Luís XVI, rei da França, 306, 316
Lund, 242
Lundstedt, Vilhelm, 453
Luongo, D., 216
Luosi, Giuseppe, 321
Lupoi, M., 48
Lutero, Martinho, 166, 167, 173, 186, 243
Luxeil, 27
Luxemburgo, 215, 330, 464, 468n
Luzzati, C., 460
Lyon, 30, 47, 101, 119, 193, 207, 433

Maastricht, 447 e n, 448, 470 e n, 471 e n, 472 e n
Mably, Gabriel, abade, 286 e n
Macerata, 190n, 218
Mackenroth, Anna, 379n
Macry, P., 391
Madison, James, 302, 303 e n
Madri, 134, 143, 197, 211, 224
Maffei, D., 94, 125, 185
Magnani, Ignazio, 213 e n
Magnaud, Paul, 388
Maine, Henri Sumner, 156, 408, 411
Maitland, Frederic William, 9, 152, 153, 154n, 156n, 176, 268, 275 e n, 397, 409
Majno, Luigi, 403
Malatesta, G. R., 295n, 391n, 392, 451
Maleville, Jacques de, 326, 329, 350 e n
Malines, 191, 215

Malta, 323, 474
Manaresi, C., 43n, 61n, 86n, 89n, 107n, 108n
Mancini, Pasquale Stanislao, 348 e n, 369, 371-2, 392
Mann, Thomas, 337
Manna, Giovanni, 402
Mannori, L., 10, 257, 296, 346, 347 e n, 385
Mantica, Francesco, 196 e n
Mântua, 65, 117, 406
Manuel d' Aviz, rei de Portugal, 228
Manzella, Andrea, 474
Manzini, Vincenzo, 403, 404 e n, 424
Manzoni, Alessandro, 433
Maquiavel, Nicolau, 171
Marana, Giovan Paolo, 281
Maranta, Roberto, 195 e n
Marburg, 191, 251, 355, 356, 359
Marcas, 177, 321n, 369
Marchello, F., 448n, 470n
Marchisio, S., 478n, 479
Marculfo, 48, 50
Margherita, Giovanni, 330n
Marghieri, A., 372
Maria II Stuart, rainha da Inglaterra, 177
Maria Luísa de Habsburgo-Lorena, imperatriz, 343
Maria Teresa da Áustria, 236, 249, 292, 295 e n, 296-7, 300, 301, 306
Mariana, Juan de, 170
Marillac, chanceler da França, 232
Marinho da Caramanico, 130
Marrara, D., 249
Marselha, 101
Marsilio de Pádua, 81, 85
Marta, Giacomo Antonio, 221
Martin, X., 324, 329
Martinde Pateshull, 156n
Martinez de Zamora, Fernando, 134
Martinez-Diez, G., 31n
Martini, Karl Anton, 252, 297, 299, 301, 332, 333
Martino del Cassero da Fano, 100, 123n
Martino, glosador, 64, 70 e n, 93, 137, 138, 139 e n, 141, 141
Marturi (Siena), 61, 63, 107
Marx, Karl, 366
Maryland, 304, 308n
Masi, G., 87n
Massachusetts, 304, 308n
Massetto, G. P., 145n, 197 e n, 218, 219n, 222
Mathieu, V., 245n
Matthes, Anthon (Matthaeus), 198
Mattirolo, Luigi, 406n
Maupeou, René Nicolas, 306
Maurer, Konrad, 408
Mauricius de Bella Villa, 109n
Mavidal, 306n
Maxilla, Vincenzo, 129n

Maximiliano I, imperador, 259
Maximiliano José III, 230
Mayali, L., 130
Mayans, Gregório, 263
Mayer, Ernst, 408
Mayer, Otto, 402 e n
Mazzacane, A., 191, 261, 356n, 391n
Mazzanti, G., 63
Mazzarino, Giulio, cardeal, 175
Mazzini, Giuseppe, 341, 433, 462
Mc Keon, R., 76n
McLaughlin, T. P., 77n
McLuhan, M., 487n
Meccarelli, M., 219, 371
Médicis, Lourenço de, 119
Meijers, Eduard M., 111n, 112 e n, 137n, 138n, 139n, 141n, 451 e n
Melos, ilha grega, 487
Mende (França), 110
Menger, Anton, 377
Mengozzi, P., 467n
Meno, 89
Menochio, Jacopo, 170, *196* e n, 210
Merati, P., 108n
Meriggi, M., 390
Merovíngios, dinastia, 38
Mesnard, P., 188n, 190n
Messina, 129, 400, 465
Mestre, J.-L., 319
Metternich, príncipe de, 367
Meucci, Lorenzo, 402
Meyer-Holz, D., 102
Meyer, A., 99
Meyer, Ch., 76
Meyer, P. M., 358n
Meylan, Ph., 252n
Michelangelo Buonarroti, 164
Micolo, F., 235n
Midi (França), 65
Miglietti, Vincenzo Maria, 370
Migliorino, F., 144
Migne, 22n
Milão, 15, 23n-24, 42, 43n, 49, 78n, 86, 102 e n, 106, 108n, 121 e n, 127-8, 170, 196, 217, 218, 223, 228, 253n, 255, 257, 286, 288, 296, 299, 330n, 346, 365, 401, 403, 432
Miletti, M. N., 218, 220, 255n, 373
Mill, John Stuart, 289n, 363
Milone Crispo, 52n
Milton, John, 244
Minghetti, Marco, 369, 386 e n, 402
Minnucci, G., 103n
Mirabeau, Victor Riqueti de, 308, 314, 316
Mitteis, Ludwig, 407
Mittermaier, Carl Joseph Anton 344, 344, 348n, *361-362*
Moccia, L., 450n

Módena, 64, 65, 96, 110, 142n, 187n, 236, 263, 292, 318, 345, 372, 400
Modestino, Erennio, 18
Mohl, Robert von, 362 e n
Mohnhaupt, H., 293n
Molière (Jean-Baptiste Poquelin), 244
Molina, Luís de, 200 e n
Molucas, 180
Mommsen, Teodoro, 15, 358 e n, 407
Mongiano, E., 343
Mongol, imperador, 180
Monnet, Jean, 464 e n, 465
Montaigne, Michel Eyquem de, 188
Montalvo (Espanha), 228
Montego Bay, 482
Montesquieu, Charles-Louis de Secondat, barão de, 78, 172, 177, 249, *281-3* e n, 284, 287, 293, 302, 308, 311
Monteverdi, Claudio, 164
Monti, A., 218 e n, 219n, 255
Montils-les-Tours, ordenação, 225
Montorzi, M., 73n, 347n
Montpellier, 65, 96, 110, 324
Mor, C. G., 65n, 138n
More, Thomas, 268-9 e n
Morelly, Etienne-Gabriel, 286 e n
Moriya, K., 356
Morone, 169
Morris, governador da Pensilvânia, 303
Mortara, Ludovico, 373, 406 e n, 423, 424
Mortati, Costantino, 432 e n, 433
Moscati, L., 344, 348
Moser, Justus, 355
Mozart, Wolfgang Amadeus, 280, 296n
Mozzarelli, C., 264n, 296
Much, R., 28 e n
Munique, 361, 363, 400, 430
Münster, 428
Munzinger, Walter, 377-8
Muratori, Ludovico Antonio, *263-4* e n, 279, 359
Murray, William (Lord Mansfield), 273
Musselli, L., 169
Mussolini, Benito, 421n, 422
Mynsinger von Frundeck, Joachim, 190 e n, 215 e n

Nancy, 411
Nani, Tommaso, 321, 347
Nantes, 166, 167, 252
Napoleão Bonaparte, 301, 305, 309, 318-21, 323, 324, 326 e n, 329, 331, 332, 337, 340, 343, 349, 351n, 355n, 385, 389
Napoleão III, imperador, 366, 387, 392
Nápoles, 65, 80, 96, 110, 117, 118, 129, 139n, 183, 187n, 192, 204, 210, 211, 214, 216, 217, 218, 221, 221, 224, 228, 248-50, 255, 263, 288, 300, 319, 321n, 323, 340, 341, 348 e n, 365, 369, 371, 390, 391, 403, 406, 408
Nascimbene, B., 473n, 474n
Nathan, O., 487n
Navarra, 132, 133, 143, 175, 228, 374
Naves, R., 285n
Nawiask, Hans, 421
Necker, Jacques, 306
Negri, G., 367n
Neri, Pompeo, 236 e n, 249, 261, 295, 300
Nettelblatt, David, 252
Neuchâtel, 252
Nevizzano, Giovanni, 191
New Jersey, 302
Newton, Isaac, 244
Nice, 343, 473 e n-474
Niceia, concílio de, 22
Nicolaj, G., 61
Nicolau dos Alemães (Panormitano), 81, 143, 207
Nicolau Furioso, glosador, 68n
Nicolau II (Gérard de Bourgogne), papa, 53 e n
Nicolau III (Giovanni Gaetano Orsini), papa, 85n
Nicoletti, Giovanni, 119
Nicolini, F., 348n
Nicolini, Nicola, 348 e n
Nicolini, U., 89
Niehbur, Barthold, 357
Niger, Ralph, 63n
Nijmegen, 202
Niort, J.-F., 329
Nippel, Franz, 334
Nishitani, Y., 371
Nivernais, 226
Noailles, Louis Marc Antoine de, 307, 316
Noodt, Gerard, 202 e n, 204, 250
Nørberg, D., 26n
Norden, H., 487n
Normandia, 36, 41, 46, 65, 89, 91, 131, 155, 214, 309, 351, 352
Nörr, K. W., 81, 406n, 419n, 422, 445
Northampton, 158
Nova York, 304
Novara, 127, 368
Novarese, D., 323
Novella, filha de Giovanni D'Andrea, 81 e n
Nozick, Robert, 455 e n
Nuremberg, 223, 375
Núrsia, 25
Nuzzo, L., 361n

Oberto de Orto, 86, 107, 121 e n, 144 e n
Oceania, 483
Odofredo, 63n, 71n, 110, 147 e n
Oestreich, G., 238, 308
Ogris, W., 333n

Oinotomo (Johannes Schneidewein), 190, 194
Oldendorp, Johann, 191 e n
Oldham, J., 273
Oldradi, Giuseppe, 219n
Oldrado da Ponte, 118
Olivecrona, Karl, 453 e n
Oppetit, Bruno, 450n, 452
Orestano, R., 186, 194n
Orígenes, 22
Orlandelli, G., 100n
Orlando, Vittorio Emanuele, 400 e n, 401, 402 e n, 412, 431
Orléans, 9, 71, 96, 110, 111, 131, 199, 253, 451
Orléans, dinastia, 341, 392
Ortolan, Joseph, 348n, 353 e n
Osnabrück, 355
Osti, Giuseppe, 426
Óstia, 80
Otão Pavense, glosador, 68n
Oton I, imperador, 48n, 49, 51 e n
Ourliac, P., 131
Oven, J. Ch. van, 444
Oxford, 65, 157, 181, 266, 273, 275, 289, 399, 400, 453, 454

Pace, Giulio (Pacius de Beriga), 194
Paciotti, Elena, 474n
Padoa-Schioppa, T., 470, 487
Padovani, A., 137n
Pádua, 65, 95, 96, 102, 110, 116, 117, 118, 119, 127, 186, 194, 196-7, 210, 256, 402, 409
Pagano, E., 212
Pagano, Francesco Mario, 288 e n, 319
Países Baixos, 9, 77, 164, 180, 201, 210, 215, 226, 250, 363, 442, 444, 445, 464
Países Bascos, 441
Palatinato, 230, 242
Palermo, 81, 323, 348, 371, 400
Palma, Luigi, 400, 402
Palmieri, G. B., 64n, 100n
Palmieri, Vincenzo, 345
Panônia, 33
Panunzio, Sergio, 427, 432
Paolo di Castro, 118, 119, 125n, 126n, 145n
Pape, Guy (Guido Papa), 220 e n, 221
Pape, Heinrich, 376
Papiniano, Emilio, 18, 116, 184, 187
Papon, Jean, 220
Parc, Poullain du, 226 e n
Pardessus, Jean-Marie, 350 e n
Parini, Giuseppe, 280, 296
Paris, 9, 65, 76n, 77, 90, 91, 109, 111 e n, 131n, 167, 171, 175, 184, 186, 187, 195, 199, 211, 212, 214, 216-8, 219, 225, 226, 231-2, 245, 253, 257-8, 281, 308n, 312, 317n, 331, 348, 349n-351, 352, 353, 355, 365, 367, 387, 389, 410, 410, 433, 434, 452, 482

Parisi, F., 456n, 457
Parma, 127, 210n, 321n, 342, 344, 346, 405, 406
Parodi, Cesare, 347 e n
Parrasio, Aulo Giano, 185
Pascal, Blaise, 238 e n, 245, 458n
Pasquier, Etienne, 216, 257, 262
Patetta, Federico, 50n, 64n, 409
Paucapalea, 77 e n
Paulino, biógrafo, 24n
Paulo de Tarso, 82, 83n
Pavia, 33, 35, 44, 50 e n, 51, 62, 96, 99, 102, 110, 116-7, 119, 128, 183, 194, 210, 216, 249, 286, 296, 299, 301, 346, 347, 403
Pavone, C., 369
Pedro Damião, são, 43n, 53 e n
Pedro de Arezzo, notário, 61
Pedro de Sampsona, 79
Pedro de Santarém, 125, 198n
Pedro III o Grande, rei de Aragão, 175
Pedro Leopoldo de Habsburgo, ver Leopoldo II de Habsburgo,
Pene Vidari, G. S., 261, 344
Península Ibérica, 30 e n, 31, 38, 41, 89, 101, 132-3, 169, 195, 228, 374, 408
Pensilvânia, 286, 302, 303
Pepino, o Breve, rei dos francos, 38, 47, 49, 51
Pepo, jurista, 63 e n
Perelman, Chaïm, 456 e n
Perels, E., 54n
Perrozzi, Silvio, 408
Pérsia, 281
Pertile, Antonio, 409 e n
Perugia, 9, 96, 100, 105n, 113, 116, 117-8, 127, 218
Peruzzi, família, 460
Pescatore, Matteo, 63n, 73n, 406 e n
Pesciarelli, E., 276n
Pessina, Enrico, 372, 373, 403
Petit, C., 31 e n, 198
Petronio, U., 10, 170, 189, 214, 218, 296, 324, 330
Petrus Cantor, 78n
Piacentino, glosador, 64 e n, 69n-70 e n, 73 e n, 141 e n, 142n
Piacenza, 35, 43n, 65, 321n
Piano Mortari, V., 146n, 256n, 258
Picardi, N., 232n, 235n
Piemonte, 214, 218, 221, 235, 255, 260n, 261, 321n, 339, 341, 343, 344, 348, 367, 368, 385, 390
Pier delle Vigne, 129
Piergiovanni, V., 126, 198, 214
Pietro da Anzola, 100
Pigeau, Eustache-Nicholas, 330
Pillans v. Van Mierop, 1765, 272n, 273n
Pillio da Medicina, 64 e n, 68, 69n, 122, 141 e n, 142 e n

Piñelo, León, 179
Pinerolo, 214
Pio IX (Giovanni Mastai Ferretti), papa, 341, 368, 369
Pio VI (Giovanni Angelo Braschi), papa, 315
Pio VII (Gregorio Luigi Barnaba Chiaramonti), papa, 320, 345
Pio X (Giuseppe Sarto), papa, 419
Pio XII (Eugenio Pacelli), papa, 420, 442n
Pisa, 65, 96, 107, 110, 113, 116, 117, 119 e n, 122 e n, 125 e n, 126 e n, 183, 194, 236, 249, 252, 300, 347, 401, 404, 406
Pisanelli, Giuseppe, 370, 371, 372
Pithou, Pierre, 171, 186 e n, 187, 226
Pitt, William, 273
Pitzorno, B., 49
Piuro (Val Chiavenna), 62n
Planck, Gottlieb, 376
Planiol, Marcel, 410 e n
Plassey, 180
Platão, 207, 346 e n
Plauto, Tito Mácio, 185
Pleven, Réné, 464
Plowden, Edmund, 272
Plucknett, Th., 152, 153, 267, 270n-271, 273, 274, 386
Poggibonsi, 61
Poitiers, 38, 387
Poitou, 225
Polacco, Vittorio, 405
Poliziano, Angelo, 119, 183, 187
Pollock, F., 409 e n
Polônia, 176, 428, 474
Poly, J.-P., 121
Pombal, Sebastião, marquês de, 229
Pomerânia, 293
Pompônio, Sexto, 18, 184
Poquet, Claude, 226 e n
Porfírio, 69n
Port, John, 272
Porta, Carlo, 280
Portalis, Jean-Etienne-Marie, 325 e n, 326, 327, 329 e n
Portugal, 9, 116, 143, 164, 178, 180, 200, 221, 228, 229, 468
Posner, Richard, 456 e n, 457 e n
Pothier, Robert-Joseph, 226, 253 e n, 258 e n, 262, 272, 279, 328, 329, 351
Pound, Roscoe, 434 e n, 453
Povolo, C., 256, 261
Poyet, Guillaume, chanceler da França, 231
Praga, 96, 110, 259
Preuss, Hugo, 420
Preuss, J. D., 293n
Prodi, P., 39, 173n, 246n
Promis, V., 126n
Proudhon, Pierre-Joseph, 351, 366 e n

Provença, 64 e n, 214, 257
Prudêncio, 23n
Prússia, 168, 252, 285, 292, 294, 321, 340, 355, 363, 366, 367, 368, 374, 375, 383, 390, 393, 420, 422
Prynne, William, 266
Puchta, Georg Friedrich, 358, 359 e n, 394, 396, 398, 399
Pufendorf, Samuel, 204, 242-4 e n, 246, 252 e n, 264, 285, 294, 358, 458n
Pussort, Henri, 232
Putney, 173
Pütter, Johann, 252 e n, 321

Quaglioni, D., 115n
Quintiliano, Marcos Fábio, 185 e n

Rabelais, François, 185 e n, 189 e n, 193, 222 e n
Radding, Ch., 51
Raffaele Cumano, 117n
Raimundo de Peñafort, 79
Raineri de Perúgia, 100
Rainsborough, John, 173
Rainsborough, William, 173
Raisch, P., 360
Raleigh, William, 156
Ramada Curto, D., 178n, 179
Ramée, Pierre de la (Pedro Ramos), 191, 203
Ranelletti, Oreste, 403 e n, 432
Ranieri, F., 343, 450n
Ranieri de Forlì, 117, 118, 145, 145n
Raoul d'Harcourt, 123 e n
Rapetti, 41
Rapolla, Francesco, 250 e n, 264 e n
Rathenau, Walter, 422
Rattazzi, Urbano, 369, 371, 385
Rau, Frédéric-Charles, 351 e n
Ravenna, 142n
Rawls, John, 454 e n
Reagan, Ronald, 447
Rebuffi, Pierre, 195 e n, 258
Reccesvindo, rei dos visigodos, 31 e n
Redenaschi, Francesco, 257n
Redenti, E., 384n, 424
Regan, Tom, 459 e n
Regelsberger, Ferdinand, 395
Reggio Emilia, 61, 65, 80
Regoliosi, M., 183n
Reims, 42, 65
Reinking, T., 168
Rembrandt van Rijn, 164, 180, 201
Renânia, 321, 330, 351n, 392
Rennes, 351, 410
Revelli, M., 173n
Révigny, Jacques de, 111-2 e n, 118
Rhode Island, 302n, 304n
Ricardo Ânglico, 79

Riché, P., 50
Richelieu, Armand-Jean du Plessis, duque de, 175
Richeri, Tommaso Maurizio, 249, 250n
Rickert, Heinrich, 413
Ricotti, C. R., 323
Riemer, L. H., 361n
Ripert, Georges, 433 e n
Risano, sentença, 43n
Rivail, Aymar du, 187
Rivera, Primo de, 441
Robespierre, Maximilien de, 305, 309, 312, 315-6, 325
Robinson, O. F., 10, 276
Rocco, Alfredo, 404, 419, 423, 424
Rocco, Arturo, 404, 423
Rocco, Nicola, 348 e n
Rodotà, Stefano, 474n
Rodrigo (Espanha), 195
Roe, Thomas, 180
Roero, Annibale, 191, 194 e n
Roffredo de Benevento, 123n
Rogério II, rei da Sicília, 129
Rogério, 64 e n, 65, 69n, 138-9 e n, 141n
Rolandino dei Passeggeri, 100 e n, 123n-124n, 261
Rolando de Lucca, 69n
Rolando, magister canonista, 77
Roma, 9, 15, 16, 18, 19, 21, 23, 24, 25, 26, 29n, 38, 42n, 53, 55 e n, 61, 63, 65, 72, 77, 78, 86, 108, 140, 164, 166, 169-71, 183, 190 e n, 196, 197, 204, 244n, 247n, 249, 269, 320, 358, 369, 371, 383, 396, 400, 405, 406, 408, 409, 423, 451, 468, 475, 483, 486n
Romagnosi, Giandomenico, 321, 344, 346-7 e n, 348
Romanha, 321n, 369
Romano, A., 130, 323
Romano, Santi, 401 e n
Romênia, 474
Rondini, P., 299n
Rondinone, N., 425
Roosevelt, Franklin Delano, 477, 478
Rosener, W., 122
Roskell, John Smith, 176
Rosoni, I., 219
Ross, Alf, 453 e n
Rosselli, Carlo, 463
Rossi, Ernesto, 463 e n
Rossi, G., 106
Rossi, P., 474n
Rossi, Pellegrino, 347, 348 e n, 353, 367 e n
Rossilhão, 214, 219n, 257, 309
Rossiter, C., 303
Rota, A., 64n
Rotário, rei dos lombardos, 33-5, 47n, 51 e n
Roth, Paul von, 376
Rotondi, Mario, 425n, 426, 432 e n, 450

Rousseau, Jean-Jacques, 244, 253 e n, *283-4*, 305, 307
Rousseau de la Combe, Guy, 220
Rousselet, M., 387, 389n
Rovito, P. L., 211
Royer, J.-P, 310, 311, 320, 387 e n, 388n, 392
Ruanda, 485, 486
Rubens, Pieter Paul, 220
Ruchonnet, Louis, 378n
Ruffini, Edoardo, 25n, 87, 433n
Ruffini, Francesco, 409 e n, 419, 432, 433n
Rufino, canonista, 77, 84
Ruginelli, Giulio Cesare, 218n
Ruhr, 434, 435
Rússia, 9, 36, 287, 341, 417, 429, 462, 478, 480, 484n
Rutílio Namanciano, 23
Rutledge, John, 303
Rütten, W., 250

Saboia, 186, 214, 220, 235, 343
Sacco, Catão, 183
Sacco, Rodolfo, 426n, 451 e n
Sägmüller, J. B., 420
Sahagún (Espanha), 134
Saint Germain, Christopher, 268n
Saint Pierre, Bernardin de, 462
Saint Pierre, C. I. Castel de, abade, 253 e n, 291
Saint-Simon, Claude-Henri, conde de, 366
Sakarov, Andrei Dmitrievic, 484 e n
Salamanca, 9, 133, 134n, 178, 195 e n, 199-201, 205, 207, 209, 237
Salatiele, notário, 100 e n
Saleilles, Raymond, 410 e n, 411, 413
Salmon, A., 90n, 131n
Salvi, C., 426n, 427
Sálvio Giuliano, 18, 112n, 140 e n
San Gimignano, 87n, 106n
Sancho IV, o Violento, rei de Castela, 134
Sandei, Felino, canonista, 81 e n
Santangelo Cordani, A., 218, 220 e n
Santarelli, U., 124
Santoro, M., 393
São Francisco, 478
São Galo, 27
Sarajevo, 417
Sardenha, 235n, 321, 322, 343, 438
Saredo, Giuseppe, 402
Sarpi, Paolo, 211, 261
Sarrien, Ferdinand, 388n
Sarti, N., 104, 110
Satta, Salvatore, 433
Savary, Jacques, 233
Savelli, R., 217, 224 e n, 255n, 261
Savigny, Karl Friedrich von, 63n, 113n, 119n, 137n, 344, 348n, 352, *355-8* e n, 359, 360, 363, 376, 377, 394, 396, 404, 410, 413

Savini, F., 61n
Saxônia, 30, 46, 130, 198, 230, 242, 366
Sbilisca, Luigi, 213n
Sbriccoli, M., 89, 145, 145n, 197
Scarpelli, Uberto, 455 e n
Schein, Calixtus, 223
Scherner, K. O., 405
Schiaparelli, L., 34n, 35n
Schiller, Friedrich von, 358
Schmitt, Carl, 181, 182, 421, 431
Schmugge, L., 63n
Schnapper, B., 388
Schneiders, W., 246n
Schoell, W., 19n
Scholz, J. M., 229
Schrage, E. J. H., 346n
Schröder, J., 252n
Schubert, W., 376n
Schulte, Johann Friedrich von, 77n, 409 e n
Schulting, Anton, 202 e n, 204, 250
Schulz, F., 16
Schulz, R., 10
Schumann, Robert, ministro francês, 464
Schupfer, Francesco, 409 e n
Schwarzenberg, Felix von, 367
Schwarzenberg, Johann von, 230
Schweiz, 92, 176
Scialoja, Antonio, 426
Scialoja, Vittorio, 357n, 404, 406n, 408, 425, 426
Sciumè, A., 321n
Sclopis, Federico, 342, 344, 348n, 370, 388
Seckel, Emil, 141n, 409
Segóvia, 195
Séguier, Jean Antoine Mathieu, 387
Selborn, Roundell Palmer, conde de, 380
Selden, John, 266 e n
Senigallia, 341
Seprio, 108n
Sepúlveda (Espanha), 133
Sepúlveda, Juan Ginés de, 178 e n
Sforza, estirpe, 214
Shand, J., 10
Sherman, Roger, 303
Sichard, Johannes (Sicardus), 187
Sicília, 9, 59, 81, 88, 89, 109, 110, 129-30, 219, 228, 321, 322, 323, 438
Siegrist, H., 391
Siena, 35 e n, 61, 96, 110, 117-9, 127, 198 , 300n, 372
Sieyès, Emmanuel-Joseph, 306 e n, 309, 319
Sigefredo, juiz lombardo, 51n
Sigízio, florentino, 61n
Simon, D., 451
Simon, W. H., 460n
Simonetti, M., 22
Simoni, S., 367n
Sinatti d'Amico, F., 34n

Singer, H., 77n
Singer, Peter, 459 e n, 479n, 486n, 488
Sinibaldo dos Fieschi, ver Inocêncio IV, papa
Sinzheimer, Hugo, 385 e n
Sirey, editores, 354 e n, 433n
Sirício, papa, séc. IV, 21 e n
Slade Case, 1602, 271 e n, 272
Smith, Adam, 276 e n
Soetermeer, F., 94
Soffietti, I., 343, 367
Sófocles, 84 e n
Sohm, Rudolf, 409 e n
Solari, G., 246, 290, 328
Solimano, S., 324, 325 e n-327, 329, 330, 342n, 370, 425n
Soljenitsin, A., 430
Solmi, Arrigo, 409, 424
Solorzano Pereira, Juan, 179 e n
Sonnenfels, Joseph von, 297, 299, 332
Sordi, B., 10, 296, 385, 385, 386, 449n
Sorrenti, L., 111
Soto, Domenico, 195n, 200 e n parei aqui
Sozzini, Bartolomeo, 119
Spaak, Paul-Henri, 465
Spagnesi, E., 63, 119n
Spagnuolo Vigorita, V., 426n
Sparano, juiz de Bari, 129
Spaventa, Silvio, 386 e n, 402
Spelman, John, 272
Spencer, Herbert, 400, 404, 412
Spinelli, Altiero, 463 e n, 465, 468
Spinola, Andrea, 211, 224n
Spinola, família, 460
Spoleto, 29n, 33, 128
Sraffa, Angelo, 432
Staël, Madame de, 355 e n
Stair, visconde de (John Darlymple), 276 e n
Stálin, Josef, 429, 478
Stammler, Rudolf, 411, 413 e n
Stampe, Ernst, 412
Stefani, Giuseppe, jurista veneziano, 321
Stein, E., 15
Stein, Karl von, 252n, 321, 359
Stein, Lorenz von, 362 e n, 363n
Stein, P., 10, 155n, 269
Stephani, J. J., 168
Stephani, M., 168
Stiernhielm, George, 234
Stiernhöök, Johann Olofsson, 234
Stintzing, Roderik, 409 e n
Stolleis, M., 10, 181, 230, 383, 421n, 431
Storti Storchi, C., 114, 117, 118, 125, 126n, 127n, 330, 370
Stracca, Bartolomeo, 198
Strauss, Leo, 458 e n
Stresemann, Gustav, 434
Struve, Georg Adam, 203 e n, 250, 263 e n

Stryk, Johann, 203n
Stryk, Samuel, 168, 203 e n, 246, 250
Stuart, dinastia, 167, 177, 242, 269
Suábia, 46
Suárez, Francisco, 200 e n, 201 e n, 334
Suarez, Gottlieb, 294
Suécia, 135, 234-5, 242, 292, 428, 453, 472
Sueur, Ph., 171, 213, 258n
Suez, 460, 465
Suíça, 9, 27, 164, 226, 252, 338, 352, 363, 367, 375, 383n
Susana (Livro de Daniel), 76

Tabacco, G., 46
Tácito, Cornélio, 28 e n-29 e n, 45 e n, 185
Talleyrand-Périgord, Charles-Maurice, 315
Tamassia, Nino, 409 e n
Tamm, D., 234, 263
Tancredi, Pillii, 79 e n
Tanucci, Bernardo, 249, 300
Tanzi, A., 411
Tapia, Carlo, 221, 224
Tarello, G., 10, 230, 252n, 282n, 283n, 286n, 293 e n, 406
Target, Guy Jean Baptiste, 325, 332
Tartagni, Alessandro, 117n, 119, 207
Taruffo, M., 298, 330, 345n, 371, 379, 406, 407, 424
Tarzia, G., 424n
Tavilla, C. E., 123n, 236 e n
Tellenbach, G., 43
Temístio, 70
Teodorico, rei dos ostrogodos, 33, 187
Teodoro, 27n
Teodósio I, imperador, 15
Teodósio II, imperador, 17, 18, 23, 24
Teodulfo, 38n
Teramo, 61
Tertuliano, 49 e n
Tesauro, Antonino, 221 e n, 255
Tessalônica, 24
Teti, R., 425n
Thaner, F., 54n, 77n
Thatcher, Margaret, 447
Thibaut, Anton Friedrich Justus, 356, 357n, 362
Thireau, J.-L., 257, 262
Thöl, Heinrich, 360 e n, 376, 405
Thoma, Richard, 421
Thomasius, Christian, 246-7, 250, 290, 458n
Thompson, E. A., 28n, 31
Thorne, S. E., 155n, 156n, 157n
Thou, Christophle, 225, 258
Thouret, Jacques-Guillaume, 311, 316
Tiäder, J. O., 50n
Ticiano Vecellio, 164
Tierney, B., 85, 201n, 201n, 240
Tigrini, Francesco, 118

Tilsitt, 321
Timbal, P.-C., 109n
Tiraqueau, André (Tiraquellus), 189, 196
Tirol, 176
Tocqueville, Charles-Alexis de, 310 e n, 353, 385, 400 e n
Todescan, F., 238n
Toledo, 30n, 31, 83n, 134
Tolstoi, Lev Nikolaevič, 381
Tomás de Aquino, 85, 195n, 199 e n-200
Tomás y Valiente, F., 31, 132, 134, 143, 322, 374
Tommasi, Donato, 342
Tönnies, Ferdinand, 411
Tordesilhas, 178
Torelli, P., 63n
Toro (Espanha), 143, 228
Tortosa, 132n, 133
Toschi, Domenico (Tuschius), 196
Toullier, Charles B., 351 e n
Toulouse, 30n, 46, 112, 220, 221
Touraine, 225
Tours, 40n, 131, 253
Townhend, Roger, 272
Trampus, A., 289n
Treilhard, Jean-Baptiste, 331
Trentino-Alto Adige, 321n, 438
Trento, 79, 169, 170, 195, 298, 419
Treves, Renato, 411, 452 e n
Treviri, 15
Treviso, 127
Triboniano, 18, 187, 189
Triepel, Heinrich, 375, 421
Trino (Vercelli), 207
Tronchet, François-Denis, 326
Troplong, Raymond-Théodore, 351 e n
Troyes, 226
Trueman v. Fenton, 1770, 272n, 273n
Tübingen, 362, 398
Tucídides, 487 e n
Tudela (Espanha), 133
Turgot, Anne-Robert-Jacques, barão de, 306, 313
Turim, 201n, 348, 365, 371, 403, 408, 409, 432
Turíngia, 420

Ucrânia, 484n
Uddholm, F., 48n, 50n
Ulpiano, Eneo Domizio, 18, 72, 83n, 84, 184
Ungari, P., 347, 370, 424
Unger, Joseph, 395 e n
Unger, Roberto, 457 e n
União Soviética, 429, 439, 477
Unterwalden, cantão suíço, 92
Uppland, 135
Ureña y Smenjaud, R., 133n
Uri, cantão suíço, 92
Uri, Pierre, 465
Utrecht, 198, 215, 252

Vacário, glosador, 65, 138 e n, 155n, 157
Vacca, Guglielmo, 373
Valdrighi, Luigi, 343
Vale de Non (Trento), 301
Valence, 65
Valência, 175
Valentini, V., 100n
Valentiniano, imperador, 17n, 71
Valin, Réné-Josué, 233 e n
Valla, Lorenzo, 183 e n, 187, 193
Valladolid, 134
Vallejo, J., 137n, 263
Vallerani, M., 104
Vallone, G., 123n, 220, 221
Valsecchi, C., 118, 404
Valsecchi, F., 288, 295
Van Dyck, Antonio, 164, 180, 220
Vangerow, Karl Adolph, 395
Vano, C., 357, 358n
Varese, 108n
Vargha, Julius, 391
Vasquez, Fernando, 200 e n
Vasquez, Gabriel, 200 e n
Vassalli, Filippo, 419 e n, 425, 426 e n, 433
Västergötland, 187
Vattel, Emeric de, 181, 252 e n
Vaughan, Chief Justice, 274 e n
Vec, M., 381
Velate (Varese), 108n
Vellani, M., 345n
Vêneto, 318, 321n, 334, 340, 345, 370, 390
Veneza, 15 e n, 66n, 125, 126, 127, 144, 164, 180, 194, 207, 210, 217, 256, 261, 281, 292, 340
Venezian, Giacomo, 404
Venosa, 204
Venturi, F., 286n, 287n, 288
Vercelli, 53, 65, 207
Verga, M., 236n, 249n
Vermeer, Jan, 180
Vermont, 308n
Vernière, P., 281n
Verona, 100, 107, 128, 187, 213
Verri, Alessandro, 286, 299 e n
Verri, Gabriele, 255, 286, 299
Verri, Pietro, 286 e n, 297, 299 e n, 300n
Versalhes, 420, 434
Vervaart, O. M. D. F., 191
Vestfália, 167, 168, 176 e n, 181, 229, 252, 355, 477, 487
Vicente Hispano, canonista, 79, 80
Vicenza, 65, 127
Vico, Giambattista, 247 e n, 348
Viena, 9, 64n, 96, 259, 295-7, 300, 301, 332, 340-1, 343, 345, 355, 362, 365, 367, 379, 395, 396, 399, 420, 422, 430, 437n, 481n
Vieusseux, Giovan Pietro, 347
Vigelius, Nicolò (Nicolau Vigélio), 191 e n, 230n

Vigliani, Paolo, 372
Vignoli, P., 122n, 125n
Villa, Luigi, 299n
Villani, A., 246n
Villers-Cotterêts, 231 e n
Villey, M., 85, 172, 173, 191
Vinding, Rasmus, 234
Viner, Charles, 272 e n
Vinnen, Arnold (Vinnius), 202-3, 263 e n
Viollet, Paul, 131n, 409 e n
Viora, M., 235n
Virgínia, 302, 303-4, 308n, 452, 457
Visconti, estirpe, 116-7, 128, 214
Vismara, G., 25, 34, 49, 50, 194n, 213
Vítor Amadeu II, rei de Piemonte e Saboia, 201n, 221, 235, 250n, 261, 264
Vítor Emanuel II, rei da Itália, 344
Vitoria, Francisco de, *178-9* e n, 181, 199-200, 240
Vivante, Cesare, 405 e n, 425, 432
Voet, Johann, 202-4
Volante, R., 112
Volpini, R., 43n
Voltaire (François-Marie Arouet), 284 e n, 285 e n, *286-7*, 293, 308, 310
Volterra, 127
Voralberg, 176

Wach, Adolf, 406 e n-407, 408
Waelkens, L., 112n, 123n
Wagner, W., 234
Wahrmund, L., 64n, 69n, 71n, 100n
Waitz, G., 408 e n
Wallinga, T., 64n
Wandruszka, A., 300
Warnkoenig, Leopold August, 352, 362, 363n
Washington, 478, 482
Washington, George, 302-3 e n
Wazo, bispo de Liège, 53
Weber, Max, 166n, 399, 430 e n, 452, 486
Weigand, R., 84
Weiland, L., 86n, 121n
Weimar, P., 69n
Weimar, República de, 420-2, 427, 431, 437, 439
Wells, W., 446
Wernz, Franz, 420
Wesel, U., 10, 362, 390
Wesenberg, G., 10, 384
Wesener, G., 10, 190n
Wessén, E., 135n
Wettstein, Johann, 226
Wetzlar, 215n
Wickham, Ch., 107
Wieacker, Franz, 10, 355n, 358, 361, 376, 377, 379, 394, 451 e n
Wijffels, A., 215
Wilda, Wilhelm, 360 e n
Wilhelm, F., 399, 462

Willoweit, D., 367, 439
Wilson, James, 303
Windscheid, Bernard, 376, *394-5*, 396, 404
Witte, J. Jr., 166n
Wittenberg, 260, 262
Wlassak, Moritz, 407
Wolfenbüttel, 123n
Wolff, Christian, 250, *251-2*, 358
Wolowski, Louis, 352
Wolsey, Thomas, cardeal, 268
Wolter, U., 83
Woodbine, G. E., 155n, 156n, 157n
Worms, 42, 54, 88, 150, 223, 229
Wunderlich, A., 64n
Württemberg, 187, 226, 361, 362
Würzburg, 405
Wyss, Paul Friedrich, 378

Zachariae, Carl Salomo, 351
Zachariae von Lingenthal, Carl Edouard, 407

Zagorin, P., 177
Zagrebelsky, Gustavo, 436
Zanardelli, Giuseppe, 372, 373, 392
Zanetti, G., 138n
Zanobini, Guido, 433 e n
Zasius, Ulrich (Zäsy, Ulrico Zasio), 184, 186, 194, 223
Zecchino, O., 89n
Zeerleder, Albert, 378n
Zeiller, Franz von, 332-4, 345 e n
Zerbi, P., 43n
Zeumer, K., 31n, 40n, 50n
Zielinski, H., 35n
Zimmerman, H., 53n
Zimmermann, R., 189
Zitelmann, Ernst, 377
Zola, Émile, 337, 388, 457
Zordan, G., 144, 256, 292n
Zorzoli, M. C., 210
Zurique, 363, 378, 464

Índice sumário

Introdução, 7

PRIMEIRA PARTE: DA ERA ANTIGA TARDIA À ALTA IDADE MÉDIA (SÉCULOS V-XI), 11

1. O direito antigo tardio, 15

1. As estruturas públicas, 15. – 2. Legislação pós-clássica, 16. – 3. De Teodósio II a Justiniano, 17

2. Cristianismo, Igreja e Direito, 20

1. A Igreja primitiva, organização e hierarquia, 20 – 2. O texto sacro, 21 – 3. O primeiro direito canônico, 22 – 4. Estado e Igreja, 23 – 5. O princípio da separação, 24 – 6. A Regra beneditina, 25 – 7. Gregório Magno, 26 – 8. Os penitenciais, 27

3. O direito dos reinos germânicos, 28

1. As origens, 28 – 2. A pessoalidade da lei, 30 – 3. O direito visigótico, 31 – 4. A Lei Sálica, 32 – 5. O direito lombardo, 33 – 6. Os anglo-saxões, 35

4. A era carolíngia e feudal, 38

1. Estruturas públicas, reino e Império, 38 – 2. Os capitulares, 39 – 3. O feudo, vassalagem e benefício, 39 – 4. Igreja feudal, 42 – 5. A justiça, 43

5. Os costumes e a cultura jurídica, 45

1. As classes: servos, colonos, livres, nobres, 45 – 2. Os costumes locais, 46 – 3. Notários, juízes, formulários, 49 – 4. Os juízes de Pavia e a *Expositio*, 51

6. A reforma da Igreja, 53

1. A reforma gregoriana, 53 – 2. As Coleções canônicas, 54

SEGUNDA PARTE: A ERA DO DIREITO COMUM CLÁSSICO (SÉCULOS XII-XV), 57

7. Os glosadores e a nova ciência do direito, 61

1. Origens da nova cultura jurídica, 61 – 2. Os mestres bolonheses: de Irnério a Acúrsio, 63 – 3. O método didático, 66 – 4. O método científico, 69 – 5. As distinções, 72

8. O direito canônico, 75

1. O *Decreto* de Graciano, 75 – 2. Os decretistas, 76 – 3. As decretais e o *ius novum*, 77 – 4. Os decretalistas, 79 – 5. Princípios canônicos, 81 – 6. Direito natural, 84

9. Direito e instituições, 86

1. Comunas e Império, 86 – 2. Reinos, 89

10. Universidade: estudantes e professores, 93

1. Origens e organização: o modelo bolonhês, 93 – 2. O curso dos estudos jurídicos, 94

11. Profissões legais e justiça, 98

1. O notariado, 98 – 2. As artes *notariae*, 99 – 3. Notários, sociedade e poderes, 101 – 4. Os Colégios dos juízes e advogados, 102 – 5. O processo romano-canônico, 103 – 6. O *consilium sapientis*, 105 – 7. A justiça, 107

12. Os comentadores, 110

1. Os pós-acursianos, 110 – 2. A escola de Orléans, 111 – 3. De Cino a Bartolo de Sassoferrato, 112 – 4. Baldo e os comentadores entre os séculos XIV e XV, 116

13. Os direitos particulares, 120

1. O direito lombardo, 120 – 2. O direito feudal, 121 – 3. Os direitos rurais, 122 – 4. O direito comercial e marítimo, 124

14. Os direitos locais, 126

1. A Itália comunal: os estatutos, 126 – 2. O Reino da Sicília, 129 – 3. O Reino da Alemanha, 130 – 4. O Reino da França, 130 – 5. A Península Ibérica, 132 – 6. Escandinávia, 135

15. O sistema do direito comum, 137

1. Equidade e rigor, 137 – 2. Lei e costumes, 140 – 3. *Ius commune* e *ius proprium*, 143 – 4. *Aequitas canonica*, 146 – 5. Os dois direitos universais: *utrumque ius*, 147

16. A formação do Common law, 149

1. Premissa, 149 – 2. O Reino normando, 150 – 3. Os *writs*, 151 – 4. Os Tribunais régios e as deciões judiciárias, 154 – 5. Glanvill e Bracton, 155 – 6. As profissões legais, 156 – 7. O júri, 157 – 8. A *Magna Carta*, 158

TERCEIRA PARTE: A IDADE MODERNA (SÉCULOS XVI-XVIII), 161

17. Igrejas e Estados absolutistas, 166

1. Reforma protestante e direito, 166 – 2. A Igreja e os Estados católicos, 169 – 3. Teorias da soberania, 171 – 4. Os poderes do rei, 173 – 5. Assembleias representativas, 175 – 6. O direito dos domínios coloniais, 178 – 7. A ordem internacional, 181

18. A escola culta, 183

1. Humanismo jurídico, 183 – 2. O método dos cultos e Alciato, 184 – 3. A orientação histórico-filológica, 186 – 4. A orientação crítica, 188 – 5. A orientação sistemática, 189 – 6. A orientação teórica, 190.

19. Práticos e professores, 193

1. Os juristas do *mos italicus*, 193 – 2. O direito penal, 197 – 3. O direito comercial, 198 – 4. A escola de Salamanca, 199 – 5. A escola elegante holandesa, 201 – 6. *Usus modernus Pandectarum*, 202 – 7. Giovanni Battista De Luca, 204

20. Doutrina jurídica e profissões legais, 206

1. Papel da doutrina e imprensa jurídica, 206 – 2. *Communis opinio doctorum*, 208 – 3. Profissões legais: a formação e o acesso, 209 – 4. Advogados, procuradores, causídicos, 211

21. A jurisprudência, 214

1. Supremas Cortes e Rotas, 214 – 2. Juízes, competências e procedimentos das Cortes, 216 – 3. Coletâneas de decisões, 219

22. Direitos locais e legislação régia, 223

1. Direitos locais, 223 – 2. Legislações régias: Absolutismo e poder legislativo, 227; Espanha, 227; Portugal, 228; Alemanha, 229; França, 231; Dinamarca e Noruega, 234; Suécia, 234; O Estado saboiano, 235

23. Jusnaturalismo, 237

1. Jusnaturalismo moderno, 237 – Grócio, 239; Hobbes, 240; Locke, 241; Pufendorf, 242; Leibniz, 244; Domat, 245; Thomasius, 246

24. Juristas do século XVIII, 248

1. Itália: Gravina, Averani, 248 – 2. Holanda: Bijnkershoek, 250 – 3. Alemanha: Böhmer, Heinecke, Wolff, 250 – 4. Suíça: Barbeyrac, Vattel, 252 – 5. França: Pothier, 253

25. O sistema das fontes, 254

1. Direitos locais e direito comum, 254: Itália, 256; França, 257; Alemanha, 258 – 2. Crise do direito comum e direito pátrio, 260

26. O direito inglês (séculos XVI-XVIII), 266

1. A justiça, 267 – 2. *Equity*, 268 – 3. Edward Coke, 269 – 4. O *Bill of Rights*, 270 – 5. O contrato: *Assumpsit*, 271 – 6. Os *Reports*, 272 – 7. Lord Mansfield, 273 – 8. *Stare decisis*: o precedente judiciário, 274 – 9. William Blackstone, 275 – 10. O direito da Escócia, 275

QUARTA PARTE: A ERA DAS REFORMAS (1750-1814), 277

27. Iluminismo jurídico, 281

1. Montesquieu, 281 – 2. Os Enciclopedistas e Rousseau, 283 – 3. Voltaire, 284 – 4. Iluministas franceses, 285 – 5. Beccaria, Verri e *Il Caffè*, 286 – 6. O iluminismo napolitano e Filangieri, 288 – 7. Bentham, 289 – 8. Kant, 290

28. As reformas, 292

1. A Prússia de Frederico, o Grande, 292 – 2. O *Allgemeines Landrecht*, 294 – 3. Os domínios dos Habsburgos: Maria Teresa, 295; José II, 297; Pedro Leopoldo, 300 – 4. A Independência americana, 301 – 5. A Convenção de Filadélfia e a Constituição, 302

29. Revolução Francesa e direito, 305

1. Os *Cahiers de doléances*, 306 – 2. A Constituinte: a *Declaração dos Direitos do Homem*, 307 – 3. A reforma administrativa, 309 – 4. As reformas da justiça, 310 – 5. O código penal, 312 – 6. O direito civil: propriedade, trabalho, família, 312 – 7. Igreja e Estado, 315 – 8. Conclusões, 316

30. A era napoleônica, 318

1. O Diretório e a Itália jacobina, 318 – 2. O regime napoleônico, 319 – 3. A Itália napoleônica, 321 – 4. As reformas na Prússia, 321 – 5. A Constituição espanhola, 322

31. As codificações, 324

1. O Código Civil francês: projetos (1793-1799), 324 – 2. O Código Civil Napoleônico, 326 – 3. Os outros códigos franceses, 330 – 4. Os códigos austríacos: o Código Penal, 332 – 5. O Código Civil (ABGB), 333

QUINTA PARTE: A ERA DAS NAÇÕES (1815-1914), 335

32. O direito da Restauração, 339

1. Introdução, 339 – 2. A Santa Aliança, 340 – 3. Legislações italianas anteriores à unificação: Reino das Duas Sicílias, 341; Ducado de Parma, 342; Reino da Sardenha, 343; Reino Lombardo-Vêneto e outros Estados italianos, 345 – 4. O Código Civil holandês, 345 – 5. A doutrina jurídica italiana, 346 – 6. A França: leis, doutrina, jurisprudência: Legislação, 349; Doutrina, 350; Jurisprudência, 353

33. A Escola Histórica e a doutrina alemã, 355

1. Savigny, 355 – 2. A Escola Histórica: romanistas e germanistas, 358 – 3. O direito penal e Mittermaier, 361 – 4. O direito público: Von Mohl, Von Stein, Gneist, 362 – 5. Conclusão, 364

34. Códigos e leis da segunda metade do século XIX, 365

1. O ano de 1848, 365 – 2. A unificação legislativa italiana, 368: O Código Civil, 370; Os outros Códigos, 371; O Código Penal, 372; O Código de Processo Penal de 1913, 373 – 3. O Código Civil espanhol, 373 – 4. A Constituição, os Códigos da Alemanha unida e o BGB, 374: O Código de Comércio de 1861, 375; O Código Civil (BGB), 376 – 5. O Código Civil suíço, 377 – 6. O Código de Processo Civil austríaco, 379 – 7. O direito inglês, 379 – 8. Legislação e sociedade: Família, 381; Indústria e comércio, 381; Trabalho, 383; Justiça administrativa, 385

35. As profissões legais, 387

1. Magistratura, 387 – 2. Advocacia, 389 – 3. Tabelionato, 392

36. A doutrina jurídica entre os dois séculos, 394

1. A Pandectística: Windscheid, 394 – 2. Jhering e Gierke: Jhering, 396; Gierke, 397 – 3. O direito público: Gerber, 398; Laband, 398; Jellinek, 399; Dicey, 399; Orlando, 400; Santi Romano, 401; O direito administrativo, 402 – 4. O direito penal, 403 – 5. Civilistas, comercialistas, processualistas, 404 – 6. Romanistas, medievalistas, eclesiasticistas, 407 – 7. Teóricos e filósofos do direito, 410 – 8. O positivismo jurídico: apogeu e crise, 412

SEXTA PARTE: O SÉCULO XX, 415

37. Direito e legislação entre as duas guerras, 419

1. As constituições de Weimar e de Viena, 420 – 2. O direito do fascismo e os novos códigos, 422 – 3. O Código Civil italiano de 1942, 425 – 4. Nazismo e direito, 427 – 5. O direito da União Soviética, 429 – 6. A doutrina jurídica, 430 – 7. Pactos de paz e ventos de guerra, 434

38. Os direitos na segunda metade do século XX, 436

1. Do Estado legislativo ao Estado constitucional, 436 – 2. As novas constituições: Itália, 437; República Federal Alemã, 439; França, 440; Espanha, 441 – 3. Novos Códigos, 442 – 4. Pessoas e família, 443 – 5. Direito da economia, do trabalho, do ambiente, 445 – 6. Elementos de crise do sistema, 448

39. Aspectos da nova cultura jurídica, 450

1. Comparação, história, sociologia do direito, 450 – 2. Filosofias e teorias do direito, 452: O realismo jurídico, 453; Hart, Dworkin, 453; Teorias da justiça: Rawls, 454; Hermenêutica, análise da linguagem, teorias da argumentação, 455 – 3. Análise econômica do direito, 456 – 4. Outras correntes e escolas, 457 – 5. Novos direitos e novos sujeitos, 458 – 6. O papel dos juristas, 459

40. O direito da União Europeia, 462

1. Origem, 462 – 2. A formação da Comunidade Europeia, 465 – 3. A evolução institucional da União Europeia, 468 – 4. Rumo à Constituição europeia?, 474

41. Rumo a um direito global?, 477

1. Nascimento e estrutura da ONU, 477 – 2. Direito da economia e globalização, 480 – 3. A proteção internacional dos direitos humanos, 482 – 4. Conclusão, 486

Abreviaturas, 489
Bibliografia, 491
Índice de assuntos, 509
Índice dos nomes de pessoas e de lugares, 517
Índice sumário, 539